台灣人四百年史　目錄

附錄：

第十一章　中國蔣家軍閥政權殖民統治下的台灣

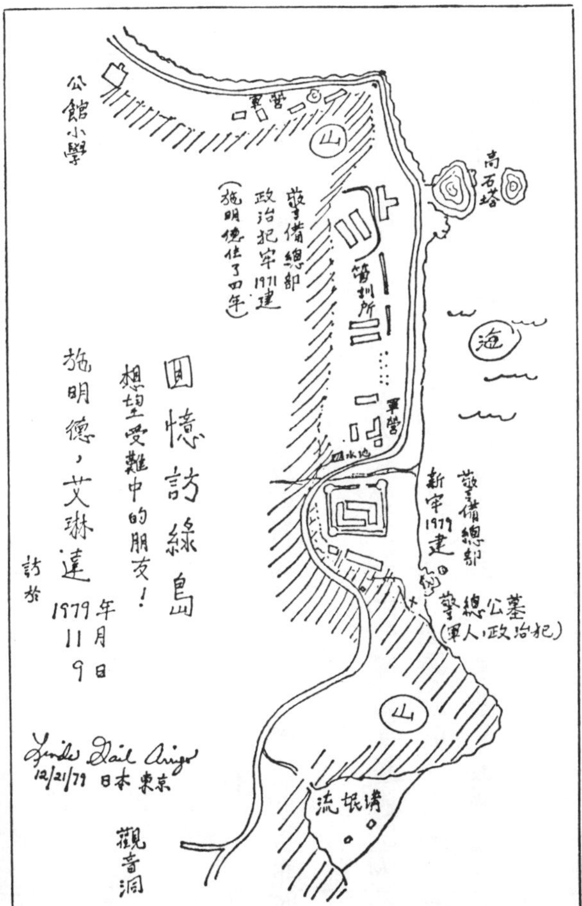

施明德美籍太太艾琳達手畫「綠島」鳥瞰圖

1　第二次世界大戰與台灣變革

十八世紀後期是資本主義時代、西歐諸國均籠罩於資本家獨佔生產手段之下。「**自由放任**」（Laissez-baire）的原理被認爲是推進社會生產力的利器、而實際上、當時西歐的社會生產力也確已收到飛躍發展的效果。

但是、這種自由放任的資本主義經濟體制下的社會生產力一旦擴大起來、商品生產逐漸超過國內消費、以致國內市場顯得陝隘、因此、西歐資本主義諸國爲了謀求本國資本主義的繼續發展、自一八七〇年代起、就對外加強爭取新市場（新殖民地）的侵略行動、而使西歐資本主義走上「**帝國主義階段**」、因此招致「**第一次世界大戰**」（1914-1918）的爆發。

然而、在第一次世界大戰中、西歐資本主義諸國、因其本國成爲戰爭的主戰場、所以弄得滿身瘡痍、整個世界資本主義也一落千丈。

其中、只有逍遙於戰禍之外的美國、卻因製造軍火供給戰場、導致國內產業異常發達、終於取代英・法諸國而獲得世界資本主義的領導地位、並成爲世界第一的帝國主義國家。

亞洲唯一的新進資本主義國家日本、也同樣獲得漁翁之利、漸漸加強其帝國主義的野心與侵略行動。

另一方面、在大戰後半時期、俄國發生史上第一次的「**無產革命**」（1917）、結果、列寧領導的布爾塞維克黨取得政權、而建立了當時唯一的「**蘇維埃聯邦**」（1922）。

大戰結束後、西歐資本主義諸國再度走上帝國主義侵略的軌道、同時世界資本主義的規模一再擴大、所以、資本主義國家間在殖民地爭奪戰上的矛盾對立也更加激烈化。在這種世界形勢的演變之下、招致繼續擴大其勢力範圍的美・英・法等先進的帝國主義國家集團、與新來參加殖民地爭奪戰的德・義・日等後進的帝國主義國家集團的對立、這兩個新舊帝國主義集團相互競爭的結果、終於再引起規模更爲龐大的「**第二次世界大戰**」（1939-1945）。

當時國際政治正逢大變革的時候、位於西太平洋戰略要衝的台灣、無疑的、受到列強重大的注目、譬如、日本海軍偷襲珍珠港因而太平洋戰爭爆發後第三個月的一九四二年二月、美國政府特別設立「**遠東處理小組**」、所謂「**台灣歸屬問題**」就成爲其討論題目之一。

一九四三年（昭和一八年、民國三二年）、世界戰局逐漸轉爲對同盟國有利、於是、美・英・蘇・中等國舉行了一連串「**首腦會談**」：㈠一九四三年一月十四日—二十五日、美國總統・羅斯福（Franklin Delano Roosevelt）・邱吉爾（Sir Winston Churchill）二巨頭會談於卡薩布蘭加（Casablanca）、檢討堅持德・義・日的無條件投降、㈡同年八月十四日—二十四日、羅斯福・邱吉爾再會談於魁北克（Quebec）、決定聯合國登陸法國、㈢同年十一月十九日、美・英・蘇三外相在莫斯科（Moscow）會談、㈣同年十一月二十二日—二十六日、羅斯福・邱吉爾・蔣介石會談於開羅（Cairo）、具體討論日本投降後的有關亞細亞地區的處理方針、終在同年十二月一日發表了「**開羅宣言**」（the Cairo Declaration）。在此宣言中、頭一次正式提到台灣問題：「**同盟國的作戰目的、……如台灣及澎湖群島這些日本曾由清國竊取的地區、必須歸還中國**」、㈤一九四五年美蘇在雅爾達（Yalta）討論戰後處理與蘇聯對日參戰。

根據這開羅宣言、台灣的歸屬問題被列入殖民地再分割的日程表上。換言之、台灣社會與台灣人、又是與甲午戰爭時同樣、被視爲戰利品。

一九四五年（昭和二〇年、民國三四年）七月二十六日、美・英・蘇三巨頭發表「**波茨坦宣言**」（the Potsdam Declaration）、重申：「**開羅宣言的各條事項必須被履行……**」、肯定台灣的歸屬問題即將根據開羅宣言擬以執行。

同年八月十五日、日軍在沖繩島慘遭敗戰（四月二十一日）、美軍投下原子彈於廣島・長崎（八月六日、九日）之後、日本天皇終於接受「**波茨坦宣言**」而向同盟國屈膝投降。

一九四五年九月二日、日本在東京灣美艦密蘇里號（Missouri）上簽定投降文書、其中寫明：「**日本政府接受波茨坦宣言的各項條款**」、同時、依據同盟國太平洋總司令・麥克阿瑟（Douglas MocArthur）所發出的**委託命令**、決定由蔣介石解除在台日軍武裝、從此、台灣即由蔣家國府所**佔領**。

一九五一年（民國四〇年）九月八日、美・英二國邀請世界上的四八個國家在舊金山（San Francisco）舉行「**對日和平條約簽署會議**」、由於：㈠蔣家政權在國共內戰的結果已敗退於台灣、無法代表中國、㈡美・英不同意蘇聯主張邀請中共爲中國代表的意見、所以、中國被拋棄於邀請之外而無法參加該會、結果、有關台灣等事僅在「**對日和平條約**」第二條規定：

「**日本國應放棄對於台灣島及澎湖群島的領有權及請求權**」

該和約因未具明確規定台灣應屬中國或其他特定國的任何條款、從此、「**台灣**」就在「**法定地位**」未確定的狀態之下、被蔣家政權一直「**佔領**」著。

2 蔣家國民政府佔領台灣

a 台灣的接收

一九四三年十二月一日開羅宣言發表後、重慶的蔣家國民政府即在「**中央設計局**」內設立了「**台灣調查委員會**」（一九四四年四月十七日）、並任命前福建省主席・陳儀爲主任委員、沈茲九・王芃生・錢宗起・夏濤聲・周一鶚・丘念台・謝南光等爲委員、研究台灣的軍事・政治・經濟及擬定接收計劃、同時、在該委員會的指揮下、於渝・閩二地、由中央訓練團舉辦「**台灣行政幹部訓練班**」、由四聯總署舉辦「**台灣銀行幹部訓練班**」、由警察總署舉辦「**台灣警察幹部訓練班**」、一共訓練了一千餘工作人員、做爲佔領台灣的準備工作。

一九四五年（民國三四年）八月十五日、日本投降、亞洲各地的日軍隨即宣告停止一切的戰鬥行爲、各地區的同盟軍開始進行接收日本軍的投降及解除武裝等工作。

同年九月一日、重慶的蔣家國民政府爲了佔領「**台灣**」、公佈了「**台灣省行政長官公署組織大綱**」並任命陳儀爲「**台灣省行政長官兼台灣警備總司令**」、同年九月五日、設立「**台灣行政長官公署辦事處**」及「**台灣警備總司令部前進指揮所**」於重慶、準備接收程序及選定人員。

同年九月九日、中日兩國在南京舉行中國戰區的「**受降典禮**」、蔣介石即派遣中國陸軍上將總司令・何應欽、前往南京接受日本的中國派遣軍大將總司令・岡村寧次的日軍投降。此時、依據同盟國太平洋總司令・麥克阿瑟的**委託命令**、台灣・澎湖島由蔣派國府接管及佔領、因此、日方及派遣在台灣的軍民代表（第一〇方面軍中將參謀長・諫山春樹爲代表）、前往南京參加投降典禮。「**台灣**」由蔣家國府佔領的手續遂告完畢。蔣家國府隨即派遣陸軍上校・張延孟爲台灣接管準備委員、預先飛來台北（九月十四日）。

同年十月五日、接管工作先行人員的台灣省行政長官公署秘書長・葛敬恩、台灣警備總司令部副參謀長・范仲堯等、搭乘美機飛抵台灣、在台北設立「**台灣前進指揮所**」。翌日即十月六日、前進指揮所發出備忘錄、通告日本總督兼第十方面軍陸軍大將司令官・安藤利吉、在台灣省行政長官・陳儀未到之前、一切的行政・司法等職務仍應由日本總督府按舊執行、日方所發行的台灣銀行劵准許、繼續流通、但禁止日人移動其公私有財產。此時乃由葛敬恩一人發號施令、他命令設立「**日本第十方面軍連絡本部**」（連絡官・安藤利吉）、及「**日僑管理委員會**」（主任・葛敬恩）、做爲接收「**敵產**」的準備工作。這批先導人員除了葛敬恩・范仲堯之外、還有黃朝琴・李萬居・蘇紹文・張武・湯元吉・徐人壽等人、他們都因參與實際上的接收工作、故後來都掌握了台灣的政治・文化・新聞各界的統治實權。

十月十七日、在美國的軍艦與飛機的護衛之下、美軍運輸船滿載中國軍一〇七師、與一七〇師駛入基隆港。然而、這些自稱爲抗戰八年的「**國軍**」、卻出乎台灣民衆的意料之外、身穿鼓彭彭的綿衣軍裝及布造軍靴、且不整齊的斜戴軍帽、有的背大飯鍋、有的帶雨傘、臉色蒼白、使得在碼頭上歡迎的台灣民衆目瞪口呆。官方不得不向民衆解釋、說這些勇士們因屬陸軍、不善於海上活動所以失去元氣。就在這樣令人不解之下、台灣民衆只好揮著青天白日旗、敲起鑼鼓歡迎他們。此時、搭乘這批船來的有警備總司令部參謀長・柯遠芬及其所率領的二〇〇餘個中國官員、他們一上岸就進入台北、軍隊也在第二天由基隆進駐台北。

十月二十四日、接管工作準備就緒後、行政長官・陳儀才搭乘美國軍用機、在台灣各界代表的熱烈歡迎下抵達松山機場。翌日即二十五日上午十時、他在台北中山堂（日人時代的「台北市公會堂」）舉行「**中國戰區台灣省受降典禮**」。陳儀在典禮中發出「**第一號命令書**」給予安藤利吉：「**本人與本人所指定的部隊及行政人員、奉命執行台灣・澎湖島地區的日本軍及其補助部隊的投降手續、並接收台灣・澎湖島的領土・人民・統治權・軍政設施以及資產等……**」。就在這一瞬間、台灣與台灣人即由日本的統治轉爲被中國佔領。

受降典禮完畢後、陳儀隨即成立「**台灣省行政長官公署**」（以下簡稱「長官公署」）、並把有關接收事宜移諸實行。日本總督府的直轄行政機關三三個單位、統由長官公署民政處長・周一鶚爲主任的「**台灣省接管委員會**」負責接管、日本陸海空軍由「**台灣警備總司令部**」負責接管、其他地方行政機關即由長官公署民政處主管接收、並由陳儀任命各縣接管主任委員・專員・委員等、成立了「**各縣接管委員會**」（十一月六日）、直接負責辦理（參閱台灣省政府統計處「台灣省行政紀要」一九四六年 p.41）。但是在上面所述的、不過是蔣家國府將要劫收台灣的官樣文章而已、實際則一場糊塗、搞得天翻地覆。

b　假借「祖國」「同胞」的外來統治者

第二次世界大戰結束後、首先從中國大陸傳進台灣人耳朵的、就是「**光復**」「**同胞**」「**歸復祖國**」以及「**從殖民地統治裡被解放出來**」等前所未聞的中國話、並且、在大家迷惑不解之中、「**祖國**」派遣的「**接收大員**」很快就飛到台灣。這些像煞有其事的所謂「**祖國**」的人們、就是在大家都摸不著頭緒而心裡不安、同時也不得不存有某些期望的混亂交錯的情緒下、很巧妙的疾呼：「**我們親愛的同胞！你們已從五〇多年的惡夢裡被解放出來、現已回到中國溫暖的懷抱裡來了！**」。

「**祖國**」接二連三發出的「**同胞**」「**從惡夢裡解放出來**」等甜言密語、好像催眠術似的打動了多年來受到外來統治的台灣民衆、從那瞬間起、就把原來的不安心理拂拭得乾乾淨淨、大家都沈醉於歡悅的美夢裡去。從此、街上恢復了活躍的生氣、家家戶戶擺脫了黑暗、點起燈光、歡迎「**祖國**」的爆竹聲頓時響徹天空。

台灣民衆、在這前所未有的狂喜之中、把祖先們與唐山人外來統治者鬥爭所流下的血跡忘得一乾二淨、迷惑於從中國剛回來的黃朝琴・李萬居等所散佈的「**空想漢族主義**」「**觀念上的祖國論**」上面、對蔣派中國人所說的「**自由**」「**解放**」等言所內含的到底是什麼意思、已無冷靜的判斷、只抱著饑不擇食的弱者意識、對自稱是「**自由與解放的贈送者**」、即「**祖國**」「**中國同胞**」表示狂熱的歡迎。

當初、雖然有一部份人相當熟悉中國的現實狀況、他們預知蔣家國府勢必將台灣壓制於殖民統治之下、所以想以此來警告大家、然而、大部份的台灣人已沈醉在蔣家中國人及黃朝琴等所導演的「**空想漢族主義**」的狂熱氣氛當中、這種正論終於無法引起大家的注意。

然而、不經多久、接踵而來的許多事實、終於證明了這些「**祖國**」「**同胞**」等魚目混珠的假口號、只不過是蔣家國府爲了施加殖民統治所設下的陷阱而已。

不但是蔣家國府、就是當時的一般中國人對於台灣・台灣人的看法、也是跟過去清國時代大體相同、而以「**化外之地**」的觀念把台灣與中國本土的「**中華**」分開、譬如、當時上海的報紙、常常見到以「**邊疆**」的字眼來形容台灣。

蔣家國府一開始就以「**征服者**」的姿態佔領「**邊疆地區**」的台灣是個鐵一般的事實、也就是說、蔣家國府與過去的荷蘭・清朝・日本同樣、都是爲了「**統治**」殖民地才來到台灣的。

c　蔣家國府統治台灣的殖民地體制

觀諸蔣家國府及其嘍囉們的作爲、他們對於台灣的統治無非是：

(1)　以軍閥・特務・官僚等中國式封建統治勢力來接收日本所留下的殖民地體制、做爲「**政治統治**」的資本

(2)　以這政治統治爲後盾來刼收日本總督府官僚資本與日本民間的獨佔資本、而形成了中國式官僚獨佔資本、做爲「**經濟剝削**」或「**超經濟掠奪**」的工具

在政治上即把中國式軍閥封建統治與近代殖民統治相結合、在經濟上壟斷了龐大的官僚獨佔資本、就成爲中國四大家族即蔣家國府統治台灣的出發點、同時也是他們的終極目標。

「**國民黨統治者、刼收了台灣的財富、取代了日本人的地位、他們也企圖接收日帝所造成的殖民地秩序、保持台灣人民的殖民地奴隸地位、以保證他們能順利而長久的掠奪。維持舊的枷鎖、是新的統治者的主要工作**」（王思翔「台灣二月革命記」一九五一年 p.28）。

d　殖民統治的大本營「台灣行政長官公署」

(1)　**繼承台灣總督的衣缽**

一九四五年九月一日、陳儀在重慶就任台灣行政長官後、曾向新聞記者發表對台灣的施政方針：

「台灣今後的政治方針、必須遵照國父遺教、徹底實行三民主義、使台胞脫離在日本的壓迫剝削下所受不平等・不自由的痛苦、得到富強康樂的生活……」。

但實際上、蔣派國府卻完全繼承日本帝國主義的殖民統治、只換湯不換藥的把總督改稱爲「行政長官」、總督府改爲「行政長官公署」、所謂「台灣行政長官公署組織大綱」、不外乎是「六三法」（參閱 p.277）、的翻版、即規定台灣行政長官：「於其職權範圍內、得發佈署令、並制定台灣的單行法令」、獨攬立法・行政・司法三權、並因兼任台灣警備總司令而掌握軍權。

把「總督府評議會」（參閱 p.295）、改爲「台灣省參議會」、「州協議會」（參閱 p.296）變爲「縣市參議會」、並且、與日據時代一模一樣、省・縣・市的參議會都不是議決機關、而是諮詢機關、同時、日本殖民統治台灣最有力的「保甲制度」、乃變本加厲成爲連坐方式的「鄰里制度」、加諸於台灣人身上。

也就是：「國民黨反動派的〝政府〞、在台灣接替了日帝的殖民地位、……殖民統治政策藉國民黨反動統治借屍還魂、……」（王思翔「台灣二月革命紀」一九五一年 p.9）。

因此、繼承日本總督府衣缽的「台灣省行政長官公署」。組織規模非常龐大。行政長官之下、置秘書長一人、輔佐處理政務、秘書長下面設機要室與人事室、機要室就是長官公署的特務機關、其他、另有虛設的顧問室・參事室等。長官公署之下、再設：㈠秘書・民政・財政・農林・教育・工礦・交通・警務・會計等九處、㈡法制・宣傳・設計考核・經濟四委員會、㈢糧食・公賣・貿易三局、㈣其他五花八門的外圍機關等、部屬之多、簡直叫人眼花撩亂。「這些機關雖然在長官和秘書長監督之下、但各自獨立、互相排擠甚至爲了分贓、時常互相攻擊。一時台灣流行著〝五子〞的說法、就是條子・房子・車子・金子・女子。爲了爭奪這〝五子〞、不知多少處長・局長・科長互相反臉、甚至結黨成派演出全武行、以致整個公署鬧成一團糟、而貽笑於奉公守法、慣於尊敬官長的台灣老百姓面前。」（莊嘉農「憤怒的台灣」p.86）。

(2) 自本國搬來軍閥式特務組織

蔣家國府殖民統治台灣的另一工具、就是中國軍閥式的「特務組織」：「**國民黨政權到台灣來的第一個工作、是接收日帝鎮壓台人的手段。**」（王思翔「台灣二月革命記」p.29）。

接收大員於未飛來台灣之前、蔣派國府早就派出蒙面的特務人員、暗地裡從廈門・福州・溫州・上海等地搭乘機帆船魚貫而來。他們一登陸台灣、就各自散於全島、佈下間細的網子、等到「**軍統**」台灣負責人的警備總司令部參謀長・柯遠芬抵台後、才把假面子拆開、開始出面接收日本總督府的警察・憲兵・特高刑事等權力機構、同時接收了日帝統治時代抗日份子的黑名單、並接收日寇所豢養的特務人員、組成比日據時代更爲龐大且更爲陰險惡毒的特務組織。於是、除了軍隊・憲兵・警察出面壓迫台灣人之外、還有許多不同系統的特務組織、及警備總司令部的特務營第二處・調查室及其下屬特務組織、或明或暗的籠罩在台灣人頭上、至於國民黨各級黨部及三民主義青年團當然是他們特務人員的巢穴。

這些特務人員在台灣、不但是上自長官公署下至鄉鎮公所的各級機關、就是各種人民團體・各級學校・各種學校・各種企業等都佈滿了其特務黑網、而且、糾集了一些台灣人的地痞流氓爲夥伴、使之擔任警察及便衣刑警或行動隊員。他們同時也培養了一些台灣人特務份子、包括市長・縣長・法官・議員・記者・教員・職工等、把他們散佈於台灣全島。同時、憑藉著台灣地理上與交通上的便利、嚴密的控制島內與外界的交通。如此佈下黑網的特務組織、再從本國把「**集中營**」「**勞動訓練營**」等搬到台灣來、以威脅・綁架・抓人・勒索・暗殺等卑鄙手段、把全島關進恐佈政治的深淵裡去（參閱莊嘉農「憤怒的台灣」p.87　王思翔「台灣二月革命記」p.33）。

(3) 陳儀等的劫收

陳儀帶來的一批軍閥特務・封建官僚・憲兵警察・黨棍・政商等初到台灣、就以「**征服者**」的姿態來歧視台灣人、把台灣人當做「**亡國奴**」看待。無疑的、新來的殖民統治者最爲注目的、並不是這些「**亡國奴**」、而是日本所留下的殖民統治機構及各種經濟設施與巨大財富。

如上所述、日本帝國主義在台灣的殖民統治的半世紀間、曾經積累起巨額的財富、並且在爲殖民統治者服務的目的上、也相當建設了台灣、這些財富與建設均是陳儀等急欲劫收的對象。

陳儀等蔣家國府的貪官污吏、在被留用的日人協助下、很快就掌握了殖民地統治大權、所以也就較順利的抓到所有的政治・經濟・社會・文化等各種設施與財富。這些爲數龐大的設施與財富、雖然在名目上都被稱爲「**敵產**」或「**日產**」、但在實際上、無一不是台灣人血汗的結晶、概略舉出、就有下述的龐大數目：

(一) 總督府直轄的三三個單位中央行政機關・五州三廳・一一市五〇郡・二六一街庄的地方行政機關及其附帶設施
(二) 近代設備的國民學校一千二〇〇所・中學校（五年制）一七四所・大專學校六所
(三) 近代設備的官營醫院一二所・各市街村的公私日人醫院・衛生試驗所・各種研究所
(四) 近代設備的港口・鐵路・公路・倉庫・機場・電力・發電所等基幹產業設備
(五) 龐大數目的近代大工廠（製糖・製紙・化學・肥料・水泥・鋼鐵・銑鐵・製鋼・製鋁・石油・造船・機械

等）

(六) 相等於八〇億圓的日人私人企業與財產
(七) 佔有耕地總面積二〇%及山林總面積九〇%的日人官私有土地山林
(八) 二〇萬戶的日人住宅・官舍・店舖等
(九) 七家銀行的本行及各地分行及其金融機構、約有三〇億圓的台銀券與日銀券
(十) 龐大的近代水利設施・各鄉村的農業倉庫與農業組合機構
(十一) 各都市日人所有的報社・文化設施・旅館・大飯店・戲院・電影院・百貨公司・商店等
(十二) 屯積在全島倉庫的米・糖・日用品・物資・原料器材等
(十三) 日本第十方面軍計有二〇個師團四〇萬人份的裝備・軍需品・燃料廠（高雄的日本海軍第六燃料廠的規模是當時亞洲第一）・物資廠等、大砲一千三六八門・槍枝一三萬三千四二三枝・機場六五所等

（據台灣警備總司令部公報）

這些設施與財貨、不但數量龐大、其水準也在終戰時算是很優秀的近代設備。然而、這些殖民地統治的設施與財貨、一旦落在中國封建殘餘份子（軍閥・特務・官僚・黨棍・買辦商人）的手裡、就被破壞得體無完膚、而且、所造成的可怕災禍、都落在被統治被奴役的台灣人身上。

e　中國四大家族的劫收與殖民地官僚資本的形成

如上所述、蔣家國府把原來是台灣人勞動血汗的日人官・私有企業與財產、一律收歸所謂「**國有**」、絲毫不許台灣人過問。換言之、就是把壟斷著台灣產業的日人官・私有企業、寸草不留的以「**日產**」

「**敵產**」名義予以劫收、再以「**國有**」的名目置於蔣派中國人的支配之下、做為他們在台灣的官僚資本、剝削台灣人的工具。

原來、台灣產業在清朝末葉、就以鴉片戰爭為開端而受到歐美帝國主義商業資本的侵略、以致糖・茶・樟腦等的生產與輸出、在其獨佔下迅速發達（參閱 p.174, 235）。到了日據時代、台灣被編入日本資本主義圈內、總督府官僚資本的殖民地開發的結果、單一農業生產異常發達、使台灣成為日本本國的糖米等食料品的供給地、同時也成為日本工業品的消費市場（參閱 p.363, 384）。到了一九三〇年代、經過了世界規模的經濟恐慌、台灣產業進一步的再受到日本獨佔資本壓倒性的集中支配、並在日本帝國主義對外侵略政策的指使下、島內的近代工業飛躍發展、導致近代規模的大企業・大工廠相繼出現（參閱 p.391）。

如此、這百年來均在外來獨佔資本的壓倒性集中支配下茁壯發展的台灣產業、到了日據時代末期、無論是大小的近代企業都被日本資本家與總督府掌握著。譬如、一九四二年代、在台灣授權資本二〇萬圓以上的株式會社、其總資本的九二％由日本資本家所佔（參閱日本大藏省管理局「日本人の海外活動に關する歷史的調查」第四冊第五部台灣の經濟其の二 p.90）。

戰後的蔣家國府、就在這資本・企業極端集中於總督府及日本資本家手裡的情況下、不但把總督府所擁有的官方企業加以接收、而且、也把這龐大的日人民間企業・財產・土地等全盤收歸「**國有**」、因此、台灣所有的近代產業都比日據時代更為集中的被蔣派中國人劫收殆盡、蔣派中國人在殖民地的「**官僚資本**」因而形成、而加諸台灣人身上的經濟剝削與超經濟掠奪乃比日據時代更加兇猛。

觀諸劫收經過的具體情況、一九四五年十月、陳儀設立「**台灣省接管委員會**」、著手接收有關總督府官有部份的企業・財產、翌年即一九四六年一月十四日、另外設立了「**台灣省日產處理委員會**」、以接收日人私有部份的資本・企業・工廠・土地・建築物・機器・原料及成品等、如以接收工作告一段落的一九四七年二月爲準、蔣派中國人所接的日人官・私有企業及財產的總數及其帳簿上的總值（除去土地的接收部份）、則有如下的龐大數目：

(1) 官有機關財產五九三單位、計二九億三千八五〇萬圓（接收當初的台銀券對台幣的比率是一對一）

(2) 私有企業財產一千二九五單位、計七一億六千三六〇萬圓

(3) 個人財產四萬八千九六八單位、計八億八千八八〇萬圓

(1)(2)(3)總計五萬零八五六單位、一〇九億九千零九〇萬圓（參閱 p.276, 346, 359, 363, 378, 380, 389, 391, 392 台灣省政府統計處「台灣省行政紀要」一九四六年 p.42）。

其中、原屬總督府行政系統財產的行政長官公署・各縣市廳・學校等的土地・建築物・設備、於一九四七年五月六日、自日產處理委員會移交於新成立的「**台灣省政府財政廳**」、後來、再移交給「**公產公物整理委員會**」管理（參閱民治出版社「台灣建設」上册 p.77）。

當時、駐紮台灣的日軍（陸海空軍）約有四〇萬人、因未經過戰鬥的消耗、所以保有精良完善的裝備與豐富的物質・糧食等、這些軍用物資都不在上述行政長官公署的日產處理委員會接收之內、即由「**台灣警備總司令部**」另行接收、結果、都被運往大陸供打內戰之用或由軍官自飽私囊、或者變成蔣家國府殖民統治台灣及屠殺台灣人的工具。

但是、有關接收的主要問題、還是在原屬日人所擁有的大企業大工廠（參閱 p.377, 391）。原來、所謂「**蔣家國民政府**」、不外乎是專爲「**中國四大家族**」與大買辦・大地主・大土豪的經濟利益服務的一個軍閥政治機構、就是：

「說有三萬萬一千萬人口還是在四大封建買辦銀行系統的統治之下、而這四大銀行系統的統治者乃

是四大封建買辦家族。四大銀行系統就是中央銀行・中國銀行・交通銀行和中國農民銀行、它們的集中組織是「四行聯合辦事總處」。四大家族就是蔣介石的蔣家、宋子文的宋家、孔祥熙的孔家和陳果夫・陳立夫的陳家、他們的〝最高領袖〞就是四行聯合辦事總處主席──也就是國民黨政府主席蔣介石。這個四大封建買辦銀行和四大封建買辦家族的統治特點、是經濟的統治和政治的統治實行赤裸裸的、直接的合而為一。四大銀行系統直接支配著國民黨政權、並且以國民黨政權的〝國家銀行〞名義直接操縱半殖民地半封建的舊中國的經濟、而四大家族的主人也不但直接統治四大銀行、並且直接集中國民黨政權的軍務・黨務・政務・財務的大權、形成了國民黨一黨專政為政治形式的、封建買辦的法西斯寡頭獨裁制度。近代中國所謂〝官僚資本〞不是別的、正是代表帝國主義和封建主義的利益而在政治上當權的人物、他們在大地主和大買辦的經濟基礎上、利用政治的公開強制手段、一方面加速掠奪農民及其他小生產者、一方面壓迫民族工業而集中起來的金融資本。這四大銀行和四大家族便是這種官僚資本最集中的代表。……」(陳伯達〈中國四大家族〉一九六二年 p.4)。

上述的「四行聯合辦事總處」(中國金融獨佔的最高組織)、係以理事會主席・蔣介石(兼中國農民銀行理事長)、常務理事・孔祥熙(兼中央銀行總裁)、宋子文(兼中國銀行董事長)、錢永銘(兼交通銀行董事長)、秘書長・徐堪、副秘書長・徐柏園、加上陳果夫・陳立夫等為其大亨(抗戰中)、一九四八年以後、則以「中央信託局」繼承其獨佔系統。

蔣派國府就是這四大家族所控制的軍閥政權、所以遍佈台灣全島且具有高水準的大企業・大工廠・土地・財產等、一開始就成為四大家族所垂涎的劫收對象、當時在南京的行政院長・宋子文、乃急速公佈了「**台灣省接收日產企業處理實施辦法**」(一九四六年七月)、並派遣中央直屬的「**資源委員會**」(主任是經濟部長・翁文灝兼任)、會同陳儀的「**台灣行政長官公署**」以便分贓這些台灣的近代產業設施

表93　蔣家國府接收日人企業為國營・省營的主要單位（1946年）

	中國企業	被接收的日本企業
國營	中國石油公司	日本海軍第六燃料廠・日本石油・帝國石油・台灣石油販賣・台灣瓦斯・竹東油田・凍仔腳油田
〃	台灣鋁業公司	日本鋁業高雄工場
〃	台灣製糖公司	台灣製糖・明治製糖・大日本製糖・鹽水港製糖
〃	台灣肥料公司	台灣肥料・台灣電化・台灣有機合成・台灣化學工業・台灣窒素肥料
〃	台灣鹼業公司	南日本化學・日本曹達・日本鹽業・台灣化學工業・鐘淵曹達・旭電化
〃	台灣鹽業公司	南日本製鹽・台灣鹽業・台灣製鹽
〃	台灣造船公司	台灣船渠基隆造船所・三井重工
〃	台灣機械公司	台灣鐵工所・東光興業高雄工場・台灣船渠高雄工場・三井重工業・東京芝浦電氣松山工場
省營	台灣電力公司	台灣電力・東台灣電力興業・東京芝浦電氣松山工場
〃	交通部台灣郵電管理局	總督府交通局通信部
〃	財政部台灣鹽部管理局	總督府專賣局鹽專賣部份
〃	台灣省專賣局	總督府專賣局・日本樟腦
〃	台灣省糧食局	總督府食糧局・台灣食糧營團
〃	台灣省農林處	總督府殖產局
〃	台灣省鐵路局	總督府交通局鐵道部
〃	台灣省公路局	總督府交通局鐵道バス
〃	台灣省貿易公司	台灣重要物資營團（三井物產・三菱商事・三井合名・三菱合名・菊元商行）・台灣交易會・台灣貿易振興會
〃	台灣農會	台灣農業會
〃	基隆港務局	基隆港務局
〃	高雄港務局	高雄港務局
〃	台灣銀行	台灣銀行・台灣儲蓄銀行・日本三和銀行
〃	台灣土地銀行	日本勸業銀行
〃	第一商業銀行	台灣商工銀行
〃	華南商業銀行	華南銀行
〃	彰化商業銀行	彰化銀行
〃	台灣省合作金庫	台灣產業金庫
〃	台灣合會儲蓄公司	台灣勸業無盡・台灣南部無盡・東台灣無盡・台灣住宅無盡
〃	台灣人壽保險公司	日本・帝國・第一・千代田等14單位生命保險
〃	台灣物產保險公司	大成・東京・日本等13單位火災海上保險
〃	台灣航業公司	大阪商船・日本郵船・東亞海運・大連汽船・山下汽船・南日本汽船
〃	台灣水泥公司	淺野セメント・台灣セメント・台灣化成工業・南方セメント
〃	台灣紙業公司	台灣パルプ・台灣製紙・東亞製紙工業・三菱製紙・鹽水港パルプ・台灣興業
〃	台灣煤礦公司	大豐炭礦等2單位
〃	台灣工礦公司	台灣重工業・高雄製鐵等31單位・台灣ガラス等9單位・台灣窯業等36單位・台灣油脂等9單位・台灣護膜
〃	台灣印刷公司	台灣印刷會社等14單位
〃	台灣製麻公司	台灣苧麻・台灣製麻・帝國纖維等8單位
〃	台灣紡織公司	台灣紡績等7單位
〃	台灣農林公司	三井農林・台灣農林等12單位
〃	台灣茶葉公司	三井製茶・台灣拓殖製茶等8單位
〃	台灣鳳梨公司	合同パイン・三菱パイン等6單位
〃	台灣水產公司	日本水產・拓洋水產等9單位
〃	台灣畜產公司	台灣畜產等22單位
〃	台灣青果運銷合作社聯合社	台灣青果同業組合聯合會・台灣青果
〃	台灣運銷公司	台灣倉庫等6單位
〃	新生報社	台灣新報社

（資料）　本書p.368, 380, 382　民治出版社「台灣建設」・「台灣銀行季刊」第1卷第3期　台灣工程師學會「台灣工業復興史」・劉進慶「戰後台灣經濟分析」

（參閱台灣銀行金融研究室「台灣銀行季刊」創刊號、一九四七年 p.400）。

當時、**資源委員會**以「**國營**」的名義、劫收石油・製鐵・製鋁・製糖・肥料等一八個單位的大企業大工廠、再以「**國省合營**」的名義、劫收了電力・化學・造船・機械・製紙・水泥等四七個單位大企業大工廠、**台灣行政長官公署**則把金融・保險・貿易・商業・交通・運輸・工礦・農林・紙業・航業・土木等三一五個單位企業工廠劫收爲「**省營**」「**縣市營**」等。連**國民黨台灣省黨部**也分贓到一九個單位的大企業。其他、如過去日據時代的台灣人買辦份子（台灣四大家族與林獻當一家等）也在日人企業股東的名義下、分到八五個單位的企業會社（參閱表93、中華民國年鑑社「中華民國年鑑」一九五一年 P.825 民治出版社「台灣建設」上册 p.81）。

中國四大家族即蔣家國府、把日本帝國主義使用於掠奪台灣的工具都當爲重要的劫收對象：㈠劫盡了台灣人流血汗所開發建設的產業百分之八〇以上、㈡奪取已經完成了的金融獨佔系統、㈢強佔等於耕地總面積二〇%的廣大土地及九〇%的山林、㈣甚至於無孔不入的把電影院・旅館・商店等大小店也劫收爲官營公司、而成爲台灣獨一無二的、全面性的獨佔資本家及唯一的大地主。這些國營・省營等大小企業工廠、就是四大家族在殖民地所把持著的「**官僚獨佔資本**」的產業基礎、也是在殖民地統治與掠奪的強有力的「**經濟工具**」。

但是、實際上的劫收工作、卻不像上面所公佈的那樣平鋪直敘、蔣家國府原來就是個大貪污集團、居上的四大家族既然以國家權力劫去台灣的大企業大工廠、底下的貪官污吏當然就旁若無人的擅開公庫・改竄帳簿・盜竊公款及物資、甚至於把裝置好的機器也拆下、任意拍賣、他們不擇手段、無止境的掠奪藉以自飽私囊、把國家性的接收工作變成大小官員貪污舞弊的集大成。因此、台灣經濟由日本的「**養羊剪毛**」、變成四大家族即蔣家國府及其嘍囉們的「**殺雞取蛋**」、而被糟蹋得遍體鱗傷。

舉例來說、蔣家國府即四大家族一方面大肆掠奪頭一等的大企業大工廠、另一方面、也不忘留下一份非分之財給他們的嘍囉們分贓。於是、陳儀等封建官僚（陳儀本身就是「政學系」封建官僚的巨頭）、一開始就假借不合政府經營等莫須有的理由、更在拍賣・借貸・官商合營等名義下（一九四六年七月二日公佈「台灣省接收日資企業處理實施辦法」）、把所接收的日產擅自處分。接收當初共有一千二九五單位的日人私有企業財產（參閱p.734）、到一九五〇年統計時卻只剩下八六〇單位（參閱民治出版社「台灣建設」上冊p.81）。也就是說、其中的四三五件、即以上述拍賣等方式、不明不白的被貪官及其關係人呑沒、所接收日人個人財產部份的四萬八千九六八單位、也以同樣的方式幾乎全被處分掉。再如、陳儀與葛敬恩勾結美軍駐台連絡組長・艾溫斯上校呑沒了六〇公斤黃金的所謂「**台灣黃金案**」、台北縣長・陸桂祥呑沒台幣一億餘的公款、貿易局長呑沒接收物資數千萬元、公賣局長・任維鈞呑沒鴉片的所謂「**白蟻吃掉七〇公斤鴉片事件**」（公賣局長以被白蟻吃掉爲由而盜竊鴉片把其私運香港變賣）等、證明上下勾結營私舞弊的貪污風氣瀰漫全島、一直至一九四九年蔣派國府從中國敗退來台後、把其餘渣的一〇萬件房產・店鋪等以高價轉賣給來自大陸的逃難中國人及有錢的台灣人爲止、這種劫收貪污才告一段落（參閱莊嘉農「憤怒的台灣」P.80）。

f　財政紊亂與濫發鈔票

中國歷來的所謂「**政府財政**」都極爲紊亂、雖然不分中央或地方的各級政府、在形式上都備有堂堂皇皇的財政制度、但那只不過是軍閥・官僚等當權者爲了假公濟私、以假亂眞來魚肉百姓的欺瞞手段而已。特別是資本主義經濟的通貨制度傳來中國之後、這些封建的軍閥・官僚掌握這通貨的發券機能、把沒有兌現的鈔票（就是沒有充分的金銀・外匯等發券準備金而擅自發行的紙幣）、要多少就印多少、使之充斥市場、進一步做爲搜刮人民財貨的手段。

蔣家國府如法泡製的把這一套搬到殖民地台灣、財政紊亂與濫發紙幣更進一層、造成了**人爲**的惡性通貨膨脹、導致台灣經濟瀕臨破產。

就是中國四大家族即蔣家國府、接收台灣的殖民地機構時最重視的、不外乎是遍佈全島的金融獨佔體系、特別是擁有發券機能且兼顧國庫業務、同時控制著台灣經濟命脈的殖民地銀行「**台灣銀行**」（參閱 p.359）。因此、一九四五年十月五日「**台灣前進指揮所**」一成立、他們隨即著手於台灣銀行及其他金融機關的接收工作：

(1) 一九四五年九月十四日、蔣家國府財政部在重慶公佈「**日本貨幣收回辦法**」

(2) 十月七日、以同盟軍最高司令部名銜、限令台灣總督府九月三十日以前停止殖民地銀行・外國銀行及特別戰時金融機關的業務、只准許「**台灣銀行**」與「**台灣拓殖會社**」照常辦公

(3) 十月十日、台灣前進指揮所宣佈、中國政府尚未公佈處理辦法以前、准許台灣貨幣（台灣銀行與日本銀行券）照常流通

(4) 十月三十一日、長官公署基於財政部所公佈的「**台灣省當地銀行紙幣及金機關處理辦法**」與「**台灣省民營金融機關清理辦理**」、開始接收舊株式會社「**台灣銀行**」及其他一切的金融機關

(5) 十一月七日、長官公署公佈：「**省內日本銀行兌換券及台灣銀行背書之日本銀行兌換券處理辦法**」

(6) 一九四六年五月二十日、舉行舊「**台灣銀行**」接收典禮

(7) 五月二十一日、新「**台灣銀行**」發行「**台幣**」（額面是一元・五元・一〇元）、並開始收回日據時

表94　戰後台銀券・台幣・本票的發行

	台銀券・台幣	台幣指數	本票	台幣十本票的指數
	千圓			
1945年3月30日	1,021,008			
8月15日	1,433,190			
8月31日	1,651,000			
9月11日	1,930,000			
	千元			
1946年5月18日	2,943,000	100		100
12月31日	5,330,594	181		181
1947年12月31日	17,133,236	582		582
			千元	
1948年12月31日	142,040,798	4,825	78,696,965	7,497
1949年6月14日	527,033,734	17,902	1,213,580,535	59,124

（資料）　日本大藏省「昭和財政史」XV p.174
台灣銀行東京特殊清算所「終戰後の台灣における金融經濟法規並に資料」1954年 p.50
※ 1946年5月18日＝台灣銀行接收完畢的前二日
1949年6月14日＝幣制改革 (devaluation) 的前一日

代的台銀券與日銀券

(8)　六月十五日、行政院批准「台灣銀行章程」、正式成立省營「台灣銀行」（資本金六千萬元、其性質與日據時代同樣是殖民地銀行）

(9)　七月一日、台灣銀行合併舊日本三和銀行台北支店與舊台灣貯蓄銀行

(10)　九月一日、舊日本勸業銀行台灣支店改爲省營「土地銀行」

(11)　十月三日、舊產業金庫改爲省營「合作金庫」

(12)　十月十六日、商工・華南・彰化三行成立籌備處、在官民合辦的名目下、由蔣派中國人與買辦台灣人分贓與支配

(13)　自五月二十一日至十一月三十一日爲止、收回台銀券及日銀券共三四億四千三七〇萬圓、從此、「台幣」即變成流通於台灣的唯一通貨。

（參閱台灣銀行東京特殊清算事務所「終戰後の台灣に於ける金融經濟法規並に資料」一九五四年 p.81）

至此、台灣所有的金融機構成爲蔣家國府代理人陳儀一派的囊中物、他們隨心所欲的控制「**台灣銀行**」、壟斷銀行業務、濫發「**台幣**」、以供政府機關及官營企業揮霍。特別是被陳儀接收後的台灣銀行、其獨佔台灣金融的力量最爲強大、譬如、在日據時代最後一年的一九四五年末、台灣銀行只佔全島金融機關的總存款三五・二%、總放款的六五・九%（參閱 p.360）、而蔣家國府控制下的「**台灣銀行**」、於一九四九年末的總存款佔全島的七九・〇%、總放款佔九三・一%（參閱台灣銀行經濟研究室「台灣金融年報」一九五二年 p.54）。

自一九四六年五月十八日發券權限統歸陳儀開始、至同年年底的六個月間、「**台幣**」的發行額一下子增爲一・八倍、翌年年底再增爲五・八位（參閱表94）。這種前所未有的通貨膨脹、使台灣物價指數在一年間漲了一〇〇倍（參閱李稚甫「台灣人民革命鬥爭簡使」一九五五年 p.168）。

此時在中國本土、從重慶回到南京的蔣派國府則在淪陷區（曾爲日軍所佔領的上海・南京等地區）、硬把「**法幣**」（蔣家國府發行的通貨）與「**儲備券**」（汪精衛政權所發行的通貨）的比率規定爲一對二〇〇。這個藐視經濟法則的政治措施（當時蔣派國府地區的重慶等地與上海・南京等日軍佔領地區的物價相差不遠、所以法幣與儲備券的實質價值相差不會那麼離譜）、終使導使京滬地區的經濟恐慌急速惡性化。

台灣的長官公署一來爲了要保存在台的政治・經濟上殖民地機構、二來假藉以防止大陸的經濟恐慌波及台灣爲由、把台灣經濟從中國本土割開、遂禁止法幣與台幣在對方地區自由流通及中國系銀行在台設置分行。

四大家族的代理人・陳儀用好聽的理由來解釋：「**台灣的特殊化是爲了顧全台灣人的利益、防止台灣受到大陸的混亂局勢影響**」、其實、這種台灣經濟的「**特殊化**」、無非是進行「**殖民統治的永久化**」、使陳儀能恣意濫發鈔票。於是、台灣在四大家族肆行經濟剝削與超經濟掠奪、及長官公署與官

表95　戰後台灣銀行的產業別貸款構造

	計	金融業	生產業	商業	公共交通業	政府貸款	其他
	%	%	%	%	%	%	%
1947(民36) 1月末日	100.0	3.9	46.3	6.2	9.4	33.2	1.0
6月　〃	100.0	10.4	44.1	9.7	8.5	25.8	1.5
12月　〃	100.0	10.2	46.9	2.6	17.3	22.4	0.6
1948(民37) 6月　〃	100.0	4.9	55.4	1.0	17.4	20.4	0.9
12月　〃	100.0	47.6	20.1	1.3	11.4	18.3	1.3
1949(民38) 6月　〃	100.0	27.7	17.3	16.7	9.8	27.4	1.1
12月　〃	100.0	7.3	13.1	8.1	8.3	55.2	8.0
1950(民39) 6月　〃	100.0	14.5	9.4	22.7	5.8	47.4	0.2
12月　〃	100.0	2.7	21.6	28.4	6.1	40.3	0.9
1951(民40) 6月　〃	100.0	9.6	30.0	47.1	6.8	5.8	0.7
12月　〃	100.0	9.2	45.1	38.1	4.3	1.0	2.3
1952(民41) 6月　〃	100.0	6.2	39.9	47.6	3.9	1.1	1.3
12月　〃	100.0	2.7	49.2	44.4	1.9	1.0	0.8

（資料）　「台灣銀行季刊」第1卷第4期 P.202　第2卷第3期 P.140
「台灣金融年報」1952年 p.56
劉進慶「戰後台灣經濟分析」1975年 P.34

營企業的揮霍・浪費・舞弊的情況之下不必等到中國本土的經濟恐慌襲來、台灣經濟就已從內部開始瓦解。

原來、日本在統治台灣的最後一年、把一九四五年度總督府財政預算（一九四五年四月一日—四六年三月三十一日）、編爲八億二千八〇〇萬圓、但因同年八月日本戰敗、以致總督府不得不在同年十二月十四日結束其財政年度。總督府在過去八個半月（四月一日—十二月十四日）之間、其財政收入累計爲四億九千三〇〇萬圓、支出四億六〇〇萬圓、剩餘約有八千七〇〇萬圓、而將這剩餘部份移交給「**長官公署**」。陳儀接收總督府財政後、隨即改爲「**台灣行政長官公署會計年度**」、並把從十二月十五日至翌年三月三十一日爲止的財政預算、即一九四五年度所剩下的三個半月的財政收支預算公佈爲二億一千七〇〇萬圓。然而在實際上、同一時期的財政支出卻遠超過這預算數字、竟達一〇億八千萬圓。這個財政收支上的赤字七億餘萬圓、係以台灣銀行增發紙幣、並以政府貸款的方式來彌補的（參閱表94、參考表95的政府貸款部份　日本外務省ア

表96　台灣銀行1946－48年的存款・放款・發行

	存　款	放　款	發　行
1946(民35) 6月末日	2,333 百萬元	2,021 百萬元	3,145 百萬元
12月末日	4,166	7,112	5,331
1947(民36) 6月末日	6,082	13,858	10,251
12月末日	10,267	33,186	17,133
1948(民37) 6月末日	37,047	69,726	35,750
12月末日	328,059	354,123	142,041

（資料）　台灣省政府統計處「台灣省行政紀要」1946年 p.46
「台灣銀行季刊」第1卷第4期 p.190　第2卷第3期 p.136

ジア局「中華民國便覽」p.52）。

再一個就是蔣派國府既然把台灣絕大部份的產業設施以「**敵產**」名義收歸「**國營**」「**省營**」、那麼、陳儀當初提倡的所謂「**復興台灣經濟**」、不外乎是要重建這些國營・省營等大小官營企業。然而、這些官營企業（舊日人企業）在戰時中所受戰爭的破壞並不算大（參閱p.407）、都是到後來、在蔣派國府進行接收的過程中、那些貪官污吏爲了自飽私囊、而私呑公款・變賣原料與成品・盜竊機器・拆毀零件等胡作非爲、才把全島的工廠・企業糟蹋得體無完膚、結果、首先必得把這些生產設施加以一番大整修、始能恢復近代產業的生產效率、並且、這筆修復資金、同樣的要仰賴銀行貸款、即濫發紙幣、才有可能塡補得上。但在另一方面、長官公署所控制的「**台灣銀行**」即與日據時代同樣、擁有統一管理有關政府機關及官營企業的存款・貸款的特權、即所謂「**國庫業務**」、其他的金融機關在金融業務上一律被禁止與這些政府機關及官營企業相互往來、所以、官營企業所缺的資金都得以向台灣銀行借貸（參閱陳榮富「台灣貨幣金融外匯貿易全書」一九五四年p.516）。如表95所示、台灣銀行的放款對象之中、「**生產業**」「**公共交通業的**」二項、不外乎是屬於國營・省營的貸款部份、加上「**政府貸款**」、這三項的貸款合計、竟佔了總放款的七八・四%（一九四七年六月）、八七・六%（一九四七年十二月）、九三・二%（一九四八年六月）等壓倒的絕大部份。

試看表96、可知同一時期的總放款大爲超過總存款的數字、例如三個不同月份相繼超過了七七億六千萬元（一九四七年六月）、二二九億一千萬元（一九四七年十二月）、三二六億七千萬元（一九四八年六月）。這些龐大的政府貸款與官營企業貸款、都以要多少就增印多少的慣技來濫發鈔票而貸給（參閱表94、表96的「發行」）。蔣派國府代理人・陳儀如此藐視經濟發展的一般法則、結果、招來惡性的通貨膨脹與經濟破敗是無可避免的、並且、這種龐大的資金在國營・省營等大小企業所生產的巨大財貨、其絕大部份並不是用於民生急需或社會建設、而是盡爲了搶運去大陸・供給內戰、以及貪污・浪費等。

由於中國大陸的國共內戰逐漸激烈化（一九四六年後半年開始）、國民黨的敗跡日趨明顯、再加上幣制改革（發行「金圓券」——一九四八年八月十九日起）的失敗等、導致大陸經濟加速崩潰（一九四八年後半年開始）、因而爲供應從中國大陸陸續敗退來台的黨・政・軍等蔣派各機關及軍隊・難民的巨大開支、都得從台灣銀行發行台灣人從未見過的「**定額本票**」（因台幣供不應求、所以由此代替）來塡補。

所謂「**本票**」、就是每張面額達五千元・一萬元・一〇萬元的高額流通券（當時的台幣面額仍是一元・五元・一〇元）、以這種像吸塵器似的高額流通券吸取台灣人所生產的財貨、其數量之巨大、可說是空前絕後。如表94所示、一九四八年（民國三七年）年底、台幣發行額爲一、四二〇億、而本票發行額已達其五四・九%即七八〇億元之巨、再經過半年後的一九四九年六月底、本票發行額再直線上升爲一兆二一〇〇億元的天文數字、遠超過台幣的發行額。在這種通貨極端紊亂的局勢之下、台灣人只有眼看著自己的血汗結晶被這些等於空紙的高額本票掠奪殆盡、自己卻急速陷入窮苦・饑餓・失業的深淵裡去。

表97　官營企業1946－50年主要輸出工業品產量

生產品	官營企業	1946	1947	1948	1949	1950(前半年)
		噸	噸	噸	噸	噸
砂糖	台灣糖業公司	87,692	87,692	263,312	634,482	610,331
鋁	台灣鋁業公司			2,509	1,311	622
紙	台灣紙業公司	2,037	5,706	7,196	6,412	4,580
鹹	台灣鹹業公司	950	3,287	4,777	4,278	1,600
煤炭	台灣煤礦公司	45,325	611,605	739,473	579,910	256,724
茶葉	台灣茶業公司	132	917	1,090	1,780	1,361
樟腦	台灣省樟腦局	342	481	812	636	199
鹽	中國鹽業公司	217,138	163,591	365,803	753,948	298,565
水泥	台灣水泥公司	97,269	192,600	235,551	291,170	163,189
鳳梨罐頭	台灣鳳梨公司	78,801箱	69,476箱	90,491箱	117,293箱	7,153箱

（資料）　民治出版社「台灣建設」下册、附表

g　獨佔貿易—搶運台糖

日本帝國主義者以輸出糖・米等農產品及農產加工品做爲剝削殖民地台灣的主要的經濟手段、同時也以這些糖・米相抵、再輸入工業原料・鐵材・肥料・日用品等供應六〇〇萬島民以資「養羊」、然後予以「剪毛」、但仍年年出超（參閱表43）。

陳儀來台後、不出一個月即一九四五年十一月二十日設立了「**台灣省貿易公司**」（「台灣省貿易局」「台灣省物資調節委員會」以及現在「物資局」的前身）、獨佔了對外的一切貿易、把台灣所生產的工業品（參閱表97）盡量運往上海・香港等地。

這所謂「**省營**」的台灣貿易公司、其實是將日據時代的：㈠台灣重要物資營團（戰時貿易的統制機構）、㈡三井物產台北・高雄二支店、㈢三菱商事台北・高雄二支店、㈣菊元商行（日據時代台灣唯一的百貨公司、今之台灣國貨公司的前身）、㈤台灣貿易振興會社、㈥台灣交易會等重要機關合併而成的。陳儀就是以之爲控制台灣對外貿易的機構、同時在另一方面、又把無限制增印鈔票所吸取的台灣人勞動果實、運往中國並掠奪其「**獨佔利潤**」以果私腹。

接收台灣後、「**台灣貿易公司**」拚命往外搬出的、有糖・米・鹽・煤等四項大宗物資。譬如、貿易公司（後來的貿易局）透過台灣

省煤炭調整委員會從礦主廉價搜刮煤炭、每噸台幣五千五〇〇元、然而、在上海的售價是每噸暗盤法幣四五〇萬元（合台幣五萬元—一九四七年底）、每月搬往大陸的煤炭平均五萬噸、年計有六〇萬噸、若從其售價扣除運費、上海售價與台灣收買價格的差額每噸即達台幣四萬二千元、由此可知只台煤一項、蔣家國府代理人陳儀的貿易公司（貿易局）一年就可劫取台幣二五〇億元的巨大利益（參閱莊嘉農「憤怒的台灣」p.90）。

這種以強權為後盾的殖民地經濟剝削與超經濟掠奪、尤以搶運台糖最為厲害。戰爭結束的初期、因台灣的倉庫尚存巨量的砂糖、而上海的砂糖卻貨少價高、所以台灣省貿易公司成立之後、陳儀最先著手的、就是將接收自日人官方及製糖會社的一五萬噸砂糖、運往上海及華北等處、售款則在「**貿易公司上海辦事處**」名義的存款之下、完全被中國四大家族與陳儀等貪官分贓殆盡、結果、不但是價值台銀券二一億圓（一九四五年底台北市砂糖零售是每公斤一四圓）的台灣人財富被掠奪、而且、導致島內糖價的飛漲（終戰時一台斤糖價八角、至同年年底漲為一〇倍以上的八—一四圓）、同時、也導使台灣製糖廠缺乏再生產資金而不得不停工、以致工人失業、蔗農破產。

陳儀為了使新設立的「**台灣糖業公司**」（參閱表93）盡速恢復製糖能力、遂督促台灣銀行優先給予該公司貸款、以資為修復工廠及充當生產資金之用。這個政治性的變相貸款數目非常巨大、譬如、一九四六年四月貸款總額達三億七〇〇萬元（台銀總放款一三・四%）、同年年底增為一二億二千萬元（台銀總放款的二三・三%）、再到一九四七年年底又據增至八五億元（台銀總放款的四九・九%）、砂糖生產才逐漸走上軌道（參閱表96、表97、中國工程師學會「台灣工業復興史」一九六〇年 p.100）。

一九四六年春、當戰後頭一批新糖將出廠時、南京的行政院長・宋子文下令將新糖限期運往上海交給「**蔣家國府資源委員會**」。因新成立的「**台灣製糖公司**」原來是國營企業、直屬南京政府、所以陳儀及其嘍囉一聽到其老闆催貨、當然是唯唯諾諾的把剛出廠的新糖如數運往上海、其總數量約五萬噸（本年度的總生產量僅有八萬七千餘噸、但島內消費就需要八──一〇萬噸、所以被運走五萬噸之後、可想像島內糖價猛漲、大部份人都嚐不到糖味）。

且看蔣家國府掠奪這批巨量新糖的卑鄙手段、台灣的製糖業每年在晚秋時要生產蔗糖之前、廠方按例先與島內糖商訂立蔗糖成品的買賣契約、糖商先交出契約金、然後、由廠方以此契約金充當生產費的一部份、開始動工製糖、等到次年春季蔗糖生產完畢、依據所訂契約、將現貨交給糖商而完結這一筆買賣、這就是日據時代島內消費部份一直沿用過來的交易慣例。然而在一九四五年終戰之後、當葛敬恩由中國飛來台北設立「**前進指揮所**」之時、剛巧碰到生產蔗糖以前的糖廠與糖商訂立買賣契約的時候。於是、糖廠方面（由被留用的日人仍舊管理著）便向前進指揮所（中國人）請示可否按期定約並開始製糖、結果、接到：「**〃依據工商不停頓〃的陳長官的接管方針、可照舊生產**」的指示。這樣、廠方（日本人）才依照慣例、先與島內糖商（台灣人）訂定成品買賣契約並先取定金、進而著手製糖工作。另一方面、與廠方定好契約的糖商（台灣人）、也再跟中小盤的零售商人及糖果製造廠（台灣人）預先決定來春的賣糖手續。廠方正在生產蔗糖的時期、正值長官公署開始對日人企業的接管時期、以致廠方（日本人）未能履行契約之前、就是廠方未把成品交給糖商（台灣人）之前、所有的糖廠均由長官公署的接收大員（中國人）接管。然而在一九四六年二月六日、已經付過契約金的糖商們（台灣人）、不料卻收到廠方（中國人）寄來的「**毀約通知書**」、片面宣佈以前與日人所訂的蔗糖買賣契約一律廢除。接著、長官公署又在同年六月四日發出通告、下令廠方（中國人）：「**先前由日人與糖商所訂蔗糖買賣契約係屬非法、無須履行**」。

其實、本來是應該交給島內糖商（台灣人）的新產蔗糖、早經長官公署的命令集中成品而運往上海。

這就是所謂根據行政院長命令、除了上述的一五萬噸之外、再運往上海五萬噸砂糖的經過。

至於那些先繳契約金卻得不到現貨的台灣人糖商、遭到這前所未有的損失之後、乃結集同業者起來組織「**食糖契約受渡（交貨）勵行協會**」、想向長官公署及台灣糖業公司催促履行交貨。但是儘管他們如何的奔跑也無濟於事、終於不得不屈服在殖民地統治者的詐譎與暴力之下、結果、糖商破產的破產、停業的停業、糖果廠及小商人也相繼倒閉、百姓們都爲了買糖而四處奔跑。四大家族即蔣家國府、掠奪新殖民地的手段是如何的殘酷、如何的貪婪、由此、即可窺其一端。

台灣人在終戰時受盡摧殘、一而再、再而三的體會到蔣家國府及其官員的無法無天、只以指罵「**阿山式**」的暴行罪狀來發洩心中的憤恨。此時在街頭巷尾盛傳著：「**陳儀實屬陳蟻、螞蟻似的、他所要的並非〝同胞〞、而是〝糖包〞**」。

h　强奪物資——强徵米穀與搶運台米

日據時代、總督府爲了供應本國更多的米穀、努力增產並改良台米、終於達成稻米的大量豐收、並栽育出了台灣特產的蓬萊米、因以產量多且味佳而聞名世界。據日方統計、台米的最高產量曾達年產一千石（一五〇萬噸—一九三八年）、每年且向日本輸出四、五百萬石的蓬萊米供給其本國的日本人享用（參閱 p.384）。戰時中、因肥料與勞力缺乏、以致產量漸減、總督府乃公佈「**台灣食糧管理令**」、並設立「**食糧局**」、同時以「**農業會**」（米穀納入組合）・「**台灣食糧營團**」（米穀配給機關）等爲其下層機構、統制有關米穀的生產・集貨及配給、因此、雖然是戰時輸出島外的米穀大爲減少、但島內消費並未受到多大的影響（參閱台灣經濟年報刊行「台灣經濟年報」第二輯、一九四二年 p.74）。到大戰結束的前一年、即一九四四年、由於戰局漸趨激烈、台灣的產米更趨低落、但因海上運輸受到美海軍的封鎖、以致台米不能運出島外、食糧局與駐台日軍所存米穀充滿了全島的倉庫、所以並沒影響到次年（終戰的一九四五年）的島內消費。因爲這樣、終戰後若不是遭到蔣家國府及其官員施以強徵暴斂及搶運台米搬回大陸、台灣島內的米糧供應當不致短絀到發生米荒的地步。

蔣家國府對於台灣產米特別垂涎、一開始就把日據時代的米穀統制機構整套繼承下來、並以殖民地的糧食掠奪方式爲基礎、加上中國特有的「**田賦徵實制**」（地租穀納制）及一連串的軍閥性糧食徵發辦法、向台灣農民施以更殘酷的封建剝削、其採取的具體辦法與步驟大體如左：

(1)　繼承總督府的「**米穀統制機構**」——陳儀於一九四五年十月二十四日來台後、隨即在十月三十一日公佈「**台灣省糧食臨時辦法**」、並從十一月一日起開始接收總督府的食糧局・食糧營團・農業會等有關米穀的統制機構、同時設立了「**台灣省糧食局**」、任命台灣人投機份子李連春爲糧食局長、使其**繼續**推行米穀統制政策（參閱「經濟法規資料」—《台灣銀行季刊》創刊號 p.363）。

(2)　「**田賦徵實制**」——蔣家國府一來是爲了避免「**地租收入**」受到經濟恐慌所引起貨幣貶値的影響、想把這個損失嫁之於台灣農民、二來是爲了供應中國大陸的軍需與民食以及在台蔣派中國人（都屬於軍隊與政府機關人員）以足夠的糧食、於一九四六年七月三日、公佈「**台灣省田賦徵收實物實施辦法**」、自一九四六年第二期稻米收成時起、以土地稅（賦元）一元徵收米穀八・五公斤爲準、實施地租的「**穀納制**」（參閱「經濟法規資料」—《台灣銀行季刊》創刊號 p.308　台灣省糧食局「十六年來之糧政」一九六二年 p.20）。

自一八三四年滿清政府把舊有的「**穀納制**」改爲「**銀納制**」（參閱 p.197）、繼之日據時代採取「**金納制**」（參閱 p.287）以來的一〇〇年之後、這種**封建剝削**的死靈魂「**穀納制**」、卻在二十世紀的貨幣

表98　糧食局 1946－51 年的米穀徵收實況（1000 噸）

	征收				強制收購			米肥物物交換	生產資金貸款之償還	徵發總計①	產米數量②	①÷② %
	地租	縣公學糧	防衛捐	官有地地代	私有地隨賦收購	官有地餘糧收購	大戶餘糧收購					
1946（民35）	51			2		6				59	1,162	5.1
1947（民36）	59	17		8	78	7	38			207	1,299	15.9
1948（民37）	55	16		7	74	8	10			170	1,388	12.2
1949（民38）	60	18		10	79	9	6	156		338	1,580	21.4
1950（民39）	60	18	17	12	81	10	6	238	61	503	1,847	27.2
1951（民40）	58	17	17	9	78	11	4	279	34	507	1,931	26.3

（資料）　台灣省糧食局「台灣糧食統計要覽」1952
台灣省糧食局「中華民國台灣省十六年來之糧政」1962
劉進慶「戰後台灣經濟分析」1975

經濟時代借屍還魂、成為反動的蔣家軍閥政權魚肉台灣勞苦農民的催命符。

(3)「**強制收購米穀制**」——蔣派國府為了加緊掠奪台灣農民的勞動果實、除了田賦徵實制之外、再於一九四七年七月三十日公佈「**台灣省卅六年度收購糧食辦法**」、一九四八年七月八日再改為「**台灣省收購糧食辦法**」、以低米價來強制收購產米（一九四七年底、米的市價已漲達一石五萬六千元之時、糧食局僅以二萬六千元的公定米價劫去農家產米—參閱莊嘉農「憤怒的台灣」P.91）。

這種封建的糧食徵發辦法大略有二：㈠「**隨賦收購**」（以公定價格、並按所繳納地租額的比率來強制收購米穀—參閱表98、「經濟法規資料」〃台灣銀行季刊〃第一卷第三期 p.246）。㈡「**收購大中戶餘糧**」（攤派年收稻米一五噸以上的地主與自耕農、扣除應繳納地租與自家消費之外的所謂「餘糧」的四〇—六〇%按公定價格賣給糧食局—參閱表98、「經濟法規」〃台灣銀行季刊〃第一卷第三期 P.241）。

(4)「**米肥物物交換**」——蔣家國府為了供給從中國內戰敗退來台的軍政人員的糧食、變本加厲的想從台灣農民吸取更多的米穀、遂在一九四八年九月公佈「**台灣省政府化學肥料配銷辦法**」、由政府壟斷肥料的輸入・銷售及配給、並以不等價（把米價壓低、肥料價格抬高）進行米穀與肥料的物物交換、而集中了巨量的米穀於糧食局長・李連春掌中。其他、還有「**米穀綿布交換**」等、同樣以低米價劫去更多的米糧（參閱表98、「經濟法規資料」—〝台灣銀行季刊〞第二卷第二期 p.230）。

因此、從終戰以來就一直剝削著台灣農民的田賦徵實・收購米穀・米肥交換等三項反動政策、實在是蔣家國府掠奪農民勞動果實的法寶、也是壓低米價與工資的元兇。

言歸終戰時期、接收大員來台之初、蔣家國府除了恣意幹起這三項掠奪政策之外、還把「**救濟總署台灣分署**」從美國運來的救濟肥料（自一九四六年四月首次運來一萬五千噸開始、至一九四七年底一共一二萬二千噸）、都納爲己有、然後、以此爲交換物、再從台灣農民吸取同量的米穀、運回大陸充當軍糧（參閱「台灣省肥料運銷處資料」——〝台灣銀行季刊〞第三卷第四期 p.114「善後救濟分署資料」—〝台灣銀行季刊〞創刊號 p.227）。蔣家國府更在一九四八年九月十六日公佈「**台灣省政府化學肥料配銷辦法**」、長期續行這種不等價的米肥交換辦法、貪婪的劫奪台灣農民。

然而、不但是四大家族即蔣派國府如此的以強權掠奪台灣、就是被派遣來台的嘍囉們即陳儀等腐敗官僚也貪得無厭、他們歷來就具有雙重性格、一重是以「**官**」的身份執行掠奪殖民地的統治政策、再一重則以「**私**」的立場而假公濟私來自飽私囊。他們就是一方面以殖民地統治者的姿態、爲其老闆四大家族的利益著想、拚命搜刮台米運回本國去、同時在另一方面、更爲「**私**」的利慾燻心、詐稱政府的公糧或虛報數量而營私舞弊、把所舞弊得來的米穀偷運大陸、私下幹起走私交易的勾當而大發非分之財。這種小偷式的竊盜行爲並不限於官僚或軍警、凡是能利用船隻以圖暴利的大有人在。尤其是駕駛軍艦的海軍人員、或把持關卡的海關人員、其走私舞弊特甚。美國政府貸給中國招商局的一萬噸級自由型運輸船、可算在當時是頗負時譽的第一級運輸工具、他們每到台灣的港口、都以船中所需爲藉口、私下裝滿大量的額外米穀馳回大陸去。

因此、終戰後蔣派中國人一到、本是米倉的台灣、卻鬧起日據時代從未有過的「米荒」。這種令人難以置信的米荒、先從台北市開始鬧起、其後很快就波及台灣北部的各地市鎮、甚至波及於產米地區的新竹•台中及中南部的各個角落。陳儀卻不管島內民食是否足夠、接二連三的公佈了「**台灣省糧食管理臨時辦法**」（一九四五年十月三十一日）•「**台灣省徵購米穀獎勵懲罰辦法**」（同年十二月九日）、並成立「**糧食勸征隊**」（同年十二月二十日）等、專事搜刮農家食米。結果、這種米荒與政府禁令、同時帶給官憲能有更多發財的機會、他們趁機重演「**表面禁止、背面舞弊**」的拿手戲、大撈非分之財。

當台灣全島正鬧米荒的時候、南京的中央政府卻火上加油的下令要台灣交出更多的米穀以供內戰、一九四六年四月更派遣所謂「**中央徵糧督導團**」常駐台灣、加緊督促徵收軍糧。

因爲蔣派國府及其官憲的明劫暗奪、公私兼行、所以到了同年十一月底、第二期的稻米雖有收成、但是各地的米荒卻更加嚴重、連產米地區的鄉村農戶也陷入苦境。米價直線上升（終戰時台北市食米一斤〇•二圓、但不經多久、即同年十一月底已漲到二二•〇圓）。然而、陳儀卻更加嚴厲的搜刮農家產米、官憲也在暗地裡挪用公款私行囤積米穀、而後再以高價出售、以果私腹。商人則與官方勾結而大抬米價、台灣人奸商也做了中國人官商的爪牙、出面搜購米穀、使台灣全島更加陷入窘境。

這樣一來、年關一到、米荒愈趨嚴重。陳儀雖然在表面上張著統治者的面孔囂張要禁止台米私運島外、各縣市政單位也發出禁止以食米釀酒或製造米粉及運米出境等命令、但蔣家國府卻繼續搜刮大量米穀運往大陸、官憲們依然在背後大擵舞弊與走私的勾當、所以台灣米穀的絕對量只有急速減少而已。

於是、全島民情開始騷動：㈠一九四六年一月十四日花蓮港召開民衆大會、要求陳儀出售政府公糧、㈡同年一月二十八日台中縣民開會要求縣下各地農會開放所存食米、㈢同年二月三日台中市召開市民大會、要求陳儀廢止糧食管制、㈣同年二月二十一日台中市的貧民因生活所迫、起來包圍市政府、要求市長電請陳儀借用食米五千石以解民饑、市長看到形勢異常、才勉強由長官公署借來五〇〇石食米以敷衍了事（參閱台灣銀行東京特殊清算事務所「終戰後の台灣における金融經濟法規並に資料」台灣接收後の經濟日誌）。

然而、陳儀反而把發生米荒的責任推在台灣人身上、揚言這是省民囤積食米並阻撓政府徵購米穀的結果、一九四六年二月二十五日、陳儀召開所謂「**台灣省糧食調整委員會**」、並公佈「**台灣省查禁私運食糧處理辦法**」及「**台灣省取締糧食囤積居奇又阻撓運輸辦法**」（同年二月二十八日）。本來、政府禁止囤積食米以保民需乃屬天經地義、但在那些半面是官半面是盜的中國官憲作威之下、所謂不許「民」囤積及私運、其實是加緊「官」的徵購與運輸、結果、使當官們更加明目張膽的自肥私腹、從這一點開始、台灣人才深深的體會到中國當官的所謂「**發財**」就是這麼一回事。

一九四六年初夏、第一期的稻米出籠、米糧供應的過渡期已過、但也未能解除食米不足的窘況、加上、在外的台灣同胞陸續回台、中國人官民也接踵而到、台灣島內人口大爲增加、加以化學肥料斷絕進口已久、以致稻作更爲低落、所以食米的不足仍然異常嚴重。秋天第二期的稻米收成、食米還是供不應求。

一九四七年（民國三六年）、等到美援的救急肥料繼續運到後、稻作才見改觀、農村生活稍趨穩定、但是都市的米荒卻愈來愈嚴重。此時、台北市的報紙連日刊登「**大米荒、大米荒**」等一連串的記事、然而陳儀卻好比在鼓動米價上漲似的、又公佈了「**台灣省非常時期違反食糧管理治罪暫行條例**」、但是無論如何、仍然不能解除食米不足現象、米價繼續無止境的上漲（一九四七年秋、台北市的一斤食米漲爲一五〇元）。唯有中國商人高興的說：「**不怕禁令、有禁我們才有錢賺**」。

當台灣人遭受這種前所未見的「米荒」而困惑不已時、消滅已久的「鼠疫」又從中國大陸傳進台灣。台灣人在受到米荒與鼠疫夾攻的困苦之餘、諷刺的說：「誰把米穀吃光？大陸來台的老鼠吃光」。

i 「祖國」帶來的禮物——經濟恐慌・饑餓・失業・社會不安

本來、台灣在日據時代的經濟建設已有相當基礎、戰爭結束後、只要能照以前一樣輸出糖・米等特產、換回生產器材・化學肥料・日用品等、那麼、台灣的近代產業必能恢復常態、民生就可穩定（參閱p.407）。無疑的、戰後社會混亂不僅是台灣如此、就是鄰近的日本・中國大陸以及東南亞各地也同樣的動盪不安、所以要恢復四周的交通、實屬一件頗不容易的事。但是戰爭既然結束、只要島內的戰後處理妥善、這過度時期的台灣經濟、起碼是不會比戰時更差的。

陳儀就任台灣行政長官時、在重慶就發表談話說：「接收工作、必以行政不中斷・工商不停頓・學校不停課爲原則」、同時又大言不慚的強調著：「祖國必使台灣在安定中求繁榮」。當初、台灣人聽到這明淨爽利的話、都信以爲眞、一面喝采、一面做了「安定」「繁榮」的美夢。

後來、台灣人親眼看到自從「祖國」霸佔了日人所留下的台灣企業之後、全島的工商立即墜入混亂與凋零的悲慘境地、大家才從「美夢」中覺醒過來、並認識到台灣之歸復中國除了「祖國」所給的經濟恐慌之外、別無所得。這次的經濟恐慌、既深廣且長久、實屬空前。處於這種嚴重的災殃當中、除了一小撮買辦台灣人（半山・靠山）大發所謂「光復財」之外、台灣人大衆均遭到極殘酷的掠奪、就是中小地主・資產家等有產階級的財富也被搜光、結果、整個台灣陷入失業・饑餓・物價暴漲・社會不安的漩渦裡去。

一九四五年至五一年間、席捲台灣全島的經濟恐慌、大略可分爲三期：

(1)　第一期　自一九四五年（終戰）、至一九四八年八月（中國本土的金圓券改革）

這是台灣脫離「**日本圈**」而被編入「**中國圈**」的初期。蔣家國府的殖民地經濟剝削與超經濟掠奪政策以及貪官的胡作非爲（劫收・舞弊・貪污・破壞、獨佔企業、亂發紙幣、強徵糖米等）、導致台灣社會在政治・經濟上呈現極端混亂的現象、經濟愈混亂、蔣家國府及其貪官們趁火打劫的現象也就愈加厲害、終於演成嚴重的經濟恐慌。關於這第一期經濟恐慌的各種原因已略述於前。

(2)　第二期　一九四八年八月、至一九四九年六月（新台幣改革）

這是蔣家國府爲了徵調打內戰所需的軍費與物資、更加苛酷搜刮台灣的時期。加上、中國本土所發生的惡性經濟恐慌已波及台灣。後來、蔣家國府在大陸的戰事不利、爲了劫取「**逃亡資金**」、乃混水摸魚的大肆搜刮財貨・金銀・外匯等、導致比第一期更嚴重的經濟恐慌。

(3)　第三期　一九四九年六月、至一九五一年六月（美援開始）

這是蔣派國府在中國本土吃了敗戰、把整個中央軍政機關搬來台灣的時期。爲了供給這些殘兵敗將的花費、其強徵暴斂有增無減、同時繼續濫發新台幣、劫奪更大量的物資・財貨、使台灣更進一步面臨經濟崩潰的危機。但在另一方面、也因蔣家國府敗退來台、台灣從中國本土被割開（政治・經濟上再次脫離「中國圈」）、以及「**美援**」從此開始的兩個因素、才使前後七年的經濟恐慌漸趨收斂。

現把促使第一期經濟恐慌發展爲第二期・第三期的主要因素略加說明如下：

I　中國本土的惡性經濟恐慌波及台灣——如上所述、因日本戰敗、台灣在政治・經濟上被編入「**中國圈**」。一般的說、凡是要把原屬不同經濟圈的一個社會重新編入另一國家圈內時、必須先從兩地的「**幣制統一**」做起（參閱 p.350）。然而、蔣家國府當佔領台灣之際、他們以：(一)將台灣從中國本

表99　台幣與法幣・金圓券的匯率變動

	台幣一元換法幣	匯率調整		金圓券一元換台幣	匯率調整
1945(民34)10月	30元	匯率固定化	1948(民37) 8月19日	1,838元	匯率固定化
1946(民35) 8月20日	40	匯率調動	11月 1日	1,000	機動調整
9月23日	35		11月11日	600	
1947(民36) 4月24日	40		11月26日	370	
5月16日	44		12月30日	222	6次
6月 2日	51		1949(民38) 1月31日	80	10
7月 3日	65		2月25日	14	16
9月 1日	72		3月31日	3	9
11月22日	79		4月11日	1	4
12月24日	90		4月30日	0.05	10
1948(民37) 1月13日	92	機動調整	5月27日	0.0005	7
2月28日	142	16次			
3月25日	205	10			
4月27日	243	7			
5月20日	346	11			
6月28日	685	15			
7月31日	1,345	11			
8月18日	1,635	5			

（資料）　黃登忠「台灣省五年來物價變動之統計分析」附表5-"中國農村復興聯合委員會特刊"第3號，1952年
台灣銀行經濟研究室「台灣銀行季刊」第1卷第1期-第3卷第1期
台灣銀行經濟研究室「台灣經濟日誌」各期
劉進慶「戰後台灣經濟分析」p.47

土特殊化（殖民地化）、㈡避免台灣受到戰後中國的惡性經濟恐慌的影響、以這兩點為表裡的理由、從一開始就不把「**台幣**」跟「**法幣**」加以統一化、使其各具獨立機能、並禁止互相在對方地區流通。然後、想以按照物價變動率調整二者的「**公定匯率**」、以便調節台灣經濟與大陸經濟的相互關係。

如表99所示、蔣家國府於一九四五年十月、將台幣與法幣的匯率公定為一對三〇（當時以二者實際的「貨幣購買力」來說、台幣因這種公定匯率吃虧很大、這無非是蔣家國府掠奪殖民地的辦法之一端）。其後的五年間、又以公定匯率「**固定化**」與「**調整**」的二種辦法處理、就是：㈠固定化（自一九四五年十月起）、㈡匯率調整（自一九四六年八月二十日起、由行政院調整）、㈢機動調整（自一九四

八年一月十三日起、由台灣銀行調整)、㈣再行固定化(大陸金圓券改革後的一九四八年八月二十三日起)、㈤再改爲機動調整(一九四八年十一月一日—四九年六月十四日新台幣改革的前日)。但是因二地物價都暴漲的非常厲害(二地的經濟恐慌不斷的趨向更大的危機)、所以匯率調整的方式及次數也更激烈更頻繁、例如、一九四八年一月前後至一九四九年的一年間、平均每個月調整一〇次。

然而、由於:㈠「**台幣**」與法幣匯率一貫被壓制爲比其台幣實際購買力低(大體上被壓低爲只有二分之一的貨幣價值)、所以若以台幣換取法幣在大陸買東西就要吃虧、相反的、以法幣換取台幣在台灣購買東西則比在大陸買時佔很大的便宜(參閱黃登志「台灣省五年來物價變動之統計分析」附表2—〝中國農村復興聯合委員會特刊〞第三號)、㈡大陸的經濟恐慌比台灣來得猛烈、物價上漲也比台灣更爲厲害、所以無論如何的調整或固定化匯率、以法幣換取台幣來台購買東西、都比在大陸便宜、㈢中國內戰既然對蔣派國府急速趨向不利、大陸的政治更加不安、經濟極端混亂、所以大陸上的「人」與「**資本**」都想逃亡國外、因此、本土的軍政機關只想利用不值錢的法幣換取台幣來台搜刮物資、上海等地華南都市的「**民間資本**」也大量傾入台灣而大肆購買財貨、結果、台灣的財貨都陸續被劫回大陸、或被來台的中國商人劫爲己有。

如此、本來是要防止大陸的經濟恐慌波及台灣的「**台幣**」(從初就缺乏充分的發券準備金、不能兌現、所以同樣的不值錢)、卻成爲中國本土與來台軍政機關及中國商人劫掠台灣財貨的工具、同時也成爲大陸經濟恐慌影響台灣的嚮導、並成爲擾亂島內經濟及危害民生的禍根。就是說、以不值錢的「**法幣**」換上台幣、再以同樣不值錢的「**台幣**」爲工具、劫取台灣人的血汗結晶。

Ⅱ　大陸資本逃亡台灣——四大家族即蔣家國府爲了進一步的:㈠強徵打內戰所需的軍費及物資、㈡籌備逃亡資金、㈢迴避大陸經濟崩潰的危機等、乃於一九四八年八月十九日公佈「**財政經濟緊**

表100　1948年台灣銀行的省外匯兌收支

	入	出	入超（△＝出超）	台幣1元對法幣
1月	5,907百萬元	6,255百萬元	△348百萬元	94元
2	6,544	5,025	1,519	110
3	5,365	9,438	△4,073	184
4	5,567	8,183	△2,616	228
5	6,097	10,301	△4,204	320
6	9,342	5,871	3,471	470
7	9,940	15,788	△5,848	1,010
8	13,301	8,854	4,447	1,536
9	44,303	8,480	35,823	1,635
10	68,219	8,062	60,157	1,635
11	47,382	69,015	△19,633	4,317
12	246,170	27,818	218,352	8,705

（資料）　台灣銀行經濟研究室「台灣銀行季刊」第2卷第3期，1949年p.20

急處分令」、採取：①發行金圓券、②強徵金銀・外匯、③登記中國人在外資產、④強化經濟統制等四項緊急措施、同時實施於大陸・台灣兩地。這就是所謂的「**金圓券改革**」（又稱「八・一九改革」）。

然而、一來是內戰愈來愈對蔣家國府不利、二來是四大家族利用強權在上海等各都市所施展的經濟統制特別嚴格（正當蔣經國在上海「打老虎」的時期）、以致具有投機性的軍政資金（這就是四大家族即蔣家國府的封建性・軍閥性的一個特性）、及商業資本失去在本土搞投機買賣的機會、所以這些軍政資金及商業資本乃以「**疏散應變**」爲藉口、而接踵逃來台灣。

如表100所示、一九四八年底逃來台灣的所謂「**大陸資本**」、也就是舊台幣發行額一、四二〇億元、本票七八七億元的時候（參閱表94）、自上海等處流入台灣的大陸資本竟達二・一八三億五千二〇〇萬元之巨。這麼巨大的大陸游資都被使用於投機買賣、因此、在通貨膨脹物價飛漲的情況之下、台灣人乃以不值錢的台幣・本票、再度被劫去無可計量的龐大血汗結晶與財產。

此時有象徵著經濟極端混亂的挿曲、就是因百貨天天飛漲、充斥於市場及台灣人大衆手裡的一大堆通貨（台幣・本票）都不

表101　1948年黃金・美鈔的公定價格與市場價格的變動

	黃　金（一台兩）			美　鈔（一美元）		
	公定價格 (1)	市場價格 (2)	(2)/(1)	公定價格 ①	市場價格 ②	②/①
6月	51,140元	281,000元	5.4倍	1,188元	4,490元	3.8倍
7月	19,100	440,000	22.5	529	7,000	13.2
8月（1-18日）	64,364	426,000	6.6	3,734	7,011	1.9
8月（19-31日）	440,400	447,000	1.0	7,340	7,525	1.0
9月	440,400	447,000	1.0	7,340	7,525	1.0
10月	440,400	1,002,000	1.8	7,340	14,666	1.9
11月	440,400	1,316,000	3.0	7,897	21,833	2.7
12月	440,400	1,143,000	2.6	19,000	21,166	1.1

（資料）　「台灣銀行季刊」第2卷第3期，1949年 p.52

向銀行回籠、而被集中於商品投機或高利貸手裡、結果、所謂「**地下錢莊**」如雨後春筍的相繼出現。一九四九年初全島有五〇〇家以上的地下錢莊、這些投機商人兼高利貸、都以高利（月息高達四五—八〇%）爲餌、騙取巨大的大衆零星資金（例如只「七洋貿易行」一家就收集了二、三〇〇億元、這乃是台幣發行額四、七〇〇億元、本票一兆億元的時期）、以便做投機買賣。後來、七洋貿易行等全島的地下錢莊、因受到台灣省主席・陳誠的強硬取締、才相繼倒閉、結果、寄存生活資金於地下錢莊的台灣人大衆普遍的成爲犧牲的對象（參閱陳榮富「台灣貨幣金融外匯貿易全書」一九五四年 p.42）。

Ⅲ　四大家族劫收金銀・外匯——四大家族即蔣家國府、以「**財政經濟緊急處分令**」第三項爲藉口、命令人民於一九四八年九月三十日以前、把所有金銀・外匯等以公定價格賣給指定銀行、違者一律充公。台灣、在台北市警察局的強制執行之下、一共搜刮了台灣人的黃金二萬四千四二二台兩、銀一一萬四千三八七台兩、美鈔七一萬四千元、港幣五一萬元等、總值台幣一八〇億元、等於同年八月底台幣發行額一千億元的一八%、主要是從台灣的地主資產家・商人等資產階級打劫得來。（參閱台灣銀行金融研究室「幣制改革在台灣」—〝台灣銀行季刊〞第二卷第一期 p.102）。其結果、導致黃金・美鈔的黑市價格波動無常（參閱表101）。這種巨額金銀的強制徵收、比起日據時代的戰時徵收還要兇暴（參閱p.403）。

台灣資產階級以台灣銀行增發的這一八〇億元台幣變相的被劫去金銀・外匯之後、爲了防止自己的財產再行貶値而受到更大的損失、立即拿這一大堆的鈔票再購進其他種類的物資或財貨、結果、這一八〇億元的台幣就更加氾濫於市場、而成爲物價更暴漲的新的根源。

這筆龐大數目的金銀・外匯名目上是收歸國庫、但在實際上都被四大家族及其嘍囉搬出國外、當做「**逃亡資金**」而分贓收爲己有。例如、蔣派國府自大陸敗退的前後時期、被他們搬出國外的、大概有：㈠共計一億八千萬元的美鈔被運往美國、㈡蔣經國雖帶黃金一四〇噸到台灣、可是卻轉運四〇〇萬兩（一五〇噸）到美國、㈢中央銀行廣東分行運往香港港幣二億元、㈣中央信託局把巨量的桐油・衣料・機械器具等運往台灣及香港、㈤通過交通銀行菲律賓分行而從大陸搬出相當數目的官僚資本於該地（參閱渡邊長雄「中國資本主義と戰後經濟」一九五〇年p.76）。

Ⅳ　官營企業抬高成品價格――蔣家國府獨佔台灣企業之後、官營企業乃以國家權力及官僚資本爲後盾、一方面獨佔台灣銀行貸款（參閱表95）、另一方面則壟斷「**獨佔利潤**」（例如、一九四七年度台灣煤礦公司一二家企業的利潤率高達五〇%以上）、而成爲㈠台灣省財政收入最主要的來源（例如、一九四七年度台灣省財政收入中的官營企業利益收入佔總收入的二七%—參閱台灣省財政廳「台灣省政府成立以來之財政概況」—《台灣銀行季刊》第二券第二期、一九四八年p.90）、㈡中國本土打內戰所需軍費與軍用物資的生產工廠、㈢企業幹部（都是蔣派中國人）貪污腐化・無能浪費・官僚主義勒索的搖錢樹。

爲了滿足上述政府財政・軍事徵調・幹部貪污等、無可避免的要比原料漲價早一步來提高成品的售價、例如：㈠「**台灣電力公司**」提高電力用費爲三・五倍（一九四八年後半）、㈡「**台灣省公路局**」的車票一下子漲爲四倍（同年十一月）、十二月又漲爲二・二倍（就是二個月間漲爲八・八倍）、㈢「**台灣省**

鐵路局」的車票漲爲三倍（同年十一月）、㈣「**台灣省煤炭調整委員會**」把煤價提高爲二・三倍（同年十一月）、㈤「**台灣水泥公司**」的成品漲爲四倍（同年十一月）、㈥「**台灣紙業公司**」的成品漲爲八・五倍（同年十一月）、㈦「**台灣糖業公司**」的糖價提高爲四・五倍等（參閱「台灣經濟日誌」—《台灣銀行季刊》第二卷第三期 p.180）如此、壟斷台灣產業的官營企業、同時也是物價暴漲的禍根。

簡單的說、濫發紙幣（參閱 p.739）・獨佔企業（參閱 p.733）・壟斷貿易（參閱 p.746）・強奪物資（參閱 p.749）、及中國惡性經濟恐慌來襲・大陸資本逃亡來台・四大家族劫收金銀外匯・官營企業抬高成品價格以及蔣家國府從大陸敗退台灣等因素、無不成爲台灣經濟恐慌的推動力、也就是促使物價暴漲的元兇。

在此時期、台灣的物價上漲雖然不及上海等中國本土厲害（例如、一九四七年的上海物價漲爲一〇倍、台灣則漲爲六倍—參閱台灣省政府財政廳統計室「民國36年之台灣物價」—《台灣銀行季刊》第一卷第四期 p.174　黃登忠「台灣省五年來物價變動之統計分析」—《中國農村復興聯合委員會特刊》第三號、一九五二年 p.18）、但在殖民統治的經濟剝削與超經濟掠奪政策之下、台灣卻隨著大陸的物價上漲而上漲、經濟恐慌迅速發展到破產的邊緣。

據統計、自一九四六年至五一年之間、台幣的發行膨脹爲二萬餘倍（本票發行不算在內—參閱表94）、各種物價最高漲爲二萬一千四〇〇倍、最低四千倍、平均達九千六〇〇倍（參閱黃登忠「台灣省五年來物價變動之統計分析」p.1）。如表102所示、物價暴漲最厲害的時期是經濟恐慌的第二期（一九四八年十月—四九年六月）。後來、一九四九年六月實施「**新台幣改革**」才使面臨經濟破產的局勢開始回頭。其後官方所稱的物價上漲只四倍、但實際上漲得更凶。一九五一年「**美援**」趕到、繼續七年的經濟恐慌才稱得上開始收斂。在這長期的狂風暴雨之下：㈠工資指數愈來愈比不上物價指數、使工人・低薪者・都市

表 102　1946－50 年的主要物價指數

		平均指數			各物價指數對總物價指數的比率		
		第一期 1946 年 1 月｜48 年 9 月	第二期 1948 年 10 月｜49 年 6 月	第三期 1949 年 6 月｜50 年 12 月	第一期	第二期	第三期
	1937 年= 100						
一般	總物價	33,133	2,642,400	30,751,000	100.0	100.0	100.0
	通貨發行	12,277	548,370	8,738,400	37.1	20.8	28.4
	黃金	82,078	7,173,800	31,956,000	247.7	271.5	103.9
	工資	10,978	783,740	14,701,000	33.1	29.7	47.8
大陸產品	綿布	64,402	3,708,200	29,565,000	194.4	141.1	96.1
	麵粉	45,068	3,936,000	25,275,000	136.0	148.9	82.2
	大豆渣	48,105	3,910,000	39,881,000	145.2	148.0	129.7
台灣產品	蓬萊米	29,941	1,963,200	19,341,000	90.4	74.4	62.9
	砂糖	30,764	1,091,100	8,843,900	92.9	41.3	28.8
	豬肉	34,879	2,041,500	29,657,000	105.3	77.2	96.4
	蔬菜	13,497	1,438,500	26,522,000	40.7	54.4	86.2
	木炭	21,011	2,397,200	37,345,000	63.4	90.7	123.7

（資料）　黃登忠「台灣省五年來物價變動之統計分析」－"中國農村復興聯合委員會特刊"第 3 號，1952 年 p.5

貧民等生活一天不如一天、㈡米・糖的價格指數比物價指數低、使台灣農民・農村貧民更加貧窮、㈢「台灣產品」的物價指數比「大陸產品」的物價指數高得很多、所以在商業流通上、台灣不斷的遭受殖民地式掠奪。

上面所提到的數字、只不過是計量學上的統計數字、還不能完全說明當時極端混亂的實際狀況。台灣人大衆在這水深火熱中、所體驗到的「經濟恐慌」何止千萬倍於統計數字！「政府所掌握物資的漲價比民間物資的漲價高得多、譬如、民間物資的米・煤、自從台灣收復以後一年間、漲四二〇倍及四三〇倍、但是政府物資的糖漲七九〇倍、鹽漲一千六〇〇倍、水泥漲二千五七〇倍、火柴漲一千倍……」（莊嘉農「憤怒的台灣」p.89）。如表103所示、僅看台北米價的漲勢、就可知當時物價上漲的可怕。但是、米價始終被壓低、其上漲指數還只是一般物價的上漲指數

表 103　台北市零售米價上漲實勢（1945－61 年）

	白米一台斤	指　數
1945(民34) 8月	0.2 圓	1 倍
〃 10月	3.6	18
〃 11月	12.0 元	60
1946(民35) 2月	16.8	84
〃 4月	20.0	100
1947(民36) 1月	80.0	400
〃 12月	220.0	1,200
1948(民37)12月	2,400.0	12,000
1949(民38) 4月	4,000.0	20,000
1950(民39) 1月	新台幣 0.6	120,000
1961(民50) 4月	〃 4.0	800,000

※新台幣 1 元＝舊台幣 40,000 元

的三分之二、其他生活必需品可以想見。

總而言之、「**祖國**」帶來了天翻地覆的超級經濟恐慌、天文數字的物價、關閉工廠・歛收農產、導使台灣發生所謂「**財富再分配**」的嚴重問題（財貨・財產被掠奪、蔣派中國人發財、台灣人貧窮化）。由於八〇萬失業工人、及從海外・軍隊復員歸來的一〇萬青年都擠在農村自家裡、所以農村充滿著失業人口及半失業人口、農民在炎日下流血流汗、而生活卻日益下降。都市貧民・低薪生活者・中小工商業者也都在物價飛漲・物資缺乏的生活裡掙扎。於是、老幼成爲小販或乞丐・婦女淪爲娼妓、加上從大陸傳染而來的鼠疫・霍亂・天花等、使較有衛生觀念的台灣人驚慌不已、因此社會不安、秩序大亂。看到「**祖國**」帶來如此「**禮物**」、怎不令人黯然心碎！

j　二十世紀的怪現象

蔣家國府及其嘍囉來台後的所做所爲、其蠻橫暴行令人感到氣憤、其愚昧無知也令人感到滑稽可笑。他們所做的許多事情、依照台灣人的常識來說、都是在這二十世紀的世界裡令人難以置信的「**怪現象**」。

接收大員到達台灣的第一天、隨即著手的是徹宵不眠的竄改日人所留下的帳簿或燒毀文書、接著就

是搬走辦公用具與物資。特別是在工廠方面、能拆下的零件或能搬移的器材・製品・原料等、轉瞬間都被搬走得一乾二淨、連馬達・引擎等重機器類及各色各樣的器具、也被拿去拍賣以致氾濫於市上、有的甚至帶到上海・香港等地去拍賣、自飽私囊。台灣人看到這種不可想像的公然且徹底的「**世紀大掠奪**」、敢怒而不敢言、只有搖頭嗟嘆而已。

日據時代駐紮在台灣的日本空軍第八飛行兵團、於戰爭結束後、就把全島機場六五所及軍用機九〇〇架、盡數移交給從大陸飛來的中國空軍。在戰爭中被日本徵調在飛機場服軍務的台灣航空整備兵、也同時被中國空軍留下來、仍在原來的崗位繼續工作。中國空軍軍官常常命令他們把混有各種藥品的食鹽水澆在飛機的機翼上面。年青的台灣人整備兵、起先頗感到費解、但仍以為中國空軍新從美軍學來而日軍所不懂的特種技術、只好拚命的澆上而想完成任務。不久、才恍然大悟、原來銀亮的機翼一澆上鹽水藥液便會生鏽。當官們就把生鏽的飛機當做廢物、一個個拆下來賣給廢鐵商人、所得現款則被納入他們的荷包。因此、在戰後物資缺乏的時候、就是以拆下來的機翼所製成的銀色鋁鍋一時氾濫於市面、使台灣婦女們爭先購買渴望已久的這些珍奇的鋁鍋。

隨著接收工作的進展、各處的政府辦公廳・倉庫・工廠等、也頻頻發生無名怪火、使台灣人感到莫名其妙。譬如、台北市東北角的舊台北州廳鋼筋水泥大樓裡頭、遭到一夜怪火而燒得體無完膚。但是這令人難以理解的謎畢竟還是被揭穿、原是把建築物燒掉、即可將文書・帳簿等公家資料、連舞弊・掠奪等一切壞事的證據也一齊化為烏有。

一九四六年八月南京政府為了隱蔽這種不可告人的局面、乃以揭發貪污腐敗為名、派遣閩台監察使・楊亮功到台。此時、正是官廳・工廠頻起怪火、糖・米・樟腦陸續被搬在上海・香港等地、島內通貨膨脹・物價飛漲的時期、但中央派來的這位「**欽差大臣**」、卻在台北發表了：「**接收工作順利、**

接收人員都很清廉守職」的談話、然後像馬戲團小丑似的搖擺而去。其後、又來個閩台區敵僞接收清查團長・劉文島、他也表示要澄清是非以盡職責、但在陳儀等人朝夕盛宴之下、又是不了了之的返回南京。台灣人親眼看這種接收的醜態、又聽到這些「中央」大員自欺欺人的表現與談話、只有扼腕長嘆。

日據時代、住在台灣的日本人、當然大多是傲氣凌人的殖民地官僚、但是他們在執行職務上卻絲毫不敢有所馬虎、同時在腦筋裡也公私清楚、一般在社會都較守秩序、平常對於個人的所爲、很少在公共場合張揚、雖然也有少數在私人關係上假公濟私、但也屈指可數。譬如、在戰時中、日本軍人與台灣人一起排隊上車的情景是很平常的事。然而、新來的蔣派中國人、只要有一官半職、就帶有濃厚的征服者優越感、以爲排隊候車只是台灣人應盡的義務、相反的、恣意從旁揷進而搶先上車乃是他們統治者的特權。再者、不買票上車就是一個例子、如果查票員因此加以阻止、當場必遭一番痛打。沒有停車站的半路上、公共汽車也要隨時停車讓軍警人員自由上下車、不然、槍彈往往會從車子後面飛來。在戲院或車廂裡也得讓坐給當官們、否則、不管男女老幼、都有被推下車或從坐位上拉下來的可能、甚至於遭受一頓的拳打腳踢。

日本人所留下的二〇萬戶住宅、也是新到的征服者垂涎不已的對象。他們一到台灣就到處尋找這類房子、先冠以「敵產」的標示然後以「接管」的名目佔爲己有。有時他們發現這些「敵產」房屋已有台灣人進去居住、抑或被他們認爲是敵產的台灣人所擁有的房屋也一樣、住者大都得即時騰開、不然的話、軍警一擡進來、即使主人不在、家眷大小連帶傢俱都有被當場驅逐的危險。

不僅如此、台灣人的家產與財貨也成爲被強奪的對象、假借婚姻把台灣婦女帶到大陸去賣給妓女戶、也是司空見慣的事。台灣老百姓看到這些橫行霸道、爲非作歹的事情、也只有咬牙切齒來表示他們的憤怒而已。當官的只要有病、就去找台灣醫生治病、病治癒了理所當然、若是沒有治好、或者在治療中死亡、不管三七二十一都說是醫師治死的、常以暴力威脅要求巨額的賠償金、否則、就拆掉招牌或搗毀醫院、外科醫師吃虧尤大、一旦被誣為開刀致死病人、就會受到嚴重的處罰。

戰後、很多台灣青年都想在日據時代難以獲得的政府機關或官營企業裡任職、但是陳儀為了限制台灣人子弟在政府機關裡任職（這點與清朝時代及日據時代在本質上沒有兩樣—參閱 p.123, 314）、一方面優待・縱容・包庇那些以征服者姿態來台的蔣派中國人、另一方面卻以日據時代的學歷不能算在內的所謂「**資歷考核**」、來限制台灣人的職位與薪金。

若以文化水準與科學技術來說、台灣人與當時來台的蔣派中國人之間的差距極為明顯。尤其在科學・技術部門、因為水準較低的統治者站在台灣人頭上、以致常有工作耽誤得不能進展、有時還演出令人嗤笑的滑稽戲。譬如、接收大員接管鐵路局的時候、他們先把受過日本技術教育的台灣技術人員一個個叫上去、命令他們把所受過的「**奴化技術**」一一寫成報告、然後再將這些台灣人技術人員結集在一堂、說向他們傳授「**祖國**」的科學技術。但是、講堂裡的台灣技術人員一翻開上面所發給的教材、沒有不驚訝得目瞪口呆、原來其所謂「**祖國**」的技術教材、不過是他們被命令提出的那些「**奴化技術**」的集大成。

再舉出二、三個令人笑掉大牙的例子。身穿綿襖軍衣的中國士兵、都紮有鼓彭彭的綁帶。曾在日本軍隊生活過的台灣青年半開玩的問中國兵：「**鼓鼓囊囊的綁帶裡藏的是什麼？**」、中國兵驕傲的答著說：「**中國人在生活、講究新奇、很有科學腦筋、我們裹腿裡纏的是新發明的機器、可以隨時起飛**」。台灣青年聽到這般幼稚的回答、諷刺的說著：「**原來如此、所以自古以來中國兵臨戰時才跑得比別人快：：：**」、旁聽者莫不哄然大笑。中國人也有口含著香煙想在電燈泡上點火、也有拿著水龍頭插進牆壁想要引出自來水等、種種令人不可思議的笑料層出不窮。其實這並不足為怪、因為這些令人不可思議的事、實在是二者在歷史・社會・心理・生活上的所謂「**近代化**」程度相差懸殊所引起的現象。

本來、從台灣人方面來說、擺脫日本帝國主義的殖民統治實屬慶幸、這點無容置疑、然而、代之佔領台灣的蔣家國府、卻招來中國・中國人更為殘暴的殖民統治台灣・台灣人、這實在是個難以挽救的大悲劇、當時受盡新來統治者的虐政而傷心不已的台灣老百姓、乃流傳著一首名為「**台灣四天地**」的打油詩、就是：

台灣光復　歡天喜地
貪官污史　花天酒地
警察蠻橫　無天無地
人民痛苦　烏天暗地

k　戰後的台灣民眾運動

日本帝國主義投降後、舊有的日帝幫兇即買辦份子御用紳士、的確受到很大的打擊。他們懼怕蔣家國府接管台灣後、會嚴重的處罰他們、所以他們就搖身一變、馬上拋棄「**天皇陛下萬歲**」「**皇民皇公會**」等、而大談「**中華民族**」「**三民主義**」、有的甚至冒充是舊日的「**民眾黨**」「**台灣農民組合**」「**文化協會**」等抗日份子、在各地開始組織所謂「**歡迎祖國籌備會**」。

然而、陳儀到達台灣後、不但劫收日人壓搾台灣人所積存的財富、並且也接收了警察・特高・保甲・戶籍以及台灣革命份子的黑名單等鎮壓台灣人的工具、繼承日本帝國主義的衣缽、對台灣人繼續進行同樣血腥的殖民統治。陳儀之所以接受這些日帝時代的買辦份子及御用紳士台灣人的獻媚、就是想把他們仍舊利用爲殖民統治的幫兇御用份子。於是、陳儀先於一九四五年九月任命過去台灣民衆黨系的林忠・林宗賢・羅萬俥・林獻堂・林茂生・吳鴻森・杜聰明・陳逸松等人爲蔣家國府第四次國民參政員、再於一九四六年八月、指使林獻堂以下一二個御用紳士組織「**台灣光復致敬團**」、前往南京向中央要人獻媚致敬等、同時、陳儀又在全島各地也普遍的起用日據時代的大小御用紳士、要他們對新統治者鞠躬盡瘁。

蔣家國府初來接收台灣時、許多善良的台灣人因爲不熟悉中國形勢、以爲台灣已眞正獲得解放、可以自由從事政治活動、於是、全島各地如雨後春筍似的出現了各種團體。例如、「**三民主義研習會**」「**治安協助會**」「**新生活促進會**」等、甚至也有誤認特務組織的「**三青團**」爲眞正的三民主義青年組織、許多台灣的青年因此踴躍參加。這些台灣人團體大體上都是以：㈠協助建設新台灣、㈡協助維持治安、㈢促進台灣地方自治、㈣研究三民主義、㈤協助對於一般大衆的啓蒙工作等爲活動目標。無疑的、在這些領導者之中、也有抱著政治野心、想把這些大衆運動作爲政治資本、藉以爭取各種經濟權利。

但是、出於眞正愛護台灣的熱誠、想爲台灣人大衆的前途奮鬥、而開始組織革命團體的台灣人更多、就是「**人民協會**」「**農民協會**」「**學生聯盟**」「**總工會籌備會**」等。

⑴ **台灣人民協會**——戰爭一結束、這個團體就由謝雪紅・簡吉・林西陸（著者在潭仔墘頭家厝林家叔伯叔叔）等日據時代從事抗日革命而曾被總督府警察關了數年至十多年的革命戰士所創立。他們在政治・思想上對於蔣家國府認識得很清楚、也曾開過幾次會議、討論關於組織大衆與重建「**台灣前衛黨**」等問題、但是一來當時國際共產主義・中共以及日共等原來的革命組織連絡系統迄未擴至台灣

(雖然一九四五年底、中共中央曾派蔡孝乾返台、但他們與台灣脫節已久、一時無法與留在島內的革命份子獲得緊密的連繫—參閱 p.825)、二來是一般大衆均缺乏對蔣家國府的正確認識、又受到黃朝琴・李萬居等從大陸返台的台灣人買辦份子所散佈的「**空想大漢族主義**」的影響、因此、這些革命戰士才決定先組織包含各階層的大衆團體、藉以進行啓蒙運動。一九四五年九月二十日、謝雪紅等先假台中市第一女子學校召開「**台灣人民協會籌備會**」、參加者四〇餘人。同年九月三十日、又在台中戲院舉行「**台灣民衆大會**」、在會中提出了「**實施八小時工作制**」「**保障人民自由權利**」等民主要求、並說明組織「**台灣人民協會**」的目的在於團結各階層起來實現民主政治。這個民主運動因爲獲得各地民衆的廣泛支持、就在十月五日、假台中戲院、正式成立「**台灣人民協會**」。該會成立後、即發行機關報紙「**人民公報**」、致力於一般群衆的政治啓蒙工作、沒有多久、各地紛紛成立支部、發展甚爲迅速。

陳儀懼怕台灣人大衆的力量愈來愈大、就把這些革命份子列入黑名單、並藉口維持治安、派遣警備總司令部參謀長・柯遠芬組織全島性的特務黑網、監視並鎭壓「**人民團體**」。同年十一月十七日、長官公署於台灣人民協會假台北靜修女子中學校舉行台北支部成立大會時、公佈所謂「**人民團體組織臨時辦法**」、命令一切的人民團體即日停止活動。翌年一九四六年一月十日、再以強權下令「**台灣人民協會**」(會長林兌)解散。

(2)　**台灣農民協會**——「**台灣人民協會**」成立後、日據時代的「**農民組合**」的幹部、繼承舊農民組合的革命傳統、於一九四五年十月二十日、在台中市成立「**台灣農民協會**」、到會代表達一三〇餘人。代表們情緒高昂、令人想起日據時代農民組合的英勇鬥爭。該會又在會後另外舉行「**抗日諸先烈追悼會**」、參加者大都是昔日的抗日份子、即「**後期文協**」「**農民組合**」的舊幹部以及原台共黨員等、大家都發誓要繼續先烈的遺志、爲台灣的眞正且徹底的解放而奮鬥。於是、各地農民自動起來組織支部、不到一個月、會員竟達一萬餘人。

然而、日據時代曾參加過台灣農民運動的侯朝宗（參閱 p.648, 661）正於此時由大陸返台、他在重慶改名劉啓光、變節爲國民黨的黨徒、並成爲「**軍統**」的台灣幹部。他帶了一批特務人員返台時、看見「**台灣農民協會**」帶有左傾色彩、就以利誘籠絡的方式拉一部份幹部出來做官（當國民黨特務的爪牙）、陰謀瓦解這個台灣農民大衆的組織、剛成立的台灣農民協會因此被一部份不堅定的機會主義者所出賣、以致許多幹部受到「**軍統**」的暗中逮捕・迫害・殺害、結果、該會終也被陳儀強制解散。

(3)　**台灣學生聯盟**――戰後台灣的青年學生、也開始展開各種活動。他們受「**台灣人民協會**」與「**台灣農民協會**」的影響、於一九四五年十月初旬、假台北市中山當正式成立「**台灣學生聯盟**」、把原來的各校學生會全改爲該聯盟的各校支部。

該聯盟成立後、對於普及中國話與宣傳三民主義不遺餘力、但一時爲反動派所控制、以致盲目的擁護蔣家國府、並排斥具有民主思想的進步學生、而造成了日後學生運動的許多障礙（台灣讀書人即知識份子歷來的重大缺陷）。

然而、本來就富於正義感與熱血的青年學生們、後來親眼看到蔣家國府及其嘍囉所執行的殖民政策與殘暴的行爲、他們對於蔣家國府所抱的幻想很快的就煙消雲散、而逐漸轉變爲反殖民地鬥爭的急先鋒。

(4)　**台灣總工會籌備會**――自從一九三〇年代台灣勞動運動被破壞之後、日本帝國主義一向不允許台灣人有任何工人組織。戰爭一結束、台灣勞動階級也與一般大衆同樣、以爲勞動工人已獲得結社自由與要求改善生活的權利。因此、台灣工人們就在一九四五年十月二十日、衆集於台中、討論成立「**台灣總工會籌備會**」。然而、在積極籌備中的總工會、因受到「**人民團體組織臨時辦法**」的打擊、以致不能公開活動、謝雪紅當時住在大華酒家樓上。

就在蔣家國府的接收大員爲劫收事搞得一蹋糊塗的混亂時期、駐台日軍的「**主戰派**」勾結台灣人大買辦份子、搞出了一齣所「**台灣獨立事件**」。當時在台日本軍分爲「**主和**」與「**主戰**」二派、主戰派主張與進駐台灣的中國軍進行最後一戰、同時在台灣人買辦份子間煽動「**獨立運動**」、於是召集了買辦頭子的辜振甫（辜顯榮之子、「台灣皇民奉公會」實踐部長）・林獻堂（日本遺族院議員）・許丙（日本貴族院議員）・簡朗山（日本貴族院議員）・徐坤泉（日本憲兵隊囑託）等三〇餘人、召開了所謂「**草山會議**」。台灣總督兼第十軍司令官・安藤利吉聞報後、倉皇命令制止「**主戰派**」的蠢動、並禁止台灣買辦份子的「**獨立運動**」、這幕與台灣人大衆無關的獨角戲因此才被中止（安藤利吉其後被扣禁於上海戰犯監獄時、爲此事件服毒自殺）。

後來、這些主要人物、除了林獻堂之外、都被台灣警備司令部逮捕、辜振甫・許丙等由軍法處以「**共同陰謀竊據國土**」的罪名、被判有期徒刑二年。

陳儀爲了扼殺台灣人的進步思想、即以特務組織封鎖來自大陸的新華日報・文匯報等中共系統的報紙雜誌、並在島內壟斷了報紙・廣播・電影以及絕大多數的印刷造紙企業等（參閱莊嘉農「憤怒的台灣」p.77, 91　王思翔「台灣二月革命紀」p.29）。

1　阿山・半山・靠山

清國時代的所謂「**唐山人**」與「**本地人**」雖然同屬一血統、但在台灣史上已經過一段統治與被統治的殖民地鬥爭過程、使本地人逐漸打定獨特的發展方向、終於成爲今日的台灣社會與台灣人。

然而、在戰後、由於當初的台灣人未能把握住所謂「**同一血統**」這句話在台灣歷史・社會上所具有的正確的意義、反爲「**祖國**」「**同胞**」「**光復**」等言所迷惑、所以、台灣人一方面做統治者所給的「**美夢**」、另一方面卻遭受封建軍閥蔣家國府更加殘暴的殖民地暴政。

台灣人雖曾抱著狂熱的心情去歡迎從空而降的所謂「**祖國**」、但沒有多久、就不得不做了一八〇度的大轉變、改以滿腔的憤怒來對待蔣派中國人暴政。從此、台灣人凡在刀槍重圍下的公共場所稱來自大陸的統治者爲「**外省人**」、自己則稱爲「**本省人**」、但是、一旦回到台灣人自己的社會裡、就毫不客氣的把這些暴君罵爲「**阿山**」、另一方面、自稱爲「**蕃薯仔**」、以與外來者截然分開。

於是、「**阿山**」「**阿山式**」這個名詞、乃成爲殘暴・貪污・枉法・陰險・暗算・無法無天・荒淫無恥・公私不分的欺詐掠奪等一切壞事的同義詞。

另外還有一班人、他們雖然不是「**阿山**」、但是偏偏要站在「**阿山**」那一邊、當「**阿山**」的爪牙幫兇、壓迫剝削台灣人、這些人統被稱爲半山。所謂「**半山**」、是指原來在台灣出生、但在戰前移往大陸、而戰後卻仗著阿山殖民統治者的淫威、自以爲衣錦返台。

譬如、黃朝琴這班人、日據時代反對殖民統治、也曾參加過東京留學生的抗日運動。自「**前期文協**」沒落之後、他就移住中國大陸、後來又跑到重慶參加抗日戰、這些經歷也許可以算得上光明磊落。然而、戰爭一結束、台灣被蔣家國府佔領、這些膚淺的「**空想漢族主義者**」、他們昔日的所謂「**台灣解放**」的目標卻在瞬間分崩離析、竟自欺欺人的高喊：「**祖國既然來臨、台灣解放即告實現**」。原來、他們早就失去了要眞正解放台灣的大義與熱誠、成爲獵官的佞人、充當了給中國封建軍閥牽馬墜鐙的特務政客。這班人在台灣同胞的心目中、無疑的是出賣台灣同胞的敗類、但就蔣派中國人來說、他們爲了有效的施展壓迫・剝削台灣、這班貌是神非的台灣人正是他們所不可缺欠的工具。這般買辦幫兇早就把做爲台灣人的光榮如敝屣似的抛棄無餘、到頭來、只會跟著「阿山」屁股走、搖身一變成爲次於阿山的特權階級、仗勢欺壓台灣同胞以便「升官發財」。

他們效忠蔣家老闆的絕技多得令人驚訝、譬如、代爲施展壓迫剝削・提供鎭壓方法・代老闆分析情勢・利誘台灣人就範・做造謠分化的傳聲筒等、眞是五花八門、無所不至。

初期階段的「半山」、計有黃朝琴（外交部駐台灣特派員、台北市長—接收當初的職位、以下同）・劉啓光（軍事委員會台灣工作團主任、新竹縣長）・林頂立（軍事委員會特組長、台灣警總司令部別動隊司令）・王民寧（台灣警備總司令部處長、台灣省警務處長）・黃國書（台灣保安司令部處長、台灣行政長官公署參議）・丘念台（第七戰區長官部少將參議、國民黨台灣省當部主任委員）・謝東閔（高雄州接管委員會主任、高雄縣長）・連震東（台北縣長、台灣省參議會秘書長）・蘇紹文（台灣警備總司令部處長）・李萬居（台灣省行政長官公署參議、新生報社長）・游彌堅（財政部台灣區財政金融特派員）等代表人物、觀其所負任務、不是「軍統」的劊子手、就是「CC」的思想・政治・經濟上的特務爪牙、屠殺不下千萬人、其荼毒台灣同胞之深、非一般人所能想像。

「阿山」爲了壓搾台灣、覺得單靠「半山」爲爪牙不夠周密、因爲「半山」過去離開已久、與台灣社會的關係淺溥。於是、造成了第二級幫兇即「靠山」上場的機會。所謂「靠山」、就仗勢施虐這點來看、乃與「半山」一模一樣、但是這班人不是日據時代的特權階級即「台灣四大家族」及其附庸、就是「前期文協」「民衆黨」「台灣地方自治同盟」的大地主大資產家、他們本就具有濃厚的奴隸性與買辦性、所以、只要能繼續佔據其買辦特權地位、從日帝到蔣派軍閥政權只是換個爲老闆、對他們來說沒有什麼不同、他們又善於跟「阿山」「半山」同流合污、且對台灣經濟較爲熟悉、因此很快就被「阿山」所器重。如李連春（台灣省糧食局長—接收當初的職位、以下同）・徐慶鍾（台灣省農林廳長）・蔣渭川（CC系「建國協會」幹部）・林挺生（國民黨台北市黨部主任委員）等人可以說是其代表人物。

總而言之、無論「半山」或「靠山」、他們一方面替老闆壓搾・屠殺台灣同胞、另一方面則搶著吃蔣派中國人所丟給的殘渣、因此、黃朝琴・陳啓川的「第一商業銀行」、劉啓光・陳逢源的「華南銀行」、林獻堂・羅萬俥的「彰化銀行」、徐慶鍾的「土地銀行」、謝東閔・連震東的「合作金庫」等、都是蔣家國府以「官民合營」爲名、讓其壟斷的金融機關、他們就靠這些金融機關來趁火打劫的大發「光復財」、到現在有的仍是蔣家國府統治下的台灣殖民地社會的「要人」。

3　二・二八大革命

a　台灣人起來抗暴的導火線

如上所述、一九四五（民國三四年）、蔣家國府佔領台灣之後：

(1) 一方面高談「殖民地解放」「歸復祖國」、另一方面卻繼承了日本殖民統治的衣缽、且搬來中國特有的軍閥政治與特務統治、引起台灣人在**政治上**的憤懣。

(2) 將原屬日人所獨佔的大小企業・土地・房屋・店舖等一律貼上「敵產」的標誌、揚言統歸「公家」所有、而不許台灣人染指、但在實際上、大自企業・工廠・土地・房屋、小至住宅・傢具、無一不掠奪爲私有、終引起台灣人在**社會上**的憤懣。

(3)　蔣家國府一到台灣就濫發紙幣、同時大肆掠奪米・糖・煤炭等台灣民生所需的巨量物資、運回本國、致使台灣遭到史上空前的經濟恐慌・物資缺乏・物價猛漲・生活貧困・失業破產等慘景、使台灣人陷入**經濟上**的痛苦深淵。

(4)　蔣家國府及其同一派的中國人、心懷征服者的優越感君臨於他們視為殖民地奴隸的台灣人頭上、燃起台灣人**民族上**的仇恨心。

(5)　蔣家國府帶來了與二十世紀世界潮流背道而馳的封建性・落伍性・反動性、導使台灣人對他們產生在**文化思想上**的蔑視心理。

這些政治上・社會上・經濟上所引起的憤怒、以及民族上・文化思想上的仇恨心與蔑視心理逐漸累積、填滿了每一個台灣人的心胸、並瀰漫於整個台灣社會、所以不出兩年、終於燃起了任其搬出什麼「**同胞**」「**血緣**」之類也無法填平的莫大反感、迫使台灣人大衆起義抗暴。

尤其是受到歧視且陷於失業饑餓的青年人、每當中國兵舉起手槍任意恐嚇他們、或以「**亡國奴**」「**奴化教育**」等詞辱罵他們時、他們立即感到赤紅色的血液在血管裡逆流似的、滿腔的積憤都沸騰起來。據聞、在東海岸斷崖絕壁的蘇花公路上、曾有一個因拒絕中國兵硬要搭乘汽車而遭到機槍掃射的台灣人駕駛員、他先讓這些「**豬仔兵**」搭乘車上、然後連自己帶豬仔兵們而把汽車從斷崖上馳向千仞下的海中、淹死了這些兇暴的豬仔兵、發洩受欺凌的仇恨、同時自己也壯烈犧牲。

歷經清國時代・日據時代・戰後這三個階段的老人、常感慨萬分的向青年們嘆息說：「**豬去狗來**、**狗去豬又來**」、這些老人家、每看到台灣青年人與中國人發生爭端而受到槍擊或毆打的時候、莫不咬牙切齒、氣憤不已。

一九四六年（民國三五年）年底、仇恨與反抗心理瀰滿著整個台灣、物價飛漲、經濟現出破綻、過了年、米糧供應陷於青黃不接之境、緊迫的空氣更趨嚴重、終於呈現出一場暴風雨即將襲來的情景。
對這一觸即發的導火線冒然點上火的、並非別人、而是蔣家國府自己的鷹犬嘍囉們。

b　警察毆打老婦、激成民衆起義

從中國大陸爭先恐後渡來台灣的大小官員、無法無天、他們盡其劫掠與破壞的能事、其中、「公賣事業」一開始就由陳儀等一手包辦、先由直系的任維鈞任公賣局長、他把樟腦・鴉片等重要物資搶光、再由陳鶴聲繼任。

由於這些中國的貪官污吏本來就是落伍的封建殘餘、所以對這種規模龐大的近代企業、不但缺乏應有的經營能力、而且也沒有努力改進的熱忱、他們除了把樟腦等外銷專賣品運至香港拍賣以自果其腹之外、並無其他任何作爲。因此、自從蔣家中國人接管公賣事業之後、成品的品質大爲低落、且爲了塡補長官公署的財政虧空、任意抬高售價、因此、台灣民衆只好勉強買這些價高貨劣的菸酒以供日常之用。但是、儘管政府一手包辦菸・酒的生產與銷售、這種違反經濟法則的不合理現象、並不能長久的繼續下去。

首先出來與公賣局爭利的、不是別人、就是來自大陸的中國商人。中國商人對於營利極爲敏銳、他們一看到把香煙運入台灣有利可圖、就與掌管航運的軍官・船員及海關職員等勾結在一起、從大陸沿海的香港・廈門・福州・上海等港口、走私外國製香煙（主要的是英・美製）運入島內、大發其非分之財。然而、因這些外國香煙價廉物美、既便宜又好抽、所以一運到台灣來、轉瞬間就壓倒了價既不廉物又不美的公賣局香煙。

香煙不僅是一般百姓的嗜好品、也可以說是日常生活的必需品、所以、銷售香煙利潤雖然不大、但銷路卻很廣闊、並且只用小小的本錢就可以做起、生活困苦的都市貧民就叫家裡的婦女或小孩、到街頭巷尾去擺小攤子零售外國香煙以做一家糊口之助。

外國香煙如此廣泛的銷售下去、很快就威脅公賣局的香煙、長官公署因此將外國香煙視爲眼中釘、叫爲「**違禁品**」、準備依法取締。但使陳儀最感麻煩的、就是走私違禁品的奸「**商**」、全有軍官或海關要員等在背後撐腰、甚至於政府大官也有參加在內、所以不敢輕易下手取締、結果、只好不去揭發這些逞勢走私的元兇、卻以「**公賣局查緝員**」的名義、派出一群武裝警員到街上、專事欺負那些零售香煙的婦女與小孩、表面上應付一下就敷衍了事。

大官們既然採取這種不負責任的態度、那麼、當屬下的查緝員就以「**假公濟私**」的故技、利用職權拿走零售商的貨款、專以掠奪貧民的血膏爲能事。這些所謂「**查緝員**」天天把手槍挿在腰帶上、老在街上串來串去、一發現有賣香煙的露天販子或小攤、就故做兇惡顯露其威脅恐嚇的手段、然後、常把香煙與售款、以「**押收**」的名義掠奪而去。因此、這些查緝員遂成爲都市貧民恨如蛇蝎的仇敵。

一九四七年（民國三六年）二月二十七日、是個暮冬的下午七時半、公賣局台北分局的查緝員傅學通（福州人）等六人、會同台北市警察大隊警官四人、坐吉普車、前往街上照常「**緝私**」。

台北市北面的大稻埕、與南面的萬華、是台灣人聚居的二大商埠地區、自古以來大大小小的商鋪以至露天攤販等行行色色的生意雜居一處、造成了台灣社會特有的熱鬧氣氛。此時傳學通等從大稻埕延平北路、開車轉向「**圓環**」、路過南京西路的「**天馬茶房**」（咖啡館）、碰巧發現了來不及跑開的一個小攤販。此時、查緝員與警官馬上從吉甫車上跳下來、走近小攤子、一如往常、粗暴的打翻了攤子、經過了一番拳打腳踢及威脅之後、旋即把散亂在地上的香煙與鈔票收拾在一起、當著觀衆面前予以

「**押收**」。

這個不幸的賣香煙老阿婆名叫林江邁、當場跪地叩頭、說明她是貧民寡婦、全賴零售香煙維持一家子女的生計、哀號饒她一次。然而、貪得無厭的虎老爺們、那能白白放過即將入手的獵物？他們不但不聽林江邁的哀求、反把「**押收**」的貨款一一裝入籠子放到吉普車上面。林江邁看到連貨帶款要被拿走、一時慌張、她抓著一個查緝員的袖子、放聲哀號：「**救命啊！救命**」。不料、該查緝員不問青紅皂白、舉起槍托猛擊數下、以致老太婆的額角頓時鮮血淋漓、當場倒了下去。此時、在場默默看著查緝員及警官逞勢肆虐的台灣民衆、眼看著林江邁昏倒在血泊中、瞬時捲入憤怒的漩渦裡去、異口同聲的喊道：「**阿山不講理**」「**豬仔太可惡**」「**強盜**」「**還給香煙**」等、一下子蜂擁上去把吉甫車團團圍住。一向就是仗勢逞強旁若無人的查緝員及警官、沒想到會受民衆的反擊、他們一面丟掉吉普車分頭竄走、一面拔槍亂射、一個名叫陳文溪的台灣人觀衆、就在這個時候被他們射出的槍彈擊中、當場倒斃。

警官開槍打死台灣人更加激怒起當場的民衆、終於點燃了台灣民衆起來抗暴的導火線。他們把查緝員所留下的吉普車連香煙帶鈔票一起放火燒掉、又把警官肆虐殺人的事立即傳遍到台北的每個角落、於是、抱著滿腔怒火的台北市民即陸續集中趕到。

當晚、整個台北像一窩飛蜂似的、掀起一陣大騷動、一批批台灣民衆衝到警察局去要求逮捕兇犯。後來聽到兇犯在憲兵隊、台灣民衆就轉到憲兵隊去、要求即時槍斃兇犯。台北市內幾家報館也被民衆包圍、尤其是長官公署機關報紙的「**新生報社**」、早就被怒火衝天的民衆所圍住、要社長・李萬居（半山）隨時隨刻刊載「**血案**」發生的經過、不然就要把報社招牌拆毀。

然而、陳儀的憲兵・警察等政府機構、並沒有察覺到情勢的嚴重、還以爲：「**武器在我們這邊、那**

些手無寸鐵的台灣人、怎麼騷亂也不妨事、任其吵嚷吧！」。

c　台灣民眾蜂起、陳儀邊談邊打

翌日就是台灣人世世代代不能忘懷的日子——二月二十八日。由於前夜的血案沒得到官方合理的答覆、所以積憤未消的台北市民、一到清晨、就乘著毛毛細雨紛紛趕到大稻埕「**圓環**」及萬華「**龍山寺廣場**」、各自聚集成群、大聲發洩他們對於陳儀的不滿與憤怒。就這樣、隨著時間的前進、一旦站起來的台灣民眾、像火焰往上直衝似的、怒火愈燃愈熾烈、終於結成隊伍開始行動。

首先由精力充沛的都市貧民階級青年搬出鑼鼓在街上一面敲打、一面高喊：「**台灣人趕緊出來報冤仇**」「**不出來的、不是蕃薯仔**」、他們慷慨激昂的號召台灣同胞起來抗暴。爲了響應這呼籲、市內的商店立即關門罷市、工廠罷工、學校罷課、家家戶戶關門閉戶、通往近郊的交通路線也在這個時候開始斷絕、台北市頓時成爲一座孤立的死城。

上午九點許、以鑼鼓當頭的一支起義民眾部隊從「**圓環**」開始示威遊行、他們沿途燒毀警察派出所、接著、闖入城內本町（今之博愛路）的公賣局台北分局、毆打中國人職員、並將器具・存貨等拋到路上焚燬。其後、市內各處的起義民眾趕到、起義部隊人數愈聚愈多、一起湧向位於台北市小南門（麗正門）旁邊的公賣局總局。這支怒火衝天的起義部隊高舉旗幟標語、大打鑼鼓、口口聲聲要求：「**槍斃兇犯、賠償人命**」「**停止查禁外國香煙**」「**廢止公賣局**」等、同時要求公賣局長・陳鶴聲出面謝罪。然而、總局門前武裝警察早已佈署著嚴密的警戒線。這些蔣家國府的嘍囉們一看到台灣人起義隊伍就破口大罵、同時開槍威嚇、因此招來群眾怒火更加炎烈。大家高喊一聲、隨即衝入圍牆內、闖進局長及大小職員均已逃脫的專賣局辦公室與工廠宿舍、並把器具・門窗等付之一炬。這支民衆隊伍並不因此而罷休、他們即更加熱烈的轉向長官公署進軍。

陳儀早已下令全副武裝的警察・憲兵沿著那座殖民統治的象徵即紅磚赤瓦「**台灣省長官公署**」（日據時代台北市役所）四周嚴密佈署。從清早就蜂擁上來的大批民衆因此不能接近長官公署、只好在廣場與守衛的憲警相對峙。將近中午時、從專賣局・台北分局・市政府・警察局等處一群群陸續趕到的起義群衆、在公署廣場上形成一遍人海、把寬闊的廣場擠得水洩不通。聲勢浩大的台灣民衆、一面大喊「**陳儀滾出來**」「**槍斃兇犯、賠償人命**」「**趕走豬仔官、廢止公賣局**」、一面開始迫近警戒線。當在民衆迫近長官公署而四周空氣異常緊張的時候、突然、從長官公署屋頂上響起了叮叮叮……的機關槍聲、如雨槍彈一時飛向赤手空拳的民衆、頓時地上倒下一大堆人、一時鮮血淋漓、當場被擊斃六人、重傷多人、民衆終於在驚慌之餘、倉惶四散。

「**廣場慘案**」立即傳遍了整個台北市、熱血的台灣青年一接到消息就迅速結集到大街小巷上、有的組成隊伍把受傷同胞抬在前頭、開始遊行抗議、有的到街上或十字路口、打起鑼鼓、號召台灣同胞趕快起來反對兇暴的殺人政府、也有的高呼「**打死豬仔**」「**不讓阿山逃走**」「**把阿山從台灣趕出去**」、曾在日據時代入伍當兵的台灣青年也大批出來高唱著：「**替天誅討不義之徒**」的日本軍歌、表示欲爲我同胞報仇而戰。

就這樣、史上空前的「**二・二八大革命**」爆發！

從那個時候起、憤怒的台灣民衆開始向阿山展開報復行動、全市騷動、一看到中國人就打、藉以發洩被壓迫被宰割被屠殺的怨恨、一群一群的台灣民衆、有的在十字路口、有的在街頭巷尾、以日語詰問行人、遇到不會日語的、大家就口口聲聲連喊「**打阿山**」「**打豬仔**」另有一部份忿怒的台灣青年專門襲擊公賣局·交通局·台北車站等場所、揪出中國人就餵以拳腳、有的與武裝憲警正面衝突、因此在機槍亂射下壯烈犧牲的人不可計數、有的把棄置在街上或車站廣場的官用汽車推翻燒毀。

較有組織性的青年學生則紛紛襲擊警察分局、但警察都已隨身攜帶武器逃匿得無影無蹤。中國人的公司商號自然也被台灣民衆闖進搗毀、例如、虎標萬金油永安堂台北分處、官辦新台百貨公司、貿易局的興台公司等全遭擊毀、存貨·器具都由民衆搬到路上燒毀。

「**打倒陳儀商店公賣局**」「**打倒陳儀商店貿易局**」「**打倒阿山**」「**阿山滾出去**」等具有政治性的各種傳單、也在這個時候出現、有的貼在牆壁上、有的貼在電線桿上、也有散亂在地上的。

當天下午、另有一隊台灣民衆在中山公園集結、舉行「**民眾大會**」、他們熱烈討論對付當局的方策。此時有一群民衆擁進公園裡的「**台灣廣播電台**」、向台灣全島廣播報告台北的慘案：「**政治黑暗、遍地貪官污吏……官官相護、並且武裝軍警與地方官吏勾結走私、以致米糧外溢、人民無穀爲炊、與其餓死、不如起來鬥爭、以求生存。**」（莊嘉農「憤怒的台灣」p.101）同時、藉廣播號召全島同胞爲了打倒阿山趕快起來抗暴。

黃昏的時刻、陳儀慌忙宣佈戒嚴令：「**自二十八日起、於台北市區宣佈臨時戒嚴、禁止聚眾集會、如有不法之徒、企圖暴動擾亂治安者、定予嚴懲。**」（王思翔「台灣二月革命記」p.42）。於是、全副武裝的軍隊·憲兵及警察等大隊出現、四面架槍的巡邏軍用汽車也在街上疾走、崗哨密佈、殺氣騰騰、使已經夠於緊張的台北市、瀰漫強烈的火藥氣味、猶如即將展開一場大巷戰。這些蠻橫的蔣家中國兵、一看到行人就開機關槍、以致手無寸鐵的台灣同胞到處被擊斃或負重傷。忍無可忍的熱血青年即以赤手空拳、勇敢的與武裝警察拚命、因此遭機關槍掃射而壯烈犧牲者不計其數、被捕者更多、僅在幾小時、台北市頓成修羅地獄。但是猙獰的統治者就是用機關槍掃射、也消滅不了理直氣壯的台灣民衆、台灣民衆要起來反抗阿山暴政的烽火、不但已非機關槍所能打滅、反而因此更熾烈的燃燒起來。

正當台灣同胞遭大屠殺的時候、由半山・靠山以及台灣人資產階級所包辦著的「**台灣參議會**」、卻假中山堂召開緊急會議。他們在會議上討論的結果、除了公推黃朝琴陪同四個代表前往長官公署請願處理善後之外、也不可能替台灣同胞講幾句公道話、或覓取能夠有利於台灣同胞的任何有效辦法。然而只這麼一點、陳儀還拒絕出來見代表團、改由警備總司部參謀長・柯遠芬代表接見、結果、這些參議會代表只能在形式上提出：㈠槍決兇犯、㈡給死傷者付出撫恤金與喪葬費、㈢公賣局長當衆謝罪、㈣懲辦公賣局長、㈤取消公賣局等五項要求。

陳儀雖然厚著臉皮宣佈戒嚴令以武力鎭壓台灣人、但是那時中國大陸正在進行全面性的內戰、本來駐紮在台灣的國民黨第六二軍與第七〇軍的二個師、早已於去年底（一九四六年）被調赴華北打仗、在台僅有第七〇軍的留守部隊、另外加上基隆・高雄兩要塞的守軍而已、島內的武裝力量極爲薄弱、所以表面上陳儀雖然逞強、但他內心卻頗感窘急、他能用武力壓制台灣人到什麼地步、自己也沒有把握、因此、這個狡猾的老軍閥、乃搬出「**一面鎭壓一面欺騙**」的老套、想利用台灣人資產階級份子來施展討價還價的詭計、並透過廣播電台向台灣人欺罔一番、藉以拖延時間。

當晚的七時許、收音機果然響起參謀長・柯遠芬的聲音來、他一開頭就厚著臉皮的說了台灣「**光復**」後的「**善政**」與社會安定及經濟復興等與事實相反的一些話、然後、才談及：「**這次因查緝香煙所引起的誤會、以至造成血案、但暴徒乘機毆打外省人……**」。這個殺人不眨眼的特務頭子說話避重就輕、有關政府人員開槍殺人之事不但隻字不提、反把台灣民衆指斥爲「**暴徒**」、又把民衆的人權主張視爲「**越軌行動**」、最後在以半恐嚇半懷柔的語句來結束了他的演講。當時國民黨黨棍的李翼中也出面說些粉飾官憲欺騙台灣人的話。

圖52　二・二八台灣人起義略圖（2月28日）

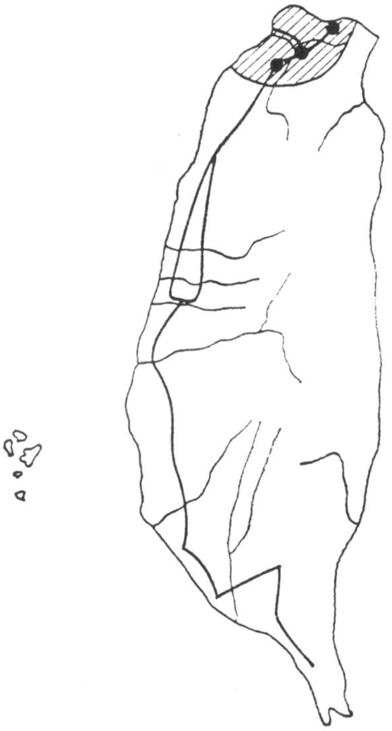

老在台灣人與中國人之間取巧討好的黃朝琴（半山第一號、台灣省參議會議長）、及周延壽（靠山第一號、台北市參議會議長）、也出來替他們的老闆說好話、他們向台灣民衆說：「**我們代表民衆正在向政府交涉、請大家信賴政府、靜待合理解決**」。最後、又有一個名叫謝娥的出來講話、她是個專靠拍國民黨馬屁才被派任爲「**國大代表**」「**台灣婦女會會長**」的無名女醫生。一開口她就說：「**我以醫生的身份、曾看過林江邁、林只是受了一點擦傷、現已在家安靜休養、關於長官公署廣場開槍斃人的事、只不過是一種謠言而已。**」、她又說些其他與事實相反的話、且恐嚇台北市民不得妄動、否則後果將不堪設想。這個蔣家國府的走狗如此無恥的胡說八道、很明顯的、爲的是要欺騙未在現場的台灣人、尤其是想藉廣播向全島的武裝起義大澆冷水、陰謀憑此芥芥數語想來扼殺台灣人的抗暴行動。

這種無恥的說法、眞惱怒了台北的台灣民衆、他們未聽完廣播就破口痛罵：「**這個不知恥辱的賤骨頭！**」、有的甚至是咬牙切齒、邊走邊罵的跑去找她、謝娥聞風早從廣播電台逃跑、台灣民衆則在她門戶緊閉著的家門口前面、氣憤的喊著：「**不敢出來是豬仔生的**」「**台灣人不放你千休**」。如此、革命的二・二八起義就在台灣民衆衝破天空的抗暴聲音下、隨著黑夜的來臨結束了熱烈的第一幕。

這一天全島各地的抗暴行動、大略如下：

I **板橋**――板橋的台灣民衆響應最快、當天從南部北上的火車、已在車站被民衆擋阻、凡是發現阿山就把他們從車上拖下來「**修理**」。

II **基隆**――以碼頭的勞動工人爲中心、台灣民衆於二十八日晚結集起來、有的襲擊警察派出所、有的到街上找中國人抓著打、也有一隊民衆包圍高砂戲院及中央戲院、等散場後、打中國人。

III **中南部方面**――台灣中南部因與北部的交通斷絕、電信也不通、所以不能得知在台北所發生事態的眞相。到了當天下午、才聽到收音機傳出台北市民衆起義的消息、同時接到號召：「**中南部的同胞們、大家一起起來打倒阿山的貪官污吏、奪回台灣人自己的生活**」。於是、以台中與彰化的民衆爲中心、各地台灣人都開始準備、想盡早起來響應北部的抗暴起義。

d　起義的火星燎原全島

三月一日　台北市的一群青年人因昨夜的廣播聲音尙留在耳朶裡、所以一大早就跑去包圍謝娥的「**康樂醫院**」與住宅、大家在氣憤之餘、一起闖入謝娥的醫院、把醫具・傢俱・衣服・櫃箱等都拋出路上搗毀、並在其屋頂上豎起一面大布幕：「**阿山貪官污吏的走狗的末路**」、以洩公憤、謝娥卻從後門逃竄、跑到憲兵隊去請求老闆的庇護。

戒嚴令下的台北市、整天爲軍・憲・警的巡邏卡車所喧擾、到處聽到機關槍及步槍的開火聲、使一般市民感到莫大的恐怖與不安、台灣同胞被殺害的、受傷的、被捕的不可計數、中國人也照樣被圍打。市內的一般情況與昨天一樣、商店・工廠・住宅等都關門停業、學校繼續罷課、報紙停刊、交通斷絕。

台灣人方面、由於經過兩天來的行動與傳播、起義人員愈來愈多、青年與學生也漸趨組織化、市內所能看到的傳單已經充滿著高度的革命色彩、例如、「**打倒阿山獨裁、爭取台灣人的麵包與自由**」「**打倒陳儀王國**」「**廢除長官公署、建立台灣人民政府**」「**不要相信阿山的話**」等。

下午三時起、包圍北門旁邊「**鐵路管理委員會**」的一群民衆、突然遭到屋頂上機關槍的連續掃射、一共被擊斃一八人、負傷者四〇餘人、情勢於是更趨緊張。

至此、民衆起義的烽火已從台北・基隆・板橋・桃園・新竹等北部都市、迅速的瀰漫到台中・彰化・嘉義・台南・高雄・屏東等中南部各都市。

當天台灣人的國大代表・國民參政員・省市參議員等御用紳士、也都到台北市參議會開會、整整討論了一天、才決議組織「**緝煙血案調查委員會**」、選出黃朝琴・周延籌・林忠・王添燈等爲代表、擬向陳儀提出「**建議**」、就是：㈠即時解除戒嚴令、㈡立刻釋放被捕者、㈢禁止軍警開槍、㈣以官民共同組織一個處理委員會、㈤陳儀對民衆廣播解釋等五項。

這時、陳儀已暗中電請南京派遣援兵、爲了拖延時間、他對台灣御用紳士代表所提出的五項建議一一表示接受、只不准遊行示威及停工罷課。

下午五時、陳儀首次在電台廣播、他向全島台灣人提出四項約定：㈠今晚十一時解除戒嚴令、但以社會秩序回復爲條件、不准集會・示威遊行・停工罷課、不許毆打或有擾亂治安的行爲、㈡釋放被捕市民、由鄰里長保釋並加以監視、㈢禁止軍警開槍、㈣指定長官公署的周一鶚（民政廳長）・胡福相（警務處長）・包可永（工礦處長）・趙連芳（農林處長）・任顯群（交通處長）五人爲政府代表、參加組織「**官民處理委員會**」、共同處理善後。

警備總司令部隨即宣佈解除戒嚴令、但禁止集會・示威遊行等。台北市民因爲不知道這種中國軍閥所謂「諾言」的底細、所以、以爲從此就可以結束恐怖與流血的戒嚴狀態。事實上、當晚雖然十二時已過、但是槍聲仍然不絕、陳儀反而加強武力鎮壓、把更多的武裝憲警部隊佈置於交通要道及政府機關附近、同時又命令駐紮於鳳山的中國軍隊繼續北上、因此、市內被捕的台灣人仍然增加、槍聲依舊鳴響於四周、恐怖氣氛益見嚴重。

三月二日　台北的青年學生鑑於情勢更趨嚴重、遂於當天上午假中山堂召開「**學生大會**」、台灣大學・法商學院・師範學院・延平學院、以及其他各中學派學生到會參加。大家在會上無不表示願意起來打倒陳儀的虐政、並以：「**政治民主化**」「**台灣自治**」「**教育自由**」等爲口號、同時、決議擁護台北市民的抗暴起義、舉起：「**台北市民起義萬歲**」的標語。這些青年學生、旋即分別組織「**學生服務隊**」、著手於維持秩序與整理交通等工作。也有一群積極份子、認爲台灣民衆若想獲得最後的勝利、必須以武力鬥爭去爭取才有可能、但因收集武器的工作遲遲不進、所以焦急萬分。

三月二日的下午、「**官民處理委員會**」也在中山堂開會、官方與民間的代表都一起列席、旁聽的市民擠滿了會場、幾乎沒有立錐之地。然而、這些代表們僅該會的組織問題就討論了好半天、才決定爲擴大組織改名稱爲「**二・二八事件處理委員會**」、並決議重新向陳儀請願、要求他釋放被捕者與撫恤死傷者、以及陳儀根本就不想移諸實行的其他幾個事項。就是說、在台灣同胞正在流血犧牲、中國軍隊的挑釁正使情勢漸趨惡化的時候、該委員會卻如此拘泥官樣形式、只知慢吞吞的進行討論、而且又只決議要再向陳儀「**請願**」、使當場的聽衆大失所望、所以在會議當中就有了不少聽衆紛紛離去。

陳儀卻比這些懦弱的台灣人委員們狠毒得多、他雖然早就收到南京決定派兵救援的覆電、除了暗自竊喜之外、對於處理委員會所提出的五項請願卻一一承諾、並在當天下午三時再做了第二次廣播、向市民保證該五項請願的確實實行、同時又重新宣佈：「㈠**凡參加此次事件之人民、政府念其由於衝動**

缺乏理智、准予從寬、一律不加追究、㈡因參加此次事件已被憲警拘捕之人民、均送集憲兵團部、准予釋放、由其父兄或家族領回、不必由鄰里長保釋、以免手續麻煩、㈢此次傷亡的人、不論公教人員與人民、不分本省人與外省人、傷者給以治療、死者優予撫恤、㈣此次事件如何善後、特設一〃處理委員會〃、這個委員會、除政府人員及參政員・參議員等外、並增加各界人民代表、俾可容納多數人民的意見。」（王思翔「台灣二月革命記」p.44）。

然而、當時台灣人方面最爲擔憂的、乃是懦弱且膽怯的處理委員會代表們、他們只想盡早結束台灣民衆的抗暴行動、罔視中國軍閥的狡猾騙術、以致每次都相信陳儀的口頭諾言、把事情看得很樂觀。他們大多數是地主・資產階級出身的御用紳士或政客、所站的立場是買辦階級的立場、所以根本不想去瞭解這次台灣民衆起義的重大意義、全然忽視台灣同胞所付出的流血犧牲、無時無刻的代表著資產階級、並幻想著殖民統治下的所謂「**民主**」「**自由**」（這點與日據時代「台灣地方自治聯盟」的哀願叩頭式自治運動一模一樣—參閱 p.700）、譬如、局部開放政權、或取消專賣制度之類、所以有關二・二八慘案的處理辦法、光幻想中國軍閥陳儀能客氣的自動放下武器、把政權讓渡到他們手裡、因此、處心積慮只想以「**請願**」「**談判**」來代替台灣同胞的武裝起義、終於中了陳儀的緩兵詭計、讓其在拖延中佈置了大屠殺的陰謀毒計。這種立場不正及騎牆態度、嚴重的打擊了一般民衆與青年學生的反抗情緒、加強了陳儀想向台灣人施加武力鎮壓的決心、所以事態不但是沒有漸趨緩和、武裝憲警與軍隊在市內的槍擊與抓人反而愈加頻繁。

與台北這種死沈狀態相反、中南部的台灣民衆卻更加積極起來、經過兩天的號召與準備之後、各地已紛紛起來展開「**反阿山**」的武裝鬥爭。南北交通雖然斷絕、電信也不通、但是整個台灣的都市與鄉鎮、幾乎都已在台灣人的控制之下。

圖53　二・二八台灣人起義略圖
（3月1日－4日）

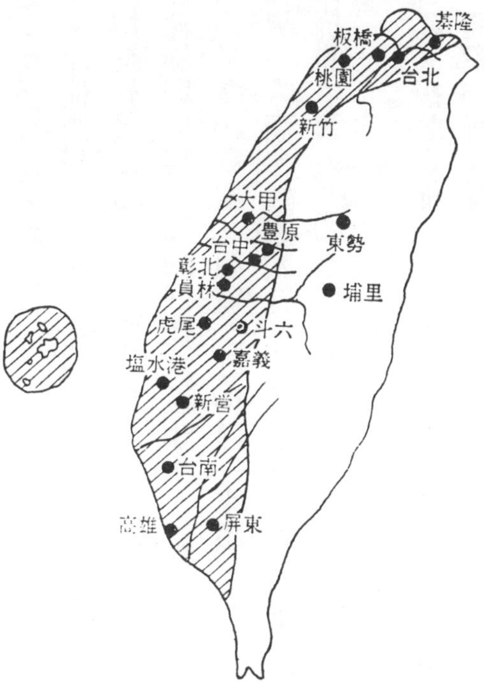

Ⅰ　**基隆**——三月一日、基隆要塞司令部宣佈戒嚴令、全市被置於武力控制之下、家家戶戶都關門、戶街上行人很少、只有中國兵坐在卡車上來回巡邏、不時聽到槍砲聲音、可以想像待在家裡的市民的憤怒與恐怖。當天下午、在楊元丁（市參議會副議長）的主持下、「**基隆市參議會**」召開臨時會議、除了參議員之外、也有民眾代表參加討論、大家都抨擊陳儀的暴政。

Ⅱ　**板橋**——二八日下午。數百民眾包圍車站、攔阻火車、痛打「**阿山**」。翌日、民眾襲擊中國軍供應局倉庫、將該倉庫悉數搗焚。

Ⅲ　**桃園**——自二十八日起、台灣民眾屢次聚集於廟前廣場、舉行民眾大會、人人上台大喊打倒阿山驅除惡政・爭取民主等。三月二日下午、大批民眾開始行動、襲擊了桃園縣長官舍、佔據縣政府、警察出來應戰、雙方傷亡頗大。

Ⅳ　**新竹**——三月二日、台灣民眾從清早就分隊攻擊警察局、繳收憲警武裝、搗毀國民黨市黨部及中國人商店多起。「**新竹市參議會**」召開臨時會議、民眾向新竹市長・郭紹宗要求開倉放糧及救濟失業、並主張解散新竹市總商會。當晚成立了「**新竹二・二八事件處理委員會**」。從南部北上中的軍用火車被擋住在新竹車站、佔據車站的台灣起義隊、與車內的蔣家中國軍開始戰鬥、雙方相峙不下。

另外一隊的中國兵則下車進入市內、開始捕殺民衆。

V　**台中**——三月一日上午、台中與彰化等處的縣市議員在台中市舉行聯席會議、通過支持台北起義的決議、並推選林連宗（國大代表、律師）趕赴台北做聯絡工作。當天下午台灣民衆在台中車站召開了「**民衆起義大會**」、旋即襲擊警察局官舍。

三月二日上午九時、民衆假台中戲院召開「**市民大會**」、由楊克煌報告台北起義的經過之後、謝雪紅被推舉爲大會主席。她在演講中說著：「**台灣人想要解脫本身的痛苦、必須團結起來鬥爭到底、打倒國民黨專政、實行台灣人自治、才有可能**」。大會後、在謝雪紅・吳振武的指揮之下、大家開始示威遊行、同時、以青年學生爲中心的起義部隊包圍台中市警察局、收繳警察武裝。

另一群民衆則包圍警備總司令部高級參謀兼台中縣長也是軍統特務台中站長的劉存忠的官舍（當時、台中市長・黃克正已事先化裝潛逃）、劉存忠下令部下向民衆開槍、當場擊斃一人、負傷者數人、因此更加激怒民衆、他們想以汽油、將劉宅燒燬、適時謝雪紅趕到、她勸阻民衆不可放火、只把劉存忠及其大小官員扣禁於警察局、全市終於被起義部隊控制在掌中。

謝雪紅旋即以警察局的武器武裝學生、編成一支富有戰鬥力的「**學生起義軍**」、同時、呼籲台中市民必須盡量拿起武器、組織「**自衛隊**」來跟兇暴的蔣派中國兵決戰。

她在另一方面、透過報社（當時在台中市有「和平報」與「自由報」）、號召台灣民衆應遵守：㈠不得殺傷不抵抗的中國人、㈡不得毀壞房屋及分散物資、㈢一切武器由人民掌握等、而來實行神聖的解放鬥爭。

謝雪紅、接著宣佈「**人民政府**」的成立、一面保障言論・集會的自由、一面號召大家起來剷除貪官污吏、建設「**新台灣**」。

Ⅵ　**虎尾**——二日晚上、虎尾的一隊青年學生佔領虎尾警察局與虎尾區署、把警察武裝全部繳下。

Ⅶ　**員林**——員林警察局已在起義部隊手中、獄中的台灣人全被釋放。

Ⅷ　**斗六**——斗六區署與警察署均被起義學生隊佔領。

Ⅸ　**嘉義**——二日下午、台中的起義學生抵達嘉義、向民衆報告台北與台中的起義狀況、嘉義的民衆隨即結成部隊開始行動、分頭襲擊政府機關、包圍市長官舍、並把警察武裝全數繳下、佔領市政府。

Ⅹ　**台南**——二日起、台灣民衆紛紛起來號占抗暴、到夜晚、一隊青年學生佔領警察派出所、奪取武器武裝自己。

Ⅰ　**屏東**——二日起、台北起義的詳情傳到屏東、市參議會副會長・葉秋木乃召集參議員・青年・學生・民衆代表等舉行民衆大會、決議爲響應台北起義而戰。

Ⅺ　**宜蘭**——海外歸來的舊日本退伍軍人與青年學生集會遊行、襲擊軍隊倉庫、奪取很多的武器來武裝自己。

e　起義中心轉移中南部

三月三日　台北的「**二・二八事件處理委員會**」、照常在中山堂進行冗長的討論、其中、只有王添燈等幾個正義派擔憂情形會趨不利於台灣人。

另一方面、陳儀因已接到中央援軍即將到達的密電、所以官方五個委員自當天起就沒有出席處理委員會。處理委員會只能以「台灣省民衆代表大會」的名義、向蔣「主席」致電、稱：「政府毫無威信、舉動極爲野蠻、且無紀律、是以事變愈加擴大……全體民衆要求本省政治必須根本改革、蓋本省自光復以來、政治惡劣、軍警公務人員之不法行爲、致使省民大抱不滿。雖經迭次要求改善、仍無效果、此乃造成二·二八慘案之遠因、爲此並祈剋速實行地方自治、實現眞正民主政治。」（王思翔「台灣二月革命記」p.45）。

當天下午、處理委員會、派遣劉明朝（國大代表）·林忠（參政員）·王添燈（省參議員）·林梧村·蔣渭川等人、與市民代表五人·工人代表二人·學生代表三人·青年代表四人·婦女代表一人等各界代表共二〇餘人、一同前往行政長官公署、再次向陳儀提出如下七項要求：㈠限於本日下午六時把軍隊撤出台北市、㈡台北的治安應由警察·憲兵·青年學生所編成的「治安服務隊」維持、㈢限於本日下午六時恢復交通、㈣開放軍糧、㈤軍隊撤退後、倘有意外發生、可抓柯參謀長法辦、柯遠芬應負完全責任、㈥軍隊撤退後、民衆倘有發生意外事件、由二〇餘個代表負完全責任、㈦停止從南部調兵北上。柯遠芬遂在廣播中向台灣人再次誓言：「**憲兵團之下設憲兵警察民衆聯合辦事處、組織治安服務隊維持治安、……倘不遵行撤軍命令、則自殺以謝人民。**」（王思翔「台灣二月革命記」p.45）。

陳儀一面照樣假裝答應台灣人代表的七項要求、一面則暗中下令軍統頭子柯遠芬派遣特務人員潛入處理委員會及民衆內部、裡應外合、施展挑撥·離間·造謠·威脅等搗亂工作。尤其是身爲台灣人的「半山」林頂立（特務隊長）·劉啓光（新竹縣長）·蘇紹文（警備總司令部處長）·王民寧（警備總司令部處長）、及「靠山」蔣渭川（C·C系台灣政治建設協會代表人）等、當台灣同胞不辭流血犧牲正在捨命與敵搏鬥之時、他們不知恥辱的甘做敵人的間諜、陰謀瓦解台灣人的武裝鬥爭。

在這種情況之下、「二·二八處理委員會」實已中了特務的詭計、它接受僞裝旁聽民衆的特務人員的提議、決定組成一個「**忠義服務隊**」、並將隊長一職、交給由蔣渭川提議的所謂「**民眾選出**」的許德輝（警備總司令部調查室所屬「行動隊」台北大隊長）擔任。這麼一來、軍人・憲兵・特務・警察等乃換上便衣、冒充市民、紛紛混入忠義服務隊、假藉維持治安、公然檢查市民・搜索民宅・放火・搶劫等、使得一般市民又增加更深一層的痛苦與恐怖。

另一方面、與這個忠義服務隊的公開肆虐相配合、在暗中活躍的所謂「**別動隊**」、由另外一個軍統系特務頭子林頂立指揮、專事於監視・跟蹤・威脅・放火・綁架・挑撥・恐怖・暗殺等。

一部份青年學生眼看著事態愈趨惡化、爲了對付特務的擾亂行動、就秘密加強市內「**學生服務隊**」的站崗。此時、有「**愛鄉青年團**」與日據時代的特攻隊員都想奪取武器、因爲沒有達到目的、且缺乏經驗豐富的領導者、所以不得不放棄在台北的武裝鬥爭、三三五五離北往南、去參加台中「**學生軍**」的武裝鬥爭。

這個時候「**二・二八事件處理委員會**」因不能識破陳儀的詭計、整天仍然拖拖拉拉的討論內部機構問題、最後才決定設立總務・治安・調查・宣傳・交通・糧食・財務等小組、並另設秘書室、以如此龐大的機構想來處理焦眉的緊急問題。到當天夜晚、王添燈才得以宣傳組組長的身份在電台廣播、向一般市民說明委員會成立的經過與跟政府交涉的情況。蔣渭川跟C・C系特務保有密切的關係、他以「**台灣政治建設協會**」（白承基・李國雄等台灣人C・C系特務的外圍團體）代表的資格在電台廣播、一面向青年學生發出極盡煽動的言詞、一面卻暗地裡給台灣人的團結澆冷水。

三月三日全島各地的抗暴情形如下：

I　**基隆**——一群碼頭工人襲擊第十四號碼頭的軍用倉庫、事敗、死傷多人、被武裝警察殘殺的台灣人屍體到處累疊、遠遠的就可看到警察將屍體一具一具用腳踢下海中的慘景。民眾與軍警的衝突到處可以見到、死傷甚大。

Ⅱ　**台中**——台中的武裝鬥爭在謝雪紅・吳振武的指揮下節節獲勝、同時、成立了「**台中地區治安委員會作戰本部**」、學生軍與來攻的蔣派中國軍展開巷戰、給予一番痛擊、再把其擊退。後來、學生軍攻打中國兵據守的第三機場倉庫、並與來援的彰化隊・大甲隊・豐原隊・埔里隊・東勢隊・員林隊・田中隊・太平隊等武裝部隊會同作戰、終於擊垮蔣派中國軍、浮虜將官五人、及士兵・官吏一共五〇〇餘人。這支台灣人的生力軍、乘勝又解除了憲兵隊武裝、台中市及近郊都已在台中起義部隊的控制之下。彰化也在學生隊的控制之下。

Ⅲ　**嘉義**——陳復志本是「**三民主義青年團嘉義分團**」主任、他在三青團嘉義分團與嘉義參議會聯席會議上、被推爲「**二・二八事件處理委員會嘉義分會**」主任、並兼「**嘉義防衛司令部**」司令、率領「**高山部隊**」（原住民系台灣人）・「**海軍部隊**」（舊日本海軍軍人）・「**陸軍部隊**」（舊日本陸軍軍人）・「**學生總隊**」「**海外歸來者總隊**」「**社會總隊**」等、一同攻佔第十九機廠、並佔領了嘉義市政府。其後、有很多台灣人警察攜械起義、參加抗暴行列、使台灣人陣營愈成強大、整個嘉義市全被控制在台灣人手裡。

Ⅳ　**斗六**——陳篡地是個從安南歸來並富有游擊作戰經驗的眼科醫師、他指導「**民眾大會**」、並糾集舊軍人・學生・青年等組織「**治安維持會**」、其後、參加攻擊虎尾機場、與守在機場地洞的二〇〇餘個中國兵造成對峙的局面。

Ⅴ　**台南**——台南市民在三日下午召開「**市民大會**」、工學院學生也開了「**學生大會**」、都決定響應台北市的抗暴起義、隨即襲擊警察所、繳收武器、縱火焚燬停泊於運河的中國人船隻。

Ⅵ　**高雄**——台灣起義部隊在三日下午佔領二個警察分局、到處發生打「**阿山**」事件。

f　台北特務橫行、台中學生隊連打勝仗

三月四日　五日　特務故意散佈援軍即將到來的風聲、懦弱的上層階級人士因此很快就從處理委員會逃脫而去。

由於處理委員會已被特務份子與政府奸細所控制、以致高談終日而一籌莫展、結果、只能做了：「**團結全島人民、要求政治改革**」等空洞決議。王添燈等擔心處理委員會落入敵人的圈套、主張採取堅決態度、不過其他委員的色彩異常複雜、有陳儀代理人的黃朝琴・李萬居、也有軍統・CC的特務爪牙、尙有流氓頭目等、各持不同的目標、甚至於也有公然主張向陳儀低頭屈服的。

王添燈遂在所創辦的「**民報**」上、呼籲：「**舊事莫重提、願大家正視眼前、講究緊急措施、實行有效辦法。從前的事猶似昨日死、未來的事、有如今日生、努力向前、求光明的路吧。**」（王思翔「台灣二月革命記」p.46）他擬以開始專事政治談判。

五日、台北的處理委員會終於通過正義派的提案、決定該會的組織綱領與「**本省政治改革方案**」。該方案具有下列的政治主張、由代表向陳儀提出：

(1)　公賣局兇手、立即在民衆面前槍決

(2)　厚卹死者遺族、無條件釋放被捕民衆、且不得追究發動之人

(3)　軍隊武裝全部解除、交處理委員會保管、治安亦由處理委員會負責、中央不得派兵來台、以刺激民衆

(4)　取消公賣局、貿易局、並令公賣局長向民衆道歉

(5)　一切公營事業由本省人經營

(6) 公署秘書長及民政・財政・工礦・農林・教育・警務各處長及法制委員會委員、須過半數以上以本省人充任

(7) 法院院長及首席檢查官、均須登用本省人

(8) 立即實施縣市長的民選

（參閱王思翔「台灣二月革命記」p.59）

王添燈旋即於是日透過電台、向全島廣播、說明上述八項要求、並呼籲台灣人團結起來、爲實現該要求而奮鬥。

接著、處理委員會著手於設立「**二・二八事件全省處理委員會**」的準備工作、並號召在全島各縣市設立「**二・二八事件處理委員會縣市分會**」、同時、要求他們趕快派代表到台北聯絡接洽。

然而、從整個台北的情勢看來、這一兩天雖然街上秩序稍見恢復、四周交通也漸漸通行、但是糧食供應已成一個嚴重的問題。另一方面、一般青年學生、對於無力的「**二・二八事件處理委員會**」所提出的政治主張都缺乏信心、且因目睹委員會被陳儀玩弄、所以大失所望。一部份學生積極的想武裝自己、但得不到所需的武器。

林頂立・許德輝等特務頭子、絕不會錯過這個機會、故意公開揚言援軍一到、將施行報復、尤其是林頂立的「**行動隊**」、動員一千餘人的特務爪牙、在各地跟蹤所謂「**台灣人活動份子**」、加緊施行威嚇・毆打・綁架・搶劫等故技、蓄意造成恐怖狀態。

此時在台北的思想左傾台灣學生、也在五日上午假台北中山堂召開「**台灣自治青年同盟**」成立大會。血氣方剛的青年學生擠滿了會場、由蔣時欽（蔣渭水次男、思想進步）任司儀、發表行動綱領四條：㈠建設新中國的模範省台灣、㈡發揮台灣人的守法精神、推進民主政治、㈢吸收新文化、貢獻給國家

民族以及全人類、㈣擴大生產、安定民生、刷新民心、宣揚正義、策劃社會發展。在場的青年學生意氣高昂、盛讚中南部台灣起義軍的軍事勝利、並主張台北地區也要盡早開始武裝鬥爭、同時提出了「**創設台灣民主聯合軍**」「**成立台灣民主聯合政府**」「**打倒國民黨專政**」「**打倒官僚資本**」等口號。這個集會可能是「**中共**」在台工作人員參加領導的唯一行動。然而、因當時青年學生組織不夠堅強、加上所持武器薄弱、所以欲想展開武力鬥爭的計劃均告失敗。

「**台灣學生同盟**」「**海南島歸台同盟**」「**若櫻決死隊**」「**興台同志會**」等青年學生團體也在這個時候出現、但是這些組織也與台灣青年自治同盟同樣、組織不堅、缺乏武力、只能從事極秘密的個別行動、無法辦到各地接應、所以未能發展爲一支有力的統一戰鬥部隊、壯志無法伸展。

三月四日、五日在各地情況如下：

Ⅰ基隆——五日、原定派駐日本做象徵性佔領的「**太康**」等三艘蔣家國府軍艦、改調至基隆港口停泊、待命登陸施展軍事鎮壓、台灣起義部隊更加緊張、決意迎戰。

Ⅱ新竹——四日、警備總司令部派遣新竹出身的蘇紹文（半山）前來指揮憲警部隊、宣佈戒嚴、揚言「**格殺勿論**」、開始血腥的武力鎮壓、起義部隊在血泊中逐漸被鎮壓下去。

Ⅲ台中——四日、學生軍繼續獲得輝煌的軍事勝利、台中地區的蔣派中國軍政人員全部由學生軍管制。學生軍的紀律嚴正、志氣高昂、市民與學生共享勝利、「**婦女會**」出來爲青年學生燒飯招待、鼓舞士氣。

五日、謝雪紅等爲了達到全島抗暴的步調一致、自行取消台中的「**人民政府**」、聯合各界人士成立了「**台中地區時局處理委員會**」、同時提出七項主張：㈠實施憲政、即時選舉省縣鄉鎮長、實行完全自治、㈡即刻改組各級幹部、起用本省人才、協力建設新台灣、㈢即刻開放軍民糧倉配給省民、安定

圖54　二・二八台灣人起義略圖（3月5日－7日）

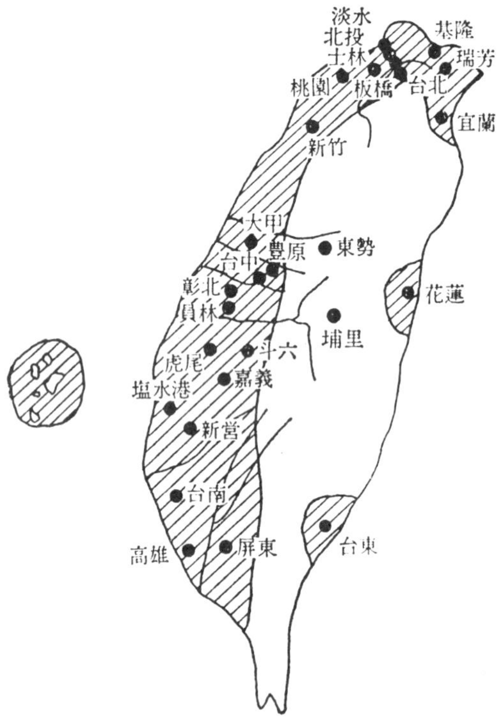

民食、㈣廢止公賣制度、各工廠交人民管理、㈤確保司法獨立、肅清軍警暴行、保障人民七大自由（人身・言論・出版・思想・結社・集會・居住）、㈥因「**二・二八事件**」憤起之群衆行動、一律不得追究、㈦平抑物價、救濟失業、安定民生（王思翔「台灣二月革命記」p.54）。

然而、在這輝煌的勝利聲中、忽然響起台中市長黃克正頻說「**國軍將到**」。台中地區的資產階級份子因軍事勝利的領導者謝雪紅原系台灣共產黨員、所以、也害怕抗暴的軍事勝利會發展為共產革命、另以林獻堂（國民參政員）・黃朝清（台中市參議會議長）等為中心、策動在「**台中地區時局處理委員會**」內設立「**保安委員會**」、並任命吳振武擔任主任、想奪取謝雪紅的軍事領導權。

謝雪紅不同意撤消原來的「**台中地區治安委員會作戰本部**」、於是、本來是統一組織的台灣人武裝部隊、從此分為謝雪紅的「**作戰本部**」、與吳振武的「**保安委員會**」兩個指揮系統。

「**作戰本部**」在謝雪紅・楊克煌及張志忠的領導下、為了反對資產階級份子的投降主義、乃在六日、將一批優秀青年學生另編為「二**七部隊**」、並整備所獲的各種槍砲、以備作戰。這新編的「**二七部隊**」、不僅奮鬥於台中地區、同時也派遣「**別動隊**」、到虎尾參加攻擊飛機場、其行動範圍比先前更為廣泛。

另一方面、吳振武雖然是舊日本海軍上尉出身的軍事指揮者、但是他缺乏正確的政治認識、並且新成立的「**保安委員會**」機構複雜、所以議論百出、始終拿不出積極的實際方策出來。

Ⅳ　**嘉義**——四日晨、擁有三千戰鬥員的嘉義起義部隊、開始攻擊政府官員・憲兵・軍隊所聚集的山仔頂的嘉義中學。嘉義中學的中國兵聞訊逃竄至紅毛埤軍械庫。（蔣派中國軍在台灣最大的軍械庫）。嘉義起義部隊尾隨追擊、英勇猛攻、死傷慘重。經過一番激戰後、中國兵戰敗、遂將紅毛碑軍械庫炸燬、改竄飛機場、想死守待援、嘉義起義軍馬上將飛機場重重圍住。

五日、嘉義起義軍與來援的台中隊・斗六隊・竹山隊・新營隊・鹽水港隊等友軍再開始發動向飛機場的總攻擊、佔領水源地與發電廠、飛機場的敵軍看到情勢不妙、爲了爭取時間、派人前來僞裝求和。起義部隊不知是計、同時也因多日苦戰傷亡不少、而且彈藥補給短絀、所以決定應允停戰。但是到了當天下午、由台北飛來一架飛機、向中國兵投下大量武器彈藥與糧食、中國兵立即反臉、撕破停戰和約突然反擊、起義部隊因來不及應戰、以致傷亡三〇〇餘人、頓時陷於苦戰。嘉義市的男女學生聞報都出來救援、男的參加戰鬥、女的救護負傷者、中國兵眼看起義部隊英勇的堅持戰鬥、才不敢輕易出擊。

Ⅴ　**斗六**——五日、陳篡地編成「**斗六警備隊**」、並得到斗六・斗南・台中・竹山等地起義部隊的參加、當晚即以迅雷不及掩耳之勢、攻擊虎尾飛機場、三〇〇餘個中國兵敗逃到林內的平頂、被收繳武裝、他把投降的這些中國兵集中於林內國民學校、委任林內民衆監管。

Ⅵ　**高雄**——四日、「**三民主義青年團高雄分團**」的台灣人團員全數參加起義、分頭搜索中國人貪官污吏。五日、高雄市參議會號召市民參加抗暴起義、並成立了「**二・二八事件處理委員會**」。民衆與學生乃集結於高雄中學、編成部隊、台灣人警察二〇〇餘人也攜械參加、這支部隊在涂光明（高雄市敵產清查主任、高雄起義軍總指揮）的指揮下、開始攻擊憲兵隊・陸軍醫院・軍械庫等、收獲武器甚多。高雄起義軍遂佔領市內的所有軍政機關、並把七〇〇餘人蔣派官兵集中監管、同時、釋放監獄犯人二〇〇餘人。可是當時高雄要塞司令部仍然擁有重兵武器、要塞司令・彭孟緝正準備進入市內襲擊起義部隊。

Ⅶ　**屏東**——四日、舊日本退伍軍人的台灣青年編成「**海外隊**」「**陸軍隊**」「**海軍隊**」等屏東起義部隊、開始示威遊行、隨即攻佔警察局、奪取武器武裝自己、並佔領市政府。另一隊則襲擊糖廠、並在市內「**打阿山**」「**捉阿山**」、逃不了的中國人官員等都被集中、由民衆看管。

葉秋木被推為「**二・二八事件處理委員會屏東分會**」主任委員、並被選為屏東臨時市長（由台灣人選出的史上頭一個市長）。他成立「**治安本部**」負責市內治安。

五日上午、葉秋木再成立「**屏東司令部**」、領導起義部隊攻擊憲兵隊。此時、原住民系台灣人下山來援、起義部隊士氣由此更加振作。起義部隊在當天下午、再次火攻憲兵隊、入夜、憲兵隊突圍逃竄至飛機場、起義部隊隨後擁至、在機場攻防戰鬥持續至八日。

Ⅷ　**宜蘭**——四日、宜蘭的青年學生與海外歸來的舊退伍軍人舉行示威遊行、隨即攻擊空軍倉庫、奪取大量武器、並把中國兵與中國官員集中拘禁。宜蘭市政府變成宜蘭起義部隊的作戰司令部。省立醫院長・郭章垣即設立「**救護所**」、收容負傷同胞。其他、東北部的瑞芳・金瓜石等地的礦山工人也起來參加抗暴、襲擊軍政機關。

Ⅸ　**花蓮港**——四日、「**三民主義青年團花蓮分團**」總幹事・許錫謙召集「**市民大會**」、並成立了「**二・二八處委員會花蓮分會**」、由馬有岳（省參議員）擔任主任。該地的中國駐軍自行撤防歸營、全市歸起義民衆及學生的控制之下。

X　台東——台東民衆起義後、因此地福州人多、所以大家都喊著：「不讓福州人逃跑」「打死福州人」等口號、青年學生與原住民系台灣人協同起來武裝、接收治安及行政機關。

g　陳儀豹變、處理委員會瓦解

三月六日　台北市情勢更趨惡化、當天下午處理委員會發表「告全省同胞書」、聲明：「**這次事件純屬要求政治改革、並非排斥外省人爲目的……**」、結果、一方面卻讓中國人識破台灣人一部份知識份子的退縮、另一方面也給正在爲反對殖民地虐政英勇奮鬥的台灣同胞澆上冷水、自此、一向被視爲抗暴運動最高司令部的「**二・二八事件處理委員會**」漸漸被民衆看破其買辦立場、台灣人內部也因而更加混亂。

只有正義派的領導者王添燈、看到台灣同胞流了這麼多的鮮血、乃拚命努力奮鬥、他爲了擴大戰線、重新成立「**二・二八處理委員會台北分會**」、自己負起議長的責任、爲挽回大勢做著最後的努力。

此時、南京蔣家國府從國共內戰的徐州前線調下來的中央軍二十一師、已從上海出發、憲兵第四團也從福州即將抵台、陳儀接到消息才安了心、爲了重施最後一次拖延時間的詭計、當天晚上八時半、他第三次向全島廣播、表示欣然接受「**政治改革方案**」、並宣佈：㈠行政長官公署改爲省政府之議已向中央請示、一俟核准即可實行、㈡省政府委員及各廳處長決儘量登用本省人、㈢六月三十一日以前實施縣市長民選、「**其他各種政治問題、等省政府成立、縣市長民選之後、自當可以解決**」、又稱：「**言必有信、我所講的話、我完全負責、請台灣同胞信賴政府這次寬大措施……**」（參閱王思翔「台灣二月革命記」p.60）。

處理委員會及台灣民衆、聽到廣播都信以爲眞、卻沒有人料想到這是拖延時間的緩兵之計。陳儀至此、更加運用利誘・威脅・離間・破壞等卑劣手段、欺罔台灣民衆。

三月六日在各地的情形如下：

Ⅰ **基隆**——街上盛傳蔣派援軍即將登陸、基隆的青年學生爲了保衛台灣的門戶、在街頭向行人散發傳單、號召：「**半個豬仔兵也不讓上岸**」。

Ⅱ **台中**——資產階級份子與保安委員會依舊沈溺於紙上談兵。陳儀的特務積極施展分裂政策、暗中從事破壞、上層階級的台灣人因而開始動搖。謝雪紅領導下的「**二七部隊**」譏笑他們：「**有錢人怕死**」。他們佔領了舊日軍第八部隊兵房、從事整理隊伍修理槍砲的工作、準備迎敵。

Ⅲ **高雄**——六日上午十時許、二・二八事件處理委員會即將圍攻要塞司令部以前、爲了防止流血犧牲的擴大、事先派遣高雄市長・黃仲圖、市參議會議長・彭清靠、及涂光明・曾鳳鳴・林介等代表五人、前往「**高雄要塞司令部**」會見要塞司令・彭孟緝、要他自動解除武裝。彭孟緝聞此兇性立發、當場拔槍打死涂光明・曾鳳鳴・林介三人、並扣留彭清靠、只放黃仲圖一人下山。黃仲圖還未回到處理委員會以前、山頂的要塞司令部已派遣所屬蔣家中國兵三〇〇餘人殺下山來、攻進市內、在市政府先擊斃王平水等台灣民衆代表之後、不分皂白的見人就開槍濫射、因此、他們走過的馬路上到處都屍橫遍地。起義軍也英勇起來反擊、與敵軍展開巷戰、戰鬥續到深夜、雙方傷亡慘重。但是、學生隊因孤軍奮鬥、補給短絀、以致節節敗退、終在前金分駐所遭圍攻、全體壯烈犧牲、只這一天傷亡的台灣人竟達數千人。

彭孟緝又派鳳山駐軍殺進高雄市、一直大屠殺至八日、不分晝夜、槍聲不絕、馬路上或街頭巷尾到處都死屍累積、慘如修羅地獄。

三月七日　台北市盛傳大隊援軍將到、特務與流氓到處掠奪騷擾、民心惶恐、街上看不到行人。這時陳儀恢復了原來的兇惡面貌、乃以書面通告二・二八事件處理委員會：「**向來各方意見分岐、項目多得無法處理、今後各方意見應先經處理委員會檢討與整理、然後簽名蓋章、方得向長官公署提出**」。

台北的二・二八處理委員會、連日在全台起義民衆的壓力之下、勉強修正「請願」的辦法、逐漸改爲要求政治改革。於是、在當天下午繼續召開討論會、綜合各方面的政治改革意見、並由王添燈說明「**三十二條政治改革方案**」（根據處理委員會台北分會所提的「八條政治改革方案」加以充實後、委任王添燈草擬的）。然而、此時的處理委員會已在特務份子的控制之下、所以在特務成群呼嘯漫罵聲中、王添燈的說明時常被打斷、會場混亂。會議開到黃昏時才結束、旋即派代表面晤陳儀、提出這「**三十二條政治改革方案**」、不料當場卻遭陳儀與柯遠芬拒絕。於是、台灣人委員們才知道上當、他們在悵惘不堪的混亂中各自逃散。

王添燈見大勢已去、乃於下午六時半、透過電台向全島台灣同胞做最後一次廣播、將台灣人起義的動機與經過做了全盤的報告、並說明今天二・二八事件處理委員會遭特務所把持、同時、逐一讀完「**三十二條政治改革方案**」、最後以：「**處理委員會的使命已告終結、今後欲謀事件之解決、必須靠大家團結、並結集民衆力量、繼續奮鬥、希望全島同胞自察自悟**」爲結語結束廣播。

王添燈這一位硬骨且富熱血的領導者、以困獅之鬥的熱忱講完最後一句話後、終於永遠從台灣同胞面前消失。

茲把「**三十二條政治改革方案**」（據林木順「台灣二月革命」—《新台灣雜誌》一九四八年二月、及莊嘉農「憤怒的台灣」一九四九年則記載爲四十二條）、列舉如下：

(1) 制定省自治法、爲本省政治最高規範、以便實現國父建國大綱之理想

(2) 縣市長於本年六月以前實施民選、縣市參議會同時改選

(3) 省各處長人選應經省參議會（改選後爲省議會）之同意、省參議會應於本年八月以前改選、目前其人選應由長官提出交由省處理委員會審議

(4) 省各處長三分之二以上須由本省居住十年以上者擔任之（最好秘書長・民政・財政・工礦・農林・教育・警務等處長應該如是）

(5) 警務處長及各縣市警察局長應由本省人擔任、省警察大隊及鐵道工礦警察等即刻廢止

(6) 法制委員會委員須半數以上由本省人充任、主任委員由委員互選

(7) 除警察機關之外、不得逮捕人犯

(8) 憲兵除軍隊之犯人外、不得逮捕人犯

(9) 禁止帶有政治性之逮捕拘禁

(10) 非武裝之集會結社絕對自由

(11) 言論・出版・罷工絕對自由、廢止新聞報紙發行申請登記制度

(12) 即刻廢止人民團體組織條例

(13) 廢止民意機關候選人檢覈辦法

(14) 改正各級民意機關選舉辦法

(15) 實行所得統一累進稅、除奢侈品稅・遺產稅外、不得徵收任何雜稅

(16) 一切公營事業之主管人由本省人擔任

(17)設置民選之公營事業監察委員會、日產處理應委任省政府全權處理、各接收工廠礦山應設置經濟委員會、委員須過半數由本省人充任之

(18)撤消公賣局、生活必須品實施配給制度

(19)撤消貿易局

(20)撤消宣傳委員會

(21)各地方法院院長・各地方法院首席檢察官全部以本省人充任

(22)各地法院推事・檢察官以下司法人員各半數以上以省民充任

(23)本省陸海空軍應儘量採用本省人

(24)台灣行政長官公署、應改爲省政府制度、但未得中央核准前、暫由二・二八處理委員會之政務局負責改組、普選公正賢達人士充任

(25)處理委員會政務局應於三月十五日以前成立、其產生方法由各鄉鎮區代表選舉該區候選人一名、然後再由該縣市轄參議會選舉之、其名額如下：台北市二名、台北縣三名、基隆市一名、新竹市一名、新竹縣三名、台中市一名、台中縣四名、彰化縣一名、嘉義縣一名、台南市一名、台南縣四名、高雄市一名、高雄縣三名、屏東縣一名、澎湖縣一名、花蓮縣一名、台東縣一名、計三十名

(26)勞動營（按即集中營）及其他不必要之機構廢止或合併、應由處理委員會政務檢討決定之

(27)日產處理事宜、應請准中央劃歸省政府自行清理

(28)警備司令部應撤消、以免軍權濫用

(29)高山同胞之政治經濟地位及應享之利益、應切實保障

(30)　本年六月一日起、實施勞動保護法
(31)　本省人之戰犯及漢奸嫌疑被拘禁者、要求無條件即時釋放
(32)　送與中央食糧一十五萬噸、要求中央依時價估價撥歸台灣省
（參閱王思翔「台灣二月革命記」p.61）

七日、中南部的起義部隊正忙於備戰、嘉義・斗六繼續展開戰鬥。全島各地都是在等待敵軍來襲。當天青年學生隊佔領了虎尾飛機場。台北市再變成死市、近郊經常發生小戰鬥、軍用火車在汐止被民衆襲擊、士林・新店等地的警察派出所與供應局倉庫被燒毀、淡水・瑞芳等地經常發生抓打中國人的事件。

h　蔣家中國軍一到、就開始大屠殺台灣人

在台灣史上寫了壯烈一頁的「二・二八革命起義」、到了三月八日、南京的蔣家援兵開到後、情勢完全逆轉。

三月八日下午　　閩台監察使・楊亮功率領憲兵第四團（團長・張慕陶）、搭乘「海平輪」從福州駛來基隆港。未登陸前、憲兵團從船上向基隆碼頭開槍掃射、山上的基隆要塞司令部也派兵夾攻基隆市。憲兵團登陸後、山上與地上的大炮・機槍・步槍齊響、震動了整個基隆市、殺死男女老幼等不可計數、起義部隊的青年學生與碼頭工人捨命抗敵、但在火力懸殊寡不敵衆的情況之下、終於遭到大屠殺、其後、中國憲兵把這些勇敢的台灣人犧牲者一一裝上卡車、像倒垃圾似的把滿車的屍體抛入海裡。

接著、師長・劉雨卿率領二十一師從上海趕到基隆、他們在基隆碼頭一上岸、就口口聲聲喊叫著：**「台灣人不是中國人、該殺！該殺！」**、這樣又屠殺了一陣。此時基隆市長・石延漢則指揮警察隊到處捕殺、要塞司令・史宏喜也率領部下逐地追殺。這些劊子手屠殺台灣人眞是殘酷絕倫、不幸被抓到的青年・學生・工人・市民等、有的被剝掉衣服並被強迫赤身跪在十字街口、活活的被打死、有的被砍掉手腳、有的被割去耳鼻及生殖器、有的從高樓屋頂上被踢打推下摔死、更有的、用鐵線被貫串手掌與腳踝、再以三人或五人綑縛在一起、被推下港裡、還有些碼頭工人一個個被裝入麻袋裡拋入海中、如此以慘絕人道的方法被投入海中的據聞有二千餘人、連基隆市參議會副議長・楊元丁也不能倖免、所以基隆海面上天天都浮滿死屍、好久都無人敢接近。到三月底、才看到有親人、圍坐在從海中漂上岸來的屍體旁邊痛哭、有的屍體無人認殮、則任其腐爛（參閱莊嘉農「憤怒的台灣」p.131　王思翔「台灣二月革命記」p.81　李稚甫「台灣人民革命鬥爭簡史」p.186）。

這大屠殺、於「**三月八日蔣軍開到後、由基隆殺起、殺至屏東、台灣人民起來鬥爭過的地方、都無一不殺、整整殺了半個月、其中、台北・基隆・嘉義・高雄殺得最淋漓**」（莊嘉農「憤怒的台灣」p.130）。

二十一師登陸基隆後、在台北、一向就好似鬥敗之鶴雞而垂頭喪氣的陳儀・柯遠芬等中國人官員、馬上豹變、頓時恢復了「**征服者**」的兇惡面貌、殺氣騰騰的指揮武裝特務及憲警開始搜索・綁架及屠殺無辜的台灣百姓、連中國人文職官員也以「**自衛**」爲名而發給短槍、授予任意殺人之權。

陳儀又任命熟悉台北民情的王民寧（半山）擔任警務處長、從事搜索・逮捕工作、被認爲「**奸匪暴徒**」的台灣人都被綁去、無一倖免。林頂立的「**別動隊**」及許德輝的「**特務大隊**」更以秘密的恐怖手段繼續綁殺、所以二十一師進入台北市之前、在暗地裡被殺戮者已不可計數。

八日一早、「**二・二八事件處理委員會**」、就像弄翻蜂巢似的在會議場中騷動起來、昨天還跟其他台灣人代表一起聯名請願的黃朝琴·連震東·黃國書·李萬居等「半山」此時都扔掉假面具開始爲後台老闆公開蠢動。他們竭力拉攏垂頭喪氣的委員們、並以全體委員名義發表聲明：「查三月七日本會議決提請陳長官的八項方策及三二條建議、因當時參加民眾複雜、未及一一推敲、……跡近反判中、共決非台民公意、……願我全台同胞、速回原位、努力工作、倘有不法之徒、不顧大局、藉詞妄動、即係另有用意、應由同胞共棄之、……」走狗反動派厚顏獻媚的眞面目暴露無遺。

當天下午、在大稻埕日新國民學校召開「舊日本陸海空軍人大會」的與會者一致主張組織「決死隊」、爲保衛台灣而戰、但時已過遲、數小時後、這些台灣青年都被押上卡車、一批一批被載走、其後再也看不到他們的蹤跡。

台北市民知道更大的災難即將到來、街上的商店及家家戶戶都緊閉門戶、行人絕跡。在死沈的街道上、只有一群勇敢熱情的青年學生還不動聲色的在站崗·巡邏、但是深夜一到、這數百純眞青年、終逃不了厄運而陳屍於圓山陸軍倉庫的廣場上。

三月九日　八日登陸台灣的二十一師、在基隆大殺一陣之後、連夜經過八堵·五堵·汐止等地、沿途以密集的火力不斷的掃射、殺進台北市。之後、四面張著槍口的巡邏車如入無人之境的在台北街上橫衝直撞吼叫而過、在大街小巷、以及機關·學校·工廠等處都滿佈了殺氣騰騰的中國兵、他們叫喊著：「台灣人造反」「爲中國人報仇」、晝夜不斷的槍聲此起彼落、凡是台灣裝束或不懂中國話者、都在「格殺勿論」之類、以致馬路上·小巷內·廣場等到處都死屍遍地。有的被活埋、有的被裝入麻袋拋入淡水河、有的當場遭擊斃後被裝上卡車、一車又一車的運往淡水河拋入河裡、「以致黃色的河水都變了紅色、腐爛的身體、一個一個的浮上了水面、其慘狀令人不敢正視。」（莊嘉農「憤怒之台灣」p.131）。鐵路管理委員會裡面的台灣人職員被捕後、一律自三層樓上被踢下、跌得頭破骨折、血肉狼籍、掉落在地上未死者、全被機關槍掃射死亡。往草山（陽明山）中途的斜坡道上、被綁來的青年學生一批一批排在懸崖邊緣、山頂上機關槍一響、均被打落於山谷而亡。

經過悲慘恐怖的一夜、九日天亮、台北市已完全成為大屠殺後的血海。清早六時、警備總司令部藉口：「**共黨暴徒攻擊東門警備總部・圓山海軍辦事處・樺山町警務處、企圖強迫政府之武裝部隊繳械**」、再度宣佈戒嚴、揚言要搜緝「**奸匪暴徒**」、弭平「**判亂**」、同時、下令市民遵守下列六項：㈠學校・工場・商店照常上課及開工・營業、㈡交通・通信一律歸軍隊管制、㈢禁止集會・遊行、㈣禁止攜帶刀槍、㈤掠奪的武器應歸還原有機關、㈥協助政府檢舉「**奸匪暴徒**」。劊子手的特務頭子柯遠芬主張：「**以台灣人的力量來消滅台灣人的力量**」、指使台灣人特務爪牙到處抓人殺人、在二・二八事件處理委員會辦公的五〇餘個辦事人員全被槍殺。

這樣、以慘無人道的軍事殺戮、配合陰險恐怖的特務綁殺、在台北市整整殺了五個晝夜。台北地區被列入警備總司令部黑名單、而被秘密處死的台灣人士、例如有王燈添（省參議員、台灣茶商公會會長）・林茂生（國民參政員、台大文學院院長）・陳炘（台灣信託及大公企業公司董事長）・林連宗（國大代表、省參議員、律師）・宋斐如（人民導報社長、前公署教育處副處長）・吳鴻棋（台北高等法院推事）・施江南（四方醫院院長）・林宗賢（參政員、板橋鎮長）・黃朝生（台北市參議員、醫師）・李仁貴（台北市參議員）・陳屋（台北市參議員）・徐春卿（台北市參議員）・林桂端（律師）・李瑞漢（律師）・李瑞峰（律師）・黃媽典（省商會聯合會常務理事）・陳能通（淡水中學校校長）・阮朝日（新生報總經理）・王育霖（建國中學教員、前新竹地方法院檢察官）・廖進平（政治建設協會理事）・吳金鍊（新生報日文版總編輯）・林界（新生報印刷廠長）・黃阿純（淡水中學教員）・林旭屏（前公賣局課長）等。這些被特務秘密綁架、枉死劊子手魔掌的台灣進步人士的屍體不知所終、永遠不能回到遺族的懷抱裡（參閱莊嘉農「憤怒的台灣」p.132）。除了這些知名人士之外、同樣在暗中被屠殺的一般台灣人無法計數、據聞、在公開及秘密大屠殺被殺死的台灣人、僅台北一處即達萬人以上、當時、台北的人口只有三〇餘萬、換句話說、三〇人中就有一人、或六戶之內就有一人被殺害。

三月十三日　蔣介石在南京廣播所謂「**台灣民變的處理方針**」、他說：「**此次民變、只不過是前被日軍遣送到南洋的台灣軍人、為共黨所煽惑、圖投機取巧、……**」、他對自己及其嘍囉所施展的虐政不但是隻字未提、而且自欺欺人的歸咎於光明正大的台灣人、台灣人因此意識到這種無法無天的大屠殺的日子勢必再延續下去。

在中南部、這種慘無人道的大屠殺比台北更早發生、其殺戮手段無非是基隆・台北的翻版。三月八日至十三日、各地區的情形如下：

I　**台中**——八日、「**二七部隊**」在謝雪紅・楊克煌的指揮下、鬥志堅強、一面鎮壓特務搗亂、拘禁台灣人軍統特務蔡志昌等四〇餘人、一面派遣隊伍參加攻擊嘉義飛機場。同時、在台中戲院舉行「**台灣自治青年同盟台中支部**」成立大會。

九日、蔣家中國軍在北部登陸開始大屠殺、以及陳儀並下令解散二・二八處理委員會的消息傳到、台中處理委員會的大部份委員都躲避不出、人心開始動搖。

十日、盛傳中國援軍即將開到台中、因處理委員會畏慮後患、即把被關在台中監獄的蔣派軍官先行釋放出來、所以市內流傳這些軍官將施展報復性大屠殺的消息、市民惶惑、秩序更加混亂。

「**二七部隊**」（鍾逸人隊長、但他和謝雪紅在思想上・政治上頗有分歧）決定繼續鬥爭、並且為了避免市民的犧牲起見、同時決定把武裝部隊撤出台中市、改為據守埔里。十二日清早、「**二七部隊**」徹夜將武器・彈藥等搬到草屯・埔里等地、一夜間、草屯公路車輛輻輳、沿途的台灣民衆都出來歡迎鼓勵。由於埔里是「霧社事件」的原住民系台灣人的居住地區、原住民同胞一聽到「二七部隊」到達、遂三三五五的跑來參加打倒蔣派中國人的武裝鬥爭行列、更加鼓舞了大家的戰鬥士氣。當時「二七部隊」、有了謝雪紅親信古瑞雲及鍾逸人爲首的「埔里隊」・何集淮「中商隊」・呂煥章「中師隊」・黃金島「警備隊」・李炳坤「建國工藝學校學生隊」等爲基本隊員四〇〇名。

三月十三日下午三時　蔣軍二十一師開進「二七部隊」撤退後的台中市。林獻堂・黃朝清・吳振武等資產階級份子搖身一變、建立歡迎門來歡迎「國軍」入城。蔣軍入城後、因獲悉有「二七部隊」在埔里準備抗戰的消息、所以不敢輕易屠殺台中市民、但特務份子卻乘勢開始綁架與暗殺、學生部隊有力指揮者的顧尚太郎（醫師）等被殺得最殘酷。

Ⅱ　**嘉義**——九日、被包圍的蔣家中國兵、又派人至嘉義起義部隊講和、同時派人飛台北請援。十一日下午、起義部隊再次中計、與敵方重行「協議」、並在兇狠的敵人面前解除了自己的武裝。起義部隊即派防衛司令・陳復志等一二人爲代表、親送滿載著食米・青菜的兩部卡車赴機場。但於半途中慘遭敵人的埋伏襲擊、除了三人逃脫之外、其他代表盡被捕殺。敵人乘勢開始反擊、於是、擁有輝煌戰績的嘉義起義部隊、終告潰滅。

十二日下午、大批蔣家中國軍空運到嘉義機場、立即開進市內開始大捕殺。十三日、陳復志被裝上卡車遊街示衆、旋在嘉義車站前被槍決而就義犧牲。柯麟（嘉義市參議員）・蘇憲章（新生報嘉義分社主任）・潘木枝（嘉義市參議員）・盧炳欽（嘉義市參議員）・陳顯福（嘉義中學教員）・陳澄波（嘉義市參議員）・張昭田等人也遭殘殺、其他市民與青年學生被殺者不可計數。

Ⅲ　**斗六**——三月十四日、蔣派中國軍從嘉義攻至斗六、陳篡地指揮起義部隊與敵展開巷戰。陳篡地是個能幹的眼科醫生、曾經參加過越盟（胡志明軍）的殖民地解放戰爭、懂得游擊戰術、他眼看寡不敵衆、乃將部隊帶上小梅方面的山中、展開游擊戰。後來蔣派中國軍雖然屢次圍剿、但都遭到猛烈的反擊。陳篡地及其起義部隊、在嘉義・小梅山中打了一個時期的「**游擊戰**」、寫下「**台灣游擊戰史**」的光榮的一頁。

Ⅳ　**台南**——九日下午、台南市全體參議員・區里長・人民團體代表・學生代表等四千餘人、在市參議會的會議廳再次舉行「**市民大會**」、選舉臨時市長、結果、黃百祿以一七九票當選市長（候全成一〇九票、湯德章一〇五票）。

三月十一日、蔣派中國軍開進台南市、立即宣佈戒嚴、大捕起義人士、屠殺市民。此時、韓石泉・侯全成・蔡培火・陳天順等資產階級份子爲了表示效忠「**黨國**」、均協助逮捕起義民衆。十二日下午、湯德章（台南市人權保障委員會主任、律師）被捕、被縛在卡車上遊街示衆、終在大正公園就義犧牲。

Ⅴ　**高雄**——高雄的殺人魔王彭孟緝自六日接連殺到八日、他下令中國兵不分男女老幼、見人便殺。另外、軍統特務也到處搜捕、任意殺戮、王石定（高雄市參議員）・王平水（高雄市參議員）・黃賑（高雄市參議員）・許秋粽（高雄市參議員）・邱金山（新生報高雄分室主任）等三四人都在市政府當場被擊斃。

Ⅵ　**屏東**——八日正午、屏東起義部隊正在攻打飛機場的時候、因鳳山的蔣家中國軍開到、以致情勢反轉、起義部隊從此潰滅。蔣派中國軍立即宣佈戒嚴、進行大捕殺、臨時市長葉秋木、被割掉耳鼻、受到野蠻絕倫的凌辱、才被拖出遊街示衆、終於壯烈犧牲。

Ⅶ　**東部海岸方面**——東部各市鎮也同樣在蔣家中國軍開到後、大殺起義的青年學生與台灣民衆、**宜蘭**的郭章垣（省立宜蘭醫院院長）・蘇耀邦（宜蘭農業學校校長）・鄭進福、**花蓮港**的張七郎（國大代表）・張宗仁（張七郎的長男、花蓮中學校校長）・張果仁（張七郎的三男、花蓮中學教員）・許錫謙（三青團花蓮分團總幹事）等均慘遭蔣家中國兵的毒手、壯烈犧牲。

i　「二七部隊」壯烈犧牲

早在三月六日、鍾逸人召集諸幹部開會。會上正式宣佈古瑞雲爲副官、蔡鐵城（和平日報記者）宣傳部長、黃信卿參謀長、石朝耀聯絡官、吳崇雄（台大醫學院學生）軍醫、何集淮秘書。但是會後鍾逸人・黃信卿都因天天去「處委會」聯絡、所以隊伍指揮自然由古瑞雲負責擔任。

蔣家二十一師、於二月十三日進入台中後、如圖55所示、於翌日的十四日、派遣該師一四六旅四三六團進駐草屯、然後、分兩路襲擊埔里、但從草屯直衝的一隊、卻被熟悉山岳地形的「二七部隊」所擊退。另一隊則繞過二水・集集・水裏坑、佔據日月潭・門牌溝二處發電所、想從左翼攻擊埔里街。十五日、蔣派中國軍見「二七部隊」佈防甚嚴、又得地利、所以不敢冒然進犯、乃用電話誘降、遭「二七部隊」嚴厲的拒絕。是夜、「二七部隊」先發制人、夜襲魚池警察所、俘敵方間諜三人、夜裡二時許、再包圍日月潭敵人陣地、投擲手榴彈、擊傷三〇餘人、俘獲軍官三人、使敵軍敗退至水裏坑。

十六日、草屯方面的蔣派中國軍得到援軍、又大舉圍攻埔里。「二七部隊」舉全部力量迎擊、自上午十一時許、與敵展開了一場肉搏戰、「二七部隊」因敵衆我寡、火力懸殊、所以一時陷於苦戰、但是戰鬥員都士氣旺盛、戰鬥意志堅強、堅持到黃昏時分、擊傷敵人二〇〇餘人、終於使敵軍慘敗而退。

然而、此時就全島形勢而言、台灣人起義已被鎮壓下去、「二七部隊」雖以大無畏的堅強鬥志孤軍奮鬥、卻與平地的同胞無法取得連繫、背後又受到巖峻高山所包圍、導致部隊的機動力成爲癱瘓狀

圖55　「二七部隊」壯烈鬥爭略圖

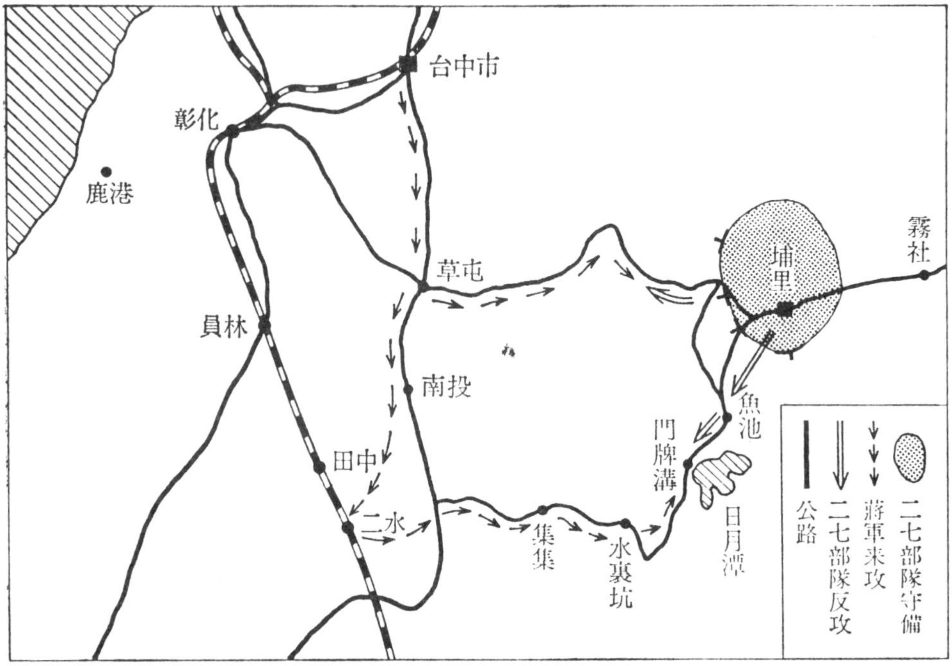

態、苦於彈藥糧食都無法補給、且埔里兩路受敵、所以難以固守、尚且、最受打擊的、乃是謝雪紅・楊克煌以及何集淮・蔡伯勳等共產黨員在此臨危時、卻受到上級命令立即離開戰線、而不見人影了。因此、到了十六**日深夜**、「二七部隊」只留下幾個青年學生戰鬥員、和唯一的指揮官古瑞雲乃解散隊伍、化整為零、讓各人採取自由行動、見機打擊敵人。

於是、自起義以來始終高舉著勝利旗幟的這些青年學生、人人都在寂靜的黑夜裡悲恨揮淚惜別、互相珍重過去十數天來的英勇作戰、並互相約定今後繼續努力的目標、同時、把槍支・大砲等武器都埋藏在山中、然後、大家分成小組各自離散、有的走下平地、有的向嘉義・小梅的山地進發、參加陳篡地所領導的游擊隊。十七日、蔣派中國軍獲悉「**二七部隊**」已退出後、才進駐埔里。

台灣人的武裝起義、至此經過了半個多月

的英勇鬥爭、犧牲了無數同胞的生命、在蔣派中國人的武力鎮壓之下、終告失敗。

台灣解放鬥爭的指導者**謝雪紅**（參閱 p.594-622）、於離開了這半個月以來同心協力艱苦作戰的青年學生後、糾合親密的共產黨員戰友數人進入山中、最後、與楊克煌・古瑞雲從左營逃出台灣經過廈門抵達上海、再到香港。她在香港、一九四七年十一月發表「**台灣民主自治同盟**」成立宣言、一九四八年六月成立「**台灣民主自治同盟香港支部**」。

謝雪紅曾在莫斯科學習時、在「**中山大學**」和蔣經國同過學、後來轉到「**東方勞動者大學**」日文班時、亦和劉少奇是同期生。她於一九四九年進入中共治下的中國大陸（在上海時加入中共黨組織）、一九四九年抵北京後、歷任「**中國婦女聯合會**」執行委員・「**民主青年聯合會**」副主席・「**政治協商會議全國委員會**」委員・「**中央政治法律委員會**」委員・「**華東軍政委員會**」委員・「**中國保衛和平委員會**」委員・「**中蘇友好協會**」理事等要職。然而、自一九五三年、在「**台盟**」副主席・李純青（福建安溪人）、及盟員陳炳基・吳克泰等人的陰謀排擠之下、謝雪紅開始受到中共當局的歧視。一九五七年十月、中共開始整肅「**台盟**」、她的親密同志江文也・沈毅二人先被鬥爭、楊克煌被捕。自同年十一月十日、至十二月八日的一個月間、謝雪紅本身被拉出來鬥爭一〇次之多、中共當局首先否定她自一九二五年至一九四七年（日據時代）的台灣共產黨黨籍、接著又誣衊她爲「**老革命架子**」「**女英雄姿態**」「**地方民族主義**」「**右傾份子**」「**反黨反社會主義**」「**小集團主義**」等罪狀（參閱蔡文金「爲謝雪紅同志復仇！」—香港〝展望〞一九五八年四月第一期）。

據中共「**新華社**」自一九五七年十二月二十五日至翌年一月六日的公佈資料所透露、謝雪紅被認爲是「**一個極端狂妄的野心家**」、經常從事「**反黨反社會主義**」、反對「**台灣人下放**」、在「**幕後主使台盟份子、攻擊幹部**」、阻撓「**反右派鬥爭**」、反對「**三反五反**」、反對中共的「**土地政策**」等。謝雪紅在一九五八年一月十四日至二十五日所召開的「**台盟代表大會**」上、被撤消「**台盟主席**」職務、二月一日再被撤消其他一切職務、最後又被開除「**黨籍**」、以後再也沒有聽到她的消息（參閱「談雪紅的悲慘下場」—〝香港時報〟一九七五年三月一日刊）。

一九七一年中共加入聯合國後、僑居海外的台灣人一碰見中共人員、就問起謝雪紅的下落來表示台灣人對她的關心。中共當局爲了磨滅她在台灣人中的威信、乃指使台灣人黨員陳炳基（北京市「台灣民主同盟」負責人）・吳克泰（在「北京電台」工作）・蔡子民（「中共華僑服務總社」負責人）等、把謝雪紅的過去誣衊爲：㈠在日據時代叛黨而投降日本帝國主義、㈡勾結日警「**特高**」、開「**三美堂**」（百貨商店）招待日本兵、㈢戰後勾結陳立夫、加入國民黨、搞「**農民協會**」、開「**大華酒家**」強迫賣春、㈣勾結蔣經國、在台中起義時放走特務劉存忠、㈤採取逃跑主義、在埔里解散「**二七部隊**」、反革命反人民、㈥與楊克煌捲逃人民捐款、逃亡香港等（參閱林天雄「談二二八起義和謝雪紅事件」—〝歐洲通訊〟第一三期 p.23—轉載自「統一」）、據傳、謝雪紅在一九七〇年病逝於中國內地（是年六九歲）。

謝雪紅在中共的悲慘遭遇、不但在台灣解放鬥爭史上值得惋惜、而且在台灣革命鬥爭上、也可以做爲台灣革命要確定戰略路線時的殷鑑。同時、不管她在中國受到如何的誣陷、「**謝雪紅**」這個名字、永遠在台灣人的心目中閃爍著「**革命**」的光輝。

j　國防部長抵台、從屠殺轉爲依「法」制裁

台灣經過不分晝夜的大屠殺之後、**三月十四日**、警備總司令部宣佈：「**至三月十三日止、全省已告平定、即日開始肅奸工作、……進入綏靖階段**」。接著在**三月十七日**、國防部長・白崇禧、攜同蔣經

國從南京飛來台北、他發表了所謂「**二・二八事件處理原則**」：㈠行政長官公署改組爲省政府、㈡立即實施縣市長公選、㈢平等對待台灣人、㈣縮小官營事業、㈤解散在叛亂中組織的台灣人團體、㈥對參加叛亂者實行重大措施。上述六項之中、第一項至第四項純然屬於官樣文章、統治者根本不想去實行、頂多是在形式加以敷衍就算了事、只有第五項與第六項才確實移諸實行。

因此、到了三月底、首先就在嘉義依「**法**」槍斃了三〇〇餘個台灣人的所謂「**奸匪暴徒**」、其他各地被捕殺的無法計數、例如、在三月中被捕的著名人士就有：林宗賢（國民參政員、中外日報社長）・郭國基（省參議員）・林日高（省參議員）・洪約白（省參議員）・馬有岳（省參議員）・潘渠源（台北市參議會副議長）・駱水源（台北市參議員）・簡檉堉（台北市參議員）・黃定火（台北市參議員）・陳華宗（台南縣參議會議長）・蔡丁贊（台南縣參議員）・吳新榮（台南縣參議員）・林西陸（台中建國工藝職業學校教務主任、台中和平日報副總經理）・張文環（作家）・林連城（台中市參議員）・陳萬福（台中縣參議員）・林糊（台中縣參議員）・莊垂勝（台中圖書館長）・李金聰（高雄市參議員）・郭萬枝（高雄市參議員）・詹榮岸（高雄市參議員）・陳崑崙（高雄縣參議員）・饒維岳（台中地方法院院長）・葉作樂（台中地方法院推事）・賴遠輝（台中監獄典獄長）・賴耿松（花蓮地方法院推事）・陳世榮（台中地方法院檢察官）・莊孟侯（三青團台南分團總幹事）・黃師樵（新竹縣圖書館長）・林克繩（台中市消防隊副隊長）・鄭四川（台南工學院教師）・饒逸仁（和平日報嘉義分社主任）・蔡鐵城（和平日報記者）等（參閱莊嘉農「憤怒的台灣」p.133）。這種依「**法**」逮捕・處罰・處刑等恐怖政策、繼續到一九四九年、才稍見緩和。

上述的「**綏靖工作**」、乃以「**清鄉**」與「**檢查**」爲其基本內容、因日人留下了對統治者來說頗爲完善的「**戶籍制度**」及「**保甲制度**」、所以自十四日起、這種管制工作即在各地普遍展開、除經常在馬路上、火車上或汽車站上實施「**突擊抽檢**」（不分晝夜、也不預先通知的檢查良民證）之外、也隨時隨地舉行「特別戒嚴」、把全市的交通斷絕、而實施全面性的戶口檢查、凡被查出戶籍錯誤或無身份證者、或有私怨而受人誣告者、毫不例外的被列為「奸匪暴徒」、幾乎沒有一戶一人能逃脫魔掌、因此冤枉被捕或喪命的台灣人不計其數。

封閉報社也屬於「綏靖」工作的重要部份、台北的「大明報」「民報」「人民導報」「中外日報」、連「重建日報」（CC系「台灣重建協會」的機關報紙）都被封閉。台中的「和平日報」「自由日報」也在被封閉之類、同時各報社長・編輯・記者與京平津各報駐台記者都成為被捕的對象。長官公署的機關報紙「新生報」於四月一日版、發表了一篇官架十足的社論：「我們（征服者）來到邊疆（台灣殖民地）、和在其他一般省份工作不同、除了應盡的職守之外、還得負有特殊的任務！這任務就是要使本省同胞擺脫日本思想的的桎梏、消滅日本思想的毒素、充分認識祖國、了解祖國！這次事變、既不是什麼政治改革要求、更不是什麼民變、完全是日本教育的迴光返照、日本思想的餘毒從中作祟、……」。如此、連所謂文化界的蔣派中國人也把台灣看做「邊疆」、想以糾正台灣人的「奴化教育」為己任。

白崇禧來台的另外一個任務、就是嘉獎對政府有功小嘍囉、也就是說、對於屠殺台灣人特別賣力的鷹犬爪牙走狗論功行賞。其中、獲得最高嘉獎者、就是高雄要塞司令兼南部防衛司令・彭孟緝。他因首先大量屠殺台灣人、深受「太子」蔣經國的賞識、所以、不僅獲「記大功一次」、其後一再升為台灣警備總司令、陸軍總司令、陸軍參謀總長、駐泰國大使、駐日大使等。

白崇禧又在三月二十日發表了「受害公教人員之撫卹傷亡賠償損失辦法」、以勝利的「征服者」立場、擬向被鎮壓的「被征服者」台灣人要求賠償。據長官公署發表、在二・二八大革命中的中國人死傷者約有二千餘人、其實、「全島外省人死傷不及千人、且死者多係持械抵抗者、可見（此一數目）實係向壁虛構。」（參閱王思翔「台灣二月革命記」p.76）。蔣家政府乃以這種誇張的數字、給予死者每人撫卹金台幣二〇萬元、受傷者最高金額爲四萬元、財物損失的最高額也爲四萬元、至三月三十一日爲止、例如在損失最小的台中市的中國人賠償金竟達一三三萬元。這就是說、拔刀開槍殺死台灣人的中國人劊子手、如有反被台灣人殺傷者、一律以台灣人所繳納的稅金給予撫卹與貼償。然而、至於台灣人所犧牲的父親・兄弟・丈夫・兒子等、一律以「**罪人**」論斷、並且、這些犧牲者大部份如入深淵連屍身都找不到。據官方所發表、在一九七三年的台灣人口之中、被認爲「**行蹤不明**」而從戶籍上被削除者達一〇餘萬人、無疑的、其中的絕大多數就是在二・二八起義時被殺害的犧牲者。

「**半山**」「**靠山**」也受到其老闆優渥的嘉獎。這些台灣的叛逆者、當台灣民衆起來做孤注一擲的武力鬥爭之時、他們表面僞裝參加、背後卻密通陳儀、提供情報、或者建議屠殺辦法、或者替老闆下手從事血腥的大屠殺等、積極協助殺人政府施展「**以台灣人殺台灣人**」的毒計。黃朝琴・林頂立・劉啓光・蘇紹文・黃國書等本就是特務的走狗爪牙、其他、台北的蔣渭川（後來被封爲台灣省民政廳長・行政院內務次長）、台中的資產階級份子、台南的蔡培火（後來被封爲內政部次長、總統府國策顧問）等人、都是這一類的代表人物。

四月一日、白崇禧任務完畢飛回南京後、依據行政院的決定、行政長官公署改組爲「**台灣省政府**」、並任命魏道明爲省主席、不用說、這不過是換湯不換藥的一種欺瞞手段、蔣家國府對於台灣的「**殖民統治**」不但是未有絲毫的改變、而且有過之而無不及。陳儀、這個積惡如山、殺人不眨眼的軍閥劊子手、因屠殺台灣人有功、所以再高升爲浙江省主席、於四月十一日飛離台灣。

k　二・二八大革命以後的台灣人

(1)　二・二八大革命以前「台灣人意識」所具有的缺陷

第一、漢人系台灣人、因與中國人同一血統之故、即「**種族**」相同、過去在歷史上、每當起來「**反唐山**」的武裝鬥爭之際、往往會有好些人暴露了在「**台灣人意識**」（心理）上的模糊不清、敵我界線不分明的弊病。這種意識上的「**模糊現象**」、就是台灣人意識所具有的第一個缺陷。

第二、台灣人意識具有一種懦弱心理、這種懦弱心理是四百年來的殖民統治的歷史產物。台灣社會與台灣人、因爲過去未曾有過自己的「**國家**」、一向都是遭受外來統治者的殘酷的殖民統治、所以在這殖民統治裡長期掙扎之下、免不了也養成「**人之將溺、不擇　草**」的這種「**懦弱性**」「**依賴心理**」。

第三、「**孤島台灣**」「**弱小的台灣人**」等、像這樣過份自以爲台灣是孤立的・人口弱小的閉鎖性思想方法、使台灣人本身養成了一種「**自卑心理**」。尤其是面臨著「**地大物博的中國大陸**」、或「**幾萬萬的中國人口**」這種觀念從外壓上來時、往往會使大家忘卻了自己本身的歷史・社會上的獨立性與做人的自主性、被這「**自卑心理**」盤結得不能解脫自拔、以致以爲自己眞是「**弱小的台灣人**」「**孤島台灣**」。

第四、在日據時代、當資本主義漸趨發展的時期、在短暫的民族與階級的解放鬥爭過程中、人性解放的啓蒙運動與階級鬥爭教育不夠徹底、導致台灣人一般大衆缺乏充分的政治覺悟與堅定的階級立場。

以上、潛在台灣人意識裡面（就是「下意識」裡面）的模糊性・懦弱性・自卑心理・缺乏階級性等缺陷、與其說是在一般大衆（農民・勞動者・都市貧民）成份居多、勿寧說在所謂「**讀書人**」「**知識份子**」

等中・上階級裡頭特別濃厚。譬如、在過去歷史上、台灣人抗外鬥爭的十之八、九都是由一般文盲無學的無產大衆起義發難、而不是中・上階級的有產者・讀書人或知識份子起來發動的、這點乃是極爲明顯的歷史佐證。

像這種通常較多存在於知識份子裡頭的台灣人心理缺陷、不僅阻礙了台灣人在**意識上**更加一層的「**向心結合**」（提高台灣人意識）、而且又削弱了在**社會上**的「**向外振作**」（反對外來統治）。大戰結束當初台灣人不分皀白、迷迷糊糊熱烈歡迎中國人佔領台灣、可以說就是這些心理缺陷的集中表現。

本來、一個是「**台灣從日本帝國主義統治下被解放**」、再一個又是「**中國封建軍閥取代殖民統治台灣**」、這二個雖具有同樣本質但表面相異的政治變革一起來到、而且、這二個不同變革都是屬於從**外界**所給予的「**突然變革**」、並不是台灣社會本身所發起的、因此、當台灣人一般大衆突然遭到從外界給予這二個不同的激烈變革之際、上述的四個意識上的缺陷就一時跟著湧上、導致心理空虛不安、加上在這種心理狀態之下：㈠阿山拚命的播送「**親愛的台灣同胞**」「**台灣的殖民地解放**」「**台灣人歸復祖國的懷抱**」等欺瞞宣傳、㈡半山・靠山大肆宣傳「**空想漢族主義**」、如此、很巧妙的、雙管齊下的滲透於空虛不安的台灣人心理的結果、終於造成無條件歡迎**中國佔領台灣**的局面。

必須強調的說是、當戰後的台灣社會動盪不安、台灣人不知所爲之際、冒然成爲中國佔領台灣的嚮導、終使台灣人大衆向蔣派中國人低頭的所謂「**空想漢族主義**」與「**空想漢族主義者**」、究竟是什麼？這點已在上面略述過（參閱 p.715）、現再重複的說、台灣・台灣人經過了四百年的歷史發展、在「**歷史**」「**社會**」「**意識**」上、都已成爲與中國・中國人不同範疇的另外一個世界（社會）、即已形成了與中國不同的「**台灣民務**」。這是儼然的一個**現實**、只有一部份中・上階級出身的知識份子（主要是從中國大陸回來的半山、及日據時代台灣民衆黨出身的有產階級份子）、他們漠視了這個嚴肅的「**現實**」、而在觀念世界（腦筋裡）死硬的拘泥著已成歷史**木乃伊**的「**血統關係**」、曲意畫成「**中國祖國**」的幻想、並認爲「**台灣人是中國人**」、這就是「空想（**觀念上的**）**漢族主義**」。以這個虛構的觀念來做爲一切行動的規準（出發點）台灣知識份子、就叫做「**空想漢族主義者**」。這種空想漢族主義者即完全蔑視經過四百年歷史發展所產生的台灣社會的**單一存在**、也不珍惜台灣人特有的**民族意識**。他們起源於清朝統治時代的「**讀書人**」（鄉紳—清朝統治台灣的幫手）、並經過日據時代地主資產階級的模糊的所謂「**民族主義者**」所傳流下來的、因此、其屬性是觀念的・幻想的・不切實際的・虛僞的、甚至罪惡的。

這些「**空想漢族主義者**」、在日據時代以日本帝國主義爲敵的時候、確實是曾發揮過一定的戰鬥力量、並起了一定的歷史作用。但是、當日本帝國主義一旦敗退、跟著來的「**中國祖國**」反而比昔日的日本人更爲兇暴的施行殖民統治之際、這些被揑造的空中樓閣「**空想漢族主義者**」在心理上成爲無依無靠、結果、只有爲追求他們的個人利益而成爲蔣派中國人屠殺台灣人的幫兇、被稱爲「**半山**」「**靠山**」、即以犧牲台灣同胞、效勞新來的殖民統治者爲能事。

(2)　二・二八大革命的經驗教訓

上述的半山與靠山無論怎樣自欺欺人的高唱「**空想漢族主義**」、或怎麽說「**大家都是中國人**」、但台灣的現實是截然分爲「**台灣社會・台灣人**」與「**中國社會・中國人**」的二重層次、而且、二者又因以「**被統治**」與「**統治**」的殖民地性矛盾對立、成爲極端的敵對關係。由於這個統治與被統治的敵對關係的客觀存在、才發生了「**二・二八大革命**」。因此、二・二八大革命即是台灣人起來**反對外來中國人統治者的殖民地解放鬥爭**、並且、也是由窮困無名的台灣人大衆起義發難而自然發生的抗外鬥爭、所以與清朝統治時代「**反唐山**」的本地人起義、及日據時代的「**反日**」武裝鬥爭同出一轍。

從二・二八大革命的半個多月的鬥爭來看、台灣人在行動上及心理上完全捲入「**反阿山**」的漩渦裡、士氣高昂、並且、除了基隆要塞司令部・高雄要塞司令部・屛東機場・嘉義機場・台北地區等極小部份的敵人武裝之外、一時全島幾乎都在台灣人起義武裝勢力的控制之下。然而、後來蔣家國府一共派遣二個師團兵力來台鎭壓、結果、台灣革命於慘遭大屠殺之後、終歸失敗。

這次大革命的失敗、除了革命與反革命的力量懸殊之外、還得指出如下的幾點缺陷：

㈠　都市貧民首先發難起義時、缺乏統一的指揮者與高度的政治認識（這點也許可說是難免的）、特別在台北、曠時日久、以致爲投降派所出賣、並遭大屠殺。

㈡　青年學生知識份子參加起義之後、缺乏階級立場、沒有認識到台灣革命的階級性、沒有抓緊時機、廣泛動員大衆（農民・勞動者・原住民系台灣人）來盡早消滅敵人的武裝力量。

㈢　對於「**台灣革命鬥爭史**」缺乏認識、沒有特別發動廣大的農民階級起來參加武裝鬥爭、缺乏農村革命戰略、均是革命失敗的重大原因。

㈣　在各地的武裝戰鬥、沒有努力及早建立起全台規模的統一指揮部、也沒有擬定正確的政治路線、及戰略方針與戰術部署。

㈤　台灣地形雖然連亙大山而難以容納遊擊隊的長期存在、但武裝鬥爭既已開始、而且當時敵人在台灣的武器彈藥及軍用物資起碼足夠裝備五個師團的巨大數量（僅在台中市的學生軍、與敵作戰時就繳獲了等於二個師團的武器彈藥等）、所以應該盡量奪取武器彈藥與糧食物資、把其集中在山岳地帶、建設根據地、從事游擊戰、然後逐漸擴大戰線、努力驅逐敵人（困在國共內戰漸趨激烈化的情況下、敵人從大陸調兵來台實屬有限）。

㈥　反對妥協・反對出賣的努力不夠、沒有告訴缺乏政治經驗的台灣同胞：「**與蔣家軍閥國府妥協**

即等於投降、必遭屠殺」（不幸、到後來以流了慘痛的鮮血證明這一點）。

(七)　特別是在台北地方、沒有充分努力鎮壓反革命份子與捕殺特務份子。

(八)　台灣的地主資產階級、半山・靠山、根本就沒有推翻蔣家國府殖民統治的決心、始終想以同胞的流血犧牲為其政治資本、而向陳儀索價出賣、並且、他們所懷有的空想漢族主義・妥協主義・投降主義為缺陷作祟、削弱了台灣人大衆堅持鬥爭的意志、反而助長了小資產階級知識份子的逃跑主義。

因有這些重大缺陷所以曠時日久、反勝為敗、終遭敵人的各個擊破。這就是先烈們留給後代的慘痛的經驗教訓。

(3)　二・二八革命後的台灣人

二・二八大革命發生、蔣家國府施展的大屠殺・大虐殺、是從日據時代「**西來庵事件**」以來最悲慘的事件（參閱 p.456）、就被殺害者的人數・範圍・規模、以及殘酷的屠殺方法來說、無疑的、遠超過西來庵事件、並且、被殺害的台灣人總數、也遠遠超過在日本統治五一年間被殺害的總數。

花了這麼慘重的流血代價而全台灣的解放鬥爭一敗塗地之後、每一個台灣人、實在不能不深刻的重新認識自己本身做為台灣人的立場、也不得不進一步來克服台灣人意識裡的模糊・懦弱・自卑心理・依賴心理等許多缺陷。特別是中南部大小都市的台灣知識份子、在台灣史上、**第一次拿起槍桿、並以犧牲自己生命的決心**、與敵死拚、這點應該是給他們提供了寶貴的經驗與教訓。

總言之、二・二八大革命雖然悲慘失敗、但是大部份台灣人在烈士們流下的可貴的鮮血之中、誠然換來了對於做人必須要有的「**自主性**」與「**獨立性**」的深刻認識、並從自己腦筋裡的意識上・觀念上、開始把過去的許多弱點與缺陷努力清除、同時也肅清「**空想漢族主義**」的毒素、即劃除對於同一種族的中國與中國人所抱的幻想與模糊觀念、深刻的認識台灣與台灣人爲了生存所要指向的發展方向——建設台灣人自己的國家。這點就是二・二八大革命、在台灣民族發展史上以流血換來的一大指標。

1　二・二八大革命與中國共產黨

蔡孝乾、在日據時代首先在台灣・上海從事社會主義啓蒙工作、一九二八年四月「**台灣共產黨**」成立於上海之際、他被選爲中央常任委員、在島內擔任宣傳工作（參閱 p.599）、但是同年八月下旬、當日警開始鎭壓島內共產主義運動時、他卻不經「**地下黨**」的同意逃跑避到廈門・漳州（參閱 p.605）、結果受到「**島內黨中央**」（當時是謝雪紅在負責）開除黨籍的處分（參閱 p.608）。一九三二年四月「**朱毛紅軍**」佔領漳州、蔡孝乾透過與任弼時（當時是「中共蘇區中央局」組織部長）在上海大學時代的師生關係、加入朱毛紅軍、並在「**紅一軍**」政治部主任・羅榮桓屬下參加工作。後來他又跟著紅一軍從漳州撤退進入「**江西蘇維埃地區**」、一九三二年六月、改名爲蔡乾、擔任「**蘇區反帝總同盟**」執行委員、並參加該區的「**土地革命**」。蔡乾在一九三四年十月跟朱毛紅軍撤離江西蘇區、參加了二萬五千華里的「**長征**」、於一九三五年十月抵達陝北延安（參閱蔡孝乾「江西蘇區紅軍西竄回憶」一九七〇年 p.2, 12, 85, 207, 389）。蔡乾到達延安後、再改名爲蔡前、被選任爲中共候補中央委員。抗日時期、他是在「**第八路軍**」（總司令朱德）「**總政治部**」（主任任弼時）任**敵工部長**、負責對日軍的政治工作及日俘的教育工作、頗有成績。一九四五年四月、在延安召開的「**中共第七屆黨代表大會**」上、反被取消候補中委（中共七屆黨代表大會被任命）的資格（Edga Snow, Random Notes on Red China, 1957, p.170 有提到蔡孝乾的記事）。

一九四五年八月抗戰勝利後、蔡孝乾受中共中央指派、於同年年底、由延安返台展開地下工作。中共「**華東局**」在上海設立「**華東局對台工作聯絡站**」（負責人・劉曉）、後來黨「**中央**」又在香港設立「**台灣工作小組香港聯絡站**」、都是從事與島內的蔡孝乾取得連繫並支援台灣工作。

蔡孝乾返台後、住在台北市青田街（後遷居泉州街）、化名「**老劉**」、由中共華東局派遣來台的林英傑（福建人）・洪幼樵・張志忠（嘉義朴子人、日據時代跑到中共解放區、在「新四軍」曾任團長）等人協助、並連絡謝雪紅・簡吉・陳福星・張伯顯・廖瑞發・林樑材等舊台共幹部、發展組織、設立「**中國共產黨台灣省工作委員會**」（蔡孝乾・張志忠・林英傑爲首）、先後建立了基隆・台北・新竹・台中・嘉義・台南・高雄等地區的「**黨支部**」、同時秘密發刊「**光明日報**」「**青年自由報**」等、做爲展開地下運動的有力工具。但因蔡孝乾等領導幹部離開台灣已久、缺乏社會關係、也沒有群衆基礎、同時、和台中的舊台共幹部謝雪紅意見不和、所以力量很微小。再者、蔡孝乾於一九五〇年一月先在台北市泉州街的秘密住所被蔣家特務扣捕、雖然中途曾逃脫過一次、但後來卻在嘉義竹崎再次被捕、林英傑・張志忠・洪幼樵・簡吉等幹部及黨員均遭一網打盡、於是、他所領導的中共在台灣人之間的組織與人員、此時大部份都被消滅、因此、中共此時在台灣的政治活動終未能展開。

如上所述、蔡孝乾代表中共返台工作後、只一年就發生了「**二・二八大革命**」、因爲「**二・二八大革命**」是台灣民衆**自發的**抗暴鬥爭（不是經過有組織的發動）、且起義抗暴發展太快、中共在台力量當時還很薄弱、所以他們在二・二八大革命當中始終無所發揮。譬如：㈠在台北的台灣民衆自發的起義並開始鬥爭後、蔡孝乾等中共份子雖然知道要盡早開始武裝鬥爭、但因還沒有群衆基礎、掌握不了起義民衆、也掌握不了武器、所以不但建立不起武裝鬥爭、連「**中共**」的旗幟也拿不出來、只能步起義民衆的後塵、局限在黨員及一些親共份子的小圈子裡秘密活動而已、㈡僑居大陸久年、剛返台不久的蔡孝乾・張志忠及簡吉等日據時代的所謂中共派（翁澤生派）台共份子、與始終在敵人重圍下孤軍奮鬥的謝雪紅・楊克煌・林西陸等以台中為中心的舊台共派、二者雖然都信奉社會主義革命、但在現實認識・戰略策定・戰術運用等都不能相同、以致雙方各自為政、結果、在台中地區謝雪紅等所領導或所參加的各地武裝鬥爭、與在台北的蔡孝乾等在組織上或戰鬥行動上並無連繫、㈢據中共吐露、在嘉義的武裝鬥爭中、有張志忠等中共人員參加、這點也許可能、但並沒起積極作用或領導作用。

延安的「**中共中央**」、遲至三月八日、才在其機關報紙「**解放日報**」發表有關二・二八大革命的社論、同時也在「**新華社電台**」廣播：㈠武裝鬥爭既已開始、必須反對妥協、反對出賣、㈡處理委員會通過三二條綱領是好的、應該堅決為其實現而鬥爭、㈢應當立即設法滿足勞苦人民的經濟要求、在城市中把日人的房屋與蔣介石的財產分配給工人・平民・組織工會與工人糾察隊、組織城市貧民團體及其武裝、在鄉村要滿足農村的經濟要求、如減租減息、耕者有其田等、㈣為了使自治運動取得勝利、必須要有堅強的政治團體來做領導、㈤必須立即訓練大批的幹部派到各地城市與農村去領導武裝、領導政務工作、㈥蔣介石對於台灣自治運動的方針是加以猛烈的鎮壓、在不久的將來、這個運動的中心將由大城市轉移到小城市與農村去是不可避免的、要迅速在蔣軍鞭長莫及的地方、建立自治運動的根據地、把接收的資材運到這些地方去、建設起長期支持自治運動的物質基礎等。

中共中央對於二・二八大革命的這些意見、從戰略戰術上來說是正確的、很富有現實性的。然而、㈠這種戰略戰術上的意見發表得過遲、㈡台灣起義民衆在當時根本都沒有接到這種廣播與報導、㈢在台灣的中共「**地下黨**」也沒有及時把這中共中央的意見公佈給台灣民衆、結果、這樣又寶貴且重要的革命策略、終於沒有在台灣人起義當中起任何作用。再者、中共把這個具有歷史意義的台灣人武裝起義「**革命**」、卻叫著「**自治運動**」、這意味著中共主要不是向正在從事流血鬥爭的台灣民衆說的、頂多只是向處理委員會等台灣人資產階級開明份子與小資產階級份子講的、這種說法、略與日據時代「**台灣民眾黨**」右派份子所倡導的叩頭式自治運動相差不遠、根本跟中共所倡導的民族解放（殖民地解放革命）與階級解放互相矛盾。

從一九七一年中國加入聯合國的前後時期開始、中共當局、時常強辯著「**二・二八大革命**」是毛澤東及其中國共產黨所領導的中國革命的一部份、想藉此說明：「**台灣在政治領土上是屬於中國的一部份、台灣人就是中國人**」的主張。譬如、一九七五年二月中共在北京召開「**二・二八紀念會**」時、黨中央委員兼中日友好協會會長・廖承志、在會上特別強調的說：「**二・二八事件是中國人民在毛主席和中國共產黨領導下、反帝反封建反官僚資本主義的新民主主義的一部份**」。

這種說法、不但與「**二・二八大革命**」的歷史事實完全不符、而且否認了台灣人自己的革命鬥爭、也歪曲了台灣烈士所流下鮮血的歷史意義。當然、**殖民地**台灣的解放革命（資產階級民主主義革命）、由於台灣資產階級沒有領導革命的資格與力量、必定依靠無產階級起來領導並組成主力軍、所以是屬於反帝・反封建・反官僚資本主義的民主主義革命。但是這個殖民地的民族民主主義革命、並不是毛澤東及其領導的中國共產黨的專賣品。全世界的殖民地人民、只要是以社會主義的科學方法、並站在無產大衆的立場而來實踐殖民地解放鬥爭（民族獨立鬥爭）、無疑的都是屬於「**新**」民主主義革命、而不是資產階級所領導的「**舊**」民主主義革命、這即是歷史發展的必然的且普遍的眞理。

總而言之、二・二八的大屠殺是蔣派國府殖民統治台灣・台灣人的**具體表現**、另一方面、歪曲二・二八大革命的歷史事實及其意義、乃是中共圖取台灣的**開始**。

4　蔣父子獨裁專制的殖民統治

a　三重統治與三重剝削的殖民地體制

二次大戰結束時蔣介石與他的國民黨、佔領了台灣、一九四九年（民國三八年）、蔣介石被趕出中國大陸、他把建立在六萬萬中國人民頭上的龐大的統治機構「**中華民國政府**」與六〇萬大軍、整套搬進台灣來、用以殖民統治台灣並奴役台灣人、台灣被扣上這個枷鎖已經過三四個歲月。

原來中國的統治者與一般老百姓、自從發現了孤懸海外的「**台灣**」以來、就具有不把它當做中國本土的一部分看待的歷史傳統、而稱之為「**化外之地**」（殖民地）。蔣家國民黨集團在本國一敗塗地後、由於必得逃亡海外尋找插足之地、所以、他們一逃到台灣來、就以下列四項殖民地政策、維持從第二次大戰後所既得的殖民地統治者地位：

(1) 劃分台灣人・蔣派中國人之間的「**被統治**」與「**統治**」的殖民地社會二重層次

(2) 佔據政治・經濟・文化・社會等一切部門的上層與中樞、而來壟斷殖民地統治者的絕對優越地位

(3) 依據六〇萬大軍、做為殖民統治的暴力後盾、也藉以做為應付國際外交的政治資本

(4) 維持「**中華民國政府**」與「**反攻大陸**」的虛構、用以壓搾台灣人、並混淆世界視聽。

而且、蔣黨本身又帶有：㈠封建殘餘的官僚政治、㈡中國軍閥的專制政治、㈢特務組織的法西斯政治、這些反動落伍的本質與作風一移到台灣、就必然的造成了如下的「**三重殖民統治機構**」、壓在台灣人頭上。

(1)　殖民統治的外表機構（下級機關）——中華民國政府。

(2)　殖民統治的中樞機構（上級機關）——中國國民黨。

(3)　殖民統治的權力核心（眞正的統治主體）——蔣氏父子爲首的特務組織。

爲何把其自稱爲「**中央政府**」的中華民國政府機構斷言爲殖民統治的外表機關或下級機關？這乃是因爲逃來台灣後的所謂「**中華民國政府**」、已落到更爲虛構的東西、其統治大權已更徹底的握在以蔣父子意思行事的「**中國國民黨**」手裡、再由蔣父子一手豢養的「**特務分子**」來控制黨與政府的大綱細節、換言之、台灣殖民地眞正的統治者、比在大陸時更不是「**政府**」、而是黑幕裡把持一切的蔣父子及其特務頭子（參閱圖56）。

圖56　蔣家政權殖民統治台灣的權力結構

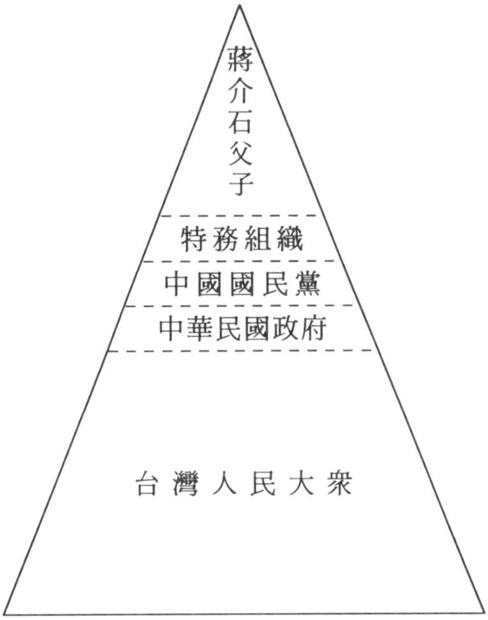

由於「**台灣**」這塊土地在政治上受到蔣父子國民黨的這種殖民地的「**三重統治**」、所以一千六八〇萬台灣人（一九七七年統計）在經濟上、就免不了受如下慘無人道的「**三重剝削**」。

(1)　殖民地性掠奪——外來者的蔣父子國民黨集團、在「**政治支配經濟**」的殖民剝削方式之下、一方面壟斷政治權力機構、另一方面迫使台灣人大衆流血汗而專事經濟生產、執行「**台灣人勞動、蔣派中國人享受**」的殖民政策、只以一張政府法令就把一切經濟資源與生產手段（土地・企業・工廠等）控制在掌中、掠奪台灣人大衆的勞動果實。

(2)　資本主義性搾取——外來者的蔣父子國民黨集團、一方面促進台灣社會進一步的資本主義化、提高其生產力、另一方面卻以政治權力壟斷台灣社會的資本・金融・生產・貿易・分配等整個的「**經濟過程**」、並以資本主義的方式搾取其剩餘價值。

(3)　封建性掠奪——外來者的蔣父子國民黨集團逃來台灣後、繼續在中國的軍閥式暴行來壓迫剝削台灣老百姓、奪取台灣的絕大部分的土地・獨掌高利貸資本・掠奪了台灣農民的農業生產品、加上政府的封建式苛捐雜稅、貪官污吏勒索、特務敲詐等、橫行霸道、不一而足。

蔣父子國民黨集團在台灣倒行逆施、進行了「**三重統治**」與「**三重剝削**」的結果、必然的引致四百年歷史的台灣・中國間的「**鴻溝**」（社會上心理上的矛盾對立）愈來愈深大、把從荷蘭而清國、再由日本帝國主義代代統治台灣所產生的歷史產物——「**殖民地社會二重結構**」（①外來統治民族及其走狗＝剝削階級、②本地被統治民族＝被剝削階級）、更加一層深刻的浮彫於現今台灣社會上。

所謂「**現今台灣的殖民地社會二重機構**」、即是：

(1)　台灣人社會・台灣人＝本地人＝被壓迫民族（台灣民族）＝殖民地被統治者＝農民・工人・都市貧民・農村貧民・中下級職員・中小商工業者・民族資本家・小地主＝下級軍官・兵士＝工業製品高價購入＝農業生產品廉價供出＝台灣人民族主義。

(2)　中國人社會・中國人＝外來者＝壓迫民族（中華民族）＝殖民地統治者＝軍閥・特務・警察・官僚・資本家・公營企業幹部・大地主＝中高級軍官＝資本獨佔・金融獨佔・工業獨佔・流通機構

獨佔・貿易獨佔＝土地獨佔＝工業製品高價售出＝農業生產品廉價奪取＝中華民族主義＝台灣人買辦分子。

b　殖民統治的外表機關——中華民國政府

蔣父子國民黨集團在台灣、一貫以偷天換日的手法、嚣叫他們的「**中華民國政府**」（國府）才是代表中國的唯一正統政府、然而「**事實**」證明中國大陸已不在其統治之下、他們手裡的所謂「**中國**」、只不過是金門・馬祖等大陸沿海幾個區區小島而已。因爲他們只能落魄的捕足於海外殖民地、所以這三〇年來他們的中華民國、從國際上看來已不過是一個帶有虛構性的亡命政權而已、從它本身內部來看、如上所述、又只是個被特務控制著的空頭的殖民統治機關、因此更加深了它的虛構性。

然而、這個具有兩重虛構性的所謂「**中央政府**」、若是看到其機構的龐大與系統的複雜、實在令人大爲驚訝。

頭一個他們自稱爲最高機關但實際上卻有名無實的「**國民大會**」、這個在特務控制下的國民大會、仍然保有它在中國本土時代同樣的規模與冗員、例如、三〇年前曾在河北或雲南或四川等中國各省選出的「**國民大會代表**」、依舊存在於今日台灣、其數共有一千三五三人（居住島內者一千一三七人—一九七五年統計）、這些來自中國各地而徒食無爲的亡命政客、都是白領乾薪而飲喝著台灣人大衆的膏血的。

其次、就是「**行政院**」、據說是最高行政執行機關、但是搬來台灣後、比在南京時還來得龐大複雜、分成八部・一處・二局・一署・九委員會・一團、除了外交部・國防部、以及僑務委員會・蒙藏委員會等特殊部門之外、其他主要部局都與下屬機關「**台灣省政府**」的各部局互相重疊、就是說、一

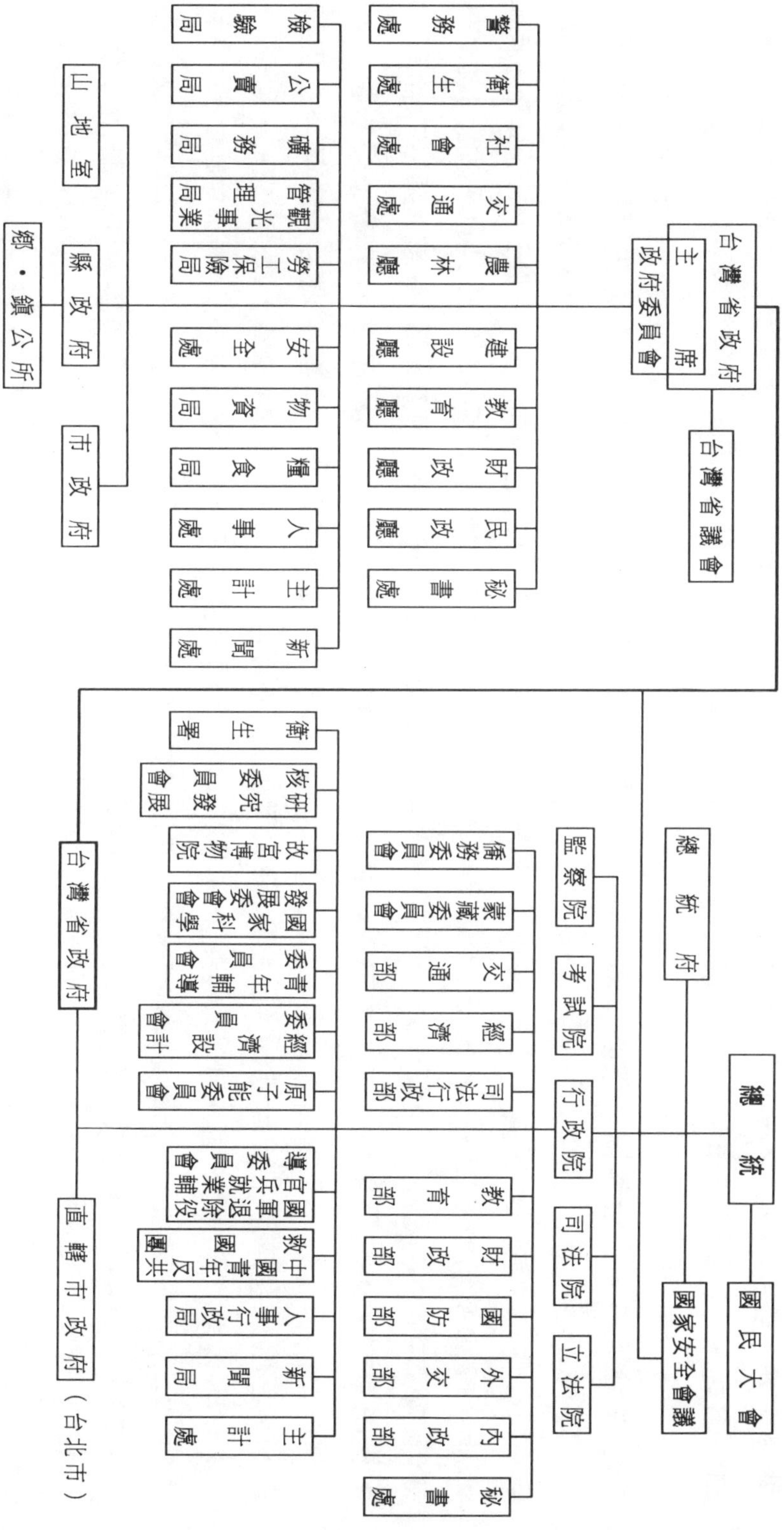

圖57　蔣家政權的政府機構

個台灣與台灣人、行政上得受到雙重的殖民機構的統治。

這樣統治機構既龐大又複雜、不僅限於縱的系統、就是橫的關係、也同樣分得五花八門、弊病多端（參閱圖57）。

蔣介石自任永久總統的「**總統府**」（他死後由嚴家淦繼任）、下有副總統・秘書長（鄭彥棻—中國人）・參軍長（黎玉璽—中國人）・戰略顧問委員會（主任委員何應欽以下二四人全部中國人）・光復大陸設計委員會（主任委員薛岳以下五人全部中國人）・中央研究院（院長錢思亮以下全部中國人）・國史館（館長黃季陸以下全部中國人）・中央銀行（總裁俞國華—中國人）、其他中興新莊（國防研究院）、如此無用的機關或名銜、多得好似一大堆朽木在張牙舞爪、恐嚇著台灣人大衆。

「**國家安全會議**」、是蔣父子實行獨裁的「**最高政府機關**」、也是其爪牙徒弟的巢穴。蔣介石本人一向兼任主席（現在嚴家淦繼任）、其下設有秘書處（秘書長黃少谷以下全部中國人）・國家建設委員會（主任委員周至柔以下全部中國人）・國家總動員委員會（主任委員蔣經國以下全部中國人）・科學發展委員會（主任委員吳大猷以下全部中國人）・戰地政務委員會（主任委員袁守謙以下全部中國人）・**國家安全局**（局長王永樹、副局長范魁書・汪希苓）。

蔣父子國民黨集團、僅爲統治一個殖民地、搬來與南京時代一模一樣的「**五院制**」、擠在狹小的台灣島上打滾：

「**行政院**」（院長蔣經國、副院長徐慶鐘—買辦台灣人）、下設秘書處（秘書長張繼正—中國人）・政務委員（葉公超以下七人—中國人四人、買辦台灣人三人）・內政部長（部長張豐緒—買辦台灣人）・外交部（部長沈昌煥—中國人）・國防部（部長高魁元—中國人）・財政部（部長費驊—中國人）・經濟部（部長孫運璿—中國人）・教育部（部長李元簇—中國人）・司法行政部（部長汪道淵—中國人）・交通部（部長林金生—買辦台灣人）等。

「**立法院**」（院長倪文亞—中國人、立法委員陶希聖以下四一九人、其中台灣人四〇人）。

「**司法院**」（院長戴炎輝—買辦台灣人、大法官陳樸生以下一五人大部份中國人、最高法院院長錢國成—中國人、最高檢察長王建今—中國人、行政法院院長周定宇—中國人）。

「**考試院**」（院長楊亮功—中國人、考試委員張邦珍以下一七人、全部中國人）。

「**監察院**」（院長余俊賢—中國人、監察委員丁俊生以下七一人、其中台灣人一一人）。

在蔣父子獨裁專制的「**總統府**」與五院制「**中央政府**」之下、屋下架屋的再來了一個「**台灣省政府**」、拉了買辦台灣人的特務頭子謝東閔來充當省政府傀儡主席、其他有名無事的大小下屬機關、多得不可計數（參閱圖57）。

另一方面、地方行政地區也被瓜分為許多小地塊、下級行政機關擁擠異常。從日本統治時代的五州三廳、一下子細分為一六縣四市、一行政院直轄市、即台北・宜蘭・桃園・新竹・苗栗・台中・彰化・南投・雲林・嘉義・台南・高雄・屏東・台東・花蓮・澎湖等一六縣、基隆・台中・台南・高雄等四市、以及台北行政院直轄市。

由於大小政府機關重疊密佈全島的結果、至少有了五千人來自中國的亡命政客、一千人戰敗將領、以及舊官僚的大多數因此獲得「**救濟**」。換句話說、只要是亡命來台的蔣派中國人、皆可在殖民統治機構裡獲得一官半職、分享獨裁專制的血腥殖民統治的成果。如果亡命者多而空缺少、「**當局**」還能增設一些委員・顧問・代表之類、而安插「**共患難**」的徒弟們與老鄉們。

蔣父子集團倒行逆施、保存了大小政府機構並安插中國人冗員的結果、果然在三個政治目標上獲得一定的成功。

那就是：㈠國際政治上裝飾中華民國政府的正統性、㈡內政上增強殖民統治、㈢人事上大量安插亡命中國人。

然而、被統治的台灣人大衆、因此受到史上未有的暴戾殖民統治、並爲中國式的政務煩雜、行政效率拙劣、財政膨脹、封建式繁文縟節、貪官污吏横行霸道、特務敲詐等所苦累。

c　殖民統治的中樞機關——中國國民黨

從台北的「**聯合報**」於一九七三年七月十一日所報導：「**國民黨中常會通過了現任台灣高等法院院長錢國成、改任最高法院院長……**」、能看出一國的司法機構首長最高法院院長的任免調動權被操在一個政黨的手裡、而且能在報紙上公然報導、可見蔣父子把持下的國民黨所握權柄是何等的大。

衆所周知、中國國民黨係孫文所創設、以三民主義爲政治綱領、民國初期主張「**以黨治國、以黨領政、以黨統軍**」爲過渡時期。然而、孫文逝世之後、蔣介石即時倡導「**一個主義、一個黨、一個領袖**」的法西斯特務統治、而把這過渡的革命領導大權極端的擴大化與永久化、宣佈「**黨權於一切**」、並樹立了反動的國民黨一黨專政、由蔣介石自己一手包辦、擔任了「**國民黨總裁**」「**中華民國總統**」「**軍事委員會委員長**」等最高職位、成爲「**唯一領袖**」、終於把黨・國竊爲己有。蔣介石逃來台灣後、變本加厲的更加強他的獨裁專制、除了「**復行視事**」國民黨總裁一職外、並兼任中華民國總統與三軍總司令、而直接總攬殖民統治的權柄。

他改編台灣的特務組織、以做爲黨・政・軍的統制樞紐、並緊握人事・組織・財政三權不放、使所有上下級的黨・政・軍各機關各部屬都得受到蔣父子的代理人─特務分子─直接的管制與監視（參閱圖58）。

圖58　蔣介石獨裁專制結構

蔣介石
↗（國民黨總裁）——→中央黨部——→省黨部——→縣市黨部——→區分部
↘（中華民國總統）——→中央政府——→省政府——→縣市政府——→鄉鎮公所
（各級政府 ← 各級黨部）

根據一九七六年國民黨所發表的資料、國民黨黨員總數約有一五六萬八千人（台灣人口一〇人當中黨員一人）。其中、中國人黨員佔四五％（中國人人口三人當中、黨員一人）、大多數屬於中高級幹部黨員。台灣人黨員佔五五％（台灣人人口一六人當中、黨員一人）、絕大多數是屬於被強制加入的下級黨員、均得受到中國人高級黨員的指揮。

這一五六萬黨員、無非是蔣父子實行獨裁專制的鷹犬爪牙、成爲殖民統治的幫兇、他們無孔不入的滲透於台灣各階層・各地區・各學校・各機關・各職位、形成了蔣家統治台灣的「**天羅地網**」。

例如、國民大會代表一千三五三人之中、國民黨員佔八五％、立法委員四一九人之中佔九七％、監察委員七二人之中佔九三％、台灣省議會議員七一人之中佔九三％、台北市議會議員四九人之中佔七六％、縣市議會議員總數八四七人之中佔七九％、縣市長二一人之中全部國民黨員（一九七五年資料）、看起來就是這樣洋洋大觀。

其他各級機關、也以他們統治黨的黨員佔據壓倒多數、連在憲法上被禁止加入任何政治團體的軍人與司法官也不能例外、大多數均持有國民黨籍、若無黨籍、在那裡頭根本就吃不開、也難以插足、更談不上升遷（參閱圖59）。

一九七五年四月蔣介石死後、在「**黨中央**」主席蔣經國之下、仍然保持「**中央委員會**」與「**中央常務委員會**」。即中央委員嚴家淦以下一二九人（中國人一〇六人、買辦台灣人二三人）、由此選出中央常務

圖59 中國國民黨組織系統

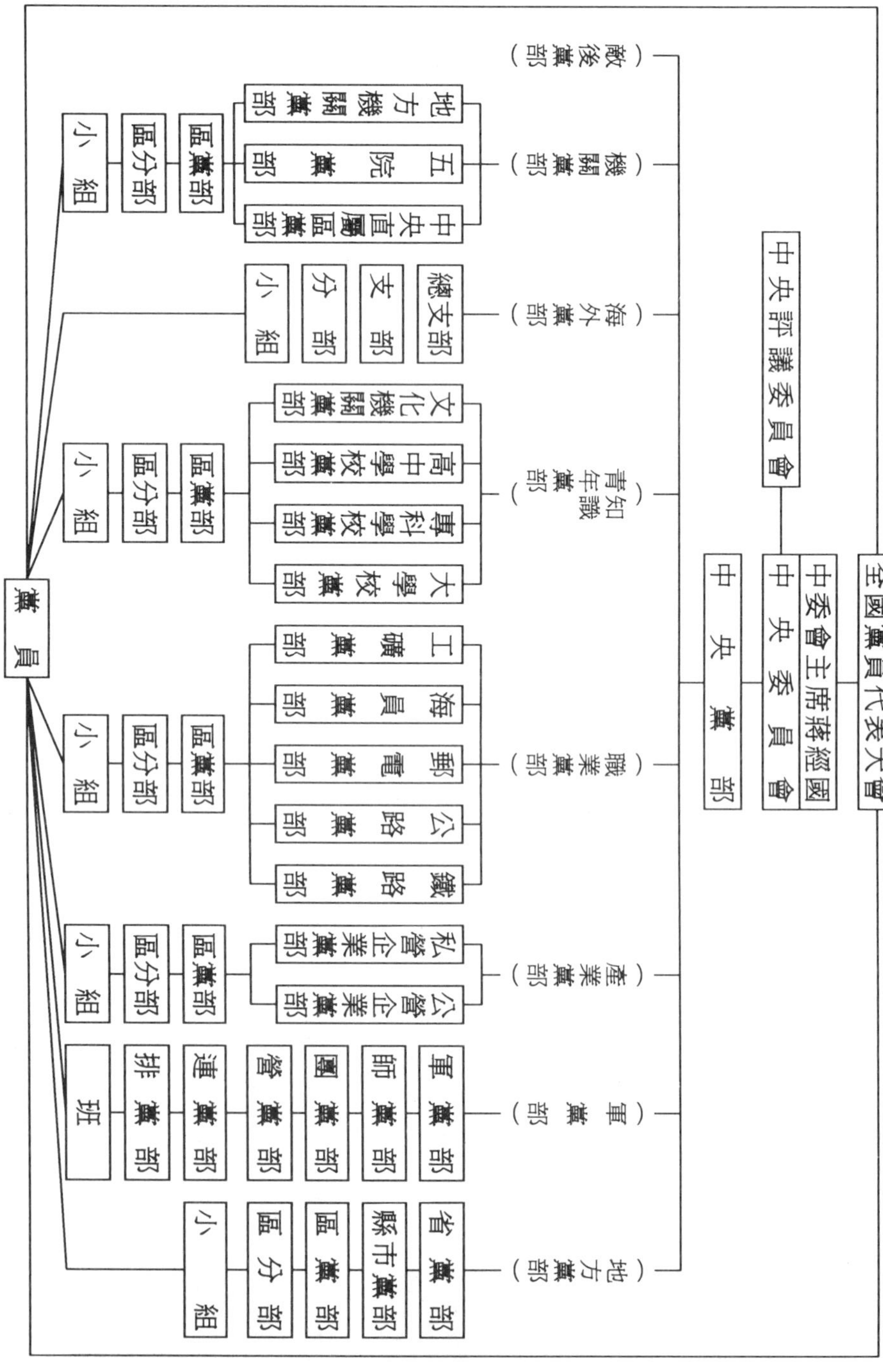

圖60　國民黨中央黨部機構

中央委員會主席蔣經國

（1978年資料）

機構	負責人	職掌
秘書長	張寶樹（中國人）	
秘書處	主任陳水逢（買辦台灣人）	總務
組織工作會	主任王任遠（中國人）	組織・黨務
社會工作會	主任沈之岳（中國人）	民衆組織
文化工作會	主任楚崧秋（中國人）	宣傳・教育
海外工作會	主任曾廣順（中國人）	海外黨務・僑務
大陸工作會	主任毛敬希（中國人）	大陸情報・統一戰線・保密防諜
青年工作會	主任張豫生（中國人）	青年・知識份子
婦女工作會	主任錢劍秋（中國人）	婦女工作
政策委員會	秘書長趙自齊（中國人）	政策立案・連絡
財務委員會	主任委員俞國華（中國人）	財務管理
考核紀律委員會	主任委員梁永章（中國人）	審查・黨紀
黨史委員會	主任委員秦孝義（中國人）	黨史編纂
文化經濟事業管理委員會	主任委員俞國華（中國人）	文化事業管理
幹部訓練處	主任易勁秋（中國人）	黨幹部訓練
國防研究院	院長　　（中國人）	國防研究設計
革命實踐研究院	主任李煥（中國人）	黨高級幹部訓練
台灣省黨部	主任委員潘振球（中國人）	
台北市黨部	主任委員易勁秋（中國人）	
書記長	馬鎮方（中國人）	

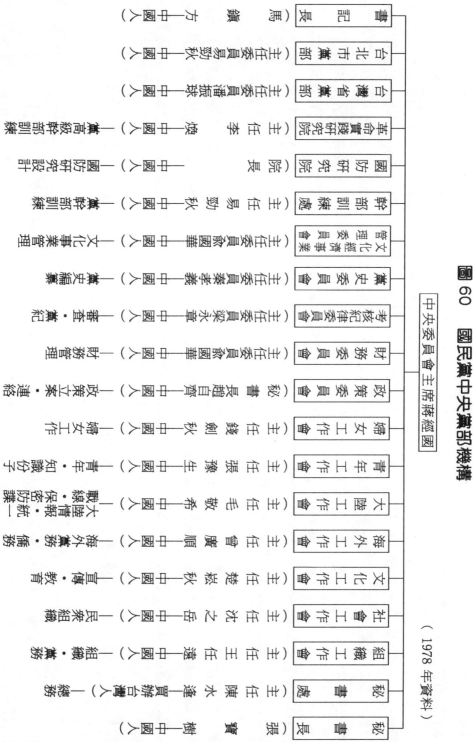

委員嚴家淦以下二二人（中國人一七人、買辦台灣人五人）、掌管黨務並執行一切、另有候補委員洪壽南以下六六人（中國人六五人、買辦台灣人二人）助理之。其他、還有「**中央評議委員會**」、擁有一八〇人中央評議委員（參閱圖60）

d　隱密的殖民地眞正的統治者——蔣父子爲首的特務組織

那麼、台灣眞正的統治者到底是何人？並非別人、即是黑幕重重暗藏在黨・政・軍等各種權力機構裡、時常以陰險狠毒的手段對付台灣人的一群劊子手——特務集團。蔣介石就是這個特務集團唯一的大頭子、蔣經國先代理然後繼承其父抓實權、揮舞傷天害理的法西斯手法、繼續荼毒台灣與陷害台灣人。

蔣介石在中國大陸時、就是靠驅使這個劊子手集團、才打定了他的獨裁地位。爲了使讀者深刻的認識到蔣父子極端殘酷的「**統台**」手段、必須先把這個特務組織在中國大陸時代的來龍去脈與罪惡勾當、仔細的分析一下、然後、再回過來敍述這個劊子手集團在台灣的暴行。

提到蔣父子的特務組織、大家都會連想到「**軍統**」（軍事委員會調查統計局）與「**中統**」（國民黨中央黨部調查統計局）。蔣介石過去在中國實行獨裁政治的大部分時間、都以這兩者爲特務活動的兩翼、前者分佈於軍事系統、後者把持黨政文教財經方面、分頭並進、廣泛深入各階層各方面各部門、盡其綁票・陷害・暗殺・破壞等傷天害理的卑鄙勾當。

但是、這兩大特務組織、雖然同樣擁戴蔣介石爲唯一「**領袖**」、唯一的「**大老闆**」、並絕對服從這個「**眞命天子**」的命令、不過雙方起源不同、組織系統不同、發展方向也不同、所以一向是各立門戶、各自為政、互相猜忌、互想爭功、也常常互相排擠、互相攻擊、互相破壞。

(1)「復興社」（藍衣社）

一九二四年（民國一三年）、孫文在廣東創立「**黃埔軍官學校**」時、蔣介石擔任該校校長兼國民革命軍第一軍長、開始在政治舞台上抬起頭來。一九二六年蔣介石軍開始「**北伐**」、翌年三月進入長江並佔領上海、四月在上海大殺中共黨員、同時「**第一次國共合作**」分裂、十月樹立「**南京政府**」、抓到軍政大權的蔣介石、在此就踏出軍事獨裁的第一步。

一九三一年（民國二〇年）、「**九一八事變**」爆發、外侮激動了中國人民掀起愛國熱潮、要求抗日的廣大群眾一再包圍「**消極抗戰**」的國民黨各地省市黨部、特別是京滬的進步分子及愛國學生湧到南京、向國民黨中央黨部與國民政府要求「**積極抗日**」、連蔣介石本人也被一群請願學生包圍在他的國民政府內。他面對著當時的動盪形勢、親眼看到人民群眾的廣大力量、驚慌失措、為了避過風險、只好在同年十二月宣佈第二次下野（第一次在一九二七年）。

由於蔣介石這次下野、並非出自眞意、不過是情勢所逼、所以到了一九三二年二月、風勢一穩、他認為時機又來了、就捲土重來、宣佈復職。於是、為了加強自己的獨裁地位、他把林森抬出來擔任國民政府的傀儡主席、並讓赤手空拳的汪精衛擔任行政院長、蔣自己則擔任軍事委員長、表面上責任由大家分擔、而實權由蔣一人掌握。

蔣介石一向認為如果要實行獨裁、一定要緊抓：㈠軍隊、㈡財政、㈢行政、㈣特務等四權才有可能。第一、軍事方面、他有親信的陳誠・胡宗南・何應欽・湯恩伯替他掌握、第二、財政方面也有了孔祥熙・宋子文・陳果夫・陳立夫代為把持、第三、行政方面有張群・熊式輝・王世杰・魏道明等人代爲控制。只有第四的特務方面、還沒有眞實可靠並頗具規模的黑手集團、所以他復職後、最苦思焦慮的一件事、就是怎樣才可以迅速成立一個嚴密可靠的特務集團、以有效的鎮壓人民、加強其統治地位。況且、又因爲親眼看到從人民群衆裡洶湧出來的廣大力量、所以就更迫切的感到一定要有一個強有力的「**特務組織**」才行。

其實那個時期、蔣介石並不是沒有把持過特務組織的、他已經有了：㈠「**國民黨中央委員會組織部黨務調查科**」（主持人陳立夫）、㈡「**南昌剿匪行營諜報科**」（科長鄧文儀）。只是這些特務組織規模太小、組織鬆散、還不能爲蔣介石起多大作用。

這個時候、恰恰有個名叫楊周熙（黃埔六期生）寫了一本書、叫做「**三民主義的法西斯化**」、蔣介石看到後、他另有用意。把「**法西斯化**」這個說法改爲「**復興運動**」而加以應用、這一舉無形中成爲他要設立特務組織的先聲。

蔣介石馬上召集了一批親信的黃埔軍校畢業軍官、指示這些嘍囉去研討設立法西斯式特務組織的辦法。這批奉了「**太上**」的命令、經過幾次研討的結果、就把賀衷寒（黃埔一期）的「**力行社**」、康澤（黃埔四期）的「**復興社**」、以及酆悌（黃埔一期）的「**救亡社**」湊合起來、然後、由蔣介石批准設立一個名叫「**中華復興社**」的特務組織、這就是世上所傳聞的「**復興社**」的起源。

「**復興社**」的社章、有著「**一黨、一領袖**」「**以蔣中正先生爲社長**」「**遵守本社社長命令、保守本社秘密……**」「**不得違抗命令、不得洩露秘密、不得有小組織、不得……、不得……、違者最重可處極刑**」等、嚴密規定該社爲法西斯團體的本質與方向。

一九三二年三月、蔣介石召集了經過他批准可以參加的黃埔軍校畢業軍官共計四〇餘人於南京的「**勵志社**」、召開「**中華復興社**」的成立大會。會上先決定絕對擁戴蔣介石爲「**社長**」、該社一切決定必須通過「**蔣社長**」批准才能算數。次之、選出中央幹事九人（賀衷寒・酆悌・滕傑・周復・康澤・桂永清・潘佑強・鄭介民・邱開基）、候補中央幹事三人（侯志明・趙範生・戴笠）、中央監事三人（田載龍・蕭贊育・李秉中）、候補中央監事一人（甘國勛）。「**蔣太上**」便由當選人中、指定了賀衷寒・酆悌・滕傑爲常務中央幹事、田載龍爲常務中央監事、並任命滕傑爲第一任書記長（第二任賀衷寒、第三任酆悌、第四任劉健群、第五任康澤）。

以下設有：㈠組織處（處長周復）、㈡宣傳處（處長康澤）、㈢訓練處（處長桂永清）、㈣特務處（處長戴笠、副處長鄭介民）。

這樣、一切的決定都一一經過「**蔣社長**」批准後、中國的法西斯特務組織「**復興社**」就算瓜熟蒂落、順利成立。

蔣介石歷來用人、一貫重用黃埔軍校畢業生、但是只是黃埔出身還算不夠、一定還要屬於「**阿拉同鄉**」的浙江人、才能得到他的特別信寵。就是說只有「**浙江・黃埔**」才能成爲眞命天子的「**正統下屬**」。例如、候補委員・戴笠、他只在黃埔六期讀過騎兵科、沒有畢業、蔣介石明知戴笠在到會的那些「**黃埔老大哥**」心目中不被算數、但因戴笠是浙江江山人、正合蔣介石的口味、所以他一意孤行、不管三七二十一的指派爲特務處處長、「**社長**」這樣溺愛他的小同鄉、那麼、在座的黃埔老大哥衮衮諸公、誰敢出聲反對？中央幹事鄭介民（黃埔二期生、廣東人）、反而只被指派爲副處長、屈居戴笠之下、鄭介民心中一直不服、但豈敢向蔣介石表示？可見蔣介石「**親信唯浙**」的封建思想是多麼極端橫行。戴笠從此受到蔣介石的一心培植、扶搖直上、一直紅到「**軍統**」的全盛時代。

新成立的「**復興社**」、可以說是「**軍統**」的前身、「**特務處**」就是其班底。

後來、劉健群（當時是南昌行營主任何應欽的機要秘書）、寫了一本小冊子、叫做「**我對黨的一點意見**」、他在這小册裡仿效了義大利法西斯的「**黑衣隊**」、認爲國民黨也要挑選一批「**優秀份子**」、一律穿上藍色制服、組織「**藍衣社**」。這就被「**蔣社長**」看中了、於是、他也不管劉健群是否黃埔出身或是不是浙江人、馬上批准劉健群加入「**復興社**」、同時指派爲「**華北宣傳大隊**」總隊長、率隊北上進行特務工作。劉健群後來一再得到特別垂青、擔任過「**復興社**」第四任書記長。當時華北方面的一般人傳聞蔣介石派來一個「**特務隊**」、還不能知道就是「**復興社**」的華北宣傳大隊、只因大家看到劉健群的小册子、才推測是「**藍衣社**」。「**藍衣社**」這個陰暗的名稱、因爲能聽得到但看不到、所以愈傳愈神秘古怪、就愈來愈引起別人的恐懼心理、並愈廣泛的傳播到全中國去。據說、這乃是「**藍衣社**」聞名的由來。

時人又傳聞「**復興社**」有「**十三太保**」、是蔣介石實行獨裁的十三個神將。有的認爲是賀衷寒・潘佑強・桂永清・鄧文儀・鄭介民・劉健群・梁幹喬・蕭贊育・葛武棨・滕傑・康澤・杜心如・胡宗南等人、有的說曾擴情・酆悌・周復等也在內。這種說法大致是屬於從外猜測之詞、實際上、「**十三太保**」應該是指著當初醞釀組成「**復興社**」的骨幹分子之總稱。根據當時資料、其他、還有胡軌・張元良・任覺伍・蔣堅忍・婁紹愷・駱德榮・袁守謙等人、他們都可算在復興社草創時代的骨幹分子之內。

「**復興社**」社章雖然規定著：「**驅除倭寇、復興中華、平均地權、完成革命**」爲社員應努力完成的第一個目標、但在實際工作上、這個中國早期的法西斯黑黨的所做所爲、與此完全背道而馳、不如說它只是依據蔣介石所指示的「**攘外必先安內、安內必先剿匪**」行事、以鎮壓人民、排除異己、反對共產黨、瓦解雜牌軍來得恰當。

「**復興社**」的業務可分爲：㈠賀衷寒的「**政訓**」系統、㈡康澤的「**別動隊**」系統、㈢戴笠的「**特務處**」系統。

Ⅰ　賀衷寒的「政訓」系統——賀衷寒所推行的「政訓」工作相當龐大、其政工人員最多時增至五萬人。工作內容是：㈠軍事方面以「軍委會政訓處」爲總機關、各級部隊成立各級「政訓處」、指派「政工人員」做排除異己與監視部隊首長、同時也控制軍內的黨務、並在駐防地實行軍事管制、㈡青年工作方面是把持軍委會訓練總監部的「國民軍事教育處」、到各省市去成立「國民訓練委員會」、派定特務人員到中學以上的各校當任軍訓官、連「中國童子軍」也在其控制之下、㈢文化方面是成立「中國文化學會」、表面上標榜宣揚中國文化、其實是出版法西斯系統的書籍刊物、散布獨裁政治的毒素細菌、例如、「民族主義的復興與獨裁政治」「意日法西斯組織之概況」「希特勒思想之根源」等。

這些屬於「政訓」系統的各單位各部屬及其爪牙部下、抗戰時改隸於「軍委會政治部第一廳」（廳長賀衷寒）、抗戰勝利後、其中的國民軍訓系統則分別編入「國防部第二廳」、部份改隸「國防部新聞局」（局長鄧文儀）。

Ⅱ　康澤的「別動隊」系統——康澤起初奉命在南昌開辦「中央陸軍軍官學校駐贛暑期研究班」、即召集一批失業軍官再加訓練。該班後來編入「廬山訓練團第四營」（團長蔣介石、副團長陳誠、第四營營長韓文煥）。一九三三年十月、才在廬山成立「軍委會南昌行營別動隊」（隊長康澤）。「別動隊」是一種武裝特務部隊、在戰地工作時、以「三分軍事、七分政治」爲口號、擔任所謂「組織民眾、訓練民眾」的工作、即：㈠推行保甲與清查戶口、㈡編成「剿共義勇隊」、㈢收容逃亡的地主惡霸、㈣監視部隊、㈤促進新生活運動等。

「別動隊」系統的特務機構及其人員、經過幾次改變、後來分別屬於「軍委會政治第二廳」「三民主義青年團」「禁煙督察署緝私組」等各機關。

Ⅲ　戴笠的「特務處」系統——如上面所述、戴笠是浙江省江山縣硤口鎮人、他雖然混進黃埔軍校、但是沒畢業、原先在胡宗南部做事、後來胡宗南推薦給蔣介石當副官。他利用在蔣的身邊之便、結集了張炎元・黃雍・周偉龍・徐亮・馬策・胡天秋・鄭錫麟・梁幹喬・王天木等一伙同伴、向蔣介石領取經費從事情報工作。這批人馬在戴笠擔任「**復興社**」特務處長時、便成爲他最早的基本幹部、後來被稱爲「**軍統**」的「**十人團**」。

「**特務處**」成立的當初、特務人員只有一〇〇餘人、組織也較簡單、而且副處長・鄭介民不太過問工作、這樣就使戴笠佔了便宜、可以一人獨攬大權。

戴笠底下有總處書記（先後由唐縱・梁幹喬・林桓・張師等擔任）。「**總處**」的內勤組織設有書記室、四科（情報・行動・電訊・總務）、五股（督導・司法・考核・交通・會計）及特務大隊。

外勤方面、曾設過四區（華東・華南・華中・華北）的區站及各省市站、以後多次更改、變動無常。

雖說初期的組織簡單、特務行動技能稚拙、但是也應用外國法西斯組織起碼的諜報方式、例如通信方面、各省站都設有無線電台、兼用化學通訊方法、文件往來均用密碼及化名、蔣介石叫「**大老闆**」、戴笠叫做「**老闆**」、總處用過「**楊柳青**」、上海特區是「**任重**」等。總處出入不隨便、內勤人員也要攜帶「**出入證**」。外勤人員不能直接進去、只能前往被指定的部處去接洽工作、或用電話連絡。

戴笠的特務工作、當然是以排除異己、對付共產黨、消滅進步人士、鎭壓人民等爲主要任務、他以拿手的收買・瓦解・綁票・暗殺等黑手勾當爲達成任務的手段。戴笠的這一套特務手法、特別受到蔣介石的欣賞、所以隨著蔣政權法西斯化的進展、他的特務手法也變本加厲的橫行於中國各地。

例如、搗亂了反對蔣介石獨裁的「**中國民權保障同盟**」（發起人宋慶齡）、並在上海法租界打死該同盟總幹事・楊杏佛（一九三三年六月）、在滬杭公路上、暗殺了上海「**申報**」社長・史量才（一九三四年十月）、其他、收買廣東空軍、瓦解陳濟棠的軍隊等、無所不爲。

戴笠先派遣特務爪牙滲入於政府的公開憲警機關、藉以擴大「特務處」的勢力範圍。他從京滬一帶做起、然後再推廣到全國各省市。他在南京時就控制了「**首都警察廳調査課**」、派趙世瑞去當課長。又把「**上海警備司令部偵察大隊**」拿下來、先後派過吳乃憲・翁光輝・王兆槐等擔任大隊長。「**浙江省保安處調査股**」「**京滬・杭甬鐵路警察署**」也相繼落在他手中。

其次、各地的警察局・偵察隊・各省保安處第四科（訓練科）等鎭壓人民的機關、也逐一爲他所控制、成爲「**特務處**」的勢力範圍、也就是戴笠本身的勢力範圍。

另一方面、戴笠很早就重視辦「**訓練班**」、想多訓練特務爪牙。他先後在南京洪公祠與杭州「**浙江警官學校**」內、開辦了「**特務訓練班**」。康澤在盧山辦特訓班時、他也派親信的參謀去附設一個隊、專爲他自己單位訓練特務人員。後來「**軍統**」的一些特務骨幹、都在這訓練班被訓練出來的（徐遠舉・田動雲・毛森・蕭勃等）。

爲了利用蘇聯式的特務組織、他也吸收了一批到莫斯科留過學的學生（梁幹喬・王新衡・謝力公・程一鳴・張師等）、替他訓練爪牙、進行反共。

同時在上海及京滬一帶、還勾結了一些幫會頭子（杜月笙・劉治陸・楊虎・向松坂等）、互相利用、一起幹他們傷天害理的黑手勾當。

這樣、戴笠手下的特務爪牙、至抗戰開始的一九三七年爲止、五年中已從一〇〇餘人擴至三千人。

(2)　「CC團」

一九二六年正値北伐時期、蔣介石在國民黨裡兼任中央執行委員會組織部長、由他最親信的陳果夫任副部長、代他負實際責任。當時陳立夫也在蔣的身邊當機要秘書、「**兩陳**」奉了蔣的命令、在上海設立一個叫做「**浙江革命同志會**」。等到蔣介石率領北伐軍佔領上海並屠殺中共黨員與進步人士時、該「**同志會**」就召集了當地的地痞流氓、從側面協助蔣軍、進行慘無人道的破壞與屠殺。

一九二七年八月蔣介石的第一次被迫下野、爲了他日東山再起、他把黃埔系軍官交給朱紹良（國民革命軍總司令部參謀長）、安置在滬杭一帶、黨務人員則交由陳果夫負責領導、仍然集中在上海。然後、蔣介石本人才離開中國、前往日本。

蔣介石下野後、南京方面的國民黨由桂系的李宗仁・白崇禧、聯合李烈鈞等舊將領所組織的「**中央特別委員會**」把持著。於是、上海的兩陳兄弟、即以反對南京的「**中央特別委員會**」爲名、召集了留在上海的各省市黨部人員、組織一個名叫「**中央俱樂部**」、這就是「CC**團**」的起源。

提到「CC」、有人說是陳果夫・陳立夫即兩陳的簡稱、也有人認爲是「**中央俱樂部**」英譯 Central Club 的簡稱。實際上、「**中央俱樂部**」確是以兩陳爲代表人物、所以兩說大同小異、實際意義一樣。

「**中央俱樂部**」成立當初、據說部員只有三、四〇個人、以浙江・江蘇・山東・山西・南京・上海等省市黨部執行委員張強・洪陸東・許紹棣・潘公展・苗培成・馬元放・鄭異・蕭錚・程天放等爲主幹、並擁護戴季陶・丁惟汾・陳果夫爲領導人、事後成員很快就增至一〇〇餘人。

同年十二月、南京的「**中央特別委員會**」垮台、蔣介石看到機會又來了、馬上從日本趕回復職、因此、「CC**團**」的團員也分別返回各地去從事原來的職務。丁惟汾率領一部分人員北上、擔任國民黨中央政治會議北平分會主任、戴季陶也到南京去、爲蔣介石策動政治陰謀、獨有陳果夫留在上海、成爲「CC**團**」的唯一領導人。

蔣介石到南京復職後、陳果夫擔任爲國民黨中央組織部副部長、「CC**團**」也在陳果夫指揮之下、繼續擁戴蔣介石、爲他排除異己、把持中央及各省市的「**清黨委員會**」、大肆搜捕中共黨員及進步人士、造成一場暴戾的白色恐怖。

一九二九年國民黨舉行第三次全國代表大會、陳立夫被選爲中央執行委員會委員、蔣介石安排他當「**秘書長**」、從此、兩陳得以秘書處與組織部密切連繫起來、進而全面控制黨內、造成「**蔣家天下陳家黨**」的局面出來、因此、「**CC團**」迅速增大其特務勢力。

如上述、陳立夫所把持的「**國民黨中央組織部黨務調查科**」、就是「**中統**」的前身、一九三五年蔣介石把它擴大爲「**黨務調查處**」、該處的特務人員當然是與「**CC團**」裡應外合、並肩作戰。「**黨務調查處**」在地方黨政機關內配備著「**肅反專員**」、並加派一批特務爪牙、置於肅反專員統一指揮之下、進行秘密而廣泛的特務活動。這一伙人後來成爲「**中統**」的基本人員。

早期的「**CC團**」的裡外都有過核心組織及外圍團體、茲把主要的列舉於左：

Ⅰ　「**青白團**」——該團同樣宣誓永遠擁戴蔣介石爲唯一領袖、成爲「**CC團**」最高層的核心組織。由陳果夫・陳立夫・余井塘・葉秀峰・徐恩曾・張道藩・張厲生等七人、組成該團的領導層、不但對外秘密、對未加入該組織的「**CC團**」團員也保守秘密。新入團時必須通過一場中世紀封建・神秘・恐怖式的入團儀式之後、才被允許加入。一九三二年前後的團員、主要有陳泮嶺・洪陸東・邵華・齊士英・方治・高宗萬・潘公展・吳開先・周學昌・張強・張沖等人。這些人一直都是「**CC團**」的高級骨幹。「**青白團**」領導層中的葉秀峰與徐恩曾、後來成爲「**中統**」的特務頭子。

Ⅱ　「**國民黨忠實同志會**」——該會成立於一九三二年、同樣由兩陳秘密指示各省市黨的可靠分子、挑選黨員中特別忠誠擁護蔣介石的人、編成「**特務小組**」。這些「**忠實分子**」入會後、負有監視一般黨員並隨時密報的任務。如果把「**青白團**」說是中央核心組織、「**忠實同志會**」則屬於地方特務活動的基層骨幹。不久、「**青白團**」就併入「**忠實同志會**」。這些組織、正如他們所說「**層層有組織、層層有核心**」、不但是「CC團」裡頭的派中之派、也是國民黨的黨內之黨。「**忠實同志會**」成立後、就派中央幹事到各省市去做底層工作並組織分會、他們以各種名義來拉攏地方青年、搞成外圍組織。例如、張厲生被派到北京・河北、苗培成到山西・綏遠、梅公任到東北、程天放到安徽・江西、吳醒亞到上海・湖北、葉秀峰到南京・四川、張道藩到貴州、余井塘到江蘇、洪陸東在浙江、陳肇英到福建等。

當時張厲生在北平成立外圍組織「**誠社**」、並利用胡夢華（國民黨河北省黨部監察委員）主編的「**人民評論**」「**革命嚮導**」等刊物、散布「**一黨專政**」「**領袖獨裁**」等法西斯的毒素荼毒北方青年。齊士英搞起「**東北青年學社**」（東北）、徐恩曾・蕭錚、洪陸東開辦「**青年社**」（南京）與「**三民主義革命同志會**」（南京）、王漕成立「**學行社**」（山東）、潘公展・吳開先成立「**上海協會**」（上海）、吳醒亞後辦「**寅社**」（上海）、他們的外圍組織有如雨後春筍、一時簇生出來、到處都有。

(3)　「三民主義青年團」

一九三七年初、中日緊張到一觸即發、戰爭將要開始的地方、蔣介石認爲當時的「**復興社**」「CC團」等大小特務組織、拘泥於秘密活動且各自爲政、已不可能應付戰時需要、乃決定加以合併改編、使其成爲一個又統一且強有力的特務大集團、有鑑於此、所以相繼成立了「**國民政府軍事委員會調查統計局**」（一九三七年四月）與「**三民主義青年團**」（一九三八年三月）。「**三青團**」組織較簡單、在此先講該團的起源。

一九三八年一月、蔣介石先召集「**復興社**」系的賀衷寒・酆悌・康澤、與「CC團」系的張道藩・

余井塘・蕭錚・徐恩曾・周佛海分別談話、然後才在湖北省政府的官邸召開會議、出席者有陳立夫・陳誠・張厲生・張道藩・朱家驊・周佛海（以上CC系）、及康澤（復興社系）等特務頭子、商定統一改編這兩大特務組織。蔣介石經過這樣對各單位個別指示並統籌辦法之後、利用三月二十九日—四月一日國民黨舉行臨時全國代表大會之機會、使自己被選爲國民黨總裁、汪精衛爲副總裁、同時促成決議設立「**三民主義青年團**」（團長蔣介石、評議長汪精衛）於武昌（一九三八年七月九日成立）、標榜：「…**促成全國青年意志之統一、力量之集中、服膺三民主義、擁護最高領袖、開展戰時服務、致力抗戰建國**」。其實、是爲了加強蔣介石的最高領袖的地位、並統一特務組織。

因此、「**復興社**」「**CC團**」的大部分特務都被編入該團活動。特別是事先宣佈解散（戴笠的「特務處」除外）的「**復興社**」、爲了借屍還魂、大部分的工作系統都移植到「**三青團**」去、賀衷寒・胡宗南・桂永清・康澤・陳良等復興社的主幹人員也進去該團當中央幹事、構成該團的領導核心、同時指示各省市的復興社原有人馬、率先入團、成爲團支部或團分部的骨幹、掌握實權。換句話說、復興社原有的「**秘密**」部分、藉此脫胎換骨成爲三青團的公開骨幹。

「**三青團**」隨即成立「**中央團部**」於武昌、書記長先由陳誠擔任一個時期、後來換張治中。康澤擔任組織處處長達七年之久、始終不換、成爲該團的實際負責人。其他、第一任的秘書處處長・項定榮（CC系）、宣傳處處長・黃季陸（CC朱家驊系）、訓練處處長・譚平山（原中共幹部）、服務處處長・陳文淵（留美牧師、宋美齡派）。又在「**中央訓練團**」內、設立「**三民主義青年團幹部訓練班**」（簡稱「中央青幹班」）、由桂永清擔任班主任。

抗戰後期、太子蔣經國回到中國、他的政治野心愈來愈大、想拉攏青年抓軍隊、同時也要建立自己的特務系統。蔣介石「**傳位**」之心也在此時蓬勃生起、就這樣、抗戰結束後、「**三青團**」在廬山召開第二屆代表大會、康澤就以調赴美國留學爲名、被除掉原來職位、組織處處長一職改由蔣經國繼任。從此以後、「三青團」實際上即落到蔣太子掌中。

(4)「國民政府軍事委員會調查統計局」

如上所述、一九三七年四月、蔣介石於南京成立「國民政府軍事委員會調查統計局」、由陳立夫擔任局長、陳焯（首都警察廳廳長）任副局長。局裡有個「局本部」、本部底下設置三個處、第一處處長・徐恩曾、第二處處長・戴笠、第三處處長丁默邨（後來因他到日軍佔領的南京參加汪精衛政權、所以改由金斌繼任）。

第一處是由CC系統特務原班移過來、第二處當然是把戴笠手下的復興社特務處整套搬來充當。雖說兩大系統已合併在一起、但是這個統一編制只是在名目上、事實上雙方都維持原來的組織系統、照舊各立門戶、照舊分別活動、辦公處也都各自使用原來地址、第一處在南京城南瞻園路、第二處在南京雞尾巷。

戴笠在這一段時期做了一些工作、一九三七年七月中旬、七七事變爆發但上海戰事尚未發生、他親自到上海、佈置日軍侵入上海後的特務活動。當時他在「蘇浙行動委員會」裡擔任委員兼書記長、並派大將陳旭東・汪祖華・謝力公・余樂醒等人當處長、松江・青浦設立兩個訓練班。他又臨時湊成一些武裝特務部隊、但是這些武裝特務部隊一碰到敵人就潰散、沒有發生過作用、剩下來的散兵特務、在上海撤退時、均跑到安徽・江蘇交界的屯溪去、再編成「忠義救國軍」、先後由周偉龍・馬志超任總指揮、阮清源・郭履洲・陳默・毛森等人也指揮過。這就是抗戰開始之際、戴笠在上海地區搞出來的唯一「成就」。抗戰期間「忠義救國軍」、駐在淪陷區緣邊的蔣管區爲非作歹、除了鎭壓人民、排除異己（攻擊中共新四軍—「皖南事變」）之外、藉抗戰爲名抽捐徵稅、走私販毒、所以該地區的老百姓一聽到「忠義救國軍」就怨聲載道、恨入骨髓。

一九三八年、蔣介石又把第一處與第二處的特務系統分開、分別成立「國民黨中央調查統計局」、「軍事委員會調查統計局」、這就是世上所傳的「中統」與「軍統」的由來。蔣介石指定「中統」由國民黨中央執行委員會秘書長爲當然局長、以原任第一處處長徐恩曾爲副局長。「軍統」局長則由軍委會侍從室第一處主任兼任、而以原任第二處處長戴笠爲副局長。實際上、這兩個副局長當然抓到實權、所以徐恩曾・戴笠兩人、就成爲兩大特務機關的頭子。

抗戰開始後、蔣介石口頭上說團結全國人民、從事抗戰、但實際上、卻積極擴充自己的特務組織、繼續鎮壓人民並壓抑進步分子的愛國活動。

(5)　戴笠的「軍統」

蔣介石用心想培植戴笠、但是戴笠資歷太淺、若把他提拔的太快了、恐會引起其他部下不服、所以「軍統」成立時、便指定由蔣的「侍從室」第一處主任來兼局長、而以戴笠爲副局長、使他負實際責任。歷任侍從室第一處主任兼軍統局局長的賀耀祖・錢大鈞・林蔚等人、都很瞭解蔣介石的用意、所以從來不過問該局的事、結果、「軍統」的工作・人事・經費等一切業務都由戴笠一手包辦、直接向蔣介石負責。所以、抗戰時期在重慶是「軍統」的全盛時代、也就是戴笠最爲趾高氣揚的黃金時代。

由於戴笠得到「蔣太上」的特別寵信、「軍統」遂得大事擴展、只從特務人員來看、由抗戰初時的三千人、擴展到抗戰末期的五萬人（武裝特務部隊不算在內）、機構也在短時間內迅速擴大。從另一個角度來看、特務集團的迅速發展、就是蔣介石加深其法西斯統治的一個具體表現。

I　「軍統」局本部——自從「軍統」遷移到重慶後、局本部的內勤特務漸漸增至一千餘人、內勤機構也愈來愈擴大。先任主管內勤工作的是主任秘書・鄭介民與副主任秘書・張毅夫、但在工作上則由戴笠親信的秘書・毛人鳳負責實際責任。蔣介石後來又加派唐縱為「軍統局幫辦」。

另外還有一個名叫「甲室」、等於機要室、專門負責處理戴笠直接交下來的有關內外勤工作重要事項。

局本部設有如下的「處」：

(一) 軍事情報處（處長鮑志鴻、主管軍事情報・國際情報・軍運・策反・諜報）
(二) 黨政情報處（處長何芝園、主管黨政・偵防・航檢・中共情報）
(三) 行動處（處長徐業通、主管行動・警稽・司法）
(四) 電訊處（處長魏大銘、主管無線電信・電機製造・訓練報務員及散在各地的一千多無線電特務人員）
(五) 司法處（處長沈維翰、主管審訊・監獄・看守所・集中營）
(六) 人事處（處長龔仙舫、主管人事行政・人事資料・考銓）
(七) 經理處（處長徐人驥、主管財政・會計・預算・出納）
(八) 總務處（處長沈醉、主管庶務・管理・交通・汽車大隊・電話隊）

其中、行動處的所謂「行動」、就是綁票・暗殺・破壞・逮捕等黑手殘酷行動。司法處是把被綁票來或被逮捕來的人、加以審問・酷刑・拷打・逼供・監禁・殺害等、其慘無人道的法西斯行為、連公開的司法機關也不得過問。經理處處長的徐人驥、從復興社特務處時代就一直負責經理到軍統時代、可以說是戴笠親信的管家人。

另有一個訓練處、專管幾十個特務訓練班、並主編內部刊物「家風」（月刊）、且把持各大專學校的

「**抗日鋤奸團**」。還有一個警務處、專管「**軍統**」控制下的警察機構與稽查處。一九四五年抗戰接近結束時、又增設了一個佈置處。主管接收淪陷區的佈置工作。

其他、「**特種政治問題研究室**」（研究政治陰謀）・「**特種技術研究室**」（研究殺人放火毒藥炸彈）・「**經濟研究室**」（研究僞造紙幣擾亂經濟）・「**督察室**」（主管特務人員的督察考核）・「**特務總隊**」（有三個武裝大隊、一個中隊、一個看守所）、「**特別偵察組**」「**外事偵察組**」「**設計委員會**」等、各種機關多的不可計數、經過多次更改、人事經常調動。

Ⅱ「**特務監獄**」（集中營）——「**軍統**」遷到重慶後、戴笠就把「**兩湖會館**」改爲看守所、臨時扣禁被綁票來或被逮捕來的革命人員・進步人士・愛國青年、或犯了規律的特務人員等。審訊時、使用各種慘無人道的酷刑、等到審訊完畢、才分別送到集中營（特務監獄）去長期監禁或殺害。戴笠把這些卑鄙行動當做兒戲來開玩笑、稱看守所爲「**小學**」、被監禁的人叫做「**修養人**」、先經過這個「**小學**」、才送到「**中學**」「**大學**」的集中營去做長期「**修養**」。

有個「**中學**」在重慶、外名叫做「**白公館**」（所長陸景清）、中共的葉挺・廖承志也曾在這裡被囚禁過。

貴州的「**息烽集中營**」（主任周養浩）、乃是一個最大且最陰慘的「**軍統**」系「**活地獄**」、這被叫做「**大學**」、設在貴州息烽縣城外的山窩裡、用幾重圍牆及裝上電流設備的鐵絲網與外界隔離起來、如果沒有出入證、任何人都進不去、任何人也出不來。主任・周養浩、除了直接指揮「**行動組**」配備的大批便衣特務・劊子手之外、還有一個特務武裝大隊、配有美式武裝、不分晝夜逡巡守望。

在集中營內、設有男牢房七座、女牢房一座、還有可容數千人的大禮堂及集中營本部。營內只有營本部設有電燈、牢房部分則黑暗陰沈、完全是另外一個世界。牢房內的室內潮濕陰暗、即使是白天、也不能見到天日、再加上飲食極端惡劣、不如狗食、所以在審訊時已經一段毒打重刑的被囚禁的人、到此地後、即使鐵打的身體、也難免害病、以至不治而死。

息烽集中營的劊子手殺人不擇手段、用盡卑鄙方法、常以謊言騙人出外加以暗害、例如：㈠夜間以「**提審**」爲名把人叫出牢房帶到野外槍斃、㈡僞稱「**釋放**」而在中途加以暗害、㈢僞造敵機來襲的「**警報**」、把囚人集體帶到僻遠山溝、以機槍掃射而集體屠殺、㈣天晴時命令外出「**拔草**」、到達山間、劊子手即從背後開槍擊斃、其他活埋或活活打死等、枉法殺人罪惡滿貫的事很多。

被禁在牢房內的人、除了絕大多數是所謂「**政治犯**」之外（進步分子・愛國青年・群衆領袖・共產黨員・非蔣的地方將領等）、也有極少數是犯了錯誤或違犯特務紀律的特務分子、以及拒絕淫暴動物特務頭子污辱糟蹋的女特務等。卑鄙狡猾的集中營特務及劊子手、也常以「**將功抵罪**」爲餌、命令被關在房裡的特務份子、用盡辦法、打聽同房人的消息、向他們報告以取得在刑訊中得不到的情報。被囚禁的特務份子、爲了爭取自己早日被釋、就奉承命令、身在牢房裡仍然搞起「**特務**」工作來、以竊聽別人的心事與案情或動靜爲能事而出賣「**難友**」、所以即使是同患難而被囚禁在一起、也不知是人是鬼、不可草率信人、若不小心、必定受害、不但自己倒霉、還使別人受累。

「**軍統**」的集中營就是這麼鬼氣陰森、這麼黑暗殘忍。

Ⅲ　各省的下部機關——「**軍統**」在各省市的「**區**」「**站**」「**辦事處**」、也隨著特務勢力擴大增加起來。「**軍統**」各省市均設「**有省站**」、幾個省的高級機關有「**區**」、如「**渝特區**」（重慶）・「**川康區**」（成都）・「**北方區**」・「**西北區**」・「**晉陝區**」・「**華南區**」・「**越桂區**」・「**沿海區**」等。還有滇緬・桂林・東南・華北・五原・車佛・青海・衡陽・上海・武漢・北平等「**辦事處**」。

在國際上、也普遍設立了「**軍統**」的海外機關、除了勾結外國法西斯勢力及收集國際情報之外、還把其血腥的黑手、伸到華僑社會裡去、摧殘居住海外的進步分子。

Ⅳ　「**特務訓練班**」——戴笠本人在從事特務工作的二〇年間、先後成立了將近八〇處的各種各樣訓練班、訓練五萬餘人的特務爪牙（在武裝特務部隊裡受過訓的五萬人不算在內）。

抗戰開始以後、他相繼在湖南臨澧・貴州息烽・甘肅蘭州・福建建甌・四川重慶等處開辦大規模的特務訓練班、由全國籠絡得來的青年學生、或失業軍人、都被送進這些特務訓練班去、加以一—二年的基本訓練之後、再分科訓練、或派遣到各單位去工作。

這些訓練班、在他們內部是按地名稱呼、如:「**臨訓**」・「**息訓**」・「**蘭訓**」・「**東南訓**」・「**渝訓**」等。但是對外名稱、一律叫做「**中央警官學校特種警察訓練班**」。戴笠兼任「**中央警官學校教務委員會**」主任委員、爲的是、第一要掩飾其見不得人的黑手面目、第二使訓練班畢業生能公開拿到「**警官學校畢業證書**」、便於掩蔽特務身份而隱藏在公開政府機關內來做「**軍統**」的秘密特務工作、第三戴笠本人想與李士珍（中央警官學校教育長—警察特務頭子）爭奪警察方面的領導權。

其他、「**軍令部乙種參謀訓練班**」（從軍官學校學生中挑選出來、訓練爲軍事特務）、「**軍委會特種通信工作人員訓練班**」（給予郵電檢查、偷拆信件等特種訓練）・「**外事特種訓練班**」（訓練從事外事情報）・「**查緝幹部訓練班**」（設在重慶・南岳・西安、訓練檢查貨物的特務人員）・「**特種政治工作人員訓練班**」（訓練從事政治陰謀）・「**特種偵察人員訓練班**」（訓練從事偵察工作的特務人員）・「**行動技能訓練班**」（在重慶繅絲廠・息烽縣潮水等地專門訓練暗殺・綁票・破壞等）、「**爆破訓練班**」（專教爆破技術）・「**警犬使用訓練班**」等。另外還有無線電信・譯電・督察・管理等各種專門教育所。

這些特務訓練班的學生來源、都是依靠:㈠由「**軍統**」特務人員介紹、㈡由「**中央各軍事學校畢業生調查處**」挑選黃埔畢業生、㈢以軍令部・財政部・交通部等軍統所控制的政府機關名義招生。戴笠特別看重由既成的特務人員介紹的辦法、所以當時凡是軍統人員、都負有介紹親朋同學等入特務訓練班的任務、結果、父子・弟兄・姊妹・親戚・同學等同是特務的例子不少、戴笠乃把這種情形叫做「**特務家庭**」、而自己稱爲「**特務家長**」。

在特務訓練中、先由老特務謝力公・余樂醒・劉紹復等、灌輸法西斯思想及蔣介石那一套封建軍閥式的謬論、這叫做「**基本教育**」。然後、再施以「**特務技術訓練**」（諜報・偵察・射擊・武功・無線電信・譯電・密碼・暗號・暗殺・綁票・破壞等）。後來機構逐漸擴大、爲了訓練內勤人員、就增加「**內勤訓練**」（會計・督察・人事管理・總務管理・看守・警衛等）。還有叫「**高幹訓練**」的、專門訓練特務的高級骨幹。戴笠本人爲了誇示自己的「**威望**」與「**老資格**」、常到各訓練班去亂彈所謂「**主任訓話**」「**精神訓話**」、胡吹一些什麼「**軍統**」的革命精神。

這樣、有不少懷著抗日熱情的純潔青年、被籠絡而誤入戴笠的圈套、受訓練後成爲特務爪牙、結果乃是荼毒中國、陷害中國人民。

V　軍統控制的各種機關——「**軍統**」這個中國法西斯的大本營、無非是陰風沈沈的伏魔王殿、蔣介石・戴笠以下大小特務頭子及鷹犬爪牙、都帶著「**夜行動物**」的陰險本性、他們所做所爲不外乎是違反人理的罪惡勾當、所以他們有必要準備一種隱蔽工具、把見不得人的兇惡面貌加以掩飾、才做得成他們的所謂「**工作**」。戴笠常常提到「**以公開掩蔽秘密**」「**以秘密領導公開**」的那一套夜行動物的工作方式出來。就是說、凡是要從事特務工作的「**軍統**」人員、必須先鑽入正式的政府機關或社會團體、取得「**公開**」「**合法**」的身份或名義、一來做爲隱蔽其秘密身份（特務身份）的工具、二來利用・操縱・把持・控制這些公開合法的政府權力、做爲完成秘密工作（特務工作）的基礎。

就以戴笠本人爲例、在「**軍統**」最強盛的抗戰後期、他親自兼任或控制的單位很多、主要的就有

「中美合作所」主任・「財政部緝私署」署長・「財政部戰時貨物運輸管理局」局長・「軍委會水陸交通統一檢查處」處長・「全國人民動員委員會」主任・「中央警察學校教務委員會」主任委員等。「軍統」直接派人掌握或間接控制的政府單位、把全國性的機關算起來就有一〇〇餘個、至於特務人員鑽進去操縱的外圍組織或地方機關、多得不可計數。以下就把抗戰期間「軍統」所控制的最主要的單位例舉出來：

(一)　軍事部門——軍令部第二廳・陸軍總部・軍委會特檢處及其各地郵電檢查所・航空檢查所・軍委會別動軍司令部及各戰區別動隊・各戰區便衣混成部隊・各戰區司令長官部調查室及外事處・忠義救國軍・航空委員會政治部調查室・陸軍大學調查室・各集團軍調查室・師團調查諜報科・各省市保安處調查科（第四科—也稱爲訓練科）・兵工署警衛稽查處及警衛大隊・軍委會特務第五團（「軍統」的特務總隊）等。

(二)　行政財經部門——各省市政府調查室・國家總動員會議・軍法執行總監部・經濟檢查處・經濟檢查大隊・黔陽、息烽、修文等各縣縣長等。

(三)　警察部門——內政部警政司（警察總署）・內政部警察總隊・各省市的刑警與督察處・各地警察局等。

(四)　交通運輸部門——軍委會水陸交通統一檢查處及其各地的檢查所・交通警備司令部及其各團部・西南運輸警衛稽查組・滇緬公路警衛稽查組・滇越鐵路警察總局・交通部公路總局警稽室與各公路警稽組・交通巡察總隊・鐵路警備司令部・西南運輸處黔西訓練所等。

(五)　蔣介石的侍從室——第六組（情報）・警衛組（蔣外出時的保鏢部隊）・特別警衛隊（蔣住所的警衛隊）。

其他、例如「**人民動員委員會**」（抗戰勝利後改為「中國新社會事業建設協會」）——專搞青幫・洪幫或地方流氓地痞惡霸的集團活動）・「**抗日鋤奸團**」（專搞學生特務集團活動）。

後來也打進財政部稅務系統、及「**海軍司令部**」「**海軍陸戰隊**」等。

(6)「中美合作所」

一九四一年（民國三〇年）十二月、第二次世界大戰爆發後、美國政府為了軍事需要、想在中國覓取並扶植一個「**美國特務**」的代理人、這樣、蔣美特務就開始接觸。

戴笠認為這是擴張自己勢力難得的機會、立即指示「**軍統**」美國站站長・蕭勃（其公開職位是蔣家國府駐美大使館助理武官）、積極向美國國防部拉關係。經過一段蔣・美特務直接接洽之後、一九四二年冬、先在重慶簡單的組織了「**中美特種技術合作所**」（簡稱「中美合作所」）、接著才把它逐漸擴充起來。

一九四三年五月、蔣美特務簽訂「**第一次合同**」、這次合同簽訂的主持人、美方是美國總統羅斯福的私人代表・魯斯（「生活」雜誌社社長）與美國海軍部情報署代表・梅樂斯中校、蔣方則由外交部常務次長・胡世澤與戴笠共同主持、「**中美合作所**」於是正式成立。

繼之、翌年九月、美方又派來特務大頭子・杜諾邁（戰略情報局局長）、簽訂了「**第二次合同**」、其主要內容共有四項：

㈠　由美方協助「**軍統**」訓練特種警察人員。

㈡　由美方供給「**軍統**」訓練特種警察所需的各項器具、如「**測謊偵察器**」「**強光審訊器**」「**電刑設備**」等現代化刑具。

㈢　由美方繼續幫助「**軍統**」、在各地訓練裝備特務武裝部隊五萬人。

(四)　由美方供給「軍統」大卡車二千輛、中小型吉普車二〇〇輛、醫藥・器材等。

由此、可以知道蔣・美特務關係已名實相符的緊密起來、美方有意積極幫助「軍統」、使其更加強盛、同時不僅在對日軍事作戰上、就是在中國國內政治方面也想幫助蔣介石、使之更有效的統治人民與對付共產黨。戴笠則藉此機會、企圖在美帝國主義的支持下、進一步擴大武裝特務部隊並廣泛的掌握全國警察機構、擴展軍統的特務勢力。

「中美合作所」的主任由戴笠代表蔣方擔任、副主任是美方的梅樂斯、蔣方參謀長李崇詩・主任秘書潘其武、美方參謀長貝樂利・主任秘書史密司等。它的編制如下：

內勤部門設有六個組：(一)軍事作戰組（組長尙望、副組長易煒）、(二)情報組（組長陸達初）、(三)心理作戰組（組長由謝力公・吳理君先後擔任）、(四)氣象組（由美方專管）、(五)行動組（組長周知聲、副組長焦金堂、另有美方副組長一人）、(六)交通運輸組（組長黃榮幸）。

除了上述六組之外、還有經理・醫務・總務各組・及一個「總辦公室」（主任由潘其武兼任、下有聯絡・文書・人事・譯電各組）。

「中美合作所」還在福建省建陽、設立一個機構龐大的「東南辦事處」、一九四四年又增設四個「情報處」與「前進指揮所」（指揮官毛森、在浙江省分水縣印渚埠）、均由「東南辦事處」指揮。

「中美合作所」成立之後、美方盡其人力物力、幫助「軍統」先後辦了二〇餘個各式各樣的「特務訓練班」。其中、「重慶特種警察訓練班」（一九四四年開辦）的規模最大、由戴笠兼班主任、梅樂斯兼班副主任、實際上負行政工作責任的班副主任、第一期・樂幹、第二期・劉人奎、主持訓練的是美特總教官・懷特、一切大權均操在總教官手中、美特教官共有五〇餘人。第一期有學生八〇〇、第二期二千二〇〇、都是由「軍統」的其他訓練班（蘭州・息烽・重慶等）挑選出來的。

訓練課程分爲「**刑事警察**」與「**保安警察**」。美特認爲「**軍統**」原來的教育課程已經落伍、也不科學、所以完全按照美國訓練特務的方式來進行、除了偵察・審訊・指紋・痕跡・罪犯心理・化裝・拘捕・警犬使用等外、還注重刑事實驗・手槍射擊・車輛駕駛・爆破等。

但是、「**中美合作所**」開辦最多的、還是「**中美特種技術訓練班**」。這些訓練班都由戴笠兼主任、另外派副主任負責實際行政、而美特擔任總教官等、每班組織相同、設有美國人總教官室・教育長・以及教務・政訓・總務三組。學生則由「**軍統**」指揮的「**武裝特務部隊**」調來受訓後、由美方按實際人數發給美國武器與裝備。訓練期間三個月、課程包括武器使用・爆破術・偵察術・游擊戰術等、全由美特負責教育。一九四三年至一九四五年、先後訓練過武裝特務五萬餘人。勝利後、這些武裝特務、就改編爲「**交通警察總隊**」、蔣介石逃來台灣後變成「**台灣交通警察**」。

這些「**特種技術訓練班**」、按成立的先後次序編號、通常以班的所在地爲名：㈠雄村訓練班（安徽省屯溪、副主任郭履洲）、㈡南岳班（湖南省、副主任陶一珊）、㈢風穴寺班（河南省臨汝縣、副主任文強・楊蔚）、㈣陝壩班（綏遠省、副主任高榮）、㈤息烽班（貴州省、副主任鄧匡元・何峨芳）、㈥修水班（江西省、副主任唐新）、㈦漳班班（福建省、副主任雷鎮中・陳達元）、㈧玉壺班（浙江省瑞安縣、副主任趙世瑞）、㈨建甌班（福建省、副主任林超）、㈩臨泉班（安徽省、只有這個班的主任一職例外的由湯恩伯—蘇魯豫皖邊區司令—擔任、副主任周麟祥）。其他、「**中美爆破人員訓練班**」（浙江省淳安港口、副主任毛森）、「**中美醫務人員訓練班**」（湖南省東安、副主任傅棠）。

按照「**中美第一次合同**」規定、對日戰爭結束後、「**中美合作所**」就結束。但是戴笠後來要求繼續在上海・北京兩地合辦「**中美特種警察人員訓練班**」、美方同意之後、便成立了「**北平特警班**」（副主任樓兆元・喬家才）、「**上海特警班**」（副主任趙志熹）。然而剛要開始訓練、戴笠卻橫死於上海、由鄭介民繼任「軍統」代理局長後、便停止開課。

美帝以「合作」爲名、幫助「軍統」屠殺中國人民、增強蔣介石的反動統治、其政治目的顯而易見、不外乎爲美國利益、以便於宰割中國人民。後來蔣介石逃亡台灣後、美帝的野心始終不變、所以蔣美特務相互勾結仍然很緊密。

(7) 徐恩曾・葉秀峰的「中統」

如上所述、「CC」系統在一九三八年成立了「中國國民黨中央執行委員會調查統計局」、又稱「中央調查統計局」、就是所謂的「中統」。

「中統」成立之前、即一九三七年底從「國民政府軍事委員會調查統計局」分出來、至一九三八年初「中統」成立爲止的一個很短時間、叫做「軍委會第六部第四組」、由徐恩曾任中將組長。

「中統」、無非是「CC」的特務活動部門、也是早時「國民黨中央組織部黨務調查科」的化身、所以都以特務分子爲班底、並繼承綁票・逮捕・暗殺・秘密監禁等黑手勾當。譬如在一九二九年時期、「黨務調查科」所搞的「肅反專員」及「反省院」「感化院」等假借政府的司法機關爲掩護、實行非法的拘捕・審訊・監禁等、毫無例外、全由「中統」繼承下去。

由於江南是蔣介石及兩陳的政治・經濟基礎所在地、所以「中統」的特務活動、也由南京・上海及江浙一帶開始發展、然後才伸展到全國各處去。

I 中統局本部內勤組織―「中統」成立時、以「國民黨中央執行委員會秘書長」陳立夫爲當然局長。後來國民黨的秘書長換了朱家驊、所以「中統」局長也改由朱家驊繼任、但是朱家驊遠不如陳立夫、沒有掌握到實權。

在本局裡負實際責任的副局長、先由徐恩曾（陳立夫的表親）擔任。但因他爲人鄙吝、愛錢如命、且爲財利問題常與「**軍統**」明爭暗鬥、最後、終於鬧出「**中印緬國境交通線上走私案件**」、被戴笠向蔣介石檢舉、以致垮台。然後、才由葉秀峰（陳立夫的同學）繼任「**中統**」副局長。

局本部設「**局長室**」（主任秘書先後由濮孟九・劉次簫擔任、總攬全局工作、其他秘書多人）、「**人事科**」（科長孫翼謀、主管全局人事）、「**專員室**」（負責設計與聯絡、專員多時有三〇餘人）。

主管業務方面分爲三組・三處・一室・一實驗地區。

㈠ 第一組——組長先後由梁輔承・張國棟擔任、主管情報・資料・檔案・文書・總務、情報工作的骨幹特務則有項本善・陳積中等人、資料工作是陳文紹（女特務）一手包辦。

㈡ 第二組——組長王思誠、主管黨務・共黨・進步團體・幫會・宗教團體・對日僞工作、主幹人員有萬大鋐・吳若萍・沈哲臣・杜衡・章志仁・何畏・葉青・陳建中等人。

㈢ 第三組——組長先後由高奮（留學義大利學過一套法西斯理論與策略）・謝永存擔任、主管訓練・組織・對外關係。

㈣ 經濟調查處——處長李超英、主管日僞經濟調查與中共解放區經濟調查。

㈤ 交通處——處長徐白光、主管散布在全國的電台・電訊器材・通訊・連絡・以及有關淪陷區交通・中共地區交通・「**黑色交通**」（利用幫會・碼頭地痞等關係）。

㈥ 統計處——與蔣介石侍從室第三處（陳果夫主持）相連繫、把國民黨內外重點人物的資料製成目錄與卡片、隨時供蔣介石查詢、但徐恩曾垮台後、則名存實亡。

㈦ 研究室——負責人楊爲、專搞反共、鎮壓人民與鎮壓愛國團體的陰謀策略。

㈧ 重慶實驗地區——主持人陳慶齊、爲了在本局所在地搞好特務組織、藉以「**示範**」全國、在重慶各重點設有秘密機關、以「行動」（綁票・逮捕・拘押・刑訊・搗亂・破壞等）來表演。

Ⅱ「**中統**」分布全國的下級組織——各省市有「**省市調查室**」、工作內容大體與本局差不多。例如貴州的「**黔室**」（負責人程惕中）、湖南的「**湘室**」（負責人韓中石）、廣東的「**粤室**」（負責人余俊賢）、廣西的「**桂室**」（負責人蔣靜一）等。

抗日結束後、又把舊「**誠社**」（主持人張厲生、後來脫離「CC」而投靠陳誠）特務派回華北地區去、設立「**平室**」「**津室**」等。中共解放軍一到、均被破獲、如董化昌・王書華・支彭英・支永佑・呂廣仁・沈振啓・李樹聲・王富春・吳鎮屏等老特務都在內。

Ⅲ「**中統**」所控制的機關・社團・企業——「**中統**」組織龐大、除了軍事方面（軍・憲・警）由「**軍統**」控制之外、從中央的黨・院・部會、到各省・市・縣各級黨政機關、以及財經工商・文化教育等部門都有「**中統**」特務的蹤跡。重要的有：

㈠交通部調查室（負責人季源溥）、㈡財政部鹽務調查工作組（負責人顧建中）、㈢糧食部門調查工作組（負責人濮孟九・王思誠）、㈣海外部工作組（負責人陳宗周・譚永昌）、㈤司法官訓練所工作組（負責人洪蘭友）、㈥內政部縣長訓練班工作組（負責人李永懋）、㈦外交部公務員聯誼會（負責人張道行）、㈧中國文化服務社工作組（負責人劉百閔）、㈨教育部工作組（負責人溫麟）、㈩中國文化建設協會（負責人王鑒藩）、(十一)重慶沙聯組（負責人王星丹）、(十二)中央警官學校（教育長李士珍）等。

「**中統**」與「**軍統**」一樣、在主要交通線都佈置特務活動、但在實際上卻專搞走私販毒、藉以斂財謀利、例如粤漢路調查室（負責人田純玉）、粤漢・湘桂聯組（負責人余俊賢・蔣靜一・韓中石）。

特別在財政金融・工商企業方面的「**中統**」勢力愈來愈大、攫取經濟利益也愈來愈多、以：㈠中國農民銀行（董事長陳果夫）、㈡郵政儲金匯業（總經理徐繼莊）爲主要。抗戰結束後又趁火打劫伸長力量、再有：㈢交通銀行（總經理趙棣華）、㈣中央信託局（總經理吳任滄）、㈤華北企業公司（負責人駱美奐）、㈥東北企業公司（負責人齊士英）、㈦青島企業公司（負責人李先良）、㈧上海方面龐大的各種企業（負責人吳任滄）等。

其他、上海的「**申報**」「**新聞報**」、湖北應城的石膏公司、南京新街口的大華商場、上海的華華公司等、均在「**中統**」、「CC」的手中。

「**中統**」與「**軍統**」雖有不同地方、但其目的則一、即除了爲蔣介石法西斯統治用盡千方百計以鎮壓人民・排除異己・反對共產黨之外、還爲「CC」與特務私人爭奪經濟權利、斂財謀利。

Ⅳ　「**中統**」骨幹分子的主要來源——「**中統**」的特務組織龐大、人員衆多、據人事科統計、一九四一年止、特務人員已有一萬三千餘人。其骨幹分子的主要來源有：㈠蔣介石浙江官僚系統中的嫡系（徐恩曾・葉秀峰・張道藩・朱家驊等人）、㈡投蔣的舊中共幹部（何畏—前紅九軍、杜衡・陳建中=前紅二六軍、以及程惕中・陳文昭等人）、㈢留蘇學生出身（楊爲・費俠・葉青=任卓宣等人）、㈣國民黨中央黨校=中央政治學校=中央政治大學畢業生（謝永存・溫麟等人）、㈤中央軍校畢業生（王思誠・張志鵬・齊耀榮等人）、㈥各大學畢業生（項本善・張兆翔・牛傳欽・謝昆・崔堯・譚永昌・趙劍豪等人）、㈦幫會（陳慶齊・慶深庵等人）、㈧「**中統**」自辦的「**青幹班**」「**江北訓練班**」「**海外班**」「**僑訓班**」等訓練出來的幹部、㈨私人介紹（例如、童世綱・胡祥林由朱家驊介紹）。

Ⅴ　「**中統**」的訓練工作—「**中統**」在「**軍委會調查統計局第一處**」時代、已設有「**訓練科**」用以訓練爪牙。其訓練工作比較簡單、分爲：㈠政治訓練（以「**總理遺教**」及陳立夫的「**唯生論**」爲教材、在「**讀書會**」或「小組生活」以討論方式的學習、並通過「群力」這個刊物、灌輸「一個主義・一個黨・一個領袖」的法西斯思想）、㈡技術訓練（除了編成「情報業務概要」、宣傳蔣介石的「七分政治・三分軍事」那一套之外、還教授化裝術・射擊術・駕駛術・擒拿術・拆裝術以及跟蹤釘哨等所謂「行動技術」）。

「中統」成立後、訓練工作逐漸進入正規、不過他們不像「軍統」那樣辦了許多訓練班把招來人員一律加以訓練、而是從外圍的公開單位・學校・機關・企業等吸收適當人材、拉進「中統」做進一步的特務訓練、然後再分配工作養成爲嘍囉。他們把這個辦法叫做「選料加工辦法」、自認爲比「軍統」的內部訓練與選人辦法高明、所以常自吹自捧的說：「我們找的是孫猴子、找到一個孫猴子、可以放棄一百個豬八戒」。這個選人辦法就是「CC」骨幹分子的培養原則。「CC」的外圍組織很多、但外圍組織的中心份子並不多、「CC」對這班人拉得很緊、對他們生活所賴的大小職務、也始終以組織力量加以維護、使這些人死心塌地的依靠「CC」而爲它拚命、成爲特務工作的鷹犬爪牙。例如：

㈠「三青團」辦了「江北青年訓練班」、遷到重慶後、「中統」從中選了一批人、帶回施予特務訓練、做爲自己的特務人員。

㈡「CC」在「中國文化建設協會」（一九三五年成立於南京、會員將近一萬人）、只吸收專用職員王鑒藩一人、就把該會控制到手裡、藉此廣泛網羅文化界知識份子。

㈢秘密放入幾個「CC」的職業學生、讓他們在各大學或技術學校學習、學成後、再拉其他同學進「中統」、然後訓練成爲中上層的知識份子特務。

㈣在各公開團體或企業、掌握能帶起作用的人物、先予以物質誘惑、再施以組織訓練、進而加以紀律約束、終練成「中統」的特務骨幹。例如、在中國銀行・中央信託局・郵電・稅務以及新聞等機關裡的高等職員、經過這種辦法而爲「中統」暗中工作的大有人在。

但是、「中統」也辦過自己內部的「訓練班」、造就另一批特務爪牙。經過這些訓練班訓練出來的人員、大體上屬於「行動」性的特務工作方面。

蔣政府撤到武漢時（一九三八年春）、成立一個叫做「戰時工作幹部訓練團」（簡稱「戰幹團」）、教育長桂永清）、該團退入四川時、「中統」經過蔣介石批准、挑選一部份從南洋回國入團的華僑子弟、另替「中統」辦一個「訓練班」（主持人羅劍雄—從「戰幹團」一起過來的上校教官、新加坡華僑）、加以情報・政治・組織・生活・業務學習等訓練、半年期滿後、這班人成為「中統」海外的特務幹部。其中比較出色的、有方博之（泰國）・卜啞夫與古秉文（印尼）・陳錦江（婆羅洲）・張介夫（馬來西亞）・刁林（新加坡）等人。

「中統」局本部一開始就自己辦的、還有一個「中央青年幹部訓練班」、主任是國民黨中央黨部秘書長・朱家驊、副主任・徐恩曾。該班名義上是國民黨中央執行委員會的訓練班、實際上是「中統」所辦、全部教官與訓導人員、都由「中統」高級特務擔任。

這個班的成員、都從「戰幹團」精選出來、由少校隊長・黃光朔率領一個中隊到「中統」、接受訓練。

該班訓練目的是「採用組訓技術與情報業務、同時施教的方針、重點灌輸軍事與政治的實用知識、充實獨立作戰能力、以達培養領導工作者的要求為目的」（徐恩曾「訓練方案」）、當時是：㈠「軍事訓練」由何畏擔任、著重於講述軍事組織工作・指揮工作・偵察工作・策反工作・軍事地理・武器使用・軍需調度・游擊戰術等、㈡「黨派工作」由吳若萍擔任、著重於講述共產黨及其他進步黨派團體情況、㈢「三民主義」由萬大鋐擔任、以「中統」第二組編成的「三民主義講義」為教本、㈣「敵後經濟調查」由李超英擔任、講述封鎖物質・套購商品・吸收金銀・印製偽鈔・加上散佈謠言・刺激物價・勾結奸商囤積居奇等都包括在內、㈤「宣傳工作」由萬大鋐擔任、陳立夫也寫過一「宣傳工作芻議」交下來供班員閱讀。其他、還有「政治學概論」、講述西方資本主義的一般理論及德國納粹思想、用以灌輸一些法西斯理論與其戰略戰術。另外還講述「國際現勢」（劉恭擔任）。有時也請一些高級特務陳立夫・張道藩・葉秀峰・葉青等人做「精神講話」。

蔣介石命令「中統」認眞訓練該班人員的目的、其實是想把他們由重慶送到華北去、使之「防制異黨活動」、專幹他要的那一套。

爲了訓練一批回國僑生、使之利用華僑身份在海外佈置調查工作、防止共產黨在外活動、蔣介石又命令「中統」在重慶舉辦「海外情報工作人員訓練班」、及在廣東辦「華僑訓練班」、訓練・甄別（清査共產黨員）從新加坡・馬來西亞返國的華僑青年。

「中統」與「軍統」間互相排擠、互相攻擊、原在「一處」「二處」時代便已發生、這時因陳立夫當「局長」、所以「中統」站了上風、等到抗戰後期、那時蔣介石的統治漸漸接近末日、所以戴笠的硬功較適合蔣介石的需要、加上「軍統」又得美帝的支持、靠山大起來、「軍統」的機構就跟著擴大、特務人員也增加得多、因此、陳立夫與徐恩曾儘管設法與戴笠爭寵、已爭不過、一直弄到徐恩曾走私貪污案發生、終於被打下台來。

徐恩曾垮下來、葉秀峰頂上去、從此「中統」開始走下坡、內部的離心現象也跟著發展起來。葉秀峰在「中統」失寵的情況下、爲了挽回頹勢、就加緊爲非作歹（重慶「較場口血案」就「中統」爲主力）想恢復蔣對「中統」的信寵。

但是葉秀峰接長「中統」時、他還看不出蔣政權會如此迅速趨於崩潰。抗戰勝利後不久、因蔣介石的末日已近、葉秀峰的許多可靠的人、也見機離去、今天這個離開、明天那個遠走、「紀律」失靈、到一九四八年、這種衆叛親離的現象更趨顯著、最後、「**中統**」與蔣介石・陳立夫等一道從中國大陸被清除的乾乾淨淨。

⑻ 鄭介民的「國防部保密局」

一九四五年（民國三四年）八月十五日、日本帝國主義投降、中國人民抗日戰爭獲得勝利。同年十月、國共兩黨在重慶舉行談判、蔣介石與毛澤東簽定所謂「**雙十協定**」、當時、蔣介石迫於國內形勢發展（人民政治覺悟提高・人民力量壯大・中共軍事勢力膨脹・民主勢力伸長）、表面上不得不在國共的「**雙十協定**」中同意取消特務機關。但在事先、蔣介石已指示戴笠籌劃把「**軍統**」特務化整爲零、加以隱蔽。戴笠奉命後、就擬定了下列「**整理辦法**」：

㈠「**軍統**」主管的軍事情報業務、劃歸「**軍令部第二廳**」（後來改爲「國防部」第二廳）

㈡「**軍統**」主管的警察業務、劃歸「**内政部警政司**」（後來改爲「内政部警察總署」）。

㈢「**軍統**」掌握的特務武裝部隊、合併改編爲「**交通部警察總局**」、並把一部分武裝特務部隊改爲「**海軍陸戰隊**」。

㈣「**軍統**」的首腦（戴笠以下局部的特務主幹）、則隱藏在「**司法行政部**」裡另成立一個「**調査室**」、藉似掩護。

上述㈠、㈡、㈢項、大體上、均由蔣介石批准、逐一移諸實行。但是、由於「**中統**」爲了保衛自己在「**司法行政部**」原來的地盤、拚命起來抗爭、所以第㈣項終不能實現、因此、才改變原來的計劃、另在「**國防部**」成立「**保密局**」、這就是「**軍統**」的化身、「**保密局**」的起源。

然而、豈知翌年、戴笠突然死亡、即是一九四六年三月中旬的事。戴笠搭機由北京經過青島飛往上海、抵達上海機場時、飛機失事、這個染滿了人民鮮血的特務頭子、因此告終。

戴笠一死、「**軍統**」內部立即分為四個派別、彼此為爭取領導權而展開劇烈鬥爭。

㈠鄭介民派——廣東派、廣東籍特務分子・曾到蘇聯留過學的特務幹部・一向在軍令部第一廳搞軍事情報工作的特務人員等、大體屬於廣東出身的鄭介民派（張繼勛・王清・蕭漫留・程一鳴・吉章簡・馬漢三等人）。

㈡毛人鳳派——浙江派・浙江江山縣出身的特務分子・局本部內勤人員・各地特務訓練班畢業生、均被拉進毛人鳳派（潘其武・沈醉・王浦臣・陶一珊・周偉龍・吳茂生・袁寄洪・李修凱・毛鐘新等人、及由李葆初・徐風掌握的「軍統局各訓練班畢業班畢業學生統一同學會」等）。

㈢唐縱派——湖南派、湖南出身的特務人員・不滿鄭・毛的特務高幹、大多投到湖南出身的唐縱派（李漢元・楊清植・毛森・趙世瑞・張毅夫等人）。

㈣中間派——不參加任何一派、也不得罪任何一派的一些超然的特務分子、自稱為中間派。

由於毛人鳳自知資歷比鄭・唐兩人淺、鬥不過他們、如先讓給鄭介民、然後自己抓到大權比讓給唐縱來得容易、所以毛就以鄭介民資歷較老為理由、向「**蔣太上**」建議由鄭介民接任戴笠的遺缺、蔣介石採用毛的建議、結果、經過了好幾場明爭暗鬥之後、「**軍統**」代理局長一職、終於落到鄭介民手中。

一九四六年七月、按照戴笠生前的計劃、「**國防部保密局**」（「軍統」的化身）在南京成立、由鄭介民任局長、毛人鳳副局長、唐縱卻被鄭・毛排擠出去、擔任「**內政部警察總督署**」署長。

「**保密局**」的內部組織與「**軍統**」大體相同、各處・各室・各小組的主管也與「**軍統**」時代相差不遠、在局長・副局長之下、設一個「**局長辦公室**」（主任黃天邁、後來換張繼勛、專員王清）。

七處——㈠情報處（處長何芝園）、㈡行動處（處長葉翔之）、㈢人事處（處長鄭修元）、㈣電訊處（處長楊震裔）、㈤司法處（處長李希成）、㈥經理處（處長郭旭）、㈦總務處（處長沈醉）。

三室——督察室（主任廖華平）・總稽核室（主任張冠夫）・預算室（主任朱光斗）。

四組——機要組（組長姜毅英—女特務頭子）・特種政治問題研究組（組長軍統時代是張國燾、後來瞿夢秋）・特種技術研究組（組長劉紹復）・佈置組（組長趙斌）。其他、又繼續留下「**軍統**」時代的「**設計委員會**」（先後由張嚴佛・劉啓瑞擔任委員）、負責策劃對人民・民主團體・中共的政治陰謀。

保密局外勤省市站的編制則分爲三種、㈠甲種站（設備一六〇人特務、如上海・天津・北平・四川・雲南等地）、㈡乙種站（配備一一一人特務、如安徽・貴州・新疆等地）、㈢丙種站（配備六〇人特務）。幾個省市站之上、設有高一級的機構、如「**東北督導室**」（主任文強）、「**西南特區**」（區長徐遠舉）、「**西北特區**」（區長胡子萍）。

省市站站長可以利用「**國防部專員**」名義、在當地「**公開**」活動、其屬下的特務人員、不許表明「**特務**」身份、必須找一個公開的職業來做掩蔽、一切活動均須保持「**秘密**」。

自「**軍統局**」改爲「**保密局**」之後、由於內戰形勢對蔣介石愈來愈不利、蔣就愈來愈指望「**保密局**」的特務工作能發生更大的作用、所以、蔣介石一再親自招集上層大特務「**訓話**」、或個人「**接見**」、給予指示與打氣。但是不管蔣「**太上**」如何苦思焦慮、戴笠一死、「**保密局**」的各級特務已不像以前那樣賣力工作、對於主管或控制的「**公開機關**」、已不如「**軍統**」時代那樣能大張旗鼓、同時被控制的各單位也已不太表示鞠躬聽話。

㈠「**內政部警察總署**」是過去「**軍統**」所控制的第一個公開機關、但是、唐縱從「**軍統**」局本部被排擠出來以後、雖得出任總署署長、卻緊防鄭・毛的「**保密局**」特務人員滲人該署、一心只想建立自己的個人勢力（天津李漢元・北平楊清植・上海毛森等各大城市警察局局長、都是唐縱所親信的大特務）。

特別在唐縱又兼任「**國防部保安局**」局長之後、唐與鄭・毛更加對立、更加鬥起來、現出了「**骨肉之爭**」的局面。

(二)「**交通部全國交通警察總局**」是「**保密局**」所控制的第二個公開機關、但先後擔任過總局長的吉章簡・周偉龍・馬志超・以及王兆槐・朱若愚・田動雲・吳安之・程一鳴・張輔・史銘等各路局長、都是「**軍統**」的老特務、所以不太聽「**保密局**」鄭・毛新接班人的指示、各搞自己的一套。

(三)「**國防部第二廳**」(主管軍事情報)、也自從鄭介民被蔣介石免去兼任該廳廳長之後、繼任廳長的侯騰(非軍統系)、就想把原來控制著第二廳的「**軍統**」系大特務排擠出去。只有各地警備司令部的「**稽查處**」(處長是上海的程一鳴與黃加特・南京的何慶龍・北平的倪超風・天津的陳仙洲等)、以及各大城市的「**偵緝大隊**」「**刑警處**」、加上「**兵工署稽查處**」(處長先後由張師・廖宗澤擔任)、仍然在「**保密局**」控制之下。

(9) 毛人鳳的「國防部保密局」

毛人鳳早時在陝西省的一個縣政府當秘書、「**西安事變**」(一九三六年)後、他才認識戴笠、由於毛也出身浙江江山、與戴笠是老同鄉、所以被拉進「**軍統**」去做事、抗戰開始、他才被調到重慶的局本部戴笠身邊當秘書。

毛人鳳自己知道他在資歷方面比不上局裡的老特務、所以做事處處小心、也很賣力氣、對待戴「**老闆**」只有唯諾是從、戴笠每次罵他、他都毫不表示反抗、因此、到了抗戰後期、戴笠對他的信任、已在鄭介民・唐縱・潘其武等老特務之上。他被提拔擔任主任秘書後、戴笠就更信任他、好多工作都交給他做。毛人鳳因在本局專搞內勤工作、「軍統」內部的工作與人事等情形、他比任何人都熟悉、所以戴笠不在時、蔣介石有事也找他去、他都能對答如流、因此漸漸得到「蔣太上」的信任。毛人鳳把這大老闆與老闆對他的信任、當做奇貨可居、拿來當做自己往上爬的政治資本、盡量加以利用。

毛人鳳不但對蔣・戴表示絕對服從、而且對蔣介石所親信的大將陳誠・胡宗南・何應欽・湯恩伯也表示非常恭敬、盡力討好。特別是陳誠、他過去不滿意戴笠、所以對「軍統」也無好感、但因毛用盡心機巴結他、結果、陳誠對「保密局」的態度逐漸改變、所以陳誠在兼任台灣省主席時（一九四八年）、把台灣省警務處及其他大都市警察局、都交給「保密局」支配。

鄭介民擔任「保密局」局長後、最用心防範的乃是副局長・毛人鳳、怕他獨攬大權、所以兩人間的權力之爭漸漸大起來、甚至在蔣介石面前公然爭寵、搞得愈來愈熾烈、終於發展到雙方都無法忍讓的地步。

一九四七年秋、毛人鳳暗中搗鬼、搜集鄭介民貪污的資料向蔣介石檢舉。當時、蔣介石本人已經比較喜歡毛而不喜歡鄭、他身邊大將又常說毛好、並說對鄭不利的話、結果、鄭介民被免去保密局長與國防部第二廳廳長職務、調任國防部次長、毛人鳳則如願以償、抓到「保密局」的大權。

毛人鳳繼任保密局局長後、立即把鄭介民的心腹份子一一逐走（張繼任・王清・蕭漫留等人）、再把原來屬於鄭派掌握的公開單位抓過來（陶一珊繼任上海警備司令部稽查處處長、周偉龍繼任交通警察局局長等）、再進一步清除省市站的鄭介民份子、就這樣瞬息間、便把「保密局」變成清一色的毛派天下。

毛人鳳爲了鞏固其「顯耀」的劊子手頭子的地位、特別賣力氣、他一方面學戴笠的老辦法、在局本部經常與高級特務一起吃飯、談談問題藉以拉緊內部關係、另一方面、每月約集憲兵司令・「中統」局長・內政部警察總署署長・國防部第二廳廳長等開一次會、以與各種特務機關取得協調步驟。毛人鳳還規定各省市站站長、必須參加各地省級的「**特務會報**」、同時也要每月至少召開一次「**公秘會報**」（公開與秘密的特務機關負責人的會報）、然後匯報「**保密局**」局本部。

但是、毛人鳳不但在特務工作的「**內勤**」方面、而且在具體行動的「**殺人方面**」也繼承了戴笠的衣鉢。他在擔任局長期間、也就是蔣介石軍在國共內戰打的將要全面敗退的時候、常常爲了執行蔣介石的殺人政策、力主「**殺人要徹底、要斬草除根**」、最後敗退前夕在重慶的大屠殺、就是他做爲劊子手頭子的拿手「**傑作**」。

與毛人鳳上台當保密局局長同一個時期、國共內戰形勢開始轉爲對蔣軍不利。東北・華北的解放軍開始反攻、特別是劉伯承・鄧小平率領第二野戰軍大兵團、好似決堤洪流、浩浩蕩蕩渡過黃河、並突破了南岸一帶的蔣軍大防禦線以後、中共部隊乃陸續渡河並以重兵壓在華東平原的蔣軍正面、即將威脅蔣政權胸腹地的南京・上海及江蘇一帶。相反的、蔣軍方面則處處打敗仗、而且被打的體無完膚、都是整個軍或整個師或整個團被中共解放軍俘虜的「**大敗仗**」。

因此、早在一九四八年春、一部份大特務開始對戰事前途感到悲觀、這些雙手染滿了人民鮮血的劊子手、過去都以死嚇人、所以自己更爲死所懼、苦思集慮之餘、都想早一天走到台灣覓取安全的插足地、愈是大特務、愈是地位高的、這種念頭就愈大、愈焦急（例如、本局情報處處長・何芝園請長假去台灣、或兵工署稽查處處長兼上海市警察局副局長・張師請求辭職去台灣等）。

過了一年的一九四九年春、東北・華北都歸中共、國府總統蔣介石被迫退休、副總統李宗仁上台、在北京舉行的「**國共和談**」又破裂、參加和談的蔣派大將張治中・邵力子・劉斐（都是蔣介石久年來最親信的人）都留在北京投共、守北京成的舊軍閥傅作義開城歡迎共軍、在華東蔣軍的現代武裝大兵團又節節敗退、中共解放軍已迫近京滬地帶、蔣政權末日將臨、因此大小特務的恐懼心理已達頂點。

面臨蔣家國民黨如此岌岌可危的局面、毛人鳳奉「**退而不休**」的蔣介石之命、正急於完成三大任務、即：㈠把「**保密局**」掩蔽起來、仍然受蔣介石指揮進行特務工作、同時成立一個「**假**」的保密局交給副總統李宗仁、㈡佈置以前訓練過的所謂「**全能情報員**」、準備潛伏在共軍佔領後的大城市、㈢準備在大城市撤退之前、進行一次大逮捕・大屠殺・大破壞。

Ⅰ　「**假保密局**」——一九四九年一月、蔣介石於「**退休**」前夕、命令毛人鳳辭去國防部保密局長的職位、把在南京「**保密局**」本部的重要文件先搬去台灣、並在上海成立一個「**辦事處**」、繼續指揮各地的特務爪牙。毛人鳳遵命照辦之後、再奉命組成一個「**假**」的「**保密局**」（局長徐志道、副局長林超）、交給上台後的代理總統・李宗仁。這個「**假保局**」、隨著「**國民政府**」由南京撤退到廣州、再轉到重慶・成都、至成都被共軍佔領、才告垮台。

毛人鳳掌握的「**眞保密局**」、仍然由蔣介石親自指揮、所走過的上海・廣州・重慶・成都各地、都成立了「**辦事處**」、做爲特務工作的指揮中心、等到李宗仁出國、蔣介石在台灣再做「總統」之後、這個毛牌的「**眞保密局**」、才在台北公開出現。

Ⅱ　「**全能情報員**」與「**潛伏小組**」——一九四八年「**保密局**」在南京成立一個叫做「**全能訓練班**」（本局電訊處處長楊震裔主持）、訓練一批所謂「**全能情報員**」、派他們到前方（華北・華中・華東）城市居住、先找個普通職業以掩蔽特務身份、然後在每一大城市成立一個「**潛伏小組**」（攜帶電台）、等到該城市被共軍佔領之後、才開始搜集情報的秘密活動、以僞裝進步、或僞裝熱望革命的方式、混入共產黨裡面去。這些潛伏特務、都由局本部的「**潛伏佈置組**」直接領導。蔣介石一再吹噓、大講第三次大戰不久就要發生、又給潛伏特務灌輸了一些幻想、認爲不出一年、那些被解放的各城市、都會在美政府幫助下、一一收復。可是他們豈能料想到這些潛伏組及其一切潛伏特務、等中共解放軍一到、立即被破獲得乾乾淨淨。後來、所待望的美國軍隊、一個也沒看到。

國共內戰期間、西南地區算起來是蔣軍的大後方、「保密局」對於這大後方的「潛伏小組」佈置得最遲、一直等到中共解放軍過了長江的一九四九年四月才開始安排、毛人鳳那時派了本局的潛伏佈置組第二科科長・任鴻傳、匆匆趕到重慶、由他兼任「西南特區佈置專員」、指導各省站協助佈置。

然而、由於華北・華中・華東等地的一些潛伏組陸續被共軍破獲、所以、毛人鳳就焦急起來、在重慶臨時併湊成立一個「全能情報員訓練班」（主任毛人鳳、副主任王浦臣）、想加強在西南地區潛伏人員的教育訓練。但事已過遲、到了年底中共解放軍就趕到重慶、所以該訓練班始終沒發生任何作用、他們在西南地區的所謂「潛伏佈置」、也盡歸失敗。

Ⅲ　在各城市進行大破壞——一八四八年秋、蔣介石看到大勢將去、爲了做最後的掙扎、命令毛人鳳成立一個叫做「技術總隊」（總隊長杜長城）、專事各大城市在共軍佔領前的破壞工作。技術總隊最初的「表演」、乃是長江佈雷與南京・上海的破壞工作。他們都在蔣軍撤退前、把各大小城市的鐵路・公路・大橋・工廠・電氣廠等重要設施、盡可能給予破壞。一九四八年十一月、毛人鳳又在重慶特別成立了「破壞指揮部」（主持人廖宗澤、徐遠舉）、把在重慶的幾十個兵工廠・民間工廠・鋼鐵廠・發電廠等重要設備全部破壞、使其化爲烏有。

Ⅳ　慘無人道的大屠殺——自從蔣軍撤回南京・上海後、「保密局」奉了蔣介石的殺人政策、更加倒行逆施、對進步人士及無辜老百姓進行空前駭人的大殺戮與大屠殺。早在一九四八年冬、蔣介石就命令毛人鳳、在南京成立一個「行動總隊」（總隊長沈醉）、準備在大小城市加強鎭壓民主愛國運動、逮捕與殺害愛國人士的工作。

毛人鳳本來想先從南京著手、就是臨到中共軍打進來之前還不想走的蔣派軍政要員、都被認爲是準備投向共產黨、必須逮捕起來、一律事先殺掉。然而、毛人鳳提出了這個殺人辦法後、「**保密局**」逃亡在先、大小特務見勢也紛紛離開南京、所以這個大逮捕大屠殺、終沒有按計劃進行。

上海解放以前、毛人鳳也準備一場大屠殺・大破壞、並且想乘機搶劫一番、結果、除了由劊子手毛森進行殺害了一大批人之外、大破壞因當時湯恩伯準備巷戰、不能行事、臨到潰退時又來不及做、所以無法執行。大搶劫也因資本家事前躱避、財物已被轉移藏匿、因此毛人鳳又是無法如願。

但是、國府機關一撤退到重慶、於一九四九年十月、十一月之間、卻製造了震驚世人的「**重慶大屠殺**」慘案。據聞、在執行大屠殺之前、蔣介石一再指示毛人鳳、不但在押的民主人士・共產黨員等所謂「**政治犯**」都要殺掉、連已經保釋出來的「**嫌疑犯**」、也得重新逮捕、一併殺光、所以當時被囚禁於「**白公館**」等重慶市內的三個看守所、再加上重新捕來的人、以及上了「**保密局法官**」徐鐘奇掌管的所謂「**清理人犯名單**」的人、毛人鳳都叫全部殺光、被害者達六〇〇餘人、西安事變的楊虎城全家也從貴州自息烽集中營送來、同在被殺之內。

殺人特別殘酷的是從十一月二十五日開始、漏夜進行、慘無人道的特務爪牙、把關在看守所的人們、用機關槍掃射或用火燒、不分大小、全部慘殺在牢房中、連有幾個隨父母被關在牢中的中學生及嬰兒也無倖免。

這樣慘酷的大屠殺發生後、「**白公館**」看守所所長・陸景清、慌忙找毛人鳳、要求讓他立刻飛去台灣、連這個以殺人爲業的特務劊子手也感到心寒、怕事後有人報仇、可見當時的情景是如何的陰慘殘酷。

V　在昆明的大特務多數被擒——抗日戰爭一開始、貴州昆明便成爲大後方民主運動的中心、蔣介石極感頭痛、所以抗戰勝利後、便以欺騙手段先解決了貴州當地將領龍雲、把他軟禁在南京、隨後又暗殺了李公樸・聞一多等昆明的民主運動領袖。

國共內戰爆發後、蔣介石節節失利、趁看蔣軍兵力短絀、雲南境內的人民武裝愈來愈壯大、昆明的一些進步人士、也一再攻擊倒行逆施的蔣介石暴政。蔣介石在這種情況之下、爲了求一時安定、被迫在表面上採取緩和措施、讓滇人治滇、把軍政大權交給龍雲手下的雲南出身將領・盧漢。

一九四九年七月、毛人鳳又表面上把「保密局雲南省站」撤銷、但實際上卻以汰弱留強的辦法、充實在昆明的特務力量、以沈醉大特務爲首、仍然積極活動。到了九月九日、在蔣介石指示之下、毛人鳳發密電給沈醉、命令他在昆明進行大規模的逮捕工作。當天晚上、沈醉以下大批特務人員、會同憲兵・警察、分爲三部分開始行動、一是逮捕貴州省參議會副參議長・楊青田等滇人政要二〇餘人、二是查封在昆明所有的進步的報館並逮捕報館員工、三是搜捕雲南大學・師範學院・南菁中學等師生員工、當晚一共逮捕三八〇餘人、造成了所謂「九九事件」。

十二日上午、毛人鳳帶著保密局西南特區副區長・周養浩、保密局貴州站站長兼貴州警備司令・李世賢、保密局高級法官・徐鐘奇等、乘專機飛抵昆明、毛人鳳到後、一面繼續搜捕、一面漏夜進行嚴格刑審、另外又催促盧漢把被捕者趕早殺掉、一直到十月上旬、因在台灣的「保密局」本部一再電催返台、毛人鳳才離開昆明。

十一月下旬、共產黨解放軍開始進軍西南、蔣軍不得不減少對盧漢的軍事壓力、盧漢不放過這個機會、毅然起義、把毛人鳳・沈醉等特務捕來的四〇〇餘政治犯全部免保釋放、並在十二月初旬、再以迅雷不及掩耳的軍事行動、把「保密局」駐昆明的大頭務・沈醉等、及十一月跟毛人鳳飛來昆明的大特務等一網打盡。連十二月初旬由重慶飛到昆明的「保密局」西南特區區長・徐遠舉、局本部經理處長・郭旭、局本部總務處處長・成希超等大特務也一一落網（當時蔣政府西南地區軍政長官張群也被捕在內、因張群一再向盧漢哀求、才得饒免、翌日坐飛機脫出昆明）。這些罪惡滔天的特務、平時是威風凜凜、但到這個時候已如喪家之犬、垂頭喪氣。在台灣的蔣介石·毛人鳳聞報後、手忙腳亂、一時無法搭救、束手無策、所以這些特務盡入中共手裡。

一九四九年五月、南京·上海將被共黨解放軍佔領的前夕、蔣介石這個殺人魔王的特務大頭子、已從浙江溪口直接抵達台灣、毛人鳳的「**保密局**」本部也跟隨來台。這樣、蔣介石逃到「**安全地帶**」後、才屢次帶領毛人鳳等特務主幹飛往重慶·成都·昆明等地、督促大小嘍囉拚命進行大屠殺·大破壞、做最後一次的大掙扎。但是各地的大小特務爪牙、看到形勢發展得很快、且愈來愈不利、均紛紛逃跑。這時、蔣管區一天比一天縮小、但逃到後方的特務卻一天比一天增多、他們大多數都認爲蔣介石會把他們帶到「**安全地帶**」的台灣去。毛人鳳看到這種情況、便向蔣介石請示辦法。豈知蔣的答覆是「**不准去台灣**」、除了一些大特務有必要送往台灣之外、其餘都得留下來、「**與共黨鬥爭到底**」。毛人鳳據此就想出一個狠毒的「**還鄉運動**」、向大小特務號召說、「**不出一年、蔣軍必能在美軍支持下重返中國大陸、大家必須返回自己的家鄉、設法立足生根、繼續從事反共活動**」、以便拋棄一些下級的特務嘍囉。

以上、把蔣介石的特務「**事業**」——「**軍統**」「**中統**」「**三青團**」的來龍去脈、發展過程、及其滔天罪行比較詳細的敘述了一番、但因所費紙張較多、難免會給予讀者有畫蛇添足之感。其實、這是必要的、因爲蔣父子在台灣實行的殖民統治、就是以這種毒辣殘酷的特務統治爲核心、所以今日台灣眞正的殖民統治者、無非就是過去戴笠·陳立夫的徒子徒孫、其殺人·抓人等危害台灣人的政治手段都是由在大陸時代所傳來的集大成、因此、一定要先對這機構龐大人員衆多手段殘酷的特務組織下一點工夫從根本瞭解一番、才能眞正認識到蔣介石統治台灣的眞面貌。

蔣介石、已成爲除了自己親生兒子以外再無人可以相信的、孤立的虛怯者、他授權成立的今天的「**蔣經國特務組織**」、雖然在機構・人員方面都已經與過去的「**軍統**」「**中統**」「**三青團**」不能說是完全一樣、但是、不管蔣經國牌的「**特務組織**」如何製造新花樣、也不過是繼承了這三大特務組織的衣缽、無非是「**軍統**」「**中統**」「**三青團**」的化身、反過來說、「**軍統**」「**中統**」「**三青團**」就是現行蔣經國牌特務組織的鼻祖（參閱陳少校「黑網錄」　中共有關「國特」資料）。

下面再回到「**台灣**」來敘述蔣經國的特務統治。

⑽ 蔣經國「太子派」特務系統的堀起

蔣經國自一九二五年（一六年歲時）十月留學莫斯科、曾在史大林統治下的蘇聯生活了一三年、到一九三七年（民國二六年）三月二十五日、才結束他漫長的「**留蘇時代**」、帶他的俄國人太太蔣方良（俄名Faina）返回中國。

I　蔣經國給他母親的公開信——蔣經國在返國的前兩年（一九三五年）、曾經給他的母親毛福梅寫了一封公開信（一說是他自己寫的、又一說是第三國際執行委員・王明強迫他寫的）、發表在列寧格勒眞理報、紐約時報也曾在一九三七年四月二十九日刊過其摘要、原信的日文版收錄在波多野乾一著的「**中國共產黨史**」第五卷（一九六一年）p.149、此信雖然長話連篇、仍不失其歷史文獻的價値、所以不嫌佔篇幅譯載如左：

「蔣經國給他母親的公開信」

親愛的母親！

自您讓我留學莫斯科以來、已經過了十年的歲月。您在離別時曾教訓過我應該多努力去爭取幸福和財富、現在我可以告訴您、您的這點願望我已達成、但是、我所達成的幸福和財富、跟您在當年所想像的略有不同。您的兒子所得到的眞正的財富並不是田地或鈔票、而是人類實際的生活知識及解放被壓迫被剝削的人們的辦法、所得到的眞正的幸福、也不是寄生於他人的那些安逸和快樂、是勞動和自由的生活、是鬥爭和作戰的偉大的前途、也就是要爲全中國人民創造幸福的光明前途。一九二七年您曾給我一信、要求我馬上回家。您在那時對我的要求我迄未辦到、因爲您的兒子現已邁向新的生活方向、所以他可能永遠不回家。他永遠不會入他父親―那個愚蠢的傢伙―的圈套而成爲一個怯懦的兒子。您的兒子現已正以堅決的意志和勇敢的步伐、向中國革命的大道邁進。

母親！請勿相信別人所說共產黨員是匪徒、是野蠻人、共產黨員不要家庭也不孝敬父母。這種說法都是屬於謊言。共產黨是爲了實現自己所信而不懼怕任何東西的戰士、他們正在爲人民創造幸福而奮鬥著、就是這樣的共產黨員才能眞正的瞭解家庭、才能創造眞正幸福的家庭。

我有一個鄰居是共產黨員和他的家眷、父親是工程師、母親在同一的工廠擔任職員、兒子是熟煉工人、女兒則在工廠的學校唸書。他們過著眞正幸福的家庭生活、且互相敬愛。但是、他們的敬愛都是建立在同一個政治主張的基礎上。我每當看到別人的家庭那麼幸福、就禁不住想起母親來、並自問我爲什麼不能和他們同樣、爲什麼沒有像他們那樣幸福？可是自問又有何用!?您過去的丈夫曾以極其野蠻的手段屠殺了幾萬、幾十萬的兄弟同胞、前後叛變了三次、三次出賣中國人民。他正是中國人民的敵人、也是您的兒子的敵人、我因有這樣野蠻的父親、所以不得不向中國人民道歉、我對我的父親不但不感到敬愛、反而感到羞恥、還覺得應該把他殺死才對。

據聞、蔣介石現正在宣傳孔子學說的孝悌和禮義廉恥、這無非是他用來迷惑別人以便愚弄和瞞騙人民的慣用手段。母親！您應該想得出打您的是誰、把您的頭髮抓起來從樓上拉到樓下的是誰、可不是蔣介石嗎？您得向誰屈膝哀求不要把您趕出去、不是蔣介石嗎？誰毆打老祖母致死的、不是蔣介石嗎？這就是他的眞面目、就是他對待父母及親人的孝悌和禮義。

蔣介石用來買土地・企業・商店的錢、到底是誰的錢、這些可不是他以各種辦法從窮民手中掠奪得來的錢嗎？過去在強調必須擁護工農階級的利益並跟共產黨握手的是誰、不是現正在屠殺中國革命黨員的劊子手蔣介石嗎？一向主張蘇聯是中國人民政府眞正的朋友並提倡應該擁護蘇聯的是誰、不是現正在東方從事反蘇運動的帝國主義的走狗蔣介石嗎？從日本及其他帝國主義者借款並出賣中國領土的是誰、不是蔣介石嗎？蔣介石就是賣國・辱國的政府領袖、屠殺反對帝國主義及企圖解放中國民族的英雄的劊子手。

這就是開口禮義閉口廉恥的他的眞面目。寫到這裡不由得握緊雙拳、滿腔的忿怒及痛恨在內心交織著、使我深深的感到應該盡早的把他消除掉。

昨日是一個軍閥的兒子、今日卻成爲一個共產黨員的我、或許會令人感到詫異。但是、我本身對於共產主義的信念已是堅如磐石、絲毫不會動搖、我有充分的自覺、誠心研究革命理論、同時認識到其完善的結果。因爲您和許多人都不瞭解政治、不明白統治份子的各方面的相互關係、所以難以理會自然世界演變的眞相、也難以理解蔣介石的兒子爲什麼會成爲共產黨員的吧。母親！我希望您及看到此信的人們能夠從各種方面來思考問題、並能很客觀的觀察在中國發生的一切事變・罪惡・恐怖以及混亂的根源到底何在、且能觀察到對於紊亂和恐怖的戰爭要負完全責任的是何人？

您一定無不看到千百萬的窮人餓死、他們的餓死、無非是蔣介石及其同伴劫去窮人以自己寶貴的勞力得來的一碗飯所招致的。再就是、您一定又看到外國人在中國的各都市鄉村毆打殺戮中國人、這種問題的發生、無非是蔣介石及其同伴奬勵外國人在中國建立起特權所導致的。

您一定無不聽到蔣介石以汽油燒殺了爲革命事業奮鬥的數千、數萬的戰士、一定也看到蔣介石在街上殘殺共產黨員。蔣介石的雙手已污染了全國工農份子的鮮血、就是我親愛的人民的鮮血、他必須在人民面前負起這罪惡的完全責任。

蔣介石在帝國主義的援助之下、前後六次組織圍剿、反對中國蘇維埃政權、並想要消滅蘇維埃政權。然而、只有蘇維埃政權才能挽救中國、並引導中國爭取獨立的唯一出路、無論蔣介石如何的想要消滅紅軍、但是、紅軍才是中國人民的武裝勢力、他應該察覺到並記住他這樣的陰謀是永遠不會成功的。無產階級的規律和鬥爭理論、完全說明著統治階級必然滅亡、被壓迫者必然勝利。

中國人民都完全瞭解蔣介石所走的路線、無非是過去俄國的反革命將軍克爾察克・得諾金・烏蘭凱爾等所走的滅亡的道路、相反的、紅軍所要前進的道路、必然是蘇聯紅軍所走過的勝利者光榮的大道。

當大家開始鬥爭交戰之際、每一個人在眼前都只有一條路子可走、有的站在革命這邊、有的站在反革命那邊。凡是富有人格的中國人、都必須站在革命的這一邊來、在蘇維埃的旗幟下、且在共產黨的領導下、跟國民黨及蔣介石開始鬥爭、展開神聖的民族解放革命鬥爭、而來反對帝國主義並擁護蘇維埃中國才對。

母親！我希望您也站在正義的立場、站在您的兒子的這一邊、站在革命的這一邊、這就是您的兒子對老母的唯一願望。

中國的工農份子已邁向跟俄國工農份子同樣的道路前進、在中國已經建立起跟我所居住的國家同樣的蘇維埃政權。這十年來、蘇聯的國家大有改變、已經成爲一個富強的社會主義工業國家。工人和集體農場人員的生活已改善爲數十倍、他們的面前已經有了富裕且寬闊的前途。我所在工作的工廠、本來是建設在一片曠野之中、但是現在已發展爲擁有四萬工人在勞動的工廠。這些工人已建設了一個極爲完善的社會主義都市。去年他們的工資是平均每月二二〇盧布、今年已增加爲三一〇盧布了。一九三〇年以前我在各種學校唸書、其後才在工廠做工、成爲工人、後來升爲工程師。現在在這工廠擔任廠長、這個分廠擁有四千工人。我有我自己的住宅、每月能領到七〇〇盧布的薪金。當然、對我來說、重要的不僅是在物質生活這一面、同時也是在精神方面的快樂。我現在對您特別說明這一點、因爲有一部份中國人說我受到布爾薩維克的虐待、並也有人說我被蘇聯政府流放於流浪的生活等緣故。這些謠言對我來說、都是無稽之談。的確有各種罪人和卑鄙之徒、他們均認爲別人也和他們同樣的有罪和卑鄙。蔣介石因爲禁止太平洋勞動組合書記諾蘭夫婦反對帝國主義並擁護中國利益而拘禁他們、所以、他以爲蘇聯政府也跟他一樣、對於居住在蘇聯國內的中國人同樣施加壓迫。其實、根本沒有這回事。

蘇聯是世界上最有禮義最文明的國家。我以居住在蘇聯爲榮、蘇聯是我的祖國、我對於自己的祖國蘇聯、在各方面各部門都繼續在進步而感到非常的光榮及欣慰。我的祖國蘇聯、對於在發展過程中成爲障礙的敵人、已給予打擊和消滅。我的祖國蘇聯就好似明亮的燈塔、爲了在驚濤駭浪的大海中受到壓迫的全世界的人們、普照著鬥爭和勝利的方向。因爲這樣、所以我的老祖母才特別受到敵人的摧殘、敵人又以各種辦法和謠言來誣篾蘇維埃國家。我已決心要徹底努力來爭取一切的人民都能堅定的站在革命的陣地、鞏固社會主義及全世界無產階級的組織、爭取中國的獨立、並建立一個全中國的蘇維埃政權。

母親！我很高興在不久的將來能夠見到您、您如果能出國的話、無論在那一個國家、我都一定準備跟您見面。

祝您萬福！

一九三五年一月二十三日

您的兒子經國

把這「**公開信**」與「**風雨中的寧靜**」（一九七四年）並讀起來、可以看到今天的蔣經國就是昔日的蔣介石的翻版。

Ⅱ　蔣介石的派系策略——一九三七年蔣經國返國後、蔣介石有心要培植自己愛子、使他形成一股父子相承的「**太子派**」政治系統、但是、以他最高領袖之尊、也不可能隨即讓太子「**一步**」登天、否則在派系錯綜複雜的國民黨內就難以服衆。派系鬥爭本是「**國民黨**」長期凝成的先天體質、每個成員都無一不被捲入派系角逐的漩渦裡、就是所謂「**門門有派系、人人歸圈子**」、蔣經國當然也不例外。

原來、蔣介石就是以擅於分植派系並舞弄派系鬥爭而起家的。他早就處於國民黨複雜的歷史淵源之中、相繼鬥倒了汪精衛的「**改組派**」及胡漢民的「**右派**」、籠絡林森・張繼等「**西山會議派**」、再壓制滇系・桂系・粵系・湘系以及北方的馮玉祥・閻錫山・傅作義・韓復榘等地方軍閥派系、才逐漸打定了自己的系統在中央的領導基礎。同樣在他自己的統轄派系圈內、仍然分植派系、讓大家各立門戶、彼此競爭而向他一人爭寵邀功、這樣、他就可以掌握全盤的力量、便以鞏固其獨裁地位。當時、在蔣介石屬下就有「**三大派系**」：㈠黃埔・復興社・軍統系（控制軍隊）、㈡CC・中統系（控制黨務）、㈢政學系（控制行政）。

在這樣派系錯綜的情況下、蔣介石一來要讓「**太子**」先在省級政界多學基層工作的經驗、做爲將來登上中央政壇的準備、二來要他得到實際政治的鍛練、奠下「**太子派**」特務政治勢力的基礎、就在政學系巨頭・熊式輝（蔣介石留學「日本士官學校」時的同學、在江西擔任一〇年省主席）的舉荐之下、安排太子落腳江西、做熊式輝的部屬。

這樣、蔣經國自從在江西踏上從政的第一步就開始形成的「**太子派**」系統、就是他今日在台灣繼承父業、即殖民統治台灣人所不可缺的一套本錢。觀諸「**太子派**」形成的全部歷程、大致可分爲四個階段：

贛南時期（一九三七—四三年）的起家奠基階段
重慶時期（一九四三—四五年）的充實骨幹階段
南京時期（一九四五—四九年）的爭逐敗退階段
台灣時期（一九四五年——）的重整獨霸階段

現把在中國大陸時代的前三個阰段發展過程略述一下：

Ⅲ　贛南時期——如上所述、蔣經國踏出政治第一步是在一九三七年秋、從江西開始的。當時的江西、就是在十年內戰、五次「**圍剿**」之後、全面抗戰開始之際、南昌等地已成爲戰場、因此國民黨各派系都紛紛調兵遣將、湧到江西、準備各顯身手、所以在外敵來到、江西便成爲內部派系角逐的第一線。蔣介石有心栽培自己的愛子、乃派遣復興社高級骨幹的胡軌等一班人馬、指示他們齊心協力、輔佐「**太子**」。

㈠　有名無實的社會改革——蔣經國在江西省主席・熊式輝屬下、先出任江西省保安處少將副處長兼新兵督練處長（一九三七年八月—三九年二月）、後調贛州接任江西省第四行政督察專員兼保安司令（一九三九年三月—一九四五年）、後來又兼任贛州縣長（一九四〇—四一年）等。

蔣經國做專員時才三〇歲、他以贛州爲基地、糾合了一班留蘇同學、想以從蘇聯學來的一套經驗、在貧瘠的贛南地方實行「**社會改革**」、由他自己擬定「**建設新贛南**」的五年計劃、宣佈要讓農民享受起碼的「**五有**」（人人有飯吃、人人有衣穿、人人有屋住、人人有工做、人人有書讀）。

然而、蔣經國在口頭上儘管這樣說、卻不曾在這些基層方面（打倒封建・實行土地改革・扶植自耕農・改善農民生活等）眞正做點實際工作。在他身邊雖然有留蘇的高素明等正義派努力求進步、但他終也無法從封建軍閥的圈子裡跳出來、所以、他除了做些具有宣傳性的稚拙的救濟院・托兒所・體育院・強民工廠、或辦了一些報紙・雜誌・學校之外、並未給贛南留下任何眞正爲老百姓造福的社會改革、所以、經過五年他走後、連這些設施都歸烏有。

他的幹部批評他在贛南這一段是「**落了空**」（香港「七十年代」一九七五年九月號、「訪蔣經國舊部蔡省三」p.10）。贛南青幹班一期生的曹雲霞（蔡省三的太太、當年他們夫婦是「太子派」嫡系中的嫡系）、也說蔣專員給贛南帶來的只有「**十多**」而已、就是㈠保安團和自衛隊的兵多、㈡憲兵警察多、㈢事業特務多、㈣額外公務員多、㈤特務秘密逮捕的人多、㈥印刷的法幣多、㈦對東南地區的徵稅・募捐以及其他施政的貢獻多、㈧「**交易公店**」對生活必需品的控制多、㈨對老百姓日常生活行動規約多、㈩新奇計劃標語口號多（參閱曹雲霞「憶舊錄」—香港〝七十年代〞一九七七年四月號 p.80）。

㈡　蔣經國恢復國民黨籍並加入三民主義青年團——一九三九年三月蔣經國接任贛南第四區行政專員不久、即同年五月底、他忽然接到省政府轉來重慶「**國民黨中央訓練團黨政班**」第三期調他受訓的通知、蔣介石又來電指示：「**剋日登程赴渝**」。於是、蔣經國急忙趕到曲江、再轉粤漢路到衡陽、然後乘軍機飛往重慶（此時、在曲江的廣東省政府秘書長・鄭彥棻、及衡陽市長・趙君邁因殷勤接送、所以跟蔣經國結爲知己、日後在台灣都成爲「太子系」的重要人物）。

蔣經國到重慶後、參加該團黨政班第三期受訓一個月。在這第一次受到國民黨的「**正規**」訓練當中、他解決了二項重要的組織關係、就是他在國民黨的「**中央訓練團特別黨部**」正式填表、登記了

「國民黨黨籍」、開始參加黨的組織生活（卻未見有「脫離共產黨」的聲明）。再就是他在「三青團中央訓練團區團部」正式宣誓加入三民主義青年團。

蔣經國恢復國民黨黨籍並加入三青團後、隨即接到二項新任命、一項是三青團臨時中央幹事會通過：「奉團長（蔣介石）批准、增選蔣經國同志爲中央幹事」、第二項是書記長・陳誠發佈命令：「任命蔣經國同志爲三青團江西支團臨時幹事會幹事兼籌備主任」。蔣經國就這樣一躍而躋身黨團中央、成爲三青團的高層領導人之一、並且、擔任了一個省級團組織的首腦。這當然是蔣介石的精心安排、也只有「太子」才能享有的特別優厚的待遇。

如上所述、「三民主義青年團」於一九三八年七月九日在武昌成立、蔣介石親自出任團長、陳誠擔任書記長、但其組織大權卻操在康澤手中。康澤是「復興社」的十三太保之一、三青團成立之前、他正擔任復興社的中央書記長、三青團成立之後、擔任中央團部組織處處長。他隨即佈置復興社各級組織、層層轉入三青團、並保送其「特訓班」畢業生、到「三青團中央幹部訓練班」（簡稱「中央青幹班」）受訓、然後分配到各級組織充任幹部、所以各支團的書記及組訓長等幹部、幾乎都被康澤系的舊復興社份子所據。

一九三九年八月十日「三青團江西支團籌備處」成立於贛州、康澤派遣他的舊復興社份子到贛州、佔據籌備處的首要崗位、而掣肘了籌備主任的蔣經國。蔣經國當初的表現盡量僞裝謙虛、籌備處的人事一切都聽候中央即康澤的安排。後來、「三青團江西支團部幹部訓練班」的一期生畢業、也就是蔣經國的第一批嫡系骨幹出頭、他才開始加以幾番挑撥、康澤佈下的江西支團的陣營遂告潰散。其中、只有小部份人成爲「太子系」的成員、後來在台灣身居要津者、有江海東・周祥・蔣廉儒等人。

㈢　創辦「青幹班」培植嫡系——蔣經國在蘇聯長期逗留中、當然是學到政治鬥爭的一套高等技術、所以他在贛南爲了適應新情勢、並開創局面、採取了雙管齊下的步驟、就是培訓幹部與控制組織、有了幹部才有人馬、控制組織才有地盤。

一九三九年九月二日、「三靑團江西支團」臨時幹事會、假贛州梅嶺「省訓團」舉行第一次會議、會上通過創辦「三靑團江西支團部幹部訓練班」（簡稱「江西靑幹班」、或「贛南靑幹班」）。這是蔣經國返國後親自主持的第一個幹部訓練班、地點設在贛縣西郊「赤硃嶺」、第一期學生一二〇餘人（男女各半）、一九四〇年一月初開訓、四月結業。

蔣經國絲毫不放鬆培養幹部與建立嫡系、他親自兼主任、自己計劃、安排幹部、辦理招生、主持訓練。同時、透過蔣介石的指示、一切工作都賴軍校三分校政治部少將主任・胡軌的協助來處理。胡軌是黃埔四期畢業生、曾任蔣介石侍從秘書、復興社成立後、他是僅次於「十三太保」的高級骨幹、曾擔任過復興社中央書記處書記、並被派往德國・義大利去學習法西斯的那一套、返國後長期在中央軍校負責訓導工作、所以是蔣家法西斯系統中的嫡系幹部。因有胡軌的關係、蔣經國就竭力抓了如下幾個環節：

① 一期生的大部份學生、都由胡軌從軍校三分校保送可靠份子來充當。

② 擔任訓練工作的幹部也是胡軌從三分校介紹過來、例如、男生隊長・彭超、女生隊長・夏勁秋（女）、指導員譚建勛・孔秋泉・許素玉（女）等。

③ 以「一個主義、一個黨、一個領袖」爲訓練的根底、將之概括爲「赤硃嶺精神」、灌輸法西斯的一套、要求「一輩子要跟著蔣團長和蔣主任幹到底」「要做蔣團長的忠實耳目」。

④ 靑幹班第一期結業時、蔣經國親自校定每個學生的工作分配、他特別強調「大膽任用靑年幹部」、把初出茅廬的一批小伙子、一下子就任命爲縣級幹部、例如、新設八處的三靑團分團都任命靑

幹班一期畢業生李德廉等八人爲各處分團籌備主任、分配王昇・蕭昌樂・樓錫源三人到蔣主任本職的四區專署公署擔任視察、其他、許素玉（女）・孔秋泉・王蘊・陳亞美（女）・夏勁秋（女）・曹雲霞（女）等一批學生都被分配到支團籌備處和所屬各單位擔任工作、青幹班學生陣營因此盛大、氣勢逼人。

⑤ 蔣經國又教導學生「**要成爲一個堅強的集體**」、指定一些學生編成「**同學通訊錄**」、建立「**江西青幹班學生通訊處**」、由章亞若（女）・王昇・李德廉・孔秋泉・許素玉・王蘊・陳亞美（女）・楊用行等人爲該通訊處幹事、建立學生的同學組織、又進一步的獎勵學生在私交上結成「**結拜兄弟**」、做爲控制這一批人、並鞏固太子系的組織基礎。

蔣經國確是這樣絞盡腦汁、千方百計的運用江西青幹班、培養出他的第一批嫡系幹部、其中的一部份人日後都成爲蔣經國的親信、他們是「**太子系**」奠基的骨幹、使蔣經國能在江西打出新局面、並在三青團中央取代康澤系而控制全國的團組織、且在台灣殖民統治台灣人。

江西青幹班連續辦了五期、一共訓練學生五〇〇餘人、「**太子系**」從無到有、從小到大、其圈子日漸擴大。

㈣ 專署內的六個支派——蔣經國在江西省四區專員任內、在治績方面是「**落了空**」、但在「**太子系**」培植幹部方面、卻培養出一批親信、結成了一股勢力。這股勢力、外界籠統稱之爲「**贛南派**」。如上所述、「**太子系**」在贛南起家、主要靠的是他自己培訓的江西青幹班直系幹部、另一派就是「**贛南專署派**」、主要有如左六個支流：

① 留俄派（蔣經國的留俄同學、在贛南時期取於首要、在「太子系」各個發展階段中起了重要作用）——黃中美・高素明・周百皆・徐季元・彭建華等人。

②　官邸派（有親屬關係的）—孫義宣・黃寄慈等人。

③　武嶺派（從溪口武嶺學校調來的部屬、等於一家人）—張凱・徐恆瀛・洪長銘等人。

④　贛南正統派（在西區專署的部屬、有志效命太子、自任爲「太子」在贛南起家的「江東子弟」）—柳晰・吳驥・范魁書・周靈鈞・黃密・漆高儒・林谷郇・孫國光等人。

⑤　青幹派（江西青幹班畢業生派到專署任職的、他們是蔣經國嫡系門生、又是親信部屬、在贛南後來居上、日後成爲「太子系」的佼佼者）—代表人物是王昇・李德廉・蕭昌樂等人。

⑥　客卿派（這些人是蔣經國的前輩・朋友、是從旁的鼓吹者・獻策者）—胡軌・李惟果（蔣介石侍從室秘書）・鄭彥棻・趙君邁・劉多荃等人。

以上在行政方面的六個支派、與贛南青幹班實力派、是構成「**太子系**」贛南奠基的兩根主要骨幹。其中、贛南青幹班的許素玉・王昇・李德廉・蕭昌樂・兪諧・孔秋泉・徐貴庠、及專署六支派的孫義宣・張凱・范魁書・鄭彥棻等、日後在台灣都成爲蔣經國派的重要人物。

Ⅳ　重慶時期——抗戰時期、國民黨培養幹部的學校是「**中央政治學校**」（其前身是「中央黨校」）、由陳立夫・陳果夫的CC系控制著、從一九三八年起、國民黨內部的派系鬥爭日趨表面化、蔣介石爲了抵消CC系勢力的擴張、乃指示三青團第一次全國代表大會（一九四三年三月在重慶召開）決議、通過成立「**三青團中央幹部學校**」（簡稱「中央幹校」）、由蔣介石親自擔任校長、蔣經國任教育長、以培養他們父子的嫡系。

蔣經國從贛州前來重慶蒞任後、先把三青團本來所辦的「**中央青幹班**」（一共辦了五期、訓練三千餘學生）的畢業生、重新編爲新創的「**中央幹校**」的班底、於是、這「**中央青幹班**」的主要的畢業生便成爲蔣經國的嫡系骨幹、其中、黎世芬・包遵彭・蔣廉儒・周祥・羅才榮・江海東・姚舜等人、日後在台灣均成爲蔣經國屬下的重要幹部。

中央幹校第一步工作是訓練「**幹部的幹部**」、先開辦一個研究部。一九四三年五月五日正式開學、第一期學生二六五人、在該校三青團書記・蔡省三的手下編成二個區隊、第一區隊長・王慶芳、後在台灣的李煥・楚崧秋・易勁秋等人都是第一區隊隊員、第二區隊長・王致增、王昇・孔秋泉・徐貴庠等人都是第二區隊隊員、除了蔣經國・蔡省三・胡軌（訓導處長）之外、還有王政・龔祥瑞・謝然之・任卓宣・白瑜・徐恆瀛等人擔任指導員、灌輸「**以團作核心**」「**以校長的意志爲意志、以校長的行動爲行動**」等、把學生培養成蔣父子法西斯獨裁的基層手腳。

蔣經國在中央幹校「**研究部**」一共辦了三期、訓練將近五〇〇個學生、後來又辦了專修部等、所訓練的學生總數共有二千餘人。

抗戰勝利後、中央幹校原定遷移北平、後來因CC派要求把「**中央幹校**」與他們控制的「**中央政治學校**」合併、所以一九四六年、才在南京進行合併、即設立國立「**政治大學**」、這就是現在「**台灣政治大學**」的前身。

蔣經國辦「**中央幹校**」的二年間、培養「**嫡系中的嫡系**」、爲他自己奠定了「**太子系**」的鞏固基礎、當年在中央幹校的指導員與學生、後來都成爲台灣政壇的重要人物、其中的佼佼者有：王昇（國民黨中央委員兼國防部總政治作戰部主任）・李煥（國民黨中央委員兼中央組織工作委員會主任、反共救國團主任）・楚崧秋（國民黨中央委員、「中央日報」發行人兼社長）・易勁秋（國民黨中央委員兼台北黨部主任委員）・其他、如包遵彭・任卓宣・謝然之・蔣廉儒・羅才榮・江海東・陳元・胡軌・白瑜・曾憲鎔・王茂山・王致增・李序中等人、均在蔣經國之下身居要職。

Ⅴ　南京時期——一九四五年日本投降、蔣派國府返都南京、自「**中央幹校**」被合併後、蔣經國在「**政治大學**」的勢力很快就消失。他在南京期間、事事碰壁、一蹶不振。一九四五年十月、蔣經國出任「**外交部東北特派員**」（東北總司令・熊式輝）、但他在東北一年餘、非但無絲毫建樹可言、反而受盡奚落。

一九四八年、國民黨打內戰已很不利、國民黨地區的經濟面臨絕境。蔣經國以爲有軍警做後盾、就可以使上海的豪門大戶就範、即以「**上海地區經濟管制處**」少將副督導員的名銜、計劃以政治鐵腕、管制上海的經濟、這就是所謂「**上海打老虎**」。然而、打虎打了七〇天、結果、拍了不少蒼蠅、卻沒有動到老虎。

一九四九年五月、蔣介石的金陵王業、隨著軍事政經節節失利、已是日薄西山、他被迫下野、飛往台灣、依靠台灣海峽的巨浪才避過中共解放軍的攻勢（參閱　曹雲霞「憶舊錄」—香港〝七十年代〞一九七六年九月號—一九七七年四月號　曹雲霞「蔣家太子系的來龍去脈」—〝七十年代〞一九七七年七月號　曹聚仁「蔣經國論」一九五三年—香港創墾出版社）。

e　蔣經國的「國家安全局」

(1)　特務頭子陸續逃來台灣

一九四八年春、中國內戰對蔣派國民黨軍愈趨不利、東北・華北相繼落到中共解放軍手中、蔣介石雖然還保有中國的半壁河山、但因命數將盡、所以較別人消息靈通的「**軍統**」「**中統**」「**太子系**」的大特務、對於戰事的前途深感不安、並且過去以死逼人、殺人太多、如今當然也爲死所懼、所以有的開始逃亡台灣、想早點覓取安全棲身之地。

到了一九四九年五月、戰局已告緊迫、當上海・南京等江南的心臟地帶爲共軍佔領的前後時期、共產黨的死對頭、特務大頭子蔣介石就率先逃亡飛到台中、緊接著他、各機關的特務首腦也像打翻了雞籠的小雞、爭先恐後、倉皇逃來台灣。毛人鳳帶領大批「**軍統**」特務、先隨蔣介石奔逃台北、成立了「**保密局辦事處**」（主任毛森）、葉秀峰也帶著「**中統**」大特務、逃台開辦「**調查局辦事處**」（主任季源溥）、國民黨中央黨部・國防部・憲兵・警察等「**軍統**」「**中統**」所控制的各機關、也跟著從南京經廣東・重慶・成都、相繼輾轉逃抵台灣。

就這樣、幾天前還在大陸上統治著全中國的一大批中高級特務頭子、在很短時間內、就一起湧到台灣島來、將他們血腥的雙手伸到台灣人民身上。觀其機構龐大、人員之衆多、並且驕橫自大傲氣凌人、眞使人震慄不已。茲把當初逃台的特務主幹列舉於左、從此可以窺見日後他們鎭壓台灣人民的兇惡面貌之一般。

Ⅰ　「**軍統**」系

①鄭介民（在本國時軍統局代理局長・國防部保密局局長・國防部次長—到台灣後是政治行動委員會委員・國民黨中委會第二組主任兼國家安全局局長—死亡）

②毛人鳳（在本國時軍統局主任秘書・國防部保密局局長—到台灣後國防部保密局局長・國防部情報局局長・政治行動委員會委員—死亡）

③唐　縦（在本國時軍統局幫辦・內政部警察總署署長・國防部保安局局長—到台灣後政治行動委員會委員兼主持人・國民黨中委會第六組主任・國民黨中委會第一組主任・台灣省政府秘書長・國民黨中委會秘書長・駐韓大使・國民黨中委・中國農民銀行董事長—死亡）

④張　鎭（在本國時憲兵大特務・憲兵司令—到台灣後政治行動委員會委員—死亡）

⑤任建鵬（戴笠一手培植的大特務・抗戰開始時南京首都警察廳保警總隊長—到台灣後政治行動委員會石牌訓練班主任・國防部情報局副局長—死亡）
⑥陳大慶（在本國時軍統特務頭子—到台灣後政治行動委員會委員・安全局局長・國防部長・台灣省主席—死亡）
⑦鄭修元（在本國時軍統局人事處處長—到台灣後政治行動委員會第一組組長・國大代表—死亡）
⑧張炎元（在本國時軍統「十人團」之一的大特務—到台灣後政治行動委員會副書記・國民黨中委會第六組主任・國防部情報局局長・國民黨中委會第二組主任兼國家安全局局長—）
⑨唐　新（在本國時軍統特務頭子・江西修水第六中美特種技術訓練班副主任・南昌市長—到台灣後政治行動委員會第三組組長—死亡）
⑩潘其武（在本國時軍統局局長辦公室主任—到台灣後國防部情報局副局長—死亡）
⑪張　師（在本國時軍統主任秘書・兵工署稽查處處長—到台灣後政治行動委員會書記・蔣經國駐日代表—死亡）
⑫熊恩德（在本國時軍統特務頭子・國防部第二廳廳長—到台灣後國家安全局局長—死亡）
⑬毛　森（在本國時忠義救國軍指揮官・中美爆炸訓練班副主任・上海警察局局長—到台灣後國防部保密局台北辦事處主任・政治行動委員會委員—現住在美國）
⑭葉翔之（在本國時國防部保密局第二處處長—到台灣後國防部保密局行動處處長・政治行動委員會第二組組長・行動委員會委員・大陸作戰部部長・國民黨中委會第二組主任・國民黨中常委兼國防部情報局局長—死亡）
⑮魏大銘（在本國時軍統局電訊處處長—到台灣後國防部技術實驗室主任—死亡）
⑯魏毅生（在本國時軍統局老特務・十九集團軍調查室主任—到台灣後國防部總政治部第四組組長・司法行政部調查局副局長—死亡）
⑰胡國振（在本國時軍統老特務—到台灣後政治行動委員會石牌訓練班主任—死亡）

⑱沈之岳（在本國時軍統老特務・打入中共解放區工作―到台灣後石牌訓練班副主任・大陳守軍政治部主任・調查室督察室主任・國防部情報局副局長・司法行政部調查局局長・國民黨中委兼中委會社會工作會主任―死亡）

⑲陶一珊（在本國時軍統特務頭子・中美特種技術訓練班南岳班副主任・上海警備司令部稽查處處長―到台灣後政治行動委員會委員・台灣省警務處處長・中華民國國際貿易協會理事長―死亡）

⑳周中峰（在本國時軍統老特務・師長―到台灣後第一軍參謀長・台灣省警務處處長・國家安全局局長・國民黨中委―）

㉑嚴靈峰（在本國時軍統局福建省站站長―到台灣後蔣經國駐日代表・國家安全局辦公廳主任・蔣經國駐港澳代表―死亡）

㉒俞大維（在本國時軍統老特務・兵工署署長―到台灣後國防部部長・總統府國策顧問―死亡）

Ⅱ「中統」系

①陳立夫（在本國時「ＣＣ團」及「中統」的代表人物・國民黨中委會組織部長・國民黨中委會秘書長・行政院教育部長・立法院副院長―現任國民黨中央評議委員會議主席團之一・總統府資政―）

②葉秀峰（在本國時「ＣＣ團」及「清白團」主幹・中統局副局長―到台灣後內政部調查局局長・國大代表―死亡）

③季源溥（在本國時「ＣＣ團」及「清白團」主幹・交通部調查統計局主任―到台灣後中統台北辦事處主任・內政部調查局局長・內政部次長國大代表―死亡）

④張道藩（在本國時「ＣＣ團」及「清白團」主幹・上海市長―到台灣後中國廣播公司董事長・中國文藝協會主持人―死亡）

⑤蕭　錚（在本國時「ＣＣ團」及「清白團」主幹・行政院經濟部次長―到台灣後立法委員・台灣土地銀行董事長・中國農機公司董事長・國民黨中央評議委員兼總統府國策顧問―）

⑥余井塘（在本國時「CC團」及「清白團」主幹・國民黨組織部副部長—到台灣後行政院內政部長・行政院政務委員・國民黨評議委員兼總統府資政・國大代表—死亡）

⑦方　治（在本國時「CC團」及「清白團」主幹・國民黨中委會宣傳部次長・行政院教育部長・福建省代理主席—到台灣後中國大陸救濟總會秘書長・國民黨評議委員兼總統府國策顧問・國大代表—死亡）

⑧張厲生（在本國時「CC團」及「清白團」主幹・北京「誠社」主持人・後來靠攏陳誠—到台灣後國民黨中委會秘書長・駐日大使—死亡）

⑨任卓宣（在本國時「CC團」及「中統」主幹・國民黨中委會宣傳部長—到台灣後政治大學政治系主任・國大代表—死亡）

⑩曾虛白（在本國時「CC團」及「中統」主幹・上海大華晚報總主筆—到台灣後行政院新聞局次長・中國廣播電台總經理・政治大學新聞研究所主任—死亡）

⑪陳紀瑩（在本國時「CC團」及「中統」主幹—到台灣後政治行動委員會第五組組長・國民黨中委會第六組主任・內政部調查局局長・新生報董事長・國民黨中委—死亡）

⑫李白虹（在本國時中統華北負責人—到台灣後政治行動委員會第四組組長・國民黨中委會第六組主任・司法行政部調查局局長・國民黨中委—死亡）

⑬陳建中（在本國時「中統」第二組組長・西安市黨部委員・國民黨中委會組織部處長—到台灣後國民黨中央改造委員會第一組專門委員・攻治行動委員會第五組組長・國民黨中委會第六組主任・國民黨中委會第一組主任・國民黨中委・國民大會秘書長・國大代表—現任總統府資政）

⑭余俊賢（在本國時中統粵室主任・國民黨中委會僑務組主任・國民黨廣東省黨部主任委員—到台灣後監察院院長—死亡）

⑮張寶樹（在本國時「CC團」幹部・河北省黨部主任秘書—到台灣後國民黨中委會第五組副主任・國民黨中委・立法委員・台灣大學教授・國民黨中委會秘書長—現任總統府資政）

⑯曹聖芬（在本國時「CC團」幹部・總統秘書—到台灣後國民黨中委會第四組主任・中央日報社社長・國民黨中委・中央日報董事長・國策顧問—）

⑰谷正綱（在本國時「CC團」及「中統」貴州省幹部・國民黨中執委・行政院社會部長・內政部長—到台灣後國民大會秘書長・國民黨常委—現任總統府國策顧問・亞洲人民反共連盟中華民國總會理事長・中日合作策進委員會國府首席代表—死亡）

Ⅲ　「復興社」系統

①滕　傑（在本國時「復興社」創設人之一・「復興社」第一任書記長・南京市長・國防部第二廳廳長—到台灣後國大代表・中央信託局局長國民黨中央評議員・國大代表—死亡）

②賀衷寒（在本國時「復興社」創設人之一・「復興社」第二任書記長・「復興社」政訓系統的代表人物—到台灣後國民黨評議員・國大代表—死亡）

③桂永清（在本國時「復興社」創設人之一・「復興社」訓練處處長・重慶戰時幹部訓練團教育長—到台灣後海軍總司令・參謀總長—死亡）

④劉健群（在本國時「復興社」第四任書記長—到台灣後立法院院長國民黨評議委員・立法委員—死亡）

⑤鄧文儀（在本國時「復興社」創設人之一・蔣介石侍從秘書・成都中央軍校政治部主任・國防部新聞局局長—到台灣後內政部政務次長・行政院顧問—死亡）

⑥蔣堅忍（在本國時「復興社」主幹・中央航空學校副校長—到台灣後政治行動委員會委員・陸軍總司令部政治部主任・國防部總政治部主任・國防部常務次長・國民黨中央評議委員・高雄硫酸錏公司董事長—死亡）

⑦袁守謙（在本國時「復興社」主幹・軍委會軍訓部長—到台灣後國防部政務次長・行政院交通部長・國民黨中常委・交通銀行董事長總統府國策顧問・國家安全會議戰地政務委員會主任委員—死亡）

⑧周至柔（在本國時「復興社」社員・杭州中央航空學校校長・空軍總司令—到台灣後政治行動委員會主任委員・空軍總司令・參謀總長・總統府國防最高會議秘書長・台灣省政府主席・國民黨中常委・總統府參軍長・國民黨中委共國家安全會議國家建設委員會主任委員—死亡）

⑨黃　杰（在本國時「復興社」社員・集團軍司令・國防部次長・湖南省主席—到台灣後台北衛戍司令・陸軍總司令・總統府參軍長・台灣省政府主席・國民黨中常委・國防部長・國民黨中常委兼總統府戰略顧問委員會委員—死亡）

⑩彭孟緝（在本國時「復興社」・砲兵指揮官—到台灣後高雄要塞司令・台灣警備總司令・國民黨中常委・參謀總長・陸軍總司令・總統府參軍長・駐泰國大使・駐日本大使・國民黨中委—現任戰略顧問）

⑪胡宗南（在本國時「復興社」創設人之一・集團軍司令・「三青團」中央幹事—到台灣後死亡）

Ⅳ　「太子派」系統

①王　昇（在本國時軍校三分校畢業・贛南青幹班畢業・江西省四區專署視察・贛縣縣政府軍事科長・三青團中央幹校畢業・江西省黨委書記長—到台灣後國防政治部組長・政工幹部學校校長・國民黨中委・國防部總政治作戰本部主任—現任國策顧問）

②李　煥（在本國時三青團中央幹校畢業・東北保安司令長官署政治部秘書・國民黨中央青年組織處處長—到台灣後反共抗俄救國團副主任・台灣省黨部主任委員・國民黨中委兼中央組織工作會主任・反共救國團主任—現任總統府資政）

③江國棟（在本國時三青團中央幹校畢業—到台灣後台灣國民黨中委・國防部總政治部作戰部設計委員・陸軍總政治

作戰部主任─死亡）

④鄭彥棻（在本國時廣東省政府秘書長．三青團代理秘書長─到台灣後國民黨中委會秘書長．國民黨中委會第三組主任．國民黨中委．立法委員．司法行政部長．國民黨中常委．總統府秘書長─死亡）

⑤詹純鑑（在本國時三青團江西支團幹事長─到台灣後革命實踐研究院副主任．國民黨中委兼中央第五組主任．反共救國團副主任．國民黨評議委員．立法委員．裕泰企業公司董事長─死亡）

⑥孫義宣（在本國時江西省四區專署收發─到台灣後總統府秘書．中央銀行董事．國民黨候補中委．中央信託局局長─死亡）

⑦楚崧秋（在本國時三青團中央幹校畢業─到台灣後總統府秘書．國民黨中央第四組副主任．中央日報社長．國民黨中委─現任國策顧問）

⑧易勁秋（在本國時三青團中央幹校畢業─到台灣國民黨中委兼台北市黨部主任委員─現任國任策顧問）

⑨包遵彭（在本國時三青團中央幹校畢業─到台灣台灣國立歷史博物館館長─死亡）

⑩周鴻經（在本國時三青團中央幹校畢業─到台灣立法委員．中央研究院總幹事─死亡）

⑪謝然之（在本國時三青團中央幹校指導員．國民黨中央宣傳部第一處處長─到台灣後台灣新生報董事長．國民黨中央第四組主任．國民黨中委．駐薩爾瓦多大使─死亡）

⑫蔣廉儒（在本國時中央青幹班畢業．三青團江西支團宣傳組長─到台灣國民黨中委兼中央文化工作會副主任─現任國策顧問）

⑬羅才榮（在本國時中央青幹班第一期畢業─到台灣國民黨中委會考紀委會副主任─死亡）

⑭陳　元（在本國時中央軍校第七分校少校秘書．三青團中央幹校畢業．蔣經國秘書─到台灣後國民黨第三組副主任─死亡）

⑮白　瑜（在本國時三青團中央幹校指導員—到台灣後國民黨黨務委員—政大教授・立法委員—死亡）
⑯蕭昌樂（在本國時贛南青幹班畢業・江西省四區專署視察—到台灣亞東協會駐日辦事處秘書長—現任國策顧問—）
⑰李德廉（在本國時贛南青幹班畢業・贛南青幹班畢業生通訊處幹事・三青團江西支團臨川分團主任・三青團江西支團組訓組組長—到台灣後行政院僑務委員會委員兼駐日代表・國民黨中央第五組副主任—死亡）
⑱許素玉（女、在本國時軍校三分校畢業・贛南青幹班指導員—到台灣國民黨中委—）
⑲范魁書（在本國時江西省四區專署科長—到台灣後司法行政部政務次長・國家安全局副局長—）
⑳胡　軌（在本國時黃埔軍校四期畢業・蔣介石侍從秘書・復興社高幹・軍校三分校政治部主任・三青團江西支團第二書記・三青團中央幹校訓導處處長・南京戡建總隊長—到台灣後反共救國團副主任・「幼獅文藝」發行人—）

蔣介石被趕出大陸時親眼看到多年培植的親信幹部一個個倒戈投敵、所以逃來台灣後、除了親生子以外、更加不相信任何人、「禪位傳子」的決心因此愈來愈堅定。蔣經國亦自以爲繼任「父業」者捨己其誰、並且、認爲只要掌握住特務勢力、整個黨・政・軍都將成爲囊中物、可任意予取予攜、爲所欲爲。

但是、從另一方面來講、由於蔣經國除了過去在「三青團」搞了一些特務工作之外、在「軍統」「中統」則毫無歷史可言、所以、他爲了順利統馭在台成千成萬的大小特務及其鷹犬爪牙、並爲了早一天建立自己的特務系統、知道非暫時借重這些老特務頭子不可。善於見風轉舵的特務頭子袞袞諸公、一看到蔣太上「傳子」心切、遂搖身一變、竟向蔣太子俯首稱臣、表示唯唯聽命。也只有這樣、這些老特務頭子才保得住原來要職、繼續搞他們自己的那一套。

蔣經國之所以安撫這些已發腐發臭的老特務頭子、並不是推心置腹把他們當做嫡系幹部來看待、相反的、蔣經國始終把他們當做眼中釘、爲了能早些另起爐灶、他恨不得把這些礙手礙腳的老特務拔除而後快。

因此、沒幾年、等到蔣經國新創的特務組織就緒、就著手淘汰不甘逢迎的大小特務。這些善於投機取巧的特務頭子卻很快就成爲狡兔死後的「**走狗**」、不是被調到徒具外形的冷衙門、就是被撤職了事而後死活不管、有的更爲焦頭爛額、連逃命的機會也沒有、在「**太子**」牌特務監視之下、過著憔悴日子了結一生。

從此、蔣經國後來居上、終於成爲台灣第一號特務頭子。

不管被淘汰的老特務也吧、或是太子牌新特務也吧、他們都是戴笠・陳立夫的徒子徒孫、繼承了「**軍統**」「**中統**」「**三青團**」殘酷鎭壓人民的一套、重新用在殖民統治台灣之上。

(2)　「政治行動委員會」(「國家安全局」的前身)

蔣介石於一九四九年(民國三八年)五月亡命台灣後、立即著手兩件重要措施、一個是重新整編特務組織、再一個就是把新編的特務組織逐步移交給愛子蔣經國、掌握使之藉以盡早控制：(一)特務、(二)軍隊、(三)黨務、(四)青年、一步步打定「**父死子傳**」的基礎。

同年七月、蔣介石在高雄秘密召集他的親信特務頭子、成立一個名叫「**政治行動委員會**」的新的特務核心組織、並指定了蔣經國(當時職務是國民黨台灣省黨部主任)・唐縱(內政部警察總署署長)・鄭介民(國防部次長)・毛人鳳(國防部保密局局長)・葉秀峰(內政部調查局局長)・張鎭(憲兵司令)・毛森(國防部保秘局台北辦事處主任)・陶一珊(國防部保密局台北辦事處副主任)・彭孟緝(台灣保安副司令)・魏大銘(國防部技術實驗室主任—專管中共軍事情報)等人爲委員、以唐縱爲該委員會的主持人、要他負起創設新機構及統一特務工作的實際責任。

「政治行動委員會」於同年八月二十日、在台北圓山正式成立、下設「書記室」（書記張師、副書記張炎元、第一組組長鄭修元、第二組組長葉翔之、第三組組長唐新、第四組組長李白虹、第五組組長陳紀瑩）、做爲行動委員會的首腦機關、並在士林創設「石牌訓練班」（班主任前後由任建鵬・胡國振擔任、副主任沈之岳）、傳授過去「軍統」「中統」特務工作的一套、訓練新進的特務爪牙。

然而、自「政治行動委員會」成立後、由於蔣介石「傳子」心急切、想盡快把權力轉移到愛子蔣經國的手裡、所以在機構上或人事上均變動無常。翌年三月唐縱被調走（改任國民黨改造委員會第六組主任）、並以周至柔爲空頭的掛名主任委員、把實權讓給蔣經國掌握。在委員方面、則免職葉秀峰與毛森（兩人都與蔣「太子」合不來而被排擠）、調走陶一珊（改任台灣省警務處長）、恰好張鎮・毛人鳳・鄭介民相繼病亡、蔣介石就趁機把與蔣「太子」脾胃相投的周至柔・陳大慶・蔣堅忍・葉翔之等人頂上去、造成新舊特務同流合污的新特務組織核心、如此不到一年、蔣經國便抓到「政治行動委員會」的實際權力、名實相符的成爲天字第一號台灣最高特務頭子。

自從蔣經國掌握了「政治行動委員會」之後、這個最高特務組織便逐漸暴露原形、到了一九五〇年底、成爲政府的正式機關改名爲「總統府機要資料組」、一九五四年再改爲「國防最高會議」（一九五四年三月成立、一九六七年二月廢止）裡的一個機關「國家安全局」。其後、又改爲「國家安全會議」（一九六七年二月成立、一直到現在）的「國家安全局」（先設在台北劍潭、後搬石牌）。但是、不管是「政治行動委員會」「總統府機要資料組」、或是「國防最高會議」「國家安全會議」的「國家安全局」、毫無例外、都是以舊日的「軍統」「中統」「太子系」原班人馬及其徒子徒孫爲基層幹部、並且一貫由蔣介石親自坐鎮其總機關的議長或主席、然後、才讓蔣經國一面以「太子」之尊、他面以一人之下萬人之上的官銜、擔任其父的代理人、而抓實權。執行特務工作實際業務的「國家安全局」局長一職、

圖 61　國民黨特務組織系統

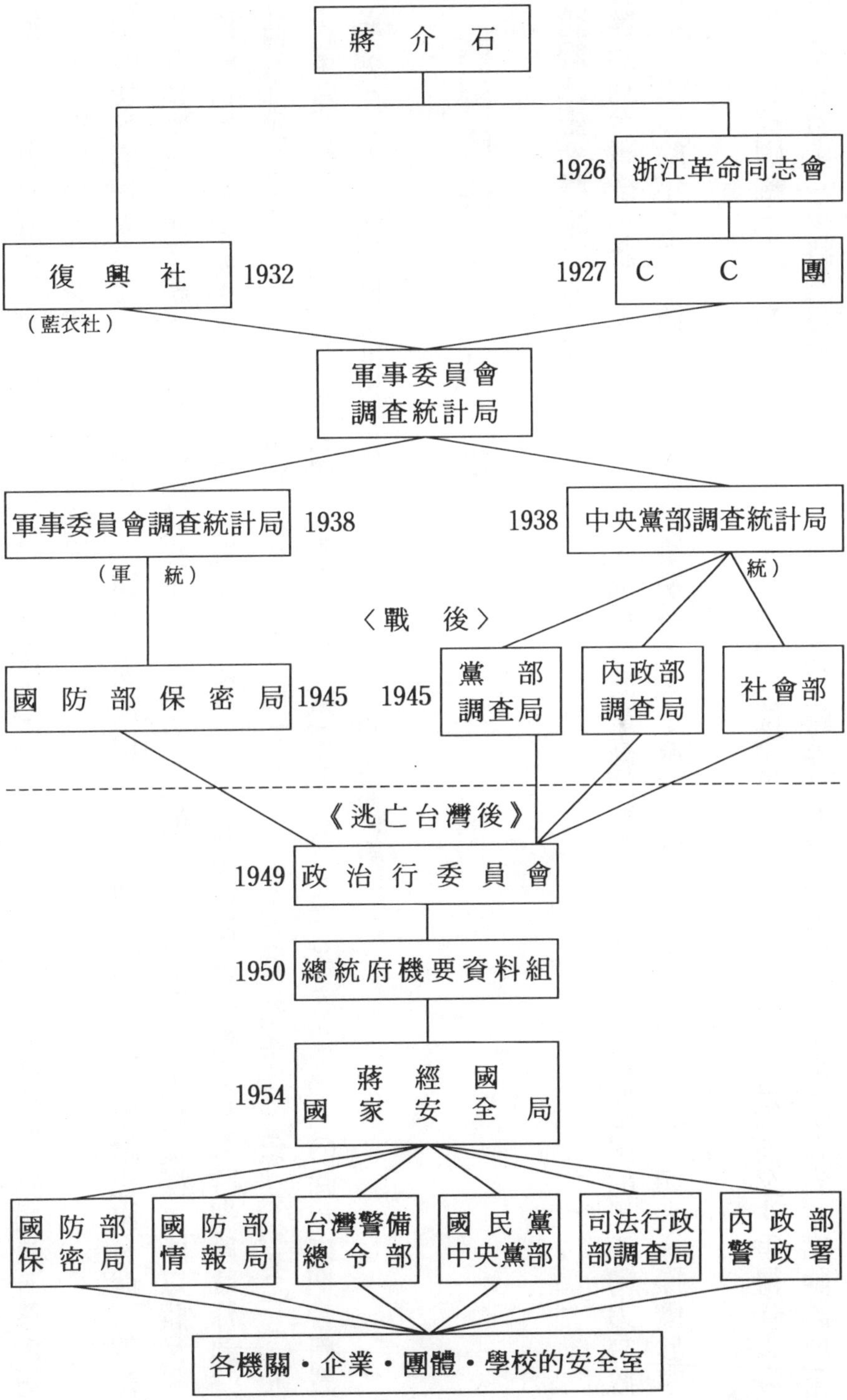

必是由蔣父子「**最親信**」的人來充實即第一任局長鄭介民、然後由陳大慶・夏季屛・張炎元・熊恩德相繼擔任。一九六九年以來是周中峰爲局長、黃德美・范魁書（太子系贛南專署派高幹）副局長、最近再調換王永樹爲局長、范魁書・王希苓爲副局長。

這個特務政治的大本營「**國家安全局**」、連蔣家政權現行似是而非的民主政治手續也沒有辦、就是沒經過立法院的法定手續、它是一個由蔣父子一手揑造出來的「**黑市機關**」。因爲這樣、所以蔣父子爲了掩飾這個「**國家安全局**」及其特務活動的非法性、就重新搬出所謂「**動員戡亂時期臨時條款**」（一九四八在中國成立、一九四九年在台灣宣佈仍然有效—參閱 p.924）・「**動員戡亂完成憲法實施綱要**」（一九四七年在中國成立）・「**動員戡亂時期國家安全會議組織綱要**」（一九六七年成立）、三〇餘年來把台灣置於「**戒嚴**」之下、任其特務爪牙能在白晝公然可以出面而橫行霸道。

f　蔣經國控制黨・政・軍

(1)　蔣經國重新構築「太子派」

蔣經國到台灣後、蔣「**太上**」一手培植、成爲台灣最高的特務頭子、又以這個陰狠的黑手勢力爲政治資本、二〇餘年竭力培植親信、重新構築嫡系「**太子派**」、終於把黨・政・軍等一切大權操攬於掌中。

原來、蔣經國雖出身「**高貴**」、但在國民黨內的地位還是微不足道、亡命來台的前夕才爭得「**上海地區經濟管制處**」少將副督導員的職位、一九四九年剛逃來台灣的時候、也不過是在省主席陳誠底下的一個「**國民黨省黨部**」主任委員而已。然而、從一九五〇年抓到「**政治行動委員會**」的實權之後、便扶搖直上：

㈠一九五〇年三月擔任新設立的「**國防部總政治部**」中將主任（一直連任兩期四年、把軍權緊握在手裡之後、才讓給親信的張彝鼎繼任）

㈡一九五〇年三月就任「**國民黨中央改造委員會**」第一委員（等到掌握到黨權、一九五二年十月改造委員會解散後、再繼任國民黨第一號中委兼中常委）

㈢一九五二年六月就任新成立的「**中國青年反共抗俄救國團**」主任（一直連任到一九七二年、才讓親信李煥繼任）

㈣一九五四年五月就任「**國防最高會議**」副秘書長（一直連任到該會議廢止）

㈤一九五四年十一月就任新成立的「**國軍退除役官兵輔導委員會**」主任委員（到一九六九年才換上親信趙聚鈺繼任）

㈥一九六四年二月就任行政院政務委員兼「**國防部**」二級上將副部長

㈦一九六七年二月就任新成立的「**國家安全會議**」國家總動員委員會主任委員

㈧一九六九年六月就任「**行政院**」副院長

㈨一九六九年就任「**行政院國際經濟合作發展委員會**」主任委員兼「**財政經濟金融會報**」主席（這時、蔣經國已把特務黑手直接滲入到財經企業方面、吸收了一些新進的經濟官僚爲爪牙、全面控制台灣經濟、後來到了一九七三年、把前兩機關擴充爲「經濟設計委員會」、才讓給張繼正―張群的長子―充任主任委員）

㈩一九七二年五月就任「**行政院**」院長、登峰造極、一步步靠近「**傳位**」的最後目標。

如上所述、蔣經國過去在中國擔任贛南行政專員・重慶三青團中央幹部學校教育長・三青團組織處處長的時候、倒也培養過一批嫡系幹部。他到台灣後、爲了控制無數的各種機關、就把大陸時代的一部份特務拉來當做核心幹部、並統合「軍統」「中統」、藉以構築新的「太子派」、所以他就：

㈠「就地取材」（收容向他俯首投靠的既成特務人員或機關人員來充當自己陣營內的班底—「軍統」「中統」「憲兵」「警察」「國防部第二廳」「保安隊」「外事科」「國民黨二組・六組」等的特務人員靠攏他的、均收留為中下級幹部）。

㈡「選料加工」（從別人系統或所接管的機關中拉到新進人材、進一步加以特務訓練、而後培植為他的中下級幹部—從反共救國團、及石牌訓練班或北投復興崗政工幹部學校訓練出來的中下級特務人員都屬這類）。

㈢「挖根移植」（把別系統訓練好的情報能手・技術人材・大學畢業生等、拉過來為他服務）、其他、拿出「脫胎換骨」「就湯下麵」「抽樑換柱」「移花接木」等過去「軍統」「中統」的辦法、只要對方肯接受蔣經國所給的勢利誘惑、肯向「太子」俯首稱臣的、他都給予優越的工作崗位、吸收成為「死黨」。

茲把蔣經國所親信的所謂「太子派」（一九七六年）大略列舉於左：

Ⅰ　贛南系——①王昇、②鄭彥棻、③孫義宣、④詹純鑑、⑤許素玉（女）、⑥范魁書、⑦蕭昌樂、⑧李德廉、⑨俞諧、⑩孔秋泉、⑪徐貴庠、⑫張凱、⑬胡軌（參閱p.890-892）

Ⅱ　中央幹校系——①李煥、②江國棟、③楚崧秋、④易勁秋、⑤陳元、⑥曾憲鎔、⑦王茂山、⑧王致增、⑨李序中、⑩包遵彭、⑪周鴻經、⑫謝然之、⑬白瑜、⑭任卓宣（參閱p.893）

Ⅲ　中央青幹班系——①蔣廉儒、②周祥、③江海東、④黎世芬、⑤李荷、⑥羅才榮、⑦鄒志奮、⑧涂少梅、⑨張益東、⑩潘錦端（女）、⑪鄭森棨、⑫趙金鏞、⑬姚舜（參閱p.892）

Ⅳ　留蘇系——①張師、②嚴靈峰、③王崇五、④卜道明

Ⅴ　靠攏系——①蔣堅忍（復興社系）、②彭孟緝（復興社系）、③黃杰（復興社系）、④陳建中（中統

系）、⑤葉翔之（軍統系）、⑥周中峰（軍統系）、⑦沈之岳（軍統系）、⑧俞大維（軍統系）、⑨張寶樹（中統系）、⑩李白虹（中統系）、⑪曹聖芬（中統系）（參閱 p.995-902）

⑫張彝鼎（曾任國防部總政治作戰部主任・國防部長—）

⑬上官業佑（曾任軍人之友總社理事長・國民黨中委會第五組主任・國民黨中委—現任）

⑭黎玉璽（曾任海軍總司令部參謀長・海軍總司令・國防部政治作戰部主任・陸軍總司令・參謀總長・國民黨中委・總統府參軍長—現任戰略顧問）

⑮高魁元（曾任國防部總政治作戰部主任・陸軍副總司令・預備軍官部隊司令・陸軍總司令・參謀總長・總統府參軍長・國民黨中常委・國防部長—現任戰略顧問）

⑯羅友倫（曾任海軍陸戰隊司令・陸軍副總司令・聯勤總司令—現在）

⑰趙聚鈺（曾任中央信託局台灣分局總經理・台灣大學教授・國民黨中委・退除役官兵輔導委員會主任委員）

⑱秦孝儀（曾任國民黨中委會第六組副主任・總統府秘書・國民黨中委兼黨史委員會主任委員—現任故宮博物館長）

⑲馬星野（中統系、曾任政治行動委員會研究會委員・國民黨中央改造委員會設計委員會副主任委員・國民黨中委會第四組主任・中央通訊社社長・國大代表・中央通訊社會長—）

⑳沈　錡（曾任總統府秘書・行政院新聞局長・國民黨中委會第四組主任・駐美公使・駐哥倫比亞大使—現任國策顧問）

㉑鄧傳楷（曾任台灣省教育廳長・國民黨中委會副秘書長・兼考紀委會主任委員・國民黨中委・銓敘部長）

㉒賴名湯（曾任國防部第二廳廳長・空軍副參謀總長・空軍總司令・參謀總長・國民黨中委—現任）

㉓倪文亞（曾任國民黨台灣省黨部主任委員・革命實踐研究院副主任・國民黨中常委・立法院長—現任總統府資政）

㉔周菊村（曾任國防部長辦公室主任・國民黨中委・內政部警政司長）

㉕汪敬煦（曾任憲兵司令・國防部情報局長—現任國策顧問）

Ⅵ　新靠攏系——①王永樹（曾任國家安全局長）、②鄭爲元（曾任台灣警備總司令）、③毛敬希（曾任—現任國民黨中委會大陸工作會主任）、④林清江（曾任國民黨中委會海外工作會主任）、⑤丁懋時（曾任國民黨中委兼文化工作會主任）、⑥王唯農（曾任國民黨台灣省黨部主任委員）、⑦蔣彥士（現任國民黨中常委・總統府資政）、⑧汪道淵（曾任行政院司法行政部長）、⑨毛松年（國民黨中委・行政院僑務委員會委員長—現任國策顧問）、⑩閻振興（國民黨中委・台灣大學校長—現任總統府資政）、⑪徐亨（反共救國團副主任—現任總統府資政）

Ⅶ　新經濟官僚系——①俞國華（國民黨中委・中央銀行總裁—現任總督府資政）、②李國鼎（國民黨中常委—現任總統府資政）、③孫運璿（國民黨中常委・行政院經濟部長・行政院長—現任總統資政）、④費驊（國民黨中常委・行政院財政部長—）、⑤楊家麟（行政院經濟設計委員會）

Ⅷ　買辦台灣人靠攏派

①謝東閔（曾任高雄縣長・新生報董事長・反共救國團副主任・台灣省議會議長・台灣省主席・國民黨中常委—現任總統府資政）

②連震東（曾任台北縣長・中華日報董事長・台灣省政府秘書長・行政院內政部長—現任總統府國策顧問）

③林挺生（曾任國民黨台北市黨部主任委員・國民黨中常委・大同製鋼機械公司董事長・台北市議會議長—現任總統府資政）

④徐慶鐘（曾任台灣省政府農林廳長・土地銀行常務董事・行政院內政部長・國民黨中常委・行政院副院長—死亡）

⑤辜振甫（現任國民黨中委・台灣證券交易所董事長・台灣水泥公司董事長・國際商業會議所副理事長—現任總統府資政）

⑥林金生（曾任嘉義及雲林縣長・國民黨台灣省黨部秘書長・國民黨中委會第一組副主任・行政院內政部長・國民黨

中常委・行政院交通部長—現任總統府資政）
⑦邱創煥（曾任國民黨中委會第五組主任・台灣省民政廳長・國民黨中委兼副秘書長・反共救國團副主任—現任考試院長）
⑧張豐緒（曾任屏東縣長・台北市長・國民黨中委・行政院內政部長—現任國策顧問・中華奧運理事長）
⑨連　戰（曾任國民黨中委兼青年工作會主任—現任副總統兼行政院長）
⑩林洋港（現任國民黨中委・台北市長・內政部長・司法院長・總統府資政—）
⑪李登輝（曾任農復會農林復興部主任・國民黨中委・行政院政務委員・台北市長・台灣省主席・副總統—現任總統）

(2)　蔣經國以「國家安全局」控制黨・政・軍

原先在中國大陸時、「太上」牌法西斯組織是根據蔣「太上」的「分而治之」的派系統領方針、將各特務機構再分成複數的幾個工作系統、使各系統向幾個不同方向分頭並進、如此、一方面分散他們以防範力量過於強大、另一方面則讓他們互相競爭互相爭寵、來擴展整個的特務勢力。例如「復興社」（藍衣社）分成：㈠政訓系、㈡別動隊系、㈢特務處系（軍統系）、「CC團」也分為：㈠黨政文教財經青年系、㈡調查局系（中統系）。

然而、蔣經國在台灣、卻把上述的政訓系・別動隊系及黨政文教財經青年系合併起來、叫做「政工」系統、另外、以軍統及中統合二為一稱為「特工」系統、再把這兩系統、有機的・統一的編入「國家安全局」、做為他完全控制黨・政・軍・財經・文教・青年的一大特務組織。因此他一手掌握了「統台」大權、成為台灣唯一的法西斯特務大頭子、也就是台灣最高的實際殖民統治者。安全局的內部組織即有：㈠處（謀略）、㈡處（海外情報）、㈢處（島內安全）、㈣處（情報研判）、㈤處（電訊）、㈥技術研究、㈦中華航空公司、㈧蔣家衛隊等。

蔣經國的黑手集團所控制的「**黨**」**方面**是中央黨部各部屬・軍隊黨部・知識青年黨部・省縣市鎮鄉各級黨部・黨附屬宣傳教育機關、「**政**」**方面**是司法行政部調查局・外交部情報司及安全室・行政院新聞局・行政院退除役官兵職業輔導委員會・台灣省新聞處・台灣省警務處及各級警察機關・各級檢察處及各級法院・各院秘書處・各部秘書處・各級政府秘書處・「**軍**」**方面**是國防部總政治作戰部・國防部情報局・憲兵司令部・台灣警備總司令部・國防部所屬各軍校幹校及訓練班・各級部隊政治作戰部・「**財經**」**方面**是財政部・經濟部・經濟設計委員會・各級政府財經機關・中央銀行・台灣銀行・各種公營企業・各種私人大企業・金融機關・大工廠、「**青年文教**」**方面**是中國青年反共救國團・各級學校・各種學生團體・新聞・廣播・雜誌等各種文化傳教機關、都在其統制範圍之內（參照圖62）。

(3)　控制黨務

當蔣家集團好像鬥敗的鵪鶉逃來台灣時、國民黨幾乎趨於土崩瓦解、簡直不成一個組織的樣子。因此蔣介石在一九五〇年三月、成立「**國民黨中央改造委員會**」、親身主持、想自整黨內組織。蔣經國乃趁此機會、鑽入該會、高據要津、就任第一號改造委員（他以前在黨內是毫無地位可言）。他在該會中、以其父爲靠山、與其說從事「**改造**」、勿寧說是培植他自己的特務勢力、所以、到了一九五二年十月、改造委員會結束、繼而「**國民黨中央委員會**」（中央黨部）成立時、他就一顯身手成爲第一號中委及第一號中常委。

圖62　蔣經國的特務機構

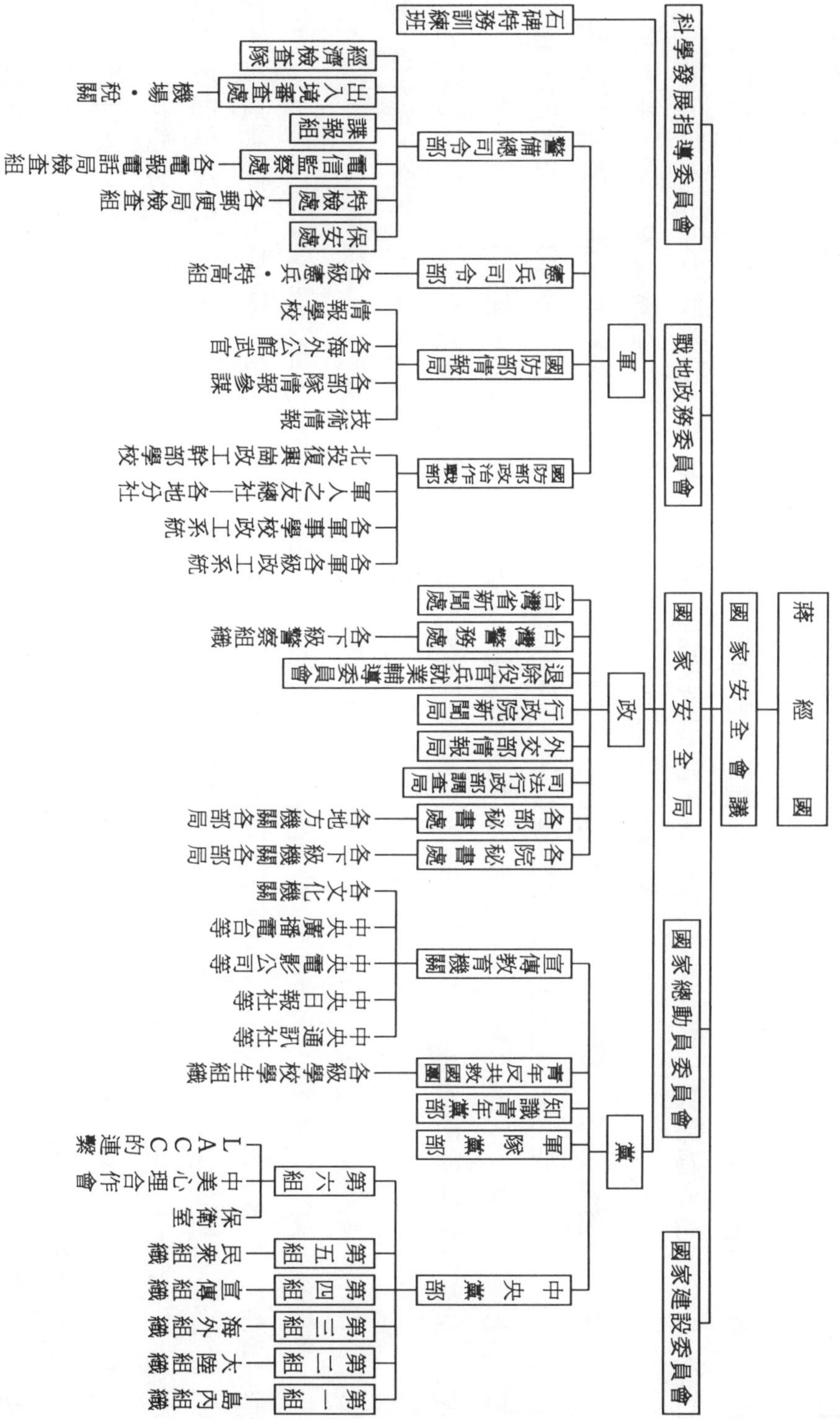

改造後的「**國民黨中央黨部**」、設有六組與五委員會（財政・紀律・設計考核・婦女・黨史編纂）、及秘書處與革命實踐研究院（在本冊）。但是、重要黨務都集中在六個組、均由蔣經國指派其特務爪牙或靠攏他的「**太子派**」份子充當：①**第一組**掌理組織工作（主任先後由倪文亞・唐縱・張寶樹・陳建中・李煥・趙自齊・王任遠繼任）、②**第二組**掌理大陸敵後黨務（主任先後由鄭介民・張炎元・葉翔之・毛敬希繼任）、③**第三組**掌理海外黨務（主任由鄭彥棻當了一〇餘年、其後換上馬樹禮・林清江・曾廣順等）、④**第四組**掌理宣傳・文化・黨員訓練（主任先後由陶希聖・馬星野・秦孝儀・曹聖芬・謝然之・陳裕青・丁懋時・楚崧秋繼任、沈錡擔任過副主任）、⑤**第五組**掌理民運・工運・農運・社團活動・社會調查（主任先後由上官業佑・郭澄・詹純鑑・梁永章・邱創壽・沈之岳繼任）、⑥**第六組**掌理中共情報・心理作戰・政治作戰・黨的保密防諜（主任先後由唐縱・張炎元・陳紀瑩・李白虹・陳建中・徐晴嵐繼任）。

如圖60所示、蔣介石死後、蔣經國名副其實的完全抓到大權、國民黨中央黨部略改組織機構、以前的「**六組**」改稱爲組織・社會・文化・海外・大陸・青年及婦女的各「**工作會**」、但這些都是換湯不換藥、更加以「**太子派**」份子充任其主任或副主任、所以特務勢力更加控制黨內要點。

蔣經國利用「**政治行動委員會**」或「**國家安全局**」系統控制「**黨務**」時、中央黨部的「**第二組**」「**第六組**」及「**軍隊黨部**」「**知識青年黨部**」就是他的主要據點。

「**第二組**」百分之百屬於「**特工**」系統、其業務是從「**政治行動委員會**」劃歸過來的、其中人員皆是像鄭介民・張炎元・葉翔之等那些屬於軍統行動組的綁票暗殺等鎮壓人民的專家、由蔣經國自己掌握。

「**第六組**」係政治行動委員會主持人唐縱所創設、並由他擔任第一任主任、再由該委員會副書記張炎元繼任主任。唐縱把「**心理作戰**」「**保密防諜**」等特務業務從該委員會撥歸該組執掌、同時代表蔣父子勾結美特、與「**西方公司**」（美特派駐台灣的NACC心理作戰機構）取得連繫、並交換情報。特別是以六組的「**保密防諜工作**」爲藉口、可以控制全部國民黨員（國民黨基層小組一律秘密設有「保防幹事」、皆歸第六組統制）、所以、若能控制六組、不但是對國民黨員、對黨外人士也握有生殺與奪的黑手魔力。

如圖59所示、其中的「**軍隊黨部**」按理來說也不過是屬於中央黨部的一個單位而已、但是、國民黨改造之初、軍人黨員佔了全部黨員的六〇%以上、而且、在法西斯獨裁政治下、槍桿是決定一切的、所以該黨部就成爲國民黨組織中的一個「**獨立王國**」。蔣經國通過「**國家安全局**」控制了軍隊黨部之後、終於大權獨攬、同時反過來、又借重軍隊黨部的力量、在「**以黨統軍**」的口號下掌握六〇萬大軍、使胸前勛章燦然的千百個軍中將領諸公也不得不向蔣「**太子**」無條件低頭、唯唯聽命。

蔣經國老想以自己的特務勢力來控制的、除了黨務・軍權以外、再一個就是籠絡青年。他在抗戰末期當過「**三青團**」組織處處長、抓到籠絡青年的端倪、但隨著內戰慘敗、他的野心也與三青團同歸於盡。到台灣後、他又死灰復燃、再次企圖籠絡一批無知青年、做爲他實行法西斯獨裁的爪牙、所以、他在國民黨中央黨部、仍然通過「**國家安全局**」的黑手力量、先控制「**知識青年黨部**」、進而組織「**中國青年反共抗俄救國團**」。這一點在後面再做詳細敘述。

國民黨的下部機構也均由他所訓練出來或所指派的中下級特務爪牙控制著、省黨部・縣市黨部・鄉鎮黨區部等、更由他的徒子徒孫扼守要點、無孔不入的滲透於各地方的各個崗位上。

特別是「**台灣省黨部**」、蔣「**太子**」很看重、原先自己也當過省黨部主任委員、後來、才派親信薛人仰・倪文亞・李煥・潘振球・王唯農及潘振球充任。

一九七〇年以後、蔣經國特務勢力在國民黨內所建立的領導權幾乎成爲絕對化、「**太子派**」在「**中央委員**」及「**中央常務委員**」佔優越地位。例如、一九七三年中央委員一二九人中「**太子派**」佔半數以上、中央常務委員二二人中「**太子派**」佔一一人。

⑷　控制政府機關

蔣經國想掌握國家權力的野心愈來愈露骨、其奪權的步驟可分爲兩個階段：㈠通過「**國家安全局**」特務組織控制政府逐漸取得殖民地統治者的最高地位、㈡達成其父「**傳位**」的終極目標。

蔣介石爲了達到「**父死子繼**」的世襲大望、早就實行所謂「**毀憲連任**」（「中華民國憲法」第四七條規定著總統任期六年、只得連任一次、但是蔣介石卻從一九四八年一直連任五次到死爲止）、所以他一方面爲愛子固守總統地位（應該早就讓給陳誠繼任）、另一方面在他的庇護下、把國家權力轉移於蔣「**太子**」執掌。

因此、蔣經國建立了自己的特務系統之後、與他控制黨務・軍隊・青年分頭並進的是一步步控制政府機關。

本來、在蔣父子特務獨裁專制下的所謂「**政府**」、就不是「**爲民謀利**」、而是專爲蔣家集團鎮壓人民、排除異己、掌權刮錢財的、所以蔣經國最要控制的政府機關、無非是以鎮壓人民的機關爲主要對象。那就是：㈠「**行政院司法行政部調查局**」、㈡「**台灣警備總司令部**」、㈢「**台灣省警務處**」。這三大鎮壓機關即是夜行動物的特務爪牙於從事陰暗的工作活動上、由地下露面而公然與台灣人大衆碰頭碰面的主要窗戶。

「**司法行政部調查局**」（局本部設在台北市新店郊區的十二張犁）、在機構上雖然屬於司法行政部（當初屬於內政部）、但實際上是「**特工**」的大本營、也是蔣經國實行特務政治的一大據點、類似美國的聯邦調查局、所以、調查局局長一職皆由蔣的親信特務頭子擔任（由葉秀峰・季源溥的「中統」特務頭子、先後換上靠攏太子的張慶恩・李白虹・陳紀瑩・沈之岳・阮成章繼任）。局內要員大體由舊日的「**軍統**」「**太子派**」「**中**

統」徒子徒孫充當。他們除了檢舉一般罪犯之外、最主要的還是搜查・監視・跟蹤・逮捕所謂「**思想犯**」「**政治犯**」、不必經過任何手續、可以任意抓人、一旦被抓、無不用盡狠毒的手法酷刑・逼供、並被扣上莫須有的「**叛亂**」罪名處於扣禁或殺害。因此、不可計數的熱情台灣人、就是這樣被慘無人道的酷刑而成殘廢、然後送往外島囚禁或受暗害、這可以說是軍統在重慶的看守所「**白公館**」的台灣版。

「**台灣警備司令部**」也是爲「**太子**」牌特務鎮壓台灣人大衆的公開性的大據點、形式上隸屬國防部、但其要員皆由具有特務身份的軍人充當。總司令當然由蔣經國指派、過去在二・二八大革命時因殘殺台灣人而得到蔣太子垂青的劊子手彭孟緝、或特務頭子陳大慶・劉玉章・尹俊等人均擔任過、現由「**太子派**」的鄭爲元及汪敬煦先後繼任。

警總的守備範圍比調查局廣泛、普遍涉及戒嚴令下的台灣全域的治安・公安・警備・檢查（旅客貨物郵電）・檢閱（新聞雜誌刊物書籍）・出入國管理・軍法・情報等。最主要的任務還是擔當「**國家安全局**」的探頭、搜查異己・鎮壓台灣人該部在台北市西寧南路的「**保安處**」是專爲逮捕「**政治犯**」的主要特務殺人機構之一（後來再搬於新店）。

「**台灣省警務處**」、是「**國家安全局**」特務活動的最前線、所以接觸台灣人大衆的機會最深廣。警務處在名目上雖屬於內政部警政署（大陸時代的內政部警察總署）、處長・副處長二職由警政署署長・副署長二人兼任、但在實際上都由蔣經國直接指派、所以皆由他親信的陶一珊・周中峰・羅楊鞭・周菊村・孔令晟等人擔任。

與台灣省警務處並行的、「**台北市直轄市警察局**」、由「**太子派**」的酈俊厚擔任局長。

台灣省警務處機構龐大、除本處的內勤方面分爲一〇科・八室・一局之外、其他、尙設有保安警察二總隊・刑事警察一大隊・工礦警察一大隊、以及鐵路警察・公路警察・港務警察・森林警察・外事警察等。

警察處的下部機構計在各縣市有警察局二二局、警察分局一二〇局、警官多得不可計數、擠滿全島、經常攜帶手槍或卡賓槍、把台灣人大衆置於二四小時監視之下。下級警官當中台灣人大約佔三分之一、但是握有權柄的高級警官或幹部警官皆由中央警官學校畢業的中國人特務分子擔任、可見蔣國的殖民地統治者的差別意識十足。

如果把上述「**調査局**」「**警備司令部**」「**警務處**」的各看守所看成重慶軍統局看守所的「**白公館**」、那麼、等於貴州息峰的軍統局集中營、就是「**外島政治犯管訓所**」（綠島・蘭嶼・小琉球・東引島）、或島內「**大政治監獄**」（台北・新竹・板橋・桃園・台中・東港・東河・台東）、以及「**地方監獄**」（淡水・基隆・木柵・宜蘭・花蓮・新竹・苗栗・豐原・彰化・南投・員林・嘉義・新營・台南・高雄・屏東・澎湖）等。從前日本帝國主義統治時代的所謂「**監獄**」有台北・新竹・台中・台南・高雄・台東・火燒島等處、當時的台灣人都已夠受的、今日卻受遠超過日本統治時代的悽慘世界（監獄集中營）所包圍的現代台灣人、災情是何等的深重。

「**台灣省政府**」在這好幾重上級機關或特務勢力的控制下、可以說等於一個「**高級傳達室**」、但是、蔣經國爲了使之徹底就範、自趕走吳國楨之後、省主席一職一步步換上與「**太子**」脾胃相投的俞鴻鈞・嚴家淦・周至柔・黃杰、最後終於把親信的陳大慶・謝東閔・林洋港塡上、而完結他的野心。

一九七二年「**太子**」又爭到行政院院長一職、一九七八年終於達成「**傳位**」的宿願而獲得「**總統**」職位。

(5) 控制軍隊

一九五〇年、蔣經國抓到「**政治行動委員會**」的實權後、他對控制軍隊一項也就特別認眞、因此、他爲了恢復「**軍統**」時代的軍中特務活動、同時也爲了趕走已成爲他抓軍權最大障礙的軍中元老、遂向其父請求施行三項重大措施、就是：㈠成立「**國防部總政治部**」並恢復軍中政治工作（包括「特工」「政工」）、㈡對軍中將領施行以二年爲限的「**任期制度**」、㈢新設「**政工幹部學校**」訓練新的軍中特務人員。

因此、「**總政治部**」在蔣「**太上**」積極促進之下、於同年秋很快就被建立起來、後來又改稱「**總政治作戰部**」。蔣經國親自出任首任總政治部主任、並任命新靠攏派的胡偉克・張彝鼎爲副主任。他一幹就連任兩任四年、把軍中特務系統建立起來、全面控制了六〇萬大軍之後、才把主任一職卸給張彝鼎繼任。從此、連續指派了蔣堅忍・高魁元（就任兩次）・王昇・唐守治・羅友倫・梁孝煌等親信輪流代替擔任這個要職、現又調王昇重任一次、代他掌握軍中的一切特務活動。

總政治部作戰部的下屬系統、就是在各級部隊・各級軍校・各級機關、設政治作戰部、在軍・師・團部配置「**政治作戰主任**」、營・連單位設有「**政治輔導員**」、排裡頭亦有「**政治幹事**」、這一連串的鷹犬爪牙、全是替蔣經國行使特務管制的。

總政治作戰部及其下屬各機關、無非是過去「**復興社**」「**軍統**」的翻版、權柄很大、計有：㈠監視各級部隊首長（特工）、㈡調查軍官・士兵的思想動向與日常舉動（特工）、㈢統制軍中紀律（特工）、㈣測驗對「**領袖**」忠貞的程度（特工）、㈤檢舉異己・鎭壓所謂「**政治犯**」（特工）、㈥掌握軍中黨務（政工）、㈦掌握士兵（政工）、㈧灌輸法西斯思想（政工）、㈨施以政治教育・傳授鎭壓人民的法西斯手法（政工）、㈩在駐防地實行軍事管制（政工）、㈪宣傳群衆・教育群衆・組織群衆・訓練群衆（政工）等、同時只要是涉及人事・陞級・補給・作戰等一般隊務、也都在它全面統制之下。特別規定「**不經過政治作戰部主任副署的部隊長命令無效**」、所以連軍事指揮官的作戰命令、也要請求政治主任的同意、才能發號施令。

前述的所謂「**任期制度**」、當然也照蔣經國的意思執行。

其實、無論政治作戰部制度也吧、任期制度也吧、無一不是蔣經國想要控制軍隊抓軍權的政治陰謀、所以不管在制度上如何的自圓其說、實際上卻是只看人事關係而不論是非、就是「**順我者昌、逆我者亡**」、任何人如能唯唯聽命而博取「**太子**」的歡心、皆可不必顧慮什麼「**制度**」、都能得到他的信寵、而永久高據要津、王昇・沈之岳・高魁元・謝東閔等人就是如此。如果既不低頭、又不賣帳、任其有旋乾轉坤的通天本領、或資深望重、也難免在蔣「**太子**」排斥之列、孫立人・桂永清・王叔銘等軍中宿將就是典型的例子。一些過去在軍隊裡工作多年、經驗豐富的「**軍統**」特務頭子、在蔣經國初始建立軍中特務系統時、被吸收為「**太子派**」。這些人雖曾紅極一時、但等到任務完畢之後、因他們資格太老、再下去會成為蔣經國獨攬大權的障礙、所以蔣父子就毫不留情、把這些人「**過河折橋**」的淘汰出去、棄如敝屣、潘其武・魏大銘・張師・任建鵬・張炎元・鄭修元・熊恩德・唐新・及葉翔之等舊日的軍統特務頭子都屬此例。

不僅限於軍中政治工作方面、在軍政・軍令等系統也被蔣經國緊掌無餘、國防部長一職、他自己就任一次、其他、善於逢迎而受到青睞的國防部長、計有俞大維・郭寄嶠・陳大慶・高魁元・黃杰等人、後來由高魁元再次擔任、副部長馮啓聰。參謀總長受信寵的有周至柔・彭孟緝・黎玉璽・高魁元、其後是宋長志、副參謀長王多年・烏鉞・童萍。

國防部內部機關的重要機構、「**軍事情報局**」（局本部設在台北士林的芝山巖）從一九六〇年以來先由

「**軍統**」特務頭子葉翔之一手包辦、但是、太子登極後、遂被換爲汪敬煦擔任。「**通信電信局**」局長・張近智、「**三軍聯合大學**」校長・蔣緯國、獨立單位的陸軍總司令・馬安瀾、海軍總司令・鄒堅、空軍總司令・司徒福、聯勤總司令・羅友倫、台灣警備總司令・汪敬煦、憲兵司令・孟述美、均屬蔣經國在這二〇年來所培養出來的「**太子派**」新進將領、再配上各單位的「**政治作戰部主任**」、都是特務中的高級特務頭子、可見蔣經國的特務勢力在軍隊裡頭的統治地位已牢不可拔。

蔣經國爲了籠絡一般青年學生到軍中服務、又創立了「**政工幹部學校**」「**候補軍官學校**」、以及多種秘密性的「**後備軍人幹部訓練班**」等、這些校班皆由王昇・高魁元・周中峰等高級特務頭子負實際責任、訓練軍官或培植特務爪牙。

蔣經國不但嚴密控制了軍隊各機關及現役將領・士兵、連退役軍人也不放過、從一九五七年起就親自擔任「**行政院國軍退除役官兵就業輔導委員會**」首任主任委員、把特務黑手伸到退除役軍人之中、其系統建立後、才於一九六五年卸給副主任的趙聚鈺繼任。

這樣、蔣經國以特務頭子爲骨幹、終於達成了**抓軍隊**的久年宿願、把六〇萬大軍（現減爲五〇萬）、牢牢握在掌中、三〇年他在軍隊裡的領導地位已穩如泰山。

(6) 蔣經國特務勢力統治下、台灣人災殃深重

如上述、蔣經國及其「**國家安全局**」首先掌握「**黨**」、再以「**黨**」控制「**政**」與「**軍**」、同時用「**黨中央六組**」的保防工作控制每個黨員、用「**黨中央青年黨部**」「**司法行政部調查局**」「**中國青年反共救國團**」（後述）各級組織、控制每個公教人員與各學校青年學生、用「**黨中央軍隊黨部**」「**國防部政治作戰部**」各級組織控制每個軍人。

然而、蔣經國這樣嚴密控制黨・政・軍各機關及每個人員、並不是目的而是**手段**。蔣經國的眞正目的、不外乎是要用秘密或公開的全套特務組織及全套調查機構、用全套黨・政・軍及全套警察・憲兵、用全套書信檢查機構・書報檢閱機構、而統治全體台灣人的思想與行動、並掠奪整個台灣的資源與勞動果實。

三〇年來蔣經國、訓練了一〇萬特務人員、將之安挿於「**國家安全局**」的各種崗位上、再加上暗中被迫當上密報人員的一〇萬人、同時又規定國民黨員的密報任務、這樣以蜘蛛網似的特務黑手網、把其罩在不論黨務・政府・軍隊・治安・生產・交通・流通・企業・商社・工廠・出入國・貿易・青年・學生・文化・言論・民衆等各地方各部門的團體與個人頭上、施行其殖民統治與殖民剝削。因此、今日的台灣、不但黨・政・軍的權力機構、就是學校・團體・企業及工廠裡也都布滿了特務爪牙、甚至火車・公路・飯店・冰店・茶室等公共場所、到處皆有隱蔽著身分的黑手人員、不分晝夜的在暗中活動著。

不但如此、「**安全局**」除了四處暗放秘密人員之外、還公開設立「**安全室**」、駐在各種機關・團體・學校・報社・工廠・礦山等部門、做爲公開活動的據點。這樣還不夠、又巧立名目、在台灣省・縣市・鄉鎭各級單位成立所謂「**民眾服務社**」、或移動式的「**民眾服務工作總隊**」三〇隊、及「**工作大隊**」五〇〇餘隊（一九七二年統計）。這些特務組織以替人民服務爲名、無孔不入的滲入台灣人民當中、做爲監視・操縱・管制台灣人大衆的工具。

因此、台灣全島早就變成了夜行動物的天堂、毒蛇害蟲晝夜伏躍成爲司空見慣、以致台灣人大衆在特務組織侵襲毒害之下、被壓迫得喘不過氣來。

相反的、蔣經國卻借著特務瀰漫全島而迅速鞏固了自己的政治地位、使殖民統治愈來愈趨堅固。

殖民統治者特務頭子、都是以廣泛的監視與管制全體社會與每個個人、把台灣與台灣人的生活與命運玩弄在其掌中。特別是對異己分子及酷愛家鄉的台灣同胞、他們更不擇手段的加以壓迫與殺戮、假如被扣上政治犯或思想犯等莫須有的罪名、一旦被抓去、就是不喪命、也難免被送到「**活地獄**」的外島或島內政治監獄、受了長期的囚禁、或被送到金門及東引島去做勞役苦工。

這些劊子手因爲殺台灣人殺得太多了、有必要把這些無故被殺害的犧牲者從戶籍上抹煞掉、所以一九六〇年五月、台灣警備總司令部軍法處、不得不在台灣省議會做了自欺欺人的報告：「**行方不明的台灣人口共計一二萬六千八七五人**」、而暗中承認二・二八大革命以來中了他們劊子手毒計犧牲的台灣同胞多得那麼驚人。

特務頭子滿手血債、他們殺戮台灣同胞手法狠毒、鎮壓人民詭計多端、花樣多得無所不爲、其警察的鎮壓手段中、最基本且最普遍的就是「**戶籍制度**」與「**良民身份證制度**」。戶籍制度本來在中國本土未曾有過、其實是日本殖民統治的遺制。良民身份證也是日本軍佔領中國沿海諸省時藉以管制中國人民的帝國主義的法寶。蔣父子集團不但繼承了日本帝國主義殖民統治的衣鉢、而且把其這兩套具體辦法也搬過來、用於台灣殖民統治上。

良民身份證（警察局發給）是一四歲以上的男女、必須經常攜帶在身上、以備特務・警察・憲兵的「**戶口檢查**」「**突擊檢查**」「**車中檢查**」等。這種所謂「**良民證**」、後來才改爲「**國民身份證**」。若有不帶良民身份證而被發現者、或是移居不報與旅行外宿不報、則當場被扣、一律帶去警察局查檢、經保證人證明身份後、才得交保釋放（一九七三年度台灣地區流動人口登記者共有九、七三三、〇八三人、取締未報流動人口共計九〇、〇九八人—參閱「中華民國年鑑」一九七三年 p.368）。最倒霉的是被扣上政治嫌疑犯的大帽子或被認定是流氓・破落戶而受到「**送外島**」處分的人（一九七三年度查獲流氓遊民一、五九五人、查獲違警人數九五、〇七六人——參閱中華民國年鑑 p.365,368）。

不分今昔、不分蔣派集團或清國統治勢力、這些來自中國大陸的殖民地統治者、都帶著蠻橫的征服者心態、以強大的鎮壓人民的工具、動不動就把台灣同胞當做異己的政治犯・流氓・破落戶、而加以非理非法的壓殺・迫害。

然而、蔣家集團統治者並不以這樣無法無天爲足、近來再加添什麼「**少年事件處理法**」「**少年輔導委員會**」等、連稍有血氣、敢做敢爲的青少年也給扣上具有政治性的「**不良少年**」罪名、一律送到「**少年輔導院**」（桃園・彰化・高雄）、加以所謂「**集體管訓**」（一九七二年度十月巡邏勸導虞犯少年人數共計六、六七二人、建卡管制少年人數六、一〇一人、取締少年不良組織一一八件——參閱「中華民國年鑑」一九七三年 p.366）。

特務統治就是這樣苛酷殘忍迫害台灣人、他們從跟蹤・監視起、再行任意逮捕或秘密綁架與扣禁、且用盡慘無人道的拷刑與逼供等。蔣父子特務集團的這種暴行、已被島內外人士所共同譴責。

5　特務操縱一切的傀儡戲——似是而非的民主政治

如上所述、逃來台灣的蔣家國民黨政權、無非是由中國社會的軍閥・特務・大地主・土豪劣紳・買辦資本家等舊統治階級所構成的半封建軍閥法西斯政權。他們在本國時、雖於一九四六年（民國三五年）十二月二十五日、制定「**中華民國憲法**」、顯出了近代民主國家的**外觀**、然而、一九四八年五月十日、蔣介石公佈所謂「**動員戡亂時期臨時條款**」、卻把剛制定的中華民國憲法化爲**死文**。這「**臨時條款**」共有一一條、主要是爲了終身化及擴大化蔣介石的總統權限、使之不必受到憲法的限制及不經過立法手續即能永久連任總統職位及發動戒嚴令等所謂非常時期的「**緊急措施**」、才被捏造出來的。這個法西斯法規的「**臨時條項**」、經一九六〇年三月、一九六六年二月及三月、一九七二年三月等三次修改後、更加強了其竊國害民的獨裁體制。

一九四九年蔣家國民黨政權逃抵台灣後、在美帝國主義與日本資本主義的軍事・政治・經濟上的撐腰之下、一方面自我標榜爲代表全中國的「**唯一正統合法政府**」、藉以維持龐大的全中國性封建軍閥的國家機構・官僚機構及特務組織、虛設「**中央政府**」（行政院・考試院・司法院）、及國民代表大會・立法院・監察院等所謂「**中央民意代表機構**」。另一方面則**永久化**其「**臨時條款**」「**總動員令**」「**戒嚴令**」等法西斯法規、凍結憲法的機能與議會政治、使蔣介石的總統職位終身化・世襲化・君主化、同時也使從中國亡命來台的一大批所謂全國性民意代表的身份終身化・特權化・貴族化、而在較爲近代化的台灣島上、構築了中國半封建式軍閥法西斯官僚的殖民統治機構。

蔣父子特務集團控制了這個中國半封建式軍閥法西斯官僚殖民統治機構以後、就在台灣倒行逆施、一方面實行文明世界上早已罕見的百分之百的殖民統治、另一方面又以偷天換日的手法、玩弄似是而非的「**民主政治**」、迫使台灣人俯首就範、同時也騙取更多的國際支持與美・日的經濟援助。

他們強詞奪理的說：「**今日的台灣已成爲民主政治的天堂、台灣人都普遍享有參加國政的充分機會**」、但實際上、這種說法距離事實何止十萬八千里、他們的所謂「**民主政治**」、無異於一張永不兌現的空頭支票、只不過是由特務操縱一切的傀儡戲而已。

殖民地統治者、爲了導演這幕傀儡戲、先把在中國本國湊成的國大代表・立法委員・監察委員盡搬出來、舊技重演、稱之爲「**全國性民意代表**」。

另外再掛上一個「**地方自治**」的假招牌、事先準備了一群冒充「**台灣人代表**」的買辦台灣人、醜人扮演好人、一次又一次玩弄了所謂「**民主選舉**」、湊成台灣省議會議員・縣市議會議員・鄉鎮民代表、及縣市長等形形色色的傀儡角色、假戲眞做、想一手掩盡天下人的耳目。

然而這個詭計多端的殖民地統治者所說的「**民主選舉**」、無非是以：㈠蔣派中國人國民黨員優先、㈡大小買辦台灣人國民黨員優先爲兩大前提的一場大騙局。他們爲了達到獨裁專制殖民統治所需的政治目的、乃使用應有盡有的詐術與暴力、到處胡作非爲而操縱一切、例如、特務在幕後穿針引線、警察・檢察官等政府人員出面干涉、恐嚇威脅、誹謗誣陷、逮捕無黨無派人士、陷害黨外候選人、甚至盜換投票箱、僞造投票結果等、這樣卑鄙的手段眞是千變萬化、實非筆墨所能盡詳。

因此、每次投票結果、絲毫沒有例外、都是蔣家政府黨大獲勝利、頂多另外添上幾個冒充「**無黨無派**」的靠攏份子出來湊湊熱鬧、充當蔣父子特務集團所賣狗肉的「**羊頭**」、做著假民主的招牌而已。

近年來、有一些熱誠未泯的台灣人正義漢、雖然明知蔣父子特務集團殖民統治者在葫蘆裡賣的是什麼藥、但是不管如何、毅然決然起來向國民黨挑戰競選、而現已提高了政治覺悟的台灣人大衆、當然也藉此機會熱列支援。但是在黑漆一團且殘酷鎮壓的淫威籠罩之下、這些熱血漢與台灣人大衆的政治反抗戰、幾乎一敗塗地。當然也有極少數排除萬難、突破了特務的百般阻撓而獲勝當選、成爲台灣人大衆眞正的代表、但在當選後、也必然在龐大的特務勢力圍繞之下、形單勢孤、幾乎難於有所作爲。這就是有關所謂民主選擧到一九六〇年代的實際狀況（一九七〇年代後再述在後面）。

蔣派特務政府所謂中華民國的「**全國性**」民意代表、乃是：㈠一九四七年一月在中國本國操縱選出的「**國大代表**」、㈡一九四八年三月同樣選出的監察委員、㈢同年五月同樣選出的立法委員。其後、蔣父子集團逃來台灣時、這些代表們・委員們也跟著逃亡來台、三〇年來蔣父子就是以這些徒具外形的「**全中國民意代表**」的虛構爲基礎、冒充「**合法**」的名義來殖民統治台灣・台灣人。

這些冒牌「**民意代表**」的班底、統由瓜連蔓而蔓再連瓜似的引進一連串大小特務來充當、他們嚴密的扼守要點、包辦一切、例如：

㈠「**復興社**」「**軍統**」系的舊日的大特務、列名於國大代表者、有賀衷寒・滕傑・邱開基・任覺伍・黃仲翔・葛武棨・王兆槐・吉章簡・方青儒・何芝園・何慶龍・徐庭瑤・洪陸東・陳一萍・陳元瑛・蔡孟堅・蔣孟樸・鄭修元等、立法委員則有劉健群・王秉鈞・王新衡等、監察委員陳達元等人。

㈡「CC」「**中統**」系大特務的國大代表有徐恩曾・葉秀峰・季源溥・方治・余井塘・谷正綱・李士珍・葉青・陳建中・方清如・黃季陸等、立法院有張寶樹・谷正鼎・陳紀瑩等、監察院院長余俊賢等人。

(三)「**太子派**」大特務的國大代表有范魁書・嚴靈峰・許素玉等、立法委員白瑜・胡秋原・詹純鑑等人。

這些法西斯特務元動元老袞袞諸公、雖然已落得山窮水盡、昔日的囂然傲氣也已喪盡、但是昨天的閻王卻在今天裝著慈悲的天子、掛上「**民意代表**」的假招牌、與他們自己的徒子徒孫即蔣經國的新的黑手集團同流合污、互相利用、共同魚肉台灣與台灣人。二〇餘年這些冒牌的「**民意代表**」未曾改選過一次、成爲終生代表與終生委員。他們大部份都寄生於台灣、從事其搶地位・爭權利・刮錢財的舊技勾當、而絲毫無顧台灣人的指罵。

一九七〇年代、由於國際形勢急遽變化、蔣政權被踢出聯合國、中美接近・中日復交、世界各國相繼與蔣家政權斷交、蔣政權遂成爲國際上的孤兒。就在這蔣父子特務集團受到國際政治上不利形勢的影響、在台統治地位開始動搖的情形下、他們爲了隱蔽自己陣營的不安、同時爲了以軟硬兼施的欺罔手段進一步愚弄台灣人、終得重新粉墨登場、演出另一幕把戲。已成爲台灣最高特務頭子的蔣經國、趁此機會出任行政院院長、他抬出「**革新保台**」的新詐術、落力表演、向全台灣人大衆口許允諸大家多能參加「**國政**」、共爲防禦共軍來攻而努力。類似這種令人笑掉大牙的謊言謬論、普遍散佈於台灣全島、也頻頻謠傳於海外各地（從此在日本的台灣獨立派內才生出所謂「國台合作」—國民黨和台灣人合作—的謬論）、目的在於瓦解台灣人反蔣反殖民統治的決心、同時想動搖在海外的台灣獨立運動右派陣營。

就在這島內外的形勢急遽轉變之下、一九七二年十二月、蔣經國宣佈舉行國大代表與立法委員・監察委員的「**增補選**」、同時施行台灣省議會議員與縣市長的改選。蔣經國、與高彩烈的在台灣人面前大吹迷魂曲、宣傳他以行政院院長身份、保證絕對實行「**三公政策**」（公正・公平・公開）。

然而、現已握有殖民統治大權的蔣經國、那裡肯讓一池肥水白白流入他人田園、甘冒自招毀滅之險、所以、選舉一開始、他剛向大家說出諾言的口沫未乾、就自食其言、驅使大量特務、兼施軟硬手法而操縱一切、因此、非國民黨的台灣人候選人被中傷・被恐嚇・被陷害・被逮捕者依然層出不窮。

選舉的結果、中國人國民黨員與買辦台灣人國民黨員的當選者、仍然佔去全部當選人的壓倒多數。就是補上國大代表五三人（台灣人補上四八人、大多是買辦台灣人國民黨員、由此全體國大代表一千三五三人之中、台灣人佔八六人、僅等於總數的六%、其中黨外台灣人只有一一人）、立法委員補上五二人（台灣人補上二九人、全體立法委員四一九人之中、台灣人增至四〇人、等於總數的一〇%、其中黨外台灣人只有四人）、監察委員補上一〇人（台灣人增至一一人、等於總數七一人的一五%、全都是買辦台灣人國民黨員）、而考試委員一七人（由蔣介石指派）之中買辦台灣人僅一人、其他全部中國人。

台灣省議會議員七一人（絕大多數六五人是買辦台灣人國民黨員）、縣市長二〇人（百分之百是買辦台灣人國民黨員）。

就是說、任其如何大談特談什麼「**革新政治**」、什麼「**三公選舉**」、連起碼的假民主選舉也絲毫無所改變。這種特務操縱下的所謂「**選舉**」、與其說讓台灣人「**參加**」國政、勿寧說強姦台灣民意。

到一九七三年三月、蔣經國爲了要把自己的特務勢力普遍滲透於台灣人大衆社會、藉以更加鞏固其殖民統治地位、再提出「**台灣省地方自治大前進**」的另外一個僞招牌、舉行了各縣市議會議員第八屆改選、及各鄉鎮長第七屆改選。結果、當選議員者仍然被國民黨員佔去九八%的壓倒多數、鄉鎮長當選者也不能例外、以國民黨員佔了壓倒多數。這不過是把各地的地方人士先裝成當選者、而後將之逼上梁山、使之不得不加入國民黨的、另外一種特務政治的「**傑作**」而已。

現今台灣的縣市長與鄉鎮長雖爲「**民選**」、但大多數人、當選後都被迫加入國民黨、這還不算了事、必得再接受一個從省政府直派的中國人特務來擔任所謂「**主任秘書**」。「**主任秘書**」一手掌握該單位的人事・財政・警察・安全室等行政實權、成爲實際上的行政首長。所謂「**民選**」的台灣人縣市長或鄉鎮長、本來應是可以發號施令的各單位大老板、反而只落得一個有責無權而唯命是從的小夥計、天天開會傳達上命、其他無可作爲。

蔣經國這樣獨拉獨唱、一方面造成形形色色的傀儡、操縱一切、另一方面、在省政府及其下屬機關的各縣市政府・鄉鎮公所、則任用大批台灣人爲中下級公教人員。這個外來的特務統治者據此胡指胡扯、宣傳在他們的殖民統治下、台灣人公務人員所佔比率是超過了日本帝國主義時代。

單從數字來講、各級政府機關裡的台灣人公教人員的確比從前多。據一九七三年統計數字、台灣人公教人員佔總數的六〇%、薦任官以上佔四〇%。但是這種情形、不外乎出於統治者方面的需要、與所謂「**就職機會平等原則**」根本無關。這是在以少數的二〇〇萬蔣派中國人外來者要來殖民統治多數的一千四〇〇餘萬台灣人的情況下、爲了處理中國式許多煩雜行政業務、也爲了支配龐大的各種官公營大企業所必然發生的現象。

問題不在於台灣人公教人員的多寡、而在被任用的台灣人公教人員的職位與權限如何、及其人員增多的結果是否能改變其殖民統治這一點。大家再深入觀察一番、就可以瞭解到表面上的數字與實際情況恰恰相反、絕大部分的台灣人公教人員乃是：㈠幾乎屬於下級教員（因教員待遇低、有辦法的中國人子弟不甘當教員、反而不易找到事做的台灣青年、都是擁擠到中小學去當下級教員）、㈡工員（官公營大企業的專賣事業・工廠・鐵路・公路・港灣・山林等勞動工人）、㈢政府下級公務員、㈣地方小官吏・當差等。

有一部份台灣人公務員、雖說能夠獲到職位較高而待遇較好的薦任官職位、但是所有被統治的「**台灣人**」、無論地位高低或是否爲國民黨員、均得受到中國人特務的監視與控制、也只不過是身不由己的殖民地的「**奴隸官員**」而已。

極少數的高級買辦台灣人、其中被認爲受了主子蔣經國特別垂青的、據一九七六年資料、可從特務・黨・政各方面大略看一看：㈠特務方面有謝東閔（國民黨中常委兼省主席）・邱創煥（國民黨中委會副秘書長兼中國青年反共救國團副主任）。㈡國民黨方面有謝東閔・林挺生・林金生・徐慶鐘四個中常委、與辜振甫・呂錦花・林洋港・張豐緒・蔡鴻文・邱創煥・賴順生・陳水逢・鄭玉麗・王玉雲・黃鏡峰・柯文福・陳守山・連戰・施啓揚・吳伯雄・張建邦・李登輝等二二個中委、以及侯彩鳳・劉介宙二個候補委員。㈢政府方面有謝東閔（台灣省主席）・蔡培火（總統府國策顧問）・連震東（總統府國策顧問）・吳三連（總統府國策顧問）・徐慶鐘（行政院副院長）・戴炎輝（司法院院長）・周百鍊（監察院副院長）・高玉樹（行政院政務委員）・邱創煥（行政院政務委員）・李登輝（行政院政務委員）・張豐緒（內政部長）・林金生（交通部長）・林洋港（台北直轄市長）等人。這些人、大多是已喪失了做人的良心、百分之百屬於勢利之徒、眼中只有個人利益、同時特別善於俯首貼耳唯唯聽命而博取主子歡心的奴才。蔣經國特務集團也很清楚這些買辦台灣人所喜歡的名堂、所以盡量丟給他們什麼「**委員**」「**部長**」「**會長**」「**主席**」等類、其名目之高且多、幾乎叫人眼花撩亂。但在實際上、殖民統治者只不過是把這般買辦走狗在需要的範圍內加以利用、使之成爲僞裝殖民統治的「**遮蓋物**」、以混淆國際上的視聽（特別是對美・日）、根本不讓他們抓到任何實際權力。這些卑劣的買辦走狗、在台灣人大衆眼前固然狐借虎威、傲氣凌人、然而一到老闆的中國人統治者面前、卻立即做了一八〇度的轉變、馬上變成搖頭擺尾柔馴無比的走狗奴隸、只能給老爺們跑街倒茶、逢迎拍馬、混身解數的獻媚爭寵而已。

在蔣經國特務勢力嚴密控制下、任其有多少買辦台灣人在形式上被提拔而高據要津、或當選縣市長・各種代表・各種委員、也不管在統治機構裡有多少台灣人公務人員、這全與台灣人的政治自由絲毫無關、更談不上蔣父子獨裁專制殖民統治有何改變。

6 「中國青年反共救國團」與統制教育思想言論

戰前台灣的教育普及程度與文化水準、可說相當高、在亞洲僅次於日本。從台灣兒童的小學就學率來看、高達九二・五%（參閱表84）。戰後由此爲出發點、小學就學率繼續提高、現已達到九九・二六%。這是由於台灣人父母心鍾愛自己兒女去上學受教的結果。根據一九七五年統計：

㈠ 台灣的「小學」學校總數爲二千三七六校・教職員六萬二千八〇三人・兒童學生二三六萬人・畢業生進中學比率達九〇%。

㈡ 「中學」學校總數（初中・高中）九七七校・教職員六萬三千八四〇人・中學生一五〇萬人・初中畢業生進高中比率佔四六%・高中畢業生進大專比率佔六〇%。

㈢ 「大專」學校總數一〇一校・教職員一萬三千六〇六餘人・學生二九萬人。全體學生總數佔總人口的二四・八%。

蔣派國府屢次宣稱「**重視教育**」、但在實際上也不過是一種空頭支票而已、從政府所揑造的極不可靠的統計數字裡也可以看到、所謂「**教育科學文化支出**」（有關青年學生的軍訓・兵役等軍事開支或黨務開支以及博物館・文化宮等支出都計算在內、純粹的「教育支出」是寥寥無幾）、在政府財政總支出裡所佔比率、一九五五年是八・九%（一般行政・國防費佔六六・五%）、一九六〇年一三・五%（一般行政・國防費佔六〇・八%）、一九六五年一二・五%（一般行政・國防費佔五三・八%）、一九七〇年一九・五%（一般行政・國防費佔四八・四%）、一九七二年一七・六%（一般行政・國防費佔四三・八%）、一九七五年五・七%（一般行政・國防費佔五六・九%）。當然、蔣家國民黨政府對於教育政策的言與行、也常受到具有眼光的人士的指摘與抨擊、但是這個特務政府大權在握、所以不管在社會怎樣受到指摘批評、依然我行我素、根本不介其意。結果、各地中小學校的教育設施在被遺棄的情況之下、已荒蕪不堪、幾乎不能繼續使用下去。拿校舍一事來說、不少還使用著日本帝國主義時代遺留下來的、經年累月的結果、大多已成爲腐朽半倒的簡陋建築物（到了一九八〇年代大有改觀）。

台北萬華的「**老松國民小學校**」、在台灣可算是一個有名學校、現在使用的校舍・運動場等設施、無非是日本帝國主義時代的典型遺留物。戰後蔣家國府接收以來、雖然屢次加以修築、還是陳舊不堪。這樣的設備、居然收容了一萬二千餘人的小學兒童（戰前最多時也不超過一千五〇〇人）。因爲兒童學生超數過多、所以不得不把學生分爲早・午・晚三班、才能勉強應付。連「**首都**」中心地區的學校也如此畢露窘態、更不用說僻遠山地等學校是如何的荒廢、眞是令人不堪想像（八〇年代改觀）。

另一方面、學生這樣多、中小學專任教職員卻少得可憐、而且勤務時間長且待遇過低、可說爲公務人員中最冷門者、加上教員任免權完全操在校長手中、任用期間以一年爲期、等於雇用私兵、所以教職員只好向校長兢兢業業唯命是從。待遇雖然這樣低、且教育環境這樣惡劣、但是、由於台灣人大專畢業生比起中國人子弟難找事做、結果招來台灣人青年擁擠到中小學校當教員的變態現象、以致競爭竟相當激烈、所以要以賄賂私送校長才買得來教員職位、這已成爲台灣普遍的公開秘密（例如小學教員職位在一九七六年要花新台幣一〇萬元至一五萬元才能買到）。校長一職除了有政治背景的人以外、也要送給縣市政府教育科首長或督學若干外快才能獲致。

小學校的教育方法很落伍且反動、大體是從背念一些封建的舊文獻開始、徹底灌輸一些中國特有的封建意識及「**三民主義**」教條、再仿效了陳舊的「**科舉制度**」、舉行所謂「**三日一小考、一週一大考**」把智慧半開的台灣兒童逼得進退維谷、而在不知不覺之中、腦筋都漸漸爲中國士大夫式的落伍・不健康・沒力氣等一些封建意識所蠶食。但是問題不只那麼簡單就算了事、更爲可怕的、乃是蔣父子統治集團、爲了在幼年時就摘除做一個台灣人應有的自覺意識、在一方面盡其狠毒手段摧殘台灣人兒童智慧的正常發展、另一方面則徹底灌輸封建中國的思想方法與行動方式。所以、小學一年級的功課就以「**漢文教育**」爲主、再混雜加上各種「**政治教育**」（初步的法西斯教育）、其他、驅使千變萬化的中國式封建教育的方式、使幼年的兒童天天忙不過來、很快就失去天眞活潑的幼年氣質、而成爲非馬非驢的老成兒童、至於體育・藝術・算數及科學則談不上有所重視。

兒童進中學、更加費勁、整天被難解的漢文教育逼得無法應付、只好天天背念一大堆八股文章或古典成語等。這樣還不夠、由於驕橫自大的外來統治者、裝出征服者的優越姿態而冒稱要匡正台灣人的「**奴隸根性**」、所以還強迫中學生背念一些「**國父遺教**」「**總統言論**」等文明國家所沒有的課程。

這種反動的、違背情理的、不合世界潮流的、藐視台灣人人權的教育方法、根本是蔣父子特務集團企圖統治與奴役台灣人大衆的「**奴化政策**」（統治者稱爲「中國化政策」）。這種奴化政策追根究底、無非是中國特有的「**大中華思想**」、也是「**大漢族主義**」（中國式大國沙文主義）的具體表現。這種奴化教育、進到大專學校後還是繼續不斷、不但重複、而且深化下去、仍然把大專學生逼上中國腐舊的士大夫的意識形態。因此、除了傳授專門學科之外、還教一些僞造的中國歷史、同時、自孫文的「**三民主義**」「**建國方略**」等、一直到蔣介石的「**中國之命運**」「**反共抗俄基本理論**」等法西斯思想的謬論也羅列在必修課程之內。

大專學校也與中小學同樣、以一連串的考試制度來測驗每個學生的思想狀態與行動方式、並把測驗結果劃分為幾個等級、好比一種奴隸的人身資料似的、以之為每個人的進學・兵役・就職・海外留學等一輩子終身要事的考核標準。

並不是孫文的三民主義或考試制度都不好、問題在於蔣父子法西斯集團一方面以傷天害理的殖民統治、任意宰割台灣人、另一方面卻想利用三民主義來正當化並抹煞其殖民統治的罪惡勾當、以做為再深一層統制思想與奴化台灣人的工具、甚至於藉此散佈法西斯思想的細菌毒素、把純潔熱情但是認識還不夠成熟的青年學生、置於中國士大夫式的封建觀念與蔣父子的法西斯思想的統治之下、使之成為非馬非驢的殖民地奴隸（喪失做為台灣人的自豪生氣、又做不了眞正的中國人）、而向他們就範稱臣。

然而、如要徹底認識到蔣父子集團的思想統制與奴化教育、非解剖其教育統治機構的核心即「**教育特務**」不可。原來、以特務組織的黑手集團來控制青年、乃是天字第一號特務頭子蔣經國為了繼承「**父業**」而坐定殖民統治第一把交椅所需的重要工具之一。

把話說回到一九五〇年、當時蔣經國已控制了新創的特務核心組織「**政治行動委員會**」、他的下一步驟就是著手籠絡知識青年、企圖利用為有力的政治資本、因此、他就在同年四月、很快的成立了「**中國青年反共抗俄聯合會**」於台北圓山、繼之、到了一九五二年十月三十一日、再把其改稱為「**中國青年反共抗俄救國團**」做為籠絡台灣青年的工作中心。蔣經國對於該會或該團是空前賣力、從成立開始就自己親兼團主任、再配上副主任胡軌（首被蔣介石派到德・義兩國實地學到法西斯鼻祖那一套的大特務）、與鄧傳楷（歷任教育部局長・台灣省教育廳長）等人、下設「**秘書室**」由蔣「**太子**」的嫡系大將（中央幹校系）李煥擔任秘書、代他負實際責任。其後、再由李煥・姚舜・徐亨・謝東閔・胡一貫等特務頭子、輪流擔任副主任助理團務。蔣經國整整當了該團主任二三年（可見他對控制青年一事如何執拗）、到了一九七二年六月、才把其主任職位卸下、讓給李煥繼任、同時以徐亨・邱創煥・楊振忠・鄧昌國等新進特務頭子爲副主任、宋時選爲執行長。

「**救國團**」除了秘書室之外、設有：㈠第一組（掌管組織・訓練）、㈡第二組（掌管文化・宣傳）、㈢第三組（掌管青年服務）、㈣第四組（掌管青年活動）、㈤第五組（掌管總務及其他）。但是、重要工作都集中於第一・第二的兩個組、所以該兩組業務最爲繁重。該團下部機構及人事其後常有更改變動。

「**救國團**」爲了普遍引誘大量的台灣知識青年、加以灌輸崇拜蔣父子爲「**領袖**」的法西斯思想、最爲重視的是控制「**學校軍訓**」並操縱有關青年學生教育機構的一切。因此、蔣「**太子**」便一顯身手。激動其父蔣「**太上**」指示行政院公佈了「**台灣省高級中學學校及專科以上學生軍訓實施辦法**」（一九五三年七月）、明文規定：「**凡是高中以上學校學生、一律接受在校軍訓、並限令由國防部成立救國團、負責實施學校軍訓**」。這樣一來、台灣青年一進入高中、即得接受「**軍訓**」、自然成爲「**救國團**」的當然團員、於是、學生的訓練・考核・管理・監視等工作都落在救國團的訓導系統掌中。

繼之、行政院再行規定：「**一九六〇年七月一日起、高中以上學校軍訓工作、劃歸教育部軍訓處辦理、並將原來救國團工作的有關軍訓人員、全部併入教育部**」、於是、蔣經國乃利用這個機會、就把救國團內負責軍訓工作的原班人馬、整套滲入教育部各級軍訓機關、所以整個教育界遂被這些「**教育特務**」所控制。

這樣、經過了一〇餘年歲月之後、「**救國團**」在教育行政方面已樹立了堅固不拔的政治淫威、凡是教育行政都受其牽涉、特別是人事上的任免或異動、必先取得該團同意才能移諸實行、結果、台灣教育界的各種重要學校校長或機關首長、皆爲「**救國團**」派定的「**太子**」系統人物所佔有。

「**救國團**」從控制高級教育行政機關的行政院教育部（部長朱匯森―中國人）與台灣省政府教育廳（廳長謝又華―中國人）及各縣市政府教育科做起、再下去就是以學校爲單位、建立下層組織。就是在該團屬下、一律仿效了軍隊編制、而在每一縣市設立一個「**支隊**」、其下每一中學校設一個「**區隊**」。各中學校均得設立一個叫做「**訓導處**」（分爲訓育組及生活管理組）爲校內領導核心、並由蔣經國的「**救國團**」直派特務幹部擔任其訓導主任・訓育組長・生活管理組長、及若干人軍訓教官、負責各組工作的實際責任。這些來路不正的「**教育特務**」、在校中同樣成爲最具權威的政治人物、不但是負責有關學生的訓導工作、而且還握有監視教職員及干涉校內的思想・人事・陞降・賞罰等大權、所以一般的教職員在實際上都得聽其發號施令、尤其是忠於教育但沒有政治背景的校長、除了忍聲呑氣、唯唯諾諾表示順從之外、無所可爲。

「**救國團**」的工作任務、主要在：㈠以軟硬兼施的手法籠絡青年、㈡以新奇熱鬧的事物迷惑青年、㈢灌輸崇拜蔣父子爲「**領袖**」的法西斯思想、㈣施以組織訓練再加以紀律約束而後拉進特務組織、備於蔣經國大特務頭子利用。

「**救國團**」對管制青年學生的思想意識與檢舉異己分子、特別用盡千方百計、以陰狠手段來執行。例如、每個學生每週得交出有關思想檢討與問題看法的「**週記**」、並隨時隨地接受臨時的「**時事測驗**」、訓導主任藉此掌握了青年學生的思想動向之後、再做總結論、寫下評語、納入每天的資料袋。另一方面、又以謊言抹煞事實、或掩蔽統治者方面的罪惡醜行、進而再加以具體的灌輸法西斯謬論與殖民統治手法的一套來掌握青年。青年們在這樣又長期且重複的思想管制之下、思想意識難免經過潛移默化、耳濡目染、在不知不覺之中受了特務分子的惡劣影響、終於一批一批落入黑手集團的圈套裡去。

這個黑手集團的另一個罪惡勾當、是以其猙獰面孔、暗地裡監視青年學生、注視著他們有無受到異己分子及獨立革命的思想影響。其千變萬化的監視手段之中、最令人痛恨的、乃是逼迫一部份純潔的青年學生成爲黑手集團的鷹犬爪牙、在神聖的教室裡搞傷天害理的特務工作、而監視・密報・檢舉同學們的日常的言論與行動。以上所說的是屬於救國團「**第一組**」所掌管的有關組織・訓練工作部分。

「**第二組**」是文化宣傳工作部份。該組的附屬機關很多、業務涉及廣泛、計有「**幼獅通訊處**」（社長胡軌—中國人）・「**幼獅廣播電台**」（台長呂令魁—中國人）・「**中國青年寫作協會**」（會長尹雪曼—中國人）・「**中國婦女寫作協會**」（會長劉枋等—中國人）、幼獅月刊・幼獅文藝・大學雜誌・高中雜誌等定期刊物、爲數二〇〇餘種、都是散佈法西斯毒素的有力工具。其活動資金每年由國庫支付達到六〇億元（一九七二年資料）、其他又辦「**裕華煤氣公司**」「**欣欣企業**」「**幼獅企業**」「**幼獅第一工業區**」（新竹縣）「**幼獅第二工業區**」（台中縣）等、這樣、在台灣的思想・政治・教育・文化・青年・企業上終於樹立了「**救國團特務王國**」。

關於該團的青年活動方面、也搞得轟轟烈烈。年輕人本來最富熱情、喜歡熱鬧、並愛好新奇、大部又是英雄主義・虛榮心較重、但因一切認識還未成熟、所以容易受人利用。蔣經國很瞭解青年們的這些特點、所以爲便於控制青年、即拿出應有盡有的辦法來投其所好。例如、對男學生就「**軍事訓練**」來滿足其英雄主義、對女學生則給予「**救護訓練**」、藉以滿足其母性本能。夏天舉行「**暑期戰鬥訓練**」、冬天有「**冬季活動**」、每次都結集了五、六萬的青年學生、堂堂皇皇分成各隊、前往陸海空軍所屬的各兵種部隊、不分晝夜的舉行實地訓練・營中學習・團體生活等。特別是把全體學生團員集合在廣場所舉行的檢閱典禮、乃是蔣經國最得意的「**精心傑作**」、在過去連蔣介石也親自出來主持檢閱、一方面威風凜凜的誇耀蔣父子兩人的聲勢浩大、另一方面也藉以增長學生們對「**領袖**」的「**忠貞心理**」、進而鞏固其軍事獨裁的法西斯體制。

如此、蔣經國及其救國團的機構是多麼龐大、手段是多麼狠毒、而控制青年與統制思想是多麼徹底。

由於蔣經國及其救國團勢力過於龐大、其暴行過於猖獗、並且摧殘青年也過於殘酷、所以連自己的蔣派中國人也有看不過去的、特別是良心未泯的開明人士乃頻頻出來加以批評。例如、曾在台灣與「**太子**」牌特務勢力周旋鬥爭之後亡命美國的前台灣省主席・吳國楨、他曾從美國嚴厲抨擊救國團說：「**救國團與蘇聯共產主義青年團及納粹的希特勒親衛隊一模一樣、同屬典型的法西斯團體**」（「東亞時論」一九六二刊年十一月——譯自日本刊物）。雷震雖然置身於蔣父子壓迫下的台灣島內、但仍毫不顧及犧牲自己、毅然起來坦率批評說：「**救國團不外乎第二個三民主義青年團、是國民黨的預備軍、從其訓練團員的情形看來、恰恰等於國防部的下屬機關**」（「自由中國」一九五九年一月一日刊）。雷震這樣勇敢的針對著蔣父子的特務組織給予當頭一棒、以致觸痛了蔣臭頭的瘡疤、結果、被抓去坐牢一〇年（一九六〇年九月被捕）、到一九七〇年九月才出獄。

蔣經國對這些外界的批評、當做風馬牛不相及、充耳不聞、還以無賴的手段擴展救國團、變本加厲的更爲廣泛控制青年、以增強其政治勢力。

反之、台灣的青年學生、一方面被注入傷天害理的法西斯毒液、另一方面卻被剝奪人權與被磨滅人性、白白耗費了寶貴的青春時代、他們由於一天到晚都在黑手集團控制下、心身俱勞、有時死慌得坐立不安、有時苦惱得心情緊張而無法入寢。這些認識還不夠清楚且輕重不能辨白的青年學生們、雖然是因被籠絡蠱惑而一時迷失正常人的人生路途、但是、要把青年人置於長期摧殘・擺佈・愚弄之下、簡直是不可能的。等到生氣蓬勃的他們、隨著智慧漸開而恍然大悟後、反過來、就成爲蔣父子及其特務勢力的死對頭、必然爲「**反殖民地**」「**反法西斯**」起來反抗到底。許多反躬自省的勇敢青年、終於去邪歸正、以無名英雄自任、勇敢的向蠻橫的法西斯殖民統治者進行秘密鬥爭。

其次、對於蔣父子黑手集團箝制思想言論、不能有一番的敘述。

根據一九七二年資料、蔣派政府誇稱：「**政府公認的報社三一社・廣播電台七九處・電視公司三家・出版公司及書局一千四〇〇家・唱片公司一一〇餘家、報紙發行量一五〇萬份・雜誌四〇〇餘種、在亞洲僅次於日本的出版水準**」、洋洋大觀、所以從表面上看來、台灣似乎是世界上有數的言論自由且人權受保障的一個天堂。但是、其表面與實質相差得無法形容、實際上卻是個言論被箝制、報紙被管制、人權被糟蹋的極不自由的活地獄。

反動・獨裁專制的蔣家殖民政府、爲了加強法西斯統治台灣人、很早就公佈「**出版法**」、把報紙・刊物・廣播・通信等限制於「**法律允許的範圍之內**」。再到一九五八年、又把這個非理非道的出版法加以擴大、公佈了所謂「**修正出版法**」、宣示：「**有關內亂・外患・破壞活動・妨害公務・妨害選舉等具有煽動作用的言論必受處罰**」。像這樣單靠黑手集團的主觀解釋或故意誣衊就能陷害人民的「**法律**」、在今日文明世界上的近代國家是很少有的。

蔣父子黑手集團爲了箝制言論與管制報紙刊物、疊床架屋的設了許多統制機關：㈠「**國家安全局**」（檢報檢電檢信檢書籍檢電影的最高機構）、㈡黨方面有「**中委會文化工作會**」（以前的「第四組」、主任楚崧秋—中國人）、㈢政府方面有「**行政院新聞局**」（局長丁懋時—中國人）・「**省政府新聞處**」（處長趙守博—中國人）、及「**司法行政部調查局**」（局長阮成章—中國人）、㈣軍方面有「**警備總司令部**」（總司令汪敬煦—中國人）・「**國防部情報局**」（局長—汪敬熙）等。

除了政府機關之外、還擁有黨・政・軍所辦的各種宣傳工具、藉以歌功頌德蔣父子的殖民統治並揑造事實或散佈謠言混淆視聽：㈠中央通訊社（握有統發新聞的獨佔權、除外國通訊社外、各報重要電訊均爲該社包辦、負責人魏景蒙—中國人）、㈡中央日報（國民黨中央機關報、負責人吳俊才—中國人）、㈢台灣新生報（台灣省政府機關報、董事長李白虹—中國人）、㈣中華日報（台灣省黨部機關報、董事長錢震—中國人）、㈤青年戰士報（負責人唐樹祥—中國人）、㈥英文中國郵報（負責人余夢燕—中國人）、聯合報（董事長劉昌平—中國人）、中國時報（董事長余紀忠—中國人）等。

廣播電台有：㈠中央廣播電台（負責人劉侃如—中國人）、㈡中國廣播公司（全島電台共有九處、負責人黎世芬—中國人）、㈢幼獅廣播電台（負責人呂令魁—中國人）、㈣復興（軍中）廣播電台（負責人潘炯心—中國人、全島電台共有一二處）、㈤空軍廣播電台（負責人王永泉—中國人）等、其他、正聲廣播電台（國防部情報局系、負責人李寶淦—中國人、全台共有六處）、都屬蔣家政府系。

電視公司有三家：㈠台灣電視（一九六一年設立、浙江財閥系、董事長林伯壽—買辦台灣人）、㈡中國電視（董彭年在一九六九年設立、董事長谷鳳翔—中國人）、㈢中華電視（一九七一年設立、政工系蕭政之掌握實權、董事長劉先雲）。這些宣傳機關雖說都屬政府系、也不可隨便、一切都得受到「**文化特務**」的控制、其負責人或編輯責任者、均由蔣經國派來的親信充當、都是形式上官有民辦而實際上屬於官有官辦的機關。一般記者職員的寫作都得遵守這些特務頭子的指示。除了這些黨報・政府機關報、或官營廣播電台及電視之外、其他民營的文化・宣傳機關規模都很小、不能算數、但它們在特務與政府機關嚴密管制下、大部只有成爲傳聲筒或應聲蟲、無法自由發揮、如果登刊稍對政府不利的報導或言論、難免受到停刊處分或查禁以至破產。

蔣父子黑手集團管制報紙・刊物的花樣繁多、手法狠毒、他們以「**修正出版法**」爲工具・以「**戡亂時期**」爲藉口、用盡管制評論・報導・社論、控制人事・機構・限制篇幅、凍結報紙、追求報導來源、逮捕記者、依法打擊、非法陷害等卑鄙手段、而爲所欲爲。

另外還有書籍檢閱・書信檢查・電話電報管制・歌曲檢閱等慣用的一套、特別對於外國的報紙・電訊・書籍・書信的檢查最爲嚴厲、據聞、僅在「**台北市中央郵政局**」一處、即有國家安全局派來的許多特務爪牙常駐該局、專門檢查・偷拆及竊聽來自國外的東西、如有少許不合格的部份、難免不被沒收或被撕掉被擦掉。

這樣自由被摧殘、言論被箝制的結果、生活在島內的人們無法得到正確的消息與言論、又喪失了表達意見的機會與園地、不僅如此、一般人說話・寫作・書信往來等都得愼重、一不小心、馬上招來災禍、甚至被抓去飽嘗鐵窗風味。

過去因筆墨抵觸了蔣家政權而被摧殘的事例多得不可計數、其中、主要的事件就有：㈠一九六〇年九月雷震・劉子英・馬子驌・傅正被捕、「**自由中國**」遭廢刊處分、㈡一九六二年三月李萬居被摧殘、「**公論報**」被扣押、㈢一九六一年九月「**人間世**」「**影劇春秋**」被迫停刊、㈣一九六三年四月「**時與潮**」被迫停刊、㈤一九七一年六月馬尼拉華僑商報編輯長・于長庚兄弟被捕、㈥一九七二年十二月大華晚報理事長・李荊蓀等被捕、其他、如柏楊（郭衣洞）・李敖等中國人資高望重的開明人士、因批評蔣家特務集團而遭受迫害的例子很多。最近又有「**台灣政論**」等被禁刊。

如上所述、蔣父子特務頭子殖民地政府、自來台後所施的法西斯式迫害言論等暴行、搞得天翻地覆、神鬼不安、特別在國際上已是惡名昭彰、所以屢受國際輿論的抨擊。例如、「**國際新聞編輯者協會**」(International Press Institute ＝ IPI)、一九五六年於日本東京召開的第五屆總會已責難過：「**台灣與鐵幕國家同樣、沒有新聞自由**」。一九五八年在美國華盛頓召開的第七屆總會上、再指出蔣家政權所施行的「**修正出版法**」乃是台灣沒有新聞自由的鐵證。到了一九六〇年、在東京召開第九屆總會時、終把蔣家政權的新聞記者代表拒於門外、不許參加、且會後派遣該會秘書兩人專程前往台灣、做實地調查。這兩個瑞士籍的外國人記者、雖然是走馬看花似的做一次短期旅行、並且受到特務監視及新聞局的萬般阻撓、而不能徹底的瞭解蔣家政權箝制言論的眞相、但是也看出了台灣毫無新聞自由的一面、所以在其報導下、一時震驚了世界上的輿論界。從此、在每年召開的「ＩＰＩ」總會上、蔣家政權新聞記者代表的參加資格每次都成問題、終在一九七一年於北歐芬蘭首都召開的「ＩＰＩ」理事會上、有人提議把其開除、歐洲地區理事投票贊成、然而與蔣家政權暗中勾搭的亞洲地區理事投了反對票、才得赦免。同年十月蔣家政權被趕出聯合國後、他們在「ＩＰＩ」更是節節不利、命數已早就不保。

總言之、今日台灣在蔣派特務集團統治下的箝制言論與封鎖消息是廣泛且嚴厲、而且、都是由蔣父子親自主持、直接指揮而嚴格執行。過去蔣介石曾親自隔週召開一次「**宣傳會議**」、蔣經國則另外主持「**心理作戰會議**」、召集在黨・政・軍工作的「**文化特務**」、以及言論統制機關的幹部與各報社編輯負責人（這些人均屬「文化特務」）、共同研討有關控制言論的戰略戰術問題（參閱孫家麒「蔣經國竊國內幕」一九六一年　台灣研究所「台灣總覽」一九七七年）。

7　虛構的「反攻大陸」

蔣父子亡命集團自從逃來台灣後、表面上板著面孔嚣然喧叫將**以六〇萬大軍「反攻大陸」**、**然而、蔣介石早在一九五四年九月、已向美政府國務卿杜勒斯表示**：「**本人坦率且完全的認識著：㈠以現有兵力不可能反攻大陸、㈡爲了維持士氣非宣傳進攻大陸不可**」（**美上院外交委員會「一九五四年祕密聽證會議錄」——一九七八年六月四日公佈**）

蔣介石國民黨軍在中國內戰時、遭到共軍所殺所殲滅的人力物力是何等的巨大。其狼狽慘狀有目共睹。就在一九四六年夏季內戰開始、到一九五〇年夏季蔣介石軍完全從大陸上被肅清為止：

㈠兵員被俘被殲及被改編共達八〇七萬人、㈡槍枝被繳獲三一六萬餘枝、㈢機關槍被繳獲三二萬挺、㈣大砲被繳獲五萬四千餘門、㈤飛機被繳獲及被擊落三七九架、㈥坦克被繳獲一五六輛、㈦裝甲車被繳獲三八九輛、㈧火車頭被繳獲一千餘輛、㈨軍用汽車被繳獲二萬二千餘輛、㈩艦艇被繳獲二〇〇艘、⑪騾馬被繳獲二〇萬匹、其他被繳獲各種武器彈藥等多得不可計數（參閱香港「七十年代」一九七四年七月號）。

單從這數字來說、中共不必耗費自己分毫的原有人員武器、只要利用俘來或繳獲得來的舊國民黨的兵員與武器、編成一大軍團、而來對付蔣介石的所謂「**反攻大陸**」就夠（把從敵方得來的人力物力而用於殲滅敵人勢力、乃是中共最慣用最拿手的戰術之一）、其結果已是一目瞭然。

況且、蔣父子亡命集團在這三〇年來、處於風雨飄搖的台灣局勢之下、雖說有了美・日的特別撐腰、但是在本質上也脫不了鬥敗的鵪雞而形單勢孤的事實、並且、他們陣營內的每一個人差不多都犯了嚴重的「**恐共病**」（這就證明了他們所謂「反共」並不是出於堅固不拔的政治信念、只是要維持其吃人殺人的統治地位才喊出來的反共）、連台灣這塊最後的亡命之地能否保守得住也毫無把握（差不多的蔣派中國人都老早就把他們的家眷及財產轉移到美・日・中南美洲等海外的「安全地帶」、已經準備好第二次亡命）、那裡敢作收復中國本土而歸還大陸的**奢望？**

因此、蔣父子國民黨亡命集團、拚命狂叫「**反攻大陸**」無非是他們的一種虛構的「**官樣藉口**」、實際上、他們勉強維持六〇萬大軍的「**眞實目的**」、也就是他們殖民統治者的「**本意**」乃是藉此：㈠做為殖民統治台灣的軍事後盾、殘酷彈壓台灣人大衆的工具、㈡騙取美・日等國際上更多的外援、㈢混淆國際上的視聽。除此之外、在客觀形勢上、根本就起不了任何作用。

蔣父子國民黨集團一向誇稱他們擁有陸海空軍六〇萬人、但從各種資料可以知道、其軍事力量已大爲削減。

根據英國的「**國際戰略研究所**」（The International Institute for Strategic Studies = IISS）一九七二年的資料（Military Balance）、蔣家國民黨現有兵力是五〇萬人、後備軍兵力一七〇萬人、其具體內容如左：

㈠　陸軍兵力三五萬人——裝甲師二、步兵師一二、輕裝師團六、裝甲騎兵團一、SAM大隊（隼牛式飛彈）一、SAM大隊（奈克・赫克利斯式飛彈）一、SAM中隊（飛彈）一、空降旅團二、特殊部隊四、中型坦克（M47、M48）・輕型型克（M24・M41）・輕型坦克（M24・M41）・驅逐坦克（M18）若干、兵力配備是台灣本島二七萬人、金門島六萬人、馬祖島二萬人、台灣本島是以中部的濁水溪爲界線、台灣北部爲第一軍團區（司令部—桃園縣中壢）、南部爲第二軍團區（司令部—高雄縣鳳山）、新竹縣湖口・台中縣清泉崗配有兩個裝甲師。

㈡　海軍兵力三萬五千人—驅逐艦一一、護航驅逐艦一八、護航艦六、驅潛艇一二、哨戒艦八、艦隊搜海艇三、沿岸掃海艇一五、近海掃海艇二、LST登陸艇二一、中型登陸艇九（一九七二年美政府發表再供給訓練用潛水艇二）、海軍基地——左營・高雄・馬公・基隆。其他、海軍陸戰隊三萬五千人——兩個師。

㈢　空軍兵力八萬人——戰鬥機二三七、戰鬥轟炸機（F100AD）八〇、截擊機（F104）五五、截擊機（F86）二〇、戰術戰鬥機（F5A）七〇、偵察機（RH101）四、運輸機九五、直升機（UH19）一〇、教練機一〇〇。軍用機場——台北・桃園・新竹・清泉崗（公館）・嘉義・台南・屏東・馬公。

從正規軍總兵力來說、據聞、蔣家政權還自稱有「**後備軍人**」一七〇餘萬人、隸屬於「**台灣警備總司令部**」（負有「軍事性」「政治性」「社會性」等三項任務）、而負責台灣的警備・保安・民防・政治作戰・維護交通電力通信橋樑隊道等。他們這樣說得順理成章、其實只是利用為鎮壓台灣人大衆的工具而已。

蔣父子殖民統治者維持這麼龐大的兵力、與台灣人口「**一九七二年**」比較起來、常備軍兵力佔一千五〇〇萬台灣總人口的三・三%、佔一千三百萬台灣人人口的三・八%、常備軍與後備軍總數則佔台灣總人口的一〇・〇%、台灣人人口的一一・一%、均得靠台灣人老百姓的膏血豢養。

同樣、根據英國國際戰略研究所的「**各國軍事費收支表**」（Military Balance）、一九七一年蔣家政權的國防費（軍事費）是驚人的大、佔台灣國民總生產（GNP）的九・八%（日本〇・七%、加拿大一・八%、瑞士一・九%、義大利二・六%、西德二・八%、澳洲二・九%、法國三・一%、英國五・一%、波蘭三・一%、東德五・九%、美國七・三%、蘇聯一九七〇年一一・〇%）。台灣人口每人每年平均得負擔軍事費四一美元（日本二七美元、韓國二四美元）。

蔣家政權在其官方統計上、也不否認其軍事費在財政支出上佔很大的比重。但是、其眞實的財政收支均不容外人窺探、都是自己玩弄數字一筆勾消、所以其發表的統計數字當然是不能憑信。實際上、蔣家政權年年所消耗的軍事費是遠超過所謂官方數字（英國國際戰略研究所的統計、也不外乎以蔣家政權所發表的不可靠官方數字為藍本、再加上其他各種資料予以估計的）、大體上、每年的軍事費一項應佔蔣家中央政府總支出的八〇%以上、這個數字在熟悉台灣實況的人士之間、已成為「**公開秘密**」。

蔣介石逃來台灣的當初、曾經發出了「**一年準備、兩年反攻、三年掃蕩、五年成功**」的行動目標、企圖煽動民心。這種官樣文章、就已看過國民黨敗退逃來時的慘狀的台灣百姓來說、是沒人當以爲眞、但在國際上則頗引起對中國事情生疏的人士的注目。然而時間已過二〇餘年、連第一個目標也不能辦到、所以、蔣父子的假面具已一一被揭穿無遺。實際上、以蔣派中國人的殘兵敗將爲主幹、加上以被強徵當兵的台灣人青年而湊成的國民黨軍隊、任其有多大兵力或如何的配備全副美式裝備、也不可與常備軍三〇〇萬民兵一萬萬的中共對抗。這無異以卵擊石、況且、他們也知道中國大陸老百姓的民心早已離反、所以所謂「**反攻大陸**」、無非是自欺欺人的一齣騙局而已。關於這點、蔣介石父子本身一開始從初就瞭如指掌、他們的本意、無疑的只是藉以壓搾台灣人並騙取外援而已。

蔣家國府的窘況、在國際上現已暴露無餘、「**蔣介石維持六〇萬大軍的第一目的乃是要爭取美援、第二目的爲維持獨裁體制**」。（William J. Lederer "Nation of Sheep" 1962）。

蔣介石父子詭計多端、一方面狂叫「**虛構**」的反攻大陸、另一方面則拚命剝削台灣人大衆、並盡量騙取美援來擴大軍事力量（統治力量）、而且一意想把美國拖入第三次世界大戰、使其與中共對打起來、自己卻夢想坐享其成而藉此歸還中國本國。就是第三次大戰不如願爆發、對他們也不妨、只要六〇萬兵權在握、他們以爲在台的殖民統治地位就不會損及分毫、仍然可以盤踞台灣而繼續壓迫・剝削台灣人。

然而、到了一九六〇年代、國際情勢與蔣父子所希望的相違背、冷戰體制漸趨解凍、美蘇對立開始緩和、整個的國際間逐步進入和平共存的新階段、第三次世界大戰的暗雲竟歸消散。再進入一九七〇年代、國際情勢對於蔣父子亡命集團更加不利、當頭就把蔣家政權趕出聯合國、繼之、中美接近、中日復交、與蔣政權保持邦交的國家愈來愈少、因此、蔣介石在國際上逐漸失去立腳之地。但是蔣父子集團的苦頭還在後頭、最近連一向支持著蔣家政權的東南亞地區的幾個國家（一九七八年與其有邦交的國家已減為美國及其他二八個中小國家）、特別是菲律賓・泰國等可以說是鄰近國家、也開始與中國（中共）建交、在這種情況下蔣父子在國際政治舞台上已成為名實相符的「**國際孤兒**」。

其後、連蔣父子殖民統治者的後台大老闆即美國、也對他們開始冷淡起來、軍援・經援大為削減、而且、對於蔣父子集團的軍事意圖也加以限制、例如、當越戰局勢緊張而美軍被打得遍體鱗傷之際、蔣介石雖然企圖趁火打劫而志願派兵加入越戰、但是美政府寧可利用地理遙遠的南韓軍隊、也絕不允諾蔣介石派兵參加。

另一方面、得了天下以後的中共、自一九四九年建立「**中華人民共和國**」以來、在各方面一步步奠定其建國的基礎。繼之、中國拚命迎頭趕上科學武器、並在過去一〇幾年間實驗了一七次的核子爆發、據聞已保有二〇〇餘發的原子彈頭（一九七四年）、擁有連載核子武器的F9戰鬥轟炸機三〇〇架、TU16中型長距離轟炸機一〇〇餘架、中程導彈MRBM、海軍方面則裝備著G級引擎的潛水艇、還有正在實驗洲際飛彈ICBM等。在軍事上中國已成為世界上的大國之一。在國內方面、一時引起社會混亂的「**文化大革命**」亦似乎漸趨平息、對於亞非地區的政治影響正在積極增加中、特別是一九七一年加入聯合國後、接踵而來的是與美・日的復交步步上軌、這樣、中國雖然還不能說是國運欣欣向榮、但已漸漸打定了一個近代國家的基礎。

但是、必須附帶的說明是、中國在現階段的內外局勢之下、想從事所謂「**武力解放台灣**」（根據日本共同通信社一九七六年十一月五日北京電報、中日友好協會副會長・張香山、在跟日本自民黨中國訪問團的會談上、說過：「有可能以武力解放台灣」云云）、並不是一件容易的事。

目前所以能這樣斷定的理由係基於：㈠縱使美軍完全撤出台灣、在現在的國際情勢下、中國軍想以普通軍事行動（不使用核子武器）跨過「**台灣海峽**」佔領台灣是一件難事（第二次大戰時希特勒以絕對優勢的納粹軍隊能佔領陸地的法國等、但卻始終不能渡過「多佛海峽」（Strait of Dover）而佔領英國、台灣海峽是將近多佛海峽一〇倍的寬度）、㈡中國軍隊如果想行使其核子戰略而渡海佔領台灣、則得不償失、㈢不管國際政治上將如何的變革（台灣是否中國領土一部份的問題）、除了台灣人自己願意中國軍佔領台灣之外、中國政府若是一意孤行而要以武力強佔台灣、勢必遭到台灣人的抗拒、同時也不能獲得國際輿論上的支持、㈣現階段中蘇兩國在思想上・世界革命路線上・政治上・國益上的對立極爲嚴重、並且、這種對立是基於思想上・社會主義革命上的主導權問題、骨肉之爭的問題（不是單純的利害之爭）、所以不容易在短期內解決、因此、中共不得不以對抗蘇聯爲當前的急務、很少有以冒險佔領台灣爲主要問題的可能、㈤中蘇對立惹起蘇聯大軍壓境的緊急狀態（蘇聯已動員四五個師的「百萬兵員」、其中、裝甲師八個師、新設機場三〇餘處、把壓倒數量的二千架飛機・大砲・飛彈佈署於中蘇國境地帶、同時也在太平洋・印度洋等海洋上佈設對中國本土的包圍網等─參閱「日本國防白書」一九七七年）、這樣從軍事上來說、中蘇兩國力量懸殊、中共當局正手忙腳亂的設法應付（一九七五年一月二日中國新華社以輕描淡寫的方式透露了「軍區首腦大調動」、乃是其最顯著的例子）、㈥中共內部的「**權力鬥爭**」顯得不可想像的激烈、劉少奇被鬥垮之後、林彪事件繼之發生、朱德・周恩來・毛澤東相繼死亡、雖然華國鋒・鄧小平開始增強軍備、但中共要以武力佔領台灣、在最近將來是幾乎不可能。

這樣、從各方面分析一番之後、再退一百步、假定有一天中共在軍事・政治方面改變成爲可以動用武力佔領台灣、那麼、必得殺了不可計數的台灣人青年（蔣派軍隊裡台灣人青年已佔九〇%以上）、才能把蔣父子集團打敗並取代之、如此所留下與台灣人無法磨滅的仇恨可說是不堪設想。中共如果想爲世界革命眞正的領導者、就要愼重考慮而不應輕易動用武力硬要佔領台灣。

爲何中共政要一再強調目前實際上無法設想的「**以武力解放台灣**」？這因一來「**中華沙文主義**」作

崇、二來企圖以中共式官樣文章恐嚇具有恐共病的蔣父子亡命集團、但他們沒有想到、實際上、連台灣人也恐嚇在內。

把話再說回蔣父子亡命集團、他們到底如何反應？形單勢孤、處於被動地位的蔣父子亡命集團、硬說了三〇年「**反攻大陸**」的謊話、當一到國際局勢急迫變化且中共頻頻揚言以武力要來侵佔台灣之際、這個詭計多端的殖民統治者乃搖身一變、收起原來的「**反攻大陸**」的神話、代之搬出「**革新〃保〃台**」的新招牌、假「**反共**」「**防共**」「**抵擋共軍進攻台灣**」等為藉口、想更加一層嚴密統治台灣與更加厲害的剝削台灣人。

就是、由蔣介石先來把「**反攻大陸**」的假招牌換為什麼「**政治七分、軍事三分**」「**敵前三分敵後七分**」、再由蔣經國出面改為「**莊敬自強**」「**處變不驚**」等肉麻言論、而後再冒充防禦中共的武力進攻來動員台灣人大衆、並在革新「**保**」台的新的假招牌之下、強迫台灣人拿出更大的犧牲。

談到軍事問題總是無法避免蔣經國在軍中的得意「**傑作**」——特務工作。關於這點、已詳述在先、在此理應避免重複。

另一方面、談到蔣家國民黨軍、也不能漏掉美國政府的軍事援助。美國政府自從一九四九年以來、一直到一九七二年之間、供給蔣家政權的各種軍事援助共超過二五億美元之巨。

「**美國援蔣的數目、以人口每人平均計算、比起對任何國家的軍事援助都大**」（Robert A. Scalapino, The USA AND Taiwan）。另外、一九五四年「**蔣美共同防禦條約**」成立之後、美海軍第七艦隊游弋台灣海峽之外、再把台灣・澎湖編入美軍防衛圈內、並派遣美軍顧問團駐留台灣、同時也派遣美軍顧問於蔣軍師團以上的金馬前線司令部、使其參與作戰。

一九七二年末、「**在台美國台灣防衛司令部**」的人員約有九千人、分為(一)軍事顧問團（司令部在台北、人員約有四〇〇人）、㈡陸軍（「駐台美軍司令部」在台北、人員約有六〇〇人」、㈢海軍（「第七艦隊台北連絡本部」、基地在基隆・左營・高雄、人員約有一千人）、㈣空軍（「第三二七師團司令部」在台北、「戰鬥支援部隊」在公館清泉崗、其他、第三七四輸送隊・第四二二〇補給中隊等、約有七千人）。

本來、美政府從未把蔣父子的「**反攻大陸**」當做眞實、對於蔣介石有關反攻大陸的虛僞表示、無論大小都一一把其藐視、絕不讓其有任何動彈。後來隨著國際形勢遽變、美國政府逐漸把蔣父子集團當做一個包袱、從一九六三年開始就削減其軍事援助、並在一九六五年停止經濟援助。

接著、美政府在暗地裡得到中共「**不以武力解放台灣**」的暗示、在一九七二年美第七艦隊停止游弋台灣海峽、同時從台灣地區撤退軍事顧問團與戰鬥支援部隊的空軍等。

但是、美政府當然是由自國利益出發而在實際上尚未承認中共單方的「**台灣是中國領土的一部分**」的主張、在另一方面改由民間資本投資台灣的方式、企圖防止台灣經濟崩潰。一九七三年、美政府仍然給予蔣政權軍事採購信用借款五千五〇〇萬美元、剩餘物資四千六五〇萬美元、以及贈與七百六四萬美元等、這無非繼續維持蔣父子殖民統治集團壓迫剝削台灣與台灣人。

台灣人青年從一九五〇年起、乃以「**幹部候補志願兵**」爲名目而被調充軍。一九五三年改爲「**徵兵制**」、凡是滿一九歲的台灣青年都得被強徵爲蔣軍兵員、陸軍服役二年、海軍服務三年、空軍服務三年、大學畢業生也得入伍一年才行。如此、爲蔣父子的殖民統治與軍事野心、台灣人不但被壓迫被剝削被奴役、尙且還要奉送青年子弟入伍、甚至於被送到前線去當砲灰。

然而、蔣軍現役軍人之中、台灣人兵員已佔了九〇％以上、軍官是台灣人青年佔了三分之一。但是他們只是身爲「**台灣人**」的理由、在軍中處處受到差別待遇、例如：㈠不讓台灣人擔任營長以上的指揮官、㈡不讓擔任負有實際責任的各級政治幹部、㈢不讓單獨操縱機關槍或重兵器、㈣不讓單獨管理彈藥、㈤不讓編成台灣人的單獨部隊。其他、除了排級幹部之外、再往上去就很少有台灣人的指揮官、如有幾個例外的象徵性晉陞者、不是被調到後勤部隊、則被調動於幕僚崗位上去、其中、國防部總政治作戰部的中將陳守山、乃是受到蔣經國、王昇特別垂青的唯一例子。

戰爭一開始、不用說、蔣父子統治集團就想把這些台灣人士兵調往前線去當砲灰、但是平常受到這樣差別與擺佈的台灣人兵員、難道說、臨戰時還能唯唯諾諾以「**中國人為榮**」來、而為「**黨**」國誓死以赴？

蔣父子亡命集團所佔有的唯一「**中國領土**」——金門・馬祖、不過是中國大陸沿海的幾個區區小島。這些小島嶼、距離「**台灣**」的澎湖是一五二公里、高雄二七八公里、淡水二九六公里、基隆三六七公里。金門島駐留蔣家國民黨軍六萬人、馬祖二萬人、都台灣人在當砲灰。被派到金門・馬祖的台灣人兵員、與其說戰鬥員、勿寧說是一種變相的「**人質**」。

從中共方面來說、他們也是虎視眈眈、想把這些台灣人子弟兵俘去、施以思想教育之後、再送回台灣做為侵台工具。

蔣父子將金門・馬祖死抓著不放、為的是要以其做為自稱中國唯一正統政府的點綴。然而、所謂「**中華民國**」不代表中國、這已成為不爭之事實。另一方面、中共乃以蔣介石佔領金門・馬祖並統治台灣為其侵犯台灣的有力藉口。

狂叫「**台灣是中國領土之一部分**」這點、蔣家國民黨與中共同是一丘之貉、並無兩樣。

8　以擴大並深化殖民地經濟體制爲壓迫剝削手段

a　擴大與深化殖民地經濟結構

上面所說的是蔣家中國政權殖民統治台灣的「上層構造」、即政治統治的機構與策略、下面繼續要敍述的是其「基層構造」、即經濟剝削的機構及其辦法。

古今東西的所有的帝國主義國家（殖民國家）統治殖民地的眞正目的、也就是其終極目標、無非是以不使用於本國社會的非常殘酷的卑鄙手段、而來剝削殖民地人民的血汗結晶—勞動成果。關於這點、現正統治著台灣的蔣家國民黨集團當然也不例外。

溯及一九四九年初、蔣介石國民黨軍在東北・華北慘遭敗仗之後、雖然當時還保有政治經濟中心的江南一帶及華南・西南・四川等中國的半壁河山、但在這些國民黨統治地區、從政治上來說、他們的士氣已一蹶不振、民心離反、經濟上的情況更爲惡劣、幣制改革大爲失敗而財政金融遽趨崩潰、生靈塗炭、從軍事上來說則在各戰線繼續敗退、特別是被共軍圍攻的長春・瀋陽等北方據點守軍相繼繳械投降、黃河以北除了山西太原之外、幾乎都被肅清、黃河以南的主戰場的徐蚌會戰（淮海戰役）亦遭慘敗、結果、共軍大兵壓在長江北岸、這樣、蔣介石國民黨的命數已近末日。

當國民黨的天下如此岌岌可危之際、蔣介石這個中國第一號的法西斯特務大頭子、雖然身爲國民黨總裁・中華民國總統・三軍總司令而負有最高最大的責任、但是他已胸有成竹、早就決意推卸責任、放棄中國大陸而逃跑到所謂「**安全地帶**」的殖民地台灣。因此、這個狡猾的獨夫乃擅自遽下決定、一方面宣佈「**下野退休**」、另一方面卻把副總裁・李宗仁拉出來當代罪羔羊、要他就職代理總統（同年一月二十日）、而把一切責任推在他身上。

但實際上、蔣介石卻掩耳盜鈴、「**退而不休**」、仍然把大權握在他自己手中、為了安排自己的退路、緊急下令先將國庫所存的發劵「**準備金**」搬移到安全地帶的台灣。這個盜運國庫金銀的強盜行為是其子蔣經國一手負責辦理、並由財政部長・俞鴻鈞全力協助。這樣、從同年二月一日起、儲存在上海中央銀行的國庫金銀乃由海防第二艦隊司令・黎玉璽指揮的太康艦等運往台灣（這兩個人在臨危時對蔣父子表現得非常「忠貞」、所以俞鴻鈞特別贏得蔣介石的青睞、後來、被任命為台灣省主席、黎玉璽本是非嫡系的一個海軍將領、也從此受到酬勞而扶搖直上、其後上升為海軍總司令・一級上將參謀總長・總統府參軍長等要職、現任國民黨中常委兼參軍長、已是蔣經國靠攏派嫡系大將中的一個紅人）。

然後、蔣父子才像「**開小差**」似的偷偷摸摸飛往台灣。由於國民黨的「**唯一領袖**」這樣一口氣就拔足先逃、所以其嫡系嘍囉的特務・黨・政・軍中上級幹部也爭先恐後、一批又一批的逃到台灣來。反而非嫡系或嫡系下級幹部等、於共軍來攻之前、皆以「**留在本國與共產黨鬥爭到底而等不久將來蔣美聯軍重還大陸**」的欺騙手段、被棄如敝屣。後來、已喪失了龍頭的這些國民黨人、均以「**國特**」名義一一被共黨清算。

至於在台灣的蔣介石、頭一個問題就是如何處理從上海・廈門等地運來台灣的這些巨額國庫金銀現物。據聞、蔣父子到台灣後、即以「**台灣並非絕對的安全地點**」做為理由、把大部分金銀化整為零、無蹤無跡的分批偷運到菲律賓、南・北美洲等地去。尚且、原來是屬於中國人民所有而被偷運出國外的這些國庫金銀、乃趁火打劫式的頓然變成「**逃亡資金**」、被蔣介石・宋美齡・孔祥熙・宋子文・陳果夫・陳立夫等國民黨大亨們分贓、一一吃掉而化為私有（參閱 p.760）。

因為當時的客觀情況是這樣、所以插足台灣後的蔣父子國民黨政權、國庫盡空、手無分文、剩下的只是一個裸身赤足的窮光蛋集團而已。因此、他們為了解決當前急務——豢養為數達二〇〇餘萬人的一大群殘兵敗將與政治亡命人口、除了擴大並深化日本帝國主義所遺留下來的龐大殖民地經濟體制來剝削台灣人的血汗結晶—台灣財富—之外、別無做為。

然而、早在一九四五年第二次世界大戰結束的當初、蔣家政權代理人陳儀、已把台灣產業的生產手段、即日人所留下的巨大近代產業設施劫掠殆盡、因此、到了一九四九年蔣父子國民黨的「**中央政府**」逃來台灣之際、當然是再把這些原來是屬於台灣人大衆血汗結晶成果的贓物即「**國有官營企業**」、重新控制於掌中收為己有。

但是、一九四九年當蔣家政權親手拿到這些日人戰前在台的產業設施（已變為中國的「國有官營企業」）時、這些龐大的台灣近代產業設施、實已遭到既昏昧無智且貪污腐化的陳儀等前任「**接收大員**」空前的劫掠與破壞、因而荒蕪得不成樣子。例如、鐵路・發電廠・港口等基幹產業設施已腐朽不堪、大小工廠的機器零件無一不缺損、可以說台灣產業已被糟蹋得體無完膚、幾乎不能再使用、以致台灣的兩大產物也大幅減低產量、即稻穀產量減為戰前的三分之二、砂糖減至七分之一、因此惡性的經濟恐慌日益嚴重、通貨極端膨脹、物價直昇飛漲、工商深受打擊、生活必需品非常缺乏、只有蔣家政權為要掠奪台灣財富而濫發的紙幣及失業人口、普遍的氾濫於街頭巷尾並瀰漫於山村僻地。

當蔣家殖民地政府光背著二〇〇餘萬亡命人口的包袱抵台、如上述當時國庫盡空、台灣經濟陷於空前窮境而瀕臨破產時、使人料想不到的是這個無法無天的殖民統治者竟僥倖有餘（從被統治被奴役的台灣人方面來說是非常厄運）、終能避免垮台、而安枕無憂的盤踞於台灣將近三〇年。這就是因爲一九五〇年（民國三九年）朝鮮半島「**韓戰**」突然爆發、美國政府即以維持本國在太平洋上的軍事戰略體系爲藉口、立即宣佈保衛台灣、才救了蔣家政權。從那時開始、美政府便把「**經援台灣**」當做軍事戰略上的重要一環、即以日本統台五一年的經濟開發成果拿來當做重建台灣經濟的基礎、每年平均投入約一億美元的所謂「**經濟援助**」、積極推進台灣社會的資本主義發展。這樣、在蔣家統治下瀕臨破產的台灣經濟卻因被打了一針強心劑、頓然復蘇起來、再加上台灣人大衆的生產技術水準高且富有刻苦耐勞的優良傳統、所以才克服了經濟破產、使台灣成爲戰後亞洲地域當中殖民地資本主義經濟發展比較順利的區域（參閱表104、表105）。

到了一九六五年以後、台灣再進一步的受到美日兩大國更大的政治侵略與經濟滲透、從此、台灣殖

表104　1953－60年亞細亞諸國的每年平均經濟成長率（%）

	國民所得	平均每人所得
台灣	7.2	3.8
日本	11.7	10.5
菲律賓	5.4	1.6
緬甸	4.0	2.5
斯里蘭卡	2.4	0.3
印尼	6.2	3.5
韓國	6.3	4.2
新加坡	7.8	6.2
泰國	7.3	4.2
馬來西亞	3.5	2.9
美國	3.1	1.4
英國	3.5	3.0
西德	7.6	6.1

（資料）「國連統計月報」
「自由中國之工業」
日本總理府統計局「國際統計要覽」

表105　1961－73年亞細亞諸國的每年平均經濟成長率（%）

	國民總生產	平均每人所得
台灣	9.6	6.4
日本	6.6	5.8
菲律賓	4.4	2.1
緬甸	1.5	1.0
斯里蘭卡	3.7	2.4
印尼	3.8	1.6
韓國	6.7	5.4
泰國	5.2	3.2
印度	2.5	0.9
美國	3.4	2.6
英國	4.6	2.0
西德	4.3	4.3

（資料）「國連統計年鑑」
「自由中國之工業」
日本總理府統計局「國際統計要覽」

表 106　台灣經濟指標 (%)

年	人口	國民總生產	國民所得	平均每人所得	工業	農業	輸出	輸入
1952	100.0	100.0	100.0	100.0	100.0	100.0	100	100
1960	132.7	362.1	368.0	281.5	244.5	144.3	146	122
1961	137.1	404.6	411.8	305.0	272.9	158.1	183	157
1962	141.6	445.4	450.1	323.2	304.9	158.1	205	158
1963	146.2	506.2	509.0	356.0	335.7	161.1	305	163
1963	100.0	100.0	100.0	100.0	100.0	100.0	100	100
1964	103.1	119.7	119.9	116.0	119.6	112.7	128	122
1965	106.3	129.8	129.6	121.6	142.2	121.1	136	135
1966	109.3	154.4	144.4	132.7	165.0	127.4	160	150
1967	111.9	163.1	163.1	146.3	192.7	134.9	186	190
1968	114.9	188.9	188.7	165.2	234.0	143.1	231	248
1969	120.5	201.7	211.1	180.7	274.4	141.6	305	326
1970	123.5	241.8	242.3	202.8	325.7	150.1	430	418
1971	126.2	288.5	277.9	227.4	394.2	153.3	587	560
1972	128.7	336.2	320.8	258.3	560.1	157.2	857	846
1975	135.9	364.2	346.2	262.1	592.0	162.9	1,600	1,507

（資料）　「自由中國之工業」

民地資本主義經濟更加**畸型**的起飛發展、但其結果則又招來美國資本主義與日本資本主義的加倍支配。

如上所述、台灣既然在這三〇年來、經過了較高水準的殖民地經濟發展、然而、其經濟發展的成果並不直接與台灣人大衆的經濟利益相連繫而提高他們的生活水準、相反的、除了蔣家殖民統治者及其走狗的買辦台灣人能得到更多更大的財富之外、這種經濟發展給台灣人大衆帶來的、無非是在多方面比戰前生活水準的降低。爲何如此？這個答案很簡單、就是只要殖民地壓迫剝削體制仍然存在、台灣人大衆所產生的勞動果實愈多愈大、帝國主義及殖民統治者的剝削也就跟著愈趨厲害、因此、台灣人大衆的所得就相對的減少、貧富愈來愈懸殊。

關於蔣父子中國特務統治集團以「**殖民地壓迫剝削**」的手法來統治台灣這一點、與過去的日本帝國主義並無兩樣。但是、二者在基本上仍有下述的兩項不同點。即：㈠日本帝國把從台灣人大衆剝削得來的經濟發展成果、大部分再投入於台灣的再開發再生產、相反的、蔣家政權乃把經濟發展的成果吃光用光、所以爲經濟再開發及再生產所需的資金都得仰賴美援與外資供給、㈡日本帝國主義統治下的台灣、日本政府官營企業與日本民間企業力量相差不多且各立門戶、但蔣家殖民統治下是蔣家官僚資本所控制的國有官營企業佔了壓倒的規模與強大的力量、民間企業力量卻小得不能相比。可見、蔣家政權對於台灣人大衆的勞動管制力比任何時代的殖民統治都更統一且更嚴厲、因此其剝削也比任何時代都更爲苛酷。

蔣家政權死硬的囂張著「**虛構**」的反攻大陸而養五、六〇萬大兵團、喊叫台灣人必須爲「**國軍**」服務、在這種強辭奪理的口號之下、把應有盡有的經濟成果劫掠殆盡、所以台灣人大衆在受到極爲殘酷的奴役及遭受極端厲害的劫掠之餘、已到了忍無可忍的地步。

總言之、蔣父子中國特務集團統治下的台灣經濟發展、無非是建築在台灣人大衆的血汗及犧牲的基礎上面。

再者、因台灣經濟是以殖民地統治爲其基本、所以若是只憑殖民統治者所發表的官製統計數字而想估計台灣經濟、就難免陷於「**觀念**」與「**事實**」極爲離譜的結論。爲了避免這種錯誤、必須先瞭解台灣的「**殖民地性經濟結構**」、然後再仔細分析其官方資料、才有可能較正確的認識到台灣經濟的實際狀況及其所具有的政治意義。

無可否認的、凡是專制國家所發表的官方統計資料、大都是爲了達成其政治目的而恣意玩弄數字、捏造事實、所以不可輕易置信。特別是軍閥法西斯的蔣家政權、爲了隱蔽其空前的殖民地虐政、歷來都以卑鄙手段捏造了一大堆自欺欺人的「**官方資料**」、然後自吹自擂的宣傳著他們殖民統治下的台灣經濟非常成功、並枉言已成爲人人可以安居樂業的天堂。然而、這不但是在總的方面不能令人憑信、而且在個別的細節上也無不一一令人置疑、所以、更有必要把蔣家政權所發表的官樣文章及官制數字拿來與台灣特有的「**殖民地經濟結構**」分析對照。

在此、先從蔣家國民黨外來集團統治下的「**殖民地性經濟結構**」談起、這一方面保存著「**半封建經濟所有關係**」（台灣社會舊有的半封建性、再加上戰後新搬來的更爲濃厚的中國式半封建性）、另一方面、則發展了「**資本主義經濟體制**」（日據時代發展的、及戰後由美・日帝國主義重新移殖的資本主義體制）的這所謂「**殖民地性雙重經濟結構**」。換言之、半封建性殖民地社會的台灣、在外表上雖然具有近代性巨大規模的資本主義經濟機構、但在實質上、因本身尚存有半封建的社會特質、而且又受到中國式封建軍閥專制者的殖民統治、所以其經濟所有關係・經濟再生產的循環過程以及剝削方式等、更被前近代的「**半封建性**」所支配。

在台灣這種殖民地性雙重經濟結構、即以：㈠「**半封建・殖民地性企業所有關係**」、㈡「**半封建・殖民地性土地所有關係**」爲其剝削農民及勞動者的兩大系統、其中、「**半封建・殖民地性企業所有關係**」、就是以如下的三種企業所有方式爲其基本機構：

㈠　巨大且集中的「**國有官營企業**」（所謂「公營企業」、而形成蔣家國民黨外來統治集團在台灣的「官僚資本」）

㈡　官商勾結的「**買辦性民營企業**」（形成了蔣派中國人資本家及買辦台灣人資本家的「特權資本」）

㈢　弱小且分散的「**土著民營企業**」（形成了戰後發跡的台灣人「民族資本」）

這種殖民地性雙重經濟結構、必然的造成「**半封建性殖民地階級對立關係**」、就是「**外來的＝壓迫的＝剝削的**」「**土著的＝被壓迫的＝被剝削的**」之間的**民族矛盾**與**階級矛盾**雙重相疊的社會矛盾關係、即少數的「**蔣家黨官僚階級・中國人資本家階級・台灣人買辦資本家階級＝政治統治階級＝經濟剝削階級**」、與廣大的「**台灣人農民階級・台灣人勞動者階級・台灣人民族資本家階級＝政治被統治**

階級‖經濟被剝削階級」的這種矛盾對立關係。

台灣社會曾在荷蘭・清朝・日本的各個歷史階段就發生並深化了殖民地性經濟結構與其階級矛盾關係。戰後、由於蔣家國民黨外來統治集團・㈠把無論公私的日人企業全部劫收爲其「**國有官營企業**」、㈡藉口「**土地改革**」以強權劫奪土地而成爲台灣唯一的大地主、㈢搬來中國式半封建的「**中央統治機構**」而施展軍閥專制的殖民統治、㈣借助於美・日帝國主義的經濟侵略等、因此、導致台灣舊有的殖民地性經濟結構更加擴大化且更加深刻化。現在先把「**半封建・殖民地性企業所有關係**」的三種方式概述如下（關於「半封建・殖民地性土地所有關係」後述於 p.998 — 1005）。

(1)　國有官營企業（公營企業）

蔣家國民黨政權在一九四九年（民國三八年）一月、公佈了「**國營事業管理法**」、把過去從日人劫收的所謂「**國有官營企業**」（參閱 p.733、表93）、重新分爲：㈠政府獨資企業、㈡以「**事業組織特別法**」設立的官民合資企業、㈢以「**公司法**」設立的官民合資企業等三種企業方式（參閱「國營事業管理法」第三條）、並根據其經營主管爲行政院或台灣省政府而把所有的官營企業分爲「**國營**」及「**省營**」、更加嚴密的置於其官僚機構的支配之下。同時、又統稱爲「**公營企業**」、與「**民營企業**」（私人企業）截然分開、所以台灣經濟又有「**公**」「**私**」兩系統之分。

這些「**公營企業**」、對於台灣經濟的壟斷性是比日據時代更加徹底、直接控制的各種企業也更加廣泛、並且有如下顯著的特點：

㈠　蔣家權力機關統一掌握日據時代的官僚資本與民間資本等兩大殖民地經濟獨佔機構（參閱表93）

㈡　構成著蔣家國民黨外來統治集團的官僚獨佔資本、就是殖民地統治與殖民地剝削的主要的經濟

表107　公營企業一覽表

企業名	業種	資本額	代表者(1976年)	所屬機關
(1) 生產		千元		
中國石油公司	石油精練	250,000	胡新南(中國人)	經濟部
台灣鋁業公司	製鋁	70,000	孫景華(〃)	〃
鹽務總局台灣製鹽廠	製鹽	15,049		財政部
台灣糖業公司	製糖	1,920,000	張研田(中國人)	經濟部
台灣電力公司	電力	2,000,000	陳蘭皋(〃)	〃
台灣肥料公司	肥料	341,100	黃福壽(〃)	〃
台灣鹼業公司	製鹼	25,000	李林學(〃)	〃
台灣機械公司	機械	35,000	兪柏生(〃)	〃
台灣造船公司	造船	20,000	王先登(〃)	〃
台灣金屬礦業公司	金銅礦	50,000	王雲能(〃)	〃
新竹煤礦局	煤炭	65,000		〃
中國漁業公司	漁業	6,000	陳良(中國人)	〃
中國紡織建設公司	紡織		趙冠光(〃)	〃
台北紡織公司	〃	500		財政部
中本紡織公司	〃	800		〃
雍興實業公司	〃	7,000		〃
中農化工廠公司	農業化學			〃
中華機械工程公司	亞鉛板		劉永懋(中國人)	經濟部
中國煤礦開發公司	冶金			〃
新中國工程打撈公司	沉船打撈			交通部
台灣省公賣局	煙・酒	1,430,604	吳伯雄(中國人)	省財政廳
高雄硫酸亞公司	硫安	460,000	周士瀛(〃)	省建設廳
台灣大雪山林業公司	木材	160,000	羅健(〃)	省農林廳
台灣中興紙業公司	製紙	210,000	蕭西清(〃)	省建設廳
台灣農工企業公司	農業機械	100,000	侯程達(〃)	〃
唐榮鐵工廠公司	鋼鐵	144,419	吳嵩慶(〃)	〃
台灣工礦公司	鋼鐵・亞麻		許金德	〃
中國鋼鐵公司	鋼鐵		馬紀壯(中國人)	經濟部
金屬工業發中心	金屬		周茂柏(〃)	〃
(2) 流通				
中國物產公司	商事	5,000		財政部
中央信託局	貿易		孫義宣(中國人)	〃
中國農業供銷公司	農產品買賣			〃
台灣省糧食局	米糧管理買賣	183	黃鏡峰	省政府
台灣省物資局	物產商業	4,879	羊禹九(中國人)	〃
台灣省林務局	木材管理買賣	202,000	陳卓勳(〃)	省農林廳
台灣省煤炭調節委員會	煤炭	182,000		省政府
內政部麻醉藥品經理處	藥品			內政部
內政部藥品供應處	〃			〃
交通部郵政總局	郵政		王叔朋(中國人)	交通部
交通部電信總局	電信		方賢齊(〃)	〃

企業名	業種	資本額	代表者(1976年)	所屬機關
		千元		
招商局輪船公司	郵船海運	120,000	張恩駿(中國人)	交部
台灣省鐵路局	鐵路	4,816,000	范銳(〃)	省交通處
台灣省公路局	陸運	47,000	常撫生(〃)	〃
台灣航業公司	郵船海運	176,680	林則彬(〃)	〃
基隆港務局	港灣業務	183,000	袁鐵忱(〃)	〃
高雄港務局	〃	66,100	李連墀(〃)	〃
花蓮港務局	〃	6,100	王裕鯨(〃)	〃
台中港務局	〃		陳鳴錚(〃)	〃
鐵路貨物搬運公司	貨物輸送	5,000		〃
台灣倉庫公司	倉庫	25,000		〃
(3) 金融				
中央銀行	國庫		兪國華(中國人)	總統府
中國銀行	國外金融	180,000	改組爲(國際商業銀行)	財政部
交通銀行	工業金融	180,000	陳勉修(中國人)	〃
中國農民銀行	農民金融		金克和(〃)	〃
中央信託局	商事金融保險	180,000	孫義宣(〃)	〃
再保險基金	再保險			〃
郵政儲金匯業局	郵政貯金		王叔朋(中國人)	交通部
台灣銀行	國庫代理	300,000	馬兆奎(〃)	省財政廳
台灣土地銀行	農業金融	40,000	葉新明(買辦台灣人)	〃
台灣省合作金庫	合作金融	32,000	洪樵榕(〃)	〃
第一銀行	商工金融	64,000	高湯盤(〃)	〃
華南銀行	〃	60,000	張芳燮(〃)	〃
彰化銀行	〃	60,000	林永樑(〃)	〃
台灣土地開發公司	地產	150,000	杜均衡(中國人)	〃
中國物產保險公司	物產保險		陳漢平(〃)	財政部
台灣物產保險公司	〃	60,000	卓東來(〃)	省財政廳
台灣人壽保險公司	人壽保險	20,000		〃
台灣合會儲蓄公司	合會金融	25,000	陳逢源(買辦台灣人)	〃
台灣國際商業銀行	外貿金融		林柏壽(〃)	財政部
台灣證券交易所	證券買賣		辜振甫(〃)	省財政廳
(4) 其他				
中央造幣廠	造幣			總統府
中央印製廠	印刷		孫武(中國人)	〃
聯合工業研究所	工業研究		周承考(〃)	經濟部
中央日報社	新聞		楚崧秋(〃)	內政部
台灣旅行社	觀光			省民政廳
新生報社	新聞	2,000	石永貴	〃
中央電影事業公司	電影		胡建中(中國人)	內政部
中興新村自來水廠	自來水	15,000		省建設廳

(資料)台灣省政府財政廳主計室「台灣省財政統計」第7期(1962年)表96,第10期(1966年)表87, 中央銀行金融業務檢查處「各金融機構業務概況年報」1964年 p.311, 劉進慶「戰後台灣經濟分析」1975年 p.110, 台灣研究所「台灣總覽」1977年

表 108　1966 年公營企業與民間企業的比較

	資本額						企業數					
	計		公營		民營		計		公營		民營	
	百萬元	%	百萬元	%	百萬元	%	家	%	家	%	家	%
工礦業	90,429	100.0	40,755	45.1	49,674	54.9	33,389	100.0	186	5.5	33,203	94.5
礦業	1,474	100.0	287	19.5	1,187	80.5	781	100.0	4	5.0	777	95.0
製造業	67,237	100.0	20,457	30.4	46,780	69.6	27,709	100.0	43	1.5	27,666	98.5
建設業	1,879	100.0	239	12.7	1,640	87.3	4,752	100.0	2	0.4	4,750	99.6
水電瓦斯	19,839	100.0	19,772	99.7	67	0.3	147	100.0	137	93.2	10	6.8
商業	14,046	100.0	707	5.0	13,339	95.0	124,082	100.0	18	0.1	124,064	99.9
交通・金融 其他	113,251	100.0	86,349	76.2	26,902	23.8	60,180	100.0	59	10.0	60,121	90.0
總計	217,726	100.0	172,811	58.7	89,915	41.3	217,651	100.0	263	1.2	217,388	98.8

（資料）　台灣省工商業普查委員會「台灣省第三次工商業普查總報告」1966 年，第一册 表 2, 表 3

手段（參閱表107、「國營事業管理法」第四條）

(三)　蔣家國民黨權力機關（政府）佔有其一切的「**生產手段**」

(四)　蔣家中國人特務官僚把持各個公營企業的組織・人事・資金・業務・監察及一切的經營權（參閱「國營事業管理法」第八條、表107）

(五)　因其企業經營方式是殖民統治的・獨佔的・專賣的・特權的・中國傳統式官辦的・官僚支配的、所以具有濃厚的封建性與落伍性（並不是趨向近代化或資本主義化的）

(六)　其企業規模網羅全島的基幹大企業、壟斷台灣經濟的核心與中樞、並控制了台灣經濟的命脈（參閱表107、表108、表109、表110）

(七)　其生產規模佔國民生產的重要部份、尤其在工業生產上更佔了主要部份（參閱表108、表110）

(八)　其企業目的是爲了開闢並擴大殖民統治的財政來源、所以一切的企業利潤統歸「**國庫**」（參閱「國營事業管理法」第四條）

根據一九五四年的台灣省工商業普查執行小組編的「**台灣省工商業普查總報告**」、當時台灣全島的工商業總數一二萬七千

表109　1962年公・民營製造業資本規模別比較

資本規模	企業數	資本額（百萬元）		
		計	公營	民營
萬元				
～10	58	2	－	2
10～99	973	182	1	181
100～999	873	1,112	15	1,097
1,000～9,999	199	1,959	43	1,916
10,000～	54	7,421	4,782	2,639
總計	2,158	10,676	4,841	5,835

（資料）　行政院國際經濟合作發展委員會「台灣工礦業調查報告」第三輯1962年，表7

七四六家之中、「公營企業」雖然只佔企業總數的〇・一一%（二四一家）、但在資本總額上、卻佔了工商企業總資本的五〇・三%（三〇億元）、並且其企業種類繁多且廣泛、可以說是包羅萬象、即壟斷了製糖・石油・電力・肥料等四大基幹產業、同時把持鋼鐵・製鋁・機械・化學・礦山・造船・紡織・製紙・製材・金融・貿易・交通運輸・倉庫・保險・菸酒、製鹽等重要工商業、以及土木・地產・合會・觀光・印刷・出版等各種企業部門（參閱表107）。

美援積極投下產業資金、日本資本主義也重新滲透全島、一九六六年（民國五五年）、當台灣產業因此「欣欣向榮」之際、這麼龐大的「公營企業」乃更加發揮壟斷性、其資本總額遽增

表110　公・民營企業別工業生產（%）

	總計			礦業			製造業			水電瓦斯		
	計	公營	民營	計	公營	民營	計	公營	民營	計	公營	民營
1952(民41)	100.0	56.6	43.4	100.0	28.3	71.7	100.0	56.2	43.8	100.0	100.0	0
1955(民44)	100.0	51.1	48.9	100.0	28.5	71.5	100.0	48.7	51.3	100.0	100.0	0
1956(民45)	100.0	51.0	49.0	100.0	26.5	73.5	100.0	48.3	51.7	100.0	100.0	0
1960(民49)	100.0	47.9	52.1	100.0	24.2	75.8	100.0	43.8	56.2	100.0	100.0	0
1962(民51)	100.0	43.5	56.5	100.0	25.5	74.5	100.0	38.1	61.9	100.0	99.8	0.2
1965(民54)	100.0	37.9	62.1	100.0	26.4	73.6	100.0	29.4	70.6	100.0	99.8	0.2
1966(民55)	100.0	35.3	64.7	100.0	27.6	72.4	100.0	29.4	70.6	100.0	99.7	0.3
1970(民59)	100.0	28.8	71.2	100.0	37.4	62.6	100.0	21.7	78.3	100.0	99.8	0.2
1971(民60)	100.0	26.7	73.3	100.0	46.0	56.0	100.0	19.5	80.5	100.0	99.7	0.3
1972(民61)	100.0	25.0	75.0	100.0	45.7	54.3	100.0	18.4	81.6	100.0	99.8	0.2

（資料）　Council for International Economic Cooperation and Development: Taiwan Statistical Data Book 1973, P.73

表 111　主要金融機關初期的項目別存款

	計		公營企業		民營企業		個人・其他		政　府		美援資金	
	百萬元	%	百萬元	%	百萬元	%	百萬元	%	百萬元	%	百萬元	%
1953(民42)	2,465	100.0	217	8.8	434	17.6	598	24.3	579	23.5	637	25.8
1955(民44)	4,491	100.0	219	4.9	747	16.6	1,091	24.3	1,030	22.9	1,405	31.8
1957(民46)	6,434	100.0	275	4.3	1,125	17.5	1,605	24.9	1,751	27.2	1,678	26.1
1959(民48)	9,773	100.0	578	5.9	1,640	16.8	3,527	36.1	2,049	21.0	1,979	20.2
1961(民50)	16,722	100.0	1,089	6.5	2,303	13.8	7,494	44.8	2,431	14.5	3,404	20.4
1963(民52)	24,426	100.0	1,332	5.5	3,040	12.4	12,042	49.3	3,300	13.5	4,711	19.3
1965(民54)	35,557	100.0	1,591	4.5	4,984	14.0	18,097	50.9	5,279	14.8	5,606	15.8

（資料）　「台灣之金融統計」－"台灣銀行季刊"第 9 卷第 4 期－第 17 卷第 1 期
「自由中國之工業」1971 年第 35 卷第 4 期 p.162

表 112　主要金融機關初期的項目別放款

	計		公營企業		民營企業		個人・其他		政　府	
	百萬元	%	百萬元	%	百萬元	%	百萬元	%	百萬元	%
1953(民42)	1,999	100.0	1,342	67.2	535	26.8	96	4.8	27	1.3
1955(民44)	3,740	100.0	1,957	52.4	1,495	40.0	204	5.5	83	2.1
1957(民46)	5,620	100.0	2,809	50.0	2,289	40.7	346	16.2	176	3.1
1959(民48)	8,072	100.0	3,154	39.0	4,185	51.8	630	7.8	102	1.3
1961(民50)	13,315	100.0	4,996	37.5	7,333	55.1	759	5.7	226	1.7
1963(民52)	17,408	100.0	5,298	30.4	8,270	47.5	3,562	20.5	278	1.6
1965(民54)	26,091	100.0	5,922	22.7	15,007	57.5	4,169	16.0	994	3.8

（資料）　「台灣之金融統計」－"台灣銀行季刊"第 9 卷第 4 期－第 17 卷第 1 期
「自由中國之工業」1971 年第 35 卷第 4 期 p.163

爲佔工商業總資本的五八・七%即一千七二〇億元（參閱表108）。

後來、由於「**民營企業**」的發展突飛猛進、所以「**公營企業**」的總資本及工業生產在數字上的比率才相對的降低（參閱表108、表110）、但是這並不意味著公營企業減少了其殖民地的專賣性與壟斷性、相反的、台灣的基幹產業及其他重要工商業等更爲嚴厲的被控制在公營大企業之下、蔣家國民黨官僚始終把持台灣經濟的心臟部位、且壟斷巨額的美援與外資、控制了政府財政・金融機構・生產過程・交通運輸・商業過程・分配次序等台灣經濟全部的「**經濟過程**」、築成蔣家國民黨外來集團的官僚資本獨佔體制、做爲殖民統治的經濟基礎。

尤其是蔣家國民黨外來統治集團爲了有系統的支配這些龐大的公營企業、很早就全面公營化金融機構、使之佔官僚獨佔資本的最上層且中樞的地位、藉以統一支配公營企業的資金與業務、並控制台灣產業公私的所有部門（但是佔據著官僚資本體制的頂點的這些公營金融獨佔資本、並不是因資本主義發達的結果而產生的所謂近代式「金融資本」、而是在前近代的中國社會傳統過程中、出現於產業資本之前、且以政治權力爲後盾所產生的中國式官業高利貸金融資本、因此、給予台灣經濟帶來更加一層的封建性與落伍性）。另一方面、由於公營企業的所有利潤都得以納入國庫的方式而受到蔣家國民黨外來政權的劫收、所以公營企業本身爲了繼續進行再生產所需要的**資金**、不得不依賴外國資金及公營銀行供給、結果、所謂「**銀行的銀行**」即**台灣銀行**、乃成爲專爲供給公營企業再生產資金的金融獨佔機關、它並透過資金的供給而行使對公營企業的支配權。

如表**111**、表**112**所示、在一九五三年公營企業的銀行存款僅有金融機關總存款的八・八%的情況之下、而後者（主要是台灣銀行）放給公營企業的貸款數目、竟佔總貸款的六七・一%、可見蔣家統治集團把持下的公營企業在金融資本上的壟斷性。由此龐大的銀行資金、不但是公營的生產企業及交通運輸部門、其他的商業部門（糧食局的米穀收購資金等）、均得依靠此項貸款才能繼續其再生產與商業流通的業務。

這種「**銀行資金**」、除了龐大的美援資金・政府公款・個人存款（參閱表111之外、還得依靠必然誘發通貨膨脹的「限外發券」―濫發紙幣・發行公債等―）爲其主要的資金來源。

一九五九年以後、公營企業從台灣銀行貸款的借貸比率逐漸降低（參閱表112）、這是因一九五〇年代台灣民間企業迅速發展所致、同時也是因爲自一九六一年起、中央銀行・中國銀行・交通銀行等大陸

表 113　主要國營企業初期的資金來源

	1954 年		1956 年		1958 年	
	千元	%	千元	%	千元	%
償還準備金	130,330	29	196,954	19	439,707	23
公司內留保	19,635	5	18,535	2	10,431	1
增資	23,494	6	111,027	11	46,854	2
銀行長期貸款	14,858	3	17,038	2	21,185	1
美援・借款	224,406	50	644,954	63	1,212,580	60
其他	32,697	7	33,351	3	279,152	13
計	445,420	100	1,021,859	100	2,009,909	100

（資料）　袁宏「國營工礦事業經營概況」－"台灣經濟"1960 年 6 月號 p.26

系的國家銀行在台灣相繼開始營業所引起的。公營企業的銀行貸款比率雖然相對的降低、但其貸款數目卻一直遽增、壟斷銀行資金的局勢並未因此減小。

更重要的是不管公營企業如何巨大並如何的發揮其壟斷性、也不能忽略掉它的後台、就是美國政府的經濟援助（也就是經濟侵略）。美國政府從一九五一年（民國四〇年）至一九六五年（民國五四年）的一五年間、給予蔣家政權的經濟援助總額達一五億美元之巨（此外、還有軍事援助總額二五億美元）、其中、公營企業所獨佔使用的佔美援總額的八〇％（一二億美元）、換言之、美援資金不外乎是使公營企業能肥大起來的營養劑。其他、各種名目的外資與國際貸款還不算在內、而且美援的使用方法可以說是得天獨厚（參閱表111之「美援資金」項目、表113、「中華民國年鑑」一九五一——六五年）、例如、資金・物資的獨佔享用、外匯的優先分配等、所以、導使蔣家國民黨統治集團的公營企業即官僚資本、對於台灣經濟的支配力量愈來愈強大、結果、對內更加剝削農民・勞動者、對外則更加隸屬於美帝國主義（有關「美援」詳述在後）。

再一個不能漏過的、乃是眞正的殖民統治者即蔣父子特務集團配置在經濟界的特務份子。蔣經國的「**國家安全局**」、不論在公營或民營的各種大小企業之內、都普遍設有「**安全室**」或個別的密探、暗地裡活躍於經濟活動的所有部門。他們成爲所謂「**經濟特務**」、掌握了一群經濟官僚・公營企業幹部・中國人大資本家・台灣人買辦資本家等、實際的控制著台灣經濟的中樞與命脈、這些黑手集團的眼中只有老闆即蔣家國民黨集團官僚資本的利益、其他、對於政府法令・社會規範・經濟秩序・台灣人大衆的困苦生活等都視若無睹、經常從公私兩方面、放縱的大幹掠奪・敲詐的黑手勾當、這又加深了台灣經濟的封建性與落伍性。

表114　國營企業的營業收支與損益狀況(1963年)

	營業收入		營業支出		損益	
	決算額	對預算比	決算額	對預算比	決算額	對預算比
(直接投資)	百萬元	%	百萬元	%	百萬元	%
總合	14,685	11.0	10,826	0.4	3,857	58.1
台灣糖業	4,956	26.6	2,718	-6.1	2,238	119.0
台灣肥料	1,227	13.6	1,040	17.3	187	224.8
中國石油	2,249	11.2	1,706	9.1	543	18.4
台灣電力	2,230	-1.3	1,742	-5.3	488	16.3
台灣鋁業	369	-21.4	348	-19.1	21	-46.5
台灣鹼業	157	-0.1	141	-4.9	16	84.1
台灣機械	196	-19.1	194	-19.2	2	268.2
台灣紡織建設	69	4.4	88	23.3	-19	-256.4
中華機械工程	187	6.7	187	11.8	0	-99.8
台灣金屬礦業	175	-8.2	172	1.4	3	-83.3
中國煤礦開發	76	-28.5	88	-15.6	-12	-780.1
中國漁業	69	-30.5	80	15.8	-11	-376.2
台灣製鹽總廠	160	10.3	143	5.5	17	79.5
郵政總局	316	2.8	248	-4.0	68	38.5
電話總局	481	6.1	351	-1.1	130	32.4
招商局	332	-8.5	383	3.4	-51	-588.9
新中國工程打撈	56	35.6	57	44.6	-1	-228.7
中央銀行	287	25.6	228	54.9	61	-26.4
中國銀行	197	18.6	116	19.7	80	14.6
交通銀行	139	12.3	117	33.3	22	-39.4
中國農民銀行	1	-57.3	1	-21.1	0	-95.7
中央信託局	531	30.2	459	32.3	72	18.6
再保險基金	184	14.4	182	16.4	2	-57.3
藥品供應處	15	-25.1	16	-15.8	-1	-262.2
麻醉藥品供應處	6	0.9	5	0.1	1	6.3
聯合工業研究所	20	2.0	18	10.4	2	822.6
(間接投資)						
總合	712	6.9	694	7.5	18	-14.1
雍興實業	117	-2.5	119	-8.6	-2	78.6
台灣紡織	77	-18.7	80	-32.9	-3	68.8
中本紡織	115	1.8	114	3.9	1	-80.4
中農化工廠	8	-20.4	8	-15.0	0	-93.0
中國物產	2	-66.0	3	-59.3	-1	-584.0
中國農業供銷	21	-7.9	20	-4.9	1	-62.1
中國產物保險	123	-17.7	118	18.8	5	-1.6
郵政儲金匯業局	180	31.7	173	42.7	7	-52.4
中央造幣廠	9	2.2	9	10.6	1	-39.2
中央印刷廠	59	22.8	50	28.9	9	-34.6

(資料)　「中華民國統計提要」1964年，表190

表 115　1963 年主要國營（直接投資）企業的利潤分配狀況（百萬元）

	本年利益	前年留保	利益合計	所得稅	積　存	股份分紅	留　保
台灣糖業	2,238	3	2,241	384	294	1,286	277
台灣肥料	187	—	187	19	19	149	—
中國石油	543	94	637	8	212	327	90
台灣電力	488	38	526	74	143	309	—
郵政總局	68	15	83	—	32	36	15
電信總局	130	45	175	—	93	33	49
中央銀行	61	—	61	1	6	54	—
中國銀行	80	4	84	30	8	46	—
交通銀行	22	—	22	2	2	18	—
中央信託局	72	—	72	12	7	53	—
計	3,889	199	4,088	530	816	2,311	431
國營企業總計	3,857					2,344	

（資料）　「中華民國統計提要」1964 年，表 191

如此、蔣家國民黨政權所把持的「**公營企業**」、一方面受到美援與台灣銀行的資金供給、並使用由公營貿易企業（中央信託局等）所輸入的原料及從台灣農民剝削得來的農產物等、進行了獨佔性・專賣性的工業生產、另一方面又把其所生產的「**商品**」再透過公營運輸機關及公營商業貿易機構銷售於島內外、而獲得巨大的「**獨佔利潤**」。但是這數目龐大的獨佔利潤卻分毫不遺的被收歸於所謂「**國庫**」（其實是蔣家國民黨外來統治集團的經濟來源）、做爲殖民統治（政治上・軍事上）的經濟基礎、並供奉他們統治集團的個人享用。

如表114、表115所示、獨佔性・專賣性特型高的台灣糖業・台灣肥料・中國石油・台灣電力等四大企業、及中央銀行・中國銀行・交通銀行・中央信託局四大銀行、加上郵政・電話這十大國營的巨型企業所獲的利潤極爲雄厚。尤其是糖業等四大企業在一九六三年台灣經濟正在發展的時期獲利特別巨大、佔整個國營企業利潤總額的八九・六％、並且、在表115的國營企業所得利潤分配項目之中、「**所得稅**」「**股份分紅**」二項計二八億四千一〇〇萬元爲納入「**國庫**」部份、其數目竟佔總利潤的七三・一％、這個數目等於一九六三年度蔣家財政收入的一七・八％（一九六三年蔣家各級政府的財政收入

表 116　省營企業初期的利潤分配狀況

	1954 年			1957 年			1960 年			1963 年		
	利潤額	對收入比率	納入國庫比率	利潤額	對收入比率	納入國庫比率	利潤額	對收入比率	納入國庫比率	利潤額	對收入比率	納入國庫比率
	萬元	%	%	萬元	%	%	萬元	%	%	萬元	%	%
總計	110,580	23.1	88.1	209,945	23.4	79.4	291,832	19.9	71.0	62,995	7.7	51.1
台灣銀行	351	1.3	17.4	19,791	23.2	65.3	20,493	14.4	70.0	22,476	20.7	83.5
土地銀行	970	3.6	47.6	465	5.1	46.6	813	3.3	47.7	991	3.8	71.0
合作金庫	105	1.1	2.9	208	1.0	1.4	402	1.3	0.8	346	1.1	13.4
第一銀行	539	6.0	19.1	1,138	10.3	26.5	1,615	7.9	37.7	1,402	4.8	52.8
華南銀行	565	8.6	1.2	1,055	10.2	1.9	1,525	8.5	2.8	1,221	4.5	3.8
彰化銀行	445	7.8	18.9	1,140	11.7	23.3	1,673	8.3	34.0	1,187	4.3	46.8
台灣合會儲蓄	182	6.0	35.2	413	5.9	44.8	974	7.4	45.7	1,131	4.1	58.7
台灣人壽保險	18	2.2	—	46	3.9	—	68	5.2	—	177	6.3	6.3
台灣產物保險	44	1.4	77.3	108	1.6	—	534	3.1	—	693	2.5	2.5
金融小計	3,219			24,364			28,097			69,624		
食糧局	4,040	3.4	—	5,734	2.9	—	25,825	6.3	—			
公賣局	91,537	69.6	92.4	155,751	66.7	88.7	206,190	68.7	88.7			
物資局	2,395	10.9	83.5	4,270	7.4	82.0	3,570	3.6	79.4	1,262	1.6	76.2
林務局	3,961	18.6	136.3	8,210	20.4	59.1	1,840	4.0	8.2			
煤業調委會	43	0.2	90.7	1,151	2.2	43.5	633	0.9	89.9	216	0.3	82.0
鐵路局	3,324	8.3	90.3	6,301	8.3	56.6	8,192	7.3	—	7,945	6.4	75.5
公路局	2,388	15.5	53.5	3,342	12.9	49.9	7,254	15.5	17.9	2,321	14.4	50.2
基隆港務局	149	6.8	33.6	605	13.3	56.1	1,369	19.9	30.2	1,328	14.9	31.5
高雄港務局	17	1.1	—	183	7.3	28.3	305	7.8	61.6	1,005	15.5	33.2
花蓮港務局										-64	-53.9	
鐵路貨物運搬	10	0.4	10.0	33	0.9	—	15	0.4	—	-8	-0.2	—
台灣航業公司	-850	-27.4	—	-936	-11.7	—	1,162	9.8	—	215	1.4	
流通小計	107,014			184,714			256,355			14,220		
高雄硫酸亞	273	14.0	90.1	-55	-0.8	—	972	8.0	—	14,516	34.8	—
農工企業公司				-263	-3.6	—	48	0.4	—	98	1.0	
大雪山林業公司							4,853	36.3	51.0	5.233	34.1	28.3
中興紙業公司							960	4.3	3.0	3,082	10.0	—
唐榮鐵工廠										-4,388	-11.1	—
食品企業公司										10	2.9	
生產小計	273			-318			6,833			18,551		
其他八企業	74			1,189		26.7	547		12.1	600		19.1

（資料）　台灣省政府財政廳主計室「台灣省財政統計」第 7 期 1962 年 表 88-95, 第 10 期 1966 年 表 85
劉進慶「戰後台灣經濟分析」 1975 年，p.132

總額是一五八億四千萬元—參閱在東京台灣問題研究所「台灣總覽」一九七七年 p.118）。

不僅是上述的「**國營企業**」、就是台灣省政府所支配的公營企業即所謂「**省營企業**」也一樣、如表116所示、都是具有絕對獨佔性・絕對專賣性的殖民地掠奪機關。其中、以台灣銀行・糧食局・公賣局・公路局等金融及流通的五大企業最爲顯著。台灣銀行乃代理國庫業務、兼行發券機能、獨佔公營企業的金融業務、並支配著全島的金融・產業機構、而被稱爲「**銀行的銀行**」。糧食局控制了全島的糧食生產・肥料配售以及米穀強制收購等。公賣局獨佔菸・酒・鹽等專賣品的生產與販賣、其所獲專賣利潤等於省營企業每年總利潤的七〇—八〇%、所以被稱爲政府財政的「**搖錢樹**」。鐵路局・公路局則控制著全島的交通運輸・獨佔流通動脈等。這些省營獨佔企業的收益也毫不例外的被納入省政府財政、和日本帝國主義時代一樣完全、成爲殖民統治的物質基礎。

然而、在另一方面、無論國營企業或省營企業、由於這些公營企業的蔣家官僚幹部、其統治者的優越意識濃厚、中國式半封建的官業性及官僚主義根深蒂固、且勾結外國資本的買辦根性猶強、又加上冗員過多、工作能力極低、貪污腐化、奢侈浪費、虧空蝕本等所謂「**虛擬利益**」（參閱陳式銳「當前經濟改進方針案」—《財政經濟月刊》第四卷第五期一九五四年）、「**吃光主義**」（台灣大學教授・林霖之言）的弊病頗爲嚴重、所以赤字經營或利潤微小的企業層出不窮、例如、紡織・煤炭・漁業・船務・藥品等、都是弊病嚴重且經不起市場競爭而陷於長期虧損之類（參閱表114）。因爲這樣、蔣家政府才在一九六五年三月設置了所謂「**公營事業企業化委員會**」於行政院經濟部、擬以矯正這些中國式前近代性的陋習與弊病。但是、這等於以賊捉賊、所以公營企業的這種普遍的弊病不但未有改觀、反而更趨厲害。

總而言之、中國軍閥專制者蔣家國民黨集團、以強權佔有近代式基幹大企業的「**生產手段**」、再以獨佔・專賣・半封建・殖民地等**前近代**的「**再生產方式**」＝「**財富掠奪方式**」來剝削農民・勞動者等台灣人勞苦大衆的剩餘勞動、把其做爲維持殖民統治的經濟工具、並讓自己花用、這就是所謂「**公營企業**」最顯著的基本特質。這點、從社會發展的歷史過程來說、根本就成不了台灣資本主義發展的推動力、也更不是像孫文所說的「**發展國家資本、節制私人資本**」而成爲社會主義經濟的開端、相反的、只不過把台灣社會再度拉退於更爲封建、更爲前近代的殖民地境界而已。

(2)　買辦性民營企業的形成與發展

如上所述、自終戰後至一九五〇年代前葉的初期階段、日人所留下的台灣企業全被半封建軍閥專制外來統治者的蔣家國民黨集團劫收爲「**公營企業**」、以致整個的台灣產業都成爲他們自己的佔有物。

後來、由於：㈠中國四大家族系等民間資本從大陸大舉逃來台灣、㈡蔣家國民黨政權爲了尋取財政來源而進行土地改革以致以公營企業的四大公司（水泥・紙業・工礦・農林）補償給台灣地主階級、㈢隨著台灣經濟恢復戰前狀態而台灣土著零細企業逐漸抬頭、結果、從一九五〇年代後半起、台灣民間的「**資本積蓄**」才見稍有進展、所謂「**民營企業**」從此開始發展。但在強大的公營企業獨佔支配地位的戰後台灣經濟體制之下、這些民營企業想在短期間內茁壯生長、單憑自力幾乎是不可能、一定要有其他的有力因素、也就是只有加上：㈣美國的經濟侵入、㈤官商勾結、㈥外國資本侵進等三大因素、才有可能實現。

Ｉ　美國經濟侵入台灣的民營企業——美國政府在一九五〇年六月、以韓戰爆發爲契機、立即把位於東南亞軍事要衝的台灣、編入自國的「**太平洋戰略體系**」之內、於是、爲了造成軍事介入台灣的藉口、乃恢復中斷已久的「**對華援助**」（China Aid Act of 1948）、進而於一九五一年十月、又制定「**相互安全保障法案**」（Mutual Security Act = MSA）、開始對台灣進行所謂「**美國援助**」（簡稱「美援」）。這種性質的「**美援**」、可分爲「**軍事援助**」與「**經濟援助**」二大部門、但因美援本來的目的在於增強台灣的軍事力量而做爲「**包圍中共**」體制的一環、所以其經濟援助的當前目標也不外乎是爲了獲取爲增強軍事力量所需要的經濟安定與資本主義發展。因此、一九五〇年代以後的台灣、竟在美國帝國主義的支配之下、被編入美國資本主義圈內而開始變革、換言之、美援在台灣的開始、就是美國帝國主義侵略台灣的開始、也是戰後台灣的資本主義發展的開始。

美國帝國主義對於台灣的經濟侵入、乃是採取所謂「**兩面政策**」、一方面有如上述、是爲了加強反共軍閥政權統治殖民地的經濟手段、把美援的主要部份傾注於具有半封建性的「**公業企業**」（保存中國傳統的半封建性經濟體制）、再一方面就是爲了行使美國自己的新殖民主義、爲美國民間資本投資台灣準備經濟環境起見、即把近代性的「**自由主義經濟制度**」導入台灣社會、並運用其強大的經濟力量、促使台灣的「**民營企業**」擴大生產規模（移植資本主義經濟體制）。因此、自一九五二年五月開始、美國安全總署台北分署署長・辛克（Hubort G. Schenk）乃強調說：「**爲了促進台灣的經濟發展、需要培植更多的自由企業、並需積極獎勵自由競爭。**」（參閱陳式銳「繁榮的雙腿—工業與農業」—《自由世界》第一卷第二期一九五二年）。於是、在同年六月、美國政府爲保護本國的民間資本能在台灣自由投資並做其他的經濟活動、乃指使蔣家國民黨政權訂立了「**美台投資保證協定**」（參閱「自由中國之工業」第一卷第一期一九五四年 p.17）。

依此、一九五〇年代以後、美國在經濟上的侵入給予台灣的影響既強且大、這對蔣家國民黨統治集團來說、乃是一種求之不得的經濟支援、一方面能加強其殖民統治的物質基礎即公營企業、另一方面則能促使民營企業擴大發展、增加財政稅收。從台灣的私人資本家看來、美援不但能牽制公營企業無止境的獨佔性與專賣性、且能幫助民間的積蓄資本與發展私人企業、所以他們也立即接受美國對台經濟政策。因此、在這台灣經濟迅速且全面的隸屬於美帝國主義的過程中、「**民營企業**」、一方面受到蔣家國民黨集團的「**半封建性殖民地買辦支配**」、另一方面即受到美國的「**帝國主義性買辦支配**」的這雙重買辦隸屬之下、急速的發展起來。

Ⅱ　官商勾結——自古以來、在中國的封建社會裡、就有以「**儒教**」的政治規範及「**升官發財**」的經濟觀念爲思想背景、產生了一種家長制的官僚支配制度、而做爲帝王統治階級施展專制政治與剝削農民大衆的基本機構。這種所謂「**官人支配體制**」傳統延至清朝末葉的本世紀初尚留存著。然而、一九一一年中國辛亥革命興起、翌年雖有所謂「**近代國家**」的中華民國出現、但這種封建時代的「**官人支配體制**」、卻仍然遺傳於北洋軍閥及國民黨官僚支配體制之內、在一九四五年及一九四九年、蔣家國民黨亡命集團又把這封建殘餘的「**中國官僚支配制度**」帶來台灣、做爲殖民統治的基本機構。

他們逃來台灣後、不經多久就重整旗鼓、仍以蔣父子爲封建「**帝王**」、把其屬下的四大派系：㈠特務系（唐縱・滕傑・葉翔之・沈之岳・彭孟緝・張道藩・蕭錚・余井塘・方治・陳建中・谷正綱・余俊賢・李煥・王昇・孫義宣等）、㈡黃埔系（桂永清・周至柔・袁守謙・黃杰・蔣堅忍等）、㈢政學系（張群・王雲五・俞鴻鈞・王世杰・魏道明等）、㈣四大家族四行聯合總處系＝宋美齡系（徐柏園・尹仲容・趙棣華・陳漢平・嚴家淦・嚴慶齡・俞國華・陳勉修等）、以及這四派系的徒子徒孫都連貫在一起、重新構築在台灣的「**蔣家國民黨官僚階級**」。他們不但在軍事・政治上施展中國傳統的封建軍閥專制、且在經濟也行使前清時代的「**官人支配**」、並大搞「**升官發財**」的勾當。

這種半封建・家長制的蔣家國民黨官僚階級、其在經濟上、當然是以「**國有官營企業**」即公營企業爲「**官僚支配**」的主要對象、但如上所述、由於戰後的台灣經濟不外乎是以這獨佔性的公營企業爲主導、再加上自由經濟性的民營企業爲其隸屬而發展起來的、所以、這些蔣家國民黨官僚即以「**國家權**

表 117　公・民營別工業生產發展指數（1952＝100）

	總計		鑛業		製造業		水電瓦斯
	公營	民營	公營	民營	公營	民營	公營
1953(民42)	125.0	128.9	85.0	103.6	133.6	135.0	109.1
1955(民44)	139.2	174.2	114.2	113.1	142.1	191.9	136.1
1956(民45)	146.9	184.4	115.1	125.5	148.1	203.1	153.6
1960(民49)	203.5	288.9	151.2	186.4	196.7	323.5	243.4
1962(民51)	248.4	422.9	183.9	210.9	237.3	495.0	330.1
1965(民54)	335.7	722.2	215.8	237.1	323.2	869.9	428.4
1966(民55)	362.9	872.4	232.0	239.2	342.6	1,056.1	486.7
1970(民59)	583.5	1,843.2	327.1	198.3	522.8	2,349.6	885.4
1971(民60)	648.9	2,366.7	412.5	188.2	565.7	2,866.5	1,020.8
1972(民61)	774.8	3,043.6	444.7	191.2	688.5	3,938.6	1,194.3

（資料）　Counci for International Economic Cooperation and Development: Taiwan Statistical Data Book 1973 年, p.70

力」爲工具、又把其「**官人支配**」及「**升官發財**」的封建傳統伸張於民營企業而肆意逞兇。

蔣家國民黨官僚、除了領取「**國家**」所發給的「**薪金**」之外、還獲得在中國社會裡已成爲公關化且正當化的所謂「**外快**」。這種封建腐敗的外快、移到台灣後分爲二種、一種是蔣家國民黨集團人員以「**官僚身份**」而在兼任或專職各種公營企業的「**官股**」代表者、董事長及經理等企業幹部職位的情況之下所撈到的額外報酬＝外快。

再一種就是透過中國式的「**官人支配**」、及從日本繼承下來的「**殖民地戰時經濟統制**」、廣泛的介入於民營企業的經濟過程所撈到的外快。這就是說、蔣家國民黨官僚、以「**國家強權**」、對於民營企業行使官僚統制、即透過生產規制・市場商業統制・貿易外匯管理、以及獎勵投資・保護生產・財政金融措施・分配美援等、一方面偏袒特定的民營企業、使之能獲得異常的超額利潤或獨佔利潤、同時在另一方面則以「**紅包**」（在台灣本來是慶喜事時的敬祝手段）及「**個人投資**」（暗股）等方式、與私人資本家分攤其利潤＝外快。

如此、蔣家國民黨官僚因勾結私人資本家的結果可以得到外快積蓄財富的機會、私人資本家也因勾結握有「**國家強**

權」的黨官僚而獲得超額利潤＝資本積蓄、就在這種中國式封建性「**官商勾結**」的基礎上、台灣的「**民營企業**」才獲得一個擴大發展的機會。

總言之、由上述的美援・官商勾結・外資等所支助的「**民營企業**」（絕大部份是買辦性私人企業）、自一九五〇年開始大體上是一帆風順、其大小企業在初期的一九五〇—五三年的四年間、約從七千家增至一萬二千家（參閱「白由中國之工業」第一卷第四期一九五四年 p.36）、如以一九五〇年的生產指數為準、至一九七二年的二〇年間、則增加了三〇倍的生產發展、竟超過了公營企業生產、而給予在半封建・殖民統治下的台灣帶來了「**跛腳的資本主義發展**」。

(3)　中國四大家族系民營企業

如上所述、蔣家國民黨集團殖民統治下的台灣、其所謂「**民營企業**」大體有三、現在先分析中國人系民營企業的來龍去脈。

自一九四八年後半起、當蔣家國民黨政權在中國大陸內戰打得節節失利、國內政治・經濟的統治地位又岌岌可危之際、中國各地的「**大陸資本**」開始逃亡國外。其中、京滬的浙江財閥、雖然以「**公司法**」（一九二九年制定）為掩飾而被稱為「**民間資本**」、但在實際上是屬於「**中國四大家族**」的資本系統、它們除了把巨大資本逃避於北美洲及南美洲之外、同時也追隨蔣家權力集團一起湧上台灣來。他們將巨額的銀行匯款（參閱 p.757）、還有美鈔・英鎊・港幣・金條・商品・生產手段（紡織機器）等、陸續匯送台灣。這些所謂「**大陸民間資財**」、一時充斥於台灣產業界、逐漸轉化為：㈠產業資本、㈡金融資本、㈢高利貸資本等。關於㈡㈢項、前面已約略提過、後面會再詳述、現在先來分析有關㈠項的產業資本部份。

如上所述、戰後當初的台灣經濟、經過了一段極爲惡劣的恐慌狀態之後（參閱 p.753）、直到一九五一年、農業生產才逐漸恢復到戰前的水準。但是工業方面、因公營企業的獨佔性及其放縱經營作祟、以致復興計劃遲遲不進、在這工業生產不振百業蕭條當中、只有所謂「**民營**」的**紡織工業**、因上海的四大家族系紡織資本來台投資設廠、美政府開始經援、以及島內衣料消費恢復常態等、以致其生產擴大、而成爲戰後初期的民營企業最主要的製造業。

本來、台灣因不產棉花、歷來紡織工業不興、所以在日據時代、島內的衣料消費都由日本本國供給。戰時、日本政府爲了應付台灣以南的軍需、才獎勵日本資本在台灣的王田・美豐等地建設紡織工廠（參閱 p.391）。到了戰後、蔣家國民黨政權把在台灣的這些日人紡織工廠刼收爲公營的「**台灣工礦公司紡織工廠**」、但因產量遠不及島內的消費、以致其所需數量的九〇%都改由上海供給。

另一方面、四大家族的巨頭・宋子文（當時的蔣家國府行政院長）、戰後在中國大陸、重籌中國紡織企業、並刼收了日本帝國主義在中國大陸所擁有的龐大的紡織企業及其工廠等生產手段、然後、才以所謂國營的「**中國紡織建設公司**」（簡稱「中紡」、總裁宋子文）爲中心、而構成新的「**紡織獨佔資本**」（當時在全中國紗錠共有四百萬錠之中、「中紡」所接辦者達二百餘萬錠、此後還繼續擴大）。並且、「**中紡**」資本的六〇%叫做「**官股**」、其他四〇%叫做「**商股**」、官股當然是四大家族的、商股也爲中國銀行（董事長宋子文）所有。如此、四大家族的一個魔手是官、又一個魔手是「**商**」、其所謂「**官商合辦**」、其實是四大家族的兩個魔手的合辦（參閱陳伯達「中國四大家族」一九六二年、p.86, 88）。

然而、因蔣家國民黨軍在國共內戰的敗象愈來愈深、所以、以上海爲中心的紡織獨佔資本即大舉逃來台灣、竟成爲如上述的戰後台灣民營工業起家的第一著、也是上述的四大家族系資本逃來台灣的一部份。

表118　棉紡織企業的創設與錠數

公司	創設	幹部(1973年)	1951	1952	1953	資本系統
			錠	錠	錠	
台灣工鑛紡織	戰前	(日人創設)	25,668	25,668	25,688	省營，1954年民營化
中國紡織建設	1949	趙冠光(四川) 郭宗太(福建)	10,608	10,608	10,608	中央信託局(孔・宋系)
雍興實業	1949	徐柏園(浙江)	12,600	19,576	21,560	中國銀行(孔・宋系)
台北紡織	1950	俞鴻鈞(浙江)	1,000	1,000	1,000	交通銀行(政學系)
華南紡織	1948	洪勤誠(浙江) 倪克定(江蘇)	3,120	3,120	3,120	孔・宋系
大秦紡織	1949	石鳳翔(浙江) 毛虞岑(河南)	17,932	29,400	29,652	上海大華紡織(孔・宋系)
申一紡織	1949	王雲程(江蘇) 劉文騰(安徽)	5,040	5,040	16,240	上海申一紡織(孔・宋系)
台元紡織	1949	吳舜文(上海) 嚴慶齡(上海)	10,368	10,368	10,368	宋美齡系
六和紡織	1948	宋仁卿(青島) 宋圭璋(青島)	3,200	10,000	10,000	青島三和紡織(宋子文系)
彰化紡織	1951	馬俊德(遼寧) 華春城(山西)		6,484	6,684	孔・宋系
遠東紡織	1952	徐有庠(江蘇) 徐謂源(江蘇)			10,000	孔・宋系
台中紡織	1952				10,000	台灣人資本

(資料)　黃東之「台灣之棉紡工業」－台灣銀行經濟研究室編“台灣研究叢書刊41種” p.21
渡邊長雄「中國資本主義と戰後經濟」1950年，p.63
譚玉佐「中國重要銀行發達史」1961年，p.213
中華民國工商協進會「中華民國工商人物志」1963年
劉進慶「戰後台灣經濟分析」1975年，p.215

因此、如表118所示、台灣的紡織工業（主要是棉紡、其他毛紡等部門的情況也大同小異）、除了自戰前遺留下來的「台灣公礦公司紡織工廠」之外、在一九四八－五三年的六年間、如雨後春筍似的出現了一一家大企業、其中、「中紡」「雍興」「台北」三大公司爲公營企業、其餘的八大公司都是屬於民營企業、並且、只有「台中」一家是屬於台灣人資本、除外、一〇大公司都是由中國人公・

私資本家所擁有。

這些從大陸逃來的中國人紡織資本、法制上雖然被劃爲「**民營**」、但因都是屬於蔣家國民黨的經濟代理人即中國四大家族的巨頭孔祥熙・宋子文的資本系統、所以、與其說是民營企業、勿寧說是中國四大家族官僚資本的化身。

這些四大家族官僚資本系統的紡織企業出現後、台灣的紡織工業乃開始飛躍發展。一九四八年至一九五三年的六年間、其紡錠總數由一萬八千錠增至一六萬九千錠（增爲九・四倍）、同一時期的綿紗生產由七三〇公噸增至一萬九千三四六公噸（增爲二六・五倍）、其中、民營紡織企業佔其七六・五％（公營紡織企業佔二三・五％）。至一九五三年度、大體上已能完全供給島內的消費、進而自一九五四年起、開始將餘量輸出國外。這些紡織企業的生產擴大若從當時的台灣產業全體看來、一九五三年度的紡織工業生產總值已佔全島總製造業總值的二〇・八％、尤其是民營紡織企業生產總值、竟佔全島全體民營企業總生產的四三・四％、由此、可以知道從大陸移來的中國四大家族系紡織資本、已在台灣產業界獲得主導的地位（參閱「自由中國之工業」第二卷第一期一九五四年p.75）。

這些在蔣家中國人資本系統所控制下的台灣紡織工業、在短期間內能達成這種驚人的生產擴大、無非是以蔣家國民黨政權統治台灣的**殖民政策**爲工具、就是以**差別主義**的「**統制即保護政策**」、而使這四大家族系中國人紡織資本獲得**額外**的**資本積蓄**（殖民地的資本原始積蓄）、才有可能。

話說回來、蔣家國民黨政權先在一九四九年八月、制定「**台灣省獎勵發展紡織業辦法**」、以做爲對剛從大陸逃來的這四大家族系紡織資本加以特別庇護的法制上的根據、並在一九五〇年三月、成立「**台灣區生產事業管理委員會紡織小組**」、使之推行「**統制即保護政策**」（參閱林邦充「台灣棉紡織工業發展之研究」—《台灣銀行季刊》第二〇卷第二期p.78）。所謂「**統制即保護制度**」、乃是帶有封建性「**官人**

支配」的蔣家國民黨官僚統治的一個特長、即在殖民統治的差別主義之下、以「**國家權力**」爲後盾、對於某些經濟過程加以政策性的各種干涉・管理・規制・禁止等統制措施、而造成經濟上的特權或利權、然後讓特定的企業（蔣家中國人企業）能得到特別的額外利潤或獨佔利潤。蔣家國民黨政權對於初期紡織工業所施加的這種「**統制即保護政策**」、有如下四種主要辦法、即：

(一)　原料分配上的統制即保護政策——一九五〇年六月韓戰爆發後、美國政府即把經援物資陸續運到台灣、其中「**美援棉花**」極爲重要且數量非常龐大、僅在一九五一年就佔台灣輸入棉花總量的九八・八％（一九五〇年代每年平均達八七・七％）、成爲台灣紡織工業所需原料的最主要的供給來源（參閱林邦充「台灣棉紡織工業發展之研究」—《台灣銀行季刊》第二〇卷第二期 p.87）。於是、蔣家國民黨政權爲了控制這些數量龐大的美援棉花、於一九五一年八月制定了「**台灣省紗布管理暫行實施辦法**」、即在「**美援聯合委員會紡織小組**」（「美國經濟合作總署台灣分署」及「台灣省美援聯合運用委員會」的聯合下屬機關）的監督之下、把所有美援棉花的分配權交給「**中央信託局**」（局長尹仲容）、使四大家族系紡織企業能享有獨佔這批美援棉花的特權（參閱王作榮「尹仲容先生在經濟方面的想法和做法」—《自由中國之工業》第二一卷第一期一九六四年 p.3）。

(二)　外匯分配上的統制即保護政策——蔣家國民黨政權爲了庇護公營企業及四大家族系統的紡織企業、於一九五〇年四月設立「**台灣區生產管理委員會金融小組**」、嚴格管制外匯、在四種的外匯申請程序之中、第一優先分配給爲輸入棉花及紡織機器所需的外匯、又在一九五一年四月、進而制定所謂「**結匯證**」、並採取「**外匯雙重價格制**」（在台灣銀行申請外匯時、將美金一元規定爲一種是**低價**的新台幣一〇・三元、另外一種是**高價**的一五・六元兩種價格）。公營企業輸入外貨時僅以低價就能從台灣銀行獲取外匯、相反的、民營企業在同一輸入業務中、卻得以高價才能得到外匯、但在民營企業之中、只允許紡織企業可以低價向台灣銀行申請外匯、以資輸入原料棉花等。這種差別主義的外匯政策自一九五一年四月至一九五三年一月止、使四大家族系紡織企業比一般的民營企業享受到五一・四%的外匯優待、而達成額外的「**資本儲蓄**」（參閱譚玉佐「中國重要銀行發展史」一九六一年 p.326）。

㈢　生產資金上的統制即保護政策——蔣派國民黨政權、爲了資助剛在台灣投資設廠的四大家族系紡織企業解決其生產資金的短絀、乃採取所謂「**代紡代織**」制、由中央信託局把完全掌握在手中的美援棉花、委託特定的紡紗企業及織布企業加工生產、就是：㈠中央信託局把手裡的美援**棉花**先給予各個紡紗企業進行加工、等到該紡紗企業繳回成品的綿紗時、才付給加工代金、㈡中央信託局再把紡好的**棉紗**給予織布企業、同樣等到該織布企業繳回成品的**綿布**後、才付給加工代金。於是、紡織企業只要擁有生產手段（紡織工廠）、就可以做不需本錢（不需生產資金）的再生產。尙且、從中央信託局所領到的加工代金極爲優厚、可以說就是超額的獨佔利潤、其領取代金的辦法有二：㈠「**現物代金**」（實施於一九五〇年六月—五二年六月、紡織企業的加工代金、以**公定價格領取**所定數額的棉花或綿紗、把其加工爲綿紗或綿布後、在市場以**自由價格販賣**）、㈡「**現款代金**」（實施於一九五二年六月—五三年六月）。同時、蔣家國民黨政權爲了推行對於這大陸系紡織企業的撐腰攻策、乃再進一步的限制新紡織企業的設立、並把持這種原料棉花的配給制度、使既設的四大家族系大陸紡織企業能維持獨佔體制、而繼續其極有利的再生產與資本積蓄（參閱林邦充「台灣棉紡織工業發展之研究」p.87—103　郭太宗「台灣の棉紡事業」—東京・今日之中國社〝今日之中國〞第三卷第六號一九六五年 p.5）。

㈣　國內市場的統制即保護政策——蔣家國民黨政權爲了庇護在台灣的大陸系紡織企業能享受到國內市場的獨佔價格、乃在島內紡織品還供不應求的一九四九年的階段、對於輸入的紡織品卻加以**關稅障壁**（輸入棉花加徵關稅五〇%、綿紗一〇%、綿布三〇%）、再從一九五一年四月起、又指定綿織品爲「**管**

表119　例示蔣派中國人系民營企業（1973年）

公　　　司	董　　　事　　　長（1973年）	
中華航空	徐煥昇	（江蘇）曾任空軍總司令
裕隆汽車	嚴慶齡	（上海）兼台元紡織總經理
中國農業機械	蕭　錚	（浙江）兼土地銀行董事長
中國非鐵金屬公司	潘鋕甲	（江蘇）兼中華開發信託公司副經理
中國電視公司	谷鳳翔	（貴州）中國國民黨中央委員
中華電視公司	劉先雲	（浙江）
正聲廣播公司	李寶淦	（浙江）
圓山飯店	徐潤勳	（浙江）
太平洋電線公司	孫法民	
世華聯合商業銀行	劉紹志	
華僑商業銀行	蔡功固	
上海商業儲蓄銀行	朱如堂	
嘉新水泥	張敏鈺	（浙江）兼益新紡織董事長
亞洲水泥公司	王新衡	（浙江）立法委員
復興航業	周兆棠	（浙江）兼中華毛織董事長
中國航運	董漢槎	（浙江）兼第一人壽保險董事長
新亞建設	李正芳	（河北）兼中國力霸董事長
海外航業工程	董浩雲	（浙江）兼中國航運常務董事
中央再保險	吳幼林	（廣東）曾任中央信託局副局長
梅林罐頭	觀士奇	（江蘇）兼罐頭同業公會理事長
亞洲食品	觀士奇	兼萬國冷凍理事長
鮮大王味素	姚俊之	（江蘇）兼開發食品總經理
國豐麵粉	陶子原	（山東）兼台鐘紡織董事長
長城麵粉	趙常恕	（山東）兼台灣澱粉總經理
中國泰康罐頭	樂嗣墩	（浙江）
益華紡織	應昌期	（浙江）曾任台銀營業部經理
利業羊毛	應昌期	（浙江）兼台灣中興紙業董事長
遠東紡織公司	徐有庠	（江蘇）兼亞洲水泥總經理
中國人造纖公司	石鳳祥	（浙江）兼中華開發信託公司常務監察人
美豐毛紡織染	朱學仁	（浙江）兼毛紡同業公會理事長
裕豐紗廠	李崇年	（江蘇）兼中華開發信託公司常務監察人
台灣毛絨	王雲程	（江蘇）兼申一紡織董事長
國泰化工廠	周覺明	（江蘇）兼皇冠汽車材料董事長
中國海灣油品	胡新南	（江蘇）兼慕華化學董事長
台灣永固造漆	陳次平	（廣東）兼台灣永固電氣董事
台灣永固機械	石文樂	（江蘇）兼華孚油行經理

（資料）　Businessmans Directory of Repubic of China 1972-73
東京・アジア經濟研究所「台灣經濟總合研究」下卷，1968年，p.761

制品」、嚴厲管制輸入、以保護島內產品的超額利潤（參閱林邦充「台灣棉紡織工業發展之研究」——〝台灣銀行季刊〞第二〇卷第二期 p.130）。

如此、從大陸逃來的中國四大家族系紡織資本、與其說是民間資本、不如歸類於蔣家國民黨統治集團在民間的經濟代表比較恰當。它們在原料・外匯・資金・市場等方面、一開頭就受到國家強權＝「**中央信託局**」的殖民地性差別主義的特別庇護、而享有超額的獨佔利潤、同時再獲得「**通貨膨脹**」及「**雙重價格制**」（公定價格與市場價格）所招來綿布售價暴漲的橫財、以致在初期的短期間內就定下了在台灣民間產業界的領導地位、並且、又導致其他的一般中國人紡織企業的簇聚叢生（一九五〇—五三年之間、民營紡織企業由二〇〇家增至一千二二八家、其大部份都由蔣派中國人資本家所擁有—參閱「自由中國之工業」第一卷第四期一九五四年 p.36）、他們剝削（資本主義的）並掠奪（殖民地的）綿布衣料品主要消費者的農民・勞動者等台灣人勤勞大衆、而達成異常的「**資本再生產**」（殖民地性資本原始積蓄）。

以上所述的四大家族系及其他一般中國人紡織資本的獨佔發展、不外乎是一般蔣派中國人的各種民間企業、以殖民統治的國家強權爲後盾、而在台灣產業界獨佔發展的典型、因此、如表119所示、在蔣派中國人民營企業成爲蔣家國民黨官僚資本的外圍一翼而欣欣向榮之際、台灣產業的主要部門必然的都被他們一一吞併。

從一九六〇年起、大陸時期的「**四行總處**」系國營銀行（參閱 p.736）與上海商業儲蓄銀行、以及外資銀行（華僑銀行・日本勸業銀行・美國 Morgan Guarantee Trust Co.）開始來台營業後、憑其雄厚的金融資本、這些中國四大家族族系及一般中國人系民營企業更爲發展。

b　買辦台灣人系民營企業

(1)　「台灣五大家族」分享金融獨佔特權

如上所述、日據時代的台灣地主・資產階級的代表、即「**台灣四大家族**」(板橋林本源家・鹿港辜顯榮家・高雄陳中和家・基隆顏雲年家)、及霧峰林獻堂家(以下改稱爲「台灣五大家族」—參閱 p.327—340)、他們的大小企業(製糖・製茶・製鹽・製麻・金融・貿易・拓殖・礦業・地產等)、於戰爭末期幾乎全被總督府及日本獨佔資本所呑併。

不過這特權階級本來：㈠政治上就是外來統治者的買辦幫手、或者如林獻堂・陳逢源・蔡培火・張聘三等屬於「**台灣民眾黨**」右派主幹人士(「台灣地方自治同盟」份子)、歷來都不願意跟帝國主義完全脫離關係、而隨時想與外來統治者分享剝削台灣人大衆的剩餘勞動、㈡經濟上緊握著所擁有的**土地**與**銀行股票**(商工・彰化・華南等銀行—參閱表120)、因此、他們毫不遲疑的利用蔣家國民黨集團佔領台灣的機會、一方面協助新來統治者的接管工作、並充當「**空想漢族主義**」的傳聲筒爲**政治資本**、另一方面以土地與銀行股票等爲**經濟資本**、而想達成舊有的經濟慾望、即與統治者共享剝削台灣人大衆的機會。

至於蔣家國民黨外來統治者、他們爲了籠絡台灣人大衆、當初就由大陸帶來一批曾在中國久住過的台灣人特務政客、就是所謂「**半山**」。不過、這些台灣人特務政客、因流浪海外多年、與台灣的社會關係已很淺薄、所以不一定能起所預期的作用、因此、蔣家國民黨外來統治者、不得不另外尋覓一批土著的特權階級。於是、「**台灣五大家族**」及其附庸們又能抓著重新粉墨登場的機會、終於成爲統治者的第二級幫兇、也就是所謂的「**靠山**」。

表 120　台灣各銀行初期的資本構成・代表者・開設日期

	資本金（1964年）	公・私資本率		代表者	在台開設日期
		官	民		
	萬元	%	%		
中央銀行（國營）	1,000	100.0	—	俞鴻鈞・徐柏園・俞國華	1961 年 6 月
中國銀行（〃）	18,000	66.7	33.3	徐柏園	1960 年 10 月
中國農民銀行（〃）				陳立夫・陳果夫・金克和	
交通銀行（〃）	18,000	88.0	12.0	趙杉華・趙志堯・俞鴻鈞	1960 年 2 月
中央信託局（〃）	18,000	100.0	—	尹仲容・俞國華・滕　傑	1949 年 2 月
郵政儲金匯業局（〃）					
台灣銀行（省營）	30,000	100.0	—	嚴家淦・尹仲容・徐柏園	1946 年 5 月
台灣土地銀行（〃）	4,000	100.0	—	嚴家淦・蕭　錚・陳勉修	1946 年 9 月
台灣省合作金庫（〃）	3,000	60.0	40.0	謝東閔・李連春	1946 年 10 月
第一商業銀行（〃）	6,400	74.5	25.5	黃朝琴・陳啓清・高湯盤	1946 年 3 月
華南商業銀行（〃）	6,000	58.2	41.8	劉啓光・陳逢源	1946 年 3 月
彰化商業銀行（〃）	6,000	56.2	43.8	林獻堂・羅萬俥・張聘三	1946 年 3 月
華僑商業銀行（民營）	10,703	—	100.0	蔡功固・吳長炎	1961 年 3 月
中華開發信託公司（〃）	12,000	19.6	80.4	林柏壽・霍寶樹・趙葆全	1959 年 5 月
日本勸業銀行台北分行（〃）					1959 年 9 月

（資料）　譚玉佐「中國重要銀行發展史」1961, p.56　「台灣省財政統計」1962 年第 7 期，p.197　東京台灣銀行特殊清算事務所「終戰後の台灣における金融經濟法規並に資料」經濟日誌 1954 年

從此可知、戰後台灣的**新買辦階級**係由：

㈠黃朝琴・劉啓光・謝東閔・連震東・林頂立等特務政客（半山）

㈡林獻堂・林伯壽・陳逢源・陳啓清・陳啓川・羅萬俥・張聘三・顏欽賢・辜振甫等「**台灣五大家族**」及其附庸（靠山）

㈢李連春・徐慶鐘・許金德・林挺生・李建興・謝成源等投機份子（靠山）

這三種人所構成。他們以日據時代的銀行股東名義、分到「**第一商業銀行**」「**華南商業銀行**」「**彰化商業銀行**」「**台灣省合作金庫**」等金融機關的經營權（參閱表120）。這些台灣舊有的金融機關雖說已被接收爲「**公營企業**」（省營）、但實際上、卻在官商勾結的情況下（蔣家國民黨官僚與台灣人買辦特權階級相勾結）、半山及靠山壟斷了組織・人事・資金・存款・放款等業務實權。他

們掌握的這些銀行、自然而然成爲新買辦特權階級從事經濟活動的大本營。尤有甚者、他們在一九四七—五〇年間、利用台灣空前的經濟恐慌、就是物價暴漲・百貨極端缺乏的時機、與蔣家國民黨的貪官污吏狠狽爲奸、挪用了巨額的銀行資金、肆行搜集物資・囤積居奇・放高利貸・操縱市場等、藉以大發所謂「經濟恐慌之財」、累積了巨大的超額資本、爲下一段將述及的買辦台灣人系民間企業發展做了頭一個的準備工作。

(2)　**「土地改革」與買辦台灣人系民營企業**

大戰後、台灣所有的日人企業全被收歸官有、而被置於蔣家國民黨巨大官僚資本獨佔體制之下、並且、經濟恐慌・商業投機以及農產物的強徵暴斂等招來台灣社會已趨貧窮化、以致土著資本積蓄的經濟基礎被毀壞、社會生產事業急趨蕭條。

一九五二年、蔣家政權實施「**土地改革**」及地價補償等政策、於是、台灣傳統的土地制度（佃農制度）乃開始崩潰、地主・資產階級的「**土著資本**」重新被改編、新興資本家抬頭、以致實現了一部份的所謂「**地主資金的工業資本化**」（參閱陳誠「台灣土地改革紀要」一九六一年 p.60）。

同年一月蔣家政府公佈「**實施耕者有其田條例**」、以七〇%的現物債券與三〇%的公營企業「**四大公司**」股票（水泥・製紙・工礦・農林）爲補償、強制收買地主所擁有的土地、然後再放領給佃農、因此大小地主手裡得到面額二二億元的「**土地債券**」與六億六千萬元的「**公司股票**」。這些共計有二八億六千萬元（等於一九五三年國民總生產二三〇億元的一二%）的一部份資金逐漸轉化爲發展民營企業的土著資金（參閱 Hui-Sung Tung, Land Reform in Free China, 1957, p.194）。

蔣家國民黨政權把公營企業即「**四大公司**」放領給台灣地主、無非是因爲：㈠大部份的公營企業在業務上萎縮不振（參閱p.971）、㈡美國的資本主義要求台灣發展「自由經濟」（參閱p.972）、㈢台灣大地主・大資產階級圖謀以公營企業為私有。

然而、以外來統治者的利益為出發點且從上而下強制推行的這種土地改革、並不能使台灣地主都變成近代企業的資本家、相反的、大多數中小地主卻急趨沒落、土著資本因而進行獨佔集中、少數大地主・大資產家終於壟斷了蔣家政府所給的民營企業。這主要是因為大戰後台灣農村受盡新來統治者蔣家國民黨的壓迫與掠奪、以致中小地主階級不相信蔣家政權所補償的證券的價值、他們不把它當做能夠藉以保持財產的有效手段、尤其對於業務上一蹶不振的「四大公司」、大家更認為應把這不值錢的公司股票盡早變賣為其他種類的財物才能心安。另一方面、「台灣五大家族」等大地主・大資產家、卻把這些股票集中於手中、以期獲取「四大公司」的經營支配權。

在這種情況之下、蔣家行政院於一九五四年一月公佈了「台灣省證券商管理辦法」、正式法定股票交易、所以、自一九五四年三月一日「四大公司」正式發行股票開始、面額六億六千萬元的公司股票乃成為數以千計的大小證券商（以曾在上海證券市場長期玩票的中國人為首）所獵取的對象。這些證券商唯利是圖、以虛報行情・操縱市場等欺騙手段、利用了鄉間中小地主不熟悉行情而急於出售公司股票的心理、殺價收買他們所持有的股票、所以有的被殺價到面額的一半、有的甚至以原價的二成出售、例如面額一〇元股票只賣得台幣二元（參閱袁大羽「台灣之證券交易」—《台灣銀行季刊》第一六卷第二期一九五六年六月p.2）。

這種情形、與初期日據時代由台灣銀行出面殺價收買大租權補償金的事業公債一樣的手段如出一轍（參閱p.318）。

這些呼起喚落的證券商、其實只不過是掮客之類的商人、當時、**小盤**證券商盤據各鄉村、他們受股票交易所的委託後、就把各地搜集來的股票集中到各地市鎭、交給**中盤**證券商、經中盤商集中後、再到台北的**大盤**證券商處（大盤商人由擁有資方且富經驗的上海人爲主、與中國四大家族系紡織資本同爲當時在台中國人民間資本的二大財閥）、然後、再由這些大盤證券商轉賣給握有銀行資金的「**台灣五大家族**」及其附庸。由此可見、這些證券商人在全島各地所建立的股票收買機構、其實就是**台灣土著資本獨佔集中的大機構**、透過這個土著資本集中機構、擁有第一・華南・彰化三大商業銀行及合作金庫・儲蓄合會的「**台灣五大家族**」等台灣人買辦特權階級、才能運用銀行資金、殺價收買四大公司的股票、奪取了戰後頭一號台灣人系民營企業即「**四大公司**」中的水泥・製紙・鳳梨等大企業的支配權。

例如、一九五四年三月「**四大公司**」正式發行股票後、在同年十月他們就召開「**台灣水泥公司**」第一屆股票大會、決定了董事長林柏壽（林本源家）、監察人林熊祥（林本源家）・陳逢源（華南商業銀行常務董事）等幹部人事、如此、台泥的企業經營權自此完全落於「**台灣五大家族**」手中（參閱「自由中國之工業」一九五四年十二月第二卷第六期 p.23）。

如表93所示、蔣家政權放領給台灣地主・資產階級的所謂「**四大公司**」、就是「**台灣水泥公司**」「**台灣紙業公司**」「**台灣工礦公司**」「**台灣農林公司**」。其中、「**台泥**」「**台紙**」二單位的資本較爲雄厚、生產規模較大、可算是台灣製造業的佼佼者。尤其是台泥、於「**台灣五大家族**」取得其經營支配權後、都跟中國四大家族系紡織企業同樣的享有蔣家政府的「**統制即保護政策**」（參閱 p.979）、獨佔了生產・市場・價格及利潤等。例如、「**台泥**」在一九五五年的生產獨佔率及市場獨佔率都是一〇〇%、一九五七年才減爲九一・七%（因中國人財閥資本的「嘉新水泥公司」出現）、一九五七年再減爲七七・五%。但一貫以軍用・民間・市場的三層次不同價格而獲得異常的利潤（參閱葉仲伯「台灣之水泥工業」—〝台灣銀行季刊〞一九五八年二月第九卷第四期）以致生產發展得很快、成爲一九五〇年代買辦台灣人系民營企業的先鋒。

至於「**台灣工礦公司**」「**台灣農林公司**」這二個單位、本來是日據時代的中小企業（共有一五個業種、二〇八個企業單位）所併湊而成的企業、一九五四年變成民營後、除了「**台灣鳳梨公司**」（與「台泥」同樣受到蔣家政權的「統制即保護政策」）之外、都因規模小・資金短絀・工廠分散且設備簡陋等原因、生產萎縮不振、所以與「**台泥**」不能相比。

(3)「中華開發信託公司」與買辦台灣人系民營企業

蔣家國民黨政權初臨台灣時、一向以**黨官僚金融獨佔體制**為其半封建性殖民統治的經濟工具、所以把一切金融機關歸為國有官營、絲毫不允許有任何種類的民營銀行存在（參閱表107）。然而、到了一九五〇年代末期、由於台灣經濟與國際經濟關係日益緊密、換言之、美・日帝國主義對台灣的經濟侵略日趨深化、所以蔣家國民黨政權為了獲得更多的外國資本以加強經濟剝削、遂在不影響黨官僚金融獨佔體制的前提下、改變原來方針、特別允許設置一個所謂**民營金融機關**。於是、所謂官商合辦的「**中華開華信託公司**」、才跟外國資本系的「**華僑商業銀行**」「**日本勸業銀行台北分行**」同時出現。

「**中華開發信託公司**」是以獲取美援及世界銀行等的外國資金、而後貸款給民營特權企業為目的的一個特權金融機關。換句話說、就是以國際金融資本為後盾的**買辦銀行**（參閱「自由中國之工業」一九五八年七月第一〇卷第一期p.22）。它是由蔣家國民黨政權・美援運用委員會以及民間大資本等三者相結合所共同創立的。這特權銀行是在一九五七年八月中央信託局局長俞國華率領「**金融考察團**」赴美考察回來後的一年許、即一九五八年十一月、經蔣家行政院公佈「**開發公司促進委員會組織辦法**」、並以「**美援運用委員會**」為策動中心、且經蔣家國民黨金融官僚俞國華・霍寶樹・張心治・及浙江財閥巨

表121　中華開發信託公司的主要股東（1666年2月）

出資企業	資本系統	董事長	出資額	出資率	擔任信託公司幹部
			千元	%	
上海商業儲蓄銀行	浙江財閥	陳光甫（浙江）	12,400	10.3	陳光甫・貝祖詒
Morgan 國際銀行	美國財閥		12,250	10.2	張心洽（廣西）
中國銀行	官營	兪國華（〃）	10,000	8.3	兪國華
交通銀行	〃	兪源鈞（〃）	10,000	8.3	趙葆全（江蘇）
台灣銀行	〃	徐柏園（〃）	3,470	2.9	龔禮因（浙江）
台灣水泥公司	台灣人系	林柏壽（板橋）	7,500	6.3	林柏壽
大同製鋼機械公司	〃	林挺生（台北）	5,000	4.2	林挺生
新竹玻璃公司	〃	陳尚文	5,700	4.8	陳尚文
中國人造纖維公司	中國人系	石鳳翔（浙江）	3,750	3.1	石鳳翔
台灣鳳梨公司	台灣人系	謝成源（台北）	3,000	2.5	謝成源
台灣塑膠公司	〃	王永慶（新店）	1,500	1.3	
南港輪胎公司	〃	許金德（新竹）	750	0.6	許金德
亞洲水泥公司	中國人系	王新衡（浙江）	450	0.4	
小計			115,770	63.0	
台灣煉鐵公司	台灣人系	陳逢源（台北）			陳逢源
嘉新水泥公司	中國人系	張敏鈺（浙江）			張敏鈺
中國非鐵金屬公司	〃	潘鋕甲（江蘇）			潘鋕甲
申一紡織廠公司	〃	王雲程（〃）			王雲程
台灣裕農紗廠	〃	李崇年（〃）			李崇年
台陽鑛業公司	台灣人系	顏欽賢（基隆）			顏欽賢
瑞三煤礦公司	〃	李建興（瑞芳）			李建興
其他					趙聚鈺（湖南） 阮蔭霖（廣東）
總計			120,000	100.0	

（資料）　「中華開發信託公司上市證券公開說明書」
　　　　　「中華民國工商人物誌」

頭陳光甫與台灣買辦資產階級代表人物林柏壽等的推進、在一九五九年（民國四八年）五月開始營業（參閱譚玉佐「中國重要銀行發展史」一九六一年 p.510）。

該公司成立時的資本金爲新台幣八千萬元、共有一二二股、其股份的分配內容是：㈠官股三（出資率佔總資本金的一九・六%）、㈡外資股一（出資率一〇・二%）、㈢民股一一八（出資率五九・九%）。到一九六三年、該公司資本金再增爲一億二千萬元。如表121所示、仍以國營銀行・外國資本・民間大企業爲主要出資者（參閱「中華開發信託公司上市證券公開說明書」一九六六年 p.2）。

「中華開發信託公司」創立

時網羅了蔣家黨金融官僚代表人物及台灣買辦特權階級大亨、其首腦如左：

董事長　林柏壽

常務董事　兪國華

常務監察人　李崇年

董事

兪國華（浙江省人、在本國時曾任軍事委員長蔣介石侍從秘書・國際基金會副執行董事・中央信託局局長－到台灣後任中國銀行董事長・中央信託局局長・財政部長・中央銀行總裁・國民黨中委等）

霍寶樹（廣東省人、在本國時曾任四行聯合總處理事・中國銀行副總經理・全國善後救濟總署署長－到台灣後任中國銀行常務董事等）

趙葆全（江蘇省人、在本國時曾任中國農民銀行總經理・中國農業供銷公司董事長－到台灣後任中國交通銀行總經理等）

陳光甫（浙江省人、浙江財閥巨頭、在本國時任中央・交通・中國各銀行董事・郵匯局監察人・中央信託局監察人・財政部貿易委員會主任委員、外匯管理委員會常務委員、上海商業儲蓄銀行董事長等）

石鳳翔（浙江省人、蔣緯國的岳父、到台灣後任大秦紡織公司董事長・中國人造纖維公司董事長等）

王雲程（江蘇省人、在本國時曾任寅豐毛紡織染公司董事長－到台灣後任中一紡織廠公司董事長等）

胡家鳳

楊兆熊

林柏壽（板橋林本源家、戰前曾任林本源柏記產業會社社長・大成火災海上保險會社取締役・台灣商工銀行取締役－戰後任台灣第一商工銀行董事・台灣銀行監察人・台灣水泥公司董事長・台灣電力公司董事・啓業化學工業公司董事

長・台灣電視公司董事長・中國國際商業銀行董事長等）

許金德（新竹縣人、戰後任台灣省臨時議會議員・新竹汽車貨運公司董事長・台灣工礦公司董事長・士林電氣公司董事長・南港輪胎公司董事長・國賓大飯店董事長・台灣省議會副議長等）

林挺生（台北市人、戰後任國民黨台北市黨部主任委員・國民黨中央常任委員・台北市議會議長・大同製鋼機械公司董事長・中興電工機械公司董事長・台灣省工業會理事長・中國化學公會理事長・台北區電工器材工業同業公會理事長・交通銀行董事等）

李建興（台北縣人、戰後任瑞芳鎮長・台灣省熿業調節委員會・主任委員・瑞三熿礦公司董事長・中央銀行董事等）

陳尙文（新竹玻璃公司董事長）

監察人

李崇年（江蘇省人、在本國時曾任中央信託局常務董事・陝西省財政廳長・兼陝西省銀行董事長・郵匯局董事―到台灣後任交通銀行常務董事・台灣裕豐紗廠公司董事長等）

顏欽賢（基隆顏雲年家、戰前曾任基隆炭礦會社社長―戰後任台灣省參議會議員、台灣區煤礦業公會理事長、台陽礦業公司董事長、台灣水泥公司董事、三陽金屬工業・三陽企業・三陽航運・台灣造船・台北汽車客運等公司董事長）

謝成源（台北市人、戰前曾任義裕店東―戰後任台北市布業同業公會理事長・台灣省商會聯合會常務董事及董事長・義裕貿易公司董事長・台灣鳳梨公司董事長・台灣義裕染織廠董事長・台灣省進出口商業公會理事長・中國國際商業銀行常務董事等）

總經理　霍寶樹

副經理　張心治（廣西省人、曾任台灣銀行國外部經理）

潘鋕甲（江蘇省人、曾任交通銀行總經理・中國非鐵金屬公司董事長）

該公司的幹部人事自創立後略有更換、參加人數增加、有：

陳逢源（台南縣人、戰前為台灣文化協會・台灣議會設置期成同盟・台灣民衆黨・台灣地方自治同盟等組織理事、大東信託公司信託課長・台灣新民報經濟部長—戰後任台灣省臨事議會議員、華南商業銀行常務董事・台北區合會儲蓄公司董事長・台灣煉鐵公司董事長・台灣自行車公司董事長、新台灣農業機械股份公司董事長・大公企業公司董事長、台灣水泥公司常務董事、啓業化工公司常務董事、中國人造纖維・台灣電視・國賓大飯店・太平洋電纜・味王醱酵工業等公司董事、泰安產物保險公司常務監察人等）

張敏鈺（浙江省人、在本國時曾任中國悅染織廠董事長・大東紡織公司常務董事—到台灣後任嘉新水泥公司董事長益新紡織廠董事長・中國人造纖維公司常務董事等）

趙聚鈺（湖南省人、在本國時曾任中央信託局科長—到台灣後任中央信託局台灣分局經理・國軍退除役官兵就業輔導委員會主任委員等）

阮蔭霖（廣東省人、在本國時曾任中國國貨銀行襄理—到台灣後任台灣銀行國外部副經理・中本紡織廠公司常務董事・交通銀行國外部經理等）

「**中華開發信託公司**」就是日據時代國策會社「**台灣拓殖會社**」的翻版（參閱p.292）、從外來統治者的利益出發、藉以殖民統治台灣並剝削台灣人大衆。如表122所示、該公司資金巨大、業務涉及廣泛。他們以美援資金（美援運用委員會）及開發借款基金（Development Loan Fund＝DLF）・國際開發協會（International Development Association＝IDA 第二世界銀行）・國際復興開發銀行（International Bank of Reconstruction and Development＝IBRD 世界銀行）等國際金融資本為後盾（從此可以看到其所具有的濃厚的買辦性）、一開始就擁有一六億二千萬元的巨大資金、進行了有關產業開發的貸款・投資・信託・保證・代理業務・技術・設計等一切的企業業務。例如在一九六四年、以六億二千萬元、貸給紡織（四〇・六

表122　中華開發信託公司的資金來源與規模（1960年代）

借款對象	借款金額	
	台幣　萬元	
美援資金（美援運出委員會）	30,000	1959年
開發借款基金（DLF）	1,000 (40,000)	1960年
國際開發協會（第二世界銀行）	500 (20,000)	1962年
國際復興開發銀行（世界銀行）	1,500 (60,000)	1964年
自己資本	12,000	1965年
計	162,000	

（資料）　「中華民國年鑑」1960年 p.419
1962年 p.416
1965年 p.436

％）、化學（一八・五％）、食品（九・七％）、礦業（八・一％）、其他（二三・一％）等各種企業行號、另外該公司也擁有公債一億二千八〇〇萬元（參閱中央銀行金融業務檢查處「各金融機構業務概況年報」一九六四年p.157）。

該公司再以七千七五九萬元的資金、投資於中國人民間大企業及買辦台灣人系民間企業、計有台灣電視事業公司（董事長林柏壽）・台灣證券交易所（董事長辜振甫）・中華證券投資公司（董事長辜振甫）・中興電工機械公司（董事長林挺生）・國賓大飯店（董事長黃朝琴）・聯合耐隆公司（董事長賴清添）・中華彩色印刷公司（董事長陳延炯）・利華羊毛工業公司（董事長應昌期）・國華海洋公司・台富食品工業公司・天光電氣公司等（參閱「中華開發信託公司上市證券公開說明書」p.5）。

「**中華開發信託公司**」、大體上以年利息五・五％、手續費〇・三七五％、由世界銀行等借來國際性資金後、再以年利息一四・四％、貸給台灣民營大企業（參閱「中華民國年鑑」一九六六年p.513）。

觀諸上述該公司的政治背景・營業目的・股東陣營・幹部人事・資金來源・放款對象・投資對象等、即可知道該公司是個得天獨厚的特權資本、而具有如下的特性：㈠以統治及剝削殖民地為出發點及其終極目標的**殖民地資本**、㈡以美援・國際金融資本為後盾的**國際買辦資本**、㈢以蔣家黨官僚為主幹的**官僚金融資本**、㈣以買辦台灣人系民間企業為基本股東的**台灣買辦資產階級資本**、㈤以蔣家中國人系大企業及買辦台灣人系大企業為放款及投資對象的產業獨佔資本。

⑷ 買辦台灣人系民間企業的肥壯發展

原來、台灣資本主義在封建殘餘的蔣家政權殖民統治下逐漸發展、這與過去在日本帝國主義下的發展大有不同。這是因爲當時日本國內資本主義已發展到相當水準、總督府與日本獨佔資本一手包辦了台灣的資本主義化、以致阻礙了台灣的地主・資產階級的近代化、因此、他們沒有發展機會。然而、蔣家國民黨政權乃是從中國社會裡逃亡出來的封建軍閥集團、他們到台灣後、雖然受到美帝國主義的援助與督導、但除了政治統治・特務監視・官僚獨佔之外、還需要一批具有經營技能的土著資產階級充當政・經買辦、以提高台灣社會生產力、進而更有效的剝削台灣人大衆。於是、這些名爲台灣人但政治立場卻靠攏外來統治者的「**台灣五大家族**」等、就乘機獵取經濟特權、與統治者分享到剝削台灣人大衆的一杯羹。在這種情況下、「**台灣五大家族**」爲首的新買辦特權階級、就如上述、先以第一銀行・華南銀行・彰化銀行・合作金庫等所謂公營金融機關爲其經濟活動的第一個據點、一九五〇年代再以「**四大公司**」爲第二個據點、一九六〇年代又增加一個「**台灣開發信託公司**」做爲第三個據點、而一帆風順的進行了超額的資本積蓄、迅速的發展買辦台灣人系民營企業（參閱表123）。

茲將三〇年來君臨於台灣人大衆的民營企業界買辦台灣人巨頭略舉於下：

林柏壽（參閱 P.991）

黃朝琴（台南縣人、在中國時曾任蔣家國府駐美國舊金山駐印度加爾各答總領事—回台灣後任外交部駐台灣特派員及駐甘肅特派員・台北市長・台灣省參議會議長・第一商業銀行董事長・國賓大飯店第一任董事長—死亡）

劉啓光（嘉義縣人、日據時代是「台灣農民組合」幹部、本名侯朝宗、在中國時是軍統特務、曾任蔣家國民黨台灣黨部籌備處設計委員會委員兼秘書—回台灣後任軍事委員會台灣工作團少將主任・台灣行政長官公署參議・新竹縣長・華南商業銀行董事長・台灣火柴公司董事長・大華企業公司董事長等—死亡）

表 123　例示買辦台灣人系民營大企業（1970 年代）

公　　司	幹　　部
第一商業銀行	黃朝琴・陳啓清・高湯盤
華南商業銀行	劉啓光・陳逢源・陳啓川
彰化商業銀行	林獻堂・張聘三・林永樑
台灣省合作金庫	謝東閔・李連春・洪樵榕
台北區合會儲蓄公司	陳逢源・何　傳・蔡萬春
中華開發信託公司	林柏壽・陳逢源・許金德
台灣水泥公司	林柏壽・辜振甫・陳逢源
台灣農林公司	辜振甫・蔡鴻文
大台北區瓦斯公司	吳火獅・林　宏
台灣紙業公司	何　傳
台灣工鑛公司	許金德・吳祖平
台菱企業集團	林山鐘・葉山母
台灣電視公司	林柏壽・陳逢源
啓業化學工業公司	〃・〃
何朝育企業集團	何朝育・何黃美英
大同製鋼機械公司	林挺生・陳逢源
中興電工機械公司	〃
台灣煉鐵公司	陳逢源・林熊祥
陳逢源企業集團	陳逢源・郭金塔
新台灣農業機械公司	〃・何榮庭
大公企業公司	〃
台灣證券交易所	辜振甫・黃烈火
陳查某企業集團	陳查某・陳建忠
中華信託投資公司	辜振甫
台灣福聚化學公司	〃
遠東貿易中心	〃
華僑人壽保險公司	〃・丘漢平
中華民國國貨館	〃・陳啓清
台陽鑛業公司	顏欽賢
三陽金屬工業公司	〃
三陽企業公司	〃
利台企業集團	張清來・鄭阿牌
賴森林企業集團	賴森林
義裕貿易公司	謝成源
台灣鳳梨企業集團	謝成源・陳雲龍
米王醱酵工業公司	陳雲龍・陳逢源・杜萬全
新竹汽車貨運公司	許金德
南港輪胎公司	〃・何　傳・杜萬全
士林電氣公司	許金德
瑞三煤礦公司	李建興
瑞三煤礦公司	〃
何傳企業集團	何　傳・何　永
台灣塑膠公司	王永慶・何　傳
南亞塑膠公司	〃・〃
台旭纖維公司	〃
台灣化學纖維公司	〃
新茂木業公司	〃
台豐企業集團	林玉嘉・陳逢源
賴清添企業集團	賴清添
國泰人壽保險公司	蔡萬春・蔡辰男
國泰產物保險公司	〃・林頂立・黃烈火
國泰信託投資公司	〃・吳憲藏
國泰塑膠工業公司	〃
台南紡織企業集團	吳三連・侯雨利
新竹玻璃公司	林　燈・呂錦花
聯合耐隆公司	賴清添
大華企業公司	劉寬敏・張愚山
東和企業集團	鄭　旺・陳清曉
南山人壽保險公司	陳啓清・朱孔嘉
津津味素公司	黃烏水・莊洫川
味全食品公司集團	黃烈火・李景潞
中國化學製藥公司	王民寧
泰安產物保險公司	游彌堅・林坤鐘・陳逢源・何　傳
新光企業集團	吳火獅・洪萬得
國賓大飯店	黃朝琴・許金德・辜振甫・陳逢源・陳啓清・何　傳・林柏壽・鄭　旺
林春榮企業集團	林春榮・姚阿地

（資料）　台灣證券交易所「上市證券概況」
中國徵信所「台灣省公民營公司名錄」
中華民國工商協進會「中華民國工商人物誌」
張景涵「台灣社會力的分析」

陳啓清（高雄陳中和家、戰後任蔣家國民大會代表・台灣省商會聯合會第一任理事長・第一商業銀行常務董事及董事長・台灣水泥公司常務董事・台灣糖業公司董事・唐榮鐵工廠公司董事・南山人壽保險公司董事長・國賓大飯店常務董事等）

陳啓川（高雄陳中和家、戰後任行政院設計委員會委員・台灣省政府顧問・彰化商業銀行常務董事・台灣水泥公司監察人・中和興產公司董事長・台灣工礦公司董事・烏樹林製鹽公司董事・中央銀行監事・高雄市長等）

陳逢源（參閱 p.993）

林挺生（參閱 p.992）

顏欽賢（參閱 p.992）

許金德（參閱 p.992）

李建興（參閱 p.992）

謝成源（參閱 p.992）

辜振甫（鹿港辜顯榮家、戰後任國民黨中央委員・經濟部顧問・大成火災保險公司常務董事・台灣農林公司監察人・台灣水泥公司常務董事及董事長・高雄硫酸亞公司董事・泰和興業公司董事長・台灣證券交易所董事長・中國信託投資公司董事長・台灣福聚化學工業公司董事長・中華民國工商協進會理事長・台灣工業會理事長・遠東貿易服務中心董事長・華僑人壽保險公司董事長・台灣通運倉儲公司常務董事・台灣水泥工業同業公會常務理事・國際商業會議所副理事長等）

(5) 土著中小企業

如上所述、蔣家國民黨外來統治集團、先以收歸國有的方式把日據時代的台灣巨大企業刦爲己有、再以「**四大公司**」中的水泥・製紙・鳳梨等營業較好的大企業賜給靠攏份子的台灣買辦資本家。然而、土地被充公的大部份中小地主卻只能分到「**台灣工礦公司**」系鋼鐵企業三一・煤礦二四・窯業三六・玻璃企業九・油脂企業九・印刷企業一四・化學企業一二・電器企業五・建設企業一六・橡膠企業一一、業種一六七單位（其餘的紡織企業歸官有）、及「**台灣農林公司**」系製茶企業八・鳳梨製罐五（最大企業的「合同鳳梨會社」先由台灣買辦資本所劫去）・水產企業九・畜牧企業二二等破舊不堪的四五單位零細企業。換言之、戰後經過屢次分配企業及資本的結果、日人所有的巨大企業盡由蔣家國民黨政權及其附庸的台灣買辦特權階級所劫取、其餘零碎的中小企業、才落到各地方的中小地主・資產家手裡。

這些中小企業轉化爲中小地主・中小資產家所有之後、幾乎都因資金短絀・高利貸・苛捐重稅・生產過剩・市場陝隘等不利條件所累而一蹶不振。這些中小企業與買辦台灣人系大企業基本上有所不同、他們因不受蔣家國民黨外來統治者的特權性保護與撐腰、所以要靠自己的經濟活動才能發展、結果、他們幾乎都成爲具有「**台灣民族資本性格**」的民營企業、其後渡過一〇個艱難的年頭、也是等到一九六〇年代外資侵入、他們才獲得擴大業務的機會。

c　譎詐的「土地改革」

從人類社會發展史看來、十七、八世紀的西歐社會正值「**封建社會階段**」末期、這是因爲「**產業革命**」使**社會生產力**飛躍發展、以致傳統的封建性的**生產關係**（領主或地主與農奴的社會關係）成爲社會生產力將進一步發展的障礙、於是、新興的資本家階級乃起來領導民主主義革命（「法國大革命」就是典型例子）、把**農奴**與**土地**從封建桎梏解放出來、「**資本主義社會**」由此漸次形成。

然而、十九世紀以後、在西歐與美日帝國主義壓迫・剝削下的亞洲殖民地社會、卻仍保持著舊有的封建生產關係。這就是說、傳統的地主階級仍然統治著廣大的無地農民、使社會停滯於封建體制下、工業不能發達、生產力低落。

台灣社會雖然具有四百年的歷史過程、同時也經歷了幾次變革、然而、構成台灣社會基層建築的生產關係、因日本帝國主義要移植資本主義於台灣時、把民主主義不肯同時移植、所以、台灣社會在本質上仍然保持著它的殖民地性與封建性、結果、廣大農民尚無自己所有的土地可耕。

台灣農民在這種殖民地性及封建性的土地制度下、曾留下了許多自我解放鬥爭的英勇事跡。例如、清朝時代的反滿清外來統治鬥爭、無一不是由廣大的農民大衆起來發難、而且、無不具有反殖民地・反封建的雙重性格（參閱 p.207 — 214）。日據時代、經過了初期農民武裝抗日後、台灣農民在社會主義潮流的鼓舞下、透過「**台灣農民組合**」而在近代農民解放鬥爭史上寫下了輝煌的一頁（參閱 p.635 — 670）。然而自一九三一年後、農民解放鬥爭因遭日本帝國主義的摧殘、所以受到嚴重打擊。戰後、中國蔣家國民黨軍閥政權爲了鎭壓二二八大革命、即以殘酷的手段屠殺台灣人大衆、因此、台灣農民的解放鬥爭再度受到致命的摧殘。

一九四八年秋、蔣介石及其國民黨政權、因中國本土內戰漸趨不利、遂任命心腹大將陳誠爲台灣省主席、預做逃台準備。可是、當時的台灣與大陸同樣、經濟混亂・政治動盪・社會不安、農民大衆受經濟恐慌及強徵米穀的影響而生活極端困苦、又由於二・二八大革命的屠殺及彈壓、使社會裡各階層對外來統治者的仇恨更深一層。

一九四九年一月陳誠到任後、爲了㈠深入台灣農村加強殖民統治、㈡騙取台灣農民的支持、㈢確保二〇〇萬逃亡人口的米糧、遂以強權執行在大陸從未實行過的所謂「**土地改革**」。這就是台灣的土地改革在蔣家國民黨政權危急存亡的利害下被付諸實行的原因。更確切的說：「**若不改變與台灣地主階級的舊有關係而進行土地改革、則無法繼續統治台灣。**」（日本・農政調查會「戰後における諸外國の土地改革」一九六四年 p.203）。

大概說來、所謂「**土地改革**」（主要在亞洲）有兩種典型、一種是中共所推行的土地改革、即由下層貧農階級發動、目的是爲了解放農民、所以具有反體制性（反封建性）、是徹底的、是革命的。與此相反、另一種則是舊中國大地主・大資本家・大官僚階級的蔣家國民黨政權在台灣所強行的土地改革、即從上而下的・從外而內的、是爲了統治者階級利益、爲了維持舊體制的（維持封建的與殖民地的體制）、所以是似是而非的土地改革。

台灣在一九五〇年

總面積三萬五千九八一平方公里

耕地八三萬八千一九〇公頃（八七萬一千七一七甲、一公頃＝一・〇四甲）、佔總面積的二四%

水田五一萬九千六七七公頃（佔總耕地的六二%）

園（旱田）三二萬八千五一三公頃（佔總耕地的三八%）

然而、台灣人口增加率頗高、自一九〇〇年至一九五〇年的半世紀間、由二七五萬人增爲三倍、共達七六八萬人（從中國大陸的逃亡人口二〇〇餘萬在內）、而農業人口佔其六〇%（終戰時是五一%）即四六〇萬人。其中：

自耕農　三五%

半自耕農　二六%

佃農　三九%

耕地面積的五六%是「瞨耕地」（佃農租借土地）、每戶農家的耕地面積平均爲一・三公頃、耕作二公傾以下的農家佔總農戶的七二%（參閱表25、表26、表27、表64、中國農復會土地改革分科會・湯惠蓀「台灣の小作料輕減・農地買收政策」　日本・農政調查會〝世界各國における土地制度と若干の農業問題、その一〟一九五二年p.71　台灣省農林廳「台灣農業年報」一九五一年）。

因此、擁有六、七人家口的台灣農家、大部份都無法維持他們的生活（參閱表28、表29）。「台灣農民很勤勉、他們辛苦的耕作著一望無邊際的西海岸平原。但是這種繁榮不過是一種泡影耳、因爲佔農民總人口三分之二的佃農階級、常年都受到營養不良・疾病・貧困等所累。……大多數農家在青黃不接時、都吃不到米飯。……筆者考察遠東・東南亞及中東各地的結果、比較起來、台灣佃農的農舍的外觀・設備都最爲簡陋。……台灣農村在社會・政治上的不平衡亦很顯然、地主階級佔上層、佃農階級則被壓在最下層（田租高至農作物的五五—七〇%）。這種社會狀態如果不改變、而想求台灣農村的安定、簡直是痴人之夢話。」（美政府國務省駐東京農業官 Wolf Ladejinsky「台灣の農業改革」—日本・農政調査會〝世界各國における土地制度と若干の農業問題、その一〟p.78）。蔣家國民黨亡命政權就是在這種台灣農村貧困的情況下、爲了鞏固它的統治地位、藉口「善政」、於一九四九年開始推行所謂「土地改革」。

(1)　三七五減租

陳誠就任台灣省主席後、在「中國農村復興聯合委員會」（簡稱「農復會」、蔣家國府與美國政府合作設立）的協助下、不等蔣家立法院正式通過「耕地三七五減租條例」（一九五一年五月通過）、先於一九四九年（民國三八年）四月就公佈「**台灣省私有耕地租用辦法**」、而在同年的第一期稻作期間開始實施「**三七五減租**」、規定地主從佃農所徵收的地租、每年不得超過該租地總收成的三七・五%。「**減租政策**」的構想、本來是由孫文所提倡、但是蔣家國民黨政權統治大陸時、除了一九三〇年陳誠任湖北省主席實行所謂「**二五減租**」之外、在中國本土從未實行過（參閱陳誠「台灣土地政策紀要」一九六一年、p.17）。

(2) 放領公有耕地

一九五一年（民國四〇年）六月、蔣家國民黨外來政權公佈了「**台灣省放領公有地扶植自耕農實施辦法**」、決定把政府及公營企業（主要是台灣糖業公司）所擁有的公有地（官有地）、一部份放領給佃農階級。

當時、蔣家國民黨政府及公營企業所有的公有地共有一八萬一千四九〇甲（其中台糖擁有一〇萬甲、一甲＝〇・九六公頃—參閱陳誠「台灣土地改革紀要」一九六一年 p.44）、實際上是約有二・五萬甲、佔總耕地的二一%（二八%）。蔣家政府爲了確保其殖民統治者地位、乃宣佈把公有地放領給現耕土地的佃農、規定辦法如下：㈠土地放領代價爲該耕地主作物年收的二・五倍、㈡一〇年分期償還、㈢每年償還金額與地租的總計不得超過收成量的三七・五%。

其實、蔣家政府所放領的公有地到一九五二年爲止、僅有五萬一千甲（只佔公有耕地的二八%、實際是二〇%）、一直到一九五八年、總共也才放領了七萬二千甲（公有耕地的三九・五%、實際爲二八%）、以當時受到放領土地的一四萬許佃農計算、平均每戶只獲〇・五甲土地（參閱陳誠「台灣土地改革紀要」p.44　湯惠蓀「台灣の小作料輕減・農地買收政策」—日本・農政調査會〝世界各國における土地制度と若干の農業問題その一〞

p.74）。

(3) 耕者有其田

二十世紀初孫文流浪世界各地時、深受美國經濟學者亨利・喬治 Henry George（參閱主著「進步與貧困」一八七九年、「土地問題」一八八一年）、及日本浪人也是中國革命的贊助者・宮崎民藏（參閱主著「土地均享・人類の大權」一九〇六年）的「**土地均分**」思想所影響、遂意識到：「**封建土地制度乃是中國人民貧困的總根源**」、因此、一九〇五年八月、當在東京創立「**中國革命同盟會**」之際、就把「**平均地權**」、列爲「**同盟會**」綱領的重要項目之一。列寧曾因此認定孫文是個徹底的中國資產階級民主主義者、並稱他的「**平均地權**」思想爲「**主觀的社會主義**」（參閱列寧「中國的民主主義與 Hapoahnkn ―ナロドニキ―主義」一九一二年七月十五日―東京・大月書店刊「列寧全集」第十八卷 p.146）。一九二四年、孫文於講述「**三民主義**」之際、把「**平均地權**」的主張進一步銓釋爲「**耕者有其田**」（The Land-to-the Tiller）。後來、毛澤東於一九四〇年發表了「**新民主主義論**」、其中有關土地改革部份、就是根據孫文的「**平均地權**」與「**耕者有其田**」的理論及主張。

至於「**耕者有其田**」的終極目標到底是指土地國有化（社會主義革命）、或者只止於扶助自耕農（社會改良主義改革）、孫文並沒有留下明確的結論。蔣家國民黨統治中國大陸時、也從來沒有實行過孫文所倡導的「**耕者有其田**」土地政策。

蔣家國民黨政權敗退到台灣後、由於實行「**土地改革**」並不損害他們本身（舊中國大地主・中國大資本家・中國大官僚階級）的絲毫利益、所以毫不猶豫執行了在台灣的「**耕者有其田**」政策。它雖經過少許的挫折（台灣地主抵抗等）、遂在一九五三年（民國四二年）一月二十六日、蔣家政府一意孤行「**實施耕者有**

其田條例」、規定：㈠地主可以保留相等中等田（當時台灣耕地分為二六等則、中等田是七—一二則）三甲・園六甲的所有地、㈡除了地主保留地之外、一律由蔣家政府徵收、轉而放領給現耕該地的佃農、㈢蔣家政府徵收耕地的價格為該土地主作物年收的二・五倍、並以七〇%實物債券（一〇年分期償還）、及三〇%公營四大公司股票（一次發給）補償地主、㈣佃農再以繳付實物（米穀・蕃薯）方式來充當土地代金（一〇年分期交清）。

蔣家政府實施土地改革的結果、簡單的說就是：一四萬四千甲的贌耕地由一〇萬六千戶地主手裡、變成一九萬五千戶佃農所有（每戶平均〇・七甲）。但因放領規模極為細小、所以得到一甲以下的農家佔七六%（參閱表124）。以一九

表 124　土地改革時所獲土地的規模別農家戶數及面積（1953 年代）

所獲土地規模	戶數 戶	戶數 %	面積 甲	面積 %
0.5 甲未滿	91,980	47	23,845	17
0.5 — 1 甲	57,166	29	40,614	28
1 — 3	42,386	22	65,671	46
3 — 10	3,261	2	13,093	9
10 甲以上	30	—	329	—
計	194,823	100	143,552	100

（資料）　Hui-Sung Tang, Land Reform in Free, China 1957

表 125　土地改革前後期自耕・佃農別農家構成

年	耕地 計 甲	%	自耕地 甲	%	贌耕地 甲	%	農戶 計 戶	%	自耕農 戶	%	半自耕農 戶	%	佃農 戶	%	雇農 戶	%
1948(民37)	841,542	100	470,792	56	370,750	44	640,854	100	211,649	33	154,460	24	231,224	36	43,521	7
1953(民42)	865,192	100	717,062	83	148,130	17	743,982	100	385,286	52	169,547	23	147,492	20	41,657	5
1956(民45)	872,543	100	740,811	85	131,732	15	785,584	100	448,157	57	173,588	22	124,573	16	39,266	5
1959(民48)	878,012	100	751,388	86	126,624	14	818,953	100	497,391	58	182,121	22	118,890	15	38,551	5
1962(民51)	871,858	100					809,917	100	526,639	65	172,069	21	111,209	14		
1965(民54)	889,563	100					847,242	100	565,512	67	174,874	20	106,856	13		
1969(民58)	914,863	100					887,112	100	699,432	79	98,909	11	88,771	10		
1970(民59)	905,263	100					880,274	100	676,554	77	108,026	12	95,694	11		
1971(民60)	902,617	100					879,005	100	677,990	77	106,998	12	94,017	11		

（資料）　陳誠「台灣土地改革紀要」1961 年 p.75 — 80
台灣省政府農林廳「台灣農業年報」1967 年 p.49

五九年為準、自耕地與耕地總面積的比率由五六％增為八六％、相反的・瞨耕地由四四％減為一四％。這由農村結構的觀點看來、自耕農由三三％增為五八％、佃農由三六％減為一五％。這種自耕農增加及佃農減少的情形、往後仍然繼續發生（參閱表125）。

然而、從整個台灣農業看來、土地改革所放領的私有耕地（一四萬四千甲）、不過是耕地總面積八七萬一千甲（一九五二年）的一六・五％、私有地總面積六八萬四千甲（一九五三年）的二一・〇％、瞨耕地總面積三七萬一千甲（一九四八年）的三八・六％而已。

土地改革的結果、當然、促使傳統的台灣佃農制度（地主制度）開始崩潰、但是這同時意味著：㈠地主階級仍然存在、㈡半封建殖民統治者的蔣家國民黨政權取代過去的地主階級、而成為超級的「**唯一大地主**」、㈢農業經營規模更加零細化。

(4) 土地改革的唯一獲利者——蔣家政權

如上所述、似是而非的「**土地改革**」、不但在經濟側面上給台灣農民莫大的變動、而且在社會側面上、也使他們遭受很大影響。

如表126所示、土地改革的結果、台灣農家總戶數由六一萬一千戶、一下子遽增至七八萬九千戶、其中、擁有一公頃以下土地的貧農戶數增加最大、約佔增加總戶數的八四％、另一方面、因為耕地面積比以前減少、所以每戶農家所擁有的土地規模也更為零細化、結果、發生了大多數農民無法只靠農業生產來維持生活的現象。台灣農民除了拚命從事種地之外、還得出外到工廠作工、而成為「**兼業農家**」、並且、土地所有規模愈小、出外工作的必要性就愈大（參閱表127）。

這種台灣農民兼業化的狀況之下、台灣農村發生了失業者逐漸增加、及「**產業預備軍**」膨大的社會

表 126　土地改革前後的土地所有規模與變動

所有土地規模	改革前（1952 年）				改革後（1955 年）			
	戶數		面積		戶數		面積	
	戶	%	公頃	%	戶	%	公頃	%
0.5 公頃以下	288,955	47	67,511	10	378,923	48	92,126	14
0.5 － 1 公頃	142,659	23	102,577	15	204,128	26	146,042	21
1 － 3	138,178	23	227,890	33	176,669	22	285,627	42
3 － 10	36,350	6	175,064	26	28,193	4	124,113	18
10 公頃以上	5,051	1	108,108	16	1,616	—	31,642	5
計	611,193	100	681,150	100	789,429	100	679,670	100

（資料）　Hui-Sung Tang, Land Reform in Free China, 1957, p.11-13
山田秀雄「殖民地社會の變容と國際關係」1969 年，p.206

表 127　專業農家與兼業農家的比率（1955 年）

耕作規模別（%）				自耕・佃農別（%）		
耕作規模	計	專業	兼業	計	專業	兼業
平均	100.0	39.9	60.1	100.0	39.9	60.1
0.5 甲以下	100.0	19.4	80.6	自耕	40.3	59.7
0.5 － 1.0	100.0	40.6	59.4	半自耕	47.0	53.0
1.0 － 1.5	100.0	53.9	46.1	佃農	30.2	69.8
1.5 － 2.0	100.0	59.0	41.0	雇農	18.2	81.3
2 甲以上	100.0	65.1	34.9			

（資料）　台灣銀行「台灣之農業經濟」1962 年，p.58

問題。這使蔣家殖民政權得以毫無阻礙的實行「**低工資政策**」、同時因為台灣的失業人口大都寄生於農村社會、所以蔣家政府就能輕易的隱蔽起嚴重的失業問題。

土地改革的第二個結果是台灣地主階級的沒落。蔣家外來統治者的權力機構因此比從前更能直接的伸張到農村社會、使他們更能徹底的以低米價強徵米穀及其他的農業生產物。

蔣家政府向台灣地主徵收了一四萬四千甲的耕地、這些被徵收的耕地、名義上以「**實物債券**」與「**公營企業股票**」的方式、折價成台幣二八億六千萬元去補償地主（參閱 p.986）。但事實上、地主所獲的所謂「**四大公司**」股票、不外是被蔣家國民黨官僚糟蹋得破爛不堪的公司股票。尤有甚者、蔣家政府當局、於股票交給台灣地主之前、將四大公司的資本總額加水增量、虛設空頭資本、一下子將資本總額虛增為原來的九倍、然後、增發股票發給地主而實行所謂「**移交民營**」。不但如此、空頭增資後、在九億九千萬元的總股份中、蔣家政府只給台灣地主其中的六八%即六億六千萬元、自己則保持了三二%的股票、藉以繼續掌握所謂民營四大公司的支配權。因此、四大公司並沒有完全移交給台灣地主。農林・工礦二企業的二五%許股票（即企業發言權）、仍由台灣銀行掌握、即是一例（參閱表128、「台灣銀行年報」一九六一年—「台灣銀行季刊」第一三卷第一期）。

表 128　四大公司放領土地價格與補償地主

	舊資本金 ①	新資本金 ②	②/①	股份	放領價格	放領比	補償地主
	千元	千元	%	股	千元	%	千元
水泥公司	25,000	270,000	1,080	27,000	247,148	37	243,647
紙業公司	36,000	300,000	833	30,000	219,966	33	217,250
農林公司	20,000	150,000	750	15,000	138,822	13	86,360
工鑛公司	35,000	250,000	714	25,000	184,088	17	112,517
計	116,000	970,000	836	97,000	790,024	100	659,775

（資料）　Hui-Sung Tang, Land Reform in China,1957,p.166-168
山田秀雄「殖民地社會の變容と國際關係」1969,p.202

蔣家政府實行「**土地改革**」之初、因台灣農民都以爲能名符其實的擁有自己的土地、所以拚命勞動、努力耕種、因此農業生產大爲增加、米穀產量由一九五三年以前每公頃平均二公噸、提高到三公噸許、致使農民生活一時好轉。可是、台灣農民從喜變憂的日子來得意外的快。因爲蔣家國民黨政府先讓農民吃點甜頭、使他們拚命勞動以提高農業生產後、突然顯露出殖民地統治者的本來面貌、開始進行更加殘酷的剝削與苛求。

也就是說、蔣家國民黨政權自接收台灣後、早就公佈強徵米穀的「**管理糧食臨時辦法**」（一九四五年十月三十一日）、設立強徵米糧機構「**台灣省糧食局**」（一九四六年十一月一日）、又接二連三的公佈田賦物納制的「**台灣省田賦徵收實物實施辦法**」（一九四六年七月三日）、實施糧食強制收買的「**台灣省一九四七年度收購糧食辦法**」（一九四七年七月九日）、以及實施米肥不等價物物交換制的「**台灣省政府化學肥料配銷辦法**」（一九四八年九月八日）等剝削台灣農民的法令（參閱p.750）。這些強徵暴斂的措施、自一九五〇年代的土地改革起、不但沒有減輕、反而更加苛重（參閱 p.133 ）、因此、台灣農民日益沈淪於貧困的漩渦裡是不言而明的。

總結的說、土地改革的結果、只使台灣農民獲得有名無實的「土地」、負擔加重、另一方面、台灣舊地主階級失去土地、也丟掉了他們的土地收入、在這種情況下、蔣家國民黨外來政權則成爲獨一無二的獲利者、它：㈠繼承台灣舊地主而成爲**唯一的大地主**、變本加厲、以封建方式剝削台灣農民、㈡以低穀價實物徵收政策大量掠奪米穀等農產物、㈢以「民營」之名、把破爛不堪的公營企業讓給買辦台灣人資本家而自己卻從中取利。蔣家國民黨政權就是靠這種似是而非的「土地改革」、而取得這三種利益。

分配土地給農民階級、本屬掃除封建制度過程中「資產階級民主主義革命」的重要步驟之一、如果想在殖民統治下的台灣實行「耕者有其田」政策、只有把「反封建」與「反殖民地」這兩種鬥爭結合起來、即進行「民主・民族解放」的革命鬥爭、才有可能達到農民眞正獲得土地的終極目標。換言之、只有在台灣社會與台灣人從政治・經濟社會等方面獲得解放（殖民地解放）、台灣人大衆本身完全成爲自己的主人的情況下、台灣農民才有可能眞正的擁有自己的土地（封建解放）。

d　稻農與蔗農爲壓迫剝削的主要對象——掠奪米糖

(1)　台灣農民零細化

戰後蔣家國民黨政權統治下的台灣農業、仍是繼承戰前的殖民地經濟體制、以**單一農業**（米・糖）爲基層結構（參閱 p.362, 384 ）、再經過化學肥料的大量使用及農業機械化、一直保持亞洲地區有數的生

表 130　亞洲主要國家的米穀產量（1975 年）

產量		百萬公噸
世界		316.9
指數（1960 年 =100）		133
中華人民共和國		106.2
印度		74.2
印尼		22.5
孟加拉		19.1
日本		17.1
泰國		15.3
南越		12.0
緬甸		9.2
南韓		6.5
菲律賓		6.2
台灣	（1970 年）	2.5
	（1971 年）	2.2
	（1972 年）	2.4
	（1973 年）	2.3
	（1974 年）	2.5

（資料）United Nations, Statisrical Year book, 1976
「自由中國之工業
1976 年 4 月

表 129　世界各地區的農業成長（1961-65=100）

世界	（1975 年）	135
先進國家地區	（〃）	132
開發途中國家地區	（〃）	139
社會主義國家地區	（〃）	135
台灣	（1970 年）	140
	（1971 年）	143
	（1972 年）	144
	（1973 年）	150
	（1974 年）	151

（資料）United Nations, Statisrical Year book, 1976
「自由中國之工業」
1976 年 4 月

產水準、特別是稻穀的產量大爲增加（參閱表129、表130、表131）、所以蔣家國民黨外來統治者乃以稻農和蔗農爲主要對象、大肆剝削他們的剩餘勞動。

但是、經過「**土地改革**」後、台灣農民所從事的零細農業（Petty farming）不但沒有改進、反而更加零細化。如表133所示、一九五二年—七〇年間、耕地面積只增加二萬六千公頃（增加〇・〇三%）、然而農業人口卻從四二五萬人增至五九九萬人（增加四〇・九%）、農家戶數從六八萬戶增至八八萬戶（增加二九・四%）、所以農家每戶的耕作面積愈來愈小、也就是說每個農業人口所耕作的面積從〇・二〇公頃減爲〇・一六公頃、每戶從一・二九公頃減爲一・〇三公頃。這種情形、如與世界主要國家比較起來、就能知道台灣農民所耕作農地零細到怎樣的地步（參閱表132）。另一方面、土地改革後、擁有一公頃以下的零細農戶佔總農戶的七四%（參閱表126）、其中、自耕農佔總農戶的五八%（參閱表125）。從這些數字可以知道、土地改革的結果、擁有一公頃以下的「**零細自耕農**」

表131　亞洲主要國家的每公頃米穀產量

		公頃
世界平均	(1970年)	2.2
中華人民共和國	(1970年)	3.0
印度	(〃)	1.7
印尼	(〃)	2.1
孟加拉	(〃)	1.9
日本	(〃)	5.6
泰國	(〃)	1.8
南越	(〃)	2.2
緬甸	(〃)	1.7
南韓	(〃)	4.4
菲律賓	(〃)	1.7
台灣	(〃)	3.2

（資料） FAO, Monthly Bulletin of Agricultural Economics and Statistics, 1971
「自由中國之工業」1976年4月

表132　世界主要國家每個農民的耕地面積

	公頃
加奈大	81.1
美國	48.4
蘇聯	6.1
法國	5.8
西德	3.2
巴基斯德	1.1
日本	0.6
台灣	0.2

（資料） FAO, Production Yearbook, 1970
ILO, Yearbook of Labour Statistics, 1971
「自由中國之工業」1976年4月

佔總農戶的大多數、這就是蔣家外來統治者的傑作「**土地改革**」的醜惡面貌、也是所要剝削的主要對象。

「**土地改革**」後、蔣家國民黨政權爲了：㈠繼續剝削台灣農民的勞動果實做爲殖民體制的物質基礎、㈡供應黨・政・軍的米糧、㈢調度工業再生產資金等、乃透過權力機關的「**台灣省糧食局**」與「**台灣糖業公司**」、對廣大的零細自耕農民及佃農等加以經濟的及超經濟的各種剝削。

(2) 強徵米穀

如上所述、蔣家國民黨政權一接收台灣、很快就實行田賦徵實制・強制收購制及米肥實物交換等三個搜集米穀政策（參閱表98）、「**土地改革**」後再加上放領土地代金（代價）的實物徵收制、而變本加厲的強徵了巨量的米穀等農產物。換言之、蔣家國民黨外來統治者、自從取代已沒落的台灣舊地主階級以來、就以**田賦兼地租**（土地租金）的封建性剝削方式來掠奪台灣農民的剩餘勞動、並且所採取的「**物**

表 133　戰後的耕地面積・農業人口及農業就業者等

	耕地	農戶	農業人口	農業就業人口	每農戶耕地	每農業人口耕地	每就業人口耕地
	公頃	戶	千人	千人	公頃	公頃	公頃
1952	867,100	679,750	4,257	1,792	1.29	0.21	0.49
53	872,738	702,325	4,382	1,812	1.24	0.19	0.48
54	874,097	716,582	4,489	1,811	1.22	0.19	0.48
55	873,002	732,555	4,603	1,812	1.19	0.19	0.48
56	875,791	746,318	4,699	1,806	1.17	0.19	0.48
57	873,263	759,234	4,790	1,810	1.15	0.18	0.48
58	883,466	769,925	4,881	1,813	1.15	0.18	0.49
59	877,740	780,402	4,975	1,853	1.12	0.18	0.47
60	869,223	785,592	5,373	1,877	1.11	0.16	0.46
61	871,759	800,835	5,467	1,912	1.09	0.16	0.46
62	871,858	809,917	5,531	1,936	1.08	0.16	0.45
63	872,208	824,560	5,611	1,972	1.06	0.16	0.44
64	882,239	834,827	5,649	2,010	1.06	0.16	0.44
65	889,563	847,242	5,739	2,017	1.05	0.16	0.44
66	896,347	854,203	5,806	2,050	1.05	0.15	0.44
67	902,406	868,731	5,949	2,043	1.04	0.15	0.44
68	899,926	877,114	5,999	2,144	1.03	0.15	0.42
69	914,863	887,112	6,152	2,226	1.03	0.15	0.41
70	905,263	880,274	5,997	2,243	1.03	0.15	0.40
71	902,617	879,005	5,959	2,302	1.03	0.15	0.39
72	898,603	879,526	5,947	2,322	1.02	0.15	0.39
73	895,621	876,565	5,868	2,266	1.02	0.15	0.40

（資料）　Economic Planning Council Republic of China, Taiwan Statistical Data Book 1974, p.50
台灣省政府農林廳「台灣農業年報」1967 年，1972 年

納制」（實物徵收制）、根本與廢除封建制度而指向近代化的「金納制」背道而馳、這就是蔣家國民黨的反動倒退性的典型事例之一。

現按表134說明如下：

I　田賦徵實——蔣家政府所徵收的土地稅種類繁多、徵收率極苛重、計分爲：

(一)　田賦（根據田賦徵收實物條例、一九七七年七月改編入「土地稅法」內）

①　賦元

②　縣市付加稅

③　鄉鎮付加稅

(二)　縣公學糧（根據戰時田賦徵收實物條例—自一九五三年起改爲合算在田賦內）

(三)　防衛捐（根據台灣省防衛捐徵收辦法—自一九五三年起改爲合算在田賦內）

表 134　蔣家省政府糧食局徵收米穀實況（1000 噸）

	徵			收	強制徵購			米肥物物交換	生產資金貸款折收穀	其	他	徵收總計 ①	產穀總量 ②	①÷② %
	田賦	縣學公糧	防衛捐	官有地地租	私有地隨佃徵購	官有地隨佃徵購	大中戶餘糧收購			放領農地地價	土地債券實物稅換			
1951	58	17	17	9	78	11	4	279	34			507	1,931	26.3
52	57	17	17	3	78	8	2	335	15			532	2,401	26.1
53	91			3	77	6		346	27	134	-73	611	2,135	28.6
54	90			3	76	6		409	27	121	-84	648	2,204	29.4
55	82			3	70	6		415	21	112	-81	628	2,100	29.9
56	89			3	74	7		455	27	143	-67	731	2,327	31.4
57	93			3	77	7		477	13	143	-62	751	2,446	30.7
58	90			3	75	10		504	16	133	-67	764	2,462	31.0
59	81			3	68	6		501	14	123	-67	729	2,413	30.2
60	83			3	69	7		489	10	120	-73	708	2,486	28.5
61	89			2	75	7		453	11	130	-70	697	2,621	26.5
62	113			2	73	7		510	11	130	-70	776	2,747	28.3
63	104			2	66	6		556	12			746	2,742	27.3
64	118			2	78	8		660	10			878	2,921	30.1
65	124			2	78	8		567	10			789	3,052	25.9
計	1,362	34	34	46	1,109	109	6	6,902	258	1,289	-714	10,495	36,628	28.6
%	13.0	0.3	0.3	0.4	10.6	1.0	0.1	66.3	2.5	12.3	-6.8	100.0		

（資料）　台灣省糧食局「台灣糧食統計要覽」1952 年，1955 年，1967 年
台灣省糧食局「中華民國台灣省十六年來之糧政」1962 年
東南アジア研究會「台灣の表情」1963 年
久保田太郎「台灣經濟と金融」1967 年
劉進慶「戰後台灣經濟分析」1975 年

田賦的實物徵收辦法是根據農地肥瘠的「**土地等則**」（一—二六則）、先訂定每甲農地的「**賦元**」（基本土地稅）的金額、再按照「**實物徵收率**」把基本地租金額換算爲**賦元徵穀數量**。

具體的說、先訂定「**賦元**」即每元的實物征收率爲稻穀三公斤、然後、加上「**縣市付加稅**」四・〇五公斤、再加上「**鄉鎮付加稅**」一・八公斤、共計八・八五公斤。這八・八五公斤就是賦元所征收的稻穀數量。但是從一九五〇元起、又加征「**縣公學糧**」即上述八・八五公斤的三〇％＝二・六五五公斤、及同樣百分比的「**防衛捐**」即三〇％＝二・六

五五公斤、按此累加、則賦元每元所征收的稻穀共爲一四・一六公斤。舉例來說、如耕作二甲地、那麼一甲地的賦元金額被訂定爲一〇元的農民、每年就得繳納一四・一六公斤×一〇×二＝二八三・二公斤的稻穀（參閱任慶福「台灣之田賦」—《台灣銀行季刊》第一三券第四期 p.22）。

隨著時間的推進、這種橫徵暴斂的現象愈來愈猛烈、一九六二年蔣家國民黨政府一等台灣農民繳完了放領土地的代金代價、就把賦元每元由一四・一六公斤提高爲一九・三七公斤、一九六六年再提高到二七・〇公斤。

蔣家政府還隨心所欲的巧立多項名目以提高征收數量、例如、一九五五年「**八・七水災**」時、就以「**復興建設臨時特別稅**」的名目加征賦元每元五・六六四公斤的稻穀（參閱台灣省糧食局「中華民國台灣省十六年來之米糧政」一九六二年 p.100—120）。

Ⅱ　官有地地代（租金）征實——如上所述（參閱 p.1002）、一九五一年蔣家國民黨政府宣佈將所擁有的官有地一八萬一千甲（台灣耕地的二二%）放領給現耕佃農、但實際上只放領三九・五%即七萬二千甲而已。其餘一〇萬九千甲依然留爲官有、這些農地仍由台灣佃農贌耕並繳納地代。不過、其中只有四五・五%爲稻作農地（其餘是蔗作地）、因此被征收的地代每年共計只三千公斤許、這數量雖然不大、但也可以從此地代徵實看出蔣家國民黨政權的封建性（地主的本質）。

Ⅲ　強制徵購——蔣家政府強制收購稻穀的辦法有三：㈠私有地隨賦徵購（按照賦元每元收購稻穀一四・一六公斤）、㈡官有地隨佃徵購（按照官有地地代每元收購一四・一六公斤）、㈢大中戶餘糧收購（土地改革後、因台灣地主階級沒落、故自一九五三年起廢止——參閱 p.751）。

每年第一期稻穀收成前、先由糧食局訂定「**公定收購價格**」（公定價格年年低於市場價格的三〇—五〇%）、稻穀收成後開始強制收購（這是一種具有軍閥強徵物資性格的・極苛酷的一種**超經濟掠奪**、即以強權抑低收購

表135　穀・米的公定價格與市場價格（1公斤）

年	稻穀公定收購價格	稻穀自由市場價格	白米公定配售價格	白米自由市場價格
	元	元	元	元
1951	0.7	1.1	1.3	1.4
52	0.9	1.9	1.8	2.2
53	1.5	2.1	2.2	3.2
54	1.5	1.9	2.2	2.9
55	1.5	2.1	2.4	3.1
56	1.6	2.2	2.6	3.3
57	1.7	2.5	2.7	3.6
58	1.8	2.5	2.8	3.8
59	2.0	3.0	3.0	4.0
60	2.7	4.1	4.1	5.6
61	2.8	4.0	4.7	6.0
62	3.0	3.9	4.8	5.9
63	3.0	4.0	4.9	5.9
64	3.1	4.1	5.0	6.0
65	3.1	4.1	5.1	6.1
75				13.0
78				14.0

（資料）　台灣省糧食局「台灣糧食統計要覽」1952年，1967年

穀價來掠奪農民的剩餘勞動）。然後、再將因此得來的所謂「**政府米**」、以「**公定配售價格**」配給軍隊・公教人員及其眷屬（幾乎包括全部在台中國人）、或用於抑低米價、使他們當官的能吃到廉價的配給米。相反的、台灣人一般大眾卻不得不到市場購買高價的米穀（參閱表135）。從另一角度看來、也可以說這是蔣家國民黨政權、以無償掠奪稻作農民的剩餘勞動來減輕政府的財政負擔。

Ⅳ　生產資金貸款折收稻穀——糧食局為了強制收購更多的米穀、再以「**糧食生產資金**」的方式、預先放貸現款於農民、等到稻穀收成後、把貸款及其利息（一天的利息是〇・〇四％）折合稻穀索還、而實物換算基準及索還期限都由糧食局任意訂定（參閱台灣省糧食局「中華民國台灣省十六年來之糧政」p.70）。

Ⅴ　肥料換米穀——由於種植蓬萊米需要較多化學肥料、所以自一九二〇年代起、台灣開始以種植蓬萊米為商品以來（參閱p.389）、化學肥料成為稻作上不可欠缺的生產手段。戰後、蔣家國民黨政權為了有效控制台灣稻作、除了接收日人的肥料工廠、成立國營「**台灣肥料公司**」之外、又將肥料輸入統歸國營貿易機構「**中央信託局**」把持、所以台灣的肥料供應完全被統制在蔣家政府專賣制度之下、

也就是說台灣唯一的肥料供應商即蔣家國民黨政府、它乃獨佔了擁有六〇萬農民顧客的肥料市場。

台灣農業所使用的化學肥料種類雖然很多、但以硫安（佔肥料總消費量的五〇%以上）及燐肥（佔二〇%）爲主、這兩種化學肥料大部份都得仰賴外國輸入、這種依靠外國的情形一直延續到一九六〇年代、島內生產量逐漸增加後、才見減少（參閱表136）。一九四九年、陳誠一方面實行「**土地改革**」、另一方面則以：㈠肥料的自由買賣勢必引起商人更加利用高利貸剝削農民、㈡肥料的現款買賣會助長通貨膨脹、㈢集中農民的餘糧在政府手中對民生有利等三項爲藉口、強迫執行化學肥料與米穀的物物交換政策（參閱「陳誠台灣土地改革紀要」一九六一年p.103）。

表 136　化學肥料的供給

	總計	輸入						島內生產	
	①	計 ②	政府輸入 ③	美援收入 ④	②/①	③/②	④/②	產量 ⑤	⑤/①
年	千噸	千噸	千噸	千噸	%	%	%	千噸	%
1946	39	89		39	100.0		100.0		
47	83	83		83	100.0		100.0		
48	57	50	50		87.7	100.0		7	12.3
49	109	94	53	41	85.1	56.4	43.6	15	14.9
50	245	217	69	148	88.6	31.0	69.0	28	11.4
51	267	215	77	138	80.6	35.8	64.2	52	19.4
52	447	372	90	282	83.2	26.0	74.0	75	16.8
53	446	541	167	174	76.5	49.0	51.0	105	23.5
54	436	280	280		64.2	100.0		156	33.8
55	474	341	341		71.9	100.0		133	28.1
56	545	362	362		66.4	100.0		183	33.6
57	544	385	385		70.8	100.0		159	29.2
58	553	383	383		70.2	100.0		165	29.8
59	575	365	365		64.5	100.0		210	36.5
60	565	336	316	20	59.5	94.0	6.0	229	40.5
61	569	349	327	22	61.3	93.7	6.3	220	38.7
62	653	290	290		44.4			363	55.6
63	752	321	321		42.7			431	57.3
64	905	355	355		43.6			550	56.4
65	960	365	365		38.0			595	62.0
共計	9,224	5,548	4,601	942				3,676	
%	100.0	60.1	49.9	10.2				39.9	

（資料）台灣省糧食局「台灣糧食統計要覽」1966 年 ,p.126

省政府糧食局所控制的「**米肥物物交換**」、其實就是「**肥料買賣的獨佔**」（商業獨佔）與「**強徵米穀**」（農產物強徵）的二重超經濟掠奪的互相結合、所以肥料換穀、並不是爲了減

表137　肥料價格與稻穀價格比較及米肥交換率

	硫安輸入價格（一公斤）	島內肥料生產價格（一公斤）	稻穀價格（一公斤）	硫安一公斤換稻穀
	元	元	元	公斤
1951	0.6		1.1	1.2
52	0.9		1.9	1.0
53	1.0		2.1	1.0
54	1.1		1.9	1.0
55	1.1		2.1	1.0
56	1.4		2.2	1.0
57	1.3		2.5	1.0
58	1.2	2.0	2.5	1.0
59	1.5	2.1	3.0	1.0
60	1.5	2.5	4.1	1.0
61	1.5	2.1	4.0	0.9
62	1.3	2.0	3.9	0.9
63	1.3	2.0	4.0	0.9
64	1.6	1.8	4.1	0.9
65	1.5	1.9	4.1	0.9

（資料）　台灣省糧食局「台灣糧食統計要覽」1966年，p.139-145
「台灣銀行季刊」第16卷3期 p.109
台灣省糧食局「中華民國台灣省十六年來之糧政」p.97

輕上述商人・高利貸剝削農民的現象、而是蔣家政府藉此得以取代商人・高利貸剝削農民、並以強權奪取獨佔肥料市場的超額利潤、及強徵零細農民的勞動果實。如表134所示、自一九五一年起、這種「米肥交換」就成爲蔣家國民黨政權強徵稻穀最有力的手段、每年以肥料配售所劫取的稻穀數量、均超過強徵稻穀總數量的半數以上（平均六六・三%）、且又因實際上稻價高肥料價格低、所以一公斤對一公斤的比率進行米肥交換的結果、只有使蔣家殖民政府獲得特別超額的獨佔利潤（參閱表137）。反而在台灣農民方面、以一九五九年爲例、由米肥不等價交換而被蔣家政府無償劫去的稻穀達一七萬公噸（同年被強徵量五〇萬公噸的三分之一）、値台幣六億八千萬元（參閱涂照彥「戰後台灣經済における資本蓄積過程」—東京大學經濟學研究會〃經濟學研究〃八號一九六七年p.6）。

不僅如此、蔣家國民黨政權還利用以肥料換來的米穀輸出海外、賺取米穀貿易上雄厚的獨佔利潤（米穀輸出也是由中央信託局所壟斷）。例如、一九五二—六五年間、蔣家中央信託局所輸出的米穀數量達一五〇萬公噸（主要輸售日本）、因此獲得外匯達三億美元（參閱表138、台灣省糧食局「台灣糧食統計要覽」一九六六年p.102—125）。

表138　米作面積與產量・輸出

	米作面積	米產量	產量總值	輸出量	輸出總值	總輸出比
	公頃	公噸	千元	公噸	千元	%
1952	785,729	1,570,115	2,932,922	105,254	223,697	16.2
53	778,384	1,641,557	4,582,181	59,393	209,450	10.6
54	776,660	1,695,107	3,531,382	36,072	112,996	7.8
55	750,739	1,614,953	4,357,219	169,801	447,340	23.3
56	783,629	1,789,829	4,786,005	109,199	413,342	14.1
57	783,269	1,839,009	5,447,108	121,793	443,818	12.1
58	778,189	1,894,127	5,679,771	179,310	653,161	16.9
59	776,050	1,856,316	6,021,474	160,190	850,492	14.9
60	766,409	1,912,018	9,394,145	35,046	184,750	3.1
61	782,570	2,016,276	10,278,768	65,000	374,761	4.8
62	794,228	2,112,875	9,984,483	42,087	242,913	2.8
63	749,220	2,109,037	10,362,152	119,441	715,516	5.4
64	764,953	2,246,639	11,264,967	127,547	800,381	4.6
65	772,918	2,348,042	11,845,243	257,301	1,643,744	9.1
66	788,635	2,379,661	12,469,737	177,724	1,188,684	5.5
67	787,097	2,413,789	13,273,106	115,865	800,182	3.1
68	789,906	2,518,104	14,104,701	67,750	495,593	1.5
69	786,592	2,321,634	12,282,551	34,453	215,279	0.5
70	776,139	2,462,643	13,680,977	4,892	30,657	0.1
71	753,451	2,313,802	12,864,374	33,790	179,873	0.2
72	741,570	2,440,329		16,182	71,555	0.1
73	724,164	2,254,730		48,786	546,782	0.3
74	777,849	2,452,417		5,101	74,535	0.1
75	790,248	2,494,183		48,786	546,782	0.3
78	752,308	2,444,490			53,127	0.4

（資料）　台灣省政府農林廳「台灣農業年報」1972 p.58
「自由中國之工業」第十五卷第五期，第三二卷第三期，第五二卷第六期

總而言之、蔣家國民黨政權將「**台灣省糧食局**」做為強徵米穀的大本營、並以各地農會・倉庫・米商等下層機構、再配上：(一)財政部稅務機關（算定田賦・地代・收購等數量、並發徵穀命令單）、(二)台灣銀行・土地銀行・合作金庫・各地農會信用部（放貸收購資金及生產貸款等）、(三)中央信託局（輸入化學肥料、輸出米穀等農產物）、(四)台灣肥料公司（生產化學肥料）、而造成了龐大的**米穀強徵體制**。經過這個強權的米穀強徵體制、以徵收・收購・物物交換等手段所強徵的米穀數量每年達五〇—八〇公噸、等於每年產量的三〇%許（參閱表134、表138）。

這些巨大數量的所謂「**政府米**」、在一九五〇年代、其七〇%是供給黨・政・軍人員及其眷屬消費（「軍糧」佔五〇%、「公糧」佔二〇%）、一五%供應輸出、其餘的一五%才在島內市場出售、供給民需

（參閱台灣省糧食局「中華民國十六年來之糧政」p.123）。

以上就是封建性（地主性）的蔣家殖民政府不花任何代價、從殖民地農民劫取的超經濟利益。

(3) 強徵甘蔗

以米糖生產爲經濟統治基礎的地主性蔣家殖民政府、所藉以掠奪農產物的手段、除上述的強徵米穀之外、再一個就是蔗作生產上的「**強徵甘蔗**」。

台灣戰前的糖業四大獨佔資本、到戰後統歸蔣家官僚資本「**台灣糖業公司**」（簡稱爲「台糖公司」）一家獨佔（參閱表49）、並在「**台灣省糖業管理規制**」（日據時代「製糖場取締規則」的翻版）的強制下、不但繼承了日本帝國主義遺制的「**原料採取區域制**」（參閱p.365）、而且又以軍閥性的「**分糖制**」「**統一集貨**」「**公定價格**」等方式、每年從零細蔗作農民徵發原料（甘蔗）達總消費量的八〇%、以資進行戰後的砂糖生產。這種苛刻的超經濟掠奪在「**土地改革**」以後、台糖公司取代台灣地主而直接支配蔗農時最爲顯著。

原來、砂糖生產可分爲：㈠農業生產過程、㈡工業生產過程等兩個生產階段。在「**農業生產過程**」中、蔗農爲生產的主體、同時也是被剝削的主要對象、台糖公司爲了確保製糖原料的供給、每年都與蔗農訂定「**蔗作契約**」、稱他們爲「**契約蔗農**」、一九四九—五〇年計有契約蔗農二〇萬戶（佔台灣農家總數的三二%）、一九六二—六三年減爲一四萬戶（佔一七%）。這些契約蔗農的蔗作規模非常零細、一九四九—五〇年蔗作耕地僅〇・五公頃以下的零細蔗農的戶數、佔契約蔗農總戶數的六三%、一九六二—六三年則佔八六%、增加二三%。並且、一九四九—五〇年每戶蔗農的平均蔗作耕地僅爲〇・四九公頃、到一九六二—六三年更小、平均更減爲〇・四三公頃（戰前平均每戶〇・六九公頃）、從此可看、契約蔗農蔗作耕地零細化的現象愈來愈深。地主性蔣家國民黨政府、在蔗作上是與稻作同樣、其主要的剝削對象也就是這些貧苦的零細蔗農（參閱台灣糖業公司「糖業手册」上册一九五三年 p.675　同「**糖業統計年鑑**」一九六二年 p.275）。

I　分糖制——自一九四六年六月起、台糖公司每年從蔗農劫取甘蔗並進行「**工業生產**」（製糖）、然後以特定的分糖比率、把所製造的砂糖分給蔗農爲原料（甘蔗）的代價。這在名義上說、蔗農是砂糖生產的「**主體**」（老闆）、台糖公司爲承辦甘蔗加工的「**伙計**」、但是每戶只耕種〇・四公頃許的二〇萬零細蔗農、與獨一無二的巨大獨佔企業「**台灣糖業公司**」之間的製糖生產關係、其實是以「**分糖制**」爲藉口的超經濟掠奪者（台糖公司）、與被掠奪者（台灣蔗農）的封建地主性矛盾對立關係。並且、台糖公司以這種詐欺辦法、蔣蔗農階級捧爲「**主體**」後、就把自然災害・糖價跌落以及外匯差額等生產上或營業上的各種損失都推到蔗農身上。

這種分糖方式說穿了、不過是廢除日據時代的「**重量計價法**」（日人糖廠以獨佔價格收購甘蔗來獨自生產砂糖）、恢復滿清據台時期的頭家廍等的「**加工式分糖辦法**」（參閱 p.179）、所以、與「**田賦徵實**」「**米肥交換**」等一樣、都是封建地主性剝削方式、從經濟發展史來說、是倒退的、非近代化的。

所謂「**分糖制**」、不外乎是以**不公平**的分糖比率爲出發點。譬如、把台糖公司每年生產的砂糖總量稱爲A、A就可以分爲A'與A''、A'是以台糖公司所有地生產（官有地—一〇萬公頃許）的甘蔗爲原料製成的砂糖部份、數量是每年都佔砂糖總生產量的二〇%、這部份砂糖全歸台糖公司所有。A''就是集中全島一五—二〇萬戶蔗農所種植的甘蔗來製成的砂糖部份、數量佔砂糖總生產量的八〇%。台糖公司乃把這A''部份砂糖折半、自己以加工費名目取一份B即砂糖總生產量的四〇%、並給予原料（甘蔗）提供者即蔗農另外一份C同樣是四〇%。

但是、從砂糖生產的**總成本**看來、在原料費（蔗農提供甘蔗部份）佔總成本的五〇—六〇％（參閱表55）、製糖加工費（台糖公司爲製糖所支出的勞力及費用）僅佔一五—二〇％許的「成本」情形下、二者折半分糖的方式、其實就是異常不公道的所謂「**不等價分配**」、顯然的、蔗農因此而吃虧很大。並且、在蔗農所取的C即四〇％砂糖當中、還要被扣除D即一〇％的所謂「**甘蔗收成費**」「**甘蔗運搬費**」「**前貸生產資金本利償還**」等、所以蔗農實際上分到的只是C扣除D即C'、就是總成品的三〇％而已。這就是蔣家國民黨外來統治者以強權剝削台灣蔗農的最基本的辦法（參閱楊乃藩「台灣之製糖工業」—台灣銀行經濟研究室〃台灣之工業論集〃卷一、一九五八年 p.5　同「台灣之製糖工業」—〃台灣銀行季刊〃第一七卷第一期一九六六年一月 p.8　劉進慶「戰後台灣經濟分析」一九七五年 p.158）。

Ⅱ　統一集貨——蔣家國民黨政府獨佔台灣製糖業的內容及目的、在於：㈠獨佔製糖工業過程（獲得獨佔利潤、增收財政）、㈡獨佔生產品（壟斷砂糖輸出、**獲取外匯**——參閱表139）。因此、台糖公司不但在農業生產過程與工業生產過程的再生產循環當中、以分糖制等剝削蔗農、而且還在砂糖貿易上巧弄詐術、而超經濟的掠奪蔗農所有的C'即三〇％砂糖部份。這種詐術就是「**統一集貨**」及「**公定價格**」。

「**統一集貨**」不外乎是蔣家國民黨政府爲了獲取外匯、而掌握砂糖輸出的一種辦法。一九五二—六四年間、台灣每年所產砂糖的八五％全輸售給日本、由此每年賺到八千萬美元的外匯（參閱「台灣糖業公司統計年報」一九六六年）。然而、每年在砂糖成品出廠後、蔣家國民黨政府（中央信託局）能掌握到的只有台糖公司所掠奪的A'二〇％、加上B四〇％、再加上D一〇％共計七〇％的砂糖、尚不足輸售日本數量的一五％。因此、蔣家政府就以「**統一集資**」的名義、強制收購蔗農所有的C部份即生產總數量的三〇％的砂糖、以彌補輸日所短缺的一五％（等於蔗農所得砂糖的五〇％）。這樣、在島內市場出售而充當島內消費的砂糖、只是蔗農實際上自台糖公司手中所領到的一五％而已。

表 139　蔗糖面積與產量・砂糖生產與輸出

	蔗作面積	甘蔗產量	砂糖生產	砂糖輸出 ①	總輸出 ②	②/①
	公頃	千公噸	公噸	百萬元	百萬元	%
1951 — 52	97,971	4,801	520,453	864	1,468	58.8
52 — 53	113,230	8,394	882,141	1,334	1,984	67.3
53 — 54	95,679	6,310	701,156	842	1,451	58.0
54 — 55	77,941	6,089	733,160	956	1,917	49.8
55 — 56	90,901	6,343	767,328	1,531	2,931	52.2
56 — 57	98,231	7,083	832,749	2,292	3,675	62.4
57 — 58	101,454	7,522	893,987	2,001	3,861	51.9
58 — 59	99,219	8,093	939,862	2,320	5,708	40.6
59 — 60	95,943	6,736	774,376	2,626	5,966	44.0
60 — 61	100,180	7,922	924,313	2,254	7,812	28.8
61 — 62	93,496	6,142	710,543	1,825	8,735	20.8
62 — 63	94,100	6,507	752,342	4,094	13,283	30.8
63 — 64	95,028	6,747	779,953	5,134	17,362	29.6
64 — 65	110,694	9,490	1,005,547	2,354	17,987	13.0
65 — 66	105,712	8,927	981,029	2,108	21,451	9.8
66 — 67	90,180	6,744	751,721	1,568	25,629	6.0
67 — 68	95,902	8,268	846,635	1,892	31,568	5.9
68 — 69	93,341	7,012	735,642	1,888	41,975	4.5
69 — 70	86,247	5,991	588,286	1,842	59,257	3.1
70 — 71	88,864	7,881	797,141	2,562	82,416	3.1
71 — 72	90,329	7,092	713,121	3,385	119,525	2.8
72 — 73	98,128	7,474	744,824	3,434	170,723	2.0
73 — 74	100,424	8,896	816,076	11,337	170,723	5.4
74 — 75	99,206	7,687	705,465	10,062	201,467	5.0
77 — 78	105,600	7,941	727,000	27,924	507,485	5.5

（資料）　Economic Planning Council, Republic of China, Taiwan Statistical Data Book 1974, P.56, 182
台灣省政府農林廳「台灣農業年報」1972, P.120

當蔣家國民黨政府將強制收購蔗農所分到的砂糖時、其數量的多寡或收購價格等、當然是從統治者的利益（他們叫著「國益」）出發、並根據砂糖的國際市場及外匯實勢而定。例如、一九四八年以前、因台灣糖主要是銷售中國本土、獲利頗大、所以蔗農砂糖幾乎全被收購、蔣家政府因此在大陸大發非分之財。然而、一九四九年喪失大陸市場後、外銷砂糖大跌價、於是、蔣家政府就一改以往的收購方式、任由蔗農自由決定其銷售數量。這樣、就嫁禍於人的把因一台斤砂糖的價格等於二台斤米價、跌價後銳減爲〇・三台斤米價——（參閱楊乃藩「台灣之製糖工業」—《台灣之工業論集》卷一 p.20）。

到一九五〇年六月韓戰開始、國際砂糖市場景氣好轉、一九五三年八月國際糖業協定並分配給台灣每年七五萬公噸的砂糖輸出量、有鑑於國際砂糖供應情勢趨於安定、蔣家政府又恢復強制收購政策、每年劫取蔗農所擁有砂糖的三〇—四〇%（等於總生產量的一五—二〇%）（楊乃藩「台灣之製糖工業」—《台灣銀行季刊》第一七卷第一期一九六六年三月p.6）。

Ⅲ　公定價格與保證價格——蔣家政府強制收購蔗農砂糖的價格、均由台糖決定、稱之爲「**牌價**」。從理論上說、這是應該根據砂糖的國際行情來決定、但是、因爲地主性兼商人性的蔣家政府一向壓低砂糖輸出的外匯比率（比一般匯率低二〇—三〇%）、所以蔗農因此又吃了很大的虧。

蔣家國民黨政府、爲了再一次欺瞞台灣蔗農、自一九五〇年起、又抬出「**保證價格**」這個名堂、表面上說是維護蔗農利益、其實是從事更進一步的超經濟掠奪。所謂「**保證價格**」、即是以「**斤糖斤米**」方式、保證一斤砂糖的最低價爲白米一斤（台北市批發價）的價格、但實際上卻是硬把本來砂糖一台斤對白米二台斤的糖價（從日據時代以來就是這樣）、壓低爲白米一台斤。蔗農因此又一次受到大損失。然而、不料從一九五三年起砂糖的國際價格暴跌爲一公噸台幣一千二四二元。相反的、島內米價則漲成一公噸三千一八〇元、所以按「**斤糖斤米**」的保證糖價、蔣家政府本應負擔米糖價格的差額。於是蔣家政府卻自食前言、馬上徹廢「**斤糖斤米**」的保證、片面將保證價格凍結爲一公噸糖台幣二千四〇〇元（參閱孔鐵齊「台灣糖業契約原料收買制度之研究」—《台灣銀行季刊》第七卷第一期一九五四年十二月p.74, 80）。

總而言之、蔣家國民黨政府以分糖制・前貸生產資金・統一集貨・公定價格・保證價格等五花八門的製糖業獨佔體制進行經濟剝削與超經濟掠奪的結果、一九五五—六四年的一〇年間、掠奪了製糖生產上的利潤值台幣三五億七千萬元、法人稅一五億九千萬元、砂糖稅二四億八千萬元、其他捐稅一六億一千萬元、共計九二億五千萬元、等於蔣家政府此時期財政收入的八・四%。同時、因砂糖輸出而獲取外匯八億三千萬美元（等於此時期貿易總收入的四〇・七%）、年平均八千萬美元（參閱楊乃藩「台灣之製糖工業」—〝台灣銀行季刊〞第一七卷第一期一九六六年三月p.21）。

⑷ 台灣農村的疲弊

如上所述、地主性兼商人性的蔣家國民黨外來政權以米糖經濟爲主軸、加以強權剝削台灣農民的勞動成果究竟到達什麼地步？以一九五二—六一年間爲例、蔣家政府所劫取的有：㈠米肥交換所得台幣六〇億九千五〇〇萬元（一九五九年價格、以下同）、㈡公定價格收購稻穀一三億一千八〇〇萬元、㈢分糖制三一億七千八〇〇萬元、㈣不等價外匯率二〇億八千六〇〇萬元、共計一二六億七千七〇〇萬元的農業生產財富（參閱涂照彥「台灣經濟の發展とての機構」—山田秀雄〝植民地社會の變容と國際關係〞一九六九年p.229）。

因此、台灣農民在一九六〇年代、台灣經濟發展一片好景的情形下、反而處於破產狀態。半封建的蔣家國民黨殖民攻權掠奪台灣農民的血汗結晶、並將這血汗結晶集中在它的荷包裡、供：㈠蔣家政權及其貪官污吏任意揮霍、㈡豢養六〇萬大軍而耀武揚威、㈢做爲國有官營企業再生產的資本來源。這就是說、它藉此鞏固對台殖民統治的基礎。

台灣農民生活困苦的情形如何？㈠被迫流落到都市成爲半工半農的兼業農家（工業勞動者預備軍增加—參閱表127）、㈡兼業農家被迫接收低工資、造成蔣家執行「低工資政策」的客觀條件（低工資政策的長期化）、㈢貧苦農民須更加拚命勞動才能過活、結果、農業生產提高、農產品及農產加工品的輸出增加（蔣家政府獲得更多的外匯）。

9 「美援」與新殖民主義

a 「美援」的規模與辦法

一九四五年、台灣從半世紀的日本帝國主義侵略解放後、隨即被捲入戰後國際政治經濟動盪的漩渦裡。譬如、一九四九年蔣家國民黨政權敗退到台灣、翌年六月韓戰爆發、東西兩大陣營開始冷戰等、無一不深刻的影響到戰後台灣政治經濟的發展動向、結果、台灣除了受中國封建性蔣家國民黨政權的殖民統治之外、又受到美・日帝國主義「**新殖民主義**」的支配。

美國就在韓戰爆發東西冷戰的國際局勢下、將「**台灣**」列入它的太平洋戰略體系內、恢復了中斷已久的所謂「**對華援助**」（China Aid of 1948）、開始對台灣進行「**軍事與經濟援助**」（其中的軍事援助被稱為「軍援」、經濟援助則通稱為「美援」）。這種持續了一五年、平均一年達一億美元的「**美援**」、很快就給瀕臨破產的台灣經濟打了一針強心劑、同時維持了奄奄一息的蔣家國民黨政權的存立及其殖民統治台灣。嗣後、在美國撐腰下進行經濟復興的日本、也急速恢復戰前對台灣的帝國主義經濟侵略、於是、台灣乃在美援滲透及對日貿易仰仗日深的過程中、逐漸處於美・日資本主義的隸屬地位、並在經濟隸屬與軍事・政治隸屬相結合之下、美・日帝國主義遂確立其對台灣的「**新殖民主義**」支配、以致更加深蔣家官僚資本・蔣家中國人民間資本以及買辦台灣人系民間資本的買辦性、及對台灣人大衆的

表 140　美國經濟援助（實行部份）概況

	總　計	一般經濟援助(MSA) 計	防衛援助	技術援助	直接軍事援助	開發借款基金(DLF)	剩餘農產物 P/L480	台幣對美元	美援對國民所得	美援對政府歲入
	百萬美元	百萬美元	百萬美元	百萬美元	百萬美元	百萬美元	百萬美元	台幣元	%	%
1951—54	375.2	374.2	289.1	4.1	81.1		0.9	(1951) 16.00	(1951) 10.9	47.3
1955	132.0	129.4	97.5	2.4	29.5		2.6	24.78	14.6	49.0
56	101.6	92.0	78.7	3.3	10.0		9.6	24.78	9.7	35.6
57	108.1	87.0	77.0	3.4	6.7		21.0	24.78	8.9	29.4
58	81.6	64.7	53.3	3.5	7.8		17.0	36.38	9.0	27.4
59	128.9	71.2	62.2	2.6	6.4	30.6	27.1	36.38	12.2	
60	101.1	74.4	68.2	2.4	3.8	19.1	7.6	40.05	8.4	37.9
61	94.2	50.1	45.7	2.0	2.4	16.1	28.0	43.98	7.7	29.5
62	65.9	6.6	3.9	2.7			59.3	46.99	4.6	18.6
63	115.3	21.6	19.8	1.8			93.7	42.48	6.9	30.8
64	83.9	57.7	55.2	1.5			26.2	45.88	4.3	20.2
65	56.5	0.4		0.4			56.1	41.63	2.6	10.1
計	1,443.3	1,029.3	851.6	30.1	147.7	65.8	349.1			
66	4.2						4.2	41.00		
67	4.4						4.4	41.61	（年平均）	（年平均）
68	29.3						29.3	41.12		
總　計	1,482.2	1,029.3	851.6	30.1	147.7		387.0		7.4	30.5

（資料）　Economic Planning Conncil, Republic of China, Taiwan Statistical Data Book 1974, p.199, 21, 143, 164
「自由中國之工業」第十八卷第三期 1962 年 9 月，p.116
「台灣總覽」1977 年，p.112

殖民地壓迫剝削。

如表140所示、美政府自一九五一年至一九六五年的一五年間、供給台灣的「美援」共達一四億四千三三〇萬美元（另有「開發援助」一億三千七〇萬美元不算在內）、年平均九千六二二萬美元、一九五五年則高達一億三千二〇〇美元。這筆巨款等於同一時期台灣國民所得的年平均的七・四%、蔣家國民黨政府財政收入年平均的三〇・五%。

這筆巨額的「美援」、雖然以「經濟援助」爲名、但原來目的是在培植台灣的軍事力量、所以援助內容也以防衛援助・技術援助及直接軍事援助等軍事支援爲主要、後來才轉變爲注重剩餘農產物援助與開發借款基金援助。

除了上述「**經濟援助**」之外、再有的是直接增強蔣家政府武裝部隊爲目的的「**軍援**」、包括贈送蔣家軍隊巨量的飛機・大砲・軍艦・軍用車輛以及武器彈藥等、同時提供了建設與維持兵工廠・飛機場・軍用公路等的器材及資金。這種「**軍援**」因不對外公佈、所以難以窺知其確實數字。但是、根據軍事專家概算、這一五年間的軍事援助總額不會少於二五億美元。因此、美國政府所給的「**軍事與經濟援助**」、高達四〇億美元、等於同一期間蔣家政府財政歲出的八五％。如果再把這些美援物資售出所得的所謂「**美援台幣資金**」計算在內、則美援・軍援的物資及資金的總價值及其效果當不止於此、所以對蔣家政府財政的比率當然遠超過八五％。

然而、美國政府投入這麼巨大的美金與物資、「**絕不是單純的援助、其資金的使用需要美國政府嚴格的督導、並受到使用效果的檢查。**」（參閱中華民國日本大使館「台灣經濟の現狀」一九五三年 p.62）。就是說、美國政府除了派遣各部隊駐台機關及大批人員之外、也成立了「**美國安全總署台灣分署**」「**美國經濟合作總署台灣分署**」「**台灣省美援聯合運用委員會**」「**中國農村復興聯合委員會**」等在台機關、監督及執行「**美援**」的有效運用、並採用了：㈠美援台幣基金制度、㈡藍圖制度、㈢四八〇號特別帳戶資金制度。

所謂「**美援台幣資金制度**」、乃是根據一九四八年訂定的「**美援經濟援助協定**」第六條、即規定蔣家國民黨政府、應將相等於美援所給物資及所使用勞力同價值之新台幣積存爲「**美援台幣資金**」、（Lises of Local Currency AID Fund）這批資金雖然屬於蔣家政府所有、但其資金運用、得受「**美援聯合運用委員會**」督導。

所謂「**藍圖制度**」（Blue Print System）、即把所有的援助分類爲：㈠計劃性援助（例如建設發電廠・水利設備等建設事業的援助）、㈡非計劃性援助（一般物資及器材等援助）、隨時進行檢查或制限（參閱日本政府外務省經濟調査局「米國の對中國經濟援助狀況」一九五五年 p.36　「中華民國年鑑」一九五一年 p.563　Neil H. Jacoby, An Evaluation of U.S. Economic Aid to Free China 1951 — 1965）。

b　「美援」的制度與內容

「**美援**」在一五年間、隨著美國本身世界戰略的變革、及台灣政治經濟情勢的演變、其制度與內容也逐一變化、即以：㈠一般經濟援助（MSA）、㈡公法四八〇剩餘農產物援助、㈢開發借款基金（DLF）、㈣開發援助（AID）的四個制度執行、在時間上也是分爲四個階段、同時由「**贈與性**」逐漸改爲「**借貸性**」、從「**軍事支援**」變爲「**經濟援助**」、按部就班的實現了控制台灣的軍事・政治・經濟等原來目的。

美援四個階段與對台灣經濟的影響大體如下：

(1)　一九五三—五二年（一般經濟援助爲主）

根據「**相互安全保障法**」（Mutual Security Act＝MSA）、由「**相互安全保障機構**」（Mutual Security Administration＝MSA）主管的一般經濟援助（General Economic AID）。

如表140所示、一五年間的美援之中、「**一般經濟援助**」佔一〇億二九〇萬美元（美援總額的七一・三%）、此時因台灣的經濟恐慌餘燼未息、加上中國人人口大量流入、巨額的財政開支導使台灣更形混亂。美國政府爲了先安定經濟、所運來的美援物資大部份是以大豆・小麥等糧食爲主、到台配售後、將這售出所得的「**美援台幣資金**」變換為軍事援助之用。

這些「**美援台幣資金**」的運用是分為：

㈠ 贈與（對蔣家政府的軍事支援及財政援助）

㈡ 借貸（對公私工業企業的援助）

㈢ 美援活動費（農復會計劃・技術援助・教育・衛生・美援行政費等）

其中的「**軍事支援**」再分為：

① 「**防衛援助**」（Defense Support ＝ DS）——這種援助的目的、是要促成台灣的經濟安定、而來提高它在軍事上的負擔能力、所以都被使用於公路・橋樑・水庫・工廠等各種建設、及供給器材與物資。

② 「**技術援助**」（Technical CO-operation ＝ TC）——主要用於招聘美國人專家與培養蔣家政府各方面的技術人員。

③ 「**直接軍事援助**」（Directly Force Support ＝ DFS）——主要是用於軍需及培植有關軍需品生產的公私企業、特別是為了支援蔣家政權能保持一定的軍事力量、著重於軍服・軍糧・藥品・石油等軍需物資的生產援助、及營房・飛機場等軍事設施的建設援助。

例如、一九五三年度「**美援台幣資金**」共計七億六千一九五萬元之中、軍事支援佔四三・〇％、財政援助二四・五％、工業企業貸款一二・九％、各種費用一九・六％（參閱「中華民國年鑑」一九五四年 p.650）。鑑於對蔣家政府的軍事支援與財政援助佔其六七・五％、從此就可以看到「**一般經濟援助**」的頭一個目的、不外乎是要維持蔣家國民黨政權的軍事力量與對台統治、同時也可以看到美援台幣資金的借貸、必然產生台灣公私企業對美援的金融資本性隸屬關係。

(2) 一九五四—五六年（剩餘農產物援助爲主）

根據「農產物輸出法」（Agricultural Trade Development and Assistance Act, Public Law 480）的**剩餘農產物援助**（Suplus Agricultural Commodites under P.L 480）。這與上述MSA援助不同、在本國是屬於美國政府農務省管轄、在台灣的主管機關也由MSA改爲「**國際合作機構**」（International Cooperation Administration = ICA）、美國政府採取一箭雙鵰的辦法、把本國生產過多所剩餘的農產物輸入台灣、將這批農產物出售、然後再將所得台幣資金存入中央銀行與台灣銀行的所謂「**四八〇號特別帳户**」。這筆美援資金乃由美國政府所有及指定用途（這批資金與其他美援台幣資金）不同、不屬於蔣家政府所有（參閱日本外務省經濟調查局「米國の中國經濟援助狀況」一九五九年 p.36）。

這些剩餘農產物援助的「**四八〇號特別帳户資金**」、大體上是分爲五種辦法運用：

(一) 贈與或貸給蔣家政府
(二) 贈與民間救貧
(三) 贈與民間救災
(四) 貸給台灣公私企業
(五) 貸給僑居台灣的美國人商社

這就是說「**美援**」在此時期、已從贈與性、開始轉變爲借貸性援助。

關於(四)項的貸給公私企業、隨後繼續擴大其貸款數目、並由一九五八年起、把這筆貸款委託「**中華開發信託公司**」（參閱 p.986）、使之分配貸給台灣公私企業、促使官商金融資本的「**中華開發信託公司**」、增加對美國帝國主義的金融資本買辦性。

美國政府同時在一九五一年修正「**公法四八〇**」、改爲應把剩餘農產物援助的「**四八〇號台幣資**

金」的二五％、貸給在台灣的美國人商社（Cooly 修正法案）、以擴大美商社在台貿易業務爲手段、支援美國資本主義侵台、並藉此進一步鞏固對台灣經濟的支配地位。這就是說、自一九五七年開始、「美援」變成美國資本主義侵入台灣的嚮導。

例如、一九六一年剩餘農產物援助中、二千一三〇萬美元部份的「**台幣資金**」用途、分爲軍事支援五四％、貸給台灣公私企業一六％、貸給美國人商社一一％、美方各種費用一九％（參閱「中華民國年鑑」一九六一年 p.345）。從此可以看到「**剩餘農產物援助**」、也與 MSA 的一般經濟援助一樣、以加強蔣家政府的武裝力量及對台統治爲主要目的。

(3)　**一九五七—六〇年（開發借款基金援助爲主）**

「**開發借款基金**」（Development Loan Fund）雖然是屬於 MSA 的一部份、但主管機關是改爲「**國際合作機構**」（ICA）。這筆基金是屬於美國政府的所有與運用。如表140所示、由一九五七年至六一年的三年間、給予台灣公私企業貸款共達六千五八〇美元、其大部份資金都以「**中華信託開發公司**」爲貸款的經理機關。

(4)　**一九六一—六五年（開發援助爲主）**

除了上述的一般經濟援助（MSA）剩餘農產物援助及開發借款基金（DLF）之外、一九六一年甘迺迪（J. Kennedy）總統爲了防衛美元貶值、根據新由國會通過的「**國際開發法**」（Act for International Development = AID）、成立「**國際開發局**」（Agency for International Development = AID）、以**開發援助**（Development Aid）取代以前的各種援助、並改爲**借貸性援助**爲主（年利三・五％、二〇年以內以美金還清）。

這個「**開發援助**」分為：㈠開發貸款、㈡開發贈與的二項目、一九六二—六五年間、計有一億三千七八〇萬美元、其中九三・四%均為「**開發貸款**」所佔（參閱「中華民國年鑑」一九六二—六五年）。「**開發貸款**」再分為計劃貸與及物資貸與二項目、前者佔總數目的六一・二%、全額貸給電力建設、後者則佔三八・二%、主要是鋼鐵・機器・化學品・藥品等物資的借貸（參閱「中華民國年鑑」一九六二—六五年）。

c　「美援」的種類與比率

如表140所示、一九五一—六五年的一五年間、「**美援**」開發援助AID不計算在內、從本國運來台灣的物資數量巨大、總值達一〇億六千二三四萬美元、種類也相當的繁多。其中、小麥・棉花・大豆三大項目就佔總值的五六・八%、可見農產物佔美援物資的主要部份。這當然能使戰後台灣的糧食供應趨向安定、但更使蔣家國民黨政權能強行低米價政策與米肥交換制（參閱p.1014）、並也支援了中國人官商紡織等獨佔資本的異常發展（參閱p.980）。

美國政府再將上述的美援物資配售後所變換的「**美援台幣資金**」、在一九五二—六五年的一四年間、總數達台幣年三〇一億一千八一〇萬元（若將由一九六六年再繼續到一九七四年的「中美經濟社會發展資金」計算在內、總數目再增為四九七億二千四七〇萬元）。其中、軍事費及其他項目的援助（主要是對蔣家政府財政的資金援助）合計達五三・三%。從此可見這批台幣資金也由軍事・政治援助佔了其一大半、以增強蔣家國民黨政權的統合力量。其他、工礦業・電力・交通二項援助佔二四・六%、這筆資金幾乎都由蔣家官僚資本的公營企業所壟斷。農業部門的援助資金也透過「**中國農村復興委員會**」（通稱「農復

表141　1951－65年『美援物質』總值及各種援助的數量・比率

	總計	小麥	棉花	大豆	肥料	礦石金屬	機械器具	化學製品	動物油	牛奶粉	麵粉	其他
千美元	1,062,344	242,843	236,518	125,108	50,146	45,121	41,271	33,463	31,472	25,104	23,571	207,727
%	100.0	22.8	22.2	11.8	4.7	4.3	3.9	3.1	2.9	2.3	2.1	19.9

（資料）　Economic Planning Council, Republic of China, Taiwan Statical Data Book 1974, p.200

表142　1952－65年『美援台幣資金』總值及各種援助的數量・比率

	總計	軍事	農業	工礦業	電力	交通	公共衛生	教育	其他
百萬元	30,118.1	10,945.0	4,638.1	2,762.8	2,784.3	1,867.3	1,151.7	881.1	11,087.8
%	100.0	36.3	15.4	9.2	9.2	6.2	3.8	2.9	17.0

（資料）　Economic Planning Council, Republic of China, Taiwan Statical Data　1974, p.203

會」）、使用於控制台灣農村。

d　蔣家政權統台後盾的美國新殖民主義

如上所述、美國在一五年間、給予蔣家政權的所謂「軍事與經濟的援助」、高達四〇億美元、這在形式上是「美政府」所執行、但實際上卻是美國獨佔資本侵入台灣的新殖民主義。

這種「美援」、不但在數量上或本質上、直接或間接控制了蔣家政權、進而藉以全面支配整個台灣社會、結果、台灣與台灣人、一方面更加受到蔣家政權的殖民統治與剝削、另一方面、又遭受美帝國主義的壓迫與剝削。

換句話說、「美援」使得美帝國主義充分達成了：㈠控制台灣的政治・經濟上的命脈、㈡將台灣保持在其世界戰略體制之內、㈢把台灣當做商品市場、而傾銷本國的剩餘農產品與工業品以及工業原料、㈣促進台灣經濟畸型的資本主義化、造成為美

表 143　美國資金在蔣家財政上所佔比率

	純歲出 ①	歲入	美援資金塡補部份 ③	美援資金差額	③/①
	百萬元	百萬元	百萬元	百萬元	%
1952	6,194	4,751	1,383	-60	22.3
1953	12,668	4,383	1,207	-6078	10.3
1954	7,922	6,448	1,369	-105	16.5
1955	8,635	7,344	1,193	-98	13.8
1956	10,059	7,898	2,183	+22	21.7
1957	11,551	7,881	1,814	+1856	15.7
1958	11,051	9,557	1,634	+140	14.7
1959	13,334	11,199	2,162	-27	16.2

（資料）　Edward A. Tenenbaum, Taiwan's Tarning Point, 1964 年－美援運用委員會經濟叢刊之 24, p.6
涂照彥「台灣經濟の發展とその機構」－山田秀雄〝殖民地社會の變容と國際關係〞1969 年, p.218

表 143　美國資金在蔣家「經濟計劃」上所佔比率

	期　　間	投資總額 ①	美援資金 ②	②/①
		億元	億元	%
第一次	1953 — 56	67.9	23.2	34.2
第二次	1957 — 60	221.0	84.0	38.0
第三次	1961 — 64	500.0	186.0	37.2

（資料）日本外務省「中華民國經濟事情」1964,p.18

國金融獨佔資本的投資市場等四個目的。

同樣、蔣家國民黨政權乃從中獲得更大的利益、即：㈠增強台灣的政治・經濟・軍事上各方面的統治力量、㈡繼續維持六〇萬大軍、㈢塡補財政上的赤字而免於破產、㈣發展官僚資本與蔣派民間買辦資本、以壟斷台灣的大企業、㈤塡補貿易上龐大的入超。

台灣人大衆因此以多勞動多被剝削、而受到美帝國主義與蔣家政權的雙重殖民地剝削、才獲得所謂「**台體經濟的高度成長**」。

下面把這些再說明一下：

(1) 關於美援資金塡補蔣家政權的財政赤字

按一九四八年「對華援助協定」第六條、蔣家政府本應負有把相等美援物資的金額之新台幣、積存爲援華基金的義務、但因蔣家政府國庫年年虧空、不可能撥出這筆數量龐大的新台幣、因此、美國政府卻不得不把這些美援物資所換來的新台幣資金當做蔣家政府基金、以填補其財政上的長年虧空。如表143、表144所示、美援資金所填補蔣家政府財政赤字、竟等於其每年歲出的一五―二〇%、歲入的二〇―三〇%。特別是一九五〇―五一年度、其財政歲出的六〇―七〇%、由這種美援資金填補、才免於破產。

表145　美援的資本援助在島內純投資所佔比率（1951－63年）

	島內純投資 ①		美國資本援助 ②		②／①
	百萬美元	%	百萬美元	%	
基礎部門	481	18.5	356	44.0	74.0
農業部門	329	12.6	193	23.8	58.7
人的資源	577	22.1	104	12.8	18.0
工業	1,218	46.8	157	19.4	12.9
計	2,605	100.0	810	100.0	31.1
公的部門（公營企業）	1,253	48.0	649	80.1	51.7
私的部門（民營企業）	1,353	52.0	161	19.9	41.8
計	2,605	100.0	810	100.0	31.3

（資料）　Neil H. Jacoby, U. S. Aid to Taiwan, 1966, p.52
涂照彥「台灣經濟の發展とその機構」1969, p.222

(2) 美援資金集中在公營企業

美援的經濟援助至一九六五年的一五年間、共達一四億四千三三〇萬美元、其中的七五%竟由援助電力・運輸・通信・肥料・化學・農產品加工等公營企業所佔。另外、美援台幣資金也達三〇一億二千萬元、其中的絕大部份又被投入軍事援助及其他公營企業援助（參閱 Neil H. Jacoby, U.S. Aid to Taiwan — A Study of Foreign Aid, Self-help and Development, 1966, p.40）。

如表143所示、所謂美援的「**資本援助**」、（Capital Assistance）、等於美援總額五五%的八億一〇萬美元、佔島內純投資的三一・一%。這資本援助的八〇・一%、竟由蔣家政府支配的公營大企業所獨佔（美援貸款美金部份的九〇%、及台幣部份的七〇%、均由公營企業所佔）。也就是說、台灣一〇〇家巨型企業的借款總額的五〇%（長期借款的八三%）、

均依靠美援資金所供給（參閱涂照彥「台灣經濟の發展とその機構」—山田秀雄編「殖民地社會の變容と國際關係」一九六九年 p.224）。

由此可知、在美帝國主義獨佔資本與蔣家買辦官僚資本勾結之下、透過控制台灣的公營企業、而壟斷了台灣經濟的命脈。

(3) 美帝國主義以國家獨佔資本即「美援」改造台灣爲投資市場

美援作爲嚮導、爲其本國民間資本侵入台灣舖路。這點、與日本帝國主義佔領台灣時所扮演的角色相同。到了一九六〇年代、台灣市場擴大爲能容納大量的外人投資後、美政府即把以前的贈與性援助、逐漸改爲貸款性援助、同時、援助對象也從公營企業、擴大至與美國民間資本相勾結的台灣私營企業。

(4) 填補貿易上的入超

如上所述、美政府一開始所進行對外援助的目的、就包含著爲本國剩餘農產物開闢外銷市場的一項。關於這點、美政府在台灣的確也達成了其目的。且看一五億美援當中、五六・八%是由小麥・棉花・大豆等剩餘農產物所佔即可明白美援農產剩餘物資傾銷台灣的結果、使戰前是指向日本的台灣貿易、轉變爲戰後依靠美國的局面。

另一方面、自一九五〇年起、台灣的進出口貿易、由美援資金及蔣派金融獨佔資本控制的「**中央信託局**」所壟斷、它獨佔了總輸出的八〇%、總輸入的六〇%。然而、台灣的貿易收支卻由戰前日據時代的年年出超（貿易出超年平均爲二五—三〇%）、降爲如表146的大幅入超。這些貿易上的巨額入超、全是

表 146　台灣貿易收支與美援

	① 輸出	輸				入	入	超	美援不算在內的入超率
		② 計	通 關	③ 美 援	其 他	③/②	④ 金 額	④/①	
	百萬美元	百萬美元	百萬美元	百萬美元	百萬美元	%	百萬美元	%	%
1945	33.9	34.9	26.0	8.9		25.5	1.0	2.9	29.2
50	93.0	122.7	91.6	20.5	10.6	16.7	29.7	24.3	46.5
51	93.1	143.8	84.8	56.6	2.3	39.3	50.7	54.3	115.0
52	119.5	206.9	115.2	89.0	2.6	43.0	87.4	73.0	147.6
53	129.7	190.5	100.5	84.0	6.0	49.8	60.8	46.1	111.8
54	97.8	204.0	110.2	87.8	5.9	43.0	105.2	108.7	208.8
55	133.4	190.1	91.6	89.1	9.3	46.9	56.7	42.5	109.2
56	130.1	228.2	114.3	96.4	17.4	42.2	98.1	75.4	149.6
57	168.5	252.2	138.8	98.7	14.7	39.1	83.7	49.6	107.7
58	165.5	232.7	129.7	82.3	22.8	35.3	67.3	41.5	91.6
59	163.7	244.4	150.4	73.4	20.6	34.1	83.8	52.2	98.0
60	174.2	252.2	143.2	90.8	18.1	36.0	78.0	48.4	101.9
61	218.3	324.1	192.4	108.1	23.5	33.3	105.8	51.4	103.3
62	244.4	326.5	224.6	80.1	22.8	27.6	82.1	36.9	70.5
63	363.5	336.8	226.5	76.0	34.2	22.2	+26.9	+5.7	15.4
64	461.5	410.1	331.4	39.7	36.8	9.6	+59.6	+4.9	28.8
65	495.8	453.4	285.7	65.9	35.9	14.5	42.4	+8.6	8.1
66	584.2	505.6	410.1	34.3	61.2	6.9	+78.2	+13.3	1.3
67	675.1	640.0	432.5	30.6	176.9	4.8	+35.1	+5.4	5.2
68	841.8	837.0	648.1	19.8	169.1	2.3	+3.9	+4.6	1.0
69	1,110.6	1,096.4	1,096.4	13.8	94.6	1.4	+14.2	+1.2	1.3
70	1,561.6	1,411.3	1,294.9	0.1	116.3		+150.4	+8.9	
71	2,135.5	1,990.0	1,854.3		135.7		+145.5	+6.7	
72	3,114.1	2,843.3	2,617.5		225.8		+270.8	+8.9	
73	4,483.4	3,792.5							
74	5,639.0	6,966.7							
75	5,308.0	5,951.7							

（資料）　「自由中國之工業」1973, Taiwan Statistical Data Book 1974, Forien Trade Quarterly 1964

依靠美援才能補上。

總而言之、美政府對台灣所實行的所謂「美援」、竟支持著腐敗的蔣家政權、使其能長期殖民統治台灣與台灣人、並促進了台灣資本主義的畸型發展。

美政府歷來對於第三世界未開發地區所推行的「美援」、都具有帝國主義及新殖民主義的特性、所以、一貫偏重於維持被援助國家的統治階級（買辦階級）、且支持該國特權階級壓迫人民大衆。特別是對台灣的這種援助、就是帝國主義行動的藍本、使蔣家國民黨政權能以這些美援爲殖民統治台灣的武器、而大肆幹其淫威・揮霍・吸血・逞兇的勾當。

也就是說、台灣人大衆都在以美式武器裝備的蔣家特務・憲兵・警察・軍隊等鎭壓威脅之下、遭受了空前的壓迫與剝削。

10　蔣家政權殖民統治的新支援──「日本貸款」「外人投資」「華僑投資」「對外借款」

a　日本恢復對台殖民地經濟支配

一九六〇─七〇年、乃是戰後世界貿易飛躍的繁榮時期。此時期、世界整個的輸出總額、即：

㈠　**金額上**增爲二・四四倍（先進諸國增爲二・六一倍、EC諸國二・九八倍、低開發諸國二・〇〇倍、社會主

義諸國一・九三倍）

(二) **數量上**增爲二・二三倍（先進諸國增爲二・二〇倍、EC諸國二・六一倍、低開發諸國一・八二倍）

世界貿易這樣飛躍發展、等於年平均八・九%的增加率（參閱 United Nations, Yearbook of International Trade Statistics, 1964, 1968 United Nations, Monthly Bulletin of Statistics, Oct. 1971）。

然而、世界貿易這種急速發展、卻導致先進諸國家與低開發國家之間的差距更爲擴大。例如、先進諸國在此時期的輸出額增加兩倍以上、但低開發諸國只增加兩倍而已。這就顯示著、此時期的世界貿易發展乃是犧牲低開發諸國而達成的。因此、所謂「**南北問題**」（低開發諸國與先進諸國在經濟發展上的矛盾對立問題）、不但毫無改善、而且更加惡化。

在這世界貿易發展呈現參差的情況下、位於低開發國上層的台灣、在貿易上、一〇年來可看出極端異常的發展、一九六〇—七〇年間、輸出總額在金額上增爲六・八一倍、數量上則增爲六・二六倍、一九七一年的輸出額佔世界佔世界第二六位、國民每人平均貿易額佔第二三位（參閱 Economic Planning Council, Republic of China, Taiwan Statistical Data Book 1974 p.166 日本總理府「國際統計要覽」一九七六年）。

台灣對外貿易的這種可說是「**瘋狂性**」的異常擴大、乃是由一九六〇年代後半新出現的「**日本貸款**」與「**外人投資**」所推進、並在犧牲台灣人大衆利益而肥壯了蔣家殖民統治階級的情況下、才達成的。

本來、以歷史性殖民地結構爲基礎的台灣經濟、戰後雖然一時被編入中國的大陸經濟圈內、但在一九四九年、與大陸斷絕關係而獨自成爲一個經濟圈子後、即在美帝國主義控制下、與日本的通商貿易再度發展、以致恢復了中斷五年的戰前對日經濟的隸屬關係。也就是說、一九四九年六月、台灣與日本訂定「**台日貿易協定**」後、兩地間的通商關係頓時頻繁起來。

表 147　台灣貿易輸出入構造

	總計	輸出				輸入			
		計	農產品	農產加工品	工業品	計	資本財	農工原料	消費品
	千美元	千美元	%	%	%	千美元	%	%	%
1952	326,507	119,527	26.9	68.3	4.6	206,980	13.1	74.2	12.7
53	320,390	129,793	13.1	76.6	7.3	190,597	17.3	68.6	14.1
54	301,727	97,751	14.8	77.3	7.9	203,976	19.3	69.1	11.6
55	323,506	133,441	29.7	62.6	7.7	190,065	18.6	71.2	10.2
56	358,285	130,060	15.0	71.8	13.2	228,225	24.1	68.0	7.9
57	420,741	168,506	16.6	74.7	8.7	252,235	26.4	65.8	7.8
58	398,274	165,487	23.6	62.7	13.7	232,785	25.9	62.9	11.2
59	408,058	163,708	23.5	52.6	23.9	244,350	31.1	61.2	7.7
60	426,411	174,195	10.7	55.4	33.9	252,216	27.5	63.0	9.5
61	542,374	218,324	14.1	43.1	42.8	324,050	28.4	59.7	11.9
62	571,921	244,379	12.7	36.5	50.8	327,542	25.7	64.6	9.7
63	700,254	363,467	13.3	43.6	43.1	336,787	24.6	67.0	8.4
64	879,869	469,468	14.5	41.5	44.0	410,401	25.0	64.5	10.5
65	1,051,099	495,813	23.4	30.7	45.9	555,286	29.3	62.9	7.8
66	1,185,380	584,239	19.3	25.8	54.9	601,141	29.4	62.6	8.0
67	1,522,584	675,092	17.5	23.6	58.9	847,497	36.3	56.5	6.9
68	1,867,637	841,775	13.0	20.6	66.4	1,025,862	37.1	55.6	7.3
69	2,315,428	1,110,623	11.1	16.4	62.5	1,204,805	30.9	62.6	6.5
70	3,089,348	1,561,652	9.1	12.7	78.2	1,527,696	33.8	59.5	6.7
71	4,125,569	2,135,546	8.1	11.5	80.4	1,990,023	35.4	58.2	6.4
72	5,957,372	3,114,104	7.2	9.9	82.9	2,843,288	37.3	56.7	6.0
73	8,275,862	4,483,366	7.5	7.9	84.6	3,792,496	28.6	65.8	5.6
74	12,604,750	5,639,000	4.8	10.7	84.5	6,965,757	30.7	62.4	6.9
75	11,260,421	5,308,771	5.6	10.8	83.6	5,951,650	30.6	62.6	6.8
76	15,765,271	8,166,340	5.0	7.4	87.6	7,598,931	29.1	64.7	6.2
77	17,871,597	9,360,710	5.4	7.1	87.5	8,510,887	25.8	66.4	7.8

（資料）　Council for International Economic Cooperation and Development, Republic of China, Taiwan Statistical Data Book 1973, p.167, 168
「自由中國之工業」第 45 卷第 4 期，1976 年

表 148　台灣對外貿易國別構造

	輸出（%）									輸入（%）								
	日本	美國	西德	澳洲	香港	英國	泰國	加奈大	其他	日本	美國	西德	澳洲	香港	英國	泰國	加奈大	其他
1951	48.3	5.6			14.8				31.3	34.1	41.2							24.7
52	52.6	5.9			7.7				33.8	45.7	31.2							23.1
53	45.6	4.2	0.8	0.1	8.2	6.6	0.5	0.1	33.9	30.7	38.7	1.9	1.4	5.7	4.1		1.0	16.5
54	50.8	5.4	1.8	0.3	8.1	2.8	1.9	0.1	28.3	33.4	46.4	2.4	1.1	2.8	2.4		1.2	10.3
55	59.5	4.4	0.9	0.1	5.5	3.0	3.6	0.1	22.9	30.5	47.5	2.5	0.4	1.5	1.2	0.1	1.4	14.9
56	37.2	5.6	2.1	0.1	6.9	2.4	2.1	0.1	43.6	36.3	42.0	3.8	1.0	1.5	1.7		0.5	13.2
57	35.2	3.5	1.2	0.1	9.1	0.9	1.0	0.1	48.6	33.2	39.9	4.1	0.6	1.5	1.6	0.1	0.8	18.2
58	41.9	6.2	2.6	0.1	6.6	0.5	2.0	0.1	40.0	39.5	37.3	3.1	1.1	1.5	1.8	0.1	0.7	15.0
59	41.5	8.6	2.3	0.1	10.0	1.1	2.6	0.4	33.4	40.3	36.1	3.3	0.9	1.6	1.5	0.4	0.5	15.4
60	37.7	11.5	2.0	0.2	12.6	1.6	2.4	0.8	31.2	35.3	38.1	3.8	1.3	1.6	1.4	0.7	0.7	17.1
61	29.0	21.9	2.9	0.3	13.3	2.9	4.6	0.7	34.4	31.0	40.6	4.1	1.8	1.2	1.6	1.9	0.9	16.9
62	13.9	24.4	4.8	0.3	12.5	1.6	5.0	1.1	26.3	34.1	38.0	3.5	1.8	1.0	1.0	1.0	1.0	18.3
63	31.7	16.3	4.1	0.7	8.8	1.4	3.4	1.7	31.9	29.7	41.6	2.9	2.1	1.0	1.1	0.6	1.0	20.0
64	30.9	18.6	3.9	1.0	7.9	0.6	3.4	1.6	32.1	34.8	32.5	3.8	2.1	1.1	1.4	1.0	1.6	21.7
65	30.6	21.3	6.6	0.9	6.2	0.8	3.7	2.0	27.9	39.8	31.7	3.1	2.3	1.0	1.5	0.9	1.2	18.5
66	24.0	21.6	5.5	0.7	6.1	0.8	3.3	2.6	35.4	40.0	26.7	3.8	3.4	1.2	1.6	1.4	1.3	20.6
67	17.9	26.2	5.9	1.3	8.0	0.8	4.0	3.5	32.3	40.5	30.7	4.2	3.0	1.5	1.3	1.7	1.4	15.7
68	16.2	35.3	5.8	1.5	9.2	0.9	3.4	4.4	23.3	40.0	26.5	4.0	2.1	1.4	1.8	2.7	2.0	19.5
69	15.0	38.0	5.1	1.5	8.9	0.9	2.6	3.8	24.2	44.2	24.0	4.0	3.0	1.6	1.7	2.4	1.2	17.9
70	14.4	38.1	4.8	1.4	9.2	0.9	1.7	3.4	26.5	42.8	23.9	4.1	3.1	1.8	1.7	2.7	1.1	18.8
71	11.9	14.7	4.2	1.7	7.8	1.5	1.5	5.6	24.1	44.9	22.1	4.4	3.3	2.1	1.6	1.4	0.7	19.5
72	12.6	41.9	4.5	1.7	7.7	1.9	1.5	4.7	23.5	41.6	21.6	3.6	3.0	2.4	1.5	1.7	1.1	24.5
73	18.4	37.4	4.8	2.4	6.6	2.5	1.4	3.8	22.7	37.7	25.1	5.3	2.7	2.6	1.9	1.5	0.7	22.2
74	15.3	36.8	5.5	3.5	6.1	2.7	1.3	3.7	25.1	31.8	24.1	6.8	2.4	1.7	2.3	2.7	0.9	27.3
75	13.1	34.3	6.0	2.4	6.8	2.6	1.3	3.4	20.1	30.5	27.8	6.2	2.7	1.3	2.1	1.4	0.8	27.2

（資料）　Economic Planning Council, Republic of china, Taiwan Statistical Book 1974, p.176 − 179.

如表147、表148所示：

(一) **輸出方面**、輸出總額中的對日輸出比率自一九五一年的四八・三%、增至一九五一年五二・六%、一九五五年達五九・五%、即佔了總輸出的半數以上、且在輸出項目中依然是砂糖・香蕉・鳳梨罐頭等農產品佔其九〇%、而恢復了戰前日據時代的殖民地貿易關係。一九六〇年以後、因台灣的對美貿易伸長、加上越戰的軍需消耗也促進了台灣輸出的增加、所以台灣對外輸出總額遽增、導致對日輸出比率相對的降低。但是在一九六〇年後半、對日貿易仍是保持著輸出的首位。

(二) **輸入方面**、因有巨額的美援輸入計算在內（一九五〇年代的入超達年平均一二二・一%、其中、年平均四〇・九%都仰賴美援輸入塡補—參閱表146）、所以輸入數目的首位竟讓給對美輸入所佔。但是對日輸入也保持著每年平均三五・〇的高水準、並且在輸入項目中、也一如往常的由工業品佔其八〇・三%。

如此、台灣一方面供給日本農產品（食料品）、另一方面則成爲日本工業品的銷售市場。這種台日兩地間的貿易構造、完全意味著台灣對日本已恢復了戰前的殖民地經濟隸屬關係。

b　日本貸款

如上所述、美政府的對台經濟援助、早在一九五七年就開始改變方針、並從一九五八年起、即由無償贈與性援助、改變爲有償貸款性援助、同時、官方的「美援」、也逐漸以美國民間資本對台灣民間企業的投資所代替。又在一九六四年五月、美國務院宣佈了：「**除了軍事援助與剩餘農產品援助之外、美國對台灣的經濟援助擬以一九六五年六月三十日爲終結**」。

當然、美政府並不因此改變其重視台灣爲戰略地位的方針、所以軍事援助始終不曾中斷、同時也以另外的方式來繼續企圖向亞洲各國從事經濟支援、它的第一個目標乃是設定在戰前舊殖民地的台灣・韓國兩地。此時、蔣家國民黨政權看到美國的經濟援助節節退縮、也正在尋找新的後盾。就在這種情況下、一九六五年四月、美援即將停止的前夕、日本政府乃應允蔣家政權的要求、訂定了日幣五四〇億圓（一億五千萬美元）的第一次「**日幣貸款**」。這所謂「**日幣貸款**」、至一九七〇年四月為止、由「**日本輸出入銀行**」貸給各種建設資金（電子設備・交通運輸・基隆及高雄築港・鋁業工廠・肥料工廠・唐榮鐵工廠・台灣造船公司・水庫建設等公營企業）、共計一億美元（年利息五・七五%、一二—一五年後還清）、並由日本海外經濟協力基金會貸給曾文水庫建設貸金五千萬美元（年利息三・五%、二〇年還清—參閱「中華民國年鑑」一九六三年 p.485, 一九六四年 p.436, 一九六六年 p.514　日本銀行調查局「台灣金融經濟の近情」—《アジア調特第三號》一九七〇年 p.96）。

第二次「**日幣貸款**」八〇億八千二〇〇萬圓（二千一四五萬美元）、也在一九七一年八月訂定。

這些數目龐大的「**日本貸款**」、無疑的是「**美援**」的代替物、同樣強化了蔣家政權的殖民統治、台灣人大衆則因此被吸取更多的血汗結晶、而供以長期還債。

c　外人投資・華僑投資

「**資本**」猶如水往低流、總要覓尋投資條件好且報酬率（利潤）多的地區奔流。蔣家政權為了在短期內搜集「**外資**」投入台灣、居然利用這個資本屬性、揭起格外有利的投資條件、並提出了等於出賣台灣產業的外資導入辦法、以提供低廉的勞動力來吸引「**外資**」的傾入。

本來、這種外資導入辦法、蔣家政權早就付諸實行、即在一九五二年六月、蔣家政府與美政府訂定

「**美台投資保證協定**」、對投資台灣的美國民間資本、給予損失補償與危險分擔等的共同保障（這個協定又在一九六三年十二月、加以修改而擴大對美人投資的各種優待與保障——參閱「中華民國年鑑」一九六四年 p.314）。

繼之、一九五二年九月、蔣家政府又公佈了「**鼓勵華僑及旅居港澳人士來台舉辦生產事業辦法**」、以優待港澳華僑來台投資。同年十月再公佈「**自備外匯輸入物資來台舉辦生產事業辦法**」、藉以促進外人與華僑、以自己所有的外匯購進物資輸入台灣而投資設廠（參閱「自由中國之工業」一九五四年四月第一卷第四期 p.2）。

一九六三年六月、蔣家政府爲了應付美援停止後的經濟情勢、即把「**美援運用委員會**」撤廢、重新設立「**國際經濟合作發展委員會**」（簡稱「經合會」）、做爲執行新經濟政策的最高機關。本來、蔣家政府已接二連三的制定了「**外國人投資條例**」（一九五四年）・「**華僑回國投資條例**」（一九五五年）・「**獎勵投資條例**」（一九六〇年）・「**技術合作條例**」（一九六二年）、加上「**加工輸出區設置管理條例**」（一九六五年）等、且把這些條例不斷的加以修改、而給予外人來台投資提供了極爲有利的條件、即：

㈠　對於外人投資幾乎不加限制
㈡　保證外資的本利都能向其本國自由匯送
㈢　保證外資企業非國有化
㈣　減免稅金
㈤　幫助外資取得工廠用地
㈥　設置加工輸出區、減免原料運進及商品運出的關稅

這些所謂發展外人投資雖然看來堂皇公正、但實際上、等於出賣台灣國土與台灣人大衆、迫其在屈

表149 外人投資與華僑投僑（1952－77年）

	總計		外人投資						華僑投資	
			計		日本		美國			
	項	千美元	項	千美元	項	千美元	項	千美元	項	千美元
1952	5	1,067							5	1,067
53	14	3,695	2	2,041	1	160	1	1,881	12	1,654
54	8	2,220	5	2,092	1	14	3	2,028	3	128
55	5	4,599	2	4,423			2	4,433	3	176
56	15	3,493	2	1,009			2	1,009	13	2,484
57	14	1,622	4	48	3	37	1	11	10	1,574
58	9	2,518	3	1,116	3	1,116			6	1,402
59	2	965	2	145	1	145	1	100		820
60	14	15,473	8	14,338	3	309	5	14,029	6	1,135
61	29	14,304	5	5,964	3	1,301	1	4,288	24	8,340
62	36	5,203	26	3,543	16	2,664	8	738	10	1,660
63	38	18,050	16	10,347	6	1,397	9	8,734	22	7,703
64	41	19,897	13	11,890	2	728	7	10,196	28	8,007
65	66	41,610	36	35,140	14	2,081	17	31,104	30	6,470
66	103	29,281	52	20,904	35	2,447	151	17,711	51	8,377
67	212	57,006	107	38,666	76	15,947	18	15,714	105	18,340
68	325	89,894	122	53,445	96	14,855	20	34,555	203	36,449
69	201	109,437	111	81,938	75	17,379	30	27,862	90	27,499
70	151	128,896	71	109,165	51	28,530	16	67,816	80	29,731
71	130	162,965	44	125,148	18	12,400	18	43,736	86	37,808
72	166	126,656	52	100,190	26	7,728	17	37,307	114	26,466
73	351	248,854	150	193,688	92	44,599	29	66,876	201	55,166
74	168	189,376	83	108,736	50	38,901	21	38,760	85	80,640
75	85	118,175	41	70,940	22	23,234	12	41,165	44	47,235
76	98	141,519	45	102,032	26	30,760	8	21,707	53	39,487
77	102	163,909	50	95,186	20	24,145	17	24,243	52	68,723
78	116	212,925	66	136,719					50	76,210
總計	2,504	1,923,600	1,314	1,328,853	640				1,386	594,751

（資料）「行政院經濟部華僑及外國人投資審議委員會資料」
Economic Planning Council Republic of China, Taiwan Statistical Data Book 1947, p.212, 1979, p.238

辱的境遇下、任使外資大肆剝削。

這從外國資本家來說、無非是盡善盡美的外資優待辦法、即把台灣造成有利的投資對象、使他們垂涎不已。就是說、外人資本家在他人國土的台灣、毫無阻礙的能按照自己的計劃與管理來設置工廠、並能使用特別低廉的勞動力（根據一九七四年統計、勞動於加

圖63　1970年代台灣工業區分佈圖

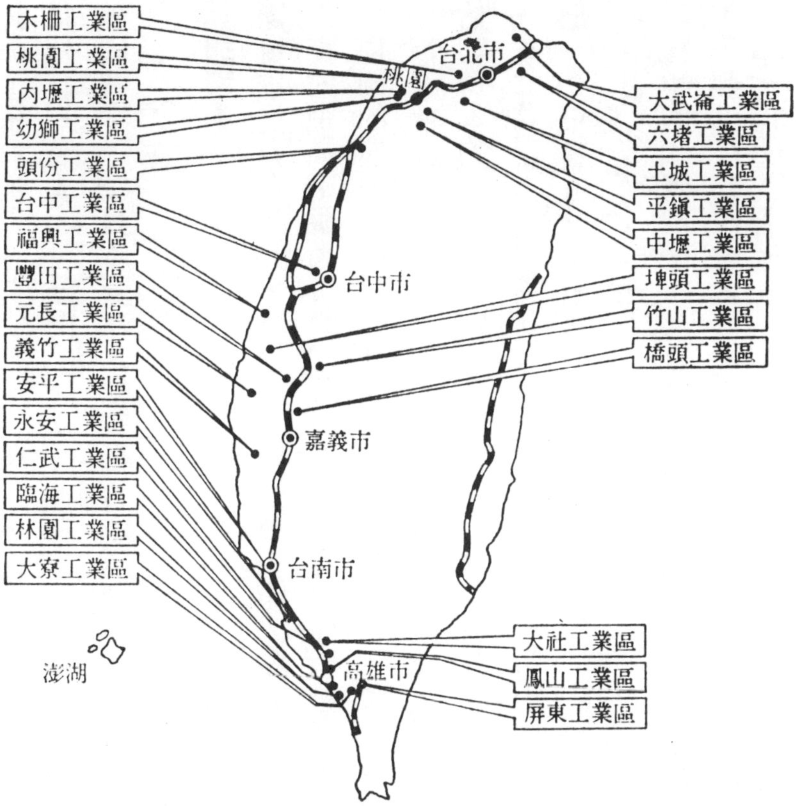

工區日人企業工廠的台灣女工的工資一天僅有台幣八〇—一〇〇元、等於日本本國的女工工資的五分之一）、且能利用世界上最便宜的電力、以資從事工業生產、不但能減免台灣的國內捐稅、也減輕了出入關稅、能自由的把商品運往他國、而且還被保證不發生工人罷工與要求取締環境污染等問題、因此、台灣很快就變成外國資本家的「**投資天堂**」（參閱黃人杰「台灣外人投資的展望」—〝自由中國之工業〞一九六三年十月第二〇卷第四期p.7）。

如表149所示、自一九六〇年起、以美・日兩國爲主的「**外國資本**」、如決堤奔流的傾注於台灣島內、隨即深入於台灣經濟的心臟部門、而確立了其堅固不拔的地位。台灣全島、所謂「**外資企業**」「**合辦企業**」林立簇生、滿載工廠器材與工業原料品的外國船隻頻繁出入各地港口、工業與外貿飛躍發展（參閱圖63、表106、147、148、150）。

特別是「**加工出口區**」相繼出現、「**高雄加出口區**」（一九六五年三月）・

「楠梓加工出口區」（一九七〇年一月）・**「台中加工出口區」**等急遽繁榮。

觀諸外資的構成、可分為：

(一)美國資本、(二)日本資本、(三)華僑資本三種。

(1) 美國資本

美國資本投資台灣的、可分為兩個種類、即(一)專與公營企業合作、傾銷產品而獨佔台灣市場、(二)以完全外資的企業來壟斷台灣的某種工業生產、而銷售在台生產的產品於國際市場。

第一種類的典型、就是「**慕華聯合化學公司**」（Mobil China Allied Chemical Industries）、台灣最大的外資合辦企業、總資本二千二五〇萬美元、外國企業 Socony Mobil Oil Co., Allied Chemical Corp. 兩社佔總資本的七〇%、中國石油公司（公營）出資三〇%、製造氨水（liguid Ammonia）而供給台灣肥料公司（參閱胡新南「中國石油公司利用外資經驗」〝自由中國之工業〞一九六三年十一月第二〇卷第五期 p.11）。

其他、「**中國海灣（Gulf）油品公司**」（總資本額一千一〇〇萬美元）・「**台灣氨胺公司**」（Taiwan Cynamid Corp. 資本一一〇萬美元）等。

第二種類的代表例子、「**台灣飛歌公司**」（Filco Corporation of Taiwan）、一〇〇%完全外資的台灣最大電子製造公司、資本金二三〇萬美元、及二千一〇〇萬美元設備資金、擁有淡水・高雄兩大工廠、工人一千五〇〇人（女工佔八〇%）、由美國、日本等運來電子工業零件、在台灣製好成品、然後輸售於國際市場（參閱松本繁一・石田平四郎「台灣の經濟開發と外國資本」—アジア經濟研究所〝經濟協力調査資料〞一九七一年第六號 p.41）。

其他、「**台灣通用器材**（General Instrument）**公司**」「**台灣勝家**（Singer）**實業公司**」「**中國人**

表 150　工礦業生產價值百萬元

	總計			鑛業			製造業			房屋建築	水電煤氣・自來水		
	計	公營	民營	計	公營	民營	計	公營	民營	民營	計	公營	民營
1952	5,941	3,270	2,671	409	110	298	5,213	2,840	2,373		318	318	
53	8,227	4,363	3,863	430	106	324	7,302	3,843	3,459	105	389	389	
54	9,547	4,620	4,927	417	127	290	8,567	4,032	4,535	126	436	436	
55	11,289	5,126	6,162	477	126	350	10,084	4,418	5,666	173	554	554	
56	13,872	6,331	7,540	741	150	590	12,284	5,470	6,813	164	682	682	
57	17,017	7,930	9,087	1,066	176	890	14,897	6,884	8,012	233	819	819	
58	18,299	8,053	10,225	1,258	186	1,071	15,692	6,788	8,904	349	979	979	
59	23,358	9,934	13,424	1,240	204	1,036	20,712	8,486	12,226	2163	1,188	1,188	
60	27,189	11,461	15,727	1,393	225	1,168	23,825	9,437	14,387	279	1,690	1,690	
61	29,899	12,472	17,426	1,582	268	1,314	26,078	10,155	15,923	278	1,959	1,959	
62	33,764	14,932	23,831	1,664	449	1,215	34,560	12,214	22,346	263	2,277	2,268	7
63	44,407	16,963	27,444	1,641	448	1,192	39,950	14,055	25,895	347	2,468	2,459	9
64	57,924	21,950	35,974	1,798	542	1,255	52,714	18,379	34,334	373	3,038	3,028	10
65	65,278	19,906	45,371	2,414	631	1,782	58,802	15,509	42,292	1,277	3,754	3,766	17
66	77,826	22,927	54,899	3,016	839	2,176	68,517	17,876	50,640	2,062	4,230	4,210	19
67	72,424	25,404	67,019	3,469	912	2,557	81,518	19,668	61,850	2,598	4,837	4,823	14
68	116,758	29,204	87,553	3,559	934	2,625	104,312	22,579	81,732	3,173	5,713	5,690	22
69	143,028	34,682	108,346	3,686	1,205	2,481	127,766	26,555	101,210	4,623	6,972	6,920	31
70	176,262	40,300	135,962	3,896	1,300	2,595	157,331	30,314	127,016	6,314	8,720	8,684	35
71	215,895	46,042	169,835	4,078	1,463	2,615	191,100	34,020	157,079	10,112	10,603	10,557	45
72	268,644	52,559	216,084	4,229	1,514	2,715	241,379	39,405	201,973	11,395	11,676	11,639	36
73	357,970	62,287	259,683	4,671	1,780	2,890	329,255	47,074	282,180	10,573	13,470	13,432	38
74	459,883	107,729	352,153	10,034	5,029	5,004	413,166	78,578	334,588	12,531	24,151	24,121	29
75	486,780	125,994	360,785	9,695	4,933	4,761	432,253	93,015	339,338	16,654	28,077	28,046	31
76	661,535	147,962	513,574	11,396	5,813	5,583	591,147	109,181	481,966	25,996	32,995	32,967	28
77	790,676	180,820	609,856	11,250	5,788	5,642	697,731	131,927	565,804	38,562	43,131	43,104	27
78	994,910	219,648	775,262	11,396	5,671	5,725	889,474	164,399	725,075	44,431	49,606	49,577	29

（資料）　「自由中國之工業」1962 年 9 月 第十八卷第三期 p.66, 1965 年 9 月 第三十二卷第三期 p.110, 1976 年 4 月 第四十五卷第四期 p.100, 1979 年 12 月 第五十二卷第六期 p.110.

造纖維公司」「台灣聚合化學公司」「楊兄弟企業公司」等六〇餘家（一九六五年統計）。

(2) 日本資本

日本對於過去半世紀間曾經統治過的殖民地台灣、自一九五〇年起就恢復舊有的通商關係、所以到了一九六〇年代、在蔣家政府開始歡迎外資但限制輸入工業成品的情況下、「日本資本」遂大舉傾注來台。

日本資本再度侵入台灣後、爲了投資設廠、並生產中小工業品以及確保既得的台灣市場、即以舊有關係的台灣土著中小資本家爲買辦、建立了許多「合辦企業」、廣泛的控制台灣製造業與工業品市場。這種日本資本系合辦企業的資本・工廠等規模、雖然不及美國資本系的大、但如表149所示、投資件數比後者多、主要的可分爲：㈠製藥資本、㈡電氣資本等兩大種類。

第一種類的製藥工業、大體上、有日本三大製藥資本來台合辦設廠、進而獨佔了台灣市場、即：

「**台灣武田藥品工業公司**」（一九六二年設立、日本武田製藥會社佔資本金八八%的七〇萬美元）

「**台灣田邊製藥工業公司**」（一九六二年設立、日本田邊製藥會社佔資本金七五%的三七萬五千美元）

「**台灣鹽野義藥品公司**」（一九六三年設立、日本鹽野義製藥會社佔資本金一〇〇%的三七萬五千美元）

（參閱周學中「台灣之製藥工業」—《台灣銀行季刊》一九六八年三月第十九卷第一期p.131）。

第二種類的電氣用具製造工業、即受到「**日本電氣**」「**東芝電氣**」「**三菱電氣**」「**松下電氣**」「**三洋電氣**」「**日立電氣**」等日本巨大電氣會社的資本滲透、合辦企業遍佈全島。其中最大的合辦企業、可說是「**大同製鋼機械公司**」（一九六四年資本金台幣一億元）。這在戰前由土著資本的電爐製鐵小工廠出發（一九三九年設立）、一九四九年與「**日本東芝**」進行技術合作、開始製造電錶（electic meter）一九五六年與美國 Westinghouse Electric International Co. 進行技術合作、開始製造馬達（moter）、一九六〇又與「**日本東芝**」進行資本合辦（東芝出資台幣一千五〇萬元＝二六萬美元、等於該公司資本金的三二・八％）、開始製造變壓器（transformer）等、成爲台灣最大的電氣用具生產企業（參閱大同製鋼機械公司「大同手册」一九五八年 p.7）。

其他、「**台灣松下電器公司**」「**台灣三洋電機公司**」「**台灣通信工業公司**」「**台灣電視事業公司**」「**台灣日立公司**」「**台菱紡織公司**」「**台灣農業機械公司**」等、到了一九七七年代、日本資本對台投資所合辦的「**資本合辦企業**」達七六一家、「**技術合作企業**」達八七一家。因此、台灣全島已由日本資本合辦工廠所製造出來的、大從電視機・電唱機・電冰箱・洗衣機・冷氣機・變壓機・耕耘機等・小至電鍋・電燈泡・日光燈・醫藥品・塑膠製品・衣料・尼龍等工業品所充斥（參閱在台北日本大使館「日本の中華民國に對する經濟協力概況」一九六五年九月　JETRO「海外市場」一九六二年九月　台灣研究所「台灣總覽」一九七七年 p.602—656）。

據聞、現有等於日幣三千億圓（一五億美元）的日本資本系工廠設備與資金滯留於台灣（一九七七年數字）。

如上所述、一九五〇年代、台灣大部分的公營企業已被美帝國主義國家資本所控制、而到一九六〇年代以後、台灣全島的民間企業又被置於美國民間資本與日本大資本的支配之下。

(3) 華僑資本

居住海外各地的蔣派中國人及台灣人、步著外人投資的後塵、把它們在海外所擁有的資本、匯到台灣、成爲蔣家政權及其經濟買辦階級與外國資本家剝削台灣人大衆的幫手、這就是「**華僑資本**」。

如表149所示、一九六六年華僑投資台灣的總額達一千七七一萬美元、分爲香港華僑三三・○%、日本一七・四%、菲律賓一七・七%、韓國一一・五%、馬來西亞一○・七%、泰國五・八%、新加坡一・五%、美國一・二%、印尼○・九%、其他○・三%（參閱笹本武治・川野重任「台灣經濟總合研究」上、一九六八年 p.339）。

這種華僑投資的特點就是：㈠設立以中國交通銀行系菲律賓華僑資本爲主體的「**華僑銀行**」（一九六○年五月設立）、而做爲對台投資的據點、㈡政商因素濃厚、成爲蔣家政權統治台灣的經濟外圍、同樣剝削台灣人大衆（參閱渡邊長雄「台灣金融經濟の近情」—日本銀行調査局〝アジア調特第三號〞一九七○年 p.29）。

華僑資本在台灣所從事的經濟活動、大體上可分爲服務業二○・四%、食品加工業一○・三%、紡織業九・一%、建設事業一○・○%、其他五○・二%（參閱松本繁一・石田平四郎「台灣の經濟開發と外國資本」—アジア經濟研究所〝經濟協力調査資料〞一九七一年第六號 p.15）。

d　輸出加工區

一九六三年八月、蔣家政府設立了「**國際經濟合作發展委員會**」（經合會）後、爲了適應美援停止後的經濟環境、促進投資、發展商品及勞動力的輸出（參閱「中華民國年鑑」一九六五年 p.148）、即在一九六四年七月公佈「**輸出加工區設置管理條例**」、隨即於一九六五年一月、開設「**高雄出口加工區**」於高雄縣的臨海地區、到一九七○年、「**楠梓出口加工區**」「**台中出口加工區**」相繼出現。這些所謂「**出口加工區**」、不外乎是以廉價勞工引誘內外資本、並仿效了香港的自由港制、免除進出口關稅、而想發展台灣工業與輸出貿易。

換句話說、**「輸出出口加工區」**主要是蔣家政府給外人資本家提供廉價勞工市場的一個殖民經濟的縮圖。如表151、表152所示、在這地區勞動的工人總數七萬六三五人之中、工資低兼的女工佔其八二・七%、也就是月薪三千元（七五美元、二萬七千日圓）以下的工人佔總工人數的六三・三七%（一九七六年統計）、都是台灣南部農村的過剩勞動人口。

因此、如表151所示、貪圖低廉勞動力的外國資本與華僑資本及其買辦資本家、就雲集於該地區投資設廠、大肆剝削了台灣農村的貧苦婦女、而坐享其利。

表151　加工出口區工人實況（1976年8月）

年齡	性別	計	高雄區	楠梓區	台中區
		人	人	人	人
總　計		70,635	43,441	16,159	11,035
計	男	12,300	7,704	2,601	1,995
	女	58,335	35,737	13,558	9,040
14 — 19	男	3,403	2,255	665	483
	女	28,161	16,593	8,181	3,385
20 — 29	男	5,644	3,393	1,189	1,058
	女	24,453	15,331	4,324	4,798
30 — 39	男	1,812	1,092	441	279
	女	3,761	2,388	801	572
40 —	男	1,441	960	306	175
	女	1,960	1,423	252	285

（資料）　台灣研究所「台灣總覽」1977, p.140

表152　加工出口區工資實況（1976年8月）

月薪	%	計	高雄區	楠梓區	台中區
元		人	人	人	人
1401 — 2000	9.14	6,394	2,702	3,361	21
2001 — 3000	54.23	37,962	22,849	10,363	4,764
3001 — 4000	26.01	18,204	11,526	1,530	5,148
4001 — 5000	5.10	3,572	2,838	156	578
5001 — 6700	3.51	2,462	2,113	133	216
6001 —	2.01	1,405	880	160	252
計	100.0	69,999	43,025	16,003	10,971

（資料）　台灣研究所「台灣總覽」1977, p.140

表153　加工出口區的資本額・出口量（1975年）

資本額（千美元）					企業數				輸出量（千美元）			
計	外資	華僑	島內資本	合資	計	高雄區	楠梓區	台中區	計	高雄區	楠梓區	台中區
195,444	118,835	18,664	21,853	36,092	291	144	105	42	458,971	289,031	93,982	75,958

（資料）　台灣研究所「台灣總覽」1977, p.135

表 154　對外借款（1975 年 12 月末日）

		訂定額	支付額	主要償還額	未還額
總計					
U. S. $	千美元	1,539,662	979,135	179,228	799,907
N. T. $	千台元	1,331,918	1,331,918	304,164	1,027,754
¥	千日圓	53,910,180	49,917,252	24,936,799	24,980,453
1. U. S. AID					
⑴ U. S. $	千美元	137,570	137,570	44,063	93,507
⑵ N. T. $	千台元	1,331,918	1,331,918	304,164	1,027,754
2. 國際復興開發銀行（世銀）	千美元	310,290	300,890	59,420	241,470
3. 國際開發協會（第二世銀）	千美元	15,756	15,756	569	15,187
4. 日本貸款	千日圓	53,910,180	49,917,252	24,936,699	24,980,453
5. 美國輸出入銀行	千美元	984,086	438,469	63,566	374,903
6. 亞洲開發銀行	千美元	91,960	86,450	11,610	74,840

（資料）　行政院財政部

e　對外借款

一九六五年「美援」停止後、蔣家政府除了上述的日本借款・外人投資・華僑投資等之外、另外又大撈**國際性資金**。這些所謂「**國際借款**」、不用說、大部份也是屬於美國國家資本、或者是日本政府資金、只在名目上冒稱爲世界性的「**開發資金**」而已。即有：㈠「**國際復興開發銀行**」（世界銀行 International Bank of Reconstruction and Development＝IBRD）、㈡「**國際開發協會**」（第二世界銀行 International Development Association ＝ IDA）、㈢「**美國輸出入銀行**」（Export & Import Bank）、㈣「**亞洲開發銀行**」（Asian Development Bank）等。

如表154所示、按一九七五年年底統計、蔣家政府對外國所負「**國際借款**」共有：

㈠ 美幣七億九千九九〇萬元

㈡ 台幣一〇億二千七七五萬元（當時外匯公定率爲三七・九五元、故等於二千七〇八萬美元）

㈢ 日幣二四九億八千〇四五萬圓（當時外匯公定率爲三六〇圓、故等於六千五九四萬美元）

如上㈠㈡㈢總計八億九千二九二萬美元、若把表149的「**外人投資**」與「**華僑投資**」共一二億八千七〇七萬美元加上、台灣對外負債的總計共達二一億七千九九九萬美元。

把蔣家政權殖民統治下的台灣所負「**國際債務**」、與台灣所擁有外債一四億三千二〇〇萬美元（IMF一九七八年四月統計）一比、就能看出這筆債務是多麼的龐大。

一九七五年度、國民總生產五千五六六億四千三〇〇萬元（一四六億五千萬美元）、平均每人所得三萬二千一一四元（八四五美元）的經濟規模之下、台灣人口（一千六一五萬人）平均每人得負擔一三五美元（五千一二三元）的國際債務。也就是說、台灣人大衆在今後長期間、必須以自己的血汗、把這龐大債務的本利還清。

不但是這樣、而且這種「**國際負債**」、其後還繼續增加、另外、還有「**美國通運銀行**」（American Express International Banking Corporation）・「**美國花旗銀行**」（First National City Bank）・「**美國商業銀行**」（Bank of America）・「**美國大通銀行**」（Chaose Manhattan Bank）・「**美國華友銀行**」（Chemical Bank）・「**美國加州聯合銀行**」（United California Bank）、以及「**日本勸業第一銀行**」等國際金融機關相繼在台開設分行、而在與蔣家政權金融資本勾結下、進行金融侵略（一九七七年從此民間外國銀行財團新借外債竟達四三億八千萬美元）。

總言之、蔣家政權所謂的「**台灣經濟高度成長**」、無非是以這麼龐大的債務換來的。蔣派中國人與買辦台灣人等官商階級、即把這從外國借來的巨款任意揮霍、且壟斷其經濟成果、同時藉以鞏固其殖民統治。相反的、台灣人大衆卻以最低廉的工資而勞動於加工輸出區與其他的外資大小工廠。也就是說、受了外國資本家・蔣派中國人・買辦台灣人的三重剝削、並且、還得承擔公害污染・經濟紛亂・物價膨脹・生活困苦・道德頹廢等、因經濟畸型發展所產生的一切禍害。

11　殖民地剝削的大本營——軍閥性「政府財政」與壟斷性「政府金融」

a　軍閥性「政府財政」

如上所述、蔣家殖民政權在美・日帝國主義的撐腰下、以擴大並深化了「**殖民地經濟體制**」（國營企業・買辦性民間企業、以及殖民地性米糖生產等——參閱 p.953）所剝削得來的各種剩餘勞動（社會財富）、集中於政府財攻、再把其分配給蔣家統治集團的各部門享用。換言之、蔣家政府「**財政**」、就是集中及分配台灣財富的**大本營**。

這種殖民地權力中樞的政府財政、具有：㈠疊床架屋的「**雙重財政**」、㈡半封建性「**軍事財政**」的兩種特質、依此、把台灣經濟控制為統治台灣的物質基礎。

然而、半封建的蔣家政權、即一如往昔、玩弄了假的數字、把財政收支上的要點盡可能加以隱蔽、而不讓他人知悉。譬如、他們的特務活動經費・國民黨經費・青年反共救國團經費等**非政府性**的開支、實際上都從反動政府財政所支出、但是他們竟把這些不可告人的開支從財政統計表上隱蔽起來、使他人難以知道其財政上的實際狀況。蔣家政權在一九五一年、也曾宣佈過在政府財政上將要採取近代國家的「**預算制度**」與「**國庫制度**」、並表示將嚴格移諸實行。但是、這種秘密・閉鎖性的蔣家政府財政、仍然不對外發表眞正的大綱細節、甚至於在其似是而非的所謂民衆代表機關的「**立法院**」、也不提出供於審查或發表、更何況納稅人的台灣人大衆當然無法窺知。

(1) 疊床架屋的「雙重財政」

前面已經說明過（參閱 p.829）、蔣家政權是以「**三重殖民統治機構**」來統治台灣的。其中、殖民統治的外表機構、就是「**中華民國政府**」。

然而、蔣家國民黨政權爲了表示他們才是代表中國的「**唯一正統政府**」即把成立在中國本土的「**中華民國中央政府**」的龐大官僚機構全數搬到台灣（參閱 p.832）、因此自一九四九年起、台灣乃呈現著：㈠中央政府、㈡台灣省政府及其下級地方政府等雙重政府機構併存的畸型現象。

政府財政部門也因此而形成著：㈠中央財政、㈡地方財政的雙重財政結構、地方財政又在省政府財政之下、再由縣市財政及鄉鎮財政所構成。也就是說、中央・省・縣市・鄉鎮等政府各級財政複雜且重疊的壓在台灣人頭上、而施以半封建的壓迫剝削。

觀諸表155、表156、中央與地方的**財政比率**、一九五二—六五年間的年平均是中央五九・一%、地方四〇・九%（省政府一五・八%、縣市鄉鎮政府二五・一%）。一九五二—七七年間的年平均是中央六〇・三%、地方三九・七%（省政府一七・一%、縣市鄉鎮政府二二・六%）、換言之、中央與地方的財政比率、大體上保持著六對四的數字（日本等現代國家是四對六、或三對七）。從此可以看出、蔣家政府財政的重心在於「**中央**」、也就是說、蔣家集團爲了維持虛構的「**中華民國**」及殖民統治的「**軍事體制**」、乃犧牲了地方財政、把從台灣人大衆所收斂得來的血汗錢、大部份集中於中央財政、肆意揮霍享用。況且、

表 155　各級政府別歲出規模

	總計 ①		中央政府		省政府		縣市・鄉鎮政府		國民總生產 ②	①/②
	百萬元	%	百萬元	%	百萬元	%	百萬元	%	百萬元	%
CY 1952	3,576	100.0	1,910	53.4	636	17.8	1,030	28.8	17,247	20.7
53	3,745	100.0	1,822	48.7	803	21.5	1,119	29.8	22,988	16.3
Jan-June 54	2,270	100.0	1,336	58.8	376	16.6	558	24.6	25,225	19.6
FY 54	5,356	100.0	3,028	56.5	891	16.7	1,437	26.8	30,088	19.8
55	6,534	100.0	3,873	59.3	968	14.8	1,693	25.9	34,543	20.4
56	7,551	100.0	4,190	55.5	1,462	19.3	1,900	25.2	40,291	20.4
57	8,406	100.0	5,233	58.7	1,548	17.4	2,126	23.9	44,752	21.9
58	10,670	100.0	6,565	61.5	1,579	14.8	2,526	23.7	51,727	22.1
60	12,193	100.0	7,475	61.3	1,774	14.6	2,943	24.1	62,561	21.0
61	14,068	100.0	8,610	61.2	1,935	13.8	3,524	25.0	69,792	21.1
62	15,414	100.0	9,678	62.8	1,868	12.1	3,868	25.1	76,882	20.7
63	16,457	100.0	10,069	61.2	2,168	13.2	4,220	25.6	87,134	20.1
64	18,486	100.0	11,470	62.0	2,730	14.8	4,285	23.2	102,204	20.0
65	22,391	100.0	14,845	66.3	2,932	13.1	4,613	20.6	112,867	20.5
66	23,836	100.0	15,058	63.2	3,311	13.9	5,468	22.9	125,554	21.7
67	30,727	100.0	19,953	64.9	4,311	14.0	6,463	21.1	143,045	22.3
68	33,002	100.0	20,022	60.7	6,435	19.5	6,544	19.8	167,975	22.3
69	41,869	100.0	26,250	62.7	7,759	18.5	7,850	18.8	190,806	23.9
70	49,153	100.0	29,964	61.0	9,905	20.1	9,294	18.9	218,428	23.8
71	54,829	100.0	34,609	63.1	10,591	19.3	9,633	17.6	249,275	23.6
72	62,943	100.0	39,172	62.2	12,026	19.1	11,745	18.7	292,355	23.0
73	76,257	100.0	47,275	62.0	15,060	19.7	13,922	18.3	327,588	23.3
74	86,330	100.0	50,955	59.0	15,866	18.4	19,509	22.6	329,560	26.2
75	119,540	100.0	70,994	59.4	23,685	19.8	24,861	20.8	338,805	35.3
76	144,000	100.0	84,827	58.9	32,343	22.5	26,831	18.6		
77	168,680	100.0	104,553	62.0	33,267	19.7	30,561	18.3		

（資料）　Economic Planning Council, Republic of China, Taiwan Statistical Data Book 1974, p.148
台灣研究所「台灣總覽」1977 年 p.119
※①自 1954 年起，財政年度改爲 7 月 1 日至翌年 6 月 30 日
②因自 1959 年度起改爲自去年 7 月 1 日至本年 6 月 30 日，故 1959 年度自行消滅

表156　各級政府歲收與歲出總計

	歲收		歲出		十或一
	百萬元	1952=100 %	百萬元	1952=100 %	百萬元
CY 1952	3,626	100.0	3,576	100.0	+50
53	3,876	106.9	3,745	104.7	+131
Jan-June 54	2,180	120.2	2,270	127.0	-90
FY 54	5,302	146.2	5,356	149.0	-54
55	6,689	184.5	6,534	182.7	+155
56	7,368	203.2	7,551	211.2	-183
57	9,096	250.9	8,906	249.0	+190
58	10,833	298.8	10,670	298.4	+163
60	12,111	334.0	12,193	341.0	-82
61	14,026	386.8	14,068	393.4	-42
62	15,040	414.8	15,414	431.0	-374
63	15,841	436.9	16,457	460.2	-616
64	19,054	525.5	18,486	516.9	+568
65	23,384	644.9	22,391	626.1	+993
66	26,192	694.8	23,836	666.6	+1,356
67	31,639	872.6	30,727	859.3	+912
68	35,235	971.7	33,002	922.9	+2,233
69	45,046	1,242.3	41,869	1,170.6	+3,177
70	51,215	1,412.4	49,153	1,374.5	+2,062
71	56,482	1,557.7	54,829	1,533.2	+1,653
72	65,258	1,799.7	62,943	1,760.2	+2,315
73	86,021	2,372.3	76,257	2,122.5	+9,764
74	109,305	3,014.5	86,247	2,411.5	+23,058

（資料）　Economic Planning Council, Republic of China, Taiwan Statistical Data Book

雙方比率的差距實際上是更大的、例如、每年從台灣人大衆額外剝削得來的、龐大數目的防衛捐、乃專由中央獨佔、而不全計算在表155、表156之內（參閱中國國民黨中央委員會設計考核委員會「第三期四年經濟建設計劃的研討」—〝專題研究叢刊六〇七〞一九六二年）。

據表155、蔣家政府財政在國民總生產所佔比率、一九五二—六五年間是年平均二〇・三%、一九五二—七五年間是年平均二二・一%。但實際上、其財政規模是比這個數字更大、這一點無可諱言。舉例來說、據表155、一九六〇年度蔣家政府財政在國民總生產所佔比率是二一・〇%、但是在聯合國有關台灣部份的統計中所發表的（也是根據蔣家政府所公佈的數字計算）、卻是二四・三%（參閱 United Nations, Yearbook of National Accounts Statistics 162）。

一般說來、所謂**國民經濟計算**上的政府財政、乃指：㈠政府一般支出、㈡國家事業總投資支出的二大項目的**總計**而言。就是將這總計的數目、與國民總生產或者國民所得的數字比較起來、才能探討到一國的財政規模。然而、蔣家政府始終把公營事業等財政泉源加以操縱並偽造、再加上玩弄盡有的手段來揑造政府開支的大小項目及數字、因此所造成的統計數字、當然是難以窺其眞相。

蔣家政權自從搬到台灣以來、其財政規模年年膨脹、因此、對台灣經濟的控制日益加深、對台灣人大衆日常生活的干涉也日日嚴厲。本來、財政規模膨脹是戰後世界各國共有的普遍現象。但是、蔣家政權的財政膨脹是比任何國家都激烈且極端的。譬如、一九六五—七四年的一〇年間、就是蔣家政權宣稱財政狀況最爲穩定的時期、在此時期它的財政支出膨脹率高達三八五・二％（參閱表156）。但在同一時期、美國財政膨脹率是一六〇・六％、英國一六六・六％、西德一三九・一％、法國一四七・三％、以及蘇聯一四二・三％。由這些數字來比較、可知蔣家政權的財政膨脹是多麼異常（參閱 United Nations, Statistical Yearbook 1970）。

蔣家政府的財政不但在**量**的方面異常膨脹、而在**質**的方面也與他國不同。因一開始就以七〇〇萬—一千萬台灣人的剩餘勞動、想來養活二〇〇萬中國難民、並維持中央・地方政府與六〇萬大兵、以及國民黨・特務機關・反共救國團等非政府組織爲統治台灣的第一個目的、所以、其政府財政在本質上、當然不是先進國家的所謂福利型財政、也不是像未經開發國家的社會開發型財政、而完全屬於在資本主義逐漸發展的情況下、偏重於軍事開支的**殖民地型財政**。

如表157所示、蔣家政府歲收的泉源、有：

㈠　稅收（關稅・貨物稅・所得稅・土地稅・防衛捐等）、一九五二—七四年間、佔總歲年平均五八・〇％

㈡　專賣收入、佔年平均一四・五％

㈢　稅外收入（公營企業收入・國有財產收入等）、佔年平均一二・〇％

㈣　其他（公債・借款・美援等）、佔年平均一五・五％

表 157　各級政府歲收構成

	總計		稅收		專賣收入		稅外收入		其他	
	百萬元	%	百萬元	%	百萬元	%	百萬元	%	百萬元	%
CY 1952	3,626	100.0	1,942	53.6	421	11.6	292	8.1	971	26.7
53	3,876	100.0	2,374	61.3	590	15.2	177	4.6	735	18.9
Jan-June 54	2,180	100.0	1,361	62.4	398	18.3	52	2.4	369	16.9
FY 54	5,302	100.0	3,457	65.2	895	16.9	196	3.7	754	14.2
55	6,639	100.0	4,174	62.4	921	13.8	252	3.8	1,342	20.0
56	7,368	100.0	4,549	61.7	1,330	18.1	524	7.1	965	13.1
57	9,096	100.0	5,541	60.9	1,442	15.9	739	8.1	1,374	15.1
58	10,833	100.0	5,875	54.2	1,663	15.4	1,117	10.3	2,178	20.1
60	12,111	100.0	6,915	57.1	1,886	15.6	1,144	9.4	2,166	19.9
61	14,026	100.0	7,268	51.8	2,286	16.3	1,435	10.2	3,037	21.7
62	15,040	100.0	7,401	49.2	2,740	18.2	1,957	13.0	2,942	19.6
63	15,841	100.0	8,368	52.8	2,886	18.2	1,847	11.7	2,738	17.3
64	19,054	100.0	9,957	52.3	2,883	15.1	3,030	15.9	3,184	16.7
65	23,384	100.0	11,974	51.2	3,273	14.0	4,326	18.5	3,811	16.3
66	25,192	100.0	13,600	54.0	3,697	14.7	4,686	18.6	3,209	12.7
67	31,639	100.0	15,288	48.3	4,224	13.4	7,082	22.4	5,025	15.9
68	35,235	100.0	19,567	55.5	4,779	13.6	6,526	18.5	4,363	12.4
69	45,064	100.0	27,327	60.7	5,433	12.1	7,064	15.7	5,222	11.5
70	51,215	100.0	30,657	59.9	6,007	11.7	7,866	15.3	6,685	13.1
71	56,482	100.0	34,248	60.6	6,438	11.4	9,274	16.4	6,522	11.6
72	65,258	100.0	41,034	62.9	6,942	10.6	9,618	14.8	7,664	11.7
73	86,021	100.0	53,093	61.7	7,634	8.9	16,034	18.6	9,260	10.8
74	109,305	100.0	80,915	74.0	7,926	7.3	9,700	8.9	10,764	9.8

（資料）　Economic Planning Council, Republic of China, Taiwan Statistical Data Book 1974,

稅收部份全是台灣人大衆的血汗錢、公賣收入・公營企業收入與國有財產收入、更是台灣人大衆的勞動果實、公債・借款・美援及其利息、也必需以台灣人大衆的剩餘勞動來長期償還。

茲把各級政府的歲收及歲出概述如下：

I　中央政府歲收――中央財政收入的主要財源、不外乎是每年的「**稅收**」。從佔財政總歲收半數以上的這個稅收看來（參閱「中華民國統計提要」一九六七年、表87）、台灣的課稅方法乃是典型的殖民地剝削、就是以**間接稅**（關稅・貨物稅・以及菸・酒・鹽收入等**大衆稅**）、多從台灣人大衆收斂、做爲稅收的主要泉源。一九五二―七三年間、間接稅佔年平

表 158　中央政府歲收的稅收與公賣收入

	總計		關稅		貨物稅		所得稅		土地稅		菸・酒・鹽收入		其他	
	百萬元	%	百萬元	%	百萬元	%	百萬元	%	百萬元	%	百萬元	%	百萬元	%
1952	2,363	100.0	520	22.0	107	4.5	319	13.5	151	6.4	446	18.9	720	34.7
53	2,964	100.0	575	19.4	136	4.6	293	9.9	257	8.7	646	20.4	1,057	27.0
54	1,754	100.0	421	23.9	122	6.9	133	7.6	36	2.1	451	25.6	591	33.9
54	4,352	100.0	1,014	23.3	409	9.4	388	8.9	283	6.5	990	22.7	1,208	29.2
55	5,095	100.0	1,096	21.5	477	9.4	624	12.3	315	6.2	1,031	20.2	1,542	30.4
56	5,879	100.0	1,209	20.6	583	9.9	532	9.1	457	7.8	1,441	24.6	1,652	28.0
57	6,983	100.0	1,648	23.6	674	9.7	617	8.8	511	7.3	1,565	22.4	1,968	28.2
58	7,538	100.0	1,545	20.6	802	10.6	749	9.9	433	5.7	1,786	23.7	2,223	29.6
60	8,802	100.0	1,618	18.4	895	10.2	912	10.4	462	3.3	2,023	23.0	2,908	25.7
61	9,554	100.0	1,823	19.1	1,066	11.2	981	10.3	622	6.5	2,432	24.5	2,630	28.4
62	10,142	100.0	1,963	19.4	1,018	10.2	813	8.0	645	6.4	2,887	28.5	2,816	23.7
63	11,254	100.0	2,242	19.9	1,452	12.9	768	6.8	778	6.9	3,024	26.9	2,790	26.6
64	12,840	100.0	2,694	21.0	1,789	13.9	1,131	8.8	743	5.8	3,035	23.6	3,448	26.9
65	15,247	100.0	3,477	22.8	2,074	13.6	1,365	8.9	886	5.8	3,429	22.5	4,016	26.4
66	17,298	100.0	4,110	23.8	2,390	13.8	1,281	7.4	1,077	6.2	3,847	22.2	4,593	26.6
67	19,531	100.0	4,447	22.8	2,936	15.0	1,376	7.1	1,134	5.8	4,419	22.6	5,219	26.7
68	24,347	100.0	5,655	22.2	3,654	15.0	1,822	7.5	1,906	7.8	4,950	20.3	6,360	27.2
69	32,760	100.0	7,405	22.6	5,657	17.3	2,547	7.8	3,078	9.3	5,600	17.1	8,473	26.0
70	36,664	100.0	8,591	23.4	6,272	17.1	3,438	9.4	3,065	8.4	6,195	16.9	9,104	25.2
71	40,685	100.0	9,059	22.3	6,999	17.2	4,517	11.1	3,373	8.3	6,614	16.3	10,123	23.8
72	47,976	100.0	10,927	22.8	8,325	17.2	6,219	13.0	3,557	7.4	7,120	14.8	11,921	25.8
73	60,727	100.0	14,364	23.7	11,419	18.8	7,732	12.7	4,589	7.6	7,814	12.9	14,809	26.2

（資料）　Economic Planning Council, Republic of China, Taiwan Statistical Data Book 1974, p.149-152

均七三・一%、反而屬於有產者負擔的直接稅、只佔其餘的二六・九%（參閱 Economic Planning Council, Republic of China, Taiwan Statistical Data Book 1974, p.153）。尤其是直接稅中的所得稅（有錢人負擔）、所佔比率更是微小。從此可知、台灣是個少數的上層階級（蔣派中國人與買辦台灣人）所支配的殖民地。

關稅、是諸稅中的首要的中央稅收項目、也是最重要的大衆稅（間接稅）。一九五二—七三年間、關稅在中央稅收及公賣收入中、佔年平均二二・六%（參閱表158）。

貨物稅、也是重要的中央稅收項目、且最顯著的大衆稅、同樣佔年平均八・一%。貨物稅的課稅率很重、例如、與大衆生活關係深切的砂糖稅市價的六〇%、飲食品三六%、毛織品三〇%、水泥二四%、火柴二〇%、石油二〇%、汽油四八%等（參閱周玉津「台灣之貨物稅」—〃台灣銀行季刊〃第十四卷第二期 p.17）。

菸酒鹽收入、關於公賣事業、本是戰前日本帝國主義剝削台灣人大衆的一大傑作、是殖民地剝削最巧妙且最殘酷的一種辦法。這個公賣制度、不但是壟斷了生產公賣品的超額利潤（公賣事業利潤率是七〇—一九〇%—參閱表14）、由此還抽出巨額的公賣品貨物稅、而成爲台灣人大衆埋怨不已的對象（參閱p.288）。蔣家政府乃繼承了日本的衣缽、以此專制制度掠取台灣人大衆巨大的血汗錢。其辦法是將公賣事業、由中央政府委託省政府經營、然後、由省政府把專賣事業經營所得利益的年平均九〇%許繳上國庫（參閱表116）。如表158所示、主要公賣品的菸・酒・鹽等財政收入、一九五二—七二年間、在中央政府稅收及公賣收入上、佔年平均二一・八%的高比率（在省政府歲收上是佔年平均四六・七%）。

以大衆負擔爲主的這個公賣收入及租稅收入、在國民總生產所佔比率是年平均一五・五%（參閱Economic Planning Council, Republic of China, Taiwan Statistical Data Book 1974, p.155）。

國營企業收入、蔣家政權因以強權劫收殖民地遺制的日人企業爲公營企業及國有財產、所以其企業收入及國有財產收入成爲中央及地方財政收入的重要項目、其收入佔各級政府總歲收的年平均一三・四%（參閱表116、表157）。

防衛捐、台灣省政府於一九五〇年一月、公佈了「**台灣防衛捐徵收辦法**」、規定期限三個月臨時徵收他國罕有的所謂「**戰時防衛臨時特別稅**」、擬收期限年、但一延再延、終於成爲永久化的徵稅項目、結果、防衛捐竟變成中央財政經常的稅收泉源（參閱「台灣經濟日誌」—〃台灣銀行季刊〃一九五〇年十月第二卷第四期 p.176）。

防衛捐根本就不經過蔣家政府的立法手續、屬於所謂「**非常時期措施**」、其徵收辦法乃根據所得稅（附加三〇%為防衛捐）・土地稅（附加三〇%）・貨物稅（附加二〇—三〇%）・戶稅（附加三〇%）・宴席捐（附加二〇%）車輛使用稅（附加一〇〇%）・電燃費（附加三〇%）等、而另行徵收的。因蔣家政府不把徵收防衛捐全數發表、即不完全計算在中央歲收項目之內、所以難以探其確實數目。但觀諸附加稅率小從二〇%、大至一〇〇%以上、且徵收附加稅的稅目廣泛（連電燈費・電力費等也徵收附加稅）、因此、每年的所謂防衛捐收入之大、必令人驚訝（參閱陸國慶「台灣之防衛捐」—《台灣銀行季刊》第十三卷第四期）。

表 159　中央政府的項目別內債狀況

	國庫透支	銀行代支	銀行借款	銀行保有公債	民間保有公債	計 ①	中央歲收 ②	①／②
	百萬元	百萬元	百萬元	百萬元	百萬元	百萬元	百萬元	%
1952	1,319	281	81	556	328	2,565	1,802	142.3
53	1,361	251	50	472	267	2,401	2,155	111.4
54	2,067	322	114	564	186	3,253	3,294	98.7
55	2,118	408	139	497	165	3,327	3,912	85.0
56	2,191	581	142	381	182	3,477	3,954	87.9
57	2,405	539	210	317	158	3,629	5,450	66.5
58	2,375	415	173	272	135	3,370	6,934	48.5
59	2,268	416	129	481	397	3,691		
60	2,481	507	160	373	347	3,868	7,475	51.7
61	3,890	257	217	327	462	5,153	8,589	59.9
62	3,646	221	240	551	628	5,286	9,303	56.8
63	3,902	217	286	865	692	5,962	9,426	63.2
64	3,439	251	525	1,138	944	6,797	11,866	58.1
65	3,633	292	979	1,782	1,295	8,031	15,198	52.8

（資料）　中央銀行經濟研究處「中華民國台灣金融統計月報」1966年10月，財政部統計處編「中華民國54年財政統計提要」，張果為「台灣經濟發展」下，劉進慶「戰後台灣經濟分析」1975年，台灣研究所「台灣總覽」1977年

公債・借款美援、蔣家中央政府在歲收上、另外一個特點、乃是公債發行・銀行借款・美援資金等、其數目之大、為他國望塵莫及。如表159所示、一九五二—六五年間、公債發行與銀行借款等合計、佔中央政府歲收的年平均七六・五%。

近幾年來、公債發行額也很可觀、一九七一年二六億元、一九七二年七億元、一九七三年一〇億元、一九七四年二六億元、一九七五年二九億元、一九七六年三

五億元、一九七七年四〇億元、至一九七七年爲止、公債累積總額達二四二億三千六〇〇萬元（參閱PNS通信「台灣年鑑」一九七三年p.77）。這些公債因不完全由民間所接受、大部份得由銀行保持著（一九六一—六六年間、銀行保持公債佔總額的七四%）、所以、成爲通貨膨脹之一因、也就是說、又給蔣家政府能以更多的紙幣搜刮台灣人財貨的機會。

蔣家政府隨心所欲的從發券銀行（台灣銀行）借到所謂「**銀行借款**」「**國庫透支**」等（參閱表111、表159）、其數目之龐大、非一般常識所能料及。這種銀行借款等、就是過去引起通貨膨脹及經濟混亂的重大原因之一。蔣家政府就是若有必要時、都會採取這種蔑視經濟規律的辦法、如法泡製、濫發紙幣而搜刮財貨。

關於美援資金及外國借款對蔣家政府在財政上的莫大影響、已記述在前（參閱表143）。

II　省政府歲收・縣市政府歲收——省政府歲收乃以：㈠稅收（佔省政府歲收的年平均三〇%）、㈡公賣收入（佔年平均四五%）、㈢企業・財產收入（佔年平均一五%）爲三大項目。

稅收即以土地稅（田賦）爲主（其他、地租稅・土地增值稅等、都是蔣家政府即地主施展封建剝削的主要手段）及營業稅爲兩大稅目。

公賣事業、乃以省政府承受中央政府委託經營的方式、把公賣收入（佔公賣企業剝潤的九〇%以上）全額繳上、所以省政府一無所得。

省政府雖然冗員衆多、但也不過是一種負有傳達任務的中間存在而已、所以它在財政上、得把省政府歲收的年平均六〇%許、用於繳上中央、及補助縣市財政（參閱「中華民國統計提要」各期）。

縣市財政乃以稅收（佔縣市總歲收的年平均四五%）、及省政府補助金（佔年平均四〇%）所構成的。稅收即以戶稅・房屋稅・畜肉稅等三項爲主要稅目。其中、**戶稅**乃是自荷蘭時代遺留下來的**人頭稅**的遺物。這與專賣事業同樣、都是殖民統治在稅務上的象徵。這個封建・殖民地性的戶稅、雖然在一九六五年宣佈廢止、但是、由於戶稅本來的徵收部份改爲包括在土地稅與房屋稅之內、所以名目上雖被廢除、實際上舊戶稅性的剝削仍然存在。

總言之、蔣家政府的財政、徹頭徹尾是以間接剝削台灣人勞苦大衆爲其歲收的泉源。

Ⅲ 中央政府財政歲出——蔣家政權的中央政府財政、歷來未曾發表過、到了一九七二年四月、行政院才頭一次公佈了下年度的所謂「**歲出預算案**」的簡單數字、所以很不容易窺看其實際情況。雖然發表其概略、但如表159、表160所示、其數字的粉飾・操縱等痕跡重重是不可諱言的。譬如、表161的一九五〇—五五年間、所謂「**國防安全費**」乃佔總預算的年平均六九・六%。然而、根據另外一種資料、即「**中華民國統計提要**」一九五七年表73、同一時期的所謂「**國防部開支**」、卻佔了中央政府歲出的八〇・六%。由此可知、蔣家政府所發表的統計資料、不能輕易置信。

觀諸中央歲出的大概、可以指出其兩大特點、即：㈠軍事費佔其絕大部份的八〇%許、㈡屬於消費性（不是再生產投資性）的開支。就是說、中央歲出完全是爲了維持虛構的「**中華民國**」、及強權的「**殖民統治**」而花費的。譬如、除了總歲出年平均八〇%以上的軍事費以外、其他的開銷就是外交部開支（佔三%）、國民大會（佔〇・五%）、總統府（佔〇・七%）、行政院（佔〇・七%）、立法院（佔〇・六%）、司法院（佔〇・一%）、考試院（佔〇・三%）、監察院（佔〇・二%）、其他行政院各部門等（參閱「中華民國統計提要」一九五七年表73）。

Ⅳ 省政府歲出・縣市政府歲出——如表155所示、佔台灣財政總歲出年平均一七・一%的省政府歲出、其主要項目及數目大體上是經濟建設費（三五%）、教育費（二五%）、社會福利費（一〇%）、保安警察費（一〇%）、事業基金費（八%）、政務費（七%）、其他（五%）。本來是中央財政必須負擔的

表 160　各級政府歲出

	總計		一般行政・國防費		教育科學文化		建設・運輸		企業基金		社會福祉・衛生		債務		其他	
	百萬元	%	百萬元	%	百萬元	%	百萬元	%	百萬元	%	百萬元	%	百萬元	%	百萬元	%
1952	3,576	100.0	2,119	59.3	278	7.8	420	11.1	36	1.0	200	5.6	145	4.10	378	10.0
53	3,745	100.0	2,356	62.9	313	8.3	418	11.2	38	1.0	234	6.3	75	2.0	311	8.3
54	2,270	100.0	1,510	66.9	202	8.9	236	10.4	16	0.7	127	5.6	68	3.0	111	4.9
55	5,356	100.0	3,254	60.7	737	13.8	481	9.0	48	0.9	323	6.0	137	2.6	376	7.0
56	6,534	100.0	4,153	63.6	896	13.6	556	8.5	134	2.1	435	6.7	121	1.8	243	3.7
57	7,551	100.0	4,472	59.3	1,051	13.9	630	8.3	294	3.9	529	7.0	78	1.0	497	6.6
58	8,906	100.0	5,507	61.8	1,276	14.3	754	8.5	203	2.3	544	6.1	72	0.8	550	6.2
59	10,670	100.0	6,661	62.4	1,429	13.4	889	8.3	239	2.2	730	6.9	69	0.7	653	6.1
60	12,193	100.0	7,371	60.5	1,648	13.5	1,387	11.4	305	2.5	839	6.9	129	1.0	514	4.2
61	14,068	100.0	8,563	60.8	2,054	14.6	1,323	9.4	465	3.3	909	6.5	380	2.7	374	2.7
62	15,414	100.0	9,100	59.1	2,196	14.2	1,306	8.5	680	4.4	1,117	6.2	562	3.7	453	2.9
63	16,457	100.0	7,759	59.3	2,315	14.1	1,544	9.4	759	4.6	1,260	7.6	399	2.4	421	2.6
64	18,486	100.0	10,795	58.4	2,546	13.8	1,798	9.7	773	4.2	1,495	8.1	674	3.6	405	2.2
65	22,390	100.0	12,055	53.8	2,794	12.5	1,816	8.1	2,455	11.0	1,699	7.6	970	4.3	602	2.7
66	23,836	100.0	14,619	61.3	3,459	14.5	2,286	9.6	1,108	4.6	1,124	4.7	776	3.3	465	2.0
67	30,727	100.0	15,668	51.0	4,070	13.2	2,676	8.7	4,103	13.4	2,198	7.2	1,540	5.0	472	1.5
68	33,002	100.0	17,938	54.4	4,865	14.7	3,438	10.4	2,004	6.1	2,581	7.8	1,588	4.8	588	1.8
69	41,869	100.0	20,393	48.7	6,818	16.3	3,810	9.1	3,387	8.1	3,725	8.9	3,008	7.2	728	1.7
70	49,153	100.0	23,977	48.7	7,992	16.3	5,619	11.4	3,176	6.5	4,712	9.6	2,683	5.5	994	2.0
71	54,829	100.0	26,172	47.7	9,636	17.6	5,011	9.1	3,501	6.4	5,683	10.4	3,832	7.0	994	1.8
72	62,943	100.0	27,567	43.8	11,046	17.6	5,480	8.7	5,477	8.7	8,101	12.9	3,708	5.9	1,564	2.4
73	76,257	100.0	31,092	40.7	13,512	17.7	6,819	8.7	9,889	13.0	8,662	11.4	3,949	5.2	2,354	3.1
74	86,247	100.0	36,398	42.8	14,994	17.4	12,259	14.2	6,980	8.1	9,719	11.3	3,644	4.2	1,747	2.0

（資料）　Economic Planning Council, Republic of china, Taiwan Statistical Data Book 1974, p.176 − 179.

表 161　中央政府歲出預算

	總計		國防安全		一般政務		教育科學社會福祉		經濟建設		債務		其他	
	百萬元	%	百萬元	%	百萬元	%	百萬元	%	百萬元	%	百萬元	%	百萬元	%
1950	1,296	100.0	1,122	86.6	83	6.5	33	2.3	19	1.5	18	1.4	21	1.7
51	1,432	100.0	1,070	74.7	139	9.7	91	6.4	39	2.8	92	6.4	1	0
52	1,918	100.0	1,308	68.2	172	8.9	131	6.7	45	2.3	139	7.1	125	6.8
53	2,309	100.0	1,331	57.7	228	9.5	159	6.8	39	1.7	67	2.9	485	21.4
54	1,603	100.0	974	60.8	170	10.6	103	6.4	19	1.2	34	2.1	303	18.9
54	3,785	100.0	2,369	62.6	324	8.6	206	8.1	31	0.8	62	1.6	797	12.3
55	3,895	100.0	2,912	76.3	419	10.2	295	7.6	133	3.4	76	1.9	30	0.6
56	4,229	100.0	3,085	72.9	538	12.8	395	9.3	136	3.2	63	1.5	10	0.3
57	5,409	100.0	4,001	74.9	580	10.7	431	7.9	153	2.8	60	1.1	184	2.6
58	7,020	100.0	5,104	72.7	625	9.0	547	8.5	194	2.7	58	0.8	442	6.3
60	7,885	100.0	5,663	71.7	730	9.2	644	8.2	144	1.8	109	1.4	595	7.7
61	8,714	100.0	6,488	73.3	908	10.3	689	7.9	180	2.1	312	3.4	77	3.1
62	9,719	100.0	6,715	69.1	984	10.1	911	9.3	507	5.2	552	5.6	50	0.7
63	10,133	100.0	7,184	70.9	1,131	11.1	969	9.5	438	4.3	369	3.6	42	0.4
64	11,689	100.0	7,655	65.5	1,293	11.6	1,293	10.4	489	4.1	647	5.5	384	2.9
65	15,010	100.0	8,594	56.4	1,612	10.7	1,560	10.3	2,212	14.7	929	6.1	105	1.8
66	15,157	100.0	10,054	66.3	1,579	10.4	1,133	7.5	813	5.3	728	4.8	850	5.7
67	20,034	100.0	11,335	56.6	1,726	8.8	2,369	11.5	3,065	15.4	1,458	7.3	81	0.4
68	20,773	100.0	12,797	61.6	1,887	9.1	3,055	10.3	906	4.3	1,416	6.8	712	7.9
69	26,787	100.0	15,313	57.1	1,975	7.4	3,935	14.7	2,365	8.8	2,586	9.6	613	2.4
70	30,667	100.0	17,628	57.4	2,799	9.1	4,904	15.9	2,042	6.6	2,293	7.4	1,001	3.6
71	34,948	100.0	19,259	55.1	2,904	8.3	6,160	17.9	2,743	7.8	3,488	9.9	394	0.1
72	39,828	100.0	19,305	48.9	3,118	7.8	8,953	22.4	4,167	10.5	3,335	8.3	950	2.1
73	48,229	100.0	22,795	47.2	3,348	6.9	9,474	19.6	7,631	15.7	3,071	6.3	1,910	4.3
74	53,121	100.0	24,617	46.3	3,440	6.4	10,739	20.2	6,005	11.3	2,836	5.3	5,484	10.5
75	74,830	100.0	31,581	42.2	3,495	4.7	12,505	16.7	13,481	18.0	2,689	3.6	11,709	4.8
76	87,507	100.0	38,485	43.9	5,591	6.3	16,805	19.2	18,459	21.9	2,945	3.3	5,222	5.4
77	110,864	100.0	48,095	43.4	4,782	4.3	20,269	18.2	24,676	22.2	2,757	2.3	10,285	9.2

（資料）　台灣研究所「台灣總覽」1977 年，p.117

經濟建設費及社會福利費、都推在省政府財政上面。從此可知、省政府是中央政府的附庸機關、也就是說、擁有省政府財政的三・六倍規模的中央財政、乃全爲軍事費用開支、公共事業費及有關民生事業開支、則由省政府負擔。並且、所謂「保安警察費」佔相當數目而成爲地方歲出的重要項目之一。這明顯的象徵著蔣家政權統治下的台灣、無非是一個「**警察國家**」（參閱台灣省政府統計處「台灣省財政統計」各期）。

縣市財政歲出、乃以政務費・保安警察費（三〇％）、及教育費・經濟建設費・社會福利費（五〇％）爲主要。

戰後世界各國在財政開支上最大的特點、乃是無論中央或地方、有關社會福利部份的開支都有增無減。然而、蔣家政權統治下的台灣、並沒有值得一提的所謂社會福利政策與設施。若是有、都是有名無實的、其所謂社會福利在財政上的開支、幾乎全都屬於國防救護醫療之類。

(2)　半封建性「軍事財政」

戰後世界各國在財政上的一個特點、就是軍事費比率遞減。唯有半封建・殖民地統治者蔣家政權、仍然維持高比率的軍事開支、成爲這蔣家政府財政膨脹的主要原因。如表161所示、中央政府歲出預算中的「**軍事安全費**」是年平均六九・六％、但實際上是八〇％以上。而且、附加於各種稅目所徵收的「**防衛捐**」、並不完全計算在歲收項目內、其大部份都在暗地裡直接爲軍事費用所開支、因此、所謂軍事費在財政上的比率、實際上比八〇％還要高（美國四四・〇％、英國一七・二％、法國一七・二％、日本五・八％、西德二四・七％、義大利九・九％、印度二二・二％、蘇聯一二・九％——一九六九年統計——參閱 United Nations, Statistical Year book 1970）。

原來、一千多萬台灣人要養活六〇萬常備軍、實在是不勝負荷、譬如、蔣家政府所發表的軍事開支、對台灣國民總生產的比率是一七・五％（一九七〇年統計）、這在世界各國中是罕見的現象（一九六五年美國軍事費對國民總生產比率是一一・一％、英國五・八％、西德四・三％、法國四・二％、意大利二・六％、日本〇・五％—參閱 United Nations, Statistical Year Book 1968）。

從此可知、蔣家政權統治台灣、是以軍閥力量為後盾的。

b　壟斷性「政府金融」

蔣家軍閥集團、集中了政治力・軍事力・組織力為權力背景、再以這龐大的國家權力為工具：㈠掌握財政、㈡壟斷金融、㈢霸佔土地、㈣獨佔工業生產、㈤獨佔外資及對外貿易等、這就是蔣派中國人殖民統治台灣在經濟上的五大脊柱。其中、掌握財政及壟斷金融佔其中樞。

凡在資本主義經濟的發展過程中、若能控制貨幣流通的金融機構、就能支配一國的經濟中樞及其動脈。蔣家中國人統治者及其買辦的台灣特權階級也不例外、將台灣金融的重要機構都掌握在手中、藉以成為支配台灣經濟的樞紐。

如上所述、蔣家政府本是把台灣所有銀行統歸「**國有**」、至一九五八年為止、不准開設任何民營銀行、而只允許國營六行局、及省營六行庫存在。

所謂「**國營六行局**」、即中央銀行（總裁俞國華—中國人——一九七八年資料、以下同）・中國銀行（後來改組）・交通銀行（董事長金克和—中國人）・中央信託局（局長孫義宣—中國人）・郵政儲金匯業局（局長王叔朋—中國人）、乃是大陸時代在「**中國四大家族**」支配下的金融獨佔資本體系「**四行聯合總處**」（參閱p.735）的後身。但是、佔著台灣金融獨佔體系最高峰的這些舊中國金融獨佔資本、並不是因資本主義高度發達的結果所產的所謂「**資本主義性金融獨佔資本**」、而是在前資本主義的中國半封建社會傳統過程中、出現於產業資本形成之前、且以半封建軍閥政治權力為後盾所產生的、中國式官業高利貸資本的後身、所以給台灣金融界帶來濃厚的中國式封建性與落伍性（參閱p.966）。

所謂「**省營六行**」、即台灣銀行（董事長馬兆奎—中國人）・台灣土地銀行（董事長葉新明—中國人）台灣省合作金庫（理事長洪樵榕—買辦台灣人）・第一商業銀行（董事長張芳燮—買辦台灣人）・彰化商業銀行（董事長林永樑—買辦台灣人）、乃是繼承了日本帝國主義衣缽的殖民地銀行的遺制。其中、合作金庫與三商業銀行、即在土著買辦資本與蔣家官僚資本官商勾結的情況下、成爲「**台灣五大家族**」及其附庸的金融獨佔機構。

到了一九五九年、以官商合辦的方式、所謂「**官商銀行**」、即中華開發信託公司（董事長林柏壽—買辦台灣人、官商合辦）・華僑銀行（董事長蔡功固—中國人、華僑資本）・上海商業儲蓄銀行（董事長朱如堂—中國人、浙江財閥金融資本）・日本勸業銀行（外資）出現後、這種政府獨佔銀行機構的情形、在形式上才開始改變。繼續一九七〇年代、再增加了中國國際商業銀行（董事長林柏壽—買辦台灣人）・台北市銀行（董事長瞿永金—中國人）、以及台灣中小企業銀行・世華聯合商業銀行。

但是如表120所示、一九六〇年代以後、台灣主要金融行局一五家之中、官營銀行仍佔絕大多數的一二家、反而民營銀行只有三家而已。而且、官營銀行的資本額、佔銀行總資本的九〇%、資產規模也佔九五%、分行・營業所等佔全島總數的九八%（二九五所）。因此、蔣家政府壟斷台灣金融的情況、始終未見更改（參閱中央銀行金融業務檢查處「各金融機構業務概況年報」附表一九六四年）。 除了上述的銀行之外、還有繼承了日據時代遺制的儲蓄合會九四家之中、官營佔四四家、保險公司二九家之中、官營佔六家。遍佈全島的信用合作社與農會信用部、全由上級金融機關的土地銀行及合作金庫所支配。

從經過粉飾的數字看來（參閱表111、表112、表162、表163）、這些蔣家政府官僚資本支配下的各行局、自一九六〇年代後半起、其業務上似乎相當穩定、存款・放款等也呈現著較爲平衡的狀態。但是、這種業務上的發展、只是在爲蔣家政府集團服務的前提之下、才被造成出來的。例如放款一項、都以蔣家

表 162　主要銀行（1966 — 75 年）的項目別存款

	計		公營企業		民營企業		個人・其他		政府機關		中美發展基金	
	百萬元	%	百萬元	%	百萬元	%	百萬元	%	百萬元	%	百萬元	%
1966 年末	43,818	100.0	1,856	4.2	6,277	14.3	23,386	53.2	7,990	18.2	4,309	10.1
67 〃	52,109	100.0	1,875	3.6	8,554	16.4	28,870	55.4	9,479	18.2	3,331	6.3
68 〃	59,717	100.0	1,678	2.8	9,961	16.6	32,932	55.1	13,304	22.2	1,841	3.3
69 〃	71,288	100.0	2,249	3.1	10,691	14.6	40,760	55.7	15,910	23.3	1,677	2.3
70 〃	85,597	100.0	2,445	2.8	12,058	14.1	51,340	59.9	18,390	21.2	1,364	2.0
71 〃	105,015	100.0	3,010	2.8	15,707	14.8	68,409	65.1	17,140	16.3	1,109	1.0
72 〃	144,060	100.0	5,864	4.1	23,778	16.5	40,012	62.5	22,677	15.7	1,729	1.2
73 〃	197,052	100.0	7,261	3.1	32,884	16.7	111,419	56.5	43,755	22.2	1,732	1.8
74 〃	243,926	100.0	11,864	4.8	37,600	15.4	145,136	59.4	48,406	19.8	920	0.6
75 〃	307,518	100.0	18,647	6.0	46,081	14.9	185,153	60.5	56,727	18.4	911	0.2

（資料）　中央銀行金融業務調查處「各金融機關業務概況年報」付表 1977 年「自由中國之工業」1976 第四五卷第 4 期 p.154

表 163　主要銀行（1966 — 75 年）的項目別放款

	放款										公庫透支		公債	
	計　①		公營企業		民營企業		個人・其他		政府機關					
	百萬元	%	百萬元	%	百萬元	%	百萬元	%	百萬元	%	百萬元 ②	②/①	百萬元 ③	③/①
1966 年末	32,772	100.0	7,497	22.8	18,317	56.0	5,275	16.1	1,683	5.1	4,159	12.7	2,420	7.3
67 〃	40,886	100.0	8,950	21.8	23,151	56.7	6,346	15.5	2,439	6.0	4,250	10.4	2,936	7.1
68 〃	51,730	100.0	9,896	19.5	31,357	60.6	7,220	13.9	3,257	6.0	4,277	8.2	3,468	6.7
69 〃	64,536	100.0	11,409	17.6	40,700	63.2	8,412	13.0	4,015	6.2	4,209	6.5	2,666	4.1
70 〃	78,064	100.0	13,649	17.5	49,923	63.1	9,898	12.6	4,567	6.8	3,938	5.0	2,931	3.8
71 〃	97,004	100.0	17,780	11.8	61,718	63.6	12,547	13.7	4,959	10.9	1,716	1.7	2,610	2.6
72 〃	121,466	100.0	9,601	7.9	81,079	66.7	14,922	12.2	5,865	13.2	1,040	0.8	2,287	1.8
73 〃	179,784	100.0	23,822	13.2	121,232	67.4	26,636	13.8	8,094	5.6	703	0.4	4,019	2.5
74 〃	244,540	100.0	42,191	17.2	164,575	67.4	25,867	10.6	11,907	4.8	2,644	1.1	4,310	1.7
75 〃	319,596	100.0	60,398	18.8	210,678	65.8	35,525	11.1	12,995	4.3	623	0.2	6,079	1.8

（資料）　中央銀行金融業務調查處「各金融機關業務概況年報」附表 1977 年「自由中國之工業」1977 年第四五卷第 4 期 p.155

政府機關・公營企業及與其有關的民營企業爲主要對象、所以、除了公營企業・政府機關的貸款、以及公庫透支・保持公債等在總放款上佔相當數目之外（佔銀行總資金的三五%）、所謂「**民營企業貸款**」（佔總放款的年平均

表164　貨幣發行與貨幣供給

	貨幣發行			貨幣供給		
	百萬元	1952=100	每年增加率	百萬元	1952=100	每年增加率
			%			%
1952	798	100.0		1,311	100.0	
53	983	123.2	23.2	1,654	126.2	26.2
54	1,228	153.9	24.9	2,904	159.9	26.7
55	1,484	186.0	20.9	2,523	192.4	20.4
56	1,675	209.9	12.9	3,161	241.4	25.3
57	2,041	255.8	21.9	3,740	285.3	18.3
58	2,500	313.3	22.5	5,041	384.5	34.8
59	2,777	348.0	11.1	5,486	418.5	8.8
60	2,905	364.0	4.6	6,037	460.5	10.0
61	3,390	424.8	16.7	7,231	551.8	19.8
62	3,767	472.1	11.1	7,832	597.4	8.3
63	4,497	563.5	19.4	10,060	767.4	28.5
64	5,706	714.9	26.9	13,259	1,011.4	31.8
65	6,458	809.3	13.2	14,695	1,120.9	10.8
66	7,329	918.4	13.5	17,004	1,297.0	15.7
67	9,355	1,172.3	27.6	21,875	1,668.6	28.7
68	10,647	1,334.2	13.8	24,649	1,880.2	12.7
69	12,128	1,519.8	13.9	28,584	2,180.3	16.0
70	14,418	1,806.8	18.9	34,508	2,632.2	20.7
71	17,901	2,243.2	24.2	40,914	3,120.8	18.6
72	22,176	2,778.9	23.9	55,066	4,200.3	34.6
73	32,168	4,031.1	45.1	80,938	6,173.8	47.0

（資料）Economic Planning Council, Republic of China, Taiwan Statistical Data Book 1974, p.121, 122, 124.

六三・一%）的絕大部份、也由跟蔣家政府有重要關連的買辦性民間大企業所佔。其餘無法與權力機關勾結的一般台灣人民間企業、因借不到銀行資金、往往爲了資金短絀而倒閉、有的不得不借用高利貸資金、被逼得走投無路。如表107所示、各行局在業務上都有其特殊性格、及割據著特有的固定地盤、即：

(一)　中央銀行、接受國庫資金美援資金的寄存（佔銀行總存款的二〇%）、但只向政府機關放款

(二)　台灣銀行、接受國庫資金・美援資金、也吸收公營企業資金及民營企業資金爲存款（佔銀行總存款的三〇%）、而向政府機關・公營企業・民間大企業放款業資金及民營企業資金爲存款（佔銀行總存款的三〇%）、而向政府機關・公營企業・民間大企業放款

(三)　中國・交通・中國農民三行、及中央信託局、即以公營企業資金爲主要存款（佔銀行總存款的一〇

%）、而放款於公・民營製造業及對外貿易

(四)　郵政儲金匯業局、廣泛搜集大衆資金、但都寄存於中央銀行等、不自行放款

(五)　土地銀行合作金庫、以全島的信用合作社及農會信用部爲下屬機關、廣泛搜集農村資金爲存款（佔銀行總存款的二〇%）、但放款不限於的農林漁業、而廣泛散佈於工商業（例如合作金庫於一九六四年末統計、農林漁業貸款佔總貸款的二〇・六%、工商業等貸款達五五・〇%）

(六)第一・華南・彰化三商業銀行、廣泛吸收台灣人系大小工商業資金（佔銀行總存款的二〇%）、而再放款於該大小企業

如此、蔣家國民黨政權、就是透過有系統的控制金融獨佔體制、而來支配整個的台灣產業。換言之、以官營銀行控制民營銀行以及一般大小金融機構、再以整個金融機構來支配公營・民營大小企業、以及農村生產。

12　台灣人勤勞大眾的貧窮化

如上所述、二〇年來、台灣已達成高度的經濟成長、特別是迅速的工業化、使工業生產超過農業生產而佔了台灣產業的首要地位（參閱表167）。這種經濟的高度發展、本來是戰後世界各國共有的一般現象、但在台灣、由於台灣人大衆的生產技術水準比亞洲各國（除去日本）高、且能吃苦耐力、同時受到外國資本的傾注、才導致社會經濟**異常**的發展。

一般說來、正常的國家或社會、當經濟起飛後、定會招來生產成本降低・物價平穩・物資豐富・人人都有事做等、整個社會經濟的上昇狀態、勤勞大衆的生活也會好轉、這就是正常的經濟發展的必然結果。然而、在蔣家半封建外來集團殖民統治下的台灣、雖然經濟異常發展、卻造成了財富的極端集中・貧富更加懸殊・物價上漲・公開及潛在的失業人口增多等、導使台灣人大衆的生活雖有略昇、但也陷於相對的貧苦境地。換言之、無論台灣經濟如何的發展、只不過是養肥了統治陣營的蔣家集團・美日資本家・官商資本家・買辦台灣人、以及一部份中上階級的台灣人、反而流血汗從事生產的台灣人勤勞大衆、卻不能得到應得的報酬。

如此、戰後的台灣、仍與過去荷蘭・清朝・日本殖民統治下的各時代同樣、由外來的・寄生的蔣家統治集團及其買辦台灣人獨佔勞動果實。

a　台灣農民大衆

蔣家國民黨外來統治者自一九四五年佔領台灣後、隨即把台灣的田賦制度由金納制改爲「**物納制**」（參閱 p.750, 1010）、並施行「**低米價政策**」（參閱表135）同時繼承以「**米糖經濟**」爲主軸的日人殖民剝削的遺制（參閱 p.1008）、而重新編成比台灣傳統的地主制有過之而無不及的殖民地性・封建地主性**農民統治機構**、並且、雖於一九五二年以強權實施「**土地改革**」（參閱 p.998）、但卻使台灣農民只能得到有名無實的土地、所以沒有將他們從封建地主剝削中解放出來。

這種殖民地性封建地主剝削、加上戰後人口增多等因素、使大部份農民更加墜落於僅擁有每戶一公頃以下土地的「**零細農民**」、結果、他們單靠農耕工作不能維持一家生活、遂成爲半工半農的「**兼業

表 165　稻作農家實際收入計算與一般物價比較

	米穀產量	農家戶數	每戶平均收穫	每戶收穫指數①	米價率/一般物價=100	米價率指數②	①×②指數	台北批發物價指數
	千公噸	千戶	公噸					
1949	1,214.6	620.8	1.95	100	64	100	100	100
50	1,421.5	638.0	2.22	114	63	98	112	339
51	1,484.8	661.0	2.24	115	40	63	72	411
52	1,570.1	679.7	2.31	118	50	78	92	515
53	1,641.6	702.3	2.33	119	74	116	138	580
54	1,695.1	716.5	2.36	121	63	98	119	635
55	1,615.0	732.5	2.20	113	58	91	103	756
56	1,789.8	746.3	2.39	123	56	88	108	820
57	1,839.0	759.9	2.42	124	56	88	109	850
58	1,894.1	769.9	2.46	126	81	126	159	852
59	1,856.1	780.4	2.38	121	70	109	132	946
60	1,912.0	785.6	2.43	124	63	98	122	1,078
61	2,016.2	800.8	2.52	129	63	98	126	1,111
62	2,112.8	809.9	2.61	133	63	98	130	1,050
63	2,109.3	824.5	2.56	131	59	92	120	1,221
64	2,246.6	834.8	2.69	138	60	93	128	1,248
65	2,348.0	847.2	2.77	142	65	101	143	1,118
66	2,379.6	854.4	2.79	143	65	101	144	1,210
67	2,413.7	868.7	2.78	142	63	98	139	1,243
68	2,518.1	877.1	2.87	147	63	98	144	1,265
69	2,321.6	887.1	2.63	134	58	90	121	1,260
70	2,462.6	880.2	2.79	143	60	93	133	1,298
71	2,313.8	879.0	2.63	134	57	89	119	1,298
72	2,440.3	879.5	2.77	142	57	89	126	1.359
73	2,254.7	876.5	2.57	131	43	67	88	1,666

（資料）　東南アジア研究會「台灣の表情」1963 年 p.152
「自由中國之工業」1962 年第 18 卷第三期，1976 年第 45 卷第 4 期
Economic Planning Council, Republic of China, Taiwan Statistical Data Book 1974, p.157, 161

農家」（台灣農民的工人階級化）。就是說台灣農民成爲都市工業勞動力的供給來源、這又受到蔣家官商資本與台灣人買辦資本、以及美日資本的「低工資」剝削。

關於台灣農民的零細農民化・兼業農民化及工人階級化、本是從日據時代後半期、即台灣開始工業化時就開始的（參閱 p.309、表 29）。這種農民社會的分化作用、在蔣家殖民統治下同樣繼續發展、並更爲深刻化（參閱 p.1008、

1023）。

然而、這種農民階級的分化作用、因受到蔣家政權與官商資本的封建落伍性所牽制、所以停滯不進而不能徹底。也就是說大部份農民都因受到蔣家政權與官商資本的殖民地性・地主性的兩種剝削、以致無法上昇爲中農、也不能完全轉化爲都市工業勞動者、而長期淪於半工半農的貧苦狀態（參閱p.1023）。

台灣農民不但受了上述的兩種剝削、而且這三〇年來、在自由市場上、米價也一貫被壓制於比一般物價指數低二〇—四〇%（參閱表165之「米價率」項）、所以廉價售出餘糧、反而得高價買進生產工具・生活必需品等、由表165、可略知農民生活確不易好轉。

表166　九等則水田一公頃稻產量的收支概況（1971年）

（收　入）	
⑴　一期收穫　米穀6,000台斤	
⑵　二期收穫　〃　4,000台斤	
計10,000台斤×2.5元＝	25,000元
（支　出）	
⑴肥料二期分代金	4,500元
⑵耕耘機等經費二期分	3,000元
⑶揷秧雇工二期分——20工（一工工錢100元，食費等50元）	3,000元
⑷除草雇工二期分——10工（〃）	1,500元
⑸收穫雇工二期分——20工（一工工錢120元，食費等50元）	3,400元
⑹田賦・捐稅・水利稅等二期分	1,900元
⑺器具・雜費等	1,000元
計	18,300元
淨　利	6,700元

一九七一年：㈠耕地總面積九〇・二萬公頃、㈡農家人口五九五萬九千人（佔總人口的三九・七%）、㈢農家戶口八七萬九千戶（佔總戶數的三二・五%）、㈣農家每戶平均人口六・七人、㈤農家每戶平均耕地面積一・〇三公頃（但不滿一公頃耕地的農家戶數佔全部農戶的六五・三%）、台灣農村在一般狀況之下、如以台灣北部產米地區桃園大園附近的農家爲例、則每戶農業生產收入可以概算如表166。

大園附近的水田大體上屬於八—一〇等則、乃是台灣北部標準的中等水田。從此表可以看出、該地區的農民一年當中辛辛苦苦勞動的結果、扣掉各種生產費用等開支之外、農家每戶所剩下在手裡的只有六千七〇〇元（一六二・五美元）、若把這數目以每戶平均人口六・七人除之、則每人僅能獲得一千元台幣（二五美元）。然而、蔣家政府所發表的一九七一年每人國民所得達一萬三千八〇〇元（三四五美元）、也就是說、絕大部份稻作農民每人平均的農業所得、只等於每人國民所得的七・二%而已。這無非是蔣家政府極端壓搾台灣農民而迫其過著悲慘生活的鐵證、也就是逼其得出外謀取現款收入圖糊口的主因。

台灣農民單靠農耕工作不能維持生計、即等於「農村破產」、這就是蔣家外來統治集團殘酷加以地主性・殖民地性壓迫剝削的必然歸結。

並不是說戰後台灣農民的生活水準絲毫沒有提高、問題是在台灣經濟愈發展、蔣家統治集團的敲搾愈厲害、以致貧富愈趨懸殊的社會演變下、台灣農民爲了提高農業生產及適應社會一般的經濟發展、得依靠非農業收入及借債來準行農耕機械化與生活近代化（購買耕耘機・電視・冰箱等）。台灣農民出外所獲現款收入（非農業收入）、已佔農家總收入的四〇%以上、一九六四年以後、台灣農民的四〇%都開始負債、一九六八年以後情況變得更爲嚴重、有七〇%的農民負債每戶平均八千元、一九七一年以後八〇%的農民負債每戶均增爲三萬五千元。（參閱台灣省農林廳「台灣農家資金供需情形研究」—〃台灣銀行季刊〃一九六一年十二月第一二卷第三期）。若再遭到意外災害（颱風・水災）、或者罹病等、除了將子女賣給娼家之外、別無他途可尋。例如外籍觀光客在北投等地所玩弄的台灣女性、不外乎是因家貧而被出賣的農村少女。「……今天農村經濟的急遽萎縮使六百萬的農村人口對其所謂〃自耕田〃有些已開始粗耕・怠耕和廢耕了。農民是毫無組織的、沒有任何人鼓動他們如此、最主要的原因是耕作幾乎已毫無收益可言、一甲中等水田種植稻米一年、扣除成本稅收後的純利潤不過約四千餘元。換言之、平均一家六口農戶、耕作一甲、每人每月的所得還不及新台幣七百元、六口農民種植稻米一月所得幾乎不

及勞工一人一週所得、這是龐大的農村勞力湧向都市的主因。

…………………………………………。」

農業衰退之後、〝留守〞在農村的只是些別無謀生能力的老弱婦孺、其可憫的情緒是值得深切同情的。另一部份已相率離家的農村第二代、這批龐大的農村外流人力、不管是低級勞工或高級知識份子、其對於整個社會所輻射出來的影響力、是比其父兄單純的不滿和抵制、實際上具有更爲深遠而廣泛的力量。（張景涵等「台灣社會力的分析」一九七六年 p.10）。

b　台灣工人階級

如上所述、台灣工業化迅速發展及農村經濟相對的降低、導致工業勞動人口不斷激增、依靠都市工業勞動的工人人口勢將超過農業人口（參閱表167）。但因蔣家官商資本所具有的前近代性（半封建性・落伍性）而阻礙了台灣經濟的高度近代化、使之仍然存留著極廣泛的傳統農業地主性農業生產關係與**傳統產業**（在台灣社會發展過程中所產生的零細工商業・家庭工業手工業等）、以致台灣的**勞動市場**形成著二重構造、即：

㈠　近代產業勞動者階層（通稱「產業工人」—近代企業勞動者）

㈡　傳統產業勞動者階層（通稱「職工工人」—零細工商業職工・雇工・家庭勞動力・都市貧民勞動者・苦力・攤販・雜役等）

前者乃是日據時代後期以來的新興產業工人階級（組織性工人階級）、後者爲歷史傳統的台灣都市貧民階級（都市的「散赤人 San-chia-lan 」、或「趁食人 tan-jia-lan 」）。這種近代產業・傳統產業的二層次產

表 167　戰前戰後農工業生產比較及農工勞動力比較（％）

	生產				就業人口			
	計	農業	工業	商業・運輸營建業	計	農業	工業	商業・運輸服務・其他
1902	100.0	78.3	16.8		100.0	72.1	6.5	21.4
05	100.0	66.9	27.9	10.2	100.0	70.4	6.4	23.2
20	100.0	61.3	31.5		100.0	69.5	10.0	21.0
30	100.0	49.1	42.8		100.0	67.7	9.8	22.5
40	100.0	41.0	41.7		100.0	64.7	9.4	25.9
47	100.0	49.0	13.3	28.3	100.0	67.5	6.8	25.7
52	100.0	35.2	17.6	27.1	100.0	61.0	9.3	29.7
55	100.0	33.4	19.3	26.3	100.0	58.2	10.5	31.3
60	100.0	34.1	21.1	23.4	100.0	56.1	11.3	32.6
63	100.0	26.7	27.3	19.5	100.0	55.4	11.7	32.9
66	100.0	25.8	27.2	21.2	100.0	43.5	23.3	33.2
67	100.0	23.2	30.4	19.7	100.0	42.9	25.2	31.9
68	100.0	21.5	31.9	19.9	100.0	39.7	24.8	35.5
69	100.0	18.5	33.8	19.3	100.0	39.0	26.4	34.5
70	100.0	17.6	34.1	18.9	100.0	36.8	28.2	35.0
71	100.0	15.3	36.6	19.0	100.0	35.2	30.2	34.6
72	100.0	14.9	39.0	17.7	100.0	33.0	32.1	34.9
73	100.0	15.1	40.1	17.0	100.0	30.5	33.9	35.6
74	100.0	15.7	38.4	18.1	100.0	30.9	26.8	42.3
75	100.0	16.3	36.3	17.1	100.0	29.1	27.7	43.2

（資料）　台灣總督府「台灣總督府統計書」
台灣省勞動力調查研究所「台灣地區勞動力調查報告書」1974,p.11
「自由中國之工業」1962 年第 18 卷第 3 期 p.44
1964 年第 45 卷第 4 期 p.44

業結構、及勞動市場的二重構造、無非是台灣慘遭殖民地統治的必然結果。不但在台灣、其他所有的殖民地社會大概都具有的一般現象。

據台灣戶口普查處一九五六年所編「**中華民國戶口普查報告書**」第二卷第五册表32、表33統計、台灣的勞動人口中、所謂非農業部門就業者可計爲一二〇萬人、其中、屬於近代產業勞動者佔其四〇％的四八萬人、傳統產業勞動者佔四五％的五四萬人、其他一五％爲職員・技術者・教員・自由職業者・經營者等。這個比例、其後仍無多大改變（參閱行政院主計處「中華民國勞工統計月報」一九七四年四月）。

在蔣家外來殖民統治下、因近

代產業部門都由國家資本・官僚資本的公營大企業、及中國人資本・買辦台灣人資本的民營大企業所壟斷、所以「產業工人」均爲公營大企業及民營大企業的勞動工人（絕大部份是勞動於公營企業、所以具有公務人員身份—這也是後進社會的一般現象）、即製糖工人・菸酒製造工人・肥料製造工人・造船工人・製鋁工人・水電工人・煤氣工人・製油工人・機械工人・運輸倉儲工人・通訊工人等（以上公營大企業工人）、及水泥製造工人・紡織工人・化學纖維工人・染織工人・採礦工人・採石工人・食品製造業工人・製茶工人・鳳梨罐頭工人・印刷工人・電氣器具工人・製衣廠工人・餐旅業工人・服務業工人等（以上民營大企業工人）。據表168、一九七三年產業工人的總數爲一四〇萬人（佔台灣總數就業人口的二六・八%）、其中、製造業工人佔七八・五%、運輸倉儲工人及通訊工人九・八%、營造業工人六・六

表 168　各產業的工人與職員（1973 年 6 月）

	總計			礦業及土石採取			製造業			水電煤氣業			營造業			運輸倉儲及通信			服務業及餐旅業		
	計	男	女	計	男	女	計	男	女	計	男	女	計	男	女	計	男	女	計	男	女
	人	人	人	人	人	人	人	人	人	人	人	人	人	人	人	人	人	人	人	人	人
計	1,806,422	1,056,374	750,374	48,001	40,441	7,560	1,305,620	663,070	652,550	20,950	18,418	2,532	111,820	96,613	15,207	215,390	182,238	23,152	104,641	55,268	49,373
%	100.0	58.4	41.6	2.6			72.2			1.2			6.2			11.9			5.9		
工人	1,401,509	774,470	627,099	42,763	35,869	6,894	1,100,155	510,190	589,965	8,058	6,947	1,111	92,830	80,348	12,482	137,671	130,518	7,153	20,032	10,538	9,494
%	100.0	55.2	44.8	3.0			78.5			3.5			6.6			9.8			1.6		
職員	404,913	281,638	123,275	5,238	4,572	666	205,465	152,884	52,585	12,892	11,471	1,421	18,990	16,265	2,725	77,719	51,720	25,999	84,609	44,730	39,879
%	100.0	69.6	30.4	1.2			50.6			3.2			4.7			19.3			21.0		

（資料）　行政院主計處「中華民國勞工統計月報」1974 年 4 月 p.116

%、礦業工人及土石採取工人三・〇%、服務業及餐旅業工人一・六%、水電工人及煤氣工人〇・五%。

「職工工人」則勞動於傳統產業的中小企業及零細工商業・家庭工業・社會雜役等、即各種食品製造工人・碾米工人・製材工人・製皮工人・木匠・泥水匠・鐵匠・攤販・清道夫・苦力・車夫・運搬夫・雜役・女侍等。職工工人乃以台灣殖民地社會獨特的都市貧民階層、及半工半農的過剩人口爲供給來源、廣泛散佈於地方的傳統產業、形成爲最下層的無產大衆。

由於勞動力供給來源的農村兼業農民與都市貧民、生活水準被壓制得極低、使蔣家政府容易施展**「低工資政策」**、以致低工資勞動遍佈於全島的各種產業（參閱p.1022）。

表169　產業工人月薪收入（1962年）

工　資	工　廠	工　人	比　率
	家	人	%
200～300元	10	548	0.4
300～400	124	6,965	6.1
400～500	251	18,743	16.4
500～600	207	25,231	22.0
600～700	115	24,811	21.7
700～800	78	16,081	14.0
800～900	61	13,878	12.1
900～1,100	51	5,733	5.0
1,100～	40	2,582	2.3
計	937	114,572	100.0

（資料）　丁幼泉「中國勞工問題」上册　1964年，p.102

表169是在一九六二年、**「台灣省工礦檢查委員會」**從九三七家大工廠、調查一一萬四千餘產業工人每人每月工資收入的統計數字。如表所示、月薪二〇〇—五〇〇元的工人佔二二・九%、五〇〇—九〇〇元佔六九・八%、九〇〇—一千〇〇元佔七・三%。從此可以估計、在一九六〇年代前段（台灣經濟將開始發展的階段）台灣產業工人工資的平均水準、大體上是月薪六〇〇元（二一・七美元、一美元市面匯率爲四七元台幣）。這六〇〇元月薪在市場只能買到白米一〇二公斤（白米市場價格一公斤是五・九元—參閱表135）。然而在一九三八年（中日事變爆發後第二年的日據時代）的製糖工人月薪四五圓日幣（日薪一・五七圓—參閱表31）、倒可以買到

白米三七五公斤（一公斤市價〇・一二圓—參閱表103）。以上將戰前・戰後的工人生活加以比較、即可看出在蔣家政權統治下的所謂「低工資」是如何的低。

蔣家政府曾在一九六四年四月、根據所謂「**工廠法**」第二〇條、即「**工人最低工資率之規定、應以各廠所在地之工人生活狀況為標準**」、而公佈行政院法令、將最低工資規定為月薪四五〇元（參閱丁幼泉「中國勞工問題」一九六四年、上冊 p.177）。這簡直無法維持產業工人一家四口（夫婦與子女二人）的最低生活、也就是說、無法進行**勞動力再生產**、所以大部份工人均得半工、半農、或者動員家人出外擺攤及做零工、才能過活。

繼之、可從表170看到一九七〇年代前段的工資水準、自一九六〇年代至七〇年代的一〇年間、因台

表170　各產業員工每人每月平均薪資（1972－1974年）

	總平均	礦業及土石採取業			製造業			水電煤氣業			營造業			運輸倉儲及通信業			服務業及餐旅業		
		平均	男	女	平均	男	女	平均	男	女	平均	男	女	平均	男	女	平均	男	女
	元	元	元	元	元	元	元	元	元	元	元	元	元	元	元	元	元	元	元
1972年12月平均	2,623	2,800	3,120	1,061	2,181	2,799	1,503	3,122	3,043	2,221	2,190	2,328	1,415	3,033	3,167	2,262	2,415	2,840	1,959
工人	2,217	2,624	2,944	949	1,812	2,268	1,425	2,303	2,542	1,485	2,059	2,193	1,325	2,630	2,682	1,619	1,875	2,035	1,699
職員	3,421	4,288	4,524	2,423	3,395	3,944	2,106	3,526	3,610	2,776	3,028	3,172	2,089	3,740	4,363	2,431	2,549	3,043	2,023
1973年12月平均	3,620	3,911	4,311	1,820	3,564			4,755			3,911	4,139	2,583	4,372	5,013	3,110	2,941	3,494	2,347
工人	3,236	3,717	4,118	1,687	3,239			4,188			2,869	3,011	1,989	3,044	3,310	2,151	2,157	2,193	2,113
職員	4,496	5,464	5,793	3,207	5,200			5,091			3,911	4,139	2,583	4,372	5,013	3,110	2,941	3,494	2,347
1973年12月平均	3,638	3,968			2,963			4,498			3,322			4,129			2,951		

（資料）行政院主計處「中華民國勞工統計月報」1974年4月 p.116

表171　台灣產業工人每人每小時工資水準在國際上的比較

	1971年		1972年		1973年		1974年		1975年	
	美元	指數	美元	指數	美元	指數	美元	指數	美元	指數
台灣	0.20	100	0.25	100	0.33	100	0.41	100	0.46	100
菲律賓	0.23	115	0.24	96	0.27	82	0.27	66	0.27	58
韓國	0.28	140	0.30	120	0.33	100	0.47	115	0.75	163
新加坡	0.32	160	0.35	140	0.43	130	0.55	134	0.59	128
日本	1.53	765	1.84	736	2.47	748	2.90	707	3.19	651
紐西蘭	2.09	1,045	1.74	696	2.31	700	2.40	585	2.18	473
法國	0.99	495	1.14	456	1.49	452	1.88	459	2.18	473
義大利	1.18	590	1.35	540	1.59	482	1.86	454	2.17	471
英國	1.85	925	1.90	760	2.16	655	2.60	634	2.85	619
西德	2.06	1,030	2.28	912	2.97	900	3.79	924	3.70	804
美國	3.57	1,785	3.81	1,524	4.05	1,236	4.41	1,075	4.81	1,045

（資料）　行政院主計處「中華民國勞工統計月表」1974年4月 p.116
United Nations, Statistical Year Book 1976, P.620, P.695
日本政府勞動省「勞動統計要覽」1976年
United Nations, Statistical Year Book for Asia and The Pacific 1976
※台灣一個月勞動日以26天，一天勞動9.5小時計算
日本一個月勞動日以26天，一天勞動8小時計算

灣的經濟規模擴大爲二・六倍、隨著物價也上昇爲一・五倍、所以各種產業工人工資均普遍提高。但若仍以米價計算工人的生活水準、一九七四年一二月的平均工資三千二三六元、只能買到白米二六九公斤（白米市價一公斤漲爲一二元）、所以還比不上前述日據時代的工人生活水準。這在國際上比較、台灣產業工人的勞動力價格更爲低廉、如表171所示、一九七一—七五年的五年間、台灣產業工人每人每小時的平均工資〇・三三美元只等於韓國（〇・四三美元）的七六%、新加坡（〇・四九美元）的六七%、以及日本（二・三八美元）的一四%、西德（三・〇〇美元）的一一%、美國（四・一四美元）的八%而已。

以上所述的乃是就業於公・私營大企業的所謂「產業工人」（在台灣勤勞大衆之間被認爲有定職且待遇算好的）工資水準。

其他勞動於傳統產業的「職工工人」則收入更爲惡劣、工資更爲低廉且工作無固定性、所以屬於都市貧民最下層、生活貧苦得不可言喩。

還有一個極其嚴重問題、就是台灣的童工女工極多且工資最低廉、構成著台灣勞動大衆的最低層。例如一九七三年、一五—一九歲的**童工**九二萬七千人（男童工四六萬一千人、女童工四六萬六千人）、佔總就業人口五二二萬二千人的一七・八％。**女工**一八三萬九千人、佔總就業人口的三五・二％（參閱台灣省勞動力調查研究所「台灣地區勞動力調查報告」一九七四年一月p.8）。若以產業工人計算、女工則佔產業工人總數的四一・六％（參閱表168）。這些數目龐大的「**婦孺工人**」、因在蔣家政府與官商資本家眼中是可欺負的最弱者、它們的工資被壓制於最低水準、所以被剝削得最厲害、如一九七三年、男子產業工人平均工資二千四二九元的情況下、女子產業工人的平均工資只有一千四一七元、幾乎只等於男工資的一半。（參閱表170）。至於童工平均工資更爲低劣。如此、二〇世紀的今日台灣、卻成爲一九世紀西歐資本主義初期黑暗社會的翻版。

台灣勞動力的價格這樣低廉、究其原因、除了蔣家政權採取低工資政策、以及社會生活水準較低與勞動力過剩之外、還有不可忽略的是**苛酷的政治因素**介存其間。三〇年來、台灣在封建殘餘蔣家權力機構的所謂「**戒嚴令**」下、勞動工人應有的團結權・交涉權・爭議權等均被剝奪殆盡。蔣家政府即以「**國家總動員法**」第一四條（一九四二年三月公佈）・「**妨害國家總動員懲罰暫行條例**」第五條（一九五三年十二月修正公佈）・「**勞資爭議處理法**」（一九四三年五月修正公佈）等、嚴格規制或全面禁止工人的勞動運動、因此、在國家強權壓迫下、「**勞動力所有者**」（台灣人勞動工人）、竟不能站在平等地位跟「**生產手段所有者**」（蔣家政府與官商資本家）進行勞動力的自由交易、不但沒有交涉勞動力出賣價格等自由、也沒有不賣勞動力的自由、只得接受資本家所給的低廉價格與苛酷條件。雖有所謂「**勞工團體**」（工會）、卻都屬於御用團體、而成爲隱蔽蔣家政府與官商資本家施展壓迫剝削的遮蓋物。

政治上是**殖民地奴隸**的台灣勞動工人、在這苛酷的低工資下、又成爲統治者及資本家的**經濟奴隸**。

反而、因有這低工資、蔣家外來集團才能更加鞏固其殖民統治地位、官商資本家才能進行額外的資本積蓄而訊速肥大、也是因爲生產技術水準高的台灣、勞動力低廉、才成爲外資侵入的最大誘因。

台灣的人口增加與失業問題、也是一個極爲嚴重的社會問題。據台灣警務處主計室・台北市政主計處、及自由中國之工業等蔣家官方統計：

㈠　一九五九年戶籍登記人口一千〇四三萬人（自然增加率三・九%四〇萬—七千人）
一九六四年戶籍登記人口一千二二六萬人（自然增加率三・一%三八萬人）
一九六九年戶籍登記人口一千四三三萬人（自然增加率二・三%三三萬人）
一九七〇年戶籍登記人口一千四六八萬人（自然增加率二・二%三二萬—三千人）
一九七一年戶籍登記人口一千四九九萬人（自然增加率二・一%三一萬—五千人）

㈡　一九七二年戶籍登記人口一千五二九萬人
自然增加率　一・九四%—二九萬七千人
出生率　二・四一%—三六萬九千人
死亡率　〇・四七%—七萬二千人
每平方公里人口密度四二五人（世界第二位）

即一五年來、在這爆發性人口遽增的情況下、因未實行節育或實行得不徹底、以致過去及今後的二〇年間、到達工作年齡的勞動人口每年激增三〇—三五萬人。蔣家政府這幾年來雖然大力以宣傳經濟的飛躍發展、但能夠吸收年年激增的勞動人口的就業機會卻未來臨。例如一九六六—七二年的七年間、經濟發展所造成的就業機會、每年平均只增加二二萬許（參閱表172的「完全就業」項）、結果每年乃有八—一三萬青壯年人口面臨失業、以這個數字累進、這七年間就有將近百萬的失業者、並且這種失

表 172　勞動人口與就業人口・失業人口

	總人口 ①	勞動人口 計 ②	②/①	就業人口 計 ③	③/②	完全就業 ④	④/③	不完全就業⑤	⑤/③	失業人口 計⑥	⑥/②	潛在勞動人口 計 ⑦	⑦/①
	千人	千人	%	千人	%	千人	%	千人	%	千人	%	千人	%
1963	11,089	3,807	32.2	3,607	94.8					200	5.2	2,191	19.7
64	12,047	3,782	31.4	3,617	95.6					165	4.4	2,191	18.1
65	12,386	3,760	30.3	3,633	96.6	3,518	96.7	115	3.3	127	3.4	2,364	19.0
66	12,773	3,764	29.4	3,647	96.8	3,557	97.5	90	2.5	117	3.2	2,564	20.0
67	13,131	4,067	30.9	3,973	97.4	3,890	97.9	83	2.1	94	2.6	2,567	19.5
68	13,442	4,232	30.8	4,159	98.3	4,108	98.7	51	1.3	72	1.7	2,605	19.3
69	13,883	4,517	32.3	4,434	98.1	4,336	97.7	98	2.3	85	1.9	2,645	19.0
70	14,467	4,625	31.2	4,546	98.3	4,476	98.4	70	1.6	79	1.7	2,744	18.9
71	14,807	4,820	32.5	4,739	98.3	4,684	98.8	55	1.2	80	1.7	2,918	19.7
72	15,109	4,947	32.0	4,873	98.5	4,819	98.8	54	1.2	74	1.5	2,975	19.6
73	15,394	5,288	34.4	5,222	98.1	5,182	99.2	40	0.8	67	1.9	2,863	18.5
74	15,737	5,571	34.3	5,486	98.4					85	1.6	3,004	19.0
75	16,040	5,656	35.0	5,521	97.5					136	2.5	3,286	20.4

（資料）　台灣省勞動力調查研究所「台灣地區勞動力調查報告」1974 年 1月P.1

有八—一三萬青壯年人口面臨失業、以這個數字累進、這七年間就有將近百萬的失業者、並且這種失業激增狀況今後勢將延續下去。

表172是蔣家政府以僞造數字、想來詐稱：「台灣失業率逐年遞減、幾乎接近〃完全就業〃的地步」。假使這是眞實情形、則台灣經濟已比先進國家更爲前進。這無非是蔣家政府爲了隱瞞失業問題的嚴重性、乃把「失業人口」「不完全就業人口」、以及所謂潛在勞動人口等界限與數字、故意參雜混亂、而造成的得力傑作。實際上恰恰相反、失業・半失業及潛在性失業等人口、在農村各角落到處可見、在都市的街頭巷尾也同樣被無定職的都市貧民所塡補。這些失業人口或產業預備軍、因大都是埋沒於農村社會、而在萎縮的農家經濟裡過著吃不飽餓不死的耐苦生活、才使失業問題不太浮現於社會問題上。

蔣家軍隊裡的四〇萬台灣人士兵、也是變相的產業預備軍、他們大都是農村子弟、因在軍中生活學到不少軍閥習氣、所以退伍還鄉後、已不耐於田坵上櫛風沐雨的農耕工作、以致大部份均流落於繁華城市零售勞力、或當攤販、甚至也有成爲風化場所的小流氓或保鏢等都市貧民。

不可否認的、也有一些在工廠裡身居高薪要職的知識份子或高等勞動工人、然而他們已脫離台灣的勤勞大衆而成爲買辦性的勞動貴族、但爲數不多（參閱表169）。

13　台灣社會的民族矛盾與階級矛盾

凡是殖民地社會、由於外來的政治統治者必然兼爲經濟剝削者、民族矛盾與階級矛盾相互重疊、所以民族鬥爭必須以階級鬥爭爲基礎、階級鬥爭則通過民族鬥爭而表現出來。

台灣在與中國本土相隔絕的地理・社會環境下、經過了四百年獨自的移民・開拓、及近代化資本主義化的歷史發展、而形成在社會上・心理上均與中國・中國人迥異的「**台灣社會與台灣人**」（台灣民族—原住民系台灣人與漢人系台灣人）。概略的說、即台灣社會與台灣人自從哇哇落地一直到現在、就一貫遭受外來的殖民統治。這種殖民統治、不但是異族的荷蘭人與日本人、連同種同宗的鄭氏・清國以及蔣派中國均毫無例外的殘酷行使著。

尤其在清國統治下、爲了移民・開拓定居台灣的開拓農民（今日台灣人的祖先）、與爲了統治台灣而來的清國統治勢力之間、存在著**殖民地性**被統治與統治的隸屬關係、以致發生**殖民地性**矛盾對立。在這種殖民地性矛盾對立的歷史發展過程中、台灣終於打下了與中國不同的・獨特的心理基礎與社會基礎、就是說、台灣爲本地、中國則唐山、所以本地人反唐山人。

繼之、在日本統治時代、因日本帝國主義基於本國利益而強行近代化與資本主義化、結果、「台灣」乃更明確的確立了其獨特的**民族存在**、而台灣民族主義茁壯發展。

這樣、台灣・台灣人的民族形成即告一段落之後、因第二次大戰的結果與日本敗退、而招來同屬漢人的蔣派中國人出現於台灣。新來的蔣派中國人又對台灣・台灣人另眼看待、一開始就施以與日本帝國主義同樣的殖民統治、支配政治・經濟・社會等整個台灣的各部門、因此、構成了殖民地特有的統治體制、即：

(一)　外來征服者蔣派中國人及其幫兇買辦台灣人＝政治統治階級級＝經濟剝削階級

(二)　土著被征服者台灣人＝政治被統治階級＝經濟被剝削階級

以這種殖民地統治・剝削的某本構造爲基礎、並在民族矛盾與階級矛盾相重疊、台灣的階級關係乃形成如左。

(1)　外來蔣派中國人＝統治階級＝剝削階級

居於最高統治地位的蔣父子及其高等嘍囉的特務・黨・政・軍官僚・警察等政策決定要員、與高級執行幹部、蔣家政權的委員・代表・資政・顧問、國有官營的大企業・大工廠・大貿易公司・大財團的高級幹部、大資本家大地主、教育文化機關的高級幹部等中國人外來集團、均屬於這統治剝削階級。他們及其家眷在台灣總人口中是佔極少數、卻掌握著台灣的最大權力與最大財力、且佔據了政治・經濟・社會・文化等部門的中樞地位。他們本是中國封建殘餘的軍閥或官僚份子、現又兼爲美日帝國主義的買辦幫兇、並與中共通聲氣而阻礙了台灣民族的殖民地解放。蔣派統治・剝削階級無非是殖民統治的罪惡的總根源、台灣人最大的敵人、若不打倒它、台灣的殖民地解放就無法實現、台灣的社會革命也無法展開。然而、他們內部的派系關係非常錯綜複雜、除了台灣人大衆起來打倒他們之外、也有可能從內崩潰、或被中共從外消滅。他們也自認大勢將去、所以早已把財產與子女預先移往美國或中南美洲、準備做再次的逃亡。

(2)　**台灣人買辦資產階級＝統治階級＝剝削階級**

外來的蔣派中國人爲了有效且徹底的統治與剝削、乃從台灣人中選擇上層階級的代表人物爲幫手、而造成了一群台灣人的政治買辦・經濟買辦・文化買辦等。例如黨・政・官僚的台灣人中上級幹部、台灣人委員・代表・顧問、國有官營的大企業・大工廠・大商店・大貿易公司・銀行・合作社・同業公會等的台灣人幹部、各種文化團體的台灣人幹部、新興大資本家・地主等均屬於這個階級。他們雖然身爲台灣人、然而居然站在外來的蔣派中國人統治・剝削階級那邊、同流合污、爲老闆利益來壓搾台灣人大衆、同時也分到一杯羹而成爲台灣人買辦資產階級。然而、他們卻被台灣人大衆指罵爲「**半山**」「**靠山**」、與外來的蔣派中國人統治・剝削階級同樣、是台灣的統治剝削階級、是台灣解放的最大敵人。他們因做賊心虛、也把財產與子女送往美國中南美洲、及日本等地。

(3)　**民族資本家階級＝剝削階級**

戰後隨著台灣資本主義發展、另外產生了一批台灣人中小資本家、而形成了新興的所謂「**民族資本家階級**」。他們主要是地方的中小資本的中小企業・中小工廠・中小商店的經營者及其幹部人員。他們因具有一些台灣人意識、不滿蔣家中國人的殖民統治、所以不想與統治者同流合污、避免過問政治、而只求致力於自己的經濟發展、也受到少許的壓迫與歧視、但也不外乎是靠剝削台灣勤勞大衆而起家的。他們在基本上是期望台灣的殖民地解放、但在另一方面卻懼怕台灣進行社會主義革命、因此、也紛紛把財產與子女送到日本等外國去。

(4) 勞動階級＝被統治階級＝被剝削階級

台灣唯一的財富生產者、就是台灣人勞動階級。他們可以分爲無產與半無產者的兩個階層、約佔台灣人口的六二％（一九七三年統計）、單靠肉體勞動而過活。他們在四百年歷史發展的過程中、一貫從事於開拓・農耕・工業建設・產業勞動而實現今日台灣的繁榮。然而他們一方面受盡外來統治者及其幫兇的政治壓迫與經濟剝削、另一方面自己卻過著殖民地奴隸的貧困生活。他們才是台灣社會生存的基礎、也是社會發展（生產力發展）的擔負者、且爲殖民地解放（民族解放與階級解放）的生力軍。台灣勞動階級即以農民工人都市貧民爲三大支柱。

(一)　農民——近年的農業生產雖然逐漸降低、但是台灣農民仍然佔了總人口的四〇％（一九七三年統計）、在數字上依然是勞動階級的絕大部份。他們可分爲稻農・蔗農・山林勞動者・漁民・鹽民・農村貧民等、主要是依靠農業勞動過活。他們因大多數擁有生產手段的土地・住宅・農具等、所以在形式上是屬於小資產階級、但他們有名無實的擁有不到一公頃土地、並受低米價政策與低工資政策等的剝削、生活極端困苦、因此、實際上不外乎是半無產的肉體勞動者。台灣農民從古時代、就具有要打破現狀（殖民地體制）的強烈個性、並擔任抗外主力軍的歷史傳統。

(二)　產業工人——隨著台灣資本主義發展、產業工人階級也逐漸強大、他們由大企業的礦業工人・採石工人・製造業工人・水電煤氣工人・營造業工人・運輸倉儲工人・通訊業工人・服務業工人・餐旅業工人等所構成、佔總人口的一二%（一九七三年統計）。他們是天生的無產者、且富於反體制意識的殖民地解放先鋒及社會主義革命擔負者。

(三)　都市貧民——歷史上、台灣的各城市就有了殖民地社會特有的無產貧民階級存在著。他們大體是攤販・下層雇員・臨時雇工・當差・苦力・流氓・乞丐・游民・下女・女侍・妓女等最下層的無產者、就是上述的傳統產業的職工工人、其人口可估計爲總人口的二〇%（一九七三年）。他們因爲過著一貧如洗的窮困生活、故富有行動力、表面上似乎甘於外來者的統治與剝削、然而一旦有事、立即變成大衆行動的點火者及傳播者。

(四)　中國人下級退役軍人勞動者——除了本地的台灣人勞動者之外、還有爲數三〇萬許的中國人下級退役軍人、專靠肉體勞動過活。他們本在中國大陸被蔣家國民黨抓來當兵、後來隨蔣家軍隊逃亡來台的中國農民出身份子、因年老而被蔣家軍隊逐放、雖然還假借退役軍人的名義、但得靠自己勞力過活、生活困苦、心情孤單。他們雖說是已脫離蔣家政權的權力體制、但還放不下了征服者的優越感、所以難跟台灣人大衆融洽相處。他們都懷著埋怨蔣家國民黨的心情、渴望早日歸回中國大陸。

(5)　小資產階級＝被統治階級＝被剝削階級

台灣人的小資產階級、其階層雄厚且分散於社會各部門、略佔總人口的三分之一（一九七三年統計）。這個階級可分爲上・中・下三個階層、在性格上也不盡相同、各有各的特性、其他附屬的還有一些中國人小資產階級份子。

(一)　上層小資產階級——地方上的黨・政・軍・警察等的台灣人下級職員、民間的中小企業・中小工廠・中小商店等的台灣人老闆及其幹部、農村富農、台灣人的大學教授・醫生・律師・高級工程師・會計師・新聞記者・文化工作者等都是屬於這個階層。他們也不例外的受到政治壓迫與經濟剝削、但也具有要當縣市長・議員・鄉鎮長・農會幹部等的野望、所以有甘於被蔣派外來統治階級利用的一面。他們在經濟上不但是能過活、也有多少的剩餘、名利觀念強、一直想往上爬而成爲資產階級或官僚階級。他們內心是反對殖民地的統治與剝削、但也懼怕社會革命實現。

(二)　中層小資產階級——地方上的黨・政・警察・農會等機關的台灣人下級職員、小企業・小工廠・小商店的主人、自耕農・中小學幹部等都屬於這個階層。他們也受到壓迫與剝削、然而經濟上能自足、但不太有剩餘。他們一方面保持在現體制下的發財思想、另一方面卻傾向於殖民地解放、起初會害怕革命、隨後也有歡迎革命的可能、但缺乏行動力。

(三)　下層小資產階級——地方上的黨・政・警察的台灣人最下級職員、小企業・小工廠・小商店的職員、中小學教・學生・下級知識份子・下級文化工作者都屬於這階層。他們薪水低、被壓迫被剝削、且時常被失業所威脅著、生活苦、過一天算一天。他們是精神上經常苦悶的窮書生集團、但有知識、也有少許的組織力與宣傳力、若接受進步思想、根本就是反體制派、當然熱望殖民地解放與社會革命、然而缺乏行動力（這是整個小資產階級的通病）。

(四)　中國人上中層小資產階級——由於蔣家政權把他們的中央政府及其附屬機關整套搬來台灣、所以黨・政・軍的中國人下級職員、官營企業的中國人下級職員、中國人教授・律師・醫生・工程師・中小學教員・學生・知識份子・文化工作者等及其家眷子弟都跟著來台。他們原本是書生出身的小資產階級。但大都是因身爲中國人、而唯唯諾諾的參與殖民地統治體制、並在各方面佔了很大便宜、生活水準與社會地位都比台灣人小資產階級高、上學・就職及海外留學等機會也比台灣人知識份子多、且能享受優越的各種特權。他們當然具有一定程度的知識水準、及辨別情理的頭腦、但「**大中華思想**

」根深蒂固、而且因特權意識燻心、所以幾乎失去做人應有的正義感、甚至以殖民地的精神統治者自居。譬如、他們老是以高壓手段來強辯：「**台灣是中國的一部份、台灣人是中國人**」、這種毛病不外乎相等於蔣派統治・剝削階級的思想意識。不用說、他們在嘴裡也常批評蔣家政權的專制獨裁、但在另一方面卻具有安居於殖民統治的特權心理。他們的右傾份子正在提倡以蔣派中國人繼續殖民統治台灣爲前提的「**國台合作**」、另一方面、親中共的左傾份子則策動中國統一運動、擬歡迎中共軍事佔領台灣。

14　蔣經國獨裁的殖民統治與今日台灣

蔣家國民黨集團自從進入一九七〇年代、在國際上遭受嚴重的外交挫折、處於極端孤立的境地、在島內又受到世界性能源危機及西方經濟不景氣的衝擊、使台灣經濟陷入空前的困境、如此在內外夾擊的情勢下、蔣經國高唱「**革新保台**」的口號、於一九七三年六月一日就任行政院院長。繼之、一九七五年四月五日蔣介石死亡、蔣經國終在一九七八年五月二十日登上「**中華民國**」總統的寶座、而達成處心積慮已久的「**父死子傳**」的野心。

從此，台灣又進入蔣經國完全執掌權力的第二期殖民統治時代。

a　蔣經國獨裁專制下的台灣政治

一九四九年蔣介石帶領二〇〇萬軍隊與難民逃抵台灣後、已經過三〇年，其間遭到兩次大危機，第一次是蔣家國民黨集團初來台時所造成的社會混亂、導致台灣的政治・經濟幾乎瀕臨崩潰（參閱 p.756）、第二次就如上述、於一九七一年十月二十五日蔣家政權被趕出聯合國・中美接近・中日復交・各國相繼與其斷絕邦交、尤其是美國將要修改其亞洲戰略、對「**台灣問題**」的政策也有所改變、加上一九七三年開始的世界性能源危機及經濟衰退、使台灣經濟由高度成長急轉直下、陷入於低成長的困境。

第一次危機時、因一九五〇年韓戰爆發・中美關係惡化等國際形勢的據變救了蔣介石、使他能迴避島內的危機。從此、蔣介石乃一貫利用國際上的冷戰體制、爭取美國的支援、以致一九七〇年的二〇年間、高枕無憂的蟠據於殖民地台灣、並以赤裸裸的特務暴力來壓迫剝削台灣人。

蔣介石在台灣、繼續保持以中國人特務組織爲主體的中央集權殖民體制、並在其基礎上、一貫維持著：㈠自稱代表全中國的唯一正統政府「**中華民國政府**」、㈡「**反攻大陸**」、這兩大虛構爲其最高政策。但是、自從一九七一年中國（中共）加入聯合國後、所謂蔣家政權代表全中國的虛構已被摧毀。關於「**反攻大陸**」、蔣介石早在一九五五年、向美政府秘密吐露過其虛構性、而承認實際上是無法實現的（參閱 p.943）、只是爲了仍以這「**反攻大陸**」的陳腔爛調用做控制台灣人的藉口、才不向外發表其眞實性。

蔣介石在台灣所設下的再一個虛構、就是與在中國大陸時同樣的仍然維持著名存實亡的國民大會・立法院・監察院等所謂「**中央民意機關**」、並以「**動員戡亂時期條款**」、來保障曾在大陸選出的中國人國大代表・立法委員・監察委員的終身職位。這一群已失去大陸選舉區的所謂「**中央民意終身代表」、共有一千八〇〇餘人（參閱 p.929）、他們逃來台灣後、徒食無爲的已過了三〇餘年、這實在是史上未聞的羞恥事。蔣介石即以台灣人的血汗錢豢養這些中央民意終身代表。他們平時支領優厚的乾薪、國大代表只是每六年出來開一次會、選舉總統、立法委員與監察委員則有時出來開會捧捧場、而成爲蔣介石保持中央集權獨裁制與殖民統治體制的工具（參閱 p.829, 929）。

蔣家父子及國民黨集團、即以這三大虛構爲幌子、絕對控制著特・黨・政・軍的統治機器、而形成了殖民地台灣的權力階級。

但是、蔣家國民黨集團因久困海島、軍隊無爲而師衰、黨官僚貪污腐化、各派系更爲爭權奪利而無寧日。最初是因蔣經國後來居上、而引起陳誠派與太子派爭奪領導權的尖銳鬥爭。陳誠死後、又分爲元老派・宮廷派・皇后派與太子派的多面角逐、直至一九七五年蔣介石一死、元老派與宮廷派・皇后派失去所依而終於落後、蔣經國才繼任國民黨主席而名符其實的獨霸了台灣政壇。蔣經國手下的兩員大將王昇與李煥、多年輔佐蔣經國奪權運籌、在鬥爭陳誠等異己派系時都相當出力。可是二人素有歧見、後來形成了「**鷹派**」（王昇主張對島內繼續採取高壓手段控制台灣人、對外則強行「反攻大陸」狂試一戰）、與「**鴿派**」（李派主張適當利用台灣人、藉以鞏固殖民統治）之爭、二者互鬥爭寵、結果李煥失勢、遂由鷹派佔上風、蔣經國仍將這兩面招牌互爲利用。

蔣介石爲了傳權予子、從一九四九年到台灣時就開始費盡心機、培植蔣經國在各方面的勢力、尤其早就安排他大搞特務、以備做爲控制黨・政・軍及抓青年的暴力基礎（參閱 p.894－924）、遂在一九七二年五月、迫使虛位副總統嚴家淦解除兼職、讓愛子就任行政院院長。蔣經國取到政權後、即墨守父教、心領乃父的手法、仍把上述三大虛構繼承爲獨裁專制及殖民統治的基本路線。

然而、他愈想貫徹如此虛構的基本路線、其與現實的矛盾就愈擴大、加上國際經濟衰退中的政治孤立更爲緊迫、並且、島內的經濟發展已到了一個轉捩點、上層建築（政治體制）的改變成爲當前急務。蔣經國既然在國際上四面楚歌而難有作爲、就想在島內更加籠絡台灣人以鞏固其統治地位、因此、他在表面上雖仍掛著「**反攻大陸國策不變**」的招牌、但實際上卻推行左列的各種島內政策：

㈠　高唱「**革新保台**」

㈡　大借外資、推行經濟建設

㈢　強調不與中共和談

㈣　高唱「**提拔青年才俊**」「**廣聽民意**」

然而、㈠「**革新保台**」之中、「**革新**」必須改變現狀、「**保台**」卻要保守現狀、兩者之間本來就有相對立的基本矛盾。但是蔣經國的本意並不在「**革新**」、而在「**保台**」、他所謂的「**保台**」、其出發點即在鞏固自己的勢力、所以實際上是「**保位**」、即保持蔣家權力階級的統治地位。他的「**保位**」無須「**革新**」、眞的「**革新**」卻不能「**保位**」、只是裝出一副「**革新的樣子**」而已。蔣經國雖然開口就是「**革新開放、同舟共濟**」、但是「**革新**」的口沫未乾、就在暗地裡對主張眞的「**革新**」的台灣人下毒手。

三〇年來、台灣被蔣家國民黨殖民統治的結果、所見到的只是貧富懸殊・農村蕭條・都市貧民生活困苦・社會風氣靡爛、所以「**革新保台**」是很有必要的、但必須**保**成不受任何外來殖民統治的台灣、也必須**革**成一個屬於大多數人都能享受到自由與平等的新社會。

㈡大借外資推行經濟建設、無非是企圖以經濟繁榮之名、想來掩飾其政治危機、藉以堵塞台灣人的不滿情緒。由外人投資、以外人的技術在台灣生產、這種經濟建設的得益者、除了外人資本家之外、只有少數者的蔣家權力階級及其幫兇的台灣人買辦份子、加上一部份台灣人中產階級份子而已、絕大多數的台灣人大衆卻得不到利益。

㈢拒絕國共談判、蔣經國在目前卻也費了相當的力氣、但其理由並非爲台灣人的利益著想、更不是支持台灣人所渴望的獨立解放、而是專爲保持自己的利益。若眞與中共進行和談、蔣經國又唯恐將其本身的既得權力化爲烏有。

問題寧在㈣人事政策上、蔣經國處心積慮、爲了沖消日益遽增的台灣人的反抗行動、並略爲應付美政府一再強調的民主政治及卡特政權的人權外交、也爲了制伏元老派的殘存勢力（起用台灣人被認爲是對付元老派的有效辦法）、乃高喊「**起用台籍人士、提拔青年才俊**」、因此、一九七二年蔣經國就任行政院院長後、即加倍起用善於奉承且稍具才能的買辦台灣人於中央政壇及地方行政崗位上。

但是、這並非意味著台灣人開始被重視、也不是買辦台灣人在政治上受到十分的信任。外來統治者只是想拉攏更多的台灣買辦階級份子及其子弟、做爲更加欺瞞與籠絡台灣人大衆的工具而已、所以他們只能被安插於行政院副院長等冷門部門（至於財經・國防・外交等稍有權勢的各部門、卻不是他們所能擬想、省主席也不外是高級傳達、縣市行政均由中國人特務的主任秘書所執掌、所以縣市長也等於虛位）、即：

① 黨中央——秘書處主任陳水逢・社會工作會主任邱創煥

② 中央政府——起用買辦台灣人六人（前任嚴家淦內閣是三人）、行政院副院長徐慶鐘、政務委員連震東・李連春・李登輝・內政部長林金生、交通部長高玉樹

③ 台灣省主席——買辦台灣人第一任主席謝東閔（蔣經國認爲這著是籠絡台灣人大衆的最高手段）

④ 地方行政首長——台北市市長張豐緒・基隆市市長陳正雄・桃園縣縣長吳伯雄・花蓮縣縣長黃鏡峰等

到了一九七五年蔣介石死後、蔣經國就任國民黨主席時、隨著內外危機愈加緊迫、人事籠絡政策也

更加積極起來、因而買辦台灣人更多被起用、即：

①　黨中央——中央常務委員由二〇人增爲二二人、其中、買辦台灣人五人（增加二人）。中央委員由九八人增爲一二八人、其中、買辦台灣人二三人（增加一六人）黨中央副秘書長陳奇祿、社會工作會主任邱創煥、青年工作會主任連戰・副主任施啓揚

②　中央政府——行政院副院長徐慶鐘、政務委員李登輝・高玉樹・邱創煥、內政部長張豐緒、交通部長林金生、司法院院長戴炎輝、監察院副院長周百鍊

③　台灣省主席——謝東閔

④　地方行政首長——台北市市長林洋港・基隆市市長陳正雄・桃園縣縣長翁鈐・高雄市市長王玉雲

如此被起用於中央及地方崗位上的買辦台灣人不在少數、其中、特別受到蔣經國垂青的、有謝東閔（國民黨中常委）・邱創煥（新任中委、兼反共救國團副主任）・張豐緒（新任中委、前屏東縣縣長張山鐘之子）・李登輝（新任中委、農業經濟專家）・林洋港（新任中委）・蔡鴻文（新任中委、台灣省議會議長）・連戰（新任中委、連震東之子）・施啓揚（新任中委、台大教授）・吳伯雄（新任中委、前桃園縣縣長吳鴻麟之子）・黃鏡峰（新任中委、省糧食局局長）・王玉雲（新任中委）・張建邦（新任中委、淡江文理學院院長）・陳守山（新任中委、王昇的班底、陸軍中將、政戰學校校長）、以及李長貴（李煥的班底）・郭婉容（倪文亞之妻・台大教授）・蘇俊雄（台大教授、省議員）・陳正雄（台大教授）・林鈺祥（省議會秘書長林清輝之子）等人。

這些台灣人買辦階級份子、大致可分爲三種類型、即：㈠半山（謝東閔・連震東・戴炎輝等）、㈡靠山（徐慶鐘・林金生・周百鍊等）、㈢蔣經國培植的新買辦台灣人（邱創煥・李登輝・林洋港等）。他們均成爲蔣經國的班底、無論何時都表現出忠貞於他們的老闆（例如在蔣介石的葬式中、爬地叩頭哀號的謝東閔最爲典型）、

並替老闆壓迫剝削台灣人大衆、同時自己也分到一杯羹、所以被台灣人大衆視爲叛徒、而在暗地裡受唾棄。可是、他們在蔣經國所暗放的特務份子的嚴密監視之下、雖要伺候老闆也並非易事、動輒得咎、過去是林頂立被捕、現在則徐慶鐘・張豐緒・林金生・周百鍊等、均被認爲才具平庸、而被打入冷宮。

蔣經國如此起用買辦台灣人、卻使「**黨國元老**」及在香港的一部份中國人士、或中共當局恐懼懷憂、認爲他是在推行蔣家國民黨集團的「**台灣化**」（非中國化）。實際上、他起用的所謂台灣人士乃僅限於奉承外來統治者立場的台灣買辦階級份子（不是能代表台灣人民意的台灣進步人士）、仍是爲了保持中國國民黨集團在台灣的殖民統治體制、並未有所謂「**台灣化**」的氣味。

蔣經國上台後的一九七〇年代、由於：

㈠ 台灣人大衆自二・二八大革命以來積怨已久、其政治意識（台灣人意識）愈來愈提高

㈡ 台灣經濟起飛後（一九六〇年代）、反而農村蕭條・都市大衆生活困苦、以及低米價政策・低工資政策等均激起農民・工人的階級性反抗意志

㈢ 隨著台灣經濟發展、台灣小資產階級出身的青年知識份子勢力壯大

㈣ 台灣民族資本家（中小企業）爲了進一步發展事業、開始關心民主政治的實現

㈤ 美國施以壓力、要求蔣家政權實行資產階級民主主義政策

所以、蔣經國爲了防範其統治地位的崩潰、乃不得不加緊施展軟硬兼施的兩面手法、硬的是以特務暴力大捕異己份子、管制言論、查封「**台灣政論**」等進步刊物、圍攻台灣鄉土文學、鎭壓反殖民統治的民族・民主鬥爭。另一方面、加倍起用買辦台灣人、採取冒牌的「**民主選擧**」（因戒嚴法早就停止台灣人的自由民主、所以沒有什麼「民主選擧」可談）、顯然是軟的一招。

台灣人因長年積憤、已促成龐大的群衆力量、其潛在的反抗意識、在這所謂的「**民主選舉**」當中、均以支持進步的黨外台灣人爲其宣洩途徑、所以每次選舉、都自然而然的成爲被統治的台灣人向外來統治者的蔣家國民黨公開挑戰、並藉用「**合法**」名義想來爭取自由民主的機會。也就是說、蔣經國弄巧成拙、狂要假民主想來籠絡台灣人、卻促成台灣人要求眞民主的運動熱潮、因此、蔣經國爲了確保原來的統治地位、遂對這台灣人民主運動做了極爲殘酷的摧殘與壓迫、結果、每次選舉都成爲台灣人與蔣家國民黨公開對立鬥爭的導火線。

郭雨新・黃信介・康寧祥・許信良・張俊宏等台灣人進步份子、趁此良機、毅然起來代表台灣人的心聲、全力投入競選、而在特務警察萬般阻撓、且逮捕二〇〇多名台灣人助選員的情況下、於一九七五年的立法委員增補選、及一九七七年的五項地方公職人員選舉中、獲得初次的勝利。

蔣經國看到台灣人的民主運動洶湧澎湃、即加強特務的暴力鎭壓、一九七六—七七年間、連續發生了陳明忠等被捕、所謂「**台灣人民解放陣線**」被檢舉、「**人間世**」雜誌勒令停刊等事件。但是、儘管外來統治者在選舉前後佈署一連串特務警察的逮捕與威脅恫嚇、也無法扭轉敗局、反而更顯出其統治能力的大幅減退。

相反的、台灣人的反抗情緒因受摧殘而更趨高漲、終在一九七七年十一月九日的選舉當中、起因於蔣家國民黨的選舉舞弊糾紛、激起台灣民衆的忿怒、遂在警衛森嚴的蔣家聖地桃園縣（大溪的慈湖是蔣介石葬身之地）、爆發了自二・二八大革命以來首次的萬人起義大暴動、即「**中壢起義事件**」、警局・警車及軍事設施均被焚毀、特務與憲警被意氣高昂的台灣民衆所壓制、結果、桃園縣長的黨外候選人許信良、終以壓倒票數擊敗了國民黨特務候選人的歐憲瑜。其他、台中市（曾文坡）・台南市（蘇南成）・高雄縣（洪昭南）等重點的縣市長、也都由台灣人黨外人士獲勝當選。這從身處於內外失利的蔣經國來說、確是一項很大的打擊、以致使其束手無措、只得以失職爲名而罷免了多年來追隨他的兩員大將李煥（黨中央組織工作會主任、中國青年反共救國團主任）、及王唯農（台灣省黨部主任委員）、而不了了之。

蔣經國在如此遭受內外夾擊的形勢下、爲了死守殖民統治地位以圖苟延殘存、乃指使虛位總統嚴家淦在一九七八年一月七日、召開了國民黨中央常務委員會臨時會議、並在會上提名他爲「**中華民國**」第六任總統候選人。繼之、於二月十五日在國民黨第十一屆二中全會、正式通過了此項提議。蔣經國也在會上提名台灣省主席謝東閔爲副總統候選人。

蔣經國被提名後、表示擁戴之聲不絕於耳、三軍效忠・工商界宣誓・學人發表談話・電台評論・報紙社論・簽名運動等、花樣百出、昔時的皇帝登基也不過如此而已。

由於台灣政壇歷來就是蔣父子的天下、蔣經國早已執掌特・黨・政・軍的大權、一切政事皆可順著他自己的意思行使、他的當選事先已成定局、所以根本無從「**競**」起。只是此時有人張貼海報等、以擁護蔣妻宋美齡膺選總統爲號召、而另成蔣家「**母子**」衝突的一段插曲。

此時在美國洛杉磯的郭雨新、受到海外台灣同胞的擁護而號稱起來競選總統。

這次的總統選舉、當然是蔣經國與一群終身國大代表（出席者一千一九七人之中、國民黨黨員佔其八五％）一手包辦、所以、於三月二十一日蔣經國・謝東閔即由「**國民大會**」不競而選、並在五月二十日宣誓就位。

蔣經國登基後、乃從在他身邊經常出現的兪國華・李國鼎・孫運璿三人之中、選出最善於奉承聽命的孫運璿爲行政院長。蔣經國爲了重新建立班底、以鞏固其本身的勢力、就把孫內閣的人選由他授意安排、所以、與其說孫內閣、毋寧說是蔣內閣掌權。新內閣於五月三十日宣誓就職、即：

政務委員　兪國華・周宏濤・費驊（以上中國人）、高玉樹・陳奇祿・張豐緒（以上買辦台灣人）

副院長　徐慶鐘（留任—買辦台灣人）
內政部長　邱創煥（新任—買辦台灣人）
外交部長　沈昌煥（留任—中國人）
國防部長　高魁元（留任—中國人）
財政部長　張繼正（新任—中國人）
經濟部長　張光世（新任—中國人）
教育部長　朱匯森（新任—中國人）
司法行政部長　李元簇（新任—中國人）
交通部長　林金生（留任—買辦台灣人）

陸（郝柏村）・海（鄒堅）・空（司徒福）・聯勤（羅友倫）・警總（汪敬煦）・憲兵（劉罄）的各部司令也全部換爲蔣經國的親信。蔣介石當年培植的大將只剩下武的高魁元（蔣介石親信的帶兵官、軍長出身）、文的沈昌煥（蔣介石的英文翻譯）、其餘均被淘汰。列名於內閣的徐慶鐘等六個買辦台灣人、也不過是虛位副院長與冷門部長、其任務只在做爲籠絡台灣老百姓的假招牌而已。

其他：

台灣省主席　林洋港（買辦台灣人）
台北市市長　李登輝（買辦台灣人）

均是蔣經國培植的新班底（六月一日就任）。

蔣經國自蘇聯歸回中國的當初、在贛南當土皇帝時就顯出玩弄政治權術的才能（參閱 p.887 ）後來又繼承了乃父的一套手法。蔣介石本來就是一個耍弄權術裝形做象的老手、譬如、他起初是裝出一副尊孔敬儒的形象、後來爲了討好西方帝國主義及孔宋財閥、就變成一個虔誠的基督教徒、來台灣後、又搖身一變、再復歸爲孔孟的信徒。蔣經國的形象運用雖然與乃父不同、但也不外是同出一轍。他爲了再進一步籠絡善良的台灣老百姓、就運用各種形象、一方面寫出「**風雨中的寧靜**」（一九七四年）、並掛上「**風雨同舟共濟**」的招牌、用以宣揚他的孝道及拉攏人心、另一方面則落力表演、頻頻上街抱小孩、與青年合拍照片等、以圖表現「**親民示範**」。這樣仍唯恐不足以瞞過老百姓、乃再再微服出巡鄉村僻壤、與農民握握手、而裝出一副大笑臉經常出現報面的「**人民院長**」。

蔣經國儘管玩弄把戲、也瞞不過台灣人的眼睛、三二年前二・二八大革命的痕跡永遠抹煞不掉、中壢起義事件更爲深切的說明了台灣人始終記得歷史的教訓。

b　蔣經國獨裁專制下的台灣經濟

一九七一年蔣家政權自從大部份外交使節撤回台北、國際上處於孤立後、不管怎樣、在島內想加強統治、也不能改變其自困之局面。一九七二年蔣經國出任行政院院長、他因在外交上難有作爲、就想在島內大搞經濟開發、擬以補強日漸下降的政治地位、並當做中共侵台的經濟堤防。然而自一九七三年後半開始的世界性能源危機及西方經濟衰退、導使台灣的經濟情勢一落千丈、從過去一〇年來的高度成長轉爲低成長體制、因此、台灣經濟的將來已不復像當初的一派樂觀。

(1)　三〇年來的台灣經濟

概觀三〇年來的經濟發展、蔣介石時代的經濟發展是自從構築官僚資本體制做起（參閱 p.960—972）、

表 173　台灣產業結構的變革過程（%）

	計	農業	工礦業	運輸交通	商業	其他
1952	100.0	35.7	17.9	3.8	18.7	23.9
53	100.0	38.0	17.6	3.4	18.4	22.6
54	100.0	31.5	22.0	3.7	17.5	25.3
55	100.0	32.5	20.9	4.0	16.8	25.8
56	100.0	31.2	22.2	3.9	16.9	25.8
57	100.0	31.3	23.6	4.3	15.2	25.6
58	100.0	30.8	23.7	4.1	15.2	26.2
59	100.0	30.1	25.4	3.9	14.5	26.1
60	100.0	32.4	24.6	4.1	14.3	24.6
61	100.0	31.1	24.7	4.7	13.8	25.7
62	100.0	28.8	25.5	4.5	14.3	26.9
63	100.0	26.4	27.8	4.3	14.6	26.9
64	100.0	27.6	28.0	4.3	14.8	25.3
65	100.0	26.8	28.1	4.7	14.8	25.6
66	100.0	25.5	28.4	5.3	14.3	26.5
67	100.0	23.2	30.3	5.1	14.6	26.8
68	100.0	21.5	31.9	5.6	14.3	26.7
69	100.0	18.5	33.8	5.8	13.5	28.4
70	100.0	17.6	34.1	5.8	13.2	29.3
71	100.0	15.3	36.5	5.9	13.1	29.2
72	100.0	14.9	38.9	6.0	11.7	28.5
73	100.0	15.0	40.1	6.1	11.0	27.8
74	100.0	15.7	38.4	6.0	12.1	27.8
75	100.0	15.9	36.5	6.2	11.6	29.8
76	100.0	14.2	38.1	5.9	11.7	30.1
77	100.0	13.4	38.7	6.1	12.0	29.8

（資料）Council for Econmic Planning and Development, Republic of China, Taiwan Statistical Data Book 1978 p.34

並依靠以殖民地強權所造成的低米價・廉價勞工（參閱p.1008 — 1077）、且借助於美援與外資（參閱 p.1024 — 1041）而開始的。其前期（一九五二—六四年）乃從戰後的混亂狀態逐漸恢復、後期（一九六五—七二年）則以外人投資及加工輕工業爲主柱、實現了所謂「**工業起飛**」（主要是外銷工業的輕工業工廠發達）・外貿伸張、而使其逐漸進入經濟高度成長。可是、到了蔣經國時代（一九七二年—）、由於遭受國際經濟衰退的打擊、台灣經濟乃面臨空前的危機、被迫轉下低成長體制（從此可以看到台灣經濟已脫不了「世界資本主義」的支配與影響）。

如表174所示：

一九五三—六四年（一二年間）年平均經濟成長率　七・四%
一九六五—七三年（　九年間）　　　　　　　　一〇・三%
一九七四—七七年（　四年間）　　　　　　　　五・六%

另一方面、隨著經濟成長與工業發展、加上蔣家政府一貫採取「**重工輕農**」政策的結果、如表173所示、產業結構也從根底起了大變革、農業生產開始衰退、遂自一九六三年起、與工業生產的地位逆轉、而讓其佔首位（工業曾在日據時代的一九一四年、第一次佔過首位）。

(2)　一九七四—七五年的經濟危機

蔣經國上台後、自翌年的一九七三年後半起、台灣陷於空前的經濟危機、產業界的能源・資金均告短缺、通貨膨脹、物價上漲、出口不振、進口來源樣樣緊張、而招來大多行業停工歇業、甚至於倒閉破產、結果、經濟成長率顯示驚人的大幅跌落、從一九七三年的一一・九%、跌爲〇・六%（一九五二年以來的最低記錄）。後來由於西方經濟稍見好轉、台灣經濟也自一九七六年開始復蘇。可是、一九七七年西方資本主義國家的「貿易保護主義」（Protective trade）興起、外貿再度緊張、島內資金缺乏、投資緊縮、以致回升之勢又告緩和下來（參閱表174）。

Ⅰ　外貿入超——西方經濟不景氣所招來的能源・資金的缺乏、以及物價上漲、乃是造成台灣對外貿易衰退的主要原因、自一九七一年連續三年的外貿出超、卻逆轉爲大幅度的入超。

一九七四年度外貿（參閱表147）

外貿總值　一二六億〇四七五萬美元（比前年增加五〇・二%）

輸入總值　六九億六千五七五萬美元（比前年增加八三・九%）

輸出總值　五六億三千八九九萬美元（比前年增加二九・八%）

外貿赤字　一三億二千六七六萬美元（輸出總值的二三・五%）

輸出總值的減少都因物價上漲、輸出貨品的價格上升所致、實際上的數量是有減無增。輸入總值的大幅增加是起因於台灣的原料短缺、需要進口大量的農工業原料及資本設備（佔輸入總值的九三・一%—

參閱表147）、加上國際市場的物價上漲所導致的、特別是石油國際價格的上漲影響最大。

台灣的對外貿易、仍以美國居首、日本次之。美日兩大國竟佔台灣貿易的過半數、即輸入總值的五五・九％、輸出總值的五一・一％（參閱表148）。

台美貿易一九七一—七三年是佔輸出總值的年平均四〇・三％、佔輸入總值的年平均二二・九％、三年連續都有盈餘。但是這些盈餘正好抵消一九六五年以來對日貿易的逆差。一九七四年的台美貿易總值是三七億一千六五四萬美元（佔台灣外貿總值的三〇・一％）、輸入一六億七千九九〇萬美元、輸出二〇億三千六六三萬美元、出超三億五千六七三萬美元（出超率一七・四％）。

台日貿易總值三〇億五千八九五萬美元（佔台灣外貿總值的二三・四％）、輸入達二二億一千四九五萬美元、輸出八億四千四〇〇萬美元、而現出了高達一三億七千〇九五萬美元的赤字記錄（入超率六一・九％）。這個巨額赤字以台美貿易等其他的盈餘也無法彌補。

表174　國民生產・農業生產・工業生產的成長率（％）

	國民生產	農業生產	工業生產
1952	10.9		
53	8.3	9.5	24.7
54	8.7	2.2	6.6
55	7.7	0.6	12.3
56	5.3	7.6	3.7
57	6.9	7.2	12.4
58	5.7	6.7	8.6
59	7.0	1.7	12.3
60	5.6	1.3	14.2
61	6.6	8.8	15.3
62	7.3	2.6	8.3
63	8.5	0.1	8.6
64	11.4	12.0	21.3
65	10.4	6.5	16.5
66	7.8	3.2	15.6
67	10.4	6.7	16.6
68	8.9	4.1	22.3
69	8.6	-6.7	19.9
70	10.8	5.6	20.3
71	11.7	1.3	24.1
72	12.0	2.6	21.0
73	11.9	5.3	19.2
74	0.6	0.5	-1.5
75	2.4	-2.0	5.8
76	11.5	10.7	24.9
77	8.1	4.7	11.7
1953－64年平均	7.4	5.0	12.3
1965－73年平均	10.3	3.7	19.5
1974－77年平均	5.6	3.4	10.2

（資料）Council for Econmic Planning and Development, Republic of Chinam, Taiwan Statistical Data Book 1978 p.23, 60, 79

Ⅱ　工業面臨危機——一九七四年的外貿衰退、加上蔣經國所強行的緊縮銀根政策、給予中小工廠帶來疊層的打擊（但官僚資本的公營企業及買辦台灣人的民營大企業卻受到蔣家政府緊密的庇護、而能逍遙於全島倒風極甚的暴風雨之外）、不少廠商被迫採取裁減員工或暫時關閉等臨時應變辦法、其中的紡織・塑膠・鋼鐵・三合板・礦業等行業、由於市況呆滯而倒閉、甚至於顯示出倒閉率高達三五—五五％的驚人數字。因此、一九七四年的工業成長率下降爲負一・五％、這與一九七三年的成長率一九・二％相比、就可知工業衰退的嚴重性（參閱表174）。在這種情況下、倉庫囤滿大量存貨、導致整個的台灣經濟面臨重大危機。

台灣由於本身資源非常缺乏、每年有六五％的能源需要依附海外供給、其中、石油進口達九八％。目前台灣煉油廠所需原油、主要是靠中東的沙烏地阿拉伯（Saudi Arabia）與科威特（Kuait）所供給。

Ⅲ　農業衰退——由於蔣家政權一貫採取「重工輕農政策」、自一九六四年以來、台灣農村經濟顯示長期衰退、一九七四年農業生產遂落到成長率〇・五％、一九七五年負二・〇％的地步（參閱表174）。此年以七七萬八千公頃的稻米種植面積、產米二四五萬二千公噸、這不足以供給一千五八五萬人口的糧食、非再輸入大量的小麥・豆類及其他雜糧不可。

Ⅳ　外資減少——一九七四年台灣的外人投資與華僑投資是一億八千九三七萬美元、比前年減少了二三・九％。美國在台灣的二一項投資中、比前年減少四〇・三％。日本也縮減了一二・七％（參閱表149）。這牽涉到台灣經濟的全面停滯關係很大。

Ⅴ　物價上漲——一九七四年台灣的批發物價比前年上升四一・〇％、零售物價也上升四七・五％、但這是官方數字、實際的物價更爲直升猛漲。這種情況當然是嚴重的影響到台灣人大衆的生活及廠商的資金週轉。加上、蔣經國以強權所推行的「十大建設計劃」的百億美元資金、除了向美國進出口銀行借款之外、其餘只有依賴增稅・發放公債・採取通貨膨脹政策等剝削台灣人大衆的方法來籌湊才能應付、其後所導致的物價上漲勢必來得更兇。

當殖民地面臨經濟危機時、也就是帝國主義者趁火打劫、又能再深一層加以獨佔與剝削的大好機會、此時即有美國「**加州聯合銀行**」（United California Bank）、與「**美國華友銀行**」（Chemical Bank）在台北新設分行、美政府也於同年三月八日在台灣設立「**貿易中心**」。這說明了陷於低成長的台灣經濟、今後將更深一層隸屬於美國資本主義。

(3) 蔣經國的「十大建設計劃」

一九七二年蔣經國就任行政院院長後、政治上以「**革新保台**」爲口號、經濟上則以「**十大建設計劃**」爲名目、抓著這個題目大做文章、更加引進外人資本、更加擴大官僚資本體制、使之更進一步控制台灣的經濟命脈、加強殖民統治、而想來應付外交孤立與島內民主抬頭所造成的政治危機、也想緩和世界性能源危機所給的經濟打擊。

所謂「**十大建設計劃**」（以下簡稱「十大建設」）、乃於一九七三年十一月十二日召開的國民黨第一〇屆四中全會上發表的。當初是想要投下六三億美元（絕大部份是政府的財政投資）、規定一九七八年年底完成所有的計劃。但因計劃不周、並且蔣家政府採取通貨膨脹政策、所以其後還得重新估計要投下百億美元以上才能完成、大部份工程的完成日期也一延再延。其計劃的內容即：㈠建設金山核能發電廠、㈡建設桃園國際機場、㈢西部鐵路幹線電氣化、㈣建設台中港、㈤建設南北高速公路、㈥建設高雄造船廠、㈦建設高雄鋼鐵廠、㈧建設石油化工廠、㈨建設蘇澳港、㈩建設北迴鐵路（蘇澳、花蓮間）。

蔣經國在當初、爲了應付經濟頽勢、而使「**十大建設**」順利推展、於一九七四年一月二十六日公佈了「**穩定當前的經濟計劃措施**」、其重點在於平抑由工業原料短缺與石油價格上漲。可是、到了一九七四年下半年物價更加上漲、廠商頻頻倒閉、失業情況更趨惡化、以致市場的購買力急轉直下、經濟不景氣更爲嚴重。蔣經國爲了緩和如此嚴重的經濟危機、於同年十一月十五日、又發表了新的財經措施、內容包括放寬銀根・減輕賦稅・鼓勵利用島內資源、以及解除五層房的建築禁令等、想來配合「**十大建設**」。後來、自一九七六年開始推進的所謂「**新經濟建設六年計劃**」（以重化學工業建設爲主要目標）、也是要配合「**十大建設**」的。同樣在一九七七年九月二十二日、蔣經國又擬定所謂「**十二項建設計劃**」（預定投下五五億美元）、想在「**十大建設**」完成後繼續整頓交通網。

其結果、至一九七八年、高雄造船廠（完成時預定具有造船能力一五〇萬噸、修船能力二五〇萬噸）・台中港（一九八三年完成時預定有容船能力一千二〇〇萬噸）・鋼鐵廠（一九八三年完成時預定年產六〇〇萬噸的粗鋼）等的第一期工程均告完成。可是、由於造船廠建設計劃是在油輪滯銷前所擬定、所以油輪顯示滯銷後、大部份私人投資相繼退出、結果、蔣家政府被迫改爲完全官營、而增加了不少財政上的負擔（也就是台灣人大衆的負擔）。石油化工廠・鋼鐵廠也遭到類似的挫折、加上技術問題有缺陷、遂不得不邀請日本專家修改計劃、並向美國銀行增加借款。台中港動工時也出了紕漏、造成嚴重的損失。南北高速公路（基隆・高雄間三七三公里）現已啓用、預定一九七八年全部完成。雖然由台北至台中縮短爲二小時、台北・高雄間只要四小時許就能趕到、但其所花資金達一一億美元、比原定計劃高出兩倍、這筆數目再過二〇年、也不一定能歸本。其他、核能發電廠第一號機（發電能力六三萬六千瓩）、正在開始送電。

無論「**十大建設**」、或者「**六年經濟計劃**」「**十二項建設**」、都是政治意義多於經濟意義的政治產物、只要爲了達成統治集團的政治目的（擴大台灣經濟爲鞏固蔣經國政權的物質基礎）、就大舉外債而大肆揮霍、並且計劃粗糙、浪費無限、驅使勞工、打擊中小企業、加上官僚舞弊層出不窮、因此、對於基本建設方面的貢獻是極其有限的。換言之、蔣經國的「**十大建設**」不外乎是建立在犧牲台灣人大衆的基礎上、所費龐大的勞力都出於台灣人大衆的血汗、所花的百億美元也得由台灣人大衆所納的稅金來償還、反而其受益者爲蔣家殖民統治集團及其幫兇的買辦台灣人佔大部份。

(4) 一九七七年的經濟狀況

蔣經國上台後、爲了應付國際孤立所招來的政治危機、特別宣傳要建立一個能夠自立自強的所謂「**自立經濟體制**」。但是、蔣家國民黨集團自戰後佔領台灣以來、爲了加速官僚資本的資本積蓄及擴大其控制的範圍、一貫採取「**重工輕農**」政策、把從農民剝削得來的大量資金、大多投進工業生產、而且在工業生產中特別偏重於利潤率高的外銷工業、導致台灣整個經濟結構都傾向於迎合國際市場的需求而發展。這當然是加強了對台灣島內的雙重殖民地性剝削（一重是受著蔣家國民黨外來集團的殖民地統治與剝削、再一重則受美・日等資本主義國家的新殖民主義支配與剝削）、同時也加強了台灣經濟對外力的依賴性、使其容易受外界的影響。這無非是意味著台灣若非改變其外銷志向型的經濟成長路線、而加強內需、保持內外經濟平衡發展、那麼、所謂「**自力經濟體制**」就等於空中樓閣、也就是說、難免更加受到帝國主義國家的新殖民主義支配、以及不得不偏得依靠外資・外債・外貿等。

然而、近年來由於國際經濟衰退（特別是美日的經濟不景氣）、導致台灣的投資・貸款・貿易的增長率均急速下降、因此外界對台灣經濟的未來都普遍抱著警惕的看法。

I　外資增長率下降——台灣工業投資的資金來源、可分爲農業生產（變成政府投資的形態）・外來投資及積蓄資本新投資的三方面。前者是透過低米價搾取農業的剩餘勞動、以農民勞動換取外銷工業的繁榮。後者則以台灣的廉價勞工及特惠稅率等優待辦法來保障高利潤、而引誘外來資本投資台灣。

如表149所示、在台灣的外來投資主要來自美國、日本次之、其他華僑投資等。特別是美日的大企業、因投資台灣的報酬率高、並且能逃避國內的各種限制（工資高、取締污染問題的法令嚴格、工人罷工等）、就積極來台投資設廠。因此、一九七七年爲止、美國方面的投資總額已超過五億美元以上、在台灣的美國企業共有四〇七件（參閱p.1046）。日本的投資有二億七千萬美元以上（中日復交時一時下降、後來再上升、但已不如往時）、在台設廠的日本企業有一六〇〇餘家（參閱p.1048）、大多數是透過本地企業進行合資或技術合作的所謂「台日合辦公司」。並且日本企業在台灣的經濟基礎既廣且大、所以沒有列入官方數字的間接投資可能要比上述的數字高出好幾倍（參閱p.1049）。美・日的外資主要是集中在「**加工區**」、從事轉換率較高的外銷輕工業生產、其行業種類主要的有：㈠電子工業三五・三%、㈡化學工業一四・六%、㈢金屬工業一二・五%、㈣其他樣樣色色的輕工業三七・六%。

三〇年來、在台灣的外資年平均增長率（參閱表149）即是：

一九五二—五九年	二〇・四%
一九六〇—七三年	五二・〇%
一九七四年	負二三・九%
一九七五年	負三八・一%
一九七六年	一一・三%
一九七七年	一五・八%

由上述數字可見、一九七三年爲外來投資的頂點。但自一九七四年起、由於東南半島戰爭結束・世界性經濟衰退・美元貶值・美日投資能力急降、加上台灣島內的政治不安・稅金加重・企業利潤減低等、外人投資一直逐漸下降。一九七三年新的投資爲二億四千八八五萬美元、一九七四年一億八千九

三七萬元、一九七五年一億一千八一七萬美元、一九七六年一億四千一五二萬美元、一九七七年一億六千三九一萬美元。也就是說、台灣要吸收新的外資漸成困難、特別是對於需要長期投資才能收益的重工業與基本產業項目（目前台灣急需這種投資）、外資幾乎都不感興趣。這種情況、對於今後要維持台灣的經濟成長是一個很嚴重的問題。

蔣家政府爲了挽回外資的退勢、立法院於一九七七年七月通過了「**投資獎勵修正案**」、降低企業的利潤稅、擴大外人投資的特惠權、可是其效果並不算大、例如、美國投資雖然比前年增加一五・九%、但日本方面卻減少了二一・七%。

Ⅱ　外債遽增—如上所述自一九七四年起、外資日漸緊縮、台灣吸引新的外人投資已感困難、這對於維持經濟成長、成爲很大的一個障礙。特別目前外國的「**保護主義**」興起、島內的出口商品必須轉向高質量發展的時候、外資不前實爲致命傷。因此、蔣家政府爲了補充短缺的資金、即在一九七七年公佈了向外國舉債的最高極限由三〇億美元提高到四五億美元、想繼續大量借取外債（自一九七三年以來所借外債的年增長率已達二〇%以上、一九七七年外匯存底六〇億美元、但對外借款已達四五—五〇億美元）。結果、至一九七七年爲止所舉外債計有四三億八千萬美元（這個數字並不包括民間所舉的私人外債）。這個驚人的數字等於一九七七年國民生產總値的二二・七%、「**蔣家政府**」總支出的九七・三%。如長此下去、外債愈多、台灣的經濟必愈受到影響、經濟成長的成果（都是台灣人大衆的血汗結晶）、將被外債及其利息的償還所呑沒。並且、能借到外債的、一定是官僚資本所控制的公營企業及買辦台灣人的私營大企業。例如、一九七七年度台灣電力公司從外國新借的外債四億四千萬美元・中國石油公司五千五〇〇萬美元・台灣機械公司五千五〇〇萬美元・中華航空公司五千二五〇萬美元等。蔣經國的「**十大建設**」所需資金的三八%也得依靠外國貸款籌湊。然而、因輸出萎縮而受到打擊的是民間中小企業（都是台灣人的中小企業）、它們卻借不到所短缺的資金、因此、外債愈多、給予官僚企業與民間中小企業之間的矛盾對立（也就是中國人與台灣人的矛盾對立）就愈深、在這夾縫中求生存的工人階級、就爲廠商的停工・歇業・倒閉及失業等所苦累。

Ⅲ　輸出萎縮、外銷工業衰退——過去的台灣經濟主要是依靠廉價勞工爲基礎的外銷加工工業來發展。可是、由於台灣除了廉價勞工之外、並無資源、工業原料主要是靠外國供給、並且由國際通貨膨脹所引起的原料價格上漲、促使成本遽增（一九七三年以來、台灣外銷貨品的成本漲了五〇％以上、但出口貨品銷售價格只漲二〇％）、以致外銷工業品漸失去其國際市場的競爭能力（自一九七五年起、就有不少企業不得不採取 dumping ＝傾銷方式、以低於成本的價格將貨品外銷出去）。加上一九七七年「**保護主義**」在美國復甦、這對台灣的出口造成了非常嚴重的打擊（一九七一—七一年對美出口均佔輸出總值的四〇％以上、但一九七四年降低爲三二・八％、一九七五年三〇・六％、一九七六年三二・三％、一九七七年三一・一％）。並且、由於蔣家政府已大量借取外債、所以目前急需要做的「**台幣貶值**」更成困難（台幣一旦貶值、所負外債的償還數目無形中會成爲更多）、不但不能貶值、被迫還要提高新台幣對美元的匯率（一九七八年七月由三八元提高爲三六元）、結果、無法借此台幣貶值的辦法來降低台灣外銷貨品的國際價格。

在這種情況之下、輸出與工業生產造成一種惡性循環、即輸出萎縮招來外銷工業衰退、外銷工業衰退反過來又導致輸出更加萎縮、而使二者的退勢都無止境的反復下去。這種情況如果不轉向生產技術密集及具有高度精密的貨品的話、外銷工業與輸出方面恐不能脫出這種惡性循環。由於台灣工業的底子淺薄、所以不久的將來、台灣整個的經濟必會出現的停滯現象或生產率更加降低。

如此、對過去的外銷輕工業的依賴、已不能成爲維持台灣經濟發展的主要動力、要轉向高度技術的生產需要一筆大量的資金、但是、外銷輕工業本身的能力有限、農業已不能提供這方面的資金、外資又不前、只靠外債、前途是相當困難的。即使能籌湊這筆巨額的資金、也不一定能順利得到這種先進的高度技術、因爲先進國家的大企業（特別是美國的世界性金融壟斷資本）、對於這些先進高度技術都保持其絕對的壟斷權（參閱 p.1053）。他們爲了自己的利益、當然是不肯隨便對台灣公開這些先進技術的（這種 multi-national enterprise ＝跨國資本的外國財團、在台灣是握有巨大的支配力量、如果不符合它們的利益、要轉向高度技術的工業結構幾乎都辦不到）。再退一步來想、假定台灣能獲得這種先進高度技術、從此所生產出來的台灣外銷貨品、也不一定能在國際市場挽回過去的競爭能力。例如、近年來蔣家政府極力宣傳的石油化工業與造船業（都是蔣經國的「十大建設」之二）、實際上在國際市場根本是無法與日本企業競爭。如此、要打開輸出萎縮與工業衰退的僵局、並不是一件輕而易舉的事、且問題多多、困難重重。

何況還有一項對台灣將成爲不利的困素、就是在日本高度的資本・技術、與中國豐富的勞動力・資源相結合之下（兩國之間現正在積極籌備推進著）、不久將來、它們若把新的貨品傾銷於國際市場、這必然會使台灣的外貿與工業遭到無法應付的更大困難。

如表174所示、一九七四―七七年台灣工業的年平均成長率是一〇・二%（公營企業九・五%、私人企業一〇・五%）。但是、這與一九六五―七三年的平均成長率一九・五相比較、可知降低了九・三%（公營企業降低二・〇%、私人企業降低一三・三%）。即製造業降低了一〇・四%（公營企業降低〇・六%、私人企業降低一六・四%）、水電煤氣（全部公營）降低了四・〇%（參閱 Taiwan Statistical Data Book 1978, p.79, 82）。

再就是自一九七〇―七三年固定資本形成（Fixed Capital Formation）的年平均增加率是二三・七%、可是、在往下的一九七四―七七年的年平均增加率卻降低爲一九・三%。也就是說、近四年台灣的固定資本形成、要比早四年少得多、如果沒有總值百億美元的「十大建設」的話、固定資本的成長率必定更小（參閱「自由中國之工業」一九七八年十月第五十卷第四期 p.56）。從此可知、近年來的工業生產實際上是如何的退縮。

觀諸一九七七年度的對外貿易（參閱表147）：

貿易總值　一七八億七千一五九萬美元（這個數字等於國民生產總值的九一・七％）

輸出總值　九三億六千〇七一萬美元

輸入總值　八五億一千〇八八萬美元

貿易順差　八億四千九八三萬美元

若是只從此數字看來、或許可以令人滿意。可是、如把這數字再與前年的一九六七年貿易增長率四二・〇相比較、一九七七年度只增長一三・四％、也就是說增長率下降了二八・二％（輸出增長率下降三八・二％、輸入增長率下降一五・三％、參閱表147）。而且、由於貿易顯出如此大幅的不平衡、導使西方國家現正在計劃採取再進一步的「**貿易保護主義**」（protective trade）的輸入限額政策、因而台灣的外銷情況將更爲不利。

一九七七年度台美貿易總值五六億〇〇一〇萬美元（佔貿易總值的三〇・九％）、台灣輸出達三六億三千六二五萬美元（佔輸出總值的三八・八％）、輸入一九億六千三八五萬美元（佔輸入總值的二三・一％）、出超達一六億七千二三九萬美元（出超率四五・七％）。由於台灣出超如此龐大、蔣家政府遂不得不於一九七八年一月・六月・九月二次派遣所謂「**美貨採購團**」、忙於採購美貨、想來減少台美貿易上的不平衡幅度。然而、近年來、美政府卻修改其過去的亞洲戰略路線、而急速接近中國（中共）、並將趨於恢復邦交。在這種情況下、蔣經國即比以前更加頻繁的向美政府大送秋波、企圖在中美復交後（就是美蔣斷交後）、仍與美國維持同樣的經濟關係。另一方面、蔣家政府又爲了促進輸入更多的美貨、於一九七八年七月、不得不把台幣對美元的公定匯率、由三八元提高爲三六元（提高五・二％）、這也同時縮小了整個輸出門路。

日本在一九七二年與蔣家政權斷絕邦交後、卻以民間交易方式（日本以「交流協會」、蔣家政權以「亞東關係協會」、各爲代表機關）、與台灣繼續維持以前的經濟關係。一九七七年度、台灣對日輸出一一億二千〇〇七萬美元（佔台灣輸出總值的一二・〇%）、台灣輸入二六億四千二九八萬元（佔台灣輸入總值的三一・一%）、台日貿易總值三七億六千三〇五萬美元（佔台灣貿易總值的二一・一%）、台灣入超一五億二千二九一萬美元（入超率五七・六%）。台日貿易異常入超的主要原因、不外乎是蔣家政權引進日本資本傾注於台灣產業的必然歸結。即在台灣的所謂「**台日合辦公司**」、均由日本企業提供生產資金・生產設備・技術及原料、而進行外銷的加工生產、由日本進口的九〇%以上是鋼鐵・非鐵金屬・化學品・機器等工業原料及資本設備、所以必然招來大幅入超。尤其是日本企業資本雄厚、生產技術高、況且地理・歷史上均靠近台灣、因此、今後的台日經濟關係勢必更加擴大。也就是說、台灣對日本資本主義的隸屬關係會愈來愈深大。

(5)　一九七八年以後的經濟趨勢

由於政治上自一九七八年八月十三日「**中（共）日和平友好條約**」成立開始、一九七九年一月一日的「**中（共）美國交**」正常化、隨著、中國（中共）對台灣統戰的和平攻勢日益積極、在經濟上、則國際上原油相繼漲價及其所造成的國內通貨膨脹・物價上漲、外貿最大市場的美國及日本的景氣後退、加上、新嘉坡・韓國・香港等所謂「**中進工業國**」（semi-industrial country）的經濟競爭激烈化、及其他「**發展中國家**」（developing country）的經濟發展逐漸追上等、竟使蔣經國大聲疾呼自立自強的台灣經濟乃受到極大影響、而從一九七七年以前的一起一落的經濟趨勢、轉變爲一直走下坡的沒落狀態。

觀諸這兩、三年的台灣經濟、其實質成長率是一九七六年一一・五%、一九七七年八・一%、一九七八年一二・八%、批發物價上升二・七六%、零售物價上升率也維持於每年上漲六—七%的程度（參閱 Council for Economic Planing and Development, Republic of China, Taiwan Statistical Data Book 1978, 23, 167 日本「朝日新聞」一九七九年八月三十日）。

然而、自一九七九年七月、其批發物價指數較去年同期漲了一六・八六%、零售物價指數也比去年同期上漲一〇・八一%。其中、公共企業關係的漲價最甚、例如、自六月一日起、公路客運平均提高三〇%（公共汽車漲價高達六〇%）、貨運平均提高二六%（參閱台北「聯合報」一九七九年五月三十日、八月九日）。電氣用費自八月一日起提高二六%（最高爲提升六四%）、台北自來水上漲九五・五五%、瓦斯上漲二四・七八%等（參閱台北「聯合報」一九七九年七月二十日、九月二十六日）。只有台灣農民所生產的米糧卻一貫被壓低於從前的價格水準、即每公斤一一—一二元（參閱台北「聯合報」一九七九年八月二十三日）。

但是、上述是蔣家政權所發表的官方數字、實際上、物價的漲風、遠超過這個官方數字。例如、去年三元就能吃到一碗白飯、但今年已漲爲五元、陽春麵也由三元漲至五元、早餐、一根油條一碗豆漿、去年、只花四元、就可以吃到、今年、就得花六元以上。由此可見、台灣一般大衆的民生遽趨緊迫、雖然他們的收入稍有調整、但還是永遠趕不上物價的上漲。

在外貿方面、由於台灣最大主顧美國（一九七八年對美輸出佔總輸出的三九・八%、第二主顧日本佔一二・四%）、景氣逐漸衰退、加上、其他中進工業國的對美輸出競爭激烈化、所以對美外貿逐漸走下坡、尤其是纖維製品及食料品的輸出特甚。

蔣家政府、爲了穩定物價及維持外貿原來的成長率、倒也在五月中旬把公定利率（official bankrate）

提高一・二%、並在一月設立輸出銀行等、但在大幅的通貨膨脹與物價遽升的內外經濟趨勢之下、還是抵不住台灣經濟的動盪。並且、問題還在後頭、就是資源・勞動力極豐富的中國（中共）、已獲得日本的資本與技術的合作、因此、不久的將來（三—五年後）、必在外貿上對台灣經濟構成極大的威脅。

(6) 台灣社會的當前急務

如上所述、蔣經國在政治上繼承乃父的虛構路線與殖民統治、經濟上以廉價勞工引誘美・日資本主義控制台灣、並大借外債、以擴大其官僚資本體制。島內工業則依附外人投資、以外人的資本、外人的技術・原料在台生產、其生產品所具有的剩餘價值（都是從台灣人工農大衆剝削得來的）幾乎歸外人所有。因此、縱使台灣產業如何的發展（參閱表175）、其成果的主要部份均以利潤或償還外債及其利息的兩種方式、盡被外人與蔣家國民黨統治及其幫兇的台灣人買辦階級份子刼去、僅有一少部份的台灣人中資產階級、才分到一杯羹而已。其他的廣大台灣人工農大衆、卻在貧富愈來愈懸殊・農村蕭條・都市風氣靡爛的環境裡過著貧苦的生活。這無非是蔣家外來政權殖民統治台灣並出賣台灣的必然歸結。其表面上雖是加強台灣的經濟發展、實際上卻是強制台灣人大衆爲他們殖民統治者及新殖民主義者勞動、使台灣陷於更深一層的雙層殖民地化的所謂「經濟成長路線」。

因此、台灣工農大衆在美日資本・中國人官僚資本・台灣人買辦資本的三層控制之下、任其如何的勞動、如何的流血流汗、生活也無法好轉。

工人的工資低・工時長・外資利用廉價勞工造成嚴重的環境污染、安全福利比亞洲任何國家都差、蔣家政府縱容廠商苛待女工・童工、不予合理保障、不准成立工人自己的工會（只有黃色工會）、不准結社・開會・罷工及遊行。

表 175　台灣經濟指標與各國相比較

	單位	台灣			世界	美國	日本	韓國	菲律賓	中國
		1970	1975	1977	1975	1975	1975	1975	1975	1975
土地面積	方公里	35,989	35,989	35,989	135,830,000	9,363,123	377,562	98,484	300,000	9,596,961
耕地面積	千公頃	905	917	923	13,392,015	936,312	37,231	9,848	30,000	959,696
人口	千人	14,676	16,150	16,813	3,967,000	213,611	110,953	50,515	42,513	935,000
人口增加率	%	2.4	1.9	1.8	1.9	0.7	1.3	1.8	2.9	1.7
人口密度	人	408	449	467	30	23	303	364	146	8.9
國民總生產	百萬美元	10,656	16,168	19,489		1,513,828	490,746	19,089	15,624	323,000
						(70~75 平均)	(〃)	(〃)	(〃)	
國民生產成長率	%	10.8	2.4	8.1		2.5	7.6	10.5	6.1	
國民每人所得	美元	362	845	1,079		6,236	3,842	496	325	
農業生產	百萬美元	788	1,833	2,029						86,100
農業生產對國內總生產	%	17.6	15.9	13.4		4.2	5.4	26.7	37.6	
					(1977)	(〃)	(〃)	(〃)	(〃)	
稻米	千公噸	2,463	2,494	2,649	351,069	4,547	17,000	7,360	6,800	117,683
					(1977)	(〃)			(〃)	
赤糖	千公噸	588	715	1,069	89,437	5,400			2,630	4,760
工鑛業生產	百萬美元	1,523	4,093	5,871						176,200
工鑛業生產對國內總生產	%	30.1	36.5	38.7		29.4	42.7	37.4	22.3	
貿易										
輸出	百萬美元	1,481	5,309	9,361	788,200	106,157	55,844	5,081	2,294	7,000
輸入	百萬美元	1,524	5,952	8,511	805,000	102,984	57,881	7,274	3,776	7,400

（資料）　United Nations, Statistical yearbook 1976.
Ubited Nations, Statistical yearbook for Asia and the Pacibic 1977.
Republic of China, Taiwan Statistical Data Book 1978.
日本總理府統計局「國際統計要覽」1978.

蔣家政府對於農村、一貫是只有透過低米價而劫取剩餘勞動、以農民的犧牲換取他們的享樂生活與外銷工業的發展。早期土地改革中的耕者有其田政策、主要是爲了凍結台灣農村傳統的舊結構、把農民束縛在土地上從事耕種、而給他們統治者提供財富、並給工業提供發展的基礎。這當然是阻礙了農業的基本建設、減低了農業機械化的發展、迫使台灣農業自一九六四年以來一直走下坡。經濟情況好的時候、都市的勞動短缺、就從農村抽調勞動力、造成農荒、外銷工業不景氣時則將都市人口逼回農村、以致農村經濟被迫處於不穩定狀態。台灣的農家、單靠農業耕種不能維持生活、所以、不但父親耕種、其兒女也得往都市做工、而所得來的現款收入竟是維持生計所不可缺的經濟來源、因此、如果年輕的工人失業回家、必定會給農家生活帶來很大的困難。再加上經濟結構顯出高度的不平衡、加深了社會上分配的不均、使農民生活淪陷於更加貧苦的狀態而長期不得改進。一九七二年以來、農家負債、每戶平均三萬兩千元（參閱香港「七十年代」一九七五年十月刊 p.39）。

蔣經國卻利用農村蕭條來裝模做樣、經常高倡要修改不合理的農業政策、要保障農民利益、但並未有所改觀、不但不改變、而且更加放鬆農民生活。例如、一九七八年度蔣家政府撥給農村做爲基本建設的財政支出僅有一四億四千萬元（四千萬美元）這僅佔財政的全部支出不到一%、且看農民目前還佔台灣人口的三三・八%。

工人・農民等台灣人大衆如此在政治上被統治受壓迫、經濟上被剝削受欺詐、生活沈淪於無希望的困境、這個反面、也就是成爲台灣社會革命力量的主要泉源、傳統的大衆起義的導火線。

目前台灣的經濟結構（台灣社會的基層建築）顯出了高度的不平衡、其發展已到了一個轉捩點。無論蔣家政權如何的再搞花樣、依靠低米價與廉價勞工爲支柱的經濟剝削結構、及以此爲基礎的殖民統治及新殖民主義支配已無法繼續下去。這些舊經濟與政治體制、已成爲資本主義體制下的台灣社會生產力發展的桎梏、加上政治上的諸因素（工人・農民等台灣人大衆的政治覺悟提高、台灣民族主義興起、民主勢力壯大起來、相反的、蔣家中央集權制特務殖民政權的國際孤立、其政治前途動盪不安等）、因此、台灣爲了新的生產力發展、也就是爲了台灣人的生存、必須改變舊的生產關係（基層結構）與舊的政治體制（上層建築）、而產生新生產關係與新政治體制、把生產力從舊束縛解放出來、才有希望。

不久的將來、中・美兩個即將恢復邦交（蔣美斷絕邦交）、台灣的蔣家國民黨集團必然更加趨於孤立、而成爲道道地地的「**國際孤兒**」。此時、蔣經國定會更大聲的疾呼台灣必須爭取在經濟上的「**自立自強**」、以圖維持殖民地統治體制。可是、他所謂的經濟自立、即是更積極的大借外債、更加依靠美・日資本主義的經濟滲透而來圖謀台灣經濟的虛構繁榮、並更加殘酷的剝削台灣人工農大衆、想以這種經濟發展來隱蔽政治上的窘迫。在短期內這種辦法或許有效、台灣經濟一時的景氣恢復、也許能使他暫且保持在台灣的統治地位、但長此以往、畢竟是無法再苟且偷安的。

筆者曾在一九七二年（蔣家政權被趕出聯合國的第二年）預測到、今後蔣家國民黨外來集團統治下的台灣將要走的變革途徑、即是：㈠國際上的政治孤立、㈡國際上的經濟孤立、㈢台灣島內經濟衰退、㈣蔣家殖民政權的政治地位動盪不安、㈤台灣島內革命情勢成熟、㈥台灣人大衆起義（參閱獨立台灣會「獨立台灣」一九七二年九月四九號 p.136）。觀諸近幾年來、第㈠階段已成現實、並引起第㈡、㈢階段的進行、且逐漸轉爲第㈣階段的政治不安。依照目前的情勢看來、第㈤階段必也即將來臨、這必會導致第㈥階段台灣人大衆起來抗暴的可能性愈來愈大、因此、再發展下去、台灣現正面臨歷史性的嚴重考驗。

台灣社會基層建築（殖民地經濟結構）與上層建築（殖民地政治體制）的改變、就是當前所要做的急切任務。

15　台灣民族獨立的反殖民地鬥爭

a　台灣民族獨立的思想背景・出發點與終極目標

一九四五年第二次世界大戰結束後、美英等聯合國巨頭、因蔑視了台灣四〇〇年歷史發展及渴求殖民地解放的台灣民族主義、而讓蔣家中國政府以武力佔領台灣、遂引起二・二八的台灣人大起義。其後、台灣人在蔣派中國人的法西斯殖民統治的二・二八大屠殺與一九五〇年代白色恐佈之下、爲了爭取自己的民族獨立與社會革命、乃前仆後繼、繼續進行不屈不撓的反殖民地鬥爭。

在這半世紀來、台灣人進行反殖民地鬥爭的思想背景・出發點及其終極目標、即是：

㈠　台灣社會與台灣人即台灣民族、及台灣人意識與台灣民族主義、是代代的祖先們艱苦奮鬥、努力於移民與開拓、社會近代化與資本主義工業化、以及進行反殖民地鬥爭的發展過程中形成起來的歷史產物。

尤其是爲台灣民族的獨立與生存所不可欠缺的台灣人意識與台灣民族主義、就是在荷蘭統治下郭懷一等開拓農民所發難的「**反紅毛**」、鄭氏・清朝統治時代朱一貴・林爽文等開拓農民大衆起義的「**反唐山**」、台灣民主國時台灣農民大衆的游擊抗日戰、日據時代台灣農民大衆的武裝抗日與台灣知識份子改良派的近代民族解放運動、及台灣工農大衆的社會主義革命鬥爭等、這一連串反殖民地鬥爭的歷史累積中凝結而成的。

繼之到戰後、在二・二八大革命的「**反阿山**」鬥爭中、以台灣人先烈們的流血犧牲為代價、割掉了台灣人對於中國人在血統觀念上的尾巴、把摻雜在台灣人意識裡的「**空想大漢族主義**」（種族觀念）剷除之後、也就是說、徹底打消了因與中國人同一血統所產生的意識上的瓜葛之後、台灣民族主義、即：

「**渴求台灣民族的獨立、主張其經濟利益、發展其固有文化、並關切其民族前途的思想和行動**」

這個完整的民族理念終成為台灣人唯一且最高的原理。

傳統的「**台灣民族主義**」、就是這一代的台灣人為了解除蔣派國民黨集團外來統治者所給的殖民地枷鎖、並為了爭取自己做主人所進行的反殖民地鬥爭的最根源且最基本的**思想背景**。

到了一九六〇年代、隨著台灣工業發展、台灣勞動大眾的階級覺悟提高、勢力壯大、加上**革命的**知識份子（即接受台灣民族主義與社會主義思想及其革命方法、並放棄原來的小資產階級立場、要為台灣社會主義革命努力奮鬥的台灣知識份子——在反殖民鬥爭階段是與大衆一起為民族獨立而奮鬥）、其勢力抬頭之後、「**台灣社會主義**」即成為反殖民地鬥爭**再一個的**思想背景、但在殖民地社會的階級矛盾、是透過民族矛盾、才能顯現出來。

(二)　蔣派中國人外來統治者施加殘酷的殖民統治、以特務・戒嚴法・安全局・警總・調查局・火燒島・集中營・酷刑・屠殺等法西斯手段捕殺與迫害了成千成萬的台灣人、並在經濟上、強行史無前例的獨佔支配、導致台灣在外國帝國主義資本・中國人官僚資本及台灣人買辦資本的壓迫剝削之下、貧富懸殊、農村經濟蕭條農民困苦、工資低廉工人階級貧窮化、以致台灣人大衆自二・二八大屠殺以來的積怨愈來愈深、「**蕃薯仔**」的民族意識愈熾烈化、「**散赤人**」的階級覺悟日益提高。

另一方面、隨著台灣的經濟發展、地方性中小企業的台灣資本家（可以說是台灣的「民族資本家」）抬頭、青年子弟的教育水準提高、中產階級知識份子的勢力壯大、然而、他們在殘酷的殖民地體制之下、不但是理想抱負難得施展、至於上學・就職・留學等機會都受到差別與限制、失業愈來愈深刻化、以致青年知識份子的台灣民族覺醒、階級意識提高。

如此、在台灣人大衆積怨已深、民族的與階級的覺悟提高、民族資本家與中產階級知識份子勢力壯大且政治覺悟提高的情況之下、以海外爲基地、台灣人起來要求民族獨立、即主張自己要當家做主人並建立民主自由的「**台灣共和國**」、勞動大衆與革命的知識份子再加上要求「**社會革命**」、即實現經濟均富的社會主義社會、以上就是台灣人的反殖民地鬥爭的**出發點**、也就是其**終極目標**。

㈢　蔣派中國人統治下的台灣、有著：⑴蔣派中國人與台灣民族的殖民統治的矛盾對立、⑵台灣人買辦階級與台灣人大衆的壓迫剝削的矛盾對立、⑶封建主義（蔣家政權獨佔土地・買辦台灣人地主・台灣地主殘餘）與台灣農民階級的矛盾對立、⑷蔣家政權・外人帝國主義資本・中國人官僚資本・台灣人買辦資本、與台灣人勞動大衆的矛盾對立、⑸台灣民族資本與台灣人勞動大衆的矛盾對立、⑹台灣人買辦階級與台灣民族資本家階級的矛盾對立等。

由於蔣派中國人外來統治者的殖民地壓迫剝削是台灣社會一切矛盾對立的**總根源**、所以蔣派中國人及其幫兇台灣人買辦階級、與台灣民族間的殖民統治的矛盾對立、即是各種矛盾對立中的**最主要的矛盾對立**。因此、蔣派中國人外來統治者及其幫兇台灣人買辦階級所造成的殖民體制與特權、無非是台灣民族解放反殖民地鬥爭要打倒的**主要對象**。

㈣　實際殖民統治著台灣的蔣家國民黨政權、與主張要統一台灣（其實是要併吞台灣）的中國（中共）政府、二者所擁有的傳統「**中華思想大國主義**」根深蒂固、均叫囂台灣是中國領土的一部份。因此、蔣家政權把台灣獨立運動誣衊爲「**中共的幫手**」、並且、以「**匪諜**」的名目捕殺與迫害反蔣的台灣獨立志士。中共則強辯說「**台獨是美日帝國主義的爪牙**」、而且、使台灣人社會主義者分裂爲「**統一派**」（想靠攏中共的武力併呑台灣而達成台灣社會主義化）、與「**台灣社會主義派**」（透過爭取殖民地解放與台灣獨立而進到實現社會主義台灣）。

其實、無論蔣家政權或中國（中共）、最懼怕的是台灣人實現民族獨立與建立台灣共和國、一旦如此、他們的殖民統治台灣與併呑台灣的邏輯均得告破滅。

(五)　由於台灣人的反殖民地鬥爭、與中共的統一中國、在其鬥爭過程中固然具有同一目標、即打倒蔣家國民黨集團、所以、竟有一些台灣獨立主義者覺得應與中共採取統一戰線、或者想借諸中共的力量來進行反殖民地鬥爭。但從台灣人大衆一般的意識上來說、無不反對中共佔領台灣及統治台灣。無論統治台灣的蔣家國民黨、或主張台灣爲中國領土並號稱要侵佔台灣的中共、均不外乎是屬於外來勢力的「**阿山**」、構成著台灣人當家做主的障礙、或將來可能成爲障礙的、均屬被排斥的對象。這就是說、台灣人一般大衆的民族意識、自二・二八大革命以來已與無論蔣家國民黨或中共的中國・中國人尖銳對立著。

(六)　蔣家法西斯政權、對於台灣民族解放的反殖民地鬥爭是一貫採取以暴力撲殺的鎭壓政策、在其「**寧可錯殺一萬、不願錯放一人**」的法西斯式狂捕濫殺之下、動輒捕人殺人成千成萬。這三〇年來、台灣獨立志士以「**匪諜**」罪名遭殺戮者多得數以萬計、而且其株連甚廣、親戚・朋友・同事・師生・同學等強被牽入而殉難者無法計數。不僅是台灣人與台灣人反殖民地鬥爭組成統一戰線的反蔣的中國開明人士（其中可能有的是中共地下人員）、也都一起在被捕殺之內。

一九五〇年代前後、蔣家等特務劊子手展開二・二八大屠殺後的全面性大搜捕、在四面環海孤立無援的天然屏障封鎖之下、其白色恐佈掩蓋全島、把島內的台灣人志士捕殺而光、幸免被殺者、均成爲火燒島牢獄裡的終生禁犯、而如今仍被監禁著。此時期遭捕的大事件有台灣獨立諸事件・麻豆事件・桃園事件・台中事件等、個別小事件則無法計數。中共派來的「**中共台灣省工作委員會**」（領導人蔡孝乾）、及後來的「**中共台灣省委員會**」（書記陳福生）等也在此時期被一網打盡。

一九六〇年代是台灣人年青的一代、如雨後春筍般的出來展開反抗運動、也均遭逮捕與殺戮、其中著稱者有蘇東啓等獨立運動事件・泰源監獄武裝起義事件・高雄學生獨立運動事件・彭明敏等自救運動事件・林水泉等獨立運動事件・台灣大衆幸福黨獨立運動事件・筆劍會事件・民主台灣聯盟事件・山地同胞青年團事件・飛虹會事件等、其餘的大小規模事件不可計數。

一九七〇年代、台灣人的反殖民地鬥爭在島內、逐漸以民主化運動的形式發展起來、台灣民衆因自二・二八大革命以來的積忿已滙成龐大的力量、這在初期選舉中以支持台灣人黨外人士爲反殖民統治的主力、一碰到抗爭、潛在的反抗心就自然的衝出來、所以、每次選舉也就成爲台灣民衆與蔣家國民黨對立衝突的導火線。蔣經國對於這種「**民主運動**」的繼續發展、當然是更加瘋狂的加強特務活動與鎭壓措施、因此、每次選舉的前後、定有大肆捕人、並喊叫檢舉「**匪諜**」、以製造恐怖氣氛。選舉中也常有以百計的黨外競選人及其助選員遭非法逮捕。尤其自一九七五年起、台灣增補立法委員選舉的前後、發生了一連串鬨動中外的逮捕事件、其中爲外界所熟悉的、有「**台灣政論**」被勒令停刊、候選人自雅燦因向蔣經國質詢並要求公開其私人財產而被判無期徒刑。接著、台灣政論副總編輯張金策被冠以「**貪污**」罪名被判徒刑一〇年、另一副總編輯黃華以「**顚覆叛亂**」罪名再被捕下獄。繼之、參與立委競選的高雄楊金海・顏明聖等又被冠以「**計劃從事叛亂**」、分別被判重刑、陳明忠被捕事件、及炸傷謝東閔的王幸南事件等。

近年來、選舉已成爲台灣民衆及黨外人士、與蔣家國民黨對峙最集中、最激烈的時刻、「**中壢事件**」爆發、「**選舉萬歲**」「**富保之聲**」被查封、陳菊被捉放、高雄事件等相繼發生。縱使蔣家國民黨特務愈來愈逞兇、但台灣人反殖民地鬥爭並不因此稍有退縮。

(七)　台灣人反殖民地鬥爭、因地理隔閡及蔣家政權的封鎖所致、自然分爲島內與海外的二部份。由於海外公開鬥爭是從一九五〇年開始的「**台灣獨立運動**」爲開端、但海外工作者生活・工作都不夠緊張（一味從事島內地下工作的「獨立台灣會」除外）、因此海外鬥爭不及島內鬥爭的迫切與激烈。

b　前仆後繼的反殖民地鬥爭

五〇年來台灣人所進行的反殖民地鬥爭、由於「**其主戰場在島內**」（「獨立台灣會」一九六四年提出）、即在蔣家國民黨特務暴力重圍之下、主要工作必須採取地下鬥爭方式、所以除了已公開化的部份之外、都得保密而不能發表、並且、因有部份革命事跡、歷經蔣家國民黨故意撕毁、或揑造是非隱滅等事實、以致資料不夠齊全、所以、以下所記載的僅限於公開鬥爭或被地下鬥爭被迫已公開化（例如被捕等）的部份而已。

表176　二・二八大革命後的反殖民地・反蔣鬥爭

一九四五年	一〇月	○大戰終結後、日本軍台灣司令部日本高級將領、企圖聯合台灣人士起來宣佈「台灣獨立」、擬以和來攻的蔣家國民黨軍做了乾坤一擲的一大戰。練山參謀長聯絡許丙・辜振甫等親日士紳、但安藤利吉爭取不到林獻堂同意、才把其作戰放棄、許・辜被捕坐牢一年 ○謝雪紅組織「台灣人民協會」（會長林兊）「台灣農民協會」「台灣總工會」等籌備會

一九四六年	一二月	○各地「米荒事件」相繼發生
	四月	○中共「台灣省工作委員會」（一九四七年三月成立）書記蔡孝乾等由上海潛台
	六月	○高雄兩大工廠（台灣造船公司・水泥工廠）工人罷工
一九四七年	二月二五日	○廖文毅從台灣往上海
		○廖文毅發刊「前鋒雜誌社」（廖史豪編集）、主張「中國聯邦制」
		○王添燈（文山茶行主人・台灣茶業公會會長・首屆台灣省參議員）發刊「人民導報」「自由報」、宋斐如・蔡慶榮（周青）・蔣時欽（蔣渭水之子）・詹世平（吳克泰）・蔡子民・周慶安・王白淵・潘欽信等左派人士都在工作
	二月二八日	○二・二八大革命（台灣人大起義佔領台灣七天）
	三月	○蔡孝乾先後成立「中共台北市工作委員會」「中共台中市工作委員會」、及台南市・嘉義市・高雄市三個支部、林英傑（福建人）・栱幼樵・張伯顯・簡吉、以及郭秀琮等幹部、在各地擴大組織
		○王添燈被國民黨憲兵第四團長張慕陶、潑上汽油活活燒死
	四月	○吳振南在日本橫濱創立「台灣住民投票促進會」
	四月二三日	○謝雪紅・古瑞雲・楊克煌、由蔡懋棠嚮導、乘國民黨海軍「光明號」逃出台灣抵達廈門
	五月	○林白堂在日本京都成立「台灣民主獨立聯盟」
	五月一日	○謝雪紅等、接到中共上海局（負責人潘漢年）命令、由廈門抵達上海
	一一月一二日	○謝雪紅發表「台灣民主自治同盟綱領草案」等於香港
一九四八年	二月	○中共台灣省工作委員會（書記蔡孝乾）創刊地下刊物「光明報」「青年自由報」
	三月	○廖文毅成立「台灣再解放同盟」於香港、廖文毅・謝雪紅・楊克煌創刊「新台灣叢刊」
	五月一日	○「台灣民主自治同盟」成立支部於香港（本部在台灣島內、香港支部長丁光輝）
	五月一〇日	○蔣家國民黨在南京、以「動員戡亂時期臨時條款」、取代「憲法」
	五月	○中共華東局在香港召開「台灣工作幹部會議」、蔡孝乾・郭秀琮等由台灣赴香港參加
	一二月一〇日	○蔣家政府宣告戒嚴
一九四九年	四月一六日	○楊逵（日據時代以來的社會主義者兼左翼作家）因撰寫「和平宣言」轉載於上海大公報被捕、被判徒刑一二年
		○廖史豪（廖文毅之侄子）成立「台灣再解放聯盟」台灣支部於台北、黃紀南・鐘謙順・偕約瑟・許劍雄・許朝卿等人士參加工作
	四月六日	○「四六事件」發生、學潮繼起、台大學生被捕
	六月	○謝雪紅等由上海抵達香港、見到「中共上海局香港工作組」的章漢夫・方方・夏衍
	七月	○郵政管理局員工罷工、工潮繼起
	七月	○謝雪紅等見廖文毅、但反對廖的「台灣托管論」、不歡而散
	一〇月	○中共台省工委的光明報・成功大學支部・台大法學院支部・基隆中學支部・基隆市工委

一九五〇年		等相繼被破獲
	一一月三一日	○中共高雄市工委被發覺、「台省工委」副書記朱子慧被捕
	一二月三一日	○中共台省幹部張志忠（日據時代的本名張梗）及其妻李澐被捕、其台北市詔安街秘密電台等被破獲、均被處死刑
	一二月	○中共北京城工部（主任劉仁）派來台灣的地下組織被破獲
	二月二九日	○蔡孝乾在台北市泉州街地下據點被捕
	二月	○簡吉・洪幼樵等台灣人中共幹部相繼被捕、均被處死刑
		○廖文毅等在京都成立「台灣民主獨立黨」
		○林英傑・馬雯鵑（蔡孝乾妻妹）・吳石（蔣家政權國防部參謀次長）及其妻朱湛・陳寶倉等中共中國人在台幹部相繼被捕、均被處死刑
	二月	○「台中一中讀書會事件」——一中教員鄧錫增（南投人）等、秘密開設「讀書會」、二月開始被捕六三名（女九人）、受盡刑求後、鄧錫增・李繼仁・葛慶雲等七人被處死刑、王家富・劉貞松等一二人無期徒刑、其他四四人一五年以下徒刑不等
	三月	○中共政治局聯絡部派來洪國式・鄒曙・華宸等人被捕
	三月二五日	○「台灣大學附屬醫院中共支部」、吳思漢・郭秀琮・許強・胡鑫麟等被捕五〇餘人、吳思漢・郭秀琮・許強被處死刑、其他一五年以下徒刑不等
	四月	○中共中央政治局社會部派來台灣工作的蘇藝林・于凱・孫玉林等被捕（領導人于非事先逃離台灣）
	五月	○麻豆事件——二・二八大革命後熱衷於反蔣鬥爭的麻豆鎮人、以「共同意圖顛覆政府」罪名被捕三三人 謝瑞仁（鎮長）・蔡國禮・張木火等三人被處死刑（九月三〇日） 孫清詰・李國民・林書揚・鐘益・陳水泉・黃阿華・王金輝・李金水・蔡榮守等九人無期徒刑 陳振圖・邱炳・胡圖・李鐵丁・黃件・陳水盛・郭天生等八人一五年、一二年、一〇年刑期不等
	五月二五日	○「台灣再解放聯盟台灣支部」被搜捕、黃紀南徒刑一二年、廖史豪・鍾謙順七年、許朝卿・許劍煌・偕約瑟五年徒刑
	六月	○桃園事件——台北電信局桃園收報台員工的桃園鎮人素有台灣獨立思想、以「意圖顛覆政府」罪名被捕七人 林清良・賴鳳朝・李詩澤等被處死刑、徐文贇無期徒刑、其餘一五年、一〇年徒刑不等 ○「鐵路局」員工林德旺・許欽仁・朱永祥等二五人相繼被捕、死刑五人、其他一五年以下刑期不等
	七月	○警察內之中共地下人員鄭臣嚴等六人被捕殺

	七月八日	○企圖武裝起義的劉秋波・張金爐等人被捕殺
	七月一九日	○立法委員劉心如以「叛亂罪」被捕殺
	七月一八日	○中共台灣幹部陳崑崙等五人被槍斃
	七月一九日	○前台灣電力公司總經理劉普鈺以「內通共匪」被捕殺
	七月二一日	○台中警察局長許振庠、以「內通共匪」被捕殺
	一〇月二一日	○許梅眞・錢靜芝等被槍斃
	一一月	○中共在台幹部接到北京黨中央的「一九五〇年指示」後、秘密重建「中共台灣省委員會」（書記陳福生）於新竹山地邊境
	一二月	○中共利用大陸勝利及台灣民心不安社會動盪、擬一鼓攻佔台灣、以「一九五〇年解放台灣」爲號召、陸續派來中國人地下人員、以蔣派中國人爲對象、積極進行策反工作・瓦解士氣等工作、但因缺乏台灣人大衆支持、於一九五〇年間從被破獲洪國式小組（中共中央政治局聯絡部系統）・李朋・汪聲和小組（蘇聯國家政治保安局系統）・于非・蘇藝林小組（中共中央政治局社會部系統）開始、中共中央政治局（社會部・聯絡部）・解放軍總政治部・中央華東局・福建軍區・台灣民主自治同盟・中國國民黨革命委員會・中國民主同盟・閩西工作委員會・新民主主義青年團・第三野戰軍政治部・華北軍區北京城工部等系統、及蘇聯內政部國家安全局系統的在台地下組織、幾乎都被消滅殆盡 ○「新民主主義青年團」派台工作人員殘餘被捕二三人、各被處死刑・無期・一五年以下刑期不等
一九五一年	一月一七日	○蔣家國民黨以所謂「懲治叛亂條例」（刑法第一〇〇條）、捕殺「台獨」或「匪諜」 ○蔡孝乾等被捕中共台省工委會領導幹部、被迫發表「脫離共產黨聲明」
	二月一〇日	○國民黨特務揑造「新民主主義青年團」事件——陳水炎・李振樂・林如松・郭坤木・羅秋榮、・蔡鐵城・各處死刑、・盧慶秀處無期徒刑、林琨隆・謝田・伍利・阮天良各處徒刑一〇年、伍金地・林端如・伍石慧各處徒刑六年、林朝龍處徒刑三年、劉元方徒刑七年、張漆盛・陳金鐘各處徒刑五年、以下各感化三年
	四月	○台灣首任罪魁陳儀、以「通共」被蔣介石槍斃、死屍以「陳退素」埋於台北縣八里
	五月一日	○台中事件——二・二八大革命以來熱衷台灣獨立運動的中學教員・小學教員・農學院學生・護士・工人・水泥匠等一群台中縣人、以意圖顚覆政府罪名被捕六三人・張伯哲・陳福添・李炳崑・鄧錫章・陳孟德・李繼仁・簡慶雲等七人被處死刑、謝桂芳・劉貞松・王爲清・王德勝・張彩雲・謝秋臨・江漢津・李振山・王永富・吳約明・陳列珍・王如山等一二人無期徒刑、其餘刑期不等
	七月	○李友邦（抗戰時在浙江金華一帶組織「台灣義勇隊」）以「通匪」被槍斃
	一一月	○史明・周浩林・黃元・周慶安等秘密組織「台灣獨立武裝隊」（一九五〇年二月開始）、在台北縣士林・雙溪・菁學、苗栗縣大湖等地從事搜集武器工作被發覺、立即化整爲零、

一九五二年	二月　五日	○中共殘餘份子「北港地區同盟」被破獲、陳有義等五人被捕、被處一五年徒刑
	三月　七日	○台灣獨立振興會事件——林錦文（彰化人）・施清智（桃園人）等五人被處死刑
	三月一〇日	○「告台灣同胞書」事件——洪養（嘉義人）・李榮宗（嘉義人）等人、發報鼓吹台灣獨立思想、在台北等處被捕、洪養・蔡賠川・張守人被槍決（一九四三年一月二九日）、林麗鋒・陳森沂・李榮宗徒刑一五年、潘茂・盛・楊溪祥徒刑七年、蔡萬全徒刑五年
	四月　一日	○台灣前鋒青年會獨立事件——洪養・蔡賠川・陳守仁死刑、其他刑期不等
	四月二五日	○中共在台重建後的「中共台灣省委員會」被破獲、陳福生（省委書記）與幹部曾求賢・蕭道應及其妻黃怡珍等、在苗栗縣三義鄉魚籐坪山洞內等地被捕、省委・地委・區支部等各級書記黨員・外圍群眾團體等四一九人相繼被捕、幾乎都被處死刑、依此中共在台灣人間的組織系統均告瓦解
一九五三年	五月　八日	○史明（被通緝中）遂由基隆密航、潛往日本
	一月	○「台灣人解放軍武裝保衛隊」（中共在台殘餘組織）被破獲、鄭定國・汪枝・許希寬・徐東茂・陳朝陽等一〇人被捕於台北縣汐止鹿窟山區
	一月	○台灣民主自治同盟・北港事件——陳明新・陳嫣居・陳越・張留・蔡梱各被處死刑、張有義・陳尾定・陳孝和・張金河各被處徒刑一五年、陳象徒刑一〇年、其他刑期不等
	二月	○中共殘餘幹部陳通和・張李甲等被捕於彰化縣南花壇山區
	三月	○中共在台北縣瑞芳山區的「上曉基地」被破獲、許再傳等中共人員二三人被捕
	三月	○宜蘭四結鄉中興紙廠事件——陳阿井・游陳川・楊運坤・羅清山・游祥枋・賴壯彬・簡文憲各處死刑、陳坤鐘・胡炎山・林火樹・余建雲・林錦源・林政榮各處徒刑一五年、簡金農・許火炎・各處徒刑一〇年、陳坤榮・游阿蔭・邱阿猛・游阿黎各處感化三年
	五月	○中共省委幹部黃培奕繳械投降、鶯歌山區・三峽山區的中共人員被迫投降、依此中共在台的中下級人員及基層組織告消滅
一九五四年	六月	○廖史豪被誣陷加入「台灣民主自治同盟」、改為無期徒刑、沒收全部財產
		○桃園大溪發生「蔣介石暗殺未遂事件」、被捕多人、都被秘密屠殺
	三月	○吳國楨、以「背叛國家誣蔑政府」、「蔣家集團要求美國引渡究辦
	四月	○前財政廳長任顯群以「包庇匪諜」被捕
	六月	○黨外人士高玉樹當選第二屆台北市長
	八月二〇日	○孫立人事件——孫立人（前陸軍軍官學校校長）被扣禁、鳳山軍校被捕六〇〇餘人
	十月	○「蓬來民族自決青年同盟」（泰雅族）人員被捕、林昭明等三人被處一五年徒刑、李訓德等人徒刑七年、趙文從等二人徒刑二年
	十月	○「中興製紙工廠」、台灣民主同盟事件——被捕游陳川（王萬德之侄子）等七人死刑、陳坤鐘等一五年、其他刑期不等
一九五五年	二月	○廖文毅等樹立「台灣共和國臨時政府」（大統領廖文毅）於日本東京

一九五六年	九月	○廖文毅等創刊臨時政府機關報「台灣民報」
	九月　六日	○林獻堂在東京去世
		○留美台灣學生成立「台灣人自由委員會」
		○史明在東京、與島內舊同志取得聯繫、開始建立「地下管道」
	五月二三日	○李萬居・郭國基・高玉樹・余登發・郭雨新・許世賢・蘇東啓・吳三連（以上台灣人）、夏聲濤・雷震・齊世英・朱文伯（以上中國人）等申請創立「中國地方自治研究會」被駁回
一九五七年	五月二四日	○台北發生「劉自然事件」、國民黨動員群衆圍攻美國大使館、反而青年學生被捕甚衆
	六月二二日	○李萬居向立法院請求委員半數應由台灣人選出
		○廖文毅著作「台灣民本主義」（日文）「軍事工業論」（漢文）「台灣之糖業」（漢文）「INSIDE FOMOSA」
一九五八年	三月	○海軍獨立事件——許昭榮（徒刑一〇年）・吳榮三（七年）・曾國英（八年）・陳肇基（七年）・陳水清（七年）・施松雨（五年）・鄭文騰（五年）・胡榮秋（五年）・張幹男（八年）等一一人被捕、刑期不等（參閱下文）
一九五九年	五月	○由台灣省議會議長黃朝琴串通、廖史豪義父陳哲民、離日返台投降
	八月	○廖史豪・黃紀南被准保外就醫
	四月	○台灣青年社（代表王育德）創刊「台灣青年」於東京
	九月	○雷震・李萬居等秘密擬稿「中國民主黨創立宣言草案」、籌備建黨被禁止（參閱下文）
	九月　四日	○雷震（前國民黨國大代表・「自由中國」負責人）因在「自由中國」發表反攻大陸無望論、以「包庇匪諜」被捕、並以「煽動叛亂」罪名被處徒刑一〇年、劉子英（「自由中國」編輯）以「匪諜」徒刑一二年、馬之驌（「自由中國」總務）徒刑五年、傅正（「自由中國」編輯）徒刑三年、半月刊「自由中國」被查封
		○廖史豪・黃紀南在島內成立「台灣民主獨立黨」台灣地下工作委員會（總部在日本東京）、廖蔡秀鸞・陳嘉炘・林南增・鍾謙順・林奉思・廖溫進・廖慶瑞・郭進坤・鄭瓜璉・許朝卿等人參加
一九六〇年	一一月	○高雄縣人葉呈祥（工人）・葉江水（工人）・孫榮燦（工人）・俞姬塡（區公所職員）、因二・二八大革命後繼續從事台灣獨立反蔣活動被捕、均被處重刑
		○史明地下同志、相繼炸毀火車、破壞敵人交通工具
	一二月　五日	○黃埔軍校台籍軍官叛亂案——林再受（軍校二二期中途退學）・陳金龍・吳鐘靈（軍校二二期畢業）・黃深柱（軍校二二期畢業）・李瑞雲（吳鐘靈妻）・黃蔡琴（黃深柱妻）等、因加入日本東京廖文毅「台灣民主獨立黨」、以「匪諜」案被捕、徒刑一〇年不等（參閱下文）
一九六一年	三月　三日	○李萬居主辦的「公論報」被查封、其經營權由蔣家國民黨幫兇張祥傳佔奪

	五月	○「台灣共和國」臨時政府在台地下組織被破壞——台中新生商業職業學校代理校長蔡寬裕、於日本加入廖文毅的「臨時政府」返台組織秘密地下小組、李森榮散發文宣被捕、蔡寬裕・張啓堂・陳再福・廖福聲等人相繼被捕、蔡寬裕徒刑一〇年、期滿後、再處警備總部綠島新生訓導處延訓三年四個月、其他刑期不等
	九月	○月刊「人間世」被查封、被處停刊一年
	九月二四日	○蘇東啓事件——雲林縣議員蘇東啓（北港人）與虎尾鎭民詹益仁・張茂鐘等素有台灣獨立思想、企圖武裝起義、以「企圖顚覆政府」罪名被捕、蘇東啓以下三〇〇餘人、重要幹部均被處重刑（參閱下文）
一九六二年	一月	○「台灣民主獨立黨台灣地下工作委員會」（總部日本東京、廖文毅主席）廖蔡秀鸞（廖文毅兄嫂）・黃紀南・廖史豪・鍾謙順等再次被捕、被捕者數百、廖史豪・黃紀南被判死刑、林泰思・廖思進徒刑一二年、其他刑期不等
	三月	○台灣民主自治同盟洪文慶事件——洪文慶・陳柏淵・洪德龍各處無期徒刑、魏通處一二年、曾滄水・王鳳鏘・陳天明・戴楊文各處徒刑一〇年、陳國坤・曾松各處徒刑五年、林順德・陳亨仁・陳國泉・楊枝勝各處徒刑三年
	六月	○蘇東啓事件餘黨被捕、廖啓川・孫秋源・利足萬・陳東川・蔡金鏗等人被處徒刑（參閱後文）
	七月	○史明著「台灣人四百年史」（日文版）在東京出版 ○高雄等地軍官學生台灣獨立運動事件——高雄學生等從事獨立運動被捕三〇餘人、宋景松（皮革工）死刑、施明德（砲兵學校候補軍官班第一三期生）・陳三興（牙工）被處無期徒刑、兩人一九七七年減刑出獄、郭哲雄（學生）・蔡財源（陸軍官校三七期生）・陳三旺（牙工）・蘇鎭和（東吳大學生）等・徒刑一二年、吳炳坤（陸軍官校學生）被慘刑致瘋癲狀態、劉金獅・吳俊輝・江炳興徒刑一〇年、顏明聖半感化、張茂雄・陳春榮・施明正・施明雄・廖南雄等刑期不等
	八月	○「台灣民主獨立黨」（代表者廖文毅）在東京、分裂爲：台灣民主獨主革命評議會（吳振南・何文燦）、台灣自由獨立黨（廖明耀・簡文介）、台灣獨立同志社（邱永漢・林炎星）
一九六三年	四月一一日	○月刊「時與潮」因刊登雷震（入獄中）的詩、被處停刊一年
	四月二八日	○「台灣獨立革命評議會」（代表者吳振南・何文燦）成立於東京、參加團體：台灣民主獨立黨（吳振南）・台灣自由獨立黨（廖明耀）・台灣同志社（林炎星）・台灣建國會（林台元）・台灣蓬萊會（台灣青年的化名、王育德）
一九六四年	五月二八日	○台灣獨立運動烈士陳智雄被槍決（參閱下文）
	六月	○王育德著「台灣」（日本版）出版於東京
	四月	○台灣人要求民主政治的聲勢日益高漲、黨外人士勢力日漸增強、第五屆縣市長選舉結果

	六月	、基隆市長林番王・台北市長高玉樹・台南市長葉廷珪・高雄縣長余登發・台東縣長黃順興、省議員郭雨新（宜蘭縣）・李秋遠（台北縣）・郭國基（台北市）・李源棧（高雄市）・黃占岸（高雄縣）等 ○史明地下同志炸火車脫軌（王田站附近） ○金門發生吳明丸（台北人）・楊國太（基隆人）等的「台灣民主共和國革命運動」、奪取槍彈、準備起義、被密告破案、被捕六〇餘人、吳明丸・楊國太等台灣人戰士被解送台灣新店雙坑槍斃
	九月二〇日	○彭明敏事件――台大教彭明敏結集門生撰寫並印製「台灣人民自救宣言」、將要頒布時被發覺、彭明敏（鳳山人）徒刑八年、謝聰敏（彰化人、「今日台灣」編輯）徒刑一〇年、魏廷朝（新竹縣平鎮人、中央研究院助理研究生）徒刑八年（參閱下文）
一九六五年	一月二一日	○史明「秘密」加入「台灣青年獨立聯盟」（委員長黃有仁）
	四月	○蘇慶黎（逸凡、日據時代台共幹部蘇新之女、台大哲學系畢業）、就任進步雜誌「夏潮」總編輯後、重視台灣史・勞工・第三世界等問題
	五月一四日	○廖文毅（雲林縣西螺人、「台灣共和國臨時政府」總統）、由日本返台投降蔣家集團
	六月	○辜寬敏（辜顯榮之子）就任「台灣青年社」委員長
	七月二日	○廖蔡秀鸞（廖文毅之兄嫂）、立場堅定、一聽到廖文毅返台投降、傷心之至、遂為心臟病發作而亡
	七月一五日	○郭泰成（高雄縣人）接任「台灣共和國臨時政府」總統、林台元（鳳山縣人）副總統
	九月	○宜蘭縣羅東一群熱衷台灣獨立革命的青年創立「台灣大衆幸福黨」
	一一月三日	○彭明敏「特赦」出獄
一九六六年	三月	○島內獨立運動地下活動發展、呂國民・顏尹謨・吳文就等撰印並散發「六六三一六獨立鬥爭決戰書」「六六三一亡――三不三唯宣言」「六六二二八獨立鬥爭決戰書」
	四月	○史明為「台灣青年獨立聯盟」開展島內地下工作、借貸秘密個室於東京某處、但因聯盟幹部不同意、四個月後停辦
	一〇月二八日	○吳振南（屏東縣人、曾任「台灣民主獨立黨」代表、「臨時政府」副總統）、返台投降蔣家集團
	一一月一二日	○林水泉・呂國民・張明彰・顏尹謨・吳文就・黃華等創立台灣獨立革命組織「全國青年團結促進會」於台北
一九六七年	四月一二日	○「台灣人協會」（會長陳伯山）成立於紐約 ○「台灣獨立連合會」（代表史明・何文燦）成立於東京、參加團體：台灣民主獨立黨（郭泰成）・台灣自由獨立黨（廖明耀）・台灣共和黨（林台元）・台灣獨立戰線（李伯仁・何文燦）・台灣公會（史明・黃介一）
	四月	○彭明敏介紹顏尹謨・陳光英來東京和「獨立台灣會」發生關係

六月一日　○「台灣獨立連合會」創刊機關雜誌月刊「獨立台灣」

六月二三日　○「台灣獨立連合會」因受到「台灣青年獨立聯盟」（辜寬敏・黃昭堂）及「台灣獨立總同盟」（張春興・林水）的萬般阻擾、無法獲得在日全體團體參加、不能達成在日台灣獨立運動大團結的初志、故決意解散

六月三〇日　○史明等集結島內外的新舊地下同志、創立「獨立台灣會」、繼辦月刊「獨立台灣」爲機關雜誌、並提出「主戰場在島內」「台灣民族主義」「台灣社會主義」、派遣顏尹謨等返台秘密工作

七月一一日　○顏尹謨回台、吸收黃華・呂國民・吳文就等人、加入獨立台灣會地下組織

七月一六日　○陳光英攜帶工作資金回台、擬與顏尹謨等會合工作

八月二〇日　○林水泉事件——台北市議員林水泉、及青年學生呂國民・顏尹謨・吳文就・張明彰・顏尹琮・劉佳欽・林中禮・黃華・許曹德・陳清山・林欽添・賴水河等熱衷於台灣獨立運動、企圖武裝起義被捕二四七人、重要幹部被處重刑（參閱下文）

一〇月　○「台灣青年獨立聯盟」（委員長辜寬敏）以「違反規律」莫須有罪名、「公開」開除「秘密會員」史明

一〇月　○加拿大西岸留學生成立「溫可華建台會」（代表吳志明、本名劉明憲）、發刊月刊「建台」

一二月　○台灣大衆幸福黨事件——宜蘭地方一群熱衷於台灣獨立運動的知識青年、認爲議會主義無法解放台灣、有訴諸武力的必要、一九六五年秘密成立「台灣大衆幸福黨」、因與林水泉等素有連繫、故被牽連破獲、幹部被處重刑（參閱下文）

一二月　○史明著文反駁「台灣青年獨立聯盟」、無故「公開」開除「秘密會員」

一九六八年

一月　○在日「台灣青年獨立聯盟」秘密盟員許錫麟、因密航返台被發覺、被日本政府強制送還台灣、他後來投敵

二月　○「大學雜誌」創刊於台北

○留美學生陳玉璽由日本被強制送還台灣後、以參加台獨罪名被處徒刑七年

三月二七日　○「台灣青年獨立聯盟」盟員柳文卿被日本政府強制送還台灣、盟員到機場阻擋、被日警逮捕數人

四月　○戴榮德（屏東人、水電技工）以台獨名義被判七年

六月　○筆劍會事件——熱衷於台灣獨立的一群青年學生秘密成立「筆劍會」被捕
廖登暢（高雄人、電氣工人）徒刑一〇年
林永生（台北市人、淡江文理學院學生）・羅子玄（基隆人、世界新聞專校學生）・李義億（台南縣人、商業）等三人徒刑五年
吳義勇（雲林縣人、海軍下士）徒刑七年、邱新德（台北市人、學生）徒刑六年

七月　○民主台灣聯盟事件——反蔣左派陳永善（筆名陳映眞）等籌組「民主聯盟」（一九六七

		年成立）、被聯合報記者林蔚出賣、被捕三六人 陳永善（台北市人、作家）・李作成（綏遠歸綏人、高中教員）・吳耀忠（桃園縣三峽人、藝專助教）・丘延亮（廣東人、台大學生、蔣緯國太太胞弟）・陳述禮等人徒刑一〇年、其餘刑期不等
	八月	○史明利用地下管道、潛入「島內」、布置地下組織、攜帶「游擊戰術手册」等給予島內同志參考
一九六九年	二月	○留日學生陳中統（日本岡山醫大學生）返台後、以「參加台灣獨立運動」罪名被捕、被處一五年徒刑（一九七九年三月獲釋）
	三月	○統中會事件──一群以台大・政大爲主的學生、因不滿蔣家國民黨黑暗政治、籌組「統一中國促進委員會」、企圖與中共進行和平統一被捕三七人 許席圖（台北市人、書局編輯）・呂建興（台南市人、政大學生）・周順吉（台北市人、政大學生）・莊信男（新竹人、台大學生）等人徒刑一五年、劉秀明（台北市人、台大學生）徒刑一〇年、其餘刑期不等
	四月	○台風（李宗藩）開始投稿於獨立台灣會月刊「獨立台灣」一一號、其後加入爲會員 ○山地青年團事件──桃園縣的山地同胞從事反蔣鬥爭被捕 李義平徒刑一二年、高陣明（國校教員）・葉榮光（國校教員）徒刑七年、高博導（醫師）・曾金樟（鄉長）・邱致智（國校教員）・黃春成（國校教員）等人徒刑五年
	九月	○「獨立台灣會」提出台灣大衆參加的「反殖民地・民族獨立革命路線」 ○柏楊（郭衣洞）因在自立晩報上面改寫大力水手漫畫、諷刺蔣家父子的家天下醜劇、故以「匪諜」罪名被捕、徒刑一二年
	一〇月	○全美台灣同鄉會創刊會刊「望春風」
一九七〇年	一月三日	○留日台灣學生聯誼會創刊會刊「台生報」
	一月	○彭明敏密航脫出台灣、潛往瑞典・美國
	一月二五日	○張維嘉從巴黎來信獨立台灣會（彭明敏介紹）、加入該會地下組織
	二月八日	○美洲的台灣獨立派與日本台灣青年獨立聯盟合併組織「台灣獨立聯盟」（主席蔡東榮） ○「泰源監獄」（台東縣東河鄉）內的政治犯獨立志士武裝起義、企圖佔領監獄、竟未成功、烈士鄭金河（雲林北港人、三九歲）・江炳興（台中大里人、二九歲）・陳良（雲林虎尾人、三九歲）・詹天增（台北瑞芳人、三九歲）・謝東榮（嘉義六腳人、二九歲）、當場壯烈犧牲（參閱下文）
	三月	○陳辰雄（台北人、貿易行職員）由香港寫信給中共外長要求以武力解放台灣、返台後被捕、被判死刑
	三月	○飛虹會事件──熱衷台灣獨立的一群青年學生被捕、楊碧川（新竹縣人、學生）・鄧聯凰（高雄市人、學生）均被處徒刑一〇年

一九七一年	
	○林榮來・老鼠等「獨立台灣會」島內都市貧民同志、往來台日、帶回「獨立台灣會」標誌、張貼於島內各地、並從事破壞敵人設施工作
四月五日	○黃明譚（基隆人、黃華之兄）、以明知彭明敏脫出國外不報、被判五年
四月一〇日	○美洲共產主義首要人物「左雄」、開始寫稿於「獨立台灣」（東京出版）
四月二四日	○蔣經國槍擊事件——留美學生黃文雄・鄭自才在美國紐約槍擊訪美中的蔣經國而未果
四月二四日	○台灣獨立聯盟發言人陳隆志、當天晚上、在記者招待會上、聲明「蔣經國槍擊事件是黃・鄭兩人個人行爲和本組織無關」
五月二三日	○蔣介石誣陷：「台灣獨立是中共所指使的虛僞宣傳」
五月	○「獨立台灣會」號召留美台灣人「回台灣工作」
五月二六日	○鄭自才志士保釋出獄（美國）
七月八日	○黃文雄志士保釋出獄（美國）
九月四日	○雷震一〇年坐牢期滿出獄、李敖・魏廷朝迎接於牢門（二人不久再被捕入獄）
	○賴溪河（師大夜間部學生）・劉素菊、以「同謀顚覆政府」罪名被捕、賴溪河徒刑一〇年、劉素菊徒刑二年
一〇月一二日	○台南美國新聞處被炸
一一月一日	○台灣獨立聯盟副主席陳隆志出版「台灣的獨立與建國」
一二月五日	○台北美國花旗商業銀行被炸
一二月五日	○台北美國花旗銀行與台南美國新聞處爆炸事件發生後、蔣家特務搜捕台灣獨立運動份子二三人 謝聰敏（曾在一九六四年首次被捕、一九六九年出獄）徒刑一五年 魏廷朝（曾在一九六四年首次被捕、一九六八年出獄）徒刑一二年 李敖（中國人開明人士、著作二〇册之中一六册被禁）徒刑一〇年 李政一徒刑一五年、吳忠信徒刑一二年、劉辰旦徒刑一五年、郭榮文徒刑一五年、詹重雄徒刑一五年、洪武雄徒刑一二年 蔡金鏗・陳賢進・楊鴻鎧・張茂雄・吳松枝・陳炳煌・林順益・曾勝輝等被捕後釋放
三月	○郭清淵（旗山教員）等六人、以台獨名義被捕、郭清淵被判一〇年
三月	○美洲台灣人社會主義者創立「台灣社會研究社」於美國洛杉磯
四月	○蔡金鏗・孟祥軻（作家）以「盜取國民黨政治犯黑名單」遭捕
四月	○蔡財源獄中秘送政治犯名單被發覺、遭慘刑、除本刑一二年外、另判感化三年
四月二五日	○「獨立台灣會」於會刊「獨立台灣」發表「致釣魚台行動委員會（在美洲的中共組織）的一封公開信」、聲明釣魚台屬於台灣的神聖領土及其海域爲台灣人漁民既得的生活圈
五月一七日	○日本人小林正成、來台散發台獨傳單被捕、被遣返出境
六月三〇日	○槍擊蔣經國、志士黃文雄・鄭自才相繼脫出美國

七月一四日	○「獨立台灣會」發出「第二次釣魚台列島聲明」、反對美日政府在「沖繩島返還協定」中將釣魚台列島編入日本領土
一〇月八日	○「獨立台灣會」島內組織「台灣獨立革命軍」設置海外連絡處（負責人史明・史清台）
一〇月九日	○廖明耀（台中人、「台灣自由獨立黨」代表・「臨時政府國民會議」議長）・簡文介（本名簡世強、嘉義縣大林人、曾在香港加入「台灣再開放同盟」、赴日後曾任「台灣民主獨立黨」中央委員、「臨時政府」情報部長等職、現任「台灣獨立聯盟」秘密盟員）・施青香（台南市人、「台灣青年獨立聯盟」秘密盟員）等三人由日本返台投降蔣家集團
一〇月	○「大學雜誌」刊載一五位青年學生的「建國六〇週年紀念國是諍言」、主張將中央終身民意代表徹底肅清
一〇月二六日	○鄭自才志士獲得瑞典政府政治庇護
一〇月	○大同主義革命同盟軍事件——洪惟仁・金行天・樊邦弘等穎南工專及辭修中學生、認識到蔣經國「革命政治」的虛偽性、遂籌組「大同主義革命軍」被捕三四人、洪惟仁被處徒刑一〇年、其他下落不明
一一月一一日	○楊鴻儒（國防部中校情報官）與湯鳳霖、以台獨名義被捕各判徒刑一二年
一一月一五日	○台灣獨立聯盟日本本部高幹黃有仁、向紐約時報記者拉丁明表示、「…蔣政權一旦宣佈台灣獨立、我們就願意容納蔣政權、為了針向民主化、跟其合作…所謂『國台合作』」 ○在日人雜誌「新勢力」發表「蔣政權…在構圖台灣共和國的條件下、我們願跟蔣家協力合作」（王育德）
一二月一〇日	○李荊蓀事件——李荊蓀（大華晚報理事長、蔣家政府國家安全委員會經濟建設計劃委員會機要秘書）・俞棘（中華日報副總主筆）等人、以「匪諜」罪名被捕、李荊蓀無期徒刑、俞棘徒刑五年
一二月	○張維嘉由巴黎來日、與史明談及建立「獨立台灣會歐洲支部」
一二月二九日	○台灣基督長老教會發表「國是聲明」、反對台灣成為國際政治交易的犧牲品、反對中共侵入台灣、要求遵守台灣人有決定自己命運的權利
一二月	○成大事件——成功大學學生蔡俊軍・吳榮文等、在校內圖書館閱讀禁書「資本論」等社會主義書籍、信奉社會主義、成立「成大革命黨」（主席蔡俊軍・副主席吳榮文・書記鐘俊隆）、年底被捕 蔡俊軍（成大）・吳榮文（成大）・林守一・林擎天（淡江）等人無期徒刑 刁德善（成大）・張戩（成大）・吳俊宏（成大）・黃文彥（高雄國際工專）等人徒刑一五年 鄧伯宸（成大）・李慧宗（逢甲學院）・李代雄（文化學院）・李國龍（輔大）・林台雄（空幼）等判感化

	○史明因支持彭明敏出國從事反蔣運動、在美洲台灣極左派刊物「左聯通信」（左雄）指責、獨立台灣會要克服這種嚴重錯誤的根、必須揚棄『獨台』、並發出謠言『獨立台灣會』在實質上已解體」
一二月	○國民黨欲以籠絡海外獨立份子、「國台合作」「革新保台」等論調猖獗於島內外
一二月	○歐洲比利時台灣同鄉會創刊「鄉訊」
一二月	○「台灣人民社會主義同盟」成立於美洲（左雄主導）
一九七二年	
一月一〇日	○雷震發表「救亡圖存獻議」、建議：㈠宣佈成主「中華台灣民主國」、㈡蔣介石辭職總統、㈢實行民主政治㈣削減軍費、㈤實行法治保障人權、㈥改造治安機關、㈦廢止創辦新聞禁令、㈧簡化行政機構、㈨廢除省級制度、㈩大赦政治犯
二月二一日	○「台灣獨立革命軍」溫連章（台南下營人）小組、以「企圖叛亂」被捕、同年一二月二九日、溫連章被判刑一五年、姜國興（姜啓我）徒刑一二年、柯文士・林國祥五年、其他刑期不等
二月二二日	○辜寬敏（台北市人、辜顯榮子、辜振甫胞弟、前任日本「台灣青年獨立聯盟」委員長、現任日本「台灣獨立聯盟」日本本部執行委員）由日本潛回台灣投降蔣家集團（三月七日返日）、其後、他的得力助手廖春榮（台北市人、任「聯盟」執行委員・宣傳部長・組織部長）・張榮槐（台灣藝專畢業、獨盟執行委員）等跟隨辜寬敏脫離「聯盟」
三月	○鄭自才、加入「台灣獨立革命軍」、負責第四區、開始寫稿於「獨立台灣」
三月二八日	○台灣獨立聯盟總部（美國紐約）創刊機關誌月刊「台獨」
四月九日	○邱永漢（本名炳南、台南人、在香港曾任「台灣再解放聯盟」秘書長、赴日後出任「台灣民主獨立黨」秘書長、「台灣獨立同志社」顧問、現任「台灣獨立聯盟」日本本部執行委員）由日本返台投降蔣家集團（其後他的得力助手蔡炎坤、本名季霖、台南縣人、曾任「台灣青年」編輯・「台灣獨立同志社」幹部）相繼返台投降
四月	○「台灣獨立革命軍」嚴正聲明辜寬敏・邱永漢「國台合作」背叛革命
五月五日	○日本台灣獨立聯盟在其刊物「台灣青年」三月號、發表「除名叛徒辜寬敏」、但一部份盟員依然和辜維持交往
六月二八日	○鐘謙順（年六三）・黃紀男（年五一）等人、自一九四七年來一貫從事台灣獨立運動的老鬥士（兩人皆第四次被捕）、再以「參加叛國活動」罪名被捕、各處徒刑一五年、另外、黃紀南的小舅張勝濱被叛刑一〇年
六月二八日	○成功大學「大陸問題研究社」社員胡添培・黃麗華等六人被捕、判感化
六月三〇日	○鄭自才同志被瑞典政府逮捕扣禁──美政府經由外交途徑、向瑞典政府要求引渡鄭同志、鄭晴美太太在歐洲奔波、努力救濟鄭同志
七月	○「台灣獨立革命軍」島內組織在台北縣樹林・高雄縣岡山等處相繼炸毀鐵路、顛覆軍用貨車、並焚毀鐵路局台北工廠等

一九七三年		○林水（京都台僑、霧峰人、前「台灣獨立總同盟」最高顧問、「台灣青年獨立聯盟」支援者）、投降中共、成爲京都統一派積極份子
	八月一九日	○「台灣獨立革命軍」第四次顚覆島內國民黨軍用火車於台北近郊
	一〇月一〇日	○留日學生林登達（京都產業大學學生、「獨立台灣會」地下會員）・連根藤（京都大學學生、「台灣獨立聯盟」盟員）、於蔣家國民黨大阪雙十節慶祝會中撕毀蔣家「國旗」、被吊銷護照
	一〇月	○美洲台灣人社會主義者創刊「台灣人民」（編輯人左雄）
	一二月	○「台灣獨立革命軍」島內秘密大行動（焚毀台北市某機關建築物） ○「台灣獨立革命軍」呼籲島內外台胞簽名並派人到歐洲支援鄭自才同志
	二月七日	○高雄市長楊金虎（黨外人士）、被冠以「貪污」罪名被捕
	二月一七日	○陳鼓應・王曉波等以「宣傳統戰」被捕後被釋放、台大出現「統一中國救台灣」傳單
	三月二九日	○留法學生黃照夫（歐洲台灣獨立運動地下人員）、在巴黎痛毆蔣家國民黨駐歐特務滕永康（蔣派中國人）、被法國政府逮捕入獄
	四月二六日	○中華民族主義座談會事件――所謂「中華民族主義」高漲、台大陳鼓應・王曉波・錢永祥・盧政邦等中國人舉行座談會被捕、先後被逐出台大
	五月一五日	○立法委員黃順興・康寧祥、國大代表張春男・黃天福、省議員余陳月英等人抗議非法的政治裁判
	五月一八日	○美國舊金山地區台灣人、熱衷於研究及發揚台灣文化、創立「台灣協志會」（石清正・黃介山等）、發刊「蕃薯」、黃仲義爲首任會長
	五月一八日	○共產主義刊物「台灣文化」（代表朱世紀）發刊於東京
	六月	○「台灣獨立聯盟」美國總部新任主席張燦鍙
	六月一四日	○鄭自才同志從瑞典經過英國、被送回美國、同年八月被紐約高等法院判處五年徒刑、僅有獨立台灣會王秋森同志常往探監照顧
	一〇月一〇日	○台灣獨立革命軍第一一號「鄭評小組」、因內部份子叛變、被破獲六人同志 ○張維嘉來日、與史明討論、在歐洲成立獨立台灣會支部
	一一月	○立法委員黃信介・康寧祥、與陳怡榮（台北市長機要秘書）・康義雄（康寧祥胞弟）・張俊宏（大學雜誌編輯）・王昆和（中央研究院）等台北市議員競選人、共同要求「台灣地方自治」的全面實施
一九七四年		○海外台灣人基督教徒創立「台灣住民自決」（代表黃彰輝・林宗義・黃武東・宋全盛）
	一月	○呂秀蓮出版「新女性主義」於台北 ○在巴黎成立「台灣協志會」（史明・張維嘉認爲上述是「獨立台灣會歐洲支部」的代名、但、後來發現其他成員不知情）、主席張維嘉
	二月	○林文章（台大醫學院學生）以「台獨」被判一〇年

一九七五年	
二月	○進步份子張俊宏被迫辭職「大學雜誌」編輯工作
二月	○台語聖經・台語字典被禁止在島內印發及從海外輸入
四月	○林清水（台北縣樹林人）、倡導「福爾摩沙民族主義」被捕、處刑八年
六月	○郭幸裕（本名椿然、高雄人、台灣建國會代表）、潛回台灣投降蔣家集團、陷害獨立台灣會同志徐美（女）
六月	○花蓮「台灣山地同胞獨立運動」被破獲、呂文華・杜文義等六人被捕、呂文華被判徒刑一五年、杜文義一〇年
六月一一日	○「台灣獨立革命軍」鄭評（鄭知仁、地下第一一號小組）、受到蔣家國民黨特務賴錦桐所滲透、以「企圖槍擊蔣經國未遂」被捕、鄭評被處死刑、林見中・洪維和・黃坤能無期徒刑、郭忠義徒刑一五年、游建台（進龍）・柯興南（金鐘）徒刑一〇年
六月一九日	○劉吶明（本名江懷、台南縣人、曾任「台灣共和國臨時政府」秘書、「台灣自由獨立黨」幹部）返台投降蔣家集團
七月一三日	○「中國統一會」成立於東京（台灣留學生涂秀田・劉進慶・鄭信力等）
八月一〇日	○「世界台灣同鄉聯合會」（籌備委員鄭欣、第一屆會長郭榮桔）成立於奧地利維也納
八月一二日	○鄭評烈士於新店安坑刑場慷慨就義（一九七五年蔣經國云「台灣政治犯只槍斃鄭評一人」）
九月七日	○陳深景（屏東人）從事台獨運動被捕、被判無期徒刑、被蔣家特務處決、殉難時四七歲
二月	○張維嘉來日、與史明磋商「協志會」運籌方法、決定多派同志至日本訓練後、返台工作
	○史明為整理島內地下組織、再次潛入島內
春季	○留美台灣人在北美洲各地舉行一連串「台灣民眾大會」、主張台灣人有權不受外力壓迫而單獨決定本身的前途
	○蔣介石去世
四月一七日	○由歐洲返台的協志會會員變節投降
六月	○張維嘉赴美、資助左雄・邱清溪等極左派（後來引起會內批評糾紛）
八月	○獨立台灣會革命同志徐美（女）、因受叛變者郭幸裕的陷害而以「叛亂罪」被捕、徒刑八年、一九八二年四月出獄後、同年一〇月因腦充血而亡
八月	○美洲的「台灣人民」派台灣人社會主義者分裂為：㈠台灣社會主義派（透過爭取殖民地解放與台灣獨立而實現社會主義台灣）、㈡統一派（靠攏中共、主張以中共的武力併吞台灣而達成台灣社會主義化）
九月	○歐洲台灣協志會改稱為「社會主義協志會」、江圳同志回台、完成任務後返歐
	○美洲的台灣社會主義派創刊「台灣革命」
	○「台灣革命」（美洲台灣左派機關誌）內部通信、批評左雄為機會主義者、破壞組織紀律、搞分裂、違反階級立場等

	九月二九日	○由於國際政治犯特赦協會等的救援、一九七一年被捕的「美國花旗銀行爆炸事件」、改判為謝聰敏六年六個月、李政一六年、李敖・魏廷朝・吳忠信・郭榮文・詹重雄等五年八個月
	一〇月　九日	○日本關西獨立團體「台灣公會」會員林璐環・黃來旺・盧成塗・楊子湖・楊新祈・詹東光等人返台叛變投降
	一〇月二三日	○白雅燦事件──立法委員候選人白雅燦熱衷台灣民主化運動、散發二萬張傳單、向蔣經國質詢並要求公開私人財產、遂與胞弟等四人被捕、被處無期徒刑（參閱下文）
	一二月二〇日	○增補立法委員選舉結果、康寧祥等代表台灣民衆心聲的台灣人黨外候選人獲得初次勝利、成為與蔣家國民黨對立表面化的導火線
	一二月二三日	○宜蘭萬人示威事件──郭雨新競選立法委員、在宜蘭背水一戰、受到蔣家國民黨偽造七萬廢票而落選、宜蘭萬人民衆大鳴不平、起來示威、不少人攜帶武士刀等準備與蔣家特務軍警大幹一場
	一二月二七日	○台灣政論事件──台灣人進步雜誌「台灣政論」（創刊於一九七五年、社長康寧祥、發行人黃信介、總編輯張俊宏、副總編輯張金策・黃華）、因刊登邱垂亮的「兩種心向──和傅聰・柳教授一夕談」、結論為「台灣心民要想〝當家做主〞只有兩條路可走、第一是〝本土人民武裝起義、推翻國民黨的獨裁政權、第二是台灣人民團結起來奮鬥爭取早日和〝祖國〞和平統一」、故以「煽動叛亂」罪名被勒令停刊一年、一年後再被撤銷登記
		○張維嘉來日兩次、提出與「第四國際」協同、史明反對、雙方決定「凡是『台灣協志會』會員、都得來日受訓一趟」（但其後沒有完全實現）
一九七六年	一月　六日	○台灣獨立革命軍地下同志破壞高雄變電所、使台灣南部一帶停電三小時
	一月二一日	○張金策（宜蘭縣礁溪人、「台灣政論」副總編輯）以冠「貪污」罪名、被判徒刑一〇年
	二月二一日	○鐘廖權（佳里國中教務主任）以台獨名義被判一〇年徒刑
	五月三一日	○楊金海・顏明聖事件──一九七五年立法委員候選人顏明聖（高雄市人、軍法學校畢業、前市府職員、五金商）・選務總幹事楊金海（高雄縣人、公司董事長、高雄縣商業會理事長）・吳溪泉・劉春林等八人、以「計劃叛亂」罪名被捕 楊金海無期徒刑、顏明聖徒刑一二年
	七月　一日	○陳明忠事件──以「與中共駐日人員連繫進行策反活動」罪名、自七月一日黃妮娜（立法委員黃順興次女）由日返台後被捕開始、陳明忠等一九人被捕（一一月二七日警總發表） 陳明忠（台北市人、開製藥廠、曾在一九五〇年代入過獄）・陳金火（高雄市人、藥商、曾在一九五〇年代入過獄）徒刑一五年 蔡意誠（台中市人、開印刷廠、曾在一九五〇年代入過獄）・王乃信（高雄市人、藥商、曾在一九五〇年代入過獄）徒刑一〇年

	李沛霖（台北市人、三省堂書店店主）徒刑八年、林淵輝（屏東人、鋼鐵商、一九五〇年代曾入過獄）・劉建仁徒刑七年
	黃妮娜・黃相彬・林賜安・程日華・辜金良・袁乃匡等刑期不等
	蘇芳宗・梁良齊・王金柱・王子癸・蔡國智・蔡堃輝等人下落不明
七月一六日	○陳明財（與楊金海・顏明聖被捕有關）及其子陳榮慶・詹慶隆等三人坐小舟脫出台灣、經釣魚台列島、潛往日本・美國
八月	○黃華（基隆人、「台灣政論」副總編輯、曾在一九六七年被捕、一九七五年出獄）、又以「叛亂罪」被捕、被處徒刑一〇年
一〇月八日	○「台灣共和國臨時政府」現任總統郭泰成（高雄縣人）去世
一〇月一〇日	○謝東閔被炸事件—省主席謝東閔接獲炸彈郵包炸傷手
一二月二五日	○蔣經國發表自一九四九年以來以叛亂罪被處刑者計有二五四人、一九七四年二一人、一九七五年四一人、一九七六年三三人、無期徒刑二七人、死刑一人（鄭評）、戶籍上行方不明者一二萬三千四五七人
一九七七年	
一月一七日	○留美學生王幸男由香港返台時、以「郵寄炸彈炸傷謝東閔」被捕、被處無期徒刑
一月二〇日	○美洲台灣社會主義者創刊「台灣時代」於加拿大多倫多
二月	○嘉義縣議員吳銘輝（黨外人士）為「阿里山事件」（一九七六年阿里山怪火燒盡民房百家、省政府林務局拆除災民臨時建造的簡陋寒屋、引起官民相鬥）的山胞發言被捕
二月二八日	○林台元（鳳山縣人）繼任「台灣共和國臨時政府」總統
三月	○歐洲「台灣協志會」發刊「社協通信」
四月	○張金策・吳銘輝脫出台灣逃亡美國
五月三日	○歐洲「台灣協志會」改選、鄭自才當選主席、張・鄭開始分裂
五月一〇日	○李伯仁（本名廖招明、「臨時政府」派幹部、「台灣獨立戰線」代表者）、由日本潛回台灣投降蔣家集團
六月一四日	○美國國會在華盛頓舉行「台灣人權聽證會」（主席弗雷澤國會議員）、張金策・吳銘輝在聽證會上作證、抨擊蔣家政權剝奪台灣人的人權、欺壓台灣民眾
六月一六日	○台灣基督教長老總會（總幹事高俊明牧師）發起「一人一信運動」、寄出一份給卡特美總統的「人權宣言」（八月一六日）、要求支持台灣成立一個「新而獨立的國家」
八月	○蔣家特務迫害「鄉土文學」（主要是描寫台灣人工農大眾的人物與生活、主張社會主義）給陳映眞（陳永善）・王拓・黃春明・楊青矗・尉天總・王禎和・高凖等民眾作家戴上紅帽子、認為是分裂主義、走私共產思想
九月	○黨外積極份子創刊進步雜誌「這一代」（社長黃信介、總編輯張俊宏、總經理吳嘉邦、發行人陳黎陽）
一〇月一〇日	○雷震發出「致蔣經國書」、要求發還在獄中時被沒收的著作並撤消特務監視（他於一九

		七九年三月七日去世）
	一〇月	○美洲台灣人左派出版月刊「台灣時代」
	一一月　五日	○人民解放戰線事件——戴華光（河北省人、台北縣省議員黨外候選人蔡洪嬌娥的助選員）・賴明烈（嘉義縣人、中國文化學院建築系助教）・劉國基（台中縣人、輔仁大學語言研究所研究員）等青年知識份子、激憤大量外資充斥台灣、剝削勞工、造成嚴重的環境污染、遂以「台灣人民解放陣線」名義、發給七〇餘人在台灣的外國商人稱：「外國帝國主義者和資本主義者是造成我們、追尋中國統一、解放台灣人民政策的主要障礙…」、並限令外商於六月底以前離開台灣、否則將採取武力行動、遂被捕一〇餘人 戴華光被處無期徒刑、賴明烈徒刑一五年、劉國基徒刑一二年、鄭道君（安徽人）・吳桓海（江蘇人）・蔡裕榮（淡江學生）徒刑三年
	一一月一四日	○關聯人民解放戰線事件、又逮捕蔡裕榮（台北縣人、淡江文理學院學生、台北縣議員黨外候選人蔡洪嬌娥助選員）・宋東文（陝西人、淡江文理學院學生、台北縣議員黨外候選人蔡洪嬌娥助選員）等學生五人、蔡裕榮徒刑三年
	一一月一九日	○五項地方公職人員選舉（省議員・縣市長・縣市議員・鄉鎮市長・台北市議員）、台灣人要求民主政治熱切、向蔣家國民黨候選人挑戰的知名黨外人士獲得台灣民衆的支持、遂爭取大勝利 許信良當選桃園縣長、曾文坡台中市長、蘇南成台南市長、黃友仁高雄縣長 當選省議員蘇洪月嬌（雲林縣、蘇東啓妻）・張俊宏（南投縣）・林義雄（宜蘭縣）・余陳月瑛（高雄縣）等二一人 當選台北市議員康水木・陳怡榮等八人 黨外人士當選者佔省議員的二八％、縣市長二〇％、縣市議員一七％、鄉鎮長與縣轄市長六％、台北市議員一五％ ○中壢萬人起義事件——桃園縣中壢市二一三投票所、因發現蔣家國民黨的選舉舞弊、激起民衆的忿怒、爆發了當地台灣人萬人起義、人群推翻警車、縱火焚燒警局及警員宿舍等、警察使用催淚彈阻止民衆、江文國（台灣人）被亂彈打中頭部受傷、送醫院不治而亡、其他又死一人、此時、獨立台灣會日本人地下人員恰在當場、但被誤會、所持照相機遭群衆焚毀（參閱下文）
一九七八年	一月　七日	○郭雨新在美國洛杉磯接受台灣同鄉敦促、提出「台灣人民不必永久做奴才、也可以立志做總統！」的口號、主張：「中美邦交正常化時、台灣應另成立一個政治單位」、表示要與蔣經國競選「中華民國第六任總統」 ○阿富・阿城等二六人都市貧民同志（獨立台灣會）、往日本受到初步訓練而回台灣、從事貼標語「台灣民族獨立、勞苦大衆出頭天」、並破壞敵人設施
	三月　一日	○蔣經國誣陷「台灣獨立」運動為共匪第五縱隊

三月三日
○台灣自由民主革命委員會、發表「勸告通知書」第〇〇一號、指出國民黨貪污・獨裁・濫捕・殖民主義・選擧不公・欺侮台灣人・無惡不作・霸佔台灣等罪孽

三月一八日
○施明振（中華航空公司技術員）、於高雄飛往香港途中企圖劫機未果、當場被槍殺
○「選擧萬歲」（林正杰・張富忠合著、闡述桃園選擧與中壢事件的眞相）、以「違反反共國策、混淆視聽、為共黨宣傳」被沒收查封

五月一二日
○「富保之聲」（一九七八年五月創刊於彰化縣員林鎭、名譽發行人黃順興、董事長洪誌良、發行人洪明成、實際發行人兼編輯人陳菊）、以「違反台灣地區戒嚴時期出版物管制辦法」被查封

五月
○因獨立台灣會在歐洲小組失敗、史明・王秋森・張維邦・張維嘉集合於日本東京「獨立台灣會」、重新成立「富春協會」委派張維嘉由巴黎轉移於紐約開展工作、而後在美洲賴文雄・康泰山・賴芳雄等人相繼參加、後來發展為支持資助「美麗島週刊」

六月一五日
○施明德（被監禁一五年後出獄、蘇洪月嬌助選員）因五月間以許一文筆名發表「增設中央第四國會芻議」、住宅被搜查

六月一九日
○蔣家司法行政部調査局長阮成章誣陷：「台灣獨立份子是中共的幫手」

六月二三日
○陳菊事件──陳菊（宜蘭縣人、世界新聞專科學校畢業、政大公共企業中心圖書館職員、一九六九年一九歲即擔任郭雨新秘書至今九年）、受警備總司令部保安處及台北市警察局、假藉戶口臨檢、搜查房間（六月一五日）、其後、在外籍神父的教堂被捕（六月二三日夜）、在獄中被迫簽署悔過書（七月三日）、蔣家特務招待記者、將「陳菊幡然悔悟」一戲推上舞台公演（七月七日）、而後釋放
○政論刊物「批評的勇氣」被查封

六月二六日
○「台灣黨外人士助選團」成立──黃信介（終身立法委員）於台中正式宣佈成立總聯絡人黃信介・執行秘書施明德
助選委員黃信介・林義雄（省議員）・何春木（省議員）・張俊宏（省議員）・邱連輝（省議員）・蔡介雄（省議員）・蘇洪月嬌（省議員）・黃玉嬌（省議員）・周滄淵（省議員）・陳金德（省議員）・康水木（台北市議員）
助選團主要目的：㈠促進人權、㈡團結黨外人士、㈢產生制衡力量、㈣改革政治

九月二〇日
○歐洲「協志會」由劉重次・江圳・張文淇・張維嘉解散

一一月二六日
○藉口美國政府宣佈自一九七九年一月一日起承認中共並斷絕與蔣家政權外交關係（一二月二六日）、增額中央民意代表選擧總事務所主任委員邱創煥、宣佈：「奉總統緊急處分令、本年增額中央民意代表選擧延期擧行、即日起停止一切競選活動、原定本月二三日擧行投票將予停止」

一一月二九日
○蔣經國在蔣家國民黨中常會上叫囂：「絕對不容許台灣獨立」

一二月二一日
○余登發事件──余登發・余瑞賢父子、以「涉嫌參與吳春發叛亂組織」被捕、余登發以

年	月日	事項
一九七九年		「知匪不報爲匪宣傳」被判徒刑八年、余瑞賢徒刑二年（一九七九年四月十六日）
	一二月二二日	○許信良・康寧祥・黃信介・黃順興・邱連輝・何春木・林義雄・張俊宏・王拓・張春男・張茂男・施明德・施艾琳達・姚嘉文・陳鼓應・楊青矗・陳菊・陳婉眞・蘇洪月嬌・郭一成・周平德・林景元・曾心儀・陳允中等黨外人士在高雄橋頭余宅前及高雄站前等地爲余登發被捕事抗議遊行
	一二月二四日	○吳春發（又名吳泰安）・余素貞（吳春發女友）・林榮曉（歸化日本籍）・張森源・黃哲聰等「台灣自由民國革命委員會」受審判――吳春發等一群旅日台灣人、在與中共駐日工作人員的統一戰線政策聯繫之下、並在蔣家國民黨在日特務胡明安串通之下、一九七八年二月在日本成立「台灣自由民國革命委員會」、吳春發・余素貞・林榮曉六月返台活動中、九月以「叛亂罪」被捕、吳春發被判死刑、其他無期徒刑等刑期不等（一九七九年四月十六日）
	一二月三一日	○黨外雜誌「這一代」「夏潮」相繼被勒令停刊
	一月二二日	○「台灣民主運動海外同盟」（代表者郭雨新）發表成立宣言
	四月二七日	○「潮流」（代表者陳婉眞）創刊於台北、後被勒令停刊
	五月二七日	○姚嘉文・陳菊發行「黨外文選」
	七月二八日	○「台中事件」發生、萬人台灣人民衆結集於台中公園
	八月七日	○蔣家政權逮捕陳允中・楊裕榮
	八月九日	○紐約「蔣家協調會」發生爆炸事件
	八月九日	○陳婉眞在紐約「蔣家協調會」門前開始絕食、抗議蔣家政權逮捕陳允中・楊裕榮、紐約同鄉成立「陳婉眞絕食抗議支援會」（八月一〇日）、絕食第一一天、陳婉眞不支昏迷、被送醫院急救（八月二〇日）
	八月二〇日	○蔣家國民黨紐約「新聞處」被炸
	八月二四日	○「美麗島」發刊第一號於台北（發行人黃信介、社長許信良、總編輯張俊宏、總經理施明德、發行管理人林義雄・姚嘉文）
	八月三〇日	○蔣家政權、以繞過日本往赴中國大陸爲由、逮捕「富保之聲」發行人洪誌良
	九月四日	○蔣家政權逮捕前康寧祥的助選人張化民（山西省人）
	九月八日	○「反共義士」發動中泰事件、以暴力壓迫黨外人士
	九月一五日	○呂秀蓮著作「台灣的過去與未來」被查禁
	九月三〇日	○許信良卸任桃園縣長、出國訪問日・美
	一〇月三日	○作家陳映眞（永善）及「父母之聲」編輯長李慶榮被逮捕
	一〇月六日	○「鼓聲」被查禁一年
	一〇月一八日	○吳哲朗被警方逮捕
	一一月一日	○進步雜誌「春風」創刊於台北

	一二月一八日	○賀吉星（退伍中國人）發表「大同國事聲明」（傾向中國統一派）被捕
	一二月一九日	○高雄黨外政治運動員姚國建・邱阿舍遭高雄市鼓山分局逮捕、被拷刑後當晚交保釋放
	一二月一〇日	○「高雄事件」發生、蔣家國民黨單方發表憲兵負傷一八三人（參閱下文）
	一二月一一日	○蔣家國民黨開始大搜捕黨外人士及台灣人民衆、被捕者據稱共有四、五百人、蔣家國民黨只發表「美麗島」雜誌社幹部、以叛亂罪嫌遭捕、如：張俊宏・姚嘉文・王拓・陳菊・周平德・蘇秋鎭・呂秀蓮・紀萬生・林義雄・陳忠信・楊青矗・邱奕彬・魏廷朝・張富忠等一四人、只有施明德脫險未遭捕、至二月二日、主要被捕者被發表爲叛亂罪嫌疑者五三人、藏匿人犯罪嫌者八人
	一二月一三日	○蔣家警總相繼查封「美麗島雜誌社」台北本社及各地服務處
	一二月一五日	○美麗島發行人（立法委員）黃信介遭捕
	一二月一五日	○「台灣建國聯合陣線」成立於紐約、參加團體：「獨立台灣會」（王秋森）・「台灣臨時政府」（林台元）・「協志會」（洪順五）・「台灣民主運動海外同盟」（郭雨新）・「美麗島雜誌社」（許信良）・「台灣民主化運動歐洲同盟」（陳重任）・「潮流」（陳婉眞）・「台灣獨立聯盟」（張燦鍙）・「台灣住民主決運動」（黃彰輝）・「台美協會」（彭明敏）
	一二月一五日	○施明德美籍太太艾琳達（美國國際特赦組織工作者）被驅出境
一九八〇年	一月八日	○高雄紀念國際人權日集會總指揮施明德、在台北市漢口街二段隱匿所被發現遭逮捕
	一月一四日	○高雄鼓山事件（一九七九年十二月九日）的姚國建・邱阿舍均遭捕、以妨害公務傷害毀損罪嫌、被判二―三年徒刑
	一月二〇日	○黃信介・施明德・姚嘉文・張俊宏・林義雄・林弘宣・呂秀蓮・陳菊等八人、以叛亂罪被軍事檢查官蔡籐雄起訴
	二月二八日	○「林義雄全家遭殺人滅口事件」、老母及二個女兒遭慘殺、一女負重傷
	三月一八日	○黃信介等八人在軍事法庭開始被公審
	八月二六日	○王秋森・張維嘉・陳婉眞・許信良・史明等人、辦「美麗島週報」於洛杉磯（一九八五年七月二七日停刊）
		○所謂「中央民意代表選舉」、國民黨獲百分之七二
	九月	○史明「台灣人四百年史」（漢文版）在日本印刷、出版於舊金山（舊金山「協志會」資助）
一九八一年	五月四日	○史明發表「台灣社會主義革命黨綱領草案」
	五月二六日	○史明爲宣揚「台灣獨立」「台灣民族主義」、首次出日本、旅行美國・加拿大・西德・法國・比利時・奧國・巴西等國、廣泛訪問各地台灣同胞或各地學城留學生（爾後、至一九九二年、前後往訪美國共一五次）
	六月	○史明開始巡訪全美台胞、但因遭「台灣獨立聯盟」到處誣陷爲「史明是共產份子」、所

		以不太受歡迎
	六月	○「台灣獨立聯盟」、對史明「台灣民族主義」、提出「台灣國民主義」、但不久就消熄
	六月一九日	○史明往費城訪問鄭節等「台灣時代」（美洲台灣共產派、左雄主持）共六人、鄭節等要求史明跟反動右派許信良斷交、代為支持進步右派張金策、並主張「先打倒台灣獨立聯盟、然後才能反對蔣家國民黨」、史明拒絕
	六月二五日	○在水牛城和左雄（住加拿大多倫多）見面、他一開始就抨擊「獨立台灣會」加入資產階級的「建國陣線」（一九七九年）、左雄不懂殖民地鬥爭中的民族聯合戰略、經過一小時的爭執、雙方都不歡而散
	七月　三日	○陳文成數學教授回台探親時、遭特務無故約談刑求、終犧牲生命、島內外台灣人掀起大抗議運動
	八月二〇日	○美洲極左派大將鄭節來電、要求史明退出「美麗島週刊」、否則要登報公開批判、並發動「海外政論」（張金策）・「半屏山」（休士頓）・芝加哥・洛杉磯等處的左派份子向史明施壓力
	八月	○史明抵美國三個多月中、用盡辦法都聯絡不到的「台灣獨立聯盟」主席張燦鍙、至將離開紐約的前一天、才和賴文雄兩人與張做了禮貌上相會
	一一月	○「台灣時代」（左雄）、著文批判史明為「右傾思想」
		○張維嘉・陳婉眞等人退出「美麗島週報社」、其後許信良代之辦報、史明・王秋森・鄭紹良資助之
		○德州休士頓左派「半屏山」、著文抨擊「台灣民族要容納認同台灣的中國人」的史明意見
一九八二年	二月二八日	○「獨立台灣會」、在美國德州出版不定期刊物「台灣大衆」、著文批判「批判史明」
	二月	○獨立台灣會島內地下一〇八號劉某從歐洲返島內、但失去聯絡
	五月	○「美麗島週刊」決定由許信良・王秋森・陳芳明・鄭紹良・陳昭南等人負責重建工作
	六月	○「獨立台灣會」（史明）與「美麗島週報社」（許信良）成立「台灣民族民主革命同盟」、但除了獨立台灣會支資美麗島辦報外、未有其他具體動作
	六月	○史明・賴芳雄等人、在美洲成立「獨立台灣會」外圍組織「台灣獨立文化運動草根會」、擬以宣揚台灣民族主義・發展會員・募款、但未成功
		○美洲北卡海報事件（郭倍宏・林國慶・劉格正等台灣留學生參與）、台灣留學生掀起「反對國民黨大運動」、哄動一時
一九八三年		○島內反蔣台灣人陣營、發生路線之爭、掀起「批康風潮」、將靠攏國民黨的主流派康寧祥・張德銘・黃煌雄等全軍覆滅
	一月	○盧修一・杜四濱・前田光技被捕事件——「獨立台灣會在國民黨內的地下秘密小組」被破獲、盧修一（文化大學政治系主任）・柯四濱、及恰從日本往台地下聯絡員前田光技

	二月一四日	○（日本女性）相繼被捕 ○「獨立台灣會」駐歐洲同志徐雄彪、發表刊物、奔波各處、呼籲支援盧修一等 以「判亂罪」、盧修一被判感化三年、柯四濱感化三年緩刑三年、前田光技感化三年即時驅逐出境、主犯史明遭第二次通緝
	二月二五日	○國民黨「中央日報」、第一版報導盧修一等事件全面案情和全面口供
	四月二六日	○黃世宗（一九八一年一一月、由巴西獨台會介紹來日本受訓後、決定回台做破壞工作）、爆炸台北「中央日報社」等地、六月二六日離開台灣、黃兄黃世梗被捕徒刑一〇年（四月美洲台獨聯盟發表此案是聯盟做的）、黃世宗同志一九九〇年一月一二日、被槍擊身亡於巴拉圭橋頭市
	六月	○島內台獨派（蔡義敏）與統一派（陳映眞）、掀起「台灣結」「中國結」大爭論 ○美國NC・VA・OH・TX等地台灣留學生、輪流辦月刊「北迴歸線」 ○美國台灣留學生開設夏令營、十幾個校園留學生參加、決議成立「台灣學生社」（郭倍宏・李應元等人）、每月發行一次雜誌 ○因美國德州休士頓左派「半屏山」搶先發行「台灣學生報」、因此「學生社」報紙稱爲「台灣學生」（發行人李應元、社長高龍榮）、每月發行一次（第二屆發行人郭倍宏、社長林意楨）
一九八四年	四月二〇日	○島內革命熱潮漸高、「公政會」「編聯會」小組組織相繼出現 ○「台灣獨立聯盟」分裂──獨盟改選結果、張燦鍙連任主席、落選主席的副主席洪哲勝・黃再添・林哲台等二一名盟員、聯署發表「脫離獨盟聲明書」、抨擊獨盟領導層「累積諸多缺陷」「缺乏實質民主」「遭國民黨組織滲透」等
	五月	○洪哲勝發表「籌建台灣革命黨聲明書」
	六月	○李榮發（阿城）・陳昭南・史明、在洛杉磯秘密籌備情報機關、阿城捲逃一萬美金（史明出資、陳昭南口供）、工作趨於失敗
一九八五年	一月　一日	○「學生社」開始一年兩次營隊 ○「台灣革命黨」成立於美國紐約、以馬列主義爲指導原理、總書記洪哲勝、第一副書記許信良、第二副書記林哲台・中央委員洪哲勝・林哲台・許信良・田台仁・黃再添・馬鎮山・鄭自才・柯柏・洪大銘、監察委員陳文功・林文雄・蕭廣志・陳昭南 ○「學生社」在美國南卡夏令會成立「全美同學會」、企圖發展草根、吸收更多的台灣留學生（從一九八六年各地社員輪流接辦『台灣學生』） ○獨立台灣會在美洲繼續發行不定期刊『台灣大衆』、極力提倡「台灣民族主義」、爲「台灣獨立運動」的理念、但一般留美台灣學生或獨立運動者、不太給予關心
一九八六年	五月　一日	○美洲休士頓社會主義刊物「半屏山」停刊、但「台灣學生報」繼續出版 ○許信良・謝聰敏・林水泉等人、在美國紐約宣佈成立「台灣民主黨建黨委員會」、許信

		良主席、彭明敏榮譽主席、並準備回台
	七月	○史明出版英文版「台灣人四百年史」於美國華盛頓
	九月二八日	○島內有志宣佈建立「民主進步黨」（費希平・尤清・謝長廷・游錫堃・顏錦福・黃爾璇・傅正・陳菊等人）
	一一月一〇日	○在島內戒嚴時期、勇於成立「民主進步黨」、召開首屆全國黨員代表大會、通過黨章・黨綱等議案、選出首屆主席江鵬堅、及三一位中執委、一一位中常委、一一位中評委、翌年一月五日開始公開接收入黨申請
	一一月三〇日	○「接機事件」——許信良等人企圖回台到桃園機場時、為接機的人群、在機場與軍警發生流血衝突、許信良等原機遣返
	一一月	○「慶生會」（台灣政治受難者聯誼會前身）成立
	一二月	○民進黨在中央民代選舉獲百分之二二選票、當選立委一二位、宣佈成立「民進黨立法院黨團」
一九八七年	一月一〇日	○「時代週刊」發行人鄭南榕、在國賓飯店召開的民進黨第二屆黨代會時、散發「台灣獨立」傳單、與反對獨立的立委朱高正發生流血衝突
	一月二〇日	○鄭南榕因在「時代雜誌」上刊登許世楷著作「台灣共和國憲法草案」、國民黨前後兩次開出偵訊傳票、罪名「判亂」
	二月	○「民進黨海外訪問團」（尤清・洪奇昌・謝長廷等）、前往美日、與海外台灣同鄉見面
	二月二四日	○民進黨立委朱高正與國民黨立委周書府在「立法院」發生互毆事件
	三月二三日	○美洲「革命黨」（洪哲勝）、宣佈解散
	五月	○台獨聯盟主席交棒、改名「台灣獨立建國聯盟」、郭倍宏接美國本部主席
	六月一二日	○民進黨於立法院外抗議國安法、與「愛陣」發生肢體衝突
	七月一四日	○蔣經國宣告自一九八七年七月一五日零時解除戒嚴、同日施行「動員勘亂時期國家安全法」（國安法）
	八月三一日	○台灣政治受難者聯誼總會成立、在會上許曹德提議、綱領裡要加入「台灣應該獨立」的條文、結果魏廷朝下台、蔡有全代之就任會長
	九月二七日	○民進海外組織（許信良）、正式被認同為民進黨「台灣民主運動海外組織」
	一〇女一二日	○許曹德・蔡有全、因「台灣應該獨立」言論被捕（蔡有全被處徒刑一一年、許曹德一〇年）
	一〇月一七日	○鄭南榕・黃華・林永生等人設立「政治受難會事件聲援會」、由台中開始遊說全島、「許・蔡無罪」「台灣獨立萬歲」「愛拼才會贏」、三日至終點萬華老松國小動
	一二月二五日	○民進黨等團體、主張中山堂國會改選運動、萬人群衆示威、使西門町交通火車受阻不能
一九八八年	一月三〇日	○蔣經國死亡・出殯

二月一〇日　○民進黨受國民黨之牽引、共同進行「政治溝通」

三月一二日　○民進黨與其他人士舉行遊行、推動省市長民選及地方自治合法化

三月二四日　○張燦鍙訪菲、展開台獨外交

四月一五日　○中南部五千人群衆抗議壓迫限制群衆遊行的「集遊法」

五月一二日　○姚嘉文・許榮淑・陳水扁、前往慰問在獄中長期絕食的施明德

五月二〇日　○「雲林農民權益促進會」與全島農民四千人、向國民黨中央黨部發動示威、與國民黨憲警造成大流血衝突的抗暴事件（五二〇事件）、被捕林國華・蕭裕珍徒刑三年

七月三一日　○獨立台灣會停止在美發刊「台灣大衆」

八月　○世台會第一五屆年會、返台在新店舉行、羅清芬・莊秋雄等闖關回台參加

八月九日　○傅正率「一九六〇雷震案後援會」赴監察院抗議非法毀滅雷震回憶錄

八月二一日　○民進黨主辦「海內外大團結」、聲援海外台灣人返鄉運動、遊行台北市內

一〇月一四日　○尤清・朱高正・張俊雄等、成立超兩大派系（美麗島系、新潮流系）的「超派系組合」

一二月一九日　○費希平宣佈退出民進黨

一二月二五日　○一月一六日「新國家運動」開始環島四〇天行軍、此日完成

○史明出版「台灣獨立的理論與實踐」於島內

○「台灣學生社」因人事的關係、社務一時停頓

一九八九年

四月七日　○台灣獨立運動烈士、自由時代雜誌發行人鄭南榕、為抗拒國民黨鎮暴警察武力逮捕、在自由時代辦公室自焚、犧牲成仁

五月一九日　○鄭南榕在士林舉行告別禮拜後、萬人參加遊行至「總統府」前、鄭烈士同志詹益樺烈士追上自焚、台灣魂沖天

○陳婉眞從美國翻牆回台、趕上鄭南榕告別式

六月一九日　○民進黨主席黃信介公開發表、與主張台灣獨立的黨員劃清界線

六月二八日　○民進黨內的美麗島系與新潮流系、雙方達成「暫時停戰」的共識、避免分裂

八月　○世台會先與中共當局妥好、渡往中國、再返台在高雄舉行年會、李憲榮等返台參加

九月二七日　○許信良由中國偷渡返台、被國民黨緝私艦在海中查獲

一〇月一〇日　○一萬多名群衆在台北土城、看守所前、要求釋放許信良、與警察發生流血衝突

一〇月一八日　○台灣政治受難者聯誼總會、成立「新國家運動本部」

一一月一五日　○林義雄發表「台灣共和國基本法草案」

一一月二三日　○台獨聯盟美國本部主席郭倍宏翻牆返台、出現於盧修一・周慧英競選政見會上、再安全離台、羅益世回台被捕

一二月二日　○國民黨縣市長・立委・省市選舉、民進黨立委一八席、獲票二三%

一二月八日　○「新國家運動」總幹事・黃華、以預備竊據國土罪名接到傳票

○「台灣學生社」趙珠蘭・陳貴賢等重新籌組「台灣學生」雜誌、仍為美洲台灣留學生運

		動中心
一九九〇年	一二月二〇日	○黃華第四次接到「判亂」傳票
	一月一一日	○黃華為向「叛亂」傳票宣戰、宣佈競選民進黨總統候選人
	二月二〇日	○百名群眾在立法院外、阻止國民黨所謂「資深立委」赴會場開會、與警察衝突
	三月一九日	○全台學生約八千名、靜坐於中正紀念堂、提出解散國會・廢除臨時條款・召開國是會議・訂定改革時間表四大訴求、李登輝於總統府接見五〇位學生代表（三月二一日）、由此、為時一五〇小時的學生靜坐終止、並宣佈成立「全國學生聯合會」
	三月二一日	○台灣群眾往陽明山抓老賊、反對老賊選總統
	五月二〇日	○萬群眾展開「全民反對軍人組閣」遊行
	五月	○李登輝頒布赦免令、政治犯一〇名獲釋
	六月二日	○民進黨中執會決議參加國民黨「政府」的國是會議
	六月二八日	○民進黨・無黨籍人士・海外學者結成「改革派聯盟」
	七月七日	○民進黨立法院從黨團除名朱高正、民進黨中評會認定除名合法有效
	八月四日	○連戰（省主席）在「省議會」表明有看過禁書「台灣人四百年史」
	九月七日	○住加拿大海外同鄉羅益世被捕
	一〇月二日	○民進黨顧問康寧祥被列入國統會名單
	一〇月一八日	○許信良與邱義仁、在台大研究協會上、有運動路線之爭、前者強調應以選舉為總路線、後者認為群眾路線為主（後來都走選舉路線、輕視大眾工作）
	一一月三日	○陳婉眞・黃華等、在台中被捕（兩人一三天後、交保獲釋） ○「台灣國家發展中心」改名為「台灣建國基金會」
	一一月八日	○素有強烈「台灣」意識的獨立台灣會地下工作人員陳輝華（阿貓）、向台北市萬華分局開槍擊斃警員一名、一八日被捕後、被判死刑成仁
	一一月一七日	○蔡同榮成立「公民投票促進會」
一九九一年	二月一二日	○一二個非聯合國會員國家在荷蘭海牙成立「聯合國無席次國家暨民族組織」（UNPO）、民進黨代表台灣加入
	三月	○台獨聯盟島內外成員「馬尼拉會議」（郭倍宏等無出席）
	三月	○「國際特赦組織」（本部倫敦）在台灣活動
	四月一、六日	○制憲聯盟在台大校門口靜坐
	四月一七日	○台灣人群眾上陽明山中山樓反對老國代修憲
	五月九日	○「獨立台灣會」事件——陳正然・王秀惠・林銀福等獨立台灣會成員、及廖偉程・安正光、以「分裂國土、顛覆政府」被捕（五月一七日以懲治叛亂條例被起訴）
	五月九日	○台大・清大・成大等校抗議警察進入校園抓人、聲援清大學生廖偉程
	五月一二日	○江蓋世・陳明仁等、聲明加入獨立台灣會、民進黨將全力營救被捕者

五月一二日	〇為抗議「獨立台灣會」四名會員被捕、各校學生教授舉行靜坐遊行、台大教授陳師孟等被警察毆打事件發生
五月一五日	〇學運團體、一般市民八〇〇名進駐台北火車站靜坐抗議、一般市民萬餘人、包圍車站外圍、獨立運動空前提高、頻頻發生衝突
五月一六日	〇台灣建國基金會改為「台灣建國運動組織」（郭倍宏・黃華・林永生・陳婉真）、台灣獨立建國聯盟台灣本部辦公室宣告成立（郭倍宏・林永生・陳婉真・黃華）
五月一六日	〇獨台會陳正然・廖偉程・王秀惠・林銀福交保釋放、其他會員繼續地下工作
	〇國民黨宣佈廢除「懲治叛亂條例」
五月一八日	〇台灣人權協會與一二人律師組織「律師團」、清華大學（廖偉程在學中）組織「救援會」、成大・高醫・中國醫學院・台灣教授協會・澄社及民進黨等組織相繼參與救援運動
	〇「獨台會案聯合救援會」、往「高等法院」抗議五人被捕
五月二〇日	〇「知識界反政治迫害聯盟」、主張廢止刑法一〇〇・一〇一條、成立「一〇〇聯盟」、舉行萬人大遊行
六月八日	〇陳婉真、依「內亂罪」被傳訊
六月二二日	〇台灣建國運動組織舉行「叛亂會」於台中、翻牆回台的鄭自才、出現於會中
七月四日	〇台獨聯盟主席張燦鍙在美表示、台獨聯盟遷回台、首批二〇人擬九月返台
八月一日	〇台灣建國運動組織、發刊「台灣國」
八月一二日	〇繼八名教授入黨（七月七日）、台大教授陳師孟等公開加入民進黨
八月二五日	〇人民制憲會議通過「台灣憲法草案」
八月三〇日	〇郭倍宏第二次翻牆回台、在桃園機場被捕
九月七日	〇萬佛會在刊物上、聲明「為台灣尊嚴而戰」
九月八日	〇公民投票促進會等團體、主張公民投票進入聯合國大遊行
九月二九日	〇李登輝邀民進黨主席黃信介等一一人、於官邸會談五小時
九月三〇日	〇民進黨立委與「外交部」次長章孝嚴在台視展開辯論
一〇月一日	〇國民黨秘書長宋楚瑜與黃信介・張俊宏會談
一〇月九日	〇「一〇〇行動聯盟」反對一〇月一〇日閱兵
一〇月一六日	〇國民黨譴責民進黨台獨綱領「禍國殃民」（民進黨誓言堅持「台獨黨綱」）
一〇月一八日	〇「台建」林永生・林雀微・賴貫一・許龍俊・鄒武鑑被捕
一〇月二〇日	〇台獨聯盟台灣本部在台北北區「海霸王餐廳」公開舉行第一次盟員大會、會中、闖關回台王康陸被捕、郭正光被逐出境
一〇月二〇日	〇台獨聯盟於台灣成立本部、聲明「非暴力」推動政治改革
一〇月二五日	〇「台灣公民投票加入聯合國大遊行」（台灣公共事務協會蔡同榮）於高雄
一一月七日	〇獨盟林明哲被捕逐出境、張燦鍙翻牆返台、在桃園機場被捕

一九九二年	一二月二一日	○二屆「國大選舉」、民進黨得票率二三・九%、獲得六六席、與舊有九席共七五席
	一月五日	○黃華革命路線轉變、在台中獄中發表「該變就變、該放棄就放棄」
	二月八日	○「台建」陳婉眞被捕
	四月一九日	○民進黨發起「總統直接民選大遊行」
	五月一三日	○「立法院」通過核四預算解凍案、環保聯盟「反核四、反饑餓二四小時活動」
	五月一八日	○「台建」成員林永生・許龍俊・陳婉眞等幹部被釋放後、反轉爲體制內選舉
	八月二三日	○「外省人台獨協進會」成立
	一〇月二四日	○台獨聯盟主席張燦鍙交保獲釋
	一一月一日	○彭明敏「合法」返國
	一二月一〇日	○千餘名各族原住民大遊行、要求「還我土地」、和鎮暴部隊對峙
	一二月一九日	○二屆立委選舉、民進黨得票率三一%、共得五〇席（三七席區域性、一一席不分區性、二席僑選）
一九九三年	一月五日	○民進黨大幹部康寧祥・陳金德・張德銘當選「監察委員」（陳永興落選）
	四月二六日	○「民進黨反對國共統一會談宣達團」（團長施明德）、抵達新加坡、但未有收獲
	四月二七日	○國共「海基會」（辜振甫）與「海協會」（汪道涵）首次會談於新加坡
	五月二三日	○雲林・台南・高雄等縣市爆發抗繳房屋稅風潮
	七月	○獨盟改名爲「台灣獨立建國聯盟直屬本部」
	九月二日	○赴日受獨立台灣會訓練的鳳山同志成立「建國愛鄉會」（黃金和代表）
	一〇月	○王康陸因車禍身亡
	一〇月二六日	○近萬人老人上街頭、爲爭取老人年金舉行大遊行
	一〇月二六日	○結束四〇年亡命海外、潛回台灣地下工作中的史明、在新營交流道收費站被捕、隨即被送至台北高檢署、李勝雄・蔡明華・李慶雄三律師自願在「法庭」辯護、一〇〇萬元交保
	一〇月二七日	○台灣建國愛鄉會（鳳山市）四名會員、與史明同時被捕 ○史明在記者招待會（李鎭源・彭明敏・張燦鍙皆到場）上、表示繼續努力於體制外革命云：「我是爲打倒國民黨殖民體制達成台灣獨立而回來的」
	一〇月三〇日	○台南市長選戰、郭倍宏將舉行「史明回台歡迎會」時、郭倍宏與民進黨蔡介雄兩候選人兩派人馬衝突、造成爭奪史明事件
	一〇月三〇日	○文化大學召開國際性研討會、外國學者多持「台灣獨立論」
	一〇月三一日	○史明表示要推翻國民黨殖民統治的體制與特權、但、歡迎在台中國人認同台灣、共同建立新台灣
	一一月九日	○應台大建國俱樂部之邀、史明在台大正門廣場公開講演、強調要實現台灣獨立、要有中心思想的台灣民族主義、要加強祖先留下的精神傳統出頭天做主人、要永遠與台灣大衆站在一起、仍要堅持武力鬥爭

	一一月二〇日	○史明應允出任民進黨縣市長選戰助選團榮譽團長
	一一月二二日	○史明指、鄧小平死後的未來一五年、是台灣獨立最佳時機
	一一月二八日	○民進黨在縣市長選舉、得六席、得票率四一％
	一二月二日	○史明以預備內亂罪「出庭應訊」、依然背對檢察官、主張武力鬥爭爲保衛、以宣揚台灣民族主義、提升台灣大衆政治覺悟
	一二月八日	○美國國防部主管亞太事務的助理副部長羅斯（Stanley O. Roth）、在紐約說、美國對台灣「負有法律責任」「保衛台灣」
	一二月二九日	○國民黨「海基會」與中共「海協會」、在台北會談、台灣人群衆及二九個社團示威抗議宣示「兩國兩制」、宣揚台灣主權獨立
一九九四年	一月七日	○民進黨黃信介・張旭成、向訪台華裔美參議員李碩（Daniel Akaka）表示「民進黨願與中國（中共）合作、發展經濟」
	一月二九日	○鄉鎮縣轄市長選舉結果、國民黨得席率八二％、民進黨八％、其他一〇％
	一月三〇日	○鄉鎮縣轄市長選舉、賄選滿天飛
	一月三一日	○在海外致力台灣獨立運動的「獨立台灣會」、在台北設立「台北聯絡處」、爲宣揚台灣民族主義、組織大衆、實現獨立建國繼續努力
	二月三日	○史明著文指出「國民黨不會實質分裂、民進黨形式上不會分裂」
	二月六日	○「獨立台灣會」表明堅持「體制外革命」、並批判民進黨拋棄建國目標
	二月六日	○德國外交部次長塞勒亞賓（Soller I. Albring）女士、指出中共若對台灣動武、必遭聯合國阻止
	三月	○黃信介・張燦鍙・尤清及彭明敏、表示有意競選「總統」
	三月一日	○「獨立台灣會」設立「高雄聯絡處」
	三月一九日	○民進黨爲處理縣市議長選舉賄選、由陳定南擔任「查察小組」召集人、開除黨員一〇餘人
	三月二一日	○「獨立台灣會」宣傳車赴萬華龍山寺廣場、闡述「台灣民族主義」、並鼓勵台灣大衆爲台灣獨立勇敢站出來打拚（這種宣傳啓蒙行動、每週六、週日繼續兩個月、才轉移他處不斷舉行、到現在一九九六年一〇月、仍然繼續下去）
	四月三〇日	○施明德當選民進黨第六任主席
	四月	○中國大陸發生「千島湖事件」、觀光台胞盡被搶奪殺害
	五月一〇日	○美國國會研究報告、台灣如獨立、中共勢必動武
	五月一一日	○美衆議院促修改「台灣關係法」、以使優於「八一七公報」
	五月	○張燦鍙參加南非總統曼德拉就職典禮
	七月一六日	○香港報導中共的「一軍兩制（軍事・經濟）」、軍方經營企業總數達三萬件、正規軍的三二〇萬的半數以上、均從事軍需企業生產

一九九五年

七月三一日　○獨立台灣會在嘉義設立聯絡處公開據點

八月二日　○史明的所謂「預備內亂案」不起訴、但依違反國安法被起訴（一〇月三日）

八月四日　○獨立台灣會宣傳車隊、前往桃園機場與故宮博物館、向來台與國民黨「海基會」開會的中共海協會副會長唐樹備示威抗議

○中共圖在台灣培植代言人、終於成立「新黨」

○中共官員冒充記者身份滲透台灣

八月　○中共・日本先後發射自製彈導火箭

○台商對大陸投資超過三百億美金、進出企業突破二萬件、但七〇%企業陷於泥灘、難以自拔

○中共總參謀長劉和謙發表將在金門西南的東山島舉行「東海四號」登陸演習

○中共吸收台籍幫派份子在台搞破壞、部份政客・台商、漸成統戰對象

一〇月　○中共開始吸收台灣青年往大陸念書・旅遊、然後回台從事統戰工作

一〇月一四日　○中共軍委「內部文件」報告、具體檢討侵台計劃、並言及與民進黨人士接觸的內容

一〇月二六日　○民黨主席施明德、提出金馬非軍事化政策、在選戰中引起各界嘩然

○中國大陸失業者一億五千萬人、公元二〇〇〇年將增至二億八千萬人、周遭諸國家驚恐大陸流民大量流入

一〇月三〇日　○李登輝表示反共・反台獨・統一政策不變

一一月　○中共統戰文書「一九九五年閏八月」、放出謠言說中共即將武力侵台、台灣轟動且不安

○中共運用台灣媒體進行統戰

○中共成立「三軍協作訓練部隊」「陸海空三軍協同作戰訓練指揮中心」、發展三軍聯合作戰能力備於武力攻台

○美國前駐北京大使李潔明表示、中共不放棄企圖對台動武

○美國主管亞太事務助理國務卿羅德表示、中共迄今無力對台動武

○中共在台灣西北海上、四個月舉行七次大規模軍事演習

○美國在台協會理事主席白樂琦、批評「台獨即招中共武力犯台」論過於簡易化

○中共要建造四萬噸級航空母艦、自一九九五年起、一〇年完成

○台商憂心鄧小平死後、大陸流民潮大量流入台灣

一二月三日　○省市長選舉、民進黨陳定南台灣省長落選、陳水扁當選台北市長、得票率三九%、台北市議員一八席、省議員二三席

○「獨立台灣會」爲陳定南在中南部盡力助選

一二月二五日　○萬佛會發表明年元月將辦「台灣國」升旗典禮、頒發「台灣國身份證」（一月二五日）

一二月三〇日　○一〇餘家地下電台「聯播」、對抗國民黨抄台

一月三〇日　○中共黨主席江澤民、發表「江八點」台灣政策

一月三〇日	○史明指出以進步・革命的「台灣民族主義」對抗反動・侵略的「中華民族主義」、才能實現獨立且民主自由的國家
二月二〇日	○新黨要角訪民進黨、送咖啡促進「大和解」、施明德・林濁水・邱義仁・陳文茜等民進黨附合「大和解」、史明指出「大和解」是違反台灣獨立的原則上大錯誤
二月二六日	○史明逐條反駁中共的「江八點」、再再主張台灣不是中國的一部份
二月二八日	○彭明敏為競選「總統」、與辜寬敏同道、加入民進黨
三月二日	○國民黨陸委會主委指出、中共對台統戰工作人員多達三八萬人
三月五日	○中共制定「台胞投資保護法」、規定特殊情況下、隨時可徵收台資
三月二三日	○亞奧會秘書長會議在高雄市舉行、中共國旗與代表魏紀中首次登陸台灣、獨立台灣會駕宣傳車隊、為示威抗議、三度闖關三度被截
三月三〇日	○獨立台灣會宣傳車隊、在台北開始示威遊行、宣揚「台灣獨立」「台灣民族主義」「勞苦大衆出頭天」
四月九日	○彭明敏主張「國家」定位重要、而表示「維持現狀就是獨立」
四月二七日	○中共軍艦在台灣南端海上追撞並搜查台灣漁船
四月三〇日	○獨立台灣會宣傳車隊、參加「馬關條約百年」遊行
五月二六日	○民進黨開會討論與國民黨合作的「聯合內閣」
五月二六日	○民進黨要角指出「三黨選票都不能過半」、揚言將要促進「聯合共治」
五月二九日	○中共試射移動式洲際彈導彈（ＩＣＢＭ）「東風三一型」、射程七千至一萬五千公里
六月二六日	○日本京都大學教授位田隆一表示、台灣無法進入聯合國與國際社會、因自身獨立主張曖昧
六月六日	○獨立台灣會針對美國務院准許李登輝以私人身份訪美情事、發表聲明指出、李登輝旅美期間若發表任何傷害台灣獨立的言論、一概予以駁斥
六月二六日	○獨立台灣會宣傳車隊、主張「台灣不是中國一部份」、前往桃園機場、向來台的中共海協會副會長唐樹備「接機」抗議、使警方虛驚一場
六月二六日	○唐樹備參觀故宮時、遭獨立台灣會宣傳車隊攔住示威、高喊「唐樹備滾回中國去」、警方佈署四周、發生一場小衝突
六月三〇日	○中共刻意製造軍事恐佈、透過台商恐嚇島內台灣人
七月八日	○大陸漁船越界侵進台灣海域、一九九三—九四年、達二六萬艘船次（國民黨發表）
七月一一日	○民進黨「總統」候選人彭明敏強調國家定位、許信良注重民生問題與對中共妥協政策
七月一一日	○美衆議院議長金瑞契、主張承認台灣為獨立國家
七月二一日	○中共在離台灣西北面一五〇公里地點、實施飛彈演習示威至二五日
七月二三日	○獨立台灣會宣傳車隊、長驅直奔台東、設立聯絡處、宣傳理念
七月二六日	○獨立台灣會為抗議中共發射飛彈恐嚇台灣、遊街示威、焚燒中共五星旗、下戰書、並籲

	為保衛台灣鄉土而戰
七月二八日	○獨立台灣會高雄聯絡處的巷道遭不明縱火、宣傳車遭敵人偷燒、該會強調不懼怕恫嚇、獨立心志愈燒愈強
七月二九日	○獨立台灣會在台北龍山寺口及西門町、再次抗議中共發射飛彈・恐嚇、焚燒中共五星旗
七月二九日	○李登輝空談台灣沒有獨立的條件
七月三〇日	○中共公安船、馳入南海公海上、強登台灣漁船、施加橫暴
八月二〇日	○台灣教授協會・原住民人權促進會・獨立台灣會等團體、舉行「抵抗中國侵略、誓死保衛台灣」一大遊行
八月二二日	○美軍事專家包道格（Douglus H. Paul）指出、台灣軍備確有弱點
九月一三日	○在台灣的中國人退役將領、被邀遊玩大陸、連署支持中共攻台
九月一二日	○唐樹備拉攏台商、作為統戰籌碼
九月一四日	○美國戰事學院院長高溫（Paul Godwin）指出、中共現在無攻台能力
九月一五日	○民進黨主席施明德表示、「民進黨一旦執政、不必宣佈台灣獨立」
九月一六日	○民進黨高幹表示、「台灣早已是主權獨立國家」
九月一七日	○郭正亮（後任民進黨文宣部主任、聯合執政提倡者）指出民進黨內執政策略與台獨策略出現分歧
一〇月六日	○中共國務院委員宋健指出、中共將在二〇一〇年完成新科技體制
一〇月一一日	○倫敦國際戰略研究所指出、中共發表軍費每年約有二八〇億美金、但世界專家估計其軍事支出實際上達公開發表數字的四倍
一〇月二三日	○民進黨為獲取選票、表示淡化處理「台獨訴求」
一〇月二五日	○住美台灣人團體三〇所設立的「台灣主權聯盟」、宣告反對外力介入台灣
一一月二日	○民進黨為爭取選票推動錯誤的「國民主義」、文宣主任陳文茜主張「國民黨已本土化」
一二月四日	○民進黨秘書長邱義仁表示、贊同黨（民進黨）對黨（國民黨）籌備「大聯合內閣」
一二月五日	○國民黨表示、對政黨合作傾向兩階段處理
	○新黨不接收組大聯合政府問題
	○民進黨內部、對「大聯合政府」詮釋不一
一二月一一日	○史明著文抨擊荒謬的「大聯合內閣」「大和解」政策、指出這是危害台灣獨立革命的一條死路
一二月一四日	○美國防部助理部長奈伊、在華盛頓亞洲協會指出、中共在台海展示軍力、將威脅美國國家安全
一二月一五日	○新黨要角周荃・陳癸淼・趙少康等在立法院聯誼廳、與民進黨施明德・周伯倫・林濁水「喝咖啡」、談「大和解」「大聯合」、成為兩黨企圖分贓政治的開端
一二月一九日	○民進黨主席施明德、秘書長邱義仁、文宣主任陳文茜、為「大和解」催生、招開記者會

說明說帖近將陸續公佈

一二月二一日　○台灣教授協會、批大和解背叛台灣人民

一二月二三日　○全民計程車司機聯誼會會員、在台北市錦西街駕車排班時、惡夜遇襲、三〇多名歹徒砸車打人、毀車八輛、打傷三人（一人屬獨立台灣會會員）事關聯誼會、獨立台灣會煩交聯誼會處理

一九九六年

一月三日　○民進黨中常會決議、「總統大選後決籌組大聯合政府」
○新黨全國委員會召集人陳癸淼等首要拜會民進黨、送禮品咖啡和茶、表示民・新兩黨「歷史會談」值得肯定、「大和解」剛開始、民進黨主席施明德因公缺席、使兩黨未能對等會談

一月九日　○民進黨大老討論「大和解」、施明德・江鵬堅・高俊明・李鎮源・林義雄・許信良・彭明敏等黨內二〇幾位大老出席、但無共識、無反彈、無結論

一月一五日　○史明發出聲明、「民進黨不應對敵人妥協低頭」

一月一七日　○「綠黨」推舉不分區國代候選人共一〇人

一月一九日　○中共鐵殼船橫行恒春海域、機槍掃射台灣貨船
○獨立台灣會宣傳車隊首次遊行新竹縣竹東新埔鎮、同時設立新竹聯絡處（蔡德欽・鄧美玉）

一月三〇日　○中共首相李鵬在「江八項提案」一周年紀念會上說、「台灣總統戰是中國的地方選舉」

一月　○彭明敏提「和平尊嚴和台灣總統」、許信良「大和解、大聯合、大改革」進行黨內初選

二月四日　○獨派李鎮源・高俊明・李永熾等人、成立「台灣建國陣線」、揮別民進黨

二月七日　○中共黨軍委副主席張萬年、副總參謀長熊光楷、均抵達福建、將親自指揮三軍四〇萬餘、對台灣選舉總統施壓恐嚇的軍事演習

二月八日　○美國務院亞太事務主管助理國務長官羅德、指出台灣民族主義與中華民族主義對立深化

二月一一日　○為支持彭明敏大選的「獨立建國台灣總統選舉後援會」（會長史明）成立

二月一四日　○中共石油採掘船越界探掘釣魚台海面

二月一五日　○大陸客身份中國人、攜罕量火藥（炸藥三〇〇斤、TNT炸藥等）、偷渡澎湖被捕

二月一六日　○美統合參謀本部議長謝加守比指出中共未有對台灣登陸作戰能力
○獨立台灣會會衆、在台北車站西門前做簽名運動時、與林洋港・郝伯村配選舉人員、發生激烈扭打衝突、場面火爆

二月二四日　○「綠色本土清新黨」（綠黨、召集人高成炎）正式成立

二月二八日　○獨立台灣會宣傳車隊、蛋擲「總統府」

二月　○史明「台灣一定要獨立、才有辦法對付中國來犯」

三月五日　○中共在台灣海峽開始軍事演習、發射飛彈、武嚇於台灣南北

三月六日　○中共新華社發表、自八日至一五日、通過台灣北部、實施飛彈演習（三月八日強行發射

	地對地「M9」三發於台灣周邊）
三月七日	○美航空母艦「獨立號」巡弋台灣海峽
三月九日	○各大專院校學生二〇人發起「抗議中國軍事恐嚇」「反統一・反侵略」、在台北新公園靜坐抗議
三月一一日	○中共開始在台灣西北角海面實施實彈演習、仿做登陸台灣作戰
	○美政府對中共在台灣海峽軍事行動、採取「硬軟兩面」政策
三月一二日	○中共從此日起、在台灣東北・西南兩邊海面、開始發射彈導飛彈演習
	○美軍在台灣東北海域展開航空母艦「獨立號」（Independence）艦隊後、再加使航空母艦「尼米茲號」艦隊馳於台海西南海域、預防中共趁機攻打台灣
三月一三日	○民進黨高雄「反侵略・反併呑」大遊行、施明德・謝長廷由東北角出海抗議中共武嚇
	○中共發射第四個彈導彈飛彈
三月一四日	○日本檢討凍結明年度「對中（中共）借款」
三月一七日	○獨立台灣會給聯合國秘書長蓋里（Boutros gali）公開信、抗議他所說「台灣是中國一部份」的謬論
三月一九日	○美台軍事協議在美國防總部召開、協議新供給武器於台灣
三月二一日	○抗議中共武嚇台灣、台北市大遊行示威、獨立台灣會焚燒鄧小平・江澤明芻像及五星旗
三月二三日	○「總統」大選、李登輝・連戰配得票率五四・〇〇%、彭明敏・謝長廷配二一・一三%、林洋港・郝伯村一四・九〇%、陳履安獲票最低
三月二四日	○施明德訪問林洋港・・郝伯村、對郝伯村「反台獨」表示肯定、引起台灣人大反彈
四月七日	○醫界針對組織抗原・粒線體枝酸普查、發現「台灣民族」、台灣所謂「漢人」、界於原住民與漢人之間、並與大陸居民不親
	○因彭明敏大選敗戰、民進黨內一群「新世代」、把「革命」矛頭對準過去被稱爲「基本教義派」（高學歷黨員、特別是教授頭銜的人）、反對台灣獨立、主張聯合執政
四月八日	○施明德「台獨黨綱」面臨檢討
四月九日	○彭明敏宣佈成立「建國會」（秘書長林山田、包括李鎭源・高俊明・辜寬敏・李永熾等）、宣佈不參與選舉、加深民進黨分裂危機
四月一六日	○中共編寫「台灣歷史綱要」、反駁史明著「台灣人四百年史」
四月二二日	○中共副總參謀長熊光楷、表示「對台灣不放棄武力進攻」
	○獨立台灣會「反對大選」、並在台北車站廣場、焚燒李登輝・連戰芻像與國民黨旗
五月六日	○二六年前刺殺蔣經國主角黃文雄、已於一個月前回台、下午在台大校友會館召開記者會、正式向外露面
五月一〇日	○民進黨新世代公佈「新版台獨綱領」、強調「爲了民主而主張台獨」「不一定以台灣爲國家名稱」

五月一一日　○張俊宏訪問新黨、談論「台灣改造會議」

五月一二日　○民進黨文宣部主任、陳文茜、指罵所謂「台獨極端者」是歷史罪人

五月一九日　○李登輝就任「總統」聲明、否定台灣獨立

五月二二日　○中國新疆不斷掀起少數民族獨立運動、中共屢次施加軍事鎮壓

五月二三日　○中共軍火走私、美國查獲兩千支步槍、中共國營公司駐美代表涉案

五月　○民進黨高幹黃信介就任國民黨「政府」資政、呂秀蓮・邱連輝・余陳月瑛就任國策顧問

六月八日　○中共強行在新疆核子試爆

六月一六日　○民進黨選出新主席許信良

六月一七日　○民進黨新主席、今夜訪問「總統」李登輝

六月二〇日　○當選民進黨主席許信良、「不排除與國民黨結合」

六月二六日　○國民黨外長章孝嚴：「中共若再打壓台灣、會助長『台灣共和國』出現」

七月九日　○「建國會」執行長林山田、首要辜寬敏、提出六大訴求、表示最遲明年初組黨

七月一一日　○中共指美總統國家安全顧問雷克北京行、加深美中（中共）雙方互信了解、雷克表示美「一個中國」政策不變、「美國不支持台灣加入聯合國、因爲聯合國會員必須是國家」

七月一二日　○許信良再聲明大和解・大聯合・大改革三大政策

七月一三日　○民進黨主席許信良、秘書長邱義仁、特別助理陳文茜、與新黨總召集人陳癸淼、秘書長趙少康在新黨黨部大談「政黨合作」

七月一五日　○蔣緯國要求把蔣介石・蔣經國靈柩運回中國大陸、中共不允

○聯合國報告、最近三〇年、全球國內生產毛額總值達一九九三年的二三兆美元、國民所得增加了三倍、最窮者收入、佔全世界收入的比率、已由百分之二・三%、降至百分之一・三%、但台灣在這三〇年間、國內生產增加了五倍、但基層階層與這超級生產成長無緣、貧富差距愈來愈大

七月一六日　○日本右翼・政治集團在釣魚台設置燈台

七月二五日　○對釣魚台、獨立台灣會重新聲明、「屬於台灣領土、台灣獨立之前、凡有關離島之任何條約・密約、概不予承認」

七月二九日　○中共海軍加強潛艦作戰演習

七月三〇日　○「建國會」部分成員將組黨（召集人林山田）

八月八日　○彭明敏「短期內不會參加建黨」（幕僚表出）

八月一二日　○國民黨秘書長吳伯雄訪問民進黨中央、主席許信良說「大家一同來喝茶、取代喝咖啡」

八月二三日　○「行政院主計處」公佈、今年失業率將達二・九七%（其實、失業者八〇餘萬人）、創近一〇年來新高、無人入住的新築空房、全島約九〇萬戶

八月二六日　○統一財團首要・全台工業總會理事長高清愿、趁中共的經濟統戰、率團赴中國大陸、二九日會見江澤民、台灣團員說、中共國台辦主任江兆國將訪台、國台辦否認

九月　一日	○長老教會、成爲「建國黨」成立時拉攏成員的主戰場 ○民進黨高幹江鵬堅任國民黨「政府」監察委員（康寧祥・張德明續任）、蔡文斌任考試委員
九月　七日	○台灣建國獨立聯盟對民進黨・建國黨保持等距離關係
九月　八日	○台灣獨立建國聯盟、表示將與建國會合作
九月一一日	○「建國黨」公佈黨章（改爲和平理性的體制內改革路線）
九月一六日	○全國律師聯合會常務理事李勝雄、「以基督教的信仰立場主張台灣獨立」
九月一七日	○建國黨公佈黨章、民進黨打出新台獨論
九月二一日	○中共統戰再進一步、提出與台灣合作釣魚台探油工作
九月二三日	○獨立台灣會宣傳車隊、到中壢聲援「台籍老兵大會」、再到新竹市進行例行遊行、宣揚台獨理念即台灣民族主義
九月二七日	○民進黨創黨一〇周年、主席許信良說、「台灣沒有獨立問題」
一〇月　三日	○中共計劃購入法國老航空母艦（Clemenceau） ○美上院、不區分釣魚台與琉球 ○建國會會長彭明敏針對民進黨、痛斥大和解・大聯合、並痛心大選時輔選幹部向李登輝輸誠
一〇月　五日	○國民黨駐日代表莊銘耀說、中（國民黨）日、釣魚台列嶼一二浬外、維持原先捕魚默契 ○「台灣人建國保釣聯盟」發起大遊行
一〇月　六日	○民進黨・建國黨聯手「保釣」大遊行（總指揮林岳峰） ○建國黨成立大會、李鎮源首任主席、林山田副主席、李勝雄秘書長、決策委員一一人 ○一貫堅持體制外革命獨立建國的「獨立台灣會」、爲了和體制內改革畫清界線、拒絕加入建國黨及擔任顧問
一〇月　七日	○香港・台灣保釣聯合抗議運動、可能是中共統戰政策一環 ○香港・台灣聯合抗議團、登陸釣魚台、五星旗・青天白日旗一同插上島上、五〇分後離島
一〇月　八日	○彭明敏婉拒就任「建國黨」榮譽主席 ○因國民黨的「內政部」拒審建國黨黨章的「台獨主張」、或英文黨名 Taiwan Independence Party、建國黨卻即時刪除其台獨主張部份及英文名
一〇月二一日	○國民黨將造「原住民保留地管理條例」、巧取豪奪原住民保留地
一一月　一日	○建國黨公佈黨旗・組織結構「五會八組」、及「總部辦公室」各組負責人 ○「獨立台灣會」設立地下電台「台灣大衆廣播電台」、與宣傳車隊雙管齊下、擬以再進一步推行大衆啓蒙工作、提高台灣大衆政治覺醒

(1)　爲台灣獨立建國運動流第一滴血的烈士——陳智雄

陳智雄、于一九一六年出生屏東、自幼即赴日留學。先後就讀青山學院中學部・東京外語大學畢業、曾任職日本外務省（即外交部）。一九四一年太平洋戰爭爆發、日軍佔領南洋英・荷屬殖民地、由於日本佔領軍政府、急需外交人才、因他精通八國語文、以軍文人員身份受任派遣駐印尼。

二次大戰結束、各殖民地紛紛爭取獨立、於是與殖民統治者武力鬥爭。印尼自不例外、由蘇卡諾領軍與荷蘭殖民統治當局作戰。斯時陳智雄仍滯留印尼且娶荷蘭籍女子爲妻。他出身日本殖民地的台灣、對殖民地的人民爭取民族解放獨立運動頗爲同情。乃藉荷蘭籍夫人爲掩護、暗中提供日軍遺留下來的大批武器援助印尼民族解放獨立革命軍、策動日軍幫助訓練印尼部隊且實際參與作戰。印尼獲得獨立建國後、由於他有功於印尼獨立建國、遂被奉爲國賓、並獲蘇卡諾總統贈勳且頒予榮譽國民之名譽。

陳智雄目睹印尼經由人民的奮鬥終獲獨立。他有感於因爲殖民地的台灣卻像奴隸一樣、由一個主人、轉賣予另一個主人、人民永遠無法當家做主、乃決意獻身台灣解放民族運動。於是接受當時設于日本的台灣共和國臨時政府委任爲駐東南亞巡迴大使、從事台灣獨立建國運動。但後來、由於親共蘇卡諾政府在中共壓力下將他拘禁、阻止他從事臨時政府的外交活動。被下獄的他至爲憤慨、在獄中致函蘇卡諾指責他忘恩負義。蘇卡諾自知理屈、終於下令釋放並致歉。當時他決意放棄在印尼之事業與家庭、踏上不歸路、赴日與同志會合共同打拼。但日本政府受國民黨政府買收禁止他下機入境、原機遣返、印尼政府同樣地也不准他再入境。於是他成爲無國籍的政治難民、隨機漂泊飛來飛去、做「**空中飛人**」達六個月之久。此事經新聞報導、成爲轟動一時的國際新聞。

直到某日他在機上遇上一位瑞士國會議員、彼此交談之下、瞭解他的身份後、表示對他的處境頗爲同情、安排他去瑞士居住、取得瑞士國籍後、不久順利進入日本。到達日本之後、即積極展開台灣獨立建國運動、令國民黨政府頗爲頭痛。於是于一九五九年派遣情治人員秘密赴日非法逮捕、並把他裝在擁有外交豁免權的外交郵袋運回台灣。當時調查局以利誘威逼軟硬兼施、許予每月給予五千元生活費及出任省府參議之職位。但仍不爲所動、繼續在台灣發展組織及公開演講主張台灣獨立建國。

一九六一年再遭調查局逮捕、這次陳智雄再度他不但不當官、也寧死不願放棄台灣獨立建國之主張、逼得警總判下第一位台獨案的死刑犯。當時同盟的難友勸他提出上訴、不惟被嚴詞拒絕、且被斥責、謂：「**台灣人民不應認同國民黨統治權的法令、而向其法庭上訴。**」一九六三年五月廿八日這一位堅持台灣獨立建國至死不悔的陳智雄遂遭槍殺。臨刑時執行人員強制要他下跪、但他爲維護台灣人的尊嚴、不屈從、堅強地站立著高呼台灣共和國萬歲、台灣人民萬歲、從容就義、流下台獨案的第一滴血。

事隔不到兩年、台灣共和國臨時政府大統領廖文毅卻向外來政權的國民黨政府投降。（蔡寬裕筆）

(2)　黃埔軍校台籍軍官叛亂案

基隆青年陳金龍於民國三十九年起、曾以漁船偷渡日本多次。他投入在東京成立之「**台灣民主獨立黨**」（廖文毅主席）從事台灣獨立運動。他奉命自日本返台、暗晤台灣名士楊肇嘉。楊爲其介紹國大代表楊金虎。楊金虎再爲其介紹同爲國大代表之黃及時。黃再爲其介紹三人：一爲黃所經營進出口商公司之經理陳毓卿（台中清水人、台大畢）、一爲開業醫師潘迺賢（台北人、曾任台北市議員）、一爲黃之遠親黃溪海（台北人、黃埔軍校22期畢業）。

陳金龍再往晤在軍中服役之黃埔軍校22期台籍軍官黃深柱・吳鐘靈與簡東仁（時從軍中病退）與林再

受等人、倡議「**反國民黨、反共產黨、台灣獨立**」、以黃埔軍校台籍軍官爲骨幹籌組「**台灣獨立革命委員會**」（或軍事委員會）、並分別佈署組織、邀請台灣名士爲政治領導人、分頭吸收同志。

林再受高雄楠梓人、他在二二八事件中、目睹台灣同胞慘遭殺戮、義憤塡膺。如今既知有此抗暴組織、即積極介入、並就近吸收其親同兄弟林茂雄（曾在高雄漁會服務、亦曾任高雄市議員）。殊不知林茂雄爲調查局之秘密線民。於是不久林再受被捕、在調查局供出他所知之台獨組織。幸而他尙未深入、所知有限。不久、陳金龍・黃深柱・吳鐘靈等相繼被捕、刑求取供。其中、陳金龍所受之刑求最爲嚴厲、幾度被拷打昏迷、內傷最劇。他亦曾企圖自殺而未遂。他爲何如此遭受比他人更嚴厲之酷刑拷問？原因乃他所知最多、但不實招、或「**供枉不供黨**」、使特務人員疲於奔命之故。

由於陳金龍之「**好漢耐打**」、使案情範圍不致於擴大、被判刑者僅止於四人而已。即陳金龍・黃深柱・吳鐘靈・林再受、依懲治判亂條例第二條第三項各判處有刑徒十年。

發監執行、無減刑、無假釋。每人在獄滿十年後始被釋。不久、陳金龍因內傷難治而去世。

其他需加一筆者、在台灣之蔣家政權、一再向國際放話、說台灣人服從其統治、歡迎其統治。是故、凡有台灣人之反抗事件如「**台獨**」、均被遮蓋或掩飾。明知台灣名士楊肇嘉・楊金虎・李源棧・黃及時・高玉樹等爲台獨而假扮不知。但對中共派來之所謂「**匪諜**」卻公開處刑、在台北馬場町槍殺示衆、祇緣反共爲國際性而蔣家以「**反共大導師**」自居、以反共抗俄取悅世界民主陣營。（吳鐘靈筆）

(3)　台灣民主化運動綱領的藍本

前期台灣的反抗鬥爭、無論郭懷一起義或朱一貴・林爽文大起義等、他們雖然因處於封建的時代環境裡、迄未擁有近代思想的革命理論、可是、他們被壓迫的開拓農民（不是鄉紳階級等土豪出身的讀書人）、爲了解除外來統治者所給的痛苦與艱難而起來發難的大衆起義、在其本質上是反抗自外界的壓迫剝削及爭取自己出頭天做主人而戰、所以這是完全合乎近代殖民地解放的革命思想與方法。這種前期的「**大衆起義**」、在台灣的歷史累積過程中、逐漸成爲台灣人「**抗外鬥爭**」的精神傳統。

到了日據時代、隨著台灣社會開始近代化、近代思想（民族自決・殖民地解放・社會革命等）湧進島內、於是、這傳統的「**大衆起義**」抗外鬥爭、乃昇華爲名符其實的近代殖民地解放鬥爭（具有理論性・計劃性・目的性・組織性・統一性）。但在另一方面、由於從此知識份子開始參加、以致抗外鬥爭即分裂爲兩條路線、一條是「**革命鬥爭**」（繼承台灣傳統的大衆起義、站在勞動大衆的立場、以勞動大衆爲主力軍、企圖訴諸武力徹底推翻日本帝國主義的殖民體制並建立台灣共和國、台共・農民組合・後期文化協會・蔣渭水民衆黨左派份子等的路線）、另一條是「**改良主義**」（站在地主資產階級及小資產階級的立場、在殖民統治體制的前提之下、以請願・乞求等拜跪方式請求外來統治者恩賜平等權利、台灣議會設置請願運動・前期文化協會・蔡培火民衆黨右派份子・地方自治連盟等的路線）。

再到第二次世界大戰結束、經過二・二八大屠殺的慘痛的經驗教訓之後、日據時代的「**改良主義**」才開始被台灣知識份子淘汰、只成爲台灣人買辦階級及投降份子出賣台灣・台灣人的專用工具。但在其後、新進知識份子出身的反中國國民黨殖民鬥爭、大體上卻又由知識份子此種改良主義妥協性、想來協同蔣家國民黨外來統治者並建立台灣共和國爲其獨立建國鬥爭的目標。他們把「**民主化運動**」與「**武力鬥爭**」認爲是不同鬥爭的對立的二個部門、進行三〇年的所謂「**獨立運動**」、決意奮鬥到達成目的爲止。

其中的台灣民主化運動、最早被擬爲核心組織乃是「**中國民主黨**」的創立、其計劃是一九六〇年九月、在李萬居等渴望台灣殖民地解放的知識份子、與雷震等反蔣介石獨裁的在台中國人開明人士合作之下而推行的。其形式與方法、雖然未能滿足台灣獨立的理念與方向、但在台灣地下的獨立運動者、想藉此爲跳板來把整個島內情勢轉變爲反殖民地的民族獨立鬥爭、所以不分彼此、或明或暗的給予支持。

左列的「**中國民主黨創立宣言草稿**」、是他們爲了準備建黨、而秘密擬草的初步文件。因建黨一事受到蔣家政權執拗的壓迫與摧殘而不能實現、以致這些文件在當時遂無法發表。到一九六七年、其全文才由「**獨立台灣會**」地下人員秘密攜往日本並刊登於「**獨立台灣**」月刊。這篇歷史文件中的第二我們的政綱、第三我們當前的政治主張、即是其後的台灣民主化運動綱領的藍本。

「中國民主黨創立宣言草稿」

一　前　言

中華民國四十九年　月　日我們有志創立新黨的人士在台灣省台北市集會、正式宣佈中國民主黨於今日成立。

我們想把我國政治導入現代民主政治的常軌、在此時此地、組成一個英美式的和平政黨。爲我們知道在這個地區、爲一個政治理想而和平奮鬥、比用武力革命更艱難得多、六十多年的歷史告訴我們、許多和平改革運動的政治團體、每每遭受各種各樣的打擊而消滅癱瘓。當和平的政治團體消滅或癱瘓的時候、就是武力革命抬頭的時候、其結果、不僅那個專以打擊和平政治團體爲能事的政權、總是在武力革命之前崩潰、而全國人民也必陷於國破家亡的慘境、這是我們這一世代的人所覘身體驗的。現在我們又在台灣組成一個和平性的新政黨、回顧往事、我們的心情自然是沈重的。

然而時代畢竟是轉變了。我們清清楚楚地看出、我們中國人民無論是在台灣的、或流亡在海外的、或在大陸掙扎於生死邊緣的、基於十數年或數十年切膚之痛的體驗、大部份都已認識到反共的眞實意義。這個意義、簡括的講、就是大家要做「人」、要做充分享有基本人權的「人」。這是我們這個世代的人最可寶貴的措施、都可同樣的任人自由批評而求改進、有了公平選舉、人民的政治願望、才會循正常的途徑以獲實現。

我們的黨是全國性的、決沒有地域界限、台灣人與生活在台灣的大陸人、不僅血統相同、也沒有政治利害衝突。台灣人與大陸人對於共黨政權的深惡痛絕是一致的、台灣人希望光復大陸與大陸人想回到故鄉、其心情也是一樣的。至於想把政治導入民主正軌以保障人權、更是大家一致的要求。如果我們的黨在人數方面台灣人多於大陸人、這不過是由於人口比例而自然形成的現象、在精神上決無礙於融合。

二　**我們的政綱**

㈠　爭取國家的獨立與統一

(1)　我們決心從事一切努力摧毀共黨政權、使中國從中共與蘇俄的雙重奴役之下獲得解放

(2)　我們決心維護中國的獨立、並進而謀求中國的統一

㈡　維護國際的正義與和平

(1)　我們尊重聯合國憲章、並願盡其所能、促使聯合國偉大目標的完成

(2)　我們主張與自由世界國家普遍的維持並增進和平友善關係

㈢　保障人民的權利與自由

(1)　憲法上所列舉的人民權利與自由必須確保、不得加以任何限制

(2)　實行法治、在法律之前人人平等、任何人不得於法律之外享有特權

(3) 台澎地區應解除戒嚴

(4) 未經立法手續的機構一律撤銷、如國防會議、警備司令部、青年反共救國團

(四) 維護司法獨立

(1) 我們主張法官不得參加政黨、以符合憲法上「**法官須超出黨派以外**」的規定

(2) 我們主張司法應與行政分離、以做到眞正的司法獨立

(五) 建立國家軍隊

(1) 軍隊應屬於國家、憲法上關於「**全國陸海空軍須超出個人地域及黨派關係以外**」的規定、必須切實遵行

(2) 現任軍人不得兼任文官、亦不得參加政黨、任何政黨不得以武力爲維持或奪取政權的工具

(3) 黨派應退出軍隊、任何政黨不得在軍隊中設立黨部、或其他類似組織

(4) 裁減軍隊、裁軍應指明爲軍官及士兵、並予以適當安置

(六) 建立文官制度

(1) 我們主張政務官與事務官應實行劃分、事務官不得從事政黨活動

(2) 我們主張一切公務人員均應有足夠維持其適當生活的薪俸或報酬

(3) 厲行退休制度

(七) 樹立政黨政治的規模

(1) 我們反對一黨專政

(2) 我們主張一切政黨應立於完全平等的地位、從事於和平與公平的競爭

(八) 增進人民經濟福利

(1) 我們認爲一切經濟發展、應以提高人民生活水準爲首要目標

(2) 我們主張自由企業、除公用事業及其他有獨佔性之事業外、一律得由人民自由經營

(3) 我們主張職工有組織工會的自由、不受任何政黨的支配、並有團體契約權、社會保險制度

(4) 爲了實行大規模的經濟建設、我們主張歡迎僑胞及外國人的投資與技術合作

(5) 我們主張改善農民生活、肥料換穀的比率、應做到合理

(九) 發展教育文化事業

(1) 我們主張各級政府應增加教育文化經費的支出、以期達到憲法第一六四條的規定

(2) 我們認爲一切教育文化事業、應使國民有自由發展的充分機會、因此我們反對黨化教育及任何黨派利用學校作爲宣傳黨義或灌輸教條的工具

(十) 實行地方自治

(1) 我們主張省縣自治通則應早日立法、使省長由民選產生、地方自治得以早日完成

(2) 我們認爲省市及縣市依憲法所規定的自治權利、應予確保、以爭取各地方的向心力並啓發其創造力

三　**我們對當前政治主張**

基於上列的政綱、我們對於當前的政治問題、擇其最關重要的、提出各項概括主張、並分別說明於次：

(一) 關于保障人權者

共黨政權是根本否定人權的、我們要反攻最基本的意義就在於維護人權、捨此而言「**反共**」、反共不過是一虛幌子、其實際內容、則爲以暴易暴的權利爭奪、這是今天大家所公認的。我們要有一個名

實相符的反共政府、所以我們主張把一切妨害人權的措施徹底革除。

要切實做到這一點、必須具備一個必要的前提、那就是政府本身要守法守信、否則任何法律制度都可作爲騙人的工具。例如秘密逮捕、用刑逼供、都是於法無據的。但是特務機構、警察及軍法機關卻偏要這樣做、這是政府自己違法。又如司法軍法的劃分、是政府一再所強調的、但今天的警備司令部、幾乎無事不管、這又是政府自毀信用。爲確實保障人權、我們主張：

(1)　對於嫌疑犯的逮捕、拘禁、審訊、處罰、必須嚴格的經由法定機關、依照法定程序行文、凡以非法逮捕、拘禁或刑訊者、其主使人及執行人均應視其情節的輕重、依法科以罪責

(2)　凡已受非法逮捕、拘禁、或服刑滿者、應立即釋放、不得勒令交保

(3)　治安機關對於人民集會結社的各項限制應一律取消

(4)　人民創辦報刊只須依法登記、政府不得任意稽延或批駁

(5)　台灣入境管制應行放寬、出境除對役男及有案者外、其餘一切限制應完全廢除

(6)　各種刑事法規、應由立法院通盤檢討、凡與憲法抵觸或刑法衝突者、應分別修正或廢止、其中如總動員法近年來已被濫用、尤應及早廢止

(7)　簡化特務機構、特務工作應與英美等民主國家一樣、限於特定範圍、使人民有免於恐懼的自由、以清除社會上瀰漫的戾氣

(二)　關於取消一黨專政者

一黨專政與一黨執權完全不同、像英美那種兩黨制度國家、經由人民定期的選舉、甲黨獲得多數人民的信任而執權、乙黨則退處在野以監督、這是民主政治的常軌。像這樣的一黨執政、我們不但不反對、而且是我們追求的目標。但一黨專政則完全兩樣、不僅一黨獨霸政權、並且視國家爲私產、一切

厲行黨化。在這樣的局面之下、軍隊不是國家的軍隊、而是黨的武力、教育不是國家的教育、而是黨化青年的工具、司法不是國家的司法、而是黨的御用品、一切公務機關、社會團體、及公營事業都成了黨的俘虜物、乃至國庫成為黨的私囊、黨員成了特權階級。這樣黨化局面不停止、民主政治實無從談起、為取消這樣一黨專政、我們主張：

(1) 現役軍人應宣誓脫離政黨、效忠國家

(2) 撤銷國防總政治部與軍隊中的黨部及政工組織

(3) 維護教育行政的完整、應撤銷各學校青年反共救國團組織、各學校的軍事教官不得從事政黨活動

(4) 尊重學術自由、各級學校的黨義課程應予停授、而改授憲法

(5) 法官（包括司法與軍法）不得參加政黨、凡以黨化為目的的法官訓練機構、應一律取消

(6) 原為國家財產經黨攫取而變為黨營事業的、應一律歸還國家、轉售民營

(7) 黨費不得公然或用變相名目由公庫開支（包括中央政府及各級地方政府的公庫）

㈢ 關於軍事財政經濟者

根據實際情形、經過慎密研究、我們認定軍事、財政與經濟實在互乳關聯、目前的問題、經濟害於財政、財政害於軍事、所以我們把這三個問題併在一起來談。

就軍事言、現在是核子武器時代、軍事力量的強弱、並不繫於兵員的多寡、而繫於科學化水準的高低。以僅有一千餘萬人口的台灣、長期維持六、七十萬的大軍、從財政觀點看、固為絕大的負累、從現代化的軍事觀點看、亦無此必要、而且在我們的軍隊當中、士官以上的軍官人數超過了兵的人數、實屬不合理。

我們的財政、在支出方面、國防經費佔了百分之八十左右、而且國防費之所以龐大、官兵人數太多實爲主要原因、以致官兵待遇並不因國防費的龐大而免於菲薄。在收入方面我們的租稅結構、仍以間接稅爲中心。這種現象一向爲研究財政學的學者所不滿。我們對此雖亦具有同感、但我們覺得今日財政問題最惡者的一面、還是支出方面而非收入方面。我們固然主張收入與支出同時改革、但支出方面的合理實較收入方面的改善更爲迫切與需要。

由於財政支出的不合理、我們的經濟自然深受其害。生產固然稍有增加、但人口的增殖率超過了生產的增加率。這不是經濟的發展或成長、而是經濟的萎縮或疲滯。政府天天高唱節約、但政府本身消費的增加、以致資本的累積實在小得可憐。美國經援物資的相對基金已經變質、出售物資所收回的台幣、並非嚴格的用於經濟建設、而多用於彌補財政的虧欠。同時許多繁瑣而重複的經濟管制、更進一步的扼殺了民間企業和國際貿易。基於以上的分析、對於軍事財政與經濟問題、我們特提出左列主張：

(1) 採取精兵政策、現有國軍之超額軍官及士兵應予分期裁減、對於被裁軍官及士兵、應輔導其轉業於生產事業、予以適當的安置
(2) 提高軍人待遇、使其能維持適當與合理的生活、升遷調補應公平並厲行退除役制度
(3) 立法院審查中央政府總予算、對於國防經費的支出、應有最嚴格的審核之權、以防浮濫
(4) 逐漸建立以直接稅爲中心的租稅制度、取消各種附加稅、簡化稅捐名目及稽征手續
(5) 公營事業應限於獨佔性事業及公用事業、其餘一律出售民營、公營事業預算應予公開
(6) 台灣銀行對於公私營工商業貸款應一視同仁、不得特優於公營事業而妨礙民營事業的發展
(7) 凡是妨害增加生產與發展貿易的一切經濟管制（包括外匯管制）應一律廢除

(四)　關於地方選舉者

我們在前面講過、公平選舉是我們目前急於爭取的兩大目標之一。因為公平選舉是民主政治的必要條件、也是民主政治的起碼條件。這一條件如不具備、所謂民主只於欺人之談。歷年來台灣地方選舉、在國民黨當權派一手包辦之下、違法舞弊、花樣繁多、輿論早有指責、國人無不知曉。例如在辦理候選人登記之前、迫人退讓、在競選開始之後、對於非國民黨所指定的候選人之競選活動、橫加干涉與阻撓、在選舉時、指使軍警及公教人員助選、更是明目張膽的進行、而最駭人聽聞的、則有所謂「**安全措施**」、換票、代領代投、張冠李戴式的唱票及其他種種方法、以改變投票的結果。每一次選舉結果、國民黨當權派無不高奏凱歌、自鳴得意。但依我們的觀察、每經一次選舉、國民黨即喪失一次人心、以致人民與政府的距離日益加大、這是我們不得不引為深憂的。為求改進選舉、收拾人心、我們特針對現狀、提出左列主張：

(1)　辦理選舉人員、應由執政黨與在野黨平均推薦、以便共同辦理、共同負責

(2)　監察人員應實行公開、不僅各黨可推派、各候選人亦得依其意願推派人選參加監查

(3)　嚴禁軍警及公教人員從事任何助選活動

(4)　對於人民從事競選及候選人之競選活動、不得加以任何非法的干涉或阻撓

(五)　關於召開反共救國會議者

今日中國係處於歷史上的空前變局、大陸整個淪陷既已十年、億萬同胞在共黨暴政的凌虐之下更呻吟待救。在這一變局之下、稍有責任感的政府、既不應私心用事、以「**小朝廷**」自誤、而熱血愛國的人士、亦不應自甘暴棄、徒呼負重。我們對於共黨必須先展開「**以民主對極權、以自由對奴役**」的政治鬥爭、進而才能造成時機、反攻大陸。反攻復國、工作至為艱難、既非任何一黨一派的能為力、更

非任何一黨一派所能包辦、必須團結海內外一切反共的黨派與人士、一德一心、共同努力、庶克百濟。數年以前、國民黨與政府爲號召團結、曾提出開反共救國會議的主張、輿論多欣然響應。但蹉跎歲月、迄今未見實行、自食其言實屬不智。

「**漢賊不兩立**、**王業不偏安**」、歷史昭然前車可鑑、我們如果不能早日反攻大陸、僅就目前局面以圖自保、決非長策、姑無論共匪狼子野心、時思一逞、而國際間兩個中國的陰謀、亦正在潛滋暗長之中、所以我們今日所處的地位、並非絕對安全。

本黨成立伊始本諸「**救國不敢後人**、**成功不必在我**」之義、極願見反共救國會議及早召開、使中國政治獲得新機、進而促使反攻復國的工作得以早日展開、不勝厚望、謹此宣言。

(4) 蘇東啓事件

張茂鐘（嘉義縣民雄人、經營民雄戲院）爲擁有堅強的台灣獨立思想者、詹益仁（雲林虎尾人）找他、兩人親眼看到二・二八大革命中的大屠殺、更爲確信非推翻殘酷且腐敗的蔣家中國人殖民統治而爭取台灣獨立不可、若不如此、台灣人不但沒有前途、大衆的生活也無法改善。因此、他們找蘇東啓・林東鏗（虎尾人、虎尾黃金戲院管理員）、商議以武力推翻蔣家政權、達成台灣獨立、決定先分尋找同志。至一九六〇年底、逐一獲得黃樹琳（虎尾人、鎭農會獸醫）・李慶斌（虎尾人、商）・陳金全（虎尾人、商）・張世欽（虎尾人、工人）・陳火城（虎尾人、工人）・沈坤（虎尾人、工人）・王戌已（雲林縣西螺人、農民）等人的參加。

一九六一年一月、蘇東啓找台北的高玉樹。高玉樹指示繼續發展組成、廣集大衆、等到九月「**聯合國**」開會時發動起義、確保地區電台。同時在台北呼應、擬以訴諸聯合國、並爭得美國支援。

張茂鐘・林東鏗又爲了獲得一班台灣人士兵參加台灣獨立的武裝起義、乃先爭取到熱衷於台灣獨立的現役士兵陳庚辛（台北縣南港人、第一〇七四部隊上等兵）加入組織、然後再由陳庚辛鼓勵鄭金河（雲林縣北港人、上等駕駛兵）・鄭正成（台北縣林口人、上等駕駛兵）・洪才榮（台北縣頂固蔣人、上等駕駛兵）・陳良（雲林縣虎尾人、上等駕駛兵）・鄭清田（台北縣瑞芳人、上等駕駛兵）・詹天增（台北縣瑞芳人、上等通信兵）・吳進來（台南市人、上等通信兵）・張邦彥（雲林縣林內人、空軍新兵訓練中心二等兵）・李志元（雲林縣北港人、空軍新兵訓練中心下士教育班長）等人加入。

蘇東啓、是雲林縣北港出身的一位頗富名望的實業家、於一九六一年一月當選雲林縣縣議員。他在一九六〇年以黨外候選人身份（中國青年黨）、與蔣家國民黨提名的買辦份子林金生（國民黨中央常務委員）競選第四屆雲林縣縣長、竟遭蔣家特務以非法的橫暴手段擊敗落選、但他落選後也絲毫不氣餒、而且更積極的繼續反對蔣家國民黨的獨裁專政、並參加籌組反對黨（雷震・李萬居等的中國民主黨）。因他爲人正直、敢作敢爲、所以更被蔣家特務視爲眼中釘。張茂鐘・詹益仁鑒於蘇東啓素有台灣獨立的思想與言論、並具有廣泛的號召力、乃邀請他參加革命組織、並請他出面領導、以便獲得當地台灣人廣大的支持。蘇東啓加入組織後、即利用他的有利的社會關係、廣泛宣傳台灣獨立思想、並飭令親友向一般民衆秘密推廣：「**台灣人不是中國人、台灣不屬於中國、台灣應獨立**」等革命言論、以期發動大家起來抗爭。他在方法上認爲：「**政變須以軍隊爲主、而軍隊又以裝甲部隊爲中心**」、所以特別提醒同志們要注重於爭取裝甲部隊。

一九六一年一月上旬、張茂鐘等熱愛鄉土的台灣人聚集於虎尾鎭詹益仁的國際照相館、商議打倒蔣家集團方策的結果、決定把同志們再進一步予以組織化、終於成立了「**武裝行動隊**」、並推舉：

負責人兼隊長　張茂鐘

副負責人　　詹益仁
指揮作戰　　林東鏗・黃樹琳
兵器管理　　李慶斌・沈　坤
後　　勤　　詹益仁・陳金全
聯　　絡　　張世欽

繼之、擬草「**行動計劃**」、決定應先奪取虎尾糖廠駐廠保警及空軍訓練中心等處的武器、然後再襲樹仔腳第一〇四七部軍營、再在雲林發動武裝起義、同時控制電台、向全島廣播、爭取島內的嚮應與國際同情。

旋至三月九日、企圖參加起義台灣士兵所屬部隊（第一〇七四部隊）、臨時接到「**預防**」命令、改調高雄林園本部。台灣人起義士兵、立即把部隊調防事報告詹益仁。詹益仁・張茂鐘・林東鏗馬上報告於旅居台北「**金龍旅社**」蘇東啓。蘇則隨時聯絡高玉樹、高玉樹立即暗裡通知停止行動。

一九六一年三月九日晚、碰巧「**武裝隊**」開始行動、當晚到達陳金全家集合者計有張茂鐘・詹益仁・林東鏗・黃樹琳・李慶斌・陳金全・沈坤・張世欽・陳庚辛・鄭金河・鄭正成・鄭清田・詹天增・洪才榮等人、預先設計台灣獨立國旗與臂章爲識別、趁樹仔腳第一〇四七部隊移防之際、企圖襲擊兵營、刧取武器。在林園海軍部隊也預備百餘人員、即將打出。偶然、從台北傳來「**今天延期**」指示、起義士兵才於三月一日歸隊林園、遂在半途停止作戰。

張茂鐘等這次的武裝起義不但未能達成目的、卻因事情擴大而無形中走漏消息、不幸爲蔣家特務所探悉、自一九六一年九月十九日清晨二時許、蘇東啓・蘇洪月嬌夫婦被捕於北港自宅開始、全島在台灣警備總司令部的指揮之下、共被捕三〇〇餘台灣人。

同年九月二十一日、台灣「**聯合報**」報導警備總司令部發表：「**蘇東啓因叛亂行爲、經依法予以拘捕、現正偵辦中**」。

翌年的一九六二年五月十七日、蔣家集團在非公開的警備總司令部普通審判庭把蘇東啓・張茂鐘及陳庚辛判處死刑、另把四七人判處無期徒刑、一五年・一二年等有期徒刑。

然而、這事件引起島內外很大的注目、各地的台灣人都奔走營救、尤其在雲林縣內的縣議員均聯名提出抗議、海外的台灣人也開記者招待會等、以期喚起國際輿論的同情與注意。於是、蔣家集團才不得不在同年七月二十三日通過國防部發表：「**原判事證欠明、用法量刑失當、即非全無理由、應將原判決撤消、發同更審**」。

一九六三年九月二十五日、台灣警備總司令部發表覆審結果：

蘇東啓・張茂鐘・詹益仁・陳庚辛等四人各被處無期徒刑

林東鏗・黃樹琳・鄭金河等三人各被處徒刑一五年

李慶斌・陳金全・張世欽・沈　坤・鄭正成・鄭清田・洪才榮・詹天增・陳　良等九人各被處徒刑一二年

洪進發（北港人、商）・蘇　映（北港人、理髮業）・林光庸（斗六人、雲林縣政府雇員）・蔡光武（雲林縣林內人、農）・李志甲・張邦彥等六人各被處徒刑七年

黃錫琅（斗六人、古坑中學教員）・陳世鏗（台中縣霧峰人、農校教員）・謝登科（雲林縣大埤人、農）・陳火城・王戊已・廖阿琪（西螺人、農）・王錦春（虎尾人、商）・廖錦星（虎尾人、商）・黃德賢（土庫人、小學教員）・江　柱（虎尾人、商）・吳進來等一一人各被處徒刑五年

廖炎林（虎尾人、商）・許錦亭（北港人、國校教員）・林江波（台北縣汐止人・上等砲兵）・蔣來明（新竹

人、上等駕駛兵）・林振坤（雲林縣古坑人、少尉排長）・顏錦福（嘉義市人・師大學生）・蘇洪月嬌（蘇東啓妻）等七人各被處徒刑二年

廖學庚（西螺人、商）・廖本仁（西螺人、商）・洪文勢（彰化縣二林人、農）・謝崇雄（北港人、家畜保險公司主任）・劉平西（斗六人、斗六中學職員）・黃子明（北港人、商）・林經堯（雲林縣東勢人、東勢民衆服務站幹事）・蘇竹源（彰化縣二林人、商）・林利德（雲林縣東勢人、商）・黃天正（雲林縣東勢人、東勢鄉公所幹事）等一〇人各被處徒刑二年、緩刑二年

事件餘錄①：

一九七〇年二月八日、因蘇東啓事件入獄的鄭金河・詹天增・陳良・鄭正成等台灣人軍人志士、與同樣因台灣獨立運動入牢的政治犯江炳興・謝東榮、一共六人的難患同志、一舉成功的逃出台東縣東河鄉「泰源監獄」（著名的政治犯集中營、仿效戴笠軍統時代的貴州「息烽集中營」、俗稱「大學」──參閱 p.855）。據聞、這些志士們當要越獄時、受到看守監獄的台灣人士兵們「蕃薯仔不打蕃薯仔」的大力幫忙、才順利脫出虎口。但很不幸、他們六人、除鄭正成以外的五個同志均被蔣家特務發現、遭槍殺而飲恨犧牲。

事件餘錄②：

「**我夢雲林十五年**」（蘇東啓──坐牢一五年後、一九七六年九月以蔣介石死亡受「特赦」出獄）

一九七六年九月十八日凌晨一時、對我受盡折磨・打擊的一家人來說、都是永難忘懷的一刻。就在這一刻、我總算熬過了十五年悽悽慘慘、孤孤獨獨的有形苦牢生涯、在難友們的祝福聲中、在妻子・子女的迎迓下、再次邁進走向生命史上另一個新的旅程。

迎向黑暗、追逐永恆

正凌晨一時、我拾起與我相依十五年的簡陋行囊、和一群同樣爲自由、爲民主、爲正義備受凌辱的可敬難友們一一握別。在那一張飽受風霜的臉上、都綻開著肅穆的笑容。我了解——就像十五年中我目送難友出獄一樣——那笑容是由一連串期待•鼓勵和誓言凝聚而成！面對這些笑容、我能畏縮？我能自私地心存「**此去將要享天年**」的慾令？我不禁立正、舉起雙手做一個堅定•有力的「V」形手勢！然後、我快速轉身走向牢獄大門。不再需要誇張的儀式、不再需要俗陋的誓詞、我已與天地立下永恆誓盟！

大門外、已有闊別了十五年的妻在苦候著我、當我跨出大門第一步、他(她)們不約而同地把我擁抱、親情、頓時烘暖了我十五年永凍的身軀、感激之情油然而生。感謝蒼天！在歷盡滄桑、苦難之後、還有與親人團聚的機會。比起那些慘遭家破人亡的難友們、我是何其大幸！

那是一個黑漆漆的深夜、天上不見一絲星月之光。我們乘坐的兩輛計程車、就在這黑幕低垂的鄉間(台北土城鄉)道路上、向前奔馳。

深夜的寂靜、天地的漆黑、似乎在告訴我：這就是台灣的縮影！這就是台灣人四百年來的命運的寫照！

難道這就是上天刻意顯露的警示？如果是、我以及我全體家人、都已準備好再度接受考驗與挑戰！

「**我們的車子要開往何處？**」我掙脫了心中念頭、問依偎在懷中的愛妻。

「**開往永恆•繼續開往你決心去的目的地！**」愛妻如此回答我。她竟是這樣一位堅強的女性。

爲台灣坐牢、爲真理受難

就宇宙而言、十五年只是一個微不足道的刹那、但對人類而言、那已是一個漫長的歲月。自戰後、追隨台籍先賢之後、「**政治民主**」、「**經濟平等**」和「**社會正義**」的追求、我所關心的台灣的禍福；

處處所爭執的是眞理。儘管不少事例已強烈顯示、我守正不阿、堅守原則的志節、終必以自由乃至生命做代價！但大義之前、我從未畏縮、從不猶豫、始終屹立不搖！

在政治犯生涯中、在邁出有形監牢後、每遇有人問我、是否懊悔？ 是否悲傷？ 是否恐懼不已？

我的答覆總是：

「**爲台灣坐牢、爲眞理受難、乃是無上的榮耀！何來懊悔・悲傷・恐懼之理！**」

夢牽魂繫是雲林

雲林、是我生於斯長於斯的故土：：：、無疑的、她是我十五年苦牢中的夢裡常客、純樸的民情、肥沃的田園、青蔥的林木、浪濤輕拍的沙灘、還有那濁水奔流不息的濁水溪、都不時在我夢中浮現！

不知多少個深夜、我孤獨地躺在狹窄、幽暗的牢房內、遙想著故鄉的情景：：：。春耕時、怕雨水不足、夏收時、憂豪雨不休、颱風來、深恐簡陋的農舍隨風俱去！

不知多少個暑天、我會從那尺寬的小窗、遙望藍天故鄉：：：。我的鄉親們是否依舊在警察・特工・稅吏的淫威下顫抖？我們的北港精神是否已經沈靜無聲？

唯有此時此刻、我會軟弱地哀求上蒼：憐我台灣、佑我雲林。

民主的光芒、大家的勝利

去年（一九七七年）十一月、五項地方選舉、將是我一生中永不會忙懷的經歷。不是由于愛妻終告高票黨選省議員、而是全體雲林鄉親用鞭炮、用熱情、用選票、判決我蘇東啓、判決我一家大小無罪！

十七年前、當所謂「**法庭**」在秘密審理後、宣判「**終身監禁**」時、我告訴那群「**法官**」：「**這不是最後的判決、我深信歷史法庭將會做公正的宣判！**」、但、我還不必等到死後接受歷史法庭的平判、我的雲林鄉親已組成了一個大陪審團、適時地推翻了國民黨十七年前加諸於我夫妻父子三人身上的不法判決！我自始至終、不認爲那是一次競選。我們的旗幟鮮明。我身穿黑色囚服、踏遍雲林、我把國民黨施加在我夫妻身上的欺凌・迫害・羞辱呈現在世人之前。正像我六個小女身上所背的字語：「**我爸爸有罪嗎？**」「**我媽媽有罪嗎？**」我們是在向至高至上的台灣人民提出上訴！我們是在尋求覆判！人民的眼睛終究是雪亮的！人民的良知終究是輝煌的！他們永不會像所謂「**法官**」、所謂「**報人**」淪爲御用的工具！

這就是民主政治的可貴處！

這就是我雖身歷十五年苦牢仍無怨尤的原因！

所以、在一九七七年十一月十九日晚上、當「**雲林大陪審團**」作下歷史性的判決後、我和愛妻決定寫下：

「**民主的光芒、大家的勝利**」的感謝標語、向全體雲林人士致敬！向民主政治致敬！

民主之道永無止境

歷史已一再證明、人權不是天賜的廉價品、人權也不全是大官們的施捨品。人權、始終是以血・淚・自由・生命換取的結晶。

除非我們甘願淪爲奴隸、除非我們樂于任人宰割、除非我們情願做一群行屍走肉、否則、我們必須永遠向民主大道跋踄！邁進！

民主之道、永無止境。但只是我夫妻一息尚存、民主道上必有我夫妻的蹤跡在！

（參閱台灣獨立聯盟美國總部「台獨」八三號、一九七八・五・二八）

(5) 彭明敏事件

彭明敏鳳山縣人、曾執教於台灣大學政治系、留學過日本・加拿大・法國、以研究太空法著稱於國際法學界、並在任教期間、也曾以蔣家統治集團派遣聯合國代表團顧問的身份、參加聯合國代表大會、對於台灣的前途與國際形勢素來具有透徹的見識與主張。

他不但是身爲一個著名的大學教授、同時更是一個深憂台灣前途的熱忱的台灣人。他認爲若要解救台灣的滅亡、非把腐敗的蔣家政權推翻不可、即在一九六四年夏開始著手於準備工作、首先聚其學生謝聰敏（彰化縣二林人）與魏廷朝（桃園縣平鎮人）起草「**台灣獨立宣言**」、計劃分發全島各地、想呼籲一千萬台灣人的政治覺醒、以期共爲解放台灣而奮鬥。但不幸因計劃不密而被蔣家特務事先發覺、終於同年九月二十日、彭明敏・謝聰敏・魏廷朝等遭逮捕。

「**台灣人民自救宣言**」（彭明敏・謝聰敏・魏廷朝）

一個堅強的運動正在台灣急速地展開著。這是台灣島上一千二百萬人民不願受共產黨統治、不甘心被蔣介石毀滅的自救運動。我們要迎上人民覺醒的世界潮流、摧毀蔣介石的非法政權、爲建設民主自由、合理繁榮的社會而團結奮鬥。我們深信、參加這個堅強運動使這個崇高的理想早日實現、是我們每一個人的權利、也是我們每一個人的責任。

一

一個中國、一個台灣早已是鐵一般的事實！不論歐洲・美洲・非洲・亞洲、不論承認中共與否、這個世界已經接受了「**一個中國、一個台灣**」的存在。

即使亞洲政策上陷於孤立的美國、也只有少數保守反動的政客、在炒「**不承認主義**」的冷飯、輿論主流、尤其是知識份子、都要求在法律上承認「**一個中國、一個台灣**」、以謀中國問題的最後解決。

美國的外交政策也正在往這個方向發展。爲什麼美國還在口頭上把蔣政權當作唯一合法的中國政府？因爲美國要藉此與中共討價還價、以達成有利的妥協。美國跟中共在華沙談了一百幾十次、美國一直強調了只要中共放棄「**解放台灣**」的要求、美國對中共的門將永遠開放著。

蔣政權只靠第七艦隊苟延殘喘、我們絕對不要被「**反攻大陸**」這一廂情願的神話矇住眼睛、走向毀滅的路上去。第七艦隊一旦撤退、蔣政權在數小時內就會崩潰、「**反攻大陸**」云云、只是蔣介石用來維持非法政權和壓搾我們的口實罷了。

二

「**反攻大陸**」是絕對不可能的！凡是具有起碼常識的人們、都會毫不遲疑地下這樣的判斷。蔣介石控制下的軍隊、頂多是一個防禦力量、而絕不是一個攻擊力量。它的存在完全依賴美國的軍援、而美援的目標、又僅在保持美國太平洋的防衛線、因此它不能獲得超過防衛需要的攻擊武器。它的海軍無法在海上單獨作戰、因爲它不但沒有主力艦、連調養一隻軍艦的設備也沒有。它的空軍由短程戰鬥機組織、攻擊所不可欠的運輸機和長程戰鬥機卻少得可憐。它的陸軍、仍然以輕裝步兵爲主力、機械化部隊和重炮兵只不過是裝飾品而已。台灣沒有支持反攻經濟的能力、蔣介石儘管全力支持軍隊、不惜以百分之八十以上的預算、做爲軍費、但憑這彈丸之地、維持數十萬軍隊、平時已苦於奔命、戰時怎能供給龐大的戰費？又怎麼能夠補人力的毀滅？

戰爭的目的已不存在、蔣介石雖然號召自由民主、但處處蹂躙人權、一手把持政權、以等務組織、厲行暴政。有人說、大陸來台人士、返鄉心切、容易受蔣介石的驅使、其實、中共國勢的強大、已使百年來飽嘗外侮的民族主義者揚眉吐氣、他們相信、這絕不是貪污無能的蔣介石政權所能望其項背的、我們究竟爲誰而戰？爲何而戰？蔣介石已失去了使人信服的戰爭目標、誰願爲這個獨夫賣命？

蔣介石的官兵、把一生奉獻給這個獨夫、請問他們得到什麼代價？一旦年老力衰、不僅不能享其餘生、且被抓去民間流浪街頭。這種騙局怎麼不令他們痛恨、因此退伍軍人常說「**亡大陸的固然是退伍軍人、亡蔣介石也將是退伍軍人**」。

現役官兵的生活、更是慘不堪言。他們常常說「**毛澤東斷了我們的祖宗、蔣介石絕了我們的子孫**」。狂者挺身而走險、猖者鬱鬱終日、官兵越規犯禁層出不窮、指揮官能多方寵賂、結果兵比官驕、軍紀掃地。

至於代退伍軍人入伍的台籍青年在他們的記憶中仍然留著蔣介石在二•二八事變中屠殺二萬台灣領導人物的仇恨、他們雖然三緘其口、始終還是蔣介石的「**沈默的敵人**」、在軍裝的鐵面孔下、固然看不出他們的思想、他們無論如何不致認賊作父、受蔣介石的奴役。政工制度牽制軍事行動、減低軍事效能。軍事行動的優點、在於能迅速動員人力物力、完成任務。政工制度則徇教條監視軍事行動、政治目的重於軍事目的、政治責任抵消了軍事效能。雖然軍中明理之士、如孫立人等、曾提出異議、但卻被戴上莫須有的罪名、迄今含怨莫白。官兵常說、「**一旦動員、先槍斃政治指導員**」。

想一想、一支缺乏攻擊能力的陸軍、在沒有戰費、士氣消沈、效率低落的情況下、和強大的中共作毫無目的的戰爭——這個叫著「**反攻大陸**」、而頑強的五星上將蔣介石、卻效法唐吉•可德高舉一支破爛不堪的掃把、向風車挑戰。

三

爲什麼蔣介石仍高喊「**反攻大陸**」？因爲這個口號正是他延續政權驅使人民的唯一手段。十五年來、他一直藉這一張空頭支票宣佈戒嚴、以軍法控制一千餘萬的人民、他所要的「**反攻大陸**」的把戲、實在是二十世紀的一大騙局。

國民黨官員何嘗不知道這個騙局不能持久、他們一面將自己的子女和搜括而來的財富送往國外、準備隨時逃亡、一面扮作江湖郎中、把「**反攻大陸**」的延命丹擲給死在眼前執迷不悟的蔣介石。

讓我們看看這個口號有什麼魔力：第一、矇蔽人民、利用人民心理的弱點、以苟延早已喪失存在的蔣政權。部份大陸來台人士思鄉心切、可因「**反攻大陸**」的幻想而支持蔣介石、部份台灣人則因盼望政治壓力和經濟負擔減少、而姑信其有。

第二、可利用非常時期的名義、排除憲法和法令的正當行使、陷害愛國而富於正義感的人們、進一步限制言論、封鎖新聞、控制思想、實行愚民政策。

第三、挾中共以自重、向美國討價還價、作爲勒索美援的工具、當中美交涉不順利、或美國向蔣介石施以壓力時、立即在香港放出國共和談的消息、使有恐怖中共病的美國不知所措。總之、「**反攻大陸**」的口號、對外可以要挾中共以自重、對內可以厲行恐怖政治、延續政權。

四

蔣介石政權到底代表誰？國民政府自稱是：「**中國唯一的合法政府**」。它認爲現在的國民大會・立法委員・監察委員、都是經過人民選擧而產生的、包括中國大陸和台灣代表在內。我們知道、這些選擧都是十八年前（一九四七年）擧行的、我們也知道不到一年（一九四九年）中國大陸的人民已痛恨蔣政權的腐化無能、蔣介石雖然擁有數百萬軍隊卻很快地被趕出了中國大陸。顯然、大陸人民已選擇了另外一個政府。當時的國民政府已不能代表當時的大陸人民、何況在十八年後的今天、新的一代已經成長、蔣政權顯然不能代表現在的大陸人民了。

那麼、蔣政權能否代表台灣的人民？三千餘人的國大代表中、台灣的代表只有十餘席、四七三人的立法院中、台灣的代表也不過六名、他們的任期已分別於十二年前和於十五年前屆滿、當然不能代表現在的台灣人民、何況二二八事變時、蔣介石屠殺了二萬的台灣領導人物（當時台灣人口只有六百萬）、雖然台灣人一直忍氣呑聲、但他們一直是蔣介石「**沈默的敵人**」。

談到台灣人和大陸、我們必需指出、蔣介石政權雖然在口頭上高喊「**台灣人與大陸人必須攜手合作**」、其實卻最忌諱台灣人和大陸人眞正合作、所以極力挑撥離間、無所不爲。這種政策、在選擧中表現的最爲突出。蔣政權分化台灣人和大陸人、使他們互相猜忌、彼此獨立、以便操縱與統治。因此蔣政權一直防範台灣人和大陸人的竭誠合作、協力剷除蔣介石的專政、實現民主政治。當雷震尋求台灣人和大陸人合作的途徑時、蔣介石終於撕破了臉皮、不顧國內外輿論的指責、張牙舞爪地將雷震戴上紅帽子。蔣介石深知台灣人和大陸人合作實現之日也正是他的政權瓦解之時。

或者說、蔣介石政權是國民黨的代表、並且根據他們的傳統的「**黨國合一**」論也就是代表中國。其實、蔣政權甚至於不能眞正代表國民黨。國民黨本身只有獨裁、而沒有民主、絕大多數的黨員、沒有說話的權利、他們的代表、在大會中、只能恭聽頭目的訓詞、鼓掌鞠躬而已。他們只是一群「**點頭人**」、只能一致通過頭目的提案、至於提案的內容、是不能也不敢過問的。黨內又是派系分立、在蔣介石的權力鬥爭中、爲兩廣勢力、胡漢民・張發奎・李宗仁等被淸算的派系固不必說、其他不得寵的派系也不能進入權利的核心。這些被排擠的多數黨員、當然是憤慨而不滿的。黨內明智之士、或避而不談政治以作無言的抗議、甚至於積極抨擊、或爲反對蔣政權的主流。

我們可以說蔣政權是國民黨內的少數小人集團的代表。它既不能代表中國又不能代表台灣、甚至不能代表國民黨。

五

台灣經濟的發展面臨兩大問題、一是龐大的軍隊組織、一是激增的人口、這是不負責任的蔣政權在

「**反攻大陸**」的虛僞號召下自我毀滅的陷阱。

根據蔣政權本年的統計、軍費支出佔預算百分之八十以上、這個數目並不能概括所有的軍事費用、每年由糧食局供給軍隊二十萬噸米的價格遠低於市價、而且遠低於局定的價格、軍隊的運費電費以及其他應付公營事業的費用、從未結賬、軍需工廠所得與美援物資拋售所得、也歸軍隊所有、軍隊的消費、已超過資本的形成。

激增的人口、也減低了經濟成長的效果、影響所及、失業問題日趨嚴重、尤以農村的情形最爲惡劣。台灣的勞動人口約有四百萬人、而失業人口至少在一百萬人以上、約占勞動人口的四分之一、每平方公里的耕地、要擠一千二百三十人、受大專教育的優秀青年迫不得已、紛紛出國、每年都在千人以上。蔣政權不敢面對現實、將問題的解決訴諸自欺欺人的「**反攻大陸**」上面、雖然有些知識份子眞正呼喊著、但仍然無濟於事。他們說主張節育的人是失敗主義者、而把希望寄託在剛出生的嬰孩、認爲二十年後、這批後代將爲他們執干而「**反攻大陸**」。

許多人以爲台灣的土地政策是蔣政權的德政、其實、蔣政權實行土地改革的動機、卻是爲了削弱潛在的反對力量。從清朝以來、台灣傳統的政治領導人物、都來自地主階級。蔣介石深知政治人材的興衰對他的專制的影響、因此、先在一九四七年二二八事變中屠殺了兩萬台灣領導人物、又在一九五〇年實施土地改革、打倒傳統的政治領導階級、當然大陸人不屬於台灣地主階級、也是土地改革能實施的主要原因。由於蔣政權傾心消滅地主階級、地方力量終一蹶不振、而農民卻在農產品價格的抑制、無從逃避的重稅、以及肥料換穀政策的重重剝削下、每日爲糊口掙扎而無餘力。

經濟政策應該有一套長期發展計劃、但蔣政權所做的、只是不顧經濟原則的盲目的投資、以及表面而臨時性的應急措施。他們爲了維持軍糧、不惜殺雞取蛋、搾取農民。他們深怕軍費一時中斷、所以不敢面對現實、改革它命脈所在的稅收制度、而任它腐化。他們為了鞏固政權、更與財閥勾結、抑制貧苦大衆、造成貧富懸殊的不安定社會。讓我們看看蔣政權的最後面目、一方面將它們的劊子手們放在重要的位置、加緊暴力統治、他方面以所得「十二億公債」、都市平均地權及變賣公共事業等來搾取人民、屢次派遣他的掌櫃徐柏園到中南美疏散民脂民膏、大買地產。

六

台灣足以構成一個國家嗎？國家只是為人民謀福利的工具、任何處境相同、利害一致的人們都可以組成一個國家。十餘年來、台灣實際上已成為一個國家、就人口・面積・生產力・文化水準條件來看、在聯合國一百十餘國中、台灣可排在第三十餘位、其實許多小國的人民反而能享受更多的福利和文化的貢獻。如北歐各國・瑞士・南美的烏拉圭、都是很好的例子。我們應拋棄大國的幻想和包袱、面對現實、建設民主而繁榮的社會。

有人說、蔣介石已成了裸體的皇帝、我們可以坐待他的末日。但是我們不能不想、走到窮途末路的蔣政權、將台灣交給中共。我們更不能憂慮、台灣將被國際上的權力政治所宰割、所以說我們絕對不能等待。

許多知識份子仍然在迷信「**和平轉移政權**」與「**漸進的改革**」。我們必須指出、如果回顧劣跡昭昭的國民黨史、我們立刻就可以發現、只要剛愎狂傲的蔣介石睁著眼睛、任何方式的妥協不是夢想、便是圈套—專門用來陷害知識份子的圈套、所以我們絕不能忘想「**和平轉移**」而妥協。

七

我們還要坦誠的警告與蔣政權合作的人們、「**你們應立即衷心悔悟不再為蔣政權作威作虎、不再做蔣政權的爪牙耳目、否則、歷史與人民將給你們最嚴厲的制裁**」！

在台灣這種正在開發中的地區、經濟發展實際上是文化・社會・經濟・政治的大革命、而政治則爲一切推動的泉源、台灣儘管具有現代化的良好基礎、可是只要腐化無能的蔣政權存在一天、我們距離現代化仍然非常遙遠、我們絕對不能期待「**漸進的改革**」。基於這種認識、我們提出下列主張、即使流盡最後的一滴血、我們也要堅持到底。

甲、我們的目標

㈠確認「**反攻大陸**」爲絕不可能、推翻蔣政權、團結一千二百萬人的力量、不分省籍、竭誠合作、建設新的國家、成立新的政府。

㈡重新制定憲法、保障基本人權、成立國會與負責且具有效能的政府、實行眞正的民主政治。

㈢以自由世界的一份子、重新加入聯合國、與所有愛好和平的國家建立邦交、共同爲世界和平而努力。

乙、我們的原則

㈠遵循民主常軌、由普選產生國家元首。他不是被萬人崇拜的偶像、也不是無所不能的領袖、更沒有不容批評的教條。他只是受國會監督與控制、熱心爲民衆服務的公僕。

㈡保障集會、結社與發表的自由、使反對黨獲得合法的地位、實行政黨政治。

㈢消滅特權、革除貪污、整肅政風、改善軍公教人員的待遇。

㈣樹立建全的文官制度、實行科學管理、提高行政的效能、確立廉潔公正的政治。

㈤保障司法獨立、廢除侵犯人權的法規、嚴禁非法的逮捕、審訊與刑罰。

㈥廢止特務制度、依民主國家常軌規定警察的地位和職務、並樹立人民的守法精神。

㈦確保人民對國內外通信、遷徙與旅行的自由、維護開放的社會。

(八)　以自衛爲原則、裁減軍隊、並保障退伍軍人的地位和生活。在經濟方面、由於國防負擔大減、我們可以根據長遠的目標和計劃、充分利用人力物力、加速經濟的成長、我們將以民主方式分配經濟權力、廢除個人或階級經濟特權、保障機會均等。我們將建立直接稅制、加強累進所得稅與遺產稅、消除貧富懸殊的現象。我們計劃擴大國家的生產力、消滅失業、普遍提高國民生活水準、使人類的尊嚴和個人的自由具有實質意義。我們將改造農村傳統的生活方式與維護溫飽的觀念、建設科學化・機械化・現代化的農村社會。過去蔣政權盲目投資、無理干涉企業、以低工資支持資本家、以肥料換谷辦法剝削農民、以銷費稅和戶稅增加一般大衆負擔所造成的各種問題、我們將予以徹底解決。

我們確信社會的目的在維護個人的尊嚴、增進人民的福利、因此我們反對蔣政權統治下的恐怖、貪婪與妨礙團結發展的各種措施、而要建立一個互信・互助・友愛的社會、使每一個人都能過完美積極幸福的生活。

八

多少年來、中國只是兩個是非、一個是極右的國民黨的是非、一個是極左的共產黨的是非、眞正的知識反而不能發揮力量。我們要擺脫這兩個是非的枷鎖、我們更要放棄對這兩個政權的依賴心理。在國民黨與共產黨之外、從台灣選擇第三條路——自救途徑。

讓我們結束這個黑暗的日子吧！讓我們來號召不願受共產黨統治、又不甘心被蔣介石毀滅的人們、團結奮鬥、摧毀蔣介石的暴政、建設我們的自由國土。

愛好民主自由的同胞們、千萬不要因看到暗澹的現實而灰心、而絕望。讓我們告訴你們、國內外的情勢對我們越來越有利、而我們自救力量正急速地擴大中、在政府機關・地方團體・軍隊・公司・報社・學校・工廠・農村、到處都有我們的同志。我們這個組織、已經與在美國・日本・加拿大・法國・德國的同志們取得密切的聯繫、並且得到熱烈的支持。一旦時機來到、我們的同志將會出現在台灣的每一角落、跟你攜手合作共同奮鬥。

同胞們！勝利就在眼前、團結起來！這就是我們的標誌、從今天起、它將隨時隨地出現在你們的面前、記位！當你們看到它的時候、這個組織正在迅速地擴大著、這個運動也正在力有地展開著。

彭明敏等三人的被捕雖然沒有公佈、但因他在國際學界上頗有名望、交友極廣、所以他的失蹤隨即引起國際人士的注意、同時某國情報機關即著手查究、並對蔣家政權屢加壓力、迫得蔣家特務當局無法隱瞞、經一個多月後、才不得不宣佈：「**彭明敏等三人、企圖更改國憲、遂以叛亂罪名逮捕**」。

一九六五年四月二日被判刑：

彭明敏徒刑八年（一九六五年一一月三日「特赦」出獄）

謝聰敏徒刑一〇年（一九六九年「減刑」出獄後、一九七一年二月再次被捕）

魏廷朝徒刑一〇年（一九六八年「減刑」出獄後、一九七一年二月再次被捕）

事件餘錄①：

彭明敏出獄後、雖然不斷的被置於蔣家特務嚴密的監視之下、但他乃用盡辦法、突破了水洩不通的蔣家特務網、而與地下組織取得緊密連繫、爲解救台灣而努力不懈、終於一九七〇年一月、脫離魔掌、脫出台灣潛往瑞典。現仍在美洲等地繼續爲台灣獨立運動東奔西走。

事件餘錄②：

謝聰敏於一九六九年出獄後、仍百折不撓的繼續與蔣家殖民集團進行鬥爭、終在一九七一年二月再次遭捕。他在獄中受盡慘無人道的酷刑與折磨、還不氣餒、再以大無畏的反抗精神、而把獄中慘狀、用密信報於外界、使讀者淚流滿腮、而更引起大家自覺、重新決意非集中力量打倒蔣家政權不可。

「謝聰敏獄中來信」

親愛的朋友們：

魏先生（指魏廷朝先生）和我是在一九七一年二月二十三日被捕的。當天、一群秘密警察蠻橫地闖入我的房間將一把反蔣的刊物（包括美國衆議員 Fraser 的演講文）塞進我的皮包、拿它當做控告我們的證據。

從此之後、調查局警察局的血腥魔鬼們開始了血的祭禮。他們拷打我、並在二月二十三日至三月二日以及八日至三月十三日的兩段期間內不讓我睡覺。他們歇斯底里地怒吼狂叫、把一大堆反蔣活動的罪名（包括爆炸台北美國商業銀行在內）加在我身上、並強迫我說明這些活動的經過。用這些我聽也沒聽過的活動來指控我、實在令我莫名其妙。他們將我的雙手反扣在背後、拳打我的雙耳、猛踢我的腹部、痛擊我的胸骨、一股褐色的物質從我的口中噴了出來。我感覺到胸中一陣陣刺骨的疼痛、足足有一個星期無法走路。

在我被捕的數天之後、他們展開了一陣恐怖的搜捕：李政一・吳忠信・郭榮文・劉辰旦・詹重雄・陳賢進・楊鴻鎧等人相繼被捕了。這群血腥的野獸拿他們的供詞當做再度對的刑求的藉口。他們反扣我的雙手、用力扭轉到即將折斷的程度、然後又向我猛烈地毆打。我一再咳血、無法進食者達兩週之久。他們一面叫醫生給我打摧針、一方面則繼續反覆地拷問我。他們又故意要我聽到朋友們受酷刑時痛苦與憤怒滲雜在一起的豪叫聲。在他們瘋狂的拷打之下、我只好採取較溫和的態度。我答應說明去年我所寫的東西、接受一些反蔣活動的指控（包括爆炸台北美國商業銀行的誣告）、並承認以著作聞名全台的傑出學者的李敖是台灣獨立聯盟的中央委員（其實、我對這些中央委員一無所知）。

李敖先生於四週後被捕。他著有二十本書、其中十六本已被列爲禁書、他大膽向國民黨全體主義式的統治提出問難、並因之被尊稱爲反蔣運動中的英勇鬥士。

稍後、中國文化學院的研究生林順益和曾勝輝兩人也被關了進來、說是他們去年以彭明敏教授之名投寄聖誕卡。

蔡金鏗及孟祥軻是以盜取國民黨列爲極機密的政治犯名單遭捕。張茂雄因爲幫助一些處於飢餓狀態中的政治犯家屬也遭逮捕。其中孟先生是一位多產作家。

吳松枝律師曾被關過四個月、原因是秘密警察想向他逼問省議員郭雨新的消息。吳先生已於一九七一年八月二十三日被釋放。政大畢業的白先生也因爲國民黨想調查非黨籍議員或候選人的背景而遭捕。身爲新聞記者又與彭先生有親戚關係的陳炳煌先生、在訪問彭先生的兄妹之後被捕、並且被逼提供彭教授家屬的近況。

安全室警官洪武雄被控以在彭教授離台後、將警察局找我麻煩之方法的資料偷送給我（但在地方法庭、警察局安全室曾經否認對我找過麻煩。倘說他們的否認是眞的、爲什麼洪武雄還會被控告呢？多麼自相矛盾啊！）治安措施眞有點像女巫之獵（witch hunting）、我的很多好友都被貼上反蔣的標籤、分門別類地放進黑名單的檔案中。他們以後會遭受逮捕的。

我不確知到底有多少人牽涉此案而遭逮捕或折磨、秘密警察提過很多我從未聽過的名字。一個叫做洪昭男的台大畢業生被控以企圖把我從這個無法忍受的地方走私出去。這完全是虛構的故事、因爲我根本不認識他。

一九七一年七月六日、蔣經國前來、秘密警察及監牢的總部以遂行他們的密謀。一小撮將軍圍住在他的四週、就像撲火的飛蛾。三週過後、一個省刑警大隊的專家來告訴我、爆炸美國商業銀行的不是我、而是李政一和他的朋友們。我確知那也不過是另一宗誣告而已。他們拿李政一和他的朋友來當代罪的替身。今（一九七一年八月二十八日）早、我收到起訴文的要旨、裡面共牽涉四個人：魏先生・李政一先生和我被引用懲治叛亂條例第二條第一項、李敖先生則被引用第二條第三項起訴。其他的朋友未被提及、爆炸銀行一事也不在內。顯然地、其他朋友一定在另案中被起訴、而李政一和他的朋友們將在另一案中被審判。這群血腥的魔鬼準備把他們埋葬於暗室之中。多狡猾的計謀啊！我很爲他們擔心。

國民黨靠陰謀生存、乃不得不經常懷疑別人對他的陰謀。在這幾個月當中、他們一次又一次這樣問我：美國大使教過你如何推翻政府嗎？他告訴過你美援如何減少嗎？日本想用什麼方法來取代這個政府呢？——我的好友啊、我從未會見過美國大使館的任何館員、你能幫助回答這類問題嗎？

另一方面、他們說、他們那種既短視又反動的政策是不能改變的。蔣政權不會自行下台的。他們問：羅德西亞可以被接受、爲什麼國民黨不能呢？（我爲美國在台灣仿製一個羅德西亞感到遺憾。我對那些反對非洲的羅德西亞、卻支持亞洲的羅德西亞的很多非洲國家也感到遺憾）。

自從被捕以後、我們一直被監禁在秘密警察的總部。他們拿走我身上所有的金錢、直到最近幾個月才讓我休復的機會、但仍禁止來客訪問。我們被隔離關閉在裝有電視傳眞鏡頭的隔音房間、房間的四週沒有窗戶也沒有掛圖。我們不准到陽光下「**散步**」、同時、我們的一舉一動都在警衛人員的監視之中。我們被當作是對國民黨構成威脅的不友善的活動份子。

我認爲我個人有責任把這件事情告訴你們、並設法使這案件不再像其他很多案件一樣被埋葬於暗室之中。這樣做了、我至少也會感到心安。

你忠實的朋友　謝聰敏

一九七一年八月二十五日　于台灣台北

（參閱台灣獨立聯盟美國總部「台獨」三一號、一九七四・九・二九、英文原文發表於「紐約時報」一九七二年四月二十四日）

事件餘錄③：

「魏廷朝同志在島內與敵搏鬥」（阿雄、一九七二・一一・一〇）

魏同志桃園平鎭客家人、一九三一年生、家中做農、兄弟姊妹很多。少年時就有志氣、看不慣富人欺壓窮人、日本人欺壓台灣人。台灣「**光復**」時、他只有一〇歲、也懷著對「**祖國**」的一片幻想、學習「**國歌**」、學講「**國語**」。過了不久就發生二二八事變、心思靈敏的魏同志、立刻就明白了所謂「**祖國同胞**」不過是一些狡猾的豺狼。魏同志是田徑健將又是作文和演說的天才、在他讀初中時、老師要他在「**總統華誕**」時上台歌誦蔣臭頭的功績、他上了台竟氣憤的一句話也不說、以後就成了「**問題學生**」。高中考取台北成功中學、是文理科平均發展的好學生。在他念高二那年蔣臭頭又發起「**救國團**」組織、強迫高中生參加、他聯絡全班同學拒絕入團。事前大家約好一致行動、可是在入團典禮時、教官及校長的恐嚇奏效、他竟被全班出賣、最後只有他一個人拒絕入團而被開除。他是全勤兼品行甲等的優秀生。

退學後、他半工半讀努力自修以同等學歷考取工專、他覺得做一技師對人群社會影響不大、乃又毅然重考台大政治系、畢業後先做了半年礦工、以體驗工農大衆的痛苦、其後在中央研究院做助理研究員。每當假期就回故鄉種田與父老一起工作、他是一個標準無產階級實行家。

他和李敖・孟祥軻等人合編「**文星**」、批評諷刺蔣臭頭。後來又和彭明敏先生・謝聰敏先生共同準備發表「**台灣人民自救宣言**」而被捕。豬仔因爲他是客家人、故意對他分化勸誘、都被他拒絕、與豬仔鬥爭表現最英勇。魏同志堅持台灣人立場到底、在獄中拒簽悔過書、也拒絕下跪、但豬仔也沒有辦法、後來還是放他出來了。他回到故鄉時、故鄉人放炮歡迎他。他在獄中時、其家庭受國民黨迫害、其父急怒憤死、死後三個月警總才通知他、他強忍眼淚默坐了一天。這時其家庭生計由李敖照顧。

他出獄後、拒絕了國民黨代找的職業、在台北一家書局任編輯。我就因書局的關係認識了他。魏同志矮矮胖胖面烏烏、帶近視眼鏡、非常強壯、做人很和善堅定。他不會講福老話、我們就以北京話交談。他每天和我談台灣問題、要我加入台獨革命、我一直鼓不起勇氣、眞是小資產階級的劣根性。我和他談到要出國到國外革命、他很生氣的罵我是無膽的人、不敢面對現實才逃到國外、以後也就不敢和他來往了。

至今在美國也只是寫信、示威遊行呼口號、看外國人臉色行事、對獨立運動毫無助益、眞是愧對魏同志!

現在他又被捕入獄、我祝福他健康、勝利!

（參閱獨立台灣會「獨立台灣」五一號、一九七二・一一・三〇）

(6)　林水泉・顏尹謨事件

林水泉（台北市人、台北市議會議員）・呂國民（桃園縣人、台北市古亭國小教員）・張明彰（彰化縣人、台北市立圖書館大同分館主任）・吳文就（雲林縣古坑人、斗六電信局技術員）・林中禮（雲林縣人、淡江工商專校總務主任）・許曹德（基隆市人、中興氧氣行協理）・陳清山（宜蘭縣羅東人、宜蘭縣立東光中學教員）・顏尹謨（彰化市人、台大法律系畢業）・黃華（基隆市人、基隆補習學校英文教員）等一群富有台灣獨立思想者、他們於一九六四年結識後、即決意努力打倒蔣家政權來爭取台灣獨立。

林水泉是一位熱血的台灣民族主義者、由於他攻擊蔣家政權言論激烈、曾被蔣家特務逮捕、並送進小琉球管訓。他自管訓歸來後、一九六四年、僅二六歲就當選台北市議會議員。他於當選議員的翌年即一九六五年四月間、邀請呂國民・張明彰在台北市民生東路白雲旅社聚會、結爲結拜兄弟、宣誓以消滅蔣家政權爲目的、三人爲核心、擴展組織。同年夏、林水泉又邀呂國民・張明彰・林中禮・許曹德・陳清山等人在台北市民生東路玉山莊旅社商議革命組織問題。

林水泉又在同年（一九六五年）十月赴日、會晤辜寬敏（「日本台灣青年獨立聯盟」委員長）及廖春榮（「日本台灣青年獨立聯盟」宣傳部長）、接受在台收集情報與分發宣傳刊物等工作任務而返台。

一九六六年三月前後、林水泉等的島內組織工作就緒、地下活動發展、顏尹謨・呂國民・吳文就等地下人員、即以「**台灣獨立聯合陣線行動委員會**」名義、郵寄及散發「**六六三一建立台灣共和國**」「**六六三一六台灣獨立鬥爭決戰書**」「**六六三一六—三不三唯宣言**」等傳單於台大校總區・台大法學院學生住所與台北市南京東路等處。

旋至一九六六年十一月十二日上午、林水泉・張明彰・呂國民、約同黃華・顏尹謨・吳文就・林道平（彰化縣人、台大醫學院學生）・陳光英（雲林縣斗六人）、在台北市立圖書館召開第一次秘密會議、表面上以選舉運動爲名、實際上則以台灣獨立革命工作爲目的、而正式成立了「**全國青年團結促進會**」、並推舉各部負責人、張明彰爲總幹事兼財務、黃華負責組織、呂國民負責宣傳、吳文就表面上負責選舉事務、並由黃華兼任草擬章程。

會後、在台北市馬來亞餐廳爲顏尹謨赴日留學餞行。林水泉又在餐畢、邀請呂國民・吳文就・黃華・陳光英等、至其經營的南松山旅社、商討購買炸彈・誅殺蔣家特務官員及炸毀重要建築物等問題。當晚八時許、呂國民・顏尹謨・吳文就・黃華・陳光英等再應林水泉之邀、旅遊烏來、夜宿碧山旅社。此時、由黃華草擬組織系統表及宣言、囑咐顏尹謨默記、赴日後必要時公開發表。

一九六六年十二月四日、張明彰召集呂國民・吳文就・黃華・陳光英等人、在台北市立圖書館召開第二次秘密會議、通過組織系統表、並分配工作。

一九六七年一月二日、張明彰再召集吳文就・黃華・呂國民・陳光英等人、在雲林縣古坑鄉吳文就家召開第三次秘密會議、通過：「**建設台灣共和國、成立台灣共和國政府・制定憲法、成立國會之組織大綱、及誓詞**」、並分別舉行宣誓。同時也談及台灣人高級知識份子領導人與台灣人現役高級民主人士的團結策略問題。

一九六七年二月中旬、吳文就・陳光英即在古坑鄉吳文就家、以「**台灣獨立統一戰線行動委員會**」名義、印製「**六七二二八台灣獨立鬥爭決戰書**」「**台灣獨立宣言**」等宣傳文件、並與呂國民三人分別散發於台灣北部・中部・南部等各處。但此後吳文就即告失蹤。

一九六六年十二月顏尹謨抵日本東京後、即與辜寬敏（「台灣青年獨立聯盟」委員長、一九七二年二月潛台投降敵人）・廖春榮（「台灣青年獨立聯盟」組織部長、一九七二年跟隨辜寬敏脫離「台灣青年獨立聯盟」）・郭錫麟（雲林縣斗六人、冒險逃亡日本後、加入「台灣青年獨立聯盟」爲秘密盟員、接受辜寬敏指示、秘密往返日本台灣間、但被日警發覺、一九六八年被日本政府強制送還台灣）・何文燦（「台灣獨立戰線」負責人之一、日本「台灣獨立連合會秘書長」等人交往密切）。

同年四月劉佳欽（嘉義縣人、台大農學院學生）也赴日留學、進東大農學院研究、即與洪毓盛（台南縣人、東大學院學生）連繫頗密。同月間、陳光英亦以自立晚報記者身份、由台赴日考察、因與郭錫麟是斗六的小同鄉、兩人一見面就很融洽。於是、顏尹謨即邀請陳光英・劉佳欽・洪毓盛、頻繁訪晤何文燦・郭錫麟、研究如何展開倒蔣活動、並計劃返台從事爆炸油廠・水庫・橋樑等工作。

同年（一九六七年）五月、顏尹謨與陳光英先後訪晤史明（當時出任日本「台灣獨立連合會」會長）。二人向史明懇求參加工作、顏尹謨因先已持有能夠證明實屬島內地下組織的憑據、所以當場被史明所接受、立即加入秘密工作單位（現在的「獨立台灣會」地下組織）、同時被派入東京大學法學院研究勞動法。但是陳光英因缺欠能夠證明他確實身份的證件、史明要求他返台取得證明後、再次來日接洽工作才可（陳光英因持有一年期限的記者護照、能多次來往台日間）。其後、陳光英返台、並取得島內可靠高級領導人彭明敏的推薦書、及「**台灣獨立同志聯合會國內行動團**」（團長顏尹琮—顏尹謨胞兄、南山人壽保險公司職員）請求供給工作資金的文件、六月中重來日本、才獲得史明秘密單位的信任、而分配到島內外聯絡及資金輸送的工作任務。

同在六月中、劉佳欽因岳父車禍返台省親、臨走時接受洪毓盛要求、返台後擬以從事情報聯絡工作。但在此時、島內情勢已有不妙預兆、吳文就先告失蹤、不久劉佳欽又告失蹤、後來才發覺均已被蔣家特務秘密扣禁。

一九六七年七月一日及六日、顏尹謨與陳光英先後由日返台。顏尹謨臨走時、本來是決定欲與他一同返台工作的洪毓盛、卻搖身一變、騙取一筆返台工作資金後、即逃竄向蔣家政權駐日大使館特務文化參事宋越倫圈內叛變投降、而當敵人爪牙至今。

顏尹謨接受史明的工作指示、同時也獲得辜寬敏爲今後島內工作願支出資金援助的表示、返台後、竭力推行由史明講述的行動規準中的「**四大戰略**」、吸收同志爲「**獨立台灣會**」會員、及擬定發展組織的詳細計劃、準備帶回日本研究。

顏尹謨又在同月二十日、約同林欽添（苗栗縣竹南人、苗栗縣立南庄中學教員）・陳光英至宜蘭羅東鎭、與陳清山及林樹欉（宜蘭縣羅東人、軍醫出身、台灣大衆幸福黨幹部）・陳福泉（羅東人、國校教員、台灣大衆幸福黨幹部）・黃英武（羅東人、中學教員、台灣大衆幸福黨幹部）等人、在林樹欉診所聚晤、傳達史明等在日秘密單位工作概況與其武裝起義計劃、及辜寬敏的經濟支援計劃等、並共同研究武裝行動。

同月間、顏尹謨又偕同顏尹琮・陳光英至彰化中山國校訪晤賴水河（彰化市人、年六〇）、告以當前急務即是誅殺台奸主要人物及爆炸台北橋・大肚溪橋等交通要衝、並囑咐一起物色志同道合的人士參與行動。

但很不幸、島內地下同志事謀不密、遂爲蔣家特務所發覺、自同年一九六七年八月二十日起、林水泉・呂國民・張明彰・許曹德・黃華・顏尹謨・顏尹琮・陳清山・林欽添・林中禮・賴水河・黃華・林道平等相繼遭捕、吳文就・劉佳欽先被秘密扣禁、張鴻模（彰化人）因受顏尹琮之託刻製圖章、也一起被逮捕。

事後、島內同志們始察覺到、對本組織瞭如指掌的陳光英、係調查局爪牙、以致本組織同志才悉數被捕。全島的被捕者共達二四〇餘人。

一九七〇年八月十三日國防部高等覆判庭宣判：

林水泉・顏尹謨・呂國民等三人各被處徒刑一五年（後來減爲一〇年）

吳文就被處徒刑一二年

黃　華・張明彰・顏尹琮等三人各被處徒刑一〇年

林中禮・許曹德・林欽添・陳清山・劉佳欽・賴水河等六人各被處徒刑八年

林道平・張鴻模等二人各被處徒刑二年

(7)　台灣大衆幸福黨事件

台灣島東北角的宜蘭・羅東地方、是在太平洋洶濤駭浪不斷洗刷的嚴酷的自然環境之下、自初闢時就孕育了仗義執言·大衆起義的優良傳統、所以自從清朝時代的反唐山大衆起義開始、日據時代的抗日戰、以及蔣家國民黨統治下的二·二八大革命及其後的羅東紙廠武裝起義等、烈士們的血跡都灑滿了每一個鄉村的各個角落。

二·二八大革命後、到一九六〇年代、在這具有優良革命傳統的宜蘭羅東地方、有一群熱衷於社會改革的台灣青年、由於不滿蔣家政權的差鄂政策及貪污腐化、遂認爲非訴諸武力打倒蔣家國民黨中國人集團、台灣人則不能見天日、即著手於建立革命組織核心、並擬逐漸向全島發展。

他們先後在台北師範專科學校·古亭國校·政工幹部學校草坪分校、及鵝鑾鼻燈塔地方等處會商、並進行組織工作、終於一九六五年九月、正式成立了「**台灣大衆幸福黨**」、並草擬「**組織草綱**」「**青年同盟組織草案**」「**入黨誓詞**」「**組織草案**」「**黨部局科**」撰寫「**告台灣苦難同胞書**」「**吶減—給沈悶的台灣青年的一封信**」「**台灣苦鬥的歷史**」「**獻給有血有淚教育者的一篇〝不能發表〞文章**」等啓蒙書籍、同時商定將採取武裝·爆炸·游擊等多方機動的革命行動。

由於他們的組織基礎擬建立在勞苦大衆的青年階層、並把擴大組織工作將與日常實際生活緊密聯繫、以期腳踏實地的充實革命陣營。譬如、以富有與勞苦大衆接觸機會的國小教員爲核心、一九六三年四月在台北先組織「**生活促進會**」、定立「**個人生活守則**」「**公共守則**」、而幫助大家充實自己與規律自己、然後讓大家把日常生活與所擁有的抱負及使命打成一片、以期抱定革命的人生觀、並做到能謹愼機密完成任務、所以、整個組織能夠著實的發展、同時立場堅定且富有能力的國小教員·工人·大學生·司機·醫生·商人等逐漸見到增加。

「**台灣大衆幸福黨**」成立後、較早就與台北方面的革命組織發生地下關係、同志間逐漸見到頻繁的秘密往來。林水泉於一九六七年一月赴日前、曾有來過羅東與他們晤談、由日返台後再次來訪。顏尹謨乃在一九六七年七月返台後、隨即約同林欽添・陳光英及居住羅東的陳清山等、前往羅東鎮「台灣大眾幸福黨」的秘密聯絡所「林樹欉診所」、面晤了陳泉福・林樹欉・黃英武等幹部人士、傳達東京獨立台灣會的武裝起義計劃、並商議實行辦法。

但很不幸、一九六七年八月林水泉・顏尹謨等被捕事件發生、遂牽出「台灣大眾幸福黨」、同志們悉數被捕遭難。

國防部高等覆判庭宣判：

陳泉福（宜蘭縣人、國校教員）・黃英武（台北市人、中學教員）・簡金本（宜蘭縣人、國校教員）・黃禎義（宜蘭縣人、中學教員）・林樹欉（宜蘭縣人、軍醫出身）・陳啓智（宜蘭縣人、公路局職員）・黃恆正（宜蘭縣人、商）・黃正雄（台北市人、編織工）・廖正雄（雲林縣人、政大政治系學生）等九人各被處徒刑一二年

林德川（嘉義縣人、景尾女中教員）・劉炳煌（嘉義縣人、台北師專畢、教員、一九七九年一月與謝秀美結婚）・柯耀光（台北市人、師大夜間部學生）・于盛吉（台北縣人、公司職員）・黃茂男（台北市人、師大學生）・余正男（嘉義縣人、業商）等六人各被處徒刑一〇年

邱廣生（苗栗縣人、工程師）・蔡俊榮（南投縣人、司機）・簡金本等三人各被處徒刑六年、楊新一（屏東人、教師）被處感化三年

陳啓智被處徒刑五年、其餘同志刑期不等

(8)　台灣獨立建國運動第一件武裝起義——泰源事件

一九六〇年前後、台灣時局對人民而言、可說是內憂外患、外交上雖靠美國護持、但聯合國代表權席次卻岌岌可危、隨時都會被中共取代、中共發動八二三砲戰延續國共之戰、島內黨外政治運動者雷

震等人積極進行組織反對黨、與此時同時也有不少海內外的台灣人公開或者秘密地從事台灣獨立建國運動。從一九五八年至一九六二年間、被國民黨當局逮捕的台灣案件大小案不下二十餘起、大案者如蘇東啓案牽連百餘人、小案者三五人不等。一九六三年十月間這些被國民黨判刑確定者八十餘人、被移監至新店台灣警備總部軍法處看守所安坑分所、侯船移送火燒島（綠島）監禁。這些從事台灣獨立建國運動者、認爲被逮捕判刑入獄並不是運動終結、一個從事政治運動者應像柳樹一樣要落地生根、再組織準備隨時再出擊。當時安坑看守所於新店溪畔設有砂石採石場、外調政治犯從事採石勞役。這些人發現如外調砂石場有活動空間、可能有再圖起義的機會、於是積極活動外調。但一九六四年三月間、全部被移監至台東東河鄉「**泰源感訓監獄**」。泰源感訓監獄係于一九六三年新設監獄、預備將監禁於火燒島及台北之政治犯全部集中於此監獄。自一九六三年至一九六九年間、被移監至泰源感訓監獄之政治犯約六百餘多、其中約三分之一爲台獨案件。由於泰源感訓監獄係新建設的、需調一些年輕力壯之政治犯從事勞役（在監獄圍牆外擔任工程・樵木・農耕・養殖等工作）。這些被外調台獨政治犯仍不忘再起義的意念。因此、經過三年多內外環境之觀察、認爲有機會再出擊、乃與監禁於押房之同志連繫、討論策劃再起義事宜。由外調的同志進行與當地教會人士・原住民青年保持連繫、並同時積極策反監獄警衛部隊之台籍充員兵配合起義。迨至一九七〇年元月間、獲知彭明敏教授成功出走國外、咸認應趁此機會發出島內獨立建國運動的聲音、以響應在海外之台獨宣傳。乃決定由本事件之首腦人物鄭金河出面與駐監警衛部隊之台籍充員兵接觸、並獲得部份充員兵之支持、擇定于一九七〇年二月七日春節監獄警戒較鬆弛時發動起義。舉事時確有些難以克服的盲點、例如設于監獄之通訊電台、每隔三十分鐘即與台北國安局之通訊電台密碼呼叫一次、如何要制伏電台以及自泰源開往台東之車程需二小時、如何要爭取時間以免被國民黨軍隊中途攔擊等等問題都待克服。但這些台獨政治犯、認爲世上絕無萬全之革命、唯有抱定成仁的決意、只求能抵達目的地佔領電台一小時達成播音任務、將島內獨立建國之聲音傳出去即達目的。起義同志絕不企求僥倖、明知不可爲而爲、大家都抱定成仁的決心。諸如任務編隊・工作分配・車輛・武器準備・廣播錄音帶之製作・文稿撰寫・傳單油印等、作業都于春節前籌備就緒。原預定于一九七〇年二月七日舉事、因警衛部隊內應之同志一時配合不及、乃改期延至翌日八上午十一時衛兵交班時、安排內應之警衛部隊之同志擔任碉堡衛兵（因碉堡衛兵配有實彈）、由鄭金河等六人組成敢死隊擔任先鋒著手舉事。當鄭金河刺殺衛兵長（老芋仔）時、不巧被剛好路過之一名軍官發覺大聲呼救。當時警衛部隊正在午餐、聞聲趕至現場、帶隊之軍官爲台籍紀姓之輔導長、警衛部發現行刺者爲鄭金河等人、一時錯愕（鄭金河與紀姓輔導長相識、彼此曾討論過台灣獨立問題、彼頗同情台獨運動者、不會當國民黨之劊子手）。鄭金河當向輔導長表示此舉爲獨立革命起義、要求紀輔導長響應、帶隊衝入監獄釋放押房內之同志。該紀輔導長在心理上毫無準備之下、一時不知所措。鄭金河等人與警衛部隊彼此對峙十數分鐘、在場之充員兵約有五六十人、雖同情台獨政治犯、其中也有部份的充員兵是被吸收應允內應者、但都不敢出聲響應、紀輔導長不斷要求鄭金河等人快速離開現場撤退山區。鄭金河等人雖也知一旦著手絕無退卻之事、阻礙革命者當排除之理、但彼此均爲同胞怎能彼此自相殘殺。無奈唯有含淚撤退、未竟台灣獨立建國之武裝起義之役功敗垂成。

當日台北當局即獲報告、宣佈台東地區戒嚴、並調派兩師兵力及全島之山地青年服務隊、從台東都蘭山與關山兩方面包抄、圍山搜捕。鄭金河等人經過十餘日之逃亡、一一被逮捕、國安局調派幹員嚴刑拷打逼供。但鄭金河等人早就抱定自我犧牲、減少損失一員即保存實力一分的信念、始終未供出任何一個同志。其革命精神與同志愛令同志們感佩不已。鄭金河等人、除鄭正成一人加刑一五年有期徒刑之外、餘五位烈士于一九七〇年五月三〇日同時就義成仁。

據說警衛部隊紀輔導長等多人亦被株連、判處死刑、因另案處理詳情不悉。

茲將鄭金河等五位烈士年籍簡介於后：

鄭金河、雲林北港人、一九六〇年服役于海軍陸戰隊時、參加蘇東啓之台獨組織被判處一五年徒刑、就義時年三九歲、遺有一子名叫鄭建國。

陳　良、雲林土庫人、一九六〇年服務于海軍陸戰隊時、參加蘇東啓之台獨組織被判處一二年徒刑、就義時年三九歲。

詹天增、台北瑞芳人、一九六〇年服役于海軍陸戰隊時、參加蘇東啓之台獨組織被判刑一二年、就義時年三九歲。

江炳興、台中大里人、就讀于陸軍官校參加台獨組織被判刑一〇年、就義時年二九歲。

謝東榮、嘉義市人、服役于陸軍部隊時發表台獨言論、被判刑七年、就義時年二九歲。

(9) 鄭評等槍擊蔣經國未遂事件

鄭評（台北人、又名鄭知仁、在台北開麵包店）、生平信仰基督教、同時、特別富有台灣人民族意識。他於一九七三年二月赴東京、與史明面晤、並受了台灣獨立革命的思想與戰略的訓練之後、決意返台組織「**台灣獨立革命軍鄭評小組**」。

他返台後、隨即召集志同道合的舊友、同時也是教友的林見中（台東人）・洪維和（台北人）・黃坤能・游建台（化名、台北松山人）・柯興南（化名、台北市人）・郭忠義（化名、高雄人）等、秘密成立「**台灣獨立革命軍鄭評小組**」。同志們均以台灣革命獨立軍的⬆為標幟、到處塗寫壁報「**台灣獨立萬歲**」、並積極活動、準備槍擊蔣經國。但因工作進度操之過急、出於收買槍支、處事不密、而被蔣家特務賴錦桐（南投縣埔里人）所滲透、不幸於一九七四年五月、被出賣而全部遭捕。

蔣家軍事法庭、以「**企圖叛亂、槍擊首長未遂**」爲名義、於同年六月判決：

鄭評被處死刑

林見中・黃坤能・洪維和無期徒刑

郭忠義徒刑一五年

游建台・柯興南徒刑一〇年

鄭評等雖遭捕殉難、但在獄中同志們均仍然意氣高昂、經常乘機塗寫台灣獨立革命軍的⬆的標幟於牢房壁上。

洪維和在獄中某次聚會活動時、當場祈禱「**台灣獨立早日成功**」、在場的難友們均無不感動其鍾愛台灣前途的熱誠。

鄭評在獄房常被扣上手扣腳鎖的困苦之中、竟不顧自己將犧牲生命的死期一刻一刻的接近、天天都在牢房閱讀聖經、並祈禱「**台灣早日出頭天**」。終在一九七四年八月十日早晨、鄭烈士被帶出牢房而遭槍決。他在最後關頭、仍然以視死如歸的大無畏精神、從容就義、而爲了台灣人的出頭天定下一個不可毀滅的道標。

敵首蔣經國於一九七六年十二月二十五日、發表一九四九年以來的政治犯之中、槍決一人、就是鄭評烈士。

(10)　白雅燦事件

白雅燦是出身於台北市萬華貧民區的一個熱血的青年、他因忍不住蔣經國及國民黨獨裁專政的法西斯統治、遂在一九七五年十月發表「**聲明書**」、宣告欲競選立法委員增補選舉（選舉日期一九七五年十二月二十日）。

在其「**聲明書**」中、白雅燦對於蔣經國的口誅筆伐、竟一針見血的解剖了法西斯暴政的瘡瘤。蔣經國老羞成怒、以：「**散發傳單、主張與蘇聯建交並與中共貿易、違反基本國策、顯然企圖鼓動叛亂情緒、……**」爲藉口、逮捕白雅燦及其弟等共四人、並處無期徒刑。

「**白雅燦聲明書**」

候教處　台北市和平東路三段五五號之一（二樓）　（龍山寺附近）
　　台北郵局信箱二一・三九號
電　話　三六一八六六一・三八一二四二九
學　歷　國立政治大學法律系畢業
經　歷　陸軍軍法見習官
　　拖鞋推銷員
　　私立培元中學三民主義教員
現　任　自由職

獻身台灣政治工作簡歷：
一、五十八年黃信介立法委員競選參與參謀工作
二、六十年被台灣警備司令部指控涉嫌叛亂（政治犯）囚禁一百二十天
三、六十二年台北市議員無黨無派聯合陣線候選人王昆和・陳怡榮政見發表會助講員

解決台灣問題的先決條件：

呼籲請將蔣經國先生親身公開向我一、五〇〇萬台灣同胞答覆：

㈠為何、蔣經國先生不率先公佈私人財產、以杜台灣百官貪污之風？

㈡為何、蔣經國先生不率先公佈其令尊　故總統蔣介石先生的遺產稅繳納的情節於全國人民、以杜台灣權貫財閥公開漏稅之風？

㈢為何、蔣經國先生不敢躬身座用裕隆汽車、以身作則以增強國人愛用國貨的信心、國際人士重視台灣貨的堅強信心！

㈣為何、蔣經國先生不率先將其女兒及子婿從美國召回台灣以示決心與我一、五〇〇萬台灣住民共生死、而杜台灣大小官員、開溜美當寓公之大門？

㈤為何、蔣經國先生不將其第三公子蔣孝勇先生前濫用權勢違背教育部法令轉學台灣大學政治系非法特權事件撤予查明、以肅官箴！

㈥為何、蔣經國先生不以台灣最高行政首長的身份提出辭職、以示對今年泰國菲律賓斷絕對台灣外交承認關係不利事件負其全責、以期建立台灣責任政治風氣、台灣廉恥社會風氣的楷模的表率。

㈦為何、蔣經國先生不願意解散特權作風的中國國民黨事業――中華航空公司・瑞華瓦斯公司・中興電氣公司・中央電影公司……以期根本消滅台灣特權惡風！

㈧為何、蔣經國先生不敢公開青年公司冒貸案公然呑吃我一、五〇〇萬台灣住民五億新台幣血汗錢的董事名册？

㈨為何、蔣經國先生不敢公開結案偵訊中央市場菜蟲剝削攤販案被輿論所公然指名的國民黨議員陳愷先生・黃馨保先生・陳良光先生・黃聯富先生、以及非國民黨立法委員康寧祥先生以樹威信、並期早日還當事人的清白？

㈩為何、蔣經國先生不不即速公佈法令限制前曾任及現任的台灣大官・大財閥移民國外、以杜台灣資金外流之路？

㈩為何、蔣經國先生不能提供全部免費的施醫服藥、全民健康保險的公醫制度、以期建立一個安全的台灣社會？

㈪為何、蔣經國先生不能給予在我一、五〇〇萬住民有失業情況時、給予救濟補助的機會？

㈫為何、蔣經國先生無給予我一、五〇〇萬台灣住民有人道標準的住屋——三十年分期攤納的住宅無限的供給？

㈬為何、蔣經國先生不無能給予我一、五〇〇萬台灣住民養老退休金、以保障人人晚年的安定的生活？

㈭為何、蔣經國先生不即速提出辦法解救數以萬計的台灣烏腳病者・麻瘋病患者的悽慘生活的日子？

㈮為何、蔣經國先生不即時解除不足維持吃飯的非人道的最低基本工資的惡法？

㈯為何、蔣經國先生不將國會應否解散問題、訴之於包括最尊重民主的台灣地區的公民直接投票制度、以期消滅特權、而重民主力量？

㈰為何、蔣經國先生不將「**電視台語節目應有的比例**」、「**布袋戲應否重演**」、以舉辦「**台灣公民直接投票制度**」訴之民意公決之、以示尊重民主？

㈱為何、蔣經國先生不敢釋放所有的台灣的政治犯、以期建立一個朝野上下和諧團結有力的台灣社會？

㈩ 爲何、蔣經國先生故意故意委派中央五院副院長（除考試院外）均清一色爲土生土長的台灣同胞？

㈪ 爲何、蔣經國先生不敢委派本省同胞擔任軍事首長・警察首長？

㈫ 爲何、蔣經國先生在六十一年美國中共上海公報宣言：「**台灣是中國的一部份、美國政府對這一立場不提出異議**」及今年（六十四年）越南阮文紹政府被美國政府出賣亡國慘痛的教訓後、仍口喊堅持「**中華民國永遠站在自由民主陣營的一邊**」有被美國政府再一次出賣亡國的唯一單線親近依賴美國外交政策的做法？

㈬ 爲何、蔣經國先生不願廢除破全世界保持最久的長達二十六年的台灣戒嚴令而裁撤台灣警備司令部的軍事統治、濫捕拘押無辜侵犯人權、以免製造本省同胞與外省同胞分離感情的軍法秘密審判、以及廢除戒嚴時期流氓取締辦法破壞憲法人權保障的流毒、以期建立本省同胞融洽和諧開放的台灣社會。

㈭ 爲何、蔣經國先生不樂意再出國以爭取國際友人、以期打開愈形被國際局勢孤立的台灣外交危急？

㈮ 爲何、蔣經國先生不予明令禁止非政府機關正式編制內的人民團體——中國反共青年救國團公然地在政府編制內的各級公立教育學校干涉教學的特權惡劣作風、以示天下爲公的典範。

㈯ 爲何、蔣經國先生不召請在美國的台灣獨立份子彭明敏先生等返回台灣、以期建立國際所共同一致承認的政府、並減少今後台灣愈形孤立國際局勢的阻力？

㈰ 爲何、蔣經國先生不全權特派土生土長台灣住民代表郭雨新先生、康寧祥先生爲台灣國際巡迴大使、以期打開國際局勢愈形孤立的台灣危局、而重建在國際政治的外交多方面關係？

(廿九)　爲何、蔣經國先生在台灣愈形孤立的國際局勢下、不策動台灣與蘇聯的外交關係以箝制美國、中共共同出賣台灣、宰割台灣的陰謀？

(卅)　爲何、蔣經國先生對中共在海外所施封鎖台灣對外貿易生路的打擊的惡劣做法？不敢面對現實、採取直接與中共談判的辦法、以期早日解除台灣對外貿易發展被束縛的危機、增強發展台灣經濟、而提高我一、五〇〇萬台灣住民生活水準？

假使、蔣經國先生能給我們滿意的答覆上列問題、我——白雅燦情願即時不考慮競選。謝天！謝地！公開呼求：敬請各位有志者、讀我的選舉宣告書、如有同感者、敬請您本「**有錢出錢、有力出力**」支持我、本人係由貧苦家庭出身、甘願獻身犧牲於台灣政治、請撥款人郵政劃撥一〇五三六一號白雅燦收。

(11)　中壢萬人起義事件

台灣一進入一九七〇年代、就開始急速的社會變革、尤其在島內是產業發達、交通及通訊便捷、與海外消息的對流、以及所造成的農村衰退、都市腐化、這些島內變革隨著愈來愈加嚴厲的殖民統治、促使一般台灣人的政治意識急速提高、反統治・要求民主化的熱潮也更熾烈化。另一方面、在國際上執迷不悟的蔣家國民黨則陷於外交孤立與能源危機的衝擊中、但中共卻相反的原爆成功、又進入聯合國大廈、進而高唱要統一・吞併台灣的大國沙文主義。

蔣經國處於如此內外夾擊的形勢之下、爲了繼續苟生延存於台灣島上、只想死守既得的統治地位及殖民統治機器。他在對台灣人的政策上、則以「**往下紮根、向上發展**」爲新的口號、改爲多起用買辦台灣人、想來更加施展殖民政策、同時也企圖贏得多數台灣人支持的虛名。因此、台灣買辦份子有不少被起用進入蔣家國民黨統治機器裡、而佔據上層高幹的地位。但是、蔣經國如此登用買辦台灣人、並非意味著台灣人眞的被重視、並不因此而有了任何政治權力的轉移。能使台灣翻身的「**權力轉移**」、若非以台灣人自己的雙手來爭取、即非透過武力革命或民主革命、是不可能獲到的。

本來、可能使「**權力轉移**」部份實現的台灣的「**地方選擧**」、乃是蔣介石爲了向他的後台老闆做交待、才搞出來的一個裝門面的東西、因爲美政府屢曾批評蔣介石太不民主以致失掉中國本土、並要求在台灣應從地方選擧做起。

一九四六年四月蔣介石實施「**地方選擧**」後的三〇年來、大略可分爲三個階段：

第一階段是一九四六—五九年代。一九四六年當蔣介石開始搞起御用的地方選擧、並首次選出全省五二三人的縣市參議員之時、自大陸回到台灣的「**半山**」、及台灣傳統地主資產階級的政治代表的「**靠山**」（日據時代的改良派的台灣議會請願運動・前期文化協會・台灣民衆黨・台灣地方自治聯盟的末流）、都順理成章的成爲御用議員。從這些御用議員選出的三〇人省議會參議員、也都由「**半山**」黃朝琴・劉闊才・李萬居等人、及「**靠山**」黃純青・劉明朝・顏欽賢・馬有岳等人佔主要角色。其他、只有郭國基・郭雨新・吳三連・韓石泉才被算爲黨外人士的在野派。由於「**半山**」「**靠山**」的議員不但不代表台灣人大衆、竟成爲殖民統治的工具、所以大家看不起這些假民主的御用議員、而把其叫著「**魚丸**」。

一九四八年一月、蔣介石又擧行台灣首次的中央民意代表選擧、同樣是「**半山**」「**靠山**」的黃國書・林忠・王民寧・陳嵐峰・及羅萬俥・呂世民・陳逸松等人佔據國大代表・立法委員・監察委員的空位子。

一九五〇年四月擧行第一屆民選縣市長選擧、均爲蔣家國民黨中國人所佔。

第二階段是一九六〇—六九年代。一九五〇年代「土地改革」後的農村景氣保持不久、一九六四年就開始衰落、在都市、蔣家政權則一貫是壓搾勞工來推行經濟起飛、因此、工農大衆對蔣家國民黨都非常不滿、同時、二・二八大革命的積怨還很鮮烈、加上蘇東啓事件等反殖民地運動迭起而生、在這社會動盪的情況之下、台灣知識份子出身的所謂「黨外人士」崛起、並獲得工農大衆的熱烈支持、遂現出了一個所謂「無黨無派」的活躍時代。一九六四年四月舉行縣市長選舉的結果、全島主要縣市首長職位都由黨外人士所佔。例如、基隆市長林番王・台北市長高玉樹・台南市長葉廷珪・高雄縣長余登發・台東縣長黃順興等。省議員有宜蘭縣郭雨新・台北縣李秋遠・台北市郭國基・高雄市李源棧・高雄縣黃占岸等黨外人士悍將。台北市議會有了「五虎將」（宋霖康・李福春・謝世輝・陳萬益・李賜卿）。

在第二階段的「無黨無派」的崛起、可以說是破天荒的、也是台灣民主化實踐運動的出發點。蔣家國民黨看到這種台灣人民主勢力崛起的傾向而驚慌不已、立即新設一個規則、限制省議員須高中畢業、地方行政首長非得大學畢業不可、藉以切斷台灣讀書人與老百姓的聯帶關係、而來阻礙眞正有群衆基礎並有心從事地方政治的人士參加競選。因爲台灣早期的「議員」大多是小學畢業、但許多人出自群衆之中、故這些人才有群衆基礎、才能替群衆做事、若有新的限制、他們當然無法參加地方選舉。另一方面、知識份子與一般工農大衆接觸較疏、沒有群衆基礎、也就難於獲得大衆的支持、即使能參加地方選舉、也難於當選議員。然而、蔣家國民黨的這種陰謀詭計、一進入第三階級的一九七〇年代、即不攻自破、因爲在其壓迫下、新生一代的知識份子與台灣人大衆均急速的覺醒起來、在台灣民主化的號召下、更加密切的結合起來、更激烈的向蔣經國挑戰。

第三階段是一九七〇年代。在這個時代、台灣人老一代逐漸凋零、而在蔣家國民黨統治下受到培育的新生一代已成長、豈料在這法西斯的金城玉池裡成長的新生一代、竟一波接一波的起來從事民主化運動。

台灣地方選舉、也就是可能使台灣人翻身的「**權力轉移**」爲目標的民主化運動、已成爲台灣人黨外知識份子跟蔣家國民黨對峙最尖銳、最集中的鬥爭場面。在這台灣人進步勢力與蔣經國的矛盾對立日漸表面化的情況下、富有反殖民地的歷史傳統且自二•二八以來積怨已久的台灣人大衆、很自然的均成爲台灣人進步勢力的有力支持者、因此、本來是假民主的御用選擧、卻釀成爲台灣人要求眞民主的政治熱潮、遂成爲被壓迫的多數者台灣人、向壓迫者的少數者蔣派中國人公開挑戰的導火線。

身處內外失利的蔣經國、對任何民主運動的繼續發展與向蔣家國民黨的挑戰、均無不感到莫大威脅、所以他即進一步加強特務活動與鎭壓措施、以貫用的戒嚴法•逮捕•酷刑等法西斯手段迫害成千成萬的台灣人民主人士。但是、台灣人卻愈戰愈強、而要求民主爲名目的獨立運動熱潮更爲洶湧澎湃、遂以這些民主化運動（台灣知識份子主導的）爲開端、而發展爲訴諸於大衆起義的武力鬥爭（台灣人大衆進行的）。其中、二•二八大革命後三〇年以來最爲轟動的大衆起義、就是五項地方公職人員選擧中發生的「**中壢萬人起義事件**」。

一九七七年十二月的五項地方選擧（省議員•縣市長•縣市議員•鄉鎭市長•台北市議員）、本應於一九七六年擧行、只因一九七五年底立法委員增補選激起全島要求民主的風潮、蔣家國民黨情急之下、才以一紙命令延期、並逮捕了顏明聖•楊金海等數十人黨外人士。但黨外人士並不因此而有任何的萎縮、相反的、將民主化運動更向前推進一步、大家步調一致、把所有人員全部投入競選、想要來激起台灣人大衆更君熱衷於民主化運動。

當同年十二月九日正式開始競選活動時、由於蔣家特務偵騎四出、到處恐嚇黨外候選人、並事前事後抓了二〇〇多位助選員、導致整個的選擧氣氛特別緊張、卻把這次選擧釀成三〇年來台灣人要求民主最具績效的開端。這次、向蔣家國民黨挑戰的黨外候選人、都是台灣民主化運動知名的悍將、其中、許信良（競選桃園縣長）·張俊宏（在南投縣競選省議員）·蘇南成（競選台南市長）·林義雄（在宜蘭縣競選省議員）·康水木（競選台北市議員）最受注目、外電報導稱爲「五人幫」（Gange of Five）。

一般大衆支持黨外候選人非常熱烈、有些青年學生奔走各地幫助競選事務、有些勞工份子送茶水·食品及提供交通工具等、也有不少人冒了蔣家特務的壓迫·阻撓而參加聽政會、這都是說明台灣人大衆在政治意識上已提高到相當程度的水準、所以顯得對台灣的前途問題非常起勁。

但是、對統治者的蔣家國民黨來說、黨外候選人與一般大衆愈是起勁、他們所受威脅就愈大、因此、他們即變本加厲的施展淫威與黑手勾當、來打擊黨外的候選人（因蔣家國民黨提名的候選人多爲台灣民衆所厭惡的對象、如果沒有特務的黑手勾當、這次能否當選、眞令人懷疑）。

蔣家特務特別要打擊的第一個目標、乃是桃園縣長候選人的許信良。桃園縣出身的許信良、本是受蔣家國民黨培育的國民黨員、並由黨提名當選的省議員。他因以「風雨之聲」「當仁不讓」等著作抨擊黨內獨裁政治的腐敗落後、並不經黨的提名競選桃園縣長、且又拒絕了黨要求他退出競選、所以被開除黨籍。許信良認爲他這次做爲黨外候選人的競選意義、並不在於取得桃園縣長的職位、而是爲了維護民主原則、投他一票的人不單是選舉一位縣長、而是爲了選擇一項原則、所以擁有民衆壓倒性的支持。

由於桃園縣屬於：㈠蔣介石葬身所在（大溪慈湖）、蔣家國民黨聖地、㈡蔣家第一軍團區（警備濁水溪以北）司令部所在（中壢市）、駐有重兵、㈢一向爲重要外賓參觀土地改革成果的示範中心、㈣十大建設的國際機場所在、蔣經國政權的京畿重地、也就是說蔣家國民黨必爭之地、因此、蔣經國即發出不惜任何代價都得阻止許信良當選的指令、驅使特務不斷向許信良施加壓力、說他這次出來競選是違法的、並搗毀其宣傳單、毆打助選員、塗黑廣告版、甚至於做了人身攻擊、散播謠言等、另一方面則以：「**這次不是歐憲瑜（中壢人、調查局派駐桃園縣的特務幹部、蔣家國民黨桃園縣長候選人）與許信良的選舉、而是國民黨與共產黨的選舉**」「**投票歐憲瑜、才是表示擁護蔣經國**」等肉麻言論、而來恐嚇一般選民大衆。

蔣家國民黨如此用盡千方百計來操縱選舉並打擊黨外候選人還嫌不夠、竟在投票當天的十二月十九日下了手腳、搞起選舉舞弊、終於導致大衆行動的萬人起義。

萬人起義的導火線、是起於蔣家國民黨的選舉舞弊、激起台灣民衆的忿怒。

十九日上午十時左右、在桃園縣中壢市二一三投票所（設在中壢國民小學校）、其主任監察員范姜新林（中壢國小校長、省議長蔡鴻文的親家）、故意弄污了一對老夫婦鍾順玉・郭塗菊的選票、使之變成廢票。這件事被在場證人邱奕彬・林火煉發現、並且范姜新林拒絕了鍾順玉要求他補發另一張選票、以致投票所的氣氛頓然緊張起來。懷著熱烈激情的在場民衆、對於選舉舞弊特別敏感、加上前天晚上在中壢又發生許信良的助選員在街上被歐憲瑜的人馬毆打、因此群情早已激昂、所以在場民衆認爲校長舞弊、情況非同小可、一同嘩然而起。其中一人耐不住氣而高聲喊「打」、頓時引出喊打聲音此起彼落。

這事遂鬧到中壢警察分局、但檢查官廖宏明、只把當事人鍾順玉・郭塗菊、及證人邱奕彬帶回中壢分局、詢問口供後、並沒有偵訊涉嫌人范姜新林、而讓他繼續在二一三投票所執行選票工作、就不了了之。民衆認爲身爲校長搞起選舉舞弊、已是不可饒恕、而身爲法律代表的檢察官、竟然令其逍遙法外、更是令人激怒。這種消息沒經多久、即傳遍了整個中壢市。

其後下午二時、該投票所又發生了舞弊事件、范姜新林再度牽涉在內、所以群情更爲激昂、鼓動而進、人人喊打喊抓。此時、慣於唬人的那些在場警察、似乎是頭一次看到因憤怒而無畏的民衆、竟不知如何收拾場面、他們面面相覷、束手無策、只能以身擋住人群而已。約過了一〇分鐘、桃園縣警察局長王善旺帶了手持警棍的二〇多個警察趕到現場、他向民衆沒說幾句話就想走開、此時范姜新林也想在警察的保護下隨同離去、不料、卻連局長・校長以及守衛警察、一下子就被成百民衆團團圍住。警察連忙揮舞警棍亂打起來、以防民衆對局長・校長的攻擊。這樣一來、終於更加激怒了民衆、他們也開始動手、以拳頭還擊警察的頭頂、又向范姜新林揍了幾拳、使之跌倒在地上。

如此火爆空氣在一刻又一刻的高升之中、校長再度舞弊被打、以及民衆包圍警察分局的消息、隨即傳遍了全中壢市區及鄰近鄉鎮。於是、以千計的市民一群一群蜂湧而到、大衆懷著氣憤的心情投入熱潮的漩渦裡、校門口的陸橋上、四週的馬路上、附近的騎樓・屋頂、及警察分局圍牆上都由數千的民衆所擁塞。

人群裡剛好聞風而趕來許信良的助選員林正杰與楊奇芬。林正杰應分局長的要求、面對著千萬的忿怒的人潮、大聲高喊：「**請大家散開、這裡的事、我們用法律解決**」（這種行動、有對已開始起來鬥爭的大衆、起了澆冷水作用的危險、同時也是革命的知識份子必須克服的通病）。然而、民衆回報的卻是一片噓聲與叫喊聲、人人喊道：「**我們不相信法律！法院是他們開的、法律是他們的！**」「**騙肖！**」等語、林正杰與楊奇芬差一點就被舉起拳頭的人群毆打。其後、林正杰與楊奇芬卻陪同數人刑警帶著范姜新林、從警察分局後門離開。

圍住警察分局外面的民衆愈來愈增多、已經是人山人海、爲數萬人以上。

當下午六時四〇分許、警察分局被打碎了第一張玻璃窗爲開始、終於引發了自三〇年前二・二八大革命以來、訴諸武力的首次萬人大起義。接著、大塊石頭紛紛越過警察的封鎖線、直接攻擊警察分局的窗戶。每打破一張玻璃、圍住分局的萬人民衆之間、就沸騰起一次激亢的吶喊。

下午六時五〇分、省議員候選人黃玉嬌路過分局、她走進警察封鎖線、站在一輛車上向民衆呼籲大家散開去監票、但民衆卻繼續丟石頭打玻璃窗。

警察封鎖線的警察與民衆的衝突變得愈來愈激烈、警察抵擋不住人群的衝擊、漸漸退縮到圍牆裡去。警察官所擁有的轎車已成爲民衆的佔有物、大家一次又一次的翻倒那些黑色轎車、民衆又是一陣陣歡呼、警察仍然沒有任何行動。天已漸黑、然而從市郊擁進來的人群卻愈來愈多、竟造成空前的人潮。民衆相繼翻倒由桃園開來的台北市保總鎭暴大卡車一輛、及中型卡車等、都被翻倒而四輪朝天。警察局長王善旺坐來的汽車、早已被翻倒、而付之一炬。

天黑以後、分局前的情勢變得更爲激烈、保總警察仍然只是站成鎭壓隊形、不敢採取任何行動。民衆在封鎖線的電棍上跳進跳出、有一群積極份子進入分局樓下辦公室、翻箱倒櫃、搗毀器物、保安警察無法控制、只好集體撤退到分局旁的消防隊內。

夜晚七時許、保總警察向人潮發射催淚彈、突然間、強有力的爆炸聲響起、濃煙冒出、恐怖氣氛濃密的昇起、萬餘民衆向四方奔逃。催淚瓦斯造成一時的、局部性的效果、但淚流滿面氣喘未定的人群更加激怒、催淚效果一過、他們就再度回到現場、做強烈的報復性攻擊。憤怒的民衆開始燒車子、他們把所有車子推到分局門口、一輛又一輛的點火燃燒、車子在烈火中吱吱做響、火焰薰烤著分局大門、濃煙衝進分局內。

夜晚一〇時許、載滿全副武裝軍人的成輛軍車自龍岡方面開來、司機座上架著一挺機槍、威風凜凜。佈滿縱貫公路的民衆、迅速圍攏過去、在距離分局大約八〇公尺的地點阻止了軍車前進。人聲沸騰、他們向車子上的士兵大聲喊道：「**老百姓的事、軍人不要管**」「**選舉不公平你們知道嗎？**」「**先**

弄清楚再來啊！」。帶隊的長官問明原委後、立即吹哨、倒車回去、千餘民衆爲這位軍官的決定鼓掌叫好。

此時、許信良的競選總幹事謝士枝、在家裡接到調查局第三處處長陳鴻烈的電話、要求他出面解決民衆的嘯聚、並提出三個條件：㈠保證許信良當選、㈡嚴懲范姜新林、㈢叫許信良出面驅散民衆。但是、謝士枝認爲民衆的行動不是許信良策劃的、就這件事來說、許信良是中立的、所以他表示無法、也無力答應調查局的要求。

當晚十一時半、積極份子開始用汽油淋潑分局內、點火焚燒、鄰近的警員宿舍六樓也被燒燬。其後、由民衆自動從事消火、夜半二時以後、才完全撲滅大火。

午夜二、三時以後、群衆才開始離去、只剩下一些附近的民衆在處理善後。

事後調查、在事件中、有二個人死亡、一個是一九歲的江文國（苗栗縣苑里人・中央大學學生）、因頭部受槍彈擊中而喪命。另一個也是一九歲的張治平（中壢人）、背部受利器砍傷、原因不明、另有一個一六歲的劉世榮（中壢人）、面部受重傷。江文國與張治平的屍體、竟然未經檢察官驗屍、至今無法證明其確實死因。

蔣家警察使用催淚彈、在憤怒的民衆衝擊之下、竟無見效、後來接到上級命令、就開始撤退。事後、台灣的御用報紙引以爲警力的「**祥和**」政策、但從民衆方面來說是：「**給蔣家國民黨一點小教訓、他們就害怕得開始逃跑！**」。蔣經國爲了避免所謂「**後遺症**」、乃動員御用報紙、利用宣傳機器、極力辯說這只是「**地方性、偶發性**」的一次事件、並發表「**訪問現場民衆的抽樣**」專論。

這次的五項選舉、對蔣家國民黨來說、是相當大的打擊、儘管在選舉前施加了一連串的逮捕、鎭壓・恐嚇・陷害等能事、仍然無法扭轉敗局、相反的導致黨外候選人取得出乎意料之外的大勝利（參閱表176、一九七七年十一月十九日條）。

中壢萬人事件、在政治上使蔣家國民黨顯露出其控制力量的減退、動搖了其三〇年來的統治地位。並進一步使統治者蔣家國民黨與被統治者台灣人之間的矛盾對立更加表面化、同時、使反殖民地鬥爭的台灣人大衆力量開始結集、要求自主的熱潮更加高漲。

事件結束以後、蔣經國處心狠毒、竟將邱奕彬誣成萬人起義的代罪羔羊、控告他爲：「**檢查官偵查時、證人於案情有重要關係之事項、供前具結而爲虛僞陳述**」、判處徒刑一年六月、緩刑三年。

其後、連續搞出：㈠「**選舉萬歲**」被沒收查封、㈡「**富堡之聲**」被查封、㈢施明德住宅被搜查、㈣捉放陳菊事件、㈤「**批評與勇氣**」被查封、㈥一紙命令停止一九七八年十二月應實施的中央代表改選、㈦余登發・余瑞言父子被捕、㈧「**這一代**」「**夏潮**」等進步雜誌被查封等一連串的鎮壓事件、藉以打擊近年來洶湧澎湃的民主化運動。

然而、台灣人渴望「**民族・民主革命**」的熱潮是歷史的必然、並不像蔣經國所期望的那樣遭鎮壓受摧殘就雲消霧散（參閱林正杰・張富忠合著「選舉萬歲」一九七八年三月　李智明「台灣選舉與暴動事件」香港〝七十年代〞一九七八年一月、九六期）

⑿　一個出獄政治犯的心聲（李政一、一九七九年四月於東京）

台灣的政治犯、除了那些被冤枉的可憐蟲外、其餘多爲所謂的「**良心的囚人**」——爲正義而犧牲坐牢的人、然而、以蔣家國民黨政權的觀點來說、他們卻是「**犯罪的人**」。犯罪可以說是人民對國家社會的負債、坐牢即是還債、刑期屆滿等於是欠債還清。不過政治犯的「**犯罪**」是直接對蔣家國民黨的、因此、以蔣家國民黨的觀點言、可以解釋爲對蔣家國民黨的負債。我刑滿出獄後、欠蔣國民黨的債已全部還清、我跟蔣家國民黨政府「**毫無負債**」了。但事實不然、出獄後遭受種種不公平的、歧視的待遇、好似欠了國民黨一輩子的債、其他的難友（出獄政治犯）情況都差不多。底下是我個人所見的一斑。

(1)　監視——出獄政治犯在警察局裡頭是列爲「**考管分子**」、考管方式很多、依各人情況、「**惡性**」程度的不同而各有別、但一般都能讓人感覺被監視、被監視者除了心理遭受重大的威脅而外、生活上自然有種種的不便與苦悶。

(2)　社會排斥——由於蔣家國民黨的可惡統治、一般百姓對政治犯都懷有恐怖畏怯的心理、深懼接近政治犯而遭受牽連、惹禍上身、所以就是原來很要好的親朋至友也不敢與之交往。政治犯遭受社會有形、無形的排斥。

(3)　戶口調查與臨檢——政治犯家庭、警察至少每個月要去作兩次戶口調查。他們認爲惡性重大的政治犯、還要被三更半夜的「**臨檢**」搜家、鬧得政治犯家屬人・雞・犬都不寧。我家曾於半個月之中遭受管區警察半夜「**臨檢**」三次、眞是可惡之至。

(4)　病痛——由於監所設備不良（尤其是景美軍法看守所）、加諸囚人情緒低劣、缺少運動、因之政治犯百病叢生、最普遍的是牙痛・風溼病・關節炎・肺病・痔瘡・胃病等。監所醫生、醫療設備都極差、疾病難能治好、出獄時難友把病帶回家、這病無疑是坐牢的「**成果**」、蔣家國民黨政府對此不聞不問、好似在向你表示「**活該！誰叫你犯罪！**」。

(5)　職業——出獄政治犯少有幾個不爲職業苦惱、找不到工作、工作不安定是他們共同的現象。其原因、一是社會大衆對政治犯都有戒心、大都抱敬而遠之的態度。另一是政治犯與世隔絕太久、失卻社會關係、也無金錢基礎。

(6)　喪失種種人權——出獄政治犯除了遭受監視、遭受社會排斥之外、不許競選公職、也不許為公職候選人助選（法有文規定）、不許出國、不許在公家機關服務……、種種違反人權的事件、似乎都針對政治犯。

另外、當我坐牢的那股黑暗日子裡、我見到許多令人齒冷痛心的事、這裡值得一提的是：

㈠　少數知名之士、有錢有勢階級、坐牢之後受到特赦協會・國際保護人權組織或外國有方人物的特殊照應救援。大多數貧苦無名的囚犯卻無依無援、聽任蔣家國民黨的胡審亂判。這種情形讓人覺得那些政治犯救援組織、或外國有力人物都只是帝國主義的經紀人、專為有頭有臉人士服務。這種救援少數「**明星犯人**」的事、徒令大多數囚人憤恨不恥。

㈡　少數權貴・知名人物、在牢裡受到蔣家國民黨的等殊優遇、比如和親友特別接見、睡單人鋪床、牢房不關、自由進出、派任外役、做輕鬆工作、甚至派駐外頭（職司收取衣物）、可以經常回自己家裡、藉名養病保外就醫……等等。沒錢沒勢的人根本沒份。此外、權貴人物的家屬經常送進美味珍餚、他們的案子也受到社會大衆的關注、或特權人物的奔走營救。大部分默默無用的百姓坐牢、蔣家國民黨視為豬狗不如、他們的案子不受關心重視、更沒有為他們仗義執言、設法解救。他們呼天不應、喚地不靈、一任蔣家國民黨亂加罪名、隨意宰割。

總之、台灣的政治犯處境堪憐、國民黨視如眼中釘、社會大衆黨為煞氣星、不見容於蔣家國民黨統治下的黑暗世界、寄期海內外愛好自由、正義的人們、能多關心他們、為他們爭取做為一個人應有的人權、而不遭受種種的政治迫害。

⒀ 高雄萬人起義事件

蔣家國民黨外來殖民政權、繼中壢事件、於一九七九年十二月十日晚、捏造官製暴動、而引起「**高雄萬人起義事件**」、其後進行大量逮捕、逼害台灣民衆及民主運動鬥士。

事件在表面上是起因於黨外人士所辦的美麗島雜誌要在高雄舉行世界人權紀念日大會、而被當局禁止所引發、但在實際上、是黨外人士及群衆陷入蔣家特務所設置的陷阱而爆發的。

先在十一月三十日、「**美麗島**」高雄市服務處（主任周平德）、向高雄警察局一分局申請於十二月十日下午六時至十一時在高雄市扶輪公園舉行世界人權日大會、由該雜誌發行人黃信介（立法委員）主持、預計參加者將達三萬人。但是、這項申請並未獲得批准、而該雜誌才依照往例、表示無論蔣家當局核准與否、大會均要照原定計劃進行。在這種情況下、蔣家特務預謀圈套、逼使參加集會的群衆與預備的警察憲兵發生衝突、藉以對起義群衆與當外民主鬥士以一網打盡的慣用手段。

前一天的十二月九日下午、「**美麗島**」服務處出動了宣傳小貨車兩輛及三〇幾部機車（電單車）、沿鹽埕區公園陸橋到鼓山二路一帶活動、由服務處職員邱阿舍（三六歲、高雄縣人）及姚國建（二七歲、山東青島人）沿途廣播宣傳即將在次日舉行的人權大會。鼓山區警察分局派出一輛巡邏車緊跟在後。當晚九時左右、警察分局局長宋國瑋率刑事組採證人員及警員上前阻撓邱阿舍・姚國建二人的行動、警方採證人員並向二人照相、引起服務處人員的不滿、遂與警方發生首次衝突。邱阿舍・姚國建兩人當場被捕並押到南區警備司令部、遭官方人員毆打。「**美麗島**」服務處主任周平德及其他人士三〇餘人在分局前交涉、後由周平德將邱阿舍・姚國建二人保釋出來、十日凌晨送至市立大同醫院治療傷痕。這個「**鼓山事件**」、可以說是高雄萬人起義事件的導火線、自此台灣人民衆・黨外人士與蔣當局便陷入公然敵對的局面。

就是這種公然敵對的局面下、又加上蔣家政權的刻意安排、終於爆發了「**高雄萬人起義事件**」。在「**高雄事件**」發生後的幾天內、蔣家官方大肆逮捕・迫害台灣人民衆與黨外民主鬥士達四〇〇—五〇〇人（蔣家官方只報一〇〇多人）、同時、查禁黨外民主鬥士所主辦的「**美麗島**」「**春風**」等各種雜誌。這爲一九四七年的二・二八大革命以來的大規模的迫害台灣人民衆與民主運動鬥士的官製「**暴動**」之苦肉計、使將近三〇年來、在苛政下辛苦培植起來的台灣新生一代的民主幼苗、再一次的被摧殘殆盡、而遂其獨裁專制殖民治台灣的能事。

事實、當晚的世界人權紀念會、乃「**美麗島雜誌社**」、爲闡揚「**人權**」、及喚起台灣人民衆重視人權的一種節目集會而已、並非如蔣家報紙大刊特寫的所謂「**暴力遊行**」之不實報導、而讓沒參加集會的局外人不明其究竟。

據當夜在場的美麗島雜誌社總經理施明德美籍太太艾琳達、在海外的記者招待會報告、當夜的集會仍像以往的集會一樣、向當局申請了半天而未獲准、才依照往例實行、沒想到蔣家獨裁殖民政權、乘機預先安排出動大批警察・憲兵人員及鎭暴車、並令近邊的軍隊待機、強行其「**逼虎跳牆**」之陰謀詭計、一方面堵住參加集會人群的去路、並派遣便衣特務份子滲透隱藏人群之中、另一方面、看美麗島指揮車趁機將離開現場時、命令警・憲・鎭暴車層逼近群衆、且放出催淚瓦斯、及團團安置照相機、逼使群衆走頭無路、然後、指使隱藏在群衆內的特務份子僞裝「**台灣人群衆**」、而先出手毆打憲警人員而演成大動亂。這從其兩梯次的衝突來看、一在八點半、一在十點十分（尤其第二次乃純屬鎭暴車先下手）、可見其預謀的全貌。

蔣家獨裁殖民政權、翌日、根據特務當夜拍成的數千張照片、用以做抓人的證據。當場的台灣民衆深知「**美麗島雜誌社**」當夜的集會終於陷於蔣家殖民政權擬以一網打盡的計謀圈套而不能自拔、爲台灣人民民主鬥爭史上、記上了一頁悲壯絕跡的經驗。

然而、無論是中了國民黨的計謀、或是在黨外人士沒有意圖發動群衆而由台灣人民衆自己爆發起來的「**高雄事件**」、其起義的本質、基本上與二・二八大革命及中壢事件一致、具有反殖民地鬥爭的大無畏精神、站起來的群衆、永遠不會被消滅掉的。

附：

一九八〇年二月二十七日、被捕的林義雄鬥士、被蔣家當局允准與家屬見面。當場林義雄鬥士向他的家屬透露出他在拘留時、被迫裸身、坐冰塊等受到慘無人道的刑求逼供。

一月二十八日早上十點、在日本「**台灣政治犯救濟會**」的一員、由東京去電關詢林義雄鬥士一家人時、他母親向「**救濟會**」的該員、吐露出自己的兒子被刑求逼供的眞象。

這通電話被國民黨特務竊聽後、過不了幾小時、林義雄鬥士的母親、兩個雙胞胎女兒均被蔣家特務慘殺身死、大女兒也身中數刀奄奄一息（林太太不在家、才倖免遭難）。林家的滅門慘案、實是蔣家國民黨殺人滅口、嫁禍他人的一慣技倆。如當年（一九四七—八年）、在中國民盟份子聞一多・李公樸・陶行知等先後在大陸被蔣家國民黨暗殺一般。

在蔣家國民黨的法西斯特務統治下、導致出這慘無人道的殺人滅口的林家血案、使全台灣人義憤塡胸、深恨不已。

第十二章

戰後國際政治變革中的台灣

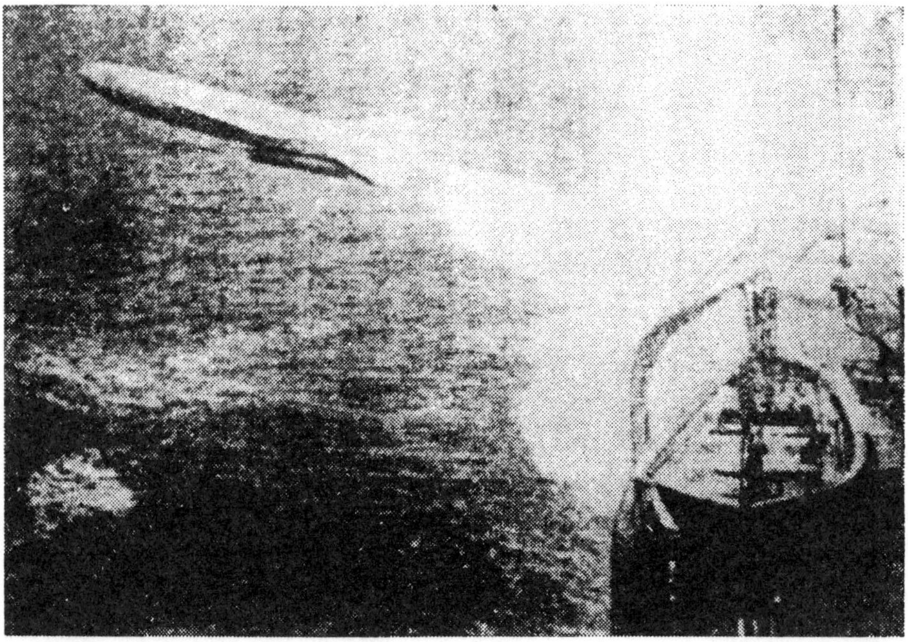

中國（共）飛彈針對台灣

1　動盪不安的國際形勢

第二次世界大戰結束後、地球上相繼發生許多重大的變革

(1)　世界人口遽增

戰後世界人口一直遽增、至一九七七年增爲四一億餘人口（爲一九三〇年的二倍、在戰前大體上是經過五〇年才增爲二倍）、今後若以如此速度繼續增加、至二〇〇一年、世界人口將突破六〇億大關。

特別是在亞洲地區人口增加得最爲厲害、在一九七〇年代、世界人口分佈、其中一半竟集中在亞洲地區。這個人口稠密的亞洲地區、加上非洲・拉丁美洲等所謂的「**低開發地區**」（underdeveloped area）、人口共有二六億六千萬人、佔了全球人口的三分之二。這些亞・非・拉低開發地區、雖然面積佔有全球六〇％以上、天然資源也極爲豐富、但因有上述人口遽增的重壓及其所招來的各種問題（階級剝削與列強的新・舊殖民剝削極端厲害、貧富極爲懸殊・極端落伍）、所以給予動盪不安的國際政治、增添了許多更複雜的問題。其中、最明顯且最嚴重的、就是北半球的美・英・法・義・西德・日本等資本主義大國愈來愈富強、而南半球亞・非・拉地區的低開發國卻愈來愈貧弱的所謂「**南北問題**」（North-South Problem）。

(2) 社會主義勢力壯大

戰前、只有蘇聯一國是社會主義國家、戰後、急速增加、在東歐・亞洲・非洲・拉丁美洲等地區、新的社會主義國家相繼出現、現已壯大爲包含全人類三分之一的人口。

另一方面、依據無產階級國際主義、不但反對資本主義與帝國主義、同時也反對蘇聯・中共等社會主義國家的史大林主義・一國社會主義・社會大國主義等所謂新左翼（new left）的「**世界革命**」（the world revolution）、「**世界革命統一戰線**」（United Front for the World Revolution——以先進國的日本赤軍・西德赤軍・愛爾蘭共和國軍＝Irish Republican Army＝IRA・巴勒斯坦解放人民戰線＝Popular Front for Liberation of Palestine＝PFLP等爲主要）、「**第三世界解放組織**」（亞洲・非洲・南美洲・中東等地區的各國解放戰線）等、迭起而生、成爲現代資本主義社會中唯一的革命火種。

(3) 資本主義體制的盛衰

第二次世界大戰後、世界資本主義所受打擊重大。它爲了延長其生存、在其原來的體制內、做了許多有機的調整、在政策上也不斷的進行各種修補與改變、同時、把戰前的「**舊殖民主義**」、改爲「**新殖民主義**」（neo—Colonialism—歐美帝國主義列強在戰後、一方面讓舊殖民地實現政治上的獨立、另一方面卻把這些新興國家牽制於世界資本主義體制圈內、仍舊施以民族壓迫與殖民剝削、而延緩其本身的矛盾與衰亡）。但是、這些歐美帝國主義國家、爲了維持能使資本主義繼續發展與擴大市場・獨佔資源等的勢力圈、過度利用戰後飛躍發展的科學技術與文明利器（特別是核能・電子・化學・太空科學等）、而招來未曾預料到的資源危機（特別是能源危機）與環境污染・破壞自然界等、導致使人類在今後的生存上、發生了許多嚴重問題。

(4) 舊殖民地體制的崩潰與民族獨立

第二次世界大戰後、在戰前的漫長期間淪陷於歐美帝國主義殖民統治下的亞・非・拉各地區被壓迫民族、猛然燃起「**民族獨立**」的烽火、使各地的殖民地體制土崩瓦解。在亞洲、一九五〇年代前半的五年間、即新添了一二個獨立國家（一九七八年增爲三八個獨立國家）、戰前只有四個獨立國的非洲、到了一九七〇年代、成爲擁有五〇個獨立國家的新生大陸。如此、大戰結束三〇餘年後、世界的獨立國家、由七〇國增爲一五九國。聯合國在一九四五年成立時的加盟國只有五一國、至一九七八年、已增爲一五一國。這種殖民地解放・民族獨立的熱潮歷久不衰、現已波及到南太平洋上大洋洲（Oceania）的各小島、與美洲加勒比海（Caribbean Sea）諸島上的各弱小民族。例如、於一九七九年七月十二日、在赤道下的南太平洋上、誕生了世界上最新的第一五九個國家「***kiribati* 共和國**」（人口六萬人、總面積七〇〇平方公里（分屬七個島嶼）、一九九五年獨立國家一九一國、加入聯合國一八五國。

如此劃時代性的殖民地解放・民族獨立無非是「**世界史**」必然的趨勢。也可以說是、亞・非・拉各地區的被壓迫民族、經歷了兩次世界大戰提高政治覺醒的必然結果。戰後、舊殖民地所有國的英・法・荷等西歐資本主義國家、因受戰爭災害以致社會疲敝、一時無法壓制洶湧澎湃的殖民地獨立革命。再加上、一九四九年亞洲的中國革命（毛澤東領導）、一九五二年的埃及革命（納塞＝Nasser, Gamal Abdel 領導）、一九五九年拉丁美洲的古巴革命（卡斯楚＝Gastro, Fidel, Ernesto, 圭巴拉＝Che, Gyevara 領導）、均爲各大陸的革命燎起火種、這就是第二次大戰結束到一九八〇年代全世界的殖民地解放・民族獨立的大時代。

(5) 美蘇兩超級大國的雙極冷戰時代

戰後的民族獨立熱潮導使全世界的舊殖民地體制趨上崩潰、繼之、世界列強所創立的「**聯合國**」（the United Nations＝UN）、使戰前西歐列強曾利用爲制霸世界工具的舊國際體制開始轉變、新的「**世界性**」政治理念代之出現。

然而、美蘇兩超級大國、爲了處理戰後問題、自始就尖銳對立、雙方都趁著日本・德國・義大利三戰敗國的沒落、及舊殖民帝國主義體制崩潰的世界性大變動、企圖乘機擴大本國的勢力圈。蘇聯駐紮大軍於東歐諸國、將該地區從西歐世界隔離開來、美國則於一九四七年三月發表所謂「**杜魯門主義**」（Truman Doctrine）、而依靠優越的科學技術（也就是原子武器）、進行對共產圈的「**圍堵政策**」（Containment ——蘇聯問題專家的美國外交官柯南＝George Kenann構築的）、與「**馬歇爾援助歐洲計劃**」（Marshall plan）。蘇聯則以「**共產黨及勞動者情報局**」（Cominform ——一九四七年九月成立）予以對抗。這就是自戰後（一九四五年）繼續到一九六〇年初的、所謂「**冷戰**」（Cold War）的開始。這冷戰體制、把全世界瓜分爲東西兩大陣營、各由美蘇兩超級大國所控制、並產生了德國・朝鮮・越南的分割狀態、及柏林分別管制等、而成爲動輒就可能爆發第三次大戰的導火線。

美國在歐洲創設「**北大西洋條約機構**」（North Atlantic Treaty Organization＝NATO　一九四九年美國等西方一二國家參加的安全保障同盟機構、參加國後來增爲一五國）、在亞洲則創設「**東南亞條約機構**」（South－East Asia Treaty Organization＝SEATO　一九五四年九月美・英・法・澳・紐西蘭・菲律賓・泰國・巴基斯坦等八國所創的集體防衛機構）等。蘇聯也在東歐創設「**華沙條約機構**」（Warsaw Treaty Organization 一九五五年五月、蘇聯與東歐七個社會主義國家的集體防衛機構）、在亞洲則簽定「**中（共）蘇友好同盟條約**」（一九五〇年二月）等、這種情況又給東西兩大陣營添上更加緊張的「**軍事對立**」。尤其是在亞洲、所謂「**代理戰**

爭」（war by proxy）的中國內戰（一九四六—四九年）・韓戰（一九五〇—五三年）・第一次越戰（一九四五年—五四年）等迭起發生。而一九五三年蘇聯發表已與美國同樣的擁有核子炸彈、接著、一九五四年美國國務卿杜勒斯（John F. Dulles）也主張將採取「**大量報復戰略**」。

因此、原來是以維護人權・宣揚民主爲理念的「**聯合國**」世界機構、卻成爲美蘇兩超級大國進行「**冷戰**」的國際角逐場、其雙方力量（軍事力量＝核子力量）的均衡問題、乃成爲國際政治上的第一大題目。

(6) 國際政治多極化時代

一九四〇年、五〇年代美蘇兩超級大國所支配的東西冷戰體制、由於：

(一) 美國與蘇聯在科學與核子武器發展上的差距逐漸縮短、在軍事上美國對共產圈不再有嚇阻的力量

(二) 美蘇在核子武器開發發展上、使核子戰爭將毀滅自己與人類、所以美蘇雙方終於不得不相互抑制大戰、而維持所謂「**恐佈的均衡**」

(三) 歐洲的經濟復興已告一段落、歐洲諸國不再依賴美援、也不願再受美國支配

(四) 戰後的殖民地解放、使亞・非地區的獨立國家如雨後春筍相繼出現、這些新興國家與社會主義圈內的反蘇國家南斯拉夫相提攜、標榜「**中立**」（neutrality）・「**非同盟**」（non — alignment）、而成爲所謂的「**第三世界集團**」

(五) 中共在內戰獲得勝利、建立了「**中華人民共和國**」（一九四九年）後、遂與蘇聯分庭抗禮、不但在思想上、而且在政治上（爲了互爭世界共產主義運動的領導權）、及國家利益上也尖銳對立

因此、美蘇兩超級大國尖鋒相對的冷戰體制、逐漸開始「**解凍**」、使冷戰趨於解凍的契機、大體上是發生在亞・非地區各新興國家間在國際上的政治協調。初在一九五五年四月、亞・非兩地區的二九個新興國家代表、在印尼的萬隆（Bandung）召開「**亞非會議**」（Afro－Asian Conference 又稱「萬隆會議」「AA會議」）、提倡尊重人權・民族自決・和平共存・反對超級大國支配世界等。繼之、一九五七年十二月、以亞非各國人民的反帝反新・舊殖民主義爲基本、在開羅（Cairo）所創立的「**亞・非人民連帶機構**」（Afro－Asina Peoples, Solidrity Organization）。在一九六一年九月、二八國代表又於南斯拉夫首都貝爾格勒（Beograd）召開「**非同盟諸國首腦會議**」（Conference of Heads of States and Chief ministers of Non－Aligned Nations）。一九六七年八月、東南亞的泰國・印尼・馬來西亞・菲律賓・新嘉坡等五個國家成立「**東南亞諸國聯合**」（Association of South－East Asian Nations＝ASEAN）等。

在非洲及中東、一九六五年七月埃及宣言「**蘇伊士運河**（Suze Canal）」的國有化。一九六三年五月在衣索比亞（Ethiopia）首都阿迪阿貝巴（Addisababa）成立的「**非洲統一機構**」（Organization of African Unity）、加盟國四六國、繼承「**AA會議**」的政治主張。又在一九六五年四〇個回教徒國家首腦創立「**回教諸國首腦會議**」（Mushlim Summit Conference）、想藉回教精神來推進和平共存等。

歐洲、也在法國總統戴高樂（De Gaulle, Charles）的號召之下、一九五七年三月在羅馬創立了「**歐洲經濟共同體**」（European Econmic Community＝EEC 也稱爲「歐洲共同市場」＝European Common Market）。

這些各地區的國際機構的成立、都是表示各國即將脫離美蘇兩超級大國支配的前奏。

從美蘇兩大國本身來說、美國自一九五〇年代末葉、國內經濟發展開始走下坡、美元貶值、使得艾森豪威爾（Dwight D. Eisenhower）不得不在國際上採取「**美元防衛政策**」（一六〇年九月）、也是美國想要終結冷戰政策的重要原因。蘇聯則在一九五六年蘇共第一書記赫魯雪夫（Khrushchev Nikita）批評史達林、一九五九年中蘇對立表面化、加上國內經濟建設遲遲不進（特別是農業政策失敗、食糧供不應求）、也是迫使蘇聯在國際政治上必須改變原來的冷戰政策、而以「**和平共存**」來代替「**國際對立**」的國內原因。

於是、兩超級大國、即美國總統艾森豪威爾、與蘇共第一書記兼蘇聯首相赫魯雪夫、在一九五九年九月會談於美國的大衛營（Kamp David）、雙方均認識到核子戰爭將使自己與人類滅亡、必須以「**和平共存**」來代替冷戰、這被叫著「**大衛營精神**」（Kamp David Spirit）。又在一九六一年六月、繼任總統甘迺迪（John F. Keenedy）、與赫魯雪夫再會談於維也納、美蘇兩超級大國由此更加認識到必須防止第三次大戰的爆發。

其後、雖然發生過「**柏林圍牆**」（一九六一年八月）的東・西之爭、及「**古巴危機**」（一九六二年）等國際紛爭、但美蘇兩大國首腦都在避免大戰的原則下努力解決。一九六三年八月美・英・蘇簽訂「**核子武器部份限制條約**」（The Limited Test — ban Treaty）、同時也建立白宮・克里姆林宮之間的直接通信線（hot line）等、這些都可以說、美蘇兩大國在原則上將進入和平共存時代的象徵。繼之、同年十一月因甘迺迪被暗殺而繼任總統的詹森（Lyndon B. Johnson）、在國際政治上仍然繼承「**甘迺迪路線**」。在蘇聯方面、赫魯雪夫失勢後、勃列日涅夫・柯錫金政權、在外交政策上、也繼承了「**赫魯雪夫路線**」、所以美蘇共存的和平路線、大體上可算是走上軌道。

當然、這並不意味著世界和平即將到來、反而是世界形勢呈現更加錯綜複雜的多極化時代、從此、美蘇兩大國更以「**代理戰爭**」方式、互相利用「**限定・局部戰爭**」（limited or local war）、來維持自己在國際上的支配權。

如此、美蘇兩超級大國在東西各陣營的支配力量漸趨衰落的結果、均被各自圈內所發生的摩擦與糾紛所困擾。

美國在戰後參加韓戰、自一九六一年又軍事介入第二次越南戰爭、深陷於戰爭的泥淖而不能自拔、竟得在幕後委託蘇聯調解、但未果、且在外交上威信掃地。在國內則國民對於干預越戰產生失望與厭戰、社會頹廢、反戰運動相繼發生。經過了詹森政府被迫再擴大戰事之後、一九七〇年二月、繼任總統的尼克森（Richard M. Nixon）標榜「**尼克森主義**」（Nixon Doctrine）、並驅使季辛吉的權術外交、想以「**和解**」代替「**戰爭**」。

尼克森在一九七二年訪問北京、與周恩來共同發表「**上海公報**」、表明將進行中（共）美建交後、終在越戰全面吃敗戰的情況下、與北越及南越解放戰線（NFL）簽訂「**巴黎協定**」（一九七三年一月）、一九七五年因越南由北越軍解放才完全撤兵。另一方面、美國因深陷越戰而國力疲弊、一九七一年八月、尼克森發表停止美元與黃金的兌換、導致以美元爲中心的「**黃金兌換本位制**」（gold exchange standard）瓦解、而給予世界經濟帶來重大的混亂。這被叫做「**美元衝擊**」（dollar shock）、因此更大的削弱了美國的國際信望。

在蘇聯圈內、東歐方面在一九五六年六月、波蘭的波茲蘭（Poznan）的工人反蘇・反政府暴動、同年十月發生蘇軍鎮壓匈牙利反蘇反政府暴動的「**匈牙利事件**」。一九六八年十月、捷克斯拉夫國內興起要求自由獨立的反體制運動（反捷共所採取的史大林主義）、蘇聯爲了維持捷克共產黨政權、遂以六五萬大軍侵入鎮壓。一九七〇年十二月波蘭因缺乏糧食而引起工人騷動、此時蘇軍仍然侵入鎮壓。其他在東德也相繼發生反蘇反體制的工人暴動、均爲蘇軍所壓制。其後、蘇聯在東歐、一貫採取所謂「**勃列日涅夫主義**」（Brezhnev Doctrine）、限制了東歐獨立國家的主權一部份（所謂「主權限制論」、即爲了防衛蘇聯及東歐社會主義諸國全體的安全與利益、得限制一國的主權行使）。然而、南斯拉夫、及阿爾巴尼亞兩國早在戰後就脫離蘇聯支配下的東歐圈。近年又有東歐圈內各國在經濟上接近西歐資本主義國家、及羅馬尼亞的獨立自主思想與行動。

在西歐社會、又見到「**西歐共產主義**」（Euro — Communism）的出現、它們反對蘇聯的史大林主義、而主張盡量尊重西歐民主主義（西班牙共產黨領導、法共・義共協同）。

在亞洲、中國（中共）因地大物博、天然資源豐富、並擁有傳統的「**中華大國主義**」、所以中蘇對立愈來愈顯深刻。尤其是一九七一年十月「**中華人民共和國**」加入聯合國後、竟使蘇聯在國際上的大國地位相對的降低。後來、美國利用所謂「**中國牌**」（China Card）、企圖牽制蘇聯的軍事擴張、中國也想利用「**美國牌**」（American Card）來抵制蘇聯的軍事壓力及進行國內的近代化建設。從此、在國際政治上呈現出美・蘇・中的「**三極大國體制**」、例如、美國與中國曾聯合反對蘇聯・印度所支持的孟加拉（Bengal）建國。近來也是美・中在非洲反對蘇聯・古巴所支持的安古拉（Angola）的殖民地解放等、終於導引出越南・高棉的中蘇代理戰爭、甚至於發展爲美・日默認下的中越戰爭。

尚有不忘記的、就是在世界多極化的情況之下、以Che, Guevara的「**世界革命理論**」武裝的中南美拉丁地區、產生了許多革命組織、例如「**阿根廷人民革命軍**」（ERP）・「**玻利維亞民族解放軍**」（ELN）・「**智利左翼革命運動**」（MIR）等、都爲自己民族・社會的解放革命奮鬥著。同樣在中東有世界革命陣營的「**解放人民戰線**」（PFLP）即在與以色列展開生死鬥爭。其他、「**愛爾蘭共和國軍**」（IRA）・法西邊境地帶的「**Basque民族獨立與自由**」（FTA）・以及非洲・中東・亞洲等地區的弱小民族解放運動、都無不爲爭取獨立與自由而戰鬥著。

如上所述、一九七〇年代已不如過去那樣、由少數的大國就能完全支配整個世界。

觀諸最近一、兩年中所發生的國際事件、就能看出國際間、有著東西兩極霸權大國主義的對立關係、美・蘇・中三極大國主義加上日本經濟大國的對立關係、南北關係、殖民地革命游擊戰爭、社會主義國家間的代理戰爭、以及能源危機・經濟危機・國際通貨（美元）危機・難民問題等、而更加多極化、更加複雜化。但是、就其本質看來、這些多極化・複雜化的國際狀況、無非是戰後三〇年來的革命與反革命・體制與反體制・侵略與反侵略等各種政治勢力開始分化・改編的一種過渡現象。

周恩來曾在一九七二年、把這種國際形勢說成「**天下大動亂**」（參閱中國「人民日報」「解放日報」「紅旗」一九七二年一月一日的三刊物共同社論）。

如上所述、在第二次世界大戰中及戰後、國際形勢變化無常・動盪不安的這四〇年間、無論大小的被壓迫民族及舊殖民地、均相繼爭得「**獨立**」而努力於建設新國家的情況之下、唯獨有「**台灣與台灣人**」（台灣民族）、因其地理上的位置・海洋・氣候等自然環境良好、更因位於西太平洋的軍事要衝・南北交通的咽喉要道上・產業發達等「**地緣政治學**」（geopolitics）上的重要性、而兩次被宰割、被出賣。即：

(1) 一九四三—四五年、在「**雅爾達・波茨旦**」帝國主義體制之下、第一次被美・英・蘇・中（蔣家政權）宰割

(2) 一九七二—七八年、在中日復交・中美接近等的大國間政治交易之下、第二次被美・日・中（共）宰割

2　美・日・中(共)三極大國下的台灣

a　美國對台灣的初期政策

(1)　美國爲蔣介石政權撐腰與其敗退大陸

第二次大戰結束後、美國對於台灣的政策的演變、大體可分爲五個階段、即：

(一) 第二次大戰結束到蔣家政權敗退大陸（一九四五—四九年）
(二) 中國內戰結束到韓戰爆發（一九四九—五〇年）
(三) 韓戰爆發到發表「**上海公報**」（一九五〇—七二年）
(四) 「**上海公報**」到中（共）美國交正常化（一九七二—七九年）
(五) 中美國交正常化以後（一九七九—）

美國戰後在遠東最大的緊要問題、就是爲蔣介石政權撐腰、使其建立統一的中國、而成爲美國在亞洲戰略上重要的一環。因此、一九四五年八月十四日「**中蘇友好同盟條約**」成立後（蔣家政權行政院長宋子文赴莫斯科簽定）、美國爲了阻擋國共內戰、即派駐華特使馬歇爾將軍（George C. Marshall）、於一九四五年十二月二十日到中國、在重慶成立了所謂「**馬歇爾三人小組**」（馬歇爾・張群・周恩來）、從事調解各地的國共軍事衝突、而在一九四六年一月八日簽定了「**第一次國共協定**」。

然而、蔣介石妄想要以優越的軍事力量、趁機殲滅中共的武裝部隊、雖在同年六月六日成立「**第二次國共協定—一五天休戰協定**」、但其後、居然開始對共軍全面攻擊、所以美國隨即終止對國共的調解工作、美國總統杜魯門（Harry S. Truman）、遂在一九四七年一月三日調回馬歇爾將軍。

但因蔣介石進行了「**世界上最笨拙的軍事指揮**」（參閱派駐中國美軍事代表團團長巴爾少將即 David Barr 在—— Richard H Rovere & Authur Schlrsinger, Jr., The Mac Arthur Controversy and American Foreign Policy, 1965, p.333 所說）、反而讓中共解放軍攻下東北、並在極短期間內、相繼席捲了華北・西北・華中・華南・西南・海南島等全國地區、蔣介石及其殘餘份子、終於在一九四九年全面敗退大陸、逃亡台灣。一九四九年十月一日、中共宣佈「**中華人民共和國**」（主席毛澤東）的成立。

根據美國國務院發表、及國務卿艾奇遜（Dean Acheson）在美國參議院的證言、美國政府自日本投降的一九四五年至一九四八年的四年間、給予蔣介石政權的軍事援助一〇億美元、經濟援助一〇億美元、合計達二〇億美元的緊急援助。一九四八年四月、美國國會又通過「**對華援助法案**」（China Aid Act of 1948）。但其中、軍事援助的武器・彈藥等軍需品的七五%、均落在中共手中（參閱 U. S. Dept. of State, United States Relation With China, 1949 p.1042 John W Spanier, American Foreign Policy Since World War II, p.83）。

(2) 美國重視台灣的戰略地位

本來、美國在第二次世界大戰中、就開始注目「**台灣**」在東北亞細亞的戰略地位。

曾在一九四四年七月下旬、美國總統羅斯福（Franklin D. Roosevelt）赴火奴魯魯（Honolulu）召開「**軍事會議**」。當時、陸軍元帥麥克阿瑟（Douglas Mac Arthur）主張登陸呂宋島、但海軍提督尼米茲

（Chester W. Nimitz）主張先佔領台灣。後來、因羅斯福著重於政治考慮（菲律賓是屬於美國領土）、才決定登陸呂宋島、而放棄佔領台灣案（參閱 Chester W. Nimitz, and E. B. Potter, The great Sea War —實松讓・富永謙吉日譯「ニミッツの太平洋戰史」一九六二年 P.287 — 289）。

但是、美國政府自戰爭爆發的當初、就令美國陸軍情報部的摩根上校（Cal. Morgan）負責對台灣的情報・謀略等工作、所以、戰爭一結束、即派遣軍事人員赴台從事調查工作、並設置海・空軍基地等、即：

一九四五年

九・1　美軍趁早派遣軍官三人（帶領蔣家軍統局特務的中國人二人）、登陸基隆（參閱 George H. Kerr, Formosa Betrayed, 1956, p.68）

九・5　美艦駛入基隆港、將在台灣的聯合國俘虜一千三〇〇人、載往馬尼拉（參閱 Ibid, p.67）

九・10　駐昆明的「**美國戰略局業務局**（OSS）」、派遣美國軍官一五人赴台、從事調查工作（參閱 Ibid, p.69）

九・15　美國駐華軍事顧問團團長魏德邁（Albert C. Wedemeyer）、派遣「**美軍基地調查隊**」赴台、調查在台軍事設施、及搜索聯合國俘虜死亡者的墓地等（參閱 Ibid, p.70）

一九四七年

四・26　美駐華大使（Leighton Stuart）爲抗議蔣家政權在二・二八大革命時大屠殺台灣人、即交給蔣介石「**關於台灣情勢的備忘錄**」（Memorandum the Situation in Taiwan ——參閱 U. S. Dept. of State, United States Relation With China, 1949, p.923）

五・　美國海軍由蔣家攻權獲得高雄・基隆兩港的使用權、及澎湖島的馬公港爲美海軍基地

（參閱莊嘉農「憤怒的台灣」一九四九年 p.147）

六・3 美國駐華軍事顧問團（團長魏德邁中將）、派遣二〇餘軍官赴台工作（參閱前揭書 p.145）

八・11 魏德邁率領「**美軍調查團**」由南京赴台、調查軍・政、及社會狀況、並對台灣省參議會議長黃朝琴聲明：「**美國對台灣沒有領土的野心**」（參閱 George H. Kerr, Formosa Betrayed, 1965, p.345）

八・13 美空軍由琉球抽調B17轟炸機・P38戰鬥機及偵察機等進駐台北松山機場、從此「**松山機場**」「**新竹機場**」「**台南機場**」均隸屬美國太平洋第一三航空隊指揮（參閱莊嘉農「憤怒的台灣」一九四九年 p.146）

八・17 魏德邁將軍向國務卿艾奇遜提出有關台灣的報告書、言及台灣人願由聯合國託管台灣（參閱 U. S. Dept. of State, United States Relations with China, 1949, p.309）

八・22 魏德邁出席美國國家安全保障委員會與美國政府閣員的「**聯合會議**」、證言蔣家政權在台灣施加特務政治、屠殺政治犯（參閱 Ibid, p.761）

一九四八年

一一・4 「**美國駐華軍事顧問團**」派詹生上校（Col, Jenaon）赴台北、準備將該團移台北（參閱莊嘉農「憤怒的台灣」一九四九年 p.147）

(3) 美國停止對蔣援助、但在東西冷戰下仍重視台灣的戰略地位

美國總統杜魯門、認爲蔣家政權敗退大陸並非美國的援助不夠、而是起因於蔣家政權本身的腐敗與無能才導致中國人心靠攏中共的結果（參閱 Harry S. Truman, Memoir by Harry S. Truman, Vol. II, 1946 —

1953. 1956, p.95）。

一九四九年八月四日、國務卿艾奇遜通知美國國家安全會議執行委員會說：「**台灣可能即將落入中共手中、一切外交上或經濟上的援助、已無濟於事**」。八月五日、國務省繼續發表「**對華白書**」、指出蔣家政權的腐敗與無能、並重申將不再介入國共內戰及終止對蔣援助。又在八月十六日、美國三軍統合參謀本部、表示不同意美軍干涉中共攻台的軍事行動（參閱 Military situation on Armed Services and Committee on Foreign Relation. Unites State, 82nd Congress, 1st Session, 1951, p.1671,2371）。

如上所述、美國政府在一九四九年蔣家政府逃亡台灣後、即轉變向來的中國政策、而決定放棄蔣家政權。但是、美國政府當局的內心、並不否認台灣在軍事戰略上的重要地位（美國一貫就把太平洋當爲自國的「內海」、爲了保衛這個內海而不允許敵性國家的擾亂。位於西太平洋上的日本・沖繩列島・台灣・菲律賓等地、均是不可缺欠的重要堤防）、因而早在四、五月中、關於台灣問題的處理政策、已成爲美英兩國在磋商世界戰略上的重要問題。例如：「**據消息人士說、美國政府在現階段、最爲迫切待解的遠東政策、即是台灣問題。爲了防止台灣落入中共手中、應採取的必要措施、其決定刻不容緩。關於這個台灣問題、比美國更加關心台灣的英國、也被認爲定會與美國採取共同政策**」（參閱UP六月三日華盛頓電——田中直吉・戴天昭共著「米國の台灣政策」一九六八年 p.190）

尤其是美國國會方面及有識人士等、因爲此時東西冷戰逐漸激烈化、美蘇兩超級大國的世界政策尖銳對立的時期、所以均對台灣將被中共攻取的局勢表示擔憂、因而極力反對美國政府採取所謂「**旁觀政策**」。當時國會方面的所謂「**軍事干涉論**」、與政府所表現的「**台灣放棄論**」、在此時爭執不已、即：

一九四九年

一一·29　美國總統特使熱薩布（Philip C. Jessup）命令第七艦隊司令庫克（Charles M. Cooke）、停止對蔣家政權供給軍需品（參閱田中直吉·戴天昭共著「米國の台灣政策」一九六八年 p.192）

一二·1　美國參議院議員蘇密斯（Alexander Smith）、在參衆兩院外交委員會提出旅行遠東的報告說：「麥克阿瑟（Douglas Mac Arthur）才能給我國有關遠東政策統一方向的唯一人物、他爲了防止共軍侵略台灣、已同意派遣美軍對抗、蔣介石也可能容認美軍佔領台灣」（參閱 George H. Kerr, Formosa Betrayed, 1965, p.382）

一二·3　國務卿艾奇遜聲明、不承認蔣家政權的海軍封鎖大陸沿海（參閱 Forest Davis & Robert A. Hunter, The Red China Lobby, 193, p.56）

一二·7　參議院議員法加遜、旅行世界歸途中、在夏威夷·火奴魯魯（Honolulu）發表談話說：「無論如何、美國必須防止中共佔領台灣、大多數陸軍指揮官均表同意、只恐國務院將承認中共、任其進攻台灣。台灣若落入中共手裡、美國在太平洋防衛上的全盤計劃必遭打擊。美國的西太平洋防衛線、應是在日本·沖繩·台灣·菲律賓·印尼等的島嶼線上、若是容許中共佔領台灣、整個太平防衛線將趨崩潰。美國應該像對蘇聯封鎖柏林時採取空中輸送那樣、竭力確保台灣才是、若是放棄台灣、美國必然招來重大損失。」（參閱日本「讀賣新聞」一九四九年十二月九日、十日）

一二·8　蔣家政權聲明在台北設立臨時首都時、美國政府召開國家安全會議、重申美國無意佔領台灣、……假使美軍佔領台灣、實際上也不可能增強美國的戰略地位、……日本投降後、台灣已在中國託管統治之下、所以佔領台灣將給予中共宣傳美國侵犯領土主權的藉口、……台灣獨立運動尚很微弱、沒有足夠理由來正當化美國派兵台灣（參閱ＡＦ

P華盛頓特電——日本「朝日新聞」一九四九年一二月十一日、十一日夕刊）

一二・14　國務卿艾奇遜會見記者、表明美國倘若懷有干涉台灣的企圖、實際上也很困難、從國際法的地位上・台灣已由聯合國信託蔣家政府統治、以至和平條約爲止・・・・」（參閱日本「每日新聞」一九四九年十二月十六日夕刊、十七日）

一二・17　美國聯合參謀會議擬從純「軍事性」來檢討台灣問題、請求杜魯門派遣「軍事調查團」前往台灣、但因遭國務院的「政治考慮」、遂未果（參閱 Tang Tson, America's Failure in China, 1945 50, 1963, p.528）

一二・23　美國務院秘密通告在外公館所謂「台灣政策的情報」（Policy Information Paper — Formosa）、強調中共若是開始進攻台灣、也不應介入國共糾紛（參閱 Ross Y. Koen, The China Lobby in American Politics, 1960, p.253 — Fred' W. Riggs, Formosa under Chinese Nationalist Rule, 1952, p.34）

一二・27　參議員蘇密斯再次敦促艾奇遜與台灣省主席吳國楨磋商美軍佔領台灣問題（參閱 Tang Tsou, America's Failure in China 1941 — 50. 1963, p.529）

一二・29　參院外交委員會委員長克那里（Tom connally）發表談話說：「使日本回復對台灣的主權、比落入中共手中較好」「關於台灣問題的法的地位與承認中共問題、必須等到現正在遠東考察旅行中的總統特使熱薩布調查完畢、才可決定」（參閱日本「讀賣新聞」一九四九年十二月三十一日夕刊）

一二・30　親蔣派的參院議員諾蘭（William F. Knowland）表示贊同蘇密斯等參議員的意見、再次提議政府應派遣「軍事顧問團」赴台灣（參閱中國研究所調查部〈日本〉「台灣問題と台灣經

濟」—中國資料月報第三號 p.11）

一九五〇年

一・2　參院議員諾蘭公開前總統互琶（Herbert Hoover）的書簡、主張反對承認中共、及美國必須防衛台灣、受此書簡的影響、共和黨領袖的參院議員多福特（Robert Taft）即表示爲了防衛台灣、不辭動員美國海軍（參閱 Joseph W. Ballantine, Fomosa, 1952 , p.118）

一・3　因上述國務院發出的秘密文書「**台灣政策的情報**」內容被揭露、導到共和黨的台灣防衛派議員集團開始給予國務院猛烈的反擊

其中、特別不能忽略的是「**親蔣派**」（China Lobby）的存在。它歷來就對美國的「**中國政策**」行使了不小的影響力。本來、所謂的 China Lobby 即是在一九四三年、宋子文・宋美齡爲爭取更多美國的援助而前往華盛頓時、拉攏了一批所謂有力的「**美國朋友**」、即合布金斯（Harry Hopkins—羅斯福總統的親信）・莫根漱（Henry Morgenthau—當時的財政部長）・路西（Henry Luce—Time・Life 報社社長）・俄爾色布（Joseph Alsop—評論家）等人士而組成的。戰後再由孔祥熙・陳之邁・俞國華等蔣家巨頭赴美加強其力量、爭取更多的美援・操縱親蔣的美國輿論・反對中共加入聯合國。其所謂「**美國朋友**」、廣泛的包括了一批國會議員・銀行家・企業家・貿易業者・新聞記者等、例如、有名的杜威（Tomas E. Dewey—共和黨巨頭）・諾蘭（William F. Knowland—參議員）・麥卡錫（Joe Macarthy—參議員）・尼克森（Richard M. Nixon—參議員、後來的總統）・柔度（Walter H. Jadd—衆議員）・扣爾比爾克（Alfred Koulbery—貿易業者）均包括在內。他們在此時、當然是替蔣家政權大肆策動、攻擊國務院的「**台灣放棄論**」、而主張「**台灣防衛論**」。

(4) 杜魯門・艾奇遜的台灣不干涉聲明

由於「**台灣問題防衛問題**」一下子成爲美國國內政治論爭的中心題目、各界議論沸騰、所以、杜魯門爲了闡明政府的基本方針、即在一九五〇年一月五日、對新聞記者發表了所謂「**台灣不干涉聲明**」、其內容大體是：「**美國對於台灣或其他中國領土、絲毫沒有侵略的意圖。現在美國也不想使用武裝部隊來干涉台灣的現狀。美國政府不願意被捲入中國的國內紛爭、同樣的、也不願意對台灣的中國軍隊提供軍事援助、或給予助言**」（參閱 U. S. Dept. of State, American Foreign Policy, 1950 — 55. Basic Documents 2 Vols, 1956, p.2448　日本「朝日新聞」一九五〇年一月六日夕刊）。

杜魯門的聲明一發表出來、一貫主張保衛台灣的共和黨議員、均紛紛給予激烈的反擊、其中最甚者、例如有：

參議員多福特指責杜魯門聲明說、其與美國曾向世界表明要阻擋共產主義者勢力對外擴張的基本國策發生矛盾（參閱 Joseph W. Ballantine, Fromosa, 1952, p.121）

參議員坂田懋爾克（Arthur Vandenberg）主張：絲毫不考慮台灣人的人權而倉促決定放棄台灣是不智的、台灣的法的地位雖然未定、但也應由台灣人自己來決定自己的命運才是（參閱 Arther H. Vandenberg, Jr., The private Papers of Senator Vandenberg, 1952, p.538）

然而、美國政府的「**台灣放棄論**」、並不因這些共和黨議員等的反對而有所改變、不但如此、國務卿艾奇遜又在一月十二日的新聞記者招待會上、甚至於發表說、美國的西太平洋防衛線、已後退到北自阿留申群島・日本列島・琉球群島、南至菲律賓、所以台灣已在這防衛線之外。這個新防衛線後來被稱爲「**艾奇遜防線**」（Acheson Line）。艾奇遜並且提到中蘇紛爭在不久的將來必會發生、美國爲了牽制中共不向蘇聯一邊倒、才決定放棄台灣。因此、美國政府的「**放棄台灣**」已成定論（John W.

SpAnier, The Truman — MacArthur Controversy and the Korean war, 1959, p.84）。

b 韓戰爆發與美國轉變爲防衛台灣

如上所述、美國民主黨的杜魯門政權、已決定放棄台灣、但因國內有共和黨在國會積極策動反共、以及麥卡錫（Joe Macarthy）推行驅逐國務院內的所謂「**共黨份子**」、有親蔣派（China Lobby）對各方面施加陰謀詭計等、竟然獲得美國人廣泛的支持、因此、杜魯門爲了確保民主黨繼續執政、並爭取國會的多數支持、乃不得不採取妥協政策、結果、雖然在國策上決定放策台灣、但也避免不了對佔領台灣的蔣政權繼續給予經濟援助。這就是杜魯門改變其「**台灣放棄政策**」的開始。

另一方在國際上、一九五〇年二月十四日、中蘇兩國突然發表「**中蘇友好同盟條約**」的成立、導致美國國務院所主張的要防止中共向蘇聯一邊倒的論調受到打擊、於是、逼得杜魯門非得重新估計台灣的戰略地位不可。同年六月二日、國務卿艾奇遜強調定要防止共產主義在國際上的伸張時、出乎意料的涉及到美國有必要確保台灣。更且、於同年六月中旬、當國防部長詹森（Louis A. Johnson）、與統合參謀總本部議長布萊德雷（Cmar Bradley）考察遠東防衛之際、因受到在東京的麥克阿瑟的影響（參閱日本「朝日新聞」一九五〇年六月二十五日）、而返國後向杜魯門建議、爲了保衛台灣必須盡早給蔣家政權一定程度的軍事援助。因此、杜魯門才對於台灣的觀點做了一八〇度的轉變、爲防止中共的進侵而決定防衛台灣。

(1) 韓戰爆發與杜魯門的「台灣中立化宣言」

一九五〇年六月二十五日、韓戰突然爆發、導致西太平洋地區的國際政治發生重大變化。聯合國的安全理事會立即召集會議、結果、斷定北韓的武力進攻爲侵略行爲（六月二十七日）。美國總統杜魯門以此爲背景、一方面派遣美軍直接介入戰爭、另一方面則發表了所謂「**台灣中立化宣言**」（六月二十七日）、下令美國第七艦隊防守台灣海峽、堅決表示不讓中共侵佔台灣。

「從此次北韓攻擊南韓的戰爭行動、可以明白的看出共產主義者不只是進行破壞行動、而居然訴諸武力侵略與戰略手段想來征服他國。在這種情況之下、台灣如果落入共產主義者手裡、將會直接的影響到全太平洋地區的安全。我已令第七艦隊必須防止任何對台灣的武力攻擊。另一方面、我也對在台灣的中國政府（蔣家政權）呼籲停止向中國本土全部的海空作戰行動。台灣將來的地位、必須等到太平洋的安全回復、即對日本的和平條約成立之後、或者聯合國有決定之後、才能確定」（參閱 U. S. Dept. of State, American Foreign Policy, 1950 — 1955, 1957, p.2468　日本「朝日新聞」一九五〇年六月二十八日夕刊、二十九日）

由此可見美國藉韓戰而表明：㈠台灣的法的地位未定、㈡救了蔣家政權的一命、並也牽制其所謂「**反攻大陸**」的軍事行動、㈢阻擋中共侵犯台灣。

對於美國的對台措施、中國（中共）隨即由外交部長周恩來發出聲明（六月二十八日）、指責美國以武力侵略「**中國領土**」的台灣、妨害中國統一、並反對「**台灣的法的地位未定**」的說法。蔣家政權則發表了歡迎「**台灣中立化聲明**」、但與中共同出一軌的反對台灣地位未定的說法（六月二十八日）。然而、無論如何、從此在實際上、造成了「**兩個中國**」的局面。

繼之、七月八日、聯合國任命日本駐留軍總司令麥克阿瑟元帥爲「**聯合國最高司令官**」。九月十五日美軍即聯合國軍登陸仁川・群山而開始反攻。十月二十五日、在蘇聯的軍事・經濟上的援助之下、「**中國（中共）人民志願軍**」參加韓戰、而加入朝鮮半島的戰鬥。於是、中（共）美兩軍在戰場兵戈相見、而成爲不共戴天的仇人。這種局面的急速變化、竟使美國從根底改變其原來的遠東政策、而趨於強化對中共在軍事上的「**圍堵政策**」。

再者、於一九四九年十二月三十日、由美國領導而所創立的「**對共產圈輸出統制委員會**」（Co-ordinating Committee for Export Control＝COCOM）、就是爲了禁止及統制向共產圈輸出戰略物質的一個輸出統制機構、這也被強化其機能、即與「**對中共輸出統制委員會**」（China Committee＝CHINCOM—西歐諸國對共產圈戰略物資貿易統制機構的諮詢委員會之下部機構）合併、重新設置本部於巴黎、而成爲「**圍堵政策**」的經濟上的執行中心。

(2)　麥克阿瑟來台佈置與杜魯門的台灣防衛政策

韓戰爆發三天的六月二十八日、蔣介石向美國政府表示有意派遣蔣軍三萬三千人參加韓戰、但遭國務卿艾奇遜拒絕（參閱 Harry S. Truman, Memoir by Harry S. Truman, 1956, p.361　神谷不二「朝鮮戰争と國府軍使用問題」—日本「法學雜誌」第九卷第三、四號）。

然而、在東京的麥克阿瑟、乃在七月三十一日親自前往台北、與蔣介石舉行軍事會談、決定派遣「**美軍軍事聯絡組**」駐在台北（此小組在八月四日來台、同時美軍第一三航空隊也開始飛台駐紮）、其後、發表聲明說：

「**我此次訪問台灣、主要目的是在考察台灣若受攻擊時所能使用的防衛能力。台灣與澎湖島不許受到軍事侵略的防衛政策已被策定。因此、當敵性國家要以武力來攻時、我所指揮的美軍部隊與國府軍**

隊之間的協力體制已達到協定。我衷心稱讚蔣總統要徹底抵抗共黨支配台灣的堅強決心。蔣總統的決心、與相信太平洋地區的全體人民都想保持自由而不願做奴隸的美國人民、在其利害關係與目的均相互一致的」（參閱 Douglas MacAthur, Reminiscences, 1964, p.339 —津島一夫日譯「マッカーサー回想記」一九六四年、下卷 p.224　日本「每日新聞」一九五〇年八月一日、一日夕刊、二日、二日夕刊、三日、四日）。

但如此超過「**台灣防衛**」的軍事範圍而涉及到具有「**反共**」政治意義的麥克阿瑟的發言、加上後來想把朝鮮半島的局部戰爭擴至中國大陸全面戰的戰略思想（使用蔣軍・封鎖中國沿海、轟炸中國大陸的軍事及產業設施等）、竟成爲總統杜魯門與前線司令官麥克阿瑟在韓戰遂行上的重大爭執、而終於發展到前者免職後者（一九五一年四月十一日）的嚴重結果。

雖然經過如此的曲折、但杜魯門總統與艾奇遜國務卿、以及三軍首腦對台灣政策的重心、已改爲把台灣從中國大陸割開、因此、一九五二年三月八日、美國國防部發表把台灣・菲律賓的指揮權、自日本駐留美軍總司令官利其威（Mathew B. Ridgway）、移交給美太平洋艦隊司令官拉特福特（Authur Radford）管轄之下、並表示韓戰結束後也要繼續防衛台灣（參閱日本「朝日新聞」一九五二年三月十四日夕刊、十五日）。

從此、美國僅在自一九五一年至六五年的一五年間、不但以第七艦隊把台灣從中國大陸割開、而鞏固了其西太平洋戰略體制、並使蔣家政權高枕無憂的盤據於台灣島上、而一九五一年二月簽定「**美華（蔣）軍事援助協定**」、並在台北成立「**美軍顧問團**」（第一任團長蔡斯少將、一九五一年成立、一九七九年四月二十七日廢止）、並給予蔣家政權高達四〇億美元的軍事・經濟援助、使其做爲殖民地統治台灣的本錢、並使美式武裝的蔣家特務軍警任意屠殺壓迫台灣人、至今尙未終止（參閱本書第十一章9「美援」與新殖民主義 p.1024 —）。

關於英國此時的對台灣政策、乃在一九四九年十月一日人民共和國成立後、次於印度承認中共（同年十二月三十日）。英國政府於翌年的一九五〇年一月六日、由當時的阿托利（C. R. Attlee）工黨內閣承認中共（歐美資本主義大國之中最早承認中共）。但是、英國認爲台灣的法的地位未定、所以、中共建交後也沒有撤消台灣淡水的「**英國領事館**」、在北京也只有置代理公使而已（這種情況繼續到一九七二年三月二十一日、才有所改變）。阿托利在杜魯門把台灣中立化後、一九五〇年十二月四日、赴美與杜魯門會談。他向杜魯門提案：「**我方想把台灣在一定期間使之中立化**」（參閱 C. R. Attlee, As It Happens, 1954—和田博雄・山口房雄日譯「アトリー自傳」一九五九年、下卷 p.274）

二者會談後、於同年十二月八日發表「**美英公報**」、其中有關台灣問題說：「**我們相信台灣問題必須依據和平手段解決、同時、要尊重台灣人的利益**」（參閱日本「朝日新聞」一九五〇年十二月九日夕刊）。一九五一年九月五日召開「**對日和平條約會議**」時、英國即支持美國的主張、而不規定台灣的歸屬問題。同年十月二十五日、保守黨內閣成立後、首相邱吉爾（Sir Winston Churchill）於翌年一九五二年一月赴華盛頓、在美國兩院議會演講時、談及台灣問題說：「**台灣必須以非共產國家的手加以保護**」（參閱日本「朝日新聞」一九五二年一月二十一日夕刊）。

英國一貫的基本方針、就是如此在一方面承認中共爲正統的中國政府、讓其加入聯合國、另一方面、將由台灣住民的人民投票而來決定台灣的地位。

再者、一九五一年五月十七日、聯合國政治委員會決議「**對中共戰略物資禁止輸出案**」（CHINCOM＝China Committee）、後來與一九四九年成立的「**對共產圈輸出統制委員會**」（COCOM）合併、在經濟上加強對中共的「**圍堵政策**」。

韓戰戰局一進一退、到了一九五三年一月二十日、艾森豪威爾（Dwight D. Eisenhower）就任美國總統、杜勒斯（Jone F. Dulles）就任國務卿、同年三月史大林死亡、東西冷戰開始變化後、於一九五三年七月二十七日、遂成立「**休戰協定**」。

c　美國對日和平條約與台灣的地位未定

如上所述、一九五〇年六月韓戰爆發、東西兩大陣營更加尖銳對立。於是、美國在此情況之下、認爲有需要趕快再武裝日本、使之成爲太平洋反共防衛線（也是美國遠東戰略基本）的重要一環、因此、加緊進行「**對日和約**」的準備工作。

一九五〇年九月、國務院顧問杜勒斯、以美國代表的資格出席聯合國大會、與有關各國代表商討對日和平條約的問題。其後、杜勒斯又提出具有七項條款的「**對日和約大綱**」、其中的第三項涉及到台灣・澎湖島的歸屬問題、而表示：「**美國將同意美・英・蘇・中（蔣家政權）的共同的結論。但如在一年之內沒有達到結論的話、再提到聯合國解決**」（參閱日本・國際學會「平和條約の綜合研究」一九五二年、上卷 p.87）。這不外乎是重新闡述杜魯門在台灣中立化宣言中所提到的解決辦法。

但美國所提出的辦法、竟遭主張台灣問題在「**開羅宣言**」（一九四三年）及「**波茨坦宣言**」（一九四五年）已告解決的蘇聯所反對。

一九五一年一月十一日、杜魯門再次任命杜勒斯爲特使、與英國・澳國・紐西蘭等太平洋上的主要國家重新商討的結果、於同年三月三十日共同擬成「**對日和約草案**」、而分發給有關國家。這個草案經過幾次爭執（美國與蘇聯）、及研討（美國與英國）之後、美英兩國遂共同擬成最後的「**對日和平條約成文**」、再分發給有關各國。

但因早在一九五〇年一月六日已承認中國（中共）的英國、與依然承認中國（蔣家政權）的美國、對於**「中國的代表問題」**最後還是沒有達到結論、所以、雙方妥協的結果、在此成文中、所要邀請參加簽署的國家之中、「**中國**」乃被除外（第二三條）、就是：

「美英商討對日和約時、最難決定的、就是中國代表的出席問題。因美國堅持不與現正在侵略朝鮮的中共同席簽署和約、英國則主張中國的兩個政府之中、應讓已獲得遠東委員會參加國三分之二所承認的政府出席簽署才是。在此、雙方不能取得步調一致的情況之下、決定將來由日本本身所選擇的政府、另簽和約爲妥協案。結果、此次的條約簽署會議不邀請中國的任何政府參加」（參閱吉田茂「回想十年」一九五七年、第三卷 p.33）。

一九五一年九月五日、在五二個國家代表參加之下、舉行「**對日和談會議**」於舊金山（San Francisco所以也被稱爲「舊金山會議」）。繼之、九月八日、除了蘇聯・捷克斯拉夫・波蘭三國之外、共取得四九國代表簽署條文、由此、對日和平條約終告成立（參閱日本・每日新聞社「對日和平條約」一九五二年 p.302）。

在開會中、杜勒斯說：**「對於因國共兩政權分裂而使中國代表不能參加一事表示遺憾、並指出只有等到將來由日本選擇中華人民共和國政府或中華民國政府爲中國代表、而後再另簽和約之外、已別無他途」**（參閱吉田茂「回想十年」一九五七年、第三卷 p.495）。

蘇聯代表葛羅米柯（Andri Gromyko）說：**「此條約侵害了台灣・澎湖群島・西沙群島歸還中國（中共）的應有權利。此條約只規定日本放棄對這些地區的權利、而不再進一步的確定這些地區的將來的命運。然而、實際上台灣及上述諸島、已被美國所佔、美國想把這些侵略行動在此和平條約中給予合法化。雖然如此、但是這些地區的命運還是有必要給予明確化、也就是說、心須把其歸還給這些土地的主人、即中國人民」**（參閱上揭書 p.520）。

但英國代楊葛（Kenneth Younger）說：「此條約、只是規定日本必須放棄對台灣・澎湖群島的主權、所以這條約本身、並不決定這些島嶼的將來所屬。關於台灣的將來已在開羅宣言闡述過、這開羅宣言上、已包含著領土不可侵犯及否定對領土的野心、及有關朝鮮的各條項。所以、中國中共在實際的行動上、若不承認這些條項與原則、對於台灣問題的最終解決恐怕無法達到」（參閱上揭書p.504）。

特別是薩爾瓦多（EL Salvador）的代表卡斯楚（Hiector. David Castro）、埃及（Egypt）代表羅亨（Mohammed Kamil Bey, Abdul Rahin）、敘利亞（Syria）代表柯里（Faiz. El. Khouri）、沙烏地阿拉伯（Saudi Arabia）代表法丘（Sheik. Asad. al Faquh）等、均紛紛起來表示：「條約上除了規定日本得放棄台灣等地區之外、對於其將來沒有下任何決定。這第二條所定的歸屬問題、將來必須根據人民自決的基本原則、而聽取該地區住民的意志、才能決定」（參閱上揭書p.287）。

由上面的引例可見、世界列強均由自國的利益出發、而想來處理台灣問題、反而、只有弱小國家卻都堅持「人民自決」的原則、主張應該由台灣住民來自己解決、這可以說人類的良心永遠是屬於弱者這一邊的印證。

如此、對日和平條約的第二條上、只有規定：「日本應放棄台灣與澎湖群島的權利・權限以及請求權」、除外、對於台灣的最終歸屬問題、並沒有任何決定。也就是說、台灣自一九五一年的日本和約以來、有關所謂「法的地位」迄未有所決定。

中國（中共）對於日本和約從初就表示反對、即在一九五〇年十二月四日、及一九五一年八月十五日、中共外相周恩來提出二次抗議、表示：「沒有中國參加的對日和約的準備・成文・簽署均是非法的、無效的」、並要求明確化台灣歸屬中國（中共）（參閱日本・アジア政經學會「中華人民共和國外交資料總覽」一九六〇年p.799—805）。

再者、美國在同日的九月八日、並與日本簽訂「美日安全保障條約」、確定支援日本在軍事上、及經濟上由戰爭的疲敝復興起來、而成爲美國在太平洋戰略體制上的「安定因素」。

d　日華（蔣）和平條約與台灣地位未定

一九五一年九月八日「舊金山對日和約」成立後、同年十一月十八日、日本國會隨即批准。然而、杜勒斯在十二月赴日見日本首相吉田茂時、向他提議：「日本應急早與佔領台灣的國民政府簽定和約、不然、舊金山和約恐不容易獲得美國參院的批准」。

據吉田茂著作的「世界と日本」（一九六三年）所述：

「當在昭和二十六年（一九五一年）秋、舊金山和約批准案在美國參院被審議時、據聞、關於日本到底要選擇中國的那個政權（中共或蔣家政權）爲國交對象的問題、竟成爲參院是批准條約的主要關鍵。……又時逢韓戰正在激戰中、美國對中共的國民感情極爲惡化、並且爲了台灣的安全問題、美國政府正在銳意對付中共的武力上的威脅之際、在以史無前例的寬大政策而成立了這舊金山和約的情況之下、日本若是選擇中共政權、美國外交必遭嚴重的打擊。因參院關於這點特別憂慮、所以期待日本能提示使美國不致陷於窘境的一種保障。……日本政府當然希望與國府修好外交關係、並經濟關係上加強發展。同時、也想要避免因與蔣家政權過於深入而導致否認中共政權的結果。……可是、雖然對中共政權在將來懷有建立關係的希望、但爲了使既成的舊金山和約盡早獲得美國參院的批准、日本就不得不選擇國民政府爲講和對象」（參閱吉田茂「世界と日本」一九六三年 p.145）。

如此、受到杜勒斯軟硬兼施的勸告之後、日本遂不得不與蔣家政權簽定和約。於是、吉田茂在同年十二月二十四日、以給予杜勒斯書簡的方式、非公式的表明日本政府已選擇蔣家政權。但這所謂「**吉田書簡**」、在杜勒斯與吉田茂的商討之下、明確的表明著以下兩點：

第一點就是：「**日本政府總歸也是希望與鄰邦的中國樹立全面的政治和平及通商關係**」、也就是說、日本希望與能代表全中國的政府爲和約的對象。

第二點就是：「**兩國間（日本與蔣家政權之間）、所要簽定條約條款、有關中華民國的範圍、應是限定於中華民國政府現正在支配、及將來可能支配的領域爲限**」、也就是說、和約對象的蔣家政權、只能代表現正統治著的台灣地區、而不能代表全中國本土（參閱吉田茂「回想十年」一九五七年、第三卷 p.74）。

一九五二年一月十六日、國務院顧問杜勒斯把這「**吉田書簡**」提出美國參院後、舊金山和約終獲得參院批准。

中共在一九五一年一月三十日、以外交副部長張聞天的名義、指責吉田茂出賣日本的民族利益、私自簽定舊金山和約與美日安全保障條約、又給帝國主義保證要與中國國民黨的反動殘餘締結和約（參閱清水董三「中共覺え書」一九六二年 p.172）。

於是、一九五二年二月二十七日、日本代表河田烈與蔣家政權代表葉公超開始和約的交涉。

「**交涉中、最大的爭點、就是條約的根本問題。對方（蔣政權）想以包括全中國大陸的代表政權的資格來簽定和約、然而、我方（日本）則把國民政府認爲是局部性的政權、而想與其修好關係。這點從初就成爲雙方最大的思想差距、爲了塡補這個差距、竟然費了整整兩個月的時間**」（參閱吉田茂「回想十年」一九五七年、第三卷 p.75）。

結果、由美國駐華公使蘭根（Karl. Lott. Rankin－一九五三年四月升爲大使）的介入調解、日本才不得不對蔣方讓步、終在一九五二年四月二十八日（舊金山和約發效之日）、簽定了「**日華和平條約**」（八月五日生效）。

在這日華和平條約上、有關領土處理的問題、在其第二條規定著：「**日本國、基於一九五一年九月八日在美國舊金山簽署條約第二條所規定、放棄對台灣與澎湖諸島、及新南群島・西沙群島的權利・權限及請求權**」。這不過是重新確認「**舊金山對日和本條約**」的第二條六項、只是表示放棄台灣而已。至於向誰放棄一事仍然沒有任何規定、所以台灣的歸屬問題依然未被解決、其「**法的地位**」仍然未定、因此、蔣家政權只不過是繼續代替「**聯合國**」統治台灣而已。

從此、日華和約成立之後、日蔣關係竟然急速密切起來、日本即以美國軍事援助台灣爲背景、給予所謂經濟援助、恢復了台灣舊殖民地的經濟支配、而施加「**新殖民主義**」、以低工資來剝削台灣勞工。蔣家政權則由日本政府獲得巨大政府貸款與日本資本的投資、而鞏固了其殖民統治與剝削體制

（參閱本書第十一章10舊蔣家殖民統治的新支援 p.1037）。

e　美華（蔣）共同防禦條約與金門砲戰

(1) 美國廢止「台灣中立化政策」

一九五三年一月二十日、第二次世界大戰的驍將艾森豪威爾、被美國共和黨推舉而就任美國總統、他任命杜勒斯爲國務卿。當時在朝鮮半島的韓戰即將休戰（同年七月二十七日休戰）、但南方的中南半島戰線、在蘇聯・中國（中共）的軍事支援下、愈打愈激烈、所以艾森豪威爾與杜勒斯、在共和黨領袖多福特的支持之下、爲了牽制中國（中共）的軍事行動、把前民主黨總統杜魯門對中共的「**圍堵政策**」、再進一步的積極推進、提倡所謂「**反擊政策**」（Strike Back Policy）這個反擊政策的第一個措施、就是

解除杜魯門時代的「**台灣中立化**」、而容許蔣介石進攻中國大陸、使之構成第二戰線、想來牽制中國（中共）在朝鮮與越南的軍事擴張。

艾森豪威爾在同年二月二日、給國會的「**國情咨文**」（State of Union Message）裡說：

「一九五〇年六月北韓開始侵略戰爭時、美國政府命令第七艦隊阻止中國（中共）攻擊台灣、同時也保障台灣不會成爲攻擊大陸本土的作戰基地。這不外乎是等於美國海軍成爲防衛共產主義中國不會受到侵犯的一翼。……美國發出這種命令之後、中共軍隊侵入朝鮮、在此攻擊聯合國軍隊。在這情況之下、中共始終拒絕聯合國所提出的休戰提案。

因此、我們要求爲中共擔任防衛責任的美國海軍、不再繼續造成共軍不受到損失而能在朝鮮殺傷美軍及聯合國軍士兵的條件。

我將命令第七艦隊不再成爲共產主義中國的保鏢。……總之、我們絲毫沒有任何義務保護在朝鮮與我們戰爭的國家」（參閱長谷川才次「アメリカ外交の新基調」一九五三年 p.70　日本「朝日新聞」一九五三年二月三日夕刊、四日）。

如此、艾森豪威爾乃宣言廢除「**台灣中立化政策**」。

中國（中共）隨即指責：「**美國將要使已滅亡的政權再次君臨於中國人民頭上**」。蘇聯也指責艾森豪威爾將擴大遠東的戰爭。英國等西歐方面則擔憂此喪失朝鮮休戰的機會。

但在實際上、由於中國（中共）從東北等地方調來大軍移駐台灣的福建沿海地區、所以一向在「**美國中央情報局**」（Central Intellingence Agency ＝ＣＩＡ）的黑色機關即「**西方企業公司**」（Western Enterprise）支持下、而進行所謂「**大陸游擊**」的蔣家軍隊、卻無法再搞這種只有宣傳性的游擊兒戲。並且、蔣家政權受到美國壓力而不得不派正規軍防衛金門・馬祖、以及大陸沿海的幾個小島。

(2) 美國創立「東南亞條約機構（SEATO）」與中共砲擊金門

中共統一中國大陸後（一九四九年十月）、隨即參加朝鮮半島的韓戰（一九五〇年十一月）、韓戰休戰後（一九五三年七月）、再把軍事餘力調往中南半島而支援越戰。相形之下、美國在東南亞地區軍事力量極爲薄弱、所以、驚恐自中國的共產主義化開始、將招來越南・寮國・高棉・泰國・馬來西亞・緬甸等東南亞諸國一個個相繼受到中共勢力的滲透、而成爲共產主義國家。因此、國務卿杜勒斯乃把這種預測、比諭的說爲「**骨牌理論**」（domino theory）、而主張所謂「**反骨牌理論**」（anti-domino theory）、號召與東南亞具有利害關係的資本主義國家、應一致形成共同防衛線、並與東南亞諸國創立一種集體安全保障機構。

於是、一九五四年九月八日在馬尼拉、由美國・英國・法國・澳大利亞・紐西蘭・菲律賓・泰國・巴基斯坦等八國創立了「**東南亞條約機構**」（South－East Asia Treaty Organization＝SEATO）。這可以說是「**北大西洋條約機構**」（NATO）在亞洲的翻版。

然而、中國（中共）當局預先接到「**東南亞條約機構**」將成立的消息後、唯恐其與台灣的蔣家政權相結合、而在國際政治上造成「**一中一台**」的既成事實、所以在同年八月一日「**中共建軍二七周年紀念典禮**」上、以中國人民解放軍總司令朱德的「**台灣解放宣言**」爲先聲（參閱北京・人民出版社「台灣問題文件」一九五五年 p.64）、而在「**東南亞條約機構**」成立的前五天、即九月三日開始砲擊蔣政權佔領下的大陸沿海的金門島與馬祖島。

美國政府接到中共砲擊金門・馬祖的消息後、聯合參謀本部（議長 Admiral Auther Radford）隨即建議總統艾森豪威爾應容許蔣家空軍及命令美國空軍轟炸中國大陸。國務卿杜勒斯也同意這個建議。但同年九月十二日在美國丹佛（Denver）所召開的「**國家安全保障會議**」上、艾森豪威爾以「**轟炸中國大**

陸可能發展爲大戰並恐怕再引起美蘇戰爭」理由、反對聯合參謀本部的建議。結果、杜勒斯的提案被採擇、即把大陸沿海諸島問題提出於聯合國「安全理事會」、請其介入而來停止台灣海峽的砲火（參閱 Dwight D. Eisenhower, The White House years, Mandate for Change 1953 — 56, p.464）。

(3)　「美華（蔣）共同防禦條約」成立

以韓戰・越戰都不如所願的擴大爲第三次世界大戰而極抱不滿的蔣介石、一聽到艾森豪威爾採擇杜勒斯的提議、即以和平手段將要由聯合國來收拾金門砲戰的消息、居然表示反對。蔣介石覺得金門危機若被提到聯合國安全理事會、一來是恐會惹起在聯合國的中國代表權問題、二來是趁機要把美國牽入中（共）美戰爭的企圖將歸失敗。於是、蔣介石決意主張締結美華（蔣）間的軍事條約、以期後日的機會（參閱 Ibid p.465）。

原來、美國從早就想把蔣家政權編入「東南亞條約機構」、但遭英・法兩國及菲律賓・巴基斯坦等國的反對、而未得實現。因此、對美國來說、爲了防止台灣落入中國（中共）手裡、蔣介石所主張的「美華（蔣）軍事同盟」案、即成爲其所能接受的唯一辦法（參閱「日本經濟新聞」一九五四年十一月九日夕刊）。

一九五四年十月十二日、美國助理副國務卿羅波杜遜（Walter Robertson）訪問台北、開始交涉美蔣之間的條約問題。這也與日蔣交涉和平條約時同樣、蔣家政權主張包括全中國大陸爲條約適用的範圍、而美國卻主張連金門馬祖等大陸沿海島嶼都要除外、以致交涉費時兩個月。

到了同年十二月一日、雙方才達成協議、而發表「共同聲明」如左：

「一、美國與國府完成了爲締結共同安全保障條約的交涉。該條約將與美國在太平洋地區所締結的其他安全保障條約同樣形式。該條約將承認條約國雙方對於台灣・澎湖島及美國管理下的西太平洋諸島安全保障是利害一致的。並且、關於在條約雙方管理下的其他領土、協定在這條約中、將留下把其包括在內的餘地。同時、該條約是準備對付所包含地區的安全保障受到武力攻擊的威脅、若發生這種威脅或攻擊之際、決定對此將隨時商討。

一、該條約必與美國在太平洋地區的其他諸國業已締結的種種集團防衛條約所形成的集團安全保障機構結合、並給予強化的作用。同時、這些協定將形成把西太平洋地區對共產主義侵略防衛所不可欠缺的堡壘。美國與國府之間的這條約、與甚他條約同樣、本質上是在防衛。並且、雙方再確認由此條約將由聯合國憲章的目的及其原則有所貢獻」（參閱日本「朝日新聞」一九五四年十二月二日夕刊、三日）。

翌日的一九五四年十一月二日、由美國國務卿杜勒斯與蔣家政府外交部長葉公超、在華盛頓簽定「美華（蔣）共同防禦條約」。其內容如左：

「此條約的締結國、再確認對國際聯合國憲章的目的及原則的信念並要與所有的國民及所有的國家和平共存的願望、並且、希望強化西太平洋地區的和平機構、同時、互相自豪的想起兩國國民在前次戰爭中以同情及互相的理想爲紐帶、對帝國主義侵略者共同對抗及鬥爭而團結的關係。爲了使任何的潛在侵略者不能錯覺締約國的一方在西太洋地區陷於孤立、希望公然且正式的宣言兩國團結的意識與對來自外界的武力攻擊將進行自衛的共同決意、並且、在西太平洋地區更進一步的安全保障制度迄未發展之間、希望強化對於維持和平與安全的集團防禦的兩國現有的努力、而協定：

第一條（紛爭的和平解決、禁止行使武力）　締約國約定基於聯合國憲章、以不危害國際和平・安全及正義的和平手段來解決自國被捲入的國際紛爭、並在其國際關係上、不以與聯合的目的不兩立的方法來以武力威脅或行使武力。

第二條（防衛力發展）　締約國爲了更加有效的達成此條約的目的、由自助及互相援助、單獨及共同、維持且發展對締約的領土保全及政治安定的來自外界武力攻擊及共產主義者的破壞活動的、個別的及集團的抵抗能力。

第三條（互相協力）　締約國約定爲了強化自由諸制度並促進經濟進步及社會福利、而互相協力、並爲了達成這些目的個別的及共同的繼續努力。

第四條（協議）　締約國關於實施此條約、透過自國外交部長或其代理隨時進行協議。

第五條（對武力攻擊的行動）　各締約國認爲在西太平洋地區對任何一方締約國領域的武力攻擊、即危害自國的和平及安全、且基於自國憲法手續、宣言爲了對付共同的危險而行動。

前述的武力攻擊及因此所採取的措置、得立即報告聯合國安全理事會。

上述措置、安全理事會若恢復和平及安全、及爲維持和平及安全採取必要措置時、得終止之。

第六條（領土・領域的範圍）　第二條及第五條所規定的適用上、所謂「領土」及「領域」、中華民國是指台灣及澎湖諸島、北美合衆國是指在其管轄下的西太平洋屬領諸島。第二條及第五條的規定、也適用於互相同意所決定的其他領域。

第七條（美軍的配備）　關於在台灣與澎湖諸島及其周圍、爲了防禦所必要的美國陸軍、空軍及海軍、基於互相同意所決定、中華民國政府許諾其配備的權利、美國政府予以接受。

第八條（與聯合國的關係）　此條約、對維持基於合憲章的權利及義務或國際和平及安全的聯合國的責任、不給予任何影響、同時不可解釋爲給予任何影響。

第九條（批准・效力發生）　此條約、必須由美國及中華民國、根據各自憲法上的手續予以批准。此條約、兩國在台北交換批准書時、同時發生效力。

第十條（有效期限）　**此條有期限、定爲無期限。若有任何一方締約通告他方締約國時、可以使此條約在一年後終止」**（參閱日本「朝日新聞」一九五四年十二月夕刊　朝日新聞社「戰後二十年・世界の步み」─「朝日年鑑一九六六年別册」一九六六年 p.246）。

同時、這條約在同年十二月十日、經過杜勒斯與葉公超的左列「交換文書」、表明此條約是屬於防禦性的、並且蔣家政權若要行使武力時、必須預先與美國協議、即：

「**鑑於對這些地區（在國府管轄下）的任何武力行使、將會影響對方締約國。這種武力行使、必以具有明確屬於行使自衛的固有權利之緊急行動爲條件、雙方同意認爲是屬於共同協議的問題**」（參閱 Dwight D. Eisenhower, The White House Years, Mandate for Change 1953 — 56, 1963, p.466）。

觀諸上述「**美華（蔣）條約**」的全文、可算是一篇堂皇的外交文章、但其重點、在於第二・第六・第七各條、也就是說、美國志在把台灣在軍事政治上從中國大陸（金門・馬祖等沿海諸島在內）割開。

然而、這條約簽訂後、美國的國際法專家科含（Benjamin U. Cohen）即向參院外交委員會提出所謂〝Cohen Note〞指出：㈠此條約締結本身、卻是把台灣・澎湖諸島承認屬於中國領土、㈡根據大西洋憲章及聯合國憲章的精神、不能如此蔑視台灣島民的意志與利益、及住民自決的宗旨、㈢此條約可能給予中共進攻台灣說成是內戰的藉口、㈣蔣介石不進攻中國大陸的保障沒有明文記載於條文上、所以此條約的批准、對美國可說是有百害而無一利（參閱「東京新聞」一九五五年一月二十二日）。

於是、一九五五年一月二十四日、國務卿杜勒斯在參院外交委員會證言「**一九五四年九月九日杜勒斯訪問台灣與蔣介石會談時、蔣介石完全且率直意識到、以現有兵力不可能進攻大陸、並以文書誓約非有美國同意、不做任何攻擊大陸、台灣非有美國在軍事上・經濟上的援助、不可能存在**」（參閱一九七八年美國政府公布「美參院外交委員會一九五五年秘密聽證會議紀錄」p.724）。

同年二月七日、或參院外交委員會當要通過此條約之際、聲明它認為該條約不是會影響或改變其所適用地區的法的地位、而表明不把該條約當做是最後處分台灣・澎湖諸島的法的地位問題（參閱日本「每日新聞」一九五五年二月八日夕刊）。

中國（中共）政府外交部長周恩來、於一九五四年十二月八日發表「關於美蔣共同防禦條約的聲明」：「美國政府不顧中國人民歷次的反對和警告、竟在一九五四年十二月二日同逃竄在台灣的蔣介石賣國集團簽訂了所謂〝共同防禦條約〟。美國政府企圖利用這個條約來使它武裝侵佔中國領土台灣的行為合法化、並以台灣為基地擴大對中國的侵略和準備新的戰爭。這是對於中華人民共和國和中國人民的一個嚴重的戰爭挑釁。……

台灣是中國的領土、中國人民一定要解放台灣。只有把台灣蔣介石賣國集團的暴政下解放出來、中國人民才能完成自己祖國的完全統一、才能進一步維護亞洲和世界的和平。一切關於所謂台灣〝獨立國〟、〝台灣〟中立化〟和〝託管〟台灣的主張、實際上都是割裂中國領土、侵犯中國主權和干涉中國內政、都是中國人民絕對不能同意的。……」（參閱北京・人民出版社「台灣問題文件」一九五五年 p.95）。

(4) 中共佔領一江山島、美國國會決議「台灣決議案」

一九五五年一月、中國（中共）為了試探「美華（蔣）條約」締結後的美國對華（蔣）態度、砲擊及轟炸了蔣家政權駐有武裝部隊的大陸浙江省沿海的大陳島・一江山島（比福建省沿海的金門・馬祖離台灣更遠）、進而在同月十八日、佔領了蔣軍一千餘人駐守的一江山島（參閱日本「朝日新聞」一九五五年一月十九日）。

繼之、同年一月二十四日（中國時間）、中國（中共）政府總理兼外交部長周恩來、發出關於美國政府干涉中國人民解放台灣的聲明：「……美國政府和它的追隨者策動的中華人民共和國和蔣介石賣國集團之間的所謂停火、實際上就是干涉中國內政、割裂中國領土。它們企圖用戰爭威脅和原子武器的恐**嚇、強使中國人民容忍美國侵佔台灣、承認美蔣〝共同防禦條約〞、容許美國利用台灣作爲軍事基地、準備新的戰爭。這是中國人民絕對不能容忍的。這是中國人民堅決反對的。爲了保障中國的主權和領土完整、爲了保障中國的安全和遠東的和平、中國人民必須解放台灣、美國必須停止對中國內政的干涉、美國的一切武裝力量必須從台灣海峽撤走**」（參閱北京・人民出版社「台灣問題文件」一九五五年p.115）。

美國總統艾森豪威爾在一月二十四日（美國時間）、向國會提出「特別咨文」（special message）、要求：㈠爲了保衛台灣・澎湖諸島受武力攻擊、給予總統使用武裝部隊權限、㈡此權限包括總統認爲必要並適當的其他手段。同時也表示：「**國會給予的總統權限、將只爲對台灣・澎湖諸島主要部份所受攻擊的一部份或明確被認爲是其準備行動而行使**」。於是、參議員喬治（Walter George）與參議員紐伯卡（Richard L. Nebuerger）把關於台灣海峽的軍事行動給予總統無制限的權限的決議案、即所謂「**台灣決議案**」、分別提出於參眾兩院。國務卿杜勒斯隨即在參院外交委員會秘密聽証會上做了上述的証言、結果、衆院在翌日的一月二十五日、以四一〇對三的絕對多數決議通過。在參院、雖有主張美軍的使用必須限定於防禦台灣・澎湖諸島的意見、但也在一月二十八日、以八三對三的絕對多數通過議案（參閱一九七八年美國政府公開「美國參議院外交委員會一九五五年秘密聽證會記錄」p.274　Dwight D. Eisenhower, The White House years, Mandate for Change 1953－56, 1963, p.468）。

此時、**台灣海峽**更加趨於緊張、同年一月二十七日、美空軍發表：「**第一八轟炸隊移駐台灣**」（參閱日本「每日新聞」一九五五年一月二十八日）。

觀諸上述、中（共）美雙方雖然對於台灣海峽的戰事均聲勢浩大、但在美國國會「**台灣決議案**」通過後、使人意料不到的、乃是雙方都從此盡量避免擴大軍事衝突。美國國務卿杜勒斯向中華民國（蔣家政權）外交部長、督促蔣軍立即撤出大部份所認爲美國可能適用「**台灣決議**」的大陳島。蔣介石雖然對此大表憤怒、但也無可奈何、終於二月五日至十一日、在美國第七艦隊及空軍的援護下、把蔣軍撤出大陳島。中國（中共）方面也同樣、與其先前的大力宣傳相反、蔣軍撤軍之中、並沒有絲毫的行動（Dwight D. Eisenhower, op. cit., p.469）。

由此、美國以行動表現了其「**美華（蔣）共同防禦條約**」及「**台灣決議**」均只防禦台灣・澎湖諸島而已。同時、關於蔣軍所佔領的其餘大陸沿海諸島、即金門・馬祖、杜勒斯於同月十六日、在紐約的外交政策協會的演講時、對於此問題的質問、始終避免表示明確的答覆（參閱日本「朝日新聞」一九五五年一月十七日夕刊）。

(5) 聯合國討論有關台灣海峽的和平解決與美國勸解蔣軍撤退金門・馬祖、及英國對台灣的看法

在聯合國方面、於同年的一九五五年一月二十五日、蘇聯副代表索波列夫、向安全理事會主席提出了：「**指責美國對中國的侵略行爲、勸告由台灣地區撤退陸・海・空軍**」的決議案（參閱日本・內閣調查室「ソビエト年報」一九五八年 p.336）。由此、安全理事會即在一月三十一日召開會議、討論蘇聯決議案。此時、紐西蘭代表馬樂（Leslie Knox Maro）也向安理事會提出：「**台灣海峽停戰決議案**」、獲得美・英代表的同意（參閱日本「朝日新聞」一九五五年一月三十一日夕刊）。並且、在安全理事會上、同時通過邀請中國（中共）代表的紐西蘭提案。

於是、聯合國秘書長達格・哈馬紹（Dag Hammersj kold）、即邀中華人民共和國政府派出代表出席

安理會、以便提出意見。但在二月三日、周恩來電覆聯合國、反對干涉中國內政的「**紐西蘭決議案**」、並表示除非討論「**蘇聯決議案**」並驅逐蔣家政權代表、不能同意派代表參加（參閱北京「台灣問題文件」一九五五年 p.116）。「**人民日報**」也在二月五日的社論「**中國人民堅定的立場**」上、表示爲消除美國在台灣地區和遠東其他地區所造成的局勢奮鬥。

聯合國安全理事會在同年二月四日、否決蘇聯再次的提議（討論蘇聯決議案）、結果、宣告休會（參閱日本「朝日新聞」一九五五年二月五日夕刊）。

艾森豪威爾看到在聯合國不可能解決台灣海峽的戰爭、乃決意進行最後的一著、即勸解蔣家政權撤退金門·馬祖、擬把國共的武裝部隊隔開於台灣海峽的兩邊。因此、在一九五五年四月二十日、他乃派遣聯合參謀本部議長拉特福特（Admiral Author Radford）與副國務卿羅波杜遜（Walter Robertson）赴台、說服蔣介石撤兵金門·馬祖、但遭蔣介石嚴拒、而沒有達成目的。後來、美國因顧到蔣介石的威信及蔣軍的士氣（恐會演變成國共合作、或蔣軍投降中共）、終於沒有再進一步的逼迫（參閱 Dwight D. Eisenhower, The House years, Mandate D. Change 1953 — 56, 1963, p.480）。

此間、英國國會也在討論「**台灣問題**」、伊典外相於一月二十六日、及二月三日在下院發言時、把台灣的地位與大陸沿海諸島峻切的分別、並說：「**沿海諸島本來就是中國大陸的一部份、但台灣在過去半世紀未曾屏於中國領土」「一九四五年九月、台灣的行政權是在聯合國最高司令官的指令之下、由日本手裡被中國接收、這並不是領土的割讓、所以其行爲本身並不是主權的變動。……一九五二年四月的對日和約上、日本放棄台灣·澎湖諸島的一切權利、這也不是把台灣的領土權移讓於中共或國府。……台灣·澎湖島的法的主權仍是未確定、即屬於未決定的領土。相反的中國大陸沿海的蔣軍支配下的諸島嶼、乃是中華人民共和國的一部份**」（參閱日本·時事通信社「世界週報」第三六卷第六號 p.57）。

(6)「ＡＡ萬隆會議」與中（共）美接近

然而、中國（中共）的外交手段卻高於美國一手、周恩來看到國際輿論對中共不利、同時也看到美國與蔣政權之間有隙可乘、乃於一九五五年四月二十二、二十三日、在印尼萬隆召開的「**ＡＡ會議**」討論台灣問題的「**八國代表會議**」上、表明：「**中國人不想與美國打戰、爲了和平解決台灣海峽的危機、提倡召開中（共）美會談。……你們若能斡旋中美紛爭以和平方法解決、對於遠東的緊張緩和與迴避世界大戰必有很大的貢獻**」（參閱北京・世界知識出版社「中華人民共和國對外關係文件集」一九五四—五五年、第三集、一九六一 82　日本「朝日新聞」一九五五年四月二十四日）。

艾森豪威爾接到消息後、隨即與副國務卿護波（Herbert Hoover Jr.）檢討、並下令國務院表示：「**只要周恩來聲明是誠實的、我們不吝表示歡迎。但關於台灣的任何討論、都得有國府的參加**」（參閱 Paul E. Ainner ed, Documents on American Foreign Relation, 1955, p.308）。

然而、中共號召中美和談、本是試探性的外交手段、所以、周恩來到翌日的二十四日、卻表示不能放棄武力「**解放台灣**」、因此、中美會議將成爲空中樓閣（參閱北京・世界知識出版社「中華人民共和國對外關係文件集」一九五四—五五年、第三集、一九六一年 p.254）。

主要是：㈠「ＡＡ會議」的積極推進者即巴基斯坦首相居中調停（參閱 U. S. News & World Report, May. 6, 1955, p.137）、㈡英國外相麥克米倫（Harold Macmillan）及印度首相尼赫魯（Pandit Jawaharlal Nehru）從側面斡旋（參閱 Geffrey Barraclough & Rachel F. Wall, Wurvey of International Affairs, 1955—6, p.13）、㈢蘇聯外相 Molotov V. M.、受杜勒斯之託、爲了避免戰爭、而向中共施加壓力（參閱 Dwight D. Eisenhower, The White House yeats, Mandate for Change, 1953—56, 1963, p.482）、㈣美・英・法・蘇四大國爲了避免核子戰爭的悲劇、於同年五月十五日召開「**維也納會談**」（簽訂奧地利國家條約）、同年七

月十八日又召開四大國「**首腦會議**」於日內瓦、商討德國問題・裁軍・歐洲安全保障等、在這些國際緊張漸趨鬆弛的情況之下、中共的強硬態度也不得不緩和下來、結果、同年八月一日、第一次中美大使級會談才召開於日內瓦。

同時、中共對蔣家政權向來的強硬政策、隨即轉變爲軟式的「**統戰**」聲調、過去的「**蔣氏**」立即變成「**蔣介石先生**」、而號召進行和談。周恩來在同年七月三十日開始的「**第一次全國人民代表大會**」上說、**中國政府準備與台灣地方的責任當局會談、並提倡「第三次國共合作」**（參閱日本「朝日新聞」一九五五年七月三十一日）。

再者、「**美中會談**」自一九五五年八月一日開始、斷斷續續、拖拖拉拉的延續到一九七二年尼克森訪問北京爲止、會談次數達二〇〇餘次、美國代表換了再換、即詹森（Ural Alexis Jonson）・米孟（Jacob Dyneley Beam）・柯勃特（John Moors Cabot）・葛羅諾斯奇（John A. Gronouski）等、中共也由王炳南換爲王國權（參閱 Talk …. Talk …. Talk, Story of 67 U. S. Meeting With Chinese Red —— U. S. News & World Report, June. 1, 1958 p.66）。

其間、交涉了一些中共扣留的一一個美國飛機駕駛員的釋放問題、留美中國學生的歸國問題、記者交換訪問問題等、同時、例如、一九五八年・一九六二年的台灣海峽危機時、雙方都利用這個唯一的接觸點、爲緩和緊張、的確是發生了某一限度的作用（參閱 Kenneth T. ypung, American Dealing with Peking — Foreigh Affairs, Oct. 1966, Vol, 45, No, 1p. 81, 82）。

一九六〇年九月八日的「**人民日報**」、中共在其社論「**中美大使級會談百回**」上、表示強硬態度：「**今後的會談將討論基本問題（台灣問題）、不再涉及副次的問題（記者交換等問題）**」。

中美大使級會談中最主要的解決台灣問題、或改善中（共）美關係、終於未有什麼成果。

但是、從蔣家政權來說、中（共）美會談所給的影響非同小可、因有這個中美的通氣筒、美國對蔣家政權的支持就不像過去的那樣具有絕對性的。中共則儘量把其利用為擴大美蔣間的矛盾對立、並向蔣家政權進行「**國共合作**」的統戰攻勢、使其內部動搖不安。蔣家政權積憤美國接近中共、終於利用美國軍人殺人事件（劉自然案件）、在台北爆發反美騷動、「**美國大使館**」及「**新聞情報中心**」均被襲擊、一三個美國人被毆打受傷。美國駐台大使蘭根、雖然否認這次事件具有政治性、可是、參加騷動的所謂「**群眾**」、大部份是換了便衣的蔣經國爪牙的軍人及特務（參閱「自由中國」第一六卷第一一期 p.3 第一六卷第一二期 p.7　Karl Lott Rankin, china Assignment, 1964, p.301）。

(7)　一九五八年中共再次砲擊金門・馬祖

一九五〇年代後半是美蘇兩極超級大國對立的末期。一九五五年五月六日、西德加入圍堵共產圈的歐洲機構「**北大西洋條約機構**」（NATO—一九四九年四月四日成立）後、蘇聯隨即召集七國東歐社會主義國家、成立了「**華沙條約機構**」（一九五五年五月十四日）。於是、美蘇對立更加緊張起來、雙方進行核子武器的製造競賽、並以中東地區為互相擴張勢力的角逐場。時逢埃及首相納塞（Gamal Abdel Nesser）宣布蘇伊士運河的國有化（一九五五年七月二十六日）、英法軍出兵攻擊埃及（同年十月三十一日、受到蘇聯等世界輿論的抨擊、英法遂在同年十二月十五日聲明撤兵）。又在另一方面、蘇聯國內、赫魯雪夫上台（一九五三年九月就任蘇共第一書記、一九五八年三月兼任蘇聯首相）後、於一九五六年二月十四日召開的蘇共第二〇次全國代表大會的秘密上、批評史大林、並決議「**和平共存路線**」。此時的中蘇關係已是「**蜜月時代**」的末期、但在一九五七年十一月毛澤東出席莫斯科召開的「**世界共產黨・勞動者代表會議**」時、他在會議上（十一月十八日）演講所說的「**東風壓倒西風**」乃聞名一時、形容中蘇及其他社會主義國家的團結堅固、力量強大、將勝過歐美資本主義國家。

一九五八年五月六日在中東・黎巴嫩（Lebanon）的黎波里（Tripoli）發生親蘇反美動及反政府運動。艾森豪威爾爲了防止黎巴嫩落入親蘇派手裡、於同年七月十五日、發表「**黎巴嫩出兵特別咨文**」、而命令美海軍登陸黎巴嫩、翌日的十六日英國也派陸軍傘兵降落黎巴嫩。

蘇聯共產陣營藉此指責美軍侵佔他國、並要求即時撤兵。特別是中國（中共）、因此時正在召開中共第八屆全國黨代表大會（七月二十日—）、劉少奇報告將要推進「**大躍進**」「**人民公社**」「**總路線**」等毛澤東的「**三面紅旗**」國內急進政策、所以爲了製造對外紛爭而來利用爲拉緊國內的民心、藉此大爲宣傳「**反美英侵略中東**」、並加上「**台灣解放**」。因此、在同年八月二十三日開始大舉砲擊金門（參閱日本「朝日新聞」一九五九年八月二十四日）、八月二十七日北京電台播送：「**中國人民解放軍決意盡早解放台灣與大陸沿海諸島、將要登陸金門**」。

此時、赫魯雪夫訪問北京（七月三十一日—三日）、與毛澤東・周恩來商討反美策略、但不同意中共武力解放台灣而在台灣海峽製造危機（參閱「人民日報」一九六三年九月一日社論—中蘇對立後的文章）。

蔣家政府則：㈠以此爲從美國拉出更多軍事援助的好機會、㈡企圖把美軍牽入台灣海峽的危機、以至擴大戰爭到中國大陸、㈢藉此利用爲更嚴厲的對台灣島內施加統治剝削、所以、大發「**台灣海峽瀕臨大危機**」的言論、而隨即應戰。

但在美國方面、雖然把大兵集中於台灣・沖繩島、並命令第七艦隊在台灣海峽採取非常措施、同時也派陸軍部長波洛卡（Wilber M. Bracker）等到台灣與蔣介石談、但是、艾森豪威爾卻不表示將與蔣軍共同防禦金門・馬祖等大陸沿海諸島、只有發言：「**國府現在的武裝部隊的三分之一配備在澎湖諸島以西、因此、這些島嶼的防禦問題與台灣是比以前更加密切**」、表明只限於台灣・澎湖諸島、或才負有與蔣軍共同防禦的責任（U. S. Dept. of State, American Foreign, Current Documents, 1958, p.114）。
杜勒斯在同年的一九五八年九月四日、發表聲明、其主要內容即：
㈠台灣・金門・馬祖也同樣、未曾在中國（中共）的權力之下、第二次世界大戰結束以來的一三年間、這些島嶼均被置於自由中國即中華民國的權力之下。
㈡美國根據條約而負有防禦台灣受武裝攻擊的義務、總統爲了確保並防禦金門・馬祖等有關地點、由美國議會授予使用美軍的權限。
㈢中共企圖佔領這些地點或其一部份、乃是違犯了世界的秩序所依憑的原則、即「**無論任何國家都不能使用武力想來獲得新領土**」。
㈣中共在二週之間、對金門島加以猛烈砲擊、並以這砲火及小艦艇、妨害了對爲數達一二萬五千人的金門島住民及軍人的補給。北京電台重複的說、這些軍事作戰的目的在於以武力奪取金門・馬祖兩島以及台灣。
㈤中共至今雖有不少言論與行動、但其目的、是否要實際的佔領台灣及大陸沿海諸島、現在還不能預料。另一方面、受到美國大規模軍事補給的國府軍的勇氣與純粹的防禦努力、是否能夠擊退現在或將來的中共的軍事作戰、也不能預測。
㈥美國國會共同決議的第一條、乃是：「**由友邦政府確保以台灣爲其一部的西太平洋列島、這對美國及太平洋上、以及其鄰接的整個友邦國家、均是不可缺久的最大利益**」。該決議不但是爲了防衛台灣、並爲了友邦手中的地區及其關連的地點及領土的防衛、且爲了確實的防衛台灣爲目的、給予總統認爲必要且適當時、能使用武裝部隊的權限。關連到前項略述的情勢、總統爲了確實的保衛台灣、迄未下必要且適當的決定。但是總統爲了達成共同決議的宗旨、若是認爲有必要、絕不猶豫的會下此種決定。我們承認防衛金門・馬祖、對防衛台灣是愈來愈不可忽略。這點中共方面也如此承認。美國現所進行的軍隊配備、是爲了總統下決定時、能夠隨時採取適當且有效的行動。

(七)　總統與我、衷心希望中國的共產政權不再重複朝鮮的前例、而蔑視了世界秩序的基本原則、即不得以行使武力來滿足對領土的野心。此種露骨的武力行使、無論如何會超越大陸沿海諸島、以致惹起有關台灣的安全問題。此種軍事行動、也是將要在遠東的廣大範圍使用武力的預告、那可能使自由世界的生死問題及美國的安全瀕臨危機、若是默認這種武力行動、將會威脅整個世界。我們相信絕不會把對文明世界的公然的軍事征服當做合法的政策手段而放其過關。

(八)　但是、美國對於中共不會蔑視人類關於和平所懷有的意志之事存有希望。這種希望、並不因中共對我們的要求不當就會放棄。我想起或在跟中國的代表自一九五五年至今年、於日內瓦所進行的長期的交涉中、有關台灣地區、除了自衛問題之外、我方特別努力於提議宣言互相放棄武力行使。這種宣言的提議竟遭中共所拒絕。但是我們相信那種做法才是任何人都能容納的文明的措施。中共只要不以相反的行爲來逼迫我們爲了防衛整個愛好和平的諸原則而不得不起來反抗之外沒有選擇餘地、美國今後將繼續進行如此的做法（參閱日本「朝日新聞」一九五八年九月五日夕刊　U. S. Dept. of State, American Foreign Policy, Currents Documents, 1958, p.114）。

中國（中共）因砲擊金門的目的大體上已達到、所以周恩來雖然仍在指責美國製造台灣海峽危機、擴大對中國（中共）的侵略、但在另一方面、卻很巧妙的抓住杜勒斯聲明（第八項主張集方應發出放棄武力的宣言）、而表示同意以和平手段解決台灣海峽的危機。

於是、中斷了九個月的「**中（共）美會談**」、在同年的一九五八年九月十五日及十八日、由米孟

（Jacob Dyneley Bean）大使與黃華大使相繼召開於波蘭首都的華沙。在會上中國（中共）要求美軍撤退台灣、美國則主張先要進行停戰（參閱日本「朝日新聞」一九五八年九月十六日夕刊、十九日夕刊）。

蔣家政權看到中（共）美轉爲和談、唯恐以撤退金門爲主題、即由副總統陳誠在九月十五日、與**「韓國時報」**（Corea Times）記者會談上發表意見說：「**希望中（共）美會談不要涉及放棄大陸沿海諸島的問題、……我們不要撤退金門**」。同日在蔣家政權的國民大會上、決議轟炸中國大陸。九月十八日、外交部長黃少谷又發表聲明、表示絕不承認將損害「**中華民國**」主權與利益的任何決定（參閱China yearbook Editional Board, China yearbook 1958－59, p.2）。

中共方面則由外交部陳毅在九月二十日發表談話說：「**中國（共）要奪回金門・馬祖、完全是屬於正當且必要的措施**」（參閱日本「朝日新聞」一九五八年九月二十一日）。

(8) 杜勒斯・蔣介石宣言與放棄「反攻大陸」

如上所述、中（共）美兩個正在進行邊打邊談的時候、美國的國論即逐漸傾向於放棄金門・馬祖。杜勒斯在九月三十日的記者招待會上說：「**中共若在實際上停止金門砲擊、使國府大軍駐紮金門並非上策**」（參閱日本「朝日新聞」一九五八年十月一日夕刊）。這無非是改變原來的態度、要求中國（中共）停止砲擊（杜勒斯九月四日宣言、並使在華沙會談中的美國大使要求）、再進一步的暗示了有意撤退金門・馬祖。

當時的副國務卿哈達（Christian A. Herter）、又更一步的批評蔣家政權說：「**看地圖就會明瞭金門・馬祖對台灣防衛上是不必要的。然而、國府對這島嶼卻懷著病態性的執迷**」（Chester Bowles, The China Problem Reconsidered —— foreign Affairs, April, 1960, p.481）。

總統艾森豪威爾在同年十月一日的記者招待會上、也表示：「**中共若以武力威脅、我軍是絕不退**

縮、但如實現停戰、在金門・馬祖駐留大兵就不算合理」（參閱 U. S. Dept. of State, The White House years, waging Peace, 1950 — 61, 1965, p.694）。

英國政府首相麥克米倫（Harold Macmillan）在九月二十七日、批評美國在大陸沿海諸島政策上的錯誤（參閱日本「每日新聞」一九五八年九月二十八日夕刊）。

蔣家政權看到美國的大陸沿海政策將要轉變、乃驚慌不已。因此、蔣介石即在九月二十九日的記者招待會上發表談話說：「**金門・馬祖並不是反攻大陸的基地、也不是要把美國捲入戰爭的陷阱、而是爲防衛台灣・澎湖諸島不可缺欠的軍事要點**」（參閱日本「每日新聞」一九五八年九月三十日）。副總統陳誠與美國駐華大使 Everett F. Drumright 會見時、也表示絕不撤退大陸沿海諸島、並反駁杜勒斯的談話（參閱日本「每日新聞」一九五八年十月一日）。蔣介石又在十月一日、與美國通信社記者模薩（Spencer Mooser）會見時、再次表明反對撤退大陸沿海諸島及變更蔣軍地位（參閱日本「每日新聞」一九五八年十月二日）。

然而、中共方面卻在七月六日早上、由北京電台播送彭德懷的「**告台灣同胞書**」、其中談及美國即將遺棄蔣家政權、眞正的敵人是美國帝國主義者、並表示國共紛爭是內政問題、再次號召「**國共合作**」、同時聲明今後七日間將停止砲擊金門、只要美軍停止護航、共軍不阻擋蔣軍的海上補給金門。又在同日的一九五八年十月六日香港「**大公報**」（中共在港機關報）、登刊蔣軍降將的國民黨革命委員會中委員會副主席・中共全國人民代表大會常委員會副委員長・中華人民共和國國防委員會副主席張治中的文章、邀請陳誠・蔣經國前往大陸參觀祖國建設。這當然是中共企圖離間美蔣關係、並展開巧妙的統戰政策、尤其是要主張台灣問題是屬於中國內政問題。

美國方面則於十月六日（美國時間）就有反應、由美國副國務卿哈達談話、表示歡迎彭德懷的聲明、並說只要中共停止砲擊、美軍也停止護航蔣軍的運輸船（參閱U. S. Dept. of State American Foreign policy, Current Document, 1958, p.114）。

但是在台灣、蔣介石也在十月六日對美國NBC電台記者說：

「**中共的停戰聲明不外乎是一種陰謀、同時是虛僞的宣傳。我希望美國國民不要爲此所迷惑。我們將仍舊進行對金門的補給、同時期待美國也繼續護航。此種聲明無非是共軍承認攻略金門的失敗、他們可能在近日中將再開始軍事行動、國府與美國必須更加提高警惕**」（參閱日本「每日新聞」一九五五年十月七日）。

蔣家政權行政院新聞局沈錡、正式表示不理彭德懷聲明。

但是、共軍停止砲擊金門的一週期限終了後、中國（中共）當局卻再次聲明再延長二週。

原來、中國（中共）砲擊金門等地、在戰略政策上有兩個前提條件、即：㈠爲了避免戰爭擴大到中國大陸、定要續開中（共）美會談、以維持與美國的接觸路線、㈡爲了防止打斷中國與台灣的政治關係、不使它造成「**兩個中國**」「**一中一台**」的局勢、以致失去奪取台灣的機會、定要防止蔣介石被迫撤退金門等大陸沿海諸島、因此、共軍的砲擊金門、如一旦達到其戰爭目的（對內是利用爲拉緊民心、對外則顯示台灣問題是內政問題、中國（中共）一定解放台灣、並表示反美帝等）、就得抓緊機會進行停戰。

如此、艾森豪威爾接到中國（中共）有意實現停戰的信號、乃在一九五八年十月十二日、派遣曾經提出過撤退金門建議的國防部長麥克爾勒（Neil H. Mcelroy）赴台、他與蔣介石的會談、雖然沒有發表、但可能涉及有關削減沿海諸島的軍隊、或提到撤退金門的問題（參閱日本「每日新聞」一九五八年十月十三日）。

杜勒斯又在同年十月二十一日訪問台灣、自二十一日至二十三日的三天之中、舉行「**杜勒斯・蔣介**

石會談」共達四次、參加會談者、美國方面是國務卿杜勒斯・助理副國務卿羅波杜遜（Walter Robertson）・美國駐華大使 Everett F. Drumright、蔣家政權方面則有總統蔣介石・行政院長陳誠・總統府秘書長張群・外交部長黃少谷・駐美大使葉公超（參閱 China yearbook Editional Board, China yearbook, 1958—59, p.4）。

結果、於二十三日發表「**美國・國府共同公報**」、其主要內容爲：「**金門・馬祖的防衛、密切關連到台灣・澎湖諸島的防衛問題。…兩國政府再確認要爲聯合國憲章盡力。…兩國政府也再想起規定兩國政府行動的兩國間的條約是防衛性的。中華民國政府以恢復中國本土民衆的自由爲神聖的使命。…爲了達成這個使命在原則上的方法、相信是適用孫文的三民主義、而不在於行使武力**」（參閱 China Yearbook, 1958—59, op. cit., p.5　日本「朝日新聞」一九五八年十月二十四日）。

原來、蔣家政權是與中國（中共）同樣、不能放棄金門・馬祖等大陸沿海諸島。因爲它雖然亡命於台灣、但仍掛著代表全中國的「**中華民國政府**」的招牌、並以全中國性的「**國民大會**」（中國人各省國大代表佔其九〇%以上）、及「**立法院**」（中國人各省立法委員佔其九〇%以上）、而做爲殖民統治台灣的「**法**」的根據、所以、如果失去金門・馬祖等蔣家政權在大陸本土上所保持的最後的「**領土**」、台灣・大陸間在政治上完全被割開、而成爲名符其實的「**一中一台**」、將導致其殖民統治體制的垮台。

因此、在杜勒斯・蔣介石會談中、蔣介石對於主張撤退金門・馬祖的杜勒斯、不得不以放棄「**反攻大陸**」「**復歸中國本土**」的主張爲代價、而來爭取美國承認：「**大陸沿海諸島與台灣・澎湖諸島的防衛是具有密切關係**」。

另一方面、中共雖然指責「**杜勒斯・蔣介石會談**」及其公報爲美國把國共的內政問題變成中・美、及美・蔣之間的國際紛爭、並以全面戰爭來恐嚇中國（中共）、但是、爲了証實蔣介石的主張、即金門・馬祖對於防衛台灣具有密切關係、而牽制蔣軍不撤退金門、乃以美國軍艦開始護送蔣軍爲藉口、於美・蔣會談中（二十二日）、又砲擊金門。並且在二十五日、中共宣言金門的隔日停戰、即轉變爲單日砲擊金門（參閱日本「朝日新聞」一九五八年十月二十日　China Yearbook, 1958－59, p.3）。

一九五八年九月三十日、赫魯雪夫（Nikita Khrushchev）在美國・大衛營與艾森豪威爾會談（討論美蘇和平共存）後的歸途、訪問北京（名義上是參加中共建國一〇周年國慶典禮）時、與毛澤東密談、主張有必要改善中美關係、並指出「**台灣問題**」成爲國際政治緊張的一個因素。但是、赫魯雪夫的意見未得毛澤東的同意、結果、未發表公報。從此、中蘇對立（當初是思想上的對立）在政治上逐漸趨於表面化（參閱「人民日報」一九六三年九月一日、在社論暴露赫魯雪夫・毛澤東秘談的文章）。

一九六三年八月五日、美・英・蘇三國在莫斯科簽定「**部份核停條約**」後、同年九月六日的「**人民日報**」、猛烈攻擊蘇聯與美帝主義勾結、企圖由兩國來解決一切的世界問題、所以、中蘇關係更加惡化。此時、蔣家政權也同樣反對核停條約。

一九六〇年六月十八日艾森豪威爾訪問台灣時、中共再度對金門・馬祖猛烈砲擊、以示抗擊。

f　「兩個中國」「一中一台」「中台國」等議論沸騰

(1)　甘迺迪主張「一中一台」

甘迺迪（John F. Kennedy）在公衆面前最初提到「**台灣問題**」、是一九五九年九月十六日、在奧克拉荷馬（Okulahoma）的演說會上。他說：「美國要防衛台灣。……金門・馬祖得置於聯合國信託統治之下、或使其非武裝的中立化、這才是要迴避戰爭危機的最現實的解決辦法」（參閱 John F. Kennedy,

The strategy of Peace, 1960 ——細野軍治・小谷秀二郎日譯「平和のための戰略」一九六一年 p.180）。他在一九六〇年七月三日、與英國 Sunday Times 記者的會見時說「台灣可能被承認爲獨立國家」（參閱北京外交出版社「反對國製造〃兩個中國〃的陰謀」一九六二年 p.119）。

後來在總統競選中、甘迺迪也表明他對金門・馬祖問題的見解、即：

「我相信防衛台灣是很有必要的。金門・馬祖靠近中共治下的大陸海岸僅有五、六哩、但卻距離台灣百哩以上。我們未曾說過金門・馬祖本身若遭攻擊時定要防衛、但中共對它的攻擊若是屬於對台灣全面攻擊的一部份、我們就要給予防禦。然而、關於這個問題很難判斷。一九五八年、前副國務卿哈達曾經說過金門・馬祖在戰略上是不容易防衛的。海軍上將斯波連斯（*Raymond A. Spruance*）及克倫斯（*Joseph Lawton Collins*）在一九五五年的會議上、也曾主張過這些中國大陸沿海島嶼不應予以保衛。前陸軍參謀總長利其威（*Mathew. B. Ridgway*）也說過同樣的主張。……若是爲了防禦台灣的必要而起來進行戰爭、必須劃定明顯的防衛線才行。……我與多數人同樣、覺得爲了難於防衛的島嶼、並且對台灣防衛並非不可缺欠的三島、而被捲入可能發展爲世界大戰的戰爭是不智的。我國當然有著必須遵守約定的義務。我相信我國必須遵守有關柏林的協定、我覺得對台灣也應該一樣的守信。而且、對於我國約定要給予安全保障的任何國家都得守信。但是我們是否要起來防衛的一線、並不是畫在這些島嶼、而是劃在台灣。一九五四年對於遠東的〃艾森豪威爾主義〃（*Eisenhower Doctrine*）發表以來、我一貫認爲金門・馬祖對台灣的防衛既然不重要、我們的防衛線必須畫在台灣周遭的海域才對」（參閱 Sidney Kraus, The Great Debates, 1962 —NHK放送學研究室日譯「大いどる論爭」一九六一年 p.473）。

因此、一九六一年一月二十日、美國民主黨的甘迺迪就任總統後、中國的中共與蔣家政權均感困惑、恐怕美國新政府將採取把中國大陸與台灣徹底割開的政策。

加上、甘迺迪政權的要員都是很早就主張「**兩個中國**」的著名政治家。例如、副國務卿保爾斯（Chester bowles）已在刊物上發表意見、即現在的台灣海峽的政治情勢下、要承認中國（中共）或推進「**兩個中國**」都有困難。但是美國必須停止支持蔣家政權是代表全中國的說法及「**反攻大陸**」神話。美國應該使蔣家政權改變為代表台灣人民的獨立國家即「**中台共和國**」（參閱 Chester Bowles, The China Problem Reconsidcred — Foreign Affairs. April, 1960）。

新任駐聯合國大使史蒂文生（Adlai E. Stevenson）、曾在一九五九年九月二十一日、CBS電視談話上、表示反對美國阻止中國（中共）加入聯合國的政策、並對台灣問題說：「**台灣的地位必須在聯合國的監視下、由住民投票才能決定**」（參閱 Adiai E. Stevenson , Putting First thing First — Foreign Affairs, Jan. 1960）。

如此、關於蔣軍撤退金門、或兩個中國等甘迺迪政權的政策、均遭中共及蔣家政權所反對。周恩來反駁「**中台共和國**」為美國將製造兩個中國的陰謀。蔣介石則對記者說：「**沿海諸島是中國（蔣家政權）不可缺欠的一部份、我們將死守到最後的一兵一卒**」。

甘迺迪上台後、覺得美國繼續支持台灣的蔣家政權為代表全中國是非現實且不合理的、所以想要接近中國（中共）來解決中國代表權的問題。他在一九六一年三月七日的中（共）美大使會談上（甘迺迪政權成立後的第一次會談）、使美國大使保持親善態度、並根據過去所決定的兩國記者交換計劃、提出了希望訪問中國大陸的美國記者三二人名單、並要求釋放現正被扣留的美國人。然而、中國（中共）大使卻以美軍撤退台灣地區為先決條件、而拒絕美國的提議。於是、甘迺迪即把這個會談的經過在同年三月八日的記者招待會上發表、並表示：「**美國的確是希望對中共採取和平政策、但不為此而勉強採取屈**

服的態度」（參閱日本「朝日新聞」一九六一年三月九日夕刊）。

因爲中共的態度強硬、所以、甘迺迪有關聯合國的中國代表問題、無法變更原來的政策、而仍舊表示支持蔣家政權的中國、而反對中國（中共）加入聯合國。

同年四月五日在華盛頓的美英會談中、英國首相麥克米倫（Harold Macmillan）也提議應讓中國（中共）加入聯合國、同時把台灣置於聯合國的信託保障之下。即蔣介石在世時由聯合國統治台灣、實行民主政治、等到蔣介石死亡後、才由住民投票、而任其決定獨立、或由聯合國繼續信託保障、或與中共合併（參閱 Arthur L. Gavshon, U. K. View on Red China — The Japan Times, April 2, 1961 日本「每日新聞」一九六一年四月七日）。本來、英國自大戰結束後就一貫採取「**台灣地位未定論**」。

甘迺迪雖然認爲英國的主張才是辦法、但因戰後一直支持蔣家政權爲中國的正統政府、並遭中國（中共）的強硬態度、所以一時無法將舊有的政府策轉變過來。在美英會談後、甘迺迪在記者會上說：「**美國明確的表示將繼續與台灣的人民與政府進行公務來往**」（參閱日本「朝日新聞」一九六一年四月十二日）。但是、如此甘迺迪不以「**中華民國**」、而以「**台灣**」來稱呼國府、當然是給予蔣家政權很大的衝擊、同時也給予中國（中共）愈來愈警戒美國在進行「**一中一台**」、而在暗中與蔣家政權取得步調一致來反對美國的「**一中一台論**」。後來、甘迺迪的這種說法、竟把原來是兩個存在的「**台灣**」與「**蔣家政權**」混在一起、而以「**台灣**」一個名稱不合理的當做蔣家政權的代名詞。

甘迺迪在同年五月十四日、派遣副總統詹森（Lyndon B. Johnson）赴台、向蔣介石表示甘迺迪政權將按照原來的方針繼續支持蔣家政權、並仍舊給予經濟等支援。詹森同時要求「**蒙古人民共和國**」（蔣家政權主張外蒙古自古以來就屬於中國領土）申請加入聯合國時（美國以支持蒙古人民共和國加入聯合國爲交換條件、取得蘇聯也支持非洲的茅利塔尼亞＝Mauritania 的加入聯合國）、不要行使否決權、但遭蔣介石拒絕（參閱

Richard P. Stebbins, Documents on American Foreign Relations, 1964 ——鹿島守之助日譯「世界情勢と米國」一九六一年 p.211）。

但另一方面在國際上、自一九五八年以來、中（共）蘇兩國、因互爭世界共產主義運動的領導權等問題開始、逐漸趨於不協調的關係、並且發展爲：㈠一九五九年六月二〇日蘇聯取消「**中蘇國防新技術協定**」（一九五七年十月五日簽訂）、而拒絕提供原子彈生產技術、㈡蘇共第一書記兼首相赫魯雪夫訪問、反而使中蘇對立表面化、㈢一九六〇年七月十六日蘇聯通知中國在一個月內將調回已派遣在中國的全部技術人員一千三〇〇人、並取消數百個協定與契約、㈣一九六一年十月七日開始的蘇共第二二屆全國代表大會上、出席大會的周恩來等中共代表團、因抗議赫魯雪夫指責阿爾巴尼亞（與中國是同盟關係）、立即退場歸國、㈤蘇聯與阿爾巴尼亞斷交（一九六一年十一月二十五日）、阿爾巴尼亞指責蘇聯爲「**社會帝國主義**」（此語即是由此產生、後來變成中共指責蘇聯的慣用語）、中國附合等。從此、中蘇結下不共戴天之仇、不但在思想上、而在政治・國家等方面的對立也急速的激烈化。

相反的、美國與蘇聯在世界戰略上雖有許多的對立矛盾、但經過了：㈠一九五九年九月二十五日艾森豪威爾・赫魯曉夫的大衛營（Camp David）會談、㈡一九六一年六月三日甘迺迪・赫魯雪夫的維也納會談、㈢一九六一年八月二十日美蘇成立「**全面完全裁軍八個原則協定**」等、兩個爲了避免核子戰爭而維持「**恐怖的均衡**」、逐漸走上具有協調的一面的外交關係。

從此、甘迺迪減少後顧之憂後、即能堅強的對付中國的中共及蔣家政權兩方面。

(2) 中國代表團問題與「繼續國家論」「重要事項指定方式」

同年的一九六一年六月、在美・日會談上、由美國提出所謂「**繼承國家論**」（據說是美國副國務卿保爾斯＝Chester Bowles作成的）、即是現在的中國已分裂爲中共與蔣家政權的兩個國家、所以聯合國應給雙方都有議席。這種給中國兩個議席的辦法、被認爲經過「**聯合國加盟資格審查委員會**」的同意、並在聯合國大會獲得多數同意後（由此、不經過安全理事會而不會遭到蔣家政權的行使否決權）、而給予中共議席即可實現（參閱Newsweek, July 10, 1961）。

然而、這個「**繼承國家論**」、因基本上是根據「**兩個中國論**」而產生的辦法、所以、又遭中共與蔣家政權雙方的猛烈反對。

六月二十一日周恩來向訪問北京的日本人說：「**美國想把台灣割裂而造成獨立、如此的〝兩個中國論〞、不但是遭北京反對、蔣介石集團也表示反對**」（參閱日本・朝日新聞調查研究室「台灣—その國際環境と政治經濟」一九六五年、下卷p.117）。又在七月十四日「人民日報」在社論「只有一個中國、沒有兩個中國」上說：「**世界上只有一個中國、就是中華人民共和國、台灣是不可分割的中國領土之一部份、並不是一個國家‥‥**」。

蔣家政府外交部長沈昌煥在立法院說：「**依據〝兩個中國〞方式想來解決聯合國的代表問題的任何企圖、我們都絶對不能容認**」。

如此、美國所推進的「**繼承國家論**」遭到兩個中國的反對而無法實現。在這美・蔣關係急速惡化的情況下、甘迺迪爲了實現蒙古人民共和國的參加聯合國（否則蘇聯會阻止茅利塔尼亞的加盟、結果、恐會導致非洲二四國傾向於中共而反對蔣家政權代表中國）、不得不訓令駐華大使E. F. Drumrigat攜帶他的函想說服蔣介石。美國大使即在七月三日會見蔣介石、交給他甘迺迪的「**親函**」（autograph letter）、其內容的重點就是：㈠希望國府在聯合國安全理事會、對於蒙古加入聯合國問題不要行否決權、㈡希望國府削減軍費與兵力。

蔣介石一看、即大發雷霆、當場拒絕了美國的提議。並進一步恐嚇的說：「**若使蒙古加盟、國府立即退出聯合國**」（參閱日本・朝日新聞調查室「台灣—その國際環境と政治經濟」一九六五年 p.118）。七月三十一日、蔣介石又派副總統陳誠赴美、直接向甘迺迪表示反對、終於逼使甘迺迪共同發出繼續反對中國（中共）加盟聯合國的公報（參閱台灣「聯合報」一九六一年七月四日）。

然而、蔣家政權的存在完全依靠美國的支援、這是無可否認、但是善於耍弄權術及討價還價的蔣介石、到了安全理事會將要召開的十月二十五日前夕、才緩和下來、即訓令駐聯合國大使蔣廷黻放棄決議權、而對蒙古加盟問題的票決採取棄權、結果、十月二十七日、蒙古人民共和國與茅利塔尼亞的加盟乃一起實現（參閱日本・アジア政經學會「中國政治經濟綜覽」一九六四年）。

一九六一年十二月一日、聯合國第十六次大會開始審議阿爾巴尼亞提出的「**中國代表權問題**」。甘迺迪指示美國代表史蒂文生（Stevenson）激烈反對中國（中共）的加盟。十二月十五日、美國爲阻止中共加入聯合國的所謂「**指定中國代表權問題爲重要事項決議案**」、以贊成六一、反對三四、棄權七、而決議通過（參閱日本「每日新聞」一九六一年十二月十六日夕刊）。此舉又使蔣家政權繼續苟延殘喘於聯合國。

一九六二年二月、蔣介石趁著中國大陸因毛澤東的「**大躍進政策**」失敗而社會動盪不安、加上中蘇對立深刻化之際、即在國防部增設「**戰地政務局**」、行政院增設「**經濟動員委員會**」、並召集後備軍人、進而在同年四月增徵「**臨時特別防衛捐**」等、表示將進行「**反攻大陸**」。

甘迺迪看到蔣介石蔑視現實而一時聲勢凌人、乃在同年三月六日、調換親蔣的駐華大使 E. F. Dramright 等駐華使館人員、並在三月二十日、由美國國務院發表一九四三年以來的「**關於中國的外交文書**」（共有九〇一頁）藉此以打破蔣家政權在過去虛設的一些神話（例如、蔣家政權宣傳敗退大陸是起因於美國援助不夠、或駐華美國外交官親中共、蔣家政權才是代表中國唯一的正統政府等）、同時也暴露了當時的蔣家政權的腐敗與無能。甘迺迪在另一方面、透過華沙的中（共）美大使會談、表示美國對於蔣家政權的反攻大陸將不給予支持、並要求中共不要侵攻台灣。因此、甘迺迪與蔣介石的關係愈來愈惡化。

同年的一九六二年七月五日、新任美國駐華大使卡克（Alan G. Kirk）到台時、正式發言的說：「**誰也無可否認美國將要遵守美華共同防禦條約所定的義務**」、並把甘迺迪的親函交給蔣介石。其內容即：㈠美國對中國問題政策不變、㈡美國在現狀下、不支持反攻大陸、㈢美國希望國府不要呼號對中共帶有挑撥性的反攻大陸（參閱日本「朝日新聞」一九六二年七月七日）。

美國與蔣家政權的關係如此一直惡化、到了翌年的一九六三年九月三日、蔣經國受美國國務院招待而赴美、與甘迺迪會談後、美蔣關係也沒有見到改善。

因此、於同年（一九六三年）十一月二十二日（美國時間）、甘迺迪在德克薩斯（Texas）的達拉斯（Dallas）被暗殺、蔣介石算是鬆了一口氣、而在二十五日舉行的總統甘迺迪葬儀式上、全世界九五個國家均由元首・首相或外相參加出殯的情況之下、蔣家政權卻只有指派駐美大使蔣廷黻出席而已（參閱朝日新聞調查研究室「台灣—その國際環境と政治經濟」一九六五年、下卷 p.123）。

(3)　詹森政權與美國輿論界的台灣民族自決論

甘迺迪被暗殺後、副總統詹森（Lyndon B. Johnson）繼任總統。此時、由於法國與中國（中共）即將建交（翌年一九六四年一月二十七日正式發表建交、二月十日與蔣家政權斷交）、所以、擔任遠東事務的助理副國務卿哽爾斯漫（Roger Hilsman）、於一九六三年十二月三日、在舊金山做了題爲「**美國確認對中國政策**」的演講、正式表明詹森政權將繼承甘迺迪的中國政策、即：「**觀察中國（中共）的表現如何、美**

國有意重新檢討對中國政策」（甘迺迪曾在同年十月十四日對記者說過）、並闡述：㈠希望大家不以感情用事、毋寧以現實的看法來觀察中國問題、㈡現在我們不能想像共產主義者的政權會垮台、㈢中國新興勢力的抬頭、可能會引導中共改變其仇視態度（參閱 Richard P. Stebbins, Documents on American Foreign Relations, 1964 ——鹿島守之助日譯「世界情勢と米國」一九六四年 p.234）。

然而、嘎爾斯漫的政策演說、卻受到中共的猛烈攻擊、例如、同年十二月十五日「人民日報」的社論、即將指責為仍想製造兩個中國的偽善的陰謀。同樣、蔣家政權也責難詹森政權繼承甘迺迪的中國政策、並以不打倒北京政府為前提而決定中國政策路線（參閱台北「中央日報」一九六三年十二月五日）。

美國向來絕對支持蔣家政權、但自甘迺迪政權開始、至詹森新政權上台後、美蔣之間逐漸產生距離、同時其關係愈來愈冷淡。一九六四年三月、美國通知蔣家政權可能在一九六八年結束其經濟援助（其實、美援實際上提早在一九六五年六月二十一日就已停止）。這個通知給予蔣家政權很大的打擊。

繼之、同年二月二十五日、美國參院外交委員會主席傅爾布來特（James W. Fulbright）：「重要的是實際上沒有所謂的〝兩個中國〞、有的是在共產主義者永續支配下的大陸的中國而已。若是承認這個事實、就有辦法考慮與大陸中國建立較正常的關係的各種條件。一個條件、即是中共必須公然或在暗默中放棄要征服・合併台灣的企圖。在現狀之下、也許一下子不可能有此大轉變、但在實際的政治上、已有過比這種轉變更為驚人的政策轉變的例子。所以、北京與台灣的新的領導階層、也許有可能結束中國內戰、而在遠東地區造成新國際關係的典型」（參閱 Jules Davids ed, Documents on American Forreign Relations 1964, Harper & Row, 1965, p.28）。

一聽到傅爾布來特的這種說法、蔣家政權又手忙腳亂起來、立即動員政府的機關與報紙給予全面反擊。蔣介石隨即在記者會見上反駁說：「傅爾布來特參議員對今日的中國本土的實際狀況完全陌生、維持著共產政權的不外乎是暴力、也就是人民被槍桿所支配。共產政權完全失去人民的支持、它絕不可能永續、它在今日也許可以存在、但明日將會滅亡」（參閱 Richard P. Stebbins 著、鹿島守之助日譯「世界情勢と米國」一九六四年 p.152）。

美國當局並不把蔣家政權的一些憤懣當作一回事、所以、同年四月六日、國務卿魯斯克（Dean Rusk）參加馬尼拉的東南亞條約（SEATO）會議的歸途訪台時、雖然與蔣介石會談達三次之多、但除了發表仍舊支持蔣家政權之外、並沒有發出其他公報。

另外中國（中共）方面、哄動一時的「大躍進」政策雖然失敗、但軍事工業上仍然急速發展、終在同年的一九六四年十月十六日、第一次原子試爆成功。這導致各大國在軍事力量平衡上開始發生根本變化、所以、與法國承認中國（中共）時同樣、使蔣家政權在國際上更加趨於孤立。

翌年一九六五年二月十七日、因北越攻擊南越的百里居（Pleiku）基地、詹森隨即下令美軍對北越同海（Dong Hoi）做了報復性的大轟炸。從此、「越戰」急速激烈化、以致戰事逐漸擴大到寮國・高棉等整個中南半島。因中國（中共）在幕後積極的支持北越等中南半島各國的共產主義勢力、所以、與直接介入戰爭的美國、實際上已與中國共軍成爲針鋒相對的戰爭狀態。

越戰的激烈化、對於在國際上漸趨日落西山的蔣家政權來說、無異是窮途末路中喜逢救星、同時、也成爲台灣經濟發展的一重要因素。蔣介石以這一場戰事靠近中國本土爲藉口、向美國請求使他的軍隊出兵參戰。但是、詹森政權憂慮已成爲原子彈保有國的中國（中共）也會藉口直接參戰、所以拒絕蔣介石的派兵意願。

美國在國內、因越戰擴大而不得不重新檢討美中關係。於是、一九六六年三月八日開始、美國參院外交委員會舉行一連串關於中國問題的聽證會、邀請了許多中國問題專家、讓他們申述有關中國・台灣的現狀及其對策。這些專家的大多數、均主張美國應該繼續推進「一中一台」的政策、並堅持民族自決的原則、而讓台灣獨立、才能眞正的符合美國的國家利益。

例如、加州大學教授史卡拉必諾（Robert A. Scalapino）說：「美國的台灣政策不是要基於美國本身的國家利益、更應該要合乎台灣人民的利益才是。關於這個問題、若是聽聞台灣人民的意見的話、我相信他們定會以壓倒多數來選擇他們本身的獨立的立場」（參閱 Hearings Before the Committee on foreign Relation, U. S. Senate, 89 th Congress; on U. S. Policy with Respect to Mainland China, March 8, 10, 16, 18, 21, 28, 30. 1956 U. S. Gov't Printing office, 1966, p.579, 586）。

哥倫比亞大學教授把奈特（A. Doak Barnett）也說：「關於聯合國的美國政策的轉變——實際上、美國對北京的方針若有起了重要的變化——在美國對台灣國民黨政權的政策上、就有必要加以某些修正。基於政治・戰略・道義上等的許多理由、美國對台灣、必須繼續防衛其來自外界的攻擊。並且、對於住在台灣的一千三〇〇萬住民、也應該堅決的支持他們的自決的原則。同時、另一方面、美國政府不應該繼續支持國民黨政權說他們才是代表中國本土的政府的這程虛構」（參閱 Ibid., p.14）。

哥倫比亞大學另外一位教授喳哥里阿（Donald S. Zagoria）也說：「對台灣具有意義的且最終的解決辦法、畢竟也是台灣的自決。台灣島內、不是最近才從中國大陸渡來的人們、佔總人口的八〇%以上。他們均渴望著從中共與現在的國民政府的雙方都能獲得獨立。所以、應該可以有著由台灣人所創的政府。美國已向台灣保證、如中共或任何來自外界的侵略行爲、必定會給予保衛。今後也應該這樣才是。同時、美國對於台灣人、也應該遵守民族自決的原則。民族自決在台灣、畢竟也是表示台灣人想從國民政府或中共的無論那個中國都要爭取獨立的願望」（參閱 Ibid p.391）。

哈佛（Harvard）大學教授費正清（John K. Fairbank）又說：「我從早就關心台灣將來、因爲台灣從共本身的權利來說、我認爲它有資格成立一個獨立的國家。而且、台灣擁有自己本身的資源與生活。事實上、台灣有一千二〇〇萬至一千三〇〇萬的人口、比三分之二的聯合國加盟還大。……台灣加盟聯合國是理所當然。因此、應該有很多方法、可以造成這種情況」（參閱 Ibid., p.177）。

同年三月十六日、國務卿魯斯克（Dean Rusk）也在衆院外交委員會證言、他提出一〇項基本方針、闡明美國政府今後的中國政策、即一方面再確認保衛台灣與確保蔣家政權在聯合國的議席、以及維持向來的圍堵政策、並表示對於在中國威脅下的亞洲各國給予援助（中國的原子彈已急速發展）、另一方面則表明對中國（中共）將推進雙方的外交接觸、而尋找和平的途徑、同時表示不企圖武力攻擊中國等。這與過去的圍堵政策相比、因強調號召中共參加和平共存、所以被稱爲「**不給孤立化的圍堵政策**」（non－isolate Containment——參閱日本「朝日新聞」一九六六年四月十八日）。

如上述在美國參衆兩院所進行對於「**中國政策**」的證言、當然是受到兩個中國雙方的猛烈攻擊、中共把其怒罵爲「**騙子**」（參閱香港「大公報」一九六六年四月十九日）。蔣家政府也指責爲「**反共意識薄弱**」「**姑息主義**」（參閱台北「中央日報」一九六八年四月二十三日）。

(4) 法國承認中共與蘇聯企圖接近蔣家政權

法國因殖民地阿爾及利亞的法軍叛亂、導致戴高樂（Charles De Gaulle）獲得重登政治舞台的機會（一九五八年六月一日）。他向來就不喜歡美・蘇兩超級大國操縱並壟斷國際政治、所以一上台、就企圖接近中共、藉以利用爲恢復法國在國際上的權威。於是、戴高樂就任命前首相佛爾（Edger foure）爲特使、指示他在一九五九年十月二十一日訪問北京。佛爾在北京滯留三天、與毛澤東・周恩來・陳雲等要人會談、由此、中法兩國開始商討建交問題、終在一九六四年一月二十七日、法國政府發表與中華人民共和國建交（但不涉及有關台灣的法的歸屬問題）。戴高樂在一月三十一日待記者會上、正式發表承認中共說：「**在亞洲大陸不可想像沒有中國（中共）參加的和平或戰爭**」（參閱日本「朝日新聞」一九六四年二月一日——嬉野滿洲雄「ドゴールの言葉」一九六四年 p.147）。

再有一個就是、一九六〇年代後半、中蘇對立更趨惡化、兩國相罵得很厲害。例如、一九六六年十一月二十七日蘇共機關紙「**勃拉烏達**」（HBPHa）指責毛澤東爲「**反列寧主義**」。一九六七年九月七日勃列日涅夫在匈牙利首都的布達佩斯、指責中國文化大革命爲「**反革命**」。另一方面、一九六七年二月二日在北京的「**反蘇遊行**」激烈化、一九六八年七月二十三日、周恩來在「**羅馬尼亞建國紀念會**」上、指責蘇聯已墮落爲「**社會帝國主義**」與「**社會法西斯**」。如此在中蘇對立惡化的情況之下、蘇聯爲了對抗中共並進出西太平洋地區起見、企圖接觸蔣家政權。於是、在一九六八年一月、蘇聯派遣其國家保全委員會「**克格勃**」（KGB）英國人情報員路易斯（Victor Louis）、以「**倫敦晚報**」（Landon Evening News）記者的身份、透過行政院新聞局駐日參事虞爲、秘密訪問台灣、並與蔣經國用俄語長談兩次。路易斯於一九六九年三月二十日、在「**華盛頓郵報**」（Washington Post）發表「**訪台觀感**」、稱讚台灣的產業建設。莫斯科也邀請蔣家政權派遣記者訪問蘇聯。蔣家方面則密令駐歐洲地區的各地使館、加緊與蘇方外交人員接觸、同時在島內、把「**反共抗俄**」的口號上的「**抗俄**」兩個字去掉。中共對於這點並沒有發表過具體的意見、但據第二次訪問中國的尼克森感觸的說：「**中國是不會讓蘇聯侵入台灣的**」（參閱少鳴「尼克森談與毛澤東的會見」—香港「七十年代」一九七七年十月第九三期 p.43）。

g　尼克森上台與中共加入聯合國・中美公報・中日建交

(1)　尼克森就任美國總統與「尼克森主義」

一九六〇年代後半、由於：

㈠　美國掉入第二次越戰的泥淖而不能自拔（一九六五年二月美機開始「北炸」・一九六六年六月美機猛烈轟炸河內・海防等北越的心腹地區・一九六七年一月美國國防部發表參加越戰美軍達四七萬三千人・同年七月底特律＝Detroit 發生史上最大的黑人大暴動・同年十月國入三〇都市反戰大遊行・一九六八年三月詹森提倡停止部份北炸而進行和談・同年五月召開美越第一次「巴黎和談」・同年六月國內黑人貧民遊行至華盛頓召開一〇萬人大集會・同年十月詹森發表「北炸」全面停止等）。

㈡　蘇聯陣營續起變化（一九六四年十月赫魯雪夫第一書記兼首相被解除、布列日涅夫繼任第一書記、柯錫金繼任首相・一九六八年八月六〇萬蘇聯東歐聯合軍侵入捷克斯拉夫・一九六八年阿爾巴尼亞退出「華沙條約機構」等）。

㈢　中共開始文化大革命、國內動盪不安（一九六五年八月文化大革命開始・同年九月林彪高倡「人民戰爭勝利萬歲」・同年十一月姚文元批評「海瑞罷官」・一九六六年二月田漢與吳晗等文化界人士被鬥爭・同年四月科學院長郭沫若自我批評表示得焚燬過去一切作品・同年五月鬥爭「三家村」・同年六月北京市長彭眞被撤職、北京市黨委被改組・同年六月紅衛兵五大將的聶元梓、蒯大富、韓愛晶・王大濱、譚厚蘭在學校開始武鬥・同年八月百萬紅衛兵在北京舉行文化大革命慶祝大會・同年十一月設置「中央革命小組」、小組長陳伯達、第一副小組長江青・一九六七年一月羅瑞卿、賀龍等老幹部被捕・同年七月發生「武漢事件」、謝富治與王力等文革幹部被扣禁・一九六八年十一月國家主席劉少奇與黨中央宣傳部長陸定一被黨永久除名等）。

㈣　中蘇對立深刻化（一九六四年十月中共初次原子試爆成功、又在一九六七年核子試爆成功、引起中蘇力量互發生變化・一九六五年十一月中共拒絕在越戰與蘇聯共同行動、蘇聯指責中共爲分裂主義・一九六六年八月蘇聯指責中共在文化大革命從事反蘇運動・同年十一月蘇聯指責毛澤東「反列寧主義」・一九六七年九月勃列日涅夫指責文化大革命爲反革命・一九六八年七月周恩來指責蘇聯爲「社會帝國主義」與「社會法西斯」・一九六八年蘇聯在中蘇國境開始駐留大兵、雙方軍事緊張等）。

其他、印度・巴基斯坦戰爭（一九六五年九月）、印尼共產黨「**九・三〇事件**」失敗（一九六五年）、香港反英戰鬥（一九六七年五月）、緬甸反中國（中共）運動（一九六七年六月）、「**東南亞諸國聯合**」（ASEAN）成立（一九六七年八月）、以色列・約旦戰爭（一九六八年三月）、甘迺迪被暗殺（一九六八年六月）等、震動世界的事情相繼爆發、

所以、各國對於「**台灣問題**」好似無暇顧及、爭論一時後就冷靜下來。

聯合國的「**中國代表權問題**」、也在一九六一年十二月十五日、於大會上由美國等一五國提出的「**指定中國代表權問題爲重要事項決議案**」通過之後、這幾年來都照例通過、所以迄未有所更改。然而、這個「**台灣問題**」在國際政治上的停頓狀態、因爲權謀政治家（Machiavellian）尼克森（Richard M. Nixon）的上台、再度被推上國際政治舞台上。

一九六九年一月二十日、尼克森打敗了民主黨總統候選人韓福瑞（Hubert, Hunphrey）、就任第三七任美國總統後、美國對外政策即開始大轉變、國際政治也隨著急速發生變革。

尼克森在：㈠越戰美軍愈打愈無法收場、㈡美國與社會主義大國蘇聯・中國的外交關係急速惡化、㈢國內的人權・反戰運動激烈化、㈣美國經濟漸趨衰落（一九七一年二月十六日美國商務部發表國際收支記錄史上最高的赤字即九八億美元——參閱日本「サンケイ新聞」一九七一年二月十八日）等情況之下、他首先就是任命以權謀外交專家著稱的季辛吉（Henry A. Kisinger）爲總統助理（擔任國家安全保障問題）。第二個著手

的是採用透徹於現實主義的所謂「**連鎖戰略**」（linkage strategy）、例如、與蘇聯交涉「**限制戰略武器**」（SALT）時、把貿易擴大的問題、越戰・中東・柏林等問題連結在一起交涉的外交戰略（參閱 Nixon's Memoirs by Richouse Nixon,1978——松尾文夫・齊田一路日譯「ニクソン回顧錄」一九七八年、第一卷 p.37）、又在亞洲政策上、爲了解決慘敗的越戰、就把中美建交・中國代表權問題・台灣地位問題等連在一起交涉的外交戰略等、想來打開美國在國際上所遭遇的僵局。

於是、尼克森在一九七五年七月二十三日、即登陸月球的人造衛星「**阿波羅一一號**」（Apollo 11）將歸還地球上的時候、乃飛往西太平洋海域予以歡迎、而後、從此地開始世界一周旅行（訪問關島・菲律賓・印尼・泰國・南越・印度・巴基斯坦・羅馬尼亞・以及英國等地）、他此次的旅行、也有想要利用做爲季辛吉與北越代表蘇安托初次秘密會談於巴黎的幌子。

尼克森在同年七月二十六日至關島（Guam）後、對記者發表了美國今後的亞洲政策、即所謂「**關島主義**」（Guam Doctrine）、其所發表的內容雖然是：㈠與同盟國推進友好關係、㈡對威脅美國重大利益的國家將以「**武力**」對付、㈢以交涉達成和平、但他又表示：「**過去的美國政策、是爲了援助要對抗侵略者的國家、送給武器・兵員及軍用物資等、這就是美國在朝鮮及越南等地所採取的政策。但在今後、將改爲對爲了有自衛熱誠且願意動員兵力的諸國家、只供給軍用物資與軍事・經濟援助、而不再派遣美軍兵力參加戰鬥**」（參閱上揭書 p.91）。也就是說、將從亞洲的紛爭地區全面抽還美軍的一個新政策（美國國內本來就有一個相當堅強的歷史傳統、即「美洲孤立主義」＝Monroe Doctrine＝Isolationism）。這與尼克森曾在同年五月十四日對巴黎和平會議所提出的八項條件恰巧相符合、即休戰條件若是談好、美國立即撤兵、進行「**軍事越南化**」（Vietnamnization）、也就是「**軍事非美化**」（de－Americanization）。這個著名的關島政策、後來在一九七〇年二月十八日、尼克森送給美國國會的「**外交咨文**」（diplomatic message）上、把其擴大爲適用於全世界的新外交戰略、被改稱爲「**尼克森主義**」（Nixon Doctrine）、強調美國的同盟國應加強自助精神、與美國分擔反侵略戰爭的責任（參閱日本「サンケイ新聞」一九七〇年二月十九日夕刊）。由此可以窺看到尼克森權謀外交的「**眞髓**」、即美國只願意付出美元與大砲、但亞洲人就得賠命、而來擁護所謂「**同盟國利益**」、也就是美國的利益。這不外乎是「**代理戰爭**」（war by proxy）的規格化政策。

尼克森就是如此、以徹底的現實主義即一切都從美國的利益出發、並以權謀專家季辛吉、運用其所認爲傑作的「**連鎖戰略**」、想來結束越戰。因此、這必然會連繫到中美建交・中國代表權問題、或連繫到日本的安全保障・經濟貿易等問題、又必然的關連到台灣地位問題。也就是說、尼克森將進行的「**台灣問題**」、並不是從台灣本身的利益出發、而是美國想從打敗戰的越戰逃脫的問題（導引出來的附屬問題被當做討價還價的籌碼）。

以下是尼克森於一九六九年上台後、所進行的有關越南・中國・日本・台灣等所謂亞洲問題的過程、從此先了解整個問題的關連性之後、再來敘述「**中共加入聯合國**」「**中美建交**」「**中日復交**」等問題：

一九六九年

一・**20**　**尼克森就任第三七任總統、季辛吉被任爲總統助理（負責國家安全保障問題）**

三・18　美軍開始轟炸高棉

五・14　尼克森對「美越巴黎和談」提出八項提議、約定休戰條件談好後、立即撤兵

六・8　美・南越首腦「中途島會議」（Midway IS. Conference）、尼克森發表第一次撤兵計劃（至八月底將撤退二萬五千人）

七・26　尼克森發表「關島主義」（Guam Doctrine）
七・31　美國政府對中國旅行・貿易的限制
八・2　尼克森訪問羅馬尼亞、向總統趙歇斯克表示渴望實現「美越和平」
八・4　季辛吉在巴黎開始與北越代表秘密會談
九・3　北越總統胡志明去世
九・16　尼克森表第二次撤兵計劃、至十二月十五日撤兵二萬五千人
一〇・15　在華盛頓百萬人參加「越戰終結集會」（Vietnam Moratorium）
一〇・20　尼克森在白宮向來訪的蘇聯大使杜布路易寧通告將改善中國關係
一一・24　美蘇批准「防止核子擴散條約」
一二・11　中美大使級會談在華沙召開（停止過二年餘）
一二・15　尼克森發表第三次撤兵計劃（將撤退五萬人）
一二・19　美國政府許可非鐵金屬戰略物資輸出中共
一二・24　美國第七艦隊改爲隨時巡邏台灣海峽（向來是常時巡邏）

一九七〇年
二・18　尼克森把亞洲政策的「關島主義」擴大爲適用於全世界的外交戰略、被改稱「尼克森主義」（Nixon Doctrine）
三・15　美國國務省發表廢止美國旅行共產中國的大部份禁止措施
四・20　尼克森發表第四次撤兵計劃
四・14　美國國務省表緩和對共產中國的貿易制限

四・30　美・南越聯合軍進攻高棉
五・1　美國再開始「北炸」
一〇・13　加拿大與中共建交（與蔣家政權斷交）
一一・6　義大利與中共建交（與蔣家政權斷交）
一二・10　毛澤東與史諾（Edgar Snow）會談時、表示希望改善中美關係、並歡迎尼克森訪問中國

一九七一年

一・1　美國太平洋海軍司令部（在夏威夷）、發表擴張管轄範圍爲太平洋・新嘉坡・印度洋・波斯灣（因蘇聯海軍開始進出印度洋、並對亞洲・中東・非洲諸國家提倡簽定「亞洲集團安全保障條約」、及與印度・伊拉克・索馬利亞・安古拉・莫三比克等國簽定「友好協力條約」、並與孟加拉・馬來西亞・伊朗・衣索比亞・利比亞・敘利亞・土耳其等國發表「共同宣言」）
一・5　尼克森命令駐留越南美軍全面停止軍事行動
一・27　「越南和平協定」成立
一・28　「越南和平協定」生效、越南全面停戰
二・8　南越軍在美軍支援下、侵攻寮國
二・16　美國商務部發表國際收支史上最高的赤字即九八億美元
三・15　美蘇在維也納開始交涉「限制戰略武器」
三・25　史諾在「生活」（Life）雜誌發表毛澤東希望與尼克森會談
四・7　尼克森發表第五次撤兵計劃（至年底駐留越南美軍剩下一八萬四千人）

四・7　中共發表歡迎旅日中的美國乒乓球隊訪問中國（「乒乓外交」開始）
四・10　美國乒乓隊訪問中國、受到熱烈歡迎
四・16　尼克森發表希望能訪問中國
四・24　華盛頓五〇萬人參加「統一反戰大集會」
四・30　美國「生活」（Life）雜誌刊登史諾談話說：與毛澤東會談中、他表示在準備與美國政府首腦會談
五・3　華盛頓反戰大集會遊行、被捕者七千人
五・27　奧地利與中共建交（與蔣家政權斷交）
六・13　「紐約時報」（New York Times）揭露美國國防部的「越南秘密文書」
六・17　美國・日本簽定「返還沖繩協定」（包括釣魚台列島）
七・1　在「巴黎擴大和平會議」上、南越臨時革命政府提出七項提議
七・9　季辛吉、經過巴基斯坦、潛赴北京住三天、與周恩來密談（可能談及越戰・中美・中蘇・美蘇・中國代表權・台灣等一切的有關問題）、其結果、決定尼克森訪問中國
七・15　尼克森宣佈至翌年五月之間、將親訪中國（從此中國也做了一八〇度的轉變、接近美國、結果、產生了「蘇聯主敵論」）
七・16　蔣家政權對於尼克森發表訪問中共一事、對抗的高喊：「莊敬自強、處變不驚」、外長周書楷說：「不惜與魔鬼握手」
七・19　北越共黨機關紙「娘傘」、指責中共邀請尼克森訪中
七・21　美國參院外交委員會決議廢除「台灣防衛決議」（一九五五年一月二十四日艾森豪威爾時成

立的）

八・15　尼克森發表「八項美元防衛政策」、停止美元與黃金的兌換、造成世界經濟的大衝擊、被稱爲「美元衝擊」（dollar Shock）或「尼克森衝擊」（Nixon Shock）

九・13　林彪計劃奪權（五五七一工程紀要）失敗、逃亡蘇聯途中、於蒙古上空墜死（一九七五年中共一〇全大會時周恩來報告）

一〇・10　季辛吉第二次訪問北京

一〇・12　尼克森發表十二月及翌年一月撤兵四萬五千人計劃

一〇・22　印度（蘇聯支持）・巴基斯坦（美國・中國支持）戰爭、孟加拉（Bengal）獨立

一〇・25　聯合國第二次大會上、否決美・日等國提案的「中國代表權問題反重要事項決議案」、通過阿爾巴尼亞提出的「邀請中共、驅逐蔣家政權決議案」、蔣家代表在票決前表示退出、中國遂加入聯合國

一二・26　美機再開始「北炸」（一九六八年八月十一日停止以來的最大轟炸）

一二・26　尼克森與英首相進行在大西洋上的「百幕達島」（Bamuda）會談

一九七二年

二・12　美B52大型轟炸機、初次轟炸北越

二・21　美國總統尼克森訪問中國（季辛吉第三次訪中）、與毛澤東・首相周恩來會談

二・27　中美兩國發表「上海公報」

三・13　美中大使級會談協議改善兩國關係

三・21　英國結束台灣淡水的領事館、由台灣完全撤退

三・24　尼克森指示季辛吉停止「巴黎會談」
三・30　北越再開始對南越的大攻勢
四・6　美空軍加強「北炸」
四・16　美空軍轟炸河內・海防中心區
五・2　季辛吉在巴黎與北越顧問列・克・特密談
五・8　尼克森發表封鎖北越全港口、及北炸全土
五・22　尼克森訪問莫斯科（至二十九日）、與書記長勃列日涅夫會談、簽訂「限制戰略武器協定」「限制彈道迎擊飛彈」（ASM條約）
六・17　「水門事件」（Watergate Case）發生
六・19　季辛吉第四次訪問北京
七・7　日本田中角榮內閣成立
七・9　周恩來表示歡迎日本首相田中角榮發表要努力於中日復交的談話
八・3　聯合國公書文件等、從此不記載「台灣」項目
八・12　周恩來接見居留美國的「台灣人訪問團」
八・25　聯合國安全理事會提議孟加拉加盟案、但遭中國使用否決權
八・29　美・越艦艇在東京灣交戰
八・29　尼克森發表美軍最後撤兵計劃、至十二月一日只留駐南越兵力二萬七千人
八・31　尼克森・田中角榮「夏威夷會談」
九・22　蔣家政權外交部聲明「中（共）日協定」無效

九・25　日本首相田中角榮訪問北京（至三十日）、與主席毛澤東・首相周恩來會談、簽定「中日國交正常化聲明」、從此、中共一八〇度大轉變、取消向來攻擊日本軍國主義復活、進而改爲支持「美日安全保障條約」與日本再武裝、日本則對於中共主張台灣是中國領土的立場表示「認識」（aknowledge）、並堅持基於波茨坦宣言第八項的立場

九・29　蔣家政權宣佈斷絕中（蔣）日外交

一〇・3　美蘇批准「限制戰略武器條約」（SALTI）

一〇・11　西德與中國建交（與蔣家政權斷交）

一一・7　尼克森再次當選總統

一一・27　ASEAN五國外相會議、發表「和平宣言」

一二・1　日本設立「日台交流協會」（日蔣關係聯絡機關）

一二・2　蔣家政權成立「亞東關係協會」（蔣日關係聯絡機關）

一九七三年

一・27　美國・南越・北越・南越臨時革命政府四外相、在巴黎簽訂「和平協定」與「議定書」

二・15　季辛吉第五次訪問北京、與毛澤東會談、並決定互相設立「中美聯絡辦事處」

二・1　國務卿羅吉斯與外相姬鵬飛、爲了解除中美貿易的障礙、同意解決有關資產問題

三・29　美軍由南越撤退告一段落

四・12　鄧小平復權、就任副首相

五・14　「美國駐北京聯絡辦事處」處長到任

五・29　「中國駐華盛頓聯絡處」處長黃鎭到任
七・1　美國決定中止對蔣家政權的無償軍事援助
（參閱日本「朝日新聞」「每日新聞」Nixon Memoirs by Richard Milhouse Nison ―松尾文夫・齊田一路日譯「ニクソン回顧錄」第一卷、第二卷）

(2) 在聯合國的中國代表問題

在一九四九年十月一日、中共成立「**中華人民共和國**」後、北京政府即於同年十一月十一日、通知聯合國大會主席羅哈斯及秘書長賴伊「**中華人民共和國**」成立、並要求：「**中華人民共和國政府才是能代表全中國人民的唯一合法政府。……國民黨反動政府已告潰滅並成爲流亡機關、其殘餘勢力即將消滅。國府已喪失代表中國人民的任何法律上・事實上的根據、中國代表團已成亡命份子的御用機關、喪失了代表中國人民的資格。我們要求聯合國盡速取消其所擁有的權利**」（參閱日本「每日新聞」一九四九年十一月十四日）。並在翌年一九五〇年一月八日、與上述同樣宗旨的要求電告聯合國安全委員會。

一九五〇年一月十九日、又再通知聯合國大會主席與秘書總長說：北京政府已任命張聞天爲駐聯合國代表、同年二月二日任命冀朝鼎爲聯合國經濟社會理事會代表、五月三十日任命孟用潛爲駐聯合國信託統治理事會代表（參閱日本・現代アジア社會思想研究會「台灣の現實と日中關係」一九六五年 p.138）。

本來、「**聯合國憲章**」對於代表權問題並沒有特別的規定、也沒有指定能處理這種問題的機構。但在一九四九年十二月二十九日、蘇聯代表根據北京政府上述的要求、乃提議「**中國代表權問題決議案**」於聯合國安全理事會、企圖邀請北京政府、驅逐蔣家政權。但這種蘇聯代表的提議、竟在一九五〇年一月十三日、以三對二、棄權一而被否決。因此、蘇聯代表即以「**退場**」表示抗議（參閱日本「朝日新聞」一九五〇年一月十四日夕刊）、以致同年六月韓戰爆發時、也不出席聯合國安全理事會。

到同年八月一日、蘇聯代表才回到安全理事會。此時、恰是輪到蘇聯當任主席、所以蘇聯代表即利用主席的職權、獨自裁定否認國府代表的中國代表權。這當然是遭到美國等的反對、結果、以八對三的票決而取消了蘇聯所行使的主席裁定。然而、蘇聯在翌日的八月二日、再提出「**中共代表權決議案**」、也以五對五、棄權一、再次被否決（參閱日本「朝日新聞」一九五〇年八月三日、四日）。

於是、中國代表權問題、從安全理事會移交聯合國大會處理。

當聯合國第五屆大會開會的當初、支持中共的印度代表即提出「**承認中共政府的中國代表權決議案**」、同時、蘇聯代表也提出「**驅逐國府決議案**」、但這兩種提案都被否決。繼之、與美國同道的加拿大代表乃提出新的決議案、即：「**由大會主席選定、並通過大會承認的七國代表來組成〃特別委員會〃、使之檢討中國代表權問題、而後向大會提出報告。大會基於委員會的報告而將下定結論之前、仍舊承認國府的中國代表權**」。這個提議被大會採決、並決定了加拿大・厄瓜多（Ecuador）・墨西哥・菲律賓・印度・伊拉克・波蘭等七國代表爲委員、而在十一月十五日召開了「第一次特別委員會」。經過討論的結果、以菲律賓代表提議的「**韓戰結束以前、把中國代表權問題〃擱置〃**＝*Shelve* **而不討論**」一案、以四對一、棄權二的票決通過。這個特別委員會的結論受到大會的追認、從此、美國等所企圖的拖延審議中國代表權問題的戰略才湊巧成功（參閱日本「朝日新聞」一九五〇年十一月十七日）。

此間、北京政府外長周恩來在八月二十六日、通知聯合國重新再任命張聞天等五人爲聯合國第五屆大會的中國代表。並在同年八月二十四日、向聯合國要求「**制裁美國武裝侵略中國領土的台灣**」。因美國代表同意安全理事會審議周恩來的要求、所以、北京政府乃派遣九人代表團（團長伍修權）參加安全理事會、但自十一月十八日開始審議、終於未獲結論、雙方不歡而散。這乃是中共代表第一次正式出席聯合國（參閱日本・現代アジア社會思想研究會「台灣の現實と日中關係」一九六五年p.138）。

如此、在一九五〇年代（一九五一年聯合國第六屆大會至一九五九年第一四屆大會）、即在東西冷戰・韓戰爆發・美國決意保衛台灣・中共攻擊沿海諸島・台灣海峽危機等客觀形勢的演變之下、所謂「**中國代表權問題擱置案**」竟能發揮其效能、使蔣家政權安然消遙的長期保持聯合國的位子。相反的、由蘇聯或印度（第一二屆大會後主要由印度提案）所提有關中國代表權決議案（支持中共加入聯合國、驅逐蔣家政權）、竟達六九次之多、但均遭否決。

然而、一進入一九六〇年代、美國陣營所提的「**中國代表權問題擱置方式**」、逐漸難以維持。本在一九五九年的第一四屆大會時、蔣家政權就感到處境的危險、所以、動員蔣廷黻・王世杰・沈昌煥等當時的外交人物出席聯合國拼命策動、這次雖然美國提案仍然獲得多數支持、但比前次的表決（一九五八年第一三次大會）、已是一年不如一年了。

因此、一九六〇年召開第一五屆大會時、支持蔣家政權與支持中共的票差愈來愈接近。美國的提案即「**中國代表權審議延期擱置決議案**」、此次雖以四二對三四、棄權二二而被採決、但其差距僅有八票。對美國案的支持率已由去年的五三％、減為四三％（最高是一九五三年的七八％）。這不外乎是新加入聯合國的非洲新興國家一六國、都不支持美國提案（即認為蔣家政權代表全中國是不當的）等原因所導致的結果（參閱日本「朝日新聞」一九五九―六〇年）。

如上所述、聯合國第一五屆大會時、因支持蔣家政權的國家驚人的減少（此時即一九六〇年年底、與北京政府建交的國家已增為三八國）、使美國感到如再以向來的「**擱置方式**」、恐怕無法繼續阻止中共加入聯合國。因此、在一九六一年度的第一六屆大會上、美國為了改變方式而絞盡腦汁、結果、即由美國・澳大利亞・哥倫比亞・日本・義大利等五國共同提案、在大會先提出「**把中國代表權問題指定為重要事項決議案**」（據聯合國憲章第八條、被採決指定為重要事項的代表權交替問題、得獲到三分之二的多數贊成票、才能實現）、而以六一對三四、棄權七、缺席二的過半數表決通過。然後、才根據上述的「**指定為重要事項**」的表決規定、而以不到三分之二的票數否決蘇聯所提出的「**中共加入聯合國決議案**」。如此、北京政府的中國代表權問題、再次受到美國執拗的阻擋而不能解決。

一九六〇年代初期、就在東西冷戰解凍・中蘇對立・第二次越戰激烈化・中印國境紛爭等國際形勢動盪、加上中共本身因文化大革命所惹起的國內混亂等的情況之下、蘇聯・印度等向來是積極主張提案中共加入聯合國的國家、竟變成消極支持、因此、其後的中共加入聯合國問題、乃變為與中共有同盟關係（但與蘇聯・東歐諸國卻尖銳對敵）的阿爾巴尼亞成為積極的提案者、但每次的提議都受到美國的「**指定為重要事項**」的決議所阻而未得成功。

就中共方面來說、已支配著全中國大陸的北京政府對於中國代表權問題、從初就有了一貫的基本方針、就是表示在聯合國內、與蔣家政府勢不兩立、驅逐蔣家政權與中共加入聯合國必須併行。不然、乃覺得會陷入中共最為反對的、並且會關聯到台灣歸屬問題的「**兩個中國**」的問題。同時、北京政府認為除了本身加入聯合國之外、無論那個國際問題、例如、裁軍問題・南北問題・東南亞紛爭問題（其最尖銳對立所以也最待解決的就是越戰）、都難解決。尤其是中共的核子試爆成功後（一九六四年）、更有必要把其納入國際社會。因此、北京政府若不滿足其上述的基本方針（驅逐蔣家政權與中共加入問題併行）、就是二〇年、三〇年也要等下去。

然而、國際政治上是：㈠蔣家政權代表全中國的說法、原來就屬於蔑視現實且強詞奪理的蠻橫謬論、㈡中共建國以來已經二〇餘年、國內統治堅定、國際上到一九六五年底已有四六國與其建交、到一九七〇年底再增爲五一個、㈢國際政治多極化、大國對小國的支配力量大爲減低、㈣國際經濟上各國互相依賴的密度大幅增加等、所以、任其使用怎樣的回天妙計、再也不可能把當前的趨勢（眞實代表全中國的北京政府將加入聯合國、充滿著虛構的蔣家政權將被排除）、永久擋住而使之不前。

但是、更爲決定性的因素、推動中國代表權開始發生變化的、無非是二〇年來抓住中國代表權而不放的美國本身、出現了權謀政治的尼克森。一九六九年初、尼克森上台後、如上表示、關連到由北越抽回美軍（就是要讓南北越自己去互相流血打仗）、他仍以其獨特的權謀外交、開始對北京政府頻送秋波、例如、再開已停止兩年的中美大使級會談、解除對中共禁輸非鐵金屬等戰略物資的法令・第七艦隊改爲隨時巡邏台灣海峽等、竭力造成實現中美建交等國際情勢將大轉變的預兆。

因此、一九七〇年在國際上、有不少的國家看到美國的中國政策將做一八〇度的轉變、見風轉舵、各自逐漸改爲傾向於北京政府、遂導引出加拿大（十月）・義大利（十一月）先美國一步的相繼與北京政府妥協建交、以致當年的聯合國、關於中國代表權問題的表決上、贊成中共加入（阿爾巴尼亞所提出的決議案）的票數雖然還不到三分之二、但竟也已超過了半數（參閱日本「朝日新聞」一九七〇年十一月二十二日夕刊）。

一九七一年、尼克森繼續採取對北京政府更加露骨的接近政策、即解除對中共全盤的貿易限制・表示將親自訪問中國、指示總統助理季辛吉秘密前往北京與中共首腦密談有關待決的國際問題而做美國正式踏出中美建交的準備工作等、中共也以乒乓球外交・史諾的間接傳達等表示反應、結果、尼克森在同年七月十五日突然發表在今年至明年五月之間將訪問北京。這不但是給予與美國對立的各國感到意料之外、也給予所謂「**盟國**」的日本・蔣家政權等有青天霹靂之感、而被稱爲「**第二的尼克森衝擊**」（第一衝擊是同年九月十三日的停止美元與黃金的兌換）。

實際上、在尼克森發表訪問中國的時候、關於中共加入聯合國的問題、雙方應已取得意見一致。因此、同年的一九七一年十月二十五日、當中國代表權問題將要表決阿爾巴尼亞決議案（邀請北京加入、驅逐蔣家政權）時、尼克森乃故弄玄虛的指示美國代表與日本等國提出了所謂「**指定爲反轉的重要事項決議案**」及「**複合二重代表制議案**」、而主張驅逐蔣家政權一事應是屬於重要事項（需要三分之二的票數才能實現）。

可是、尼克森與中共打交道後所釀成的國際情勢、當然是導致過半數的國家否決「**美國決議案**」、而以贊成七六、反對三五、保留一七的票數採決「**阿爾巴尼亞決議案**」。於是、中國的加入聯合國終於達成、長年糾紛不已的中國代表權問題遂告結束（參閱日本「朝日新聞」一九七一年十月二十六日、二十七日、二十八日）。

上述有關中共加入聯合國並驅逐蔣家政權的一連串的演變、其問題本身與「**台灣的地位問題**」完全是兩回事。但由尼克森的外交權謀戰略及其歸結的中共進入聯合國所釀成的國際情勢、必然的影響到「**台灣地位問題**」是非同小可。例如、以前與中共建交的四六國家都不涉及到「**台灣地位問題**」、但自一九七〇年十月十三日加拿大與其建交時、加拿大政府被迫同意在「**共同聲明**」中、第一次言及台灣的歸屬問題、即：「**中國政府表明台灣是屬於中華人民共和國領土不可分離的一部份。加拿大政府對於中國政府的這種立場、表示注目（take note）**」。這被稱爲「**加拿大方式**」、或「**注目（take note）方式**」、成爲其後要承認中共時的一種典型方式（參閱彭明敏・黃照堂「台灣の法的地位」一九七六年 p.198）。

當然、蔣家政權聯合國被驅逐（由於蔣家代表蔣廷看大勢已去而在聯合國大會將進行投票的當天、事先表示退出聯合國、所以由它自己的邏輯來說是自動退出的）、其所受打擊是決定性的、這不必贅言。例如、自中共進入聯合國的一九七一年十月起、至一九七二年底、承認中共的國家接踵而出、由六一國增爲八七國、就在一年之間、增加了二六國。反過來說、在同一時期、有二六國與蔣家政權斷絕國交。從此、蔣家政權就好似一個酒桶加速的滾下坡來、在國際政治上的孤立急遽的發展下去。到了一九七七年底、世界上的獨立國家共有一五九國之中、仍與蔣家政權保持外交關係的、只剩下美國之外、其他都是非洲・中南美洲・西印度諸島等地區的二八國小國。在亞洲也只有韓國一國・及大洋洲（Oceania）的東加王國（Tonga —一九七六年人口九萬人）與斐濟群島（Fiji Is.）、西薩摩亞國（Western Samoa —一九七六年人口一五萬人）而已。

(3)　尼克森訪問中國與「上海公報」

一九七一年七月十五日午後七點三十分（當地時間）、尼克森在加州柏克來（Berkeley）的電視台向全國發表聲明說他將訪問中國、即：「**中國首相周恩來與擔當國家安全保障問題的美國總統助理季辛吉、自一九七一年七月九日至十一日、在北京會談。季辛吉乃表明尼克森希望訪問中華人民共和國。周恩來則答覆說、他代表中華人民共和國政府、邀請總統尼克森在一九七二年五月以前的適當時期訪問中國。尼克森表示很樂意接受其邀請。中美兩國的指導者會談、將探討兩國關係的正常化、同時、對雙方關心的問題交換意見**」。在同一時刻（北京時間七月十七日早上）、同樣的聲明也由北京政府當局發表（參閱上述尼克森對亞洲問題的日程表 Nixon's Memoirs By Richard Nixon, 1978 —松尾文夫・齊田一路日譯「ニクソン回顧」一九七八年、第一卷 p.307　日本「朝日新聞」一九七一年七月十七日夕刊）。

但是、中美兩國的首腦能發出這個哄動世界的、破天荒的「聲明」之前、除了尼克森・季辛吉舞弄獨特的權謀外交戰略之外、周恩來也施展了中國傳統的權術手段、雙方不相上下的經過一段漫長的討價還價的時期、並互相發出了不少外交信號（diplomatic Signal）及用盡許多外交詞令之後、才達成的。其經過大體上如左：

一九六九年

一・20　尼克森就任總統時的演講中、間接的暗示他有意與中共進行打破現在外交斷絕關係、即：「我們將要探討一個開放的世界、就是無論國家的大小、無論那個國民都不必生活在憋扭的孤立中的世界」（參閱上揭書 p.308　東京「朝日新聞」一九七九年一月二一日夕刊）

一〇・20　尼克森在白宮、向來訪的蘇聯駐美大使杜布路易寧、通知美國政府將著手改善對中國的工作說：「我們對於中國、過去所採取的措施、或今後將要採取的措施、並非是有意想以此來爲難蘇聯。我們不想與蘇聯成爲恆久的敵人、同理、中美兩國也不可能保持長期的敵對關係。因此、我們在貿易・人的交流、及最終在外交關係將有所進展。這點、我必須指出並不是想以此與蘇聯敵對。十年以內、中國將成爲擁有原子武器的大國、而會給很多的國家構成威脅。只靠蘇美兩大國來築成任意的世界的時代將要過去」（參閱上揭書 p.106）

一九七〇年

一・20　中美大使級華沙會談重新開始（參閱日本「每日新聞」一九七〇年一月二十一日夕刊）

二・18　尼克森發表「外交咨文」把「關島主義」（一九六九年六月八日爲闡明亞洲政策諸原則而發表）、擴至適用於全世界的政策戰略而改稱爲「尼克森主義」時、他初次的公式言及中美和解問題說：「中國人是偉大且重要的民族、不應該繼續讓它在國際社會上孤立。……能成爲我們與共產中國建立關係的基本原則、與能左右對蘇聯政策的諸原則相似。美國的政策、的確是不能期待對中國的行動、尤其是對其思想上立即給予一些影響。然而、我們爲了與北京在實際問題上改善關係、而採取盡可能的措施、不但是對我們有益、對亞洲與全世界的和平與安定都有利益」（參閱上揭書 p.308　日本「每日新聞」一九七〇年一月二十日）

二・20　中國大使在中美大使級華沙會談中、提出戲劇性的建議、即希望把在華沙所開散漫的且非生產性的大使級會談、移到北京續開。他同時又表示北京政府歡迎美國代表團的首席大使、以美國政府的高級官員充任（參閱上揭書 p.308）

三・15　美國國務院發表廢止美國人旅行共產中國的大部份禁止措施（參閱上揭書 p.308）

四・14　美國國務院發表緩和對共產中國的貿易限制（參閱上揭書 p.308）

七・　中共釋放天主教神父・美國人華路士（James Edward Walush —一九五八年被中共逮捕——參閱上揭書 p.309）

一〇・25　尼克森在巴基斯坦總統・雅彼阿・汗來訪時、告訴他美國有意與中國交涉外交正常化、並請他幫忙、而設置通到北京的第一條路線（參閱上揭書 p.308）

一〇・26　羅馬尼亞總統趙歇斯克正式訪問美國、尼克森藉此機會向中共大送秋波、在歡迎晚會上、第一次把共產中國正式稱成「中華人民共和國」、並在翌日會談時、尼克森告訴趙歇斯克說：「終極目標的外交正常化如不容易達成、但也有可能互相交換高級的個人代表」、趙歇斯克答應把這談話傳達於北京、而成爲第二路線（參閱上揭書 p.309）

一二・9　周恩來透過巴基斯坦總統雅彼阿・汗、傳言說：「爲了討論台灣問題、歡迎美國代表訪問北京、……這個提議經過主席毛澤東與副主席林彪的同意。……過去是從不同路線接到美國的一些傳言、但是、像這樣由最高首腦提案、並由最高首腦傳達、而由最高首腦接收、乃是屬於第一次」

尼克森隨即透過雅彼阿・汗、向北京答覆：「任何會談都不應只限定於台灣問題」、並提議為了檢討能否在北京召開高級會談、兩國代表在巴基斯坦進行會談（參閱上揭書 p.310）

一二・10　史諾與毛澤東會談時、毛澤東說中國政府外交部正在檢討將許可無論左派・中立派・右派的美國人訪問中國。史諾問他代表獨佔資本的尼克森是否能訪問中、毛澤東答覆說：「他將會受到歡迎。……無論是旅行者的尼克森、或美國總統的尼克森、都很喜歡與他談談」（參閱 Edga Show, The Long Revolution, 1971, 1972—松岡洋子日譯「革命、そして革命」一九七二年 p.218）。數日後、此話被傳到尼克森之處（參閱 Nixon's Memoirs by Richard M. Nixon——松尾文夫・齊田一路日譯「ニクソン回顧錄」一九七八年、第一卷 p.310）

一九七一年

一・20　第二路線的羅馬尼亞帶來周恩來的消息：「美國總統這次的傳言並未有新鮮的因素可取。存在於兩國間的唯一未解決問題、不外乎是美國佔領台灣的問題。中華人民共和國在過去一五年間、很善意的想要商討此問題。美國如有決意要來解決台灣問題、中華人民共和國準備接受美國特使訪問北京。此傳言已經過主席毛澤東與副主席林彪的同意」。由於這個傳言未涉及到越戰問題、所以尼克森把其解釋為越戰並不成為中美和解的障礙（參閱前揭書 p.311）

二・17　尼克森為避免因美軍介入寮國戰爭（同年二月八日開始）而引起中共切斷中美關係、乃在

記者會上、特別強調美軍介入寮國戰爭、並不會成爲威脅中國的理由（參閱日本「每日新聞」一九七一年二月十九日）

二・20　北京立即反駁尼克森的說法：「美國帝國主義、以擴大戰火到中國的門口、將走上給予中國嚴重的威脅的道路。……尼克森已暴露了他的兇惡面貌、其傲慢已到極點」（參閱北京「人民日報」一九七一年二月二十日）

二・25　尼克森向議會發表第二次「外交咨文」（第一次是一九七〇年二月十六日）、在其「中華人民共和國」項目中、言及與中國擴大關係的問題：「我在今後一年之間、爲了造成中美兩國接觸的機會……將愼重加以檢討。我們希望依據互惠主義、但不因其行不通而放棄一切的嘗試。……中華人民共和國向自國國民及全世界表明將繼續把我們當做牛鬼蛇神看待、北京對我們的教條主義的仇心未有減少、因此、除了北京放棄其頑固的敵意、我們幾乎無法爲改善兩國關係有所作爲。但是、我們決意繼續要做我們能做的努力」（參閱上揭書「ニクソン回顧録」第一卷 p.311）

三・15　美國國務院發表全面撤廢有關旅行中國大陸的一切限制（參閱日本「朝日新聞」一九七一年三月十七日）

四・7　北京政府發表歡迎訪日的美國乒乓隊訪問中國、周恩來的計謀「乒乓外交」開始發揮（參閱日本「朝日新聞」一九七一年四月七日夕刊）

四・10　美國乒乓隊訪問中國、與中國乒乓隊舉行所謂「模範比賽」、到處受到熱烈歡迎（參閱日本「朝日新聞」一九七一年四月一〇日夕刊—）

四・14　在華盛頓、尼克森發表全面撤廢二〇年來的對共貿易禁止措施、在北京、周恩來歡宴

美國乒乓隊（參閱「每日新聞」一九七一年四月十五日）

四・16　尼克森在華盛頓美國新聞編集者協會演講、表示希望旅行中國（參閱日本「朝日新聞」一九七一年四月十八日）

四・　美國副總統安格紐、出席在維吉尼亞州（Virginia）的共和黨州長會議時、對記者發言：「新聞界對於美國乒乓隊訪問北京的捧場性報導、竟貢獻於中共政權在宣傳上的勝利」、而他卻被尼克森禁止對今後有關中國問題的發言（參閱上揭書「ニクソン回顧錄」p.313）

四・27　巴基斯坦駐美大使・揮羅里、帶來透過雅彼阿・汗的周恩來新的傳言：「台灣問題的解決、在任何形式的關係修復上、均屬必須主要且優先處理的重要問題。……中國政府爲了直接交涉與會談、再確認有準備接受美國總統的特使（例如季辛吉）、或國務長官、抑或總統親自正式訪問北京」（參閱上揭書p.314）

四・29　尼克森在記者招待會上、暗示的說：「我總有一天以適當的資格、希望且期待能訪問北京。我還不知道要以何種資格訪問、但這是我多年來的希望。我決意盡力於中國大陸建立新的關係」（參閱上揭書p.315）

四・30　美國「生活」（Life）雜誌登上史諾發表的談話：「我與毛澤東會談時（一九七〇年十二月十日）、毛澤東表示歡迎與美國首腦會談」

五・10　季辛吉邀請巴基斯坦大使・揮羅里、託他經過巴基斯坦總統・雅彼阿・汗、向周恩來傳達尼克森的傳言：「我覺得兩國關係極爲重要、所以有意承諾接受訪問北京的招待。並在我訪問以前、提議先使季辛吉秘密訪問貴處、整理會談的議題及預先交換意

見」（參閱上揭書 p.316）

五・31　尼克森由揮羅里接到巴基斯坦總統・雅彼阿・汗的傳言說：㈠從前日的傳言、我們受到非常鼓勵、關於所提議的事、已有積極的反應、㈡請傳達季辛吉、雙方的會談將在中國領土內、旅行的手續由我們處理、㈢會談的層次、可能照貴國的提案進行、㈣再進一步詳細的報告、將由安全的方法傳達（參閱上揭書 p.316）

六・2　尼克森接到裝在巴基斯坦外交行囊的周恩來招待通信文：「首相周恩來愼重檢討總統尼克森送來的四月二十九日・五月十七日・五月二十二日的傳言、結果、以莫大的榮幸向毛澤東主席報告、尼克森總統爲了與中華人民共和國的指導者直接會談、準備接受首相周恩來的提議即訪問北京。毛澤東主席表明歡迎尼克森總統來訪並將與總統閣下直接會談、同時期待有機會能自由提出雙方關心的主要問題—首相周恩來、歡迎季辛吉以美國代表的資格、預先來訪、準備尼克森總統訪問北京並調整其必要的手續、同時、與中國高級官員做預備性的秘密會談」（參閱上揭書 p.316）

七・9　季辛吉在七月初飛往越南的歸途、路經巴基斯坦、在此以假病休息三天作爲欺瞞新聞記者的幌子、當天即秘密飛往北京、與周恩來秘談一七小時、提出了雙方所有的對立點及許多問題、同時、有關尼克森訪問北京的手續・日程表以及會談中將要提議的問題等、均獲得周恩來同意之後、七月十一日飛返巴基斯坦、秘電尼克森報告北京之行已成功（參閱上揭書 p.318　日本「朝日新聞」一九七一年七月十二日、同日夕刊、十三日、十四日）

如上所述、中美兩國這一段的秘密外交關係、及和以尼克森及周恩來爲主角、雙方在表面上都高唱以實現社會正義或世界和平等堂皇的言詞、而力求友善、其實、卻均爲自國需要及自己利益而勾心鬥角。就美國方面來說、國內是經濟衰退・反戰情緒澎湃、國外則越戰不利・國際上威信掃地、所以、尼克森有必要使用奇招與中共打交道、利用爲抽回美軍脫離越戰、對於個人本身、也想藉外交的成就來恢復內外的威信、而繼續贏得下屆的總統職位（若在一九七二年的改選總統時能再次當選、尼克森就能享受到主宰一九七四年美國獨立二百周年記念典禮的榮譽）。

中共方面也是在國內因文化大革命而社會混亂・經濟蕭條・人民怨聲載道、國外是中蘇對立深刻化・國際政治上極爲孤立的時候、所以、卻與本來是水火不能相容的「**帝國主義**」美國攀上關係、一來想脫離國際孤立、並利用爲對付蘇聯的軍事壓力、且牽出侵取台灣的端緒、二來利用爲收拾國內混亂的轉機、同時、就周恩來本身來說、能以此外交上的成就來做爲黨內鬥爭時的護身符、進而保持領導地位。

因此、雙方都使出混身解數、所運用的權謀術策既奇且巧、彷彿使人溯源到中國兩千年前的戰國時代、張儀・蘇秦各以合縱・連橫的奇策相鬥的計謀手段、同時也無異於西歐十六世紀「**權謀主義**」（Machiavellism）的手法、及一九世紀梅特涅（Klemens Wenzel Lother Füst von Metternich）的權術外交手段的翻版。尼克森、就是依靠這種周恩來・季辛吉所合作的「**奇策**」而實現訪問北京。

繼之、季辛吉、爲了決定尼克森・周恩來會談時的議題及將發表的「**公報**」（communiqe）、於同年的一九七一年十月二十日、第二次訪問北京。他臨走時、尼克森令他帶去向中國提示的公報草案、「**乃是根據標準的外交慣例、而把最對立所以最難解決的問題、均以曖昧且妥協的措詞表現**」（參閱上揭書「ニクソン回顧錄」第一卷 p.321）。然而、季辛吉到北京後提示給周恩來時、周恩來當場表示拒絕接受、同時、也提示了中國方面的草案、其中、採用「**革命已成爲不可磨滅的歷史潮流**」「**人民革命的鬥爭是正義的**」「**越南人民爲了達成目的、將戰鬥到最後的一天**」等言詞、這反過來、也遭季辛吉所拒絕。

但因雙方所處的內外形勢、均使兩人認爲中美關係恢復正常一事是屬於迫不及待的重要問題、因此、經過一段激烈的討價還價之後、才得到妥協、季辛吉於此滯留六天之後、才上歸途。

季辛吉逗留在北京的時候、聯合國正在表決驅逐蔣家政權、並承認中華人民共和國政府爲代表中國的唯一政府、而讓其加入聯合國。

一九七二年二月二十一日、兩年來、尼克森屢次表明想要訪問中國的宿望、於此達成。當天上午、尼克森夫婦・國務卿羅吉斯・總統助理季辛吉（第三次的訪中）等一行飛往中國。

尼克森的坐機繞過上海、而到達北京機場時、周恩來等中國要員都齊來迎接。尼克森下機後、與周恩來親密的握手（這與一九五四年四月、日內瓦和平會議時、周恩來所伸出的手竟遭杜勒斯所拒絕相比、其形勢變遷之大、眞令人感慨萬千）。

周恩來則以超級的外交言詞、表現熱烈歡迎尼克森、例如、在從機場將赴北京市內的汽車中、他對尼克森說：**「您終於越過世界最大的大洋與二五年間的斷絕、而伸出您的手來了」**（參閱上揭書「ニクソン回顧錄」第一卷 p.326）。

尼克森到達北京後、出人意料之外的、就是在當天下午、竟受到毛澤東的召見（賓客到北京的當天就能見到毛澤東是罕有的事）、此時在毛澤東住所、加上周恩來・季辛吉、四人長談將近一小時（據尼克森的印象、毛澤東的健康已見衰退、但他的頭腦卻還十分清醒—參閱少鳴「尼克森談與毛澤東的會見」—譯自一九七九年四月英國記者大衛・佛羅斯特— David Frost 的電視訪問——香港「七十年代」一九七七年十月第九三期 p.43）。

尼克森逗留中國六天、其間、曾經與毛澤東會談過、並在人民大會堂與周恩來正式會談（一共談洽一五個小時）、另一方面季辛吉則與中國外交部當局會談。在這些會談中、所涉及的問題相當廣泛、例如朝鮮・越南・台灣・美軍駐留日本・蘇聯的軍備壯大、以及全世界的各種問題都談到。

但在起草「**公報**」時、季辛吉與中國當局所遭到的最大難題、無非是有關「**台灣問題**」。關於這點、雙方都胸有成竹、因爲美國的立場是想試圖使台灣的現狀鞏固化或制度化、但中國的立場則堅持：「**台灣是中國領土的一部份、台灣問題是內政問題**」爲其所謂「**原則**」、而主張改變其現狀。

然而、從此次的中美接近的過程看來、雙方都是從試探性的觀點開始、並以試探性的方法進行、雙方即不能預見對方的反應、也不能預見其接觸後的結果。不過、雙方均認爲進行接觸不但沒有壞處、卻有相當的好處、才積極進行的。例如、尼克森在周恩來歡宴他的晚會上、演變裡說到：「**我們在過去的一個時期是敵對的、並且、我們現在還存在著不少不同意見。在這個情況之下、促使我們這樣能在一起的、不外乎是我們之間、已存在著能夠超越一切不同點的共同利益。今後、我們將討論雙方的意見的相異時、我們雙方均是不可能在各自的原則上取得妥協。我們雖然不能填平目前的橫溝、但是我們爲了使雙方往來而互相能接觸談論問題、在其橫溝上架一條橋樑是可能的**」（參閱「上揭書」p.334）。尼克森的這樣說法、完全與他常說的想法同出一軌、即：「**各種重要問題且不能達到意見一致時、需要以曖昧的詞句來表明、而把問題留下以供將來再設法討論**」（參閱「上揭書」p.332）。

如此、經過了、尼克森・周恩來・季辛吉三者共通的現實主義及計謀手段積極商討的結果、終在台灣等一切的問題上、把難以解決的問題下了一個結論、即同意雙方承認有意見不能一致、並同意把雙方意見的不同點併記於「**公報上**」。

尼克森訪問中國的最後一天、即一九七二年二月二十七日、在上海發表所謂「**上海公報**」（Shanghai Communique）、在公報上、雙方表示同意：

(一)　以「**和平五原則**」（Five Principle for Peace —①領土・主權的互相尊重、②互不侵犯、③內政不干涉、④

平等互惠、⑤和平共存）、適用於中美兩國

㈡　為了促進中美關係的正常化、今後將增加人員與物質的交流

㈢　希望減輕國際上軍事紛爭的危險

㈣　雙方不應在亞洲・太平洋地區要求霸權及反對任何國家或國家集團建立霸權

㈤　雙方均不替第三者簽定協定或取得了解

同時、除了併記有關朝鮮・越南・日本等具體的不同意見之外、最緊要的「台灣問題」則雙方表明各自的見解如左：

「中國方面、主張中華人民共和國才是中國唯一的合法政府、台灣是中國的一省。中國方面、又斷言台灣解放是中國的內政問題、他國沒有干涉的權利、並要求美國軍隊及其軍事設施、必須從台灣撤退、最後表示堅決反對〝一中一台〞〝一個中國兩個政府〞〝兩個中國〞〝台灣獨立〞、或主張〝台灣歸屬未定〞的任何活動」。

「美國方面、表明美國認識到（*aknowledge*）、在台灣海峽兩邊的所有中國人都認為只有一個中國、台灣是中國的一部份。美國政府對這個立場不提出異議（*does not challenge*）、其他、美國方面、也同意等到該地區的緊張趨於緩和、將劃分階段削減在台灣的美國軍隊、但不表明撤退的期限」（參閱「朝日新聞」「每日新聞」「Japan Times」一九七二年二月二十八日、二十八日夕刊、二十九日　上揭書「ニケソン回顧錄」第一卷 p.347）。

從上述「**上海公報**」中、中美兩國涉及「**台灣問題**」的發言、在其外交方式、可以看出三個問題：

㈠　中國硬說「**台灣是中國領土的一部份**」、並且美國對於這種說法表示「**認識**」、均與台灣的歷史現實與台灣人的意志完全不符。

㈡　大部份的台灣人都覺得：「只有一個中國、同時、中華人民共和國才是中國唯一的合法政府」。但是、台灣人不但是反對蔣家政權及其中國人集團以「中國政府」的名義殖民統治台灣・台灣人、而且同時也反對中華人民共和國侵進台灣、這均屬於儼然的一個事實。在這種情況之下、「台灣海峽兩邊的所有中國人都認爲：台灣是中國的一部份」的這種說法、完全蔑視與中國人不同民族的一千三〇〇餘萬台灣人的存在（一九七一年底的台灣總人口是一千五〇〇萬人）。假若其所謂「台灣海峽兩邊的所有中國人」、包含這些一千三〇〇萬台灣人在內（實際上、絕大部份的台灣人都認爲自己不是中國人、所以大家都反對自己被算在中國人的範疇之內）、更不能說：「所有的中國人」都認爲台灣是中國的一部份、也就是說、被他人算在「所有中國人」之內的台灣人、其絕大部份都是反對台灣被認爲是中國的一部份。

㈢　美國方面所表明：「中國人自己和平解決台灣問題的說法、不但是完全蔑視了台灣人對於自己前途的決定權、而且、無非是爲中國呑併台灣舖路。這種說法與辦法、在客觀上：

第一、修改了美國一九四七年來的台灣政策的最基本的部份、例如：

①一九四七、八年蔣家敗退中國大陸的前後、美國的輿論與官方已擁有「台灣的將來必須尊重台灣住民的意志」的想法（參閱香港「華商報」一九四七年十月十五日）

②一九五〇年十二月八日美英發表「共同宣言」、規定：「台灣問題的解決、必須遵守台灣人的利益」（參閱 C.R. Attlee, As It Happened, 1954 —和田博雄・山口房雄日譯「アトリ自傳」一九五九年、下卷 p.276）

第二、違反了英法等世界上大部份國家的輿論與政策、例如：

①一九五一年九月在舊金山簽定「對日和約」時、薩爾瓦多・埃及・敍利亞等國代表、都主張：「台灣的歸屬必須遵守人民自決的權利（*right of self-determination*）」（參閱入江啓四郎「日本講和條約の研究」一九五一年 p.287）

②一九五五年二月三日邱吉爾內閣的外相伊典（E'den, Sir Frede-rick Morton）在英國下院強調：「台灣與金門馬祖必須區別、中國大陸沿海諸島是屬於中國、台灣・澎湖諸島在過去半世紀完全與中國無關、台灣・澎湖諸島的法的地位未定（參閱日本時事新報社「世界周報」第三六卷第六號）一九六一年、英國工黨主張台灣・澎湖諸島應在聯合國監視之下、以國民投票來反映台灣人民對於台灣前途的意志」（參閱 China and the west — A Labour Party Looking Ahead Panphlet, Feb. 1961, p.26）

③一九六四年一月法國將與中共建交時、總統戴高樂表示：「國府不是中國政府、更不是台灣政府」（參閱日本「朝日新聞」一九六四年一月二十三日）

一九六四年四月十日「日法定期協議會」在東京召開時、法國首相龐畢度（*Georges Ponpidou*）表示：「關於台灣地位問題、戴高樂的基本想法是〝住民自決〞」、法國承認「舊金山對日和約」、但不承認「開羅宣言」與「波茨坦宣言」（參閱日本「朝日新聞」一九六四年四月十一日）

④自中華人民共和國成立的一九四九年十月、至一九七二年二月發表「上海公報」爲止、與中共建立外交共有七一國、這些國家當要發表建交的「公報」或「宣言」時、均沒有涉及（就是沒有提起）台灣歸屬問題（參閱彭明敏・黃昭堂「台灣の法的地位」附錄四、一九六七年 p.228）

第三、違反了有關人權的國際規約、例如：

⑤大西洋憲章（*The Atlantic Charter* 一九四一年八月十四日成立）第二條「否認不經有關國民的自由意志的表明之領土變更」

⑥聯合國憲章（*The Charter of the United Nations* 一九四五年六月二十六日成立）第一條「尊重人民的同一權利及自決的原則」

⑦國際人權規約（*International Covenants on Human Rights* 一九六六年十二月聯合國第二一

次總會決議通過）、分爲A規約—關於經濟的・社會的及文化的權利規約（*Covenants on Economic, Social and Cultural Rights*）、B規約—關於市民的・社會的諸權利規約（*Cocenants on Civil and Political Rights*）、A・B規約的第一條均規定：「所有人民（民族）享有自決的權利（*Right of self-determination*）。他們基於這個權利、能自由決定其政治地位、並自由追求其經濟的・社會的及文化的發展」

然而、尼克森在「**上海公報**」上所表明的、任其如何的解釋對於中共的台灣主張只是「**認識**」（aknowledge）、而在外交方式慣例上只是表示不知道、並不是一項「**承諾**」（recognize）、或者對中共所持立場「**不提出異議**」（does not challenge）、只是不置可否、並不是同意或贊成、但在「**武力外交**」（Power Politics）支配著國際政治的現勢之下、不管其所發表的公報在法定上或外交上如何的被解釋、也不管其發言及行動如何的違反國際輿論及國際公約、超級大國的美國改變了其第二次大戰結束以來的中國政策、其總統訪問第三個超級大國的中國（中共）、並共同發表有關國際政治上的「**公報**」的這一著本身、無疑的是今後的世界局勢將要掀起大變革的預兆。

因此、尼克森一發表將訪問中國一九七一年七月—自中華人民共和國成立的一九四九年至此時的二三年間（承認中共只有五六國）、中共就在聯合國獲到意料之外的多數票而實現加盟、加上、尼克森訪問中國後（一九七二年二月）、迄未承認中共的世界各國、即如脫韁之馬、一瀉千里似的急速且陸續傾注於與中共建交（至一九七六年八月、承認中國的國家已成一〇九國——參閱彭明敏・黃昭堂「台灣の法的地位」付錄四、一九七六年 p.228）

尼克森的這一著、最令人難以下嚥的、就是把名正言順的「**台灣人民自決論**」、打擊得體無完膚、代之、「**台灣屬於中國**」的謬論、遂猖獗於國際政治上、而漸成定論。

另一方面、終戰後專由許多虛構與冷戰體制及美國的圍堵政策爲背景的蔣家政權、由於中美接近・冷戰解凍・圍堵政策解體、而勢之所趨、其在國際上的聲勢、遂一落千丈的趨於孤立。

再者、至一九七六年九月、與中國(中共)建交的一〇九國之中、關於「**台灣歸屬問題**」計有五個種類的處理辦法:

(1) 完全不涉及台灣歸屬問題、計有六〇國

(2) 表示「**注目**」(take note)、「**中國政府重新表明台灣是中華人民共和國領土不可分離的一部份。加拿大政府對這個中國政府的立場表示注目**」、計有加拿大・義大利・智利(Chle)・比利時・秘魯(Peru)・黎巴嫩(Lebanon)・冰島(Iceland)・阿根廷・希臘・委內瑞拉(Venezela)・巴西等一一國

(3) 表示「**認識**」(aknowledge)、計有澳大利亞・紐西蘭・西班牙・馬來西亞・泰國・斐濟(Fuji)・西薩摩亞(Western Samoa)・英國及美國等九國

(4) 表示「**理解・尊重**」(understand・respect)、「**中華人民共和國政府、重新表明台灣是中華人民共和國領土的不可分離的一部份。日本政府、對中華人民共和國政府的立場表示十分理解與尊重**」、並加上:「**日本堅持基於波茨坦宣言第八項的立場**」。這只有日本一國的特殊例子、可以說是「**日本方式**」。採取此方式的除了日本外、還有菲律賓。

(5) 表示「**承諾**」(recognize)、即:「**馬爾地夫共和國政府承認台灣是中華人民共和國領土的不可分離的一部分**」、計有馬爾地夫(Maldives)・幾內亞比索(Guinea-Bissau)・尼日(Niger)共和國等三國。

其他、因缺乏資料所以不詳(參閱彭明敏・黃昭堂「台灣の法的地位」一九七六年p.228)。

(4) 日本首相田中角榮訪問中國與中日國交正常化共同聲明

第二次世界大戰中、日本受到盟軍極爲慘烈的攻擊、近代都市及產業設施均被美軍轟炸得滿目瘡痍（特別在一九四五年八月六日廣島、及八月九日長崎兩都市受到原子彈轟炸）、所以、一九四五年八月十五日投降後、於八月三十一日、盟軍最高司令官麥克阿瑟、率領美軍佔領日本時、當時的日本百業全毀・糧食缺乏・社會體制崩潰、首都的東京變成一座死城。

然而、戰爭一結束、美蘇兩超級大國從初就尖銳對立、冷戰開始、加上、所謂「**戰勝國**」的中國、國共內戰隨即爆發、本來、美國雖想支持蔣家政權統一中國並使之成爲亞洲的安定因素、但蔣家政權不出五年、就敗退中國大陸、因此、美國乃趕緊修改遠東的戰略體制、改變爲早一天使日本復興並強大起來、而來代替蔣家政權成爲美國在遠東戰略的重要一環。

於是、美國對於日本的援助急速進展、對日本國是從戰後的供給農產物（米糧爲主要）開始、繼續擴大爲對日投資、提供產業設施及新生產技術並伸張其對外貿易等、對國外則一九五一年九月使「**舊金山對日和約**」成立、一九五二年五月日華（蔣）和約成立等、使其恢復在國際政治上的交流與活動、遂在一九五六年十二月十八日、日本乃實現了加入聯合國、成爲第八〇個的盟國。

並在軍事上、雖然有日本憲法第九條禁止再武裝、但在一九五三年十月三十日、美國擔任遠東問題助理副國務卿羅波杜森（Walter Robertson）、與日本自由黨政調會長池田勇人發表「**共同聲明**」之後、自一九五四年起、在美國支援下開始日本再武裝、設立了「**防衛廳**」（等於國防部）與自衛隊（實際上等於各國的軍隊）。但是、日本自一九五一年和約成立同時、也與美國簽定「**日美安全保障條約**」（一九五三年四月二十八日生效）、從此、日本竟在美國核爆體制（核爆傘）之下、受到國防上的庇護、所以至今（一九七八年度）日本的防衛費（軍事費）、仍能在低於國民總生產的一％以下、算是資本主義大國之中最低的比率（軍事費低、就能把國家資金多投資於經濟建設）。

另一方面、戰前的日本、自明治維新就以「**富國強兵**」政策、發展爲「**日本軍國主義**」、對外進行軍事擴張。但在戰後、他們都以「**和平共存**」爲口號、獲得美國的經濟支援、並且利用韓戰・越戰而使其破碎的國內產業迅速的恢復起來、進而由一九七八年起、遂發展爲資本主義國家中僅次於美國的第二經濟大國。日本本來是缺乏資源的國家、但在經濟上「**以貿易立國**」爲號召、大肆搜集世界上大部份的工業資源、運回本國生產爲商品之後、再由日本貿易商人無孔不入的滲透於世界各個角落、而以這種經濟侵略爲手段、成爲新殖民主義一方的巨頭、因爲戰後的日本人完全變爲唯利是圖、不顧他人的經濟損失而盡爲自己追求利益、所以在世界上、被稱爲「**經濟動物**」（economic animal）、或「**經濟侵略者**」（economic invader）。

本來、日本開始進行近代化後（明治維新後）、對外的擴張曾經有過兩大支幹、一條是以朝鮮爲北進基地的所謂「**北進政策**」、而向中國的東北・華北以及蒙古方面推進、另外一條就是以台灣爲南進基地、滲透於華南・南洋等方向的「**南進攻策**」。這些對外擴張的兩大方向、戰後的日本、隨著經濟復興、仍然成爲對外發展的兩條老路。不同的是戰前是以軍事侵略爲先、而經濟剝削跟後（舊殖民主義）、戰後則以「**尊重主權・領土**」爲幌子、而仍由這兩條老路進行經濟支配（新殖民地主義）。

關於南進政策、已在一九五二年四月、由美國斡旋、而與蔣家政權簽定了所謂「**日華（蔣）和平條約**」並以這個政治措施爲基礎、開始經濟滲透於台灣、進而伸張於東南亞地區。

北進政策方面、由於戰後的冷戰開始、韓戰・越戰相繼爆發、並且、中華人民共和國成立不久、就參加韓戰及支援越戰、所以、美・英・法等歐美資本主義國家、爲了強化對社會主義國家的「**圍堵政策**」的經濟側面、乃在一九四九年十二月成立了「**對共產圈輸出統制委員會**」（Co-ordinating Committee for Export to Communist Countries ＝COCOM）、繼之、一九五一年五月由美國領導、設立「**對中共輸出統制委員會**」（China Committee for Export Control ＝CHINCOM）、都是爲禁止或統制對共產圈輸出戰略物資的機構。結果、日本對於中國大陸的經濟交流即北進政策、因受到上述機構的限制、一時不能如意伸展。

然而、日本資本主義、隨著由戰後的衰退復興並進而超過戰前的生產水準、對於地大物博、五億人口（一九五〇年代初期）的中國大陸的廣大市場、因戰前曾染指侵略並加以剝削的舊夢難忘、所以、其「**北進政策**」並不因受到限制而輕易放棄、而一貫在窺伺著可能的機會。

另外在中國大陸方面、中共取得天下之後、起初倒也獲得社會主義兄弟國蘇聯以及東歐諸國的經濟援助及進行經濟交流、但史大林死亡（一九五三年三月五日）・赫魯雪夫上台並批評史大林後（一九五六年二月）、中蘇兩大國思想上的對立開始、特別是由關於世界共產主義運動的領導權鬥爭開始、逐漸發展到政治上・國益問題上的矛盾對立、終於在一九六〇年七月、赫魯雪夫通知中國（中共）、在一個月內將召回派遣在中國的全部技術人員一千三〇〇人、並取消數百個援助協定。於是、中共在國內經濟建設上遭到空前困擾、隨即著眼於在地理、歷史上最爲接近、且最好打交道（日本人因侵略過中國所以一般均具有卑劣感）的工業發達的日本、擬積極推進經濟交流。

如此、中日兩國、在主觀・客觀的各種條件上、均從早就想推進經濟交流的需要與企圖。但是在外交手段上、中國的確是高於日本一手、中共雖然志在贏得經濟援助、但首先由周恩來主張「**政經不分**」下手、先來指責日本在過去侵略中國、現在又勾結美帝國主義者企圖復活軍國主義、並與蔣家反動政權進行合作、而想先爭得進行交涉時的主導權。同時、要求日本斷絕與美國帝國主義者及蔣家反動集團的關係、而使其陷於被動、然後、再以跟日本各方面關係深切的另外一個角色、即廖承志（又名廖椰華、廖仲凱·何香凝之子、在日本出生、幼年生活在日本、日本早稻田大學畢業）、設立一個所謂「**中日友好協會**」（會長廖承志、秘書長孫平化）、做為對日經濟工作的中心。

就在中共這種軟硬兼施的手段之下、自一九五〇年代起、中日間即由經濟交流開始（這點與美國根本不同、美國是與中共的軍事對立、政治交涉開始、而促成中美接近）、逐漸進入狀況、而於一九七二年九月、簽訂了「**中日國交正常化共同聲明**」。其經過大體如左：

一九四九年

一〇·1　「中華人民共和國」（以下略稱「中國」或「中共」）宣佈成立

一〇·3　蘇聯與中國建交·東歐等社會主義國家相繼承認中國（十月四日保加利亞人民共和國·十月五日羅馬尼亞社會主義共和國·十月六日匈牙利人民共和國·十月六日捷克斯拉夫社會主義共和國·十月六日朝鮮民主主義共和國·十月七日波蘭人民共和國·十月十六日蒙古人民共和國·十月二十七日德意志民主共和國·十一月二十三日阿爾巴尼亞人民共和國·一九五〇年一月十八日越南社會主義共和國）

一二·30　印度與中共建交

一二·30　美·英·法等資本主義國家成立「對共產圈輸出統制委員會」（COCOM）

一九五〇年

二·14　中蘇在莫斯科簽訂「中蘇友好同盟條約」

六·25　韓戰爆發

一〇·25　「中國人民志願軍」參加韓戰

一二·16　日本政府全面停止對中國輸出

一二·28　中國凍結在中國大陸的美國資本

一九五一年
五・17　聯合國政治委員會決議設立「對中共輸出統制委員會」（CHINCM）、禁止戰略物資輸出中共
六・15　中蘇簽訂「中蘇新通商協定」
八・9　駐日聯合國總司令部（SHQ）、指令日本政府強化對中共貿易禁令

一九五二年
四・16　中蘇簽定「新貿易協定」
六・1　日本社會黨國會議員・高良とみ等訪問中國、簽定「第一次中日民間貿易協定」
一二・24　周恩來發表「經濟建設五年計劃」

一九五三年
三・29　中蘇成立物物交換・貿易・借款・技術援助等三協定
四・9　第二次中日民間貿易協定

一九五四年
六・28　周恩來訪問印度新德里（New Delhi）、周恩來・尼赫魯發表「和平五原則」㈠互相尊重領土・主權、㈡互不侵犯、㈢不干涉內政、㈣平等互惠、㈤和平共存）
八・19　中共釋放日本軍人戰犯四一七人
九・11　日本民間財經界成立「日本國際貿易促進協會」（略稱「國貿促」）、做為促進中日貿易中心機關
一〇・28　日本財閥久原房之助、創立「日中・日蘇國交回復會議」

一〇・30　「中國（中共）紅十字會代表團」（團長李德全、故馮玉祥之妻）、訪問日本（十一月十二日返國）

一九五五年

三・19　「中國通商代表團」訪日

四・18　「萬隆ＡＡ會議」（至四月二十四日）

五・14　第三次中日貿易協定

一二・1　郭沫若・劉大年等「中日學術考察團」訪問日本

一二・15　日本「日中漁業協議會」與中國「中日漁業協會」成立協定

一九五六年

一〇・6　日本在北京舉行「第一次日本商品展覽會」

一九五七年

四・15　中共開始每年春季（四月十五日―五日十五日）・秋季（十月十五日―十一月十五日）的「中國出口商品交易會」（廣州交易會）、日本商社每次參加、所成立的交易達每年中日貿易的三〇―四〇%

七・16　周恩來指責對反攻大陸表示同感的「岸信介發言」

一九五八年

三・5　第四次中日民間貿易協定

五・1　中共政治局展開「大躍進」「人民公社」「三面紅旗」（社會主義總路線政策）、聲明核爆武裝

五・2　長崎市「郵票展覽會」中、發生污辱中國（中共）國旗事件
五・10　中共抗議「國旗事件」全面停止對日商談、並取消既往交易契約
一九五九年
三・9　「日本社會黨訪中代表團」、團長淺沼稻次郎迎合中共主張、遂在演說中表示：「美國帝國主義是中日兩國的共同敵人」、同時發表「共同聲明」（十一月十七日）
九・30　蘇共第一書記兼首相赫魯雪夫訪問中國、不發表公報、中蘇對立表面化
一九六〇年
四・16　中共機關誌「紅旗」發表「列寧主義萬歲」、中蘇對立深刻化
七・16　蘇聯通知中國、將在一個月內召回派遣在中國的全部技術人員一千三〇〇人、並取消數百個協定與契約
九・12　日本社會黨委員長淺沼稻次郎、因在北京的親中共發言「美帝是中日共同的敵人」、被右翼青年山口一矢刺殺
一九六一年
六・2　中共政府、爲了在日本產業界造成親中共的政治目的、對於中共表示友好的日本企業數十社、特別指定爲「友好商社」、准許單獨進行特權貿易
一九六二年
一・13　「日本社會黨訪中代表團」、與中共發表「共同聲明」、再確認「美帝是中日兩國的共同敵人」的主張
一一・9　高碕達之助・廖承志簽定「關於中日長期總合貿易的備忘錄」（Liao-Takasaki 貿易＝

一九六三年　「中國LT貿易」開始）、至一九六八年、改稱爲「中日MT（備忘錄）貿易」、每年協定一年的貿易數量

一〇・7　周鴻慶事件（中國技術團團員周鴻慶、企圖亡命日本未遂、遂被帶回中國）

一九六四年

四・19　日本民間代表高碕達之助死亡後、親中共的日本國會議員松村謙三、與廖承志協定：㈠互相投置「LT貿易聯合辦事處」於東京・北京、㈡互相交換新聞記者特派駐在對方首都

五・9　日本通產大臣福田一、發表：「不准以延緩結匯輸出日紡株式會社的化學纖維工廠設備（Vinylon Plant）於中共」

一九六五年

一・21　日本通產省改變方針、批准化學纖維工廠設備延緩結匯輸出中國

五・7　中國廢棄「化學纖維工廠設備輸入契約」

八・1　中共文化大革命

一九六八年

五・10　中共全面停止對日商談、並取消旣定交易契約

一九七〇年

四・15　周恩來與訪問北京的「日本國際貿易促進會代表團」及「中日友好七團體代表團」會見時、提出所謂「周四條件」、對於以下四項日本商社一律不准與中國（中共）進行交

易、即：㈠援助蔣家政權反攻大陸、援助南韓侵犯北鮮的日本商社、㈡巨額投資台灣・南韓的日本商社、㈢爲侵略越南・寮國・高棉供給武器的日本商社、㈣日美合辦事業及其下屬機關

四・19　松村謙三・周恩來會談

八・9　中共當局發表不准出席「日華（蔣）協力委員會」的日本企業從事中（共）日貿易

一二・3　中共新華社報導：「釣魚台是中國領土」

一二・3　中共抨擊日本的佐藤榮作政權「企圖日本再武裝、並復活日本軍國主義」、同時、主張日本應廢除「日美安全保障條約」（但是不出兩年的一九七二年九月、中日復交後、中共卻做一八〇度的轉變、改爲「支持日美安全保障條約」「支持日本保持武裝」）

一九七一年

四・7　中美接近、乒乓隊、由日本名古屋飛往北京

七・15　美國總統尼克森、沒有預先通知日本政府、突然發表將訪問中國、此時日本政府受到所謂的「尼克森的衝擊」（Nixon Shock）

一〇・25　日本政府在聯合國大會上、關於中國代表權問題、仍舊袒護蔣家政權、而成爲「指定爲反轉的重要事項決議案」、及「複合二重代表制議案」的共同提議國、但均被否決、中國遂加入聯合國

一二・25　一九七二年度「中日MT貿易」交涉成立、輸出入總額九千萬美元（同年的台日貿易總額一〇億七〇〇萬美元）

一九七二年

二・21　美國總統尼克森訪問中國、發表「上海公報」（二月二十七日）
四・15　美國商社開始參加「廣州春季貿易會」
七・7　田中角榮自民黨內閣成立
七・8　周恩來表示歡迎日本首相田中角榮努力於中日國交正常化
八・31　美國總統尼克森、與日本首相田中角榮的「**夏威夷會談**」後、田中角榮急遽決定推進中日復交
九・25　日本首相田中角榮・外相大平正芳等訪問中國、與毛澤東・周恩來等中國要人會談（二十七日）、周・田中遂簽定「**中日國交正常化共同聲明**」（二十九日）

上述的「**中（共）日國交正常化共同聲明**」中、關於最爲重要的「**台灣歸屬問題**」、雙方即在第三項明言：「**中華人民共和國政府、重新表明台灣是中華人民共和國領土的不可分的一部份。日本政府、對於中華人民共和國的這個立場表示十分理解並尊重**」。日本政府同時再表明「**將堅持基於波茨坦宣言第八項的立場**」（參閱日本「朝日新聞」「每日新聞」一九七二年九月二十九日夕刊）。

如此、中共主張台灣是屬於中華人民共和國領土的一事、由於與台灣關連深重的美日兩國均有所表示、即美國先在同年二月「**上海公報**」表示予以「**認識**」、又在同年九月日本表示給予「**理解與尊重**」、所以、無論其所謂「**認識**」或「**理解・尊重**」等表示方法、在外交文書上、是否意味著同意中共的主張、從此、不管台灣的現實及台灣人的意志如何、中共的主張（台灣歸屬中國的說法）、竟成爲國際政治上的一種既成慣例。

蔣家政權、乃在中日發表國交正常化聲明的那天、即一九七二年九月二十九日、立即發表與日本斷絕國交。但是、當時蔣日關係除了外交方面之外、其他的經濟・貿易等關係已極爲密切、例如、一九

七二年爲止、日本政府對於蔣家政權、已供給等於一億七千一四五萬美元的日幣貸款（參閱p.1040）、日本民間資本投資台灣共達一億九一四萬美元（參閱表149）、兩國貿易總額共計一四億八千七〇〇萬美元（參閱 Council for International Economic Cooperation and Development, Republic of China, Taiwan Statistical Data Book 1973, p.169）。

因此、雙方即同意互相交換名目上的「**民間**」機關（實際上由政府人員或其代理人負責辦理）、而繼續維持這種除了外交事項以外的經濟等關係、就是日本方面的「**日台交流協會**」（一九七二年十二月一日設立東京本部、台北・高雄各設有辦事處）、蔣家政權方面的「**亞東關係協會**」（一九七二年十二月二日成立台北本部、東京・大阪各有辦事處、福岡有分處）。這種變相的兩國關係、被稱爲「**日本模式**」、後來由美國仿效於處理中（共）美復交的對蔣家政權關係。

再者、中日關係正常化後、從戰後當初就主張與中共建交、並爲其努力過的親中共政治家・文化人・學者等所謂「**進步份子**」、及在政治上與中共站在同一戰線而反對美國帝國主義與日本再武裝的日本社會黨等、因中共在最後關頭、與其所謂階級敵人的日本保守黨「**自民黨**」及日本大資本家建立關係、並簽訂「**中日國交正常化聲明**」、進而搖身一變、從此把剛剛高舉的「**反對美日安全保障條約**」「**反對日本再武裝**」等旗幟拉下、一下子改爲同意「**美日安全保障條約**」、並贊同「**日本再武裝**」。這種情況、使上述的日本進步份子與日本社會黨一時束手無策、因而進退兩難。中共政策如此的前後矛盾、共顚翻之急猶如反掌、令人難以捉摸。至於所謂兄弟黨的「**日本共產黨**」、自一九六七年一月二十四日起、就在其機關報「**赤旗**」公然批評中共、後來指責它爲「**大國沙文主義**」、而與其斷絕關係。

表 177　世界大國的核爆實驗
（Naclear Explositive Experiment）

年　月　日	國　名	核　爆　種　類	原子・氫爆實驗數次
1945・7・16	美　國	在內華達 (Navada) 第一次原爆實驗成功	
〃・8・6	〃	在日本廣島投下原子彈	
〃・8・9	〃	在日本長崎投下原子彈	
1949・8・26	蘇　聯	第一次原爆實驗成功	
1952・10・3	英　國	第一次原爆實驗成功	至 1977 年 12 月 次
〃・11・1	美　國	第一次氫爆實驗成功	589
1953・8・12	蘇　聯	第一次氫爆實驗成功	231
1957・5・15	英　國	第一次氫爆實驗成功	27
1960・2・13	法　國	第一次原爆實驗成功	67
1964・10・16	中　國	第一次原爆實驗成功	
1967・6・17	〃	第一次氫爆實驗成功	22
1968・8・24	法　國	第一次氫爆實驗成功	
1970・3・5	美蘇提案	核擴散防止條約發效	1966 年 6 月 12 日，在聯合國大會，以 95 對 40 表決通過
1974・5・18	印　度	第一次核爆地下實驗成功	
1979・9・22	南非共和國	第一次核爆實驗成功	

（資料）　日本・自由國民社「現代用語の基礎知識」1979, p.830
　　　　　日本・「朝日新聞」1979 年 10 月 26 日

h　美蘇核子武器力量的優劣開始逆轉

最近一九七九年九月二十六日、前美國國務卿季辛吉出席喬治城大學（Georgetown University）「戰略國際研究中心」主辦的「大西洋條約機構（NATO）專家會議」時、特別強調的說：「在這一〇年的美蘇力量相比、即一九七〇年代、其優劣開始逆轉、蘇聯逐漸縮短對美國的差距、進而轉爲力量均衡、所以、美國現有的核武力量、已成爲只能防禦本國而已、也就是說、對一向處於優勢的美國核武體制庇護下的大西洋條約機構諸國來說、美國的這個〝核傘（*nuclear umbrella*）〞已成爲不可靠。……、再進到一九八〇年代、美國的核武戰略力量、可能被蘇聯超越、所以、將更趨不利、要對抗蘇聯、唯恐更加困難。在這種情況之下、國際上可能掀起史無前例的大動亂、加上經濟危機・能源危機等不利因素、齊集而來。」（參閱季辛吉

「アメリカは同盟國を守れるか」（美國能否防禦同盟國的安全？）—日本「サンケイ新聞」一九七九年十月十四日）。

上述美蘇核子武器（簡稱「核武」）力量優劣逆轉所引起的不利狀態、不但在「**北大西洋條約機構**」（NATO）諸國、甚至亞洲的所謂「**自由陣營**」、即一向在美國「**核傘**」庇護下的日本・韓國・台灣・東南亞諸國聯合（ASEAN）、以及太洋洲（Oceania）諸國、也同樣將遭受其後果。

觀諸第二次世界大戰後、美蘇兩超級大國在核子武器力量相比的演變（參閱表177）、即：

(一)　一九四〇年代、美國因獨佔核子武器、即在核武戰略上擁有壓倒性的絕對優勢、所以美國乃利用其核武優勢的嚇阻力、在國際政治上扮演領導地位。

(二)　一九五〇年代、史大林死亡（一九五三年三月五日）、馬倫可夫繼任蘇聯首相後、他於同年八月八日發表蘇聯將擁有氫彈（hydrogen bomb = H-bomb）（參閱表177）。從此、美國在國際軍事政治上、對核子武器的獨占即告終結。於是、美國國務卿杜勒斯乃於一九五四年一月十二日、宣佈美國將採取「**大量報復戰略**」（Massive retaliation）、來對抗蘇聯的核武體制。

但是、在一九四〇—六〇年代的將近二〇年間、美國的核武力量・佈置在全世界各地的前進基地戰略（forward strategy）、以及其他兵力編制等的綜合武裝力量、仍然保持著絕對性的優勢、所以、無論美國本土、或在美國核傘保護下的歐洲・亞洲等世界各地區、不管是美國制先攻擊（第一擊＝first strike）、抑或先受攻擊而後給予報復反擊（第二擊＝Second Strike）、美國的核武體制均有獲得最後勝利的把握。因爲這樣、所以、於一九六二年十月、蘇聯已擁有七〇基「**洲際飛彈**」（intercontinental balistic Missile＝ICBM、但因蘇聯製造燃料還須一五小時、所以美國能在其發射核子彈之前、由世界各地的前進基地到達蘇聯本國）的情況下、當擬在古巴建立飛彈基地並搬入飛彈而被發現時、遭到美國總統甘迺迪堅決的嚇阻、即宣佈蘇聯若不中止建立古巴基地、美國不辭以核武報復、終於迫使赫魯雪夫在舉世注目下、下令古巴撤除有關攻擊性的核武裝備。一九七三年同樣的、第四次中東戰爭爆發時、在美蘇「核子彈頭」（nuclear warhead）保持數目八對一的優勢之下、美國總統尼克森、隨即向全世界的前進基地下令採取「緊急待機」行動、表示必要時將使用核子武器、以防範幕後的蘇聯再進一步干與戰爭。

㈢　一九六〇年代後半以來、由於美國介入越戰而消耗國力甚鉅、以致國內通貨膨脹・國外美元貶值・人民厭戰・國內輿論失去對國防的關心・國會對國防不感興趣・軍部威信低落等、無法加強核子武裝（到一九七五年才再開始進行）之際、蘇聯卻在這一〇年中、相反的大幅擴大軍備（核武攻擊能力的近代化、核子彈頭的多量化・擴大化・複數化・以及加強飛機積載力量與航續距離・開發超音速—音速的二・五倍速度—逆火式轟炸機＝Backfire・加強防空能力・加強裝甲隊及步兵裝甲化等）、結果、只在洲際飛彈（ＩＣＢＭ）、就由一九六五年的二二〇基、遽增爲一九七三年一千六〇〇基、其中、由潛水艇發射的飛彈（Sea Launched Ballistic Missile ＝ＳＬＢＭ）就有九〇〇基、因此美蘇的核武戰略力量將變成均衡（parity）（參閱季辛吉「上揭書」—日本「サンケイ」新聞一九七九年十月十四日）。

㈣　一九七〇年後半、因蘇聯的核武等軍備在質量雙方面都更加增強、所以美國已失去核武力量的優越地位、雖然在一九七八年一月時擁有核彈頭九千三〇八個（蘇聯三千六三三個）・戰略防禦組織九千三〇八所（蘇聯三千六三三所—參閱 John M. Collins ＝克倫斯「美蘇戰力バランス「相比」と日本の防衛」—日本「サンケイ」新聞一九七九年二月二十五日）、但是、用盡其核武戰略攻擊、也逆轉爲已不可能有效的反擊蘇聯的核武攻擊而確保美國的安全。不但是在核武力量、其他各種兵力、均被蘇聯趕上進而處於劣勢。例如、美國在一九七〇年後、陸軍兵力減爲二分之一、空軍減爲三分之一、海軍減爲二分之一、但是蘇聯在同時期、卻進行了異常的軍備擴張、結果、在質量雙方面都有很大的進步、核武力量非常壯大。其中、洲際飛彈（ＩＣＢＭ）佔全數的七五％、同時在質方面、也較過去特別的大型化・彈頭複數化・中彈正確化等、其他、擁有陸軍一七二個師團（美國一六師團）、海軍由過去（一九六〇年代）的沿海警備的規模已成長為公海戰力、空軍在數量上遠超過美國空軍（參閱克倫斯「上揭書」—日本「サンケイ新聞」一九七九年二月二十四日）。

不但是蘇聯積極擴張軍備、且華沙條約機構諸國、也以「**核武不戰協定**」（一九七三年六月勃列日涅夫赴美國時、在白宮與尼克森簽訂的）、及「**國際緊張緩和政策**」（detente）為掩護、積極且長期的擴張軍備、結果、其通常兵力遠超過北大西洋條約諸國。例如、光在東德一國的領土內、就有蘇軍與東德人民軍共計五〇萬人（蘇軍佔三五萬人、裝甲車七千輛）、並配備了移動式中距離飛彈（IRBM）與SS20（蘇聯的新型IRBM）、這些最新核子武器、北大西洋條約機構都迄未擁有的。因此、北大西洋條約機構以現有的兵力、已抵擋不住華沙條約軍的攻擊、使得美國總統卡特嗟歎的說：「**要答應蘇聯的提案之前、必須先來進行北大西洋條約機構的軍備近代化**」（參閱日本「サンケイ新聞」一九七九年十月二十五日）。

蘇聯自此、即以優越的軍事力量（特別是核武力量）為後盾、在國際政治上開始採取攻勢、例如、蘇聯海軍潛入印度洋・加強遠東戰鬥力・支援衣索比亞（Ethiopia）社會主義勢力奪取政權（一九七四年）・以大量近代式武器支援古巴介入舊葡萄牙殖民地的「**安古拉（*Angola*）人民解放運動**」（MPLA）的解放戰爭（一九七五年十一月開始、一九七六年一月取勝）・支援阿富汗（Afgunistan）社會主義勢力掀起革命並奪取政權（一九七八年四月）等。

(五)　一九八〇年代、美國及其庇護下的所謂「**自由陣營**」、若不盡早且積極的加強核武力量與通常兵力（增強兵力、增強裝甲部隊與破壞裝甲車兵器等）、必然是愈來愈趨不利的。

一九七九年六月八日卡特下令開發「**MX飛彈**」（參閱日本「サンケイ新聞」一九七九年六月十日）雖然將

以裝置在塞羅（Silo）之中的「**固定式**」洲際飛彈（ICBM）、改爲「**移動式**」藉以迴避蘇聯強大的制先攻擊（第一擊）、但恐蘇聯會在美國完成這種核武戰力而恢復美蘇核武力量均衡之前、即在一九八五年前後、制先攻擊美國、而企圖繼續保持核武力量的優位（參閱克倫斯「上揭書」—日本「サンケイ」新聞一九七九年二月二十五日）。

從核武戰略理論來說、美蘇雙方也各有不同。美國自一九六五年、當時的國防部長馬克那馬拉發表所謂「**確實破壞戰略**」（assured destruction ＝AD）之後、一貫採取加強「**戰略核武**」（注重於破壞大都市·工業中心·及殺傷大量人口的非戰鬥員、而不以敵方的核武體制及轟炸機戰力爲破壞對象）、這後來被指責爲「**毀滅文明的戰略**」。蘇聯則早由「**赫魯雪夫戰略**」（偏重於戰略核武）、改爲「**勃列日涅夫戰略**」、而加強「**戰術核武**」（以破壞敵方的核武體制與軍事力量爲主要對象）、及「**軟式反應戰略**」（flexible response—同時維持核武戰力與通常兵器壓力、準備隨時能應付通常武器戰·戰略核武以及局部戰術核武戰的戰略思想）、結果、蘇聯在戰略·戰術上的雙方核武綜合力量、終於勝過美國（參閱季辛吉「上揭書」—日本「サンケイ」）。

再者、從整個的「**世界戰略**」來說、美國自第二次大戰以來、一貫採取所謂「**歐洲第一主義**」。關於這點、到一九六〇年後半、美軍參與越戰而派兵五〇萬於越南時、也沒有絲毫改變、也就是說、即使正在越南激烈打仗中、歐洲方面一旦戰爭爆發（華沙條約機構軍攻擊北大西洋條約機構諸國）、美國也得把派遣在越南與太平洋各地區的兵力轉移於歐洲戰線（參閱克倫斯「上揭書」—日本「サンケイ新聞」一九七九年二月二十七日）。

本來、美國在一九六〇年代的戰略理論、乃在世界全面戰爭一旦爆發、美國等自由陣營國家必然受到中蘇兩國同時攻擊的認識之下、其世界戰略是採取所謂「**二·五戰略政策**」（計劃同時對抗歐洲·亞洲的兩面作戰、同時對付其他地區的局部性小紛爭）。當然、這是屬於「**紙上談兵**」、因爲當時美國並未有如此足夠的軍備能將之付諸實行。

到了一九六九年一月尼克森就任總統後、總統助理、也是核武戰略專家季辛吉、乃改為在世界戰爭爆發時、自由陣營大體上**不會同時**受到華沙條約機構諸國與中國（中共）的兩面攻擊的新認識下、於同年十月二日、向尼克森建議改變向來的「**二・五戰略政策**」、而採用新的戰略政策。這個新戰略政策於翌年的一九七〇年二月十八日、由尼克森提到美國國會決議通過、而稱為「**一・五戰略政策**」（計劃只對抗大西洋條約機構諸國等西歐方面受攻擊初期防禦作戰、及其他地區的小紛爭作戰、或只對抗韓國・日本・東南亞諸國等亞洲地區受到中國全面攻擊的防禦作戰及其他地區的小紛爭作戰、而不維持同時在歐・亞兩面從事大規模作戰的兵力）。後來、卡特政權也繼承這個世界戰略。其後、因越南戰爭打敗而遭到裁軍、所以、這個「**一・五戰略**」也同樣缺乏通常的軍備基礎（尤其是核武戰力被蘇聯趕上）、因此、實際上、美國的世界戰略仍然是在紙上談兵、並仍然停滯於「**歐洲第一主義**」的優先程序（參閱克倫斯「上揭書」—日本「サンケイ新聞」一九七九年二月二十七日 Kissinger's Memoirs, White House Years; —「キッシンジャ（季辛吉）—回顧」第二部—日本「讀賣新聞」一九七九年十月二十四日）。

然而、一九七〇年代、美國因介入越戰・中東危機・能源危機、而無暇顧及整個的世界戰略、且兵力分散（例如、美國海軍陸戰隊只擁有三個師團、卻分散於馬尼拉・波斯灣・地中海等的廣大地區）、加上、尼克森於一九七〇年採用所謂「**尼克森政策**」（撤退或削減在亞洲的美國兵力、並進行裁軍）、繼之、卡特也從一九七八年起進行裁撤駐韓美軍之際、蘇聯不但如上述般乘機在整個戰略上擴張軍備、同時也利用亞洲在軍事・政治上的眞空狀態（美國在軍事上撤退越南、政治上威信掃地）、一步步且確實的增強在遠東、太平洋・印度洋等地區的軍事力量。

蘇聯在遠東等方面增強軍事力量、其目的有三、即：㈠有效的控制美國遠東戰略、並打進美國的

「内海」太平洋、㈡防禦中蘇國境的重要軍事基地（海參威＝Vladvostok・伯力＝Khabarovsk・貝加爾湖＝Baikal 周邊的大軍事基地・西伯利亞＝Siberia 鐵路等）以防受到中國（中共）的攻擊、㈢牽制經濟大國日本、阻擋其加入反蘇同盟。

結果、在這一〇年間、遠東・太平洋地區的美蘇戰力比較、已由美國優勢變爲雙方力量保持均衡、再由力量均衡逆轉爲蘇聯佔優勢。觀諸雙方的戰力比較（一九七九年的數字）、即：㈠陸軍蘇聯三一個師（美國二個師）、㈡海軍陸戰隊蘇聯零（美國二個師）、㈢通常的轟炸機蘇聯三九〇架（美國一四架）、㈣戰鬥機攻擊機・蘇聯八〇〇架（美國七三七架）、㈤航空母艦蘇聯零（美國六艘）、㈥巡洋艦蘇聯九艘（美國二六艘）、㈦驅逐艦蘇聯二九艘（美國三三艘）、㈧潛水艇蘇聯一一〇艘（美國四三艘）等（參閱克倫斯「美蘇在遠東的戰力比較」一九七九年二月二日—日本「サンケイ新聞」一九七九年二月二十八日）。

這一、兩年的亞洲軍事形勢、乃以中蘇對立爲背景而發生很大變化、亦即、後面將要敘述的中日和平友好條約（一九七八年八月）・美中國交正常化（一九七九年一月）・中國通告蘇聯將廢除中蘇友好同盟援助條約（一九七九年四月）等中國的一連串外交攻勢、給予蘇聯感到中・美・日的反蘇「**圍堵政策**」的威脅、所以、蘇聯爲了更加增強在遠東太平洋的軍事力量、故從黑海基地派遣航空母艦「**明斯克**」（四萬四千五〇〇噸）爲主要的艦隊迴航遠東（一九七九年二月二十五日通過博斯普魯斯海峽＝Str. of Bosporus、三月十四日通過直布羅陀海峽＝Str. of gibraltar、四月一日停泊於安古拉的羅安達＝Luanda、四月十日繞過好望角＝Cape Town、而駛入印度洋、六月十八日經過新嘉坡外海、六月十九日駛入南海、停泊於越南的金蘭灣之後、經過台灣南端的巴士海峽（Bashi Channel）、一路北上、而到達海參威）—（參閱日本「朝日新聞」一九七九年六月二十二日）。

繼之、據美國政府方面的消息、蘇聯最新式超音速逆火式轟炸機（Backfire）、已有一五架配備在遠東地區（參閱日本「朝日新聞」一九七九年十月十五日）。其他、又在日本北海道的北邊鄰接地區即千島列島的國後・擇捉・色丹三島（日蘇之間現仍有領土糾紛）、增設軍事基地與駐留裝甲部隊等兵力（參閱日本「サンケイ新聞」六月六日、九月二十六日）。

如上所述、美國在核武戰略上已讓蘇聯佔盡優勢、且在亞洲也被蘇聯逐漸追上、甚至於超越過其綜合軍事力量、因此、美國爲了解除國際政治・軍事上的這種危機、及恢復軍事戰略上的優越地位（特別在核武力量）、並迴避在世界全面戰爭吃敗戰、同時也要對抗蘇聯在外交上的恐赫政策起見、除了開始積極加強核武力量與通常兵力之外、又推行下面二個外交政策：

一個就是與蘇聯交涉「**戰略武器制限協定**」（Strategic Arms Limitation ＝SALT、簡稱「限武」）。其第一次限武協定（SALTⅠ）已在一九七二年五月二十二日、由尼克森訪問莫斯科、與勃列日涅夫簽定。第二次限武協定（SALTⅡ）、也由卡特與勃列日涅夫、於一九七九年六月十八日在維也納簽定。

另一個就是、在同屬社會主義國家的中蘇兩國、關係極爲惡化的情況下、尼克森如上述的積極利用所謂中國牌、於一九七二年二月訪問中國、發表「**上海公報**」、並慫恿同盟國日本與中國建交（同年九月）。

繼之、卡特（Jimmy Carter）也繼承了尼克森的手法、繼續利用「**中國牌**」、並以「**台灣與台灣人**」爲政治交易的犧牲品、同樣慫恿日本先與中國簽定「**中（共）日友好和平條約**」（一九七八年八月）、而後、竟然發表「**中（共）美國交正常化**」（一九七八年十二月）。

i　中國（中共）的毛澤東個人獨裁與建國三〇年

(1) 中國資產階級民族・民主革命與中國共產黨

I　中國共產黨的崛起——中國在一八四〇年的鴉片戰爭以來、由於受到西歐帝國主義的侵略、中國社會乃自封建社會加速崩潰、而變成「**半封建・半殖民地社會**」、因此、經過中國資產階級領導的「**舊資產階級民族・民主革命**」的太平天國運動（一八四四年）・辛亥革命（一九一一年）、而到五四運動（一九一九年）之後、中國共產黨、在莫斯科第三國際的孕育之下、於一九二一年七月成立（參閱 p.550）。

中共建黨後、繼承了上述的中國舊資產階級民主主義革命的傳統、仍以「**反帝・反封建**」及反官僚主義爲當前之務、並以工農同盟爲革命鬥爭的戰略基礎、而成爲世界無產階級社會主義革命的一環、致力於無產階級領導的「**新資產階級民族・民主主義革命**」（也就是毛澤東所謂的「新民主主義革命」—參閱一九三九年十二月發表的「中國革命和中國共產黨」—一九六七年版「毛澤東選集」第二卷 p.610　一九四〇年一月「新民主主義論」—一九六七年版「毛澤東選集」第二卷 p.623　一九四八年四月一日「在晉綏幹部會議上的講話」—一九六七年版「毛澤東選集」第四卷 p.1259）、結果、歷經了第一次國共合作（一九二四年一月）・參加「**北伐**」（一九二六年七月）・第一次國共分裂（一九二七年四月）・南昌起義（一九二七年八月）・建立井崗山紅軍根據地與蘇維埃政權體制（一九二八年四月）、以及進行了二萬五千華里「**大長征**」後（一九三四年十月）、毛澤東率領的「**中共中央機關**」及「**陝甘支隊**」（兵力七、八千人、第一軍團司令林彪・第三軍團司令彭德懷）、才抵達劉志丹（陣亡）・徐海東（陣亡）・高崗・習仲勳・劉景範（劉志丹之弟）等建立的「**陝北蘇維埃地區**」延安的吳起鎮（一九三五年十二月——參閱 p.569 — 580）。

Ⅱ　「**西安事件**」與史大林的電報——一九三六年十二月十二日「**西安事件**」發生。這是中共紅軍經過「**長征**」到達「**陝北蘇區**」之後、南京政府也把所謂「**剿匪**」軍事、由江西省移動於西北地區、在陝西省省城的西安市成立了「**西北剿匪總司令部**」（總司令蔣介石、副司令張學良＝東北軍閥張作霖之子、兼東北軍司令）、及「**西安綏靖公署**」（主任楊虎城＝西北軍閥馮玉祥的舊部屬、兼西北軍即十七路軍總指揮）。

毛澤東及其中央政治局（當時都在延安鄰近的「保安」附近的窟洞裡工作及生活）、即以「**抗日民族統一戰線**」號召、爭取張學良的東北軍（張學良直轄一〇五師師長劉多荃・五一軍軍長于學忠・五三軍軍長萬福麟・五七軍軍長何柱國・六七軍軍長王以哲等）、及楊虎城的西北軍＝一七軍（七軍軍長馮欽哉・三八軍孫蔚如等）的兩個雜牌軍的下級軍官與士兵傾向中共、然後、慫恿張學良與楊虎城活捉蔣介石（當時是南京政府的行政院長兼軍事委員會委員長）。

蔣介石被扣的消息傳來、延安的中共中央分爲兩派、一派就是毛澤東・朱德・林彪・葉劍英等「**毛澤東派**」、主張把蔣介石抓來付予「**人民裁判**」而槍決後、將聯合張學良・楊虎城樹立「**抗日政府**」、另一派的秦邦憲（博古）・張聞天（洛甫）等所謂「第三國際派」則主張得請示第三國際莫斯科總部、而後再做結論。

但因中共早在一九三五年所發表的「**八一宣言**」（參閱p.579）、即「**爲抗日救國告全國同胞書**」、及其「**抗日民族統一戰線**」的戰略方向、已在同年七月的「**第三國際第七屆大會**」上決議通過、所以、第三國際莫斯科總部首腦史大林、接報後立即電告中共即第三國際中國支部、指示釋放蔣介石、以防止因發生內戰而妨礙當時第三國際的總路線即「**國際反法西斯統一戰線**」及上述的「**中共抗日民族統一戰線**」（參閱日本・國際關係研究所日譯「コミンテルンと東方」―カ・ヴュ・ククシキン「コミンテルンと中國にわける抗日民族統一戰線」一九七一年p.311）。

結果、十二月十七日周恩來飛往西安、秦邦憲・葉劍英也相繼趕到、與張學良・楊虎城會談、並傳達中共黨中央的決定、即：①擁護蔣介石「**先生**」的抗日指揮權、②與東北軍・西北軍繼續秘密合作、絕對遵守「**延安會談**」（張學良曾秘密飛往延安、與中共黨中央談抗日合作）、③和平工作（釋放蔣介石後、擬一起築成「抗日民族統一戰線」）、萬一失敗、中共必與東北軍・西北軍共存亡（蔣介石的貫用手段就是以雜牌軍「剿共」、使其兩敗俱傷、而獲一箭雙鵰之效、即消滅紅軍也整理雜牌軍）、而後、決定釋放蔣介石飛返南京。

同時、在與蔣介石妻宋美齡一起從南京飛往西安的蔣介石夫婦外人顧問澳大利亞人杜納（William Henry Donald 也是以前的張學良私人顧問）居中調停之下、於十二月二十五日、蔣介石終於被釋放而飛返南京。從此、全國的「**抗日熱潮**」頓時生氣蓬勃。

但是、與蔣介石・宋美齡・杜納一起飛往南京的張學良、卻被蔣介石扣禁、一直到現在還在台灣新竹縣過著漫長的監禁生活（一九〇〇年代、移居於美國夏威夷）。楊虎城全家則在一九四九年蔣家政權將敗退大陸時、被慘殺於重慶（參閱 p.851 Edgar Snow, Random Notes on Red China 1936—1945, 1957 ——小野田耕三郎・都留信夫日譯「中共雜紀」一九七五年 Agnes Smedley, Battle Hymn of China, 1957 ——高杉一郎日譯「中日の歌ごえ」一九七六年　郭華倫「中共史論」第三卷、台北、一九六九年張國燾「我的回憶」——香港「明報」一九七〇年五五號）。

Ⅲ　抗日戰爭・國共內戰獲勝——西安事件的翌年、中日戰爭爆發（一九三七年七月）、中共與國民黨實現第二次「**國共合作**」（一九三七年七月）、抗日戰爭八年後獲得勝利（一九四五年八月）。接著、中共又戰勝了國共內戰、將蔣介石及其國民黨統治集團逐出中國大陸、終於統一全中國。

中共取得天下後、即利用一批所謂「**民主各黨派與愛國人士以及海外華僑**」、並以「**人民民主專政**」這個名稱作爲毛澤東與共產黨實行「**獨裁**」（這與馬列主義的「無產階級專政」似是而非）的幌子、於一九四九年九月二十一日在北京召開所謂中共領導下的各黨各派參加的「**中國人民政治協商會議**」、並根據會議上的決議、終在一九四九年十一月一日建立了「**中華人民共和國**」。

「**中華人民共和國**」建立後、至一九七九年十月一日、已滿三〇年。然而、在這三〇年間、原來是無產階級隊伍（無產階級先鋒隊）的中國共產黨、一旦取得天下而掌到「**國家機器**」的大權後、卻豹變爲以中國歷史傳統的封建帝王式（無產階級先鋒隊）的中國共產黨、一旦取得天下而掌到「**國家機器**」的大權後、卻豹變爲以中國歷史傳統的封建帝王式（charisma）「**專制主義**」與由蘇聯傳來的「**史大林主義**」所融成的「**個人獨裁體制**」、及其龐大的黨官僚機構爲政治手段、在國內實行「**個人獨裁**」（這與馬列主義的無產階級專政背道而馳）、並在左傾急進路線與緩進右傾實務路線進行血腥的「**權力鬥爭**」的情況下、進行了所謂「**共產主義革命**」、對外則推進「**中華大國沙文主義**」與「**社會殖民主義**」（這些都與「無產階級國際主義」根本對立的）、因此、建國以來、廣大的中國人民（農民佔其八五%以上）、竟爲此歷盡艱辛、其走過來的道路尤其艱難。

如上所述（參閱 p.569）、中共建黨以來、「**中國革命**」乃分爲兩大階段、即：㈠反帝・反封建的民族・民主解放革命（新民主主義革命）、㈡共產社會主義革命。

當然、毛澤東與中國共產黨、在第一階段的民族・民主革命的三〇年間、是起了積極作用、尤其毛澤東、他在以武力鬥爭爲主要鬥爭形式的這一段革命過程中、竟然發揮了天才的軍事戰略家的素質、使中國共產黨與中國革命解放軍非常的壯大起來、而導致中國革命的第一階段即民族・民主解放革命、勝利的完成了其使命（一九四九年）、同時、其結果也導引了中國革命進入第二階段的共產主義革命。

(2)　中共的「整風運動」

I　劉少奇的「論共產黨員的修養」與「論黨內鬥爭」——上述的中國革命第一階段將要勝利的末期、也是抗日的末期、此時的革命鬥爭雖然在毛澤東與共產黨的領導之下、但是、抗日戰爭本身並不是無產階級的階級鬥爭、也不是社會主義革命鬥爭、而是「民族・民主解放革命鬥爭」。中共就是在這民族・民主解放鬥爭的過程、特別是在抗日戰爭中、迅速的壯大起來的（一九二八年「六全大會」時黨員有四萬人、到一九四五年「七全大會」、已增爲一二〇萬人）。但是、在這第一革命階段、由於都以農村爲主戰場而從事游擊戰、所以、無產階級革命隊伍的中國共產黨、即以小資產階級的農民與知識份子佔絕大多數。因此、若不徹底加以無產階級的・社會主義的思想改造、中國共產黨不但跟不上即將轉化爲第二革命階段即社會主義階段的客觀情勢、而且恐會變成小資產階級的政黨。

對於黨內的小資產階級思想及農民習氣、較早著手於改造工作的、就是劉少奇（抗日戰初期任「中共華北局」書記、後來調任「中原局」書記、一九四一年「皖南事變」後、調任「黨中央」組織部長兼「華中局」書記與「新四軍」政治委員）。他於一九三九年七月、在延安「馬列學院」（黨中央直轄的最高理論教育學校）演講「論共產黨員的修養」（這篇文章在一九四九年八月被修改一次、再於一九六二年重被加筆修改、一九六八年的「文化大革命」後、劉少奇被清算、這篇文章也以只談黨員個人修養、而不論及「無產階級專政」爲理由、被認爲是反馬列主義的違禁文件）。

劉少奇在這報告中、強調每一個黨員都得經常檢討自己所擁有的階級思想・階級立場以及具體的工作作風、徹底解剖並淘汰普遍存在的小資產階級的思想・立場以及作風、而堅定無產階級的思想・立場・作風：

「譬如、過去我們有些農民出身的同志、以爲〝打土豪、分田地〞就是〝共產主義〞。眞正的共產主義、他們在入黨時是不懂得的。今天也有不少的人、主要是由於共產黨堅決抗日、主張抗日民族統一戰線而來加入黨的。還有些人是仰慕共產黨的聲望、或者只模糊地認識共產黨能夠救中國而來的。另外、還有些人主要是由於在社會上找不到出路——沒有職業、沒有工作、沒有書讀、或者要擺脫家庭束縛和包辦婚姻等、而到共產黨裡來找出路的。甚至還有個別的人爲了要依靠共產黨減輕捐稅、爲了將來能夠〝吃得開〞、以及被親戚朋友帶進來的、等等。這些同志、沒有清楚而確定的共產主義的世界觀、不了解共產主義事業的偉大和艱苦、沒有堅定的無產階級的立場、那是很自然的。在某種轉變關頭、在某種情況下、他們中間的某些人要發生一些動搖和變化、也是很自然的。他們帶了各種各色的思想意識到黨內來、因此、對於他們的教育、他們自己的修養和鍛練、是一個極重要的問題。否則、他們就不能成爲無產階級的革命戰士」（參閱日本東京・中華文化服務社複刻版「劉少奇選集」一九六七年 p.47）。

劉少奇又在一九四一年七月、發表「論黨內鬥爭」、再進一步的分析中國共產黨成立的各種特殊條件、明確的指出列寧的黨與中國共產黨的發展條件的不同點：

「列寧主要是在反對黨的組織上右傾機會主義鬥爭中來建設黨的、而不是在反對黨的組織上的〝左〞傾機會主義鬥爭中來建設黨、這種情況、在十月革命以前、確是如此。當時黨的組織上的〝左〞傾機會主義還沒有發生、或者還沒有發展成爲系統的機會主義、所以在列寧關於黨的建設的學說中、充滿了反對右傾機會主義的鬥爭、即是充滿了反對不要嚴格的組織與紀律、反對無原則的黨內和平、反對不要黨的思想鬥爭及害怕自我批評、反對黨內的自由主義・調和主義、反對工會獨立主義等。這是由於列寧建設黨的時期之具體條件中產生的。

但是、如果我們説到中國共產黨的建設的具體條件、那就和列寧在十月革命以前那時候的條件完全不相同。第一、中國黨的建設是在十月革命以後、是在俄國布爾塞維克已經取得勝利、有了活的榜樣以後、所以一開始就是在共產國際的指導之下、照著列寧的原則去進行建設的。第二、中國黨從開始到現在、在思想上和組織上都沒有受到歐洲社會民主黨第二國際的影響。第三、中國沒有歐洲那樣的資本主義〃和平〃發展的時期、容許工人階級和平的議會鬥爭、也沒有歐洲那樣的工人貴族階層。第四、在中國黨內小資產階級和農民的成份佔著相當大的比重、並有若干游民成分、這是中國黨內〃左〃右傾機會主義的社會基礎……。

由於前面四個條件、就使我們中國黨的建設、一開始在主觀上就是按照列寧的原則和道路進行的。布爾塞維克黨（第三國際）的一些組織原則、在我們多數的黨員中都能背誦出來、而社會民主黨（第二國際）的那些傳統與習慣、在我們黨內是沒有的。因此、就是我們走了許多直路。……

但是建立我們中國黨的時期的這些特殊條件與特殊情況、是發生兩方面的影響、一方面是好的、使我們一開始就建立了一個列寧式的中國共產黨、在主觀上嚴格的遵循著列寧的原則、這個黨一開始就有嚴格的自我批評與黨內鬥爭伴隨著、因此使我黨進步得很快、這是推動我黨進步的一種原動力。但是另一方面、又使我們的同志常常走到另一個極端、犯了另一種錯誤、就是常常使我們黨內的鬥爭進行得過火、鬥爭得太厲害、毫無限制的鬥下去、走到了另一個偏向、〃左〃傾的偏向……。

許多同志是機械的、錯誤的了解列寧的原則、把列寧的原則絕對化。……

許多同志是死記著列寧的原則、認爲黨內鬥爭是必要的、自由主義•調和主義是要不得的。但他們是機械的死板的運用這些原則、他們以爲在黨內不論在什麼時候、不論在什麼情況之下、不論在什麼問題上、都應該而且必須進行不妥協的鬥爭、而且是鬥爭得愈兇愈好。……
許多同志不了解、黨內鬥爭是原則的鬥爭、是爲擁護這一個或那一個原則而鬥爭、……、他們不懂得、在日常政務問題上、在純粹實際性質的問題上、最可以而且應該與黨內抱有別種意見的人做一切妥協的。……
許多同志不了解、什麼是原則、什麼是屬於原則的問題、什麼是黨的戰略計劃與策略路線、並抓住這些原則問題、這些關於戰略計劃與策略路線問題上的分歧、來進行鬥爭。……

上述這些、是中國黨內鬥爭中的一種偏向、是在中國內特別嚴重的（在外國黨內雖然也有）一種偏向、是黨內鬥爭進行過火、進行得很毫無限制、走到另一個極端——黨內鬥爭的〝左〞傾機會主義、黨的組織上的〝左〞傾機會主義（否定黨內民主·否定原則上一致的黨內和平·否定工會及其他群眾組織的相對的獨立性·否定黨員的個性及其自動性·創造性等）。這是由於中國黨的特殊環境與特殊條件產生的。

在這裡、還要說到列寧在十月革命後反對〝左〞傾機主義的原則鬥爭沒有被中國黨的許多同志所注意的這一種事實。十月革命後、俄國黨內產生了〝左〞派共產主義的一派。……他們〝提出不做任何妥協〞的口號、反對參加國會、反對合法鬥爭、反對與社會民主黨左翼進行的必要的聯合。在這種情形下、列寧就在一九二〇年四月間寫了「共產主義左派的幼稚病」一書、以糾正這種傾向……。

因此、在中國黨內鬥爭問題上、如果可以這樣來分的話、那麼就有著以下三種偏向、第一是黨內的自由主義與調和主義。第二是機械的·過火的黨內鬥爭、黨的組織上及黨內鬥爭中〝左〞傾機會主義。第三是黨內無原則的糾紛與鬥爭。

以上三種偏向、在本質上說來是沒有什麼區別的、因爲黨內無原則的糾紛和鬥爭及黨內的過火鬥爭與自由主義都不是馬列主義、都是反馬列主義的表現形態、上述三種傾向是僅就其形式來分的。這就是中共產生的特殊條件與黨內鬥爭的偏向。」（參閱一九六七年東京版「劉少奇選集」p.84—89）。

換句話說、劉少奇根據中國共產黨因在中國的特殊條件下建黨才產生的歷史上・原則上的缺陷、結論爲與列寧的黨是對「右傾偏向」鬥爭而成長比較起來、中國的黨必須與「左傾偏向」爲主來進行黨內鬥爭、因此擬把與這個「左傾機會主義」鬥爭做爲黨建設（整黨）的主要方向。

Ⅱ　毛澤東的「整頓三風」——從劉少奇號召黨的建設（整黨）開始、到了一九四二年、終於以反對：㈠主觀主義、㈡官僚主義、㈢宗派主義爲口號、發展爲哄動一世的「整風運動」。

毛澤東認爲反對「主觀主義」、必須「整頓三風」、即：㈠學風、㈡文風、㈢黨風。他於一九四一年五月、在延安演講「改造我們的學習」時說：「馬克思・恩格斯・列寧・史大林教導我們說、應當從客觀存在著的實際事物出發、從其中列出規律、作爲我們行動的嚮導（這是由馬克思〃資本論〃第一卷第二版跋引典的—馬克思是說、必須搜集豐富的材料、分析材料的種種發展形態、並探究這種種形態的內部關係、不先完成這種工作、則對於現實的運動、必不能有適當的敘述）、……。這種態度、就是實事求是的態度。〃實事〃就是客觀存在著的一切事物、〃是〃就是客觀事物的內部關係、即規律性、〃求〃就是我們去研究」（參閱一九六七年版「毛澤東選集」第三卷p.757—759）。

一九四二年二月一日、毛澤東又在延安演講「整頓黨的作風」說：「眞正的理論在世界上只有一種、就是從客觀實際抽出來又在客觀實際中得到了證明的理論、沒有任何別的東西可以稱得起我們所講的理論。史大林曾經說過、脱離實際的理論是空洞的理論。空洞的理論是沒有用的、不正確的、應該拋棄的。對於好談這種空洞理論的人、應該伸出一個指頭向他刮臉皮。寫馬克思列寧主義是從客觀實際產生出來又在客觀實際上獲得了證明的最正確最科學最革命的眞理。但是許多學習寫馬克思列寧主義的人卻把它看成是死的教條、這樣就阻礙了理論的發展、害了自己、也害了同志」（參閱一九六七年版「毛澤東選集」第三卷 p.775 ）。

關於整頓「文風」、毛澤東發表「反對黨八股」、列起黨八股的八條罪狀、即：㈠空話連篇・言之無物、㈡裝腔作勢・借以嚇人、㈢無的放矢・不看對象、㈣語言無味・像個癟三、㈤甲乙丙丁・開中藥舖、㈥不負責任・到處害人、㈦流毒全黨・妨害革命、㈧傳播出去・禍國殃民（參閱一九六七版「毛澤東選集」第三卷 p.790 ）。並且、自一九四二年五月二日至二十三日、做了「在延安文藝座談會上的講話」、講述無產階級革命隊伍的文藝工作者應有的態度。

Ⅲ　劉少奇在「七全大會」上總結「整風運動」——一九四五年四月二十三日開始召開的「中共第七屆全國代表大會」上、劉少奇做了「關於修改黨章的報告」（一九四五年六月）時、明確的指出黨在此時的缺陷、做爲「整風運動」的總結：

「雖然、現在我們黨的主要部分、是處在農村中、黨員的絕大多數、是出身於農民和小資產階級知識分子、工人成分很少、只有將出身於無產者和半無產者的黨員合起來算、才佔了大多數。我們黨今天的這種情形、以及其他的情形、自然在我們黨內引起了一系列的重要問題、這就是在黨內反映了大量的小資產階級的思想意識、甚至資產階級與封建階級的思想、也時常經過黨內的小資產階級分子傳達到黨內來、這就是黨內主觀主義・宗派主義・黨八股及政治上・組織上的機會主義的社會來源。然而、這種情形還不能改變我們黨的無產階級政黨的性質。

……、㈥經過馬克思列寧主義的教育、使黨內小資產階級出身的分子實行思想上的徹底改造、改變其原來小資產階級的本質、使他們具有無產階級先進戰士的性格。經過這樣產生、又經過這樣鍛鍊與教育出來的黨、與任何資本主義國度内的無產階級政黨比較、至少是毫無愧色的。

僅僅是黨員的社會出身。還不能決定一切、決定的東西、是我們黨的政治鬥爭與政治生活、是我們黨的思想教育、思想領導與政治領導、而我們黨的總綱及黨的組織原則、則保障了無產階級的思想和路線在黨内佔居統治地位。……、

在中國有大批的小資產階級革命分子加進我們黨内來、這是很好的現象。我們黨決不應該拒絕他們。……。無產階級要從小資產階級中不斷補充自己的隊伍、乃是一個必然的歷史法則。

小資產階級與農民都是過渡的階級、在資本主義制度下、它是要分化的、除開極少數的分子走向資產階級而外、一般地要走向破產、加入到無產階級的隊伍中來。……。在一定的歷史條件下、小資產階級中的革命分子可以大量的加入到無產階級的政黨中來、接受無產階級的教育、而無產階級的政黨——我們黨是能夠教育和改造小資產階級革命分子的。……

當著小資產階級的思想在黨的領導機關中與居優勢時、他們不只是在政治上實行右的或〝左〞的機會主義路綫。而且也在黨的建設和黨的組織上實行右的或〝左〞的機會主義路綫。黨的建設和黨的組織上的右傾機會路綫、就是黨内某些同志的自由主義路綫。這些同志企圖使我們黨變成小資產階級自由主義的黨、反對與廢棄黨在思想上・組織上的嚴肅性、破壞黨内的民主集中制與黨内鐵的紀律、集體地無分別地接收黨員、聽任各種錯誤思想在黨内發展而不加以糾正、對黨的敵人及暗害分子喪失警戒、提倡黨内的風頭主義、擁護黨内的散漫性和小團體傾向及自發性等……。

黨的建設和黨的組織上的左傾機會主義路線、表現在某些同志無視中國的特點、機械地搬運外國關於黨的建設的經驗、並把它當做教條而加以絶對化、片面地強調黨内的集中制與黨内鬥爭、強調一切

不妥協、強調機械的紀律、而廢棄黨內民主、黨內和睦與對於問題的認眞討論和批評以及黨員的自覺性自動性。……。

這兩種偏向、就是小資產階級的自由主義・宗派主義與急性病在組織上的反映。……。

我們黨對於上述各種錯誤路線、是不斷地進行了不調和的鬥爭並加以克服、而一致地擁護與實行了毛澤東同志的建黨路線……」（參閱一九六七年東京版「劉少奇選集」p.143, 144, 145, 147, 148, 149）。

從上述可以知道、在整風運動時代、劉少奇所指出的在黨內的矛盾、本質上是「無產階級思想與非無產階級思想之間的矛盾」、也就是說、主要是「無產階級思想與農民・知識份子之間的矛盾」、而不像後述的「文化大革命」時毛澤東所說的黨內的主要矛盾爲「無產階級的階級鬥爭」、想把一切擁有反對意見者當做「走資本主義路線的黨內當權派」來敵對。因此、劉少奇對整風運動所懷有的根本思想與根本態度、是在解決黨內的內部矛盾（不是敵對矛盾）、擬達成「實踐—認識—再實踐」「團結—批評—更團結」的終極目標、不像毛澤東在文化大革命時所做的大衆鬥爭・暴力排除・追放・彈壓・消滅等。

劉少奇的報告中、另一重要者爲涉及「走群眾路線」（此時劉少奇雖然捧著毛澤東說：「群衆路線」是毛澤東的傑作）：

「群眾路線、是我們黨的根本的政治路線、也是我們黨的根本的組織路線。……我們的這種群眾路線、是只有無產階級的政黨才能具有的。我們的群眾路線、也就是階級路線、就是無產階級的群眾路線。我們對人民群眾的這種觀點、我們與人民群眾的這種關係、是和一切剝削階級對待人民群眾的觀點、根本不相同的。

第一、就是一切爲了人民群眾的觀點、全心全意爲人民群眾服務的觀點。

第二、就是一切向人民群衆負責的觀點。

第三、就是相信群衆自己解放自己的觀點。

毛澤東同志經常說、人民群衆是眞正偉大的、群衆的創造力、是無窮盡的、我們只有依靠了人民群衆、才是不可戰勝的、只有人民群衆、才是歷史的眞正創造者、眞正的歷史是人民群衆的歷史。馬克思早就說過、勞動者自己解放自己、不是皇帝、不是神仙、也不是英雄豪傑、而全靠群衆自己救自己。

第四、就是「向群衆學習的觀點」（參閱一九六七年東京版「劉少奇選集」p.160, 161, 166, 167, 168）。

劉少奇以「從群衆中來・向群衆中去」的口號、就是充分的從群衆裡吸收各種創造性的意見、在黨內經過整理、討論之後、才決定具體政策、而後再還給群衆付諸實踐的、爲革命隊伍應有的工作態度。

同時、從「群衆觀點」出發、反對主觀主義・官僚主義・宗派主義・命令主義・冒險主義等、特別反對軍閥主義（把軍隊看是在做人民之上的特權勢力、並以軍隊想來支配政治等）。

Ⅳ　光講不做的「整風運動」——以上所述的關於「整風運動」所提出的一切思想上・政治上・組織上以及工作作風上的正確理論、只要是眞正決心爲實現理想社會捨身奮鬥、只要是正確且虛心的學習馬克思・列寧主義百年來的革命理論與革命實踐、只要是老老實實以馬列主義的原則・立場・觀點・方法爲革命實踐上的原則・立場・觀點・方法、誰都能體驗到的馬列主義普遍眞理的屬性。因此、這並不是毛澤東・劉少奇與中國共產黨所創造的專賣品。

而且、很不幸的、就是這些馬列主義者在實踐上應有的諸原則、這些無產階級革命隊伍應有的優良素質、也是中國人民與中國共產黨在過去三〇年間以莫大的血的犧牲才學到的寶貴經驗與寶貴教訓、毛澤東・劉少奇及其中國共產黨、卻光講而不照這些原則去做、而且、一旦遭到跟著來的毛澤東與中國共產黨所採取的「**個人崇拜**」以至「**個人獨裁**」的思想與作爲（同在一九四五年四月的中共七全大會上採決的）、這些原則・素質・經驗教訓都被拂拭得一乾二淨、在整風運動上毛澤東・劉少奇等黨中央幹部大員所說所講的一些夠水準的言論、其口沫未乾、就成爲不能兌現的口頭禪、甚至於被毛澤東・劉少奇等中共黨中央利用爲掛羊頭賣狗肉的工具、同時、藉以打擊・清算所謂「第三國際派」（略稱「國際派」）。

(3)　「中共七全大會」與毛澤東確立其「個人獨裁」及「中華大國沙文主義」

Ⅰ　「第三國際」對於中國革命的指導性——「第三國際」在當初、對於中國革命的指導、從列寧在世時就受到重視（參閱 p.570）、列寧死後（一九二四年）、在布哈林・史大林・密夫（Rawel Miff）等繼承列寧遺志期間、即自一九二一—二七年、「第三國際」對中國革命的指導在基本上是不容置疑的。例如：

一九二四年的「**第一次國共合作**」（參閱 p.573）、是根據一九二三年一月十二日「**共產國際執行委員會關於中國共產黨與國民黨的關係的決議**」、才得以實現、而給予中共帶來能參加「**中國民族・民主革命**」的端倪、並使之成爲獲得伸展組織增加黨員的跳板（參閱表80）。

繼之、一九二六年十二月六日採決的「**共產國際執行委員會第七次總會關於中國情勢的決議**」（「十二月決議」、譚平山代表中共參加會議）、也是中國革命掀起大變動（國共分裂）前夕的歷史性決議。在這決議中、第三國際莫斯科總部、已預測到中國資產階級（國民黨右派的蔣介石集團）將轉化爲反革命、所以、對中共黨中央提示當時必須準準的諸問題、即農村革命・工農同盟・人民軍隊・武裝鬥爭等、在農村先行發展與建設根據地（這點就是證明了所謂「毛澤東傳說」的虛僞性的印證、即「農村武裝鬥爭」與「根據地論」是毛澤東新發明的傳說）。

翌年一九二七年發生「**四・一二事件**」、蔣介石在上海軍事政變（Coup d̄-etat）大殺共產黨與工人後、於一九二七年五月三十日採決「**共產國際執行委員會第八次總會關於中國問題的決議**」（「五月決議」）、指示中共黨中央迅速轉變爲上述「**十二月決議**」的政策、並建立「**第一統一戰線**」即無產階級領導下的工農同盟、及「**第二統一戰線**」即以第一統一戰線爲中心而包括一切可能參加的資產階級・小資產階級・學生知識份子等的統一戰線（參閱波多野乾一「中日共產黨史」第一卷、一九六一年 p.156, 184、Jane Degras, The Communist International Vol. Ⅱ, 1923 — 1928, 1960 —荒畑寒村等日譯「コミンテルン・ドキュメント」Ⅱ、一九七〇年 p.307, 351）。

以上所提的例子、均能證實「第三國際」在列寧主義下的前期階段、對於中國革命指導的眞實性。關於這點、毛澤東與中國共產黨也承認：「**在一九二一年至一九二七年、特別是在一九二四年至一九二七年、中國人民的反帝反封建的大革命、曾經在共產國際的正確指導之下、……、得到了迅速的發展和偉大的勝利**」「**……、黨內以陳獨秀爲代表的右傾思想、……、拒絕執行共產國際和史大林同志的許多英明指示、……、這次革命終於失敗了**」（參閱一九四五年四月中共第六屆「七中全會」採決的「關於若干歷史問題的決議」—一九六七年版「毛澤東選集」第三卷 p.905, 906）。

並且、毛澤東在一九四〇年一月所發表的「**新民主主義**」、原來就是上述一九二六年十二月共產國際採決的「**十二月決議**」、及一九二七年五月的「**五月決議**」的翻版。

然而實際上、隨著史大林在「**第三國際**」掌握實權、以致史大林的決定與指示成爲「**第三國際莫斯**

科總部」的決定與指示、也就是說莫斯科所發出的「**第三國際**」掌握實權、以致史大林的決定與指示成爲「**第三國際莫斯科總部**」的決定與指示、也就是說莫斯科所發出的「第三國際」的決定＝史大林的決定與指示、就逐漸開始變化。因此、史大林的理論上・政策上的指示缺乏一貫性與正確性、導致中共黨中央（當時是陳獨秀任總書記）發生混亂、甚至於因其指示與中國現實條件完全乖離、而困惑了中共黨中央無法付諸實行、並造成黨內對立的例子不少。

譬如：上述的一九二六年「**第三國際**」＝史大林的「**十二月決議**」、一方面要求中共黨員仍舊停留在國民黨內（中國資產階級即資本家・地主・土豪・小資產階級等的黨）而維持「**國共合作**」、但在另一方面、卻指示實行土地革命・武裝農民而沒收「**大地主**」的土地、結果、導致「**武漢政府**」的國民黨左派（汪精衛爲代表人物）與中共的「**國共合作**」破裂、夏斗寅・許克祥等軍隊叛亂、並檢舉共產黨員與工人。另一方面、蘇聯顧問中發生鮑羅廷（M.M. Borodin—反對「十二月決議」）、與羅易（M.N. Roy—同意「十二月決議」而主張開始武裝農民・沒收地主土地）之間的對立、同樣、中共黨中央也發生對立、即陳獨秀（與鮑羅廷採取同一步驟）、與瞿秋白・毛澤東（同意羅易主張實行土地革命的指示）的尖銳對立（參閱p.574）。

換言之、列寧死後、第三國際史大林的「**無謬性**」這種神話、歪曲了許多歷史事實的眞相、並把一切革命實踐上的失敗、都推卸於中共各時期的領導者身上。

Ⅱ　史大林「**個人獨裁**」與毛澤東的「**帝王思想**」相結合——列寧死後（一九二四年一月二十一日）、史大林經過與左派的托洛茨基進行激烈的權力鬥爭、不但在蘇聯共產黨內逐漸鞏固他「**個人獨裁**」體制、同時也將其獨裁體制移入「**第三國際**」、來掌握「**國際共產主義運動**」的領導權。

史大林在列寧死後第一次的「**第三國際代表大會**」、即一九二四年六月至七月召開的「**第五屆代表**

大會」上（在這大會上第一次使用「馬克思・列寧主義」的說法、而來代表共產主義的普遍眞理）、爲了排擠托洛茨基（一九二三年開始的史大林與托洛茨基的權力鬥爭已表明化、托洛茨基抨擊史大林派爲「書記局官僚主義」＝Secretarial bureucratism、史大林則指示吉諾比易夫＝Zinoviev、第一次以「托洛茨基主義」＝Trotskism 的名稱來反擊、終在一九二八年八月「共產國際第六次代表大會」、決議由蘇聯共產黨追放托洛茨基派）、在戰術上主張利用所謂「**打擊中間論派**」、爲打擊異己份子、結果、反發生了阻害整個無產階級的黨與一切同盟者採取統一行動的趨向、而造成全面性的「**宗派主義**」。

史大林鬥垮托洛茨基後、又在「**第三國際第六居代表大會**」上（一九二八年七月—九月）、爲了排擠右派的布哈林等（布哈林雖然在大會上做了報告、提出「第三國際的規約與綱領決議案」而被採決、但他已喪失了對第三國際的影響力、一切都由幕後的史大林操縱、他於一九三八年遭史大林槍斃清算）、主張「**無產階級專政直接轉化論**」（在理論上・政治上、不許各國共產黨根據各國的社會條件而採取不同的革命形態）、並把蘇聯「**十月革命**」的經驗定型化・一般化、同時也把「**蘇維埃政權**」定型化・一般化、使其適用於各國的革命運動、藉以推廣他在蘇聯所建立的「**個人獨裁**」體制（參閱 Jane Degras 荒畑寒村等人日譯「上揭書」第二卷 p.137, 415）。

因此之故、此時仍未能克服中國傳統的「**帝王思想**」「**封建官僚主義**」「**軍閥主義**」等的中國共產黨、於一九二八年七月在莫斯科召開的「**黨第六居代表大會**」時（參閱 p.576）、就在史大林的指導下、除了糾正黨內「**左傾冒險主義**」（批評瞿秋白・李立三・秦邦憲）及把握著中國社會發展不齊等問題外、難免在本質上受到史大林「**無產階級專政直接轉化論**」與「**個人獨裁**」等偏向的影響。

因此、中共在其後中國革命過程中、例如、排除了與朱德・周恩來等一起參加過「**南昌起義**」的「**勞農黨**」（國民黨左派的有力革命家鄧演達——他後來、被蔣介石槍斃於南京雨花台、及元中共高級幹部譚平山所領導的勞農黨）、遂在瑞金時代、機械的移入「**蘇維埃體制**」（一九三一年十一月——參閱 p.578）、而確立了中國共產黨的一黨專政（在民族・民主革命時期、這種一黨專政是錯誤的）。

關於「帝王思想」「英雄豪傑」的思想意識、在中國已有幾千年的歷史傳統。這種帝王及英雄豪傑的思想及其存在、是屬於中國封建統治階級的產物、另一方面、對於帝王及英雄豪傑的仰慕心理、在封建時代的被統治階級較普遍。自古以來就是農耕社會的中國社會裡、佔人口絕大多數的農民階層、由於長久受到以帝王爲中心的官僚・地主・土豪等封建統治階級苛酷的壓迫與剝削而無法翻身、因而必然會產生盼望「英雄豪傑」出來打破現狀的一種心理狀態、尤其在世情動盪社會不安的亂世時期、亦即將要改朝換代的歷史發展的各個關節、這種心理狀態特別顯著。同時、另有一種人、就是貧家子弟的窮書生、他們無論家境何等的窮困、總是拚命的埋頭苦讀、只求來日登科、享功名利祿、甚至以爭奪權位雄霸天下、做爲畢生的目標者比比皆是。這種貧寒出身而成爲英雄豪傑或天下人以及王家富侯、在中國史上不乏其例子、最爲典型者可以舉出梁山泊的宋江等、及明太祖朱元璋。

這種如司馬遷在「史記」所說的「王侯將相寧有種乎」「秦失其鹿、天下共逐之」的對「帝王」「英雄豪傑」的仰慕崇拜、毛澤東也不例外。他出身湖南省湘潭縣韶山、從貧農上昇爲「富農」的家庭、屬於農村的中間份子、這階層的人、皆時時存有往上爬而成爲地主富戶的慾望。毛澤東出生於一八九三年、就是清朝將滅亡的前夕、也是中國社會新舊交替的時期。他幼年時與一般兒童同樣、喜讀岳飛傳・水滸傳・隋唐演議・三國志・西遊記等帝王・英雄豪傑的書籍。一九一一年辛亥革命時（一七歲）、受到孫文・黎元洪・于右任等革命領導者的影響而被激動了「中國民族主義」。一九一二年（二〇歲）往湖南省城長沙、進修湖南第一師範學校。他在學的五年間、受到擁有進步思想的教師楊昌濟（毛澤東妻楊開慧之父）與徐特立（後來參加中共、一九四五年「七全大會」時當選中央委員）的薰陶、看了亞當・史密斯（Adam Smith）、達爾文（Charles Robert Darwin）等西歐的一些名著、也聽講康德

（Immaauel Kant）、盧梭（Jean Jacques Rousseau）等西洋思想。毛澤東畢業湖南師範學校後、負笈北京求學、在北京接受了「**馬克思革命理論**」（李大釗傳播）、遂投身於革命運動、而在一九二一年（二九歲）參加創始「**中國共產黨**」。從此、毛澤東毅然決意以實現共產主義社會爲畢生事業、其後、經過了一九二七年（三五歲）上井崗山・一九三四年（四二歲）開始大長征・一九三六年（四四歲）到達延安・一九三七年（四五歲）抗日戰爭開始艱辛苦鬥、再打勝國共內戰、而於一九四九年（五七歲）、終在北京建立了「**中華人民共和國**」、成爲中國及中國共產黨的「**唯一領袖**」。如此、毛澤東活在歷史變革的大時代、竟能發揮了他的軍事天才的能力、使中國完成了偉大的歷史使命、而踏進社會主義建設的第一步（參閱 Edgar Snow, Red Stay Over China, 1962 —宇佐美誠次郎日譯「中國の赤い星」一九七一年 p.91—）

然而、這樣思想進步、實踐革命、且終於初步達成青年時代矢志革命的毛澤東、在其潛意識中、也逃不了中國傳統的「**帝王**」「**英雄豪傑**」等封建思想的桎梏。舉例來說、一九四五年十月、毛澤東打敗日本帝國主義後、應蔣介石的邀請、第一次由西北僻地的延安、興高采烈的飛往重慶時（當時是五三歲）、送給舊友詩人柳亞子一篇舊作的「**詞**」、題爲「**沁園春雪**」（這被發表於當時的「新民晚報」）、即：

「北國風光、千里冰封、萬里雪飄、望長城內外、惟余莽莽、大河上下、頓失滔滔、山舞銀蛇、原馳蠟象、欲與天公試比高、須晴日、看　紅裝素裹、分外妖嬈。

江山如此多嬌、引無數英雄競折腰、惜　秦皇漢武、略輸文采、唐宗宋祖、稍遜風騷、一代天驕、成吉思汗、只識彎弓射大雕、俱往矣、數　風流人物、還看今朝」（參閱北京・中國青年出版社「毛主席詩詞十八首講解」一九五七年 p.28）。

這篇文章是在一九三六年冬（四四歲）、毛澤東帶領紅軍跋涉了千山萬水、歷盡艱辛而始到達冰天雪地的延安時所作的詞。從這篇「詞」、可以看出毛澤東不僅是熱情・正義的革命家、也不僅是單能苦吟的白面書生、而且、富於傷感事物與文才的一個浪漫派吟詠詩人。

但是、由此也暴露了這個熱情的革命領袖、不管以任何進步思想、都拂拭不了他的潛意識裡的舊思想、即「英雄豪傑」「帝王」的思想。自幼生長在南方的毛澤東、目睹到西北嚴冬冰天雪地的一片荒涼、卻是氣勢壯觀的大地情景、感慨之餘、所想及的也是秦・漢・唐・宋等昔古的天下人。他若在此時、能想及「哭倒萬里長城」的孟姜女、不是多好、多能合乎他做一個人民革命家的胸懷。

毛澤東因擁有這種在中國社會根深蒂固的「英雄豪傑」「帝王」思想、所以很快就成爲史大林「個人獨裁」的徒弟（雖然後來、在革命戰略・戰術上發生分岐）、把其一方面是封建的、而另一方面是現代組織的「專制主義」融合在一起、而成爲毛澤東獨特的「個人崇拜」「個人獨裁」的意識形態。這種意識形態的具體表現是不乏其例的、如：

史大林所說：「在中國、是武裝的革命反對武裝的反革命。這是中國革命的特點之一、也是中國革命的優點之一」（參閱史大林「論中國革命的前途」）、乃成爲毛澤東的名言、即：「槍桿裡頭出政權」。史大林的：「殖民地革命在實際上是農民革命」、成爲毛澤東的「農村游擊戰術」、後來發展爲「人民戰爭」等軍事第一主義與農村中心主義。毛澤東初期的著作、「中國社會各階級的分析」（一九二六年三月）所採用的世界革命觀、也是以史大林著「列寧主義的基礎」中的世界革命戰略、及其他有關「十月革命」的記念論文等爲藍本。

Ⅲ　「遵義會議」的政變與毛澤東確立黨・軍的領導權——毛澤東曾在江西蘇區時、在一九三二年九月寧都召開的「**黨中央江西書記會議**」上、以「**右傾機會主義**」受到批評、而喪失了對黨・軍的領導權。一九三四年一月瑞金召開的「**六屆五中全會**」上、再度受到批評與攻擊。

一九三四年十月十六日、紅軍開始「**大長征**」、一九三五年一月到達貴州省遵義城（貴州省中・次於貴陽的城市）時、毛澤東趁著黨中央政治局常任委員王明（自一九三一年九月赴莫斯科、代表中共駐在第三國際總部）・項英（殘留於江西蘇區打游擊）・陳國燾（在湖北省黃安・麻城等地的蘇區擔任「紅第四方面軍」政治委員）、等重要幹部不在該地的情況下、孤注一擲的強行召開「**黨中央政治局擴大會議**」（通稱「遵義會議」——參閱 p.579）。

該會議於一月七、八日召開、但能出席該會的政治局幹部八人之中、由留蘇的「**國際派**」佔多數、即博古「**黨總書記、政治局常任委員**」・張聞天（政治局常任委員）・王稼祥（政治局局員）・吳亮平（政治局局員）・梁相台（政治局局員）等五人、其他、只有「**中間派**」的周恩來（政治局常務委員、黨中央軍事委員會主席）・朱德（政治局常任委員、紅第一方面軍總司令）、「**毛派**」毛澤東（政治局局員）一人而已。

毛澤東爲了轉變在會議上的劣勢、乃以「**擴大會議**」形式、動員了井崗山時代的同伴「**毛派**」的前線指揮官參加會議、即劉伯承（紅第一方面軍參謀長）・林彪（第一軍團司令）・聶榮臻（第一軍團政治委員）・彭德懷（第三軍團司令）・滕代遠（前第三軍團政治委員）・董振堂（第五軍團司令）・鄧小平（「紅星報」編集長）・鄧發（國家保衛局長）、及留蘇派的楊尚昆（第三軍團政治委員）、中間派的朱淑（第五軍團政治委員）等。劉少奇（初任第八軍團政治部主任、後調第三軍政治部主任）、此時是否參加這個政變、無法知悉。

毛澤東在這種陣容下、以紅軍指揮官爲後盾（長征過程中、傾向於軍事勝於政治、所以前線的帶兵官擁有壓倒性的影響力）、一方面主張「**北上抗日**」、另一方面卻以半軍事政變式（Coup d'Etat）的方式向黨中央開砲而算起舊賬來、批評總書記博古（秦邦憲）在軍事領導上的錯誤（不是黨的總路線、也不是政治領導上等原則問題的錯誤）、指責爲「**左傾機會主義**」（參閱毛澤東「中國革命戰爭的戰略問題」一九三六年十二月——一九六七年版「毛澤東選集」第一卷p.167　毛澤東「中國共產黨在民族戰爭的地位」＝原名「論新階段」一九三八年十月——一九六七年版「毛澤東選集」第三卷p.946）、或者「**左傾教條主義**」（參閱「關於若干歷史問題的決議」一九四五年四月中共六屆七中全會採決——一九六七年版「毛澤東選集」第三卷p.920）。

對於毛澤東在會上的言論、朱德代表紅軍將領、首先起來表示同意。繼之、周恩來則當場進行自我檢討在軍事作戰上的錯誤、同時表示將「**紅軍指揮權**」移讓於毛澤東。從此、會議上的大勢已定、而採決了毛澤東提議的「**中共中央關於反對敵人五次〝圍剿〞的總決議**」。結果、博古在軍事將領的壓力下、不得不接受毛澤東的批評、並同意：㈠辭任總書記、以張聞天取代、㈡選出毛澤東爲政治局常任委員、並就任新設的「**政治局主席**」、㈢毛澤東兼任黨中央軍事委員會主席（周恩來則降爲副主席）、㈣派遣陳雲赴蘇聯向「**第三國際**」莫斯科總部報告「**遵義會議**」的決議、㈤派遣潘漢年潛赴香港・上海等「**白區**」、重整地下組織、㈥電告「**紅四方面軍**」（總司令徐向前・政治委員張國燾）在四川南部會師等決定。

因此、「**遵義會議**」竟然產生了歷史性的結果、使毛澤東終於重獲黨・軍的領導權、而打定了他其後終生成爲「**唯一領袖**」的開端（此時、毛澤東只獲得軍事上・組織上的領導權、還不包括理論上・政治上的領導權、所以遵義會議的「決議文件」、乃不發表在「毛澤東選集」上面、但以此爲跳板、毛澤東才能急速的築起他在政治上・理論上等一切的領導權）。

毛澤東抓到黨權與軍權後、在黨內的地位乃如步入青雲而扶搖直上、即：

㈠　一九三五年六月、在四川省毛兒蓋、與「**紅第四方面軍**」（總司令徐向前・政治委員張國燾）會師（當時紅第一方面軍兵力四萬人、紅第四方面軍五萬人）、並在「**中央政治局會議**」（「毛兒蓋會議」）、以「**北**

上抗日」說破了張國燾的「**西進論**」（往青海・西康建設根據地）。後來、又在白龍江邊與「**紅第四方面軍**」分裂、繼續北上。

㈡　一九三五年八月一日、王明在莫斯科起草、並以中國蘇維埃政府・中國共產黨名義發出的「**為抗日救國告同胞書**」、即「**八一宣言**」（主張樹立「全中國統一國防政府」、建立「中國統一抗日聯合軍」）、也由毛澤東在毛兒蓋發表。

㈢　一九三五年十二月二十七日、到達陝北後、在瓦窯堡召開「**中央政治局會議**」（「瓦窯堡會議」）、也由毛澤東主持、並做了報告、確定「**抗日民族統一戰線**」（參閱毛澤東「論反對日本帝國主義的策略」——一九六七年「毛澤東選集」第一卷 p.325）。

㈣　一九三七年八月二十五日、在洛川召開「**中央政治局會議**」（「洛山會議」）時、也是由毛澤東主持並做報告、正式承認「**第二次國共合作**」、並採決「**抗日救國十大綱領**」（參閱毛澤東「為動員一切力量爭取抗戰勝利而鬥爭」——一九六七年版「毛澤東選集」第二卷 p.325）。

但是在另一方面、此時期的所謂「**毛澤東報告**」「**毛澤東提議**」及其政策等、據「**第三國際**」文件、大部份是由第三國際莫斯科總部起草或決定的。例如、「**關於統一戰線戰術的中共領導部的政策轉變、乃是中共代表參加第三國際第七屆代表大會後、才產生」「實際上、中共在統一戰線上的新變更、並不是毛澤東及其一派的功勞、而是第三國際與中共領導部內的第三國際支持者的功績**」（參閱《KOMNTEPH H BOCTOK bopboa JIeHHCKYIO CTpaTeRNIO H TaKTNKY B HaUNOHa JIbHOOCBOOJIHTEJIbHOM JIBXEHNN》〔Kominterni Vostok, Boriba Za leninskuyu strategiyu i takutiku v natsionalino-osvobodite-linom dvizhenii, Ed. by Institut Mezhdunarodnogo Rabochego Divizheniya. Akademiya Nauk USSR〕MockBa, 1969 ——日本・國際關係研究所日譯「コミンテルンと東方」——カ・ウエ・ククシキン「コミンテルンと中國における抗日民族

統一戰線」一九七一年p.298, 306）。

（參閱 Otto Braun＝當時是「第三國際」派來的紅軍事顧問、中國名稱李德 Chinesische Autzeichnungen, 1975 ——瀨戶鞏吉日譯「大長征の內幕」一九七七年　胡喬本「中國共產黨的三十年」一九五一年　波多野幹一「中國共產黨史」第一卷—第四卷、一九六一年）。

如此、毛澤東在短期內迅速的打定他在黨內的領導地位、所以一九三七年底、王明雖以「第三國際」史大林的代表、即王明＝史大林＝**「第三國際」**的姿態返回延安、但已與毛澤東勢不能兩立。王明回來後、在一九三七年十二月九日召開的**「中央政治會議」**上、他報告「第三國際」＝史大林的政策、即**「挽救時局的關鍵」**（爲了強化統一戰線、不必過於嚴密的區別左派・右派・中間派等階級區分）。

於是、毛澤東領導的中共中央、即在一九二八年十月—十一月、召開**「黨第六居中央委員會六次全體會議」**（「六屆六中全會」、由「五中全會」經過五年後才召開）。毛澤東報告**「論新階段」＝「中國共產黨在民族戰爭中的地位」**（參閱一九六七年版「毛澤東選集」第示卷p.485）、使**「這次會議批准了以毛澤東同志爲首的黨中央政治局的路線爲黨的路線……。這樣就批判了關於統一戰線問題上的遷就主義的錯誤」**（參閱「上揭書」註解）。也就是說、把王明＝史大林＝「第三國際」的統一戰線論、批評爲**「右傾機會主義」**、而鞏固了毛澤東及其黨中央的領導地位。

Ⅳ　「第三國際」宣佈解散與毛澤東鞏固黨內領導權——中共在抗日戰爭中、果然飛躍的壯大起來（一九二八年「六全大會」時黨員四萬人、到一九四五年「七全大會」時急增爲一二〇萬人——參閱表80）、擁有一〇〇萬抗日解放軍、其他還有廣大的民兵・游擊隊・並以八路軍所統治的人口共有二億人的華北・西北整個地區的解放區——（參閱毛澤東「關於若干歷史問題的決議」一九四五年四月二十日——一九六七年版「毛澤東選集」第三卷 p.905 ）、其他、長江下游的江南・江北的新四軍解放區、武漢邊緣的中原解放區、珠江兩岸的兩廣縱隊解放區、海南島縱隊解放區等、並在軍事・政治・黨建設等的各方面、均積聚寶貴且豐富的革命經驗、而成爲擁有六億人口的中國最強且最大的政治勢力、所以、毛澤東及其中國共產黨、無論在國內或在國際上、其威望空前提高。

上述的情況、的確是屬於史上罕有的事實、但是、在這種情況之下、毛澤東與中國共產黨、乃無可避免的受到如此史上空然的勝利與「**成就**」所迷惑、同時也無法克服驕傲自大・高估自己的偏向、終於顯露了其「**軍事第一**」與「**個人獨裁**」（帝王思想）的本質、這就是舉黨在「**七全大會**」上確立所謂「**毛澤東思想**」、與推行對毛澤東的「**個人崇拜**」的一個動機。

特別要注意的、就是在一九四三年五月十五日、「**第三國際執行委員會幹部會議**」（莫斯科總部）、已決議解散「**第三國際**」、並在六月八日宣佈解散的情況之下、中共黨中央竟然推行毛澤東的「個人崇拜」運動（「毛澤東思想」這種說法、就是「第三國際」被解散後、才出現的）。關於「**第三國際的解散問題**」、中共黨中央在延安的黨報「**解放日報**」上、前後發表兩次社論、即五月二十八日「**論解散第三國際**」、六月二十七日「**再論解散第三國際**」。但這無非是毛澤東及其中共黨中央在表面上表示哀悼、而在內心卻慶幸著來自莫斯科加諸於頭上的壓力已除。

據蘇聯共產黨所說、對於「第三國際」解散前後的毛澤東與中共所採取的基本態度是：「**爲了準備確立〃毛澤東思想〃、自一九四一年至一九四五年展開〃整風運動〃、肅清反對派即國際派**」「**毛澤東單獨掌握領導權、扶植中國化的馬克思主義、取代馬列主義**」「**絲毫不言及中共與世界各國共產黨的歷史傳統的連帶性**」「**自認中共勢力是自己所創的、而絲毫沒有外力援助**」「**毛澤東利用〃第三國際〃解散的機會、扶植民族主義見解、迫害中國的共產主義者即國際主義者、且利用爲確立他自己的**

〝個人獨裁〞」「毛澤東自一九四三年後、以批評共產主義者＝國際主義者瞿秋白・博古・張聞天、特別是迫害王明（一九三一—三七年擔任〝共產國際執行委員會＝ＥＣＣＩ〞的中國代表）、來誹謗〝第三國際〞對於中國革命的重要的戰略・戰術」等（參閱日本・國際關係研究所日譯「コミンテルンと東方」一九七一年——カ・ヴュ・ククシキン「コミンテルンと中國における抗日民族統一戰線」一九六九年 p.317, 818）。

然而、此時毛澤東的黨內領導權已經鞏固、所以、連反對派即國際派也得順風轉舵、而向毛澤東低頭。即㈠秦邦憲（博古）於一九四三年七月三日的「解放日報」上、表示「**在毛澤東同志的旗幟下、爲了保衛中國共產主義而戰**」、㈡同在七月三日「解放日報」、張平化著文說：「**稱讚毛澤東同志的理論是中國化的馬列主義**」、㈢同在七月八日「解放日報」、王稼祥也在其「**中國共產黨和中國民族解放之道**」的一文中、稱讚「**毛澤東思想**」。本來、博古・王稼祥等人、均屬留蘇的所謂「**第三國際派**」（略稱「國際派」）的佼佼者、他們不外乎是毛澤東最感棘手的毛澤東批評派、卻也得寫出這種超級阿諛奉承的文章。

因此、在抗日戰線將獲勝的末期、毛澤東及其黨中央、乃急遽以史大林及其蘇共爲榜樣、從進一步強化毛澤東在抗日戰爭中所構築的「**黨內領導權**」著手。於是、先由毛澤東於一九四四年四月十二日開始、在「**延安高級幹部會議**」上講演「**學習和時局**」、高談闊論、講述關於過去中共發展史上的毛澤東所講所做的一切的正確性（參閱一九六七年版「毛澤東選集」第二卷 p.891）。

繼之、翌年的一九四五年四月八日、在延安召開「**中共第六屆七次黨中央委員會擴大會議**」（六屆七中擴大全會）。在會上採決「**關於若干歷史問題的決議**」（這乃成爲中共在公表文章上改篡黨史的開端）。在會上所採決的決議案中、把毛澤東捧上與馬克思・列寧並列的說：

「**中國共產黨自一九二一年產生以來、就以馬克思列寧主義的普遍眞理和中國革命的具體實踐相結**

合爲自己一切工作的指針、毛澤東同志關於中國革命的理論和實踐便是此種結合的代表」「**尤其值得我們慶幸的是、我們黨以毛澤東同志爲代表、創造性的把馬克思・恩格斯・列寧・史大林的革命學説應用於中國社會條件的工作、在這十年內有了很大發展。我黨終於在土地革命戰爭的最後時期、確立了毛澤東同志在中央和全黨的領導。這是中國共產黨在這一時期的最大成就、是中國人民獲得解放的最大保證**」（參閱「關於若干歷史的問題的決議」——一九六七年版「毛澤東選集」第三卷 p.904, 907）。

同時、一方面是爲了造成毛澤東在每個革命階段的「**無謬性**」、即處處強調在這三〇年來的中共發展歷史過程中、他的思想與實踐都很正確、並且、重新確認自瑞金時代以來毛澤東繼續堅持下來的「**農村中心主義**」與「**軍事第一主義**」爲黨的公認綱領（其實、從這些政策所產生的許多缺陷、本來是毛澤東及其黨中央得檢討的領導上的偏向）。

但在另一方面、對於「**第三國際**」在中國革命上所起的領導作用及其支援、卻一言不提、反以毛澤東來取代「**第三國際**」的狀態之下、過去一切的革命成就的功勞盡歸毛澤東一人。相反的、把一切的錯誤與失敗及其責任完全歸咎於各時期與毛澤東不同意見的反對派領導幹部身上（如此的擴大並打擊反對派或犯錯誤的領導人、以資抬高毛澤東、而改纂歷史爲黨內的定論、乃是此次開會・決議的唯一目的）。在此重新被拉出來的「**左傾冒險主義**」「**右傾機會主義**」「**投降主義**」「**取消主義＝對革命失去信心**」等所謂犯了「**兩條錯誤路線**」的幹部或者叛黨份子、主要的有：

(一)　陳獨秀（北京大學教授、創刊「新青年」、著作「文學革命論」等——參閱「獨秀文存」全三卷、一九六五年、中共創始人之一、第一任黨中央書記長、一九二四—二七年領導「第一次國共合作」的革命失敗後、被批評爲「右傾機會主義」、再發展爲「投降主義」「取消主義」「托洛茨基主義」、一九二九年十一月被開除黨籍、一九四二年死亡）

(二)　羅章龍（一九三一年全國總工會主席、以「取消主義」「托洛茨基主義」「叛徒」名義、一九三一年一月被開除

黨籍）

㈢　張國燾（李大釗的高足、中共創始人之一、一九二七年參加「南昌起義」、一九三〇年任中共駐蘇代表、大長征時、任「紅第四方面軍」政治委員、一九三五年六月在四川省懋功、與朱德・毛澤東的「紅第一方面軍」會師、後來不同意毛澤東的「北上抗日」、與其分手而赴四川・西康邊境、但失敗後、一九三七年到陝甘寧邊區再與朱德・毛澤東會合、一九三七年八月「黨中央洛川會議」上、再與毛澤東對立、於一九三八年逃出陝甘寧邊區而投奔蔣家國民黨、其後亡命香港、一九七九年十二月死於加拿大）

㈣　李立三（一九二〇年以「勤工儉學會」會員留學法國、在巴黎組織「少年共產黨」、一九二五年「五・三〇事件」時的上海總工會委員長、一九二九年就任黨中央政治局總書記、一九三〇年六月採決「新的革命高潮與一省或數省的首先勝利決議案」、即「李立三路線」、失敗後、被「第三國際」批評爲「左傾冒險主義」、同年十一月辭任黨中央總書記、而赴莫斯科受訓）

㈤　瞿秋白（文學家・革命家、一九二〇年秋以記者身份赴莫斯科、寄回中國「俄鄉紀程」「赤都心史」等名作——參閱「瞿秋白文集」第一卷、一九五三年 p.3, 95　並受史大林的薰陶、返國後、一九二七年主持「八七黨中央緊急會議」、發出「八・七宣言」、但於一九二八年春、在莫斯科召開的「中共第六屆全國代表大會」上、被批評爲「左翼盲動主義」、辭任中共中央總書記、一九三五年三月在福建游擊區被蔣家國民黨擄獲、同年六月十八日、被槍決於福建省長汀）

㈥　陳紹禹（又名王明、一九二五—二七年留學「莫斯科東方勤勞者大學」、一九三〇年返國、反對「李立三路線」、在「中共六屆三中全會」上、發表「爲中共更加布爾塞克化而鬥爭」、被毛澤東批評爲「左傾教條主義」「宗派主義」、他是蘇聯一邊倒的所謂「第三國際派」巨頭、反對毛澤東路線、被毛澤東當做眼中釘、一九四二—四五年「整風運動」、一九四五年「中共七全大會」、都以打擊王明・博古・張聞天（洛甫）・王稼祥等「國際派」爲重要目的之一、一九四九年十月一日「中華人民共和國」成立時、王明只被任命爲「人民政府委員會（主席毛澤東）國務院（首相周恩來）政治法律委員會（主任董必武）」副主任、一九七四年四月在莫斯科死亡、其妻孟慶樹在莫斯科出版他的我文遺著：Bah Mnh,Ilojibeka knkn IIptejiaejib Tbo Mao Liee-jiyha, Nejiatejibctbo IIojumtnnyeckon JIntepatypbi, Mockba, 1975——王明「中國共產黨的半世紀與毛澤東的背信」、一九七五年）

(七) 秦邦憲（又名博古、一九三〇年莫斯科東方勤勞者大學畢業、一九三六年十二月「西安事變」時、與周恩來赴西安、跟蔣介石交涉結成「抗日統一戰線」、一九三一年九月—三五年一月、任「上海臨時中央局與紅色區域中央局」總書記、但被批評爲「左傾教條主義」「宗派主義」、一九三五年一月「遵義會議」時、被迫移交黨中央政治局的軍事指揮權於毛澤東、遂造成毛澤東其後「個人獨裁」的開端、一九四一年以後、在延安主持「解放日報」「新華通信社」、並翻譯馬克思・恩格斯的「共產黨宣言」、一九四六年二月、到重慶參加與蔣家國民黨的「和平談判」、但同年四月、將回返延安的途中、因飛機失事遇難而亡）

但是、這些陳獨秀・王明・張國燾・李立三・瞿秋白等歷史人物（他們在革命領導過程中各有錯誤是屬於事實、但這點毛澤東也不例外）、死亡・沒落之後、也盡量在開會・演講・報紙・著作上、繼續重複的受到抨擊、以防範他們恢復威信、或者再抬起頭來。

如上所述、毛澤東一方面發揮其勝過衆人的軍事才能、導致中國的民族・民主革命接近勝利、另一方面則爲了準備加強黨內獨裁而成爲名符其實的「唯一領袖」、乃排擠可能與他爭奪權位的黨內領導幹部。結果、在上述一九四五年的時候、毛澤東重新提出加以批評的過去的領導幹部中、陳獨秀・瞿秋白已死亡、羅章龍沒沒無聞、張國燾投降重慶、於是、還在黨內的只剩下博古・王明・李立三等三人。然而、使毛澤東能高枕無憂的、就是這三人幹部也不久就死亡或沒落、即博古在翌年的一九四六年四月、因飛機失事而死亡（此時、還有長期在華北從事地下工作後、抗日戰爭中與周恩來駐在重慶從事統戰工作的領導幹部王若飛、及前新四軍副軍長葉挺在一九四一年「皖南事變」時被蔣家國民黨擄獲、因在此時被釋將回返延安、就是說、秦邦憲・王若飛・葉挺等三人大幹部因同坐一架飛機、所以一起遭難、這又給毛澤東減少三個潛在的權力鬥爭對象）。李立三在戰後被派遣於東北工作、因被懷疑與高崗・饒漱石等的所謂「**反黨同盟**」有牽連、而沒落。陳紹禹（王明）養病於莫斯科而死亡在彼地。

因此、毛澤東在黨內（取得天下後就是在全中國）、無論在理論上・政治上・軍事上・組織上、都如願以償的成爲唯一的「**最高領袖**」。隨之、黨中央的各部門也由當時被所謂的「**毛派**」所佔、即黨是劉少奇・彭眞、政治周恩來・董必武、軍事朱德・林彪、特務康生・李克農。

V　「**中共七全大會**」與「**毛澤東思想**」——言歸同年的一九四五年四月二十三日至六月十一日、繼續在延安召開「**中共第七屆全國代表大會**」（中共七全大會）、這是自一九二七年七月在莫斯科召開「**中共六全大會**」以來、經過了一七年、而在毛澤東的黨內領導權確立之後、才召開的。此時、黨中央發動的「**毛澤東個人崇拜運動**」已臻高潮。

因此、任弼時宣佈開會的第一聲、就是：「**毛澤東同志的思想、已掌握了中國的廣大人民大眾、並已成爲不可戰勝的力量。毛澤東同志不但是中國人民的幟旗、也成爲東方各被壓迫民族將爭取解放的幟旗**」、以對內外表明中共領袖毛澤東、不但是組織上・行政上的領袖、同時承認他已在「**思想上・理論上**」也是黨的領袖。

繼之、毛澤東做政治報告：「**論聯合政府**」、朱德做軍事報告：「**解放區戰場論**」、劉少奇做：「**關於修改黨章的報告**」。如此各領袖的報告程序、正好象徵著延安時代的毛澤東的領導體制、這種體制、一直繼續到「**文化大革命**」開始的較長的一個時期。

在大會上、尤其是劉少奇於六月十四、十五日所做的報告中、把中國革命與中國共產黨的發展與勝利的一切都歸功於毛澤東一人。

劉少奇在「關於修改黨章的報告」之同一篇文章中、一方面強調要相信群衆自己解放自己的觀點、群衆全靠自己救自己（參閱 p.1351）、而不應該也不可能以「恩賜」式的由皇帝・神仙・英雄豪傑來代替人民群衆包打天下（參閱日本東京一九六七年版「劉少奇選集」p.169）、但在另一方面、卻將毛澤東捧上於皇帝・神仙・英雄豪傑的境地、而主張一切黨員應該對毛澤東個人崇拜：「這是很重要的、就是我們的黨、已經是一個有了自己偉大領袖的黨。這個領袖、就是我們黨和現代中國革命的組織者與領導者——毛澤東同志。我們的毛澤東同志、是我國英勇無產階級的傑出代表、是我們偉大民族的優秀傳統的傑出代表。他是天才的創造的馬克思主義者、他將人類這一最高思想——馬克思主義的普遍眞理與中國革命的具體實踐相結合、而把我國民族的思想提到了從來未有的合理的高度、並爲災難深重的中國民族與中國人民指出了達到徹底解放的唯一正確的完整的明確的道路——毛澤東道路」（參閱日本東京一九六七年版「劉少奇選集」p.139）。

劉少奇甚且更加誇張、第一次使用「毛澤東思想」這個名稱、將它奉承爲唯一無二的革命思想、而重複的記載於「黨章」的總綱上：

「我們的大會應該熱烈慶祝、在中國共產黨產生以來、產生了、發展了我們這個民族的特出的、完整的關於中國人民革命建國的正確理論。這個理論、已經指導我們黨與我們人民得到最後的、徹底的勝利和解放。這是我們黨和我國人民在長期奮鬥中最大的收穫與最大的光榮、它將造福於我國民族至遙遠的後代。這個理論、就是毛澤東思想、就是毛澤東同志關於中國歷史、社會與中國革命的理論與政策。

毛澤東思想、就是馬克思列寧主義的理論與中國革命的實踐之統一的思想、就是中國的共產主義、中國的馬克思主義。：：：。它是中國無產階級與全體勞動人民用以解放自己的唯一正確的理論與政策。：：：。它是我們黨的唯一正確的指導思想、唯一正確的總路線、：：：。

毛澤東思想、從他的宇宙觀以至他的工作作風、乃是發展著與完善著的中國化的馬克思主義、乃是中國人民完整的革命建國理論。：：：。這些理論與政策、是完全馬克思主義的、又完全是中國的。這是中國民族智慧的最高表現和理論上的最高標準、：：：。

毛澤東思想、就是這次被修改了黨章及其總綱的基礎。學習毛澤東思想、宣傳毛澤東思想、遵循毛澤東思想的指示進行工作、乃是每一個黨員的職責」（參閱一九六七年日本東京版「劉少奇選集」p.152, 153, 154, 156）。

觀諸上述、劉少奇爲了使毛澤東成爲比封建時代的「帝王」還更有絕對性・不可侵犯性的「中國共產黨・中國人民的唯一領袖」、而用盡所能使得上的萬般阿諛讚辭、百分之百的把毛澤東捧於萬人之上、然而、到了後來、在「文化大革命」時、他卻被毛澤東徹底清算、而被指罵爲反黨・反社會主義・反革命、甚至於被誣陷爲帝國主義的間諜爪牙等罪名而亡。這不能不說「中國歷史上的一個最大諷刺」。

當時、「解放日報」在六月十四日的社論「團結的大會、勝利的大會」一文中、也指出「七全大會」所造成的三大歷史標誌、即：㈠毛澤東的政治報告「論聯合政府」被採決、㈡毛澤東的軍事學說制定了人民軍事路線的體系、㈢毛澤東的思想被承認爲黨的思想、其中、把㈢認爲是最重要的歷史標誌。同時強調的說：「這是中國共產黨有史以來最盛大、最完全無缺的全國代表大會」。

如上所述、在「七全大會」上、毛澤東不但是在組織上・政治上・軍事上被認爲是最高領導者、而在理論上・思想上、也臻於最高領導地位。

史大林在一九二二年被列寧任命爲蘇共的書記長後、還得經過七年、到一九二九年他把政治局裡的反對派肅清完後、才掌握了「**政治局**」的大權。然而、毛澤東卻只開一次大會、轉瞬間就能得到等於列寧加上史大林的最高權力、同時、也能隨時以自己的親信及老同志來控制黨中央「**政治局**」（主席毛澤東・副主席朱德・劉少奇・委員任弼時・林祖涵・董必武・陳雲・周恩來・張聞天）。

VI　中共黨中央改簒・揑造「**中國革命史**」——上述般的、劉少奇的中共黨中央、爲了正當化、並更加普遍化對毛澤東的「**個人崇拜**」、一方面透過黨組織極力宣傳經過改刪過的毛澤東著作、指示各級機關學習「**毛澤東思想**」。

因此、改簒・揑造「**中國革命史**」、尤其是改刪中共黨文件及毛澤東著作、乃成爲中共黨中央的最重要的工作。

一九四五年四月八日召開的「**六居七中會**」上、亦即開始有計劃・有組織的推進對毛澤東的「**個人崇拜**」、中共黨中央提出並採決的「**關於歷史問題的決議**」、此乃黨中央在公開文件上大改中國革命及中共黨史的開端、並且將這些歷史事實改爲隨心所欲的「**決定版**」。這種歷史的改簒與揑造、嗣後並不中斷、只要被認爲在思想上・理論上・政治上以及戰略戰術的實踐上觸犯著「**毛澤東思想**」、抑或損害了「**唯一領袖**」毛澤東的威信、或者對毛澤東及其黨中央不利的人與事、均加以抹消與改刪、這種罪惡行爲、尤其在「**文化大革命**」時特別猖獗。

正因如此、所以第二次大戰後、也就是抗日戰爭勝利、毛澤東個人獨裁的基礎打定後、一般的中國問題研究家、難免只能根據改刪過的中共文件及其各種「**神話**」、當做當時原有的文章及其眞相來研究、並評價中國革命發展的過程及毛澤東及其中國共產黨、以致錯認了其歷史上的來龍去脈。

由於中共建黨以來、這六〇年間如此長久的把其歷史事實予以毀滅・歪曲・揑造以及改篡、結果、導致「**黨史**」極端混亂、或者發生「**前後矛盾**」「**自己矛盾**」等現象極多、連他們自己在某些問題上也感到莫名其妙、而無法搞清楚。因此、到一九七六年毛澤東死後、進而「**文化大革命派**」被打倒之後、黨報的「**人民日報**」（一九七九年十一月二十七日）、才自動的登上由楊振亞署名的一篇文章、即「**正確反映黨的歷史**」、表明將根據「**事實**」來檢討是否具有充分的客觀性、其所謂「**重新評價**」的立場・觀點是否正確、是否合乎馬列主義的普遍眞理。觀其主要論點及所舉例子、他們將要加以重新評價的範圍、還不夠全面、只限於一九四九年建國以前的民族・民主革命時代的人與事。也就是說、關於其後三〇年的社會主義革命時期（包括「文化大革命」）、卻隻字不提。這種做法、唯恐有擬另行製造代替毛澤東的新「**唯一領袖**」的可能性。即：

㈠　中共黨中央隱蔽毛澤東初期「**非馬列主義**」的因素與事跡——中共黨中央爲了揑造唯一領袖毛澤東的「**無謬性**」、其歷史改篡工作、即以改刪毛澤東初期著作爲最重要。

中共在中國的民族・民主革命階段、即在中國共產黨領導下、可以細分爲：⑴第一次大革命時代（一九二三—二七年）、⑵瑞金・長征的蘇維埃體制時代（一九二八—三六年）、⑶抗日戰爭時代（一九三七—四五年）、⑷人民民主專政時代（一九四五—四九年）。

中共黨中央改刪毛澤東著作及附帶其他文件、主要有：⑴一九五一年八月二十五日出版大改刪後的「**毛澤東選集**」第一—四卷（原版是一九四四年五月由晉察冀日報社編印、晉察冀新華書店發行「毛澤東選集」五卷）、⑵一九五二再改刪「**毛澤東選集**」第一—四卷、⑶一九五七—五八年大改刪黨內文件、⑷一九六六年大改刪或禁止發行劉少奇著作及黨內文件、⑸一九七六年毛澤東死後、一九七七年改刪毛澤東著作並出版爲「**毛澤東選集**」第五卷等。

再者、關於「**毛澤東選集**」的外語翻譯本、除了早時的日語翻譯本、二種之外、其餘都是翻譯改刪後的一九五一年版、或一九五二年版。例如：瀋陽民主新聞社日譯一九五一年版「**毛澤東選集**」、日本・三一書房日譯一九五二年版「**毛澤東選集**」等。英文譯本即翻譯一九五一年版：Foreign Languages Press, Selected Works of Mao Tse-Tung, Vol, 1—4, Peking, 1962—65.

本來、毛澤東於第一次大革命時代與瑞金・長征的蘇維埃體制時代、除了對革命的一股超人的熱情與革命戰術上的認識之外、對於馬克思主義的認識則極爲有限。因此、中共黨中央、爲了僞造「毛澤**東從初就是徹頭徹尾的、十全的馬列主義者這種神話、就不得不從毛澤東初期的非馬列主義的事跡與著作加以隱蔽及刪改**」。

例如、在第一次大革命的「**國共合作**」時代、孫文爲了決定「**國共合作**」而召開的「**中國國民黨第一次全國代表會議**」（「國民黨一全大會」）上、演講：「**共產主義是被包括在三民主義中的民生主義的一部份。三民主義就是社會主義、也就是共產主義。中國只能分爲大貧窮與小貧窮、所謂〝階級〞的區別未有明確、所以階級鬥爭不適合中國社會、……。蘇俄的共產主義已告失敗**」（參閱波多野乾一「中國共產黨史」第一卷、一九六一年 p.78　竹內實「毛澤東の中國共產黨」一九七二年 p.48）。當時的中共黨中央（書記陳獨秀、中共委員李大釗・蔡和森・毛澤東・瞿秋白）、對於孫文蔑視了「**無產階級的領導性**」的這種說法、咬牙切齒的痛恨不已。

然而、國民黨一全大會後、即國共合作實現後、毛澤東就任上海國民黨執行委員會秘書時、卻在「**上海共產黨員會議**」上、揚言說：「**一切活動集中在國民黨**」、而受到與會黨員一致抨擊。毛澤東因而於四面楚歌的窘境、才藉口生病而歸回湖南。因此之故、一九二五年一月十七日起在廣州召開的「**中共第四居代表大會**」（毛澤東沒有出席、一九二二年七月在杭州召開的「中共二全大會」他也沒有出席）上、毛澤東遂落選中央委員（參閱竹內實「毛澤東と中國共產黨」一九七二年 p.49）。

到了同年的一九二五年十二月、毛澤東才恢復工作、就任「**國民黨宣傳部**」副部長、兼任國民黨黨報「**政治週報**」總編集（參閱 Edgar Snow, Red Star Over China, 1962 ——宇佐美誠次郎日譯「中國の赤い星」一九七二年 p.117）。繼之、一九二六年一月、在「**國民黨二全大會**」上、當選爲中央候補委員。從毛澤東該階段的行動表現、可以看出當時的毛澤東、尙未了解「**無產階級在民族・民主革命上的領導任務**」（馬克思革命理論上極爲重要的原則之一）、因此、一九四五年「**中共七全大會**」後、即將毛澤東裝扮爲「**唯一領袖**」後、毛澤東這一段的「**非馬列主義**」言行、黨中央則盡量加以隱蔽與滅跡、而不讓一般的中國人大衆知道。

Ⅵ　刪改毛澤東「中國社會階級的分析」

——劉少奇在一九四五年「**中共七全大會**」上、爲了捧毛澤東爲天生的馬克思主義者、除了在「**關於修改黨章報告**」稱讚毛澤東是革命的天才外、並第一次介紹毛澤東早期的兩篇文章、即「**中國社會各階級的分析**」與「**湖南農民運動考察報告**」。於是、這兩篇文章頓時成名、成爲黨員必讀的重要文件。

關於「**中國社會階級的分析**」、毛澤東本是爲了投稿於中共中央黨誌「**嚮導**」（週刊）而寫的。但「**因陳獨秀反對其在文中提案共產黨領導下進行急進的土地政策與造成強大的農民組織、所以拒絕在共產黨中央機關誌發表**」（參閱 Edgar Snow, Red Star Over China, 1962 —宇佐美誠次郎日譯「中國の赤い星」一九七二年 p.117）、才改發表於中國國民黨機關誌「**中國農民**」第二期。一九二六年一月、經加若干修改後、再發表於中國共產主義青年團機關誌「**中國青年**」一九二六年、第一一六—一一七期（參閱今堀誠二「毛澤東研究序說」一九七六年 p.60 ——竹內實「毛澤東と中國共產黨」一九七二年 p.51）。毛澤東的這篇文章、對當時的中國革命是起了很大作用（參閱今堀誠二「前掲書」p.60）。

然而、觀其原文第一版（參閱大安書店複刻版「中國資料叢書」2、一九七二年 p.133　日本國際問題研究中國部會日譯版「中國共產黨史資料集」2、一九七一年 p.103）、也就是迄未經過一九五一年的大改刪的原版、意外的、從該文章卻發現到毛澤東在當時、即中共第一期革命時代、對於馬克思的「**唯物史觀**」（「史的唯物論」＝historical materialism）幾乎不了解。

㈠　這篇文章在開頭就以：「**誰是我們的敵人？誰是我們的朋友**」起筆。這種說法在當時社會主義者當中頗受重視、被認爲是馬克思列寧主義「**革命理論**」的精髓。

當然、正確的「**分清敵我**」乃是革命實踐上具有決定性的重要性。

然而、毛澤東卻往下繼續的說：「**中國革命三十年、其成效甚少。但是這並不是目的的錯誤、完全是戰略戰術的錯誤**」（參閱大安書店複刻版「上掲書」p.133　日本國際問題研究所中國部會「上掲書」p.103）、而把分清敵我問題、只當做「**敵我的戰略戰術問題**」、即敵我力量關係來重視、將革命的目的與方法本末倒置、同時輕視了中國革命各階段的變革的重要性、結果、偏向於「**單純戰略戰術論**」、把革命實踐中所發生的缺陷、盡歸其咎於戰略戰術上的錯誤來論斷。

㈡　毛澤東在此文中、即以「**貧富之差**」來區分階級（若以馬克思經濟學說的方法、應該是以是否佔有「生產手段」＝土地・工廠・機器・企業等來劃分階級才對、貧富之差乃是佔有生產手段的「群體」＝無產階級、而所造成的結果）。而且、這種階級、卻被認爲是根據「**自然法則**」（天造地設）而產生。即：「**無論那個國家、天造地設均有上等・中等・下等的三等人。詳細分析、有大資產階級・中產階級・小資產階級・半無產階級・無產階級的五等級**」（參閱大安書店複刻版「上掲書」p.134　昌本國際問題研究所中國部會「上掲書」p.104）。

如此、毛澤東在一九二〇年代、只能以「**自然法則**」與「**貧富之差**」來認識中國被分爲上・中・下的有錢人與貧窮人。其他、關於奴隸制度・封建制度・資本主義制度等馬克思主義所重視的歷史發展法則、地主・農民的矛盾（封建主義的階級矛盾）與資本家・勞動工人的矛盾（資本主義的階級矛盾）的不同性、以及中國社會的生產關係、中國社會與帝國主義的被壓迫・壓迫的矛盾關係等根本問題、都尙未徹底了解。

㈢　毛澤東在當時、錯認革命乃是職業革命家即「**中國共產黨**」（或是「中國國民黨」）的事、還不了解馬克思主義的革命論的基本原則、即「**無產階級才是革命的領導力量**」、所以很驕傲的把工人階級（文中稱爲「工業無產階級」）叫著「**我們的朋友**」、即對「**無產階級**」只給予「**朋友**」的地位（參閱大安書店複刻版「上揭書」p.137　日本國際問題研究所中國部會「上揭書」p.112）。

如上述、毛澤東初期的著作擁有許多違反馬克思主義革命諸原則的缺陷。這些缺陷、在當時的時代環境與毛澤東本身的個人條件來說、也許避免不了的。但在一九四五年、被劉少奇等黨中央捧爲「**唯一領袖**」後、爲了造成「**毛主席**」的「**無謬性**」、就不得不把這些非馬列主義的因素加以抹消、如：

㈠　爲了抹消原本的「**戰略戰術第一論**」、即把原文：「**中國革命三十年、其成效甚少。但是這並不是目的的錯誤、完全是戰略戰術的錯誤**」、改爲：「**中國過去一切革命鬥爭成效甚少、其基本原因就是因爲不能團結眞正的朋友、以攻擊眞正的敵人**」（參閱一九六七年版「毛澤東選集」第一卷p.3）。

㈡　爲了抹消「**貧富階級論**」、完全刪掉：「**無論那個國家、天造地設均有上等・中等・下等的三等人**」這一段（參閱一九六七年版「上揭書」第一卷p.3）

㈢　爲了抹消把「**無產階級**」當做革命黨的朋友說法、刪改爲：「**工業無產階級是我們革命的領導力量**」（參閱一九六七年版「上揭書」第一卷p.9）。

(四)　爲了表示根據馬克思主義的方法來劃分階級、乃在本文最後一段加以删改與增補（左列文中、劃上——的是增補部份、劃上、、的是删去部份）、即：

「誰是敵人誰是朋友、我們現在已能解答。綜上所述、可知一切勾結帝國主義的軍閥官僚、買辦階級、大地主、反動的知識階級即中國的大資產階級大地主階級以及附屬于他們的一部份反動知識界、是我們的敵人。是我們眞正的敵人。無產階級、工業無產階級是我們革命的領導力量。一切半無產階級、小資產階級、是我們最接近的朋友。我們的眞正的朋友」（參閱竹內實「毛澤東と中國共產黨」一九七二年 p.52）。

經過如此的删改、才成爲合乎馬克思主義革命理論的「毛主席」的文章體裁。

然而、不管如何的文章體裁、除了使人錯認爲毛澤東自一九二〇年代的革命初期就很正確的馬列主義者之外、他本身從早擁有的「非馬列主義階級觀點」與「戰略戰術第一論」、已在其潛意識裡根深蒂固。因此、隨著革命的發展、毛澤東獲得領導權後、這些潛在的非馬列主義因素、乃與「軍事第一主義」「個人崇拜」等思想意識相結合、最後、終於暴露在「文化大革命」上、即以「軍隊」、及個人崇拜所造成的「毛主席的威望」爲後盾、利用了全國的年青一代「紅衞兵」（不到一年、毛澤東恢復黨內權位後、盡被拋棄）爲權力鬥爭的工具、從黨外打擊「黨」組織並放逐幹部。

Ⅶ　最早實踐農民解放運動的彭湃著「海豐農民運動（報告）」——就上面言及毛澤東「湖南農民運動考察報告」、此容後詳述、但欲徹底了解中國農民解放運動、乃得先在此略述最早實踐農民運動的始祖—彭湃、及其在廣東省海豐地區的事跡。

中國在公元前一世紀的前漢時代鞏固其「封建制度」以來、佔總人口絕大多數的農民階級就是封建的被統治階級、一直受到各朝代的封建統治階級（皇帝・王侯・官僚・軍閥・地主・土豪）的壓迫與剝削、而不得翻身。這種中國獨特的封建制度、以公元七—九世紀的隋唐時代爲盛期、後來逐漸走下坡、到公元十一、二世紀、金・元等北方民族相繼入寇、中國社會因連年戰亂・社會動盪、以致歷史傳統的封建制度開始走上漫長的崩潰過程。

一九一一年辛亥革命成功、一九二一年中國共產黨成立後、據稱增爲四萬萬人口的中國社會裡、農民仍然佔其絕大多數、在九〇%以上、因此、反封建的「**農民解放**」「**土地革命**」、仍屬於「**中國革命**」的最重要問題。

然而、在這種時代背景與社會環境之下、中國共產黨・中國國民黨以及支持並指導這兩黨的第三國際、雖然頻繁發出有關解放農民的許多綱領與政策、但是、最早**實踐**這種近代性的「**農民解放運動**」、並不是共產黨、也不是國民黨、而是一個富有堅定革命立場與超人的正義感的知識青年、他在孤立無援的情況下、單獨奮鬥而開始的、就是廣東海豐縣溪東社大地主出身的彭湃（一八九六年十月二十二日出生、幼名天泉、漢育）。

彭湃在一九一八—二一年（二二—二五歲）留學日本・早稻田大學專門部政治經濟科、此時受到日本共產黨創始人之一的社會主義者高津正道（參閱p.582）的思想影響、畢業回鄉後、就任海豐縣教育局長時、因在一九二一年九月一日創刊的「**新海豐**」、發表「**告同胞**」（表示否認法律・政府・國家、以打破私有財產爲當前急務、而宣言革命）。同時、在一九二二年五月一日招集學生舉行「**五月勞動節**」遊行、遂被當地的土豪劣紳誹謗爲他將實行「**共產共妻**」、而受到撤職處分。但是這個立場堅定觀點正確的青年革命家、不但不因此而退縮、相反的、更加決意要下鄉組織農民、進行「**農村革命**」、於該年即一九二二年五月某日、開始下鄉接觸農民、努力於建立農民組織、因此、這一九二二年五月某日、就是

「**海豐農民運動**」的起點、也是中國史上最早開始近代性農民運動的紀念日。

彭湃在一九二二—二九年的八年間、爲中國農民解放而努力奮鬥的簡史、大略如下：

㈠　一九二二年五月、彭湃與李春濤創刊「**赤心週刊**」爲農民大衆的喉舌、與海豐出身的廣東派舊軍閥陳炯明（清末被稱爲「北方秀才吳佩孚、南方秀才陳炯明」）的「**陸安日報**」、開始思想論戰、同時、開始前往赤山約（村）、與農民大衆接觸、進行農民解放的思想教育。

㈡　一九二二年九月、召開「**赤山約農會**」、獲得赤山（二八鄉）五〇〇餘人的農民參加（到會登記・繳納會費年兩毛錢、領取「農會會員證」、印有「不勞動不得食、宜同心宜協力」的口號）。

㈢　一九二三年一月一日、召開「**海豐縣總農會**」成立大會、加入會員二萬戶（佔全縣總人口的四分之一）、採決「**章程**」、制定「**會旗**」、並選出會長彭湃・副會長楊其珊以及各部負責人、先從開設「**農民學校**」「**夜間學校**」（後來增設爲一〇餘校）・開設「**農民醫藥房**」・調停農民間的爭執事件等下手、而獲得農民的自覺與信任後、才逐漸轉化爲政治活動、舉行定期演講・輪流演講、宣傳：⑴減租、⑵取消「**三下蓋**」（地主代理人下鄉收租時、帶來私造的度量器量穀子、並當做毆打佃農的工具）、⑶取消「**伙頭雞・伙頭鴨・伙頭錢**」（殺雞鴨供奉伙頭＝地主代理人飲食、並給錢財）、⑷不送外快給警察等。從此、以「**海豐縣農會**」爲起點、該地區的農民運動洶湧澎湃、影響及鄰近各縣、彭湃在農民間的威信空前提高、大家稱敬他爲「**彭菩薩**」。但在另一方面、農民・地主的階級鬥爭開始激烈化、彭湃領導農民開始「**農村革命**」、地主驚慌不已、乃勾結縣長成立「**糧業維持會**」（以保護田賦與土地爲名）、派遣軍隊・警察壓迫農民・鎮壓農會。

㈣　一九二三年、彭湃加入中國共產黨（此時、毛澤東任中央委員、在上海準備「國共合作」、雖主張「必須重視農民運動」、但黨及他本身都迄未著手農民運動）。

(五)　一九二三年、「**海豐總農會**」會員急速增加組織擴大、所以改組為「**惠州農民聯合會**」、再發展為「**廣東省農會**」、僅在海豐・陸豐・惠陽・紫金・惠來・普寧六縣、會員計有二萬六千八〇〇戶（一三萬四千人）。

(六)　一九二三年七月五日發生「**七・五農潮**」、即因颱風穀物減收、農會舉行會議要求「**減租**」「**免租**」、縣長王作新派遣軍警及保衛團三〇〇人包圍農會、開槍並逮捕楊其珊等二五人（此時、在上海的中共黨中央雖接報、但沒有支援鬥爭、結果、彭湃與農民孤軍奮鬥、激烈抵抗）。

(七)　一九二四年三月十七日、因受到以陳炯明為首的海豐地區縣官僚以及土豪劣紳的壓迫摧殘、「**海豐農會**」終於宣告解散、其他縣農會亦隨即自行解散。

(八)　一九二四年三月、彭湃與李勞工赴廣州、擬從外與海豐等縣農會地下組織建立秘密路線（此時、國民黨「一全大會」後、「國共合作」實現、「第三國際」開始支援「中國革命」、決定重視工農運動）。

(九)　一九二四年四月、國民黨中央農民部（同年二月設立）部長林祖涵（伯渠、共產黨幹部）、推薦彭湃就任農民部秘書。

(一〇)　一九二四年七月三日、彭湃設立「**廣州農民運動講習所**」（主任彭湃）、第一次講習七月三日—八月二十一日、訓練三三人。

(一一)　一九二五年二月、彭湃參加廣州革命政府（國民黨的政府）的「**第一次東征**」、掃蕩東江地區、與海豐農會地下組織聯絡作戰、此時、李勞工犧牲於戰場。

(一二)　一九二五年五月一日、彭湃指導召開「**廣東全省農民第一屆代表大會**」、成立二二縣的「**農民協會**」、參加農民二一萬人、同時、成立「**廣東省農民協會**」（執行委員會常務委員彭湃・羅綺園・阮嘯仙）。

(一三)　一九二五年十月、彭湃參加「**第二次東征**」、驅逐陳炯明軍、恢復「**海豐農會**」、徹底清算軍閥・地主階級、實行「**二五減租**」。

(一四)　一九二六年一月發表「**海豐農民運動（報告）**」。

(一五)　一九二六年二月、全面解放海豐縣、建立全中國最早的「**民主政府**」。

(一六)　一九二六年五月、召開「**廣東全省農民第二屆代表大會**」、除了廣東省農民代表之外、另有一一省農民代表參加。

(一七)　一九二六年五月—十月五日、毛澤東就任彭湃所建立的「**廣州農民運動講習所**」所長、訓練第六期講習會講習生、八月中旬派遣講習生三一八人、前往「**海豐農村**」（當時被稱爲「小莫斯科」）實習兩個禮拜。

(一八)　一九二六年七月、「**北伐軍**」開始北上、彭湃參加北伐軍前往武漢。

(一九)　一九二七年四月十二日、蔣介石「**上海軍事政變**」發生、反革命軍襲擊海豐・陸豐地區。

(二〇)　一九二七年十月、彭湃參加「**南昌起義**」（八月一日）後、與賀龍・葉挺歸來東江地區革命根據地。

(二一)　一九二七年十一月十八日、彭湃・賀龍・葉挺軍與農民軍在海豐・陸豐武裝起義、建立「**海豐縣蘇維埃政權**」（主席彭湃）、徹底實行「**土地革命**」、但在翌年的一九二八年二月底、受到反革命軍圍攻遂潰滅（此時、毛澤東與朱德會合而上井崗山）。

(二二)　一九二九年八月二十一日。彭湃從容就義（彭湃在上海任「中共中央委員兼農民委員會書記」、領導中共江蘇省委員會時、不幸、於八月三十一日遭上海工部局逮捕、同月三十一日、被蔣介石上海警備司令部槍斃於龍華、從容就義、年三三歲）。

以上就是彭湃以社會主義爲理論基礎的「**中國革命**」適應於「**農民運動**」的實踐上、領導農民自己來解放自己、跟封建軍閥・地主階級鬥爭而壯烈就義、寫下「**中國革命的**」艱難但輝煌的一頁。

若將彭湃的「**海豐農民運動報告**」（初刊於一九二六年一、三、四、五月的國民黨中央農民部機關誌「中國農民」、同年十月、由廣東省農民協會再版爲「海豐農民運動」的單行本）、與毛澤東「**湖南農民運動報告**」（一九二七年三月）並讀、就得知彭湃是從農民自我解放運動的具體實踐出發、而歸納農民運動爲中國革命的契機及其普遍形態。毛澤東則以中國革命諸原則分析農民問題的本質、導引出中國革命在實際上是農民革命的結論。

但是、彭湃的「**海豐農民運動**」因被中外人士認爲是中國近代性農民運動的源流所以較聞名於國外、英日文翻譯本也較多。毛澤東的「**湖南農民運動報告**」則是由中共黨組織宣傳、因此中國人閱讀的較多（參閱彭湃著・山本秀夫日譯「近代中國農民革命的源流──海豊における農民運動」一九六九年　波多野乾一「中國共產黨史」第一卷、一九六一年衛藤瀋吉「中國最初の共產政權─海陸豐蘇維埃史」──「近代中國研究」第二輯、一九五八年　鐘貽謀「海陸豐農民運動」一九五七年）。

Ⅸ　删改毛澤東著「**湖南農民運動報告**」──言歸毛澤東、由於毛澤東有卓越的調查能力與一手寫實主義的好文筆、所以、若把這篇文章當做文學上的「**採訪記**」（reportage）來看、可以稱讚爲一部佳作。但是、如以社會主義革命的理論上、政治上的文件來看、其評價自當不同。

毛澤東不愧是農村出身的革命家、他一開始就相當正確的把握住中國農民在反帝・反封建的中國革命上的地位、因此、一九二三年六月、在廣州召開的「**中共第三屆全國代表大會**」（三全大會、黨員四三三人、出席代表二七人）上、毛澤東特別強調：「**必須重視農民**」（參閱竹內實「毛澤東と中國共產黨」一九七二年 p.31）。

此時、「**第三國際**」莫斯科總部也發出：「**共產國際執行委員會對中共三全大會的指令**」（一九二三年五月二十四日）、而指示中共必須以土地革命與農民問題爲首要任務、並認定以「**國民黨**」爲國民革命的中心勢力（參閱村田陽一「コミンテルン（The Communist International）資料集」第二卷、一九七九年 p.397）。

一九二五年十月、「**第一次國共合作**」實現後、中共中央委員會、決定進行「**農村調查**」、這個調查工作、即在「**第三國際**」派來的蘇聯共產黨員伯林・唷爾克兩人的指導下、由毛澤東（國民黨中央農業部副部長）與彭湃（國民黨中央農業部秘書）負責進行。其結果、獲得：㈠中國農村戶口共有五千六〇〇萬戶、一戶人口平均六人、農民人口共計三億三千六〇〇萬人、佔中國總人口四萬萬二千萬人的八〇%、㈡農民人口的七五%是無地可耕的貧農、自耕農・中農佔農民人口的一二%等結論。中共黨中央即把結論報告「**國民黨土地委員會**」、並由該委員會對外公表（參閱波多野乾一「中國共產黨史」第一卷、一九六一年 p.188）。

此時、彭湃如上述般的把海豐等廣東省東江地區的農民運動發動起來、並鞏固其基礎。

同時在另一方面、中共與國民黨相繼發表「**中共農業綱領**」（一九二六年十月）、與「**國民黨農業問題案**」（一九二七年三月）、均強調著農民問題的重要性與革命性（但、都只決定政策、尚未開始行動）。

「**第三國際**」的密夫（Rawel Miff 莫斯科「中山大學」副校長、一九二七年繼任校長拉蒂固＝Radek 而爲校長）、於一九二六年十一月二十二日發表「**中國的農民問題**」、詳細敘述中國農村的階級劃分與軍閥・地主・高利貸的苛酷剝削、以及中共與國民黨的農民政策（參閱 The Chinese Peasantry —日本國際問題研究所中國部會「中國共產黨史資料集」2、一九七一年 p.363）。繼之、一九二六年十二月十六日、「**第三國際**」莫斯科總部發表：「**共產國際執行委員會第七次總會關於中國情勢的決議**」（「十二月決議」、經過布哈林・羅易・譚平山提議而被採決）、特別強調：「**爲了永遠打倒軍閥主義者、必須把佔有國內人口壓倒多數的農民階層在經濟上・政治上的鬥爭發展爲反帝國主義鬥爭的一環。……無產階級若不明確的提出急進的農業綱領（減租・廢止重稅・沒收地主與土豪的土地、分給貧農土地・武裝貧農與中農等）、就不可能把農民階層引入革命鬥爭、以致使無產階級喪失民族解放運動的領導權**」（參閱 Jane Degras, The Communist International Documents Vol. Ⅱ, 1923 — 1928, 1960 —荒畑寒村等人日譯「コミンテルン・ドキュメント」Ⅱ、一九七〇年 p.315）。

根據上述的情況及第三國際的「**十二月決議**」、一九二六年九月開始北閥的「**國民革命軍**」（總司令蔣介石）、於同年十一月佔領長沙後、湖南省五四縣的「**農民協會**」（會員一〇七萬人）開始行動、激烈的要求減租・減息・減稅・減抽金（降低當舖的利息）・保護佃農的耕作權・荒政（農產凶災時、政府得以低廉價格配給食糧）等（參閱今堀誠二「毛澤東研究序說」一九七六年 p.95）。

一九二七年四月、在武漢召開「**中共第五屆全國代表大會**」（五全大會、黨員五萬八千人、代表八〇人出席、選出中央政治局委員陳獨秀・瞿秋白・譚平山・蔡和森・李立三・周恩來・張國燾）上、討論第三國際「**十一月決議**」時、關於土地問題、計有三案：⑴右派陳獨秀・譚平山等的「**政治性沒收案**」（以「先擴大・後深化」爲口號、主張只沒收反革命份子・反動軍人・大土豪劣紳的土地）、⑵左派彭湃・羅綺園等的「**地主土地全面沒收案**」（無論大小地主的土地都無條件的沒收）、⑶中間派的「**有限度沒收案**」（限於沒收大地主與反革命份子的土地）。結果、大會採決了第三的「**有限度沒收案**」（參閱波多野乾一「中國共產黨史」第一卷、一九六一年 p.189）。

毛澤東就在上述的各種客觀情勢下、爲了提出「**中共五全大會**」（武漢）、才寫出這篇「**湖南省農民運動考察報告**」（根據「毛澤東選集」的編者說明：「毛澤東同志此文是爲了答復當時黨內黨外對于農民革命鬥爭的責難而寫的」—參閱一九六七年版「毛澤東選集」註解 p.12）。

這篇文章是在上海擔任「**中共中央農民運動委員會**」主任時、自一九二七年一月四日至二月五日的三三日間、歸回湖南、考察湖南省農民運動而寫的。其一部份先發表在中共機關誌「**嚮導週報**」二月十二日一九一期（也發表在漢口「民國日報」中央副刊、及中共湖南省委員會機關誌「戰士」）、但遭當時的中共中央宣傳部長・彭述之（陳獨秀派、後來以「右傾機會主義」「托洛茨基派」受到清算）的反對、遂不能續刊。到了同年四月、得到瞿秋白的幫助、才在漢口的長江書店、以「**湖南農民革命**(一)」（附有瞿秋白的「湖南農民革命序」）的題目出版（參閱胡華「新民主主義革命」一九五二年　今堀誠二「毛澤東研究序說」一九七六年 p.97）。

因此、毛澤東的所謂「**湖南農民運動考察報告**」、即有：(1)漢口長江書店一九二七年四月出版的「**原版**」、(2)晉察冀日報社編印、晉察冀新華書店發行的「**毛澤東選集**」卷一的一九四四年五月的「**毛澤東選集舊版**」、(3)香港民主出版社「**農民運動與農民調查**」裡的一九四六—四八年的「**香港版**」、(4)「**毛澤東選集**」一九五一年八月的「**毛澤東選集新版**」、(5)一九五二年的「**毛澤東選集新新版**」等。其中、「**原版**」「**毛澤東選集舊版**」「**香港版**」的三種、其內容大體一致。問題是在「**毛澤東新版**」與「**毛澤東新新版**」、由於這二種是在一九五一年後、也就是對毛澤東的「**個人崇拜**」「**毛澤東思想**」在黨內確立後、將前三種大加改刪與增添而成的、所以、在內容上、與前三者頗有差距、可以說完全改變其基本觀點及其文章體裁。

毛澤東在前三種所謂「**原版**」的這篇文章中、將中國農民分爲貧農・中農・富農、同時強調應以貧農爲基本（把貧農稱爲「革命元勳」）、而同盟中農。但是這種農民二分法及其貧中農同盟政策、並不像中共當局及一些人所傳說是毛澤東獨創的專賣品。即：(1)列寧已在十九世紀末葉、以土地・家畜・農具等生產手段的佔有爲規準、而分爲地主・富農・中農・貧農（參閱レーニン「ロシアにおける資本主義の

發達」一九一九年—蘇聯共產黨馬克思・恩格斯・列寧研究所「ヴュイ・レーニン全集」第二九卷、第四版、一九四一—五一年—日本・大月書店日譯「レーニン全集」第三卷、一九七八年—レーニン「貧農に訴える」一九〇三年—日本・大月書店日譯「レーニン全集」第六卷、一九七八年 p.325）、(2)第三國際「**共產國際執行委員會第七次總會關於中國情勢的決議**」（「十二月決議」一九二六年十二月十六日—參閱 Jane Degras, The Communist International Documents, Vol Ⅱ, 1960 ——荒畑寒村等人日譯「コミンテルン・ドキュヲント」Ⅱ、一九七〇年 p.309）、(3)彭湃的廣東海豐農民運動（參閱 p.1364）。毛澤東的農民三分法、不外乎是上述這三種情況的混和的翻版。

在此文中的基本方法、毛澤東乃與上述「**中國社會各階級的分析**」同樣、以非馬克思主義的「**貧富之差**」爲基準來劃分農民的階級。例如、「**有錢餘、有穀剩的、叫富農**」「**沒有餘錢剩米、也不缺帳、每年保得衣食住的、叫中農**」「**貧農們不怕失掉什麼。他們是農村中生活落伍或半落伍的**」（參閱今堀誠二「毛澤東研究序說」一九七六年 p.101　中西功「中國革命と毛澤東思想」一九六九年 p.163）。

並且、毛澤東在此文中創造一句名言、即：「**革命是暴動、是一個階級推翻一個階級的暴烈的行動。農村革命是農民階級推翻封建地主階級權力的革命。農民若不用極大的力量、決不能推翻封建地主階級的權力的革命**」（參閱一九六七年版「毛澤東選集」p.17）。然而、毛澤東在此的基本想法、仍然放在「**敵我力量的戰術關係**」、整篇敘述農民階級與地主階級的「**力量**」與「**力量**」的搏鬥方法、同時強調著這種搏鬥愈強烈愈好（這種基本想法、後來在「文化大革命」上、發展爲「造反有理」的鬥爭方法）。

關於最爲重要的「**土地分配**」（生產手段的分配、這個問題是第三國際的「十二月決議」最重視的問題、中共五全大會上採決的農業綱領也涉及到這點、並且、實際上、農民已著手於這種土地分配的）、卻隻字未提。

因此、這篇文章的重點、全放在農民要如何的與地主拚、並如何的處罰地主等問題。即：「**農民有了組織之後、第一個行動、便是從政治上把地主階級特別是土豪劣紳的威風打下去、即是從農村的社**

會地位上把地主權力打下去、把農民權力長上來。」「綜計農民從政治打擊地主的方法有如下各項：清算……。罰款……。捐款……。小質問……。大示威……。戴高帽子游鄉……。送進縣監獄……。驅逐……。槍斃……。」（參閱一九六七年版「毛澤東選集」第一卷 p.23,24）。毛澤東對於中國農民的看法與農民革命的做法、一貫成爲他的體質、到了抗日戰爭勝利後、在「**土地改革**」上、一方面起了一定作用、另一方面卻造成一種大禍害。

另外、毛澤東在此強調：「**一切權力歸農會**」（參閱一九六七年版「毛澤東選集」p.14）、但這點由於把政權與大衆團體在原則上混在一起、所以在一九二八年七月「**中共六全大會**」（莫斯科）提出此案時、當場被否決（然而毛澤東在抗日勝利建立新中國後、雖然採用這種辦法但歸失敗）。

因此之故、毛澤東在這篇「**湖南省農民運動考察報告**」、對於農業問題的分析及農民鬥爭的方法上、在基本問題上具有非馬克思主義的因素、所謂「**毛澤東是天生的馬克思主義的農業問題專家**」的說法、與事實根本不符。尤其在他的「**貧富階級論**」（無原則階級論）、擁有「**極左機會主義**」的偏差。故到了一九五一年、在「**毛澤東選集新版**」裡、方給予大改刪、擬僞裝毛澤東在這文章一開始就以馬克思主義爲基本。例如：㈠大改文章的構造、廢止原版所具有的「**章**」（原版是第一章農村革命、第二章革命先鋒、第三章農民與農民協會）、而以「**節**」爲基本（並改刪原版的節目上的標題）、㈡廢止上述的富農・中農・貧農的概念規定、而抹消非馬克思主義因素、即「**貧富階級論**」（無原則階級論）等。

總而言之、上述毛澤東早期的這兩篇文章、即「**中國各階級的分析**」與「**湖南農民運動考察報告**」、在基本上、與馬克思主義相悖、所以、上述一九四五年「**中共七全大會**」上、劉少奇等黨中央把毛澤東捧上萬人之上、並稱讚「**毛澤東思想**」的無謬性後、爲了造成一般黨員及中國人民錯覺：「**毛澤東是天生的馬克思主義革命家、他原本就以馬克思的革命方法來分析中國的階級、與領導農民革命**」、不得不隱蔽毛澤東早期的非馬克思主義的言行、並大改刪其文章的非馬克思主義部份、因此、才出現了一九五一年版的「**毛澤東選集新版**」、及一九五二年版「**毛澤東選集新新版**」。

X　「**毛澤東思想**」與「**中國大國沙文主義**」——如此毛澤東在第一大革命時代、對於馬克思的「**唯物史觀**」尚未透徹的了解。毛澤東的這種理論上・思想上的缺陷、到一九三六年代、抗日戰爭的前夕（西安事變後）、也仍無改進。例如、一九三六年十二月發表的「**中國革命戰爭的戰略問題**」（參閱一九六七年版「毛澤東選集」第一卷 p.154）、對於「**抗日民族統一戰線**」是第三國際「**反戰・反法西斯統一戰線**」的一環的這點、就沒有明確的認識。

毛澤東在理論上・思想上・政治上及其著作上開始具備馬克思・列寧主義的基本觀點及方法、是在從事「**抗日戰爭**」的過程中。也就是說、毛澤東是透過進行民族・民主革命的抗日戰爭、始能掌握到馬列主義革命理論的正確性、並發揮政治上・軍事上比較高水準的領導才能、也因此才寫一些夠水準的文章（據聞、也有這些文章都是由毛澤東秘書陳伯達代筆的傳說）、即：

㈠「**中國共產黨在抗日時期的任務**」（一九三七年五月三日——參閱一九六七年版「毛澤東選集」第一卷 p.233）

㈡「**實踐論**」（一九三七年七月——參閱「上揭書」第一卷 p.259）

㈢「**矛盾論**」（一九三七年八月——參閱「上揭書」第一卷 p.279）

㈣「**論持久戰**」（一九三八年五月——參閱「上揭書」第二卷 p.407）

㈤「**論聯合政府**」（一九四〇年一月——參閱「上揭書」第二卷 p.623）

上述的毛澤東著作、均屬於反帝・反封建的資產階級民族・民主革命（新民主主義革命）的理論與實踐的名著。

然而、毛澤東・劉少奇等黨中央、在資產階級民族・民主革命的勝利即將迫切的一九四五年「**七全大會**」上、也就是中國革命將從民族・民主革命轉化爲「**社會主義革命**」的前夕、將毛澤東的這些中國的民族・民主革命（新民主主義革命）階段之中心思想、予以總結並定名爲「**毛澤東思想**」（新民主主義綱領）、擬以之做爲今後中國革命的最高原理、並推廣爲其他國家革命的典範。

也就是說、中共黨中央、把這個新民主主義階段的「**毛澤東思想**」、與馬列主義並列、明記於「**黨章**」的總綱上、規定做爲將要到來的中國革命第二階段即「**社會主義革命階段**」的指導原則、同時、全面且徹底的推進對毛澤東的「**個人崇拜**」（原來、在社會主義革命階段、應該是要廢除過去的「通到新民主主義的中國之道」的新民主主義革命綱領、重新以「通到社會主義的中國之道」即無產階級國際主義的社會主義綱領、做爲第二階段的最高指針才是正確）。

因爲這樣、所以毛澤東及其中國共產黨、把民族・民主解放革命實踐過程中所產生的許多缺陷、例如、個人獨裁・個人崇拜・武力一邊倒・帝王專制思想・人民生活軍事化（奴隸化）・農村第一主義・以及中國民族主義等、一律帶進第二階段的社會主義革命裡來、終於一錯再錯的讓其發展爲「**文化大革命**」時期的一些偏向與混亂狀態。

特別是在民族解放戰爭中加強並擴大發展的「**中國民族主義**」（在反殖民地的民主解放時期的民族主義是正確的、它成爲渴求民族的自由・獨立的指針、並成爲對敵戰鬥的力量的源泉）、一旦進入社會主義革命階級、則顯示其另外一面的屬性、即：「**對內壓迫自己民族的人民、對外則成爲侵略其他民族・國家・社會的思想背景**」、甚至於成爲無產階級國際主義的死對頭。本來、在社會主義革命階段、應該以無產階級國際主義來克服民族主義的侵略性才是正確。

例如、列寧在俄國革命成功後、因四周受到資本主義諸國在軍事上・政治上・經濟上的嚴重圍堵・進攻・干涉・孤立化等、所以、不得不先採取建設「**一國社會主義**」的「**蘇維埃社會主義共和國聯邦**」而對抗敵人、但他在另一方面、爲了堅持馬克思革命本來的精髓即「**無產階級國際主義**」、乃在一九一九年創設了「**第三國際**」、而推進「**世界革命**」並支援殖民地與被壓迫民族的解放運動。列寧死後、史大林爲了他的「**個人獨裁**」、加強蘇聯的「**一國社會主義**」、而使「**第三國際**」棣屬於他的「**一國社會主義個人獨裁**」之下、遂成爲違背了馬列主義及其無產階級國際主義的「**社會帝國主義**」。托洛茨基雖然反對列寧與史大林的「**一國社會主義建設**」而主張馬克思・列寧的無產階級國際主義與世界革命、但他被史大林放逐後、過著流浪的生涯當中、其「**世界革命**」乃成爲缺欠具體實踐的、抽象的「**世界革命理論**」。結果、馬克思・列寧的無產階級國際主義與世界革命、得等到第二次世界大戰後、圭巴拉（Ernesto Che Guvara）在實踐中南美地區的殖民地與被壓迫民族的解放革命當中、才見到復活。

如上所述、毛澤東及其中國共產黨、把中國革命第一階段民族・民主主義革命的「**中國民族主義**」、無原則的導入於第二階段的社會主義革命裡來、不但是強化了毛澤東的個人獨裁而阻礙了中國社會主義建設、而且、使其與中國歷史傳統上已根深蒂固的「**大中華思想**」相結合、而發展爲毛澤東及其中國共產黨最大的缺陷、即「**中華大國沙文主義**」與「**社會殖民主義**」。

劉少奇雖然當在一九四八年十月一日言及「**論國際主義與民族主義**」、而強調無產階級國際主義的原則性（參閱日本・中華文化服務社「劉少奇選集」一九六七年 p.227）、但是、儘管這樣說、實際上、毛澤東・劉少奇及其中國共產黨、卻沒有付諸實行、所以、同樣的只被利用爲他們掛羊頭賣狗肉的工具、所以、使其歷史傳統的「**中華大國沙文主義**」更加發展、更加表面化。

再者、凡舉世界上國家・民族・集團的革命的「黨」、爲了正確且勝利的完成自國的革命任務、把馬列主義的普遍眞理、適用於各國各民族各集團等不同的社會條件與發展過程、導引出各不相同的革命綱領＝總路線＝基本方針是正確的。

但是、經過這種方式所產生的、各相異的、特殊的個個綱領、與客觀存在的馬列主義普遍眞理本身、是不能混同、更不能以前者代替後者的。

當然、適用馬列主義於社會特殊條件所產生的個個「**綱領**」、與馬列主義本身是具有「**同一性**」的一面。但是、由於：(1)被適應的社會條件的特殊性、(2)對馬列主義的了解程度、(3)是否正確把握著個個的社會條件、因此、前者與後者是難免造成「**不同性**」的另一面、這同一性與不同性、得經革命實踐過程中的長期考驗、才有可能得到證實（過去在世界上的各國革命的黨、含有不正確「綱領」的、多得不勝枚舉）。

毛澤東在「**第三國際**」的指導下、爲了完成中國社會第一階段的民族・民主革命、把馬列主義的普遍眞理適用於半封建・半殖民地的特殊條件下之中國社會、而產生了「**中國新民主主義綱領**」的正確性、已在抗日戰爭勝利的那一瞬間被證實之後、又在打敗蔣家國民黨統治集團的那一瞬間、完完全全的被證實。然而、他們卻功虧一簣、把這個中國新民主主義革命的綱領（在中國社會的特殊條件下、並在中國社會一定的歷史階段才行得通的綱領）、稱爲「**毛澤東思想**」、擬與馬列主義普遍眞理並列、甚至於企圖取而代之、而繼續適用於社會主義革命階段、這點是原則上的錯誤、成爲社會主義革命階段掀起混亂狀態的禍根。

另一個就是、觀諸毛澤東獨裁下黨的決策狀況、自一九二一年建黨、至一九二八年的「**六全大會**」、七年間召開六次的「**黨代表大會**」。然而、毛澤東取得領導權後、至一九四五年的一七年後、才召開一次「七全大會」。「中央委員會全體會議」也同樣、不按規定召開、「五中全會」至「六中全會」、得費時四年、「六中全會」至「七中全會」也經過了七年的歲月才召開。但有許多極重要的政策、反在這些決策機關的休會中被決定的。如此、毛澤東取得領導權後的中國共產黨、大體在不經過決議機關的黨大會・中委會決議、也不依靠各級組織集體的民主討論情況下、由以毛澤東爲首的黨中央幾個大員先予決定後、才在形式上得到黨的各種決策機關的事後承認(中共的所謂「集體討論」、均是爲了徹底了解從上級下來的決定而討論)。這種決策的情況、當然是「個人獨裁」「唯一領袖」所造成的、而成爲各種錯誤的思想與政策的濫觴。因此、常被稱爲毛澤東領導下的中國共產黨是「沒有綱領的黨」「沒有馬克思主義的共產黨」等。

嚴格的說、「毛澤東及其共產黨、是在中國革命第一階段中起了一定的作用、是中國民族解放的革命力量、這點不可諱言。但是他們終未成了完善的社會主義革命者。毛澤東及其共產黨、透過完成第一階段的資產階級民族主義革命、而開闢了第二階段的無產階級社會主義革命的大道。然而、第一階段一旦成功、中國社會的客觀形勢開始轉化爲第二階段的無產階級社會主義革命後、他們卻在思想上・政治上都跟不上現實的形勢發展、長期陷於錯誤的思想與實踐、以及激烈的權力鬥爭而無法自拔」。

(4) 中國無產階級社會主義革命與建國三〇年的權力鬥爭

中國革命、自一九四九年十月建立「中華人民共和國」後、隨即推進於「無產階級社會主義革命」的歷史階段。

中共在這社會主義革命階段的三〇年、利用所謂「民主黨派」及開明人士・海外華僑爲幌子、實際上則以毛澤東的「**毛澤東思想**」「**個人獨裁**」及其龐大的黨官僚機構統治中國、同時、在黨內、由「**急進左傾路線**」與「**緩進實務路線**」的權力鬥爭、而進行了所謂「**社會主義建設**」。這三〇年間、可以再細分爲七個階段、即︰

㈠　一九四九—五二年（自新民主主義革命轉化爲社會主義革命、完成土地革命、進行資本主義體制工商業的社會主義改造）

㈡　一九五三—五六年（毛澤東「個人獨裁」瘋狂化、百花齊放運動、反右派鬥爭、中共八全大會、毛澤東派與劉少奇派開始權力鬥爭）

㈢　一九五七—五八年（以「毛澤東思想」推進社會主義建設、總路線・大躍進・人民公社的實行與失敗）

㈣　一九五八—六一年（社會經濟開始混亂、人民不滿、毛澤東派與劉少奇派的對立表面化、毛澤東思想‖新民主主義革命、與毛澤東新路線‖社會主義革命發生矛盾、毛澤東退出領導階層第一線、劉少奇當權、改爲經濟緩進調整政策）

㈤　一九六二—六五年（毛澤東企圖復權、擬在軍隊裡重建毛澤東體系、劉少奇在黨・政方面加強統治力量）

㈥　一九六六—七七年（「文化大革命」、大躍進失敗後、外交政策相繼失敗、黨中央以至地方幹部均躊躇繼續追隨毛澤東的「左傾冒險主義」、毛澤東乃利用多年來付植於人民大衆裡的「帝王式專制崇拜思想」（charisma）及軍隊、同時也利用青年學生爲「紅衛兵」、以「奪權」‖革命的名義、打倒劉少奇派、推翻黨組織與憲法體制、新建「革命委員會」、恢復毛澤東「個人獨裁」體制）

㈦　一九七七—七九年（一九七七年九月九日毛澤東死亡、華國鋒・鄧小平・汪東興發動「宮廷政變」即黨中央內部軍事政變、打倒文革派、鄧小平復權、內政上轉變爲「四個近代化」（國家獨佔資本主義）政策、外交上則與昨日的帝國主義敵人即美・日兩國結盟、而敵對社會主義「兄弟黨」的蘇共與蘇聯）

I　建國前後的社會主義改造——毛澤東及其中國共產黨、於一九四五年八月十三日、即抗日戰爭即將結束的前夕、發表「**抗日戰爭勝利後的時局和我們的方針**」、指出：「**從整個形勢看來、抗日戰爭的階段過去了、新的情況和任務是國內鬥爭**」（參閱一九六七年版「毛澤東選集」第四卷 p.1076）。

也就是說、抗日戰爭結束、中日間的「**民族矛盾**」解除後、在中國社會的新階段、新的矛盾對立隨即浮現出來、如封建制度與農民階級的矛盾對立、美國帝國主義支援下的大地主・大資本家的「**聯合獨裁**」（國民黨一黨專政）與民主主義勢力（包括中國共產黨）的矛盾對立、四大家族爲核心的官僚資本與中國人民大衆的矛盾對立、關於革命領導權的資產階級及其政黨與無產階級及其政黨的矛盾對立等。

因此、毛澤東及其中國共產黨：㈠一方面進行「**和平談判**」（一九四五年八月毛澤東飛往重慶、十月與蔣介石簽定「雙十協定」）、同年十一月全國民主團體成立「**反對內戰聯合會**」、昆明大學學生發動「**一二・一反戰鬥爭**」、一九四六年成立「**馬歇爾・張群・周恩來國共停戰調停三人小組**」、同年一月十日—三十一日召開「**政治協商會議**」等、㈡另一方面則與蔣家國民黨軍打內戰、一九四六年十月發表「**中國人民解放軍宣言**」、把這次內戰稱爲「**第三次國內戰爭**」、或「**人民民主主義革命戰爭**」（毛澤東在一九四七年十二月十五日、於陝北米脂縣的會議上、報告「目前形勢和我們的任務」時、第一次使用「人民民主主義革命」這個名詞）、但這與「**新民主主義革命**」有何關係、卻未加以解釋—（參閱一九六七年版「毛澤東選集」卷四 p.1325）、㈢再一方面、就是在廣大的「**解放區**」開始土地革命與經濟建設等、直到當初對蔣家國民黨軍的「**自衛戰**」逆轉爲軍事優勢的「**反攻戰**」後、於一九四九年一月十四日、中共中央才對蔣家國民黨發出最後通牒（Ultimatum）式的「**中共中央毛澤東主席關於時局的聲明**」（參閱一九六七年版「毛澤東選集」第四卷 p.1325）。

在其聲明中、中共提出「**八項和平條件**」、即：⑴懲辦戰爭罪犯、⑵廢除僞憲法、⑶廢除僞法統、

⑷依據民主原則改編一切反動軍隊、⑸沒收官僚資本、⑹改革土地制度、⑺廢除賣國條約、⑻召開沒有反動份子參加的政治協商會議、成立聯合政府、接收南京國民黨反動政府及其所屬各級政府的一切權力。

這種所謂「**八項和平條件**」、也就是中共在國內戰爭的最後階段的「**行動綱領**」、所以、在抗日戰爭時代所控制的舊解放區、與國共內戰後佔領的新解放區、自一九四五年起就逐一開始著手：

㈠　反（沒收）以蔣介石等四大家族為首的大資本家官僚資本――毛澤東於一九四七年十二月二十五日―二十八日、在陝北召集的會議上、報告「**目前形勢和我們的任務**」中說：「……、**這個國家壟斷資本主義、在抗日戰爭期間和日本投降以後、達到了最高峰、它替新民主主義革命準備了充分的物質條件。這個資本、在中國的通俗名稱、叫著官僚資本、這個資產階級、叫著官僚資產階級、即是中國的大資產階級**」（參閱一九六七年版「毛澤東」第四卷 p.1197　陳伯達「中國四大家族」一九六二年）。

㈡　反國特――一九四五年抗日戰爭勝利後、凡在所屬地方的國民黨員、都以特務名義予以肅清、並消滅了地方上的土豪劣紳與惡霸。

Ⅱ　土地革命――中共經過了瑞金蘇維埃體制下的土地改革之後、抗日戰爭時期為了維持「**抗日民族統一戰線**」、對於解放區的地主階級、乃一時停止沒收土地政策、只給予政治上、經濟上的某些限制、例如、「**禁止地主當村幹部、減租減息**」等。這種情況一到抗日戰爭勝利後、一方面開始內戰、另一方面則恢復原來的土地革命政策、即：

㈠　一九四六年五月四日、中共中央發表「**關於土地問題的指示**」（「五四指示」）、徹底沒收地主與富農的土地・房子・農具・家畜・穀子・現款等一切生產手段與財富、分給無地可耕的貧雇農階層。

(二)　一九四七年十月、蔣家國民黨的胡宗南率領大軍進迫延安、劉少奇・朱德等、與毛澤東・周恩來等分手到河北省「**晋察冀邊區**」平山縣西柏坡村、成立「**中央工作委員會**」時、召開「**中共全國土地會議**」、公佈了「**中國土地法大綱**」、但隨即接到自陝北的毛澤東電告修改（參閱「在不同地區實施土地法的不同策略」一九四八年二月三日—一九六七年出版「毛澤東選集」第四卷 p.1220）。

(三)　一九四八年一月、黨中央政治局委員任弼時發表「**關於土地改革的若干問題**」、規定劃分農民階級成份的規準：「**以生產手段的關係不同所產生的剝削與被剝削關係爲規準**」。

(四)　一九四八年二月十一日、毛澤東起草並指示中共中央發表「**糾正土地改革宣傳中的〃左〃傾錯誤**」、指出：①不宣傳依靠貧雇農來聯合中農而消滅地主、②不宣傳反對忽視成份也反對唯成份論、③不宣傳反對觀望不前也反對急性病、④不宣傳反對在工商業和工人運動方針上對於解放區存在著的嚴重的〃左〃的傾向加以讚揚或者熟視無睹等四點（參閱一九六七年版「毛澤東選集」第四卷 p.1224）。

(五)　一九四八年二月十五日、毛澤東起草並指示中共中央發表「**新解放區土地革命要點**」（參閱一九六七年「毛澤東選集」第四卷 p.1226）。

(六)　一九五〇年六月十四日、劉少奇在「**人民政治協商會議全國委員會第一屆第二次會議**」上、進行「**關於土地改革問題的報告**」（參閱一九六七年東京版「劉少奇選集」p.272）。

(七)　一九五〇年六月三十日、「**中共七屆三中全會**」公佈「**土地改革法**」。

如此、中共在短期內、迅速且徹底消滅了封建殘餘的地主及其「**階級**」存在、解決了中國史上兩千年傳統封建制度的基本矛盾。

Ⅲ 「公私合營的」工商政策——中國共產黨因過去三〇年的中國革命第一階段即民族・民主解放鬥爭過程中、一貫以落伍的農村爲主戰場而從事游擊戰、結果、缺乏對於自革命第一階段轉化爲第二階段所必要的思想上政治上的準備與經驗、特別是、對都市極爲生疏、因此、一九四九年肅清蔣家國民黨反動勢力而佔領全國大小都市後、對所謂「城市政策」「工商政策」頗感棘手、因此不得不愼重處理（中共在一九四六年四月、進駐東北的林彪部隊自瀋陽・四平街・長春等地向北撤退至哈爾濱・齊齊哈爾、同年八月二十一日建立「東北自治政府」時、才試行所謂「城市政策」「工商政策」、而後、即以這種「哈爾濱式」的城市・工商政策爲全國各都市的第一個典範）。於是、中共在內戰轉變爲優勢後、每次佔領都市、都以哈爾濱式城市・工商政策爲典範、一方面沒收官僚資本・買辦資本・大資本的企業與工廠、另一方面乃在工人階級監督之下、實行「公私合營」、暫時保存民族資本家、以資復興大小都市的工商業。如：「……、將發展生產、繁榮經濟、公私兼顧、勞資兩利、……」「應當引導工人和資本家在當地政府領導下、共同組織生產管理委員會、盡一切努力降低成本、增加生產、便利推銷、達到公私兼顧、勞資兩利、支援戰爭的目的」（參閱「關於工商業政策」一九四八年二月二十七日—一九六七年版「毛澤東選集」第四卷 p.1228）。「依附帝國主義、封建主義・官僚資本主義、反對人民民主革命的民族資產階級的少數右翼分子、他們是革命的敵人。依附勞動人民反對反動派的民族資產階級左翼分子以及從封建階級分裂出來的少數開明紳士、他們也是革命者。但是這兩者都不是敵人或者革命者的主體、兩者都不是可以決定革命性質的力量。……。他們是人民大衆的一部分、但不是人民大衆的主體、也不是決定革命性質的力量。但是因爲他們在經濟上具有重要性、又因爲他們可以參加反對美蔣、或者在反對美蔣的鬥爭採取中立的態度、因之我們便有可能和必要去團結他們」（參閱「關於民族資產階級和開明紳士問題」一九四八年三月一日—一九六七年版「毛澤東選集」第四卷 p.1230）。

Ⅳ　三反・五反運動——一九五一年三月、即中共在全國的接收工作及改造工作告一段落後、就開始「**三反運動**」、進行反對政府人員的貪污・浪費・官僚主義、而淘汰在國共內戰勝利後暫時留用的蔣家國民黨官僚殘餘份子、並擬長期消滅中國幾千年來的官僚主義傳統・陋習舊慣・舊文化觀念・舊生活方式等。

又在一九五一年、另發動了「**五反運動**」、反對賄賂・逃稅・竊取國家財產・偷工減料・竊取國家經濟情報、而淘汰戰爭終結後暫時以「**公私合營**」留用的民族資本家及其「**階級**」存在。

到一九五三—五六年間、在「**農業合作社化**」的基礎上（一九五五年十月—十一月中、毛澤東相繼發表「農業合作社化的一場辯論和當前的階級鬥爭」「〝中國農村的社會主義高潮〞的序言」「〝中國農村的社會主義高潮〞的按語」——參閱一九七七年版「毛澤東選集」第五卷 p.218, 225）、進行資本主義工商的社會主義改造、即排除資本主義所有制、而實行生產手段社會主義化（毛澤東在一九五三年七、八月、相繼發表「關於國家資本主義」「黨在過渡時期的總路線」「反對黨內的資產階級思想」「改造資本主義工商業的必經之路」）（參閱一九七七年版「毛澤東選集」第五卷 p.99, 89 90, 98）、而開始急進的「**第一次五年經濟計劃**」（一九五三—五七年）。

(5)　毛澤東加強「個人獨裁」與權力鬥爭

Ⅰ　傀儡的「**民主黨派**」與開明人士——毛澤東及其共產黨、如願以償的把「**階級敵人**」、即革命對象的地主・資本家以及舊官僚淘汰或壓制、並消滅這些舊剝削者的「**階級**」存在後、乃標榜「**人民民主統一戰線**」、拉攏一批所謂「**民主黨派**」與開明人士以及海外華僑等爲幌子、而加強且擴大毛澤東的「**個人獨裁**」。

毛澤東於一九四八年三月一日發表的「**關於民族資產階級和開明紳士問題**」中、對黨內指示：「開明紳士是地主和富農階級中帶有民主色彩的個別人士。這些人士、同封建的地主・富農也有某種矛盾。我們團結他們、并不是因為他們在政治上有什麼大的力量、也不是因為他們在經濟上有什麼重要性（他們根據封建制度占有的土地、應當在取得他們同意之後交給農民分配）、而是因為他們在抗日戰爭時期、在反美蔣鬥爭時期、在政治上曾經給我們以相當的幫助。在土地改革時期、如果有少數開明紳士表示贊成我們的土地改革、對於全國土地改革的工作也是有益的。特別是對於爭取全國的知識分子（中國的知識分子大部分是地主・富農的家庭出身）、對於爭取全國的民族資產階級（中國的民族資產階級大部份同土地有關係）、對於爭取全國的開明紳士（大約有幾十萬人）以及對於孤立中國革命的主要敵人蔣介石反動派、都是有益的」（參閱一九六七年版「毛澤東選集」第四卷p.1232）。

毛澤東及其共產黨在政治上所要利用的「**民主黨派**」與開明人士、就是上述毛澤東所說「開明紳士」的政治代表。他們在抗日戰爭中反對蔣介石及其國民黨法西斯特務獨裁政治、同時也反對毛澤東及其中國共產黨的「**個人獨裁**」、也就是說、他們本來是反蔣反共、反對封建主義與反對無產階級專政、而想建設資產階級民主主義國家與促進資本主義發展。這些人、被夾在共產黨・國民黨之中、自己卻沒有力量、也沒有廣大勤勞大衆的支持、只以一套資本主義性「**民主理論**」與「**人權思想**」、擬在中國政壇上爭取發言權、就是重慶時代的所謂「**第三黨**」份子、例如：(1)「**民主同盟**」（張瀾・周鯨文）、(2)「**民主建國會**」（黃炎培・章乃器）、(3)「**民主促進會**」（馬敘倫・許廣平＝魯迅之妻）、(4)「**農工民主黨**」（章伯鈞・季方）、(5)「**九三學舍**」（許德衍）、(6)其他有作家郭沫若・巴金・老舍・田漢・茅盾（沈雁冰）・沙千里、學者翦伯贊・羅隆基・史良・翁文灝・以及在一九四五－四八年被暗殺的聞一多・李公撲・陶行知・馮玉祥等。一九四九年中共取得天下後、加上：(7)國民黨內的投機份子、不滿份子投共而成立的「**國民黨革命委員會**」（宋慶齡＝孫文妻・何香凝＝廖仲愷妻・邵力子・陳明樞・李濟深・蔡廷錯・張治中・劉斐・陳紹寬・程潛・李德全＝馮玉祥妻等）。但到後來、除了「**國民黨革命委員會**」之外、其他各團體逐漸被合併於「**民主同盟**」之內。

這些在中共指導下（控制下）的民主團體與人士、雖説非無愛國之心、但實際上卻與在蔣家國民黨獨裁專政下的所謂「**中國青年黨**」「**中國民主社會黨**」同樣、被利用爲毛澤東「**個人獨裁**」的掩蓋物。

毛澤東於一九四九年六月三十日、紀念中國共產黨二八周年、發表「**論人民民主專政**」說：「**人民是什麼？在中國、在現階段、是工人階級、農民階級、城市小資產階級和民族資產階級。這些階級在工人階級和共產黨的領導之下、團結起來、組成自己的國家、選舉自己的政府、向著帝國主義的走狗即地主階級和官僚資產階級以及代表這些階級的國民黨反動派及其幫兇們實行專政、實行獨裁、壓迫這些人、只許他們規規矩矩、不許他們亂説亂動。如要亂説亂動、立即取締、予以制裁。對於人民內部、則實行民主制度、人民有言論・集會・結社等項目的自由權。選舉權只給人民、不給反動派。這兩方面、對人民內部的民主方面和對反動派的專政方面、互相結合起來、就是人民民主專政**」（話雖如此、但毛澤東口是心非、所講的與所做的完全兩樣——參閱一九六七年版「毛澤東選集」第四卷 p.1412）。

於是、中共黨中央在一九四九年九月二十一日、召集這些民主團體與民主人士、成立了「**新人民政治協商會議**」（舊「人民政治協商會議」是一九四六年二月在重慶成立的）、新政協主席毛澤東、副主席周恩來・郭沫若・宋慶齡等、秘書長由「**中共中央統一戰線工作部**」部長李維漢擔任、並基於這傀儡組織「**人民政治協商會議**」（簡稱「政協」）的形式上的決議、而在一九四九年十一月一日、建立了所謂「**人民民主專政**」的「**中華人民共和國**」。

繼之、毛澤東於一九五三年七月十四日、在中央人民政府委員第三十次會議上、發表「**關於中華人民共和國憲法草案**」（參閱一九七七年版「毛澤東選集」第五卷 p.125）、而後、一九五四年九月十五日召開

「**中華人民共和國全國人民代表大會**」（簡稱「全人代」）、二十七日採決「**中華人民共和國憲法**」（後來、一九七五年・一九七八年兩次改憲）、並選出中共主席毛澤東爲國家主席、副主席朱德・劉少奇・高崗・宋慶齡・李濟深・張瀾等六人。

Ⅱ　與馬克思主義「**無產階級專政**」背道而馳的毛澤東「**個人獨裁**」——如上所述、毛澤東自「**遵義會議**」（一九三五年一月）取得軍事指揮權後、經過八年抗日戰爭、一步步加強他在黨內的領導權、終於一九四五年「**中共七全大會**」上奠定其「**個人獨裁**」的基礎、而後更加擴大其絕對性的「**個人獨裁**」。也就是說、以無產階級與民主黨派名義對於廣大工農人民大衆施行所謂「**人民民主獨裁**」、再以無產階級先鋒隊即中國共產黨名義、對於廣大工農人民大衆與無產階級進行「**共產黨獨裁**」、最後以共產黨唯一領袖名義、而進行毛澤東對於廣大工農人民・無產階級及共產黨的一切的「**個人獨裁**」。這無非是「**史大林主義**」（Stalinism）之「**個人獨裁**」（Nomenkratura）的翻版、也是中國傳統帝王式「**絕對專政體制**」（Hierarchie）的末流、這與馬克思主義的「**無產階級專政**」截然不同。

史大林・毛澤東等即把「**無產階級專政**」認爲是與民主主義完全對立的、只利用其獨裁機能在思想上・政治上・軍事上・經濟上施行專政、並鎭壓・打擊・清算・消滅反對派（不是階級敵人）的異己份子而已。

馬克思主義**眞正**的「**無產階級專政**」（Dictatur des Proletariats）、其所謂 Dictatur 即「**專政**」的原意、原來是在古代羅馬時代、當共和國瀕臨危機時、由總統任命一個「**獨裁執政官**」、以六個月爲限、臨時委任全權、使之處理一切政務而擬解脫國家危機的一種短期的過渡制度。因此、馬克思・恩格斯等馬克思主義的創始者、**繼承**在法國大革命過程中由 Grachus Babeuf 再復活而適用於所謂「**先**

鋒獨裁」的這種「**專政**」的概念時、是認爲採用這種「**專政**」的過渡時期是一時的、短期間的。但這種「**專政**」卻由史大林・毛澤東等後來的社會主義國家的獨裁者歪曲其性格・並將其改爲半永久化。

馬克思主義眞正的「**無產階級專政**」、是由資本主義體制轉化爲共產主義體制的一個過渡時期的工人階級的政治支配與政治權力。馬克思認爲這是無產階級在上述歷史發展的過渡時期、國家權力的階級本質的最高表現、一切權力集中在無產階級、對舊資產階級實行專政。列寧較馬克思更爲強調無產階級專政的絕對性。

「**無產階級專政**」在國內、具有透過執行兩個任務、即：(1)防範舊統治階級即資產階級的反抗與復活、(2)爲社會主義建設進行組織工作與領導工作、在國際上是：(3)反對帝國主義・支援殖民地與被壓迫民族的解放鬥爭・進行世界革命、而擬達成廢除人剝削人的社會制度及消滅國家的權力一般（無產階級的政治權力本身）爲終極目標。

「**無產階級專政**」的實際形態、如列寧所說：「**無產階級專政、是爲了解脫資本主義的桎梏所不可缺欠的且無條件的必經的途徑、……、專政雖然需要使用暴力、但無產階級專政不只單意味著暴力。這乃意味著比以前的勞動組織更加高度的勞動組織**」「**無產階級專政、乃是勤勞者先鋒隊的工人階級、與多數的非工人階級的勤勞者階層（小資產階級・小商人・農民・知識份子階層）之間的階級同盟、或者與他們的大多數人之間的階級同盟的一種特殊形態**」（參閱列寧「關於以自由與平等的口號欺瞞人民」一九一九年五月十九日—日本・大月書店日譯「レーニン全集」29、一九七八年 p.311）。

換句話說、眞正無產階級專政的實際形態、乃是將資本主義體制內所進行欺瞞的民主主義體制、即少數者＝「**資產階級**」、對多數者＝「**無產階級工農份子爲主要的人民大眾**」所進行的實際上的獨裁專政方式顚倒過來、改變爲在多數者＝無產階級工農份子爲主要的人民大衆、在內部互相之間實行同盟與民主的大前提之下、而對少數者＝舊資產階級殘餘份子或者新資產階級份子實行專政的、社會主義革命過程中的一個過渡形態。

但是中共卻在與馬克思主義無產階級專政背道而馳的毛澤東唯一領袖「**個人獨裁**」體制下、無論任何人、若不爭取在唯一領袖之下置身於權力中心或者權力主流系統、不但無法施展所持的革命理想與發揮能力、而且均有隨時被淘汰被清算以致沒落滅亡的危險。同時、令人意想不到的就是毛澤東及其中國共產黨、雖然是前進的革命隊伍、但上自毛澤東、下至個個的地方幹部、仍然擁有濃厚的中國傳統的封建觀念及其關係、即鄉黨・同學・裙帶・軍隊部屬以及政治上的親信等關係、所以、黨內權力鬥爭、以及拉關係・搶權位等、極為激烈。

如上所述、這種的毛澤東「**個人獨裁**」、自「**七全大會**」（一九四五年）以來迅速加強、尤其是一進入一九五〇年代（中共所謂的「人民民主專政」階段）、更加得逞、一切決策與對黨員幹部的生殺與奪的大權在握、隨著、「**權力鬥爭**」也更加熾烈化。

如此以嚴密且堅強的黨組織為基礎的毛澤東「**個人獨裁**」的例子比比皆是、其中較為表面化的例子、如有：

㈠　中國土地法大綱修改事件——蔣介石下令他的大將胡宗南率領大兵進攻延安、毛澤東與劉少奇分手轉移而各據一處時、劉少奇透過黨**組織**「**中央工作委員會**」召開「**中共全國土地會議**」、採決並公佈「**中國土地法大綱**」、但因不先經毛澤東批准、隨即受到電告反對、終不得不修改原案（參閱毛澤東「在不同地區實施土地法的不同策略」一九四八年二月三日——一九六七年版「毛澤東選集」第四卷 p.1220）。這件事、乃是毛澤東・劉少奇在政策上第一次的對立、以此為起點、後來發展為勢不兩立的熾烈的路線爭論與權力鬥爭。

(二)　高崗・饒漱石等人的所謂「**反黨聯盟事件**」——高崗（陝北橫山人、毛澤東未到延安以前的「陝甘寧邊區」建立者、抗日戰爭中擔任「中共中央西北分區」書記、抗日戰爭勝利後、與林彪・陳雲・李富春等挺進東北、後來被選爲黨中央委員・「中華人民共和國」副主席・國家計劃委員會主任、及「東北人民政府」主席、主持東北地區的黨・政・軍）、饒漱石（江西臨川人、抗日戰爭中、在江南協助項英・葉挺・陳毅建立「新四軍」、一九四一年「皖南事變」後、與陳毅渡過長江、協助劉少奇重建新四軍、抗日戰爭勝利後、被選爲黨中央委員、擔任「中共中央華東局」書記、後來調任「中共中央」組織部長）、因多接觸蘇聯（一九四九年七月、高崗爲「東北人民政府商業代表團」團長、赴蘇商談中蘇貿易等）、被毛澤東・劉少奇懷疑偏袒蘇聯企圖將東北特殊化的政策、另一方面與劉少奇權力鬥爭失敗的結果、在一九五三年十月中共中央政治局會議・一九五四年二月七屆四中全會・一九五五年三月中共全國代表者會議上、相繼受到抨擊、終於由劉少奇・鄧小平以「**親蘇軍閥的頑固派**」「**反黨聯盟**」名目、檢舉而被肅清、同時、被認爲參加反黨聯盟的潘漢年（江蘇宜興人、入黨後、一八年的歲月、擔任「黨中央對外代表團」團長、均在白色恐怖中渡過艱辛危難的地下工作生活、抗日戰爭勝利後、擔任「上海人民政府」副市長）等人、也一起被肅清。鄧小平因檢舉此事特別賣力、故得到毛澤東的垂青而被提升爲「**中共中央**」總書記。這種所謂「**反黨聯盟事件**」、無非是一種變相的權力鬥爭（參閱日本・竹內實「毛澤東と中國共產黨」一九七二年 p.127）。

(三)　毛澤東無視黨規召集各級幹部會——一九五五年七月、毛澤東無視黨章規定與手續、召集黨的省委・市委・區委等各級黨書記開會、講述不經過黨中央討論決定的「**關於農業合作化問題**」（一九五五年七月三十一日——一九七七年版「毛澤東選集」第五卷 p.168）其起頭就是說：「**在全國農村中、新的社會主義群衆運動的高潮就要到來。我們的某些同志卻像一個小腳女人、東搖西擺地在那裡走路、老是埋怨旁人說、走快了、走快了。過多的評頭品足、不適當的埋怨、無窮的憂慮、數不盡的清規和戒律、以**

爲這是指導農村社會主義群衆運動的正確方針」。在這段話中、暗地裡抨擊了中共中央副主席劉少奇與中共中央農村工作部長鄧子恢的緩進主義（原來兩年前的一九五三年十二月「中共中央政治局會議」上、已採決「關於農業生產合作社發展的決議」、而強調：「發展農業合作化、無論在何時何地、必須基於農民自發的自願的根本原則。……。絕不許以簡單的命令一下而實現的辦法」的緩進政策）、結果、於一九五五年十月四―十一日召開的「**中共七居六中全會**」中、劉少奇被迫不得不修改原案、農村工作部長鄧子恢引咎辭職、才了事（參閱日本・竹內實「毛澤東と中國共產黨」一九七二年 p.127）。這成爲毛澤東、劉少奇在政策上的第二次分歧對立。

其後、毛澤東「**個人獨裁**」愈來愈瘋狂化、乃至一意孤行、而衝進「**大躍進**」「**人民公社化**」運動、肅清彭德懷等、最後、發展成「**文化大革命**」。

關於毛澤東對「**無產階級專政**」的錯誤認識及其形態、在「**文化大革命**」時最爲明顯如：(1)將本來是屬於國家概念的無產階級專政的「**專政**」、錯認爲對批評、反對「**個人獨裁**」等反對派的鎮壓機能（故錯認「軍隊」最能代表國家機能）、(2)錯認無產階級專政的「**無產階級**」爲支持毛澤東獨裁・崇拜毛澤東・遵奉「**毛澤東思想**」的集團（故不管是否從事生產、只要是支持毛澤東的軍隊・學生均被認爲「無產階級革命」的**主力**、乃至以「紅衛兵」「造反派」來攻擊工人階級・工會・中共黨組織等）、(3)錯認「**無產階級專政**」爲「**毛澤東獨裁**」即「**無產階級革命派（文革派）獨裁**」（故公然宣稱支持「毛澤東獨裁」是無產階級文化大革命的根本任務）、(4)錯認新創的「**革命委員會**」爲「**無產階級專政**」的最高的政權形態（故以忠於毛澤東最高指示並由毛澤東指派的軍代表・革命大衆團體代表・革命幹部代表爲「三結合」而在各地成立「革命委員會」、並使最大官僚組織的軍代表享有最大的發言權）。

再者、關於排擠異己份子、毛澤東雖然不如史大林那樣的把反對派集中在一起、大量槍斃示威而哄動一世、但這畢竟只是中國民族的政治手段高於俄國斯拉夫民族罷了。毛澤東及其共產黨所採取的辦法是向反對派扣上反人民・反革命・反黨・反社會主義、甚至於帝國主義間諜等罪名後、即以「**思想改造**」的名目、把反對派個個分散隔離在個別的各地方或各單位、抑或集體發配於人煙罕至的邊疆地區、加以長期管訓或者從事重勞動、其所受苦難之慘、較之史大林式的立即槍斃了事、實有過之而無不及。

(6) 蘇共批判史大林與中共八全大會

一九五三年三月五日、現代史的巨星史大林死亡、之後、蘇聯共產黨內部隨即捲入權力鬥爭的漩渦裡、結果、一九五三年九月二十日赫魯雪夫（Nikita Khrusher）就任蘇共第一書記後、他逐漸獲得黨的領導地位。

Ⅰ　赫魯雪夫在蘇共第二十屆代表大會上兩次批判「**史大林主義**」——一九五六年二月十四日至二月二十五日、蘇聯共產黨在莫斯科的克里姆林宮召開「**蘇共第二十居全國代表大會**」（鄧小平等中共代表團也參加該會）。這次大會、由於與會代表始終指責君臨於蘇聯共產黨與國際共產主義運動將近三〇年的史大林個人獨裁、及史大林主義所做的種種罪惡行為、竟使這次大會成為列寧死後最為重要的黨大會。

赫魯雪夫乃以黨第一書記的資格、在會上做了兩次演講（第一次二月十四日會議上、第二次在二月二十五日秘密會議上）。

赫魯雪夫在第一次演說時、尚未明確的指出「**史大林**」的氏名、而抨擊非馬克思主義的「**個人崇**

拜」「**個人獨裁**」與「**黨官僚主義**」、以及「**單一領導者**」的觀念、並要求與會的代表們廢止對領導幹部將入會場時所做的熱烈鼓掌的壞習慣（歷來在各種會議上、史大林臨會時都得以滿場的鼓掌來表示崇拜唯一領袖）。同時導引大會採決主要政策應由：①以一五人委員會組成的中央委員會決定、②復活列寧時代的「**自由討論與多數決的決議**」（史大林時代是「個人獨裁」、史大林死後改為「一一人幹部會會員的集體領導制」、這次採決的是「黨中央委員全體委員的集體領導制」）。

赫魯雪夫在這次的演講中、同時涉及蘇聯的外交政策說：「**本來、蘇聯的外交政策、應該是根據列寧的和平主義諸原則、而採取和平共存政策。況且、今日的社會主義陣營已成長為強大的力量、所以、戰爭乃成為並非不可避免的唯一手段、依靠非暴力的和平、也可能達成革命的終極目標。通到社會主義的道路已不僅是只有一條、而是成為複數的好幾條路線**」。

赫魯雪夫又在秘密會議上、做了第二次的演講、更加詳細的舉出「**個人獨裁**」的罪惡行為。他所做的秘密演講、都由蘇共中央將其內容通告於蘇共的地區各支部與外國的各國共產黨、並隨即被傳出外界。

當時在蘇聯國內、驅逐「**史大林主義**」的熱潮、不但是在反對「**個人崇拜**」「**個人獨裁**」的政治領域、且已瀰漫於國內政策的各部門。因此赫魯雪夫又在大會上公佈「**黨中央委員會**」的決定、即：①降低「**政治警察**」（政治特務）的地位與削弱其權限、廢除史大林時代的大肅清與大量放逐（繼任史大林而為新首相的馬倫可夫等黨中央幹部會會員、已在史大林死亡四個月後的一九五三年七月、強行「克里姆林宮政變」、當場逮捕了史大林最親信的特務頭子、即一九三八年以來就任「政治警察（G・P・U）、長官而現任副首相兼內務部長貝利亞＝Lavrentij Pavlovich Berija、於同年十二月槍斃貝利亞等秘密警察幹部七人、②廢除大部份勞動營與政治監獄、釋放大部份的政治犯、③施行「**新刑法**」、確立司法制度、廢除史大林時代的永續肅清與恐怖政治、保證「**以法統治**」、④施行「**新勞動法**」、廢除史大林時代的苛酷的勞動規則、⑤提高低級工人的工資、降低官僚・勞動貴族等的待遇並廢除其各種特權（史大林在其獨裁的三〇年間、一貫反對所謂「平等主義的謬論」、造成官僚・企業家・藝術家・高級工人等的特權階級、助長不平等的社會狀態）、⑥全廢初中・高中的學費等。

赫魯雪夫爲了鞏固史大林死後的新政治體制而公佈的這些非史大林化的措施、當然受到這次大會最大的歡迎、同時也爲鞏固赫魯雪夫本身的政治地位掀起很大的作用。

但是、由於赫魯雪夫本身原來就是史大林一手培植的所謂「**史大林的高足**」、也是史大林主義的共犯者、所以他對於一九五三年三月史大林死後、馬倫可夫（Georgij Maksimilianovich Malenkov）即繼任政府首相以來就開始的非史大林化、唯恐這種「**非史大林化**」的奔流過於衝擊、而造成過多的自由主義・平等主義以及理想主義等、以致影響到他自己的領導地位、並且、他更爲擔心的、乃是托洛茨基主義・布哈林主義、抑或資產階級國家主義等過去的異己因素藉此「**非史大林化**」復活起來而成爲敵對的政治勢力、因此、赫魯雪夫在這次大會上的所謂「**史大林批判**」、實際上是抱著極爲愼重的態度、他雖然在觀念上大肆批評「**個人崇拜**」與「**個人獨裁**」、但始終避免舉出「**史大林**」的氏名來抨擊其專橫與罪過、避免否定過去的主人。

不但是在大會上、且大會結束後、赫魯雪夫雖然不敢也不可能企圖截止強大的「**反史大林主義**」的激流、但是他在執政上、卻仍然保持著史大林時代的某些壓制性的政治權力、而做爲把持領導地位的保障。譬如、在這次大會上採決的議案中、最爲基本且最重要的所謂「**黨中央委員會全體委員集體領導制**」、雖然在**觀念上**是否定了「**個人獨裁**」與「**唯一領袖制**」、但在**實際上**、中委會的討論情況與決策過程仍然與史大林時代同樣的不公開、只在會後對外發表其滿票一致的決議結果而已。對於下級機關也仍然依據史大林時代的「**黨官僚中央集權統治體制**」、因此、經過批判史大林主義的這次大會後、實際上還遠不如所主張的「**列寧主義與無產階級民主主義的復活**」（列寧在世時、他所主持的「黨中央委員會」若在重要決策上發生不同意見、就在黨大會上由多數派正式發表其見解、同時少數派也能舉出代表在大會上發表其反對意見爲決策時的慣例。並且、一般黨員也能自由發表其個人意見）。

Ⅱ　米高揚徹底揭穿「**史大林主義**」的罪惡行爲——蘇共黨中央幹部會會員的米高揚（Anastas Ivanovich Miko-jan）、雖說是與赫魯雪夫同樣成爲「**史大林主義**」的共犯者（自一九二二年就是史大林派）、但他早在一九一五年就加入革命而受到列寧的薰陶及提拔的老布爾塞維克黨幹部（赫魯雪夫完全是受到史大林的垂青而起家的）、因此、他在大會上、儼然成爲明確揭穿史大林個人獨裁的罪惡與遺毒、及徹底反對「**史大林主義**」的唯一領導幹部。

他強烈抨擊史大林所創始的「**黨官僚中央集權主義**」及其龐大的機構、以及史大林對西歐資本主義崩潰的過程一無所知而一意孤行、史大林僞造歷史事實而在一九三八年出版「**聯共小史**」等罪惡行爲。他特別揭穿史大林驅使貝利亞的政治警察、並造成一批所謂「**法律學派**」的檢察官與推事、而在一九三六—三八年間、大量處刑黨幹部與黨員。他要求對「**黨官僚中央集權主義**」進行毫不留情的鬥爭、並恢復列寧的「**民主的中央集權主義**」、同時要求重新審判托洛茨基・吉諾比易夫・布哈林・拉蒂固等被陷害處決的老布爾塞維克黨幹部。

米高揚在會上、也涉及列寧臨終時（一九二四年四月二日死亡）、暗地裡被毀滅的「**遺言**」、即向黨勸告：「**罷免史大林的書記長職務**（一九二二年四月三日就任）」（這件事乃是托洛茨基在生前屢次提到的）。

米高揚、對赫魯雪夫在大會開幕時激烈辱罵「**托洛茨基主義者**」與「**布哈林主義者**」並中傷革命初期老幹部與紅軍幹部爲「**人民之敵**」提出抗議。然而、對於米高揚的這種抗議、不但是赫魯雪夫本人、甚至他的班底也沒提出反對意見。

由於米高揚的反對史大林主義極爲逼眞、並且帶有深刻的自我檢討的眞情、所以、他講完時竟獲得與會代表的熱烈的鼓掌喝采。他在大會將結束時、被選爲「**最後決議**」的起草委員、而要求新任中央委員會：「**必須向個人崇拜的殘餘繼續進行鬥爭**」。

Ⅲ　史大林批判大會閉幕後的東歐關係與中蘇關係——第二十屆大會結束後、蘇聯與東歐各國隨即實現了一連串的復權工作（平反工作）。此時受到「**恢復名譽**」的復權者、主要的有一九三七年被槍決的托哈結布斯基（蘇聯陸海軍人民委員代理）・布流黑爾（據說是「鮑羅廷」的別名、最後職務是遠東蘇軍司令官）・卡梅易夫等、以及一九四〇年代以「**鐵托主義**」（Titoist）名義被處決的匈牙利的抵抗法西斯運動指導者來克・拉斯魯夫、及保加利亞共產黨領袖克斯托夫等人。

由於這些所謂「**鐵托主義者**」復權、並在蘇共第二十屆大會秘密會議上、赫魯曉夫指責史大林與南斯拉夫對立的錯誤、結果、導致蘇聯・南斯拉夫兩國的復交（一九四八年蘇共與南共對立、同年九月十五日「共產黨及工黨情報局」＝Cominform 除名南斯拉夫）、同年的一九五六年六月二日鐵托（Tito）訪問莫斯科。但在一九五六年十月「**匈牙利事件**」發生、蘇聯出兵鎭壓、所以鐵托在同年十一月十一日抨擊蘇軍佔領匈牙利、於是、蘇聯與南斯拉夫再度關係破裂。

另一方面在遠東、由於赫魯曉夫在第二十屆代表大會上做了一連串「**史大林批判**」與「**和平轉移論**」、這隨即成爲中蘇兩國共產黨對立的開端。因此中共中央急遽在同年的一九五六年四月與十二月、召開兩次的「**中共中央政治局擴大會議**」、同時在一九五六年四月五日「**人民日報**」上、發表編輯部執筆的「**關於無產階級專政的歷史經驗**」、同年十二月二十九日「**人民日報**」、再度發表「**再論關於無產階級專政的歷史經驗**」、一方面同意「**反對個人崇拜**」、但另一方面更是強調暴力革命的重要性、藉以抵抗蘇共的「**反史大林主義**」與「**和平轉移論**」。其於、中蘇共黨對立愈來愈深刻化、中共每在爭論上、都引例蘇共第二十屆決議、而抨擊赫魯曉夫的「**史大林批判**」與「**和平轉移論**」（參閱 Isaac Deutscher, Ironies of History ——山西英一日譯「現代の共産主義」一九七四年　Isaac Deutscher, Russia, China, and The West, 1970 ——山西英一日譯「ロシア・中國・西側」一九七八年　Anthology by Isaac Deutscher ——山西英一編譯「毛澤東主義」一九六五年　Milorad M. Drachkovitch, Marxism in the Modern World 1965 ——木村凡日譯「現代のマルクス主義」一九六七年　O.b. bopncoa and B.T. korockob, Cobetcko-Kntanckne othomehr, 1977 ——瀧澤一郎日譯「ソ連と中國」一九七九年　菊地昌典「現代ソ聯論」一九七七年）。

Ⅳ　中共八全大會與反對個人崇拜——如上所述、一九四三年五月「**第三國際**」（共產國際）解散後、國際共產主義運動在政治上・組織上的權威與機能（列寧死後、實際上早就在史大林手裡）、乃名符其實的歸於史大林及其蘇聯共產黨。在這種情況下、中國共產黨也在一九四五年四月—六月召開的「**七全大會**」上、仿效史大林而承認毛澤東在黨內的絕對領導權（也就是對中國革命的絕對領導權）。

然而、一九五三年三月史大林死亡、一九五六年二月在莫斯科召開的「**聯共第二十居全國代表大會**」上、赫魯雪夫・米高揚等做了驚天動地的「**史大林批判**」後、也就是說史大林的權威與現有蘇聯共產黨間發生分裂後、在中共黨內、也在仍然採取「**蘇共一邊倒**」政策而承認著蘇共在國際共產運動上的領導地位的中共中央實務派（黨副主席劉少奇與總書記鄧小平等爲代表人物）、與擁有史大林式絕對領導權而仍然支持「**史大林主義**」的毛澤東的二者之間、發生分歧（也就是毛澤東派與劉少奇派之間發生對立）。

故此時在中央出現了二律相悖的（antinomy）、矛盾的兩個現象：

一個就是如上述的召開兩次「**中共中央政治局擴大會議**」（在會議中毛派與劉派爭論激烈）、與發出兩次「**關於無產階級專政的歷史經驗**」。這兩篇文章雖然沒有全面承認毛澤東的主張、而在表面上是表示同意「**反對個人崇拜**」、但在基本論調是極力反對全面的**非**史大林化與和平轉移路線（「史大林批判」被發表後、世界上的著名共產黨領袖之中、表示仍然支持史大林主義的、只有中共的毛澤東與法共的杜累士＝Maurice Thorez 而已、意共的杜厘阿茨紀＝Palmiro Togliatti ・波蘭共產黨的彌埃路托＝Boleslav Bierut 則決然與史大林主義斷絕關係、其他大多數乃採取騎牆態度）。

再一個就是召開「**中共八全大會**」、向蘇共的民主化路線看齊、而對毛澤東既有的黨內絕對領導權加以限制與削弱。

一九五六年九月十五日—二十七日、即百花齊放運動正在開始進行之時、中國共產黨在北京召開「**第八屆全國代表大會**」（「中共八全大會」——與一九四五年召開的「七全大會」相距一一年）。

在大會上、毛澤東致開會詞、劉少奇做「**中國共產黨中央委員會向第八次全國代表大會的政治報告**」、周恩來做「**國民經濟發展第二次五年計劃報告**」、鄧小平做「**關於修改黨章的報告**」（上述各報告、均在八月二十三日・九月八日・九月十三日的「七屆七中全會」受到承認、也就是說、上述四個中共領導幹部所做的報告、均是在毛澤東親自參加的「中委會」所決定的、黨的正式報告）。

其中、劉少奇所做的「**政治報告**」、乃是中共取得政權後初次召開的「**黨全國代表大會**」上、明確的規定了現階段的權力與革命的歷史性格、所以、含有三點極為重要的基本原則。

第一點、規定「**中華人民共和國**」成立後的政治權力為「**無產階級專政**」（毛澤東在一九四九年七月一日「人民日報」上、發表了「論人民民主主義專政—紀念中國共產黨二十八周年」、其中、只是規定「人民民主專政」是以工人階級透過中國共產黨領導的工農同盟爲基礎、並沒有明確說是「無產階級專政」的一種形態、所以劉少奇的這次報告、就是中共第一次表明所謂「人民民主專政」實際上是「無產階級專政」）。即：

「在中華人民共和國成立以後、由於工人階級在同幾億農民建立了堅固同盟的條件下取得了全國範圍的統治權力、工人階級的政黨中國共產黨成爲領導全國政權的政黨、人民民主專政實際上已經成爲無產階級專政的一種形式。這就使我國的資產階級民主性質的革命有可能經過和平的道路、直接地轉變爲無產階級社會主義性質的革命。因此、中華人民共和國的成立、標誌著我國資產階級民主革命階段的基本結束和無產階級社會主義革命階段的開始、標誌著我國由資本主義到社會主義的過渡時期的開始」（參閱一九六七年東京版「劉少奇選集」p.351）。

在這報告說明、生產手段的私有制將改爲社會主義共有制的任務在基本上已完成、社會主義與資本主義的勝敗已解決。但爲什麼不把這個中國說爲社會主義社會、而只爲：「由資本主義的過渡時期的開始」？

其理由是：中國社會仍然擁有「過渡時期」的基本特點、即：「第一、我們的國家是一個工業落後的國家。爲了建設社會主義社會、必須發展社會主義的工業、首先是重工業、使我們的國家由落後的農業國變爲先進的工業國、而這是需要一個相當長的時間的。第二、在我們的國家裡、工人階級的同盟者不但有農民和城市小資產階級、而且有民族資產階級。因此、爲了改造舊經濟、不但對於農業和手工業需要採取和平改造的方法、而且對於資本主義工商業、也需要採取和平改造的方法、而這就需要逐步進行、需要時間」（參閱「前揭書」p.351）。

「黨中央委員會根據我國的具體情況、規定了我們黨在過渡時期的總路線、這就是、在一個相當長的時期內、逐步實現社會主義的工業化、逐步完成對農業・手工業和資本主義工商業的社會主義改造。黨的這個總路線是在一九五二年國民經濟恢復階段終結的時候提出的。在一九五四年已經爲全國人民代表大會所接受、作爲國家在過渡時期的總任務、記載在中華人民共和國憲法裡面」（參閱「前揭書」p.352）。

「按照過渡時期的總路線、我國已經在一九五三年開始了發展國民經濟的第一個五年計劃。黨中央委員會原來預計、完成過渡時期的總任務、將需要大約三個五年計劃的時間。第一個五年計劃的實踐證明、爲了完成國家的工業化、三個五年計劃的時間是必要的、或者還需要更多一點時間。但是社會主義改造的任務、在第一個五年計劃期間就已經基本上完成、而在第二個五年計劃期間、除開個別地區以外、就可以全部完成」（參閱「前揭書」p.352）。

「……、在我們國家的社會事業中不可能沒有無產階級專政、而無產階級專政是經過無產階級的政黨——共產黨的領導來實現的」（參閱「前揭書」p.440）。

第二點、規定中國現階段的「無產階級專政」、是無產階級專政的一種形式、所以、在新中國必須有其他階級、其他黨派和無黨派民主人士參加政權、「人民民主統一戰線」要繼續存在、即：

「無產階級專政不但需要無產階級對於國家機關的堅強領導、而且需要最廣大的人民群眾對於國家機關的積極參加、二者缺一不可。無產階級只有同廣大的可以接受社會主義的群眾結成聯盟、才能形成最大多數人對於反動階級的專政、才能實現社會主義、這難道不是異常清楚的道理嗎？列寧說：〝無產階級專政、是無產階級、即勞動者先鋒隊與人數眾多的非無產者勞動階層（小資產階級・小業主・農民・知識界等等）、或與大多數勞動者建立的特式階級聯盟、……是爲最終建成並鞏固社會主義而建立的聯盟〞、列寧所說的階級聯盟的範圍、在不同的歷史條件下是可以不一樣的、但是、無產階級專政總是一定形式的階級聯盟、這一點是無可懷疑的」（參閱「上揭書」p.385）。

第三點、在黨的領導上、否定「個人崇拜」、而擬確立「集體領導制」。具體的說、就是將削減在「七全大會」上給予毛澤東的絕對的權威與權力、而修改毛澤東與黨・黨中央的領導與被領導的關係即：

「今年二月舉行的蘇聯共產黨的第二十次代表大會是具有世界意義的重大政治事件。它不僅制定了規模宏偉的第六個五年計劃、決定了進一步發展社會主義事業的許多重大的政策方針、批判了在黨內曾經造成嚴重後果的個人崇拜現象、而且提出了進一步促進和平共處和國際合作的主張、對於世界緊張局勢的緩和作出了顯著的貢獻」（參閱「上揭書」p.398）。

「當然、我們黨的民主生活的擴大決不是減弱了而恰恰是加強了黨的集中制、我們黨員的創造性的發揚決不是減弱了而恰恰是加強了黨的紀律性。同樣、我們黨的集體領導原則決不是否認了個人負責的必要和領導者的重要作用、相反、它是使領導者能夠充分正確地和最有效地發揮個人作用的保證。大家知道、我們黨的領袖毛澤東同志所以在我們的革命事業中起了偉大的舵手作用、所以在全黨和全國人民中享有崇高的威信、不但是因爲他善於把馬克思列寧主義的普遍眞理和中國革命的具體實踐結合起來、而且是因爲他堅決地信任群眾的力量和智慧、倡導黨的工作中的群眾路線、堅持黨的民主原則和集體領導原則」（參閱「前揭書」p.411）。

尤其是鄧小平在「關於修改黨章的報告」上、對於反對「個人崇拜」、做了更加明確的演講、如：「關於反對個人崇拜的重要意義、蘇聯共產黨第二十屆大會做了有力的解答。這種解答不但是對於蘇聯共產黨、而且對於全世界的其他各國共產黨也給予很大的影響」「（此次大會）的重要功績、就是告訴我們個人的神格化造成如何重大的壞結果」「個人崇拜是有很長的歷史的社會現象、若干反映在我們的黨的生活和社會生活。我們的任務、就是堅決反對抬高黨中央的個人、並實行反對頌讚個人的方針」（參閱竹內實「毛澤東與中國共產黨」一九七二年 p.134）。

據於上述反對「個人崇拜」的宗旨、將在「七全大會」被採決的黨章總綱上所規定的：「**中國共產黨、……以毛澤東思想爲我黨一切工作的指針**」、修改爲：「**中國共產黨以馬克思・列寧主義爲其行動指針**」、將黨章的黨員義務第一項：「**學習馬克思・列寧主義、毛澤東思想……**」中、刪除「**毛澤東思想**」、而修改爲「**學習馬克思・列寧主義**」等。

同時、在中共中央的機構上、也做了極爲重大的轉變、爲了把毛澤東享有的「**個人獨裁制**」、改爲「**集體領導制**」、如：

㈠　新設「**中央政治局常任委員會**」、以黨中央委員會主席（毛澤東）、及新設的副主席若干人（新選出劉少奇・周恩來・朱德・陳雲——一九五八年五月增添林彪）、與總書記（新任鄧小平）爲常任委員、擬以這六個常任委員（後來增爲七人）的「**集體領導**」來代替毛澤東的「**個人獨裁**」。

同時、也將要防止黨中央委員會主席（兼任政治局主席）、以中央政治局委員不全出席爲由而一意孤行。

㈡　爲了把黨「**決策機能**」與「**執行機能**」分開、乃廢止中央委員會主席兼任中央書記處的規定、新設總書記、以專任黨中央書記處之責。

㈢　添上：「**中央委員會認爲必要時、可以另設〝中央委員會名譽主席〞一人**」、以備毛澤東將退休時的名譽職務。

其結果、毛澤東竟是留下觀念上的「**帝王式權威**」（charisma）之外、在理論上・政治上・組織上的「**唯一領袖**」的絕對權力開始凋零。換言之、他一向兼任「**黨中央委員會主席**」「**黨中央政治局主席**」「**黨軍事委員會總主席**」「**黨中央書記處主席**」、但自「**八全大會**」、卻失掉了執行黨務機關

「黨中央書記處主席」的地位、而由新任總書記鄧小平取代。

如此、「八全大會」就是開始矯正「個人崇拜」「個人獨裁」等「七全大會」以來的非馬克思主義因素、並恢復馬克思主義的社會主義路線來適應於中國社會、即造成所謂「向社會主義的中國之道」的一個轉捩點、也可以說、因此而中國共產黨領導下的「中國社會主義革命」才將開始恢復馬克思主義革命理論的正軌。

然而、這當然是刺激了唯一領袖的獨裁者毛澤東。但因當時中國一切都得依靠蘇聯支援（特別是經濟建設上與軍事上的支援）、所以毛澤東只好與新黨章取得一致、而表示支持中共中央與大會的決定。

但是、毛澤東的這種「一致」「支持」當然不是從心樂意的、因此、他在毛澤東個人（個人獨裁思想）與劉少奇・鄧小平等中共中央實務派（集體領導思想）之間的矛盾、毛澤東本身的「舊思想」（民族・民主解放的新民主主義革命方法論）與「新思想」（社會主義革命方法論）之間的矛盾、即在這兩重矛盾之下、爲了恢復在中共中央的獨裁地位、隨即發動了「大躍進」「人民公社」運動。這些急進政策失敗後、再以他所留下的政治資本即觀念上的「帝王式權威（威信）」、而發動「文化大革命」、並以「反對毛主席和毛澤東思想」「稱讚蘇共修正主義、鼓吹大家學習蘇共」「反對毛主席的社會主義階段鬥爭學說、鼓吹階級消滅論」、等理由、而來指責在「八全大會」反對個人崇拜和採決「通到社會主義的中國之道」的所謂「當權派」即劉少奇・彭眞・鄧小平等、加以清算、然後、於一九六九年四月召開「九全大會」上、由林彪報告、再度修改黨章、恢復「毛澤東思想爲中國共產黨的最高指導原理」一條於黨章上。

(7) 百花齊放運動與反右派鬥爭

Ｉ　百花齊放運動——中國共產黨、由於自一九二一年建黨以來三〇年間、幾乎都在中國農村進行革命工作與求發展、所以、黨內的老幹部即中・高級幹部、均是農村與知識份子出身的佔絕大多數。

然而、一九四九年中共取得天下後、文化水準較高的都市出身知識份子大批加入革命陣營。於是、中共中央、除了要把這些知識份子加以社會主義改造（這點是很有必要的、很正確的）之外、又恐怕這些擁有資本主義自由民主思想並在一般群衆裡保有全國性的威信的高級知識份子後來居上、而危害了中共的革命領導權及獨裁體制、乃著手於整肅所謂「**不接受社會主義改造**」的人物、即擬消滅不肯向中共低頭的一些知識份子。這就是當時的所謂「**反右派鬥爭**」的眞相、也可以說是一種變相的權力鬥爭。

(一)　「**胡風清算事件**」——這種「**反右派鬥爭**」、即在一九五五年五月、由毛澤東・劉少奇等中共中央親自下手、先來一個殺雞警猴式的清算魯迅的高足也是黨員作家胡風。胡風因於一九五四年年底、在他的著作「**關於文藝問題的意見書**」上、批評中共在文化工作上的「**聖典**」、即毛澤東在延安時代所做的「**在延安文藝座談會上的講話**」（以「文藝隸屬政治」爲文化工作的原則——參閱一九六七年版「毛澤東選集」第三卷、一九四二年五月 p.804）、而以「**反革命**」名義被清算。其後、自一九五七年開始激烈的「**反右派鬥爭**」。

(二)　百花齊放、百家爭鳴——「**胡風清算事件發生**」後、一般的知識份子受到極大的衝擊而精神萎縮、恐有後患、作家們不敢提筆寫文章、學者不敢多發表意見。中共中央在這種情況下、並受到翌年（一九五六年）二月在蘇共第二十屆全國代表大會上赫魯雪夫「**批判史大林**」及採決「**和平共存路線**」的影響、爲了使知識份子恢復其積極性、同時、也爲了使他吐露思想上・政治上的弱點而供思想改造、故：

① 自一九五六年一月以後、積極吸收較傾向中共的郭沫若等大批知識份子加入共產黨。

② 同年四月二十五日召開的「**黨中央政治局擴大會議**」上、毛澤東做了「**論十大關係**」的講話、在其第七項「**黨和非黨的關係**」裡、號召中共黨員說：「**一切善意地向我們提意見的民主人士、我們都要團結**」「**希望你們抓一下統一戰線工作、使他們和我們的關係得到改善、盡可能把他們的積極性調動起來為社會主義服務、而做到長期共存、互相監督**」（這篇文章當時不向外發表、後來、一九七六年九月毛澤東死後、經過大修改、才在華國鋒體制下發表於一九七六年十二月二十六日的「人民日報」、並再加筆修改而收錄於一九七七年發刊的「毛澤東選集」第五卷 p.267）。

③ 同年五月二日召開的「**最高國務會議**」上、毛澤東提倡「**在學術研究的百家爭鳴**」（毛澤東在延安時、已提到「推陳出新、百花齊放」為鼓勵藝術創造的口號——Isaac Deutsher, Russia China, and The West, 1970—山西英一日譯「ロシア・中國・西側」一九七八年 p.119　竹內實「毛澤東と中國共產黨」一九七二年 p.139）。

④ 同年五月二十六日、黨中央宣傳部長陸定一在北京懷仁堂、正式向外提出「**百花齊放・百家爭鳴**」政策、同時強調：「**馬克思主義是在其他的思想競賽中佔領導地位、但這不意味著要以唯一絕對的方法來強迫他人接收**」（參閱竹內實「上揭書」p.139　柴田穗「毛澤東と悲劇」第一卷、一九七九年 p.18）。

⑤ 同年六月二十五日召開的「**第一屆全國人民代表大會**」第三次會議上（一屆全人代三次會議）、黨中央統一戰線工作部長李維漢報告「**關於與民主黨派的長期共存・互相監督問題**」（參閱「人民日報」一九五六年六月二十六日）。

⑥ 一九五七年二月二十七日召開的「**最高國務會議**」第十一次擴大會議上、毛澤東講述：「**關於正確處理人民內部矛盾的問題**」、在其第八項「**關於百花齊放、百家爭鳴、長期共存、互相監督**」、

提倡大家的「**大鳴大放**」、並保證任何言論都不受檢舉處罰（這篇文章當初不對外發表、至一九五七年六月十九日才加筆修改而發表於「人民日報」、後來、再加筆才收錄於一九七七年版「毛澤東選集」第五卷 p.363）。毛澤東的這篇文章、在當時乃受到一般人的注目、但卻成爲反右派鬥爭的契機。後來、再由外國專家認爲：「**在共產主義國家中、最徹底否定史大林主義的論説、比較第二十屆蘇共黨大會中赫魯雪夫所做的秘密演説還徹底的**」（參閱 Issac Deutcher, Russia, China, and The West, 1970—山西英一日譯「ロシア・中國・西側」一九七八年 p.119）。

如此、中共中央再三敦促黨外人士向共產黨提出意見、幫助「**黨內整風運動**」（「反右派鬥爭」＝整肅黨外知識份子、乃是與「黨內整風」＝整肅黨員同時進行的幌子之下、而進行的）、並保證其任何言論都不受處罰。這一連串毛澤東及黨中央各單位負責人迭次「**號召**」「**敦促**」「**鼓勵**」等、終使一般的知識份子克服了對「**胡風事件**」的恐懼、而逐漸相信中共中央這次的「**民主化政策**」是眞的、尤其是相信毛澤東的講話「**關於正確處理人民內部矛盾的問題**」。

又因此時在社會主義國家裡發生了幾個歷史性的變革、如：①一九五六年二月、於莫斯科所召開的蘇共第二十屆全國代表大會上、赫魯雪夫秘密報告驚天動地的「**批判史大林**」、而反對個人崇拜・血腥的黨內肅清、以及對外的大國主義、並決議黨內民主化與黨外的和平共存政策、②中共中央（除了毛澤東）在此時、仍是承認蘇共在世界共產主義運動的領導地位、還採取著「**向蘇聯一邊倒**」、所以、不得不向蘇聯的民主化路線看齊、而在建國後首次召開的中共第八屆黨代表大會上（「八全大會」—一九五六年九月）、採決「**修改憲章**」「**反對個人崇拜**」、③一九五六年六月波蘭的波茲蘭市（Poznan）工人起義而要求民主化、同年十月又在匈牙利的首都布達佩斯（Budapest）發生反蘇起義事件等、這些內外的民主化運動、也激動了中國知識份子對於言論自由與政治民主化的熱烈的要求。

因此、中共統治下的民主黨派與無黨無派的知識份子、才逐漸恢復生氣、開始發表意見、即：①自一九五七年五月八日起、中共中央統一戰線工作部召開「**民主諸黨派與無黨無派人士座談會**」、這種會議一共開了一三次、發言者七〇餘人、②「**工商界座談會**」召開二五次、發言者一〇八人、③國務院秘書長習仲勳招集黨外人士舉行座談會一二次、發言者五四人。其他、無論在中央或地方、全國各地的政界・工商界・報界・教育界等、都頻頻召開「**座談會**」、與會者的大多數均發揮批評當權者的勇氣、放膽批評中共壟斷國政、抨擊中共黨員的特權思想與莫大的各種特權、同時也舉例來批評黨員假公濟私・生活腐化等（參閱柴田穗「毛澤東と悲劇」I、一九七九年 p.21）。

這種長期鬱結在人民中的憤懣、一旦找到突破口、正如決堤洪流似的、奔騰於全國各地。另一方面、中共黨報的「**人民日報**」、評論這種非黨員的批評的奔流說：「**盼望黨外人士更加大膽揭穿中共的缺陷、中共絕不因此整肅黨外人士**」（五月十七日）、「**無論黨外人士的批評如何的尖銳、只要是基本上出於眞誠、我們、歡迎更加批評**」（五月十九日「社論」）。因此、一般知識份子的言論乃愈來愈激烈化（也愈右傾化）、竟達到無法截止的地步。

例如、其中比較顯明的言論乃有：①民盟副主席章伯鈞（國務院交通部長）要求設置網羅政協會議・全人代・民主諸黨派・人民團體參加的最高決策機關「**政治設計院**」（一九五七年五月二十一日的座談會上）、②民盟副主席羅隆基（國務院森林工業部長）提案爲了矯正清算反革命過程中所犯的偏向而設置「**平反委員會**」（同年五月二十二日座談會上）、③民主建國會副主任委員章乃器（國務院食糧部長）、要求中共中央負責人應自我批評不正確的各種認識（同年五月八日的座談會上）、④民主諸黨聯合機關報「**光明日報**」編輯長儲安平痛斥：「**中國成爲中共的黨天下**」（同年六月一日）等。

這個**轟轟烈烈**的「**百花齊放運動**」、不僅在文化人或政治家階層發展、當然、也促成青年學生的熱烈參加。例如在北京大學的壁報上報導：㈠抨擊中共的「**黨天下**」（「光明日報」一九五七年五月二十六日）、㈡蘇共第二十屆黨代表大會上的「**赫魯雪夫秘密報告**」出現（五月二十七日）等。因此、以北京大學爲中心的全國各大學・專校・高中等各級學校的學生之間、乃到處掀起了抨擊中共的糾正運動。這些富有熱血與行動力的青年學生、乃集結起來開會・遊行・寫壁報、甚至於襲擊黨機關或政府機關的武鬥事件迭次發生。例如、漢陽第一中學學生一千餘人、在王建國副校長（共產主義青年團員）領導下、襲擊漢陽縣人民政府（參閱柴田穗「毛澤東の悲劇」一九七九年 p.24）。

這時、一部份在中共制壓下僞裝放棄資本主義所有制的舊資產階級殘餘份子、也藉著「**自由言論**」的熱潮、以一部份知識份子爲代言人、顯露其對私有財產制的原來的慾望、但這是屬於極小部份、無法影響到社會主義革命的大局。

Ⅱ　反右派鬥爭——毛澤東及其共產黨、本來是估計「**百花齊放、百家爭鳴**」運動、將在「**和風細雨**」之中按計劃順利進行、然而卻出其意料的激發了「**狂風暴雨**」淹觸了全中國、同時顯示將發展爲中國牌的「**波茲蘭事件**」「**匈牙利事件**」。也就是說：「**如此、毛澤東初次看到中國人民的眞面目而驚慌不已。他以爲〃百花〃定以樣樣的紅色、或者也參雜一些桃花的色彩而燦爛開花。但在實際上、百花卻以不同的樣樣色色撩亂齊放、而且、參雜一些白花而受人注目**」（參閱 Isaac Deutscher, Russia, China, The West, 1970　山西英一日譯「ロシア・中國・西側」一九七八年 p.165）。

因此、毛澤東及其中共中央所積極推進將近一年、並被評價「**最徹底否定史大林主義**」的「**大鳴大放運動**」付諸實行不到一個月、就急速轉變爲「**反右派鬥爭**」（一九五七年五月底）。中共中央乃在黨報「**人民日報**」上向民主黨派開砲、即：⑴一九五七年六月九日社論「**對企圖破壞社會主義的言論必須斷然與共鬥爭到底」、⑵六月十四日社論「工人在發言」、⑶六月十一日社論「全國人民團結在社會主義的基礎上」、⑷六月十二日社論「對善意的批評必須正確對待」、⑸六月十四日「是否立場問題」等。這種言論鬥爭再往下、就是清算鬥爭。

如此、突然受到言論鬥爭與清算鬥爭的集中砲火的各派與各人士、驚惶失措的相繼「認錯」「投降」等。這種忽然下降的「反右派鬥爭」、於一九五七年六月二十六日召開的「全人代一屆四次會議」再度呈顯高潮、中共中央在會上、痛擊所謂「右派份子」而壓制正始積極發言批評中共政策的民主黨派與民主人士。結果、⑴章伯鈞與羅隆基被指責爲右派的兩大元兇、以在各界組織「章羅聯盟」而進行反共活動的名義、章伯鈞（交通部長）・羅隆基（森林工業部長）・章乃器（食糧部長）三人均被罷免部長職務（這在翌年的一九五八年一月才發表）、⑵民盟盟員的三九％即以右派份子名義被檢舉、國民黨革委會被檢舉四九三人、全國工商聯合會被檢舉三〇二人、這些人均被烙上「右派份子」的罪名而遭淘汰、⑶著名的女作家黨員丁玲也以偏袒「章羅聯盟」進行反黨活動的名義受到清算（二三年後的一九七九年、毛澤東死亡、文革派沒落後才受黨「恢復名譽」）。其他、在全國地方上的知識份子受批評遭清算的無法計數（參閱柴田穗「毛澤東の悲劇」Ｉ、一九七九年 p.26）。

到同年的一九五七年七月一日、「人民日報」著文說明由「百花齊放」運動轉爲「反右派鬥爭」的前因後果、即：「……、整個的黨機關報紙自五月八日至六月七日之間、根據黨中央的指示、不發表正確意見、也不批評錯誤的意見、爲的是要任這地毒草暫時繁茂、讓大家充分認識到其反動性、然後、才將其斬草除根。資本家右派份子、乃是反共・反人民・反社會主義的資產階級反動派、其中、不但是含有知識份子、資本家青年學生、也有共產黨員與共產主義青年團員在內。對他們不能適用〝言者無罪〞的整風原則」。也就是說、毛澤東親自號召、並舉黨歡迎的「大鳴大放運動」即促使民主黨派與民主人士批評中共的缺陷、原來就是中共中央擬摘除「毒草」的一個陷阱（自「百花齊放」急轉爲「反右派鬥爭」的半個月後、毛澤東在同年二月二十七日「最高國務會議」上所做的「關於正確處理人民內部矛盾的問題」、乃經過大修改後而發表於同年的一九五七年六月十九日「人民日報」上、其中、添加了所謂：「辨別香花和毒草的標準規定六條——參閱「前揭書」p.27　一九七七年版「毛澤東選集」第五卷」p.393)。

又在同年九月十八日、也是中共將召開「**第八屆第三次中央委員會全體會議**」（八屆三中全會——在此會上總結了自百花齊放運動轉爲反右派鬥爭的經過）的前兩天、「**人民日報**」社論再度涉及「**反右派鬥爭**」說：「**反右派鬥爭與整風運動乃是在政治戰線和思想線上的社會主義革命、也是一九五六年到達高潮的生產手段所有制的社會主義革命所不可缺欠的一個補充手段、即不可避免的繼續行動**」。

再者、在大鳴大放運動及其轉化爲反右派鬥爭的過程中、正如國務院高等教育部次長曾昭論所說：「**不但是知識份子・青年學生、而一般民眾也對中共從建國以來的政治抱不滿**」。民盟湖北省委員會主任馬哲民也說：「**工人與農民均對共產黨懷有很大的不滿**」（參閱柴田穗「毛澤東の悲劇」Ｉ、一九七九年p.29）。

因此、中共中央爲了防範在都市發生的反共熱潮波及農村而引起農民反抗、即在一九五七年八月八日「**人民日報**」上、發表「**關於農民實施社會教育的指示**」、其主要內容有三、即：(1)全面協助政府收購食糧、(2)認識都市工人與農民間的收入差距並不是不合理、(3)協助檢舉反革命份子、並遵守法律。

(8) 毛澤東以「階級鬥爭繼續論」開始政治反攻

Ｉ　一九五〇年代後半的國際政治形勢——一九五六—五八年在國際上、是一個歷史變革的轉捩點、此時發生了一些重要事件、如：

一九五六年

二・14　蘇共在第二十屆大會上開始批判史大林

四・17　蘇共等解散「共產黨・工黨情報局」（Cominform——一九四七年九月底創立的）

六・1　蘇聯外相莫勒托夫（Vjacheslav Mikhajlovich Molotov——一九三九年以來擔任外務人民委員・外相的史大林派外交負責人）辭職

鐵托訪蘇、發表「蘇南復交共同聲明」（六月二十日）

六・28　波蘭發生反蘇的波茲蘭（Poznun）工人起義事件。

七・26　納塞（Gamal Abdel Nasser）宣言蘇伊士運河國有化

一〇・23　匈牙利反蘇事件

一〇・29　以色列軍攻擊埃及（蘇伊士戰爭爆發）

一〇・31　英法軍開始進攻埃及

一一・4　蘇軍侵進匈牙利、砲擊首都布達佩斯（Budapest）

一一・8　鐵托抨擊蘇軍侵佔匈牙利

一二・2　卡斯楚革命軍、自墨西哥出發、登陸古巴

一二・8　日本加入聯合國

一九五七年

一・5　艾森豪威爾發表「年頭咨文」（公佈美國的新中東政策）
三・25　歐洲的法・西德・義・荷・比・盧等六國訂定「歐洲經濟共同體」（European Economic community＝EEC）與「歐洲原子能共同體」（European Atomic Energy Cummunity＝URATOM）
八・26　蘇聯「洲際飛彈」（ICBM）實驗成功、美國在核子武器更加喪失優越地位
一〇・4　蘇聯「人造衛星 sputnik」發射成功
一〇・15　中蘇訂定「國防新技術協定」
一一・6　赫魯雪夫在蘇聯革命四〇周年最高會議上、提倡「東西巨頭會談」
一一・18　毛澤東出席莫斯科的蘇聯革命四〇周年「社會主義一二國共產黨・工黨代表會議」、演講說：「東風已經壓倒西風」
一一・21　社會主義一二國共產黨・工黨代表會議發表「莫斯科共同宣言」（㈠與資本主義國家的和平共存、㈡各國社會主義革命與建設上的國際共產主義運動原則自主適用、㈢反對修正主義）
一一・23　「六四國共產黨・工黨代表莫斯科和平宣言」
一二・26　在埃及・開羅召開「第一次亞・非人民連帶會議」

一九五八年

一・10　美國「洲際飛彈 Atlas」試射成功
一・31　美國「第一號人造衛星」發射成功
三・17　美將設立「台灣共同防禦司令部」
三・27　赫魯雪夫第一書記、兼任蘇聯首相

三・31 赫魯雪夫宣言蘇聯單獨停止核爆實驗
六・1 法國戴高樂內閣成立
六・10 香港發生「蔣家政權國旗事件」
七・6 中東・黎巴嫩（Lebanon）的「的黎波里」（Tripoli）反美暴動、打倒親美Sumoon政權
七・15 艾森豪威爾發表「黎巴嫩出兵特別咨文」、美海軍陸戰隊登陸黎巴嫩
七・31 赫魯雪夫訪中、與毛澤東・周恩來會談、反對武力解放台灣
八・23 中共砲擊金門・馬祖、美國第七艦隊集結於台灣海峽
九・15 美中在華沙再開大使級會談
一一・23 蔣介石・杜勒斯宣言「不依靠武力反攻大陸」（實際上是放棄反攻大陸）
一二・8 美國「洲際飛彈Atlas」試射成功
一二・21 戴高樂當選法國總統

如此、美蘇兩超級大國的太空・核爆開發進展・美蘇的史大林批判・東歐社會主義國家頻發人民反蘇事件・亞非拉各地的殖民地解放革命發展・國際共產主義運動展開新政策・世界資本主義第三期危機及其對策等、重大變革輪流迭起。

Ⅱ　毛澤東的「**階級鬥爭繼續論**」——在上述的國際變革下、中國隨著國內的社會主義改造與建設急速發展、相反的社會矛盾也逐漸增大、農民・工人等人民大衆、由於將自己的財產與生活一切都寄託於「**新國家**」（國家資本主義）、所以、對在政治上的發言權即「**政治民主**」的要求、竟成爲迫切的

緊要問題。因此、唯一執政黨的中國共產黨、乃在「**百花齊放運動**」正在開始進行時（一九五六年五月）、召開了「**中共八全大會**」（同年九月）、由毛澤東・劉少奇等黨中央提出並經大會採決「**廢除個人崇拜**」的結果、爲了正確進行中國革命當前任務、即推進「**通到社會主義的中國之道**」、擬在黨內實行「**集體領導**」、對黨外則擬採取「**政治民主化、經濟長期社會主義建設**」的新政策。

然而、這種中共的黨內外新政策、只經半年、就遭到毛澤東的反駁、又做了一八〇度的轉變、再退回於「**八全大會**」以前的老路、即個人獨裁、及以**民主解放**的軍事強制體制與熱狂的大衆動員主義等新民主主義路線、想來達成階級解放的社會主義革命。

本來、在「**八全大會**」上、劉少奇所做的「**政治報告**」中、就有涉及到經過社會主義改造後的中國所存在的矛盾問題而規定爲：

「**我國的社會主義改造、現在已經取得決定性的勝利、這乃表示我國的無產階級與資產階級的矛盾大略被解決、數十年來的階級剝削制度的歷史、實際上已告終結、同時也意味著社會主義的社會制度基本上已在我國被建立起來、今後、國內的主要矛盾、將是想要建設進步的工業國家的人民要求、與落後的農業國的現實之間的矛盾、也是對經濟・文化急遽發展的人民要求、與現在的經濟・文化尚未滿足人民要求的現實之間的矛盾。這些矛盾的本質、在我國的社會主義已被建立的情況下、不外乎是進步的社會主義制度、與落後的社會生產力之間的矛盾**」（參閱柴田穗「毛澤東の悲劇」I、一九七九年 p.29—這一段文章、在一九六七年版「劉少奇選集」的第十三、「中國共產黨中央委員會向第八次全國代表大會的政治報告」裡、已被刪改掉）。

然而、毛澤東在半年後一九五七年二月二十七日「**最高國務會議第十一次擴大會議**」上所做的演講、即「**關於正確處理人民內部矛盾的問題**」（經過修改後、發表於一九五七年六月十九日「人民日報」）時、斷然說出：

「階級鬥爭並沒有結束。無產階級和資產階級之間的階級鬥爭、各派政治力量之間的階級鬥爭、無產階級和資產階級之間在意識形態方面的階級鬥爭、還是長時期的曲折的、有時甚至是很激烈的。無產階級要按照自己的世界觀改造世界、資產階級也要按照自己的世界觀改造世界。在這一方面、社會主義和資本主義之間誰勝誰負的問題還沒有眞正解決。無論在全人口中間、或者在知識分子中間、馬克思主義仍然是少數。因此、馬克思主義仍然必須在鬥爭中發展。馬克思主義必須在鬥爭中才能發展、不但過去是這樣、現在是這樣、將來也必然還是這樣」（毛澤東的這篇文章、在一九七六年九月他死亡後、才收錄於一九七七年四月出版的「毛澤東選集」第五卷 p.389）。

這種講法、被認爲是毛澤東的「**階級鬥爭繼續論**」（不斷革命論、或是繼續革命論）、也就是說在「八全大會」決議通過的正式見解及其政策、即劉少奇所報告的「**在中國社會主義開始進入建設的體制下的〝階級矛盾終結論〞**」、僅經九個月後、就被毛澤東的階級鬥爭繼續論所推翻。

斗逸賈（Isaac Deutscher ——著名的俄國革命研究專家、尤其對托洛茨基主義有很深的研究）、將這個毛澤東的「**不斷革命論**」、與托洛茨基的「**永久革命論**」相比（托洛茨基對共產主義革命的基本思想的「永久革命論」、是他自一九〇五年以來、於俄國革命運動上所持的見解、即俄國的資產階級革命勢力很微弱且很反動、所以無產階級一旦取得政權、必然進入社會主義革命、並在俄國社會經濟落後的情況下、不能停止於一國社會主義革命、必須不斷的誘發西歐先進國革命＝世界革命、才能成功。列寧死後、托洛茨基的「永久革命論」或「世界革命論」、就與史大林的「一國社會主義革命論」互相對立、開始權力鬥爭、結果、托洛茨基終被史大林放逐——參閱 Isaac Deutscher, The Age of Permanent Revolution: A-rotsky Anthology ——山西英一日譯「永久革命の時代」一九六八年　Isaac Deutscher, Trotsky 1929 — 1940, The Prophet Outc ast ——山西英一日譯「追放された予言者・トロツキ」一九六四年）。

斗逸賈說：「**毛澤東主義、乃長期且頑強的主張過中國革命所擁有的一定的資產階級性格。但是、他現已嚴肅的宣言永久革命才是毛澤東主義的原則、也是國際共產主義的存在理由。毛澤東終於以托洛茨基年青時的姿態出現**」（參閱 Issac Deutscher, Maoism, 1964 ——山西英一日譯「毛澤東主義」一九六五年 p.57）。

但是、毛澤東在此時所謂的「**階級鬥爭繼續論**」或者「**不斷革命論**」、實際上並不如斗逸賈所想的那樣是「**原則性**」的、也不如托洛茨基的「**永久革命論**」那樣具有「**思想性**」的。

換言之、中共在「**八全大會**」所決定的是基於社會主義改造的基本勝利（初步勝利）、擬以經濟建設爲中心而進行社會主義建設、並爲了進行這種社會主義建設、發展社會主義民主主義（這點、毛澤東也在起草階段與決策階段都表示同意）。然而到後來、毛澤東認爲這種「**社會主義建設**」在**戰術上**、不必考慮、甚至於否定了中國社會的客觀條件與經濟發展的一般法則、而必須以「**軍事性強制機能**」與「**大衆運動**」（人海戰術）來快速進行、因此、他爲了維持人民大衆的所謂「**革命熱情**」的經常且繼續緊張、才有以「**經濟建設**」與「**政治革命**」相對的想法（經濟建設本來就是在社會主義革命事業中的一部份）、而主張政治・思想上的「**革命鬥爭繼續論**」、及「**建設**」必須隸屬「**革命**」。這無非是與在社會主義革命上所進行的「**農業合作化運動**」或者「**整風運動**」的戰術問題同樣、把「**經濟建設**」的戰術問題提高到「**革命原則問題**」來論斷、因此、與「**打倒敵人權力、建立革命政權**」的這種思想・政治革命論混同、才出現了「**階級鬥爭繼續論**」。也就是說、所謂毛澤東的「**繼續革命論**」、是與一九四五年「**七全大會**」時所出現的「**毛澤東思想**」異曲同工、同出一軌。

因此、毛澤東的「**不斷革命論**」（繼續革命論、繼續鬥爭論）、與其說與「**托洛茨基主義**」相似、毋寧說是接近「**史大林主義**」。關於這點、斗逸賈在同一著作中也指出：「**毛澤東主義、得要求大家支持**

它的記錄與過去的言質能繼續存在、並儼然辯護其黨章的正確性、自認為絶對無謬的領導者、他當讚美史大林的正統性時、自以為自己也不會有錯。毛澤東在史大林在世時所表示恭順、使他在史大林死後也得維持。因此、毛澤東強調毛澤東主義與史大林主義的親近性、正如為了給予既成的崇拜心理與原始且文盲的人們繼續感應、不得不維持密咒的儀式同樣的被認為極為重要」(參閱 Issac Deutscher, Maoism, 1964 ——山西英一日譯「毛澤東主義」一九六五年 p.60)。

毛澤東的「**階級鬥爭繼續論**」、於一九五七年五月、先將轟轟烈烈的「**百家爭鳴運動**」急轉為「**反右派鬥爭**」、而再度恢復並強化他在黨內的發言權。

中共中央、在同年九月二十日—十月九日召開的「**中共第八居第三次中央委員會全體會議**」(八屆三中全會)、終於承認毛澤東的主張、即上述的政治・思想上的「**階級鬥爭繼續論**」、及「**經濟建設的快速化**」的新政策方針。在會上、鄧小平(黨總書記)做了「**關於整風運動的報告**」。將召開大會前兩天的一九五七年五月十八日、「**人民日報**」也登上同樣內容的社論、即:「**反右派鬥爭・整風運動、是在思想戰線・政治戰線的社會主義革命、是五六年達到高潮的生產手段所有社會主義革命不可缺欠的補充、不可避免的過程**」。

繼之、毛澤東的這個「**階級鬥爭繼續論**」、於一九五八年五月五日—二十三日所召開的「**中共第八居全國代表大會第二次會議**」(八全二次大會)上、受到大會的正式採決。劉少奇(黨副主席)乃在他的「**中央委員會工作報告**」中、改變了「**八全大會**」時的「**無產階級・資產階級矛盾大略解決論**」、而附和毛澤東的主張、即:「**整風運動和反右派鬥爭的經驗再次表明、在整個過渡時期、也就是說、與在社會主義社會建成以前、無產階級同資產階級的鬥爭、社會主義道路同資本主義道路的鬥爭、始終是我國内部的主要矛盾。這個矛盾、在某些範圍内表現為激烈的、你死我活的敵我矛盾、資產階級右**

派在一九五七年的進攻中所表現的就是如此。這次進攻雖然被擊退了、但是以後一有機會、他們還會興風作浪。因此、對於資產階級右派必須準備進行長時間的反覆的鬥爭、才能徹底解決他們同人民之間的矛盾」「毛澤東同志提出的十五年趕上和超過英國的口號、苦戰三年、爭取大部份地區的面貌基本改觀的口號、所有這些號召、迅速地被幾億人口組成的勞動大軍所掌握、成爲極其偉大的物質力量」（參閱一九六七年東京版「劉少奇選集」p.427, 431）。

也就是說、毛澤東認爲中國革命將達成共產主義以前的整個社會主義階段、均屬過渡時期（新過渡時期論）、所以在社會主義建設時期的整個過程、需要不斷進行階級鬥爭、社會主義必須經過激烈的階級鬥爭、才有達成的可能、因此、所謂「**革命和平轉移論**」受到毛澤東強硬的否定。

總而言之、毛澤東在一九五七年二月首次提出的「**不斷革命論**」「**繼續革命論**」「**繼續階級鬥爭論**」、在社會主義革命過程中、從理論方面來說是有幾分眞理存在、但他卻把這個革命理論與他的強烈的領袖慾望（個人獨裁）・新民主主義戰略戰術（軍事敵對觀點）・中華大國沙文主義、以及他獨特的浪漫主義相結合（不是與現實相結合、而脫離現實、甚至蔑視現實）、所以成爲極端的左傾機會主義與中華大國沙文主義、因此、在國內導致超級急進的「**經濟大躍進運動**」與「**人民公社化運動**」的盲衝與失敗（後來發展爲「文化大革命」及其權力鬥爭的長期混亂）、對國外則一方面與赫魯雪夫及蘇共爭論「**史大林批判**」、反對「**革命和平轉移論**」（後來發展爲中蘇社會主義兩大國在黨的思想上・政治上、國際共產主義運動領導權問題上、國家政治上・軍事上・國益上等、全面且尖銳的對立反目）、另一方面乃中華大國沙文主義得逞（發展爲中印・中越戰爭、並更加企圖併呑台灣等弱小民族）。

Ⅲ　毛澤東訪蘇與中蘇思想開始對立——毛澤東一來是爲了參加紀念蘇聯十月革命四〇周年而召開

的「社會主義一二國家共產黨工黨代表會議」、二來是爲了在一九五八年一月將開始的「第二次五年經濟計劃」而申請蘇聯的經濟援助、於一九五七年十一月一日飛往莫斯科（這是毛澤東的第二次訪蘇、第一次乃在建國後的一九四九年十二月—五〇年二月）。

由於毛澤東認爲國際共產主義勢力現已壯大而能控制一〇億人口、加上蘇聯的「洲際飛彈」（ＩＣＢＭ）實驗成功（一九五七年八月二十四日發表）、「人造衛星 Sputnik Ｉ」也試射成功、所以判斷「社會主義力量在世界上已佔優勢」、因此、他在與留蘇中國學生會見的席上（一九五七年十一月十八日）、發出了著名的「東風已經壓倒西風、而且將繼續壓倒西風」的言論、即：

「世界的風勢已開始變化。社會主義陣營與資本主義陣營間的鬥爭、不是西風壓倒東風、就是東風壓倒西風。現在、全世界擁有二七億人口、但是社會主義諸國的人口已將近一〇億、取得獨立的舊殖民地區也有七億人口、並且、今後將要取得獨立的國家、及傾向中立的諸國家的人口也有四億之譜。相反的、帝國主義陣營的人口不過是四億左右而已、且在他們國家裡現已開始分裂、所以必會起了〝地震〞。現在、世界大戰並不是西風壓倒東風、而是東風已經壓倒西風」（參閱柴田穗「毛澤東の悲劇」Ｉ、一九七九年 p.33）。

毛澤東在「一二國代表會議」上、也重複的講了「東風已經壓倒西風」、同時、一再重複：「……。美帝主義沒有倒、還有原子彈、我看也是要倒的、也是紙老虎」（一九四六年八月、毛澤東在延安與美國記者安娜・路易斯・斯特朗會見時、爲了否定原子彈的決定性的戰力、說：「原子彈是一種大規模屠殺的武器、但是決定戰爭勝敗的是人民、而不是一兩件新武器。一切反動派都是紙老虎」—參閱一九六七年版「毛澤東選集」第四卷 p.1139 一九七七年版「毛澤東選集」第七卷 p.499）。

但是、毛澤東這次參加會議最爲顯著的、乃是向會議提出「關於和平轉移問題的意見要綱」、反對革命和平轉移論、而成爲中蘇在思想上的對立的開始（後來發展爲黨・國家的全面對立）。毛澤東的反對、大致的內容爲：⑴毛澤東認爲爲了迴避世界大戰、可以使用「**和平共存策略**、但、**冷戰與軍備競爭不能停止**」（蘇聯是採取「積極和平共存政策」、並主張裁軍而反對中國對核戰無責任的估計過低）、⑵毛澤東反對赫魯雪夫國際政治上佔領導地位而頻談「**和平共存**」（赫魯雪夫乃相反的、積極接觸美國艾森豪威爾・甘迺迪、商討「和平共存問題」）。結果、在會議上、毛澤東主張竟不受到歡迎。

當時被採決的「**一二國共產黨・工黨宣言**」、及「**六四國共產黨・工黨宣言**」、乃成爲國際共產主義運動共同綱領的所謂「**莫斯科宣言**」（一九五七年十一月二十一日）、強調著：⑴與資產主義的和平共存、⑵承認各國社會主義革命建設在方式方法上的多樣性、⑶反對修正主義（主要是對南斯拉夫）等。並且、毛澤東向蘇聯交涉的經濟援助、也不能如願以償。

如此、毛澤東在莫斯科會議上、與各國共黨代表分庭抗禮、不歡而散。他於十一月二十一日、懷著滿腔的不滿與失望回國後、就提出「**自力更生**」「**堅苦奮鬥**」「**勤儉建國**」的口號、想以六億人口爲動力、向蘇聯挑戰、隨即展開了：⑴肅清黨內異己份子的地方幹部、⑵經濟大躍進運動、⑶人民公社化運動、⑷確立軍事新路線。

同時在國際上、促成一連串緊張事件、其中較爲重要者、有：⑴日本・長崎發生「**燒廢中國國旗事件**」時、立即宣佈斷絕中日貿易及一切文化交流（一九五八年五月二日）、⑵「**人民日報**」社論指責南斯拉夫爲「**現代修正主義**」（一九五八年五月五日）、⑶中共理論機關誌「**紅旗**」發刊（編集負責人是毛澤東第一秘書陳伯達——他後來成爲文化大革命的中心人物、但在一九七〇年秋被肅清）、其社論是陳伯達的文章、題爲「**南斯拉夫修正主義是帝國主義的產物**」（一九五八年六月一日）、⑷召還駐南斯拉夫的中國大使（一九五八年六月）、⑸香港推進「**蔣家政權國旗事件**」（一九五八年六月十日）、⑹中共砲擊金門・馬祖、製造台灣海峽緊張（一九五八年八月二十三日開始）等。

Ⅳ　毛澤東肅清非毛派地方幹部——毛澤東自莫斯科歸來後、隨即出巡全國各地、即十二月往上海・杭州、翌年一月山東・安徽・廣東・廣西、二月東北、三—四月武漢・廣州、其他浙江・甘肅・雲南・青海・河北・新疆・河南等、行跡廣泛。

他在各地召集幹部開會、到處檢舉所謂「**右派份子**」「**地方主義者**」「**民族主義者**」「**右傾機會主義者**」等、如：⑴浙江省委員會常務委員沙文漢・楊思一・彭瑞林、省委會委員孫章祿等右派集團、⑵甘肅省委會常務委員孫殿才、省委會委員梁大鈞、副省長陳成義等右派反黨集團、⑶元安徽省書記李世農等右派集團、⑷元雲南省委會常務委員鄭敦等反黨集團、⑸廣西省委常務委員陳再勵等右派集團、⑹元青海省委會常務委員孫作賓等反黨集團、⑺元河北省委會常務委員劉洪濤右派份子、⑻元河南省委第一書記等反黨集團、⑼元山東省惠民地委第一書記李峰、⑽元山東省泰安地委第一書記曹禮琴等等。

地方民族主義者有：⑴中央候補委員・廣東省委書記古大存・馮白駒（海南島少數民族出身）、⑵新疆維吾爾自治區黨委會書記賽甫拉夫、常務委員伊敏諾夫・艾斯海提等少數民族幹部、⑶台盟主席謝雪紅等也在此時、以「**地方民族主義**」名義被肅清。

毛澤東一方面肅清異己份子、另一方面則提拔大量的毛派份子、即在「**中共八屆四中全會**」（一九五八年五月一日）、「**中共八屆大會第二會議**」（五月五日—二十三日）、「**中共八屆五全會**」（五月十五日）、任命柯慶施・譚政林・李井泉爲政治局局員、烏蘭夫・陸定一・薄一波等二五人爲政治局候補委員、而在中央・地方上均加強毛澤東陣營、圖恢復黨內權力（參閱竹內實「毛澤東と中國共產黨」一九七二年 p.149）。

⑼ 狂熱一年的經濟大躍進與人民公社化運動

一九五八年五月五日—二十三日召開的「中共第八居全國代表大會第二次會議」（八屆二次大會）上、劉少奇做了「中央委員會工作報告」、其中、劉少奇引典毛澤東在一九五七年「中共八居三中全會」上的演講（參閱一九七七年版「毛澤東選集」第五卷 P.472）、即：「毛澤東同志反複說過：進行社會主義的改造和建設、可以有兩種方法：一種方法是進行得快些好些、另一種方法是進行得慢些差些。我們在二者之間將如何取捨呢？鬥爭是存在的」（參閱一九六七年日本版「劉少奇選集」p.435）、結果、強調了：「正確執行黨的鼓足幹勁、力爭上游、多・快・好・省地建設社會主義」（參閱「上揭書」p.431, 435）、而爲「社會主義建設的〝總路線〞」、並在會上採決「經濟大躍進運動」。

一九五八年八月召開的「中共中央政治局擴大會議」（北戴河會議）上、採決了「建立農村人民公社問題」。依此、「總路線」「大躍進」「人民公社」的總稱、即「三面紅旗」政策即告成立。

毛澤東・劉少奇及其中共中央、將這「三面紅旗政策」付諸實施時、特別強調：

㈠「高潮—低潮—更大的高潮」「躍進—保守—大躍進」的所謂「馬鞍形發展」。這乃與一九五六年九月「中共八全大會」時所決定的以「平衡發展」爲目標的「第二次五年經濟計劃」完全相反（參閱一九六七年日本版「劉少奇選集」p.439）。

㈡「二腳並進發展」。即工業與農業、大企業與小企業、中央與地方等都得同時發展。並在業務與大衆路線、技術與政治、重工業與農輕工業的各種對立上、得以後者爲重點的發展方法。

㈢將社會主義經濟「建設」與社會主義「革命」對立起來、而採取「建設」得隸屬「革命」、即軍事式大衆動員的路線（人海戰術）。

㈣強調「六億人口」的廣大力量、同時也涉及到所謂「一窮二白」、而採取人力與技術・物質比較起來、得重視「人力」的精神主義。即：「在我國這樣一個六億人口的大國中、盡快地完成社會主義建設事業、又必將大大增強以蘇聯爲首的整個社會主義陣營的優勢、有利於社會主義陣營各國的互相合作、有利于世界上一切和平力量的互助合作、有利於世界和平保障」「在我國六億多人口中有五億多農民、他們無論在革命鬥爭中和建設工作中都是一支最偉大的力量、我國工人階級只有依靠這個偉大的同盟軍、把他們的積極性和創造性充分地調動起來、才能取得勝利」「毛澤東說得好：〃除了別的特點以外、這六億多人口的顯著的特點是一窮二白。這看來是壞事、其實是好事。窮則思變、要幹、要革命。一張白紙、沒有負擔、好寫最新最美的文字、好畫最新最美的畫圖。事實不正是如此嗎？我們的六億多人口在革命覺悟高漲和革命鬥爭勝利的速度方面、已經遠遠地超過了西方最發達的資本主義國家、而在經濟文化發展的速度方面、也必然遠遠地超過它們〃」（參閱一九六七年日本版「劉少奇選集」P.442, 444, 457）。

如上所述、對於在進行社會主義經濟建設的過程中、要選擇物質刺激或精神刺激、由下而上的大衆方式或由上而下的官僚主義方式、穩步發展或急進發展等問題上、中共中央乃選擇各項的後者。毛澤東更是以「革命」優先「經濟建設」、以「革命情緒」優先「客觀的經濟法則」、也就是說、存在與思惟、生產力與生產關係、經濟與政治、基層構造與上層構造、目的與方法等關係上、完全選擇與馬克思經濟學說相反的方法、即後者優先於前者、因此、其所謂「三面紅旗」政策一開始就註定會失敗的。

I　經濟大躍進運動——毛澤東・劉少奇及其中共中央、自一九五七年冬、至一九五八年春的農閒期（農民正要休息的時期）、即以上述超級急進的「**階級鬥爭繼續論**」爲理論基礎（從此導引出所謂「政治優先主義」、而促使農民大衆得燃起對勞動的積極性、並端賴其思想改造與政治自覺、擬動員大家參加集體勞動）、而在黨的絕對權力領導下、隨即動員數達一億以上的「農民大軍」、並且費了如天文數學的一三〇億勞動日、以做爲自翌年將開始的「第二次五年經濟計劃」（一九五八—六二年）的前奏而進行水利建設。結果、在這「人海戰術」的集體管理勞動（形式上與奴隸勞動並沒兩樣）之下、完成了「第二期五年計劃」中擬要擴大的灌概面積的一大半。如此在短期間內、動員這麼巨大的農民勞動力、且使之從事這麼激烈的重勞動、可說是史無前例。

毛澤東・劉少奇及其中共中央、觀諸農民大軍在短期內所完成的這麼巨大的「成就」、乃喜出望外、於是、再經過了：

(一)　一九五七年十二月二日、劉少奇代表中共中央委員會、在「中國總工會第八居全國代表大會」上提到：「在十五年後、蘇聯的工農業在最重要的產品的產量方面可能趕上或超過美國、我們應當爭取在同一期間、在鋼鐵和其他重要工業產品的產量方面趕上或者超越過英國。這樣、社會主義世界就將把帝國主義國家遠遠地抛在後面」（參閱一九七六年日本版「劉少奇選集」p.417）、而發出「經濟大躍進」的號令（此時、也決定發刊黨中央理論雜誌「紅旗」）。

(二)　一九五八年一月一日「人民日報」、在社論上急呼推進「社會主義建設總路線」、號召積極展開「大躍進運動」、做爲「第二次五年經濟計劃」的出發點。

(三)　一九五八年五月五日召開的「中共第八居代表大會第二次會議」上、採決以進行「大躍進政策」爲「社會主義建設」總路線的當前任務、並強調正確處理人民內部矛盾・強化全人民所有制與集團所有制・重工業優先發展等爲「社會主義建設總路線」的典型。

於是、這個超級急進的、破天荒的「經濟大躍進運動」、眞如脫韁之馬、一瀉千里的被推廣於全中國各個角落。

劉少奇在五月的黨代表大會第二次會議上、在其「**政治報告**」中指出：「**發展工業生產既然是全國人民的普遍需要、這就必須執行全黨辦工業、全民辦工業的方針、徹底打破那種認為工業只能由少數人包辦的神秘觀點**」（參閱一九六七年日本版「劉少奇選集」p.446）。同時、特別強調地方性的「**中・小企業**」的優先、而提倡了「**小・土・群運動**」（小規模・土法生產方式・人海戰術）、也重複的強調毛澤東的：「**鼓足幹勁、力爭上游、多・快・好・省地建設社會主義**」。

因此、「**全中國的二〇幾個省・直轄市和自治區・一八〇多個專區・自治州、二千多個縣・自治縣、八萬多個鄉・鎮、一〇萬多個手工業合作社、七〇多萬個農業合作社**」（參閱「上掲書」p.446）、整個中國都因中共中央的宣傳號召與組織動員、狂熱的沸騰起來、不但在大小都市的大工廠掀起生產競賽、而且全中國的大小村莊、也在轉瞬間出現了幾十萬小規模的礦山・發電所・水泥工廠・肥料工場・農具製造修理工廠等。

其中、進行得最為狂熱且最有戲劇性的、不外乎是「**土法**」煉鋼的「**土法爐**」的普遍出現。這種極端零星的數百萬個土法爐、即在中共中央號召、地方黨部組織（其實是強制）之下、忽然出現於中國、無論都市或鄉村、人人都得響應中共的號召與組織而設爐煉鋼、所以、到處都呈現出起爐煉鋼時噴出的火燄不分晝夜的反照於天空的情景。加上、中共中央及地方黨部的各種報紙、都是天天登載有關各地的所謂「**創造性**」的煉鋼情況、以發動各人及各地的「**生產競賽**」。

例如、一九五八年十月二日「**人民日報**」、報導破天荒的大記事、即年近古稀的國務院副主席宋慶齡（孫文之妻、在百花齊放時期加入共黨）、也熱烈服膺黨的號召、而在自家小園子裡起爐煉鋼。同年十月二十二日「**工人日報**」、報導河南省禹縣的紅旗人民公社、有著政治自覺的兩個少女、為了設置土法爐竟然起帶頭作用。同年十月十三日「**人民日報**」、報導廣西壯旗（少數民族）自治區的環江縣、一天的煉鋼產量竟達六萬三千噸、據稱、只在一個縣的一天煉鋼產量、即等於解放以前的整個廣西省自治區的煉綱總量的一**百年分**的數量、而創了全國第一的紀錄。又在同年十月十八日「**人民日報**」、再次報導廣西省鹿縣的日產煉鋼量、遂突破二〇萬七千噸、而刷新全國紀錄等。

由於中共中央認爲全國土法鍊鋼的人海戰術已上軌道、鐵鋼產量眞的飛躍提高（其實、土法煉鋼已趨向失敗、黨中央所憑信的都是下級機關虛報上來的假數字）、於是、一九五八年八月二十九日、在毛澤東避暑地的北戴河召開「**中共中央政治局擴大會議**」（北戴河會議）、採決「**建立農村人民公社問題決議案**」、同時決定：「**以鐵鋼的生產爲基礎、達成全般的經濟大躍進**」、而提高鋼鐵一九五八年度生產目標爲一千〇七〇萬噸（同年二月在「國家計劃委員會」所定的是六二四萬噸）、煤炭提高爲二億七千萬噸（原來是一億五千萬噸）、而且、翌年的一九五九年四月、中共中央發表一九五八年度的鋼鐵生產（一千一〇八萬噸）・煤炭產量（二億七千一〇〇萬噸）、均超過了新定的生產目標（參閱柴田穗「毛澤東の悲劇」I、一九七九年 p.50）。

又在一九五八年十二月十日召開的「**中共中央委員會第六次全體會議**」上（八屆六中全會—武昌）、擬定一九五九年度的鐵鋼生產目標爲一千八〇〇萬噸（比較一九五八年度產量提高六〇%）、煤炭三億八千萬噸（比較一九五八年度產量提高四〇%——參閱「前揭書」p.52）。因此、在這樣熱狂的大躍進運動下、毛澤東及其中共中央、對於今後的工業建設、都滿懷著美麗的憧憬、而於一九五九年四月二十七日召開的「**全國人民第二屆代表大會**」（二屆全人代）上、得意洋洋的提出鋼・煤炭・電力・工業機械等重要工業生產計劃、擬定各種生產將增量四〇%以上。

然而、這樣虛構的從上而下的、蔑視經濟發展法則的所謂「**人海戰術**」、終於使「**經濟大躍進**」露出馬腳。不多久、中共中央發覺地方下級機關報上來的數字純屬「**虛報**」「**增報**」、終於不得不在同年的一九五九年八月二日、於江西省盧山召開「**第八屆中共中央委員會第八次全體大會**」（八屆八中全會——「盧山會議」）、才重新訂正以前所發表的數字（一九五八年的鋼生產數字一千一〇八萬噸之中、二〇八萬噸即屬土法爐所造、但因鋼質低劣、不耐使用而如同廢物、結果、當年所產鐵鋼、實質上是在正常煉鋼所生產的八〇〇萬噸而已）。

結果、一時進行得轟轟烈烈、且破天荒的**神話式**土法爐運動、卻如曇花一現、不到一年、於一九五九年春、就消聲匿跡。接著、中共中央大肆推進的整個「**經濟大躍進運動**」也告失敗。

Ⅱ　人民公社化運動——一九五八年四月、中共中央正爲經濟大躍進運動的虛構數字心滿意足時、毛澤東出巡了河北・河南・山東等華北各省的農村。此時、他在河南省七里營偶然發現「**七里營人民公社**」、同時也聽到同年四月已在河南省信陽專區成立了全國最早的「**衛星公社**」之後、於是他口口聲聲到處宣揚「**人民公社好**」。因此、毛澤東回到北京後、立即在八月十三日、召開「**中共中央政治局擴大會議**」（著名的「北戴河會議」）、在會議上採決「**建立農村人民公社問題決議案**」、擬積極推進農村的人民公社化運動。此經毛澤東的疾呼、與中共中央迅速採決、竟然響遍了全中國各個角落、以致在經濟大躍進的熱潮下、全國各地的既成「**高級合作社**」、很快就合併爲「**人民公社**」。

㈠　初級合作社——原來、所謂「**農業合作社**」、乃是中共建立新中國後、爲了社會主義化最基本的農業集體化所採取的、最初步的農業經營形態、其主要目的在於集體且統一的使用生產手段（土地・農具等）、並集體分配勞動成果。

這種合作社運動、最早實施的是一九五三年開始的「**初級合作社運動**」（一九五三年十二月的「中共中央政治局會議」上、採決「關於發展生産合作社的決議」、仍舊維持土地私有制的情況下、進行共同勞動與共同經營、並按各人的土地出資與勞動日數來分配農業所得）。

然而、中共的這一著沒有成功、一來是因毛澤東（主張急進）與劉少奇・鄧子恢（農業部長）等中共中央（主張緩進）的意見分岐、二來是經過土地改革才得到土地的農民、反對自己的土地將再被公有化、故加入「初級合作社」的只有全國農家的一〇%而已。

於是、毛澤東一意孤行（不按照黨章規定、也不經過中共中央的同意―）、於一九五五年七月三十日、召集了史無前例的「省・市・區各級黨委書記會議」。他在會議上演講「關於農業合作化運動」、即：「在全國農村中、新的社會主義群眾運動的高潮就要到來。我們的某些同志卻像一個小腳女人、東搖西擺地在那裡走路、老是埋怨旁人説、走快了、走快了。過多的評頭品足、不適當的埋怨、無窮的優慮、數不盡的清規和戒律、以爲這是指導農村社會主義群眾運動的正確方針」「有些同志、又在蘇聯共產黨的歷史上找到了根據、拿來批評我國目前的農業合作化工作中的所謂急躁冒進。……但是我們不應當容許我們的一些同志利用蘇聯的這項經驗來爲他們的爬行思想作掩護」（參閲一九七七年版「毛澤東選集」第五卷 p.168, 183）。這樣的批評劉少奇・鄧子恢等中共中央的「緩進政策」、並斷然命令與會的地方幹部回到崗位後、以毛澤東拿手的軍事第一主義的群衆動員方法爲方法、積極推進農業合作化運動。

結果、不到一年後的一九五六年春、轉瞬間、全國農家的九六・三%被編入「初級合作社」（參閲柴田穗「毛澤東の悲劇」一九七九年 p.56）。

(二)　高級合作社——這種強制式的農業合作社運動、於一九五六年一月在「中共中央政治局會議」採決「全國農業發展要綱」後、更加積極的被推進、結果、再經過兩年、上述初級合作社的八七・八

%、一下子成為「**高級合作社**」、而廢止土地私有制、採取土地共有制、只按各人的勞動日數來分配農業所得（參閱「上揭書」p.56）。

如此、中共對農業集體化的強行政策、導致中國建國後、中國農民基於「**土地改革**」（一九五〇年公佈「土地改革法」）、才取得私有的土地、不經三年、就以「**初級合作社**」的方式被強制集體勞動、再加兩年、又以「**高級合作社**」而被廢除土地私有、變為土地共有化。

如此一來中國農民的勞動意願不但大減、對於農具購入與生產肥料等也不熱衷、甚至以殺家畜・亂伐森林為表示抵抗農業集體化急進政策。另一方面、由於中共偏重重工業建設政策（第一次五年計劃的基本投資一八二億美元之中、工業部門佔五八・二%、其中的八一・三%是投資重工業、相反的、農・林及水利建設的投資、僅佔其七・八%）、所以這種強制農民犧牲、並在民眾的日用品極端缺乏下、導致以農民為大多數的一般人民大眾怨聲載道。

毛澤東為了緩和人民的不滿情緒、發表了「**關於正確處理人民內部矛盾的問題**」（一九五七年二月十七日）、並推進「**百花齊放運動**」等、擬鬆弛他的農業集體化急進政策。即：「**根據許多合作社發展的經驗來看、大概需要五年、或者還要多一點時間。現在、全國大多數的合作社還只有一年多的歷史、我們就要求它們那麼好、這是不合理的。依我看、第一個五年計劃（一九五三—五七年）期內建成合作社、第二個五年計劃（一九五八—六二年）期內合作社能得到鞏固、那就很好了**」（參閱一九七七年出版「毛澤東選集」第五卷 p.380）。同時、一九五八年五月「**中共八屆二次全國代表大會**」上、劉少奇的政治報告就不再涉及農業合作社問題。

㈢ 人民公社——自一九五八年五月「**中共八屆二全會**」後、不經三個月的同年八月中、只因毛澤東說「**人民公社好**」一聲、就抓起更為急進、且更為轟轟烈烈的「**人民公社運動**」。這次的人民公社運動仍與過去的合作社運動一樣、在形式上是經過「**北戴河會議**」（八月十三日）、但據聞並不經充分討論與決定性的採決、而全是最高領袖毛澤東的專橫下、從上而下的即向全國農村發動、從此可以看到當時的毛澤東的帝王專制式＝Charisma 個人獨裁的面貌——（參閱柴田穗「毛澤東の悲劇」Ⅰ、一九七九年 p.57）。也就是說、「**人民公社運動**」不外乎是毛澤東一意孤行、跳過前期階段、迫不及待「**高級合作社**」鞏固後、就架構起來的。因此、甚後伴隨著來的失敗乃是必然的結果。

凡在社會主義革命過程中的土地制度、可分為「**集體共有制階段**」與「**全人民共有制階段＝國家所有階段＝國營制階段**」。前者被認為是後者的過渡形式。毛澤東及其中共黨中央所推進的「**人民公社運動**」、是先採取「**土地集體共有制**」、而後轉移為「**全人民共有制**」的。但是無論「**集體共有制**」、或者「**全人民共有制**」、不只在中國、在其他社會主義國家也都不太成功、例如蘇聯的「**集體農場**」（korxoe）與「**國營農場**」（cobxoe）。

毛澤東取得天下後、經過六年時間且採取強制手段、才使「**初級合作社化**」走上軌道、再經過二年、才轉變為社會主義型集體共有制的「**高級合作社**」。但無論初期或高級的農業合作化運動、都是以國家權力（也就是軍事力量）強制執行、並且還不太成功（參閱 Wilfred G. Burchett, Chaina — the Ouality of Life, 1974 ——杉本市平日譯「中國—生活の質」一九七五年 p.64）。

一九五八年八月開始、毛澤東及其中共中央要進行的、就是更高一級的「**人民公社**」。人民公社、即以行政區域的「鄉」為單位、合併複數的高級合作社而成的。這種人民公社的特質有三、即：

(1)「**政社合一**」、是將政權機構（政治組織）的鄉公所（鄉政府）與集體共有制的高級合作機構合併而成的、所以人民公社是政治・經濟・文化・軍事・社會組織的統一體、也是工・農・兵・學・商的統一組織單位、一方面擁有行政權力（國家權力）、同時在另一方面則掌握集體共有制生產機構的經濟機能、而進行組織的軍事化・行動的戰鬥化・生活的集團化。也就是說人民公社是軍事組織・勞動組織・教育組織・體育組織、平時從事勞動生產、但是一旦有事、就拿起槍桿與帝國主義進行武力鬥爭的一種全民皆兵的「**屯田兵組織**」。

(2)　「**一大二公**」、人民公社平均以三千戶左右的農民組成一個單位、均以集體的共有制經濟生產、在國家中央政府緊密統治下、從事公有性的計劃經濟生產。

(3)　中共認爲人民公社是要轉變爲共產體制的最適當社會組織。即：「**人民公社是將社會主義轉爲共產主義最好的組織形式。看！在我國實現共產主義已不是長遠的將來**」（參閱一九五八年八月在北戴河「中共中央政治擴大會議」採決的「建立農村人民公社問題的決議」）。

這種「**人民公社**」的運營、乃由：①「**公社管理委員會**」管理農具製造修理工廠・農產物加工工廠、並代表國家權力執行政策、或組織勞動力、分配生產成果等、掌握著該公社的一切大權、②生產大隊（以三〇〇〇—五〇〇〇戶爲一生產大隊、等於舊有的高級合作社的規模）、爲水利等生產設施的共有單位、③生產隊（二五—三〇戶爲一生產隊、等於舊有的初級合作社的規模）、爲共有土地及勞動・生產的單位、也是生產分配的主要單位。

後來、文化大革命爆發、各人民公社均成立了「**革命委員會**」、而代替黨組織領導農業生產。如此、經毛澤東的聲聲號召與中共中央的積極推進、不經一個月的九月底、各地的農村、赫然出現了數達二萬三千八八四處的「**人民公社**」、網羅全國農家的九〇・四％在內（參閱柴田穗「毛澤東の悲劇」一九七九年 p.53）。

由於人民公社出現、使得各地鄉村如雨後春筍般的產生了史無前例的所謂「**共同食堂**」（集中吃大鍋飯）・「**共同託兒所**」（集體管理兒童）・「**共同裁縫所**」（集體處理家事）……等。當然、這些共同場所的設立、並不是要廢除或減輕家庭勞動來解放婦女、相反的、是要造成集體•統一的婦女勞動力、來代替男人勞動力而動員於田野耕地種田。另一方面、男人勞動力則被集中在「**大躍進運動**」、而集體參加「**小•土•群**」的土法爐煉鋼。

如上所述、在這極端短暫的時間內、以人民公社制度投入人海戰術的大量勞動力並實現生產制度的集體化、使得毛澤東及其中共中央錯覺農業生產力將會大增、同時對於農業生產的社會主義抱著樂觀的態度（毛澤東曾在一年前是改變前說、表示「社會主義革命階段是長期的、曲折的」、然而、此次在北戴河的會議上、卻又再度推翻前說、而宣言：「看！在我國實現共產主義、已不是長遠的將來」）。

並且、與提高鋼•煤的生產目標同樣、也把一九五八年度既定的食糧一億九千六〇〇萬噸、提高到三億五千萬噸。綿花由一七五萬噸、提高到三五〇萬噸。同年十二月、中共中央發表一九五八年度的食糧生產已超過改定後的目標而達三億七千五〇〇萬噸、綿花也達三三二萬噸（其實、這些都是各地虛報上來的假數字所湊成的——參閱柴田穗「前揭書」p.54）。

農村出身的毛澤東、總以農業專家自任、到處設立所謂「**試驗田**」（又稱「衛星田」）、獎勵「**深耕密植法**」、擬更加提高每一畝土地的平均食糧產量。「**人民日報**」也爲最高領袖的熱衷大肆宣傳、而期由這新辦法來大幅增產食糧。

但是、無論毛澤東等中共中央如何的樂觀、如何的熱衷、全國農村的實際狀態卻相反的減低勞動慾望、因爲從建國以來才得到土地的農民、不出五年就得放棄土地私有、並且更加重勞動、所以一般農民不但普遍的不滿、且開始反抗、例如、屠殺生畜•破壞農具•破壞森林•怠工•過一天算一天的大吃大喝•毆打中共幹部等、同時假借理由、想辦法陸續退出人民公社、以致各地農村的生產逐漸萎縮、社會開始混亂。

因毛澤東的一意孤行、自一九五七年秋、開始進行水利建設、一九五八年春、進行「**經濟大躍進**」而提倡土法爐煉鋼、同年八月又強行「**人民公社運動**」、但不過二個月後的一九五八年秋收時、農民的不滿達到極點、農村社會開始混亂。各地農民爲了實行中共的這些脫離現實的「**三面紅旗政策**」、一天須從事一五小時的重勞動、並且以前的「**自留地**」（在合作社時代、農民被允許保持一小塊地、爲自家消費種點蔬菜）相繼被沒收、同時、強制動員・強制勞動・替人民公社或鄉幹部（都是中共黨員）代耕土地等、終使農民喪失了爲農業生產勞動的熱衷。

然而、在同年的一九五八年十一月二日—十日、於鄭州召開的「**黨中央政治局擴大會議**」（鄭州會議）上、毛澤東對於「**人民公社**」的前途還不改變其樂觀態度。

到一九五八年十一月十日、因全國農村不滿愈來愈深刻化、所以在武昌召開的「**中央八居中央委員會第六次全體會議**」（八屆六中全會）上、毛澤東及其中共中央、才首次反映並承認全國農民的不滿與農村混亂局面、採決了「**關於人民公社若干問題的決議**」（關於人民公社問題的第二次決議）、決定放棄同年八月曾在「**北戴河會議**」上的決議（關於人民公社的第一次決議）所招來的幻想與神話。同時在會上決定「**整頓**」（等於廢除）人民公社運動、即：①放棄急進政策、改爲緩進政策、②恢復「**自留地**」制度、允許農民從事小規模的私營副業（第一次決議是把「自留地」充公、一律收歸人民公社共有）、③保證農民一天有八小時的睡眠時間與四小時的休息・吃飯等時間。

同時在武昌會議上、中共中央終於不得不改變其過去的論調即「**在我國實現共產主義已不是長遠的將來**」、而表示：「**全國農村要實現社會主義所有制的時期（也就是將進入共產主義的時期）、……需要一五年、二〇年、或許更長的時間**」。

但是、在武昌召開的「**八居六中全會**」上、最爲歷史性的、乃是在毛澤東本身沒出席會議的情況下、中共中央採決毛澤東事先提出的意見、即以毛澤東將專心於「**黨主席**」的職務並從事馬列主義的理論工作爲理由、同時、以今後必要時可以隨時讓毛澤東復任「**國家主席**」爲條件、而表明：「**擬辭退重任下期的中華人民共和國主席**」。並且、提議將「**中共中央政治局**」的職務分爲第一線與第二線、而毛澤東本身將退至第二線職務。這無非是毛澤東因推進「**經濟大躍進**」「**人民公社**」「**社會主義總路線**」等急進獨專的三面紅旗政策均告失敗的結果、不得不引咎而放棄國家的最高領導地位、一來爲了迴避再嚴厲的受到批評、二來擬委派別人收拾殘局（參閱竹內實「毛澤東と中國共產黨」一九七二年 p.257　柴田穗「毛澤東の悲劇」Ⅰ、一九七九年 p.59）。

⑽　彭德懷的諫言與遭清算

Ⅰ　三面紅旗政策的後果——同年的一九五八年十二月十七日、即「**武昌會議**」的一個禮拜後、新華社電報傳出毛澤東將辭掉「**國家主席**」職位的消息、一時震驚了全世界。

此時、中共中央的高級幹部之中、劉少奇（後來在文化大革命中被淸算）歷來是站在毛澤東的一邊、支持急進政策、並在一九五八年五月（八屆二次大會）上、激烈的抨擊所謂「**消極派**」。

陳雲（工人出身、黨副主席・黨中央政治局常務委員・黨內地位排第五・兼國務院副首相・國家基本建設委員會主任、與副首相李先念・李富春同樣是經濟建設專家）、則對毛澤東的急進政策始終抱著消極態度、而被疏遠。

馬寅初（中國經濟學界的老宿、當時擔任北京大學校長）、也因不同意毛澤東曾在一九五八年所提倡：「**六億人口是中國強大的決定性因素**」而命令廢止節育運動、相反的、提倡：「**總合均衡論**」（中國的社會主義改革已完成、將要進入社會主義建設階段之時、應該以已解決的生產關係爲基礎、而提高各部門經濟建設都能具有總合・均衡性發展的生產力）、同時警告中國人口若繼續增加、將成爲嚴重的社會問題、遂於一九六〇年三月被清算。

在客觀上、因毛澤東強行的急進政策、不但使農民喪失勞動意願且導致農村混亂、於一九五九年二、三月米糧的生產與消費青黃不接時期、終使都市發生「**糧荒**」、一般市民一天到晚都得在「**食糧配給站**」排隊、也得不到夠吃的糧食。同年夏天、食糧・衣料等消費品及建築材料愈來愈缺乏、加上、南方有水災、北方則旱災及蝗災一齊襲來、所以不僅農村、連都市也陷於大混亂（這種「自然災害」常被毛澤東等中共中央的急進份子利用爲是急進政策失敗的原因）。

一九五九年四月二十日、在上海召開的「**中共八屆七中全會**」、及四月二十七日的「**第三屆全國人民代表大會第一次會議**」（全人代三屆一次會議）上、毛澤東正式辭職國家主席、劉少奇繼任主席、副主席宋慶齡・董必武、朱德則取代劉少奇而就任「**全國人民代表大會**」常務委員長。

然而、毛澤東卻在「**七中全會**」上、做了「**關於工作作風的講話**」（這篇文章始終沒有正式發表過）、這個談話在後來、常被利用於辯護急進政策的失敗、並嫁禍於地方幹部、指責他們不正確執行黨中央的政策指示、才招來「**三面紅旗政策**」失敗的禍害（參閱竹內實「毛澤東と中國共產黨」一九七二年 p.143）。

劉少奇就任「**國家主席**」後、相繼公佈一連串的新政策、即「**農業工作六十條**」「**工礦企業七十條**」「**高等教育工作六十條**」「**科學研究工作十四條**」「**文藝工作十條**」等（但這些劉少奇所示的新政策、始終沒有對外發表）。後來、被稱爲以劉少奇・彭眞爲主軸、並經李先念・李富春・鄧小平・李井泉・譚政林・陸定一・烏蘭夫等（他們以前都是靠近毛澤東的毛派）參加的所謂「**劉少奇系統**」、就在這些新政策的施行過程中形成的。

Ⅱ　毛澤東誇示六億的「**唯人口論**」與反對「**唯武器論**」——毛澤東在一九五七年十一月二十一

日、因受到赫魯雪夫的冷遇、且得不到核子武器的供給、自莫斯科失意歸來後、一味想要向蘇聯挑戰而返它一擊。

中國人民解放軍、在一九五〇—五三年韓戰時、才體驗到近代式的武裝鬥爭、以致自一九五五年、軍事上發生變化並造成若干新舊軍事思想的對立。即・(1)一九五五年二月解放軍首次施行階級制的「**軍官服務條例**」、而在同年九月、大元帥（毛澤東）以下、產生了「**十位元帥**」（朱德・彭德懷・林彪・劉伯承・賀龍・陳毅・羅榮桓・徐向前・聶榮臻・葉劍英）、(2)一九五五年七月施行「**兵役法**」、自志願兵制轉變爲「**義務兵制**」、(3)將官以下設置「**一四階級**」、(4)以前的現物供給改爲「**薪金制**」、(5)編成陸・海・空的「**三軍制**」、(6)分別兵種、採用「**近代武器**」、(7)採用「**近代戰術**」、實施「**近代訓練**」等。

結果、在解放軍中、發生了二種的意見對立、一種就是在過去的國內戰爭養成的人民軍隊・思想軍隊・參加生產的自給補給軍隊以及游擊戰術等「**傳統軍事思想**」、與自韓戰經驗與採用蘇聯軍隊編制所產生的「**近代軍事思想**」間的對立。再一種就是關於軍隊近代化的方向與進度上所產生的意見的對立。

軍隊內這兩種意見的對立、自一九五五年開始、於一九五七年達到頂點、適巧與「**百花齊放**」「**反右派鬥爭**」相結合、終於表面化。

然而、自莫斯科歸來後的毛澤東、一方面以大躍進運動反擊赫魯雪夫、另一方面則一九五八年一月在解放軍中展開「**毛澤東軍事思想的學習**」、號召恢復中國革命傳統的軍事戰略思想、同時、攻擊軍中主張立即採用近代武器的「**唯武器論**」、而向蘇聯挑戰。因此、以毛澤東的這種號召爲契機、在中共中央產生了「**人口愈多愈好**」的所謂「**唯人口思想**」（唯人力思想）、以致一九五七年三月在「**百花**

齊放運動」中開始的全國節育運動、立即被停止、爲中國人口遽增開闢了門扉。

劉少奇在一九五八年五月五日「**中共八居全國代表大會第二次會議**」上報告：「**有人懷疑農業生產究竟能不能迅速增長。他們曾經引經據典、證明農業的發展只能是慢慢的、並且是不能保證的。某些學者甚至斷定、農業增長的速度還趕不上人口增長的速度。他們認爲、人口多了、消費就得多、積累就不能多。由此、他們對於我國農業以至整個國民經濟的發展速度作出了悲觀的結論。這種思想本質是輕視我國組織起來了的革命的農民、因而不能不受到事實的反駁**」（參閱一九六七年日本版「劉少奇選集」p.445）。如此、連劉少奇也拚命的捧了毛澤東的「**唯人口論**」。

並且、在這大會的「**新聞公報**」上、總結爲：「**此次會議本身就是整風的會議、反對國際間的修正主義的會議、反對鑽進黨內的右派份子·地方主義者·民族主義者的會議、也是大躍進的會議**」（參閱柴田穗「毛澤東の悲劇」一九七九年p.49）。

另外、在中國的公式文書上、首次使用「**現代修正主義**」、乃在一九五八年五月五日的「**人民日報**」社論、即「**現代修正主義必須受到批評**」。毛澤東及其中共中央、在大會上採決「**關於莫斯科會議的決議**」、藉題批評南斯拉夫（一九五八年六月中共突然召還駐南斯拉夫的中國大使）、而對赫魯雪夫提出警告。

一九五八年五月下旬至七月下旬的二個月間、毛澤東以「**中共中央軍事委員會主席**」（超越「全人代」直屬的「**國防委員會**」主席劉少奇、與「**國務院國防部**」部長彭德懷的軍事最高決策機關·最高統師機關）的權威、召集了一千多人的全國黨·軍高級幹部舉行「**中共中央軍事委員會擴大會議**」、講述唯人口論、並決定在軍事戰鬥力上、向蘇聯挑戰的總路線。

繼之、該軍事會議後不久、於當年八月一日的「**建軍節**」三一周年紀念典禮（中共以一九二七年八月一日朱德・葉挺・賀龍・周恩來・張國燾等指導、並與國民黨左派的「勞農黨」幹部鄧演達・譚平山等合作的「南昌起義」爲人民解放軍的建軍紀念日）、黨副主席兼人民解放軍總司令朱德做了演講、且解放軍機關報「**解放軍報**」八月一日社論、一致反對只重視軍事而輕視思想・政治工作的「**軍事優先**」傾向、並警告「**核子武器重視論**」。

八月十六日「**紅旗**」也刊了于兆力署名的論文、引言毛澤東的著名談話、即：「**美帝國主義與原子彈只不過是紙老虎**」。同年十月二十七日「**人民日報**」、一再強調：「**帝國主義與一切的反動派都是紙老虎**」（參閱一九六七年版「毛澤東選集」第四卷 p.1139　一九七七年版「毛澤東選集」第五卷 p.499）。中共中央因此大肆宣傳所謂「**毛澤東軍事思想**」、反對「**唯武器論**」而誇示「**六億人口論**」。

毛澤東在同年九月底的華中巡視途中、再度向記者發表談話、即：

「**爲了應付帝國主義、有必要大大的組織民兵。世界人民的任務是要阻止美帝國主義的侵略與壓迫。我們必須好好的組織民兵師團、並將其擴大。這就是軍事組織・勞動組織・體育組織。我們不但有必要維持強大的正規軍、而且也得大大的組織民兵師團**」（一九五八年九月三十日新華社電——參閱日本「每日新聞」一九五八年十月一日）。

如此、與上述的「**人民公社化運動**」同樣、在同一時期、由毛澤東的鶴唳一聲、全中國立即掀起轟轟烈烈的「**民兵運動**」、自一八歲至四〇歲的所有男女、都被編入民兵組織的班・小隊・連隊・師團。其中、一八歲至二五歲的男女全員特別被編成「**基幹隊**」、受一定的軍事訓練。據報、僅在一九五八年的二個月中、中共就組成數達二億的民兵（男一億二千五〇〇萬人、女七千五〇〇萬人）、其中、二千萬人受到軍訓、四〇〇萬人參加實彈射擊訓練（參閱柴田穗「毛澤東の悲劇」一九七九年 p.46）。這無非是毛澤東的「**唯人口論**」的最具體的表現。他使得國內戰爭時代（新民主主義革命時代）的「**游擊戰・農**

村革命・**建設根據地**」的老套再度復活、以資抨擊從蘇聯學來的所謂「**唯武器論**」。並且、這種重視「**人的因素**」的軍事路線、終於導使韓戰以來開始軍事近代化的人民解放軍做了一八〇度的轉變而向後退縮。（結果、毛澤東在一九七六年死後、竟使他的接棒者華國鋒・鄧小平等中共中央、在軍事極端落後的情況下、與帝國主義者的美・日結盟、擬對付蘇軍百萬壓境）。

接著、毛澤東開始史上最大的民兵組織運動的那一年、即一九五八年的十月一日建國九周年「**國慶節**」、第一任國防部長彭德懷、在北京天安門上演講說：「**台灣與澎湖列島從古昔就是中國領土、金門・馬祖兩島更爲我國內海的島嶼。我們一定要拿回金門・馬祖等沿海諸島、解除中國大陸與沿海地域的直接威脅、並選擇適當的方法與時期、而解放台灣與澎湖諸島、實現中國統一**」（參閱日本「朝日新聞」一九五八年十月二日）。這無非是在「**八・二三砲擊**」開始後第三九天、毛澤東等中共中央表示要解放金門・馬祖的宣言。

然而、五天後的十月六日、「**國防部**」突然宣佈「**一個禮拜的停戰**」、下令停止砲擊金門・馬祖。十月十三日、中共中央再宣佈延長「**一週停戰**」。到了十月二十日、才再開始砲擊金門、但在十月二十五日再度變更、改爲「**雙數日停戰、單數日砲戰**」的奇妙戰法。故迄今二三年、駐福建省沿海地域的共軍、除了建軍節・國慶日・新年・勞動節等節目外、千篇一律的在單數日重複砲擊金門・馬祖。

這種奇妙的戰術、可以說是毛澤東基於宣揚「**唯人口論**」而排除「**唯武器論**」所演成的一種游擊戰、也是爲了在國內展開經濟大躍進・人民公社化運動・民兵組織等、必須「**持續國內緊張**」的一種戰術方法。當時的總參謀長粟裕（湖南人、一九三四年任方志敏軍參謀長、參加新四軍建軍、抗日戰爭勝利時任新四軍第一師師長、國共內戰時任「華中野戰軍副司令員」、司令員陳毅、政委譚政林、指揮隴海線一帶的「淮海戰役」、建國前擔任「台灣前線司令員」、建國後調任解放軍南京軍管會主任、一九五四年任總參謀長、補佐第一任國防部長彭德懷）、因不了解也不積極同意毛澤東的唯人口論游擊戰、而被解任、由黃克誠代之而任總參謀長。黃克誠（湖南省永興縣人、與林彪同在黃埔軍校受訓、一九七二年參加秋收暴動後上井岡山、一九三一年任紅三軍團第四師政委、一九三四年秋任紅三軍團政治部組織部長、司令員彭德懷、政委楊尙昆、參加長征、一九三七年任一一五師第三四四旅政委、抗日戰中調任新四軍第三師師長兼政委兼蘇北司令員、日本投降後率部二萬進軍東北、任林彪的「東北民主聯軍」第一軍長及第三師師長、建國後調任湖南掌握湖南黨政軍大權、一九五四年在國防部長彭德懷底下任副國防部長）。

同年九月、美第七艦隊集結於台灣海峽、表示擬與蔣家守軍共同防禦金門・馬祖。此時、毛澤東請求赫魯雪夫軍事支援、但遭拒絕、不得不中止彭德懷在國慶日演講的計劃、即要攻取金門・馬祖。毛澤東把這攻取金馬的失敗、歸罪於總參謀長粟裕、他才引咎辭職。

但是話又說回來、毛澤東眞的想排除「**唯武器論**」嗎？在一九五八年五月二十三日「**解放軍報**」、刊載空軍司令員劉亞樓的「**毛澤東軍事思想的研究**」說：「**中國的工人階級與科學者在不久的將來、必能製造近代的飛機與核子武器。那時、我們將能以核子武器與飛彈對抗要侵略我國的敵人**」。也就是說、毛澤東反對「**唯武器論**」、並不是他的本意。他在實際上是一方面決意自力發展（不依靠蘇聯核子武器、另一方面則在成功發展核子武器以前、利用反對「**唯武器論**」、來消除全國人民對核子武器的恐懼心理（其後歷史的演變證明毛澤東的這種心理作戰、一旦在一九六四年十月十六日中共原爆試驗成功後、他即豹變爲核武的誇耀者）。

Ⅲ　彭德懷的「**公開意見書**」與遭清算——彭德懷貧寒出身、與毛澤東同屬湖南人、畢業湖南講武堂、參加革命後、始終不變的與毛澤東站在同一陣線而經歷許多的歷史考驗。他在一九二八年發動「**平江起義**」（湖南）、任紅第五軍軍長（政委滕代遠）、後來上井崗山、在「**紅一方面軍**」總司令朱德・政委毛澤東之下、擔任紅三軍司令員、一九三四年調任紅一方面軍前鋒部隊總指揮參加長征、一九三五年「**遵義會議**」時、與朱德・林彪等紅軍將領一致擁護毛澤東奪權、其後任毛澤東整編的「**陝甘支隊**」司令員（政委毛澤東・楊尚昆）、率領紅一方面軍殘部擁護毛澤東到達延安。一九三六年八月在延安時、與史諾（Edgar Snow）暢談游擊戰。抗日中擔任八路軍副總司令、一九四〇年指揮四〇萬大兵的「**百團戰役**」、而與日軍在華北大打游擊戰。一九五〇年韓戰爆發後、他在北京組織「**抗美援朝志願軍**」、以人民解放軍副總司令兼任「**志願軍**」總司令、率領「**解放軍第四野戰軍**」（略稱「四野」、司令員林彪）、與「**第三游戰軍**」（「三野」、司令員陳毅）、並在蘇聯「**遠東軍區**」司令馬林諾夫斯基（Rodion Y. Malinovsky）支援下、參加韓戰、在朝鮮半島以陳舊的武器、和麥克阿瑟（Douglus MacArthur）交戰。

彭德懷以湖南老鄉並多年追隨毛澤東情誼、擔心毛澤東在所持的急進冒險政策（大躍進・人民公社・社會主義建設總路線）失敗後、又在軍隊近代化聲中反對「**唯武器論**」、故於在一九五九年七月十四日向毛澤東提出「**公開意見書**」、諫諍毛澤東停止急進路線與「**唯人口論**」、並勸阻不要與蘇共決裂。

此時、正在江西省廬山召開「**中央政治局擴大會議**」（七月二日—八月一日、「八屆八中全會」「廬山會議」）、彭德懷在會上所提出的意見書中、指出急進路線在思想上・工作上的根本錯誤、涉及毛澤東的急性病・講大話傾向・虛構・小資產階級的狂熱性・左傾冒險主義等（他的這個意見書當時不對外正式發表、到了一九六六年後半年、文化大革命開始後、才在北京的壁報新聞被揭露發表）、如：

「**一九五八年的基本建設、從今看來、因在一部份建設操之過急、實踐過多、以致現出分散資本、並延遲急需的重要建設的毛病、究其基本原因、不外乎是經驗不足、理解不深、同時過遲發現其弊病而招來的。因此、到了一九五九年度、不但不緩和進度並給予適當調整、而且繼續強行大躍進政策、**

以致不能矯正不均衡現象、而增加更大的困難」。

「造成過多的小法爐、浪費了大量資源（物質・土木・勞動力）、招來重大的損失」。

「現在、我們所面對的顯著的矛盾、乃是因這種不均衡現象、而在各方面產生額外的緊張」。

「去年的北戴河會議（一九五八年中共中央擴大會議、首次採決人民公社決議案）上、過多估計食糧生產而造成一種虛構、以致使大家以爲食糧問題已告解決、並擬向工業部門挑戰。然而、對於鋼鐵生產缺乏眞執的分析與準備而犯了脫離現實的錯誤」。

「這種錯誤的根源、竟在各部門虛談大話、許多不可置信的奇跡被發表在新聞・雜誌、而降低了黨的威信。譬如、當時的大多虛僞報告、竟使許多同志錯覺共產主義社會即將到來以致驕橫自大」。

「一九五八年的大躍進中、自己與許多同志都自己陶醉於大躍進的成果與大衆運動的熱潮、而產生左傾偏向、大家都自以爲一跨過去就是共產主義世界、而且想要爭先到達這終極目標、結果、忘卻了黨在長期間才養成起來的大衆路線與現實主義辦法」。

彭德懷在「意見書」的最後一段、更加明確的指出：⑴原來是要費十年、二十年的事業、宣傳爲只有一年、甚至數個月就能達成的錯誤、⑵脫離現實而喪失群衆的支持、⑶把「政治優先論」當做萬應膏、以爲只要給予政治優先、任何困難都能克服、⑷政治的優先性絕不能代替經濟發展的法則、⑸這種左傾冒險偏向的克服、更難於克服右傾的保守思想等、如此、把毛澤東的急進冒險主義批評得體無完膚。

然而、在七月二日至八月一日的廬山會議（中共政治局擴大會議）、關於彭德懷所提出的意見書竟未得到結論。

毛澤東怒惱之餘、竟想肅清彭德懷、乃將彭德懷・黃克誠（總參謀長）・張聞天（外交部副部長）・周小舟（湖南省黨委會第一書記）等說成爲「**反黨集團**」、而在同年八月二日至十六日同在廬山召開的「**中共中央委員會第八次全體會議**」（八中全會）上、開始反擊。即：

「**出現於廬山會議的鬥爭是階級鬥爭、也是過去一〇年來在社會主義革命過程中、資產階級與無產階級的兩個階級做了生死鬥的繼續**」。

如此痛擊彭德懷的毛澤東、更加頑固且蠻橫的說：「**人民解放軍若要跟著彭德懷走、我定再度上山而開始打游擊**」、並要求與會的委員們表示態度、答覆對主席是否忠誠。結果、朱德・劉少奇・周恩來・鄧小平等大幹部、卻暴露他們的機會主義、表示偏袒毛澤東、竟使硬骨漢的彭德懷在會上陷於孤立無援。

八月十六日、中共中央發表在會上採決「**關於以彭德懷爲首的反黨集團的決議**」。又在八月二十六日、有關「**八中全會**」新聞上、只發表了：「**在會上斷然批評右傾機會主義的錯誤思想**」、其他未有任何交代。

廬山會議的一個月後、即一九五九年九月十七日、中共中央罷免國防部長的彭德懷與總參謀長黃克誠、由副首相林彪與公安部長羅瑞卿代之。

彭德懷等的所謂「**反黨集團**」事件、到了八年後的一九六七年八月十五日、「**文化大革命**」正搞得轟轟烈烈當中、北京電台才以「**重要廣播事項**」的方式、公諸於世（參閱柴田穗「毛澤東の悲劇」I、一九七九年 p.61　中嶋嶺雄「現代中國と國際關係」一九七三年 p.45　Edgar Snow, Random Notes on Red China, 1957 ——小野田耕三郎・都留信夫日譯「中共雜記」一九七五年 p.172　Jack Chen, Inside the Cultural Revolution, 1975 ——小島晉治・杉山市平田譯「文化大革命」の內側で上卷、一九七八年 p.160　竹內實「毛澤東と中國共產黨」一九七二年 p.143）。

⑾　中共中央七千人工作擴大會議與毛澤東・劉少奇的對立深化

一九六二年一月三十日、中共中央召開「中央工作擴大會議」。這次會議、因召集了「五級幹部」以上的七千人舉行大規模大會、所以被稱爲「七千人大會」。

當時、毛澤東所強行的超級急進政策即「三面紅旗政策」的失敗表面化、全國經濟崩潰、人民怨聲載道、所以、此次大會無形中、成爲批評毛澤東的大會（這次大會對外是完全保守秘密、後來、因被文化大革命的紅衛兵揭露出來、才使一般人略知其一二）。

在會上、先由鄧小平總結「三面紅旗政策」的一般概況及其後果。

繼之、劉少奇在與會的黨・政・軍高級幹部面前做了報告、批評毛澤東脫離現實的急進冒險主義。如：「我們將要總結幾年來的工作檢討、惟恐現在如何的檢討也檢討不完、定要讓我們的後代再作總結、也許這樣才能完了」「這次的經濟困難、是三分天災、七分人災、因此、一九五九年清算反對大躍進政策的幹部（彭德懷等）、不但是很不正確、而且反右派鬥爭本身就是錯誤的、所以、必須恢復被清算的幹部們的名譽與工作才是」。「若經本人申請、再有其領導幹部或其他幹部同志認爲必要、應該使他們復權」。由於劉少奇這一呼籲、有些幹部因而恢復名譽・重返工作崗位。如：

潘復生、就任黑龍江省黨委會第一書記、潘復生是江蘇宜興人、其兄潘梓年現任（一九七七年）中國科學院哲學研究所所長、潘漢平就任上海副市長後、文化大革命時被肅清。潘復生本人是美國芝加哥大學畢業、早時就任九三學舍中央常任委員、一九五六年入黨後、擔任中國科學院心理學研究所所長。

鄧子恢、就任國家計劃委員會副主任。他是福建龍岩人、在毛澤東主辦的廣州農民講習所受訓後、一九二六年加入黨、任閩西八縣蘇維埃政府主席、「長征」時留在閩西地下活動、「抗日戰」及皖南事變後、任新四軍政治部組織部長兼第三師政治委員（師長黃克誠）、一九四五年被選爲中央委員兼華東局書記、一九四九年中原臨時人民政府主席、一九五二年任中共中央農村工作部長、一九五九年連任國務院副總理兼國務院農林辦公室主任、再兼國家計劃委員會副主任（主任李富春）、文化大革命時被整肅、一九七八年後恢復名譽。

黃克誠、中央委員兼山西省副省長。

劉少奇再強調說：「**應該揭穿黨內缺乏民主主義、只有冷酷的鬥爭與不留情的抨擊這種黨內生活**」「**現在若不揭穿、將來也要揭穿、生前不暴露、死後也要暴露**」「**不能將負債裝在棺材裡、生前不還債、死後得還**」「**反對毛主席是反對他個人**」（並不是反黨）。

對於劉少奇所做反毛澤東的批判、由周恩來・林彪起來反駁。

周恩來、字少山、別號伍豪、浙江紹興人、但因祖父出任江蘇淮安知縣、舉家隨任遷往、遂落籍淮安。一八九八年生於淮安、一九〇八年隨伯父到瀋陽、就讀於瀋陽小學、一九一三年入天津南開中學、畢業後赴日本入早稻田大學與日本大學做旁聽生。一九一九年返國就讀於南開大學、任學生報主筆、其後參加「**五四運動**」被捕入獄、獲釋後參加「**醒社**」。一九二〇年十月參加「**勤工儉學生團**」赴法、後並留德、在法國期間、與李立三・蔡和森・李富春等組織「**社會主義青年團**」、中共成立後改爲「**中共旅法支部**」、任宣傳部長。一九二四年返國、任中共廣東省委會委員兼軍事部部長。一九二五年任黃埔軍校政治部主任、旋任國民革命軍（總司令蔣介石）第一軍第一師黨代表兼政治部主任。一九二七年被選爲中共中央委員兼軍委書記、發動「**八一南昌起義**」、敗後退至潮洲、轉經香港、再赴滬、任中共中央軍事委員會主席。一九二九年由莫斯科「**六全大會**」歸來後、任政治局委員兼中共中央軍委會書記。一九三一年冬赴江西蘇區、兼中共蘇區中央書記局書記。一九三四年參加長征、一九三五年在「**遵義會議**」中被毛澤東指爲秦邦憲・李德錯誤路線的促成者、乃見風轉舵、對毛澤東屈從逢迎。一九三五年冬到達陝北延安後、一九三六年冬策動西安事變、捉放蔣介石。抗戰時、由一九四〇年自莫斯科養病回國後、任「中共駐渝辦事處」主任、往返於延安與重慶間積極從事國共連絡及拉攏各派中間份子。一九四五年「中共七全大會」時、被選中委・政治局委員・書記處書記兼中央軍事委會副主席、一九四六年任政治協商會議中共代表團團長、及馬歇爾・張群・周恩來三人小組委員、國共和談破裂後返延安。一九四九年十月就任中華人民共和國國務院總理兼外交部長。一九五〇年一月二十日隨毛澤東赴莫斯科簽署「中蘇友好同盟條約」。一九五四年四月率中共代表團出席日內瓦中南半島和平會議、中途赴印與印度首相尼赫魯共同發表「和平五原則」。一九五五年五月出席「萬隆會議」、共同發表「萬隆十原則」。周恩來穩健練達、擅詞令、長適應、記憶力強、且能察言觀色、順風轉舵、素有「不倒翁」之稱。其爲人善體下情、文化水準高、頗受中共中央下級幹部擁護、文化大革命時、成爲唯一無恙的高級幹部、一九七六年一月死亡後、至今仍然受到中共中央下級幹部的愛戴。

林彪生於一九〇八年、湖北黃岡西鄉林山河人、其父原爲工廠廠主。他於一九二五年就讀武昌共進中學時、適逢「五卅慘案」、做以學生身份參加在滬的全國學生聯合會。同年遠赴廣州入黃埔軍校第四期受訓、並秘密加入「中國共產黨青年團」。一九二六年黃埔軍校畢業後、即被分發於張發奎部之葉挺獨立團任排長、嗣後參加北伐、並在一九二七年正式加入共黨。同年國共分裂、八月一日參加「南昌起義」、事敗後、隨朱德輾轉華南各地、一九二八年四月、始上井崗山、自此在湘南一帶從事游擊戰。一九二八年任團長、於「古田會議」時、支持毛澤東建軍政策、獲得毛澤東賞識。一九三四年、與聶榮臻率第一軍團爲「長征」打先鋒。「遵義會議」時、與彭德懷支持毛澤東、重掌紅軍領導權。一九三五年紅軍改變爲「陝甘支隊」（司令員彭德懷）、林彪任副司令員兼第一縱隊司令員。一九三六年在延安任「**紅軍大學**」（後來改稱「抗日軍政大學」）校長。一九三七年七月抗日戰爆發、他被任爲「**國民革命軍第八路軍一一五師師長**」、率部至晉北阜平建設「**晉察冀邊區**」根據地、在平型關伏擊日軍板垣征四郎師團獲勝。一九三九年在戰役中身負重傷、翌年赴莫斯科就醫。一九四二年回國、一九四五年「**七全大會**」時、被選爲中央委員。抗戰勝利後、林彪率部、經山海關進軍東北、自蘇軍手中接收日軍武器、組成「**東北民主聯軍**」、次年改爲「**東北人民解放軍**」、一時退至哈爾濱、重整部隊後、反攻並從國民黨軍手中略取長春・四平街・瀋陽、進而侵襲東北全部。一九四九年春、林彪兵團改爲「**第四野戰軍**」、再度入關佔領北京・天津後、沿平漢鐵路南下於華中・任華中局書記。五月陷武漢、襲岳陽、遂取長沙（國民黨軍程潛・陳明仁部此時叛變靠攏林彪部）。同年十月新政府成立、林彪繼續率部傾力攻陷衡陽・桂林・南寧・進取雷州半島及海南島。旋至一九五〇年韓戰爆發、林彪所率兵團復調至東北、組成「**抗美援朝志願軍**」（司令員彭德懷、副司令員林彪）、渡鴨綠江入韓參戰、但在戰鬥中負重傷。一九五三年任中南行政委員會主席、一九五五年獲授「**元帥**」。一九五九年三面紅旗失敗、林彪與周恩來偏袒毛澤東、連任國務院副總理・並取代彭德懷、兼任國防部長。文化大革命後、被毛澤東指名爲接班人、但在一九七三年八月「**中共十全大會**」上、周恩來發表林彪叛變計劃的「**五七一工程紀要**」、並說林彪企圖暗殺毛澤東失敗、於一九七一年九月在逃亡蘇聯途中、於蒙古飛機失事而死。

言歸正傳、在七千人大會上、對於劉少奇的批判毛澤東、遭到周恩來・林彪的反駁（參閱 p.1460）。當時林彪說：「**全中國的人民揭起〝三面紅旗〟、並以大眾運動進行社會主義建設、這在世界上是未曾有過。這個首次的嚐試、當然缺乏經驗、所以無法避免若干缺陷、這也可說是我們必要賠償的代價**」（但是、關於周恩來的發言、至今尚不見有所交代）。

毛澤東本身在會上的發言、後來被收錄在紅衛兵編印的「**毛澤東論文集**」內、題爲：「**關於民主集中制問題的講話**」（一九六二年一月三十日）。他所談的是一方面以暗示的方法反擊並批評劉少奇、另一方面卻同意劉少奇所提出的「**農村工作六十條等具體政策**」（參閱 p.1450）。這可以說、毛澤東此時是一方面仍然高舉自己的原則、但在另一方面卻進行戰術後退而承認了劉少奇的政策的一種表現。

毛澤東在會上談到六個問題、即：⑴這次開會的方法、⑵民主集中制的問題、⑶立場根本問題（和那個階級聯合、抑壓那個階級的問題）、⑷客觀世界的認識問題、⑸國際共產主義問題、⑹全黨・全人民的團結問題（參閱一九七九年日文版「北京周報」p.6）。

他所說的問題涉及很廣、但是他卻只強調關於發揚民主主義的一般論而已。

由於他知道這次開會對他的威信問題有關、所以在原則問題上以攻爲守、且盡量避免被牽入「**三面紅旗政策**」的具體問題。他在表面上談話時並不公開反駁或抨擊劉少奇・鄧小平等人的批評。但他卻在輕描淡寫的手法中、暗中給劉少奇等人反了一擊（據聞、毛澤東每當適逢對自己不利的場合時、都以輕描淡寫的態度先來迴避危機、然後才抓緊機會進行反擊、這就是他的慣用手法）。他說：

「共產黨員一千七〇〇餘萬人之中、新中國建設以前的入黨者已不過是佔其二〇%、一九三〇、二〇年代的入黨者恐只剩下七〇〇餘人而已。……。其中、有著人格・作風都不純的黨員」「一部份人雖然掛著共產黨員的招牌、但不僅是不代表勞動階級、卻代表著資產階級。黨內有這種不純的因素、若不看透這點、我們都會受到損失」（這段有些間接抨擊劉少奇等人的語氣）。

「現在我們的國家、人剝削人的制度已被消滅、土地階級與資產階級的經濟基礎也被消滅。如今、反動階級已喪失了以前所有的猛威。因而我們把其所剩下來的稱爲反動階級的殘餘。但對這些殘餘份子、是不能輕視、必須繼續與他們鬥爭。反動階級雖然被打垮、但仍然在企圖復辟、社會主義社會也可能產生新資產階級份子、在整個社會主義階級與階級鬥爭仍然存在著。這種階級鬥爭是長期的、複雜的。我們不但不能弱化專政的機器、而且還得加以強化」（這是毛澤東對中國革命的基本想法、同時也有暗中批評劉少奇的意圖）。

但是、毛澤東、他也知道有發出自我檢討性言論的必要、所以再往下他就說：「我們必須發揚民主主義、啓發人人的批評、且要聽人人的批評。我要以行動來自我批評、若有自我檢討的必要、也得自我檢討。這種自我檢討須費一個小時、頂多也是兩個小時就夠了吧、猶如翻箱子、搬出東西來就差不多了吧。若有人感到還不夠、請指摘出來、如果對的話、我也不吝接受」。

「我願意讓大家發言、採取主動呢？還是被動好呢？當然、主動好。但若已陷於被動時應該要怎樣？過去卻是不民主、所以陷於被動的。但是、這也無傷大雅。我希望讓你們來批評我、那麼、我就坐下並冷靜的想一想、那一定二晚三天都睡不著覺。好好兒想一想、若想不透時、就寫自我檢討。這樣就好了呢！總而言之、讓人說話、天空也不會掉下來、自己也不會倒霉。如果不讓人家說話呢？那就會倒霉的、我們必須努力於民主集中制的建全化、……」。

這種漫不經心的所謂自我批評的手法、還獲得與會多數人的熱烈鼓掌、可見、這就是「獨裁者」才能享到的特權。如果是一般的黨員或人民的話、這不但不能「過關」、而且其後果定是不堪設想。總而言之、不管「三面紅旗政策」如何的失敗、遭殃的卻只是老百姓而已。

七千人大會的前後、毛澤東・林彪・周恩來等毛派、與劉少奇・鄧小平・彭眞等劉派、開始尖銳對立、終把這矛盾對立的權力鬥爭、一直捲入文化大革命的漩渦裡去。因爲這樣、一九六一年十月在北京已發生所謂暢觀樓事件（領導北京市黨委與北京特別市政府的彭眞、派遣鄧拓等親信幹部前往北京西郊公園的暢觀樓、調查有關三面紅旗政策的文件、擬做檢舉其錯誤的物證）。

「七千人大會」開始的翌日、即一九六二年二月一日、在北京・中南海（黨・政・軍高級官員的官邸地區）的西樓、召開「中央政治局常任委員會擴大會議」時（西樓會議）、陳雲等抨擊「三面紅旗政策」爲政府財政赤字的原因。黨・政機關上層幹部正在準備相似赫魯雪夫批判史大林方式、擬開始鬥爭毛澤東。

毛澤東感到危險迫及眉梢、一方面即在一九六二年八月召開的「中共中央工作會議」（北戴河會議）、及一九六二年九月二十四―二十七日召開的「中共第八屆中央委員會第十次全體會議」（十中全會）上、一再強調：「勿忘階級與階級鬥爭」。另一方面則取消把中共中央政治局分爲第一線與第二線的區別（參閱 p.1449）、並且、他自己即由所謂第二線再度邁進中共中央的領導中心、重整旗鼓、擬恢復所謂史大林式「獨石」（monolithic）的完全的個人獨裁地位。

翌日的一九六二年九月十八日、「十全中會」發表「公報」時、仍歌頌著「中國人民一直團結在中共中央與毛澤東同志的周圍、我們雖然遭遇到來自內外的重大困難、但是中國的廣大人民大眾和幹部、繼續相信著總路線・大躍進・人民公社的三面紅旗是正確的」。然而、這種中委會全體會議、在嗣後四年間、未曾再開過。

毛澤東在一九六三年五月二十日發表所謂「前十條」（「中共中央於當前在農村發生若干問題的決定」）、指示全國強化農村的階級鬥爭、展開社會主義教育運動。

劉少奇・彭眞則發表「後十條」（一九六三年九月二十日「中共中央關於農村社會主義運動的若干具體政策的決定」）、以「四清」（清理人民公社及生產隊的：⑴帳簿、⑵倉庫、⑶財產物資、⑷勞動點數號召農民大眾、所以比較毛澤東所提倡的階級鬥爭受到歡迎）。後來、再發表所謂「修正後十條」（一九六四年九月十日）即「關於農村社會主義教育運動的若干具體政策的決定修正草案」（劉少奇妻王光美擬草）、更加推進四清運動。

毛澤東因「**前十條**」不太受到歡迎、所以在一九六五年一月十四日、再度發出所謂「**二十三條**」（中共中央關於當前在農村發生若干問題的決定）、把劉少奇的「**四清**」改爲：⑴政治、⑵經濟、⑶組織、⑷思想的「**四清**」運動的毛澤東式「**四清**」、更加強調階級與階級鬥爭的重要性。同時、公然稱劉少奇・鄧小平爲「**走資本主義路線的黨內當權派**」、號召應給予清算。

由此、毛派（急進派）與劉派（穩步派）的權力鬥爭、不但在中共中央分庭抗禮、而且在地方幹部上、因由上而下的工作指示分爲相反的兩極端而開始混亂（參閱竹內實「毛澤東と中國共產黨」一九七二年 p.144 范雍然「中共政權二十年」香港「明報月刊」一九六九年十月—十一月）。

⑿ 毛澤東轉外而向赫魯雪夫挑戰與中蘇對立

I　中共中央由國際協調轉爲「**抨擊南斯拉夫爲現代修正主義**」——毛澤東在中國共產黨內愈趨孤立、他就愈向外發言、更加緊向赫魯雪夫挑戰。這種向外挑戰、首先是由公然抨擊南斯拉夫爲「**現代修正主義**」開始。

原來、毛澤東及其中共中央、自一九四八年七月二十八日、「**共產黨及工人黨情報局**」（Cominform）除名鐵托領導下的南斯拉夫共產黨後、一直抨擊南斯拉夫爲「**資產階級民族主義傾向**」。

然而、到了一九五六年八月召開的「**中共八全大會**」上、毛澤東卻演說：「現在、國際形勢的發展、對我國的建設事業、更加有利。我國和社會主義諸國、都有必要和平。熱望戰爭、不想和平的、只有少數的帝國主義國之中的、由侵略發跡的幾個獨佔資本家而已。由愛好和平諸國與人民不惜努力、國際形勢已朝向緩和的方向」（參閱柴田穗「毛澤東の悲劇」一九七九年 p.42）。

劉少奇也在會上的「**政治報告**」中說：「**總的說來、目前的國際形勢對於我們的社會主義建設是有**

利的。這是由於社會主義的、民族獨立的・民主的和平勢力、在第二次世界大戰以後、有了空前的發展、而帝國主義侵略集團的積極進行擴張、反對和平共處、準備新的世界戰爭的政策、愈來愈不得人心。在這種情況下、世界局勢不能不趨向於和緩、世界的持久和平已經開始有了實現的可能」（參閱一九六七年日本版「劉少奇選集」p.397）。

中國二大領袖的這種對國際情勢在趨向和平共存的看法、使中國在國際外交上也順著國際緩和局勢而採取了一連串的和平共存政策、如：一九五四年四月周恩來・尼赫魯（Pandit Jawaharlal Nehru）間簽訂「**關於西藏協定**」序文中的「**和平五原則**」（⑴保全領土與尊重主權、⑵互不侵犯、⑶不干涉內政、⑷平等互惠、⑸和平共存）。再就是一九五五年四月在第一次亞非會議上（萬隆＝Bandung會議）、周恩來參加發表「**關於世界和平與增進協力宣言**」中的「**萬隆十原則**」（⑴尊重基本人權與聯合國憲章的目的和原則、⑵尊重既有國家的主權和領土、⑶承認既有人種・國家的平等、⑷不干涉他國內政、⑸依據聯合國憲章、尊重個別的或集團的自衛權利、⑹不讓集團防衛協定爲大國利用、⑺不爲行使侵略的威脅使用兵力、⑻國際糾紛的和平解決、⑼增進互相的利益與協力、⑽尊重正義與國際義務等）最具有象徵性。

但是、這種和平措施只是中共在戰略上的應用、並不是衷心愛好和平、所以到了兩年後的一九五八年、中東緊張時、就進行金門「八・二三」大砲擊而在台灣海峽緊張的國際形勢下、劉少奇於一九五八年五月五日「**中共八全大會第二次會議**」工作報告中的風勢已變、即：「**這一年多來、在國際和國內都發生了很多具有重大歷史意義的變化。在國際方面、大家都知道毛澤東同志的這個著名的論斷：世界形勢的發展在最近達到一個新的轉捩點**」「**美帝國主義走在繼續進行戰爭威脅和準備新的戰爭、對於這一點、我們必須保持高的警惕**」（參閱一九六七年日本版「劉少奇選集」p422, 424）。

中共中央就在這個時期、在社會主義諸國內、抨擊了鐵托領導下的「**南斯拉夫**」爲「**現代修正主**

義」、將其當做「美帝國主義」的第五列（間諜）來看、並因對於美「帝國主義」的看法與蘇聯發生分岐、北京・莫斯科間產生不協調的論調。如：「南斯拉夫共產主義聯盟最近在它的第七次代表大會上通過了一個反馬克思列寧主義的、徹頭徹尾的修正主義綱領、對抗共產黨和工人黨莫斯科會議的宣言。這個綱領根本違反國際共產主義運動利益、樣樣適合於帝國主義、特別是美帝國主義的需要。因此、我們必須堅決進行反對現代修正主義的鬥爭、這是我們目前在國際範圍內的重要任務之一。只有徹底地粉碎現代修正主義、堅決地保衛馬克思列寧主義、才能鞏固國際主義運動和社會主義國家的團結」（參閱一九六七年日本版「劉少奇選集」p.426）。

Ⅰ　毛澤東向赫魯雪夫挑戰——一九五九年四月、毛澤東辭任「國家主席」、並自動撤退中共中央政治局第一線後、蟄居於北京舊皇宮紫禁殿西鄰的「中南海」邸宅（中共取得天下後、中南海高級住宅地區成爲中共高級黨・政・軍官員的邸宅地區、其東・西・北三方面均由高達二丈餘的圍牆從外界隔離、成爲不可侵犯的「聖域」）、招集了陳伯達等所謂「高級理論家」、準備抨擊蘇聯的所謂「現代修正主義」、擬向蘇共第一書記赫魯雪夫兼蘇聯首相挑戰。

㈠　陳伯達成爲毛澤東代言人——陳伯達原名陳尚友、福建惠安人。早時畢業廈門集美師範學校（南洋華僑巨商陳嘉庚創辦）與上海勞動大學、自一九二七年、二次赴莫斯科中山大學受訓、回國後、與柯慶施・南漢宸等在北京從事學生運動。

他在一九三七年、由劉少奇介紹、赴延安、擔任毛澤東政治秘書（據聞、從此、毛澤東所發表的文章、大多數由他擬稿）、一九四五年中共七全大會時、被選上中共中央候補委員、一九四九年任中共中央宣傳部副部長、著作「中國四大家族」「人民公敵蔣介石」等、一九五〇年就任馬列學院（中共理論教育最高學府）副院長、全國社會科學工作者協會副主席、一九五九年就任專爲抨擊「**現代修正主義**」的中共理論雜誌「**紅旗**」（一九五七年七月一日創刊）總編集。一九六六年以後、協助毛澤東發動「**文化大革命**」、擔任「**中共中央文化大革命小組**」小組長（一九六六年、第一副組長江青）、專事大整肅。同年八月一日至十二日的「**中共八居十一中全會**」、被選爲中共中央政治局常務委員、並在北京天安門（八月十九日）、主持毛澤東・林彪・周恩來參加的百萬人「**慶祝文化大革命大會**」。但他也逃不了受到毛澤東・江青等文革派的整肅而亡。

(二)　毛澤東抨擊赫魯雪夫爲「**現代修正主義**」——一九六〇年初、毛澤東自認自己才是繼承馬克思・恩格斯・列寧・史大林學說的正統理論家、乃驅使「**紅旗**」及其總編集陳伯達、以抨擊所謂「**由赫魯雪夫搬進國際共產主義運動的現代修正主義**」爲己任。

因此、毛澤東如上述的招集了陳伯達等「**高級理論家**」、經過幾個月理論準備的結果、遂在列寧生誕九〇周年的一九六〇年四月二十二日、於「**紅旗**」第八號上、發表了中蘇對立史上著名的一文、即「**列寧主義萬歲**」、而向蘇共（即赫魯雪夫、但不明確提出其名）的和平共存路線開了第一砲、其中說著：

「**帝國主義是否會開始戰爭、這並非我們所能決定、我們不是帝國主義者的參謀長。各國人民若是提高自覺、且有充分準備、在社會主義陣營已掌握到現代武器的條件下、雖然美帝國主義者或者其他的帝國主義者將以原子武器和核子武器從事戰爭、其結果是可以斷定的、即除了在世界人民包圍中的這些野獸很快就趨於毀滅之外、絕不可能導致人類毀滅**」。

依毛澤東看來、赫魯雪夫根據核子武器等出現招來世界形勢的根本變格而擬與美國談和平共存、就是對國際共產主義運動的叛變（毛澤東在此時竟然料想不到一九七六年他死後的中國共產黨、卻比蘇聯更走先一步、而與美帝國主義不但是談共存、而且將進入軍事同盟的更加一層密切的相互關係）。

然而、赫魯雪夫對於世界和平的殷望深切、不管兄弟國的毛澤東及其共產黨如何反對、他仍堅持著與西方諸國談和平共存問題、所以、一九六〇年五月一日、當他將與美・英・法諸國首腦在巴黎召開所謂「**首腦會談預備會議**」、因美國的UⅡ型情報機被打落於蘇聯領土內的烏拉爾山脈（Ural Mountains）邊界時、他雖然聲明「**預備會議**」應延期召開、但不忘言及「**不變更以和平交涉來解決國際紛爭**」。

毛澤東乃乘機譏笑的說：「**希望赫魯雪夫能夠覺醒到艾森豪威爾並不是一個和平愛好者**」。

毛澤東對赫魯雪夫推進和平共存路線的抨擊愈來愈激烈、並愈提高到原則性階段（不是只在革命路線問題的階段）、如：

「**繼承列寧向第二國際的考次基（Karl Kautsky）・伯恩斯坦（Edward Bernstein）的修正主主義者・機會主義者所做的第一次論戰、也繼承史大林爲首的蘇聯共產主義者與國際共產主義者、向托洛茨基・布哈林的〝左〞傾冒險主義者・右傾機會主義所做的第二次論戰、現已最有歷史意義的第三次論戰正在進行**」（參閱一九六三年三月「紅旗」所載編輯部論文）。

如此、毛澤東及其中國共產黨是強調列寧的一面。即對資本主義的必戰性的看法、赫魯雪夫及其蘇聯共產黨、則注重列寧的另外一面即和平共存政策、而中蘇兩國共產黨逐漸走上尖銳對立的路上去。這種中蘇兩國共產黨的理論上的尖銳對立、當時在一方面是反映在一九六〇年六月五日—九日、於北京召開的「**世界勞聯總評議會第十一次會議**」。另一方面則反映在同樣一九六〇年六月底、於布加勒斯特（Bucharest）召開的「**羅馬尼亞工黨第三次全國代表大會上**」。

Ⅲ　在北京召開的「**世界勞聯總評議會**」上的中蘇對立——一九六〇年六月上旬世界共產黨領導下

的「**世界勞動工會聯盟**」（World Federation of Trade Unions＝WFTU、一九二〇年代的紅色國際勞動工會的後身、一九四五年十月成立、一九四九年英美等資本主義國家工會退會、新成立「國際自由勞動工會聯合」＝International Confederation of Free Trade Unions＝ICFU、從此、世界諸國的工會分裂爲共產黨系WFTU與資本主義國家系ICFU的二大系統）的「**總評議會第十一屆會議**」在北京召開時、會上分裂爲赫魯雪夫派與毛澤東派。這兩派曾經爲感情上的衝突而大爭論過。毛澤東提出了有關赫魯雪夫派反對總評議會的他們的臨時動議、而主張表決。在這表決的結果、赫魯雪夫雖然吃了敗戰、但也不能說是完全陷於孤立。

凡在國際共產主義的公開討論會議上、被允許由這種表決方法來解決問題、可以說是當一九二七年史大林與托洛茨基在共產執行委員會上、互相提出動議而托洛茨基被表決除名以來的、破天荒的大事。這三十三年間、所謂異端者、都不被允許在公開場面辯護自己、因本人不被允許出席下、在「**第三國際**」或者「**世界共產黨工黨情報局**」就已被除名。托洛茨基被除名後、布哈林也在一九二八年就以這種辦法被除名。再過了二〇年後的一九四八年、鐵托也如此被除名的。但是到了赫魯雪夫時代、他卻不能以這種方式來除名毛澤東、而得經過公開論爭的階段、且自己卻吃了敗戰。

原來在一九六〇年代、世界共產主義運動及諸國、大體分爲三個系統、即：(1)毛澤東爲首的「**極左派**」、(2)赫魯雪夫爲代表的「**中間派**」、(3)以鐵托爲代言人的「**右派**」。這三派的思想與革命路線等都有截然的分別。

「**急左派**」是自認爲他們才是繼承正統列寧主義的有關帝國主義與共產主義的見解。他們對於任何「**緊張緩和論**」（detente）都抱著否定態度、所以把結束「**冷戰**」（Cold war）的一切言論都歸爲一種「**危險的幻想**」。他們對於赫魯雪夫所推進的「**軍備縮少政策**」、認爲可能使共產圈諸國的安全陷於危險。毛澤東曾說：「**赫魯雪夫所做所爲都是外交問題多、而有關共產主義卻非常的少**」、並指責他估計過低開發國家的共產主義革命力量及其可能性。毛澤東不但是在外交問題上、且在國內政策、如：人民公社・消費者利益分配・政治自由化等問題也與赫魯雪夫尖銳對立著、尤其：(1)一九五九年六月蘇聯宣佈廢除「**中蘇國防新技術協定**」（一九五七年一月十五日簽定）、(2)毛澤東猜疑一九五九年八月被毛澤東整肅的彭德懷必與蘇聯勾通、(3)一九五九年九月赫魯雪夫訪美而在聯合國大會演講後、毛澤東對赫魯雪夫的仇恨心更加激烈化。

另一方面、「**右派**」的共產主義者、或者被稱爲修正主義者、比赫魯雪夫更早就將列寧主義的帝國主義見解、認爲已不合乎現代人類的發展階段而予以「**克服**」。他們一貫指責赫魯雪夫不爲緩和緊張和軍備縮小更加努力。

赫魯雪夫爲象徵性的共產主義中間派、因而腹背受敵、左盼右顧、爲了反擊雙方、有時傾左、有時傾右、結果、被指責爲「**秘密的鐵托主義者**」「**他拒絕劃清他本身與帝國主義效勞的現代修正主義的界線**」等。

這種三系統的對立關係、自一九五七年毛澤東第二次訪蘇而參加「**共產黨與社會主義工黨一二國會議**」以來、在暗地裡不斷的進行著。其後、由於赫魯雪夫對「**東西巨頭會議**」仍然抱著不小希望、且不放棄由達成若干的軍備縮小而擬在國內財政投資上多發展一些消費工業的可能性、所以中蘇兩國共產黨的關係愈來愈起惡化。因此、毛澤東吹毛求疵、一直反對赫魯雪夫的一舉一動、例如赫魯雪夫爲了出席美・蘇・英・法首腦會議而前往巴黎時（因UⅡ情報機犯蘇聯領土被打落而使會議中止）、向法國民衆說若要希望和平實現、你們得投票於總統戴高樂、毛澤東一聽到此報告就怒罵了赫魯雪夫爲「**公開叛變共產主義**」。

而且、在所謂「**中間派**」中、並不見得是百分之百都支持赫魯雪夫、如：在社會主義國家圈內有波蘭共產黨第一書記戈莫爾卡（Wladisaw Gomulka）及其支持者、社會主義國家圈外則有義大利共產黨第一書記杜厘阿茨紀（Palmiro Togliatti）等、他們都是次於鐵托的右傾共產主義者巨頭。甚至赫魯雪夫派內的東德・捷克斯拉夫・阿爾巴尼亞等國也有不少所謂毛澤東思想傾向的共產黨員、不斷指責赫魯雪夫的修正主義。

在這左派與右派之中、還是毛澤東對於赫魯雪夫的敵對最爲熾烈且露骨。到了一九六〇年十月、美國著名記者史諾（Edgar Snow）會見周恩來時、周恩來已不想隱蔽中蘇對立的事實、而說：「**中蘇之間、關於估計戰爭形勢的重點看法有了相異**」。

Ⅳ　羅馬尼亞工人黨布加勒斯特第三屆代表大會上的中蘇對立及其後的矛盾發展——在如上述的內外局勢之下、一九六〇年底、「**羅馬尼亞工人黨**」在首都布加勒斯特（Bucharest）召開第三屆全國代表大會時、各國共產黨均派遣代表參加、所以這次大會、乃成爲一九五七年莫斯科一二國共產黨代表會議以來、竟成爲最重要的國際共產主義會議、因此、中蘇共產黨雙方代表均擬利用這次機會向對方猛擊。

赫魯雪夫在會上、更加強調核子戰爭將給人類毀滅性的破壞作用、並說：「**列寧關於帝國主義的主張、是在歷史發展上及整個國際形勢上、如今日所顯示的決定性的許多因素尚未存在的幾十年前被提起、且發展上來的**」「**列寧在數十年前所講的有關帝國主義問題、今日不能機械的且輕易的重複談起**」。

然而、中國代表彭眞、卻相反的、在二天後的演說中說：「**對國際共產主義所給的主要危險、並不是核子武器、而是修正主義**」、並強調它較帝國主義攻擊的與略奪的禍害是將有過之而無不及、且主張：「**由從事準備戰爭來獲取和平**」。

在這次大會繼續召開的秘密會議上、赫魯雪夫又得到大力攻擊中共的機會。會後、中共乃抨擊赫魯雪夫：「**在秘密會上、舉力集中攻擊中國共產黨**」。赫魯雪夫雖然在會上示威整個共產主義運動都支持他、但這也不過是表面上的成功而已、共產黨陣營裡的分裂狀態依然極爲深刻且複雜的。如上所述、東德雖然表面上是屬於蘇聯圈內、但在這次大會上卻比較靠攏毛澤東的主張。捷克則抱著騎牆態度、只有保加利亞共產黨代表完全佔在赫魯雪夫這一邊。

毛澤東在此時期盡量努力於獲取亞洲方面共產黨的支持、雖然北韓靠攏蘇聯、但中共卻成功的得到印尼共產黨的支持、並中立化北越共產黨。同時、最爲重要的、就是在莫斯科的赫魯雪夫大本營內、有毛澤東主義者和修正主義者同時存在著。由於史大林時代在國際共產主義所行使的不容有派別、異端的「**獨石**」（monolithic）體制已瓦解、所以、赫魯雪夫不能除名毛澤東、同時、毛澤東也無法除名赫魯雪夫、只有雙方如對岸罵街似的、繼續爭論而已。

但是、當時中國的國內建設在資本主義國家包圍下、絕大部份得仰賴蘇聯及其勢力範圍內的東歐諸國的支援才能順利進行。因此、赫魯雪夫因與毛澤東在思想上·革命路線上的爭論對立的結果、遂在同年的一九六〇年七月十六日、通告中國在一個月以內將召還派遣在中國的所有技術人員一千三〇〇人、同時廢除數達幾百的大多數合作契約。

毛澤東爲了反擊赫魯雪夫、於同年的一九六〇九月二十九日、動員軍隊·民兵·市民等沿途排隊盛大歡迎當時革命尚未揚名的阿爾及利亞民族主義領袖、也是舊法國共產黨員且就任「**阿爾及利亞共和國臨時政府**」總統回爾托·阿茨巴斯等代表訪問北京。毛澤東·周恩來、中國陸軍幹部等出來盡量招待（他們在訪問中國的途中、在莫斯科機場受到蘇聯當局以普通旅客方式待遇）、使得當時在紐約參加聯合國大會的赫魯雪夫、不得不表明將承認「**阿爾及利亞共和國臨時政府**」、而引起法國總統戴高樂的不快（由此、回爾托・阿茨巴斯卻被捲入於毛澤東・赫魯雪夫的對立之中）。

一九六〇年十二月一日、國際共產主義運動爲了克服內部對立（主要是赫魯雪夫與毛澤東爭領導權）、在莫斯科召開八一國共產黨與工黨會議、結果、在閉會時發表「**莫斯科聲明**」（一種中蘇抗爭的休戰協定）、表面上再確認一九五七年時的第一次「**莫斯科宣言**」。但這也不可能彌補已發展到極點的中蘇共黨的對立抗爭、所以、不經多久、雙方爲了「**莫斯科聲明**」的解釋、再度發生衝突且互相抨擊。

赫魯雪夫方面、雖然於一九六一年一月與新任美國總統甘迺迪取得一時的協調而獲取外交上的成功（此時、毛澤東則抨擊：「甘迺迪比艾森豪威爾壞」、人民日報亦拚命的暴露所謂「甘迺迪的眞面貌」、指責赫魯雪夫的不明）、但是、其後相繼發生的：⑴美方訓練的亡命古巴軍登陸卡斯楚社會主義政權下的古巴（結果是失敗）、⑵中南半島的紅色寮國（Pothet Lau）在蘇聯支持下勢力發展等、導致在維也納的赫魯雪夫・甘迺迪會談未得成功、結果、美蘇兩國都在財政上急遽增加國防支出、狂奔於軍備擴張、另一方面、赫魯雪夫乃聲明蘇聯將與東德進行單獨的「**和平條約**」、以及同年八月十三日、「**柏林圍牆**」（長達四〇公里）被東德築成、這更象徵著東西兩大世界的尖銳對立。

然而、不管美蘇超級兩大國的外交關係如何的惡化、北京・莫斯科的思想上・政治上的衝突仍繼續存在且更加激烈、進而、與中共有同盟關係的阿爾巴尼亞、遂與蘇聯的關係也同樣更趨惡化。

一九六一年十一月二十五日、當阿爾巴尼亞宣佈與蘇聯斷交時、首次使用「**社會帝國主義**」指責蘇聯。此語、其後竟然成爲毛澤東及其中國共產黨、抨擊赫魯雪夫等蘇聯共產黨時的慣用語（參閱 Issac Deutscher, Russia, China and Tue West, 1970 ——山西英一日譯「ロシア・中國・西側」一九七八年　O.B. Bopncob Q.T. Korockob, Cobetcko-knanckhe othonehnr ——瀧澤一郎譯「ソ聯と中國」上、一九七七年　中嶋嶺雄「現代中國と國際關係」一九七三年　柴田穗「毛澤東の悲劇」上、一九七九年）。

V　中蘇對立與兩國對南斯拉夫・阿爾巴尼亞的關係——如上所述、由於一九五〇年代末期以後、中蘇共黨間的關係日趨惡化、所以、赫魯雪夫一方面則愈想改善蘇美關係（如：向美總統甘迺迪呼籲兩國和平會談）、另一方面乃愈努力於改善與南斯拉夫的國交（如：一九六〇年底蘇聯外相葛羅米柯＝Andri Gromyko 在最高會議上演說：「蘇聯外交政策的基本是與南斯拉夫完全一致」、一九六一年七月南斯拉夫外相波批茨紀訪蘇並發表共同公報、一九六二年蘇聯外相葛羅米柯訪南斯拉夫、同年六月南斯拉夫議會代表團訪蘇、同年九月蘇聯最高會議議長勃列日涅夫訪南斯拉夫、同年十二月鐵托訪蘇、一九六三年四月南斯拉夫共產主義者同盟採決「新綱領」、同年五月一日蘇聯在勞動節口號上改稱南斯拉夫爲「社會主義國」等）、藉以對抗毛澤東及其中國共產黨向赫魯雪夫及蘇聯共產黨的攻擊性批判。

但是、蘇聯・南斯拉夫間的國交愈親密、相反的、蘇聯與阿爾巴尼亞的關係卻愈惡化（一九六〇年十一月「莫斯科聲明」時、阿爾巴尼亞乃支援中國而反對蘇聯、且在會議後的一九六一年二月阿爾巴尼亞勞動黨第四屆大會時、再度批判「莫斯科聲明」、並且、因阿爾巴尼亞受到史大林主義影響最深、以致驚恐蘇聯及東歐諸國的「非史大林化」的風潮浸入國內、所以加強對蘇聯的敵視態度）。因此、一九六一年六月、蘇聯召還派遣於阿爾巴尼亞的潛水艇、同年八月雙方同時召還自國的大使、終於在同年十二月斷絕國交。

在這種情況下、赫魯雪夫更加強在國內進行「**非史大林化**」政策、而在一九六一年十月十七日召開的「**蘇共第二十二屆大會**」上、整肅所謂「**反黨集團**」的莫勒托夫（Vjacheslav Mikhajlovich Molotov）・卡嘎呢委紀（Lajar Moiseevich Kaganovich）・馬倫可夫（Georgij Maksimilianovich Malankov）・渥羅喜嘍夫（Kliment Efremovich voroshilov）等老黨員、且從莫斯科的「**史大林廟**」撤去史大林遺體。這使毛澤東更加仇恨赫魯雪夫。此時、代表毛澤東意志而向赫魯雪夫表示敵意的、乃是周恩來。中國首相周恩來即以中共代表團團長身份參加了蘇共第二十二屆代表大會、他在席上抨擊赫魯雪夫的阿爾巴尼亞批判、並違背蘇共的意思而故意訪問「**史大林廟**」。

在這次蘇共第二十二屆大會後、關於「**阿爾巴尼亞問題**」、中蘇對立更深刻化、並且、這種中蘇共黨的分裂・對立逐漸成爲國際問題化。此時（一九六一—六二年）、杜厘阿茨紀與義大利共產黨、及鐵托與南斯拉夫共產主義者同盟是支持蘇聯、相反的、印尼共產黨支持中國。

當在一九六二年秋、中蘇對立發展到極點時、所謂「**古巴危機**」爆發、愈使中蘇兩國的對立增加一個決定性的因素。

Ⅵ　中蘇對立與兩國對古巴・中南半島的關係——一九六〇年十一月召開的、「**世界八一國共產黨及工人黨代表會議**」發表「**莫斯科聲明**」後、中蘇對立關係在表面上、似乎獲得改善、中共在一九五九、六〇年的人民日報上連日痛擊赫魯雪夫的「**機會主義**」「**新修正主義**」等論調已不再重複、而且、毛澤東向莫斯科道歉的說：「**以前對赫魯雪夫同志加以激烈抨擊、不外乎出於中共黨內一部份〝極左〞份子的意圖。他們現已自黨内被清除、黨已恢復常態、所以今後不會重演再批評的這錯誤**」。莫斯科方面也正式接受毛澤東的道歉、稱讚：「**中共在黨内已克服獨斷主義、努力於採取現實的、有責任的工作態度**」、同時、赫魯雪夫在其政策決定上也受到影響而開始偏向於「**左派**」方向、所以對蘇美巨頭會談・軍備縮小・緊張緩和等和平政策也稍有變更。這可以說是中蘇共黨在思想（Ideologie）方面取得一時休戰。

然而、這種思想休戰也不能持久、一到所謂「**古巴危機**」發生、其熱戰就再度燃燒起來。

一九六二年十月、赫魯雪夫正熱衷於訪美問題時、同年十月二十三日、全美的電視突然播送甘迺迪的發表、即：「爲了阻擋蘇聯把核子武器搬進古巴、美國海空軍將封鎖古巴海上」。甘迺迪的這種「封鎖宣言」、不但對全世界是一種青天霹靂、而對赫魯雪夫也是一個很大的衝擊。但是、由於赫魯雪夫從此立即感到世界戰爭的危機、所以、在同年十月二十八日聲明將撤除在古巴建設中的飛彈基地、而導引甘迺迪相續下令解除古巴封鎖（同年十一月二十一日）、於是、可能發展爲世界核子戰爭的所謂「古巴危機」才被迴避。

然而、在短期間內所演成的這個「古巴危機」及其結束、從國際共產主義運動上來說、卻使毛澤東及中國共產黨相對的提高在內部地位（當時因「古巴危機」發生、連本來是傾向於和平共存路線的波蘭、也釀成反對情緒）、這就是給予毛澤東決意將要更加打擊赫魯雪夫的好材料。

當初、中國政府是在一九六二年十月二十日聲明：「蘇聯政府十月二十三日的聲明、是指出美國對古巴的侵略行爲將惹起的重大結果、並表示蘇聯將全力以赴而粉碎美帝國主義集團的侵略陰謀、且宣言要保衛及強化世界和平。中國政府乃將完全支持蘇聯政府的正義的立場」。

然而、過了三天的十月二十八日、赫魯雪夫指令撤除核子武器後、再過三天的十月三十一日、「人民日報」隨即改爲抨擊蘇聯的論調、即在其「保衛古巴革命」的社論中說：「在要爭取世界和平的問題上、是否應該依靠各國人民大衆的鬥爭、抑或得仰賴帝國主義集團的某些代表人物？這個問題是屬於極爲重要的原則問題。原來、馬列主義在一定的條件下是不拒絕與敵交涉並加以必要的妥協的。社會主義國家從早就主張著與不同社會制度的國家的和平共存、而一貫採取了國際關係緩和的方針。但是、無論怎樣的交涉與妥協、均不容許以原則來與做討價還價的對象、也不能犧牲人民與革命的根本利益來做交易的妥協。以鐵托集團爲代表的現代修正主義者、對帝國主義、不但不與之做了生死鬥、

反而散佈對帝國主義的幻想、擬使大家相信甘迺迪等帝國主義者的〝保證〞〝理性〞〝善意的願望〞是眞的」（在這文中、雖不明示、但其所謂「現代修正主義者」、的確是指著赫魯雪夫而言）。

繼之、十一月五日、當赫魯雪夫派遣蘇聯第一副首相米高揚訪問古巴、表明蘇聯不想利用古巴來攻擊美國、並勸古巴的卡斯楚聲明爲解決古巴・美國間紛爭、決意與華盛頓當局直接談判時、中國對蘇聯的責難遂到極點。因此、十一月五日「**人民日報**」的社論、即在「**什麼都不怕的古巴人民才是最強大的戰略武器**」一文中、把赫魯雪夫將要迴避核子戰的態度比譬爲「**慕尼黑＝*Munichen* 的陰謀**」（一九三八年九月、爲了緩和希特勒對他國領土的野心、英・法・德・義在慕尼黑召開所謂「四國巨頭會談」、犧牲了捷克而把其一部份領土割讓給德國領有、擬迴避希特勒的無限制的領土野心而對歐洲諸國的侵略、結果、卻使納粹的侵略野心更加得逞、而遂發展第二次世界大戰）。

也就是說、毛澤東期待赫魯雪夫將美帝國主義當做「**紙老虎**」看（毛澤東的世界戰略上的思想是、若在當地的情況對革命有利、在亞洲・非洲・拉丁美洲對敵攻擊不必停手、古巴應該是這種革命的模範、只要一般大衆支持革命、美國及其他帝國主義的干涉是不必懼怕的）、然而、赫魯雪夫卻恐對蘇聯軍事力量的過大利用與過低估美國的報復力量、所以、與美國政府當局直接談判、而在短時間內將此危機予以解決。因此、毛澤東對赫魯雪夫的抨擊更加激烈化、於十二月十五日「**人民日報**」社論的「**全世界的無產階級團結起來反對共同的敵人**」說：

「**若是盲信核子武器的威力、而不看到人民大衆的力量強大、不相信人民大衆、光在帝國主義核子威脅下而驚慌不已、那就等於從這一方面的極端走上另一方面的極端、必會犯了投降主義的錯誤**」（毛澤東抨擊赫魯雪夫把飛彈武器搬進古巴爲〝冒險主義〞、且將撤除該武器說爲〝投降主義〞）。

中共在另一方面、於一九六二年十月二十日（甘迺迪聲明封鎖古巴的二日前）、突然下令中國人民解放軍開始攻擊印度國境、經過一個月的激烈戰鬥後、中共軍迫及印度阿薩密（Assam）平原的澤城（Tezpur——印度軍總司令部駐在地）。然而、到了十二月二十一日（美國政府發表解除封鎖古巴海域的同一天）、中國政府又突然發表聲明：「**十一月二十二日在國境全線自動停戰、自十二月一日起、中國軍將退至一九五九年十一月七日當時的實際統治線再退二〇公里的地點**」（第二次世界大戰後、中印兩國都以亞洲指導國家相許、周恩來曾訪問印度、與印度首相尼赫魯公表「和平五原則」、但是、自一九五九年三月西藏民衆起義、達賴喇嘛＝Dalai Lama——喇嘛教教主——亡命印度後、中印關係逐漸疏遠、進而對立惡化。西藏起義後、一九五九年五月六日「人民日報」刊上「西藏革命與尼赫魯哲學」一文、而稱讚尼赫魯的和平主義、然而、中國軍開始攻擊印度後的一九六二年十月二十七日「人民日報」、再刊上「中印國境問題與再論尼赫魯哲學」、擬宣傳尼赫魯的資產階級出身及其資產階級思想於中國老百姓、想來促動中國大衆對印度的攻擊情緒）。

本來、中共攻取印度的一九六二年秋（也是「古巴危機」的時期）、對中國國內來說、乃是極爲重大的時期、當年四月開始、國內各地糧荒嚴重（僅在廣東地區、一個月間因沒飯吃而流出於香港的難民竟達七萬人）。同年九月二十四日—二十七日召開的「**十中全會**」（第十屆中共中央委員會全體會議）、自建國以來首次宣佈停止「**五年經濟計劃**」、而把這期間稱爲「**調整期**」。毛澤東在會上特別強調對於來自內外的「**修正主義**」的鬥爭的必要性、並指出：「**自資本主義將轉移共產主義的歷史階段（數十年以上）、存在著：⑴無產階級與資產階級間的階級鬥爭、⑵共產主義與資本主義的兩個鬥爭**」。

如上所述、莫斯科與北京、曾經想解決中蘇間所具有的世界政策的戰略戰術上的不同、但卻不能塡平眼前的一條橫溝、而仍然繼續其思想上・政治上的矛盾對立。

「**莫斯科聲明**」、對外是在一方面聲明各國共產黨將停止所謂「**革命的輸出**」、同時在另一方面則拒絕NATO等西方資本主義國家「**輸出反革命**」。當時、從中蘇看來、西方資本主義國家的「**輸出**

反革命」、第一次是以聯合國的名義而滲透非洲的剛果（Congo）、但、中蘇因地理遠隔關係、不能給予有效的干涉。第二次是古巴的反革命軍在甘迺迪政權的支持進攻卡斯楚統治下的古巴、但是這也在中蘇將下手救援以前、已由卡斯楚自己解決。西方國家「**第三次的反革命輸出**」的對象、是亞洲中南半島的「**寮國**」（Laos）。

赫魯雪夫本來是相信甘迺迪表明在寮國將樹立一個中立主義的政權、所以莫斯科擬以協助華盛頓在寮國的這種緩和政策。關於這點、當時的北京也與莫斯科採取同一步調、同意建立一個「**自由寮國**」。蘇聯在另一方面、爲了防範寮國在政治上趨於不安定、同時也要防止中國對寮國的過分干涉與滲透、乃仍舊供給紅色寮國武器、並負起一定的戰術責任（派遣軍事顧問團等）。

然而、「**反動派登陸古巴**」不但是給予蘇聯與中國對越南・寮國等中南半島的形勢感到不安、同時也給予將採取強硬手段的藉口。赫魯雪夫隨即在一九六一年四月、向甘迺迪聲明：「**美國若是對其鄰近國家的所謂〃不友好〃行使干涉（指甘迺迪支持保守古巴軍登陸卡斯楚統治下的社會主義古巴）、蘇聯、與中國也有權干涉鄰近國家的〃非友好〃**」。

當時、中南半島的越南・寮國的親美份子勢力已日漸走下坡、右派的體制將面臨崩潰的危機。也就是說、兩國的社會形勢是對於蘇聯的武裝支援提供一個有利的環境。但是、赫魯雪夫爲了迴避美・英・法・澳大利亞・紐西蘭・菲律賓・泰國・巴基斯坦等八國參加的「**東南亞機構**」（South-East Asia Treety Organization＝SEATO）的干涉、而造成第二個朝鮮、對於利用北越、紅色寮國的問題、採取極爲愼重的態度。但是中國則很高興中南半島成爲第二個朝鮮。

然而、無論古巴或中南半島的危機、從國際共產主義運動上來說、中共雖然還比不上蘇聯的強大、但也不能輕視其有利條件。因此、赫魯雪夫在關於古巴與中南半島的政策上、均不得不在不太刺激美國的範圍內、努力於培植在古巴・中南半島的影響力、而牽制中國勢力在此地區的伸張。

Ⅶ 中蘇休戰崩潰——如上所述、一九六〇年十一月十日至十二月一日、在莫斯科召開了「**世界八一國共產黨及工人黨代表會議**」（討論並全體一致採決蘇聯共產黨所提出的有關：⑴和平共存、⑵民族獨立、⑶指向民主主義與社會主義在今後可能發生的諸問題、⑷反殖民地、⑸支援民族獨立運動、⑹反獨佔、⑺擁護民主主義鬥爭、⑻設立同志的法庭使所有的不同意見提出機關討論並審判等問題。並以此決議爲骨幹發展一九五七年所發表的「莫斯科宣言」、發表了「八一國共產黨・工人黨代表者會議聲明」即第二次「莫斯科**聲明**」）。這當然也包括派遣代表出席會議的中國共產黨、所以過去的中蘇對立論也被認爲獲得休戰、而受到與會各代表的全面歡迎。

然而、中蘇兩國共產黨間戰略戰術上的不同、終究無法使其「**休戰**」持久、如上述的不經多久、兩國在具體的國際共產主義運動上、仍然不協調、甚至於再度開始糾紛進而惡化。

到了一九六一年春赫魯雪夫乃提出關於毛澤東及其中國共產黨的罪狀、即：⑴秘密煽動反對莫斯科聲明與和平共存路線、⑵蔑視莫斯科所設立的審判機關而在外面造謠宣傳、⑶繼續傷害蘇聯共產黨領導部的威信、⑷派遣特務到各國共產黨內而造成所謂「**毛澤東派**」、以致破壞關於黨組織的列寧主義原則、⑸在歐洲・亞洲・非洲特別設立工作中心從事反莫斯科的破壞工作等。赫魯雪夫乃以上述理由、抨擊毛澤東及其領導部爲「**不誠實**」「**從事破壞・煽動**」「**策動世界大戰**」。

赫魯雪夫竟然提起「**台灣問題**」、抨擊毛澤東及其中國共產黨說：「**中國共產黨關於種種問題的處理上、不懂得按其實際的重要性來決定其執行的優先性。他們不管整個國際形勢的演變如何、偏要把進攻台灣做爲當前最緊要的急務、這與一九一七年十二月蘇聯在不勒斯特條約**（Brest-Litovsk Treety — 不勒斯特是白俄共和國的都市、第一次大戰中、俄國政府與德國在此地訂定單獨休戰條約、而割讓了波羅的海＝Bltic 沿海的領土、即愛沙尼亞＝Estonia　拉脫維亞＝Latvia　立陶宛＝Lithuania 三國、這在第二次大戰後才再收復）、**被奪取領土的一部份時的蘇聯共產黨的行動完全不同**」（赫魯雪夫是主張、爲了與美國和平共存的大利益、中共不應該以「台灣解放」爲與美國和解的條件、而應同意讓台灣正式自中國大陸的中共分離）。「……、**我們的利益、要求我們應與社會主義敵對的諸國採取共存政策時、中國共產黨領導部、卻對我們所採取的指導性、誣衊爲反叛・對台灣侵略者的緩和政策・爲蘇聯人民利益而擬犧牲中國人民利益等來責難**」（參閱 Issac Deutscher, Russia, China, and The West, 1970 —山西英一日譯「ロシア・中國・西側」一九七八年 p.247 ）。

赫魯雪夫乃再進一步的暴露了毛澤東的驚人意見、即毛澤東自一九四九年取得中國天下以來、在國際共產主義運動裡、繼續不斷的提倡「**爲了打倒西方諸國、必須事先從事所謂〝預防戰爭〞**」。並且、把其問題的根源認爲是出於中共的體質上所擁有的「**軍事性格的一面**」、即中國共產黨「**與其他的共產黨不同、不是自一般市民組織、而是自軍隊組織發展起來的**」「**毛澤東是 *Bonapartist* 的軍事獨裁家**」。實際上、毛澤東・周恩來等中共中央最高領導部自建國以來、屢次表明：「**資本主義國家與共產主義國家之間的武裝衝突是不可避免的**」。

赫魯雪夫與蘇聯共產黨本身又反論毛澤東的戰爭政策說：「**共產主義與資本主義間的世界戰爭並不是不可避免、這是應該也可能迴避的**」。他們覺得在飛彈實驗與太空飛行的蘇聯優位、並不像中共所想的有絕對保證能在世界大戰勝利的決定性威力。蘇聯只想能把這些飛彈與太空飛行的優位性利用爲外交交涉上討價還價的一個王牌而已。只要「**西方的帝國主義侵略不受到責難的範圍、例如、NATO的地上軍與空軍不越過國境而進攻東歐諸國**」、赫魯雪夫認爲蘇聯不能超越過在和平緣邊的外交交涉而來玩弄世界大戰。

赫魯雪夫更加積極抨擊毛澤東及其中國共產黨說：「**毛澤東主義者都已成爲驕橫自大、他們因中國**

革命意外的順利成功、就頭腦昏暈起來、光憑其廣大領土與膨大的人口上的預備軍就覺得世界革命容易成功。其實、單憑國土廣大與人口幾億、是不一定能有著〝思想上的信憑性〞」「中國共產黨的領導者、擬把世界共產主義運動、分割為蘇聯領導的西方地區（West Zone）、……、中國人民共和國統治下的所謂毛澤東地區（Mao Zone）、……、這不外乎一種分裂計劃、而且具有人種偏見的味道、即把世界瓜分為白人種地區與有色人種地區的觀點、……、這種分割方法、不但不可能解決既有的論爭、而且違反共產主義的原則」。

赫魯雪夫抨擊毛澤東企圖支配北越・北韓・印尼各國的共產黨來擴張其勢力範圍、同時控告毛澤東的「手」、已伸到歐洲、而涉及到其唯一同盟國的阿爾巴尼亞（一九六一年十二月二十五日、蘇聯與阿爾巴尼亞斷絕國交、阿爾巴尼亞首次大罵蘇聯為「社會帝國主義」、此言、同樣的代替了「現代修正主義」、而成為毛澤東及其共產黨要罵蘇聯的**慣用語**）。

如上所述、一九六〇年四月中蘇論爭公開化以來、國際共產主義運動分為「**二條路線**」、毛澤東藉題攻擊南斯拉夫來抨擊赫魯雪夫為「**現代修正主義**」「**社會帝國主義**」。赫魯雪夫如上述的大肆攻擊毛澤東及其中國共產黨、並且藉諸各國共產黨而擴大反毛澤東的言論。即：(1)一九六二年十一月保加利亞共產黨第八屆大會、匈牙利社會主義工人黨第八屆大會、(2)同年十二月義大利共產黨第十屆大會、捷克斯拉夫共產黨第十二屆大會、(3)一九六三年三月東德社會主義統一黨大會、而展開抨擊毛澤東運動。

其他、印度共產黨對中共侵略印度採決指責決議、南斯拉夫共產主義同盟反擊中國共產黨的指責、法國共產黨中央委員會全體會議採決對中國・阿爾巴尼亞的指責決議、美國共產黨與英國共產黨責難中國對古巴問題的好戰態度等、毛澤東及其中國共產黨卻遭到各國共產黨的責難攻擊。

Ⅷ　中蘇會談破裂——如上所述、中蘇兩黨互相排擠謾罵的結果、赫魯雪夫覺得如此下去、恐會上了資本主義國家的當、因此、於一九六三年一月十五日、在東德社會主義統一黨代表大會上、呼籲中共互相停止爭論、且在同年二月二十一日、以書簡向毛澤東提案召開「**中蘇兩黨會談**」、而調整互相的世界政策。然而、毛澤東的覆信卻意外的態度強硬、經過了、若干外交手續上及意見調整上的曲折、毛澤東才同意赫魯雪夫的提案、於同年五月九日、由周恩來回答將派遣以鄧小平（黨中央書記）與彭眞（黨中央政治局委員）爲代表的「**中國共產黨代表團**」赴莫斯科。赫魯雪夫也在五月十四日、發表黨書記俗素魯夫（Mikhail A. Suslov）以下五人的代表名單。

然而、在七月五日將要舉行「**中蘇會談**」之前、即六月十五日、駐蘇中國大使潘自力乃交給蘇聯當局答覆了三月三十日蘇聯書簡的所謂「六・一四書簡」、並在信裡提出了包括二十五項的所謂「**關於國際共產主義運動總路線的提案**」、要求蘇聯得全面讓步與投降毛澤東。而且、於翌日的六月十六日、這個「**六・一四書簡**」、由中國大使館員及中國留蘇學生、向莫斯科各機關與在街頭向一般民衆散發。因此、蘇聯當局將散發書簡的大使館員五人予以處分、並遣還中國本國。中國外交部則以外交途徑提出抗議蘇聯送還外交官、並在七月十四日、以中共中央委員會的名義向蘇聯共黨公表所謂「**公開狀**」。

在這種情況下、七月五日所招開的「**中蘇會談**」、與其說和平會談、無寧說是等於打架互罵的場面、所以、不可能有好結果。這種無意義的交談繼續了十五天後、雙方都不歡而散、中國代表團即在七月二十日由莫斯科歸返北京。

Ⅸ　中共原爆實驗成功與赫魯雪夫被整肅——如上所述、一九五七年十一月、毛澤東、因赫魯雪夫不答應供給核武等近代軍事技術資料、乃懷著滿腔不滿的心情、而從出席莫斯科「**社會主義一二國黨代表會議**」歸來後、於翌年一九五八年一月發動「**毛澤東軍事思想學習運動**」。

繼之、再由五月下旬起、召集了黨・政・軍幹部一千餘人召開「**黨中央軍事委員會擴大會議**」。在會議中：⑴朱德在八一建軍節的演講中強調一定要解放台灣、⑵在「**解放軍報**」社論上批評只重視軍事觀點而輕視思想工作與政治工作的軍事優先偏向、並對過於重視核子武器及唯武器論發出警告。

然而從此會議出發、卻在全國展開了毛澤東所提倡的「**自主防衛政策**」的軍事路線、採取民兵組織的「**全民皆兵運動**」、以致發展爲毛澤東自我批評的紙老虎即「**唯武器論**」「**八・二三金門砲擊**」。

並且、毛澤東雖然批評「**唯武器論**」的軍事觀點（也可以說以批評「唯武器論」爲煙幕）、但並不否定核子武器的實驗工作、相反的、他居然決意在秘密裡進行不在蘇聯控制下的核武開發。因此、爲了實行他的計劃、才在一九五九年九月十七日、罷免國防部長彭德懷及總參謀長黃克誠、而新任親信的林彪・羅瑞卿爲新國防部長與新總參謀長（參閱p.1458）、同時、在一九五九―六〇年的大躍進・人民公社化路線失敗而全國經濟混亂蕭條時、唯有核武開發計劃被繼續堅持進行。

因爲這樣、所以、毛澤東等中共幹部、自一九六〇年後半、乃開始大談核武開發問題。例如：⑴一九六〇年十一月、劉少奇出席莫斯科的「**八一國共產黨・工人黨代表者會議**」時、言明中共已擁有四基原子爐（蘇聯只支援中共在北京一基的原子爐）、⑵一九六一年九月周恩來對訪問中國的英軍元帥蒙哥馬利說：「**中國政府爲了自國軍隊、已決定開發核子武器**」、⑶外交部長對於訪北京的路透社（Reuters）通信總經理克爾說：「**中國將擁有核武是時間問題**」。

因此、中共終在一九六一年十月十六日、成功的進行了第一次的原爆實驗。毛澤東是設定三個條件而下令積極努力於原爆實驗的、⑴一做到盡早能擁有核武、⑵這必須是不依靠蘇聯技術援助的「**純粹中國製」、⑶擬採取通到氫彈（H-bomb）的最短途徑。

根據外界的統計：「科學開發支出、在中國財政上所佔數目是一九五五年一千六〇〇萬美元、但至一九五八年乃年年急遽增加、即一九五八年一億三千三〇〇萬美元、六〇年四億五千九〇〇萬美元。自一九五八—六〇年的科學開發費用合計約一〇億美元。這種狀況繼續到一九六二年時、另外增加一〇億美元、因此、一九五八—六四年的七年間、總計達三〇億美元、其中、最少有其一半的一五億美元是爲了原爆與飛爆的製造而花費的」（參閱 U.S. News World Report 8. 12, 1964）。在中國當時的經濟條下、短時間內花了這麼龐大的財政支出而所造成的核爆的威力、據聞是廣島原爆級一〇噸規模的。

然而、中國成功了核爆實驗的十月十六日、碰巧是在莫斯科發表赫魯雪夫被罷免蘇聯共產黨第一書記兼蘇聯首相的一〇小時後的事。

中國的第一號原爆實驗成功的歡呼、可以說是毛澤東打勝赫魯雪夫的慶祝砲聲。毛澤東自一九五六年二月、「史大林批判」開始以來、經過八年的歲月、終於勝利的打倒了一貫敵對的赫魯雪夫。

當然、赫魯雪夫被蘇共中央罷免、並不是爲了與毛澤東對立的理由、而是起因於國內問題、特別是農業問題上的失策而造成的。但從其結果來說、無可否認、毛澤東竟打勝了赫魯雪夫。

毛澤東覺得由於原爆實驗成功、在政治上不同可彌補這三、四年來的國內經濟危機、且有過之而無不及。

中國老百姓也特別呈現一個新氣象、衷心歡呼原爆成功、覺得在世界上頗値得誇耀（參閱 Isaac Deutcher, Russia, China, and The West, 1970 ——山西英一日譯「ロシア・中國・西側」一九七八年　Wolfgang Leonhard, Kremlones Stalin, 1959 ——加藤雅彥日譯「ソ連の指導者と政策」一九六九年　O.B. Bopncon and B.T. Korockob, Cobetcko-dntanckne othomehnr, 1977 ——瀧澤一郎日譯「ソ連と中國」一九七九年　ソ連極東科學アカデミ

—研究所編著、寺谷夕壬・子田切利馬・薄井武雄編輯「中ソ對立と國際關係」一九七二年　Bah Mmh, Ilorveka kmk nperaterbctbo, 1975 ——高田爾郎・淺野雄三日譯「王明回想錄」一九七六　中嶋嶺雄「中ソ對立と現代」一九七八年　柴田穗「毛澤東の悲刻」I、一九七九年）。

⒀　無階級文化大革命

I　毛澤東所擁有的「**革命概念**」與「**黨概念**」——一九四三年第二次世界大戰中、「**第三國際**」（共產國際）、由於：

(1)爲了要暴露希特勒一派誣衊莫斯科干涉他國人民生活、並企圖把各國予以布爾塞維克（Bolsheviki）化的虛構宣傳、同時也爲了要暴露各國工人運動中的反共份子中傷了各國共產黨不爲自國人民的利益行動而均遵守外國指令行動的謊言、擬拂拭「**愛好自由的諸國人民**」對蘇聯的猜疑（史大林在第三國際解散後、與路透社記者會見談）、(2)實際上以莫斯科爲領導部的「**第三國際**」單一世界黨的組織形態、已與各國共產主義運動的現實乖離、才宣佈解散。也就是說、「**第三國際**」、是爲了隸屬於第二次世界大戰中的蘇聯自國的現實利益（主要是因蘇聯受到納粹德軍的攻擊、所以迫切的要求美英等聯合國在歐洲組成第二戰線）、而被解散。

從此「**第三國際**」解散後、中國共產黨才名符其實的獨自成爲「**中國之黨**」。

毛澤東在延安時的報告「**第三國際解散**」說：「**馬克思・列寧主義的原則、就是革命的組織形式必須服從革命鬥爭需要。若是當前的組織形式不適合於鬥爭、必須解消這種組織形式**」。

毛澤東所說的「**革命**」、在具體現實上不外乎是「**中國共產黨五十年的鬥爭史**」。他在一九三九年把所謂「**革命**」、即「**中國共產黨鬥爭史**」概略敘述如下：

「我們黨的歷史、從一九二一年第一次全國代表大會那個時候起、到現在、已經整整十八年了。十八年中、黨經歷了許多偉大的鬥爭。黨員、黨的幹部、黨的組織、在這些偉大鬥爭中、鍛練了自己。他們經歷過偉大的革命勝利、也經歷過嚴重的革命失敗。同資產階級建立民族統一戰線、又由於這種統一戰線的破裂、同大資產階級及其同盟者進行過嚴重的武裝鬥爭。最近三年、則又處於同資產階級建立民族統一戰線的時期中。中國革命和中國共產黨的發展道路、是在這樣同中國資產階級的複雜階級的複雜關聯中走過的。這是一個歷史的特點、殖民地半殖民地革命過程中的特點、而爲任何資本主義國家的革命史中所沒有的。再則、由於中國是半殖民地半封建的國家、政治、經濟、文化各方面發展不平衡的國家、半封建經濟佔優勢而又土地廣大的國家、這就不但規定了中國現階段革命的性質是資產階級民主革命的性質、革命的主要對象是帝國主義和封建主義、基本的革命的動力是無產階級、農民階級和城市小資產階級、而在一定的時期中、一定的程度上、還有民族資產階級的參加、並且規定了中國革命鬥爭的主要形式是武裝鬥爭。我們黨的歷史、可以說就是武裝鬥爭的歷史。史大林同志說過、〃在中國、是武裝的革命反對武裝的反革命。這是中國革命的特點之一、也是中國革命的優點之一、（參閱史大林「論中國革命的前途」）。這是說得非常之對的。這一特點、這一半殖民地的中國的特點、也是各國資本主義國家共產黨領導的革命史中所沒有的、或是同那些國家不相同的。這樣、(1)無產階級同資產階級建立或被迫分裂革命的民族統一戰線、(2)主要的革命形式是武裝鬥爭、——就成了中國資產階級民主革命過程中的兩個基本特點。這裡、我們沒有把黨同農民階級和黨同城市小資產階級的關係作爲基本特點、這是因爲：第一、這種關係、世界各國的共產黨原則上都是一樣的、第二、在中國、只要一提到武裝鬥爭、實質上即是農民戰爭、黨同農民戰爭的密切關係即是黨同農民的關係」（參閱一九三九年十月四日「共產黨人」發刊詞——一九六七年版「毛澤東選集」第二卷 p.565）。

上述是在一九三九年毛澤東對中國革命與中國共產黨的總結。此時、所謂「**新民主主義革命的偉大鬥爭**」（參閱九全大會採決「中國共產黨黨章」）還沒結果、從此以後、「**社會主義革命與社會主義建設的偉大鬥爭**」（參閱「上揭文」）將要進行、並且、這是與「**當代的國際共產主義運動的反對帝國主義・反對現代修正主義・反對各國反動派的偉大鬥爭**」（參閱上揭文）並行著的。

以上就是、毛澤東所擁有在具體上現實黨的概念與革命概念的內容。

但是、毛澤東所擁有的「**革命概念**」在**原理上**（不如上述在具體的現實上）的想法、也就是說毛澤東關於「**什麼叫著革命？**」的這個問題的解答、不出左列的敘述：

「**馬克思主義的道理竟有千萬條、但、其根本無非是〝造反有理〞之一言。數千年來都是被認為是壓迫有理・剝削有理・造反無理。自從馬克思主義出現以來、才把這些陳舊的判決推翻。這是個大功勞。這個道理是無產階級透過自己的鬥爭才得到、並由馬克思才下了結論的。由於根據這個道理、才要反抗、才要鬥爭、才要實現社會主義**」（參閱一九三九年十二月二十一日「於延安各界的史大林六十歲生誕慶祝大會的講話」——毛澤東文獻資料研究會（代表藤本幸三・市川宏）「毛澤東集」7、一九七〇年 p.231）。

這個「**造反有理**」就是毛澤東在原理上所想的「**革命**」。

中共自一九六〇年代所進行的所謂「**無產階級文化大革命**」、就是根據其推進者毛澤東在革命原理上所擁有的概念、即「**造反有理**」而開始發展的。

特別在一九六八年、當清華大學附屬中學紅衛兵在大字報、引例毛澤東一九三九年的這些講話而說：「**對反動派的造反是有理的**」時、毛澤東寫信給該衛兵說：「**我支持你們所說〝對反動派的造反是有理的〞**」之後、這句「**造反有理、革命無罪**」竟成為文化大革命時期人人常用的一種熟語。

毛澤東以這個無方向性・無理論性・無歷史規律性的本能性感覺的「**造反**」概念為認識革命的心理

基礎。

他在一九三九年（中共尙未取得天下以前）所說的「造反」、是受壓迫的無產階級向資產階級的造反、所以是肯定的。

中國解放（中共取得天下以後）、這個「造反」也常被使用、但這種場合的所謂造反的用法是有限定性的、即與以前相反、是所謂「資產階級造反」、所以是否定的。毛澤東說：「**在爲舊中國服務的時候、知識份子中的左翼是反抗的、中間派是搖擺的、只有右翼是堅定的。現在轉到爲新社會服務、就反過來了。左翼是堅定的、中間派是搖擺的**（**這種搖擺和過去不同、是在新社會裡的搖擺**）、**右翼是反抗的**」（參閱一九五七年三月十二日「在中國共產黨全國宣傳工作會議上的講話」——一九七七年版「毛澤東選集」第五卷 p.406）。

曾在一九五六年批判史大林後、在匈牙利動亂等之國際上動盪不安的時期、也是中共採用「百花齊放」政策之際、有不少黨外人士掀起批評中國共產黨的言論、這些人都以資產階級右派的造反而被清算（參閱 p.1424）。當時的中共中央宣傳部長陸定一說：「**政權問題解決後、在經濟戰線的社會主義革命也基本上完成、資產階級就要造反。並且、指導這種造反的不外乎是資產階級知識份子。……。在中國、現在也發生著資產階級造反的問題、章伯鈞・羅隆基同盟爲中心的瘋狂的狂擊、是向社會主義想要造反的**」（一九五七年九月二十九日北京「文藝報」第二五期）。

後來、在無產階級文化大革命時、當毛澤東將「造反有理」這句話使用於劉少奇・彭眞・鄧小平等人身上之後、本來是「造反」的**主體**的中國共產黨、卻轉化爲「造反」的**客體**（對象）。也就是說、毛澤東認爲中國共產黨變爲所謂「**當權派**」的黨、所以必須向他們「造反」而奪取其所壟斷的黨權・國權・軍權等、才能恢復「**革命**」的原來的方向。當然、這在無形中是暴露了中國共產黨的自我矛盾、同時也暴露了毛澤東培養了一批黨官僚即當權派後、才要再向他們「**造反**」的自我矛盾。也就是說文化大革命中的毛澤東自己是擁有兩種人格、即一方面是獨裁統治者即被造反者、同時在另一方面也是造反者。

因此、文化大革命時的「**造反**」的對象、無非是毛澤東本身及其造成出來的一批黨官僚集團。

Ⅱ　黨的官僚制度——若把中國共產黨的發展史以革命勝利＝奪取政權＝建立新國家的一九四九年十月爲分水嶺、可以分爲前後（奪取政權的前後）兩期。

在這前後兩期的情況下、中共已在其前期、即進行奪取政權的革命開始後十年、於一九三一年十一月就已有維持政權的政治經驗、即建立「**中華蘇維埃共和國政府**」。並且、其後在延安的抗日時代、也繼續維持各邊區政府（陝甘寧邊區・晉綏邊區・晉察冀邊區・晉冀魯豫邊區・新四軍區・中原軍區等）、而累積了豐富的政治經驗。

這種情況、導引中國共產黨在全中國、具備著兩面性、即社會秩序的破壞者（革命者）與維持者（統治者）的兩面。其中、秩序維持者即統治者的方面、革命事業上的**黨員**（革命家）、乃自然而然的成爲黨・政・軍各方面的**官僚**（統治者）、所以也必然壓迫了被統治者（一般人民）的自由與民主。特別是如上述所言、在毛澤東的「**個人獨裁**」下、層層有官僚、處處有耳目、監視・壓迫・統治著老百姓。根據馬克思所說：「**只要有國家、就不可能有自由的存在**」、所以「**國家**」這個統治機器被消滅之前、在理論上、革命陣營的這種對自由的壓迫（或限制）是不可避免的。

如此、革命家（黨員）成爲官僚、也是一種自我矛盾。這種自我矛盾的存在是無法消滅的、因爲革命本身的最低目標（當前目標）是奪取政權、而後才向最高目標（終極目標）。因此、毛澤東在全國將被解放的前夕、曾說過：

「奪取全國的任務、要求我黨迅速地有計劃地訓練大批能夠管理軍事・政治・經濟・文化教育等項工作的幹部。戰爭的第三年内、必然準備好三萬至四萬下級・中級和高級幹部、以使第四年内軍隊前進的時候、這些幹部能夠隨軍前進、能夠有秩序地管理大約五千萬至一萬萬人口的新開闢的解放區。中國地方甚大、人口甚多、革命戰爭發展的甚快、而我們的幹部供應甚感不足、這是一個很大的困難、第三年内幹部的準備、雖然大部分應當依靠老的解放區、但是必須同時注意從國民黨統治的大城市中去吸收。國民黨區大城市中有許多工人和知識份子能夠參加我們的工作、他們的文化水準較之老解放區的工農份子的文化水準一般要高些。國民黨經濟・財政・文化・教育機構中的工作人員、除去反動份子外、我們應當大批利用。解放區的學校教育工作、必須恢復和發展」（參閱一九四八年十月十月「中共中央關於九月會議—召開在河北省平山縣西柏坡村—的通知」——一九六七年版「毛澤東選集」第四卷 p.1289）。

這篇文章裡面所謂「幹部」、就是指統治機構内的黨官僚・政府官僚・軍隊官僚而言。其中、中國共產黨的組織就是最高官僚統治機構對官僚的加強、歷來是隨著中國共產黨的發展、也就是隨著中國革命發展而進行的、例如：

〇一九四一年七月一日「關於增強黨性的決定」（參閱日本・毛澤東文獻資料研究會「毛澤東集」8、一九七〇年 p.78）

〇一九四二年九月一日「關於抗日根據地的黨的領導統一及各組織間的關係調整的決定」（參閱「前揭書」p.161）

〇一九四三年六月一日「關於領導方法的若干問題」（參閱六七年版「毛澤東選集」第三卷 p.852）

〇一九四八年一月七日「關於建立報告制度」（參閱「前揭書」第四卷 p.1207）

○一九四八年五月二十五日「一九四八年的土地改革工作和整黨工作」第六項（參閱「前揭書」第四卷p.1275）

○一九四八年十月十日「關於中共中央的九月會議的通知」第四項（參閱「前揭書」第四卷p.1289）

○一九四八年九月二十日「關於建全黨委制」（參閱「前揭書」第四卷p.1281）

○一九四九年三月十三日「黨委會的工作方法」（參閱「前揭書」第四卷p.1378）

這些黨中央的指示、雖然以「中共中央」的決定與形式公佈、但是都經毛澤東擬草或提議、所以毛澤東是有意識的且有計劃的想建立一個他自己的黨・政・軍官僚機構。他在這些中央決定的內容上、特別強調兩個問題、即：⑴中國共產黨是維持秩序＝體制的**主體**、同時也是**客體**（理論上是這樣說、但實際上則成爲十足的維持秩序的主體）、⑵中國共產黨的黨員在這些官僚機構中、應該怎樣來發揮其領導力量（統治力量）。

㈠「黨是無產階級的先鋒隊、無產階級組織的最高形式、它必須領導其他的一切組織、比如軍隊・政府及民眾團體等」（參閱一九四二年九月一日「關於抗日根據地的黨的統一領導及各組織間的關係調整的決定」—日本・毛澤東文獻資料研究會「毛澤東集」8、一九七〇年p.161）。這篇文章是指中共做爲維持秩序＝體制的主體的一個側面、換言之、當時在抗日根據地、黨＝黨員就是等於國家權力＝國家官僚。

㈡「黨的領導的一元化、一方面表現在同階層的黨・政（行政執行機關）・民（民眾團體）各組織的互相關係、另一方面則表現於上下級關係。下級服從上級、嚴格實施全黨服從中央的原則、對黨的統一領導是具有決定性的意義。各根據地的領導機關當要實行政策和制度時、必須按照中央的指示。它要決定包括全國・全黨・全軍的普遍性的問題時、必須請示中央、不能標新立異、任意決定而妨害全黨的統一領導（具有地方性且不涉及上級和中央的決定不在內）。若是下級的黨・政・軍・民的組織、不堅決實施上級和中央的決議・決定・命令・指示・或要解決新的原則問題及其性格上不能獨斷的問題時、若不請示上級和中央、無非是黨性不純和破壞統一」（參閱「前揭書」p.163）

「於此、想再度喚起各根據地的黨・政・軍・民的領導同志的注意。各級黨委及政府・軍隊・民眾團體的負責同志、不經中央的批准、不能發表具有全國意義的・全黨的全軍的意義的宣言・談話及廣播。各級領導幹部的文章、必須經過同級的黨員會或者黨・團（青年團）的適當人員的審閱。分局（中共中央在各大行政局置有「中央局」、其下屬機關的小地區設置〝分局〞）委員以上、師團以上的負責人的文章、若具有全國的及全黨意義的、必須將其內容事前報告或打電於中央。今後各地不得向外直接廣播、必須統一於延安新華社。負有責任的黨的高級幹部、必須深刻的認識不經同級或者上級所定的同意、任意發表政見是如何的違反黨的組織原則、如何的妨害黨的統一的惡質行為」（參閱「上揭書」p.165）。這篇文章乃是做為維持秩序體制的客體應有的態度。

總言之、中國共產黨統治機構、與黨員官僚、乃是：

㈠　黨員＝官僚必須堅決施行黨（中央或者上級）的決議・決定・命令・指示

㈡　黨員對黨外是維持秩序（體制）的主體（統治者）、但是一旦面對黨（中央・上級）的決議・決定・命令・指示、則成為維持秩序體制的客體（被統治者）、雖是高級負責幹部也不能例外、一切黨員都是維持秩序體制的客體也就是說、黨員官僚對外是統治者、但對內則成為被統治者。

上述的中共黨組織與其他統治機構、正與今世紀的德國著名社會學者威伯（Max Weber）所說的「一般的官僚體制」相同、即：

「行政的官僚制度化一旦成立並開始行動、實際上、乃造成了幾乎不可能把其破壞的統治關係形式、個個的官僚竟受到其機構的嚴密的束縛而不能脫出。……、職業性官僚的存在（其壓倒多數）、

在不斷發展的機構裡、不過是被附託從事專門工作的整個輪齒中的一個齒子而已。他們的方向在本質上、必須受到整個機構的限制、並且、只有最高領袖才能運用其機構、或停止其機能」（參閱 Max Weber, Gesammclte Politische Schriften, 1921 ——譯「職業としての政治」）。

從黨員方面來說、一旦加入黨、而成爲黨員即官僚、成爲官僚體制的一份子、隨著其機構運營的熟練、其地位也能逐漸上升。

毛澤東、爲了進一步加強黨員＝官僚、與官僚體制的最高機關即黨主席及其黨中央的緊密關係、一方面加強由上而下的統治支配、另一方面乃將其由下而上的「**報告**」制度化。故他求各個黨員必須把日常工作與生活「**反映**」給上級、按級逐一呈上最高機關、這稱爲「**彙報**」制度（自上級向下級傳下去的決定命令指示等才稱爲「報告」）。也就是說、一旦入黨、無論那個黨員、都有向上級「**反映**」＝「**彙報**」的義務、不然、就會被指責爲違反黨紀律、甚至被處罰。其「**反映**」＝「**彙報**」的內容牽涉廣泛、可以說幾乎包括「**森羅萬象**」、只要所看到所聽到、甚至於所察覺到的、不管黨內黨外、也不管工作內容或私人生活等、一切都得「**反映**」上去。這也形成中共的另外一個特點、爲毛澤東要維持個人獨裁與黨員「**互相監視**」的一個重要關鍵。

中國共產黨的革命工作的根本是著重在黨的「**支部**」、從支部以金字塔式的按級集中於上級、最後集中在最高峰的中共中央黨主席毛澤東及其黨中央、所以、支部的「**黨委員會**」（支部的領導機關）、乃特別在上述的「**關於健全黨委制**」和「**黨委會的工作方法**」的兩篇文章中（毛澤東的「報告」中）竭力強調「**黨委會**」的重要性、特別在後者即「**黨委會的工作方法**」、舉出黨委會書記在工作上應有的認識與態度「**一二條**」、即黨委書記：⑴要善于當好「**班長**」、⑵要把問題擺到桌面上來、⑶「**互通情報**」、⑷不懂和不了解的東西要問下級、不要輕易表示贊成或反對。⑸學會「**彈鋼琴**」（要十指都動、同時也有對工作緩急的區別、而取得全面性的平衡）、⑹要「抓緊」、⑺胸中有「數」、⑻「安民告示」、⑼「精兵簡政」、⑽注意團結那些和自己意見不同的同志一道工作、⑾力戒驕傲、⑿劃清兩種界限（革命還是反革命、正確和不正確——參閱一九六七年版「毛澤東選集」第四卷 p.1378）。

本來、毛澤東在其著作中再度強調「革命者」必須走「群眾路線」、要向群衆學習、群衆才是社會的主人。例如：「群眾是眞正的英雄、而我們自己則往往是幼稚可笑、不了解這一點、就不能得到起碼的知識。……。和全黨全同志共同一致向群眾學習、繼續當一個小學生、這就是我的志願」（參閱一九四一年三、四月「〝農村調查〞的序言和跋」——一九六七年版「毛澤東選集」第三卷 p.749）。「人民、只有人民才是創造世界歷史的原動力。……。應該使每個同志明瞭、共產黨人的一切言論行動、必須以合乎廣大人民群眾的最大利益、爲廣大人民群眾所擁護爲最高標準。應該使每一個同志懂得、只要我們依靠人民、堅決地相信人民群眾的創造力是無窮無盡的、因而信任人民、和人民打成一片、那就任何困難也能克服、任何敵人也不能壓倒我們、而只會被我們所壓倒」（參閱一九四五年四月二十四日「論聯合政府」——一九六七年版「毛澤東選集」第三卷 p.1045）。

關於革命、特別是社會主義者與無產階級所領導的革命、必須走「群眾路線」的毛澤東這種認識是很對的、同時在具體方法上也處理得相當周到。

然而、毛澤東在另一方面、卻繼承了封建中國的「牧民」思想、就是如「牧羊」「牧牛」同樣、也把人民當做「牧民」的對象、所以、毛澤東雖然如上述般強調一切工作必以「人民利益」爲依歸、但卻以上述的所謂「一二條」、當做「牧民」的方法論。即「若缺乏有力的領導幹部爲骨幹、群眾的積極性不但不能持久、而且不能往正確的方向走、也不能更提高其積極性」。

毛澤東所說中國共產黨是無產階級的先鋒隊、無產階級組織最高形式、反過來說、黨與黨員是官僚體制與官僚＝「**牧民體制**」與「**牧民官**」。其一二條就是牧民官應有的方法論（牧民官戰術）。這與其說中國的革命方法論、毋寧說是故態復萌的帝王統治論。

再者、只要有官僚與官僚體制、難免產生「**官僚主義**」。由於這種官僚主義是否定性的、是與官僚・官僚體制背道而馳的、所以、爲了繼續保持官僚・官僚體制・就得「**反**」官僚主義。中共自建黨以來屢次重複的做了「**反官僚主義**」的整風運動（最大的整風運動就是一九二四—四五年的延安時代的整風運動、並不是要消滅黨官僚與黨官僚體制、相反的、是要糾正官僚・官僚體制所產生偏差的所謂官僚主義、以使前者回復活動力爲唯一目的）。

「**今日、要自新政權的高官演說的字裡行間覓取中國古來的官僚精神是不難的一回事。中共對於官僚主義的公式且激烈的指責攻擊、即對於虛僞・腐敗・〝封建〟的思想方法・機會主義・墨守舊慣・自衛・形式主義（若要舉出官僚主義的遺毒是還不乏其例子）的攻擊就可以看到其存在。今日在中共裡頭、的確是有了官僚制度的一切形態都大爲存在著**」（參閱竹內實「毛澤東と中國共產黨」一九七二年p.200）。

但是如毛澤東所說：「**大體上、在偉大的革命過程中、最初階段・中間階段及最後階段、其領導幹部是不可能永久不變的同一個人、必須提拔從鬥爭中產生出來的積極份子、來代替過去表現拙劣和腐敗的幹部**」（參閱「毛澤東語錄」二九、幹部）。

毛澤東常常指示並強調得促使中共成爲一個堅強的革命組織（統治組織官僚組織）。他在文化大革命前、把行政方面的幹部分爲黨領袖・高・中・基層的四等級幹部、而且再把其細分爲三〇等級、即黨領袖（一級）・高級幹部（二—一三級）・中等幹部（一四—一七級）・基層幹部（一八—三〇級）、如此、金字塔式的上下關係逐一被細分化、同時使個個幹部隨著革命事業發展而逐漸升級。

七全大會後、略已形式化的中國共產黨官僚制度、乃利用「**毛澤東思想**」爲其思想骨幹、爲工具更加統一化與權威化、完成了其機能、「**毛澤東思想**」方面也受到黨官僚體制利用而自己才具有完結的具體形式、並獲得所謂「**四個忠**」（對毛主席的忠誠・對黨的忠誠・對毛澤東思想的忠誠・對人民革命事業的忠誠—一九六六年八月）、或「**三個忠**」（對毛主席・毛澤東思想・毛主席革命路線的忠誠）、成為「**紅旗**」（革命幟旗）的象徵而顯現化。

然而、這種在中國史上根深蒂固的官僚體制一旦被確立、就自行發展為統一化・紀律化、使得最高領袖的毛澤東、創造官僚制度的毛澤東也無法制止。因此、一九五六年黨中央已準備了毛澤東退休後的黨官僚體制的形態且表現於黨章上、以致一九五九年毛澤東本身辭去「**國家主席**」後、看到繼任的劉少奇・鄧小平等新官僚的代表自行發展、而從決策上排除他時、毛澤東乃認為這無非是「**以揭起紅旗來反對紅旗**」、所以他擬向新的黨官僚＝黨官僚機構開始反攻（參閱竹內實「毛澤東と中國共產黨」一九七二年　大久保泰「中國共產黨史」上下、一九七一年　毛澤東文献資料研究會「毛澤東集」一—一〇卷、一九七〇年エチアヌ・バラーシュ著、阿閑吉男日譯「中國文明と官僚制」一九七一年　津田道夫等「現代第三國際史」上下、一九六二年　Max Weber 韋伯著、阿閑吉男日譯「官僚制」一九二一年　中島嶺雄「中國文化大革命」一九六六年）

Ⅲ　九全大會與劉少奇上台——劉少奇、湖南寧鄉人、又名胡服・劉仁・陶尚行、一八九八年畢業長沙湖南省立中學後、留學莫斯科中山大學。一九二〇年參加「**中國社會主義青年團**」、一九二一年參加「**中國共產黨**」。一九二二年春在「**中國勞動組合書記部**」（中華全國總工會的前身）工作、與李立三在萍鄉煤礦區組織「**安原工會**」並任會長。一九二五年在上海・廣州等地籌備第三次全國勞動大會、同時組成「**中華全國總工會**」、當選副委員長。一九二七年北伐軍進抵武漢後、任湖北總工會秘書長。一九二八年任中共中央職工運動委員會書記、在上海領導職工運動。一九二九年任中共滿州省委書記。一九三一年第一次蘇維埃代表大會時、當選中央執行委員。一九三二年進入西蘇區、任全國總工會蘇區執行局委員長、領導工人成立「**工人師團**」。一九三四年中共六屆五中全會後、當選中央委員並任中央職工部部長、同年隨紅軍長征時、任第三軍團政治主任。一九三五年由陝北赴山西省太原、成立「**中共北方局**」、任書記、與彭眞等在北京組織「**一二九學生運動**」。一九三七年五月回延安參加中共全國代表會議、從此見重於毛澤東。抗戰開始、任中共北方局書記、負責華北地區地下工作。一九四一年皖南事變後、任華中的新四軍政治委員兼華中局書記。一九四三赴延安與毛澤東從事整風運動。一九四五年七全大會時奉「**毛澤東思想**」、爲毛澤東實行「**個人獨裁**」開闢道路、並當選中央委員・中央政治局委員・中央書記處書記、而成爲中共第二位（第一位毛澤東）領袖。一九四六年春、毛澤東赴渝與蔣介石談判時、代行黨主席職務。一九四八年八月兼任「**中華全國總工會**」名譽主席。一九四九年任「**世界工人聯合會**」執行委員、同年九月當選政協第一屆全國委員會常務委員・中華人民共和國政府委員兼副主席（主席毛澤東）。十月任中共人民革命軍軍事委員會副主席、並當選中蘇友好協會總會會長。一九五三年二月兼任中央選舉委員會主席。一九五四年八月當選第一屆全國人民代表（北京市）、九月當選全國人民代表大會常務委員會委員長。一九五六年中共八屆中央委員會任中央委員會副主席・政治局常務委員。一九五九年四月、任中華人民共和國主席兼國防委員會主席。一九六四年九月當選第三屆全人代表會代表（北京市）、一九六五年一月連任共和國主席。毛澤東做農村工作起家、劉少奇則如此的一貫做都會工人・學生・知識份子的組織而發展起來。

劉少奇於一九五二年十月、以中共代表團團長身份出席蘇共第十九屆代表大會。一九六〇年十一月五日再以中共代表團團長身份、率團（鄧小平・康生・楊尚昆・胡喬木・彭眞・李井泉・陸定一・廖寧一・劉曉等）前往莫斯科參加蘇共十月社會主義革命四三週年典禮、並出席八一國共產黨與工人黨代表會議、通過「**莫斯科聲明**」及「**告世界人民書**」。一九六三年四月十二日、偕其妻王光美及外交部長陳毅等、由昆明抵印尼、與印尼總統蘇卡諾簽署聯合聲明、同月二十日轉赴緬甸、二十六日返昆明。同年五月一日至六日、又偕王光美等訪問高棉、與元首施亞努會談。一九六四年再以中共代表團團長身份、率周恩來・鄧小平等、在北京先後與羅馬尼亞工人黨中委會代表團團長毛雷雨及日共代表團團長袴田里見等會談。一九六四年十二月三十日主持最高國務會議。一九六五年十月三日在北京與高棉元首施亞努簽署聯合聲明。一九六六年三月二十六日偕妻率陳毅等訪問巴基斯坦、同年七月二十二日發表聲明、堅決支持胡志明反抗美國「**侵越**」的「**告全國同胞書**」。

文化大革命前、劉少奇任中共副主席兼中央政治局常務委員・國防委員會主席・中華人民共和國主席・第三屆全國人代會代表等。劉少奇頭腦冷靜、沈默寡言、善於組織工作、其重要理論性著作有：⑴論共產黨員的修養（一九三九年）、⑵論黨（一九四一年）、⑶論黨內鬥爭（一九四一年）、⑷論國際主義與民族主義（一九四八年）等。

一九六一年春、劉少奇取代毛澤東擔任國家主席、黨內地位也是副主席兼政治局常務委員會常務委員的所謂當權派的第一人。他乃偕其妻王光美自北京南下、返故鄉湖南做了衣錦榮歸的旅行。但是他在旅行中、到處所看到的都是田野荒蕪、農業設施腐廢、而且因受強制勞動及糧荒而落魄的老百姓。因此、他深感這並不是天災而完全是人災、同時、懊惱了自己一九五八年五月「**八全大會**」第二次會議上大聲呼喊「**大躍進**」、反而在一九五九年廬山會議（八中全會）時對進諫毛澤東而被肅清的彭德懷袖手傍觀的種種錯誤。

一九六一年一月、「**中共八居九中全會**」（黨中委會第九次全體會議）上、已採決所謂「**調整政策**」、實際上放棄三面紅旗政策、而擴大農業政策、縮小工業建設（就是廢止「大躍進政策」）、其辦法有三、即：⑴集中力量強化一九六一年度的農業生產、⑵縮小工業基幹建設、縮小中小工業的規模並緩和速度、⑶將全國二九個一級行政區(北京・天津・上海三特別市・二一省、五個自治區)、分爲六大地區、各置中共中央直轄的、①中央東北局(第一書記宋任窮)、②中央華北局(第一書記李雪峰)、③中央華中局(第一書記柯慶施)、④中央中南局(第一書記陶鑄)、⑤中央西南局(第一書記李井泉)、⑥中央西北局(第一書記劉瀾濤)、由中央派代表直接領導各地區內的各省・市・自治區。各局負責人都是劉少奇派的得力幹部。

當時、中國工業總生產中、以農產品爲原料的佔五〇%(輕工業生產中農產品是佔八〇%)、國家財政中、直接或間接依靠農業生產也約有五〇%、輸出方面對農業的仰賴更大、佔了七〇%(參閱柴田穗「毛澤東の悲劇」I、一九七九年 p.100)。因此、農業生產的壞、會直接影響到翌年的工業投資的。就如一九五九—六〇年因大躍進政策導致農業生產蕭條、所以、工業建設隨即發生困難。

在這種情況下、於一九五八年促進「**大躍進政策**」的劉少奇、乃轉變爲放棄大躍進路線・人民公社化攻策的促進者、加上、毛澤東於一九五九年五月、將國家主席的地位讓給劉少奇、結果、自一九六一年一月起、成爲「**劉少奇時代**」、故全面廢除大躍進政策。

如上所述、將全國分爲六大地區並由中央直接領導的改革、正是象徵著由熱狂・浪漫的毛澤東改爲冷靜異常的劉少奇爲革命組織者的作風。這種政策轉變的另一個象徵性的事跡、就是諷刺毛澤東的文藝作品的上場。

Ⅳ　諷刺文學出現(「海瑞罷官」「燕山夜話」「三家村札記」)、毛澤東四面楚歌——第一個諷刺毛澤東爲無道人君的、是北京副市長吳晗(浙江義烏人、曾任北京清華大學教授、專門研究明代史、一九五二年以來任

北京市副市長、一九五三年民主同盟北京市支部主任委員、所謂民主黨派中最爲靠攏中共的巨頭、北京市長彭眞的直系大將）。一九六一年他寫了「**海瑞罷官**」、發表於月刊「**北京文藝**」一月號、二月演成京戲、頗能反映一般市民的心聲、而哄動一時。

看吳晗的這個劇本、大家都猜道是：⑴以明朝嘉靖帝的虐政來諷刺毛澤東的三面紅旗政策、⑵以忠貞的清官海瑞諫言嘉靖帝而被捕投獄、來稱與同情剛直的彭德懷的諫言及被肅清、⑶以海瑞受隆慶帝赦免重新歸復官位、來盼望回復彭德懷的名譽、⑷這個劇本不僅是吳晗一人的寫作、事先有得到北京市長彭眞（山西曲沃人、一九二三年參加「社會主義青年團」、一九三〇年曾被蔣家國民黨逮捕、一九三五年獲釋、抗日中、在中共北方局成爲劉少奇直系、任東北局書記・中共中央統一戰線工作部長、建國後任北京市黨委書記、一九五一年任北京市長、一九五六年市黨委第一書記、在黨內獲得毛澤東以下第五位高地位）的同意。

京戲「**海瑞罷官**」上演了一個月後、「**北京晚報**」登載了馬南頓（鄧拓的筆名、鄧拓是山東人、生長在北京、曾參加過北京大學時代的「一二九學生運動」、一九三五年入黨、抗戰中在重慶辦「新華日報」、也擔任過「人民日報」編輯長、現任中央華北局候補書記・北京市黨委書記・北京市黨委宣傳部長等）的「**燕山夜話**」。這些文章是以伊索寓言（Aesop's fables）式寫的、自一九六一年三月—一九六二年九月被連載於報紙上、共一五三篇、寫到「**三十六計**」一篇時、受到毛澤東的壓力才終止。這與「**海瑞罷官**」同樣、激烈的諷刺了毛澤東的專橫獨裁與說大話等、深受熟悉北京黨中央領導部的知識份子所好、所以由北京出版社五集單行出版、引起了不小作用。

再一個就是「**三家村札記**」。與北京晚報的「**燕山夜話**」被登載的同一個時期、即一九六一年十月十日起、北京市黨委機關雜誌「**前線**」（半月刊、編輯長鄧拓）登刊了吳南星（吳晗・鄧拓＝馬南頓、及北京市黨委統一戰線工作部長廖沫沙＝繁星三個人的共同筆名）的「**三家村札記**」、半公開的諷刺了毛澤東的「**偉**

大空言」與「**健忘症**」。

上述的三部文章、就是體驗了當時老百姓對三面紅旗政策的不滿而公開諷刺毛澤東的一意孤行、所以受到普遍大衆的熱烈喝采、同時大爲降低了毛澤東的威信。並且、這些文章都是以劉少奇的第一個親信彭眞爲後台、而在最高行政中心的北京被登刊的、所以、也可以說毛澤東與劉少奇在政治路線上的對立的一種具體表現。

彭眞不但支持上述批評毛澤東諷刺性文章、同時在另一方面也以北京市黨委爲中心、結集了北京市黨部第二書記劉仁·黨委書記鄭天翔·北京副市長兼北京晚報社長范瑾（女）等人、進行所謂「**非毛澤東化**」、其後的「**暢觀樓會議事件**」（文革中的一九六七年被暴露爲反毛派領導幹部會議）就是一個例子。其他以北京市黨委爲單位、調查大躍進後的慘痛結果、即工業部門的機械設備·生產實績工資·勞動強制制度等。

本來、這種「**非毛澤東化**」、早在一九六〇年就開始、由黨中央的劉少奇—鄧小平路線領導實行、即：

㈠　一九六〇年十一月、黨中央秘密發出「**農村工作緊急一二條**」、縮小人民公社運動。

㈡　一九六一年三月、黨中央宣傳部發出「**關於毛澤東思想與領袖革命事跡的若干問題的檢查報告**」、擬防範毛澤東路線再度得逞。

㈢　一九六一年五月、黨中央發出「**農村人民公社工作條例草案六〇條**」、將人民公社的基本單位降低爲最基層的生產隊（以前是生產大隊爲基本單位）。

㈣　一九六一年九月副首相兼國家經濟委員會副主任薄一波發出「**工礦業工作條例七〇條**」、總書記鄧小平發出「**高等教育工作條例六〇條**」「**自然科學工作條例一四條**」「**文藝工作條例一〇條**」、而具體規定各部門的調整政策。

㈤　一九六二年二月二十一―二十九日、中共中央召開「七千人大會」（六個中央局書記、省市各黨委書記等參加）、劉少奇批評毛澤東的三面紅旗政策、並說：「**三面紅旗政策的失敗是三分天災、七分人災**」。

㈥　一九六二年三月十七日―四月十六日、召開「**第二居全國人民大會第三次會議**」、採決：①優先農業生產、②調整輕工業與重工業生產、增加日用品生產、③縮小經濟基本建設、④減少都市人口與工人、使之下鄉從事農業生產等。

V　毛澤東雌伏六年――自一九六一年開始的「**反毛言論**」與「**非毛澤東化政策**」、使得毛澤東處於四面楚歌、之後五、六年間、不得不雌伏退藏而無進取的餘地。

㈠　只有林彪支持毛澤東―當毛澤東處於窘境時、惟有國防部長林彪一人仍是他忠實的大將。林彪取代彭德懷而擔任國防部長後、仍然墨守「**毛澤東路線**」、並以「**毛澤東思想**」爲革命的準繩。

林彪上台後（也就是毛澤東在黨內地位開始低落後）、隨即在一九六〇年十月的「**中央軍事委員會擴大會議**」上、提出毛澤東所指示的所謂「**四個第一**」的軍中政治建設方針、就是：①處理武器與人的關係時、必須以人的因素爲第一、②處理司令部工作・補給工作・軍事訓練・軍事作戰・文化教育等諸關係與政治工作時、必須以「**政治工作**」爲第一、③處理政治工作中的行政與思想諸工作時、必須以「**思想工作**」爲第一、④處理書本上的思想與活的思想時、必須以思想工作即毛澤東思想・馬列主義爲第一。

如此、林彪一味的墨守毛澤東思想、即「**人的因素優位論**」的軍事思想、並以此爲開端、即：

①一九六一年一月一日、指示全軍貫徹「**四好連隊**」運動（政治思想好、三八作風《堅定的政治方向・克苦耐勞作風・機動的戰略戰術、團結・緊張・嚴肅・活潑》好、軍事訓練好、生活管理好）、以此爲一九六一年度最重要的任務。

②一九六一年一月、同時提倡「**五好戰士**」（政治思想好・三八作風好・軍事技術好・任務完成狀況好・身體鍛練好）。

③一九六一年一月、同時提倡學習「**老三篇**」（毛澤東著作的「紀念白求恩」一九三九年・「爲人民服務」一九四四年・「愚公移山」一九四五年）、進行「**整風運動**」。

④一九六二年八月十五日起、提倡「**向雷鋒學習**」運動（犧牲自己完成任務）、出版「**雷鋒日記**」。

⑤一九六三年十一月十八日起、提倡「**向歐陽海學習**」運動（犧牲自己完成任務）、創造「**歐陽海之歌**」、翻譯爲各國語言。

林彪即以上述具體的毛澤東思想政策爲準繩、於一九六三年三月、公佈了所謂「**中國人民解放軍政治工作條例**」（包括「軍隊黨委會工作條例」「政治委員工作條例」「軍區政治部工作條例」等一九個條例）、而在全軍的各種部門強化了政治委員的地位、藉以徹底教化「**毛澤東思想**」。

因此、林彪動員了二十萬人的政治工作者加入軍隊、一方面推進軍中政治工作、另一方面則號召各界必須「**向解放軍學習**」（一九六四年）、而將軍中的「**政治委員制度**」、推廣於行政・工廠・學校各機關。

如此林彪熱烈的掀起「**毛澤東思想運動**」、掌握全軍、這後來爲毛澤東在文化大革命上發生了很大作用。

㈡　毛澤東的第一次反擊——一九五九年五月、毛澤東退至所謂「**第二線**」、一九六一年開始「**非**

毛澤東化」、反毛言論抬頭等、毛澤東逐漸感到自己在黨內的危機、所以、時時刻刻內心焦急著、另一方面則始終窺視有反擊的機會、結果、於：①一九六二年九月底、在「**十中全會**」上、警告黨內已有發生「**修正主義**」的可能性、並揚言：「**階級鬥爭須要繼續數十年、或者還要更長時間**」（以前是說階級鬥爭不必再繼續太長期）、②一九六三年五月二十日發表「**中共中央關於當前農村工作的若干問題的決定**」（簡稱「前十條」）、而指示農村得強化階級鬥爭並將其推廣於全國。

如此、毛澤東因懷著對自己的危機感、提倡並指示農村的貧雇農進行階級鬥爭、結果、使農村因大躍進失敗所造成的社會狀態更加動盪與混亂、另一方面則與劉少奇（他主張對農村應以「教育」的觀點、慢步的進行社會主義教育運動）的觀點更加分歧兩派的矛盾對立因而更為深刻化。

其後、劉少奇發出「**中共中央關於農村社會主義教育運動的若干具體政策的決定**」（一九六三年九月、簡稱「後十條」）、動員了一〇〇萬都市工人・知識份子下鄉組織「**工作隊**」、進行所謂「**新五反運動**」（①反對貪污、②反對強盜行為、③反對浪費、④反對官僚主義、⑤反對投機行為——參閱 p.1399 的「五反運動」）。在都市的學校裡也自一九六三年夏開始「**社會主義教育運動**」、其中的積極份子、乃提倡「**新三反運動**」（①反對個人主義、②反對講怪話、③反對違反紀律——參閱 p.1399 的「三反運動」）。

到一九六五年一月十四日、毛澤東再度發出了「**在農村社會主義教育運動中當前所提起的若干問題**」（簡稱「二三條」）、來反擊劉少奇的「**後十條**」、並且、在此文中、將劉少奇・鄧小平明稱為「**在黨內走資本主義路線的當權派**」、而號召應予以清算。

此時、林彪正如上述的在軍中進行「**雷鋒運動**」「**歐陽海運動**」「**向解放軍學習運動**」、並推廣於全國各地。

這種「**林彪運動**」的核心、不外乎是擬以「**毛澤東思想**」來思想武裝全軍士兵。他號召將解放軍的毛澤東學習、推進爲一個全國性的「**大學校**」。並在「**解放軍報**」上、天天登上毛澤東著作裡的各節文章。後來將其編成一册、就是哄動一時的「**毛主席語錄**」（一九六四年）。

林彪在「**八全大會**」時將已自黨章删掉的「**毛澤東思想**」再度抬出來、並號召高舉「**毛澤東思想的偉大的紅旗**」、因而卻起了反效果、使人人察覺到毛澤東在其內心裡的危機感（對自己地位的）愈來愈深刻化。

VI　文化大革命的前期階段（文化界受到批評）——根據中國的公式文獻、中共的所謂「**無產階級文化大革命**」（其實是黨內權力鬥爭）、於一九六二年九月二十四日—二十七日、毛澤東在「**中共第八屆中央委員會第十次全體會議**」（十全大會）上、號召：「**絕對不能忘去階級鬥爭**」爲開端。

當時、中國因大躍進失敗而國內經濟極爲困難、對外則同年七月中蘇會談破裂後、兩國共黨間的對立論爭、完全發展爲兩國間的政治對立。

毛澤東在這兩年內、展開了指責蘇共爲「**現代修正主義**」、而在此時、也把對蘇共批判的尖鋒、轉向爲對國內反對派的攻擊、使正同樣在批評蘇共爲「**現代修正主義**」的劉少奇派、陷於被貼上「**修正主義**」標誌的窘況。

在這種情況下、一九六四年四月八日、「**人民日報**」上面、特設一個所謂學術研究欄、結果、提供給毛澤東批評文化學術界的篇幅。毛澤東即將一九六一年以來在北京的的「**反毛言論**」、與農村的階級鬥爭相結合、竭力反擊這些文化・學術・文藝各界爲「**封建主義**」與「**資產階級**」的殘餘、作爲「**文化大革命**」的前奏。

毛澤東乃指示中央宣傳部副部長周揚（原名谷揚、筆名周筧、湖南益陽縣人、早年畢業上海大廈大學、留學日本歸來後、在上海參加中共的「中國左翼作家聯盟」、一九三六年在上海有「國防文學」「民族革命戰爭的大衆文學」之爭時、竭力攻擊魯迅、而引起軒然大波。一九三七年秋赴延安、一直從事黨中宣傳教育工作）、於一九六三年十月二十六日發表「**哲學・社會科學工作者的鬥爭任務**」、而被指定爲「**批判現代修正主義的哲學基礎文獻**」、擬打定知識份子的毛澤東思想武裝的基礎。

同時在另一方面、毛澤東則在同年十二月、指摘：「**各種的藝術形態——演劇・演藝・音樂・舞踊・電影・詩・文學等方面、包藏著問題不少。在人數多、部門多的這些文化界、社會主義改造的效果尚未上軌道。封建主義與資本主義的藝術仍然存在**」（參閱一九六六年六月六日「解放軍報」）。「**許多部門仍然由過去的〃殘餘〃所支配、電影・新詩・民謠・美術・小說各方面的改造成果、當然不能估計過低。但在演劇等部門、問題還不少。社會的經濟構造已有變格、但在這基層構造上面的上層構造的藝術部門、卻仍殘留著很大問題、因此、有必要從調查研究著手、而來眞摰的解決問題。許多共產黨員、熱衷於提倡封建主義與資本主義的藝術、但對社會主義藝術卻不太感興趣。這是很奇怪的現象**」（參閱柴田穂「毛澤東の悲劇」I、一九七九年 p.127）。

於是、許多學者・作家・藝術家、於一九六四年受到批評而被放逐、例如：

㈠　哲學方面、北京大學哲學部副部長馮定、因一貫採取社會主義和平轉移論、受到批評、其名著「**共產主義人生觀**」（一九五六年）・「**平凡的眞理**」（一九五五年）・「**勞動階級的歷史任務**」（一九五三年）、均被禁再出版（一九六四年秋）

中共中央委員兼中央高級黨校校長楊獻珍、因他主張「**合二爲一**」（明代方以知的「東西均」裡的主張）的唯物論辯證法核心論、與毛澤東的「**一分爲二**」（階級鬥爭激烈化論）相抵觸、所以受到批評爲調和派（一九六四年秋）

㈡ 歷史方面、周谷城因辯護南宋秦檜、羅爾綱維護太平天國的李自成、均被批評爲敗北主義・投降主義（一九六四年秋）

翦伯贊（北京大學副校長）也受到批評爲「王黨派」（一九六四年秋）

㈢ 經濟學方面、楊獻珍在一九五五年寫「中國過渡時期的上層構造與經濟基礎問題」、受到批評（一九六四年秋）、原國家統治局副局長孫治方・楊堅白、均被批評爲仿效蘇聯的修正主義經濟生產方式。

㈣ 作家方面、中國作家協會副主席・全國文聯副主席邵荃麟、因提倡描寫「中間派」（第三種人）、被批評爲資產階級作家（一九六四年秋）

前文學藝術聯合會秘書長陽翰笙、被批評爲其靈魂徘徊於資產階級人間世界。

柔石（與魯迅有親交、但早年被國民黨槍決）的「早春二月」「北國江南」被查禁。

㈤ 戲劇・電影界・國務院文化部電影事業管理局長陳荒媒・中國電影工作者協會第一書記袁文珠等、均被肅清（一九六四年秋）

國務院文化部長茅盾（本名沈雁冰）・文化副部長夏衍等、因製作茅盾的舊著「林家鋪子」（一九三二年）的電影、被批評與肅清（一九六五年一月）

其他：

一九六二年

九・24 中共第八屆中央委員會第十次全體大會（二十四—二十七日）、毛澤東提出：「絕對不能忘去階級與階級鬥爭」、促使文化大革命激烈化

一九六三年

二・　召開全軍政治工作者會議
一〇・26　周揚發表「哲學・社會科學工作者的戰鬥任務」、強調批判現代修正主義（一二・二七、「人民日報」「紅旗」發表）
一二・　毛澤東指示：「各藝術部門有許多問題、社會主義藝術不正確的被提出」

一九六四年
四・8　「人民日報」新設「學術研究」欄、陳凌第一次批評楊獻珍的「合二爲一」
五・10　「光明日報」、登載姚文元的「評周谷城先生的矛盾觀」（從此開始批評周谷城的歷史觀）
六・　毛澤東司儀「中央委員專門工作會議」、批評全國文學藝術界聯合會等的修正主義傾向
六・5　「現代京戲比賽大會」開幕（八・1閉幕）
七・1　彭眞、在現代京戲比賽大會演說
七・7　「光明日報」、發刊全爲民・李雪初的論文、反駁姚文元、辯護周谷城
七・17　「人民日報」、登刊郭佩衡文章、開始激烈的批評楊獻珍
七・22　「人民日報」、轉載光明日報（五・10）的姚文元批評周谷城論文、從此批評周谷城激烈化
七・24　「人民日報」、登刊戚本禹批評羅爾綱的歷史觀
八・31　「紅旗」報導有關楊獻珍的論戰
九・15　電影「早春二月」受到批評

一〇・31　「人民日報」轉載「文藝報」的社論：「描寫中間人物是資本階級的文學主張」、從此激烈批評邵荃麟

一九六五年

一・2　「光明日報」轉載「文藝報」（六四・11―12號）論文、總批評胡風・丁玲・邵荃麟等爲資產階級作家

一・4　「第三屆人民代表會議」（一九六四年一二・21―一九六五一・4）上、發表彭德懷・黃克誠・習仲勳・鄧子恢・譚政等被整肅、國務院文化部長沈雁冰（矛盾）被罷免、黨統一戰線工作部長李維漢也被罷免

一・8　劉少奇・羅瑞卿、在國家國防委員會全體大會上做報告

四・9　國務院文化部副部長夏衍被罷免

五・29　「人民日報」等、登載批評「林家鋪子」（茅盾作、編劇夏衍）的論文

五・29　「人民日報」登載彭眞在印尼的社會科學院的演講

六・　錢學森（飛彈專家）、自我批評過低估計政治

七・31　「紅旗」、登載陶鑄的「邁進社會主義的五億農民之道」

八・22　「紅旗」、再度登載毛澤東的「抗日游擊戰爭的戰略問題」

八・31　「人民日報」、登載賀龍的「中國人民解放軍的民主傳統」

九・3　「人民日報」、登載林彪的「人民戰爭勝利萬歲」（強調由世界農村來包圍世界都市的戰略）

Ⅶ　江青跳上政治舞台——林彪當在一九六一年春、以「**四好連隊**」運動爲軍中當前的重要任務時（參閱 p.1506）、有個女性寫了一篇誇讚「**四好連隊**」的文章、而忽然跳上政治舞台上、她就是毛澤東第三任太太江青。

此時、江青受到毛澤東的指示、即：⑴著手北京「**京戲**」的社會主義改革、⑵秘密赴京滬準備毛澤東的政治反攻據點。

一九六二年、江青乃先從改革京戲下手、與黨中央宣傳部長彭眞・副部長周揚、以及中央總書記鄧小平・國務院文化部長茅盾等要人見面、提倡清算舊京戲、而新創「**革命京戲**」、但均遭拒絕。因此、江青對這些反毛派要人懷恨頗深、所以後來她得權時、均將這些人清算。

一九六二年九月、印尼總統蘇卡諾與太太訪問中國時、毛澤東偕江青同席會見。這乃是江青在公式政治舞台出現的第一次。

江青對於戲劇改革顯得特別積極、有非我莫屬之概、所以、一九六三年十一月第一次著手的是京戲「**紅燈記**」、於同年十二月、又在北京・上海兩地提倡「**紅色娘子軍**」與「**白毛女**」的芭蕾舞（ballet）。

在這種情況下、一九六四年一月、劉少奇・鄧小平遂召開「**文藝工作座談會**」。在席上、劉少奇・鄧小平・彭眞・周揚等、均批評經過所謂「**現代改革**」的各種戲劇爲「**非驢非馬**」、並提倡暫以新舊並行爲妥、但只有江青一人堅持定要以「**現代改革戲**」爲主才行。

江青一意孤行、終於創造了所謂「**八個典型戲劇**」、即：⑴京戲「**紅燈記**」「**沙家濱**」「**智取威虎山**」「**奇襲白虎團**」「**海港**」、⑵芭蕾舞「**紅色娘子軍**」「**白毛女**」、⑶交響曲「**沙家濱**」等。她在一九六四年六月五日—七月三十一日、於北京舉辦了所謂「**典型戲**」的比賽會、奉仰毛澤東的意志、在演劇部門「**高舉毛澤東思想的紅旗**」。

由於江青與毛澤東結婚後、受黨的節制而二十餘年不能參加政治工作、但因毛澤東蔑視黨的這種限制而使她忽然跳上政治舞台的第一線、所以、在北京中央掀起了高級幹部太太在政治舞台上爭衡的風潮、結果、於一九六四年十二月召開的「**第三屆全國人民代表大會第一次會議**」上、前期代表一千二二六人增加爲三千〇四〇人之中、例如、黨主席毛澤東妻的江青、國家主席劉少奇妻的王光美、國務院總理周恩來妻的鄧穎超、國防部長林彪妻的葉群、北京市長彭眞妻的張潔清、國務院外交部長陳毅妻的張茜、黨中央東南局第一書記陶鑄妻的曾志等都當選「**國大代表**」。其他、戲劇界的女明星・運動家・科學者・勞動英雄・戰鬥英雄等的女性代表也紛紛增加。

江青的本名李進、山東諸城人（與一九七五年死亡的黨副主席康生是小同鄉）。她在濟南入「**山東省立實驗劇院**」、後來經過青島、於一九三四年赴上海、在電影・戲劇方面活動、藝名「**藍蘋**」、但不太出名、成爲三流演員。抗日戰爭爆發後、一九三九年至延安（當年二五歲）、在魯迅藝術學院學習。一九四〇年與毛澤東（當時四七歲）同居、成爲毛澤東的第三任太太。

但是、毛澤東當時與第二任太太賀士貞（第一個太太楊開慧在一九三〇年被蔣家國民黨打死）的離婚問題尚未解決、因此、中共中央、即以江青不許參加政治工作爲條件、才承認他們的同居與結婚。

然而、這種黨中央所給二人的條件、卻在此時（一九六一年）、被毛澤東所藐視、才使江青跳進政治舞台上。

再者、王光美生在天津、比江青小八歲。父親任職於北洋軍閥政府、並在天津從商。一九四四年畢業輔仁大學後、又肄業燕京大學、抗日戰爭結束後、在國共停戰交涉時（美國人員也參加）、當中共代表的英文翻譯。一九四六年由葉劍英推薦赴延安（當時二四歲）、而與四六歲的劉少奇結婚（是劉少奇第三度婚姻）

Ⅷ　文化大革命第一階段（彭眞的北京市黨委等垮台）——自一九六五年十一月十日、姚文元發表論文開始、至一九六六年八月一日、「中共第八居中央委員第十一次全體會議」爲止。

㈠　**毛澤東派與劉少奇派的權力鬥爭逐漸表面化**——一九六四年夏、毛澤東指示中共中央進行「**批評〝修正主義文藝作品〞**」、但是劉少奇・鄧小平・彭眞等都不肯開始如此的鬥爭。再到一九六五年一月、毛澤東發表「**農村社會主義教育運動中被提起的當前的若干問題**」（通稱「二三條」）、其中、首次號召肅清「**走資本主義之道的黨內當權派**」、並慫恿檢查政治・經濟・組織・思想的毛澤東式「**四清運動**」、但受到中共中央阻礙而不能付諸實行。

於是、毛澤東在內心裡逐漸決意與劉少奇派做一場激烈的決定性鬥爭。當時、由於所謂「**反毛派**」的據點是在北京、特別是北京市・黨中央宣傳部・文化省三機關被認爲是「**反毛派**」的三大據點、其中心人物是黨中央書記處書記・北京市黨委第一書記・北京市長的彭眞。因此、毛澤東爲了攻破所謂「**北京王國**」、打倒「**當權派**」、擬在華中建立自己的根據地、而在一九六五年夏、藉避暑之名、由北京前往杭州（江青受密令已事先飛往上海佈置）。

㈡　**毛澤東脫出北京**——江青所授受的任務有二：⑴覓尋能批判吳晗著「**海瑞罷官**」的文筆工作者、⑵爭取解放軍的支持。

江青得到山東老同鄉的張春橋（一九五〇年任新華社華東總分社副社長兼華東軍政委會新聞出版局副局長、上海市黨委機關報「解放日報」副社長、一九五四年社長、一九六二年上海市黨委宣傳部長、一九六四年上海市黨委書記）之助、由張春橋介紹報界年青記者姚文元（其父是左翼作家姚蓬子）、令他寫文章批評「**海瑞罷官**」。

上海的準備工作完了後、毛澤東偕江青返北京（九月）、立刻要求召開「**中共中央政治局常務委員會**」。毛澤東在會上主張：「**批評吳晗的〝海瑞罷官〞**、**並説一九六一年以來的調整政策内含著能復**

活資本主義」。但是劉少奇・鄧小平表示反對、朱德高齡、周恩來不發言的情況下、只有林彪一個人支持毛澤東、所以終不得結論而不歡而散。

毛澤東因在會議上提議失敗、故大罵劉少奇一頓、他過份激怒的結果、首度腦溢血。結果、由周恩來居中斡旋、毛澤東・江青才能毫無阻礙的躲過劉少奇的監視網、再度南下、定居於杭州（因上海市黨委陳丕顯・上海市長曹荻秋均屬劉少奇派）。從此以後、中共分為：

劉少奇的「**北京司令部**」

毛澤東的「**上海司令部**」

毛澤東依靠在上海的林彪警備、保護安全、劉少奇下令總參謀長羅瑞卿監視毛澤東。

㈢　**毛澤東劉少奇派的明爭暗鬥**——毛澤東到杭州後、下令姚文元著文批評「**海瑞罷官**」而為轟擊「**北京司令部**」的第一炮。於是、以文化大革命為名目的權力鬥爭、以此為起點、漸漸的如下般而趨深刻化、即：

一九六五年

一一・　毛澤東・江青爭取國防部長林彪・國防部副部長楊成武・廣州軍區司令員黃永勝（都是林彪得力部下）等、企圖抓軍隊

一一・10　上海「文匯報」、登載姚文元的評新編歷史劇「海瑞罷官」、這成為「文革」＝「權力鬥爭」的導火線

一一・18　林彪以黨中央軍委會副主席的名銜、指示全軍應以「政治先行」為一九六六年的工作中心

一一・29　周揚（中央宣傳部副部長）、在「全國青年業餘文學創作積極份子大會」上、號召「高舉

毛澤東思想紅旗、成爲邊勞動邊寫作的文藝戰士」

一一・29　林彪的「解放軍報」轉載姚文元的批評海瑞罷官論文、強調吳晗的問題是「政治問題」

一一・30　「解放軍報」社論：「高舉毛澤東思想偉大的紅旗、繼續以政治先行、堅決實行五個原則而鬥爭」「政治永久先行」「以毛主席的著作做爲全軍各種工作的最高指針」

一一・30　「人民日報」轉載姚文元的批評「海瑞罷官」論文、由此批評吳晗波及全國

一二・1　「解放軍報」社論：「毛澤東思想是現代的馬克思・列寧主義的最高峰」、稱呼攻擊「北京王國」是「革命」（毛澤東在一九五七年以後、固執「階級鬥爭」、所以將執行階段鬥爭」的期間自數十年延至數百年、並且、把其「階段敵人」從起初的黨外人士、改變爲包括黨內領導人、所以要打倒反毛派、即是「革命」、「革命」就是「奪取政權」）

一二・2　「光明日報」轉載姚文元論文

一二・2　鄧拓在「北京日報」會議上、竭力辯護「海瑞罷官」是學術問題

一二・6　「紅旗」、發表戚本禹的「爲革命研究歷史」

一二・12　鄧拓以向陽生筆名、在「北京日報」發表關於吳晗著「海瑞罷官」的各種投書

一二・25　「人民日報」登載投書、即指責「海瑞罷官」是一種階級調和論

一二・26　毛澤東接見高棉副首相兼國防部長龍・那爾後、一時不露面、行方不明

一二・27　總參謀長羅瑞卿歡宴高棉軍事代表團於上海後、就行方不明（被林彪・毛澤東扣禁）

一二・29　「人民日報」登載方求的文章、批評吳晗在劇中藉諸歷史上的人物來批評毛主席、待望反社會主義英雄出現

一二・30　「人民日報」登載吳晗關於「海瑞罷官」的自我批評：「不理解左翼的文學與藝術必須為現代政治服務的錯誤」、並辯明這是純然以戲劇的觀點而寫的

一二・　解放軍總政治主任蕭華（林彪派）、在「全軍政治工作會議」上、號召：「高舉毛澤東思想的偉大的紅旗、堅決貫徹政治先行的五原則」

一九六六年

一・7　「文匯報」登載有關於吳晗自我批評的「上海人座談會」、抨擊自我批評不夠深刻

一・9　「人民日報」登載批評吳晗的多數的投書

一・22　「人民日報」對「北京司令部」的轟擊愈來愈強烈、並表明：「造反的唯一目的只是在奪取政權」、自一九五六年九月「第八屆黨大會」時廢止「個人崇拜」以來第一次復活「偉大領袖毛主席」的稱呼

二・1　「人民日報」登載田雲松的文章：「田漢的〝謝瑤環〞是一株大毒草」、從此、開始攻擊田漢

二・2　江青・林彪在軍中召開「文學・藝術活動座談會」、江青在毛澤東指示下、提出所謂「關於部隊的文學・藝術活動座談會記錄綱要」（通稱「江青綱領」）、號召切斷建國以來的反黨・反社會主義的黑網、而在文藝活動上掀起重要作用、這乃攻擊北京的第二砲

二・3　「人民日報」登載批論吳晗論文

二・3　彭眞為了對抗「江青綱領」、著作「關於學術討論的文化革命五人小組報告綱要」（通稱「二月綱要」二月十二日通知全國）、所謂「文化革命五人小組」即彭眞（北京市長）・

二・7　陸定一（黨中央宣傳部長）・周揚（宣傳部副部長）・吳冷西（「人民日報」編輯長・新華社社長）・康生（黨中央書記）、把「吳晗批判」限定於學術上・思想上的問題、而防止發展爲政治問題
二・11　「人民日報」社論：「以毛澤東思想武裝自己、成爲無產階級革命的文藝戰士」
二・12　「人民日報」繼續登載批評吳晗的海瑞清官論
二・17　彭眞發表「二月綱要」六項
二・24　「人民日報」登載批評吳晗諸論文
二・27　「人民日報」登載何其芳的「評〃謝瑤環〃」、指責田漢受到蔣介石一派利用
三・8　「紅旗」登載尹達的批評「歷史主義史觀」的文章
三・9　「人民日報」轉載「戲劇報」的：「田漢的演劇主張爲誰服務？」
三・18　「人民日報」登載：「毛澤東思想領導一切」的口號
三・19　羅瑞卿被林彪扣禁後、跳樓逃逸未果而受傷
三・24　「人民日報」登載關鋒・吳傳景等毛澤東派大將的「評吳晗同志的道德論」
三・26　「紅旗」登載戚本禹・林杰・閻長貴等毛澤東大將的：「批評翦伯贊同志的歷史觀」、從此、對翦伯贊的攻擊激烈化
三・26　劉少奇・陳毅訪問巴基斯坦・阿富汗・緬甸三國、毛澤東指派延安時代的近衛隊長汪東興（後來任國務院公安副部長）隨行
三・26　彭眞在歡迎日本共產黨宮本代表團時、演說：「反對現代修正主義、同時、也反對現代教條主義」

三・27　彭眞覺得已抵不住「文匯報」「解放軍報」「光明日報」的吳晗攻擊、乃開始戰略撤退、爲了集中力量擬防護鄧拓、改組北京市黨委、李琪任北京市黨委宣傳部長、張文松任教育部長、范瑾（女）任「北京日報」社長

三・28　彭眞歡送日本共產黨離開北京後、就未曾露面公開場所、行方不明

四・1　「人民日報」登載何其芳的：「夏衍同志作品的資產階級思想」

四・2　「人民日報」登載戚本禹的「〃海瑞罵皇帝〃〃海瑞罷官〃的反動性」

四・5　「人民日報」登載關鋒・林杰的「〃海瑞罵皇帝〃〃海瑞罷官〃是反黨・反社會主義的兩大毒草」

四・6　「人民日報」社論：「政治先行是一切工作的根本」「政治是統帥、靈魂」（第一次登載的「政治先行」論文）

四・7　「人民日報」登載方求說：「不可避免問題核心」而批評吳晗的自我批評不夠深刻

四・8　「人民日報」特刊「〃海瑞罷官〃的政治目的」、從此、連日登載批評吳晗的文章

四・10　「人民日報」登載：「吳晗同志的反黨・反社會主義・反馬克思主義的政治思想與學術觀點的文章」

四・11　「人民日報」、批評電影「兵臨城下」

四・12　「解放軍報」、特設「文藝欄」

四・14　郭沫若、在「全國人民代表大會常務委員會第三十次會議」上、進行「自我批評」（參閱下文）

四・16　「北京日報」登載編者註解（通稱「四・一六編者註解」）、以批評「燕山夜話」「三家

村」只是宣傳封建思想、擬把問題限定於學術方面的批評、竭力防止發展爲政治問題

四・18　「人民日報」社論：「政治領導業務」（「政治先行」的第二次論文）

四・18　「解放軍報」登載：「高舉毛澤東思想的偉大的紅旗、積極參加〃社會主義文化大革命〃」（第一次使用「社會主義文化大革命」的名稱、以「階級鬥爭」與「毛澤東思想」爲基軸、來規定「政治先行」與「文化大革命」、並稱文化大革命是毛澤東在一九六二年「中共第八屆十中全會」上號召而開始的、同時、也指出「反黨・反社會主義的黑絲」的存在、這意味著解放軍的機關紙「解放軍報」、已代替黨中央機關報「人民日報」來領導「文化大革命」的事實、也就是意味著〃解放軍〃領導一切的事實）

四・20　「解放軍報」社論：「趕快往下層徹底滲透」（政治先行的下層滲透政策第一次的言論）

四・22　「人民日報」社論：「爲了進行〃政治先行〃、必須堅持毛澤東思想的領導」「政治先行就是先行毛澤東思想、政治統率就是毛澤東思想的統率、政治統率一切、就是毛澤東思想統率一切」（向「解放軍報」看齊而發出的「政治先行」的第三次論文）

四・23　「人民日報」特刊翦伯贊的論文集、題爲「翦伯贊同志的反馬克思主義歷史觀」

四・27　「人民日報」登載黎斯群的：「吳晗—蔣介石王朝的策士、美帝國主義的爪牙」（從此以後、去掉吳晗「同志」的稱呼）

四・28　「光明日報」、公開郭沫若的自我批評：「向勞農兵群衆學習、爲勞農兵群衆服務」

四・30　周恩來、在阿爾巴尼亞黨・政府代表團歡迎演說上主張：「文化大革命是與黨・國家的運命・前途有關」

五・4　「解放軍報」社論：「絕不能忘去階級鬥爭」「規定被批評爲〃反黨・反社會主義〃

份子」「他們利用職權、控制組織、進行反黨・反社會主義的罪惡陰謀」「他們大多數是所謂權威者、有名望、而高舉紅旗來反對紅旗、穿上馬列主義與毛澤東思想的外衣、來反對馬列主義與毛澤東思想」（這意味著「文化大革命」再發展爲新階段）

五・4　「人民日報」登上主要標題爲：「徹底打斷反黨・反社會主義的黑絲」、而提高批評「三家村」的速度

五・5　「人民日報」、轉載郭沫若的自我批評

五・6　「人民日報」登載各種論文、集中批評吳晗的反黨・反社會主義・反革命

五・7　毛澤東給林彪信、說：「將全國編爲毛澤東思想的學校、教育新的共產主義的人」（通稱「五・七指示」）、根據「五・七指示」、一九六八年五月、各地人民公社設立「五・七學校」

五・8　「解放軍報」登載高炬的「向反黨・反社會主義的黑絲開砲」（指責四月六日「北京日報」鄧拓批評是假的、並激烈抨擊「三家村」集團）

五・8　「光明日報」登載何明的：「擦擦眼睛、辨別眞假」（指責「前線」「北京日報」「北京晚報」等北京市黨委機關報的反動性）

五・8　「北京晚報」轉載高炬・何明的論文、表示承認其批評

五・8　「解放軍報」「光明日報」、由林杰等六人共同編輯：「鄧拓的〝燕山夜話〞是反黨・反社會主義的符號」

五・9　中共第三次核爆實驗成功

五・9　「北京日報」「前線」「北京晚報」三編輯部連名發表自我批評（此時、可以推定五月九

日才發表的彭眞被罷免北京市黨委第一書記已在此實現的。三月十八日彭眞歡送日共代表團出發北京以來、就斷絕消息、不曾露面、以後、「解放軍報」「紅旗」「光明日報」上海「文匯報」等相繼展開激烈的抨擊「三家村」集團及其幕後人）

五・9　「人民日報」等、轉載高炬・何明的文章

五・10　上海「解放日報」（上海市黨委機關報）「文匯報」、登載姚文元的第二論文：「評〃三家村〃〃燕山夜話〃〃三家村札記〃的反動性的本質」

五・10　毛澤東突然出現、與阿爾巴尼亞首相會談

五・11　「人民日報」轉載姚文元論文

五・　「人民日報」是劉少奇等當權派掌握的黨中央最高機關報、「解放軍報」則林彪掌握的軍中報紙。此時、毛澤東指示「解放軍報」攻擊「人民日報」、造成黨與軍的對立狀態

五・11　「紅旗」登載戚本禹的：「評〃前線〃〃北京日報〃的資產階級立場」「〃三家村〃的幕後人是誰？」

五・14　「解放軍報」「光明日報」一起登載庄家富的「以毛澤東思想來武裝自己」「乒乓比賽能取勝是學習毛澤東思想的結果」、周信禮的：「在大都市販賣西瓜的哲學」（能賣完西瓜賺了錢是學習毛澤東思想的結果）、並指責某些「權威家」拒絕登載這兩篇文章

五・14　「人民日報」登載林杰的：「暴露鄧拓的反黨・反社會主義」、並開始揭起：「勞農兵群衆奮起、割掉毒草」

五・16　毛澤東在杭州招集「黨中央政治擴大會議」、決定三項、即：(1)改組黨中央宣傳部、

(2)解散彭眞爲首「文化革命五人小組」（一九六四年秋、爲了監督文學・文藝上的綱領實施狀態——參閱 p.1518）、而成立「中央文化革命小組」、(3)撤銷彭眞的「二月綱領」（一九六六年二月十二日——參閱 p.1518）、公佈「五・一六通知」（指責「二月綱領爲反社會主義文化大革命」、並列舉其十大罪狀、一九六七年五月才公表）、並決定「中央文化革命小組」的負責人、即：小組長陳伯達（毛澤東的政治秘書）、第一副組長江青（毛澤東之妻、頭一次正式就任公職）、顧問康生（黨中央政治局常務委員、情報工作專家）、副組長張春橋（上海市黨委書記）、組員姚文元・謝鎧忠・王力・穆欣・關屠・戚本禹。毛澤東同時指示林彪：「不能容許資產階級知識份子繼續控制學校、必須組織學校內的積極份子」

五・17 「解放軍報」登載編輯部的：「政治先行必須與思想革命化結合」、而批評「人民日報」四月十八日的政治先行第二次論文

五・18 「人民日報」轉載四月十七日「解放軍報」編輯部的文章而表示自我批評

五・20 「北京日報」登載北京大學及北京師範大學教授四人連名的論文、即：「鄧拓〃三家村〃反黨・反社會主義的終章」、暗示「三家村」集團裡面有彭眞在指揮、且對彭眞進行批評

五・20 「解放軍報」登載「政治先行畢竟得與什麼相結合？」、而批評將義務・政治兩面都強調的「人民日報」（四月十八日）的立場

五・21 「人民日報」登載劉成杰的：「〃前線〃—資本主義復活的工具」、並暗中指責「三家村」幕後的領導人是彭眞

五・23 「人民日報」轉載庄家富、周信禮兩個人論文

五・23　「人民日報」登載周英・風英的：「評〝李斯的評吳晗同志的歷史觀〞」（從此、北京市黨委宣傳部長繼續受到批評）

五・25　北京大學哲學系講師聶元梓（女、哲學系黨小組長）與學生等六人連名在學校食堂貼上「大字報」、攻擊北京市黨委大學部副部長宋碩・北京大學黨書記彭珮雲・北京大學校長陸平爲「三家村」集團、如：「諸君以禁止學生集會或貼大字報來〝領導〞大衆、諸君進行對大衆革命的鎮壓、禁止・反對集會、我們不容許如此做法」「現在就是全部的革命知識份子得開始戰鬥的時期、我們一定要團結、高舉毛澤東思想偉大的紅旗、堅決・徹底・全面・完全的肅清一切的妖怪及赫魯雪夫反革命修正主義者、堅持社會主義到最後的一天」

數小時後、陸平動員了共產主義青年團、貼上壁報而反擊「背叛者」的聶元梓等結果、學校教員・學生分爲兩派、到處貼壁報、情勢騷然

五・25　「北京日報」「北京晚報」兩紙社長范瑾（女）及編輯長周游被罷免

五・26　「人民日報」登載陳炳基的：「〝前線〞發刊辭是反黨的黑綱領」

五・26　北京市黨委宣傳部長李琪（以解釋「矛盾論」著名）被批評

五・27　「人民日報」開始登載新口號、即：「毛澤東思想是世界革命人民的共同的財產」

五・29　「紅衛兵」第一號（北京的清華大學附屬中學約四〇人）開始公開活動

五・30　上海「解放日報」登載方澤生的「對〝海瑞上疏〞必須繼續批評」

上海京戲院長周信芳（海派京戲泰斗、藝名〝麒麟童〞）受到批評

五・30　「解放軍報」登載襄杰的：「徹底打倒〝三家村〞集團的陰謀」（指出〝三家村〞企圖動

武來顚覆〃黨〃）

五・31　中央文革小組長陳伯達、偕同唐平鑄（「解放軍報」編輯長）、前往「人民日報社」、革除人民日報編輯長吳冷面、從此、「人民日報」由劉少奇派轉爲毛澤東所掌、成爲毛澤東的宣傳品

五・31　「人民日報」再開始換新口號、即：「毛澤東思想是世界人民革命的燈塔」

六・1　北京電台播送毛主席的指示、即：「北京大學聶元梓等的〃大字報〃是全國最初的馬克思・列寧主義的壁報」「這是二十世紀六〇年代的北京人民公社（commune）宣言」、從此、全國的「紅衛兵」開始公開組織與公開活動

六・1　「人民日報」編集部、強調：「毛澤東思想是現在馬克思・列寧主義的最高峰」、並主張驅逐北京大學的「三家村集團」

六・1　「人民日報」「光明日報」、同時抨擊翦伯贊賣身蔣家王朝

六・1　「人民日報」社論：「驅逐一切妖怪」

六・1　「人民日報」報導：「赫魯雪夫修正主義者一派奪取蘇聯的黨・軍・國家的領導權、給予全世界的無產階級極爲深刻的經驗教訓。現在、資產階級的代表者們—中國是資產階級學者及其當局—同樣的想復活資本主義的美夢」

六・1　「解放軍報」、主張追放北京大學的「三家村」集團

六・2　「人民日報」變更紙面構成、狂熱的改爲毛澤東個人崇拜的氾濫在第一面上部特設「毛澤東語錄」專欄（繼續到現在一九七九年還存在著）、並取消REN MIN RI BAO的羅馬字

六・2　「人民日報」社論「進行能感觸到靈魂的革命」

六・2　「人民日報」評論員：「聲援北京大學大字報」、並報導陸平・宋碩・彭珮雲等北京大學〃三家村〃集團受到激烈批評

六・3　「人民日報」社論：「奪取資產階級佔據著的正史學的陣地」

六・3　下午四點、北京電台廣播中共中央委員會改組市黨委、任命第一書記李雪峰（黨中央華北局第一書記）、第二書記吳德（吉林省黨委第一書記）、原第一書記彭眞・原第二書記劉仁均被罷免、陸平・宋碩・彭珮雲被革職

六・4　「人民日報」社論：「揭穿資產階級罪惡的掩蓋物『自由・平等・博愛』」

六・5　「人民日報」社論：「要做無產階級革命派、還是資產階級王黨派？」

從此、毛澤東與劉少奇派的「**權力鬥爭**」（所謂「**奪權**」）表面化、所謂「**北京王國**」崩潰、即毛派於第一階段獲得勝利、以致「文化大革命」如脫韁之馬、一瀉千里的、激烈的發展下去。

(四)　全國報紙歌頌毛澤東——一九六六年六月三日、北京市黨委被改組後、毛澤東向所謂「**北京司令部**」的攻擊、獲得初步勝利。全國報紙向毛澤東一邊倒而相繼歌頌毛澤東的「**神格化**」的個人崇拜。在這情況下、一九六六年六月以後、就是向全國人民鼓吹「**文化大革命**」、一方面揭穿所謂「**反黨反社會主義份子**」的「**罪狀**」、另一方面就是徹底讚揚毛澤東思想的勝利。

一九六六年

六・4　「人民日報」社論指出：「北京市黨委的主要負責人不是馬克思主義者而是修正主義者、反黨・反社會主義的根源、不外乎是前北京市黨委、北京大學是反黨份子的巢穴、不管其有如何高的地位或經歷、都得肅清這些反黨份子」「毛澤東思想的新的勝

六・6　「解放軍報」：「高擧毛澤東思想的大的紅旗、進行到底無產階級文化大革命」（代替「社會主義文化大革命」、而首次使用「無產階級文化大革命」的說法）利」

六・6　「光明日報」「人民日報」兩紙均轉載「解放軍報」的記事：「總結文化大革命、認清各階段的毛澤東指導」

六・6　北京電台播送：「北京市黨委於五月二十四日改組〃北京日報〃〃北京晚報〃都換骨脫胎」

六・7　「解放軍報」社論：「毛澤東思想是我們的革命事業的望遠鏡、也是顯微鏡」（「人民日報」「光明日報」都以此轉載）

六・8　「人民日報」社論：「我們是舊世界的批判者」「〃文化大革命〃預告社會主義建設的新的大躍進」

六・10　「紅旗」（第八號）社論：「無產階級文化大革命萬歲」（「紅旗」第一次使用「無產階級文化大革命」的名稱、以前是使用「社會主義文化大革命」）並讚揚林彪的功績（這與彭眞的沒落成爲一個對照）

六・10　上海音樂院長賀綠汀、以反黨・反社會主義份子名義受批評

六・12　南京大學校長兼黨委第一書記匡亞明被罷免（南京大學的文化大革命開始）

六・13　中共中央・中國政府發表：「爲了進行文化大革命、各大學・專校的新生募集停止半年」

六・16　「人民日報」社論：「放膽發動群衆、徹底打倒反革命的黑集團」

六・16　「北京電台」播送：「南京工人群衆二三萬人、爲了支持驅逐學長等反黨份子、大學訪問南京大學」

六・19　「人民日報」等各報紙在第一面發表所謂「林彪書簡」（三月三十一日、林彪去信於工業交通工作會議、讚揚毛澤東思想與毛主席）、題爲：「毛澤東是天才的將馬克思・列寧主義提高到新階段」

六・20　外交部長陳毅說：「進行〃文化大革命〃是中國的國家基礎已鞏固的佐證、中國經濟正在進行新的大躍進」

六・20　「人民日報」報導：「AA地區的武裝鬥爭激烈化、……、是毛澤東的革命綱領、即〃槍桿底下出政權〃的想法滲透於該地區的結果」

六・20　換骨脫胎的「北京日報」社論：「徹底肅清前北京市黨委的修正主義路線的毒害」

六・20　「人民日報」社論：「革命的壁報是揭發所有妖怪的照妖鏡」

六・20　「解放軍報」「人民官報」兩紙、發表資料性論文：「毛澤東是世界人民心目中的太陽」

六・22　「解放軍報」、首次發表毛澤東在「中共全國宣傳會議」（一九五七年三月）的重要發言、即：「關於無產階級文化大革命」的八項內容

六・23　「中國青年報」社論：「左翼學生的光榮的責任」（主張團結學校內的左派學生）

六・24　香港英文報紙（Hong Kong Star）的報導、爲了飛彈的開發、從美國歸來的核子學者錢學森等四〇餘人受到批評

如此、毛澤東在文化大革命的**第一階段**的前段獲得初步勝利。其後、他們擬恢復毛澤東的「**個人崇**

拜」、即「神格化」毛澤東與「理想化」（絕對化）毛澤東思想、此至一九六六年七月一日「中國共產黨創立四五周年記念」時、達至高潮。

「人民日報」（一九六六年七月一日）、在社論「毛澤東萬歲」中說：「毛澤東思想、是當帝國主義走上全面崩潰、社會主義將指向全世界的勝利之際、天才的・創造的・全面的繼承並發展馬克思・列寧主義、是現代馬克馬・列寧主義的最高峰、也是最高度・最創造性的馬克思・列寧主義者」「毛主席是世界人民心目中的太陽」（自一九四五年「七全大會」以來、這是比任何時代都極端的以最大且最高的讚詞來「神格化」毛澤東及其毛澤東思想）

「人民日報」的這篇文章、同時也涉及到：「建國以來、中共遭逢著三次大鬥爭、第一次是一九五三年高崗・饒瀨石反黨聯盟的鬥爭、第二次是一九五九年右傾機會主義反黨集團即修正主義（指彭德懷等人）的鬥爭。第三次的大鬥爭、就是此次被揭發的反黨・反社會主義・反毛澤東思想的鬥爭。這三次都是以毛澤東的英明領導與正確的毛澤東思想、才能克服的」（在文中、特別強調的、是反對毛澤東個人及其毛澤東思想、就是「反黨・反社會主義・反革命」）。同時、指出、這些反革命集團、倘若抓到黨・政・軍的各方面的權力、就將進行赫魯雪夫式的反革命軍事政變（coup d'État）。

然而、這篇百分之百讚揚毛澤東的「人民日報」的社論、令人感到詫異的、就是在另一方面、卻也不能不引用了劉少奇・鄧小平等反對派的文章、來熱狂的讚美毛澤東。

並且、毛澤東派對自己的誇耀與讚美愈熱狂、卻愈令人感到極端混亂動盪不安的中共內部的狀況。

另一方面、特別是六月二十二日「解放軍報」、乃發表一九五七年三月十二日毛澤東在「中共全國宣傳工作會議上的講話」、而做爲「關於無產階級文化大革命的毛澤東的八項原則」、即：①政治戰線・思想戰線的長期的社會主義革命、②關於我國知識份子的情況（反動的知識份子的長期存在）、③知識份子的改造問題（他們必須向工農群衆學習）、④知識份子同工農群衆結合的問題（團結的強化）、⑤關於整風的必要性（拉緊組織）、⑥片面性問題（看事物要全面的）、⑦「放」還是「修」？（修正主義批評的重要性）、⑧各省・市・自治區的黨委應該把思想問題抓起來（各省・市黨第一書記的責任）等（參閱一九七七年版「毛澤東選集」第五卷 p.403）

如上所述、毛澤東攻下「北京王國」後、繼之、其第二個目標就是「黨中央宣傳部」。

「紅旗」第九號（一九六六年七月）、乃在第一頁刊出「編輯部註解」、及「相信群衆依靠群衆」「徹底批評前北京市黨委的若干主要負責人的修正主義路線」的兩篇社論、而再度登載了一九四二年五月毛澤東在延安所做的「文藝座談會上的講話」。同時、登載：阮銘・阮若礦的：「顛倒歷史的周揚的暗箭」、及穆欣「〝國防文學〞是王明的左傾機會主義路線的口號」的兩篇文章、來抨擊周揚爲文藝方面的反黨・反社會主義・反毛澤東思想的根源（這就是將批評的箭頭自「北京市黨委」轉向「黨中央宣傳部」的開始）

如此的抨擊黨中央宣傳部爲反黨・反社會主義・反毛澤東思想之後、於七月九日、革職黨中央宣傳部部長陸定一、副部長兼國務院文化副部長林默涵（調中南局第一書記陶鑄而繼任宣傳部長、湖南省黨委第一書記張平化爲宣傳副部長）。於是、陸定一・周揚的舊宣傳部路線、終於分崩瓦解（北京電台七月十日發表）。

七月一日、北京電台每日播送的準國歌「義勇軍行進曲」、由於其歌詞是田漢作的、所以這也給以廢止、改爲播送讚美毛澤東的「東方紅」（東方紅、太陽升、中國出了一個毛澤東、他是人民的大救星啊……）。

「人民日報」爲了更加徹底的「神格化」毛澤東、即開始介紹毛澤東出生地的湖南省韶山、並報告「AA作家緊急會議」（七月十七日、各國代表約有一〇〇人在武漢同毛澤東會見）的國際友人訪問此地。「毛澤東是世界人民心目中的太陽」「全世界的革命人民仰慕毛主席的故鄉韶山」「毛澤東是世界人民最

偉大的指導者」等、以如此富麗堂皇的讚辭來稱讚毛澤東。

又在七月二十四日、北京電台報導七月十六日毛澤東在武漢長江游泳的新聞。這個新聞、當然成爲世界各國大報紙的最大記事。「**毛主席衝破了強大的風浪、豪邁游泳而橫渡長江……**」（七月二十四日北京電台廣播）。同時說明、毛澤東只費一小時零五分鐘、就游泳渡過寬達一五公里的長江。這使得世界人士都感到其對毛澤東未免太過份的「**超人化**」。由於毛澤東派要「**神格化**」毛澤東已達如醉如癡的地步、所以連一般最起碼的常識也給予蔑視、想來宣傳毛澤東在那一方面都擁有超人的能力（按照北京電台的發表、七三歲的毛澤東只費七分鐘就游泳過波浪強大的長江一哩（mile）＝一・六公里。這比當時世界奧林匹克冠軍的一八歲澳大利亞選手的十七分十一秒鐘的世界記錄、快了十分十一秒、實在是令人不敢想像的「神格」記錄）。

七月十八日、毛澤東終於「**勝利**」的歸還北京（去年一九六五年十月離開北京）

毛澤東返北京後、隨即在一九六六年八月一日—十二日召開「**中共第八屆中央委員會第十一次總會**」（十一中全會）、在會上採決毛澤東起草的「**關於無產階級文化大革命的決定**」（十一中全會）、在會上採決毛澤東起草的「**關於無產階級文化大革命的決定**」（十六條—參閱竹內實「毛澤東と中國共產黨」一九七二年 p.156）。從此、「**文化大革命**」被黨中央委員會正式承認爲「**黨**」的當前的重要任務。

上述就是、「**文化大革命**」第一階段的概略。

(五)　郭沫若的「自我批評」——在上述的「**文化大革命**」第一階段初期、一九六四年在北京、黨內外的著名學者・作家等受到嚴厲批評與清算時、郭沫若、其地位也岌岌可危、他爲了求得自己的安全、乃在一九六一年四月十四日召開的「**全國人民代表大會常務委員會第三十次會議**」上、自己要求發言、而在會場上進行了所謂「**自我批評**」、掀起了一大震憾。過了一〇天後的四月二十八日、「**光明日報**」、即以「**向工農兵群眾學習、爲工農兵服務**」爲題、發表了郭沫若的「**自我批評**」。五月五日「**人民日報**」也再度轉載其記事、因而郭沫若的這一著、竟哄動了一般的人民大衆。

郭沫若所說：「**由於不十分學習毛澤東思想、……、我以前所寫的著作、嚴格說起來、應該全部焚毀、一點也沒有價值的**」（參閱中島嶺雄「中國文化大革命」一九六六年 p.11）。

郭沫若、他在中共統治下的中國是文藝・學術界的巨頭、所以他的「**自我批評**」、影響中外界很大、因而取得一個自己的護身符、迴避了文化大革命的風暴、同時、也更加被毛澤東派利用爲掛羊頭而賣狗肉。

郭沫若、四川樂山人、日本九州帝國大學醫科畢業、曾與日人佐藤富子結婚。一九二〇年隻身回國。早年參加中國共產黨、中間脫離很久。一九二七年北伐時、入鄧演達主持的國民革命軍總政治部當副主任。一九二八年在上海再建「**創造社**」、出版「**女神**」等詩集、爲當時青年所爭誦。因與第三國際東方局人員接觸、轉而鼓吹普羅文學、爲蔣家國民黨追捕、乃逃逸日本。一九三七年抗日戰爆發、復棄妻子返國、任國民政府政治部第三廳（宣傳）廳長、及文化工作委員。一九四九年五月、由香港赴北京、參加中共的新「**政治協商會議籌備會議**」。一九五一年作詞歌頌「**史大林是太陽**」、一九六四年獲得「**史大林和平獎金**」時、任中國科學院院長・中國科學技術大學校長・第二屆全人代常務委員會副委員長・政治協商會議第四屆全國委員會委員・中國人民保衛世界和平委員會主席・中國文學藝術界聯合會主席等。他說該焚毀的著作包括「**屈原**」「**則天武后**」等歷史小說、並表示向勞農兵群衆作家的「**歐陽海之歌**」「**收租院**」學習、同時也言明得學習劉少奇的「**論共產黨員的修養**」。但不經多久、劉少奇及「**歐陽海之歌**」都受到批評、可見郭沫若當時的投機與窘境。

(六)　劉少奇上當――毛澤東在長江「**游泳**」後（一九六六年七月十六日）、隔兩天的七月十八日歸回北京。第一位領袖毛澤東自一九六五年十月離開北京的九個月間、北京的日常黨務乃由第二位領袖劉少奇（黨副主席、國家主席）主宰。

劉少奇自一九六六年三月二十六日開始、做了巴基斯坦・阿富汗・緬甸的三個禮拜的訪問旅行（四月十九日歸回北京）。劉少奇的旅行中、毛澤東派開始抨擊「**三家村集團**」。劉少奇歸來時、正是郭沫若做著所謂「**自我批評**」（四月十四日）、「**解放軍報**」社論正在號召：「**參加社會主義文化大革命**」的時期。

劉少奇回來後、黨中央機關紙「**人民日報**」、及北京市黨委機關紙「**北京日報**」等、已在林彪控制的「**解放軍報**」及「**光明日報**」的砲火之下。繼之、五月十六日決定的所謂「**五・一六通知**」、解散了「**文化五人小組**」（彭眞爲組長）、六月一日、「**人民日報**」登載毛澤東對北京大學聶元梓等大字報的讚詞、六月三日北京市黨委改組等、如此相繼來的不利事件、竟使劉少奇失掉「**反擊**」的機會。

然而、由於六月三日北京市黨委的改組引起各下屬單位的混亂狀態、所以、各單位都紛紛向上級即新市黨委請求派遣「**工作小組**」前往處理改組問題（這是中共歷來的慣例）。於是、北京的新市黨委自六月初旬開始、乃派遣四〇〇餘的「**工作小組**」前往各地下屬單位、擬處理善後。

然而、北京市黨委雖然受到改組、但還是在劉少奇・鄧小平派幹部的控制之下、所以、所派到各機關的「**工作小組**」自然而然的向所謂「**造反份子**」施加壓力。例如、派遣到北京大學的是以張承先（劉少奇派黨老幹部）爲首的「**工作小組**」。清華大學也是劉少奇派的得力幹部葉林（國家經濟委員會副主任）領導五〇〇多位工作人員到校取締造反學生（六月二十一日劉少奇妻的王光美也到清華大學領導工作小組）。因此、北京大學的聶元梓、清華大學的蒯大富等造反學生的積極份子更加結集各校學生起來反抗、所以、各單位的混亂不但非有消除、而且愈來愈厲害、甚至於雙方發展到「**武鬥**」而發生死者。各校乃在橫的方面取得連繫、而擴大爲全北京學校的大混亂的學潮。

在這種情況下、六月十八日毛澤東看到機會成熟而歸回北京後、立即指示各地的「工作小組」離開各單位。繼之、周恩來也在八月四日及八月二十二日、兩次訪問清華大學、向學生承認「工作小組」的錯誤、並恢復蒯大富等積極份子的名譽。

這種毛澤東不在時的學潮的責任、當然被掛在劉少奇的身上、而成爲後來劉少奇・王光美受到清算的一個決定性的因素。其實、毛澤東在學校內策動混亂、招來「工作小組」的派遣、再以學生的反抗、而來擴大學校內的大混亂、並把其責任掛在留守的劉少奇身上的。這就是做爲大衆發動家・群衆組織者的毛澤東突出的特性（參閱大久保泰「中國共產黨史」下卷、一九七一年　高田富佐雄「七億の林彪」一九七一年　竹內實「毛澤東と中國共產黨」一九七二年　中島嶺雄「中國文化大革命」一九六六年　伊藤喜久藏・柴田穗「文革の三年」一九七八年　柴田穗「毛澤東の悲劇」一九七九年　「人民日報」「解放軍報」「文匯報」「光明日報」「北京日報」）。

IX　文化大革命第二階段（毛澤東軍事政變與「紅衛兵」出現）——毛澤東在一九六六年夏、看到北京情勢轉爲對自己有利（六月三日北京市黨委改組・七月九日黨中央宣傳部長陸定一被革職・劉少奇派遣清華大學等的「工作小組」與「造反學生」激烈抗爭中）、所以、在離開北京九個月後、於七月十八日返回北京、擬趁機奪回中央的權力機構。

㈠　「十一中全會」的毛澤東軍事政變——毛澤東返抵北京時、林彪開始調動直系的戰鬥部隊、移紮於北京附近、擬包圍北京城。

劉少奇看到情勢不妙、與鄧小平・彭眞等劉少奇派會議的結果、準備林彪包圍北京城完成陣勢之前、即七月二十一日召開「**中共第八居中央委員會第十一次總會**」（十一中全會）、在會中罷免黨主席毛澤東與黨副主席林彪、因此、劉少奇派大幹部彭眞・楊尙昆（黨中央書記處書記）・李井泉（中央西南局第一書記）、劉瀾濤（中央西北局第一書記）等乃爲確保中央委員的過半票數而奔走。

然而、此時、周恩來卻靠攏毛澤東派、而出面半勸阻半恐嚇的說服鄧小平不要過早召開「**十一中全會**」。結果、該會一再延期、等到毛澤東、林彪佈置好時於八月一日才召開。

是日、毛澤東自筆寫了大字報「**砲擊司令部**」、貼在「**十一中全會**」會場的中南海・懷仁堂的門口。並且、毛澤東一方面指示林彪動員部隊包圍北京、另一方面則動員了一批毛澤東派人員（中央文革小組組員・首都大專各校的革命教師造反學生等）衝進會場。

毛澤東的這個手法是與一九三四年「**遵義會議**」一模一樣（參閱 p.1359）、是非法的、並不是黨中央委員會開會的正常辦法。但是毛澤東在此時、已不是要開合法的中央委員會的而是要藉此「**奪權**」、奪取中央權力機關。

因此、在非委員的毛澤東派人員滿場漫罵・恐嚇・怒吼聲中、毛澤東才奪取多一票而成爲多數、終達成「**奪權**」的目的。在這種情況下、毛澤東「**強行採決**」、通過了所謂「**關於無產階級文化大革命的十六項決定**」、同時「**選出**」林彪爲黨副主席（八月九日才發表在「人民日報」第一面）。

八月十二日的「**北京電台**」廣播「**十一中全會**」於今日閉會、並發表當天採決的「**公報**」、分爲：

(1)「**國內**」—承認毛澤東強調「**階級鬥爭**」的「**前十條**」（參閱 p.1465）、及打倒「**黨內的走資本主義的當權派**」之前述的「**二十三條**」、同時：「**總會承認、要使此次的文化大革命的關鍵、在於依據群眾、放膽發動群眾、尊重群眾的創意。……反對站在資產階級維護右派、打擊左派而壓迫無產階級文化大革命。反對束縛群眾的手腳。反對以官僚或老闆態度而站在群眾之上、指揮群眾**」（這一段是指責劉少奇派的「工作小組」的責任的）

(2)「國際」──「我們現在是活在世界革命的新時代、種種的政治勢力正在經著大激動・大分化・大變局的考驗之中」「為了反對帝國主義、必須反對現代修正主義。不能與他們採取共同行動。為了打擊美帝國主義及其爪牙、必須建立廣泛的統一戰線、但不能包含蘇聯修正主義在這統一戰線這點不可諱言」（反對赫魯雪夫、及反對對援助北越與他採取共同行動）

(3)「毛澤東與毛澤東思想」──「毛澤東同志是現代最偉大的馬克思・列寧主義者、天才的・創造的・全面的繼承了馬克思・列寧主義、將其提高到新的階段」

「毛澤東思想、是帝國主義將指向全面崩潰、社會主義在全世界將獲得勝利的時代馬克思・列寧主義。毛澤東思想是全黨・全國的一切行動的指針」（自一九五六年第八屆大會採決的黨章以來被擦掉的毛澤東思想、於此重新復活）

「中國共產黨是毛澤東同志所創造、所培育起來的黨、是以馬克思・列寧主義與毛澤東思想武裝的黨」（強調「毛澤東的黨」）。

同時、規定「無產階級大革命」為：「中國社會主義革命的新的發展階段」、並說明其目的為：①打倒「走資本主義路線的當權者」、②批評資產階級的反動學術權威者、③改革教育、改革文藝、改革不適應社會主義經濟基礎的一切的上部構造。

如此、毛澤東動員了沒有中央委員與候補委員資格的所謂「首都各革命教師與造反學生」、以怒吼・威脅・武裝包圍北京、僅獲得多一票、而在「十一中全會」以軍事政變的方式「奪權」成功。其結果：

黨主席　　毛澤東

黨副主席　林彪（劉少奇・周恩來・朱德・陳雲均失職）

總書記　（鄧小平失職）
政治局常務委員　毛澤東・林彪・陶鑄・陳伯達・鄧小平（一九六八年被清算）
政治局委員　毛澤東・林彪・周恩來・陳伯達・康生・朱德・李富春・陳雲・董必武・陳毅・劉伯承・李先念・徐向前・聶榮臻・葉劍英
中央書記處書記　康生・李富春・李先念・葉劍英・李雪峰・劉寧一
候補書記　（劉瀾濤・楊尚昆・胡喬木均失職）
文化革命小組　組長　陳伯達
第一副組長　江青
顧問　康生
組員　張春橋・姚文元・謝鎧忠・王力・關鋒・戚本禹・穆欣
地方中央局第一書記　東北局宋任窮・華北局李雪鋒・華東局不明・中南局不明・西南局不明・西北局不明。

此次變北的特點有四、即：①劉少奇・鄧小平・彭眞等劉少奇舊當權派的敗退、②黨中央機構崩潰、③林彪・陳伯達・康生的異常高升、④毛澤東派的「**中央文革小組**」的新設（一九六六年九月十六日設立）。

(二)　**「紅衛兵」的出現**——自「**十一中全會**」起、首都工人・解放軍毛澤東思想宣傳隊進駐清華大學等全國教育機關、「**紅衛兵**」的出現及武鬥、以至下鄉退場的一個時期、可以說是「**文化大革命**」的第二階段。其中、王力・關鋒・林杰・戚本禹等中央文革小組組員的堀起、及其曇花一現的隨即被革除（一九六八年一月）、「**紅旗**」的停止發刊（一九六七年十一月）及復刊、毛澤東思想宣傳的出現、

「革命委員會」（黑龍江省）出現、人民公社（上海）出現、武漢事件爆發至解放軍與文革小組的矛盾表面化、北京衛戍司令員傅崇碧率兵襲擊黨中央文革小組辦事處、「紅衛兵」的退場等、變化多端。

毛澤東、爲了在黨內「造反」、第一個注目的、無非是黨內勢力的「解放軍」、與黨外勢力的「大專學生」。毛澤東認爲將這兩個勢力結合起來、就能產生一種大衆性的革命力量（只動員武力、可能引起群衆的反感抵抗、只動員學生則不能形成決定性的力量）。

「十一全會」將閉會的八月十二日上午十點、「北京電台」播送了所謂「重大新聞」：

「八月十日午後十五分、中國人民的偉大的領導者毛澤東主席、出現於中國共產黨中央委員會所在地的〃群眾招待所〃（特設於中南海的西南門）、與慶祝黨中央八月八日採決的無產階級文化大革命的群眾會見。毛主席向大家說：〃你們必須關心有關國家大事、必須堅持無產階級文化大革命到底〃」。如此、以出人意外的行動來爭取群衆的關心及對他的奉從、是毛澤東慣用的得意技倆。

繼之、一九六六年八月十八日、在天安門廣場舉行「無產階級文化大革命百萬人慶祝大會」時、毛澤東在掛上紅色的「紅衛兵」的腕章、在「東方紅」及「毛主席萬歲」聲中、步入大小紅旗林立的廣場、誇耀「紅衛兵」的屹立於天下。毛澤東登上天安門樓上後、由陳伯達致開會辭、繼之、林彪上台演講說：「替毛主席向大家致敬、代表黨中央向大家致敬」、表示林彪成爲毛澤東的接棒人、並且、對於文化大革命規定爲：「文化大革命是有關我們的黨與國家的命運的大事、是有關我們黨與國家的前途的大事」。

周恩來也起來講話、強調今後的「鬥爭・批評・改革」（簡稱爲「鬥・批・改」的毛澤東慣用語）。

大會終了後、百萬紅衛兵的文革大隊都很整齊的進行閱兵行進。特別受到注目的、其中有相當數目的解放軍參加在裡頭、象徵著這個典禮不外乎在林彪與軍隊的準備之下進行的。八月十八日、北京電台播送參加該百萬人慶祝大會的中央領導幹部名單、即：「毛澤東、林彪、周恩來、陶鑄、陳伯達、鄧小平、康生、劉少奇、朱德……」、從此知道。劉少奇的地位、已由第二位降至第八位。

一九六六年八月在天安門廣場舉行第一次百萬紅衛兵大集會的第三天、即八月二十日下午、毛澤東派的「紅衛兵」、突然出現於北京的繁華街市王府井、行使暴力、如：「這無非是一種暴動。北京最大的繁華街王府井、轉瞬間、陷入於暴力與恐怖的漩渦裡、有的是拿著梯子的、有的拿著斧頭打破門窗的、有的貼上大字報的、有的衝進店内給於店東最後通告的……以前所看到的穩和且恭順的中國的青年們、已成為兇暴的一團暴徒、受著解放軍女幹部的指揮、而在舞弄權力與暴力、……」（參閱高田富佐男日本「每日新聞」特派記者「七億の林彪」一九七一年p.）

其結果、「如此、在打破〃四舊（舊思想・舊文化・舊風俗・舊習慣）運動〃的號召下、……王府井大街變為〃革命大路〃、外國使館佔多的東交民巷變為〃反帝路〃、烤鴨子的鹿鳴春變為〃北京烤鴨店〃、頤和園為〃人民公園〃、北海公園與景山公園為〃工農兵公園〃、神武門為〃血淚宮〃等、到處〃紅旗〃〃革命〃〃紅衛兵〃〃工農兵〃〃延安〃〃瑞金〃〃韶山〃〃遵義〃等名字、氾濫的使用於全市的道路・公園等處……」（參閱柴田穗日本產業經濟新聞北京特派記者「毛澤東の悲劇」I、一九七九年p.203）。

「紅衛兵」堀起後、不過數日、日本大新聞的記者訪問其大本營的清華大學附屬中學、有著如下的記事：

「北京市西北郊外的文教地區的中學校門、有掛著〃紅衛兵戰校〃的門牌。在校内擁擠著很多地方的學生、即〃紅衛兵〃在此做了交流經驗的學習。自文化革命開始以來已過了六個月、但都停課而不上學、走廊貼滿了〃壁報〃、因此、校内完全都在〃紅衛兵〃控制之下。

……自紅衛兵開始以來已過兩個月、但在學生間、仍是極爲重視其出身家庭。清華中學在解放後、也是較富裕家庭出身的子弟入學的不少、所以、他們學生裡、所謂〃黑五類〃（地主・富農・反革命份子・惡霸・右派份子）的子弟仍佔四〇％、全校學生一千三〇〇人之中、所謂〃紅五類〃（工人・貧農・下層農・解放軍兵士・革命幹部・革命烈士）的子弟爲中心的〃紅衛兵〃僅佔二五六人。

……三點十分之間、我們嘗試做了許多質問、但紅衛兵的答覆、都不是從自己的腦筋所想到的來發言、都毫不例外的以一種被命令的公式來答應我們、所以、都是千篇一律、特別是以從〃毛澤東語錄〃抽出來念給我們聽而自以爲很滿意、並給我們感到他們是以這樣做認爲最好辦法的印象、這種現象、在天津・廣州等與大學的紅衛兵會見時都一律碰到的現象」（參閱伊藤喜久藏、柴田穗「文革の三年」一九六八年 p.246）。

日本新聞記者所遇著的「紅衛兵」、都聲聲強調著：「紅衛兵的革命組織都是各校學生自發所組成的」「各學校的紅衛兵都取得橫的聯繫、而組成統一的司令部」「組織的維持費・交通費・組員食費・前往地方的各單位的旅費等都是國家供給」（參閱「前揭書」p.248）。

在北京首都的「紅衛兵」組織所謂「糾察隊」、特別對於各民主黨派（民主同盟・農工民主黨・九三學舍・國民黨革命委員會」等）、及歸國華僑（生活比較富裕）加以嚴厲的手段、給予最後通諜、強迫解散組織、改變生活等。

然而、北京的「紅衛兵」出現後、不經多久、內部就發生分裂、分爲「初期紅衛兵」（「聯動」＝「聯合行動委員會」的「首都大專院校紅衛兵司令部」）、及後來的「後期紅衛兵」（「三司」—第一司令部聯動、第二司令部＝中學紅衛兵・糾察隊等的紅衛兵總部、第三司令部＝北京航空學院・北京地質調查學院・人民藝術學院・中央戲劇學院・北京電影學院等的「大專院校紅衛兵革命司令部」—江青系統的極左部份等）、這三系統的紅衛兵都被利用爲各派系權力鬥爭的工具、互相對立、互相排擠、甚至於發展爲「**武鬥**」、而逐漸現出極爲內部混亂的局面、並且、這種混亂狀態很快就波及全國。

「**文革小組—紅衛兵**」的「**造反**」的革命方式、理論上是基於毛澤東的「**毛澤東思想**」（個人專制）與落伍社會的舊威信（charisma）、方法上是依據毛澤東的群衆操縱技術而被發動起來、但其「**造反**」的行動方式、畢竟也是在現實上、以周恩來（官僚）與林彪（軍隊）爲現實政治基礎的。所以、由兩者的結合、才使「**紅衛兵**」急速發展。同時、兩者的分裂、則同樣的立即影響到「**紅衛兵**」的分裂與沒落、終於在「**解放軍毛澤東思想宣傳隊**」進駐各校後、「**狡兔死走狗烹、蜚鳥盡良弓藏**」似的、被趕至農村僻地、被分散・消滅而亡。

其後、文化大革命本身也一起一落的動盪不已、即：

一九六六年

八・20　紅衛兵掀起「四舊追放運動」、進出街頭

八・23　紅衛兵運動波及上海・天津・南京・廣州・杭州・武漢・長沙等全國各都市各地區

八・23　「人民日報」登出兩篇社論：「很好：」「工人・農民・士兵必須堅決支持革命學生（紅衛兵）」

八・23　「解放軍報」社論：「所做的是很正確、很好」（全面支持紅衛兵的行動）

八・24　北京紅衛兵・限期三天、要求解散民主諸黨派、人民公社的復歸原型、停止對公私合營的企業家發給利息

八・25　北京紅衛兵開始「武鬥化」、頻頻發生死傷事件

八・28　「人民日報」社論：「革命的青少年必須向解放軍學習」（同意「文鬥」、反對「武鬥」）

八・29　「人民日報」社論：「我們向紅衛兵表敬意」

八・29　紅衛兵舉行命名蘇聯大使館所在地的大路爲「反修路」的開會、在大使館門前示威三天

八・31　南斯拉夫通信社報導、在青島、一個禮拜前、紅衛兵與四萬工人大衝突、死傷一四〇人

八・31　毛澤東・林彪等黨中央首腦參加北京紅衛兵五〇萬人大集會、江青司儀、林彪・周恩來演說

八・　紅衛兵開始攻擊劉少奇・鄧小平

一〇・　黨中央工作會議、劉少奇・鄧小平自我批評

一一・28　「文藝界無產階級文化大革命大會」、江青演說、痛擊彭眞的北京市黨委・陸定一的黨中央宣傳部・國務院文化省爲反黨、反社會主義、反革命的「修正主義路線」

一二・　紅衛兵攻擊劉少奇愈來愈猛烈

一二・2　北京壁報報導聶元梓等人指責鄧小平

一二・4　上午零時、紅衛兵逮捕彭眞・林默涵（黨中央宣傳部副部長）・萬里（北京市副市長）・劉仁（北京市黨委第二書記）・夏衍（文化部副部長）・田漢（戲劇家協會主席）、在紅衛兵司令部召開鬥爭大會

一二・10　北京各報紙一致登載周揚・田漢・夏衍的「反黨罪惡行爲」紀事

北京市各處壁報、號召鬥爭彭眞・陸定一・羅瑞卿（總參謀長）・楊尚昆（黨中央候補書記）等「反革命修正主義集團」

一二・14　晚上在工人體育場開彭眞等「反黨修正主義集團」鬥爭大會

一二・25　「井崗山兵團」（清華大學附屬高中紅衛兵、江青爲後台、極左派）、貼「劉少奇十大罪狀」的壁報：①反對毛澤東思想、②前北方局時代培植彭眞・林楓（中央高等黨校校長）・陸平・許立群（黨中央宣傳部副部長）・周揚（黨中央宣傳副部長）、③貫徹修正主義教育制度、④擁有反動的人生觀、以最少勞動擬獲得最大效果、⑤實施資本主義經營方式、⑥一九五七年反右派鬥爭時、反對毛澤東階級鬥爭理論、提倡階級消滅論、⑦主張共產黨員參加罷工、⑧否定大躍進的成果、助長「單幹風」「三自一包」、⑨社會主義教育運動中、採取右傾立場、破壞社會主義教育運動、⑩不承認毛澤東思想是馬克思・列寧主義的發展

一二・26　清華大學「井崗山兵團」、貼上「劉少奇自我批評書」的壁報（①派遣工作組的錯誤、②過去在正史上的錯誤、③犯錯誤的原因）

一九六七年

一・　在北京奪權激烈化（一月風暴）、在上海發表上海公報（一月二十四日、但不發表成立「上海公社（commune）」）、黨中央宣傳部長陶鑄被清算、各地頻繁進行「武鬥」、毛澤東指示軍隊介入奪權鬥爭

一・4　江青系紅衛兵（中央樂團・中央音樂學院・中央戲劇學院）、發表「黨內當權派」四一名單①北京市關係一一人、②文化・教育・宣傳部門一四人、③人民解放軍關係七人、④

黨中央關係九人

一・6　王光美上當、被拉出在清華大學清算鬥爭

一・15　攻擊朱德的壁報貼在北京街上

二・3　莫斯科發生報復性毆打中國人外交官事件

二・　黑龍江省成立「革命委員會」上海舉行「上海公社」成立大會

二・　「二月逆流」（譚政林）出現

二・　賀龍突然被紅衛兵逮捕、失蹤

三・　「紅旗」登載戚本禹論文、指責劉少奇罪狀

四・　周恩來飛訪廣州、發表支持解放軍司令員黃永勝

五・　路透社記者被扣禁

五・17　香港中國系反英遊行示威隊與警察衝突

六・17　中共第一次氫彈實驗成功

七・20　「武漢事件」發生、王力・謝富治被當地解放軍毆打扣禁、周恩來飛往武漢、救出王力・謝富治等

八・22　紅衛兵火燒英國駐北京代理大使館

「紅旗」抨擊解放軍內的當權派

江青系紅衛兵、在廣州召開「打倒黃永勝大會」

日本共產黨代表在北京機場被毆打

九・　毛澤東考察各地、號召「大聯合」

一〇・ 黨中央驅逐三個日本人記者
一一・ 林彪發表毛澤東的「鬥私批修」
一二・ 「紅旗」停止發行
一九六八年 湖南省極左派、發表「省無聯」綱領
一・ 王力・關鋒・林杰・戚本禹等自中央文革小組被革職
 北京衛戍司令員傅崇碧、襲擊中央文革小組
三・ 楊成武代理總參謀長沒落、黃永勝就任總參謀長
 毛澤東・林彪接見一萬餘革命戰士、大家誓約對毛主席・毛澤東思想・毛主席革命路線的忠貞
四・ 宋任窮在瀋陽叛亂
五・ 各大學紅衛兵的「武鬥」擴大
六・ 香港自大陸漂流大量死屍
六・30 「人民日報」「解放軍報」「北京日報」三紙報導：「文化大革命決定性的勝利」
七・ 工人毛澤東思想宣傳隊（解放軍）、進駐北京清華大學・全國各級學校都有解放軍進駐、「紅旗」復刊
七・23 周恩來在「羅馬尼亞建國記念會」演講：「蘇聯墮落為社會帝國主義與社會法西斯」
九・7 「紅旗」發表剝奪劉少奇的國家主席等全部權力

X　十二中全會公報——一八六八年十一月一日的「北京電台」、發表「關於中共第八屆中央委員會第十一次擴大總會（十二中全會）的公報」。

但是、這次「十二全中會」、仍然與「十一全總會」同樣、除了中央委員與中央候補委員之外、中央文革小組組員・革命委員會主要負責人・解放軍主要負責人等、沒有資格出席的許多人員都列席開會、所以、從法理說來、這次會同樣也是非法的・變態的一次中全會。

在會上的公報中：「總會一致確認文化大革命、是在無產階級專政的條件下、無產階級反對資產階級及其一切剝削階級的政治大革命」。公報中的「所謂資產階級及其一切剝削階級、當然是指出以劉少奇為中心的當權派」。（參閱柴田穗「毛澤東の悲劇」Ⅱ一九七九年 p.119）。

在公報中也宣言文革的勝利：「這兩年中、在無產階級司令部的領導下、經過極為尖銳的階級鬥爭、很廣泛且深奧的動員了幾億的人民群眾、並在中國人民解放軍的支持下、繼續做了激烈的階級鬥爭的結果、終於打破了擬佔據黨・佔據政府・佔據軍隊的、以劉少奇為代表的資產階級司令部及其各地的代理人、並且、奪回被他們佔據的一切權力」（參閱「前揭書」p.120）。

在公報上、進一步的指責劉少奇等當權派為叛變者・敵人間諜等、即：「總會乃批准〃中央專門案件小組〃審查報告叛變者・敵人間諜・勞動貴族劉少奇的罪惡行為。在這報告中、舉出十分的證據而證實黨內第一的走資本主義路線的當權派劉少奇、是隱藏在黨內的叛變者・敵人間諜・勞動貴族而做出很多罪惡行為的帝國主義・現代修正主義・國民黨反動派的爪牙」（參閱「上揭書」p.120）。

如此、劉少奇不但被剝奪了一切的權力與全部的職務、而且被永遠從黨除名處分。

㈡　九全大會與林彪的政治報告——一九六九年四月一日（中蘇國境第二次武力衝突三月十五日的第十七日）、晚上九點、北京電台突然發表中國共產黨第九次全國代表大會正在北京開會中。

在大會上：①主席團一七六人之中、前次的第八屆舊中央委員只佔中央委員三二人、候補委員一一人、共只有四三人、②主席團一七六人當中、軍人佔六六人、③二九的一級行政區（省・市・自治區）的革命委員會主任委員二九人、全部被選爲主席團。但、其中、二六人是軍人、因此、這次的大會好似軍人代表大會、同時難免被當做一級行政區革命委員會全國大會來看。這無非是由於文化大革命、全國的黨組織黨權力黨幹部都被破壞與打倒的結果。

九全大會竟由清一色的毛澤東派所召開、先由毛澤東宣言開會、並選出主席團、毛澤東就任主席團主席、林彪主席團副主席、周恩來主席團秘書長（這點證明這次大會是由周恩來妥協毛澤東而策劃的）

林彪做了政治報告、即：①關於文化大革命的演講中、表示文化大革命在思想上政治上的根據而擬將其正當化、②說明文化大革命的進行過程：「**文革是大規模的、眞正的無產階級革命**」、③文革眞摯的完成了鬥爭・批評・改革的毛主席的教訓（「關於正確處理人民內部矛盾的問題」）、並且、強調文革的最初的出發點是毛澤東所說的「**人民內部矛盾論**」、④林彪在此提出毛澤東對蘇聯的走資本主義路線的當權派現代修正主義赫魯雪夫的鬥爭、從這個對蘇聯的現代修正主義鬥爭及黨內階級鬥爭的相結合、產生批評劉少奇的二大因素、同時說明毛澤東對劉少奇反黨集團的反革命陰謀的開始鬥爭是自一九六二年一月的中央工作會議以來的（人民公社・大躍進失敗招來經濟空前困難的時期）、⑤我國革命的最終勝利在於文化大革命的前途、⑥黨的整頓與建設、⑦中國與外國的關係採取對美蘇的兩面作戰、並且、團結所謂「**第一中間地帶**」的越南・寮國・泰國・緬甸・馬來・印度・印尼等亞非拉的人民武裝鬥爭、同時連繫日本・西歐・北美洲等資本主義國家的大衆運動、⑧全黨・全國必須團結起來、以期獲得更大的勝利。

總言之、林彪繼承了毛澤東的「**不斷革命論**」、強調：「**全國各省・市・自治區都已成立『革命委**

員會』」是一個偉大的勝利。但革命還不能結束、階級鬥爭絕不能停止。同時、對經濟政策抱著樂觀態度：「**農業生產方面是連年豐收、工業生產・科學技術的方面也日趨活躍、廣泛的人民的革命與對生產的積極性、竟使許多工廠・礦山・企業都相繼刷新生產記錄、生產水準呈現史上最高、技術革命也不斷的發展**」（其實、當時的中國產業界並不這樣順利發展、而是百家蕭條、失業增多、人民怨聲載道）。

然而、九全大會最大的傑作、應是新黨章的發表（但不加以報告說明）。其特徵如左般的極為反常的。

新黨章的「**第一章總綱**」是最重要部份、即：

第一、「**毛澤東思想**」的復權、「**中國共產黨以馬克思主義・列寧主義・毛澤東思想為領導自己的思想的理論基礎**」（一九五六年黨規約時、「毛澤東思想」是由黨章刪除的、即「中國共產黨以馬克思・列寧主義為行動的指針」、就是十二年後的這次大會、恢復「毛澤東」的權威、而與馬克思主義・列寧主義並列）。

第二、與一九五六年相反的、以「**毛澤東思想**」來代替馬克思主義・列寧主義而成為最高原則、即「**毛澤東思想、是帝國主義面臨全面崩潰・社會主義在全世界將獲得勝利的時代的馬克思列寧主義**」。

第三、異常的特別的、以長文的強調對毛澤東的「**個人崇拜**」、毛澤東的「**神格化**」（這無非是抵觸馬克思・列寧主義的最根本的原則）。

第四、世界共產黨史上、未曾有過的不尋常的在黨章上面明記林彪為毛澤東的接棒人。

繼之、選出新中央委員、又是出現反常現象、即：

① 中央委員一七〇人（前次的八全大會時是選出九一人）、中央候補委員一〇九人（前次是九七人）、計二七九人（前次一八八人）、增加將近五〇%的九一人。

② 新中央委員一七〇人之中、軍人幹部佔七二人（軍人壓倒性的制壓著其四二%）

③ 所謂「**革命群眾代表**」的紅衛兵、只有「**北京紅衛兵英雄**」的聶元梓外一人、共二人當選候補

委員（這使人預測到紅衛兵已趨末路、利用價值完了、將受到淘汰）。

九全大會的最後一著、就是毛澤東·林彪妥協的黨中央人事、即：

中央委員會主席　毛澤東

中央委員會副主席　林　彪

中央政治局常務委員會委員　毛澤東·林　彪·陳伯達·周恩來·康　生

中央政治局委員　毛澤東·林　彪·葉　群（林彪妻）·葉劍英·劉伯承·江　青·朱　德·許世友·陳伯達·陳錫聯·李先念·李作鵬·吳法憲·張春橋·邱會作·周恩來·姚文元·康　生·黃永勝·董必武·謝富治（二一人之中、軍人佔六三%的一三人）

中央政治局候補委員　紀登奎·李德生·汪東興

九全大會後、所謂「**文化大革命**」的權力鬥爭的方面愈來愈激烈、結果、到毛澤東死亡、所謂「**四人幫**」的極左派由於「**宮廷軍事政變**」被淘汰後、中國（中共）政治的風勢才開始大轉變。

一九七〇年

八·　毛澤東親信陳伯達（中央文革小組長·中央委員會常務委員會委員·九全大會時第四位黨領袖）被肅清

八·　「批修整風」——批判整肅陳伯達派

一一·　湖南省黨委員會成立（第一號）

一九七一年

五·1　毛澤東出席「勞動節」、宣佈從此不出席任何集會、只在書房會見外賓九・11　林彪、陪毛澤東會見羅馬尼亞黨議長趙歇斯克後、斷絕消息（周恩來在一九七三年中共「一〇全大會」報告、林彪企圖暗殺毛澤東的軍事政變失敗後、逃亡蘇聯途中、於蒙古飛機失事而亡）

九・　林彪派軍人首腦黃永勝（總參謀長）・吳法憲（副總參謀長兼空軍司令員）・李作鵬（副總參謀長）・邱會作（副總參謀長）等斷絕消息

一〇・1　中國第二二次國慶節、廢止在天安門廣場大遊行、「人民日報」等不發表「共同社論」

一〇・25　中國加入聯合國

一一・　「紅旗」的三篇論文、強調黨中央存在著資產階級野心家・陰謀家、並暗示林彪等失勢

一九七二年

一・　陳毅（外交部長）死亡

二・21　美國總統尼克遜訪問北京、二十七日發表「中美公報」

七・　中國政府當局（周恩來）發表：林彪（黨副主席兼國防部長）企圖以軍事政變暗殺毛澤東失敗後、與其妻葉群乘飛機逃亡蘇聯中途、一九七一年九月十二日在外蒙古上空失事而墜死、開始「批林整風」

八・　在文化革命中被批評・失蹤的部份舊幹部開始復權

九・25　日本首相田中角榮訪中、中日復交、從此中共改變肯定「美日安保條約」「日本再武裝」

一〇・1　「人民日報」等其他報紙的共同社論：「蘇聯社會帝國主義是當前的第一號敵人」

一九七三年

四・12　鄧小平復權就任國務院副首相

八・1　江青・姚文元不出席「建軍節」典禮

八・7　「人民日報」社論：楊榮國（中山大學教授）提倡「批林批孔」運動（批判林彪、也批判周恩來）

八・10　「人民日報」報導、遼寧省大學入考時、考生交白卷爲文革的典型事例——「張鐵生事件」

八・17　毛澤東七九歲、患「記憶喪失症」

八・24　中共「十全大會」—周恩來做政治報告・王洪文報告修正黨章、江青・姚文元稍爲失勢、決定肅清林彪・陳伯達派、王洪文就任黨副主席、發表林彪「五七一工程紀要」（軍事政變計劃）、黨章記載反對「社會帝國主義」、選出主席毛澤東、副主席周恩來・王洪文・康生・葉劍英・李德生、加上董必武・朱德・張春橋爲政治局常務委員

鄧小平復歸中央委員

八・25　烏蘭夫（Ulanfu、內蒙古的劉少奇派代表人物）・譚政林（二月逆流的首領）復權

一二・　鄧小平復歸就任政治局委員、隨即決定調動各軍區司令員

一九七四年

一・　新中國建立以來首次的最大司令員調動

廣州軍司令員許世友（湖北黃麻系出身・紅四方面軍出身・新四軍・三野系・前南京軍區司令員）

北京軍區司令員陳錫聯（紅四方面軍出身・晉冀魯豫邊區・二野・前瀋陽軍區司令員）

瀋陽軍區司令李德生（黃麻系・紅四方面軍・晉察魯豫邊區・二野・前黨副主席・安徽軍區司令員・中央總政治主任）

二・2　「人民日報」的「批林批孔」激烈化

三・3　「人民日報」社論：「進行批林批孔、做好春耕」

三・6　「人民日報」第一面轉載「紅旗」三號、要求肅清林彪反革命修正主義的毒草

三・15　「人民日報」社論：「批評林彪反革命修正主義路線的〝復禮〞、就是要將其反革命運動秩序化」

四・6　副首相鄧小平爲出席「聯合國資源委員會」而訪美

四・10　鄧小平在「聯合國資源委員會」言及「三個世界論」即：①美・蘇、②歐・日、③中國・亞・非・拉等後進地區

一九七五年

一・8　中共第十屆二次大會、鄧小平升爲政治協商會常務委員

一・13　第四屆全國人民代表大會通過新憲法、規定蘇聯爲「社會帝國主義」周恩來發表「四個近代化政策」（農業・工業・國防・科學技術的現代化）

一・29　鄧小平就任解放軍總參謀長・張春橋就任總政治主任

三・18　中共特赦國民黨戰犯二九三人

四・1　張春橋發表「關於對資產階級的全面獨裁」（紅旗）

五・　鄧小平訪問歐洲

五・　鄧小平第一次發表「美中建交」三條件

七・23 中共開始批評「水滸傳」（光明日報）
八・20 「杭州事件」—工人罷工、軍隊出動捕殺、上海・廣州・武漢・蘭州・吉林、同樣發生工人罷工
九・15 「農業學大寨全國會議」、公安部長華國鋒報告

一九七六年

一・5 周恩來死亡
二・7 副首相華國鋒、代行首相職務
三・7 華國鋒正式代理首相
四・3 「人民日報」：「鄧小平是黨內資產階級的老板」
四・5 「天安門事件」（四・五事件）
四・7 毛澤東要求召開「中共政治局會議」、決議罷免鄧小平一切職務
任命華國鋒爲黨第一副主席（四・七決議）
六・15 中共發表中止毛澤東與外國賓客會見
七・5 朱德死亡
九・9 毛澤東死亡
一〇・5 「官廷軍事政變」「四人幫」（江青・張春橋・姚文元・王洪文）被捕
華國鋒就任黨主席
一〇・8 中共決定建立「毛澤東紀念堂」並發刊「毛澤東選集」第五集
一〇・22 中共發表：華國鋒就任黨主席・黨軍委會主席

一一・30　第四屆全人代第三次常務委員會、鄧穎超就任常務委員會副委員長。罷免親近江青的喬冠華外交部長、黃華就任「聯合國大使」

四・15　中央發刊「毛澤東選集」第五卷

八・12　中共第十一屆全國代表大會（「十一全大會」）、華國鋒主席政治報告、宣言「第一次文化大革命」在「四人幫」被粉碎下告結束、但表面上仍堅持毛澤東路線、蘇聯是戰爭的根源、故要聯美對蘇、推進「四個（農業・工業・科學・軍事）近代化」

禁止報復性批評鬥爭

樹立華國鋒體制

葉劍英報告修改黨章

選出：主席華國鋒、副主席葉劍英・鄧小平・李先念・汪東興、中央委員二〇一人（半數更換、文革派失勢、舊當權派復活）、中央候補委員一三二人、黨員三千四五〇萬人

如上所述、毛澤東及其支持者（毛澤東派）、當初是因經濟政策失敗、才一時退出「**權力機構**」的第一線。其後、毛澤東利用「**一〇中全會**」而東山再起、開始公然與劉少奇當權派（掌握著黨・政府的權力機構）對立、並為了打倒當權派而發動軍隊與黨外大衆勢力來從事所謂「**無產階級文化大革命**」。毛澤東、把這文革規定爲：「**反對資產階級及整個剝削階級的政治上的大革命**」

但是在實際上、毛澤東所做的「**文革**」、並不是如他所說的對階級敵人的「**革命**」、而是因與劉少奇當權派在路線上的不同、才把應有的文化革命及整風運動轉化爲敵對關係（階級矛盾關係）的「**權力鬥爭**」。

關於這點、一九六五年一月上海姚文元經毛澤東指示開始批評吳晗的「**海瑞罷官**」後、觀其劉少奇

派所發出的「**二月綱領**」（一九六五年二月）、與毛澤東「**五月通知**」（一九六五年五月）相比較最能明瞭。

「**二月綱領**」是把問題當做人民內部的矛盾、所以引例毛澤東的講話、即「**凡屬於人民內部的爭論問題**、只能用民主的方法去解決、只能用討論的方法、批評的方法、說服教育的方法解決、而不能用**強制的、壓服的方法去解決**」（參閱一九七七年版「毛澤東選集」第五卷 p.368）、企圖限於學術範疇來解決問題。

然而、「**五月通知**」、卻認為吳晗劇中問題是在「**罷官**」、這關聯到反對彭德懷的罷免的反革命・反社會主義的問題、所以一定把其打擊到底、並且「**二月綱領**」是在維護這種反革命反社會主義路線、所以也得把其粉碎。如此、其「**文化大革命**」的**目的**卻不在「**革命**」、而是在假借革命的名義、以軍隊・黨外大衆力量打倒共產黨的黨章・國家憲法・法律秩序為方法、來打倒反對派的劉少奇當權派。

如此、毛澤東一貫的思想方法、即不管革命的目的・內容、只偏向於革命的「**方法論**」、就是這次所謂「**文化大革命**」所造成極端「**混亂**」狀態的思想根源。（參閱大久保泰「中國共產黨史」下卷、一九七一年　高田富佐雄「七億の林彪」一九七一年　伊東喜久藏・柴木穗「文革の三年」一九六八年　竹內實「毛澤東と中國共產黨」一九七二年　香港・齊辛「鄧小平一九七八年」　Jaki Chen, Inside the Cultural Revolution, 1975 ——小島晉治・杉山市平日譯「文化大革命の內側で」下卷一九七八年）

XI　鄧小平再度恢復權力與「**四個近代化**」（國家獨佔資本主義）・中日和約・中美和約・中越戰爭——如上所述周恩來・毛澤東死亡、「**四人幫**」被淘汰後、文革派在政治上的領導地位乃急轉直下、而走上沒落之途。

中共中央、於此在一九七七年七月十六—二十一日、召開「**黨中央委員會第三次全體大會**」（「三中全會」—出席的委員・候補委員・地方的黨・政・軍有力幹部等人名單均未發表）。

這次大會、在華國鋒（文革派）與鄧小平（舊當權派）的妥協下、通過：

① 承認華國鋒同志擔任黨主席・黨中央軍事委員會主席・國務院首相的決議

② 承認鄧小平同志恢復原來職務的決議（黨副主席・副首相・黨中央軍委員會副主席・人民解放軍總參謀長）

③ 關於剝奪王洪文・張春橋・江青・姚文元等反黨集團黨籍的決議

也就是、在華國鋒取名、鄧小平取實的情況下、中共的國內外新政策均被往前推進。

㈠ 中共第十一屆全國代表大會（十一全大會）——一九七七年八月二十日晚上、北京電台、廣播中共於八月十二日—十八日召開「**十一全大會**」、在會上、①華國鋒做政治報告、②葉劍英做修改黨章的報告、③選出新中央委員二〇一人（半數更換・文革派退潮・舊當權派復權）、中央候補委員一三二人。

這次大會、乃是一千五一〇人代表全國三千五〇〇餘萬的黨員。代表的構成被發表爲工人・農民・兵士以及其他勞動人民佔七二・四％、革命知識份子六・七％、革命幹部二〇・九％。

在此大會上、有如左的特點：

① 主席華國鋒以下、有副主席葉劍英（元老派）・鄧小平（舊當權派）・李先念（舊當權派）・汪東興（文革派）的四人。

② 華國鋒在政治報告上、將與「**四人幫**」的鬥爭、規定爲「**我黨第十一次的路線鬥爭**」（中共建國後、第七次鬥爭高崗・饒漱石事件、第八次鬥爭彭德懷事件、第九次鬥爭劉少奇事件、第十次鬥爭林彪陳伯達事件）。

③　華國鋒在報告中、宣言自一九六六年開始的「**文化大革命**」、於一九七七年告終結。

④　華國鋒報告：「**蘇美是新的世界大戰的策源地、特別是蘇聯帝國主義、備有更大危險**」（以前是美蘇帝國主義）。

⑤　採用「**三人集團領導制**」（華國鋒做政治報告・葉劍英做修改黨章報告・鄧小平閉幕致詞）。

特別可以說、十一全大會是一個「**非毛澤東化**」的大會。

㈡　「**四個近代化**」與國際關係大變革──「**十一全大會**」的「**非毛澤東化**」的宗旨、具有三個具體政策、其第一剝奪「**四人幫**」反黨集團的黨籍、第二宣言「**文革**」終結、而第三、就是「**四個近代化**」政策。

新黨章規定著：「**中國共產黨必須領導全民族人民、將中國在今世紀中、築成爲具有近代的農業・工業・國防・科學技術的強大的社會主義國家**」。

這個「**四個近代化**」政策、是在一九七五年一月全國人民代表會上、周恩來頭一次提出來的、鄧小平依此把其繼承、並具體化於黨的新政策。但其「**四個近代化**」政策的進行方法、已與社會主義基本原則脫節、逐漸傾向於國家獨佔資本主義。

由於中共由此做了一八〇度的轉變、放棄歷來的毛澤東的大躍進、自力更生等、而採取周恩來・鄧小平的「**四個近代化**」政策、遂導致不但在國內政策、在對外政策也開始急速的大轉變、結果：

中日・中美關係接近→中美復交→中日和平條約→蘇越友好合作條約→越軍進攻高棉→「**高棉民族救國統一戰線**」成立→中美國交正常化→中共對美日一邊倒→蘇聯增強在亞洲軍事力量

如此的世界大事在短期間內接踵而來、引起國際上特別在亞洲的大變革。

如：

一九七七年
四・15　中共中央發刊「毛澤東選集」第五卷
六・13　「人民日報」批評蘇聯新憲法
六・29　美國務卿范錫（Cyrus Vance）在紐約「亞洲協會」演說「美中外交正常化是美國外交當前急務」
七・1　中國人民外交學會郝德青訪美、強調中美復交必須根據「三個條件」（停止美蔣外交關係・廢除美台共同防衛條約・由台灣撤退美軍）
七・16　中共召開「第十屆第三次中央委員會」、鄧小平再復權
七・30　美國新任北京「美中連絡事務所」長伍考克（Leonard Woodcock）出發華盛頓赴北京
七・30　美國總統卡特（Jimmy Carter）召開「美政府首腦會議」、檢討「PRM24報告書」、擬及早進行美中外交正常化、並在記者招待會上表示：「根據〝上海公報〞、並以〝日本方式〞擬進行美中外交正常化」
八・12　中共召開「第十一屆全國代表大會」、確立華國鋒・鄧小平體制
八・15　美國參議員愛德華・甘迺迪（Edwerd Kennedy）同意明年實現「美中外交」、同時表示反對中共武力侵佔台灣
八・22　美國務卿范錫訪中、造成「美中建交」的出發點
九・2　鄧小平批評美國現政府「中美正常化」的努力、比福特（Gerald Ford）時代退班
九・6　中國港灣設備考察代表團訪問加拿大・英國
中國金屬建材考察代表團訪問美國

九・12　華盛頓消息報導「官方秘密文書」、暴露美國國防線已由日本—韓國—沖繩—台灣—菲律賓、退至阿拉斯加—沖繩—關島「ＰＲＭ10＝William ten」

九・14　中國大型「軍事考察團」（團長副總參謀長楊成武）訪問法國

九・14　鄧小平向日本政黨「自由俱樂部」代表河野洋平表示：「中蘇條約」已是「名存實亡」

九・18　「中國貿易考察團」訪問美國

一〇・15　「非同盟・中立政策」的南斯拉夫總統鐵托（Tito）訪問北京、以致阿爾巴尼亞更加脫離與中國的外交關係

一〇・15　中國發表「海軍建設十年計劃」

一〇・15　中共重開各級「黨校」、「中央高級黨校」校長華國鋒、副校長汪東興・胡耀邦

一〇・21　鄧小平向訪問北京的「法國通信社」社長表示：①全人代第五屆大會將修改憲法、②爲了對抗蘇聯的戰爭政策、包括美國的全世界必須團結、③不把美・法・西等「歐洲共產主義」（Euro-Comminism）看爲馬列主義

一〇・　美國「ＩＢＭ」首腦訪問中國

一〇・25　鄧小平對ＡＰ通信社社長表示：「中國認爲台灣問題是不容許外國干涉的內政問題、但是爲了解決與美國建交問題、美國若不干涉、其和平解決方法也不應被排除」（中共頭一次表示台灣的〝和平解決〞辦法）

一一・4　人民日報登載廖承志的「重視華僑工作」

一一・7　蘇聯革命六〇周年、中國外交部長出席駐北京蘇聯大使館慶祝晚會（過去一四年間中國外

相沒有出席）

一一・29　阿爾巴尼亞在駐北京大使館舉行解放紀念晚會、中共因阿國政府批評鄧小平的「三個世界論」、遂不派首腦人物出席

一九七八年

一・九　為「第五屆全國人民代表大會」、全國二九省・特別市・自治區舉行選舉「人民代表」與「革命委員正副主任」（藉此、大批的舊當權劉少奇派復權）

一・18　鄧穎超訪問高棉

一・26　鄧小平訪問緬甸・尼泊爾

二・　副首相李先念發表「中國經濟計劃」（一九七八—八五年）、需要六千億美金（一兆元）、後來減為三千億美金（平均一年四〇〇億美元）

二・22　「中國人民政治協商會議」、隔了一三年（一九六四年以來）召開第五屆第一次會議、鄧小平就任執行主席、擬加強對台灣的統戰政策

二・26　中國召開「第五屆全國人民代表大會」（第一次會議—三月五日結束）、通過新憲法、強調解放台灣、通過「人民經濟發展一〇年計劃」（一九七六—八五年）與四個近代化、決定導入外國的技術與「借款」、選出國家主席兼首相華國鋒、副首相鄧小平・李先念・汪東興・葉劍英等

三・24　越南在南越施行資本主義商業國有化、在越華僑大受打擊而開始大批歸國、中越兩國開始分裂

四・　「ＥＣ・中國貿易協定」、中國的石油化學、鋼鐵、纖維等技術代表團相繼訪歐

四・13　中國武裝漁船一〇〇餘隻侵犯「釣魚台列島」領海、日本巡視艇也侵犯該海域、相持不下
四・16　日本首相福田赳夫表示：「中日和平條約交涉方針不變」
四・26　蘇聯「蘇中國境交涉團」（團長外交部次長）赴北京、交涉再開始（28日）
四・30　中國發表在越華僑大量歸國、中越紛爭表面化
五・1　美國撤消在台灣的「美國之聲」播音機關
五・12　中蘇國境警備隊發生衝突
五・12　中國取消對越南二一項援助
五・20　蔣經國就任蔣家政權總統、卡特非但未派大員赴台慶賀、且是日派安全顧問布里津斯基（Zbigmiew Brezinski）在北京人民大會堂作客
五・20　卡特派總統國家安全顧問布里津斯基訪中說安定且強大的中國、對亞洲有益、從此、在中東・東南亞的美中兩國行動逐漸採取統一戰線、尤其對越南、兩國均加壓力
五・20　美國發表容許ＩＢＭ大型電腦輸出「中國銀行香港分行」
五・22　布里津斯基返國後、華府正式同意具有戰略性價值的地質探測器賣給中國（華府一貫堅持過不賣給蘇聯的）
五・24　中國責難越南驅逐華僑（中國若站在社會主義立場應是不會這樣責難的）
五・30　中越關係惡化、中國取消對越五一項援助、並使中國技術人員逐一返國
六・7　人民解放軍總政治部主任偉國清強調：①蘇聯是最兇惡的敵人、②爲達成祖國統一大業、必須準備武力解放台灣

六・10　「人民日報」登載「關於越南華僑問題」、首次責難蘇聯支援越南

六・12　卡特在「日美歐三極委員會」上表示：①美國駐台使館撤退後、將繼續設置某些機關、以維持與「台灣」的關係、②美中國交正常化後、將繼續經援台灣、③以某種方式促使中國不使用武力解放台灣

六・20　中國政府下令關閉在華南各地的越南領事館

六・29　美國務卿范錫說：「我們遵守上海公報的原則、只有一個中國」

六・30　北越加盟「蘇聯東歐經濟相互援助會議」（Coucil for Mutual Economic Assistance＝COMECON）

六・30　日本防衛廳長官訪美時、向美國防部長布郎（Harold Brown）說：「日・韓・台是命運共同體」

七・1　美國取消向蔣家政權售出F4戰鬥機

七・3　中國全面停止對越援助・召還全部技術人員、從此中越關係全面惡化

七・11　北京電台廣播立即對阿爾巴尼亞全面停止經濟援助（由此、一九五四年以來的中阿兩國蜜月關係告終、開始以「革命路線」的對立而論爭）

七・12　中國關閉中越國境、在邊境的華僑一千人不能返國

七・13　越南責難中國利用華僑在北越邊境搗蛋

七・29　北越河內電台廣播「中國軍事顧問團」訓練高棉空軍

河內電台廣播中國在北越國境拒絕華僑入境歸國

八・12　「中日和平友好條約」成立、從此、中日的政治經濟軍事等各種代表團、頻繁訪問日

美及歐洲各國

中日條約成立後、中國的最親密友邦是北鮮・高棉・羅馬尼亞・南斯拉夫・加上日本・美國、在國內鄧小平急速加強他的領導地位、並對越南增加壓力

「中日和平友好條約」成立後、中國的「十億人口市場」給予歐・美・日工業諸國垂涎不已、「四個近代化」政策下的中國、成爲一兆元（六千億美元・一二〇兆圓日幣）的貿易通商對象、各種代表團頻繁往來

八・17　鄧小平主張「釣魚台」是中國領土

八・18　華國鋒訪問羅馬尼亞・南斯拉夫・伊朗

八・23　蘇共書記長勃列日涅夫（Leonid I. Brezhnev）責難「中日條約」爲遠東局勢的一種「不良因素」

八・26　中越國境「友誼關」（古時的「鎮南關」）周邊、因華僑歸國問題流血騷亂

八・27　高棉（Pol pot）責難蘇聯以越南爲幫手、企圖在東南亞擴張勢力

一〇・22　鄧小平訪問日本、在日本首相福田赳夫歡宴上、強調：「中日條約給予霸權主義嚴重的打擊」「支持日美安保條約體制」（中國自戰後的三〇年間一貫反對日美安保體制）

一〇・23　莫斯科電台廣播：「中日條約是要敵對蘇聯的條約」

一〇・23　法國國營電台TFI、表示意見：「中日條約是〝黃色挑戰〞、日本技術・資金與中國人口・資源的相結合」

一〇・24　美國能源部長斯勒辛格（J.R. Schlesinger）訪問中國、決定美中在能源問題上廣泛合作

一一・3　「蘇越友好合作條約」成立、該條約包括緊急事態發生時協商軍事條款（蘇聯與非洲的

一一・5　安古拉・衣索比亞及阿富汗相繼簽定同樣條約、擬包圍歐亞大陸）

鄧小平訪問ASEAN的泰國・馬來西亞・新嘉坡三國、但、中國的「反霸權＝反蘇」、除了日本・美國・高棉之外、在東歐的南斯拉夫・羅馬尼亞・北鮮、及東南亞的泰國・馬來西亞・新嘉坡・印尼・菲律賓等國、都不能獲得贊同

一一・5　鄧小平在泰國表示一方面要與泰國建立友好關係、但另一方面表示不放棄支援泰共政策

一一・10　「人民日報」在社論「越南企圖什麼」上、責難蘇越同盟爲軍事同盟

一一・11　美國放寬「COCOM」（Co-ordinating Committee for Exporting Control）、表示不阻擋同盟國對中國輸出武器

一一・15　「光明日報」、糾正姚文元一九六五年的「評海瑞罷官」、中共黨內繼續肅清「文革派」

一一・15　中共糾正「農業學大寨、工業學大慶」、而放棄自力更生政策

一一・19　美國防部發表：對台灣自一九七九年以後五年間所簽定總額達六億二千五〇〇萬美元的武器輸出已受到政府的批准

一一・20　北京長安街西單壁報攻擊「人民裁判獨裁」、並稱毛澤東爲家長制法西斯獨裁路線的代表

一一・24　天安門廣場壁報：「毛澤東功績七分錯誤三分」（毛澤東以前曾經批評過史大林功績七分、錯誤三分）

一一・25　批評毛澤東的熱潮一直擴大、壁報長達二〇〇公尺、「毛澤東、取天下以前是列寧、

取天下後成爲史大林」
「啓蒙社」成立、要求徹底文革鬥爭、要求以秦始皇封建法西斯來鬥爭毛澤東、要求恢復彭德懷・陶鑄等的名譽

一一・11　毛澤東誕生八五周年、中共中央拚命宣傳他的功績、以維持他一定的權威、限制過份「批毛」

一二・3　高棉反波布政權（pol pot）的「高棉民族救國統一戰線」（議長韓沙林＝Heng Samrin）成立、宣言將打倒波布政權

一二・7　中國責難「高棉民族解放救國統一戰線」爲越南的傀儡

一二・16　美中兩國發表：「明年一月一日實現國交正常化」（國際政治成爲美・中・蘇三極大國鼎立）

一二・17　中共停止對金門馬祖的砲擊

一二・17　蘇聯「火星報」、對於「美・中・日反蘇同盟」的增強提出警告

一二・20　日本外相園田直表示：日美安保條約中的所謂防禦範圍的「遠東」、已不包括台灣

一二・24　中共第十一屆中委會第三次大會（三中全會）、復權派（鄧小平・胡耀邦）躍進、文革派（汪東興・吳德・陳錫聯等）失勢

一二・29　卡特以中共對台灣的武力解放現實上不可能的前提下（據聞中共要進攻台灣必須有運輸六〇個師團的海上軍備及台灣海峽制空權）、接受中國所提的「中美復交三個大前提條件」（與蔣家政權斷交・廢除美蔣台灣共同防禦條約・美軍撤退台灣）

一二・30　「越高戰爭」爆發、越南・高棉救國民族統一戰線聯合軍、大攻波布政權

一九七九年

一・1　美中國交正常化、美蔣斷交

一・1　中共發表「告台灣同胞書」

一・5　美報報導：「中國大軍結集於中越國境」

一・7　高棉首都金邊、由越南高棉救國民族統一戰線聯合軍佔領

一・8　高棉救國民族統一戰線、宣言成立「高棉人民革命評議會」、從此、高棉具有波布政權與韓沙林政權

一・10　「人民日報」社論：「越南侵略高棉是蘇聯世界戰略的一部份」

一・16　「聯合國安全理事會緊急會議」、表決非同盟國七國提議的「外國勢力撤出高棉決議案」、一三國投贊成票、捷克反對・蘇聯行使否決權、討論四天無結果

一・14　鄧小平訪問美國、卡特・鄧小平會談、鄧小平敦促卡特為對抗蘇聯立即採取行動、卡特不具體答覆、鄧小平失望

一・30　鄧小平與美國上下院幹部交換意見時、表示：「中國知道對台灣的武力行動、會使中美關係陷於危機」（暗示目前不使用武力）

二・6　鄧小平訪美歸途逗留東京、與日本首相大平正芳會談時、涉及「越高戰爭」、表示對越南必須加以一定的「制裁」（中國大國主義出現）、暗示對越南將開始軍事行動、大平表示將對中國大量經濟援助

二・8　鄧小平由美日返回北京

二・15　越南首相范文同對日本共產黨「赤旗」記者表示：「鄧小平的〃處罰〃〃制裁〃〃教

二・17

訓〃等發言是〃中國大國霸權主義〃〃大民族擴張主義〃的具體表現」、並呼籲各國對「中國霸權主義」「大漢族擴張主義」提高警惕

中國大軍（司令員楊得志）在中越國境全線進攻越南

中國——宣傳越南軍侵犯中國領土、故以「制裁」「處罰」「教訓」的名目開始動武、這以為能獲得世界輿論的同情、結果、只是暴露了「中國大國沙文主義」、以致國際上對中國（中共）大失所望、甚至憤稱中國為軍國主義、認為中共可能想以武力解決「台灣問題」、而引起大戰

越南——河內電台廣播：責難中國是對越南人民及對社會主義陣營最危險的敵人、越南已命令武裝部隊總反攻、並提訴聯合國安全理事會請其迅速介入、且呼籲蘇聯等社會主義國家救援、使中國中止侵攻

ASEAN——越美戰爭時、各國都同情越南、但此次、越南進攻高棉、中國又侵攻越南、以致各國覺得反正都是屬於中蘇的「代理戰爭」、結果、各國對社會主義國家大感失望、只是中國侵攻越南、大家認為也許會使越南將侵犯東南亞諸國事稍會被抑止

美國——卡特要求中越兩國各自越南・高棉撤兵、但是美國已失去國際上的指導權與對各國的呼阻力與說服力、所以被無視、而只是抱對岸觀火態度

英國——英國憂慮如此中國「教訓」越南、若是蘇聯也在中蘇國境「教訓」中國而引起大戰、世界會遭第三次的戰爭慘害、並給一般的「中國熱」澆了冷水、輿論界提倡得反省：「美國・西歐接近中共太過於熱狂與性急」「以今後無原則的將武器賣給中

國極爲冒險」「中越戰如果長期化、西歐要供給中國近代化技術也將成問題」「一九六二年中印戰爭後、中印關係的改善費了一七年才上軌、中越戰爭後、將來若再費一七年、這地域會成爲最爲危險紛爭地帶」

法國——法國輿論認爲二十世紀的戰爭「神」是英・法・德・美・蘇、但想不到中國也參加上、「對社會主義國間的戰爭感到驚惶、並憂慮發展爲把西方捲入大戰・太空戰等危險」「法國共產黨也報導河內電報、即認爲這次戰爭是中國計劃的侵攻」「輕易操縱中蘇對立的美國必須負其責任、西歐也得向莫斯科說服從混雜的亞洲撤出、避免發展爲大戰」

蘇聯——駐紮大軍在中蘇國境的蘇聯、若給中國軍事壓力、第三次大戰可能爆發、但是「中蘇條約」雖然名存實亡、蘇聯也不得不稍被牽制、他方也有美國的勸解、所以不能輕易動武、只是聲明中要求中國應把握時機趕快撤兵、因此、戰爭若不太擴大、蘇聯較能保持冷靜態度

二・20　越南・高棉發表共同聲明：①非難中國侵略行爲、②越・高・寮一起來抗戰、③努力與泰國及東南亞諸國保持善鄰關係

二・21　越南責難美日兩國說：①鄧小平訪美日返國後、立即攻越、②日中・美中兩條約明確協助中國的侵略行爲、③美日兩國同意「越南侵略高棉」的中國的說法

二・21　中國軍隊對越採全面攻勢、已由國境侵入三〇公里

二・22　蘇聯代表團到達河內

二・22　卡特警告蘇聯應不介入中越戰爭、美國必要時使用的軍事力量已準備好

二・23　國聯召開「緊急安全保障理事會」、中國與蘇聯分庭抗禮

二・24　中國新華社正式表明「撤軍」

二・26　鄧小平說：「不以越軍撤退高棉爲停戰的交換條件」

三・3　美軍方面、傳出中國軍攻陷諒山（Lang Son）

三・3　中國終於：「懲罰已達到效果、越南受到教訓」、並以「政治七分、軍事三分」的口號來隱蔽軍事上的失敗、而開始撤退、如此、在蘇聯從背後牽制、美國對岸觀火的國際情況下、中國軍隊撤退、中越戰爭告結束

總而言之、中國社會由於自古以來就存在著對自己四千年悠久歷史發展及其獨特的文化等的旺盛自誇心理（中華思想）、這在封建制度崩潰過程中、即清朝末期以來成爲與外來思想接觸上極大障礙、在一九一七年（俄國社會主義革命）以前、幾乎使其無法接觸到馬克思主義（「例如、共產黨宣言」在一九二〇年才被翻譯爲中文版）、結果、馬克思主義到後來、才由俄國路線進入中國、因此、中國的馬克思主義者、均成爲布爾塞維克的直系徒弟。

列寧在史上最初將馬克思主義發展爲合乎殖民地鬥爭的要求、並以「**第三國際**」（共產國際）的世界革命組織積極援助半殖民地的中國社會、結果、中國的馬克思列寧主義、才在短期間發展起來、於一九二一年建立了「**中國共產黨**」。

但是、因列寧逝世於一九二四年、中國共產黨建黨後、只在一九二〇—二四年的五年間受到列寧的直接培育與支援、也就是說、中國革命僅在初期五年間受到馬克思・列寧主義的影響、其後、都在史大林主義及其控制的第三國際的指導下進行反帝反封建的殖民地解放革命。因此、中國共產黨在其六〇年發展過程中、經過了在史大林的影響下現出初期的陳獨秀右傾機會主義（一九二四—二七年）、瞿秋

白左傾冒險主義（一九三〇年）、李立三左傾盲動主義（一九三一年）、及王明左傾教條主義（一九三一—三四年）等之後、毛澤東雖然在革命路線上以由農村包圍都市的戰略來代替史大林的都市蘇維埃方式、但在革命的基本態度上、卻仍然無批判的接收史大林個人獨裁與官僚主義教條主義等、並把其與中國封建傳統的帝王式家長專制主義相結合、而產生了「**毛澤東個人獨裁**」、做爲從事中國革命的中心思想（毛澤東思想）。

一九四九年十月中華人民共和國成立後、同年十二月毛澤東訪問莫斯科、與史大林訂立「**中蘇友好同盟互助條約**」、使新生的中國、與蘇聯渡過蜜月的友好時代、獲得蘇聯的經濟援助而安定了一個時期。但是、由於一九五六年蘇共批評史大林、中蘇兩國開始分裂、在國內則毛澤東的三面紅旗政策失敗（一九六〇年）、這種友好、安定時代乃告終。

其後、隨即毛澤東與劉少奇兩派、就以「**文化大革命**」爲題目開始權力鬥爭、毛澤東的「**文革派**」打倒劉少奇的所謂「**當權派**」、在此十年間、政治不安・經濟蕭條・社會動盪、老百姓生活逼迫而怨聲載道、這種大動亂繼續到毛澤東死亡（一九七六年）、文革派以宮廷軍事政變被打垮後、才終止。

然而、毛澤東死亡、鄧小平・彭眞等舊當權派陸續復權後、在華國鋒（文革派殘餘份子代表）與鄧小平（舊當權派復權份子代表）的妥協下、將中國的政治・經濟・軍事等做了一八〇度的大轉變、以「**四個近代化**」爲號召、在國內建設上乃導入日美兩經濟大國的資本主義方式技術與資金（一九七九年九月中國副首相兼國家基本建設委員會主任谷牧赴日時、向日本政府要求達五五億四千萬美元＝一兆二千億日幣的巨額貸款、日本政府應允之——參閱一九七九年十一月十九日「朝日新聞」）、而實際上已走上「**國家獨佔資本主義**」建設的道路、對外則一方面以蘇聯爲主要敵人（以前是美蘇帝國主義、但在一九七七年八月的「中共十一全大會」上、主席華國鋒的報告中、成爲蘇美帝國主義）、而築成中・美・日在政治上・軍事上的合作體制（實際上的同盟關係）、另一方面則使中國傳統的「中華大國沙文主義」更加得逞、更加索求台灣為自國的領土、並也動員武力、進攻昨天的社會主義兄弟國越南。

j　中國共產黨對台灣・台灣人及其革命運動的態度的變化

關於中國共產黨對台灣・台灣人及其革命運動的基本態度、在其創黨初期及第一次內戰時代、即一九二〇―三〇年代、是根據莫斯科第三國際（共產國際）的決定、將台灣與朝鮮・安南等同樣看待、而承認是與中國民族相異的「台灣民族」、並把其台灣民族殖民地解放運動認為是一個被壓迫弱小民族的民族解放鬥爭。

然而、其後、由於中國共產黨本身的勢力逐漸壯大、加上一九四三年第三國際宣佈解散（也是英・美等發表「開羅宣言」）、所以中國歷史傳統的「中華大國沙文主義」抬起頭來、以致、對於台灣的政治上基本的態度發生根本變化、改為主張台灣・台灣人是中國・中國人的一部份、並反對台灣人的台灣殖民地解放的民族獨立運動。

因此、中國共產黨對台灣・台灣人（台灣民族）及其革命運動的態度變化、可以分為三期：

㈠　一九二一―四三年

將台灣・台灣人認為是與中國民族相異的一個弱小民族、台灣革命運動是弱小民族的解放運動。

㈡　一九四三―一九四九年

這時期在中國社會是一個過渡時代、即抗日戰爭雖然勝利、但第三次「國內戰爭」正在進行中、中國共產黨、對於台灣雖已改變原來的基本態度而不把其當做弱小民族、但因他們尚未取得中國天下

（也就是說國內還有主敵勢力存在）、所以、對台灣的態度就具有一些含糊不清的傾向。

(三)　一九四九年—

中共取得天下而統一中國後、爲了滿足其同時發展的歷史傳統大國沙文主義（企圖呑併台灣的領土・人口・工業生產力等）、公然拋棄對台灣的原來態度、豹變爲將台灣・台灣人當做是中國・中國人的一部份、頻繁向國際上主張、且反對台灣人革命勢力所從事的殖民地解放・民族獨立鬥爭。

號稱「**社會主義者**」（馬克思・列寧主義者）的中國共產黨、不但不以「**社會主義國際主義**」來支援台灣人革命陣營的台灣解放鬥爭、進而專以侵略的「**中華民族主義**」對解放的「**台灣民族主義**」進攻威脅、並與跟蔣家殖民政權取得政治交易爲手段、而想來謀取台灣。

現將中國共產黨自一九二一年創黨以來的六〇年間、黨與領導幹部所發出的有關台灣的發言・聲明等列舉如左：

第一階段（一九二一—一九四三年）

一九二〇年

七・28　「第三國際第二屆代表大會」（莫斯科）通過列寧起草的「關於民族・殖民地問題的綱領」及其「補助綱領」、列寧即在這綱領及他的演說中強調：(1)世界上有被壓迫民族與壓迫民族之分、二者必須被區別清楚、(2)帝國主義國家從殖民地剝削得來的超額利潤、不外乎是維持現代資本主義體制的最大武器、(3)帝國主義本國的無產階級革命必須與殖民地解放運動相結合、同時、共產國際得支援被壓迫民族與殖民地的解放運動、才有可能打倒資本主義體制、(4)在被壓迫民族與殖民地的無產階級革命勢力尚未壯大之前、無產階級及其利益代表的共產黨必須首先與資產階級民主主義革命勢力相

結合、一起進行反帝・反封建的民族革命、一方面促使民族革命成功、同時在另一方面藉以擴大無度階級革命勢力（參閱日本・大月書店「コミンテルン資料集」、—一九七八年p.245　William Z. Foster, History of the Internationals, 1985 —インタナショナル研究會日譯「三つのインタナショナルの歴史」一九六八年 p.331）

九・1　「東方民族大會（巴庫）Baku」、採決「對東方諸民族的號召」「對歐洲・美國・日本的工人的號召」（八日終結）並決議在西伯利亞（Siberia）的伊爾庫次克（Irkutsk）設立「東方諸民族部」而擔任中國・朝鮮・日本（台灣在內）的革命運動（參閱川端正久「コミンテルンと日本」——日本「思想」一九七九年六六〇號 p.73, 75）

一九二一年

一・　「東方諸民族部」發展爲「第三國際東方局」、並在上海設立「東方局上海分局」（參閱「上揭書」p.75）

四・　「東方勤勞者共產主義大學」（東方大學）創立於莫斯科

七・1　「中國共產黨」創立於上海

一九二二年

一・22　「東方勤勞者大會」（莫斯科）、特別強調重視亞洲的被壓迫民族與殖民地的革命運動

七・15　「日本共產黨」創立於東京、「日本共產黨綱領草案」（一九二二綱領）、規定：「日本軍隊應從朝鮮・中國・台灣及庫頁島撤退」

一一・　「第三國際第四屆代表大會」（莫斯科）、通過「關於東方問題的綱領」、把民族問題與階級問題結合、強調：「殖民地領有國的無產階級、必給予殖民地無產階級的革命

一九二三年　運動各種支援」
　一・12　共產國際執行委員會採決「中國共產黨與中國國民黨合作的決議」
一九二四年
　一・20　「中國國民黨第一屆全國代表大會」（廣東）、採決孫文提議的「聯蘇容共・扶助工農」政策
　一・21　列寧逝世
一九二五年
　三・12　孫文逝世
一九二六年
　一二・4　「日本共產黨」第三屆代表大會、正式通過「黨綱」、規定：「以促進日本帝國主義統治下的殖民地實現獨立爲黨的任務之一」
一九二七年
　七・　「第三國際執行委員會」第八屆擴大會議、採決布哈林擬草的「關於日本問題的綱領」（一九二七年綱領）、規定：「日本帝國主義統治下的殖民地應取得完全獨立」
　一一・　「日本共產黨」中央常任委員渡邊政之輔從莫斯科帶回「台灣建黨」的指令、與第三國際執行委員佐野學擬草「日本共產黨台灣民族支部」的政治大綱與組織大綱
　一二・　林木順・謝雪紅、自莫斯科返上海後、赴日接收「日本共產黨」的指令、再返上海準備建黨

一九二八年
四・15　在第三國際莫斯科總部透過日本共產黨指導之下、並由中共代表（彭榮）與朝鮮共產黨代表出席見證下、日本共產黨〝台灣民族〟支部創立於上海、其政治大綱及其口號第二項規定「台灣應獨立」

七・　「第三國際」第六屆代表大會上、採決「關於殖民地與半殖民地的革命運動的綱領」（「庫西念＝A. F. Kuusinen 綱領」）

七・　在莫斯科召開的「中共第六屆全國代表大會」的決議中、把居住於中國境內（福建省）的台灣人、與朝鮮人・蒙古人・回民・黎族・維吾爾族・朝鮮人等同列於「少數民族」、而自中國民族截然分開（參閱日本國際問題研究所中國部會「中國共產黨史資料集」、4、一九七四年 p.121）

七・　在莫斯科召開的「中國共產主義青年團」第五屆全國代表大會、其團章中、把居住於中國境內的台灣人、與蒙古・朝鮮等同列於「少數民族」

一九三一年
一一・7　中共在瑞金葉坪村召開「中華蘇維埃工農兵第一屆全國代表大會」、建立「中華蘇維埃共和國」時、其「蘇維埃憲法大綱」、保障在中國境內的滿・蒙・回・藏・朝鮮人・安南人等少數民族（台灣人也應當包括在內）、享有平等權利、包括其分離與建立國家權利（參閱日本國際問題研究所中國部會「中國共產黨資料集」、5、一九七二年 p.81）

一九三二年
六・23　中共在瑞金召開「蘇區反帝同盟第一屆代表大會」、施至善・蔡孝乾等爲台灣代表、

與武停朝鮮代表出席大會、各人均被選爲執行委員（參閱蔡孝乾「江西蘇區・紅軍西竄回憶」一九七〇年 p.85）

一九三四年
一・　毛澤東代表中華蘇維埃共和國中央委員會與人民委員會、在「中華蘇維埃工農兵第二屆全國代表大會」上報告：「中華蘇維埃憲法大綱第十五條保障、爲全世界革命工作被迫害而居住於中華蘇維埃地區的無論任何民族、均享有受到中華蘇維埃政府的庇護及協助民族革命成功與建立獨立國家的權力」「在蘇維埃地區、現住有不少來自朝鮮・台灣・安南等地的革命同志、蘇維埃第一屆代表大會時、已有朝鮮代表參加、這第二屆大會指爲朝鮮代表畢士狹・台灣代表蔡孝乾・安南代表洪水・爪哇代表張然和參加、這點表示蘇維埃宣言的正確性」（此時也有施紅光即施至善夫婦・沈乙庚等台灣人應邀參加大會）「各民族革命的共通的利益、團結中國勞動人民與小數民族勞動人民」（參閱日本・毛澤東文獻資料研究會「毛澤東選集」4、一九七〇年 p.264）

一九三五年
八・1　中共中央委員會・中華蘇維埃政府人民委員會聯名發出「爲抗日救國告全國同胞書」（八・一宣言）、其中、呼籲聯合一切反對帝國主義的中日人民、並聯合被壓迫民族朝鮮人・台灣人爲同盟軍（參閱日本國際問題研究所「中國部會中國共產黨史資料集」7、一九七三年 p.529）

一二・15　毛澤東（陝甘縱隊政治委員）與彭德懷（陝甘縱隊司令員）、在中共中央政治局會議（延安瓦窯堡會議）、做了「中共中央關於目前政治形勢黨的任務」報告中：「在日本共產黨堅決的領導下、日本工農份子與被壓迫民族（朝鮮・台灣）、爲了打倒日本帝國主義、爲了建立日本蘇維埃、將開始偉大的鬥爭。這必將中國革命與日本革命結合在打倒日本帝國主義的同一目標的基礎上」（參閱「前揭書」8 p.28）

一九三六年

七・16　毛澤東與史諾（Edger Snow）會見在延安、史諾問：「中國人民當前的目標、是要收復所有被日本帝國主義佔領的全中國領土、還是只在想自華北與長城以北的中國領土把日本軍趕走？」、毛澤東答：「當前目標、不僅是要保衛長城以南的主權、也要收復我國全部的失地、即收回滿洲。但是我們不想也把中國以前的殖民地朝鮮也收回來、我們完成收回中國失地達成獨立後、朝鮮人民若想解脫日本帝國主義的枷鎖、我們一定熱烈支持其獨立鬥爭。關於這點、對於台灣人民也同樣支持。至於內蒙古、係蒙漢滿各族共居之地、我們要協助他們驅逐日本、樹立自治區」（參閱 Edgar snow, Red Star China, 1962　——宇佐見誠次郎日譯「中國の赤い星」一九七一年 p.76）

一九三七年

七・7　中日戰爭爆發

七・7　蔣介石・周恩來會談、「第二次國共合作」成立

一九三八年

一〇・　毛澤東在中共中央政治局擴大會議做了「論新階段」（中國共產黨在民族戰爭中的地位）報告：「要使日本的侵略戰爭失敗下去、必須中日兩大民族的人民大衆、及朝鮮・台灣等被壓迫民族做廣泛而堅決的共同努力、建立共同的反侵略統一戰爭」（一九六七年版

「毛澤東選集」第二卷 p.485 ）
一九三九年
九・1　德軍侵攻波蘭（第二次世界大戰爆發）
一九四一年
一・7　「皖南事變」（第二次國共合作實際上從此分裂）
六・15 16　新華日報重慶版登載周恩來著作「民族至上與國家至上」：「正因爲我們反對別人侵略、所以我們也反對侵略別人。這一方面、說是中華民族光自求解放的抗戰中並無侵略別人（連日本在內）的野心、另一方面又說明中國民族也反對別的帝國主義侵略其他國家、壓迫其他民族之非正義的行動。也正因爲我們反對別人侵略、所以我們必須同情於其他民族國家的獨立解放運動。這不僅朝鮮・台灣的反日運動、巴爾幹・非洲民族國家的反德義侵略、我們應該贊助、便連印度・南洋等地的民族解放運動、我們也應該加以同情」

一九四一年
六・22　蘇德戰爭爆發（德軍侵攻蘇聯）

一九四三年
三・　英美兩國首長邱吉爾・羅斯福在白宮會談中、涉及台灣將來的歸屬問題
六・8　第三國際（共產國際執行委員會幹部會）、發表「解散第三國際的決議」
一二・1　「開羅宣言」、頭一次提到台灣問題：「同盟國的作戰目的……如台灣・澎湖群島這些日本曾從清國竊取的地區、應歸返中國」

第二階段（一九四三—一九四九年）

一九四五年
九・　蔡孝乾等被黨中央派任「中共台灣省工作委員會」書記、自延安出發返台

一九四六年
三・8　「二・二八大革命」時、新華社電台向台灣廣播、說明中共將貢獻給「台灣人民」許多的寶貴經驗、但其態度曖昧不清、如：一方面把台灣人稱爲「台灣人民」、但另一方面卻將大革命叫著「自治運動」等

一九四七年
七・　晉冀魯豫邊區（司令員劉伯誠、政治委員鄧小平）、成立「台灣隊」於冀南・南宮

第三階段（一九四九—

一九四九年
九・　中共第三野戰軍副司令員粟裕、在「新政治協商會議」（北京）上說：「盡一切努力、於短期內完成解放台灣的任務」

一〇・1　中共宣言成立「中華人民共和國」（主席毛澤東）

一〇・8　中國（共）外相周恩來、通告聯合國「新政權才是正統的唯一合法政治」、並要求取消蔣家政權的代表權

一〇・　中共中央政治局、決定在一九五〇年五、六月間武力進攻台灣

一九五〇年
一・7　中共三野副司令員粟裕在「華東軍事委員會」報告：「華東人民解放軍、於不久將

來、一定能完成解放東南沿海諸島與台灣的重大任務」

一・31　中共發表西藏以外的全部大陸解放完了

三・　中共中央指示「台灣省工作委員會」：「加緊鞏固力量、在反僞政府的廣泛基礎上、〝以台灣人愛惜台灣〞的號召來建立地方武裝、同時侵入敵人內部、爭取敵人武裝力量、時機成熟時、以武裝起義、裡應外合、配合解放軍解放台灣」

六・25　韓戰爆發

六・27　杜魯門下令美國第七艦隊開始巡弋台灣海峽

六・28　毛澤東在人民政府中央委員會第八次會議上講話：「杜魯門在今年一月五日還聲明說美國不干涉台灣、現在他自己證明了那是假的」（參閱北京・人氣出版社「台灣問題文件」一九五五年 p.8）

六・28　周恩來駁斥杜魯門聲明的聲明：「……台灣屬於中國的事實、永遠不能改變、這不僅是歷史的事實、且已爲開羅宣言・波茨坦公告及日本投降後的現狀所肯定。我國全體人民、必將萬衆一心、爲從美國侵略者手中解放台灣而奮鬥到底。……」

七・6　周恩來致聯合國秘書長斥責安全理事會六月二十七日決議電：「台灣是中國領土不可分割的一部份、……、中國人民抱定決心、必將要解放台灣」（參閱「前揭書」p.13）

八・24　周恩來要求制裁美國武裝侵略台灣致聯合國安全理事會主席及秘書長電：「台灣是中國領土之不可分割的一部份、……」（參閱「前揭書」p.15）

一〇・17　周恩來爲聯合國第五屆大會討論兩項控訴美國侵略中國案應有中國代表參加並抗議將所謂「福爾摩薩問題」列入議程致聯合國第五屆大會主席及聯合國秘書長電：「台灣

是中國領土之不可分割的一部份、……」（參閱「前揭書」p.17）

一一・28　中國特派代表伍修權在聯合國第五屆大會安全理事會控訴美國武裝侵略台灣的演說：「台灣是中國領土不可分的一部份」、並要求聯合國安全理事會公開譴責、並採取具體步驟嚴厲制裁美國政府武裝侵略中國領土台灣」（參閱「前揭書」p23, 38）

一一・30　「人民日報」社論主張堅決制裁美國侵略台灣

一二・4　周恩來關於對日和約的聲明中、強調台灣・澎湖列島已依照開羅宣言決定歸還中國、但美國政府業已武裝侵略中國台灣省（參閱「前揭書」p.39）

一二・16　中國代表伍修權關於支持蘇聯代表控訴美國侵略中國演說：「美國政府武裝侵略台灣是一種沒有任何道理的乾脆露骨的侵略」（參閱「前揭書」p.55）

一九五一年

五・23　周恩來致蘇聯駐華大使羅申支持蘇聯對於對日和約意見的照會：「關於台灣與澎湖列島、業已依照開羅宣言規定歸還中國、這些已經決定了領土問題、完全沒有重新討論的理由、但美國的草案卻只談到日本放棄對台灣及澎湖列島的一切權利、而關於台灣及澎湖列島歸還中國一事、卻隻字不提」（參閱「前揭書」p.60）

八・15　周恩來關於美英對日和約草案及舊金山會議的聲明：「……、但中國人民卻絕對不能容許這種侵佔、並在何時候都不放棄解放台灣和澎湖列島的神聖責任的」（參閱「前揭書」p.62）

一九五三年

七・27　韓戰休戰協定成立

一二・　中共轉爲「和平解放台灣」

一二・　「台灣民主自治同盟」（主席謝雪紅）。自上海遷移北京、李純青（福建安溪人）・陳炳基・陳萬茂・陳木林・陳風龍・陳春山・田中山等靠攏中共派、主張台灣利益必須服從「中國」利益、但是謝雪紅・楊克煌・江文也等要求台灣必須擁有高度自治

一九五四年

一・　「台灣幹部訓練團」（團長蔡嘯）在上海成立

四・26　周恩來在遠東和平會議上要求美軍撤退台灣

六・28　周恩來・尼赫魯發表「和平五原則」

八・1　人民解放軍朱德在「八一建軍節」二七周年紀念會上強調：「台灣自古以來就是我國的領土、中國人民一定要解放台灣」（參閱「前揭書」p.65）

八・1　「人民日報」社論強調：「台灣是中國領土、中國人民一定要解放台灣、不達到目的不休止」

八・2　周恩來發表「台灣解放宣言」

八・11　總理兼外長周恩來在中央人民政府委員會第三三次會議上外交報告：「……、中華人民共和國必須解放台灣、消滅蔣介石賣國集團。中國人民解放台灣的鬥爭就是保衛世界和平的鬥爭。解放台灣是我國人民光榮的歷史任務。只有把台灣從蔣介石賣國賊的統治下解放出來、只有完成這個光榮的任務才能實現我們偉大祖國的完全的統一、才能獲得偉大的中國人民解放事業的完全勝利、才能進一步地保障遠東及世界的和平安全」（參閱「前揭書」p.75）

八・11　中央人民政府委員會關於批准政務院總理兼外長周恩來的外交報告的決議：「中央人民政府號召全國人民和中國人民解放軍、從各方面加強工作、爲解放台灣、消滅蔣介石賣國集團、以最後完成我國人民的神聖解放事業而奮鬥」（參閱「前揭書」p.77）

八・22　中華人民共和國各民主黨派各人民團體爲解放台灣聯合宣言：「我們嚴正地向全世界宣告、台灣是中國的領土、中國人民一定要解放台灣」（參閱「前揭書」p.78）

八・22　中國人民保衛和平委員會主席郭沫若：「解放台灣是中國人民的神聖任務」（參閱日本「朝日新聞」一九五四年八月二三日）

八・26　「人民日報」社論強調：「台灣解放是中國內政問題、不許美國干涉」

八・26　中共指導下的各民主黨派・人民團體發表「台灣解放宣言」

九・3　中共開始金門大砲擊（參閱日本「朝日新聞」一九五四年九月四日）

九・23　周恩來在中華人民共和國第一屆全國人民代表大會第一次會議上的政府工作報告：「中華人民共和國政府屢次宣佈、台灣是中國神聖不可侵犯的領土、決不容許美國侵佔。我們在台灣的同胞、包括高山族在內、從來就是中國民族大家庭的成員、決不容許美國奴役。……我們的解放台灣、維護我國主權和領土完整、保衛遠東和世界和平的事業也是正義的」（參閱北京、人民出版社「台灣問題文件」一九五五年 p.85, 86）

一〇・10　周恩來爲控訴美國武裝侵略中國領土台灣致聯合國大會第九屆會議電：「台灣是中國神聖不可侵犯的領土、決不容許美國侵佔、也決不容許任何人以所謂〃中立化〃和〃交由聯合國托管〃的名義、使台灣脫離中國。解放台灣是中國的內政、決不容許他國干涉」（參閱「前揭書」p.91）

一一・23　在世界和平理事會、周恩來提議「和平五原則」被採決、周恩來要求結束外國對於中國領土台灣的干涉、並堅決主張中華人民共和國取得它在聯合國中應有的地位（參閱「前掲書」p.94）

一二・3　「美蔣共同防禦條約」成立

一二・8　周恩來關於「美蔣共同防禦條約」的聲明：「台灣是中國的領土、中國人民一定要解放台灣」（參閱「前掲書」p.99）

一二・15　蘇聯外交部關於「美蔣共同防禦條約」的聲明：「蘇聯政府聲明、它同意中華人民共和國外交部長周恩來在十二月八日的聲明中所表示的態度、美蔣條約是對中國內政的干涉、是對中國領土完整的侵犯、並且威脅中國和亞洲的安全。蘇聯政府完全支持中華人民共和國政府的要求、美國軍隊必須從台灣、澎湖列島和台灣海峽撤走、停止對中華人民共和國的侵略行爲」（參閱「前掲書」p.102）

一二・21　副主席周恩來在中國人民政治協商會議第二屆全國委員會第一次全體會議上的政治報告強調：「台灣是中國的領土、中國人民一定要解放台灣、消滅蔣賊、粉碎美蔣條約」（參閱「上掲書」p.105）

一二・24　越南外交部關於「美蔣共同防禦條約」的聲明、支持周恩來要求美國撤出台灣・澎湖列島・台灣海峽（參閱「前掲書」p.103）

一二・25　中國人民政治協商會議第二屆全國委員會第一次全體會議宣言：「中國人民一定要解放台灣、消滅蔣賊、粉碎美蔣條約」（參閱北京・人民出版社「台灣問題文件」一九五五年p.111）

一二・28　「人民日報」社論強調：「中國人民一定要粉碎美蔣戰爭條約、一定要解放台灣、消滅蔣賊」

一九五五年

一・18　中共軍隊佔領一江山島

一・24　蔣軍撤退大陳島

一・24　周恩來關於美國政府干涉中國人民解放台灣的聲明：「台灣是中國領土不可分割的一部份。解放台灣是中國的主權和內政、決不容他人干涉」（參閱「前揭書」p.114）

一・25　蘇聯要求聯合國安全理事會召開會議、討論美國在台灣地區對中國的侵略行爲（參閱日本「朝日新聞」一九五五年一月二十六日）

一・28　美國上院通過「台灣防衛決議案」（日本「朝日新聞」一九五五年一月二十九日）

一・29　「人民日報」社論責難美國的「台灣防衛決議」爲百分之百的戰爭教科書、堅決反對美國的戰爭挑釁

一・30　紐西蘭向聯合國安全理事會提出「台灣海峽停戰決議案」（參閱「朝日新聞」一九五五年一月三十一日）

一・30　聯合國秘書長哈馬紹（Dag Hammersj kold）致周恩來電、邀請中國派代表討論「關於在中國大陸沿海某些島嶼地區的敵對行動問題」

一・31　「人民日報」社論強調：「聯合國安全理事會應該要求美軍從台灣地區撤退」

二・1　「人民日報」社論強調：「聯合國安全理事會必須討論蘇聯的建議」

二・3　周恩來致聯合國秘書長反對干涉中國內政的紐西蘭建議、只有在討論蘇聯提案並驅逐

二・5　蔣賊代表的情況下才能同意派代表出席安全理事會的覆電（參閱北京・人民出版社「台灣問題文件」一九五五年 p.117）

二・16　「人民日報」社論：「中國人民堅定的立場、爲消除美國在台灣地區和遠東其他地區所造成的局勢努力奮鬥」

四・18　「人民日報」社論：「加倍努力爲解放台灣奮鬥」

四・18　「萬隆AA會議」

四・23　周恩來在AA會議中、提倡爲解決台灣地區紛爭舉行「中（共）美會談」

四・23　（華盛頓四月二十二日深夜）、國務省表示歡迎周恩來聲明

七・28　周恩來在第一屆全國人民代表大會第三次會議說：「全國人民包括台灣同胞、絕不許台灣從中國脫離」（參閱日本「每日新聞」一九五五年七月二十九日）

八・1　第一次美中大使級會談（在日內瓦――參閱日本「朝日新聞」一九五五年八月二日）

九・4　中共軍砲擊金門、雙方開始砲擊戰（參閱日本「朝日新聞」一九五五年九月五日）

一九五六年

一・18　中共公開美中會談內容、表示「台灣問題」爲障礙

一・30　周恩來在中國人民政治協商會議上、提倡「國共合作」「中國正常化」（參閱日本「朝日新聞」一九五六年一月三十一日）

一・30　中國人民政治協商會議第二屆全國委員會第二次會議上、表示「歡迎台灣住民歸國參觀」、傅作義說：「爭取和平解放台灣」（參閱日本「每日新聞」一九五六年一月三十一日）

二・29　北京・國民黨革命委員會第二屆全國代表大會發表「告台灣軍政人員書」：「在台灣

的黃埔同學應該愛國自救」（參閱日本・「朝日新聞」一九五六年三月一日）

四・7　李濟深在北京發表「告台灣軍政人員書」

五・29　周恩來聲明：「南海群島（南沙諸島・中沙諸島・西沙諸島）屬於中國領土」

六・28　周恩來在全人代第二屆第三次會議上、報告關於目前國際形勢我國外交政策和解放台灣問題中涉及：「爲台灣的和平解決、準備在適當地點與蔣介石政府會談」（參閱日本「朝日新聞」一九五六年六月二十九）

七・　曹禹「致在台灣的文藝界朋友們的信」「給台灣同胞的信」（參閱北京・新民出版社「祖國人民懷念你們」一九五六年 p.27）

七・　周恩來號召蔣介石政府要人到大陸參觀祖國建設狀況

七・19　中華全國歸國華僑聯合會準備委員會、號召爲台灣解放、全世界華僑必須積極努力（參閱日本「朝日新聞」一九五六年七月二十日）

八・　第三勢力的章士釗・曹聚仁在香港策動「國共合作」

一一・26　周恩來提議蔣介石「先生」就任北京政府高級官員（參閱日本「朝日新聞」一九五六年十一月二十六日）

一二・　中共對蔣介石和談的條件：㈠中共統一台灣、蔣介石就任北京政府副主席兼台灣省自治區主席、㈡國民黨軍隊維持現狀、但編入解放軍、由蔣介石就任中國國防委員會副主席統率之、㈢國民黨軍政人員海外同胞均能自由歸國、㈣聯合國代表由中國中共政府派遣、㈤國民黨須與李濟深的國民革命委員會、民社黨・青年黨須與民主同盟、各自協議合併、或建立獨自的政黨、㈥保障宗教自由與個人財產（參閱若菜正義「明日の台

灣」一九七三年 p.59）

一二・26　蔣介石發表對中共提倡和談的條件：㈠驅逐蘇聯人、㈡廢止集體農場、土地歸還舊地主、㈢商工業均歸還舊所有者、㈣解散大陸的傀儡政權、㈤對蔣政府表示忠誠（參閱「前揭書」p.60）

一九五七年

三・5　周恩來說：「台灣是中國領土、住民與國民黨軍政人員都是中國人、台灣解放是中國內政問題、……、美國煽動一部份發起所謂〝自由中國〞或〝獨立台灣〞、是爲了打倒在台灣的現政權及使台灣成爲屬國夏威夷。誰想反對這個道理、不但不能達到、而且會遺臭於千年」（參閱香港・自聯社中國問題研究中心「周恩來訪問亞洲與歐洲一七個國家的報告」一九七一年 p.326）

三・　中共使國民黨革命委員會幹部張治中・劉斐・黃紹竑・翁文灝・蘆漢等組織「台灣和平解放工作委員會」（主席張治中）、以加強統戰工作

四・17　毛澤東言明：「第三次國共合作在準備中」、並把「蔣賊」改稱爲「蔣先生」（參閱若菜正義「明日の台灣」一九七三年 p.90）

一〇・　中共以李純青・陳炳基爲主幹而成立「整風小組」、開始整肅「台灣民主自治同盟」、謝雪紅・江文也・沈毅（女）被鬥爭、楊克煌被捕

一一・1　國防部長彭德懷發表：「告台灣同胞書」

一一・10　李純青・陳炳基等、以「台盟總部」名義、在北京召開「盟員擴大會議」、鬥爭謝雪紅

一一・21　楊春松在鬥爭會議、誣衊謝雪紅：「變節、爲國民黨通氣、二・二八大革命中棄衆潛逃」

一二・12　美中大使會談中斷（參閱日本「朝日新聞」一九五七年十二月十三日）

一九五八年

一・14　謝雪紅在「台盟盟員代表大會」上被撤職主席（十四日）、再被撤消其他一切職務、開除「黨籍」（二月一日）、從此、謝雪紅就永久不在台灣人面前露面

八・23　中共對金門大砲戰

八・　中共對蔣經國提示「國共合作」七條件（參閱若菜正義「明日の台灣」一九七三年 p.61）

八・24　美軍集結大兵於台灣・沖繩、第七艦隊在台灣海峽展開戰鬥體制（參閱日本「朝日新聞」一九五八年八月二十五日）

八・27　北京電台廣播：「中共決意解放台灣及大陸沿海諸島」

八・27　艾森豪威爾強調大陸沿海諸島、與台灣關係重要、但不表示防禦金門（參閱日本「朝日新聞」一九五八年八月二十八日）

九・6　周恩來發出「關於台灣海峽地區局勢」、中國人民解放自己的領土台灣和澎湖列島的決心是不可動搖

九・6　周恩來應杜勒士聲明、表示可以再開美中大使會談

一〇・1　國防相彭德懷在建國九周年國慶節演講：「台灣與澎湖列島自古以來就屬中國領土、金門・馬祖諸島是我國內海島嶼、我們必定拿回金門馬祖、解除對中國大陸沿海地域的直接威脅、同時、選擇適當方法與適當時期解放台灣與澎湖列島、實現我國統一」

（參閱「朝日新聞」一九五八年十月二日）

一〇・6　國防部長彭德懷發表「告台灣同胞書」、號召國共合作、停止金馬砲戰（參閱「朝日新聞」一九五八年十月七日）

一〇・6　中共軍一週停戰（參閱「朝日新聞」十月七日）

一〇・6　張治中透過「香港大公報」、號召陳誠・蔣經國歸國大陸參觀祖國建設、並提議「第三次國共合作」（參閱若菜正義「明日の台灣」一九七三年 p.62）

一〇・13　中共軍在延長一個禮拜停戰（參閱日本「朝日新聞」一九五八年十月十四日）

一〇・23　蔣介石向杜勒士公約實際上放棄反攻大陸

一〇・25　中共軍發表單數日、隔日砲擊金馬（參閱日本「朝日新聞」一九五八年十月二十六日）

一九六〇年

二・　外交部長陳毅向日本人松村謙三說：「我們不以武力進攻台灣、在五—七年中、台灣必會同意歸復大陸」

六・17　艾森豪威爾訪台、中共對金門馬祖做抗議砲擊（參閱日本「朝日新聞」一九六〇年六月八日）

九・26　李宗仁發表：「爲國共合作有意赴台」（參閱若菜正義「明日の台灣」一九七三年 p.62）

九・29　陳毅說：「歡迎蔣介石先生・蔣經國先生歸國合作」

一九六五年

一・30　美中大使級會談再開於華沙

二・28　中共恣意強調：「二・二八大革命是毛澤東・中共所領導的中國革命之一部份」

四・15　周恩來在中日貿易上提出「周四條件」、其中、對向台灣巨額投資的日本商社拒絕交易（參閱日本「朝日新聞」一九七〇年四月十六日）

一九七一年

一〇・25　中國（中共）加入聯合國

一九七二年

二・21　美國總統尼克森訪問中國、二十七日發表「上海公報」、雙方承認關於台灣問題有意見的對立

一九七二年

九・25　日本首相田中角榮訪問中國、二十九日發表中日兩國國交正常化聲明、田中角榮表示認識中共主張台灣爲中國領土

一二・30　中國外交部聲明：「釣魚台列島是中國領土」

一九七三年

二・28　中共在北京人民大會堂台灣廳初次召開「台灣人民武裝起義二六周年記念座談會」、傅作義（舊綏遠省軍閥出身）向台灣蔣家國民黨號召「和談」「祖國統一」、廖承志說：「㈠不以武力解放台灣、㈡解放後維持現在的經濟水準、㈢過渡時期政策以寬大慢步爲基本、㈣登用歸順國民黨黨員」（參閱日本「朝日新聞」一九七三年三月一日）

三・　在美台灣留學生中出現所謂「中國統一派」、留美台灣學生、訪問中國大陸參觀

八・24　中共召開第一〇屆全國代表大會、特別規定選出台灣出身黨員二人爲中央委員、蔡嘯・林麗韞當選中委

九・3　「人民日報」登載台灣出身中委蔡嘯（戰前參加中共軍華南游擊戰、戰中擔任新四軍旅長、戰後一時任「台灣民主自治聯盟」主席）的論文：「台灣一定要解放、祖國統一必成」

一九七四年

二・28　中共召開「二・二八大革命二七周年紀念會」時傅作義說：「台灣海峽已不是解放台灣的障礙」、而由去年的和談氣氛、轉爲強硬的武力解放的聲調

一九七五年

一・13　中國第四屆人民代表大會、選出「台灣省出身代表」一二人

周恩來報告：「我們一定要解放台灣」

二・28　中國人民政治協商會議主辦「台灣省人民二・二八起義記念會」、出席者：

葉劍英（中共中央副主席）・徐向前（中共中央軍事委員會副主席）・烏蘭夫（蒙古人、全人代常務委員會副委員長）・周建人（全人代常務委員會副委員長）・沈雁冰（茅盾、政協會議全國副主席）・丁國鈺（中共中委）・廖承志（廖仲愷之子、中共中委）・林麗韞（一九五二年從日本神戶往大陸的台灣女性、中共中委）・楊成武（中國人民解放軍副參謀長）・梁必業（中國人民解放軍總政治部副主任）・張宗遜（中國人民解放軍總後勤部部長）・劉友法（中央統一戰線工作部）等

座談會司儀許德衍（元六三學舍）、演講廖承志

發言人胡蕨文・蕭肅（台灣人）・林麗韞（台灣人）・董其武・陳逸松（台灣人、一九七〇年代投奔中共）・田富達（台灣高山族、被俘國民黨兵出身）・馮友蘭・蔡子民（台灣人、元王添丁班底文化工作人員）・錢昌照・王阿雄（由美國往北京的台灣人）・韓權華・柯蓮英（台

灣高山族、被俘國民黨兵出身）

四・5　蔣介石死亡

四・14　中共為了加強（統戰）、特赦「國民黨軍政戰犯」、送至香港、擬赴台、蔣家政權不准入境

五・　鄧小平第一次發表中美建交「三條件」㈠廢除美蔣共同防禦條約、㈡與蔣家政權斷交、㈢撤退在台美軍）、但允許美國與台灣保持經濟文化關係的「日本方式」

六・2　鄧小平與美國新聞編集協會代表團會談：「台灣問題不解決、美中貿易無法伸張」
（參閱日本「サンケイ新聞」一九七五年六月三日）

一九七六年

一・8　周恩來死亡

二・28　中國人民協商會議主辦「台灣人民二・二八起義二九周年紀念會」、出席者仍舊以中共高級幹部與舊國民黨投降軍政人員為主要

七・6　朱德死亡

九・9　毛澤東死亡

一九七七年

二・28　政協主辦「台灣省人民二・二八武裝起義三〇周年紀念會」

六・　副首相紀登奎講：「必要時不辭武力解放台灣」

一〇・25　鄧小平對ＡＰ通信社社長說：「中國認為台灣是不可讓外國干涉的內政問題、但為了解決中美國交、美國若不予以干涉、和平解決方法也不應被排除」（參閱日本「サンケイ

新聞」一九七七年十月二十六日）

一一・　「人民日報」登載廖承志的「重視華僑工作」：「重視華僑對社會主義祖國的理解與愛好、就是孤立蔣幫、有利解放台灣」

一二・　「全人代台灣代表」選出會議、首相華國鋒特別會見、表示將給予台灣、與全國二九省・市・自治區同一待遇（以後稱爲三〇省・市・自治區）

一九七八年

二・24　中國人民政治協商會議第五屆第一次會議、台盟委員一二人參加、在其會章上新添：「解放神聖領土台灣省達成祖國統一的大義」

二・26　中國第五屆全國人民代表大會、台灣省代表一三人出席（以後成爲全國三〇省、以前是二九省）、在新憲法上、新添：「台灣省是中國的神聖領土、一定解放台灣、完成祖國統一的大業」（參閱日本「朝日新聞」一九七八年三月四日）

二・28　台灣人民二・二八武裝起義三一周年念會、出席者舊國民黨員一〇〇餘人、台灣人四四人

四・13　武裝中國漁船一〇八隻侵犯「釣魚台列島」（參閱「サンケイ新聞」一九七八年四月十四日）

四・30　解放軍副參謀長伍修權、向「日本軍事問題研究者訪者團」說：「中國已在準備武力解放台灣」（參閱日本「サンケイ新聞」一九七八年五月一日）

八・12　「中日和平友好條約」成立

八・17　鄧小平反駁日本新聞報導、主張「釣魚台」是中國領土（參閱日本「サンケイ新聞」一九五八年八月十八日）

九・28　解放軍副參謀長伍修權、向「日本軍事問題研究者訪問團」說：
㈠爲準備解放台灣、開始爲制空權・制海權・登陸作戰等訓練
㈡台灣解放雖然內政問題、但非使用武力不可達成
㈢蔣經國有勾結蘇聯的可能性、但爲「台灣解放」的國際環境整齊時、美蘇無法出來干涉、我們在武力準備與國際環境優位化的情況下、實現「解放台灣」（參閱日本「サンケイ新聞」一九七八年九月二十九日）

一〇・29　鄧小平訪日本、講出、釣魚台的處理、延長於下一代解決（參閱日本「サンケイ新聞」一九七八年九月二十七日）

一二・4　中共對蔣家國民黨改爲「微笑外交」、林麗韞（中共中委）・陳逸松（全人代常務委員）・田富達（台盟理事）等台灣人向台灣播音時、將過去的「蔣幫」「解放」等語改爲「台灣省」「復歸」等

一二・17　美中發表「明年一月實行國交正常化」（美國接受中國的「復交三條件」）—參閱日本「サンケイ新聞」一九七八年十二月十七日）

一二・17　中共軍中止對金馬的砲擊

一二・17　鄧小平向美國記者說：「台灣解放後、美國在台經濟可以繼續存在」（參閱日本「サンケイ新聞」一九七八年十二月十七日）

一二・24　中共第十一期中委會第三次會議（三中會、新聞公報：「台灣同胞……歡迎積極參加祖國統一與建設的共同事業」——參閱日本「朝日新聞」一九七八年十二月二十五日）

一二・26　中國外相黃華、在全人代常務委員第五屆會議上、號召：「台灣同胞應參加愛國統一

戰線」

一二・28　中共邀請「總統蔣經國」盡早復歸祖國（南斯拉夫當吳通信社一九七八年十一月二十九日電）

一二・19　美總統卡特向記者答覆說：「中共對台灣的武力解放在現實上不可能」（參閱「サンケイ新聞」一九七八年十一月二十日）

一九七九年

一・1　中美國交正常化

一・1　中共發出「告台灣同胞書」

一・5　鄧小平接見美國記者時表示：「中國當力求用和平手段解決台灣問題、但究竟可不可能、是一個複雜問題。在這問題上、中國不能承擔這麼一個義務、即除了和平方式以外、不能使用其他方式來實現祖國統一問題」「爲了與蔣經國會談、將想盡所有辦法」「蔣經國只要宣佈歸復中國、台灣可以維持現狀、讓他依舊統治台灣」（參閱日本「サンケイ新聞」一九七九年一月六日）

一・5　新華社英文電、以「Mr.」（先生）敬稱蔣經國

一・9　鄧小平對美國參議員表示：「台灣在中國範圍內、可以保持完全自治、台灣當局仍然可以擁有它目前行使的同樣權力（社會殖民主義）」（參閱日本「サンケイ新聞」一九七九年一月十日）

一・11　中國對外貿易部發言人爲統戰、對台灣號召：

㈠　希望與台灣政府經營的公社・企業進行廣泛的接觸與商談、台灣同胞可以派代表訪問本土商談、我們必然給予特別照顧、我們也答應他們認爲適當的地點來進行交涉

㈡物品的交流・價格・結匯問題等我們與台灣的交易在相互補助的原則下進行、以雙方都能對經濟發展有利的情況下、進行物品交流（參閱日本「朝日新聞」一九七九年一月十二日）

一・18　中共當局暗示台灣可以「西藏方式」實現統一（參閱日本「サンケイ新聞」一九七九年一月十九日）

一・　鄧小平談：「蔣經國先生原來是同學」（華盛頓二〇日電）

一・　鄧小平揚言說「蔣經國先生只要宣佈歸復中國、掛上中國國旗、台灣可以維持現狀、任其依舊統治台灣」（社會殖民主義）

一・21　「中國國民黨革命委員會」在北京舉行春節交歡會、中央負責人劉斐提議：「向蔣經國及在台灣的舊友提議會談」

一・29　鄧小平訪美國

一・30　鄧小平・卡特三次會談後、鄧小平在白宮表示：「要尊重對台灣的特殊政策不想強制」（參閱日本「サンケイ新聞」一九七九年二月三十一日）

一・30　鄧小平在美國議會表示：「中國將以耐心解決問題、中國知道對台灣的武力行動、會使中美關係陷於危機」（參閱日本「サンケイ新聞」一九七九年一月三十一日）

二・2　香港中共系報紙「中國新聞」發表「有無相通、雙方有利」、表示中國供給台灣石油、並成爲砂糖電氣機器等的市場、擬進行統戰

二・28　台灣省人民二・二八起義三二周年紀念會

三・5　北京政府爲統戰、上演台灣影片「尋母一七年」「家在台北」

四・19　鄧小平對美國參議院外交委員訪中團（團長邱池＝Frank Church）說：「中國在今後五年內沒有能力進攻台灣、但以和平解決方式無法解決時、必訴諸武力」（參閱日本「サンケイ新聞」一九五九年四月二十二日）

如此看來、爲了爭取台灣、台灣人（台灣民族）的生存與獨立自決、爲了爭取台灣人大衆出頭天、應該認清台灣是一貫爲代代台灣人祖先所建置而發展爲今日亞洲有數的現代社會、但也要認清台灣一貫是爲外來統治的殖民地社會、同時也要分清社會主義的普遍原則（馬克思理論）與現代共產主義大國（列寧・史大林主義的中華人民共和國）的相異性、而秉承先人遺志、更加努力奮鬥於「**台灣民族獨立**」、才能實現。

完

史明簡介

一九一八年	出生於台北市士林施家，本名施朝暉。就讀台北市建成小學，並入台北一中（五年之後留學日本）
一九四二年	日本早稻田大學政治經濟系的政治科畢業
一九六二年	「台灣人四百年史」日文版出版，改名史明
一九八〇年	「台灣人四百年史」漢文版出版
一九八六年	「台灣人四百年史」英文版出版
一九九二年	「民族形成與台灣民族」出版
一九九二年	「台灣不是中國的一部份」出版
一九九三年	「台灣民族革命與社會主義」出版
一九九八年	「台灣人四百年史」增補版出版

臺灣人四百年史

編著者：史　明
發行人：施朝暉
發行所：草根文化出版社
台北市羅斯福路二段 70 號 12F-2
電　話：(02)2363-2366
傳　眞：(02)2363-1970
郵政劃撥：18931412
户　名：施朝暉
印刷者：楊揚實業有限公司
一九九八年四月初版

每套三册（上、中、下）

ISBN 957-983-440-X
9 789579 834407